Hansers Sozialgeschichte
der deutschen Literatur

Band 8

Hansers Sozialgeschichte der deutschen Literatur vom 16. Jahrhundert bis zur Gegenwart

Begründet von Rolf Grimminger

Band 8

Literatur
der Weimarer Republik
1918–1933

Herausgegeben von Bernhard Weyergraf

Carl Hanser Verlag

Register: Ludger Ikas

ISBN 3-446-12783-6
© 1995 Carl Hanser Verlag München Wien
Alle Rechte vorbehalten
Ausstattung: Klaus Detjen
Satz: Fotosatz Reinhard Amann, Aichstetten
Druck und Bindung: Appl, Wemding
Printed in Germany

Inhalt

Einleitung 7

Anton Kaes
Schreiben und Lesen in der Weimarer Republik 38

Wolfram Wessels
Die Neuen Medien und die Literatur 65

Hermann Korte
Spätexpressionismus und Dadaismus 99

Bernhard Weyergraf
Erneuerungshoffnung und republikanischer Alltag 135

Walter Fähnders
Literatur zwischen Linksradikalismus, Anarchismus
und Avantgarde 160

Rüdiger Safranski / Walter Fähnders
Proletarisch-revolutionäre Literatur 174

Dietrich Kreidt
Gesellschaftskritik auf dem Theater 232

Bernhard Weyergraf
Konservative Wandlungen 266

Peter Sloterdijk
Weltanschauungsessayistik und Zeitdiagnostik 309

Ulrike Haß
Vom »Aufstand der Landschaft gegen Berlin« 340

Helmut Lethen
Der Habitus der Sachlichkeit in der Weimarer Republik . . . 371

Hilke Veth
Literatur von Frauen 446

Wendelin Schmidt-Dengler
Abschied von Habsburg 483

Erhard Schütz
Autobiographien und Reiseliteratur 549

Hermann Korte
Lyrik am Ende der Weimarer Republik 601

Bernhard Weyergraf / Helmut Lethen
Der Einzelne in der Massengesellschaft 636

Anhang

Anmerkungen 675
Bibliographie 743
Register der Personen und ihrer Werke 789
Inhaltsverzeichnis 811

Einleitung

I

Die kulturelle Moderne der Weimarer Jahre erscheint aus heutiger Sicht wie in einem Vergrößerungsglas. Es fällt schwer, ihren Glanzleistungen keine vergleichbare zeitgenössische Wirkung zu unterstellen. Und doch ist ihre Resonanz im wesentlichen ein Ergebnis der zweiten Nachkriegsjahre, als die Optionen für einen eigenständigen deutschen Weg in das zwanzigste Jahrhundert ihre Glaubwürdigkeit verloren hatten. Was uns heute als Symbol demokratischen Aufbruchs und Vielfalt erscheint, fand nicht die Zeit, in das kulturelle Selbstbild der Republik integriert zu werden. Zugespitzt ließe sich sagen, daß der Erste Weltkrieg erst mit dem Zweiten verloren wurde und daß, was in den Zwanzigern trotz anderslautender Absicht und Bekundungen ephemere Erscheinung war, mit einer für die deutsche Situation so charakteristischen Verspätung erst nach 1945 auf einen aufnahmebereiten Boden fiel. Erst jetzt vollzog sich, was damals nur partiell gelang, der Anschluß an die Moderne.

Es ist oft bemerkt worden, daß die Strömungen, die das kulturelle Klima der Nachkriegsjahre prägen, in der Zeit vor dem Krieg ihren Ursprung hatten. In der Weimarer Republik war vielleicht nichts wirklich neu, aber alles anders. »Was vor 1914 lag und was dann folgte, das sah einander gar nicht ähnlich, spielte nur nominell auf derselben Erdoberfläche.«[1] Die Republik hatte nicht nur die Kriegsschulden geerbt und die Reparationszahlungen zu leisten, sie war auch mit der »sozialen Frage« belastet, die das Kaiserreich zu lösen weder bereit noch imstande war, und die mit der rechtlichen Gleichstellung der Frauen, der Einführung des Achtstundentags und des allgemeinen Wahlrechts eine zunächst nur formale Antwort gefunden hatte.

Zudem hatte der Krieg perfektioniert, was an Erfindungen etwa auf dem Gebiet der Verkehrs- und Nachrichtentechnik schon vorhanden war, und die Dynamik des gesellschaftlichen Wandels beschleunigt. Zivile und militärische Technologie wurden tendenziell austauschbar. Der »Krieg der Ingenieure« ließ mit seiner militärischen Anwendung und Steigerung der Technik schon erkennen, zu welchen Möglichkeiten globaler Strategien das Industriesystem fähig sein würde. Was das Lebensgefühl der Kriegsgeneration bestimmte: Die Grenze zwischen Kultur und Natur war durchlässig geworden, Natur in Geschichte einbezogen. Es gab keine Refugien einer gleichsam unberührten Natur mehr, keine Inseln im Prozeß sich beschleunigender Naturaneignung. Individueller Rückzug wurde zur Illusion. Die Vision einer total gesteuerten Welt zeichnete sich ab. Um so mehr profilierten sich alle die Haltungen, die sich vom Industriesystem in besonderer Weise bedroht sahen und eine Revision der Moderne anstrebten.

Mit dem Zusammenbruch verlor der Nationalismus, der im August 1914 nicht nur die traditionell regimetreuen Kräfte ergriffen hatte, seine integrierende Funktion. Seine nach außen gerichtete Aggressivität kehrte sich nach innen, gegen die »Verräter« im eigenen Land, die mit ihrer Unterschrift unter den »Schandvertrag« von Versailles die Niederlage besiegelt hatten. Er wurde von nun an zur Erkennungsparole derer, die sich über alle Interessenunterschiede hinweg in ihrer Feindschaft gegen die Demokratie einig waren.

Daß die Republik die Niederlage zur Voraussetzung hatte, machte ihr Scheitern fast unausweichlich. In einer Nation, der für eine demokratische Kultur jedes Verständnis fehlte, hätte der Wechsel zu einer demokratischen Staatsform auch unter günstigeren Bedingungen eine lange Phase der Gewöhnung erfordert. Der Republik blieb wenig mehr als eine Verwaltung der Kriegsfolgen, für deren Lasten sie und nicht die Monarchie, die den Krieg geführt und verloren hatte, zur Rechenschaft gezogen wurde. Hinzu kam, daß sie sich mit den alten Machteliten arrangieren und den Kompromiß mit einer Bürokratie, Justiz und Armee suchen mußte, die ihr von vornherein reserviert bis ablehnend gegenüberstanden. Dies trug ihr die Kritik derer ein, die sich zu ihrer Verteidigung berufen fühlten, während die radikale Linke sich von ihr abwandte und die Mittelschichten in Stadt und Land wiederum vor der Gefahr eines linken Umsturzes nach sowjetischem Vorbild durch die Flucht nach rechts reagierten.

II

Der Krieg war das Epochenereignis, vor dem sich die Weimarer Kultur profilierte und das alle zu Zeitgenossen machte. Alle Reaktionen auf den Krieg werden von einem universalen Krisenbewußtsein übergriffen, das die psychopolitische Grundschicht der Weimarer Kultur bildete. Vier Jahre und drei Monate hatte der Krieg Sprechen und Fühlen gefesselt. Seine Erscheinungsformen als Nationalkrieg fixierte den Blick auf das Patriotische, alles Miterleben wurde an das Schicksal des eigenen Volkes geheftet. Von der Kriegsberichterstattung wurde die Bevölkerung an die Rolle des Nachrichtenempfängers gewöhnt. Die Dramen der großen Materialschlachten, der Frontbewegungen und Durchbruchversuche, die Monotonie des Stellungskriegs beeinflußten das Bewußtsein der am Kampf nicht unmittelbar beteiligten Bevölkerung.

Der Erste Weltkrieg trug schon Züge eines totalen Krieges. Die Schlachtinformationen und die allgegenwärtige Zensur wirkten vor allem seit der faktischen Militärdiktatur der obersten Heeresleitung zusammen, um eine totale Mobilisierung des Bewußtseins zu erzeugen. Politische Differenzen und innenpolitischer Dissens wurden unterdrückt und ausgeblendet. Große Teile der bürgerlichen Intelligenz waren ideologisch und praktisch in die Kriegshandlungen verwickelt. Julien Benda spricht in ›Der Verrat der Geistigen‹ (La trahison des clercs, 1927) von einer »Militarisierung der Ethik«. Ein neuromantischer Dynamismus, eine neue Ästhetik der Härte und der Katastrophe läßt sich bei deutschen, französischen und italienischen Intellektuellen jener Zeit nachweisen.

Zum vielberufenen »Geist von 1914« trugen die meisten Künstler, Schriftsteller und Philosophen ihr Teil bei. Dem Zwang zur Nationalisierung der Gefühle konnte sich selbst Rainer Maria Rilke nicht entziehen. Wie der Philosoph Rudolf Eucken feierte auch Thomas Mann den Krieg als Verteidigung deutscher Kultur und als Gelegenheit, sittliche Kräfte zu mobilisieren. Paul Natorp lobte den Krieg als eine Renaissance deutscher sittlicher Gemütstiefe. Bedeutsam bleibt, daß schon 1914/15 zwischen Sozialismus und deutschem Nationalismus ideologische Brücken geschlagen wurden. Auch die vitalistischen Deutungen des Krieges als »Wiedergeburt« und »Verlebendigung« bei Georg Simmel, Max Scheler oder Werner Sombart gehören zu den Versuchen, deutsche »Barbarei«, Schlüsselbegriff des Chauvinismus in Frankreich, positiv zu interpretieren. Die instrumentelle Seite der Weltanschauungen manifestierte sich besonders in den nationalen Kirchenorganisationen, deren Kriegs- und Kampftheologie ein Muster für die Perversion religiös fundierter Werte abgab und für viele Zeitgenossen als nihilistischer Anschauungsunterricht gewirkt haben mag. Im Zusammenhang mit dieser Politisierung des Bewußtseins steht die mentalitätsgeschichtlich folgenreiche Erfahrung, daß Ideologie und Weltanschauung selbst zu einem Kampfmittel werden können. Dies erklärt, warum in der Weimarer Republik ein skeptischer bis zynischer Ekel vor jeglicher Weltanschauung zu beobachten ist. In der Sachlichkeitswelle ab 1923 wirkte dieser bereits mit.

Abweichende Positionen – Reste demokratischer Traditionen, Wissen von Klassengegensätzen, sozialistische und kosmopolitische Orientierungen, pazifistische Lebensbejahung angesichts der Einladung zum Heldentod – wurden nicht öffentlichkeitswirksam. In Zeitschriften, politischen Rumpforganisationen, literarischen Zirkeln, anarchistischen Clubs fristeten sie ein mehr oder weniger abgeschnittenes, von Polizei und Zensur eingedämmtes Dasein. Die Massenmedien blieben von erzwungenen und spontanen offiziellen Sprachregelungen beherrscht. Neben Rückzügen ins Private oder Erhebungen in einen pathetischen Humanismus drückt sich die Kriegsverweigerung in einer räumlichen Distanzierung aus. Nicht zufällig hat die dadaistische »Bewegung« von Zürich ihren Ausgang genommen.

Eine weitere psychohistorische Konsequenz des Krieges ist eine in diesem Maß unbekannte Aufmerksamkeit des öffentlichen Bewußtseins für die Aktualität. In der Literatur verrät sich dieser Wandel in einem beispiellosen Schub »aktueller«, auf die eigene Zeit und Gegenwart bezogener Schreibweisen und Themen. Die »operative« Tendenz der literarischen Produktion ist selber nur ein Sektor dieser Entwicklung, bei der die Massenmedien eine zentrale Rolle spielen.

Eine sozialpsychologische Hypothek schließlich, die der Krieg dem neuen Staat und seiner Gesellschaft aufbürdete, ist die politische Interpretation der unzähligen Soldatentode, die fast alle Familien betrafen. Ein Gemeinplatz jener Jahre ist die Idee, daß die Überlebenden den Toten gegenüber in einer politischen Schuld stünden. Vor allem die völkische Rechte leitete aus dem »Vermächtnis« der gefallenen Helden einen patriotischen Handlungsauftrag ab. Dieses »Testament« wirkte zugleich als eine Waffe gegen den republikanischen Alltag. In diesem Pakt der Rechten mit den Weltkriegstoten sind revanchistische Perspektiven schon angelegt. Eine Rückkehr zur Normalität sollte ausgeschlossen sein, solange die Ehre der gedemütigten Nation nicht wiederhergestellt sein würde. »Nationalsozialist – oder umsonst waren die Opfer«, verkündete ein Wahlplakat aus dem Jahr 1928.

Viele politische Haltungen der Weimarer Zeit lassen sich aus der Psychologie des Überlebens begreifen. Sie liefert den Schlüssel zu manchen Absurditäten sozialer Attitüden. War die »Unfähigkeit zu trauern« eine der großen sozialpsychologischen Auffälligkeiten der zweiten deutschen Nachkriegsgeschichte, so charakterisierte die erste eine verbreitete »Unfähigkeit, die Niederlage zu verstehen«.

III

Wie der Krieg konventionell geführt, aber schon mit modernen Mitteln ausgetragen wurde, so waren auch die emotionalen – zustimmenden wie, in wenigen Fällen, ablehnenden – Reaktionen, die der Ausbruch des Krieges wachrief, seiner Wirklichkeit nicht angemessen. An ihre pure Ereignishaftigkeit reichte die Sprache nicht heran. Es war die Expressionistengeneration, die als erste sprachliche und künstlerische Darstellungsformen für einen Krieg erprobte, dem mit Sinnfindungen nicht beizukommen war. Der produktive Nihilismus dadaistischer Nonsenspoesie ist eine Antwort auf die unüberbrückbare Kluft, die sich zwischen dem Anspruch europäischer Kultur und ihrer Selbstzerstörung durch eine losgelassene Kriegsmaschinerie auftat. »DADA ist die völlige Abwesenheit dessen, was man Geist nennt. Wozu Geist haben in einer Welt, die mechanisch weiterläuft?«[2]

Aus der individuellen und politischen Krise bot sich ein Ausweg an: das Bündnis mit den Massen. Nachdem sich in der russischen Revolution von 1917 das Zusammengehen der Intellektuellen mit den Massen als wirkungsvolle Kombination erwiesen hatte, wurde die Haltung zur Sowjetunion für viele zu einem Prüfstein für soziales Engagement und intellektuelle Glaubwürdigkeit. Mit der Überzeugung, daß sich unter kommunistischer Führung die passive Masse in eine geschichtsmächtige Kraft verwandelt habe, schien sich eine kritisch abwägende Positionsbestimmung zwischen Geist und Macht von selber zu erledigen.

Der Oktoberrevolution von 1917 folgte die »große Bekehrung« (Ludwig Rubiner). Wer sie vollzog, durfte sich als Teil einer säkularen Erneuerungsbewegung fühlen, die die Welt von Grund auf verändern würde, und deren Größe für den in Aussicht stehenden Verlust an individueller Freiheit entschädigte. »Ein Augenblick kommt, da bist du nicht mehr Klasse: nicht mehr Bürger. Wer führt die Massenaktionen aus? Die Arbeitenden. Das Proletariat. Sie handeln, die andern schauen zu. Es gibt aber keine Zuschauer mehr. ⟨...⟩ Du hast heute zu handeln. Mein Freund, dein Weg geht zum Proletariat. Proletariat! darum kommt kein Gehirn von morgen mehr herum.«[3]

Je unausweichlicher Geschichte auf eine sozialistische Gesellschaft hinauszulaufen schien, desto größer wurde die Angst, »als überflüssiger Parasit der Gesellschaft vom Strudel des großen Weltgeschehens fortgeschwemmt« zu werden und »im Kulturleben der kommenden Geschlechter« nicht mehr vorhanden zu sein.[4] Nicht immer werden die Bekehrungsmotive der »sozialistischen Entscheidung« so deutlich wie im Falle Ludwig Rubiners oder Johannes R. Bechers. In dem Maße, wie die Republik unter Druck von rechts geriet, bestimmten sie auch das Denken und Schreiben derer, die sich wie Heinrich Mann, keineswegs als Kommunisten verstanden.

Auch bei ihren Befürwortern war die innere Zustimmung zur Demokratie gering. Wer zu ihr nicht in Opposition stand, wollte sie doch anders, als sie den Umständen nach sein konnte. Alfred Döblins Wort von der Republik, der die Gebrauchsanweisung fehle, kennzeichnet eine linksbürgerliche Haltung, die sich über ihr eigenes Verhältnis zum neuen Staat nicht klar wurde. Daß die Republik Zustimmung allenfalls bei den wenigen Schriftstellern fand, die ihr

Metier mit Reflexion und Selbstreflexion verbanden, entsprach ihrer realen Anerkennung in der Bevölkerung. Symptomatisch ist, daß der Wortprägung »Gefühlssozialist« (Leonhard Frank) der Begriff »Vernunftrepublikaner« gegenübertrat, in dem doch immer die Vorstellung vom kleineren Übel mitschwang. Die Republikaner verband, wie vage oder ausformuliert auch immer, letztlich die Erwartung, daß sich das System aus eigener Kraft stabilisieren könne und die Kraft zur Selbsterneuerung besitze.

Der Dichter griff nach der Politik; aber mehr ergriff die Politik den Dichter. Die Politisierung setzte bei der Verunsicherung des schriftstellerischen Selbstverständnisses an und brachte die Autoren zunehmend in Gegensatz zum eigenen Kunstanspruch. Der Geist der Aufklärung, den die linksbürgerlichen Autoren unter das Volk bringen wollten, fand nicht einmal eine Form, die sie selber hätte überzeugen können. In der Radikalität der Formulierungen sind die wenigen Bekenntnisse und Aufrufe der Intellektuellen zugunsten der Republik eher Versuche der Selbstverständigung und eigenen Standortbestimmung im politischen Spektrum und nicht zuletzt auch eine Reaktion darauf, daß sie ihr traditionelles Publikum, die ehemals staatstragende, systemstabilisierende Mittelschicht, in das Lager der »nationalen Opposition« abgewandert war.

Die Herausforderung der Moderne, die Massengesellschaft, wurde fast durchwegs als Bedrohung empfunden. Im Übergang zu einer Gesellschaft, die ihre Rechte einzulösen versprach, erschienen die Massen als eine Macht, welche die Kultur mit ihrer Machtgebundenheit und ihrem Differenzierungsanspruch in Frage stellte. Den Idealen der Demokratie wurde eine zersetzende Dynamik zugeschrieben: Freiheit als Bindungslosigkeit, Gleichheit als Niveaulosigkeit, Solidarität als Zusammenschluß gegen das Bestehende. Zur Verwirrung trug bei, als schließlich die nationalsozialistischen Erfolge dieses nicht nur von konservativer Seite bevorzugte Bild »von der Gesetzlosigkeit der Gruppenpsyche« (Erik Erikson) zu bestätigen schienen:

> Das Kollektiv, bar eigener ethischer Zielsetzungen und gesichert in seiner Massenexistenz, ist immerzu bereit, das Recht des Schwächeren als Angstrecht zu verachten und bedenkfrei jegliches Kulturgut aufs Spiel zu setzen: nichts ist falscher als die Sentenz von der Friedensliebe der Völker; bloß der

einzelne will den Frieden, dem Kollektiv aber ist er gleichgültig und oftmals sogar verhaßt.«[5]

Die Krise der Intellektuellen verschärfte sich noch dadurch, daß ihnen ihr Anspruch, als Repräsentanten des Universellen zu sprechen, von unerwarteter Seite streitig gemacht wurde. Der Experte, der Techniker, der Ingenieur schickte sich an, Lösungen für die anstehenden Probleme auf einem Niveau bereitzuhalten, das das überkommene Selbstbild der »Geistigen« bislang nur marginal zu berühren schien. Der Ingenieur als Retter aus der Krise stellte die Kompetenz der Weltanschauungsstrategen infrage. Die Verlagerung der Sinndebatten auf das scheinbar wertneutrale Gebiet technisch-wissenschaftlicher Entscheidungen bestimmte in der Stabilisierungsphase der Republik die literatur- und kulturpolitischen Auseinandersetzungen. Spätestens mit der »Neuen Sachlichkeit« beginnt die Bedeutung der Schrift als sakrosanktes Medium sozialer Verständigung im Rahmen tradierter Bildungsunterschiede nachzulassen. Technikfaszination kompensierte den Kompetenzverlust und die Statusunsicherheit, die viele Schriftsteller angesichts einer sich verändernden funktionalen Wirklichkeit verspürten. In ihr drückt sich der Zwiespalt aus, in den sie zu ihrer Rollenzuweisung geraten. Ein so ausgeprägter Typus des Literaten wie Oswald Spengler ist stolz darauf, daß er die zeitgenössische Literatur nicht zur Kenntnis nimmt. Statt verbrauchte Themen wiederzukäuen, sollte man lieber einen Flugmotor konstruieren: »Für die prachtvoll klaren, hochintellektuellen Formen eines Schnelldampfers, eines Stahlwerkes, einer Präzisionsmaschine, die Subtilität und Eleganz gewisser chemischer und optischer Verfahren gebe ich den ganzen Stilplunder des heutigen Kunstgewerbes samt Malerei und Architektur hin.«[6]

Aber auch eine dem technologischen Wandel gegenüber aufgeschlossene Einstellung konnte, wie nicht nur das Beispiel Spenglers zeigt, mit einer dezidierten Massenverachtung konform gehen. Die Mehrheit stand in dem Verdacht, sich die technischen Neuerungen gleichsam gewissenlos zu eigen zu machen, ohne sich ihrer »tieferen« Bedeutung bewußt zu sein. »Daß die Vorgänge in einer Glühlampe, recht besehen, auch erhaben sind, und, dringt man in sie ein, an die tiefsten Geheimnisse führen, das ist durch die Trivialität des alltäglichen Erlebnisses abgeschliffen und wirkt nicht.«[7] Aus dieser Sicht bedeutete die »Normalisierung des Menchen durch die Technik«[8] alles andere als Fortschritt. Lebenserleichterung, von Ernst Bloch als »große Technik«, als »entlastender, kühler, geistreicher, demokratischer ›Luxus‹ für alle« erhofft[9], stand im Verdacht, die Menschen zu demoralisieren. Ihr Leben ist eine »Narkose«. Im »Wirklichkeitstaumel« der Gegenwart vergessen sie, daß »Haus, Mittagsbrot, Kleider ⟨...⟩ von nur geringem Wirklichkeitsgrad« sind.[10]

IV

Der Krieg hatte keine der sozialen, politischen und künstlerischen Ideen unberührt gelassen und die Gesellschaft in einer unvorhersehbaren Weise polarisiert. Wenn es Einhelligkeit gab, die über die sich nun vertiefenden politischen und weltanschaulichen Gräben hinwegreichte, so bestand sie darin, daß sich die bürgerliche Ordnung der Vorkriegszeit überlebt habe und etwas anderes an ihre Stelle treten müsse. Man sprach von »einer Schicksalswende der Menschheit«.[11] »Das Gefühl, wieder an einem Anfang zu stehen, verleiht vielen die Gläubigkeit des Beginners. Mit solcher Überzeugung verbinden sie die Zuversicht: sie könnten die Menschen innerlich wandeln und dadurch unsre blinde, entgeistigte Zeit vor dem Untergang retten.«[12]

Das Sendungsbewußtsein der Künstler und Schriftsteller erreichte seinen Höhepunkt. Ihren Aufrufen, Pamphleten war eine sozial- und kulturrevolutionäre Komponente gemeinsam. Das Wort Revolution nahm ebensoviele Bedeutungen an, wie es Denk- und Gefühlslagen des zeitgenössischen Bewußtseins gab. Nicht nur die Linke nahm es für sich in Anspruch.

Von diesen revolutionären Impulsen war im ersten Reichstag nur noch wenig zu spüren. Es überrascht daher nicht, daß sich unter denen, die ihre Hoffnung auf eine republikanische Erneuerung gesetzt hatten, ein Gefühl der Enttäuschung breit machte. Aus der Sicht der Kriegsapologeten war es die kriegsmüde Bevölkerung, die den Aufbruch in das neue Zeitalter verriet; aus der Sicht der Sozialisten waren es die revolutionsmüden Massen, die nichts wünschten, als zur Normalität zurückzukehren. Das Revolutionspathos der Zeit von 1916 bis 1920 setzte eine sehr vereinfachte Welt voraus. Die Welterneuerungspläne scheiterten auch am Auftauchen einer sehr viel komplexeren Weltlage. Das Schema von Katastrophen und Wiedergeburt war eschatologisch, nicht politisch. Die Nachkriegswelt zerfiel in hunderte von Schauplätzen, Aktionen, Ereignissen, die ein Gefühl der Inkompetenz und ein Bedürfnis nach sachlicher Information erzeugten. »Es war ⟨...⟩ von algebraischen Reihen die Rede und von Benzolringen, von der materialistischen Geschichtsauffassung und der universalistischen, von Brückenträgern, der Entwicklung der Musik, dem Geist des Kraftwagens, Hata 606, der Relativitätstheorie, der Bohrschen Atomistik, dem autogenen Schweißverfahren, der Flora des Himalaya, der Psychoanalyse, der Individualpsychologie, der Experimentalpsychologie, der physiologischen Psychologie, der Sozialpsychologie und allen anderen Errungenschaften, die eine an ihnen reich gewordene Zeit verhindern, gute, ganze und einheitliche Menschen hervorzubringen.« (Robert Musil)[13]

Wichtig für das politische und kulturelle Klima der folgenden Jahre wurde vor allem, daß auch große Teile der alten Rechten von der Aufbruchstimmung erfaßt wurden. Rudolf G. Binding ist überzeugt, »daß der Weltkrieg nicht nur ein Übergang, sondern etwas Endgültiges gewesen ist, nach dem es für den Menschen kein Weiterleben, sondern nur ein völlig neues Beginnen geben konnte«.[14] Es bildete sich ein neuer militanter Konservatismus aus, der vom Gegner auf der Linken den aktivistischen Stil und die revolutionäre Rhetorik übernahm, für eigene Umsturzkonzepte fruchtbar machte und die Linke an Radikalität zu überbieten trachtete. Dabei sollte es nicht um »Rettung der Kultur« sondern um das ganz andere gehen, das erst in der »Destruktion«, in einem »radikalen Ab- und Rückbau« des Bestehenden hervortrete. »Ich *will*«, schrieb Martin Heidegger 1920, »mindestens etwas anderes – das ist nicht viel: nämlich was ich in der heutigen faktischen Umsturzsituation lebend als ›notwendig‹ erfahre, ohne Seitenblick darauf, ob daraus eine ›Kultur‹ wird oder eine Beschleunigung des Untergangs.«[15] Man müsse »den Krieg zu Ende verlieren«, schreibt Ernst Jünger. »An das, was übrig bleibt, knüpft sich unsere Hoffnung«.[16] Und noch die Bücherverbrennung von 1933 stand im Zeichen dieses Aufbruchs, für den man sich des Ballasts toten und überflüssigen Wissens zu entledigen habe. Die nationalistische Rechte wollte den Krieg im ungeliebten Frieden fortsetzen, weil nur so der Nihilismus des Zeitalters zu vollenden sei. Der kriegerischen Mobilmachung des Bewußtseins sollte die Mobilmachung der Gesellschaft folgen. »Mit Freude nehme ich wahr, wie die Städte sich mit Bewaffneten zu füllen beginnen, und wie selbst das ödeste System, die langweiligste Haltung auf kriegerische Vertretung nicht mehr verzichten kann.«[17] Die Weimarer Jahre waren im Bewußtsein der meisten eine Übergangsperiode, ein Provisorium, das nicht zu sich selbst fand, ein Ausnahmezustand. Die demokratische Ordnung, die nun gelten sollte, war als diejenige der Feind- und Siegermächte desavouiert. Eine auf Ausgleich und Partizipation zielende Politik rief die Kulturkritiker aller Schattierungen auf den Plan, noch ehe die demokratischen Hoffnungen in der Weltwirtschaftskrise dahinschwanden.

Daß die Republik nicht zum Normalfall wurde, hat neben den ungünstigen Ausgangsbedingungen, – Kapitulation und Versailler Vertrag – vor allem damit zu tun, daß die Tilgung der immensen Staatsverschuldung in Form der Kriegsanleihen auf Kosten der mittelständischen Vermögen erfolgte. Der Schock des Sekuritätsverlustes durch die Inflation von 1923 wirkte nachhaltiger noch als der Zusammenbruch und die revolutionären Wirren der unmittelbaren Nachkriegszeit. Der Republik fehlte fortan die Mitte.

Gegen eine in ihren Funktionsabläufen schwer durchschaubare Demokratie hatten ihre Widersacher leichtes Spiel. Eine antibürgerliche Haltung war über die Fronten hinweg Konsens. Daß die Republik ein Krüppel sei, dem man auch die Krücken noch wegnehmen müsse, wie es Arthur Koestler aus kommunistischer Sicht formulierte, ist ein Bild, das auch die Rechte gebrauchte. Die einen richteten ihre Hoffnung auf einen Idealstaat nach sowjetischem Vorbild, in dem die Massen zu sich selbst kommen würden, die anderen wünschten sich einen Volksstaat deutscher Prägung. Glaube und Hoffnung überwogen auf beiden Seiten den Sinn für die Realitäten und brachten eine Literatur hervor, die weniger auf Orientierung als auf eine Verstärkung vorhandener Gefühlslagen abzielte.

V

Ein besonderer Meridian trennte die Republik: Versailles oder Moskau, westliche Zivilisation oder östliche Weisheit und Seelentiefe. »Was in Deutschland Begriff, Lehre, Literatur ist, das lebt in Rußland als Glaube, Seele und Natur.«[18] Für Theodor Lessing schrumpft Europa zum Anhängsel der asiatischen Landmasse zusammen: »Dieses vorgeschobene und abgelöste Inselchen Europa, das am träumenden Rumpfe der alten Erdenmutter befestigt liegt, wie ein winziges Köpfchen am massigen Stiele«. In dieser von Untergangsstimmungen erfüllten Betrachtung sollte der Osten »die ganze schwere unbewußte Körpermasse« darstellen, der Westen das Hirn.[19]

In der Ost-West-Ausrichtung konnten auch die antizivilisatorischen Vorbehalte der wilhelminischen Zeit wiederbelebt und lokalisiert werden. Dabei spielte auch mit, daß sich mit dem Blick nach Osten lang gehegte Inferioritätsgefühle gegenüber westlicher Überlegenheit leichter kompensieren, deutscher Kulturanspruch und Sendungsbewußtsein leichter behaupten ließen. Für den Publizisten Ernst Niekisch, der in seiner Zeitschrift ›Der Widerstand‹ für einen »Nationalbolschewismus« eintrat, war es »bereits deutsches Erwachen, den Blick nach Osten zu kehren«: der Gang nach Westen war deutscher Abstieg; die Umkehr nach Osten sollte wieder Aufstieg zu deutscher Größe sein.

Die Entscheidung für Ost oder West wurde zur Schicksalsfrage stilisiert. In einer 1927 erschienenen Literaturgeschichte wird von einer Krise gesprochen, »wie sie die deutsche Literatur bisher nicht erlebt« habe. Man habe es mit einer »kulturellen Krise« zu tun, »in der es um Sein und Nichtsein des deutschen Volkes« gehe. Offen bleibt, welchen Weg Deutschland einschlagen solle. Als sicher gilt nur, daß es zwischen »amerikanisch-westeuropäischen und russisch-asiatischem Kulturkreis« zu wählen habe, ehe sich seine Jugend »ein neues Leben aufbauen« könne. Entsprechend dieser

Alternative fällt das Urteil über die zeitgenössische Literatur aus. Thomas Manns ›Zauberberg‹ wird nicht als ein ironisch-skeptischer Versuch der Krisenverarbeitung, sondern als Höhepunkt einer allgemeinen literarischen Verwirrung verstanden: »dichterisches Abbild unserer Zeit und vollkommenster Ausdruck der augenblicklichen Situation des deutschen Geistes«. Die Reflexivität des Romans wurde als Schwäche einer nur geistigen, instinktlosen Position ausgelegt. Sein Autor repräsentiere den radikal westeuropäisch ausgerichteten Typ. Er sei das »Gehirn der Gegenwart«, während Oswald Spengler »ihre Instinkte« verkörpere. Thomas Mann, dessen Liebe mit den Russen, dessen Wille »aber mit diesem kalten, unangenehm entschlossenen Settembrini« sei, debattiere »verwirrt wie sein Vaterland. Seine Romanwelt ist krank wie seine wahre Umgebung«.[20]

VI

Man hat die Weimarer Jahre kurz und bündig in drei Phasen eingeteilt: »1919 bis 1924, das Chaos, die Arbeitslosigkeit, der politische Mord, 1925–1929/30, die trügerische Prosperität des Dawes-Planes, der internationalen Kredite und der industriellen Rationalisierung. 1930–1933, wiederum das Chaos, die Arbeitslosigkeit, der politische Mord.«[21] Demnach wäre der Republik nur eine kurze Spanne vergönnt gewesen, in der sie endlich zum Normalfall zu werden schien.

Mit dem wirtschaftlichen Wiederaufstieg ab 1924 trat ein gewisses Maß an Ernüchterung ein. Die USA zeigten Interesse an der Zahlungsfähigkeit ihres Schuldners, und die Republik konnte sich mit der über den Dawes-Plan gewährten Finanzhilfe an der wirtschaftlichen Umsetzung und Auswertung des technischen Fortschritts beteiligen. Neben der Weiterenwicklung des Autos und des Flugzeugs, wurden Film, Radio, Kunstseide zu den auffälligsten Merkmalen der Modernisierung. Löhne und Gehälter erreichten das Vorkriegsniveau. 1927 übertraf die Industrieproduktion die der Kaiserzeit und sank die Arbeitslosenzahl auf ihren niedrigsten Stand.

Die Umstellung auf neue Produktionsmethoden erzeugte eine

ideologische Begleitdebatte, die bis in philosophische und ästhetische Strukturprobleme durchschlug. Durch Reklame, Psychotechnik, Taylorisierung, Arbeitsmedizin und Arbeitersport wurden die Menschen immer stärker in den ökonomischen Prozeß einbezogen. Mit dem sprunghaften Anstieg des Anteils der Angestellten in Verwaltungen, Büros, Banken, Dienstleistungen, Medien, Verkehr begann sich eine soziale Umschichtung abzuzeichnen.

Technikphilosophie und technischer Utopismus betrachteten jetzt ihren Gegenstand nicht mehr nur als Untergang der alten Bildung, sondern auch als Mittel, das Tor zum Paradies aufzustoßen. Individuelle Selbstverwirklichung wurde vertagt, das »Verschwinden des Individuellen im Betriebszusammenhang« als Errungenschaft der modernen Technik hervorgehoben.[22] Das Subjektive in seiner emotionalen, empfindsamen, moralischen Form erschien als veraltet.

Großstadt, Anonymität, Entseelung werden umgedeutet. Einst Horrorthemen der Wandervogelzeit und expressionistischer Aufbruchbewegung, werden sie nun positive Strukturelemente der Modernität. Während sich noch der Architekt Bruno Taut die Zukunft nur »auf dem neu erschlossenen Lande« vorstellen konnte, außerhalb der Großstadt, die »in sich morsch, ebenso 〈...〉 wie die alte Macht« verschwinden werde[23], wurde Urbanität jetzt als eine Lebensform entdeckt, in der eine moderne, intelligente, abwechslungsreiche Existenz möglich ist. Die agrarischen, provinziellen, seelischen und schöngeistigen Wertwelten werden in ein ideologisches Lager gedrängt, das nun als rückständig und unzeitgemäß erscheinen muß. Natur ist nicht mehr nur Gegenbild zur Gesellschaft, sondern in zunehmenden Maß auch schon Erholungsgelände. Der Massenverkehr im Nahbereich der Metropolen läßt eine eigene Weekend-Zivilisation entstehen.

Damit schien sich eine wirklich neue »Welt in der Welt der Natur« abzuzeichnen und mit ihr auch schon eine »neue Generation«, die diese Welt als ein »eigengewolltes Leben« annimmt. »Sie schwimmen im Strom dieses Großstadtrhythmus, dieser Welt der Technik, der Präzision, der Masse, der Zahl.« Und nur dem »unglücklichen Übergangsgeschlecht« der zwischen 1875 und 1895 Geborenen falle es schwer, »mit diesen neuen Menschen zu rechnen«.[24]

Wie wenig solche Bekenntnisse zur technischen Moderne dem

Selbstverständnis der meisten entsprachen, läßt sich nicht nur an den Übertreibungen erkennen, mit denen sie vorgetragen wurden. Das im Windschatten der neuen Prosperität entstehende dynamische, fortschrittsgläubige Lebensgefühl blieb im wesentlichen auf die Hauptstadt beschränkt. Die Großstadtliteratur zeigte sich angesichts der Metropole auf eine provozierende Weise resistent gegenüber einer Sprache rationaler Verständigung. Untergangsstimmungen, denen Georg Heym schon vor dem Krieg nachgegeben hatte, herrschen vor. Es fehlte an Zeit, sich auf die gesellschaftlichen Veränderungen einzustellen.

Die heutige Gegenwart ist verwickelt, ohne reich zu sein. Sie ist anspruchsvoll und verlangt doch keinen ganzen Menschen. Der moderne Erwerb zermürbt und ermüdet, ohne jedoch zu befriedigen; er erschöpft, indem er von einem kleinen Punkte der Peripherie aus das Leben aussaugt. Diese Gegenwart ist gespenstig; mit dem Herzen kommt man ihr nicht nah; sie ist eine Maschine mit der kalten, bösen Seele eines Insekts; sie ist etwas, an dem wir klettern und klammern und das aus kreisenden Rädern und Pleuelstangen feindselig uns ansieht.«[25]

Die Metropole schien gleichsam exterritorial zu sein, eine amerikanisch geprägte Enklave auf deutschem Boden außerhalb deutscher Kultur und Geschichte. Ihre Komplexität forderte zu Vereinfachungen geradezu heraus. Jünger dämonisiert sie im Stil seiner Werkstattlandschaften mit ihren »tellurischen Feuern«. Für Brecht ist sie Dickicht und schließlich Inbegriff einer kapitalistischen, vom Gesetz des Überlebens bestimmten Gesellschaft.

Das Bild der neuen Zeit wird noch weitgehend von den alten Stereotypen bestimmt. Die Wahrnehmung des Neuen ist belastet. Die Aussicht auf die »schöne neue Welt« einer großstädtisch geprägten Zivilisation behält etwas Beklemmendes. Die Künstlichkeit der Städte scheint elementare Kräfte hervorzulocken und den Menschen in den Zustand der Wildheit zurückzuwerfen – eine Gefahr, der mit demokratischen Mitteln nicht beizukommen sei. Soweit sich die Literatur dieser Thematik zuwandte, zeigte sie sich entweder fasziniert oder abgestoßen oder beides zugleich. Über ideologische, literarische und literaturpolitische Unterschiede hinweg indiziert ein Bild wie das vom »Dickicht der Städte« unterschwellige

Gemeinsamkeit. Seine Varianten finden sich bei politisch und stilistisch so entgegengesetzten Autoren wie Ernst Jünger, Bertolt Brecht, Alfred Döblin oder Ludwig Tureck, der in seinem autobiographischen Roman die Gegenwart überhaupt mit einem Urwald vergleicht, den man erst roden müsse, um für die neue sozialistische Gesellschaft Platz zu schaffen: »Der Urwald ist noch groß, tüchtige Kolonisten werden dringend gebraucht, und wenn ihr nun das Buch aus der Hand legt, beginnt gleich mit dem ersten Spatenstich!«[26]

Die Dschungelmetapher kulminierte in der Idee von einer archaischen Kraft, derer man sich vergewissern müsse, um im »Chaos« Moderne zu überleben. Literarisch war sie verführerisch. Sie stellte die Gesellschaft außerhalb der bürgerlichen Gesetze. In ihr drückt sich ein Lebensgefühl aus, das einen Sinn für Normalität nicht aufkommen ließ und eine Darstellung der Krise mit gleichsam herabgespannten, weniger pathetischen geistigen Mitteln ausschloß. Die ästhetisch wenig ansprechenden Kompromisse, die das politische Leben der Republik erforderte, fielen angesichts der utopischen Gegenentwürfe und Fluchtphantasien kaum ins Gewicht. Kracauer spricht von »einer gewissen Demokratisierung des deutschen Alltags« und entdeckt sie dort, wo man sie offensichtlich am wenigsten vermutete, in der Verfilmung eines Jugendbuchs: Erich Kästners ›Emil und die Detektive‹. »Diese Folgerung wird sowohl durch die Unabhängigkeit und Selbstdisziplin der Jungen als auch durch die dokumentarische Kameraführung unterstützt. Saubere, unprätentiöse Dokumentaraufnahmen von Berliner Straßenszenen porträtieren die deutsche Hauptstadt als eine Stadt, in der demokratische Grundrechte blühen und gedeihen.«[27]

Die Herausbildung einer »unprätentiösen« weniger verkrampften, kompromißfähigen Alltagskultur setzte voraus, was allenfalls in Ansätzen vorhanden war: eine funktionsfähige Massendemokratie. Die Hoffnungen, die man dabei auf die Medien setzte, waren verfrüht. Gerade die Gegner der Demokratie nutzten die neuen Möglichkeiten der Massenbeeinflussung auf ihre Weise.

VII

Das Element der Theatralisierung durchzieht fast alle Lebensbereiche der Republik. Die populären Medien Film, Rundfunk, Schallplatte, Massenpresse arbeiten auf eine Vergesellschaftung der Aufmerksamkeit hin. Der Akzent verschiebt sich von einer Lesekultur zu einer Kultur der Zuschauer. Politisierung, Information, Unterhaltung – so lauten die neuen Leitbegriffe. Die Vergnügungsindustrie wendet sich schon an großstädtische Massen und Subkulturen, die ihre freie Zeit unterhaltsam verbringen wollen. Dies entzieht den Formen der Hochkultur zunehmend den Boden. Zuschauerkultur und Sachlichkeit verweisen aufeinander. Die Prätention sachlicher Kühle und die Geste des bloßen Aufzeigens weisen auf die Überforderung der Subjekte durch die moderne Weltlage zurück. Es ist die Haltung, die das Individuum einnimmt, das versucht, angesichts seiner offensichtlichen individuellen Hilflosigkeit und Überforderung dennoch souverän zu bleiben. Das ist die psychische Grundlage der neusachlichen Stilisierungsgeste.

Im Bild glaubte man ein probates Mittel gegen intellektuelle Selbstbezogenheit zu erkennen. »Nicht mehr lesen! Sehen! wird der Leitgedanke der Entwicklung der Tageszeitungen sein – schon heute nimmt die Zeitung einen immer breiteren Raum ein 〈...〉 Wir brauchen die entschlußsicheren Regisseure der optischen Gestalt, die Männer der Sekunde, elastisch und immer bereit zu handeln.«[28] Auf den expandierenden Märkten der Kulturindustrie gewannen die optischen Medien eine besondere Bedeutung. Man sprach geradezu von einer »photographischen Weltanschauung«. Der »Struktur des Weltbildes« sollte die Photographie »innerlichst gemäß« sein, »ihre sachliche Art des Registrierens 〈...〉 den Denkformen einer Generation von Ingenieuren« entsprechen.[29]

Damit gingen neue Bestimmungsversuche der Literatur zusammen, die sich weder den neuen technischen Möglichkeiten und ihrer Anwendung noch den Bedürfnissen der Massengesellschaft entziehen dürfe, und selbst Thomas Mann, der sich über die Liebhaber von Pferdebüchern mit Momentaufnahmen mokiert hatte, Überlegungen über das auf »vorzügliche Art Massengerechte« anstellen ließen.[30] Dabei waren der von vielen Parteigängern der Massenkultur zur Schau getragene Antiinvididualismus und Antiintellektualismus, die in manchem schon die Realität der totalitären Volksgemeinschaft vorwegnehmen, selber Ausdruck einer intellektuellen Haltung. Mit der Vorstellung vom bildungsfernen und deshalb auch unverbildeten Volk entlastete man sich vom eigenen »Unbehagen in der Kultur«. »In diese Epoche paßt der Massenmensch – wird Kollektivgeist Forderung und ethischer Grundsatz«.[31] Ein neuer Lebensstil sollte den Menschen von der Sinnfrage befreien und die Literatur aus ihrem Elfenbeinturm vertreiben. Im Einverständnis mit dem, was bei der Mehrheit Anklang fand, entzog man sich der prekären Debatte, wie das Verhältnis der Künstler zum Volk zu bestimmen sei.

Die Optionen für eine illusionslose Anpassung an einen technikbestimmten Lebensstil klingen nicht weniger forciert als die radikal konservativen Bemühungen, gegen den Zeitgeist Front zu machen. Sie trafen sich aber sehr wohl in einer antibürgerlichen Attitüde, in der sich auch die neue Rechte gefiel, die sich nicht weniger entschlossen gab, humanistische Hemmungen abzulegen und, wie Ernst Jünger, in der Vollkommenheit der technischen Armaturen die Frage nach Recht und Unrecht außer Kraft gesetzt sah.

Der Aufbruch in die technische Moderne vereinte die Avantgarde über parteipolitische Differenzen hinweg. Die Elite, die sich ihr zugehörig fühlte, hatte ein Programm. Es wurde getragen von der Idee einer radikalen Neuordnung, eines internationalen konstruktivistischen Stils der Krisenbewältigung, wobei die Krise darin gesehen wurde, daß das Alte den neuen technischen Möglichkeiten nicht schnell genug Platz machte. Kulturelle Erneuerung im Zeitalter der Massen schien zu sehr ein technisch-funktionales Problem zu sein, als daß ihm gegenüber die Frage, wie sie unter den Bedingungen einer demokratisch verfaßten Gesellschaft zu lösen sei, ins Blickfeld geraten konnte:

> Das Gestern ist tot: Tot die Bohème. Tot Stimmung, Valeur, Grat und Schmelz und die Pinselstriche des Zufalls. Tot der Roman: es fehlen uns Glaube und Lesezeit. Tot Bild und Skulptur als Abbild der realen Welt: im Zeitalter von Film und Photo sind sie uns Arbeitsverschwendung und Anmassung ist die dauernde »Verschönerung« unsrer realen Umgebung mit deren Interpretation durch den »Künstler«. Tot das Kunstwerk als »Ding an

sich«, als »L'art pour l'art«: Unser Gemeinschaftsbewusstsein erträgt keine individualistischen Ausschreitungen. Das Künstleratelier wird zum wissenschaftlichen Laboratorium, und seine Werke sind Ergebnisse von Denkschärfe und Erfindungskraft.³²

Die Reaktion auf die neusachlichen Programme eines ästhetischen Objektivismus blieb nicht aus. »Sammlung von Oberflächenrealitäten« (Kantorowicz), Verlust an Phantasie, Entzauberung der Wirklichkeit, Gesinnungslosigkeit, »kahle Ungläubigkeit« (G. F. Hartlaub), so, gegen Ende der zwanziger Jahre, die Schlagworte der Kritik. Als Schuldige wurden benannt: Kameramänner, Flieger, die Schallplatte, die Reporter. Selbst der als Retter aus der ästhetischen Krise gepriesene Upton Sinclair habe als »businessman der Seele« nur »die Fassade« gezeigt: ein »außerordentlich talentierter Reporter ohne viel Substanz«.³³ Schärfer noch wandte sich Hermann Broch Anfang 1933 in seinem Vortrag ›Das Weltbild des Romans‹ gegen eine von Reportageelementen durchsetzte Literatur. Wer in die Sphäre der Massenmedien eingreife, sei »ein Verbrecher, der das radikal Böse« wolle. »Das technische Amerika, das übertechnische Rußland werden ins Heroische erhoben, kurzum es waltet ein Auswahlprinzip, das bei aller angestrebten Sachlichkeit den Stempel unsagbarer Verlogenheit trägt.«

Die Entfremdungstheoretiker von rechts beharrten auf ihren modernisierungsskeptischen Positionen. Gegen die »fortschreitende wissenschaftliche Durchdringung unsrer Umwelt«, die Deutschland »aus völkischer Abgeschiedenheit zur Weltgemeinschaft« (H. Meyer) aufschließen lassen sollte, führten sie das »volkspolitische Schicksal«, die »Tröstungen der Heimat«, das »Gebot des Volksgeistes« ins Feld und beriefen sich dabei auf regionale Vielfalt, Naturverbundenheit, das Recht auf organisch gewachsene Tradition und individuelle Eigenständigkeit.³⁴ Für die Herren des total platten Landes, wie Döblin sie nannte, war die Metropole Inbegriff morbiden Verfalls, jüdisch geprägter liberalistischer Literatur, sinnfälliger Ausdruck der Überfremdung Deutschlands unter amerikanischem Einfluß und alles in allem ein schlagendes Argument für die nivellierenden und zerstörerischen Tendenzen einer dem freien Spiel der Kräfte überlassenen Politik. Wenn auch die Verfechter einer vom internationalistischen Ungeist gereinigten deutschen Nationalkultur mit der gescholtenen Avantgarde darin übereinkamen, daß sich »bürgerlicher Roman und bürgerliches Theater« mit ihren »privaten Konflikten« überlebt hätten, so waren sie doch nicht bereit, alle Bildungstradition über Bord zu werfen und die »Tröstungen der Heimat« auszuschlagen.[35] An Ernst Jünger, der »alle völkischen Elemente unserer Geschichte und Überlieferung« vermissen lasse, mißfiel ihnen die radikale Anerkennung der technischen und wissenschaftlichen Faktoren der Gegenwart. Sie monierten »die unerhörte Selbstverherrlichung des Menschen des 20. Jahrhunderts« und »die mathematisch-technische Größe der Weltkonstruktion«[36]; und sie stellten die Frage, »wie lange die Geduld der Natur, die Langmut der Schöpfung diese Herrschaft des Menschen, diesen planetarischen Hochmut des technischen Geistes erträgt«.[37]

Die Kritik am abstrakten Radikalismus einer »technischen Weltarchitektur« ließ keinen Zweifel darüber aufkommen, wofür und wogegen sie sprach. Für die Bindung und gegen den prononcierten elitären Internationalismus, für die Natur und gegen ihre bedingungslose Unterwerfung, gegen die Technopolen und für die Region, gegen die »Asphaltiteratur« und für »die dichterischen Kräfte, die weder mit der bürgerlichen Psychologie noch mit der »neuen Sachlichkeit« des technischen Denksports etwas zu tun haben, sondern ihren Auftrag aus der geschichtlichen Gestalt und seelischen Heimat der Landschaft empfangen, der sie angehören«.[38] Eine organisch an die »Landschaftsseele« gebundene Literatur, für die Autoren wie Hans Friedrich Blunck, Erwin Guido Kolbenheyer, Friedrich Griese, Agnes Miegel, Ernst Wiechert namhaft gemacht werden, dürfe man »nicht einem Generalplan, einer totalen Mobilmachung der Technik« unterwerfen.[39]

VIII

Es bestand ein auffälliges Bedürfnis nach Standortbestimmung in einer Zeit, der »die Lebensimmanenz des Sinnes zum Problem geworden« war.[40] Unübersehbar ist dabei die Faszination, die Nietzsche auf einen großen Teil der Intelligenz ausübte »Was wären wir ohne Nietzsche! Das Stromnetz, das von ihm ausgeht, ist bereit unter uns, um uns ⟨...⟩ in uns«, schreibt Theodor Däubler 1920 an Rudolf Pannwitz.[41] Nicht nur die Expressionisten beriefen sich auf ihn, indem sie bürgerliche Moral und Politik verdammten und den »neuen Menschen« verkündeten.

Während die Rechte sich dahin verstieg, Nietzsches Philosophie als einen »Siegfriedangriff auf die Urbanität des Westens« (Alfred Baeumler) zu verstehen, wurde – durchaus im Widerspruch zu dem vielfältigen Echo auf Nietzsche gerade auch in der organisierten Arbeiterschaft – ihre einseitige politische Deutung von linker Seite indirekt bestätigt. Georg Lukács hat ihn als »einflußreichsten Denker des Imperialismus«[42] für den Irrationalismus der Epoche verantwortlich gemacht und die »scheinrevolutionäre Attitüde ⟨...⟩ eines radikalen Anstürmens gegen die gegenwärtige Gesellschaft« hervorgehoben.[43] Für ihn ist er der Wegbereiter einer radikalen Kritik des Bestehenden, die »durch Steigerung der Dekadenz über die Dekadenz hinauskommen« wolle.[44] Dies traf zwar für Nietzsches radikalkonservative Apologeten zu, die den Weimarer Staat zur Zielscheibe ihrer Angriffslust gewählt hatten und sich an Zarathustras Prophezeiung hielten, daß »die Zerstörer die Schaffenden sein werden«. Daß man ihn auch anders, möglicherweise als Chronisten der Dekadenz mit dem »emanzipatorischen Willen der Absage an sie«, lesen könne, kam weder seinen Epigonen noch seinen Kritikern in den Sinn.[45]

So wurde die implizite Frage, warum weder Nietzsches erkenntnistheoretischer Perspektivismus noch seine Kritik – sein »Hauptangriff gegen die kulturzerstörenden Folgen der kapitalistischen Ökonomie, wie Einführung der Maschine, wachsende Arbeitsteilung, Wachsen der Großstädte, Verarmung der Erlebnisfähigkeit«[46] – für eine Deutung der Nachkriegsperiode fruchtbar werden konnten, von Lukács indirekt damit beantwortet, daß Nietzsche zwar »die Kulturlosigkeit der Kapitalisten«, aber auch »die ›Begehrlichkeit‹ der Proletarier« hasse.[47] Dies lief auf den Vorwurf hinaus, daß der Philosoph die Entwicklungsgesetze des Kapitalismus und die historische Rolle des Proletariats nicht zu erkennen vermochte und folglich seinen literarischen Nachfolgern keine andere Wahl gelassen habe, als in der Dekadenz zu versinken oder sie heroisch machtphilosophisch zu überwinden.

Nietzsche wurde von einem Standpunkt her beurteilt, von dem aus die Demokratie nicht weniger überlebt erschien als für ihre Verächter von rechts. Auch für die Kommunisten war die Weimarer Demokratie nur ein Durchgangsstadium auf dem Weg zu einer anderen Ordnung, einer »besseren« Gesellschaft. Für sie war schon entschieden, welcher Tendenz die Geschichte zu folgen hatte. Ihnen schien die »Zerstörung der Vernunft« schon so weit fortgeschritten, daß sie der bürgerlichen Gesellschaft die Kraft, sie zu erneuern, absprechen mußten. Die Gegenwart, in der sie lebten, war keiner literarischen, künstlerischen oder philosophischen Mühe wert, die sie auf einen anderen als negativen Begriff gebracht hätte. Die Weimarer Republik war auch aus dieser Sicht ästhetisch nicht zu rechtfertigen.

Weder von einer nationalkonservativen noch von einer fortschrittsgläubigen Position aus ließ sich ein Sinn für situative Moralen und komplexere Lagedeutungen entwickeln. Es gehört zu den Paradoxien der Epoche, daß dort, wo sich vitalistische Gegenwartsbejahung mit Auffassungen vom Ende der Geschichte verbanden, ein ästhetisches Gespür für die Ambiguität der Nachkriegsmoderne entstehen konnte. Wie der Nietzscheaner Theodor Lessing spricht auch Gottfried Benn vom »Bankrott« der Geschichte: »die empirische Wirklichkeit ohne sinngebende Instanz, nackte Tatsächlichkeit, ohne Mythos, ohne geistige Substanz«.[48] Indem er es ablehnt, der Geschichte die Würde einer sinngebenden Instanz zuzusprechen, gelingt es ihm, eine poetische Form für das Spaltungsbewußtsein seiner Zeit finden. »Antinomisch strukturiert verstand er sich als Repräsentant der Zeit.«[49] Aus einer vergleichbaren Haltung gelangte Lessing, für den es ein »frommer Wahn« war, »daß Geschichte Vernunft und Sinn, Fortschritt und Gerechtigkeit« enthalte, zu einer repräsentativen Zeitaussage.[50] Allenfalls durch eine künstlerische wie philosophische »absolute Reflexion« der Gegenwartsphänomene konnte der Geschichte ein Sinn zurückgegeben werden.

IX

Die Weimarer Republik markiert einen Umbruch im Prozeß der Aufklärung. Versuche, den aufklärerischen Optimismus einfach weiterzutragen, fielen hinter den Reflexionsstand bürgerlichen Denkens zurück. Darin liegt auch die Problematik der linken Aufklärer, die die Weimarer Demokratie »als Republikaner aus dem Kaiserreich« (Erhard Schütz) kritisierten. Gegenüber den kollektiven Phantasie- und Gefühlspotentialen erwies sich diese Kritik als machtlos, da sie dem Wesen irrationaler Einstellungen nicht entsprach. Die Weiterführung aufklärerischer Prozesse trennte sich vom Fortschrittsbewußtsein. Eine pessimistische Nachaufklärung setzt ein, teils als Aufklärung der Aufklärung über sich selbst, teils als skeptische Defensivhaltung.

Allen, die sich zu einem Beitrag zur geistigen Auseinandersetzung und Lagebestimmung berufen fühlten, ist eine gewisse Berechtigung nicht abzusprechen. Die Ismen und Relativismen hatten Konjunktur. Der Haß, der die Gesellschaft spaltete, hatte auch mit dem vagen Bewußtsein zu tun, daß die Motive der jeweiligen Gegner einander oft ähnlich waren. Man brauchte die Fronten und die Feinde, und diese waren allenthalben, seitdem sich das Terrain, auf dem die Kämpfe stattfanden, mit dem Zusammenbruch des Reiches in sein Inneres verlagert hatte. Und alle trugen dazu bei, daß sich die Fronten nicht beruhigten. Der Feind stand nicht nur rechts oder links. Die Lager waren auch in sich gespalten.

Politische Aufklärung war weitgehend Feindaufklärung, hinter der die Versuche, Aufklärung als Vernunftpolitik zu betreiben, zurücktraten. Der Feind stand im Inneren des Landes: als marxistische Ideologie oder bürgerliche Erfüllungspolitik. Auf jeden fiel der Verdacht, an der falschen Front zu kämpfen. Das erleichterte nicht nur das Politikverständnis auf allen Seiten, sondern bot auch die Bequemlichkeit wechselseitiger Schuldzuweisungen und Rechtfertigungen: Die Völkischen, die den Weg in ein modernes Deutschland versperren; die Väter, die die Ideale der Jugend verraten; die Reformer, für die Religion und Modernität zwei unvereinbare Größen darstellen; die Traditionalisten, die regionale Vielfalt, gewachsene Kultur und Religion in Gefahr sehen. Wer wie Ossietzky gegen die

»Camorra von unbeschäftigten Offizieren« ankämpfte, wurde als Hochverräter verfolgt. Auf der Linken geriet die SPD als Verräter der Revolutionsideale ins Visier. Auch die völkische und nationalsozialistische Rassenlehre begriff sich als Teil einer Aufklärungsstrategie, den inneren Feind als Agenten einer jüdisch-bolschewistischen Weltverschwörung zu enttarnen und dingfest zu machen.

Überlegen erwies sich eine Propaganda, die der fehlenden Bereitschaft zur Demokratie entgegenkam. Der Haß auf alles, was mit der »Novemberrepublik« zu tun hatte, den sie zugleich nährte und stimulierte, war ihr willkommen. Auch der Haß verhilft zur Orientierung in der Welt. Das Ressentiment trat an die Stelle des rationalen Arguments. Die so auffällige und das Klima der Republik bestimmende Verweigerungshaltung, das Mißtrauen gegen Parteiwesen und Parlament waren den Traditionalisten wie den Konservativen und radikalen Konservativen gerade eine Bestätigung für die positive Grundeinstellung, das gesunde Volksempfinden der Deutschen. Wer es anders sah, galt als verführt, ein Opfer der demokratischen Demagogen. Die Massenverachtung, die damit einherging, tat ein übriges. Wer sich von den nationalen und völkischen Sinnstiftern angesprochen fühlte, sah sich aus der Masse herausgehoben.

Das Reflexionstabu, dem eine Literatur unterlag, die sich weigerte, die Weimarer Wirklichkeit anders als ablehnend zur Kenntnis zu nehmen, war durchaus mehrheitsfähig. Die Gefühle, die hier zum Ausdruck kamen, waren stabiler als der Staat, gegen den sie sich richteten. Das Sendungsbewußtsein ihrer Autoren, als »Künder deutschen Schicksals«, deutscher Gemüts- und Seelentiefe zu sprechen, war ungebrochen. Der Nationalsozialismus verstand sich schon als eine »Betroffenheitsbewegung«, als eine »Gefühlsbewegung« (Arthur Zweininger).

X

Das Ende der ersten deutschen Demokratie, wie sehr ihr auch die Voraussetzungen zum Gelingen gefehlt haben mögen, trat erst nachträglich als der große Einschnitt, der die Epochen trennte, ins

Bewußtsein. »Daß große moderne Gesellschaften«, schrieb Marcel Mauss 1936 an den dänischen Soziologen Svend Ranulf, »hypnotisiert werden könnten wie die Australier durch ihre Tänze, hatten wir nicht erwartet. Diese Rückkehr zum Primitiven ⟨...⟩ ist eine wirkliche Tragödie für uns und ein überaus starker Beweis, daß wir die Bekräftigung der von uns erforschten Zusammenhänge eher vom Bösen als vom Guten hätten erwarten sollen.«

Wenn Demokratie, ihrem Anspruch gemäß, ein Mindestmaß an sozialer Sicherheit und kultureller Identität voraussetzt, dann bedeutete das nachfolgende Regime für viele die Rückkehr zu einer Normalität, auf die man seit dem Kriegsende gewartet hatte, dann war sie und nicht die Diktatur in gewisser Hinsicht der Ausnahmezustand.

Die Gegenwart bestimmt sich auch von dem her, was in der Zukunft erwartet wird. Die Rechte war erfolgreich, weil sie die Wiederherstellung deutschen Ansehens, deutscher Weltgeltung in Aussicht stellte, ohne der Reaktion offen das Wort zu reden. Indem sie Wohlstand, Gleichheit und die Wärme der Volksgemeinschaft versprach, gab sie sich revolutionärer als es die reaktionär bedrängte Republik sein konnte. Sie gab vor, sowohl den Bruch mit den alten Mächten zu vollziehen als auch die Sonderstellung und Kontinuität einer deutschen vom Geist des Internationalismus bedrohten Kulturtradition zu bewahren. Sie konnte zudem damit rechnen, daß die Repräsentanten einer demokratischen Kultur weder bereit noch fähig waren, sich auf ihr populistisches Niveau zu begeben.

Die historische Betrachtung erliegt leicht der Gefahr, nachträglich denen Recht zu geben, die für die Vernunft eintraten und überzeugt waren, daß eine parlamentarische Demokratie die schwerste Aufgabe des modernen Staates am besten erfüllen könne, Hüter der Menschenrechte zu sein. Aber dieses Verfahren, das nur ein Ja oder Nein zur politischen Vernunft gelten läßt, ist zu einfach, um der schwierigen Lage der Weimarer Republik gerecht zu werden.

Woran liegt es, daß die Menschen gegen ihre eigenen Interessen handeln? Diese Frage setzte eine geistige Überlegenheit voraus, die sich leicht als volksfremd und zersetzend, als »Hochmut der Aufklärung« (Hanns Johst) denunzieren ließ. Die psychopolitische Überlegenheit der Rechten erwies sich darin, daß sie an einer antiintellektuellen, geistfeindlichen Stimmung, zu der die Intelligenz ihren Teil beigetragen hatte, ansetzen konnte und in größerer Nähe zur emotionalen Handlungsbereitschaft und zu den Phantasien der Massen stand. In dem Maße, wie eine bürgerliche Weltsicherheit in Gefahr geriet und – mit den Umwälzungen des naturwissenschaftlichen Weltbildes – das Vertrauen in die wissenschaftliche Rationalität verloren ging, nahm der Hang zur mythischen Weltdeutung zu. Eine Auffassung wie die, daß die wissenschaftlichen Lösungen die Lebensprobleme nicht berühren, beschreibt schon das Feld, auf dem die »mythischen Bilder« entstehen konnten, die, wie Leo Löwenthal schreibt, »bald christlich, bald heidnisch, bald metaphysisch, dann wieder rein gefühlsmäßig und hymnisch-geformt uns entgegentreten«. Sie stellten »das öffentliche Leben und den Umkreis der sozialen Existenz in einen Zusammenhang, der jede Kritik, jede Klage übersteigt«.[51] Die Krise der Intelligenz zeigt sich gerade dort, wo diese dem Leben an sich einen Vorrang vor der vernunftbestimmten Erkennbarkeit der Welt einräumte und überzeugt war, daß sich der Intellekt »durch eine natürliche Verständnislosigkeit für das Leben« (Bergson) charakterisiere.[52] Die unpersönliche Macht des Lebens schien über private Schicksale zu triumphieren. Man *fühlte,* daß die Erkenntnis nicht weiter half. »Wir fühlen, daß selbst, wenn alle *möglichen* wissenschaftlichen Fragen beantwortet sind, unsere Lebensprobleme noch gar nicht berührt sind.« (Wittgenstein)[53]

Geschichte, die im Zerfall der Wert- und Ordnungssysteme endete, schien allein noch die »natürliche Daseinsbasis« (Plessner) übrig gelassen zu haben. Traditionelle religiöse Bindungen – auch dies eine Nachwirkung des 19. Jahrhunderts – wurden durch naturalistische und vitalistische Mythen ersetzt: Natur, Heimat, Boden, Rasse, Blut, Opferbereitschaft, Volkstum, Ganzheit etc. Wie in keiner anderen Periode ist die Literatur von pseudoreligiöser Rhetorik durchsetzt. Es ist die große Zeit neuheidnischer Mythen. Erlöserpathos, Rettung der deutschen Seele vor materialistischen und »fremdvölkischen« Ideologien, Neomystik paßten sowohl zur wertkonservativen Selbstbehauptung deutschen Kulturanspruchs als auch zur nationalrevolutionären Aufbruchbewegung.

Um einen Staat, der auf die Zustimmung und Unterstützung seiner Schriftsteller angewiesen ist, wäre es schlecht bestellt. Deshalb macht es auch wenig Sinn, das Scheitern der Republik mit ihrer Literatur in Beziehung zu setzen. Daß die Literatur der Politik zu folgen habe, ist eine totalitäre Forderung; wie sich andererseits die Garantie der Kunstfreiheit von demokratischen Grundsätzen nicht trennen läßt. Wäre eine demokratische Massenbasis vorhanden gewesen, so hätte es auch Schriftsteller gegeben, die ihr zum Ausdruck verholfen hätten. Die Erfolglosigkeit der Weimarer Demokratie dokumentiert sich auch in den literarischen Erfolgen jener Zeit. Erfolgreich konnte nur sein, wer den Gefühls- und Erwartungshorizont seines Publikums teilte. So beruhte die beispiellose Popularität der Biographien Emil Ludwigs darauf, daß sie dem Sinndeutungsbedarf ihrer Leser entgegenkamen und sie zugleich der Schwierigkeit historischen Verstehens enthoben, indem sie Geschichte in Geschichten verwandelten, wobei sie die belletristische Verarbeitung scheinbar nützlichen Wissens mit dem Glauben an die großen Individuen als Schicksalsgestalter ihrer Zeit verbanden. Diesen Zusammenhang von Wirkung und literarischer Form hatte die zeitgenössische Kritik im Auge: Ludwig »erzählt lediglich Tatsachen – aber er gibt nur jenes Tatsächliche, das sich auch erzählen läßt.«[54] Aber es war allenfalls die Kritik, nicht die Literatur, die darauf aufmerksam wurde, was ausgeblendet blieb. Die Tatsachen, derer die Demokratie bedurfte, ließen sich eben schlecht oder nur mangelhaft »erzählen«. Der Blick auf die »konstruktiven Seiten« der Diktaturen war faszinierender als auf demokratische »Mittelmäßigkeiten«. Und dies war trotz aller vernunftrepublikanischen Bekenntnisse in der Struktur der biographischen Erfolgsbücher schon angelegt. »Wem sich«, so erläuterte ihr Autor, dessen Werke es allein in Deutschland auf eine Auflage von 1,2 Millionen brachten, noch 1934, »die Weltgeschichte so entschieden aus Persönlichkeiten aufbaut, dem muß eine Regierung von vierhundert Mittelmäßigkeiten fremder sein als die Regierung eines bedeutenden Diktators.«[55]

XI

Das Ende der Republik hatte ein literaturpolitisches Nachspiel, das in den Februar- und Märztagen 1933 unter der Regie der neuen Machthaber in der 1926 als »Anstalt der Republik« gegründeten Sektion Dichtkunst der Preußischen Akademie der Künste aufgeführt wurde. Käthe Kollwitz und Heinrich Mann hatten einen »dringenden Appell« unterzeichnet, der zu den Wahlen zum 5. März 1933, für »ein Zusammengehen der SPD und KPD« eintrat, und den Nationalsozialisten willkommenen Anlaß bot, ihren »Kulturwillen« zu demonstrieren. Der Reichskommissar für das preußische Kulturministerium, Bernhard Rust, drohte die Dichterabteilung, gegebenenfalls die Akademie insgesamt aufzulösen, wenn die Unterzeichneten nicht zurückträten.

Die Kommentare der noch nicht gänzlich gleichgeschalteten Presse über diesen »in der Geschichte sämtlicher Akademien der Welt unerhörten Vorfall« reichen von der resignierenden Stimme der SPD, daß »die Geschichte eines Tages ⟨...⟩ ihr Urteil sprechen« werde[56], bis zum hämischen Triumph des ›Völkischen Beobachters‹. Noch einmal werden die weltanschaulichen Fronten sichtbar, die die intellektuellen Debatten der Republik bestimmten: die antiliberale Aufbruchstimmung, die ihre Hoffnung auf die Jugend setzt; die Verachtung der Vorkriegsgeneration mit ihrer »relativistischen Einstellung des späten Bürgers«; der Antiparlamentarismus, der überzeugt ist, daß das »Parlament ⟨...⟩ von betagten Literaten ⟨...⟩ dem politischen an Wesenlosigkeit nichts« nachgegeben habe: »nichts, was sie tun und sagen, hat bisher einen einzigen deutschen Menschen bewegt«[57]; der geistige Boykott, der von undeutsch empfindenden Literaten gegen das gesamte nationale Schrifttum betrieben werde; die Unterscheidung zwischen einem zerstörenden und einem »gesunden und gläubigen« Sozialismus.[58]

Die Berliner Börsenzeitung begrüßte mit einem »Gefühl der Genugtuung« das Ausscheiden Heinrich Manns und des Berliner Stadtbaurats Martin Wagner, der aus Protest zurückgetreten war, und kennzeichnete sie als Exponenten einer der »deutschen Kunst und Kultur« feindlichen Einstellung. »Leute, die an den französisch gefärbten internationalen Geist glauben und an die alles nivellierende Weltzivilisation wie Heinrich Mann oder die auf die mechanistisch-materialistische proletarische Kultur nach bolschewistischem Muster schwören wie der Stadtbaurat Wagner, gehören nicht hinein.« Bedauert wird lediglich, daß auch Käthe Kollwitz zum Austritt gezwungen wurde. Sie sei »zwar Kommunistin«, aber dennoch »eine volkhafte deutsche Künstlerin.«[59]

Es lohnte die Mühe nicht, auf die Kommentare der Nationalsozialisten einzugehen, wenn nicht in ihnen zum Ausdruck käme, was – allenfalls im Tonfall und in der Wortwahl unterschieden – über die parteipolitische Zugehörigkeit hinweg weitgehend konsensfähig war. »Die Juden, Pazifisten, die Wehrfeinde und Paneuropäer ⟨haben⟩ der Dichterakademie ihr Gepräge verliehen. Diese Dichterakademie muß sterben, wenn die deutsche Dichtung leben soll!«[60] Die ›Berliner Illustrierte Nachtausgabe‹ brachte die Gegensätze lakonisch auf den Punkt: »Nach Heinrich Manns Abgang sollte nicht mehr der Asphalt, sondern die Scholle als Wahrzeichen gelten.«[61]

Die erzwungenen Austritte Manns, Kollwitz', Wagners waren nur der Anfang. Es folgte ein von Gottfried Benn formulierter Revers, der die Mitglieder »zu einer loyalen Mitarbeit an den satzungsgemäß der Akademie zufallenden nationalen kulturellen Aufgaben im Sinne der veränderten geschichtlichen Lage« verpflichtete und eine Handhabe bot, mit der »Säuberung« fortzufahren. Mit der »völligen Neuordnung der Dichterakademie« im Mai 1933 und der konstituierenden Sitzung im Juni ist sie vollzogen. Ein Wort wie das des Präsidenten Max von Schillings vom »Pfingstwunder« schien noch zu gering, um die Bedeutung der Stunde zu würdigen, in der sich die Dichter wieder zu »ihrem« Staat bekennen durften: »Wo die Künstler und der Staat zusammengegangen sind, ist immer etwas ganz Großes entstanden.«[62]

Ricarda Huch gehörte zu den wenigen, die ihre Unterschrift unter die eingeforderte Loyalitätsadresse verweigert hatten. Da man befürchtete, es würde »in der Öffentlichkeit nur mißverstanden werden«, wenn auch sie, »ebenso wie Heinrich Mann und Dr. Döblin, aus der Akademie« ausschied[63], bat man sie wiederholt, sich dennoch weiterhin als Mitglied zu betrachten und versicherte ihr, daß es in Anbetracht ihrer »deutschen Gesinnung ⟨...⟩ der formalen Unterzeichnung der Erklärung nicht« bedürfe.⁶⁴ Sie aber ließ sich in ihrer Entscheidung nicht beirren und erklärte in einem Schreiben an den Präsidenten ihren Austritt aus der Akademie:

> Was die jetzige Regierung als nationale Gesinnung vorschreibt, ist nicht mein Deutschtum. Die Zentralisierung, den Zwang, die brutalen Methoden, die Diffamierung Andersdenkender, das prahlerische Selbstlob halte ich für undeutsch und unheilvoll. ⟨...⟩ Sie sagen, die mir von der Akademie vorgelegte Erklärung werde mich nicht an der freien Meinungsäußerung hindern. ⟨Aber ich würde⟩ keine Zeitung oder Zeitschrift finden, die eine oppositionelle Meinung druckte. Da bleibt das Recht der freien Meinungsäußerung in der Theorie stecken.⁶⁵

Als einer »Demokratie auf Probe«, einer Zeit des Übergangs – das Alte noch nicht tot, das Neue noch nicht lebendig (Lion Feuchtwanger) – war in der Weimarer Republik kein Platz für das Privileg der Freiheit *von* Politik. Sie forderte zur politischen Stellungnahme heraus, aber die ihr zugemessene Zeit, war zu kurz, als daß die literarischen Formfindungsversuche schon zu einem Abschluß hätten kommen können. Es ist eben dies, wovon Huch spricht, wenn sie über Döblin bemerkt: »Jedenfalls möchte ich wünschen, daß alle nichtjüdischen Deutschen so gewissenhaft suchten, das Richtige zu erkennen und zu tun, so offen, ehrlich und anständig wären, wie ich ihn immer gefunden habe.«⁶⁶ Gerade eine solche Haltung, die letztlich gegen den Zeitgeist auf die innere Evidenz des Werks vertraute, konnte von denen nicht hingenommen werden, die trotz aller revolutionären Aufbruchattitüde einem autoritären Kulturbegriff anhingen und wußten oder zu wissen vorgaben, was dem deutschen Volk nützlich und was ihm schädlich war.

XII

Literaturgeschichten wie diese kommen selten in einem Guß zustande. Die Planung und Vergabe der Beiträge, die Absagen und Neubesetzungen sind ein Kapitel für sich. Die Unterschiedlichkeit der Ansätze und Schreibweisen sollten und konnten nicht zugunsten eines vielleicht uneinlösbaren Ideals methodologischer Einheitlichkeit ausgeglichen werden. Doch wäre es anmaßend, daraus nachträglich eine Tugend machen zu wollen.

Wir haben versucht, das besondere kulturelle Klima der kurzen Weimarer Jahre, ihre Wertsetzungen, Erneuerungs- und Beharrungsbestrebungen, ihren auffälligen Hang zur Selbstkommentierung, die Wandlungen des Literaturbegriffs, des Selbstverständnisses der Autoren, der Stellung der Literatur im Zusammenhang mit anderen kulturellen Teilgebieten erkennbar werden zu lassen. Weder die zeitgenössische noch die spätere, durch die Existenz zweier deutscher Staaten geprägte Wirkungsgeschichte sollten allein Maßstäbe bilden. Die Zäsuren des Kriegsendes und des Beginns der nationalsozialistischen Herrschaft sind überdeutlich. Als literarhistorische Markierungen bleiben sie problematisch. Es liegt schon in der Kürze des behandelten Zeitraums, daß er innerhalb der werk- und lebensgeschichtlichen Daten der Autoren nur einen Ausschnitt bildet. Der exemplarischen Darstellung wurde ein Vorzug eingeräumt. Es war erforderlich, Akzente zu setzen. Zudem ergaben sich aus dem Prinzip einer möglichst weitgehenden Eigenverantwortlichkeit der einzelnen Beiträger Kriterien der Beurteilung und Auswahl, die sich mit einem Anspruch auf Vollständigkeit nicht immer vereinbaren ließen. Die meisten der diesem Band zeitlich noch oder schon zugehörigen Autoren fallen ebenso in die Zuständigkeit der jeweils anschließenden Bände. Dies wird im Fall des einen oder anderen Desiderats zu berücksichtigen sein.

Zu danken ist allen, die dazu beigetragen haben, daß dieser Band fertiggestellt werden konnte, den Autoren, dem Lektorat und nicht zuletzt Helmut Lethen, der die abschließende Redaktion engagiert und sachkundig begleitet hat.

B.W.

Anton Kaes
Schreiben und Lesen in der Weimarer Republik

1. Die neuen Produktionsverhältnisse

16. Februar 1921. Vor der Strafkammer des Münchner Landgerichts steht der 42jährige expressionistische Dramatiker Georg Kaiser, um sich wegen Unterschlagung und Diebstahl zu verantworten. Kaiser, in Untersuchungshaft seit Oktober 1919 und zur Beobachtung seines Geisteszustandes vorübergehend auch in der Münchner psychiatrischen Klinik, ist angeklagt, aus der von ihm gemieteten Luxusvilla zahlreiche zur Einrichtung gehörende Gegenstände, unter anderem auch wertvolle Teppiche, Bilder und Schmuckstücke, verpfändet oder verkauft zu haben, um seinen Lebensunterhalt zu bestreiten, ohne den zum Dichten nötigen Freiraum einzuschränken. Seine verzweifelte wirtschaftliche Lage habe ihm keine andere Wahl gelassen, erklärt Kaiser und erinnert an Rembrandt, der auch aus höchstem Luxus ins tiefste Elend stürzte. Allerdings: »Die moralische innere Pflicht gegen das eigene Werk, gegen die in ihm lebende Schöpferkraft habe ihn nie an die Normen des Gesetzes denken lassen.«[1] So zitiert der Korrespondent der ›Frankfurter Zeitung‹ aus Kaisers abschließender Verteidigungsrede, in der es um den heroischen Kampf des dichterischen Genies gegen den Mammon ging. Obwohl Zeugen bestätigten, daß die Familie Kaiser wochenlang von Wasser und Brot gelebt habe, zeigt sich das Gericht ungerührt von der behaupteten Ausnahmesituation des Dichters und verurteilt ihn unter Anrechnung der Untersuchungshaft wegen erwiesenen Diebstahls zu einem Jahr Gefängnis. Seine nachweislich schlimme wirtschaftliche Situation wurde lediglich als strafmildernd berücksichtigt.

Der Dichter als Dieb: Unter den freischaffenden Schriftstellern der frühen Weimarer Republik galt die Verurteilung Kaisers als schockierender Beweis für die rapide Verschlechterung ihrer ökonomischen Lage seit Kriegsende. Die Hyperinflation hat in den unmittelbaren Nachkriegsjahren die in Form von Ersparnissen und

Lebensrenten auf der Bank deponierten kleinen und mittleren Vermögen, von denen die mittelständische Intellektuellenschicht zur Ergänzung ihres unzulänglichen Berufsverdienstes abhängig war, buchstäblich zunichte gemacht. Bereits 1922 wurden die geistigen Arbeiter – Schriftsteller und Professoren, aber auch Rechtsanwälte und Ärzte –, die sich auf ihre Renten stützten, von der Reichsregierung als praktisch »expropriiert« bezeichnet, wie der Heidelberger Soziologe Alfred Weber 1923 in seiner Abhandlung ›Die Not der geistigen Arbeiter‹ nüchtern feststellt.[2] Die radikale Geldentwertung hat aber nicht nur die Vermögensbasis der Intellektuellen zerstört, sondern auch ihr Privileg, sich sozusagen jenseits der ökonomisch-materiellen Sphäre anzusiedeln. Vor allem die Schriftsteller empfanden ihre wirtschaftliche Deklassierung als schmerzlichen Autoritäts- und Machtverlust. Ihre traditionelle Rolle, die sie darin sahen, dem arbeitenden, ins tägliche Erwerbsleben verstrickten Volke sozusagen von höherer Warte aus die Welt sinnhaft zu deuten und sie ihrer Kritik zu unterwerfen, war nämlich auch durch den Umstand legitimiert, daß sie wirtschaftlich bessergestellt waren als die arbeitenden Klassen. Nun sei der Dichter selbst durch die Inflation auf die Stufe des materialistisch ausgerichteten Erwerbslebens herabgedrückt worden, schrieb 1923 Samuel Saenger, der Herausgeber der ›Neuen Rundschau‹, in seiner Rezension der Weberschen Broschüre:

〈...〉 man läuft unstet jeder Verdienstmöglichkeit nach; Muße als Nährboden für jede Geistbetätigung und für die bildsame Pflege des Ideellen ist nicht mehr; das Gefühl der gesicherten Altersnahrung, ein Ruhepolster für den Nervenmenschen ist entschwunden; und das Gelände ist mit armen, gehetzten, in der Angst vor dem Gespenst der Notdurft herumirrenden Geschöpfen bedeckt, die dem reinen Dienst am Geist verloren sind.[3]

Ähnliche Klagen über die Folgen der Inflation für die geistige Existenz des freien Schriftstellers finden sich in den zahlreichen Umfragen, Analysen und Appellen, die öffentlich die ›Not der Dichter‹ anprangerten.[4]

Die krisenhafte Erschütterung der geistigen Produktionsbedingungen in der Weimarer Republik hat eine Umbruchsituation geschaffen, in der Schriftsteller und Intellektuelle zunehmend gezwungen wurden, sich um die ökonomischen Bedingungen ihres Schreibens selbst zu sorgen. So wurden als Reaktion auf die materielle Existenzbedrohung mehrere Entwürfe für eine Neuordnung literarischer Produktions- und Vertriebsformen auf sozialisierter Basis öffentlich diskutiert. Vor dem Hintergrund der russischen Revolution und den Forderungen der deutschen Revolution von 1918/19 fanden vor allem in der unmittelbaren Nachkriegszeit Debatten über die Vor- und Nachteile der Sozialisierung des Buchgewerbes statt. Am bekanntesten wurde das Sozialisierungsmodell von Walther Borgius, demzufolge die wissenschaftlichen Verlage in Produktionsgenossenschaften zusammengefaßt und die kommerziellen Leihbibliotheken vergesellschaftet werden sollten.[5] Borgius' Vorschläge stießen sofort auf heftigen Widerstand beim deutschen Buchhandel; sie wurden nie erprobt. Auch der von Kurt Wolff, dem Verleger expressionistischer Literatur, angekündigte Plan, seine Mitarbeiter am Gewinn zu beteiligen, kam nicht zur Ausführung.[6] Und bereits 1921 hieß es in Wilhelm Moufangs Buch ›Die gegenwärtige Lage des deutschen Buchwesens‹:

> Schon bald nach der Novemberrevolution wurden alle möglichen Vorschläge zu Neuerungen im Buchhandel gemacht. Die einen verlangten Verstaatlichung des Sortimentsbuchhandels, andere wollten die einzelnen Verlage sozialisieren oder in die Hände von Autoren überführen, zumindest aber die Autoren in den Betriebsräten vertreten wissen. Das Meiste von den damals aufgetauchten Vorschlägen wird heute längst nicht mehr verfochten.[7]

Impulse der Sozialisierung gingen jedoch in die Gründung der ersten Buchgemeinschaft von 1919 ein. Ziel des ›Volksverbandes der Bücherfreunde‹ war es, durch Abonnementssystem und Ausschaltung des Zwischenhandels die Bücher zu verbilligen und »die ins Proletariat hinabgestoßenen Mittelschichten, die früheren Hauptstützen des Bücherkonsums, zu erfassen und ihnen Bücher zu geben, die sie sonst des hohen Preises wegen entbehren mußten«.[8] Mehrere andere Buchgemeinschaften folgten, darunter ›Der Bücherkreis‹ (1924 als eine »Bücherbezieher-Organisation des arbeitenden Volkes« von den Sozialdemokraten gegründet), die ›Deutsche Buchgemeinschaft‹ (1924), die der Kommunistischen

Partei nahestehende, klassenkämpferische ›Universum-Bücherei für alle‹ (1926) und die ›Büchergilde Gutenberg‹ (1924), die 1932 bereits 80 000 Mitglieder umfaßte und wie der ›Bücherkreis‹ sozialistisch-proletarische Romane im Programm führte.

Massenfabrikation, Serienherstellung, neue Marketing- und Werbestrategien, der Trend zum Bestseller und zum billigen Buch – 2 Mark 85 war der magische Preis einer erfolgreichen Unterhaltungsromanserie des Ullstein-Verlags – sind die Hauptmerkmale des literarischen Marktes insbesondere in den letzten Jahren der Weimarer Republik. Im Herbst 1927 führte die (1926 von Willy Haas gegründete) ›Literarische Welt‹, eine der einflußreichsten neuen Literaturzeitschriften, die aus England und Amerika stammende monatliche Bestsellerliste auch in Deutschland ein. Der Buchhandel kritisierte eine solche Aufstellung der am meisten verkauften Bücher als weiteres Indiz der »Amerikanisierung« (und das hieß damals Kommerzialisierung und Verödung) des deutschen Geisteslebens. Verlage und Schriftsteller haben zu dieser Zeit auch unkonventionelle Wege erprobt, um neue Käuferschichten zu erreichen. So berichtet die ›Literarische Welt‹, daß in der letzten Märzwoche 1930 im Kaufhaus Karstadt Ernst Toller, Vicki Baum, Egon Erwin Kisch und Erich Kästner aus ihren Werken vorgelesen hätten. Auch wenn in diesem Rahmen die Feierlichkeit ernster Dichtung nicht ganz zur Geltung kommen konnte, schreibt der Berichterstatter, so würden doch Kreise, die sonst der Dichtung fernstehen, angezogen werden.[9] Äußerer Anlaß zu dieser buchhändlerischen Öffentlichkeitsoffensive war der »Tag des Buches«, der zum ersten Mal 1929, und zwar am 22. März, Goethes Todestag, stattfand. Dieser von der Reichsregierung anberaumte Feiertag zu Ehren des Buches sollte die Deutschen an ihre Mission als Kulturnation erinnern und der »Verflachung der deutschen Kultur« entgegenwirken. Von den Intellektuellen meist verhöhnt, zeigt die Idee eines jährlich abgehaltenen »Tages des Buches« dennoch das angestrengte Bemühen der Regierung, die im Meer der Massenkultur langsam untergehende Lesekultur zu bewahren.

Gleichzeitig versuchten die Schriftsteller, sich der neuen Massenmedien zu bedienen und Literatur mit ihrer Hilfe zu vermitteln. So gab es 1929 Schallplatten zu kaufen, auf denen Autoren ihre Ge-

dichte selbst vortrugen oder, wie Bert Brecht seine Songs aus der
›Dreigroschenoper‹, auch vorsangen. Und schon ab Mitte der zwanziger Jahre veranstalteten die Autoren regelmäßig Lesungen und
Diskussionen im Rundfunk. Alfred Döblin ist ab 1929 damit beschäftigt, seinen erfolgreichen Großstadtroman ›Berlin Alexanderplatz‹ sowohl als eigenständiges Hörspiel für den Rundfunk wie
auch als Filmdrehbuch zu bearbeiten; Brecht schreibt Originalwerke für den Hörfunk und mischt sich, zum Leidwesen des Regisseurs und des Studios, in G. W. Pabsts Verfilmung der ›Dreigroschenoper‹ ein, bevor er 1932 mit ›Kuhle Wampe‹ seinen ersten
(und einzigen) eigenen Film dreht. Auch wenn in der konservativen
Kulturkritik immer wieder vor der Gefährdung der Literatur durch
die Massenmedien gewarnt wurde, haben die meisten Schriftsteller
der Weimarer Republik von der Einbeziehung des Rundfunks und
Films in den Literaturbetrieb profitiert. Selbst Georg Kaiser hatte
bei seinem Gerichtsprozeß schon 1921 davon gesprochen, daß ihm
ausländische Filmgesellschaften ungeheure Geldsummen für die
Verfilmung seiner Werke in Aussicht gestellt hätten. Der Richter
hatte es ihm aber nicht geglaubt.

2. Der organisierte Schriftsteller

Die wirtschaftliche Unsicherheit förderte den Wunsch nach Organisationen, die in der Lage waren, private Interessen zusammenzufassen. Etablierte Autoren wie Thomas Mann, Gerhart Hauptmann,
Alfred Döblin, Arnold Zweig und Kurt Tucholsky waren in den
zwanziger Jahren aktiv in dem bereits 1909 gegründeten ›Schutzverband Deutscher Schriftsteller‹ (SDS) tätig, einer gewerkschaftlichen Berufsorganisation, die ihrer Satzung nach »den Schutz, die
Vertretung und Förderung der wirtschaftlichen, rechtlichen und
geistigen Berufsinteressen seiner Mitglieder« bezwecken sollte.[10]
»Wollt Ihr Euch«, schrieb Kurt Tucholsky in seinem Werbeaufruf in
der ›Weltbühne‹ 1920, »wollt Ihr den freien Schriftsteller vor dem
Untergang bewahren? Dann tut etwas. Tut Euch zusammen, tretet
in den Schutzverband Deutscher Schriftsteller ein, und wirkt in ihm
dafür, daß Ihr wirtschaftlich besser dasteht als Eure Waschfrau.«[11]

Tucholskys rhetorisch wirksamer, wenn auch unsozialistischer Hinweis auf die drohende Gefahr der Proletarisierung des unorganisierten Dichters ist bezeichnend für die sozialen Abstiegsängste der mittelständischen Intellektuellen. Gerade weil sich der Schutzverband so ausschließlich auf die Interessenvertretung der Schriftsteller beschränkte und sich nicht mit den Arbeitergewerkschaften verband, blieb ihm in der Weimarer Republik jegliche politische Macht versagt.[12] Mehrere Schriftsteller zogen es ohnehin vor, ihre wirtschaftliche Notlage in aller Öffentlichkeit ihren Verlegern anzulasten. So schrieb Herbert Eulenberg:

> Es herrscht wohl unter sämtlichen Beteiligten keine Meinungsverschiedenheit darüber, daß sich von allen Unternehmern in Deutschland nach dem Kriege die Verleger das Tollste an Ausbeutung geleistet haben. Wenn unter den skrupellosen Herrschaften, die nach unserer militärischen Niederlage noch unsern wirtschaftlichen Ruf zu Grabe getragen haben, eine Höchstleistung zu erbringen war: unsere Verleger haben sie geschafft.[13]

Und Carl Sternheim veröffentlichte einen Briefwechsel mit seinem Verleger Kurt Wolff, in dem am 28. Oktober 1923 folgende Äußerung zu finden ist: »Ein Mißverständnis nennen Sie es, daß Sie mir in diesem ganzen Jahr 0.75 Goldmark für die Produktion von zwanzig glorreichen Dichterjahren bezahlt haben ⟨...⟩?«[14] Die polemischen Angriffe der Schriftsteller auf ihre Verleger sind hilfloser Protest gegen ihre ökonomische Deklassierung. Je stärker ihre Selbsteinschätzung in Widerspruch zu den wirtschaftlichen Bedingungen geriet, desto unerbittlicher hielten sie an dem gesellschaftlichen Wert ihres geistigen Schaffens fest. Die Inflation beschleunigte den schon seit der Industrialisierung in Gang gekommenen Abbau der öffentlichen Machtstellung des Dichters, indem sie ihm seine materielle Basis entzog.[15] Das auf wirtschaftliche Unabhängigkeit gegründete, auratische Dichterideal, wie es noch etwa Stefan George, Hugo von Hofmannsthal, Rainer Maria Rilke und Rudolf Borchardt vertraten, wurde durch die Inflation radikal in Frage gestellt. Der Dichter war jetzt stärker als bisher auf den Markt angewiesen und erschien nun oft als Entrepreneur, der gleichzeitig für Zeitschriften, Zeitungen, Theater, Rundfunk, Film und selbst noch für die Werbebranche arbeitete, um überleben zu können, wenn er nicht ohnehin – wie etwa Alfred Döblin oder Gottfried Benn – nebenher noch einem bürgerlichen Beruf nachging. Vom Staat selbst war wenig Förderung zu erwarten.

Der Entschluß der Regierung, 1926 der Preußischen Akademie der Künste auch eine Sektion für Dichtkunst anzugliedern, war von Anfang an umstritten und scheiterte letztlich an der inneren Zerrissenheit und politischen Polarisierung des Schriftstellerstandes. Zu groß war schon das Ressentiment der verarmten Schriftsteller gegen eine Regierung, die, wie sie glaubten, an ihrer Deklassierung Schuld trug. Zudem waren die Aufgaben der ›Dichter-Akademie‹ nur vage umrissen: öffentliche Repräsentation der Dichtkunst, Beraterfunktion für das Urheberrecht und andere die Literatur berührende Gesetze, Mitsprachemöglichkeit beim schulischen Deutschunterricht und bei den Staatstheatern. 1926/27 kam es noch zu einem einstimmigen Votum der Mitglieder gegen das neue, politisch motivierte Schmutz- und Schundgesetz, aber der Einfluß auf den Staat in Sachen Zensur war minimal. Die Zensurgesetzgebung zeigt auch die schizophrene Haltung der Regierung gegenüber der Kultur: Im gleichen Jahr, in dem sie die ›Dichter-Akademie‹ ins Leben gerufen hat, hat sie durch die Zensur den Freiheitsspielraum der Dichtung und der Presse entscheidend eingeengt. Weltweit beachtete Gerichtsprozesse gegen Johannes R. Becher 1927 und gegen Carl von Ossietzky 1932 wegen angeblichen Landesverrats zeugen von der zunehmenden Schärfe, mit der der Staat die Zensur als politisches Machtinstrument einzusetzen bereit war.[16]

Die ›Dichter-Akademie‹ spaltete sich selbst bald in zwei Fraktionen: eine liberale, prodemokratische Gruppe mit Vertretern wie Alfred Döblin, Heinrich und Thomas Mann und eine völkisch-konservative, antidemokratische Gruppe, die, wie Döblin verächtlich meinte, einmal im Jahr aus dem »total platten Land« nach Berlin zur Jahrestagung reiste, um dort im Namen von Deutschtum und Heimatkunst gegen die ›überfremdete‹, ›undeutsche‹ Großstadtliteratur zu protestieren.[17] Der Konflikt brach auch darüber aus, daß in die Akademie nicht nur ›reine‹ Dichter, in Döblins Worten »überzeitliche Fabrikanten von Ewigkeitswerten«, gewählt wurden, sondern nach längerem Zögern auch Schriftsteller, die wie Heinrich

Mann und Döblin einen politisch-aufklärerischen statt irrationalmystischen Dichtungsbegriff vertraten. Hermann Hesse und die völkischen Dichter Erwin Guido Kolbenheyer, Wilhelm Schäfer und Emil Strauß fühlten sich dadurch provoziert und traten 1930 auf spektakuläre Weise aus der Akademie aus.[18]

Um die völkischen und deutschtümelnden Kräfte der deutschen Literatur zu organisieren und schon früh an die NSDAP anzubinden, gründete 1931 Alfred Rosenberg den ›Kampfbund für deutsche Kultur‹. Von der antisemitischen Prämisse ausgehend, daß es jüdische Kräfte gebe, die heimlich die deutsche Kultur und damit das »schöpferische Deutschtum« zu zersetzen und vernichten im Begriffe waren, verstand sich der ›Kampfbund für deutsche Kultur‹ als Schutzorganisation gegenüber einer »feindlichen Front«, vor deren »Dekadenz«, Internationalismus und Antigermanismus die deutsche Seele geschützt werden müsse.

> Der Kampfbund für deutsche Kultur hat den Zweck, inmitten des heutigen Kulturverfalles die Werte des deutschen Wesens zu verteidigen und jede arteigene Äußerung kulturellen deutschen Lebens zu fördern. Der Kampfbund setzt sich das Ziel, das deutsche Volk über die Zusammenhänge zwischen Rasse, Kunst und Wissenschaft, sittlichen und willenhaften Werten aufzuklären.[19]

Der Kampfbund ging aus der ›Nationalsozialistischen Gesellschaft für deutsche Kultur‹ hervor, die schon 1927 von Alfred Rosenberg, Heinrich Himmler und Gregor Strasser in München gegründet worden war. Allen nationalen Schriftstellervereinigungen – man denke an den ›Wartburgkreis deutscher Dichter‹, den ›Nationalverband deutscher Schriftsteller‹, die ›Liga zum Schutze der deutschen Kultur‹, den ›Deutsch-völkischen Schriftstellerverband‹ – ist das kriegerische Vokabular gemeinsam: Man tritt einem Feind gegenüber, der sich angeblich in einem »planmäßigen Kampf gegen sämtliche deutsche Kulturwerte« befindet. »An Stelle der germanischen Werte von Mut, Ehre, Rechtlichkeit werden bereits nahezu ohne jede Gegenwirkung Pazifismus, Feigheit, Schiebertum als fortschrittlich und geistig gepriesen«, schrieb Alfred Rosenberg.[20] Nach Auschwitz und Stalingrad erscheint ein Satz wie dieser ebenso pervers wie prophetisch. Die Literatur mischte sich zu

Ende der Weimarer Republik immer stärker in die Politik ein; die meisten literarischen Organisationen verfolgten mehr oder weniger heimlich auch ein politisches Programm. Schon 1926 hatten die Kommunisten ihren eigenen »Kampfbund« gegründet, den ›Bund Proletarisch-Revolutionärer Schriftsteller‹ (BPRS); seine weit über die Literatur hinausgehende Rolle in der Organisation der Arbeiterklasse in der Weimarer Republik läßt sich an den zahlreichen Debatten in der BPRS-Zeitschrift ›Die Linkskurve‹ zwischen 1929 und 1932 nachlesen. Ziele des BPRS waren die Darstellung der Klassengesellschaft, Agitation und Propaganda für die kommunistische Internationale und die revolutionäre Umgestaltung der deutschen Gesellschaft. Der BPRS war Teil eines internationalen Netzes von proletarisch-revolutionären Schriftstellerorganisationen, von denen die ›Internationale Vereinigung Revolutionärer Schriftsteller‹ (IVRS) und das 1926 etablierte ›Internationale Büro für Revolutionäre Literatur‹ (IBRL) die wichtigsten waren. Alle haben sich für die weite Verbreitung proletarisch-revolutionärer Ideen durch Bücher und Broschüren eingesetzt; in Deutschland wurde 1929, wohl als Gegenveranstaltung zum ›Tag des Buches‹, auch ein ›Monat des proletarischen Buches‹ eingeführt, und auf der 2. Konferenz der IVRS, der sogenannten Charkower Konferenz, wurde die Notwendigkeit einer radikalen, leicht verständlichen proletarischen Massenliteratur besonders hervorgehoben. Diese politisch-literarischen Organisationen waren bis 1933 mit Vorträgen, Filmen, Lesungen, Aufrufen und der Förderung von politischen Aktionen äußerst aktiv. Aus dem BPRS selbst ging eine für die proletarische Identitätsfindung zentrale Organisation hervor, die ›Arbeiterkorrespondenz-Bewegung‹, in der Arbeiter aufgefordert wurden, ihre Erlebnisse in der Fabrik und im Arbeitsalltag in ihren eigenen Worten zu Papier zu bringen und zu veröffentlichen. Damit sollten die Barrieren zwischen Produzenten und Rezipienten, zwischen Schreiben und Lesen abgebaut werden; der Arbeiter sollte sich zumindest in der Kultursphäre ungehindert artikulieren können und autonom erscheinen. Jeder Leser war aufgerufen, auch Autor zu sein.

Am wichtigsten für die massenhafte Verbreitung proletarisch-revolutionärer Ideologie erwies sich die Kulturarbeit der ›Internationalen Arbeiterhilfe‹ (IAH), die sich das Ziel setzte, die deutsche Bevölkerung durch Filme, Bücher, Broschüren, Plakate, Zeitungen u. a. über die Lage der internationalen Arbeiterbewegung zu informieren. Der Gründer der IAH, Willi Münzenberg, ab 1924 Reichstagsabgeordneter der KP, baute in wenigen Jahren ein multimediales Informationsnetzwerk auf, das eine vom ›bürgerlich-kapitalistischen‹ Literaturbetrieb unabhängige, dafür aber auch relativ isolierte proletarische Subkultur darstellte. Es war Literatur von klassenbewußten Autoren für klassenbewußte Leser.

3. Der Schriftsteller und sein Publikum

Vor allem den Dichtern der älteren Generation fiel es schwer, den durch die Inflation erlittenen gesellschaftlichen Prestigeverlust zu überwinden. Ihr Ruf nach staatlicher Unterstützung blieb unbeantwortet; immer mehr fühlten sie sich selbst als Opfer eben jener ›seelenlosen‹ Geldwirtschaft, gegen die sie in ihren Dichtungen ankämpften. Alfred Weber befürchtete schon 1923 das Aufgehen der Bildungsschicht in der Wirtschaft:

> Wenn so die heutige Schicht der geistigen Berufe aus ihrer bisherigen sozialen Eingliederung herausgeschleudert ist, bei der gleichzeitigen Verkümmerung ihres Arbeitsverdienstes auch geistig sinken muß, ihr Nachwuchs auf das schwerste gefährdet erscheint, wenn die Organe, mit denen sie gearbeitet hat, verdorren und verkümmern, so eröffnet sich die Perspektive, daß sie ein *Anhängsel der Wirtschaft* wird. So wie die großen Wirtschaftskräfte, wird der Gefahr nicht vorgebeugt, daran gehen werden, den Staat zu mediatisieren, so würde es in diesem Rahmen dann ihr historischer Beruf sein, auch die geistige Arbeit samt den Resten der bisherigen Bildungsschicht in sich aufzusaugen.[21]

Weber forderte darum den Staat auf, in den »Kampf um den Primat des Geistigen über das Ökonomische« aktiv einzugreifen, denn es gehe in diesem Kampf um den Fortbestand des Staates selbst: »Zerfällt der geistige Hintergrund der Allgemeinheit, so wird auch er zerfallen und die Beute der miteinander ringenden Wirtschaftskräfte werden, über denen dann keine Macht mehr da ist, die er anrufen kann, um sie zu bändigen.«[22] Doch die Forderungen der Schriftsteller nach wirtschaftlicher Unterstützung und Mitsprache bei politischen Entscheidungen wurden nicht erfüllt. Trotz mancher Versuche der Regierung, sich der Institution Literatur zu Repräsentationszwecken zu bedienen – etwa bei der Feier zu Gerhart Hauptmanns 60. Geburtstag 1922, bei der auch Friedrich Ebert sprach –, verharrte die Mehrzahl der Schriftsteller in feindseliger Distanz zum Weimarer Staat. Ihr Außenseitertum im Staat führte die meisten zu einem offenen Antagonismus gegenüber der demokratischen Staatsordnung, die sich entgegen allen Hoffnungen von 1918/19 um ihre Dichter auch nicht mehr als das Kaiserreich kümmerte. Selbst ein überzeugter Republikaner wie Heinrich Mann schrieb 1923 in seinem Essay ›Das Sterben der geistigen Schicht‹:

> Aus geistigen Arbeitern und Kulturträgern, die ihr Leben Gott weiß wie fristen, nur nicht mehr oft mit dem, was ihr Beruf wäre, werden die gefährlichsten Feinde der Republik: unvergleichlich gefährlicher als entlassene Offiziere. Denn sie wurden tiefer beleidigt, haben mehr zu rächen, und sind ganz anders befähigt, Feinde, die sie verachten, unmöglich zu machen.[23]

Der hier anklingende hohe moralisch-politische Anspruch der Schriftsteller gegenüber dem Staat stand in einem schwer aufzulösenden Widerspruch zu ihrer schwachen wirtschaftlichen Stellung. Die aus der Aufbruchstimmung der Revolutionstage stammenden utopisch-idealistischen Staatsentwürfe eines Kurt Hiller, Kurt Eisner oder Heinrich Mann, in denen dem Dichter eine führende Stellung in den Staatsgeschäften zukommen sollte, waren von der Inflation zerstört worden.[24]

Auch die Solidaritätsbekundungen mancher Schriftsteller und Künstler mit der Arbeiterschaft läßt sich aus dem Überschwang der Revolutionsbegeisterung erklären. »Uns Maler und Dichter«, schrieb Ludwig Meidner 1919, »verbinde mit den Armen eine heilige Solidarität! ⟨...⟩ Stehn wir viel besser und gesicherter in der Gesellschaft als der Proletar?! Sind wir nicht wie Bettler abhängig von den Launen der Kunst sammelnden Bourgeoisie?!«[25] Die Sympathie zahlreicher ökonomisch verunsicherter bürgerlicher Künstler mit der Arbeiterklasse verkannte jedoch die Realität, das Proletariat wurde zu einer literarischen Idee stilisiert und als antibürgerliche Klasse glorifiziert. Im Feuilleton der kommunistischen Parteizeitung ›Die Rote Fahne‹ entzündeten sich z. B. hitzige Debatten zwischen bürgerlichen Intellektuellen über theoretische Fragen der proletarischen Kunst, deren Abstraktionsniveau eher auf andere bürgerliche Intellektuelle als auf Arbeiter abzielte. Auch das von Erwin Piscator 1920 gegründete ›Proletarische Theater‹ schloß schon wegen seiner hohen Eintrittspreise die Mehrzahl der Arbeiter aus.

Die überstürzte politische Funktionalisierung einer auf das Proletariat ausgerichteten Kunst war eine Reaktion auf den gesellschaftlichen Funktionsschwund der Kunst. Die bis dahin kulturtragende Schicht in Deutschland, das gebildete mittlere Bürgertum, wurde wie die aus diesem Bürgertum stammenden Schriftsteller durch die Inflation pauperisiert und verlor ihre kulturfördernde Funktion. Die gemeinsame Rentenbasis hatte Dichter und Leser trotz aller inneren Gegensätze zu einer Art geistiger Einheit, zu einer ideellen Kollektivität verbunden, auf die sich, wie Alfred Weber 1923 schrieb, »die geistige und künstlerische Produktion als auf ihr erstes und wesentlichstes Publikum beziehen konnte«.[26] Das Dahinschwinden dieses Publikums hatte schwerwiegende Folgen: Es stellte den Sinn von literarischer Produktion selbst in Frage und verschärfte die gesellschaftliche Isolation der Schriftsteller. Der durch die Inflation reich gewordene Besitzbürger, der sich die Kultur leisten konnte, wurde von den Schriftstellern als Adressat ihrer Kunst verachtet. »Die Großbourgeoisie«, schrieb Kurt Kersten Ende 1923 in seinem Aufsatz ›Wirtschaft, Kultur, Intellektuelle‹,

> legt keinen Wert auf Kultur: sie regiert mit der rohen Gewalt; sie anerkennt nur das Ertragreiche; sie läßt dem Intellektuellen nur so weit Spielraum, wie sie seine Kenntnisse grade braucht, um aus einem guten Geschäft ein besseres Geschäft zu machen.[27]

Besonders offensichtlich wurde das gespannte Kommunikationsverhältnis zwischen Autor und kulturkonsumierendem Publikum im Theater, wo die Inflationsgewinnler proletarisch-aktivistische Stücke goutierten. Die Premiere des Arbeitertheaters ›Die Tribüne‹ wurde von Ernst Rothschild 1920 wie folgt kommentiert:

⟨...⟩ wie lange glauben diese Herren mit dem schwungvollen Gestammel von Ethos, Gewaltfeindlichkeit, Menschenliebe und sozialer Tat (Jakob, wo bist du?) diesem Publikum zu imponieren, diesem verdammten Mob in Lackschuhen, diesen fetten Weibern, die sich in irgend ein zermartertes – aber glattrasiertes! – Kommunistenantlitz vergafft haben, diesen parfümierten Klubsesselhelden, deren Wahlspruch lautet: »Menschenrechte in Ehren, ohne unser Geld geht's doch nicht.« ⟨...⟩ Nun können sie sich endlich auch – für 50 Mark aktivistische Theaterabende leisten.[28]

Der polemische, klassenkämpferische Ton, der hier in die literarische Auseinandersetzung eingedrungen ist, zeigt den Grad der Entfremdung zwischen Autor und Publikum.

Die Funktionskrise der Literatur ist bei den Dadaisten selbst zum Thema erhoben worden. Sie attackierten bildungsbürgerliche Erwartungshaltungen durch Parodie klassischer Kunst, Nonsens und gesuchte Primitivität und weigerten sich, der Literatur eine sinnstiftende Bedeutung zuzuweisen. Mit der Übertragung der als chaotisch empfundenen Realität in das Medium der Kunst sollte nicht nur eine Kunstrichtung, sondern die Kunst als Institution selbst überwunden werden. Vor dem Hintergrund der revolutionären Massenbewegungen der Arbeiterklasse, der militärischen Niederlage und einer sich verschlimmernden Wirtschaftskrise hat sich im Berliner Dada die kulturzerstörerische Haltung der Züricher Dadaisten noch weiter radikalisiert. Als 1920 in einer Dresdener Straßenschlacht, bei der 35 Personen getötet und über 150 verletzt wurden, eine Kugel ein Fenster des Zwingers durchschlug und ein Ölgemälde von Rubens durchlöcherte, machte Oskar Kokoschka in einem offenen Brief den sarkastischen Vorschlag, solche »kriegerischen Übungen« in Zukunft auf Schießplätzen oder im Zirkus abzuhalten, um die Meisterwerke der Malerei nicht weiter zu gefährden. George Grosz und John Heartfield konterten darauf mit einem extrem scharfen Pamphlet,[29] in dem sie das Bürgertum und vor allem den bürgerlichen Künstler beschuldigten, Kultur und Kunst höher als das Leben der im politischen Kampf gefallenen Arbeiter zu schätzen.

Das selbstzerstörerische Verlangen der Dadaisten nach Vernichtung der Kunst entspringt der verzweifelten Einsicht in die Funktionslosigkeit der Kunst in einer Gesellschaft, die unter dem Primat der Wirtschaft steht. Wie sich in der Inflationszeit althergebrachte wirtschaftliche und gesellschaftliche Werthaltungen aufgelöst haben, so wurden auch alte kulturelle Werte und Traditionen demontiert und abgeschafft. Der bilderstürmerische Angriff auf die ›bürgerliche‹ Institution Kunst selbst, das große kunstfeindliche ›Ausräumen‹ des musealen Bildungskäfigs durch die Dadaisten hat letztlich ein kulturelles Vakuum hinterlassen, in das die amerikanische Massenkultur ohne Widerstände einströmen konnte.

4. Lesemüdigkeit und Massenkultur

In einem ironisch ›Bücher-Besprechung‹ betitelten Aufsatz in der ›Weltbühne‹ vom 9. Juni 1923 schrieb Hans Siemsen:

> Weshalb schreibt man Kritiken über Bücher? Und nicht über Grammophonplatten? Mir ist mein Grammophon-Plattenschrank viel interessanter als mein Bücherschrank. Oft bringe ich mir eine neue Platte mit aus der Stadt. Selten ein neues Buch.[30]

Und statt auftragsgemäß ein Buch zu besprechen, schreibt er über amerikanische Songs wie ›California here I come‹. Diese kokett herausgestellte Literaturmüdigkeit liegt auch dem öffentlich bekundeten Interesse der Intellektuellen an Massensportveranstaltungen wie Boxen und Sechstagerennen zugrunde. Nicht nur Zeitungen, auch literarisch anspruchsvolle Zeitschriften wie ›Weltbühne‹ und ›Querschnitt‹ veröffentlichten in den zwanziger Jahren Aufsätze über Boxkämpfe und Boxer; der Schwergewichtsmeister Hans Breitensträter, der aus Magdeburg stammte, aber, wie er von sich sagte, »sehr lange in den Wäldern von Westamerika«[31] lebte, beschrieb im ›Querschnitt‹ von 1922 seinen Mailänder Kampf gegen »Herrn Eminio Spalla« mit den einfachsten, »neusachlichen« Worten eines Schulaufsatzes.[32] Bertolt Brecht, dessen literarische Förderung des Boxers Samson-Körner bekannt ist, hat sich ebenfalls für den Boxsport interessiert und trug sich mit der Hoffnung, das Boxkampfpublikum für seine Stücke zu gewinnen. Sport war in, Kultur war out. Daß auch diese Haltung, die Schmeling über Schiller stellte und amerikanische Radrennfahrer besang, selbst oft nur Pose war, haben Autoren wie Brecht schon bald bemerkt. In Gedichten wie ›700 Intellektuelle beten einen Öltank an‹ parodierte er schon 1927 den betont amerikanisch-coolen, neusachlichen Literatur- und Lebensstil. Trotzdem drückte die Amerikanismus-Mode in der Weimarer Republik tiefer liegende Wandlungen im kulturellen Selbstverständnis der Nation aus. In seiner postum veröffentlichten Autobiographie beschrieb Klaus Mann die neue Stimmung wie folgt:

> Nach der blutigen Ausschweifung des Krieges kam der makabre Jux der Inflation! Welch atembeklemmende Lustbarkeit, die Welt aus den Fugen gehen zu sehen! Haben einsame Denker einst von einer ›Umwertung aller Werte‹ geträumt? Statt dessen erlebten wir nun die totale Entwertung des einzigen Wertes, an den eine entgötterte Epoche wahrhaft geglaubt hatte, des Geldes. Das Geld verflüchtigte sich, löste sich auf in astronomische Ziffern. Siebeneinhalb Milliarden deutsche Reichsmark für einen amerikanischen Dollar! Neun Milliarden! Eine Billion! Was für ein Witz! Zum Totlachen... Der Dollar steigt: lassen wir uns fallen! Warum sollten wir stabiler sein als unsere Währung? Die deutsche Reichsmark tanzt, wir tanzen mit! Millionen von unterernährten, lumpierten, verzweifelt geilen, wütend vergnügungssüchtigen Männern und Frauen torkeln und taumeln dahin im Jazz-Delirium. Der Tanz wird zur Manie, zur idée fixe, zum Kult. ⟨...⟩ Ein geschlagenes, verarmtes, demoralisiertes Volk sucht Vergessen im Tanz.[33]

Schon im November 1921 hatte Heinrich Mann in einem Bericht über das kulturelle Leben in Berlin von einem »Drang nach Schwindelgefühlen« gesprochen: »Nur nicht mehr neue Zumutungen! Schon gar nicht geistige! In unserer Lage können sämtliche geistige Fähigkeiten nur ein Ziel haben: vergessen.«[34] Das Bedürfnis nach Zerstreuung, das Klaus und Heinrich Mann aus der Lebensunsicherheit der Inflationszeit herleiten, führte zu weitreichenden, bis heute weiterwirkenden strukturellen Änderungen des literarischen Marktes. Nachdem Deutschland für die Dauer des Krieges von ausländischer Kultur abgeschnitten gewesen war, schien es besonders begierig, seine kulturelle Isolierung zu durchbrechen. So wurde in den ersten Jahren der Nachkriegszeit in einer Art kulturellem Modernisationsschub die industrielle Massenkultur aus den westlichen Ländern in einem Umfang rezipiert, der das Nachholbedürfnis klar anzeigte. Vor allem die jüngere Generation, die vor den Ruinen der alten politischen und wirtschaftlichen Ordnung stand, wollte kulturell ›modern‹ wie Amerika, England und Frankreich sein. Besonders die amerikanische Jazzmusik, durch Schallplatten massenhaft verbreitet, wurde im Deutschland der Inflationszeit zum Zeichen einer modernen, geschichts- und respektlosen, unliterarischen Kultur, die, so hieß es, mit ihren hektischen Rhythmen und unregelmäßigen Synkopen auf der Höhe der Zeit stand.

Den größten Einfluß auf die deutsche Kultur übte jedoch das amerikanische Kino aus, dessen massenwirksame Unterhaltungsprodukte bald nach 1920 den deutschen Markt zu beherrschen begannen. Besonders die Filme von Charlie Chaplin, Buster Keaton und Douglas Fairbanks wurden in Deutschland begeistert aufgenommen. Der enge kommunikative Bezug zum Publikum, der die amerikanischen Filme gegenüber den deutschen avantgardistischen Filmen auszeichnete, erschien zeitgemäß, da der Film gerade in seinem Massenappeal den Geist der massendemokratischen Staatsform in sich trug. »Für uns ist nun das wichtigste«, schrieb der Kunstkritiker Adolf Behne, »daß der Film von seiner Geburtsstunde an demokratisch ist. Feine Leute haben ihn mit sicherm Instinkt von Anfang an gemieden, und für die ganz Feinen existiert er heute noch nicht. Es gibt ja noch keine Vorzugskopien auf Edel-Celluloid mit Goldschnitt, die man sammeln könnte.«[35] Als mechanisch-›seelenloses‹, technisch-industrielles, im Kollektiv produziertes und rezipiertes Massenprodukt stand der Film in provokativem Gegensatz zur Idee des vom schöpferischen Erlebnis ausgehenden individualistischen Kunstwerks.

Mehr als jedes andere europäische Land war Deutschland in den zwanziger Jahren amerikanischer Massenkultur gegenüber offen; die Vier-Millionen-Stadt Berlin galt als das europäische Zentrum des amerikanischen Einflusses. Für die Großstadt-Boheme war die Nachahmung gewisser modischer Aspekte des amerikanischen ›way of life‹ zunächst vor allem auch eine antibürgerlich-provokative Geste, die sich wie die Programmatik der Dadaisten gegen die deutsche Kultur der Innerlichkeit und die ästhetischen Normen der autonomen Kunst richtete. Ein auf dem humanistisch-idealistischen Wertsystem beruhendes individualistisches Kunstverständnis war in den Materialschlachten des Ersten Weltkriegs, den Massenbewegungen der Arbeiterschaft und dem Massenprozeß der Inflation zweifelhaft geworden; es schien auch einer vom Tempo und Kommerz bestimmten Epoche unangemessen. In dem Maße, in dem sich die deutsche Gesellschaft nach dem Kriege ökonomisch und sozial nach dem Muster der USA zu ›entfeudalisieren‹ begann, vollzog sie auch den Übergang zu einer Kultur der großstädtischen industriellen Massengesellschaft. Die Übernahme amerikanischer Produktionsmethoden wie Standardisierung, Rationalisierung und Massenproduktion, die ihrerseits zur verstärkten Monopolisierung und Konzernbildung beitrugen, hatte auch Folgen für die Zusammensetzung der literarischen Öffentlichkeit. Durch die Inflation wurde der Trend zur Konzernbildung und Massenproduktion verstärkt, so daß sich immer mehr Selbständige ihrer Produktionsmittel beraubt sahen und zum Kleinbürgertum oder Proletariat herabsanken. Gleichzeitig bildete sich durch den Ausbau der Bürokratie eine schnell wachsende Schicht von Angestellten heraus. Siegfried Kracauer spricht von Berlin als der »Stadt der ausgesprochenen Angestelltenkultur, d. h. einer Kultur, die von Angestellten für Angestellte gemacht und von den meisten Angestellten für eine Kultur gehalten wird«.[36] Dieses neue traditionslose Massenpublikum war skeptisch gegenüber einem Kulturangebot, das mit Bildung und Belehrung verbunden war und Abitur voraussetzte. Es wandte sich daher vor allem den aus Amerika importierten Produkten der industriellen Massenkultur zu, die den Unterhaltungsbedürfnissen dieses Publikums entgegenkamen und es als ökonomischen Faktor einbezogen: Kunst ohne Käufer war für sie ein Widerspruch. Kultur verlor damit den Schein der Autonomie und wurde Teil eines kommunikativen Netzwerks, das verschiedenartige, meist außerästhetische Bedürfnisse nach Information, Bildung, Unterhaltung oder Zerstreuung befriedigte.

Dieser sich in den frühen Jahren der Weimarer Republik anbahnende Funktionswandel der Kultur läßt sich auch an der Kritik ablesen, die damals an traditionellen literarischen Institutionen geübt wurde. So schreibt Max Herrmann-Neiße bereits im August 1921 über die zunehmende ökonomische Orientierung des Berliner Theaters:

Die Geschäftigkeit, die Raffgier, die die ganze bürgerliche Welt ergriffen hat, (als ob einer seine letzten Jahre hemmungslos der brutalsten Animalität sich hingibt), bemächtigt sich auch des bürgerlichen Theaters. Diese Kultur kommt nun ganz auf das zurück, was von Anfang an ihr Fundament war: auf das Kapital. Nicht nur Zeit ist Geld, in ihr ist alles Geld: Liebe, Religion, Wissenschaft, Kunst ist Geld und wird wie Geld gezählt, getauscht, gefälscht und – entwertet. Die niedrige Valuta gilt auch für die Papiere der deutschen Kunstbörse.[37]

Die Analogie von Geld- und Kulturentwertung, die Herrmann-Neiße hier herstellt, basiert auf der Erkenntnis, daß das ökonomische Prinzip auch der Kulturproduktion innewohnt. Sowohl Geld als auch Kultur können als symbolische Kommunikationsmedien verstanden werden, die dergestalt ineinander verflochten sind, daß die rapide Sinnentleerung des einen symbolischen Mediums das andere Medium nicht unberührt läßt. In dem Maße, wie die symbolische Kraft des in die Millionen und Billionen gehenden und so immer unbedeutender werdenden Papiergeldes schwindet, verringert sich auch die symbolische Kraft der massenhaft produzierten kulturellen Zeichen. Die unaufhaltsame Vermehrung von ›leeren Zeichen‹, von Bezeichnungen ohne Substanz, erstreckte sich in den Augen der Zeitgenossen auf den Geld- wie auf den Kulturmarkt. Schlagwörter wie ›Vermassung der Literatur‹, ›Kommerzialisierung‹ und ›Nivellierung‹, ›Kulturbetrieb‹ und ›kultureller Demokratismus‹ sind Indizien für die Angst vor der fortschreitenden Entwertung kultureller Werte durch inflationäre Massenhaftigkeit.

Die technisch-mechanische und darum prinzipiell grenzenlose Reproduzierbarkeit der Massenmedien Photographie, Film, Schallplatte, Schnellpresse und, ab Herbst 1923, Rundfunk hat den kulturellen Kommunikationsraum nicht nur quantitativ – im Vergleich zum 19. Jahrhundert etwa – um ein vielfaches erweitert, sondern auch qualitativ verändert. In dem Grade, in dem sich die Masse des Angebotenen vergrößerte, verringerten sich die Chancen für das einzelne; jedes literarische Werk mußte sich in einer verschärften Konkurrenzsituation gegen eine Vielzahl anderer Werke durchsetzen, was auch gattungsprägende Konsequenzen hatte: Die Werke eines Arnolt Bronnen etwa, aber auch die des jungen Brecht zogen mit Hilfe von gehäuften Schockeffekten und publikumswirksamen ›Strategien‹ die Aufmerksamkeit eines kulturübersättigten Publikums auf sich. Mit der Überproduktion kultureller Kommunikation verringerte sich auch das Gewicht des einzelnen Lesers. Die Weimarer Republik hat den Übergang vom kulturräsonierenden Publikum des 18. und 19. Jahrhunderts zum kulturkonsumierenden Massenpublikum des 20. Jahrhunderts beschleunigt und damit einem zivilisatorischen ›undeutschen‹ Kulturbegriff zum Durchbruch verholfen, der aber dann vor allem von der Mitte der zwanziger Jahre an zunehmend auf Kritik und Ablehnung stieß. Wie deutsche Kultur gegen die westlich-demokratische Zivilisation ausgespielt wurde, so die klassisch-romantische, individualistische Bildungsliteratur gegen die ›westliche‹ industrielle Massenkultur. In einer der Wirtschaft und der Politik gegenläufigen Entwicklung hielt ein großer Teil der Kultur an dem antimodernen ›deutschen Sonderweg‹ fest und stemmte sich gegen die ›Ökonomisierung‹ und ›Amerikanisierung‹ der deutschen Kultur.

5. Der Abbau der ›schönen Literatur‹

Unter dem Titel ›Das Chaos der Bücher‹ gab Hans Thomas im Dezember 1930 einen ersten Überblick über die Buchproduktion der Weimarer Republik.[38] Seiner Statistik zufolge schwankte die Anzahl der Neuerscheinungen zwischen 18 003 (um 1924) und 24 866 (um 1927), während die Anzahl der deutschen Zeitschriften sich von 4552 im Jahre 1920 auf nicht weniger als 7303 im Jahre 1929 steigerte. Aus dem Vergleich mit der Bücherproduktion des Auslandes (Amerika etwa produzierte im Jahre 1927 nur 10 153 Bücher, Frankreich 11 548) schließt der Autor, daß Deutschland unbestritten an erster Stelle der Bücherproduktion stehe und somit seinem Ruf als ›Volk der Dichter und Denker‹ Ehre mache. Gleichzeitig stimmt auch er in das damals so häufig gehörte Klagelied über die ›Kapitalisierung‹ und ›Verödung‹ des deutschen Geistes ein.

Der Geist ist heute genau so kapitalisiert und industrialisiert, wie alles andere auch, und er leidet an denselben wirtschaftlichen Problemen. Da stehen die schönen, blitzenden Maschinen, da existiert der gewaltig aufgeblähte Produktions- und Vertriebsapparat, aufgebaut und durchrationalisiert nicht anders wie ein Eisenwerk, eine Strumpffabrik ebenfalls. Das alles will arbeiten, muß arbeiten, produzieren und schaffen. Es ist nicht angängig, daß dieser Apparat einmal feststellen darf, was sicherlich am nächsten liegen und durchaus natürlich sein würde: das schöpferische Angebot ist zur Zeit sehr gering, auch die Nachfrage ist nicht sehr groß, also produzieren wir weniger. Das geht nicht mehr. Der Apparat, die Maschinen fressen Zinsen und müssen sich amortisieren. ⟨...⟩ Es ist grauenhaft, sinnloser Anblick heute, die literarische Produktion zu verfolgen. Sie zerschlägt das wahre Schöpfertum, sie vernichtet die Aufnahmefähigkeit der Massen, und sie schafft eine allgemeine Verflachung und Veröding, in der die Werte immer fadenscheiniger und billiger werden.[39]

Die kulturkritische Sorge um die Qualität der Buchproduktion angesichts ihrer rapide zunehmenden Quantität war weit verbreitet – 4000 Neuerscheinungen im Jahre 1928 allein im Gebiet der Belletristik und über 2000 Titel jeweils in Religion, Politik und Wirtschaft deuten darauf hin, daß eine Übersicht über die wild wuchernde Produktion zunehmend unmöglich wurde. Dazu kam noch, daß die Auflösung der sozialen Ordnung in der Revolutions- und Inflationszeit gleichzeitig auch eine ungeheure Flut an Weltanschauungsbroschüren, Pamphleten und Aufklärungstraktaten hervorgebracht hat. Das durch die Inflation depossedierte Bürgertum suchte verzweifelt nach geistigen Orientierungshilfen, die ihm weder die klassisch-idealistische Literatur, die in den Schulen und Universitäten behandelt wurde, noch die experimentelle expressionistisch-dadaistische Literatur geben konnte oder wollte. So entstand neben den Industrieprodukten der Massenkultur eine weitverbreitete halbfiktionale Weltanschauungsliteratur, die das Bedürfnis nach einer sinnhaften Verarbeitung der verwirrenden Geschehnisse unter politischen, religiösen oder philosophischen Perspektiven zu befriedigen suchte. In der Aufbruchstimmung von 1918/19 wurde der literarische Markt von einer Flut von Zeitschriften, Flugblättern, Broschüren, von Traktaten, Aufrufen und Reden überschwemmt. »Überall stehen Menschen«, schrieb Döblin 1919, »kleben Plakate an, drücken sich Aufrufe in die Hand, die der andere befolgen soll.«[40] Diese umfangreiche Subliteratur verstand sich als Medium öffentlicher Weltauslegung. Indem sie politisch-moralische Verhaltensnormen und Zielvorstellungen propagierte, wurde sie selbst Teil der gesellschaftlichen Praxis. Ihre meist schon am Titel erkennbaren binären Geschichtskonstruktionen (zum Beispiel Albrecht Wirths ›Das Auf und Ab der Völker‹ oder Franz Carl Endres' ›Vaterland und Menschheit‹, beide 1920 erschienen) zeigen das angestrengte, oft verzweifelte Bemühen, die politische und wirtschaftliche Erniedrigung Deutschlands auf einer höheren Ebene der Abstraktion zu thematisieren und dem Ablauf der Ereignisse einen tieferen Sinn abzuringen. Sie boten Deutungsmuster an, mit deren Hilfe die unverständlich gewordene Welt wieder sinnvoll ausgelegt werden konnte. Großangelegte Gedankensysteme und Welterklärungsmodelle wie Oswald Spenglers ›Der Untergang des Abendlandes‹ (Bd. 1, 1918; Bd. 2, 1922), Thomas Manns ›Betrachtungen eines Unpolitischen‹ (1918) und Hermann Graf Keyserlings ›Reisetagebuch eines Philosophen‹ (1919) sind ebenfalls Ausdruck dieses Bedürfnisses nach System und sinnhafter Ordnung. In dem Maße, wie die Literatur dem Bedürfnis dieser verunsicherten Epoche nach philosophisch-ästhetischen Deutungsmodellen nachkam, entfiktionalisierte (›entfabelte‹) sie sich und wurde essayistisch-kritisch. Thomas Mann hat 1924 in seiner Rezension von Spenglers ›Untergang des Abendlandes‹ von dieser gattungsprägenden Tendenz zum Essayismus und zur Intellektualisierung der Prosa gesprochen:

> Deutlich tritt die im engeren Sinne ›schöne‹ Literatur im öffentlichen Interesse zurück hinter die kritisch-philosophische, den geistigen Versuch. Richtiger gesagt: eine Verschmelzung der kritischen und dichterischen Sphäre, inauguriert schon durch unsere Romantiker, mächtig gefördert durch das Phänomen von Nietzsches Erkenntnislyrik, hat sich weitgehend vollzogen: ein Prozeß, der die Grenze von Wissenschaft und Kunst verwischt, den Gedanken erlebnishaft durchblutet, die Gestalt vergeistigt und einen Buchtypus zeitigt, der heute bei uns, wenn ich nicht irre, der herrschende ist und den man den ›intellektuellen Roman‹ nennen könnte.[41]

Mit diesem Kommentar zu Spengler hat Thomas Mann auch eine subtile Selbstinterpretation seines im gleichen Jahr erschienenen Romans ›Der Zauberberg‹ gegeben, der sich kritisch-philosophisch mit dem Ideenbestand einer Epoche auseinandersetzt. Mit wenigen Ausnahmen haben sich alle bekannten Romanschriftsteller – Thomas und Heinrich Mann, Robert Musil, Hermann Broch und Döblin – in der Weimarer Republik aufgerufen gefühlt, ihre Wirklichkeitsauffassung auch in kritisch-essayistischer, und nicht mehr nur in symbolisch-verschlüsselter Form darzulegen. Die oft ins Politische, Wirtschaftliche und Gesellschaftliche ausgreifenden zeit- und kulturkritischen Analysen eines Heinrich Mann, Musil oder Döblin verdienten mehr Beachtung als ihnen in der bisherigen Literaturwissenschaft zugekommen ist. Sie illustrieren nicht nur die Pragmatisierung der Literatur, sie zeigen auch die damals möglichen geistigen Modelle, mit deren Hilfe die durch Modernisierung und Inflation erschütterte gesellschaftliche Wirklichkeit gedeutet werden konnte.

Mit der Ausrichtung dieser essayistischen Literatur auf die Lebenswelt des Lesers wurde der Prozeß des Dichtens selbst entmystifiziert. Der Autor wurde zum ›geistigen Arbeiter‹ und Produzenten; Brecht nannte sich ›Stückeschreiber‹ und arbeitete im Team zusammen mit Mitarbeitern. In dem Maße, wie sich Schriftsteller der Alltagswelt ihrer Leser zuwandten, versachlichte sich auch ihr Stil. Rhetorik und Bildlichkeit wurden abgebaut, der Ewigkeitsanspruch großer Kunst zugunsten der Gebrauchsfunktion zurückgewiesen. Ursprünglich journalistische Gattungen wie Reportage, Protokoll und Reisebericht wurden nun aufgewertet und ›undichterische‹ Themen wie Technik, Arbeit, Industrie erfahren, wie noch im Expressionismus, keine dichterische Überhöhung mehr, sondern werden nüchtern und protokollarisch dargestellt.

Piscators Frage: »Was soll uns in einer Welt, in der die wahren Erschütterungen von der Entdeckung eines neuen Goldfeldes, von der Petroleumproduktion und vom Weizenmarkt ausgehen, die Problematik von Halbverrückten?«[42] demonstriert die Abwendung von den Expressionisten, die er »Halbverrückte« nennt, und eine radikale Hinwendung zu einem ökonomisch fundierten Literatur- und Wirklichkeitsverständnis. Im Zentrum des Schaupiels sollte nun nicht mehr das heroisch-tragische Individuum des expressionistischen Wandlungs- und Verkündigungsdramas stehen, sondern die geschichtlichen, politischen und ökonomischen Mächte – Krieg, Inflation und Weltwirtschaft –, die das Individuum in Wirklichkeit determinieren. In seiner Inszenierung von Alfons Paquets Roman ›Fahnen‹ im Mai 1924 verwendete der Regisseur Erwin Piscator faktisch-dokumentarisches Material (Photographien, Filmausschnitte, projizierte Statistiken), um dem Zuschauer die Authentizität der Ereignisse unmittelbar vor Augen zu führen und die außerhalb des Individuums wirkenden gesellschaftlichen und wirtschaftlichen Kräfte zu veranschaulichen. Wie die individualisierende Tragik fiktiver Figuren der Darstellung übergreifender ökonomischer Zusammenhänge wich, so trat die künstlerische Subjektivität des Autors hinter der Anonymität des Dokuments zurück. Der Anti-Kunst-Affekt der Dokumentarliteratur signalisiert den Funktionswandel der Kunst, wie ihn Heinrich Mann in seinem Essay ›Geist und Tat‹ schon 1910 gefordert hatte: Kunst galt nicht mehr als Ausdruck des Menschlich-Großen, sondern als Instrument sozialer Auseinandersetzung.

Der in der Weimarer Republik sichtbar werdende Funktionswandel der ästhetisch-autonomen ›Kunstliteratur‹ zu einer essayistischen politisch-moralischen ›Gebrauchsliteratur‹ erklärt sich auch als Antwort auf den wirtschaftlichen Rationalisierungsdruck, der die Institution Literatur wie alle anderen Lebensgebiete zunehmend dem Prinzip des Zweckrationalen unterwarf. Die Reflexions- und Informationsfunktionen der Literatur wurden in einer Zeit aufgewertet, die nach Erklärung und Orientierung verlangte. Darüber hinaus schien diese essayistische, politisch engagierte Literatur eine Öffentlichkeitssphäre anzubieten, in der Alternativen zur kontingenten politischen Praxis in dem relativ ungebundenen Raum der literarischen Imagination vorgebracht und diskutiert werden konnten.

6. *Lesen im Alltag*

Was haben die Deutschen in der Weimarer Republik wirklich gelesen? Mehr als in anderen Epochen wurde in den zwanziger Jahren das Leseverhalten der breiten Massen von den Zeitgenossen selbst untersucht und beschrieben. In der ›Frankfurter Zeitung‹ erschien

1926 die Serie ›Wie erklären sich große Bucherfolge?‹, in der u. a. Bestseller von Richard Voß, Stefan Zweig, Erich Maria Remarque (dessen Buch ›Im Westen nichts Neues‹ 1929 über eine Million Leser fand), Jack London und Frank Thiess analysiert wurden. Siegfried Kracauer, der Chronist des ›Kults der Zerstreuung‹[43] in der Weimarer Republik, stellt bei der neuen Mannigfaltigkeit der Leserschichten das Phänomen eines großen Bucherfolgs als »Lotterietreffer« dar, als »Zeichen eines geglückten soziologischen Experiments«, und als »Beweis dafür, daß wieder einmal eine Mischung von Elementen gelungen ist, die dem Geschmack der anonymen Lesermassen entspricht«.[44] In der ersten deutschen Bestsellerliste vom September 1927 lagen Hermann Hesses ›Der Steppenwolf‹ und heute vergessene Romane Alfred Neumanns, Gunnar Gunnarssons und John Galsworthys an erster Stelle – eine Auswahl, die noch von bildungsbürgerlichen Lektüreerwartungen geleitet ist. Die eigentliche Massenliteratur – die Lektüre des Weimarer Alltags – bleibt bei solchen Erfassungen unberücksichtigt. In einer Umfrage der ›Neuen Bücherschau‹ von 1928 über Lesegewohnheiten in den verschiedenen Schichten der Bevölkerung ebenso wie in einer Serie der Frankfurter Zeitung von 1929 mit dem Titel ›Was sie lesen‹ zeichnet sich ein anderes Bild ab: Die meisten der Befragten, ob Monteur oder Sekretärin, ob Arbeiterfrau oder Postschaffner, geben zu, von der Tagesarbeit meist zu müde zu sein, um überhaupt Bücher zu lesen. »Um Unterhaltung zu haben, lasse ich lieber mein Grammophon gehen«, sagt einer der Befragten, und ein anderer erzählt, daß er gerne Courths-Mahlers Liebesromane aus dem 19. Jahrhundert und »zum Nachdenken« Arthur Dinters ›Die Sünde wider das Blut‹, einen antisemitischen Trivialroman von 1918, lese. So sehe es wirklich aus im ›Lande der Dichter und Denker‹, kommentiert die ›Neue Bücherschau‹ leicht schockiert.[45] Die Erhebungen zu den in den Leihbibliotheken bevorzugt ausgeliehenen Büchern bestärken den Verdacht, daß die Deutschen in der Weimarer Republik (wie auch in anderen Epochen) anderes gelesen haben als die heute kanonisierten literarischen Werke dieser Zeit.[46] Rudolf Arnheim hat 1928 nicht unbegründet die Vermutung geäußert, daß vielleicht der ganze demokratische Slogan ›Die Kunst dem Volke‹ ein ›frommer Betrug‹ sein könnte.[47]

In der Weimarer Republik hat sich unterhalb der offiziellen Literatur des Bildungsbürgertums eine Subliteratur ausgebildet, die ohne ästhetische Verfremdung und Kunstanspruch direkte Wirkung auf jene ihrer (auch bürgerlichen) Leser ausübte, die durch die rapiden politischen und wirtschaftlichen Veränderungen zutiefst verunsichert worden waren. Der Geist bürgerlicher Sekurität, die »Geborgenheit im obrigkeitlichen Schutz«, sei schon mit der Gründung der Republik dahingegangen, stellte Max Weber in seinem berühmten Aufsatz ›Die Staatsform Deutschlands‹ am 22. November 1918 fest:

> Die Geborgenheit der sozialen und materiellen Privilegien und Interessen in der historischen Legitimität des Gottesgnadentums hört auf. Das Bürgertum wird dadurch ebenso ausschließlich auf seine eigene Kraft und Leistung gestellt, wie die Arbeiterschaft es längst war.[48]

Diese gesellschaftliche und ökonomische Freisetzung von obrigkeitsstaatlichen Zwängen führte im Bürgertum aber nicht, wie Max Weber hoffte, zu einer Erhöhung seines Selbstgefühls, sondern im Gegenteil zu einem intensiv empfundenen Gefühl der Unsicherheit und Orientierungslosigkeit. Indiz dafür ist neben der Zunahme weltanschaulicher Literatur die wachsende Zahl von massenhaft verbreiteten Kolportageromanen aus dem Bereich des Okkulten und Mystischen, aber auch aus den Bereichen der Erotik, des Verbrechens und des Wahnsinns. In dem Maße, wie die erfahrene Wirklichkeit rational undurchdringlich erschien, suchte man ihr durch irrationale Zugänge einen Sinn zu entlocken. Dem Dunklen sollte eine Erkenntnis abgerungen werden, die das Rationale verweigerte. Der Erfolg von Theosophen und Anthroposophen wie Rudolf Steiner, von Heilspropheten und Wiedertäufern, die breite Rezeption Swedenborgs, Laotses und Buddhas und die bizarre Popularität des bengalischen Dichters und Mystikers Tagore sind ebenfalls Zeichen für die allgemeine Flucht ins Irrationale dieser Zeit. »Stärker denn je tönt das Halleluja«, heißt es in einer Sammelbesprechung von elf ›Büchern von Drüben‹ im April 1923: »Ekstatiker versenken sich inniger, Mystiker entäußern sich grenzloser. Und die okkulte Literatur schwillt. Sie schwillt fast bedrohlich.«[49] Auch Ferdinand Tönnies schreibt in seiner Abhandlung ›Die Kritik der Öffentlichen Meinung‹, die 1922 erschien:

So sehr die öffentliche Meinung der Geister- und Gespensterseherei, der Bildung mystagogischer Sekten und Konventikel ablehnend gegenübersteht, sie kann der in allen sozialen Schichten zutagetretenden Neigung, auf solchen Abwegen Trost, Beruhigung, Zerstreuung zu suchen, nur mühsam wehren. Darin wie in einer wütenden Vergnügungssucht und Verschwendung offenbart sich nicht minder die vorherrschende Verzweiflung, wie die Gedankenlosigkeit und Verwilderung der Gemüter.[50]

Das in der Trivialliteratur der Zeit spürbare Gefühl der Angst und Verunsicherung bildete auch den psychologischen Nährboden, auf dem die völkisch-nationalistische und antisemitische Propagandaliteratur gedeihen konnte. Der in der Inflation offen zutage tretende, aber nur schwer durchschaubare Bankrott des Materialismus, dessen Grundlagen im westlichen Kapitalismus lagen, führte auch zum Anschwellen einer vielgelesenen Massenliteratur, in der die herkömmlichen Werte eines präkapitalistisch-feudalistischen, bäuerlichen Volkstums propagiert wurden. Indem der Inflationsprozeß die auf die Industrialisierung zurückgehende Feindseligkeit der deutschen Provinz gegen die ›undeutsche‹, vom Geld beherrschte ›dekadente‹ Weltstadt Berlin noch verstärkt hat, hat er letztlich zu einer Spaltung der deutschen Literatur in zwei sich antagonistisch gegenüberstehende Literaturen beigetragen: eine programmatisch moderne, avantgardistisch-intellektuelle Großstadtliteratur und eine bewußt antimoderne, thematisch wie formal rückwärtsgewandte, volkstümlich-populäre Blut-und-Boden-Literatur.

Innerhalb der völkischen Literaturbewegung nahm im wirtschaftlichen Chaos der Nachkriegszeit besonders der Umfang der antisemitischen Massenliteratur zu. Da die wirtschaftlichen Ursachen des Inflationsprozesses den Betroffenen in der Regel theoretisch unverständlich blieben, lag es nahe, die Schuld an der Geldentwertung und der allgemeinen wirtschaftlichen Misere einem Sündenbock anzulasten. 1921 heißt es in der ›Weltbühne‹:

Die bittere politische und wirtschaftliche Not unserer Lage veranlaßt die große Masse des Volkes, deren Sache in ruhigen glücklichen Zeiten nicht gerade das Nachdenken ist, sich doch mal mit der Frage zu beschäftigen, wer denn eigentlich die Ursache aller Übel ist. Da diese Kreise aber weder genügend Verstand und positives Wissen noch auch die Muße zu ernster Überlegung haben, so sind sie, wie die Jugend, der sie ja in ihrer geistigen

Halb- oder Viertelreife gleichen, schnell fertig mit dem Wort, das meistens lautet: Der Jude. So erklärt sich das mächtige Anschwellen der antisemitischen Bewegung, deren ausschließlich im reaktionären Lager stehende Führer wohlweislich die Belehrung und Aufklärung des Volkes unterlassen.[51]

Der Haß auf die Juden als die angeblichen Urheber der Inflation fand durch die völkisch-nationale Subliteratur der antisemitischen Trivialromane und Groschenhefte, illustrierten Broschüren und Plakate massenhafte Verbreitung. Diese wild wuchernde politische Kolportageliteratur erfüllte die Lesebedürfnisse einer großen Masse von verarmten Kleinbürgern, Arbeitern und Bauern, die durch die Folgen der Inflation aus der Bahn geworfen worden waren und der modernen industriellen Massengesellschaft zunehmend feindlicher gegenüberstanden. Die völkische Groschenliteratur spiegelte ihnen in der Zeit der ökonomischen und gesellschaftlichen Wirren eine heile, ländlich-archaische, hierarchisch geordnete Welt vor, angesiedelt in mythischer Geschichtslosigkeit und unberührt von Großstadt, Technik, Demokratie und ›Geldwirtschaft‹. Sie verstärkte die bereits latent vorhandenen Ressentiments gegen die Übel der kapitalistisch-liberalen Industriegesellschaft und gegen die wertzersetzende, »kulturbolschewistische Ausländerei« der zeitgenössischen Großstadtliteratur und plädierte für die Rückkehr zur Scholle, zum Deutschtum und zur Volksgemeinschaft.[52] Auf diese in der Weimarer Republik weit verbreitete antidemokratische und irrationalistische Massenliteratur, die aus den wirtschaftlichen Ängsten und den utopischen Sehnsüchten ihrer Leser Kapital zu schlagen wußte, konnten sich schon wenige Jahre danach die Nationalsozialisten berufen.

Wolfram Wessels

Die Neuen Medien und die Literatur

Die alten Formen der Übermittlung nämlich bleiben durch neu auftauchende nicht unverändert und nicht neben ihnen bestehen. Der Filmsehende liest Erzählungen anders. Aber auch der Erzählungen schreibt, ist seinerseits ein Filmsehender. Die Technifizierung der literarischen Produktion ist nicht mehr rückgängig zu machen. (Bertolt Brecht)[1]

I. Öffentlichkeit und Literaturbetrieb

Die neuen Massenmedien Film und Rundfunk veränderten die öffentliche Kommunikation in der Weimarer Republik tiefgreifend und nachhaltig. Diese Veränderung betraf alle an diesem Kommunikationsprozeß Beteiligten: Produzenten wie Rezipienten und natürlich die über die Medien transportierten Inhalte. Die Folge war ein Strukturwandel der Öffentlichkeit, der die gesellschaftlichen Verkehrsformen bis ins Mark traf.

Allerdings gehörten Film und Rundfunk keineswegs zu den »Erfindungen, die nicht bestellt«[2] waren. Vielmehr stand ihre Entwicklung und Nutzung von Anfang an (was den Rundfunk betrifft) oder in einem frühen Entwicklungsstadium (was den Film betrifft) ganz im Zeichen einer Veränderung der gesellschaftlichen Verkehrsformen, sowohl im ökonomischen als auch im politischen Bereich. Der bis heute expandierende Markt der Unterhaltungsindustrie, die Kommerzialisierung des Freizeitverhaltens ist für den einen, die Nutzung der Medien als Mittel politischer Überzeugung bis hin zu Indoktrination und Propaganda für den anderen kennzeichnend.

Als ein wesentlicher Teil der öffentlichen Kommunikation war der Literaturbetrieb von diesem Strukturwandel betroffen. Vor allem für die Autoren stellten die neuen Medien eine Herausforderung dar, wobei die Reaktionen keineswegs eindeutig ausfielen. Ökonomische Gründe schienen eher für Akzeptanz, ästhetische eher für Ablehnung zu sprechen.

1. Autoren

Den Autoren eröffneten sich neue Absatzmärkte: die Filmindustrie suchte Drehbuchautoren, der Rundfunk stand für Dichterlesungen, Drameninszenierungen zur Verfügung und bot den Schriftstellern zudem die Möglichkeit, als Autor von exklusiven Rundfunktexten, von Hörspielen, Hörfolgen, Hörbildern oder dergleichen tätig zu werden. Dabei war es wegen des Stoffhungers des Mediums nicht einmal in jedem Fall erforderlich, daß sie neue Texte verfaßten, vielmehr ließen sich bereits vorliegende Arbeiten oft ohne größere Mühe für das neue Medium bearbeiten. Rundfunk wie Film deckten einen sehr großen Teil ihres Bedarfs an Themen und Stoffen mit Adaptionen literarischer Werke.

Als reichlich problematisch erwiesen sich für die Autoren allerdings die ungeklärten Urheberrechtsfragen. Sie waren deshalb so schwierig, weil Fragen der Urheberschaft der neuen Medienprodukte keineswegs eindeutig zu klären waren. Neben dem Regisseur, den Darstellern und Technikern war der Autor nurmehr ein Urheber unter anderen. Die Folge war eine tiefgreifende Wandlung seiner Arbeitsbedingungen und seines Selbstverständnisses. Und dieser Veränderungsprozeß vom autonomen Dichter zu einem in arbeitsteilige Prozesse eingebundenen Textproduzenten war oft durchaus schmerzhaft.

Dieser neue, heute dominante Autorentyp, der seinen Lebensunterhalt vorwiegend mit Arbeiten für Rundfunk, Film und Fernsehen bestreitet und für den das Buch oft nur noch Nebenprodukt ist[3], hat sich in den zwanziger Jahren herausgebildet.

2. Publikum

Die qualitativen Veränderungen der Tätigkeit des Autors wurden durch eine Steigerung des Verbreitungsgrades seiner Arbeiten nur scheinbar aufgewogen. Zwar konnte ein Autor über die neuen Medien erstmals ein Publikum erreichen, das der Zahl nach der herkömmlichen Leserschaft und auch dem des Theaters überlegen war, doch dieses Publikum verhielt sich dem »literarischen« Werk gegenüber qualitativ anders.

Schon seit der Mitte des 19. Jahrhunderts, seit der Entstehung literarischer Familienzeitschriften im Stil der ›Gartenlaube‹, seit der Entwicklung neuer Druckverfahren hatte sich die Rezeption literarischer Produkte verändert. Aus dem diskutierenden war ein konsumierendes Publikum geworden.

Auch im gemeinsamen Kinobesuch, im gemeinsamen Empfang von Radio und Fernsehsendungen hat sich das charakteristische Verhältnis der publikumsbezogenen Privatheit aufgelöst: die Kommunikation des kulturell räsonierenden Publikums blieb auf Lektüre angewiesen, die man in der Klausur der häuslichen Privatsphäre betrieb. Die Freizeitbeschäftigungen des kulturell konsumierenden Publikums finden hingegen selbst in einem sozialen Klima statt, ohne daß sie irgend in Diskussionen eine Fortsetzung zu finden brauchten: mit der privaten Form der Aneignung entfällt auch die öffentliche Kommunikation über das Angeeignete. (Jürgen Habermas)[4]

Und insofern das Kommunizieren über die private Lektüre immer auch eine Form potentiellen Dialogs mit dem Autor dargestellt hatte, der sich in Einzelfällen – etwa einer Lesung – sogar realisieren ließ, veränderte sich das Verhältnis von Produzent und Rezipient in entscheidender Weise. Die Massenmedien lassen eine Kommunikation nicht mehr zu. Es handelt sich beim Film wie beim Rundfunk um »eine applauslose, um eine widerspruchslose Darbietung.«[5]

3. Rezeption

Die Verbreitung der neuen Medien hatte in der Weimarer Republik auch wahrnehmungspsychologische und ästhetische Folgen. Die Montageverfahren des Films und des Rundfunks ermöglichten eine neue Form der Wirklichkeitserfahrung. Die neuen Medien gaben vor, Wirklichkeit nicht nur zu referieren oder abzubilden, sondern authentisch zu repräsentieren. Daß bei den ersten Filmaufnahmen einer auf den Betrachter zufahrenden Lokomotive das Publikum panikartig das Kino verließ[6] und ein Hörspiel, das vom Tod eines fiktiven Ministers in Form einer Reportage handelte, die Presse zu Nachrufen auf einen tatsächlichen Minister veranlaßte[7], zeigt, wie sehr die Wirklichkeitserfahrung durch die Medien beeinflußt wurde. Die neuen Montagetechniken Zeitlupe, Zeitraffer, Zeit- und Raumsprung wirkten auf die gängigen Wahrnehmungserfahrungen der Zeit und auch auf die literarische Produktion zurück. Zudem mußte auch die professionelle Rezeption, die Kritik in den Printmedien, Konzepte des Umgangs mit den neuen Medien und der Wertung ihrer Produkte erst entwickeln. Die sich etablierende wissenschaftliche Auseinandersetzung mit Film und Rundfunk zu Beginn der dreißiger Jahre blieb lange Zeit primär an ästhetischen Fragestellungen orientiert.

4. Medienästhetik

Merkwürdigerweise blieben die wahrnehmungspsychologischen Folgen des Medienkonsums bis heute weit weniger beachtet als die ästhetischen. Der Verlust der Aura, wie ihn Walter Benjamin für das »Kunstwerk im Zeitalter seiner technischen Reproduzierbarkeit«[8] allgemein konstatierte, wird für die Produkte der neuen Medien insbesondere manifest. Ihnen haftet nicht einmal mehr materielle Substanz oder physische Präsenz an, ihre Existenz erschöpft sich in der Reproduktion. Was Wunder, daß Film- wie Rundfunktheoretiker bemüht waren, den Kunstcharakter von Produkten der Massenmedien durch Rückgriff auf ursprüngliche Kunstformen zu legitimieren. Auch zahlreiche Autoren suchten hier die Rechtfertigung für ihre Medienarbeit. »Es ist sehr lehrreich zu sehen, wie das Bestreben, den Film der Kunst zuzuschlagen, diese Theoretiker nötigt, mit einer Rücksichtslosigkeit ohnegleichen kultische Elemente in ihn hineinzuinterpretieren.«[9] Das galt für den Rundfunk gleichermaßen.

II. Film und Kino

Die Geschichte des Films beginnt nicht in bürgerlichen Theatern und Salons, sondern in den Cafés von Paris, den Vaudevilles in Amerika, den Varietés in Berlin. »Kino«, »Bioskop«, »lebende Photographie«, das waren Jahrmarktsensationen fürs Volk. Die festen Theater kamen erst später. Die Wanderkinos gastierten in Ladenlokalen, Caféstuben, Destillen und »Automaten-Restaurants«, in denen es neben Getränken, Süßwaren und kleineren Speisen auch Filme zu sehen gab.

In den Arbeitervierteln der großen Städte entstanden vorzugsweise die Kinos, dort wo das Publikum ein Massenpublikum war. Kino war in seinen Anfängen ein urbanes Phänomen. Das Bürgertum strafte dieses proletarische Vergnügen mit Nichtbeachtung. Die zunehmend arbeitsteilige Filmwirtschaft – seit Anfang des Jahrhunderts differenziert in Produktion, Verleih/Vertrieb und Vorführung – war äußerst kapitalintensiv. Und das deutsche Kapital zeigte vor 1914 kaum Interesse an Investitionen. Der Kinomarkt wurde von französischen Firmen beherrscht.

1. Kunst und Kapital

Die Kapitalisierung der Kunstproduktion brachte es mit sich, daß auch den Produkten der Stempel des kapitalgebenden Bürgertums aufgedrückt wurde. Das Bürgertum verhielt sich ja nicht nur aus ökonomischen Gründen dem proletarischen Vergnügen Film gegenüber zurückhaltend, sondern auch aus ästhetischen. In seinem Verständnis konnte der Film mit seiner vermeintlichen Deckungsgleichheit von Bild und Gegenstand keine Kunst sein. Wollte er dies dennoch beanspruchen, hatte er sich zunächst vom Dokumentarischen zu entfernen, um sich dann bürgerlichen Erzähltraditionen öffnen zu können. Psychologisch motivierte Handlungen hatten bisher nicht zum Filmrepertoire gehört, vielmehr bestand ein Kinoabend aus einer losen Nummernfolge unterschiedlichster Unterhaltungselemente. Die »Lichtbild-Bühne« nennt 1910 als »Normalformel für Programmzusammenstellungen: Musikpiece, Aktualität, Humoristisch, Drama, Komisch. – Pause. – Naturaufnahme, Komisch, Die große Attraktion, Wissenschaftlich, Derbkomisch.«[10] Unverkennbar die Herkunft aus dem Zirkus- und Varieté-Milieu. Die Einzelfilme waren äußerst kurz und zumeist ungeschnitten. Erst aus der Abfolge dieser Filme nicht bloß nach formalen, sondern inhaltlichen Kriterien entwickelten sich allmählich größere zusammenhängende Erzählstränge.»Man kann sagen, daß der Filmvorführer der eigentliche erste Erzähler in frühen Filmen gewesen ist.«[11]

Am Anfang stand der Techniker, nicht der Künstler, schon gar nicht der Literat, dessen Mitarbeit dennoch willkommen war, brachte er doch seine dramaturgischen, erzählerischen, inszenatorischen Fähigkeiten mit. Die Hemmnisse erwiesen sich allerdings als ebenso schwierig wie bei den Kapitalgebern. Bildungsbürgerliche Skepsis gegenüber dem neuen Medium führte zu einer vorübergehenden Verweigerungshaltung. Ein Einstellungswandel vollzog sich erst, als es staatlich legitimiert schien. Als mit Beginn des Krieges seine politische Nützlichkeit erkannt wurde[12], konnten die alten Ressentiments hintangestellt werden.

»Das lebende Bild ist in besonderem Maße geeignet, den Daheimgebliebenen die Taten der Truppe klar vor Augen zu führen. Doch auch dem Ausland soll und kann der Kinematograph eindringlich zeigen, was Deutschlands Heere leisten; so wird der Film zu einem vortrefflichen Mittel der Propaganda«[13], erläuterte der Leiter der eilig gegründeten Abteilung »Kinematographie des Kriegspresseamtes« 1915. Mit der Gründung eines eigenen »Bild- und Filmamtes« (Bufa) und dem Versuch, mit der Gründung der »Ufa« Einfluß auf die private Filmwirtschaft zu nehmen, wurden die Konsequenzen aus dieser Einsicht gezogen. Und das deutsche Kapital zog mit. Der massiven Förderung der Inlandsproduktion entsprach die Abschottung nach außen: Beschlagnahmung ausländischer Filme und Einfuhrverbot seit 1914 gepaart mit gezielter Aufkaufspolitik ausländischer Firmen durch deutsche Unternehmen. Diese Politik sorgte für einen wahren Boom der einheimischen Filmwirtschaft; von 1914 bis 1922 stieg die Zahl der Produktionsstätten von 30 auf 300, die der Vertriebe von 50 auf 350 und die der Verleiher von 125 auf 375. Die Filmindustrie war am Beginn der Weimarer Republik zum drittgrößten Industriezweig Deutschlands aufgestiegen.

Es war die Zeit der großen Stummfilme, des Durchbruchs des Expressionismus im Film, der die endgültige Anerkennung des neuen Mediums als Kunstform nach sich zog.[14] Selbst wenn diese Filme nur einen äußerst geringen Anteil an der Gesamtproduktion der Zeit hatten, bestimmten sie die Debatten der intellektuellen bürgerlichen Öffentlichkeit – während in den Kinos von Wedding und Kreuzberg als »Aufklärungs- und Sittenfilme« getarnte pornographische Filme das vorwiegend proletarische Publikum erfreuten.

Doch die Konsolidierung der deutschen Filmwirtschaft war nicht von Dauer. Durch die Währungsreform 1923 sanken die Exportchancen für deutsche Filme, was eine wahre Flut an Importen, vorwiegend aus den USA, zur Folge hatte. Um so dringlicher schien es, erneut an die staatspolitische Aufgabe des Films zu erinnern. So Reichskanzler Hans Luther 1925:

> Im Rahmen der deutschen Gesamtwirtschaft fällt auch der Filmwirtschaft die Pflicht zu, an der Wiedergewinnung der Auslandsmärkte mitzuwirken. ⟨...⟩ Nicht durch kritiklose Nachahmung der ausländischen Konkurrenz, sondern durch Besinnung auf die in uns selbst schlummernden Kräfte wird es ihr gelingen, dieses Ziel zu erreichen. Die Filmindustrie wird dadurch mit dazu beitragen, daß deutsche Arbeit und deutscher Geist wieder zu Ansehen in der Welt gelangen.[15]

Die als Reaktion auf die ausländische Konkurrenz beschlossene Importbeschränkung beschleunigte die mit der Gründung der Ufa bereits in Gang gesetzte Konzentration der deutschen Filmindustrie weiter. Die Ufa bescherte dem Publikum eine Flut historischer Ausstattungsfilme meist reaktionärer politischer Tendenz, die ›Fridericus Rex‹-Filme etwa, sowie unzählige Filme leichter Unterhaltung. Die Zeitschrift ›Film und Volk‹ analysierte:

> Aus dem verachteten Rummelplatzvergnügen war eine vaterländische Angelegenheit geworden. Staatliche und private Geldgeber gaben bereitwillig Gelder her. ⟨...⟩ Für die einen blöden, sanft einlullenden Kitsch, der den Klassenkampf aus der Welt lügt und das happy end als die gegebene Tatsache dieser besten aller Welten darstellt. Für die anderen ein Vergnügen mehr

zu den vielen anderen, eine einzigartige Möglichkeit, um diejenigen vom Nachdenken abzuhalten, vor deren Denken man sich fürchtet. ⟨...⟩ Die Welt der Wedding-Kinos und des Kurfürstendamm-Filmpalastes haben nichts miteinander zu tun.[16]

Die gesellschaftspolitische Auseinandersetzung um den Film verschärfte sich gegen Ende der Weimarer Republik. Erst spät entdeckte die Arbeiterbewegung die Möglichkeiten des neuen Mediums für ihre Zwecke. Piel Jutzis ›Mutter Krausens Fahrt ins Glück‹ (1929), Bert Brechts und Slatan Dudows ›Kuhle Wampe‹ (1932) und die wenigen Produktionen der Prometheus-Film bestätigen als Ausnahme eher die Regel.

Einer der Gründe dafür liegt in der Filmzensur, die nach nur zwei Jahren weitgehend unbeschränkter Kunst- und Kulturfreiheit 1920 erneut eingeführt und im Verlauf der zwanziger Jahre mehrfach verschärft worden war. Sie traf vorwiegend Filme, die außerhalb des marktgängigen Durchschnitts lagen: Arbeiterfilme und künstlerisch ambitionierte Vorhaben. Allein der Verdacht, ein Projekt könne bei einer Filmprüfstelle Anstoß erregen, reichte oft für einen Verzicht des Unternehmens auf die Produktion aus. Die ökonomische und politische Entwicklung in der Weimarer Republik bestimmte das Tempo der Entwicklung des Films als Kunst.

2. Der kleine Mann und das Kino

Der kleine Mann, die kleine Frau kennen keine Literatur, keine Entwicklung, keine Richtung. Sie pendeln abends durch die Straßen, stehen schwatzend unter den Eisenbahnbrücken, sehen sich einen gestürzten Gaul an; sie wollen gerührt, erregt, entsetzt sein; mit Gelächter losplatzen. ⟨...⟩ Nunmehr schwärmt er in die Kientopps,

schrieb Alfred Döblin schon 1909[17], und Hermann Friedemann präzisierte 1912:

Filmstücke, bunte Hefte, Grammophone: es sind die banalen Formen – einer Geistigkeit. Das macht, die Nerven großstädtischer Massen sind hungriger als ihr Magen. Kein noch so wohl gemeinter Erlaß wird das Erregungsbedürfnis hindern, seine Befriedigung da zu suchen, wo es sie findet. ⟨...⟩ Das Leben dieser Arbeiterjugend, gelöst von seinen Zusammenhängen

und ohne die Ersatzmittel der Kultur, wäre furchtbar, trügen nicht Film und
Hefte Spannung, Weite und Buntheit der Welt hinein.[18]

Es war kein literarisches Publikum, das in die Kinos strömte.
Dies belegt eine Untersuchung an 36 Kölner Kinos aus den Anfangsjahren der Republik 1919/20:

> In vielen Kinos waren Vertreter des Mittelstandes überhaupt nicht vertreten, die besseren Bürgerfamilien und die Gebildeten schienen das Kino gänzlich zu meiden. In gewissen Kreisen wurden die besser gekleideten Besucher unwillig angeschaut, als nicht dorthingehörig betrachtet und oft laut beurteilt. Viele Arbeiter schienen unmittelbar von der Arbeitsstätte in der Arbeitskleidung gekommen zu sein. Viele Frauen oft mit ganz kleinen Kindern, meist ohne Begleitung ihrer Männer, waren zu bemerken, auch mal mit Männern, die wohl nicht ihre Ehemänner sind. ⟨...⟩ Vielfach wurden auch junge Pärchen aus dem Arbeiterstand beobachtet, die sich in nicht ganz einwandfreier Weise auf den weniger beleuchteten Plätzen benahmen.[19]

Kino war und blieb ein Massenvergnügen der Arbeiter und – dem gesellschaftlichen Wandel folgend – der kleinen Angestellten.

Es ist kein Zufall, daß im Film Geld ist und im Theater Armut. Jede Zeit bezahlt ihre Essenz. Das Kino ist das Extrakt der Epoche, das Theater nur mehr ein Surrogat. Das Publikum ist nicht ganz so entscheidend, wie man glaubt. Entscheidender ist die Geste, mit der Milliarden hingehaut werden. Entscheidender ist die Brutalität, mit der das Geld wieder hereingeholt wird. Das Wesentliche und Erfreuliche an der Kunst ist seit jeher die Passivität derer, die für sie zahlen. Das pausenlose Kino hat diesen Zustand noch mehr betont. Nicht das Publikum will das Kino, sondern das Kino will das Publikum.[20]

Film als selbständige Kunstform blieb die Ausnahme. Er war vorwiegend Teil einer Bühnenschau, eines Varietés, und mußte zusammen mit artistischen Vorführungen, Sketchen und Musikdarbietungen um die Aufmerksamkeit des Publikums buhlen.[21]

Es ging dabei nur vordergründig um die Befriedigung der Publikumsbedürfnisse. Die Filmproduktion der Weimarer Republik und damit auch das Kunstwerk Film war der Warenzirkulation unterworfen. Innerhalb des kapitalistischen Produktionsprozesses wurde auch der Standort und die soziale Funktion von Kunst und Film definiert. »Es gilt dieses ernste Leben und Schaffen wenigstens auf Stunden zu erheitern. Dazu sind die Werke der Kunst am ehesten berufen. Die Pflege der Kunst wird eine soziale Aufgabe von noch nie dagewesener Bedeutung werden.«[22]

Kunst als Mittel der Kompensation und Reproduktion der Arbeitskraft: Künstler, Regisseure, Darsteller und Autoren hofften, auf diese Weise ihr Publikum zu vergrößern, ihrer traditionellen Kunstauffassung zum Durchbruch bei den Massen zu verhelfen. Bildungsbürgerliches Denken bestimmte das Medium, als es erst einmal etabliert war: Goethe und Schiller als Massenvergnügen. Doch die Rezeptionsgewohnheiten bestimmten auch hier die Produktion: die Erwartung von Sensation und spektakulärer Aktion, von »Rührung, Erregung, Entsetzen«. Und diese veränderte Rezeptionshaltung des Publikums begann auch auf die traditionellen Kunstformen zurückzuwirken. Am Theater setzte Erwin Piscator Filmprojektionen ein, und nicht wenige Schriftsteller begannen sich einer »filmischen Schreibweise« zu befleißigen. Dennoch blieb es lange ein kompliziertes Wechselverhältnis.

3. Autorenfilme

Was den deutschen Filmleuten ⟨...⟩ fehlt, ist das gute, das filmmäßig gedachte, dramatisch konzentrierte, niveaustarke Manuskript ⟨...⟩ Ein Manuskript! Ein Manuskript! Ein Filmreich für ein Manuskript!

So der ›Vorwärts‹ 1918.[23] Das Problem war so alt wie der Film selbst. Eine Filmgesellschaft hoffte es bereits 1907/08 mittels eines Preisausschreibens zu lösen. 1922 gab es einen weiteren Versuch. Beide hatten nur mäßigen Erfolg.

Die Vorbehalte der Autoren gegenüber dem neuen Medium blieben erheblich. Noch 1912 hatte der Verband Deutscher Bühnenschriftsteller auf einer außerordentlichen Generalversammlung fast einstimmig beschlossen, daß seine Mitglieder »in keiner Weise für das Kinotheater tätig«[24] werden dürften. Nachdem jedoch einige namhafte Autoren dem Werben der Filmindustrie nachgegeben hatten, schloß der gleiche Verband ein dreiviertel Jahr später einen Fünf-Jahres-Vertrag zur Gründung einer »Lichtspielvertrieb des Verbandes Deutscher Bühnenschriftsteller G.m.b.H. Berlin«. Ein Unternehmen zusammen mit der Industrie zum »Erwerb und Vertrieb von Urheberrechten und Lizenzen zur kinematographischen Verwertung sowie ⟨zur⟩ eigenen Fabrikation von Films in künstlerischer Form, insbesondere solcher von Verbandsschriftstellern«.[25] Die Filmgesellschaften begannen sich mit prominenten Namen zu schmücken. Nach dem Motto der Deutschen Bioscop Filmgesellschaft: »Films berühmter Autoren sind die Zukunft des Kinos!«[26] wurden zahlreiche Schriftsteller von der Industrie unter Vertrag genommen. Das war werbeträchtig, vor allem in jenen Kreisen, die für das neue Medium erst noch gewonnen werden sollten. Der ästhetischen Entwicklung des Films diente diese Strategie allerdings nicht. Die radikale Bearbeitung der Drehbücher Gerhart Hauptmanns und Arthur Schnitzlers etwa sorgte für erhebliches Aufsehen. Selbst die überzeugtesten Filmfreunde gingen nun auf Distanz:

> Nicht jeder Wortkünstler ist ein guter Filmdichter, und wir mahnten bei den Filmfabrikanten, nicht einfach blindlings jeden berühmten Namen zu uns herüberzuziehen. Wir betonten ausdrücklich, daß nur der ein guter Filmdichter sein kann, der unsere Technik, unsere Ausdrucksmöglichkeiten, die Mängel und Vorzüge der Filmsprache kennt. Trotz alledem nahm man weiter blindlings jeden mit offenen Armen auf, der als Literat etwas galt.[27]

4. Filmautoren

Das Kino erforderte einen neuen Schriftstellertypus; der Literat als Schöpfer eines autonomen Kunstwerks war im Zeitalter arbeitsteiliger Kunstproduktion zu einem Anachronismus geworden.

Der Schriftsteller ist nicht mehr Künstler, der frei schaffend produziert, wenn die Ideen reif sind und zur Form drängen; sondern der Schriftsteller – der Filmschriftsteller nämlich – ist zunächst einmal ein Teilchen eines großen industriellen Apparats, dem er mit seinen Leistungen eingegliedert ist. In erster Linie hat er deshalb die Anforderungen zu erfüllen, die nötig sind, damit der Betrieb nicht ins Stocken gerät.[28]

Noch der »Dreigroschenprozeß« Brechts von 1931 beweist, wie schwer sich etablierte Schriftsteller mit dieser Rolle taten, selbst wenn sie, wie Brecht, Filmarbeit als Kollektivarbeit prinzipiell bejahten, deren Folgen aber ablehnten. Die Filmindustrie war ein bedeutender Wirtschaftszweig geworden, in dessen Mittelpunkt eben nicht die Verbreitung literarischer oder an bürgerlichen Maßstäben gemessener Kunstprodukte stand.

Die Literaten, die noch in der Zeit vor dem Ersten Weltkrieg heftig um ihren Anteil an dem neuen Medium gestritten hatten, resignierten angesichts der ökonomisch-politischen Zwänge. Oder resignierten sie nur vor dem Eingliederungsprozeß in eine industrielle Produktion, der ihnen als Abstieg in der Werteskala bürgerlichen Bewußtseins erscheinen mußte?

Die Drehbücher zu den künstlerisch bedeutenden Filmen verfaßten jedenfalls zumeist vom Literaturbetrieb wenig beachtete Autoren. Thea von Harbou beispielsweise, die für die Fritz-Lang-Filme ›Der müde Tod‹ (1921), ›Dr. Mabuse‹ (1920/1932) und ›Metropolis‹ (1927) die Manuskripte schrieb, und vor allem Carl Mayer[29], der als der einflußreichste Drehbuchautor der Stummfilmära gelten kann. Die Filme, an denen er mitarbeitete, machten Geschichte. Mit ›Das Cabinett des Dr. Caligari‹ (1920) verhalf er dem Expressionismus im Film zum Durchbruch, mit ›Der Gang in die Nacht‹ (1921), ›Die Hintertreppe‹ (1921) und ›Der letzte Mann‹ (1924) etablierte er den psychologisierenden Kammerspielfilm und mit der Idee zu ›Berlin, die Sinfonie einer Großstadt‹ (1927) gab er den Anstoß zu einem konsequent ›neusachlichen‹ Film.

Seine Drehbücher hatten dabei, wie ein Auszug aus dem Drehbuch zu dem Film ›Sylvester‹ (1923) belegt, durchaus literarische Qualität, wiewohl sie präzise filmisch gedacht waren:

1. Bild:
Aufhellend
Ganz langsam:
DIE FASSADE EINER KONDITOREI

nah: Diese Fassade. Alt scheint das Haus. Abendlich schwarz.
Doch!

	Von Innen: Warmtrübes Licht. Das durch erfrorene Fenster sich zeichnet.

Von Innen: Warmtrübes Licht. Das durch erfrorene
Fenster sich zeichnet.
Und!
Manches Volk. Winterlich. Auch Frauen und Kinder. Man geht ins Lokal. Denn: Ein Plakat ist geklebt.

groß: Dieses Plakat
(lesbar)
HEUTE
GROSSE SYLVESTERFEIER
(handschriftlich gemalt)
Dann:

nah wieder: Die Fassade.
Und!
Manches Volk. Sich reibend die Hände. Andere: Lachend. Auch Betrunkene.
Und!
Jetzt:

langsam zurückrollend: Wodurch immer kleiner die Fassade sich zeichnet.
Endlich:
Ganz enfernt ist die Fassade nunmehr sichtbar:
Und da!

es hält der Apparat: Und!
Nach einer Sekunde vielleicht:
⟨...⟩[30]

Vom Literaturbetrieb wurde Carl Mayer nicht wahrgenommen, keine Literaturgeschichte verzeichnet seinen Namen. Nur sein Drehbuch ›Sylvester‹ wurde gedruckt. Ein Schicksal, das Mayer mit fast allen reinen Medienautoren teilt. Mit den neuen Medien war zwar ein neuer Markt für Autoren entstanden, der aber vom traditionellen Literaturbetrieb streng separiert blieb. Und dieser neue literarische Markt hatte seine eigenen Gesetze, er machte aus freien Autoren abhängige Angestellte. Dies widersprach dem überkommenen Anspruch der Kunstfreiheit. Eine für die Weimarer Republik charakteristische Diskontinuität der Entwicklung schriftstellerischen Selbstverständnisses und den tatsächlichen literarischen Produktionsbedingungen wird hier sichtbar. Während sich durch die

Medien die Produktionsbedingungen dramatisch veränderten, hielten die Autoren – und mit ihnen weite Teile nicht nur des konservativen Bildungsbürgertums – am überlieferten Bild des Dichters fest.

5. Filmdebatten

In dem Maße, wie sich die Schriftsteller des traditionellen literarischen Markts nach dem Scheitern der Autorenfilme aus der Filmproduktion selbst zurückzogen und sie den Filmautoren überließen, wandten sie sich theoretischen Erörterungen des neuen Mediums zu.

Es ging um Fragen der Kunstgenealogie. So behauptete der französische Filmregisseur Abel Gance, daß die Kultur der Gegenwart mit dem Film »infolge einer höchst merkwürdigen Rückkehr ins Dagewesene, wieder auf der Ausdrucksebene der Ägypter angelangt«[31] sei, bei der Hieroglyphensprache. Und Franz Werfel sah das Besondere des Films »in seinem einzigartigen Vermögen, mit natürlichen Mitteln und mit unvergleichlicher Überzeugungskraft das Feenhafte, Wunderbare, Übernatürliche zum Ausdruck zu bringen«[32]. Diskutiert wurde, ob die filmische Erzählweise dem Roman oder dem Drama näherstünde oder sogar lyrische Elemente enthalte. Die Verwandtschaft mit der bildenden Kunst und der Photographie wurde nur ausnahmsweise erwogen, wenngleich die Avantgarde mit den absoluten Filmen eines Hans Richter, Vikking Eggeling oder Walther Ruttmann bereits entsprechende Beispiele lieferte. Dagegen war die Wechselwirkung zwischen den an sich gegensätzlichen Medien Stummfilm und Hörspiel ein vieldiskutiertes Thema. Kurt Weill regte ein Abend mit »absoluten« Filmen schon 1925 an, über »Möglichkeiten absoluter Radiokunst« nachzudenken[33], Kracauer lernte diese Filme wiederum auf einer Matinee des Frankfurter Rundfunks kennen[34] und Rudolf Arnheim widmete dem Hörspiel in seiner Monographie ›Film als Kunst‹ ein eigenes Kapitel, in dem es hieß: »auch das Hörspiel gehört zur Filmkunst.«[35] Die frühen medientheoretischen Überlegungen waren durchaus noch medienübergreifend angelegt. Rudolf Arnheim ging es – wie Béla Balázs (›Der sichtbare Mensch‹, 1924), Georg

Otto Stindt: (›Lichtspiel als Kunstform‹, 1924) und Rudolf Harms (›Philosophie des Films‹, 1926) – um die Begründung des Films als eigener Gattung im Kanon der anderen Künste, auch wenn die Ansatzpunkte und Argumentationen durchaus unterschiedlich waren. Arnheim etwa argumentierte wahrnehmungspsychologisch, Balázs analysierte den Film primär als gesellschaftlichen Faktor und betonte die Gebärdensprache, die im Stummfilm zu neuer Bedeutung gelange, als »eigentliche Muttersprache der Menschheit«[36]. Siegfried Kracauer, Filmkritiker der ›Frankfurter Zeitung‹, beurteilte das Medium aus sozialpsychologischer Sicht.

Neben der Analyse der spezifisch filmischen Mittel sind alle diese Theorieansätze und Diskussionsbeiträge von der Frage nach dem Verhältnis von Film und Wirklichkeit, von der Frage des Realismus und der Gegenwartsnähe der möglichen und tatsächlichen Filmthemen geprägt. Insbesondere die Arbeiter und Intellektuellen fühlten sich von den Filmschaffenden nur ungenügend wahrgenommen. Das war aber nicht ausschließlich die Schuld der privatkapitalistisch organisierten Filmwirtschaft, die Betreffenden selbst hatten ihrerseits das Medium zu lange ignoriert. Weder den Gewerkschaften noch den Arbeiterparteien war es gelungen, es für ihre Interessen zu nutzen, wenn sie es nicht überhaupt – wie Clara Zetkin – als eine Einrichtung ablehnten, die das Proletariat von seinem Befreiungskampf abhalte.[37] Ein Argumentationsmuster, das sich in keiner Weise von der konservativen Kulturkritik unterschied, die ja ebenfalls die Konkurrenz des Films zu den ihr wichtigen Werten beklagte. Allerdings zog das politisch rechte Lager mit dem Pressefürst Alfred Hugenberg an der Spitze rascher die entsprechenden Schlüsse. Es erkannte frühzeitig die propagandistischen Möglichkeiten des Mediums und sicherte sich den entscheidenden Einfluß auf die Filmindustrie.

Die Linksintellektuellen erschöpften sich in ästhetischer Diskussion, statt sich in praktischer Arbeit mit den Produktionsbedingungen auseinanderzusetzen. Sie klagten lieber über die Ausbeutung ihrer Arbeit und die industrielle »Abbauproduktion« des »Kunstwerks als adäquatem Ausdruck einer Persönlichkeit«[38] und verfaßten Flugblätter, um das Publikum gegen die Flut billiger Unterhaltungs- und »Schundfilme« zu mobilisieren.

Dabei fehlt es nicht an ideenreichen und begabten Schriftstellern, Regisseuren, Schauspielern, Architekten, Kameraleuten und Komponisten. Aber ihre Begabungen und Ideen können sich innerhalb der Filmindustrie wie sie heute ist, nur ausnahmsweise voll auswirken.[39]

Das war die Meinung des Volksverbands für Filmkunst, zu dessen Gründungsmitgliedern immerhin Heinrich Mann, Käthe Kollwitz, Erwin Piscator, Leonhard Frank, Béla Balász, Karl Freund und G. W. Pabst gehörten und dessen Ehrenausschuß u. a. Johannes R. Becher, Heinrich George, Oskar Maria Graf, Herbert Ihering, Alfred Kerr, Egon Erwin Kisch, Kurt Pinthus, Ernst Toller, Kurt Tucholsky bildeten. Es gelang ihnen nicht, aus der längst erkannten gesellschaftspolitischen Bedeutung des Massenmediums die entsprechenden Schlüsse zu ziehen.

6. Film und Expressionismus

Der literarische und später auch filmische Expressionismus reagierten auf die gesellschaftliche Wahrnehmung der Zeit. Neuromantiker und schon Expressionisten hatten in ihrer Literatur in allen möglichen Formen der Kompensation die Flucht aus der als krisenhaft erlebten Gegenwart in das Reich der Phantasie angetreten. Kunst als Ventil für den Druck der Nachkriegswirren, als alte Maßstäbe ungültig wurden, ohne daß neue ins Blickfeld rückten, auf die sich die ungestillte revolutionäre Sehnsucht hätte richten können. Statt dessen revolutionäres Pathos in der Politik, revolutionäres Pathos auch in der Kunst. Expressionismus und Avantgarde aber auch selbst als Revolution künstlerischen Ausdrucks.

Bildende Kunst, Literatur und Film trafen sich dort, wo sich das Medium, das die Massen ansprach wie keines je zuvor, und eine Kunst, die ebendiese Massen in ihrem Spannungsverhältnis zum Individuum thematisierte, berührten. Im expressionistischen Film manifestiert sich diese Koinzidenz, aber auch das Zwiespältige, das in der Thematik selbst lag. Das Festhalten an bürgerlichem Individualismus und Subjektivismus auf der einen, die Entdeckung der proletarischen Masse als handelndes Subjekt auf der anderen Seite. »Die Bejahung eines totalitären und absoluten Ichs, das sich seine eigene Welt formt, steht also neben einem Dogma, das das Individuum völlig negiert und aufhebt.«⁴⁰ Das Doppelgängermotiv aus ›Das Cabinett des Dr. Caligari‹ (1929), ›Nosferatu – eine Symphonie des Grauens‹ (1922) und anderer als expressionistisch klassifizierter Filme, die auffällige Häufung machtbesessener dämonischer Helden wie ›Dr. Mabuse‹ und die Vorlieben für Massenszenen wie in ›Metropolis‹ sind vor diesem Hintergrund zu sehen. Siegfried Kracauer glaubte darin eine zeittypische Disposition der Deutschen zu erkennen, die konsequent »von Caligari zu Hitler« führte – eine bis heute lebhaft diskutierte These.⁴¹ Namhafte Autoren des literarischen Expressionismus waren an der Entwicklung des expressionistischen Films nicht beteiligt. Daran änderte auch Kurt Pinthus' Kinobuch von 1913 nichts, in dem Autoren wie Walter Hasenclever, Else Lasker-Schüler, Max Brod und Albert Ehrenstein ›Kinostücke‹ als ausgesprochen medienspezifische Texte publiziert hatten. Realisiert wurde davon nur ein einziges.⁴²

Die Anstöße dieser Entwicklung des Films gingen von den Produzenten aus, von Schauspielern wie Albert Bassermann und Paul Wegener und vor allem den Regisseuren um Max Reinhardt: Ernst Lubitsch und Fritz Lang. Ihre Namen stehen für den ›klassischen deutschen Stummfilm‹, der als ›klassisch‹ bereits 1929 galt. ›Das Cabinett des Dr. Caligari‹ prägte vor allem durch sein Dekor und seine Ankündigung als »expressionistischer Film« maßgeblich das Expressionismusverständnis der Zeit. »Der Film spielt – endlich! endlich! - in einer völlig unwirklichen Traumwelt«, jubelte Kurt Tucholsky in der ›Weltbühne‹ und lieferte damit wiederum einen Beleg für die Übereinstimmung des Films mit dem Zeitgeist.⁴³

7. Film und Kammerspiel

Nach wenig erfolgreichen Versuchen, an den Erstlingserfolg von ›Das Cabinett des Dr. Caligari‹ anzuknüpfen, entdeckte Carl Mayer den diesem Medium allein möglichen Realismus als das Wesentliche der Filmkunst und verlegte sich auf die psychologisch genaue Darstellung von Personen. Wiederum war es der Drehbuchautor Mayer, der eine neue Entwicklungsphase des Films in der Weimarer

Republik einleitete. Mit ›Der Gang in die Nacht‹ (1921) entstand der erste »Kammerspiel«-Film.

Dem sentimentalen oder romantischen Film steht der realistische gegenüber. Das Kammerspiel will durch Stilisierung den Film zur Höhe eines wirklichen Kunstwerkes entwickeln, d. h. es will aus dem Wesen und der Eigenart des Films heraus ⟨...⟩ einen völlig neuen, nur dem Film eigentümlichen Stil finden.[44]

Es sollte ein realistischer Stil sein. Mit ›Scherben‹ (1921), ›Die Hintertreppe‹ (1921) und insbesondere dem ›Letzten Mann‹ (1924) wandte sich Mayer folgerichtig den Schicksalen der »kleinen Leute« zu, die noch immer den Großteil des Kinopublikums stellten. Er suchte das Individuum in der Masse auf, sah beide nicht mehr in Opposition, sondern als integrative Bestandteile. Damit löste er sich von der Sichtweise, die noch im Expressionismus dominierte. Mayer entnahm seine Stoffe fortan der Wirklichkeit selbst und versuchte sie für die Kamera nachzustellen und vor Ort aufzuzeichnen. Er vollzog damit einen Schritt, der die Mitarbeit des Schriftstellers am Zustandekommen des Films schließlich entbehrlich machte. Die Kammerspiel-Filme, gleichwohl theoretisch in Max Reinhardts Theater begründet, entfernten sich immer mehr von literarischen Bezügen. Sie entwickelten einen Realismus mit tendenziellem Dokumentarcharakter, der auch ohne Zwischentitel auszukommen versuchte.

8. *Film und Neue Sachlichkeit*

Noch einmal war Carl Mayer am Zustandekommen einer neuen Entwicklungslinie des Films in der Weimarer Republik beteiligt. Er lieferte die Idee zu ›Berlin, die Sinfonie der Großstadt‹ (1927), realisiert von Walther Ruttmann, der als Regisseur weniger literarisch als bildnerisch dachte. Er gehörte zu jenen Künstlern der Avantgarde, die mit ihren »absoluten« und »abstrakten« Filmen nicht nur die Entwicklung der bildenden Kunst befruchteten, sondern auch zur Entwicklung einer eigenständigen Filmsprache entscheidend beitrugen. Auch der Idee Mayers nahm sich Ruttmann unter bildnerischen Gesichtspunkten an. Entgegen der Intention des Drehbuchs war ihm nicht an Porträts von Menschen in Berlin, sondern an der konsequenten Anwendung von Montageverfahren gelegen. Ihm ging es nicht um soziale, sondern um ästhetische Fragen. Carl Mayer distanzierte sich von diesem Umgang mit seiner Idee und dem Endprodukt.

Der Autor zog im Vergleich mit dem Regisseur den Kürzeren. Ein Film, der sich nahezu ausschließlich dokumentarischer Mittel bedient, schränkt die Bedeutung eines vorab verfaßten Drehbuchs erheblich ein: ein Befund, der für einen großen Teil der Filme der Neuen Sachlichkeit zutrifft. G. W. Pabsts ›Geheimnisse einer Seele‹ (1926) beruhte auf Angaben von Psychoanalytikern, die von den Drehbuchautoren zusammengefaßt wurden. Es kam diesem Film ebenso wie ›Die freudlose Gasse‹ (1925) und ›Westfront 1918‹ (1930) auf die nüchterne Bestandsaufnahme an.

Kracauer monierte an Ruttmanns ›Berlin, die Sinfonie der Großstadt‹ das Fehlen der sozialen Dimension[45], und Balázs, der mit ›Die Abenteuer eines Zehnmarkscheins‹ (1926) selbst einen neusachlichen Film gedreht hatte, wandte sich 1928 aus prinzipiellen Gründen gegen den latenten Tatsachenfetischismus der Neuen Sachlichkeit.

> Die Tatsachen an sich ergeben nämlich gar keine Wirklichkeit. Die Wirklichkeit liegt erst in dem Sinn der Tatsachen, die gedeutet werden müssen, die der Revolutionär, der klassenbewußte Proletarier mehr als irgendein anderer deuten will, weil er den wirklichen Sinn oft erst hinter den Masken der bürgerlichen Gebilde hervorholen muß.[46]

Kracauer bezog damit eine Position, die später auch Brecht im Dreigroschenprozeß einnahm. Neue Sachlichkeit war ein Stil des Übergangs, der sich zum Status quo sowohl kritisch als auch apologetisch verhalten konnte. Beides war in ihm angelegt: Piel Jutzis ›Mutter Krausens Fahrt ins Glück‹ (1929) und Bert Brechts und Slatan Dudows ›Kuhle Wampe‹ (1932) ebenso wie Fritz Langs ›M. (Eine Stadt sucht einen Mörder)‹ (1931) und Luis Trenkers ›Der Rebell‹ (1933).

III. Rundfunk

In einer Zeit babylonischer Verwirrung der Ideen, der Kunstlosigkeit aus Kunstbetriebsamkeit, deren Lage durch die Halbwahrheiten der tagtäglich neu emporbrandenden Schlagworte und den Wettlauf um den flüchtigen Nobelpreis des Augenblicks gekennzeichnet ist, – in einer Zeit, da die Verleger junge und jüngste Generationen stapelweise auf den Markt werfen, die Buchproduktion nicht mehr bedachtsam kulturelles Ereignis, sondern mechanische Angelegenheit der Rotationsmaschinen geworden ist, hat der deutsche Rundfunk begonnen, den gültigen Bestand deutscher Dichtung immer wieder einer hörenden Volksgesamtheit zuzusenden, die Literatur der Zeit zu sichten, zur Erörterung zu stellen, ihre ästhetische Stellung aufzuhellen und zu erklären. 〈...〉 Die Zeit der Verwirrung ist vorbei. Ein riesiges, unsichtbares Sprachrohr schallt über die Welt.[47]

Die Literaten der Zeit sahen den Rundfunk gern als Retter von Kunst, Kultur und Literatur. Die Bewahrung eines überholten bürgerlichen Kulturbegriffs, dessen Aufrechterhaltung in den alten, traditionellen Medien problematisch geworden war und beim Film nicht so recht gelingen wollte, war zunächst jedoch kein ästhetisches Programm, sondern eine ökonomisch motivierte Strategie. Auch der Rundfunk war eine Entwicklung der Industrie.

1. Die Zwecke des Mediums

Seit dem letzten Jahrzehnt des 19. Jahrhunderts wurde der Funk als Nachrichtenmedium eingesetzt, im Schiffsverkehr, zur Kommunikation mit den Kolonien und vor allem im Militär, dem er im Ersten Weltkrieg mit Heeresberichten, Musiksendungen, Lesungen und Pressestimmen ausschließlich diente.[48] Der Rundfunk war eine reine Staatsangelegenheit, allerdings keine öffentliche. Auch nicht nach dem Krieg, als er die Wirtschaft mit Informationen zu versorgen hatte. Die Entwicklung des Mediums zum Massenmedium sollte der Industrie bei der Umstellung von der Kriegs- auf die Friedensproduktion helfen und der Post, die seit 1892 die Fernmeldehoheit besaß, eine zusätzliche Einnahmequelle verschaffen. Der Schritt an die Öffentlichkeit war wirtschaftlich bedingt, »der kulturelle und pädagogische Wert des Rundfunks, von dem später so viel geredet und geschrieben wurde, hat damals jedenfalls keine nennenswerte Rolle gespielt«.[49]

Es ging nicht primär um Programme, sondern um den Absatz von technischen Geräten. Selbst die Debatten um funkspezifische Inhalte hatten etwas mit Eigenwerbung zu tun: Es ging darum, Hörer zu gewinnen, die Geräte kaufen und Gebühren zahlen sollten und denen etwas geboten werden mußte, was sie anderweitig nicht bekommen konnten. Dabei galt es, die Nachfrage, die man befriedigen wollte, erst einmal zu erzeugen.

1924 formulierte die Fachzeitschrift ›Funk‹ die »Selbsterkenntnis des Rundfunks«:

Am Anfang jeder Entwicklung stand sonst stets eine Notwendigkeit; und sie schuf sich die Möglichkeiten: man baute eine Eisenbahnstrecke, wenn irgendein Zweck des Verkehrs dieses Mittel heischte. ⟨...⟩ Da schenkte die Technik der Welt die drahtlose Telephonie als Unterhaltungsmittel. ⟨...⟩ Wir haben ein Mittel und wissen noch keinen Zweck.[50]

Für Politik und Wirtschaft, in deren Händen die Organisation und der Betrieb des Rundfunks in Deutschland lag, waren die »Zwecke« des »Mittels« jedoch längst formuliert. Schon 1923 hatte sich bei Aufnahme des öffentlichen Sendebetriebs durch die Funkstunde Berlin der »Vater« des deutschen Rundfunks, Hans Bredow, dazu geäußert. Als Direktor der Telefunken (bis 1919), dann erster für Rundfunkfragen zuständiger Ministerialrat des Reichspostministeriums und ab 1926 erster Rundfunkkommissar der Post und Verwaltungsratsvorsitzender der Reichs-Rundfunk-Gesellschaft (RRG), der zentralen Organisation der Einzelsender, verkörperte er die Allianz von Wirtschaft und Staat. Die Funktion des neuen Mediums bestimmte er wie folgt:

Das deutsche Volk ist wirtschaftlich verarmt. Es ist nicht zu bestreiten, daß auch die geistige Verarmung Fortschritte macht, denn wer kann sich heute noch Bücher und Zeitschriften kaufen, wer kann sich die Freude guter Musik und unterhaltender und bildender Vorträge gönnen? Erholung, Unterhaltung und Abwechslung lenken den Geist von den schweren Sorgen des Alltags ab, erfrischen und steigern die Arbeitsfreude; aber ein *freudloses Volk wird arbeitsunlustig*. Hier setzt die Aufgabe des Rundfunks ein, und wenn es auf diese Weise gelingen sollte, allen Schichten der Bevölkerung künstlerisch und geistig hochstehende Vorträge aller Art zu Gehör zu bringen, wenn gleichzeitig der Industrie ein neues Tätigkeitsfeld eröffnet und damit für Arbeiter und Angestellte neue Arbeitsmöglichkeit geschaffen wird, dann wirkt der Rundfunk aufbauend, und das deutsche Volk hat ein Recht auf ihn.[51]

Das neue Medium sollte der Rundfunkindustrie einerseits als wirtschaftspolitisches Instrument zur Ankurbelung der Konjunktur und Eindämmung der Arbeitslosigkeit dienen, andererseits sollte sein Programm durch Ablenkung von den »schweren Sorgen des Alltags« die Arbeitsmoral heben. Wie im Film war die Funktion von Kunst und Kultur auch in diesem Medium nur vordergründig unpolitisch. Tatsächlich dienten sie jedoch der Systemstabilisierung. So wurden von staatlicher Seite ein »Ausschuß« zur Überwachung der politischen Sendungen und ein »Beirat« für den Kulturbereich eingesetzt. Ein Recht analog zur Pressefreiheit stand für den Rundfunk nie zur Debatte.[52]

2. *Kultur für alle*

Hatte schon der Film neue Publikumsschichten für die Literatur erschließen sollen, so setzte der Rundfunk diesen Prozeß fort, indem er die Rezeption noch einmal vereinfachte. Es war nun nicht mehr nötig, das Haus zu verlassen, um an kulturellen Ereignissen teilzuhaben. Das Medium war Buch-, Zeitungs-, Theater- und Konzertersatz in einem und vermittelte den Hörern das Gefühl der demokratischen Teilhabe am kulturellen und damit auch am literarischen Geschehen, wobei natürlich nur die Kultur des Bürgertums Berücksichtigung fand. Der Arbeiter-Radio-Bund kämpfte ebenso vergeblich um eine Teilhabe an dem neuen Medium wie die künstlerische Avantgarde um Sendeplätze. Der Rundfunk wandte sich zwar »an alle«, doch kamen längst nicht alle zu Wort. Erst die Entwicklung nach 1933 ließ am Abhängigkeitsverhältnis der Programmverantwortlichen von den staatlichen Organen keine Zweifel mehr aufkommen.

Die Gleichzeitigkeit von Ereignis und Rezeption verlieh dem Medium insgesamt eine Glaubwürdigkeit, in der es den anderen Informationsträgern weit überlegen war, auch dem Film. Ereignisse schienen zunehmend nur noch dann im öffentlichen Bewußtsein existent, wenn sie von den Medien legitimiert waren. Das hatte Folgen für den Umgang der Politik mit dem Rundfunk, aber auch für die ästhetische Produktion im Medium selbst und außerhalb.[53] Die Autoren mußten unabhängig von ihrem Interesse an einer direkten Medienarbeit darauf reagieren.

3. Die Honorar-Frage

Daß die Autoren sich anfangs zurückhielten, geschah nicht so sehr aus politischen Gründen, auch nicht wegen Desinteresses von seiten des Rundfunks, sondern wegen der unklaren ökonomischen und rechtlichen Verhältnisse und der bereits beschriebenen Diskontinuität von schriftstellerischem Selbstverständnis und objektiven Produktionsverhältnissen.

Schneller jedoch als dem Film gegenüber gaben die Autoren ihre Zurückhaltung gegenüber dem Rundfunk auf. Schon 1926, nur drei Jahre nach der ersten Sendung »an alle«, entschied das Reichsgericht letztinstanzlich, daß die Sendung von literarischen Werken im Rundfunk eine gewerbsmäßige Verbreitung sei und damit unter das Urheberrecht falle. Die Sender konnten sich nun nicht länger weigern, den Autoren Tantiemen zu zahlen. Ihrer Mitarbeit am Rundfunk schien nichts mehr im Wege zu stehen. Verträge mit der ›Vereinigung der Bühnenverleger‹ und einer neu gegründeten ›Gesellschaft für Senderechte‹ boten den Autoren finanzielle Sicherheit bei Lesungen oder Adaptionen bereits anderweitig publizierter Werke. Die Zahl der ausgestrahlten »Sendespiele« verdoppelte sich von 1925 auf 1926.

Problematisch blieb die Honorarfrage dagegen bei eigens für den Rundfunk verfaßten Werken, vor allem bei Hörspielen. Und dies war besonders prekär, weil das Hauptinteresse des Mediums sich zunehmend auf diese rundfunkeigene Kunst richtete. Immer wieder mahnten die Autoren die Erhöhung der Honorare an, die durch Wiederholungen und Übernahmen durch andere Sender auch leicht zu erzielen gewesen wären. Aber es mangelte an klaren Absprachen und einheitlichen Regelungen. Erst Anfang der dreißiger Jahre sahen sich die Rundfunkanstalten in der Lage durch zentralisierte Auftragserteilung Abhilfe zu schaffen. Die 1931 als Tochter der RRG gegründete Programmdienst GmbH sollte die Rechte an Hörspielen erwerben und sie zentral vermarkten.[54] Für den Weimarer Rundfunk kam diese Einrichtung allerdings zu spät.

4. Die Kunst-Frage

Es war Bewegung in den Literaturbetrieb gekommen. Die Autoren begannen sich mit den Möglichkeiten zu beschäftigen, die ihnen das Medium bot, auch wenn sie, wie sich auf einer Tagung der ›Akademie für Sprache und Dichtung‹ mit Vertretern der RRG 1929 zeigte, in ihrer Mehrzahl nicht einmal einen Empfänger besaßen und das, worüber sie debattierten, aus eigener Erfahrung gar nicht kannten.[55] Entsprechend fielen die Versuche aus, Radiokunst generell im Rahmen der traditionellen Literaturgeschichte zu diskutieren, sie in eine Reihe mit anderen mündlichen Literaturformen zu stellen, mit volkstümlichen Märchen, antiken Sagen, mittelalterlicher Minnelyrik und höfischer Epik, die als Ur-Formen der Literatur apostrophiert wurden. »Die Literatur baut mit der Sprache, welche an sich ja noch immer ein akustisches Element ist« (Alfred Döblin).[56]

> Der Buchdruck, die Drucktype hat, um es ruhig auszusprechen, die Literatur und uns alle in einer unnatürliche Weise zu Stummen gemacht; ⟨...⟩ Da tritt nun im ersten Viertel des 20. Jahrhunderts überraschend der Rundfunk auf und bietet uns, die wir mit Haut und Haaren Schriftsteller sind, aber nicht Sprachsteller, – und bietet uns wieder das akustische Medium, den eigentlichen Mutterboden jeder Literatur.[57]

Die bestehenden Literaturgattungen wurden auf ihre Rundfunkeignung abgeklopft und die Kriterien der neuen Gattung Hörspiel festgeschrieben. Richard Kolbs ›Horoskop des Hörspiels‹ (1931) faßte die Aspekte zusammen, die sich im Laufe der Diskussionen ergeben hatten.[58] Sie blieben bis weit in die fünfziger Jahre hinein maßgebend. Er berief sich auf die magische und kultische Verwendung von Sprache, auf das »Wort als zeugende Kraft«, das die Außenwelt im Innern des Hörers imaginieren könne. Eine maßgebliche Produktion war für Kolb Eduard Reinachers ›Der Narr mit der Hacke‹ (1930): Ein Mönch versucht eine Schuld abzutragen, indem er mit einer Hacke einen Tunnel durch einen Berg schlägt. Mit seiner religiösen Thematik eignete sich das Hörspiel natürlich gut zur Demonstration einer Ästhetik, die sich den Beginn des Johannes-Evangeliums (»Im Anfang war das Wort«) zur Maxime genommen hatte.

Eine solche Ästhetik kam den Vorstellungen der Rundfunkpolitiker entgegen: Auf brisante gesellschaftspolitische Themen verzichtete man entweder ganz, oder man bog sie zu psychologischen Problemen um. Hermann Kasacks ›Der Ruf‹ (1932), ein Arbeitslosen-Hörspiel, bot als Lösung eines gesellschaftspolitischen Problems die psychologische Stärkung des einzelnen durch Gruppensolidarität an, die nicht als Basis politischer Aktion, sondern als Wert an sich dargestellt wurde. Daß die Nationalsozialisten dieses Hörspiel durch Hinzufügung einer Hitler-Rede und mit einigen Textretuschen mit ihrer Ideologie in Einklang bringen konnten,[59] scheint weniger erstaunlich als das Erstaunen des Autors über diese Adaption.

Andere Ansätze einer Radioästhetik konnten, zumal, wenn sie statt die künstlerisch produktiven zu betonen an den reproduktiven Möglichkeiten des Mediums festhielten, kaum bestehen. »Jede andere Reproduktion unserer Theaterstücke ist für sie besser als die des Theaters«, meinte Brecht 1926. »Deshalb ist der Rundfunk, eine technische Erfindung, die sich das Bedürfnis der Masse erst schaffen und nicht sich einem schon abgenutzten alten Bedürfnis unterwerfen muß, eine große und fruchtbare Chance für unsere Stücke.«[60] Brecht sah anfänglich im Rundfunk offenbar in erster Linie einen Apparat zur Distribution von Literatur, eine Alternative zum krisengeschüttelten Buch- und Theatermarkt, die es zu nutzen galt.

Mit seinem am 18. März 1927 in Berlin gesendeten Bühnenstück ›Mann ist Mann‹ gehörte er neben Georg Kaiser, Arnolt Bronnen und Franz Werfel zu einem der ersten »Dramatiker der jüngsten

Zeit«, die ihre Stücke dem Rundfunk zur Sendung überließen. Er trat zudem als Bearbeiter klassischer Theaterliteratur hervor. Nüchtern sah er in dem neuen Medium nichts weiter als eine Bühne mit erweitertem Publikum. Er setzte auf die soziologische Dimension des Mediums und leitete von ihr seine Radioästhetik ab.

Konsequent stellte er den Aspekt der Kommunikation immer mehr in den Vordergrund. Damit ging er jedoch über die Möglichkeiten des Weimarer Rundfunks hinaus. Mit der Aufführung des ›Flug der Lindberghs‹ (1929) scheiterte er zweifach. Es gelang ihm weder, eine Kommunikation zwischen Sender und Hörer herzustellen, noch, seine für das Theater entwickelte Lehrstücktheorie auf das neue Medium zu übertragen.[61] Wie schon beim Film stellte er nun auch beim Rundfunk seine Mitarbeit ein. Beide Male hatte sich gezeigt, daß die gesellschaftliche Verankerung und die Produktionsbedingungen der Medien mittels einer Ästhetik, die auf deren Aufhebung abzielte, nicht zu verändern waren. Die ökonomischen und politischen Rahmenbedingungen standen nicht zur Disposition der Autoren. Die gesellschaftliche, die politische Institution Rundfunk stellte vielmehr ihre Autoren zur Disposition, suspendierte sie nach Belieben von ihrer Mitarbeit – notfalls mittels Zensur.

5. Zensur

Das hervorstechende Merkmal des Rundfunks war, daß seine Sendungen von jedem, der einen Empfänger besaß, empfangen werden konnten. Dadurch sahen die Träger des Rundfunks diesen einerseits als demokratisches Medium legitimiert, andererseits fühlten sie sich zu seiner Kontrolle aufgefordert.

Auf die oft harsche Kritik an dieser Kontrolle in der Presse, voran der ›Weltbühne‹, reagierten die Autoren erstaunlicherweise meist mit Unverständnis. So waren sie sich auf der Kasseler Tagung mit den Vertretern des Rundfunks einig, daß die Zensur im Rundfunk nichts anderes sei als das Recht eines jeden Redakteurs und Verlegers, Einfluß auf das von ihm zu publizierende Produkt zu nehmen. Die Rolle der politischen Überwachungsgremien wurde nicht erkannt, weder von den Autoren noch von den Rundfunkleitern. Daß sie in die Programmgestaltung mit einbezogen wurden, schien ihnen ein normaler bürokratischer Vorgang. Die Selbstverständlichkeit von Zensur zeigte sich zudem im vorauseilenden Gehorsam vieler Programmverantwortlicher, die von sich aus in die Programmabläufe eingriffen. Eine solche Haltung war der Konzeption eines sich unpolitisch verstehenden Rundfunks immanent.

Wie schon auf dem Gebiet des Films zeigte sich auch hier, daß der Staat versuchte, die tiefgreifende Veränderung der Kultur durch das Auftreten der neuen Medien reglementierend zu steuern. Zielte doch die Veränderung, »die in allen Fällen nicht mehr Kultur als ein Vorrecht einzelner Bevorzugter in der Gesellschaft, sondern als ein selbstverständliches Recht der gesamten Masse des Volkes anerkennt«[62], auf das gesellschaftliche Selbstverständnis und ließ damit auch die politische Sphäre nicht unberührt.

6. Das Programm: Lesungen

Dem bildungsbürgerlichen Anspruch entsprechend waren die ersten Sendungen literarische Sendungen. Ganze Bühnenaufführungen wurden übertragen, einzelne Monologe und kürzere Dialoge rezitiert, Märchen und kurze Erzählungen vorgelesen. Lyrik schien allein ihrer Kürze wegen besonders funkgeeignet, nicht zuletzt als Unterbrechung von Musikprogrammen. Den Anfang machte Heinrich Heines ›Seegespenst‹, die erste Literatursendung im deutschen Rundfunk, am 3. November 1923 in der Berliner Funkstunde. Nahezu alle Epochen der Literaturgeschichte ab dem 18. Jahrhundert waren in den folgenden Jahren im Programm vertreten, die Aufklärung mit Lessing, die Klassik mit Schiller und Goethe, das Biedermeier mit Adolf Glaßbrenner, der Naturalismus mit Gerhart Hauptmann, die Neuromantik mit Hugo von Hofmannsthal. Von den jüngeren Autoren kamen u. a. Anton Wildgans, Christian Morgenstern, Klabund (eigentl.: Alfred Henschke) und Börries von Münchhausen zu Wort.[63] Autoren der unmittelbaren Gegenwart waren erst nach etwa zwei Jahren im Programm. Sie wurden eingeladen, ihre Texte selbst vorzutragen. In den Sendungen ›Moderne Lyrik‹ (28. April 1925) und ›Lyrik der Gegenwart‹ (2. Juli 1925) der

Berliner Funkstunde wurden Lyriker wie Georg Trakl, Rudolf Borchardt, Kurt Heynicke, Oskar Loerke, Gottfried Benn, Ivan Goll und Walter Mehring vorgestellt. Das überrascht nicht. Auch der Film hatte anfangs die weniger realistischen Stilrichtungen bevorzugt. Expressionismus und Neuromantik schienen ja ohnehin dem »Wesen des Funks« eher zu entsprechen als Naturalismus und Realismus.

Schließlich gab es noch eine der »Novembergruppe« gewidmete Sendung (11. Mai 1925), in der Bert Brecht, Martin Kessel und Carl Zuckmayer lasen, ehe im Oktober 1925 eine regelmäßig vierzehntägig ausgestrahlte Sendereihe unter dem Titel ›Stunde der Lebenden‹ eingerichtet wurde. Heinrich Mann eröffnete sie, es folgten Rudolf Borchardt, Alfred Döblin, Georg Kaiser und 1926 Oskar Loerke, Herbert Eulenberg und Else Lasker-Schüler. Kaum ein aufstrebender Autor ließ die Möglichkeit, im Rundfunk zu lesen, oder seine Arbeiten lesen zu lassen, aus.

Berlin hatte mit diesen Sendungen den Anfang gemacht, die anderen Sender zogen nach. Die WERAG in Köln etwa mit den Reihen ›Lebende Dichter‹ und ›Ungedruckte Dichter‹. Zunehmend entdeckte der Rundfunk seine literaturfördernde mäzenatische Funktion. Der große Bedarf an Sendestoff erlaubte es, auch unbekanntere Autoren zu Wort kommen zu lassen. Wohl die meisten Schriftsteller des 20. Jahrhunderts erlebten seither im Rundfunk ihr literarisches Debüt und sicherten sich zumindest vorübergehend über die Medienarbeit ihren Lebensunterhalt.

7. Das Programm: Hörspiel

Ihren besonderen Ehrgeiz legten die Programmverantwortlichen jedoch in die Entwicklung radioeigener Formen: Hörbericht, Hörbild, Hörfolge und vor allem Hörspiel. Nur zögernd ließen sich Autoren dafür gewinnen. Der erste Wettbewerb von 1924 wurde noch vor Ablauf der Einsendefrist zurückgezogen, der zweite 1927 brachte überwiegend ungeeignete Dramentexte. Erst gegen Ende der Weimarer Republik begannen sich die Autoren mit den neuen Funkformen ernsthaft auseinanderzusetzen. Bei der Berliner Funkstunde etwa stieg die Zahl der angekündigten Hörspiele zwischen 1928 und 1929 von 810 auf 2065.[64]

Der theoretisch begründeten Dominanz des literarischen Worthörspiels entsprechend überwogen Sendungen konservativen Zuschnitts, die dem bildungsbürgerlichen Interesse der Träger des Mediums Rechnung trugen.[65] Neben dem Hörspiel als »Lebenshilfe«, wie in den ›Auditor‹-Hörspielen, in denen aktuelle Rechtsfälle szenisch abgehandelt wurden, gab es das Hörspiel als »Lehrstück«, nicht nur im Brechtschen Sinn: Im Mittelpunkt standen vorbildliche Heroen der Geschichte, wie ›Michael Kohlhaas‹ (1927) in Arnolt Bronnens Hörspiel nach Heinrich von Kleist oder Sokrates in mehreren Hörspielen Hans Kysers (1929), Heroen des Krieges, wie in Ernst Johannsens ›Brigadevermittlung‹ (1929) und Eberhard Wolfgang Moellers ›Douaumont‹ (1932), und Heroen der Gegenwart, wie in ›Malmgreen‹ (1929) von Walter Erich Schäfer und Bert Brechts ›Der Flug der Lindberghs‹ (1929).

Die wenigen Hörspiele, deren Autoren sich als sozialistisch verstanden, durchbrachen dieses Darstellungsmuster kaum.[66] Friedrich Wolfs ›SOS.. rao.. rao.. Foyn. Krassin rettet Italia‹ (1929) pries die internationale Solidarität, sein Hörspiel ›John D. erobert die Welt‹ (1930) schilderte den Selfmademan Rockefeller, Johannes R. Becher nahm sich in ›Die Tragödie des William Fox‹ (1931) eines führenden amerikanischen Tonfilmproduzenten an – Heroisches und Biographisches auch hier. Kritik an der Weimarer Gesellschaft wurde, wie in Günter Weisenborns ›Die Reiherjäger‹ (1931), in ferne Länder entrückt.

Sozialkritische Themen aus der deutschen Gegenwart: Wohnungsnot, Arbeitslosigkeit und Armut kamen nur ausnahmsweise und erst Anfang der dreißiger Jahre zur Sprache. Symptomatisch dafür war der fehlgeschlagene Hörspielwettbewerb von 1927, bei dem nach Auskunft von Jury-Mitgliedern sozialkritische Themen überwogen. Prämiert aber wurde keiner der eingereichten Texte, wobei die Ablehnung nicht politisch oder inhaltlich sondern ästhetisch begründet wurde: Eine dem Naturalismus entsprechende Stoffwahl schien mit der Form des Funks unvereinbar zu sein.[67]

Durch die frühzeitige Literarisierung des Hörspiels hatten Hörspiele, die andere Ansätze verfolgten und sich an der zeitgenössischen Avantgarde orientierten, nur wenig Chancen: so etwa das Hörspiel als »Schallspiel«[68], das Geräusche und akustische Effekte als Mittel der Darstellung verwendete, wie Hans Fleschs ›Zauberei auf dem Sender‹ (1924) oder Walter Ruttmanns ›Weekend‹ (1929). Auch die Wortkünstler des Dadaismus waren so gut wie gar nicht in den Programmen des Weimarer Rundfunks vertreten.[69]

8. Das Programm: Improvisation und Reportage

Neben dem Hörspiel erprobten die Autoren auch andere Formen. Auf der bereits erwähnten Kasseler Tagung von 1929 wurden die Möglichkeiten vor dem Mikrophon improvisierter Erzählungen – im Sinne einer Renaissance von Literatur als Sprechkunst – heftig diskutiert und von einigen Rundfunkredakteuren aufgegriffen. In der Praxis der folgenden Jahre bestätigte sich jedoch die Skepsis, die Ernst Hardt und Alfred Döblin hinsichtlich dieser Experimente geäußert hatten. Schriftstellerische Kreativität stellte sich nicht auf Abruf ein. Arnold Zweig, Walther von Hollander, Ernst Weiß, Ernst Toller, Bernard von Brentano und auch Alfred Döblin gingen jedoch das Wagnis ein, nach einer Zeitungsmeldung Geschichten frei zu erfinden.

Anders lag der Fall bei der Reportage. Hier hatte sich bereits eine mündliche Form der Literatur herausgebildet, an der die zünftigen Literaten allerdings keinen Anteil hatten, auch wenn sie sich bemühten, sie als »epische Kunstform innerhalb des Rundfunks«[70] zu werten, und im Reporter den Märchenerzähler von heute zu entdecken glaubten.

Um so erstaunlicher, daß sich kein Schriftsteller als Rundfunkreporter versuchte. Nicht einmal diejenigen, die mit ihren in den Printmedien publizierten Reportagen hervorgetreten waren, wie Egon Erwin Kisch oder Joseph Roth nahmen sich dieser »Stegreifkunst« an. Es zeigte sich, daß – ähnlich den Drehbuchautoren im Film – auch für diese spezielle Tätigkeit ein neuer Autorentypus nötig wurde, der nicht unbedingt dem gängigen literarischen Markt zugeordnet werden konnte. Die Rundfunkreportagen eines Alfred Braun oder Paul Laven wurden nie gedruckt. Und dennoch übte ihre Arbeit erheblichen Einfluß auf die Literatur der Zeit aus, ohne daß er bis heute angemessen gewürdigt oder auch nur wahrgenommen worden wäre.

9. Ästhetik und Technik

Nicht besser erging es denen, die mit der bloßen Technik experimentierten, statt sich von literarischen Überlegungen leiten zu lassen. Entscheidend war für diese Autoren, daß die Sender seit 1928 zunächst die Wachsplatte, dann das Tri-Ergon-Tonfilm-Verfahren zur akustischen Aufzeichnung einsetzten. Insbesondere die letztgenannte Neuerung sollte auch die Rundfunkästhetik verändern. Durch einen dem Filmschnitt verwandten Tonschnitt wurden die Möglichkeiten der Montage erheblich erweitert. Erstmals nutzte sie Walter Ruttmann für sein Hörspiel ›Weekend‹ (1929), eine Montage von Geräuschen aus Berlin, Sprach- und Musikfetzen, die, seinem Stummfilm ›Berlin, die Sinfonie einer Großstadt‹ (1929) vergleichbar, zumeist assoziativ aneinandergereiht waren. Immerhin ermöglichte ihm die Technik abseits der normativen Hörspielästhetik eine eigenständige akustische Form, die auch auf einen Kunstanspruch nicht zu verzichten brauchte. Er lieferte damit den Gegenpol zum dominanten reinen Worthörspiel.

Ende der zwanziger Jahre waren somit zwei Entwicklungslinien der Radiokunst erkennbar, die Friedrich Bischoff, der Autor auf dem Breslauer Intendantenstuhl, so umschrieb:

Die eine sucht das Hörspiel aus dem gültigen Gehalt der poetisch-dramatischen Äußerung funkgemäß aufzubauen und weiterzuentwickeln. Der anderen Richtung ist das Wort, die Dichtung nur Mittel zum Zweck einer völlig neuen in Tempo und Rhythmus dem Filmischen sich angleichenden akustischen Szenik.[71]

In der Anwendung ihrer ästhetischen Mittel hatten sich Film und Rundfunk am Ende der Weimarer Republik angeglichen. Arnheim hatte dies erkannt, als er das Hörspiel zur Filmkunst rechnete, ebenso wie Weill, der analog zum »absoluten Film« die »absolute Radiokunst« als Möglichkeit postulierte.

In seiner Auswirkung auf den Literaturbetrieb schien der Rundfunk jedoch den Film noch um einiges zu übertreffen. Er erwies sich nicht nur als zusätzliche Einnahmequelle, sondern auch als Werbeträger für das eigene Werk. Und schließlich trug er durch sein Mäzenatentum zum Lebensunterhalt vieler Autoren bei. Insbesondere bei jungen Schriftstellern war die Abhängigkeit von den Produktionsbedingungen des Rundfunks groß. Das führte in nicht wenigen Fällen dazu, daß sie, wie Günter Eich, Peter Huchel, Martin Raschke und andere, auch nach 1933 auf dieses Medium nicht verzichten konnten.

IV. Die Literatur und die Medien

Im wesentlichen waren es die neuen Medien, die die Literatur brauchten, ob als Gegenstand der Übermittlung oder als Vorbild für die Genese eigener Übermittlungsformen. Joachim Paech hat nachgewiesen, wie die Erzählweise des Films sich in ihrer Entwicklung an der literarischen Form des Romans orientierte und der Film sich damit als »legitimer Erbe der literarischen Erzähltradition des 19. Jahrhunderts«[72] erwies. Auch der Rundfunk war auf die Zulieferungen der Literatur angewiesen und konnte von den im Film bereits entwickelten Techniken profitieren.

Erst in zweiter Linie beeinflußten die neuen Medien ihrerseits die literarische Entwicklung der Zeit. Schon 1908 hatte Leo Tolstoj im Film einen »direkten Angriff auf unsere alten Methoden literarischer Kunst« erkannt: »Dieser schnelle Szenenwechsel, dieses Ineinander von Gefühl und Erfahrung – das ist viel besser als die schwerfällige Art zu schreiben, an die wir gewöhnt sind.«[73] Und 1914 forderte Alfred Döblin explizit einen »Kinostil« für die Epik und lieferte mit ›Berlin Alexanderplatz‹ (1929) ein herausragendes Beispiel. Es ist sicher kein Zufall, daß dieser Roman sowohl verfilmt als auch in einer Hörspielbearbeitung gesendet wurde.

Das Vordringen der Montageformen im Roman der zwanziger Jahre ist sicher mitbedingt durch das Vorbild des Films. Ähnliche Entwicklungen zeigen sich auch im Bereich der Bühnen-Literatur. Das Stakkato der Sprache des expressionistischen Theaters, der

»Kinostil« Georg Kaisers in ›Von morgens bis mitternachts‹ sind Ausdruck der Rezeption filmischen Denkens, sind Ausdruck einer von Franz Werfel kritisierten »Verbeugung vor der Sketch- und Kinotechnik der Zeit.«[74]

Allerdings entsprach die Montage auch der Form der Wirklichkeitswahrnehmung der Zeit, von der sie sich herleitete. Die fortschreitende Industrialisierung mit ihrer immer spezialisierteren Arbeitsteilung, das veränderte Sozialgefüge in der Großstadt, schließlich das Zerbrechen der alten Ordnung des Kaiserreichs ließen nicht einmal mehr die Totalansicht der eigenen Lebensumstände zu. Die Zusammenhänge einer immer komplexer werdenden Welt ließen sich nicht mehr durchschauen, die Wahrnehmung der Fragmente mußte genügen. »Es kam der Tag, da einem neuen dringlichen Reizbedürfnis der Film entsprach. Im Film kommt die schockförmige Wahrnehmung als formales Prinzip zur Geltung.«[75] Und dieses Prinzip, die Montage, erlaubte es, die Welt der alltäglichen Erfahrung wiederzugeben, scheinbar bestehende Zusammenhänge aufzubrechen und die Konstruktion von Bedeutung dem Rezipienten zu überlassen. Natürlich wirkte dieses formale Prinzip von Film und Literatur seinerseits verstärkend auf die Wahrnehmung der Wirklichkeit, zumal wenn sich die Sujets ihr immer mehr annäherten.

Auch hier sind Einflüsse von Rundfunk und Film auf die Literatur nachweisbar. »Der Blick des Films ist der nahe Blick des Beteiligten«, schrieb Béla Balázs 1930 über den »Geist des Films«, und dieses »nahen Blicks« befleißigten sich auch die Literaten. Die Reportageliteratur eines Egon Erwin Kisch oder Joseph Roth werden vor diesem Hintergrund erst verständlich, die Gebrauchslyrik der Arbeiterdichter aber auch das Dokumentartheater eines Erwin Piscator, der 1926 in der Inszenierung von ›Trotz alledem‹ als erster Filmprojektionen einsetzte.

Gegenüber dem Film erwiesen sich die Einflüsse des Rundfunks auf die Entwicklung der Literatur zunächst als weniger tiefgreifend. Weil dieses Medium mit der Sprache arbeitete, schienen die Folgen hier weniger deutlich. Dennoch entstand mit dem Hörspiel eine eigene Form, deren Auswirkung auf andere literarische Gebiete zwar gering sein mochte, die aber immer wieder auf die veränderte soziale Stellung des Schriftstellers verwies. »Die Öffentlichkeit der Rundfunkkunst hat als erste Folge die, daß die Existenz des Künstlers aus einer ganz privaten zu einer ganz politischen wird.«[76] Das Programmumfeld wurde, wie der nationalsozialistische Rundfunk zeigen sollte, immer entscheidender für die Publikation und die Rezeption literarischer Formen, auf die auch die Autoren reagieren mußten. Sie trugen mit dazu bei, die Wahrnehmung der Welt zu prägen und bis zur Verwechselbarkeit von Medien- und tatsächlicher Wahrheit Wirklichkeit zu konstituieren. Auch darauf mußte die Literatur reagieren. Sie mußte aus ihrem Olymp herabsteigen und sich in die allgemeine Medienkonkurrenz begeben.

Hermann Korte
Spätexpressionismus und Dadaismus

I. Republiken aus Licht?
Realität und Mythos der Revolution

1. Politik des Herzens

Wer den zahlreichen Erinnerungen und Rückblicken auf Expressionismus und Dadaismus Glauben schenkt, der wird dem Urteil Karl Jakob Hirschs zustimmen, »daß diese oft geschmähte Revolution von 1918 die ›große Zeit‹«[1] gewesen sein muß, kaum ein Akteur, kaum ein Anhänger jener ›Bewegungen‹, der nicht über vielfältige Betriebsamkeit, Ein- und Übergriffe ins politische Tagesgeschehen berichtet oder der nicht zumindest eine spannungsgeladene Atmosphäre beschreibt, welche voller Erwartungen war auf das, was jeder schon vor dem Krieg enthusiastisch herbeigewünscht hatte: auf Neubeginn, Erneuerung, Weltwende und erfüllte Zukunft. Das Ende des Kaiserreichs schien derart viel zu versprechen, daß sich unter expressionistischen Künstlern und Literaten die Auffassung verbreitete, die Zeit selbst sei neu zu ›formen‹, und diejenigen, welche diese Arbeit zu leisten verstünden, seien zum ersten Male in der deutschen Geschichte die Schöpfer, die Gestalter einer von Grund auf geläuterten Gesellschaft.

Das Werk der Demiurgen einer neuen Weltära sollte im plastischen Entwurf eines ›Neuen Menschen‹ gipfeln. Was indes an Manifesten und Proklamationen im November 1918 veröffentlicht wurde, war keineswegs so unerhört und sensationell, wie es im Pathos emphatischer Verkündigung noch heute klingt. Schon während des Ersten Weltkrieges waren – unter den Bedingungen politischer Zensur – Gedichtbände erschienen mit programmatischen Titeln wie ›Wandlungen‹ (1915), ›Einander‹ (1915), ›Der Mensch schreit‹ (1916), ›Freundschaft‹ (1917), ›Das gelobte Land‹ (1917) und ›Gesänge aus den drei Reichen‹ (1917)[2]. Solche »expressionistische ›O-Mensch-Dichtung‹«[3] wurde vielfach als gefühlselige, vage und obendrein politische Phraseologie verspottet und aus dem Traditionsrahmen bürgerlicher Literatur ausgegrenzt; dabei hatte sie deren Anspruch mehr zu retten als zu destruieren versucht, indem sie den Poeten noch einmal wie einen Weltenrichter und seine Werke wie eine moralisch integre, unbestechliche Instanz des Weltgewissens auftreten ließ. Der Expressionismus, in diesem Punkte »mehr ein Abschluß denn ein Neubeginn«[4], mehr ein Erbe klassisch-romantischer Ästhetik denn eine literarische Avantgarde, setzte ganz auf die Macht des Wortes, wie etwa, um nur ein Beispiel unter vielen zu zitieren, Georg Kaisers Essay ›Vision und Figur‹ (1918) anschaulich vermittelt:

Aus Vision wird Mensch mündig: Dichter.
Mit dem Grad der Heftigkeit, in der sie ihm geschah, verbreitet sich die Mündung für Aussprache: große Mitteilung strömt hin – in tausendmal tausend Worten Rede von der Vision, die einzig ist.
⟨...⟩
Vielgestaltig sind die Figuren, die Träger der Vision sind – von den heißen Fingern des Dichters beladen mit der großen Fracht seiner Mitteilung. Sie würde zehn und hundert erdrücken – so müssen Scharen hinausgehn und Teile des Ganzen tragen, soviel ihre Schultern tragen. Aus allen Zonen holt sie der Anruf – kein Zeitalter, das nicht einen wichtigen und würdigen Boten lieferte. Immer bunter flirrt die Gestaltung der Vision – es wird schwer in Übersicht aus der Vielheit der Teile das Ganze zu erkennen.[5]

Kaiser vertraute der »großen Fracht seiner Mitteilung« um so mehr, als der auf die Bühne zu bringende Läuterungsprozeß – wie in den Schauspielen ›Gas‹ (1918/19) und ›Hölle Weg Erde‹ (1919) – ein *Modell* jener Wechselwirkung von Vision, suggestivem Sprachgestus und Wandlungserlebnis sein sollte, eine zur Poesie verdichtete »Aussprache« und Verkündigung von Zukunft. Wie avantgardistisch die inszenierte Gewalt des Wortes in ihrer Dramaturgie und Rhetorik auch erscheinen mag: sie blieb im Kern eine Neuauflage ›ästhetischer Erziehung‹, denn die Kunst selbst sollte im Zeichen des schönen Scheins zur Versöhnung stiftenden Instanz werden.

Die Poesie, so verstanden, war kein Mittel mehr zur Agitation, keine Propaganda für einen bestimmten Zweck – etwa für eine Partei oder eine Gesinnung –, sondern für die höchste Vision der Dichtung, für ihre menschheitsbeglückende Verheißung vom ›Neuen

Menschen‹. Poesie und Wirklichkeit, Kunst und Leben sollten eine Einheit bilden, und zwar, wie Kurt Eisner es formulierte, mit dem Ziel, »daß das Leben selbst ein Kunstwerk sein müßte und der Staat das höchste Kunstwerk«[6]. Kurt Pinthus verwies, den Bezug zur Klassik aufnehmend, im Vorwort seiner 1919 herausgebrachten Gedichtanthologie ›Menschheitsdämmerung‹ auf eben dieses Programm einer ›ästhetischen Erziehung‹, wenn er »Beethovens Symphonie« anführt, welche der »Jugend ihren Rhythmus« gegeben habe, bis »im wildesten Chaos der tobenden Musik plötzlich die vox humana«[7] emporgestiegen sei. Seine Anthologie nannte er daher eine ›Symphonie jüngster Dichtung‹, deren unerhörter Klang das heraufdämmernde neue Zeitalter nicht bloß verkünde, sondern hervorbringe.

Vor solchem Horizont wurden Revolution und Republik zu poetischen Chiffren. Das metaphorische Potential zählte, nicht die politische Konkretion. Vor allem Metaphern aus dem religiösen Bereich bildeten das Material, aus dem utopische Versatzstücke geformt wurden. Erneuerung, Wandlung, Auferstehung, Erlösung, Läuterung, Wiedergeburt, Umkehr, Menschwerdung: diese und ähnliche Topoi sollten das, was Kaiser »Vision« genannt hatte, auf eine plastische Bildformel bringen. Die Revolution, so forderte Arnold Ulitz im Jahre 1919, müsse eine »Revolution der Sittlichkeit« sein, und er fügte hinzu: »Der Reaktionär ist der Antichrist, wenn er unsere Phantastik nicht miterlebt.«[8]. Schon vor Ende des Weltkrieges hatte Ivan Goll in seinem ›Requiem. Für die Gefallenen von Europa‹ (1917) die »heiligen Menschen« heraufbeschworen – diejenigen also, welche als »Gott-Aufgetane«, tief erschüttert, zu Einsicht und Buße bereit waren: »Lichtkorallen am Mund, im Auge Sternenfeuer«[9]. In einer solchen Republik aus Licht regiert dann kein Parteienstreit mehr, sind die Interessen aller Gruppen und Klassen im Bild einer großen Versöhnung überwunden.

Sofern tagespolitische Fragen überhaupt in den Blick kamen, wurden sie gleichsam als realpolitische Fermente eines übergreifenden utopischen Zusammenhangs erwähnt, ohne daß sie die Bedeutung der Utopie selbst tangierten. »Reue«, »Buße« und »Menschlichkeit« müßten eine ebenso wichtige Rolle spielen, schrieb Albert Ehrenstein, wie »ernsthafte Sozialisierung« der Fabriken, wenn es um die »wahre, noch nirgends rein verkörperlichte demokratische Republik«[10] gehe. Im Kontext einer mit chiliastischen und kosmischen Motiven arbeitenden Literatur war freilich nicht einmal auf einer vermittelten Ebene der Bildlichkeit von »Sozialisierung« oder Demokratisierung die Rede. Wer an die ›Revolution als Erlösung‹ glaubte – so der Titel einer Schrift von Hermann Kesser aus dem Jahre 1919 –, der verstand unter »sozialer Weltrevolution«, daß sich »ein Gott wieder auf Erden niederlassen« würde, also ein neues Zeitalter begänne: »Zukunft, die Gemeinschaft, der Sozialismus, der Wille zur Welt ohne Gewalt«[11]. Die Republik aus Licht sollte endlich den »neuen Menschen« hervorbringen, einen »strahlenden Körper von ungeahnten harmonischen Verhältnissen«[12], eben jene Verkörperung alles dessen, wofür der rechte Begriff fehlte und nun mit großem Aufwand ein Ersatz aus biblischen und mythischen Bilderresten präsentiert wurde.

Wie jene *imaginäre* Republik zu verwirklichen sei, darüber gab es trotz unterschiedlichster Ideen und Argumentationen keinen Streit. Karl Otten hatte mit dem Titel seiner 1918 veröffentlichten Dichtung ›Die Thronerhebung des Herzens‹ wohl die treffendste Formel gefunden:

> Wir müssen unsere Herzfackeln anzünden. Unsere Leiber müssen eine Brücke, unsere Seelen einen Damm bauen. Hörst du Schlürfen, Tappen, Angstrufen und Beten der Verirrten, die sich sehnen? Aus uns müssen wir Licht machen.[13]

Diese Politik des Herzens sollte eine Antwort sein auf die verantwortungslose Kriegsapologie, an welcher sich deutsche Intellektuelle und Künstler, nicht zuletzt auch die des Expressionismus, massiv beteiligt hatten.[14] René Schickele, nach Deutschland zurückgekehrt, fordert eine Erneuerung des moralischen Bewußtseins, wenn er sein Plädoyer für Gewaltlosigkeit als Prämisse jeder politischen Veränderung abschließt mit dem Aufruf zur ›Revolution der Herzen‹:

> Ich hoffe auf eine Revolution gegen die Bestie, und das kann keine Revolution sein, die die Bestie gegen die Bestie losläßt. Wer auch von den beiden siegte, es wäre immer die Bestie. Ich hoffe auf eine Revolution durch keine

andere Gewalt als die der Herzen, der Überredung und des frohen Beispiels. Ich sage dir: hätten wir die paar tausend Jahre, die wir mit Massakern zugebracht haben, auf die Vorbereitung dieser einzigen, wirklichen, endgültigen Revolution verwandt, wir wären schon lange über den Berg.[15]

»Erweckung des Herzens« heißt auch ein Abschnitt in der ›Menschheitsdämmerung‹, eben jene Gruppe von Gedichten, welche innerhalb der Pinthusschen ›Symphonie‹ den Läuterungs- und Sühneprozeß bezeichnet. Dabei hatte der Herausgeber in seinem Anthologie-Aufbau nur nachgeahmt, was für eine Vielzahl von Dichtungen und Aufrufen bis etwa 1919 typisch war. Literarhistorisch gesehen aktivierte der Herz-Topos eine bürgerlich-empfindsame Tradition des 18. Jahrhunderts, im zeitgenössischen Kontext der Revolutionsjahre aber verband er alle diejenigen, welche eine veränderte Gesinnung, eine wiederhergestellte moralische Integrität als Grundkonsens jedes politischen Änderungswillens verstanden. Vor diesem Hintergrund ist die politische Poesie im Zeichen des Herzens nicht nur Ausdruck politischer Naivität und Ahnungslosigkeit. Allerdings blieb die tendenzielle Transformation des Politischen in eine Metapher für moralische Erneuerung aus der Kraft einer im Kern ›ästhetischen Erziehung‹ wirkungslos und beschleunigte eine rasch um sich greifende Entpolitisierung wenigstens eines Teils der expressionistischen Dichter.

2. Formen des Engagements

Die Republik von Weimar war keine Republik aus Licht. Schon früh begann sich diese Erkenntnis durchzusetzen. Für eine Verwirklichung jener »Thronerhebung des Herzens« (Otten) bestand ohnehin keine Chance. Das sahen vor allem diejenigen, welche sich an vorderer Stelle engagierten: in den Arbeiter- und Soldatenräten – wie Ludwig Bäumer, Carl Einstein, Oskar Kanehl und Ernst Toller –; im ›Politischen Rat geistiger Arbeiter‹, der sich als autonome Gruppe in Berlin, München, Dresden, Leipzig und anderen Städten gebildet hatte und über einige gescheiterte, von Kurt Hiller betriebene Ansätze zum überregionalen Zusammenschluß nicht hinauskam; in der von Henri Barbusse ins Leben gerufenen internationalen

Schriftstellervereinigung ›Clarté‹ mit René Schickele und Wilhelm Herzog an der Spitze; in der von Franz Pfemfert und zahlreichen ›Aktion‹-Autoren (u. a. Albert Ehrenstein und Karl Otten) gegründeten Antinationalen Sozialistenpartei; in der von Max Pechstein und anderen »radikalen bildenden Künstlern«[16] initiierten ›Novembergruppe‹; schließlich auch in Parteien wie der USPD, der Spartakusgruppe und der KPD.

Das Engagement forderte Konsequenzen und hatte Rückwirkungen auf die eigene literarische Praxis. Pfemfert konzentrierte sich ganz auf politisch-revolutionäre Fragen, seine Zeitschrift ›Die Aktion‹ war schon Anfang 1919 kein Organ der literarisch-künstlerischen Avantgarde mehr. Für Ludwig Rubiner bedeutete die Rückkehr aus der Schweiz zugleich ein Ende aktivistischer »Literaturpolitik«[17]. Der »Literat als Protagonist der absoluten politischen Moral«[18] trat von seiner imaginären Bühne ab, welche ganz im Zeichen einer ethisch-utopischen Erneuerung der Welt aus Chaos und Katastrophe gestanden hatte. Rubiners Annäherung ans Proletariat – als ›Untertauchen‹ in eine namenlose revolutionäre Masse stilisiert – zog eine gründliche Revision intellektueller Allmachtsphantasien nach sich, die zum Zeitpunkt seines frühen Todes im Februar 1920 noch keineswegs abgeschlossen war.

Hillers Versuche, demgegenüber gerade einen Führungsanspruch der ›Geistigen‹ politisch einzuklagen – mit Sitz und Stimme in Regierung und Reichstag, einschließlich Büro, Telefon und Sekretariat –, endeten schon im Juni 1919, beim ersten gesamtdeutschen Aktivistenkongreß in Berlin, mit Spaltungs- und Auflösungserscheinungen. Die Liste derer, die Ende 1918 Hillers Programm zum »Rat geistiger Arbeiter«[19] unterschrieben, reicht zwar von Lou Andreas-Salomé bis Paul Zech und vereinigt so unterschiedliche Namen wie Arthur Holitscher, Robert Musil, Kurt Pinthus, Heinrich Mann, Helene Stöcker und Fritz von Unruh. Aber es wäre voreilig, daraus auf eine Zustimmung zum ›Herrenhaus‹[20] des Geistes zu schließen, das nach Hiller seinen Ort »links *über* den Parteien«[21] haben und eine Art geistiger Areopag zur Lenkung und Leitung der künftigen Republik sein sollte. Dabei waren Hillers programmatische Leitsätze zum »Rat geistiger Arbeiter« in Wirklichkeit reformistischer, als es seine eigene Anhängerschaft in Berlin wahrhaben wollte, reformistisch nämlich in den konkreten Forderungen, die einer »sozialen Republik« das Wort redeten und damit durchaus stärker an eine bürgerlich-republikanische Verfassung heranreichten als an rätedemokratische Modelle.

Hillers ›Geistesaristokratie‹ wurde indes von denjenigen Expressionisten zurückgewiesen, die sich vehement im Zeichen des Antiautoritarismus, Anarchismus und Syndikalismus gegen alle bloß reformistischen Spielarten wandte. Schon am 30. November 1918 gab Pfemfert in der ›Aktion‹ die Parole aus: »Nationalversammlung ist Konterrevolution!«[22] Gerade die Konstituante wurde als eine Neuauflage jenes Parlamentarismus angesehen, der im August 1914 mit der Zustimmung zur wilhelminischen Kriegspolitik versagt hatte. Mit Ehrenstein zu sprechen, erschien die deutsche Revolution als eine Art »Besitzversicherungsgesellschaft«, in der »Spießbürger und Spießarbeiter« Hand in Hand gingen und eine »geschickt entzogene Pleite«[23] produzierten. Diese Kritik richtete sich gegen die Führung der Sozialdemokratie, die als Repräsentantin jener »Lügendemokratie«[24] angesehen wurde, welche nur das Zerrbild revolutionärer Hoffnungen sein konnte.

Die Gegnerschaft zur Weimarer Republik erwuchs nicht linear aus einer von vorneherein gefestigten Gegenposition. Sie war vielmehr bestimmt durch eine permanente Kritik des politischen Tagesgeschehens und vor allem durch interne Auseinandersetzungen innerhalb der Linken. Pfemfert und Oskar Kanehl etwa wechselten zwischen 1918 und 1923 mehrfach die Partei, immer überzeugt, die Ideale der Novemberrevolution und das Erbe Liebknechts und Luxemburgs rein und unverfälscht zu bewahren – auch um den Preis sektiererischer Isolation. Trotz des bitteren Ringens um Aufgabe und Identität einer revolutionären Partei ist die Frage nach der Mitgliedschaft von Schriftstellern in der USPD, KPD, KAPD und AAUD nicht die entscheidende, wenn man das Engagement des einzelnen verstehen will.[25] In vielen Fällen liegen ohnehin widersprüchliche Angaben vor, und welche Konsequenzen sind daraus zu ziehen, daß etwa, wie behauptet oder mit guten Gründen bewiesen wird, Schickele und Alfred Döblin USPD-Mitglieder und Johannes R. Becher, Rubiner, Pfemfert, Franz Jung, Kanehl und Armin T. Wegner Spartakisten oder KPD-Mitglieder gewesen sind? Innerhalb einer von Mißtrauen und Skepsis gegenüber Intellektuellen geprägten Arbeiterschaft spielten sie ohnehin nur eine untergeordnete Rolle, ohne Aussicht darauf, ihren Einfluß zu verbreitern, und noch immer beherrscht von eigenen Vorbehalten gegenüber Parteien und Massenorganisationen. Unter Rudolf Leonhards Formeln aus dem Jahre 1920, »als Sozialisten die besten Individualisten« und »Sozialismus zum Individualismus«[26], hätten sich jene wiedergefunden, die sich schon seit Jahren in strikter Gegnerschaft zueinander glaubten. Die Weimarer Republik bot ihnen, über die scharfzüngig gezogenen Grenzen hinweg, keinen Identifikationsraum, sondern wurde zum Inbegriff für einen faulen Kompromiß, ja für eine Wiederauferstehung des Alten aus dem Ungeist einer steckengebliebenen, halbherzigen und zuletzt in ihr Gegenteil verkehrten Revolution. Leonhards autobiographischer Bericht aus dem Jahr 1921 – ein Beispiel für viele – spricht diese bittere Erkenntnis deutlich aus:

> Am 7. November 1918 verließ ich mein Büro. Es kam eine Zeit, in der ich in einer Woche mehr Flugblätter schrieb als Gedichte in einem Jahre. Während der Zeit der Nationalversammlung war ich, im auswärtigen Amt angestellt, in Weimar. Der Anblick dieser schlecht inszenierten Komödie, der Verfall auch der besten Menschen zwischen der Unerlaubtheit des Ja und der Unmöglichkeit des Nein, die Erkenntnis des Verhandelns als eines Handels nahm mir die letzten Illusionen über die Möglichkeit eines Paktierens mit dem gegenwärtigen Staate. Ich bemühte mich, in Artikeln immer wieder nachzuweisen, daß die Trennung links vom Parlament geht, daß der deutsche Politiker, auch wenn er Revolutionär zu sein glaubt, Verhändler ist, und welcher Mangel an Denken die deutsche Republik begründet. Ich bin, trotz allen Enttäuschungen, nicht entpolitisiert, wie viele meiner Freunde, nur wurde die Anschauung und die Tätigkeit schmerzlicher, wieder mehr mit Skepsis durchtränkt, und verbißner. Ich werde die Politik nicht aufgeben, es kann aber sein, daß sie, unter den gegenwärtigen Verhältnissen, mich aufgibt.[27]

Leonhards Engagement läßt sich aus seinen Andeutungen nicht schlüssig ableiten, auch wenn die Haltung zur Weimarer Republik evident ist. Von einer Reihe expressionistischer Dichter sind ähnliche Berichte über die Revolutionszeit vorhanden.[28] Die Macht der Straße, erfahren aus unmittelbarer Nähe zur revolutionären ›Tat‹, wurde zum Faszinosum intellektueller Phantasien. Tribüne, Barrikade, Massenaufzüge, Fahnen, Gesang: »halb aus Politik« und »halb aus Ekstase«, so Leonhard, überkreuzten sich Realität und Mystifikation, revolutionäre Erfahrung und literarische Stilisierung – »wir sagen ›ist‹, wenn wir ›sei‹ meinen«.[29]

Solcher Optimismus zeigt, daß die ›Politik des Herzens‹ nie ganz überwunden war, daß sie bis ins Engagement des Einzelnen reichte, selbst wenn dieser längst im Zeichen klassenkämpferischer Parteilichkeit mit ethisch-utopischen Programmen zur allgemeinen Menschheitsverbrüderung gebrochen hatte. »Mit neuer unerbittlicher Eloquenz die Herzen bestürmend, werden die Redner laut auf den Tribünen stehen«[30], verkündete Carlo Mierendorff noch 1919. Engagement, so schien es, hieß im wesentlichen Deklamation und Rhetorik – und das Bekenntnis zur Macht der Straße erwies sich unversehens als Glaube an die Macht des Wortes. Unter seinem Zeichen vereinigten sich gegensätzliche Richtungen, ob sie nun sich selbst, mit einer Bezeichnung Hugo Kerstens, als »revolutionäre Militaristen«[31] verstanden, oder ob sie, wie Schickele, davon überzeugt waren, daß solche Reden nur das alte übliche »Kauderwelsch der bewaffneten Macht«[32] nachahmten. Da konnte mit Kersten gefordert werden: »keine Sentimentalität«[33] oder umgekehrt, mit Leonhards Worten, die »Pflicht« zur »Sentimentalität« als der »starken Dauer unserer ganz großen Gefühle«[34]: Basis solcher Bekenntnisse und Manifestationen war stets die Annahme, daß sie nach dem Motto »Hört mich und glaubt mir«[35] gelesen, verstanden und beherzigt würden. So trivial dieser Wunsch sein mochte, es lag hier ein Grund für das so folgenschwere Mißverständnis expressionistischer Dichter, Wort und Tat, Idee und Verwirklichung in eins zu setzen.

Höhepunkt und Krise der »Literaturpolitik«[36] fanden ihren Ausdruck in der Münchner Revolution. Sie war nach dem gescheiterten Spartakus-Aufstand vom Januar 1919 eine weitere Station auf dem Weg in die Niederlage engagierter Schriftsteller, welche in ihrem politischen Credo ästhetische Kategorien nicht verleugnen wollten. In München wurden der Mythos einer chiliastisch-utopischen Revolution und zugleich der Mythos vom schöpferisch-genialen, humanen Dichter-Visionär zunichte gemacht und damit auch die Aussicht, in der Revolution die Identität eines erneuerten Künstlertums und in der Kunst die verklärende Optik für eine die Herzen entflammende Revolution zu finden. Der Traum Ernst Tollers, des zeitweiligen Abschnittkommandeurs der Roten Armee, von der ›Wandlung‹[37] aller fand ein abruptes Ende im Mai 1919. Schon im ein Jahr später entstandenen Drama ›Masse Mensch‹[38] begann für Toller die Phase unnachsichtiger Selbstkritik am eigenen Engagement.

II. Kult und Kabarett. Zum Literaturbetrieb der Avantgarde

1. *Kult und Konjunktur*

Die Münchner »Literaturpolitik« wurde von Künstlern getragen, deren Selbstverständnis von einer altruistischen ›Tat‹-Idee geprägt war, einer Idee, welche zugleich historische und zeitgenössische Vorbilder vom Tolstoj-Kult bis zur Oktoberrevolution, vom anarchistischen Verschwörermythos bis zum messianischen Erlösergedanken in sich aufgenommen hatte. Die ›Institution Kunst‹ sollte zur bewegenden Kraft werden, jener Vision von Brüderlichkeit und »Gemeinschaft« als »eigentlich wesenhafter Form menschlichen Zusammenlebens«[39] Nachdruck zu verleihen. Die Bedeutung der Kunst hatte unter solchen Prämissen nichts mehr zu tun mit einem literar-ästhetischen Avantgardismus, der gerade auf den Bruch mit Tradition und Publikum setzte oder gar die Funktions- und Folgenlosigkeit der Kunst mit provozierendem Vergnügen goutierte. Nach der Niederlage von München verteidigte Toller in einem Brief an Kasimir Edschmid die Rolle der Literatur im Moment revolutionärer Erhebung und schrieb ihm im Oktober 1919 aus dem Festungsgefängnis Eichstätt:

> Wenn politisches Flugblatt Wegweiser, geboren aus Not der äußeren Wirklichkeit, Gewissensnot Fülle der inneren Kraft bedeutet, so mag die ›Wandlung‹ getrost als ›Flugblatt‹ gelten.
> 1917 war das Drama für mich Flugblatt. Ich las Szenen daraus vor im Kreis junger Menschen in Heidelberg und wollte sie *aufwühlen* (›aufhetzen‹ gegen den Krieg!). Ich fuhr nach der Ausweisung aus Heidelberg nach Berlin und las hier wieder das Stück. Immer mit der Absicht, Dumpfe aufzurütteln,

Widerstrebende zum Marschieren zu bewegen, Tastenden den Weg zu zeigen ... und sie alle zu gewinnen für revolutionäre sachliche Kleinarbeit.[40]

Nach Tollers Bekenntnis sollte die Verantwortung »für jeden Bruder menschheitlicher Gemeinschaft« zur »Voraussetzung des politischen Dichters« gehören, welcher »stets irgendwie religiöser Dichter«[41] sei. Wo aber der politische Dichter sich zugleich als ein religiöser verstand, da gerieten seine Werke leicht zu sakralen Büchern und der gesamte Literaturbetrieb zum Kultus. Es sei »das Wesentliche und Herrlichste der Kunst«, schrieb Johannes R. Becher an Katharina Kippenberg, »eine Rückverbindung (religio) herzustellen mit dem Ursprünglichen und Göttlichen, das ihr eingeborene und sie allein rechtfertigende priesterliche und vermittelnde Element«[42]. Blieb das Religiöse zunächst noch eine Metapher, in der sich eigene Ansprüche auf Anerkennung und Ernsthaftigkeit ausdrückten, so gab es im Spätexpressionismus doch auch eine starke Tendenz zu einer kultischen Literatur und vor allem zur Mystifikation der Dichtergestalt. In ihr kulminierte eine trügerische Hoffnung auf literarischen und politischen Erfolg, auf eine kulturelle Erneuerung im Zeichen des Expressionismus, eben jener ›Mode‹, die von 1918 an zum Jargon des Feuilletons gehörte.[43]

Unverwechselbares Kennzeichen dieses Dichterkults war ein durchgängig pathetischer Ton, der sich aus religiösen Bildern und liturgischen Zeremonien entfaltete und gerade dadurch eine suggestive Kraft zu erhalten schien. Wer allerdings hymnischen Beschwörungen gegenüber resistent war, den mochte, wie es Musil 1920 in seinem Tagebuch notierte, ein solcher Kult an Fanatiker »der frühchristlichen Zeit« erinnern, auch wenn »körperliches Austoben« nun »durch Diskussion in Rauch- und Rußatmosphäre« und »die ausbildsame Erlösertradition durch die Existenzmöglichkeit von Zeitschriften«[44] ersetzt worden seien.

Wo Religiosität eine bloße poetische Draperie war, zeigte sie nach 1918 in nuce alle Schwächen und Widersprüchlichkeiten spätexpressionistischer Dichtung. So versuchte Oskar Schürer in seinem Gedichtband ›Versöhnung‹ (1919), dem er den Untertitel ›Gesänge und Psalmen‹ gab, eine hymnische Tradition[45] fortzuführen, ohne dabei den Gefahren eines epigonalen, ja dilettantischen Dichtens zu entgehen. Religiöse Pathos-Formeln sollten ersetzen, was an Einsichten und Erkenntnissen fehlte; der hymnische Aufschwung galt als Beweis dafür, daß Lyrik nunmehr zurückgekehrt sei zu ihrer ›Urform‹ aus Kultgesang, Psalm und Litanei.

Eine Reihe von Erstlingswerken zwischen 1918 und 1923 reproduzierte jenen Gestus eines längst obsolet gewordenen Seher- und Prophetenkultes bis hinein in die äußere Aufmachung der schmalen Gedicht- und Dramenbände, welche der pathetischen Predigergebärde eine besondere Würde und Weihe geben sollte. Veröffentlichungen dieser Art wurden auch von durchaus renommierten expressionistischen Verlagen herausgebracht. Hymnen, Gesänge, Psalmen, Liturgien, Passionen, Auferstehungs- und Legendenspiele hatten – wie säkularisiert auch immer – Hochkonjunktur. Schürers Gedichtband etwa erschien in Kurt Wolffs Reihe ›Der jüngste Tag‹, neben Julius Maria Beckers ›Gedichten‹ (1919) in gleichem ekstatisch-hymnischen Ton und Alfred Brusts Schauspiel ›Der ewige Mensch‹ (1919), dessen Untertitel ›Drama in Christo‹ bereits signalisierte, daß es sich hier nur um eine programmatische Bühnenversion des Neuen Menschen handeln konnte, der mit »warmer drängender Liebe«[46] seinen Triumph über alle Skeptiker feiern würde.

Vor allem das Drama galt seit 1917 als Domäne expressionistischer Kunst, mit »fünfstelligen Auflagen und bemerkenswerten Aufführungsserien«[47]. In welchem Maße gerade die Bühnenstücke religiöse Symbolik und Metaphorik adaptierten, läßt sich bereits aus den Titeln der zwischen 1918 und 1921 erschienenen Dramen ableiten: ›Golgatha‹, ›Christus im Olymp‹, ›Das letzte Gericht‹, ›Der Baum der Erkenntnis‹, ›Esau und Jakob‹, ›Himmel und Hölle‹, ›Predigt in Litauen‹, ›Passion‹, ›Die Schlacht der Heilande‹, ›Kreuzigung‹, ›Auferstehung‹.[48] Dramatische Produktionen des Expressionismus, noch vor dem Kriege von den Bühnen ignoriert, wurden »nach der Revolution als exemplarische Äußerung der offiziellen Kunst der jungen Republik empfunden« und »vor allem von den neugebildeten Staats- und Landestheatern aufgeführt«[49]. Auch wenn Publikum und Theaterkritik – wie Alfred Kerrs Urteil über Carl Zuckmayers Erstlingswerk ›Kreuzweg‹ (1921) veranschaulicht – auf »drei Stunden lang Geharftes, Weichexpressionistisches, Zufälliges, Hingereihtes« verständnislos reagierten mit der Frage: »Was wollen Erlöser voll schlaffen Sinns, voll Unmacht, voll Sammlungsmangel?«[50], so änderte dies zunächst nichts am ›Durchbruch‹ des Expressionismus auf der Bühne, der alten Hochburg des Bildungsbürgertums. Mißerfolg und Skandal verstärkten eher noch das Bewußtsein, zur Avantgarde eines neuen Theaters zu gehören; und auch die nach 1918 entstandenen Alternativ-Versuche, ein proletarisches Theater aufzubauen[51], fügten sich in das Bild einer produktiven Phase expressionistischer Dramatik ein.

Dabei war der Aufbruch aus jahrelanger Isolation, aus den Kneipen und Cafés der Boheme[52] nur *ein* Syptom allmählicher Anerkennung. Während bereits erste Kritiken des literarischen Expressionismus aus der Feder seiner Protagonisten erschienen, hatte dieser seine Aktivitäten gerade erst richtig zu entfalten begonnen. Die Zahl der Zeitschriftengründungen zeigt diesen Trend deutlich an, allerdings auch seine kurze Dauer: ›Menschen‹ (1918-21), ›Das junge Deutschland‹ (1918-20), ›Die Sichel‹ (1919-21), ›Das Tribunal‹ (1919-21), ›Die Erde‹ (1919-20), ›Die rote Erde› (1919-23), ›Genius‹ (1919-21), ›Die Pleite‹ (1919-24). Unter den vor 1918 bereits erschienenen Zeitschriften gaben Schickeles ›Weiße Blätter‹ und das ›Neue Pathos‹ schon 1920, ›Die Argonauten‹ 1921 und das ›Ziel-Jahrbuch‹ 1923 auf. Für eine kurze Phase aber repräsentierten diese Zeitschriften die Vielfalt eines spätexpressionistischen Literaturbetriebs. Sie waren, von den Redaktionen her zentriert auf die großen Städte und Metropolen, in ihrer widersprüchlichen Vielstimmigkeit ein Forum literarischer, politischer und kultureller Diskussionen, jeweils angereichert mit aktuellen Aufrufen, Manifesten und Deklarationen sowie zahlreichen bis ins Private gehenden Kontroversen.

Hinzu kam die Rolle der Verlage; auch hier gab es seit Ende 1918 zahlreiche Neugründungen. Im Zusammenhang mit der Revolution lassen sich Veränderungen in der Verlagsstruktur feststellen, bis hin zu Sozialisierungsversuchen im Kurt Wolff Verlag, im Dresdner Verlag Heinar Schillings und im Wiener Genossenschaftsverlag, einer Autorengründung (u. a. Albert Ehrenstein, Franz Werfel, Hugo Sonnenschein), die in ihrem Aufruf von 1919 das hehre Ziel eines von Ausbeutung befreiten Literaturbetriebes verkündete:

Noch ist der Dichter, der Denker in der Hand des Kapitals. Noch entscheidet über Druck und Verbreitung erstarrtes Alter; persönliche Voreingenommenheit der Verleger, der Dünkel ichbefangener Herausgeber. Junge Dichter fielen, ehe sie ihr Wort sahen, verhungerten, blind geopfert, ehe man sie sehen wollte, niemand gab ihnen das Lebensmittel: Geld für ihre guten Worte. Verse und Prosa der starken Anfänger verkümmern noch im Dunkeln, weil der zarte Anfang oder der steile Wurf noch kein Geschäft ist. So beschlossen wir, uns und den Proletariern, die nach uns kommen, zu helfen.

⟨...⟩

Der von uns Gefährten verwirklichte Genossenschaftsverlag stellt die Dichter endlich in die Reihe der Arbeiter: die Ernte aus ihren Werken dient nicht mehr dem Wucher der Zwischenhändler, sondern dem Lebensunterhalt der Mitschaffenden.[53]

Bis zu seiner Auflösung 1922 kam der Verlag freilich dieser hochgesteckten Erwartung kaum nach, zumal sich die einzelnen Gesellschafter enttäuscht vom Projekt abwandten oder, ernüchtert, feststellen mußten, daß eine Erneuerung des Verlagswesens unter den Bedingungen von Inflation und Papierknappheit keine Frage der Gesinnung, sondern der ökonomischen Machtstrukturen war.

Erfolgreicher arbeiteten dagegen jene neuen Verlage, welche sich den schwierigen Verhältnissen anzupassen verstanden und – analog zum Aufstieg avantgardistischer Verlage vor 1914 – Geschäftstüchtigkeit mit literarischem Geschick verbanden. Ein Beispiel dafür war der Paul Steegemann Verlag in Hannover, der mit seiner Reihe ›Die Silbergäule‹ (1919-22) Kurt Wolffs ›Jüngstem Tag‹, Ernst Rowohlts Flugschriften ›Umsturz und Aufbau‹ und Pfemferts Serie ›Der rote Hahn‹ wirksame Konkurrenz machte. Paul Steegemann, Buchhändlergehilfe und Mitglied im ›Rat geistiger Arbeiter‹, gründete seinen Verlag im Mai 1919 zu einem Zeitpunkt, wo noch die Chance bestand, neben »zahlreichen provinziellen Nachzüglern des Expressionismus bis hin zu dem Hannoveraner Kurt Schwitters«[54], den einen oder anderen bereits arrivierten Dichter unter Vertrag zu bekommen. Steegemanns Verlag brachte bis 1923 über hundert Bücher heraus, deren Spektrum von Ludwig Bäumers Schrift ›Das Wesen des Kommunismus‹ (1919) über Wilhelm Klemms Gedichtband ›Traumschutt‹ (1920) zu Kurt Schwitters'

Dichtung ›Anna Blume‹ (1919) reichte und noch dazu Übersetzungen und politische Manifeste enthielt. Dadaistische Arbeiten von Schwitters, Richard Huelsenbeck und Walter Serner wußte Steegemann neben expressionistischen Autoren anzubieten und zugleich ein satirisches Programm aufzubauen mit Werken von Hans Reimann.

2. Anti-Kult

Der Dadaismus, 1918 in immer stärkerem Maße von Zürich nach Berlin verlagert, setzte seine schon während des Krieges begonnene ›Tradition‹ fort, den Expressionismus anzugreifen. Richard Huelsenbecks ›Dadarede‹, gehalten im Februar 1918 in der Berliner Galerie Neumann, war in ihrer ganzen Anlage eine durchgängige Satire auf jenen idealistischen Tribünenmythos, der von einer zündenden Signalwirkung pathetischer Ansprachen und Deklamationen geträumt hatte. Raoul Hausmanns ›Pamphlet gegen die Weimarische Lebensauffassung‹ (1919) war nicht nur eine Philippika gegen die neue, bourgeois-spießige Republik, sondern zugleich eine Absage an ihre expressionistische Kultur:

> Diese Literaturen, Versemacher leiden am Gall-Fluß ihrer traurigen Ernsthaftigkeit und bedecken schon wieder als Aussatz die geistigen Beulen der Ebert-Scheidemann-Regierung, deren elende Phonographenwalzenmelodie sie kakophonisch unterstützen, wie sie einstmals für den preußischen Schutzmann begeistert grölten.
> ⟨...⟩
> Die Heiligkeit des Sinnlosen ist der wahre Gegensatz zur Ehre des Bürgers, ehrlichen Sicherheitsgehirns, dieser Libretto-Maschine mit auswechselbarer Moralplatte.[55]

Die dadaistische Avantgarde führte den expressionistischen Eifer ad absurdum, indem sie mit ihm spielte und der Lächerlichkeit preisgab, da er sich bei näherer Betrachtung als bloßer Schein moralischer Entrüstung entlarvte. So kamen die Bedingungen zur Sprache, unter denen Literatur betrieben wurde, und zwar in einer Weise, die gerade mit ihren Vermittlungsformen provozieren wollte. »Wir haben der Neigung zur Weinerlichkeit in uns Püffe versetzt«[56], hielt Tristan Tzaras ›Dada-Manifest‹ (1918) denen entgegen, die Kunst zum »Anhängsel einer wollüstigen, übelriechenden Moralität«[57] machten. Im Pathos des Sinnlosen, Destruktiven, Unkultivierten wurde mit großen Gebärden der pathetisch einherschreitende Anspruch ethisch-utopischer Erneuerung zur Kenntlichkeit entstellt. Die Parole hieß: »Gegen die ästhetisch-ethische Einstellung! Gegen die blutleere Abstraktion des Expressionismus! Gegen die weltverbessernden Theorien literarischer Hohlköpfe!«[58]

Auch wenn dahingestellt sein mag, daß Dada eine Art Anti-Kultur-Propaganda[59] gewesen ist: dadaistischer Lärm und Tumult zersetzten jene feierliche Prozessionsstimmung, mit der die Botschaft ›Der Mensch ist gut‹ – wie in Leonhard Franks gleichnamigen Novellenbuch (1918) – auch über alle Heimtücken der Realität hinweg verbreitet wurde. Bereits in Zürich hatten Hugo Ball, Tzara und Huelsenbeck darauf geachtet, eine weihevolle Atmosphäre schon im Ansatz zu zerstören. Im Berlin führten sie dies fort. Nicht jede Episode – etwa der von Johannes Baader provozierte Skandal im Berliner Dom, eine Flugblatt-Aktion im Weimarer Staatstheater (»Dadaisten gegen Weimar«), »Bürgerschreckveranstaltungen«[60] zum Amtsantritt Eberts – läßt sich historisch verläßlich rekonstruieren. Es zeigte sich in solchen und ähnlichen Aktionen eine deutliche Differenz zum Selbstverständnis jener Gruppe von Literaten, die sich nach einem zeitgenössischen Bericht Rudolf Kaysers aus dem Jahre 1918 »in die verrauchten Hinterzimmer westlicher Cafés oder in mondäne Buchhandlungen zurückzog, um dort einem kleinen Publikum vorzulesen«, getrieben von einem »starken Ethos zum großen Bund des Menschengeistes, zur Verwirklichung des Messias in dieser Welt«[61].

Indem der Berliner Dadaismus solche Allmachtsphantasien weitergetrieben hat: ins Groteske und Unsinnige übersteigert bis hin zur Ausrufung einer Dada-Republik durch Baader und Hausmann –, zerstörte er die Fiktion einer Republik aus Licht, die am Ende so unsinnig erschien wie der mit Spektakel vollzogene Tumult. Vor diesem Hintergrund war der Dadaismus *auch* eine zeitgenössische Literatur- und Kunstkritik, deren Avantgardismus gleichsam aus der Schwäche des Spätexpressionismus erwachsen ist. Der Anti-

Kult der Dadaisten kannte zwar ebenfalls Vorträge, Manifeste und Lesungen, Soireen, Matineen und Ausstellungen wie der verspottete Expressionismus; er war sogar zum wesentlichen Teil auf dieselben Verlage und Zeitschriften angewiesen. Aber er hatte in der Kampfansage an überkommene Legitimationsformen und moralische Substitutionen die Krise der Kunst selbst auf den Begriff gebracht: als literarische Avantgarde im Moment der Krise.

III. Das Ende einer ›Literaturrevolution‹. Krise und Epilog

1. Zwischen Destruktion und Verklärung

Wer unberührt blieb von einer solchen elementaren Kritik, wie sie der Dadaismus verkörperte, der konnte freilich auch weiterhin seinem Wunschbild vom messianischen Dichter in zerrissener Zeit anhängen. Armut und Inflation, Hunger und eine Existenz am Rande der Gesellschaft verstärkten eher den Drang zur Selbststilisierung, als daß sie ihn korrigierten. Der Schreibprozeß war – umgekehrt proportional zur objektiven Möglichkeit, sich als Schriftsteller zu behaupten – Therapeutikum und Lebenssurrogat zugleich. Bechers Briefwechsel mit Katharina und Anton Kippenberg, dem Inhaber des ›Insel‹-Verlages, gibt davon ein beredtes Zeugnis; er zeigt, bis zu welchem Grade der gesamte Lebenskontext mit seinen Ängsten, Hoffnungen und Nöten auf *ein* Element der eigenen Dichter-Rolle reduziert werden konnte. Gerade dort, wo Becher angeblich »lyrische Zeitgeschichtsaneignung«[62] betrieben haben soll – etwa in seiner ›Hymne auf Rosa Luxemburg‹ (1919) und anderen zwischen 1919 und 1923 geschriebenen Gedichten –, unterscheidet er sich nicht von denjenigen Autoren, welche die Ermordung Liebknechts und Luxemburgs, Landauers und Levinés zum Anlaß nahmen, weithin unbegriffene Aktualität in hymnisch-liturgische Formeln zu übersetzen und die skandalöse Wahrheit zur aufrichtenden Heiligenlegende umzuformen.

Jene Tendenz zur Verklärung und Ästhetisierung läßt sich nicht nur aus diffusen, widersprüchlichen politischen Anschauungen herleiten, sondern verweist auch zurück auf die jeweilige Schreibsituation des ›Heiligen-Sprechenden‹. Seine aufwühlenden Gesänge hatten in dem Maße sogar reinigende Wirkung, als sie vom existentiell erfahrenen Druck des Ungeheuren und Ungeheuerlichen befreiten; im poetischen Gestus des gleichsam therapeutischen ›Schreis‹.

Im Prozeß einer Lebenskrise, deren Symptome mit denen der niedergeschlagenen Revolution bald verglichen, bald vermischt wurden, hatte das Schreiben eine zentrale Bedeutung. Es war, als Dichtung, das *Bewußtsein* der Krise, nicht bloß deren pathogenes Dokument. Schreiben hieß, der eigenen Gefährdung innewerden. Er »fühle«, so Becher in einem Brief vom September 1920, wie »die Gefahr« wachse, »je mehr man auszudrücken vermag. Nicht die Gefahr des Erstarrens, ⟨sondern⟩ die Gefahr zu zertrümmern, der Wahnsinn.«[63] Vom Gedichtband ›Ewig in Aufruhr‹ (1919) bis zu seinen 1924 erschienenen ›Hymnen‹ fixierten Bechers Werke jene »Gefahr« in nuce: Sie spielten auf immer neue Weise durch, daß aus Versatzstücken moralisch pathetischen Sprechens, biblisch-religiösen Bildern und ebenso mitreißenden wie aggressiven Invektiven und Hyperbeln sich eben nichts anderes ›herstellen‹ ließ als eine fortgesetzte Collage aus hybriden Ansprüchen exorbitanten Dichtertums und tiefer, verzweifelter Depression. Das, nicht bloß für Becher, so charakteristische Grundmodell von ›Verfall und Triumph‹, Katastrophe und Neubeginn erweist sich damit im Kern nicht als naiv-grobes Wirklichkeitsraster, sondern als statische Opposition ›chaotisch‹-unbegriffener Erfahrung und ersehnter Heilung im Paradies-Frieden einer erneuerten Welt und eines gesunden Selbst.

Vor diesem Horizont korrespondierte Bechers ›Schreibwut‹ – er veröffentlichte 1919 bis 1924, zwischen psychischen Zusammenbrüchen und Sanatoriumsaufenthalten, über ein Dutzend Bücher – nur allzu gut mit der scheinbar entgegengesetzten Tendenz zum zeitweiligen ›Verstummen‹, die für andere zur Realität wurde. Karl Otten, Armin T. Wegner und Wilhelm Klemm sind dafür Beispiele, aber auch Else Lasker-Schüler und Alfred Wolfenstein. Pessimismus und Resignation bis zur Sprachlosigkeit als rhetorischen Figur der Distanz und Zurücknahme früherer Ideale brachten jenen revolutionären Elan zum Erliegen, der vielfach noch in den beiden letzten

Kriegsjahren vorgeherrscht hatte und nun durch eine in allen Punkten negative Bilanz ersetzt wurde wie in Ehrensteins Gedicht ›Urteil‹ (1919):

> Dies ist nicht Volk, ist Pöbel.
> Dem Kehricht sing ich lieber meine Litanei.
> Und wenn ich auch mit tausend Donnern riefe,
> Es schliefe doch, verschliefe,
> Mordend noch im Traum,
> *Seine* Zeit.[64]

Noch in der Negation scheint die Pose des messianischen Dichters, des Propheten und Visionärs durch, nun freilich als Stigma eines gescheiterten ›Literaturrevolutionärs‹. In welchem Maße der expressionistische Erlöser-Gestus samt suggestiver Rhetorik und religiöser Stilisierung zur Farce geworden ist, parodiert und karikiert sogar im Spott dümmlicher reaktionärer Gegner, zeigt nichts anschaulicher als eine fast beiläufige ›Anekdote‹ aus Robert Musils Tagebüchern, die allerdings den paradox-grotesken Widerspruch zwischen radikaler Erscheinung und harmlos-hilfloser Boheme-Existenz ohne Rest offenlegt:

> Wolfenstein geht an den lagernden Weißtruppen vorbei und sagt: wenn Christus heute lebte, würde er wie jeder anständige Mensch Kommunist sein. Sie stellten ihn mit ausgebreiteten Armen an die Wand, wenn er sich rührt, soll auf ihn geschossen werden, und lassen ihn so stehn.[65]

Alfred Wolfenstein selber, im Mai 1919 tatsächlich hineingeraten in die willkürliche Rache-Maschinerie der Münchner »Weißtruppen«, hatte bereits zu diesem Zeitpunkt seine Lyrik-Produktion abrupt eingestellt; er gab zwar frühere Dichtungen in Neuauflagen und Überarbeitungen heraus, aber seine Hoffnung auf eine neue produktive Phase, nunmehr als Verfasser »dramatischer Utopien«[66], zerschlug sich gründlich.

Einen noch deutlicheren Bruch mit der eigenen expressionistischen Vergangenheit vollzog Walter Hasenclever, dessen 1919 erschienener, außerordentlich erfolgreicher Gedichtband ›Der politische Dichter‹ bereits einen überwundenen Standpunkt dokumentierte, jedenfalls im Bewußtsein des Autors. Hasenclever, der es nach eigener selbstkritischer Aussage abgelehnt hatte, »in der verunglückten Revolution eine Rolle zu spielen«, und sich statt dessen »geistigen Problemen«[67] zuwandte, etwa dem Mystizismus Emanuel Swedenborgs, versuchte schon 1918 in seinem Essay ›Kunst und Definition‹ als einer der ersten seine Abkehr vom Expressionismus programmatisch zu begründen.

> Es ist Zeit, einen Schwindel aufzuklären, auf den die Geister hereingefallen sind. Expressionismus gibt es nicht!
> Dichten heißt: eine Absicht haben. Wer sie zustande bringt, hat die Richtung. Wer sie nicht hat, drückt aus, was dem andern eingefallen ist. Dieser Zustand ist expressionistisch. Es gibt wenige, denen etwas einfällt und viele Expressionisten! Der Expressionist hat den Standpunkt. Er wechselt die Farbe; es kommt auf den Druck an.[68]

Hasenclevers Kritik galt denjenigen Künstlern, welche sich im Zeichen des Expressionismus einem Modetrend anzuschließen begannen, der – mit Musils Worten – als »Kunstrichtung gewissermaßen zu staatsbürgerlichen Würde«[69] gekommen war und bereits an Kunstgewerbeschulen gelehrt wurde. Mit der Parole »Der Expressionismus ist tot«[70] reagierte von 1920 an ein immer größer werdender Teil der Autoren auf jene suspekte »staatsbürgerliche Würde«. So wies Edschmid, der mit seinen Manifesten und Programmen selber zur Popularität des Expressionismus beigetragen hatte, in seiner Rede ›Stand des Expressionismus‹ (1920) jede »nachgeplapperte Gebärde« und vor allem »die Wandlung in schöpferische Breite« zurück:

> Die Berufenen werden auch so das Ziel ihres Lebens und die in der Kunst der Zeit ihnen gesteckten Ziele erreichen und ihre Terrains ausbauen. ⟨...⟩ Ich bin für die Leistung, aber ich bin gegen Expressionismus, der heute Pfarrertöchter und Fabrikantenfrauen zur Erbauung umkitzelt.[71]

Eine solche Polemik traf besonders jene Verfasser von Gedichtbänden und Theaterstücken, die ohne Rücksicht auf die veränderten Bedingungen der Nachkriegszeit bereits tradierte Wandlungsaufrufe, kosmische Aufbrüche, emphatische Verkündigungen und plakative, verblasene Utopismen im fortwährenden Selbstzitat produzierten. Brusts Dramen – vom ›Ewigen Menschen‹ (1919) bis zur

Trilogie ›Tolkening‹ (1921/24) – wiederholten etwa die abgegriffenen Muster expressionistischer Wandlungsdramaturgie so lange, bis schließlich die Gefahr drohte, »daß die Figuren über die Proklamation ihrer Wandlung den Akt selber versäumen beziehungsweise seine Unterlassung mit dem Wort verdecken und nun als unverwandelte Protagonisten ihrer selbst zu den gefährlichen Antipoden der Wandlungsidee werden.[72]

Fritz von Unruhs Werke standen dieser Tendenz zur Adaption überkommener expressionistischer Dramendispositionen, Sprachgesten und Inszenierungsmuster in nichts nach, bis hin zur ekstatischen Feier eines Lebensbegriffs der Jahrhundertwende und seiner vitalistischen Motivik (Erde, Feuer, Flamme, All u. a.). Sein literarisches Epigonentum kulminierte im Bekenntnis zum Lebenspathos einer längst untergegangenen Epoche; 1918 noch – über alle veränderten Bedingungen hinweg – reproduzierte Unruh ein vitalistisches Programm als durchgängige Paraphrase: »Glaube, so gedeutet, heißt Leben. Leben aber ist Schaffen, selbst Tod noch dient dem Lebendigen. Mein Glaube an das Lebendige endete darum weder in den Kriegshöllen, noch in den Massakern der Anarchie.«[73] In diesen verschwommenen Sätzen wurde der Expressionismus in der Tat – und nicht nur bei Unruh – zum »verinnerlichten Wilhelminismus«[74], unfähig, sich aus dem Geflecht von Illusion, Borniertheit und Ideologie zu lösen, unbeweglich bis zur bombastischen Attrappe seiner selbst. Im verklärenden Schein einer schier endlosen Variation trivialisierter Lebensphilosophie konnten dann in den folgenden Jahren und Jahrzehnten etwa Kurt Heynicke und Hanns Johst den Weg zum faschistischen Gemeinschaftskult und zur völkischen Idee finden.[75]

Wieviel Imitation, Täuschung und Artistik, wieviel Imponiergehabe und Bluff in solche Art Spätexpressionismus eingegangen waren, machte der dadaistische Ulk auf despektierliche und provokative Weise klar. Aber die Dadaisten waren nicht die einzigen, die sich über Anachronismen, Schönfärbereien und hypertrophierte Selbstporträts hergemacht haben. Elemente der Selbstironie, der Selbstkritik und sogar der Selbstanklage lassen sich bei einer ganzen Reihe von Schriftstellern aufzeigen, denen (zumeist nach 1918) die frühere Dichtungsauffassung und vor allem auch die eigene literarische Praxis zunehmend fragwürdig erschienen. Weniger die Proklamationen des Abschieds vom Expressionismus im Stile Hasenclevers, Edschmids und Golls sind in diesem Zusammenhang von Bedeutung – so manches Autodafé weist verdächtig viele Spuren früherer Emphasen auf – als vielmehr die literarischen Reaktionen, die praktischen Konsequenzen für die eigene Dichtung. Es gab nämlich neben denjenigen, welche die Krise der ›Literaturrevolution‹ in ihrer Schreibwut oder aber ihrem Verstummen existentiell erlebten, und jenen epigonalen Zitatoren vom Schlage Heynickes und Brusts noch eine weitere Gruppe, welche die Auseinandersetzung mit Expressionismus und Wilhelminismus im Horizont literarischer Praxis vorantrieb.

»Die Wirklichkeit des Scheins«, so forderte Ivan Goll im Vorwort seines satirischen Dramas ›Methusalem oder Der ewige Bürger‹ 1923, »wird entlarvt, zugunsten der Wahrheit des Seins.«[76] Der Weg dahin aber sollte nicht mehr die dithyrambische Erhebung, der orphische Gesang sein, sondern die Destruktion einer zum Panoptikum erstarrten, banalen Ordnung im Angriff auf deren sprachliche Substrate. Golls Stichwort hieß folgerichtig »Alogik«:

> Alogik ist heute der geistigste Humor, also die beste Waffe gegen die Phrasen, die das ganze Leben beherrschen. Der Mensch redet in seinem Alltag fast immer nur, um die Zunge, nicht um den Geist in Bewegung zu setzen. ⟨...⟩ Die dramatische Alogik soll alle unsere Alltagssätze lächerlich machen, die mathematische Logik und selbst die Dialektik in ihrer tiefsten Verlogenheit treffen.[77]

Golls ›Methusalem‹, im Erstdruck illustriert mit Figuren von George Grosz, entwarf seine ›alogischen‹ Szenerien aus einem Kontext von Alltagsjargon, parodierten expressionistischen Verwandlungs- und Traumhandlungen und einer permanenten Deformation des Bühnengeschehens im zugerichteten, unsinnigen Dialog. Goll ließ seinen Schuhfabrikanten Methusalem souverän über alle Phrasen seiner Zeit verfügen, deren Signatur eben die »tiefste innerliche Verlogenheit« war: eine Mischung aus wilhelminischem Größenwahn, Spießigkeit und fader Sentimentalität. Der Expressionismus, so Golls Provokation, war ein Mitspieler im System Methusalems, denn seine unreflektierte Phraseologie war keine Entlarvung, sondern eine Partizipation an der Sprachgebärde gedankenloser Selbstinszenierung.

Der entscheidende Weg zur Selbstkritik, das zeigte Golls Satire, war verbunden mit einer Kritik an expressionistischer Wortemacherei. Während 1920 etwa Leonhard »das Wort« noch als »Schall aus der tiefsten Einsamkeit«, »heiligstes Geheimnis« und gemeinschaftsstiftendes Mysterium verherrlichte: als verspätete Feier eines alten Fetischs[78], gelangten andere über einen um sich selbst kreisenden, sich letztlich nur noch selbst bespiegelnden Expressionismus hinaus. Carl Sternheim faßte diese Tendenz in einem Brief an Edschmid vom Januar 1920 pointiert zusammen: »Ich weiß, Sie zerschlagen mit mir, reihenweise stärker, die borniert Rinde des Begriffs und bringen ihn von innen zu einer zweiten Explosion.«[79] Das »heiligste Geheimnis«, von dem Leonhard gesprochen hatte, sollte also in einer Weise zerstört und durchschaubar gemacht werden, daß aus dieser analytischen Demontage die Aphasie des Größenwahns unmittelbar hervorging.

Sternheims Destruktion unreflektierten, jargonhaften Sprechens war zugleich eine Konstruktion des Wirklichen, aber ohne verklärenden Schein, ohne Rebellion des Herzens und ohne chiliastische Verheißung aus religiösen und politischen Bilderresten. Schon in seinem ›Kampf der Metapher‹ (1918) hatte Sternheim die Prämissen einer Kritik am verschwommenen Utopismus formuliert. Und seine Option für Gottfried Benn war unter solchen Voraussetzungen nur folgerichtig, und zwar nicht zuletzt als Absage an jede Art messianischer Positivität:

> Benn ist der wahrhaft Aufständische. Aus den Atomen heraus, nicht an der Oberfläche revoltiert er; erschüttert Begriffe von innen her, daß Sprache wankt und Bürger platt auf Bauch und Nase liegen. Deutsche Welt, die in Worten lebt, von denen jedes, falsch gebildet, an allem Heutigen in phantastischer Weise vorbeigreift, gilt es, vom Keller aus neu aufzubauen. Das heißt: nicht mit des Zeitgenossen Sprache macht er sich über dessen Unarten und Allzumenschliches lustig, sondern gibt aus der Stunde Notwendigkeit allem Wort neuen heutigen Sinn, daß der Mensch, Kaufmann, Journalist und Soldat, der es noch in alter Weise weiterspricht, auf einmal unerhört altmodisch und komisch ist, man ihn überholt und im Bratenrock von anno

dazumal sieht. Daß er und seine Moral, Ideale, Urteile und hehrsten Ziele wie in Anführungsstrichen daherkommen.[80]

Sternheim hat in diesem Plädoyer für eine essentielle Sprachkritik zugleich wesentliche Elemente seiner eigenen Dramaturgie begründet. Benns ›Schöpferische Konfession‹ von 1920 liest sich dagegen wie eine nachträgliche Mystifikation jener Sprachanalytik, die ihm zugedacht, von Sternheim aber selber mit entschiedener Konsequenz in seinen Lustspielen ›Der entfesselte Zeitgenosse‹ (1920), ›Der Nebbich‹ (1922), ›Das Fossil‹ (1923/25) praktiziert wurde. Die »fundamentale Sprachskepsis«[81] führte zu einem literarischen Verfahren, in dem im Redegestus einzelner Figuren, in deren je individuellen, nuancierten Sprechweisen, am Ende die Deformation einer ganzen Epoche aufscheinen konnte.

Sternheims Novellen und sein Roman ›Europa‹ 1919/20 folgten dieser Tendenz, wie überhaupt die Erzählprosa des Spätexpressionismus sich in dem Maße einem chiliastischen Pathos von vornherein entzog, als sie in ihrer experimentellen Form, wie Otto Flake es ausgedrückt hat, auf »Denken Verstand Reflexion« setzte:

Ganz recht: der Sinn den man zu finden glaubt, den man also mitbringt, aus dem die Produktion erst entspringt – es handelt sich um einen Zentralismus von noch nicht erreichter Intensität, es entrollt die Welt einem Hirn als Vorstellung, um die Achse der Grundauffassung legen sich Kristallisationen, alles was früher primär und Selbstzweck der Schilderung war, Erlebnis Gefühle Stimmungen, wird sekundäres Material Beleg Gelegenheit zur Demonstration, alles wird in den Strudel des kreisenden Mittelpunkts, in die Atmosphäre gezogen in der durch Anlagerung ein Kosmos entsteht rotiert ist. Anschaulichkeit wird überwunden an ihre Stelle tritt Anschauung, der Roman als Projektion.[82]

Salomo Friedlaender, der seine literarischen Texte unter dem Pseudonym Mynona schrieb, legte in seinen Erzählungen und Romanen, etwa in seinem ›Nachtstück‹ mit dem Titel ›Unterm Leichentuch‹ (1920) oder in ›Graue Magie‹ (1922) Werke vor, in denen auf groteske und phantastische, ironische und parodistische Weise Phänomene der Ausgrenzung und Isolation, der Ohnmacht und Angst, nicht zuletzt auch der Furcht vor undurchschaubaren zweckrationalen Mechanismen einer technisch-instrumentellen Vernunft thematisiert wurden: als Zerlegung überkommener Wahrnehmungs- und Empfindungsmuster, als Destruktion von Denkgewohnheiten. Daß eine (später nicht realisierte) ›Enzyklopädie zum Abbruch bürgerlicher Ideologie‹, wie sie Sternheim und Carl Einstein planten, mit den Verfahren der Erzählprosa aufgebaut werden sollte, war nur eine Konsequenz aus früheren Einsichten und Experimenten. Dabei führte der Weg von der Novellistik zum Roman, wie in Edschmids ›Die achatnen Kugeln‹ (1920), Ulitz' ›Ararat‹ (1920), Oskar Baums ›Die neue Wirklichkeit‹ (1921) und Max Krells ›Der Spieler Cormick‹ (1922). Döblins Roman ›Berlin Alexanderplatz‹ (1929) ist vor diesem Horizont ein später Höhepunkt expressionistischer Erzählprosa.

Die Gattung der Komödie war, schon seit Sternheims frühen Dramen, eine Antithese zu den expressionistischen Verkündigungsdramen. Nach dem Kriege signalisierte der Wechsel zum Lustspiel auch bei anderen Autoren, daß der Spätexpressionismus in eine Phase der Selbstkritik geraten war. Wer Komödien schrieb, bekannte nicht nur seinen Abschied vom Expressionismus, sondern machte ihn auch zum Objekt literarischen Widerrufes. Wie eine ›Befreiung‹ vom schwer drückenden Pathos früherer Mysterien und Passionen wirkten solche Komödien, die freilich zugleich Resignation, Desillusionierung und ernüchternden Skeptizismus offenbarten. Paul Raabes Repertorium zum Expressionismus verzeichnet von 1920 bis 1923 allein 27 Lustspiele, Komödien und dramatische Grotesken[83], darunter Max Herrmann-Neißes ›Der letzte Mensch‹ (1922) mit dem Untertitel ›Eine Komödie vor Weltuntergang‹, Paul Kornfelds ›Der ewige Traum‹ (1922), Arnolt Bronnens ›Die Exzesse‹ (1923), Georg Kaisers ›Der Geist der Antike‹ (1923) und Ernst Tollers ›Der entfesselte Wotan‹ (1923). Schon 1919 erschien Hasenclevers ›Die Entscheidung‹, 1924 folgte Schickeles Nachkriegskomödie ›Die neuen Kerle‹.

Tollers Komödie ›Der entfesselte Wotan‹ läßt sich als Paradigma dieser komödiantischen Resümees lesen, deren Witz, deren Einsichten, Einfälle, parodistische Anspielungen, Karikaturen und Dramaturgien eine einzige Kontrafaktur der eigenen expressionistischen Vergangenheit darstellten. In welcher Weise hiermit zugleich eine

Reflexion der wilhelminischen Epoche verbunden war, machte Toller zum Thema seiner Komödie: Expressionismus als Bluff, Kolportage, dilettantischer Größenwahn hat sich post festum zu einem bankrotten Panoptikum eitler Posen und Selbstüberschätzungen ausgeweitet, in dem jede utopische Fiktion schon a priori zur Illusion, ja zur Lüge und zum Betrug werden mußte[84]. Als radikale Bestandsaufnahme konnten Komödien dieser Art mit einem Federstrich beseitigen, wofür der Expressionismus jahrelang auf die Barrikaden gegangen war. In seiner Selbstkritik auf der Bühne, in der Komödie zeigte sich noch einmal eine schöpferisch-innovative Kraft, wie sie für den Expressionismus in seiner Anfangsphase so typisch gewesen war. Freilich war die Botschaft nun eine andere, entgegengesetzte. In Paul Kornfelds Komödie ›Palme oder Der Gekränkte‹ sprach sie eine Dramenfigur aus, ohne große Gebärde zwar, aber doch mit einer Spur ironischer Melancholie:

> Nichts mehr von Krieg und Revolution und Welterlösung! Laßt uns bescheiden sein und uns anderen, kleineren Dingen zuwenden –: einen Menschen betrachten, einen Narren, laßt uns ein wenig spielen, ein wenig schauen, und wenn wir können, ein wenig lachen oder lächeln.[85]

2. ›Anti-Kunst‹?

Komödie und Erzählprosa sind Beispiele dafür, daß der Spätexpressionismus keineswegs nur eine unproduktive Modeerscheinung war, die von großen Namen anderer profitiert und nichts Eigenes hervorgebracht habe als ekstatisch-hochgestimmte Gesänge nach Art der ›Beschwörungen‹ (1923) Franz Werfels. Mochte auch Carl Einsteins Provokation aus dem Jahre 1912 – »Lyrismus ist Koketterie« und »Gefühl« eine Strategie, künstlerische »Impotenz zu verbergen«[86] – gerade in jenen hymnischen Passionen bis zur Apologie sentimentaler Pathetik verkehrt worden sein: Der Wille zur aggressiv-schockierenden Destruktion blieb erhalten und fand in solchen Werken seinen angemessenen Ausdruck, die mit artistisch-experimenteller Sprachgeste traditionelle Erlebnis- und Wahrnehmungsmuster atomisierten.

Dafür hatten innerhalb der Novellistik etwa Sternheim und Edschmid, Benn und Ehrenstein die Voraussetzungen geschaffen, während in der Lyrik Reihenstil und Simultangedicht, die Sprachtheorie des ›Sturm‹-Kreises um Herwarth Walden und die Rezeption des 1915 gefallenen August Stramm Formen der literarischen Montage und Collage vorbereiteten. Zwar haben die vielen Memoiren seiner früheren Protagonisten dem Dadaismus ständig unerhörte Originalität bescheinigt, in Wahrheit aber konnte er bereits herausgebildete Verfahren weiterentwickeln oder sogar, etwa in Carl Einsteins Arbeiten, Theorie und Praxis eines genuinen literarischen Avantgardismus studieren.

Die Berliner Dada-Bewegung machte einen im Vergleich zu den Züricher Anfängen rapiden Politisierungsprozeß durch, der ihr ein eigenes Profil gab und die künstlerische Praxis veränderte. Nicht zuletzt die unmittelbare Teilhabe am aktuellen Tagesgeschehen in der Hauptstadt bewirkte schließlich die Kurzlebigkeit des Dadaismus, der bereits gegen 1920, angesichts eines gescheiterten Protestes gegen Weimar, mit Huelsenbecks ›En avant dada‹ und ›Deutschland muß untergehen! Erinnerungen eines alten dadaistischen Revolutionärs‹ seine eigene Geschichte zu schreiben begann. Noch die Entrüstung darüber, schon zu einem Kapitel der Literaturgeschichte zu werden, zeigte – wie Walter Mehrings ›Enthüllungen‹ (1920) – den Grad des einsetzenden Zerfalls an:

Die Popularität einer Idee resultiert aus der Verfilmungsmöglichkeit ihres Anekdotenschatzes. Der Dadaismus als Weltprinzip, das heute in Weimar putscht, morgen die Brotkarte ›Goethe‹ ausgibt und übermorgen beim Scheich ul Islam Hammelbraten luncht, füllt die Kinokassen der kommenden Saison. In Irrenhäusern und maisons de santé gehen aber noch täglich Menschen an der Fiktion zugrunde, es handle sich um eine ästhetische Kunstrichtung, die man im Anhang der Literaturgeschichte unter ›Unsere Jüngsten‹ oder in Seitenkabinetten von Novembergruppen suchen müsse. Daher präge man sich schon jetzt den Satz ein:
DADA ist das zentrale Gehirn, das die Welt auf sich eingestellt hat.
Es wird bereits in der ersten Dynastie DADA in allen Schulen, auf Tag- und Nachtgeschirren, Museen etc. den Denkspruch: Feste druff! ersetzen.[87]

Walter Mehring, Mitbegründer des Berliner Dada und einer der Initiatoren des politischen Kabaretts in der Weimarer Republik, sprach zu einem früheren Zeitpunkt aus, was zur widersprüchlichen Struktur dadaistischer Praxis gehörte. Der Anspruch, sich gegen die Kunst zu stellen als deren fundamentaler Opponent, hatte seine Gültigkeit nur im Augenblick der Negation, im Moment der Auflösung und zynischen Zersetzung von Sinnpotentialen und Autonomiepostulaten. Aber sobald diese mit Ironie, Ulk und Nonsens vorgetragene Provokation sich – von der Straßenaktion bis zum gediegen aufgemachten Sammelband – im Medium der Kunst artikulierte, wurde sie gemessen an dem, was sie so vehement zu leugnen versuchte; Kunst blieb die dadaistische Selbstkritik der Kunst noch in ihrem prinzipiellen Anderssein. Nicht erst »der literaturwissenschaftliche Diskurs über den Dadaismus« hat »dessen Verharmlosung«[88] betrieben; diese bestand von Anfang an, und zwar in dem Widerspruch zwischen dem unmittelbaren avantgardistischen Engagement und dessen Überlieferung als einer spezifisch künstlerischen Aktion.

Die Verharmlosung freilich hatte dort ihre Grenzen, wo die Dadaisten jene ›heiligsten‹ Güter und Werte der bürgerlichen Gesellschaft angriffen, die mit dem Gesetzbuch in der Hand und einem auch nach 1918 unverändert konservativ-reaktionären Justizapparat im Rücken eingeklagt werden konnten. Die Geschichte des Dadaismus schrieb die Geschichte der literarischen Zensur in Deutschland weiter und bildete den Auftakt zur strafrechtlichen Verfolgung von Literaten und Künstlern während der Weimarer Republik insgesamt.[89] Konfrontationen mit der Justiz reichten bei einigen Dadaisten allerdings bereits in die Zeit des Weltkriegs zurück, auch wenn Art und Umfang sich nicht immer eindeutig ermitteln lassen. Die Memoirenliteratur ehemaliger Protagonisten des Berliner Dada ist in diesem Punkte wenig ergiebig. Fest steht, daß etwa Johannes Baader, Wieland Herzfelde, andere Mitarbeiter der Zeitschrift ›Neue Jugend‹ und Franz Jung in Konflikt mit Polizei-, Zensur-, Gerichts- und Militärgerichtsbehörden gerieten.

Der Kreis der ›Neuen Jugend‹ hatte schon 1916/17 »konventionelle literarische«[90] Vortragsabende veranstaltet – zusammen mit Theodor Däubler, Else Lasker-Schüler, Albert Ehrenstein und anderen Dichtern im Umfeld des Expressionismus – und dabei im Engagement gegen den Ersten Weltkrieg eine öffentliche Wirkung erzielt, bis hin zu Tumulten, welche die Polizei auf den Plan riefen. In seinen Erinnerungen sieht Herzfelde solche Aktivitäten in engem Zusammenhang mit dem antimilitaristischen Kampf einiger Berliner Dadaisten.[91] Sicher ist jedoch, daß der Prozeß der Politisierung in Berlin und anderen deutschen Großstädten zunächst Künstler unterschiedlicher Richtungen zusammenführte, also keineswegs eine Besonderheit des Dadaismus war.

Zu den spektakulärsten Prozessen gegen den Berliner Dada zählten diejenigen gegen George Grosz, Rudolf Schlichter, Johannes Baader und John Heartfield, also gegen Organisatoren und Künstler der Berliner Dada-Messe von 1920. Anlaß boten Ausstellungsobjekte, die als Beleidigung der Reichswehr und pornographische Zersetzung bürgerlicher Moral denunziert wurden. Schlichters Deckenplastik ›Preußischer Erzengel‹[92] – ein ausgestopfter Soldat mit Schweinskopfmaske, Epauletten und Offiziersmütze, der über dem Ausstellungsraum schwebte – hatte die »Gegenwehr der konservativen Kräfte«[93] provoziert, die im Bündnis mit der Justiz, dem Bollwerk autoritärer staatlicher Gewalt und antidemokratischer Tradition, ihre politischen Interessen durchzusetzen versuchten. Mit Hilfe der Paragraphen 184 (Verbot der Verbreitung unzüchtiger Schriften, Abbildungen und Darstellungen) und 166 StGB (Gotteslästerung) wurde im Zusammenspiel von konservativ-reaktionärer Presse, Kirche, Staatsanwaltschaft, Richtern, professoralen Kommentatoren und reaktionären Verbänden ein Feldzug gegen mißliebige Künstler, Schriftsteller und Verleger eingeleitet.

So gab es Prozesse um Graphikmappen von George Grosz, der in seiner kritischen Optik den Typus des preußischen Offiziers, des ›fetten, feisten‹ Bourgeois, Kriegsgewinnlers und Spießers so gut getroffen hatte, daß die politische Justiz der Weimarer Republik ein Einschreiten für erforderlich hielt. 1923 wurde Grosz, den Paul Levi, einer der renommiertesten Anwälte, verteidigte, für seine Mappe ›Ecce Homo‹ zu einer Strafe von 6000 Reichsmark verurteilt. Ein Jahr zuvor war Carl Einstein wegen seines Werks ›Die schlimme Botschaft‹[94] – trotz nur 200 verkaufter Exemplare – nach dem Gotteslästerungsparagraphen zu einer Geldstrafe von 10 000

Mark und sein Verleger Rowohlt zu einer Strafe von 5000 Mark verurteilt worden.[95] Der Prozeß eröffnete den Reigen von Gotteslästerungsprozessen gegen Künstler und Autoren der Weimarer Republik.

Schon 1920 hatte Kurt Tucholsky nach einer Beschlagnahmung der Bildermappe ›Gott mit uns‹ von Grosz die Aktion des Reichswehrministers Geßler mit dem Satz kommentiert: »Haben sich die Herrschaften verletzt gefühlt? Der Spiegel kann nichts dafür, wenn er der Jungfrau anzeigt, daß sie schwanger ist.«[96] Tucholskys Kommentierung des Berliner ›Dada-Prozesses‹ im Jahre 1921 bezog jedoch nicht nur die ihren Karikaturen sehr ähnlichen Ankläger und Richter in die Kritik ein, sondern auch die Angeklagten. In seinen Beobachtungen ist von jener in Memoiren und Autobiographien so oft zitierten, unbekümmert-forschen Antibürgerlichkeit der Berliner Dadaisten nichts zu bemerken; zudem wird deutlich, wie im Plädoyer der Verteidigung dadaistische Anti-Kunst-Attitüden zur schützenswerten Kunst und am Ende gar – zum »Bierulk«[97] verformt wurden: »ein paar Spaßfiguren gegen die Götter Preußens«,[98] schreibt Tucholsky und fügt spöttisch hinzu: »Im übrigen glich das Unternehmen dem Kapp-Putsch: einen Führer hatte es nicht, Niemand von den Jungens war derjenige gewesen, der die Fensterscheibe eingeworfen hatte ...«[99]

Tucholskys Kritik freilich verweist im Kern auf eine Fehldeutung des Dadaismus. Politische Aktion und revolutionäre Gebärde waren nicht das Ziel, sondern der Stoff dadaistischer Praxis. Das heißt nicht, daß der Dadaismus nichts weiter als Spaß und Ulk hervorgebracht habe. Von Anfang an war er in Berlin einbezogen in Protest und politisch-gesellschaftliches Engagement.

Gewiß hatte sich, wie Huelsenbeck mit Anspielung auf Friedrich Nietzsches Schrift ›Jenseits von Gut und Böse‹ in seiner Einleitung zum ›Dada-Almanach‹ 1920 formuliert, Dada »zum Parodisten der Weltgeschichte und zum Hanswurst Gottes« gemacht, als »schöpferische Aktion in sich selbst«[100]. Die »Parodisten der Weltgeschichte« jedoch nahmen ihre Rolle im Verlaufe der Zeit ernster, als es die anfängliche Begeisterung für Unsinn und Alogik, für Spaß und Bluff vermuten ließ. Auch wenn der Berliner Dadaismus »keine geschlossene Gruppe«[101] war, so kann Hausmanns Selbst-Interpretation stellvertretend für diejenigen zitiert werden, welche die Demontage verlogener Ideale und überkommener Werte keineswegs bloß als spielerisch inszenierte Form der Abreaktion vorgenommen, sondern die Rechtfertigung des eigenen Handelns im politischen Horizont begriffen haben:

> Es gehört Mut dazu, eine Welt anzuschauen, eine Weltanschauung optisch zu gestalten, es gehört Mut dazu, in einer unbekannten Sprache zu sprechen – aber diese geistige (und leibliche) Umgestaltung und Neugeburt muß in unserer Zeit vollzogen werden. Deshalb ist auch das Gerede vom Ende der Kunst ganz unfruchtbar und unwesentlich, denn der neue Mensch, der heraufkommt, bedarf einer neuen, von keiner Vergangenheit beschmutzten Sprache – und, getrieben von der Erkenntnis, daß uns völlige Einsicht in die Kräfte des Universums versagt bleibt, soweit auch die Wissenschaft oder die Technik vorstoßen werden und müssen, weil sie nur beschränkte, nur menschliche Anteilnahme und ein Gleichnis des ungeheuren und vielfältigen Weltwesens ermöglichen, wird der Mensch immer wieder von dem Erfaßtsein, seinen Beziehungen, seiner Durchdrungenheit von diesem Weltwesen ein Gleichnis dieser höheren Wirklichkeit suchen und finden in dem schöpferischen Zustand, den wir Kunst nennen und der uns mit dem ewigen Neuwerden, der unendlichen Bewegtheit des Kosmos verbindet. Diese Verbundenheit ist frei vom Ausbeuterstandpunkt, sie wird die Sprache der Masse sein und keines einzelnen; sie ist die Verbindlichkeit für eine neue Gemeinschaft.[102]

An latent Positivem schloß der dadaistische Protest Leitbegriffe wie den »neuen Menschen« ein, die »Neugeburt« und sogar – im Rekurs auf das Fin de siècle – die »unendliche Bewegtheit des Kosmos« und das »ewige Neuwerden«. Die Kunst sollte wiederum ein »Gleichnis«, und zwar einer »höheren Wirklichkeit« sein, nunmehr nicht im aristokratischen, esoterischen Verständnis einzelner, sondern als »Sprache der Masse«. Mochte die hier vorgetragene Rechtfertigung auch am Ende dadaistischer Praxis stehen und im Ton, im Detail nicht für deren turbulente Glanzphase 1918 und 1919 typisch sein, so war ihre Option für eine »von keiner Vergangenheit beschmutzte Sprache« bereits eine geläufige Argumentationsfigur avantgardistischer Künstler; und der tendenzielle Mystizismus schließlich griff Elemente auf, wie sie vor allem Hugo Ball schon während des Krieges in seinen Lautgedichten zu gnostischphilosophischer Kontemplation und ›Hagiographie‹ geformt hatte: als Kehrseite einer chaotisch-bizarren, in der dadaistischen Destruktion scheinbar sinnlos gestalteten Welt. Hausmanns nachträgliche Sinngebung von Ulk und Parodie nahm Ball schon 1917 vorweg mit seiner an Wassily Kandinsky veranschaulichten These, die Künstler der Gegenwart seien »der Welt gegenüber Asketen in ihrer Geistigkeit«, führten ein »tief verschollenes Dasein« als »Vorläufer einer neuen Zeit« und Magier mit einer »nur erst ihnen bekannten Sprache«[103].

Den Dadaismus nur als ein klamaukartiges Seitenstück der deutschen Revolution zu begreifen, der in seiner unbekümmerten Nonchalance längst brüchige Tabus klassischer Ästhetik mit Witz und Ironie ad absurdum geführt habe, hieße ihn einseitig festzulegen auf seine selbstgewählte Pose der ›Anti-Kunst‹. Memoirenwerke, etwa Huelsenbecks Erinnerungen, haben zwar anschaulich beschrieben, wie ›Mit Witz, Licht und Grütze‹ (1957) jenem ramponierten klassischen Erbe auf den Leib gerückt wurde, wie in Vortragsabenden und Matineen einem verblüfften Bürgertum die eigenen ›heiligen‹ Werte fragwürdig erscheinen sollten nach der Devise von Grosz: »Wir verhöhnten einfach alles, nichts war uns heilig, wir spuckten auf alles, und das war Dada«[104]. Gewiß, »das war Dada«, aber er war auch immer in Gefahr, in eine kalte, humorlose Artistik umzuschlagen, indem er aus seinem paralysierenden ›Un-Sinn‹, aus seinen Sprachspielen und Einfällen eine neue, avantgardistische Ästhetik entwickelte, bis hin zu Balls ›Dadasophie‹ aus Lautmystik und Sprachmagie, die immer wieder zur (sinnstiftenden) Interpretation gereizt hat, so als sei in solch okkulten Texten wie ›Gadji beri bimba‹ in der Tat »ein Optimum an Imaginations- und Bildfülle« gegeben, eine Aktualisierung von »Erinnerungen an eigene Erlebnisse« oder »Überlegungen, die den Bereich des Sinnlichen und der inneren Anschauung hin zur – abstrahierenden – Rationalität überschreiten«[105] würden. An der Politisierung des Dadaismus außerhalb Zürichs – wie in Genf, Paris und vor allem in Berlin – hatte Ball keinen entscheidenden Anteil mehr. Sein Rückzug (von 1919 an) ist stationenweise zu rekonstruieren in seinem Tagebuch ›Die Flucht aus der Zeit‹ (1927).

Balls zunehmender Mystizismus war freilich nur *eine* Variante für eine Umformung dadaistischer Praxis in eine Re-Idealisierung von Kunst, Kultur und Sprache. Adolf Knoblauchs Erzählung ›Dada‹ (1919) reduzierte von vornherein jede dadaistische Assoziation auf ein unverbindliches Zitat des Schlagworts und erneuerte im Bekenntnis zu einer völkerumspannenden Versöhnung Europas eine Art des ›Jasagens‹ zur Wirklichkeit, die gerade noch in ihrem hohlen, kurzatmigen Pathos entlarvt worden war. Die programmatische Forderung des ›Dadaistischen Manifests‹ von 1918: »Der Dadaismus steht zum erstenmal dem Leben nicht mehr ästhetisch gegenüber«[106], hatte sich ins Gegenteil verkehrt, noch ehe auf breiter Front damit Ernst gemacht werden konnte.

Knoblauchs ›Dada‹ nahm keinen Anteil an der dadaistischen »Müllabfuhr im heruntergekommenen europäischen Ideen-Überbau«[107], also an jener ›Zerlegung‹ eines tradierten Kunst- und Kulturbegriffs mit seinem Hang zur Monumentalität, seinem steifen Glanz hoher Ideale und seinem neurotischen Genie-Kult. Wo der Dadaismus diese Form der Destruktion praktizierte, war seine ironische Militanz eine reflektierte Sinnstörung, die anhand der Trümmer des Bildungsschutts künstlerische Folgenlosigkeit bilanzieren sollte. Die Technik des Einwurfs, der Improvisation, der Montage, der witzigen Durchbrechung bewirkte eine schockierende Heiterkeit, welche die Frage nach der Bedeutung der Kunst neu aufwarf und zugleich einen gedankenlosen Griff in die Abbreviaturen überkommener Legitimation verhinderte. Das Repertoire dadaistischer Verfahren basierte auf einer Spontaneität des Künstlers, welche dadurch zu einer radikalen wurde, daß sie keine verdinglichte, funktionale war. Die stets bewußte Differenz zwischen Kunst und Wirklichkeit als durchgängige Desillusionierung bildete die Prämisse eines die Wirklichkeit in ihren ideologischen Korrelaten zertrümmernden ›Realismus‹, welchem Formen der Collage und Montage ebenso geläufig wurden wie die verfremdende Reduktion der Sprache auf ihre materiale Substanz.

Vor diesem Hintergrund sind auch die häufigen Adaptionen von Gebrauchsformen zu verstehen, die von der Schlagzeile bis zum Telegramm, vom Plakat bis zur Eintrittskarte reichten. Photographie, Film, Reklametechnik gehörten ebenso zum dadaistischen Text wie eine satirisch-simultane Mischung aus Bildungszitaten, Trivialitäten und zufälligem Alltagskram, einem Werbespruch oder einer politischen Parole. Nicht allein die Massenmedien sollten getroffen werden, sondern auch die Literatur und die Kunst selbst, die sich dem Jargon überlegen glaubte und doch, so die dadaistische Provokation, in ihren Wahrnehmungsmustern, ihrer Sprache daran partizipierte. Indem er diesen Zusammenhang aufdeckt, sollte der Dadaismus »eine neue Realität in ihre Rechte« setzen: »Das Leben erscheint als ein simultanes Gewirr von Geräuschen, Farben und geistigen Rhythmen, das in die dadaistische Kunst unbeirrt mit allen sensationellen Schreien und Fiebern seiner verwegenen Alltagspsyche und in seiner gesamten brutalen Realität übernommen wird.«[108] Dem ›Dadaistischen Manifest‹ (1918) nach war etwa das »bruitistische Gedicht« eine Möglichkeit solcher Hinwendung zur »brutalen Realität«; es sollte nämlich »eine Trambahn« schildern »wie sie ist, die Essenz der Trambahn mit dem Gähnen des Rentiers Schulze und dem Schrei der Bremsen«. Dagegen lehre das »simultanistische Gedicht« den »Sinn des Durcheinanderjagens aller Dinge«, und das »statische Gedicht« schließlich mache »die Worte zu Individuen, aus den drei Buchstaben Wald mit seinen Baukronen, Försterlivreen und Wildsauen, vielleicht tritt auch eine Pension heraus, vielleicht Bellevue oder Bella vista.«[109]

Nicht alles, was sich Dada nannte, läßt sich jenen Verfahren zuordnen, zumal ein noch so konsequent formuliertes Manifest und seine Unterzeichnung (von Tristan Tzara bis George Grosz, von Raoul Hausmann bis Hans Arp) noch keine Garantie dafür geboten hat, den Anspruch auch einzulösen. Die Gruppenbildung war nie so stark, daß sie ein wirksames Korrektiv darstellte, zumal fundamentierter Individualismus jede Normierung verhinderte und sich jeder Ansatz zur bloßen Kopie von selber verbot. Das Problem der Variation, Wiederholung und Selbstimitation aber war gegeben, sobald eine Pointe, eine Wendung, eine Form sich herausgebildet hatte. Vor allem jene Dadaisten entgingen der Gefahr einer Automatisierung der eigenen Destruktionstechniken nicht, die auch nach 1920 am Dadaismus festhielten und ihn weiterzuentwickeln versuchten. Kurt Schwitters etwa führte sein Erstlingswerk ›Anna Blume‹ (1919) konsequent bis zur ›Merz‹-Kunst weiter, von den ›Memoiren Anna Blumes in Bleie‹ (1922) über ›Die Blume Anna‹

(1923) bis zur Sammlung ›Anna Blume und ich‹ (1965), ohne der Tendenz zur Wiederholung immer zu entgehen. Seine ›Merz‹-Kunst war ein Beispiel für eine dem Dadaismus innewohnende Gefahr, von einer Protestbewegung – gegen Weimar, gegen Friedrich Ebert und eine steckengebliebene Revolution sowie einen verblasenen Expressionismus – zum sich selbst absolut setzenden Programm einer erneuerten, entschlackten Avantgarde zu werden und so wieder einmal, wovor Walter Serner schon 1919 mit unmißverständlichen Worten warnte, »ein gewaltiges metaphysisches Rülpsen«[110] zu erzeugen.

Mehr Bedeutung hatte die Adaption dadaistischer Praxis im Film, und zwar gerade auch im Hinblick auf eine experimentelle Fundierung dieser neuen Kunstform. Was vielleicht in dadaistischen Manifesten nur ein bloßer Wunsch war, »in chaotische Bewegung geratene Lebenswelt unreflektiert und dynamisch wiederzugeben«[111], in der Montage und in der Tendenz zur multiperspektivischen Verschleifung von Wahrnehmungsformen, das hatte im Film, vor allem in Hans Richters Experimenten, einen adäquaten Ausdruck gefunden. Bis zum Ende der Weimarer Republik übte der dadaistische Vorstoß im Bereich des Films seine Wirkung auf die zeitgenössische Film- und Kinoästhetik aus.

Nicht als ›Anti-Kunst‹, sondern als selbstkritische Reflexion von Kunst und Kultur und zugleich als experimentelle Praxis mit verfremdenden Wahrnehmungs- und Sehgewohnheiten hatte der dadaistische Film, hatte der Dadaismus insgesamt seine historische Bedeutung erlangt. Wo die dadaistische Provokation, verankert im Kontext von Krieg und Revolution und vor dem Horizont einer bis in den Expressionismus wirksamen, aber erstarrten ›klassischen‹ Kunstdoktrin agierend, zur Sprachtheologie, Lebensphilosophie und alltäglichen Kreativformel wurde, da geriet der Dadaismus in Widerspruch mit sich selbst und wurde zum leeren Spiel oder zum verbittert-verhärteten Selbstzitat in Permanenz, ohne die frühere Überlegenheit ironischer, lachender und heiterer Negation. Als Tzara 1924 emphatisch verkündete, daß Dada immer noch »nützlich« sei »wie alles im Leben«: eine »jungfräuliche Mikrobe ⟨...⟩, die hartnäckig in alle Lücken dringt, die die Vernunft nicht mit Worten oder Konventionen hat ausfüllen können«[112], war er der

»Magie des Wortes« selber erlegen, das anfangs »ohne jede Bedeutung«[113] gewesen sein soll und nun in der kräftig sprießenden Erinnerung der Akteure zum Synonym für die eigene Lebensrevolte wurde: ein vitaler Mythos von der Selbstzerstörung und Selbsterneuerung moderner Kunst.

Bernhard Weyergraf
Erneuerungshoffnung und republikanischer Alltag

1. Geist und Tat

Die Autoren, die dem linksbürgerlichen Spektrum zugerechnet werden können, erhofften sich von der Weimarer Republik die Verwirklichung ihrer Aufklärungsideale. Sie stellten sich einen Staat vor, in dem sich der Geist gegen die Gewalt, die Vernunft gegen irrationale Herrschaftsansprüche, die freie Selbstbestimmung des einzelnen gegen die alten Autoritäten durchsetzen würde. Nach dem verlorenen Krieg beschäftigte sich die Literatur der republikanischen Linken zunächst stärker mit den Folgen, die sich aus dem Zusammenbruch der alten Ordnung ergaben. Das Kriegsthema als Gegenstand unmittelbarer Erfahrung und Anschauung, zumal aus der Sicht des einfachen Soldaten, wird erst später wie beispielsweise in den Berichten und Romanen Edlef Köppens, Erich Maria Remarques, Ludwig Renns oder Arnold Zweigs aufgegriffen, nachdem die Entwicklung eines dokumentarischen Stils Beschreibungsmöglichkeiten vorgegeben hatte und zahlreiche einschlägige Publikationen nationalistischer Autoren schon vorlagen.

»Alles, was neu an die Stelle der vernichteten Werte trat«, schien »irgendwie in der Zeit des zwischenstaatlich betriebenen Massenmordes, in dessen Folge oder nachgerade aus seinem Schoß entstanden« zu sein.[1] Der Kriegsverlauf lenkte den Blick auf die Fundamente des »ancien régime«, in dem Geist und Macht als unvereinbar galten. Heinrich Manns schon 1914 abgeschlossene und teilweise veröffentlichte Abrechnung mit der Kaiserzeit, ›Der Untertan‹, konnte erst nach dem Ende des Krieges in die Breite wirken. In seinem schon 1917 konzipierten, 1921 als Drama bearbeiteten, aber erst 1927 vorgelegten pazifistischen Roman ›Der Streit um den Sergeanten Grischa‹ entfaltet Arnold Zweig eine extreme Konfliktsituation zwischen dem Einzelnen und der Militärbürokratie als Ausdruck und verlängertem Arm der staatlichen Ordnung. Er deckt die

Beweggründe auf, die den Justizmord an dem russischen Sergeanten unvermeidbar erscheinen lassen.

Der Sturz des auf Blut und Eisen gegründeten Kaiserreichs nährte Hoffnungen auf einen Neubeginn, auf Ausgleich und Harmonisierung der sozialen und politischen Widersprüche (Heinrich Mann), auf eine gewaltlose Herrschaft des Geistes (Kurt Hiller), auf eine Gemeinschaft, in der das Recht des Stärkeren außer Kraft gesetzt sein würde und der die revolutionäre Aufbruchstimmung zugute kommen sollte. Der Herausgeber der ›Weltbühne‹, Siegfried Jacobsohn, sieht mit dem Kriegsende die verhängnisvolle Trennung »Macht und Geist« aufgehoben und stellt im Sinne der zu Anfang des Krieges erschienenen ›Gedanken über die Menschlichkeit‹ Leopold von Wieses die Menschheit über die Nation. Das Ideal der Menschheitserneuerung sollte mit den Niederungen der Parteikämpfe nicht in Berührung kommen. »Unsere Sozialidee ⟨...⟩ wird nicht kompromisseln: sie wird bleiben, was sie war und ist, und eines Tages wird sie ihre Fahne, ihre jubelnd flatternde Fahne auf dem erstürmten Berge wehen lassen. Dann ⟨...⟩ wird die Kapitalsknebelung beendet sein ⟨...⟩ und die feige Drückebergerei in das bequeme Leben zu Lasten der Vielen. ⟨...⟩ Dann wird es keine Gehässigkeit mehr geben, kein Bespucken der reinen Ideologen – die Revolution wird beendet sein«.[2] In der Erwartung eines kampflos erfochtenen Sieges, richtet auch Kurt Tucholsky während der Revolutionszeit seinen Appell an die Spartakisten: »Zerfleischt euch nicht das eigene Herz«.[3]

Heinrich Mann, der seine demokratischen Forderungen mit der Konstituierung des neuen Staats fürs erste erfüllt sah, hatte schon 1915, auf dem Höhepunkt des Krieges, in seinem Zola-Essay den Gegensatz von Anschauung und Handeln, Geist und Tat, Kunst und Leben als Spannungsverhältnis von Wissen und Handeln definiert, den Schriftsteller als Protagonisten des sozialen Gewissens gedeutet und ihn aufgefordert, sich mit dem Volk gegen die Mächtigen zu verbünden. Auf Treitschkes »große Männer« anspielend, fragt er: »Hat man je ermessen, was sie dies Volk schon gekostet haben? Wieviel Talent, Entschließungskraft und adliger Sinn unterdrückt worden ist, was an Demut, Neid, Selbstverachtung gezüchtet ward, und was versäumt ward in hundert Jahren an der Nivellierung, der moralischen Höherlegung der Nation, damit in unermeßlichen Abständen je ein Manneswunder und Ausbund aller Herrlichkeit erscheinen konnte, übermästet von der Entsagung ganzer Geschlechter und dem lebenden Dünger der Nation entsprossen wie eine tierisch fette Zauberblume.«[4] Literatur und Politik, Geist und Tat sollten im Entwurf eines politischen Schriftstellers zusammenfinden. »Das Erwachen der Masse! Auch das konnte eine Aufgabe sein? Ja, eben dies! Auch für die Literatur sollte die Masse erwachen!«[5] So versteht er seine Mitarbeit im Politischen Rat geistiger Arbeiter, der sich auch in München als intellektuelles Pendant zu den »Arbeiterräten« konstituiert hatte. »Wir sind hier, um dahin mitzuwirken, daß die sittlichen Gesetze der befreiten Welt in die deutsche Politik eingeführt werden und sie bestimmen.« Der Geist »erobert Deutschland und die Welt; der wirkliche Sieger des Weltkrieges ist nur er. ⟨...⟩ Wir geistigen Arbeiter wollen es uns verdienen, unter den ersten zu sein, die Deutschland mit der Welt versöhnen«.[6] Aufrufe dieser Art waren allerdings weniger demo- als, mit einem Wort Kurt Hillers, logokratisch: »Der Rat der Geistigen. Er entsteht weder durch Ernennung noch durch Wahl, sondern – kraft der Pflicht des Geistes zur Hilfe – aus eigenem Recht, und erneuert sich nach eigenem Gesetz ⟨...⟩ Kameraden, sagt uns Eure Vertrauensleute, die sich zum Geist dieses Programms bekennen. Krittelt nicht! Es kommt nur auf den Geist an.«[7]

Ein problematisierendes Verhältnis zur Gewalt kennzeichnet die Aussagen der republikanischen Schriftsteller ebenso wie ihr Glaube an die Überzeugungskraft des Wortes. »Gewalt gegen Gewalt, Kraft gegen Kraft« – das sollte nicht länger die einzige »Wissenschaft« sein.[8] Vorausgehen müsse »eine intensive Preß-Propaganda. Denn erst, wenn die öffentliche Meinung genügend über die Schuld des ancien régime aufgeklärt ⟨...⟩ ist, wird sich in der Konstituante eine große sozialistische Mehrheit finden.«[9] Die Revolution wird in erster Linie als eine Abrechnung mit der Vergangenheit verstanden, weniger als Vorzeichen einer neuen Ordnung denn als »Militärrevolte« (Kurt Tucholsky). Was sich in ihr als radikale Alternative zur parlamentarischen Demokratie andeutet und über sie als mögliche kollektive Organisationsform, etwa als Rätesystem, hinausweist, ist mit dem Wunschbild einer Republik aus dem Geist der Aufklärung unvereinbar. Soweit in den Revolutionskämpfen eine eigenständige Zielsetzung erkennbar wird, stößt sie auf Ablehnung. Alfred Polgar wünscht sich weder den Kaiser und seine Generäle noch den Marschtritt der Roten Garden. Siegfried Jacobsohn fürchtet sich vor einer »kollektivierten Kultur«. Die proletarischen Revolutionäre hätten zwar »Flamme im Blut«, könnten jedoch, wie er bemerkt, »erst durch die zähe Arbeit von Jahren zum Verständnis einer publizistischen Kunstform« nach Art der von ihm herausgegebenen »Weltbühne« heranreifen.[10]

Als literarisches Thema bieten die Revolutionsereignisse kaum mehr als den äußeren Anlaß, individuelle Reaktionsweisen darzustellen. Für Joseph Roth sind sie ein Strafgericht über eine untergehende Epoche, dem nur einzelne entfliehen können. In Kellermanns ›Der 9. November‹ (1920) wird der Konflikt zwischen Kriegsanhängern und Pazifisten ausgetragen. Der Roman endet mit der Revolution, die wie ein Naturereignis hereinbricht, als »schwarzer Strom des Volkes«.

Unter Carlyles Motto »Die Weltgeschichte ist ein einziger großer Krieg: des Glaubens gegen den Unglauben« verfolgt Lion Feuchtwanger in seinem »dramatischen Roman«, dem später nach dem Protagonisten »Thomas Wendt« benannten Revolutionsstück ›1918‹ den kurzen Weg von einer kontemplativen Haltung zur revolutionären Tat. In der Konfrontation einer idealistischen Führergestalt mit einem zynischen, nur auf die Mehrung seines Reichtums und auf sein Wohlergehen bedachten Bürger ist das Thema der geistlosen, neureichen Macht, wie es für die Inflationszeit Heinrich Mann in seiner Stinnes-Satire ›Kobes‹ (1925) behandeln wird, schon ebenso angelegt wie der für Alfred Döblin so wichtige Gegensatz von Kontemplation und Aktion. Der Übergang vom Schreibtisch zur revolutionären Tat vollzieht sich unvermittelt und hat vor allem den Zweck, den Bürger aus seiner Lethargie aufzustören: »Worte dringen nicht mehr zu den Menschen, so viel Fett und Trägheit wulstet um ihre Seele ⟨...⟩ Revolution Brüder! Wir wollen ihnen mit Granaten in die Ohren dröhnen«.[11] Feuchtwangers Held, der auf diese Rede hin zum Führer gewählt wird, scheitert, weil er den Widerspruch zwischen seinen Menschheitsidealen und der Gewalt, der er sich vergeblich entgegenstellt, nicht erträgt:

»Ich habe geglaubt, Revolutionär sein, sei: menschlich sein.«[12] Dieses Dilemma wird mit einer quasi dialektischen Wendung auf die Spitze getrieben: »Gewalt herrscht in der Welt: noch ein wenig mehr Gewalt, und der Geist wird herrschen«.[13] In der breiten Anlage der Charaktere, der sarkastischen Psychologisierung individueller Interessenkonflikte – »Der Gemütliche (*sanft*): Man muß Bomben schmeißen« – zeigt sich schon der analytische Zugriff der späteren Prosa Feuchtwangers. Das Stück endet mit einer Kinoaufführung über das revolutionäre Geschehen, in der die Titelfigur sich selber zuschaut: »Meine Revolution ist höchst geeignet für den Film: sehr viel Bewegung und kein Fünkchen Geist.«[14] Durch die Betonung der Fiktion wird eine ironische Distanz bewirkt. Der Aufstand, nur ein Ereignis unter vielen, ist Objekt der Betrachtung geworden: »Stimme des Erklärers: Vor unserem Hauptfilm ›Das Gespenst in der großen Oper‹ führen wir Ihnen noch Lichtbilder vor aus Deutschlands jüngster Vergangenheit. Titel: ›Bewegte Tage‹ ⟨…⟩ Junger Mensch (*zu seinem Mädchen*): Na, Luise, was meines Vaters Sohn ist, der zieht bewegte Nächte vor.«[15]

2. Das Trauma der Wiederkehr

> Wie sie alle, die man längst tot geglaubt
> hatte, aus ihren Mauselöchern hervorge-
> krochen kommen[16]

Mit der Niederschlagung der Revolution, spätestens aber dem Kapp-Putsch vom März 1920, diesem ersten Versuch der Reaktion, die verhaßten »Novemberlinge« davonzujagen und die Demokratie durch eine Militärdiktatur zu ersetzen, verfliegen die hochgespannten, noch von expressionistischem Pathos getragenen Erneuerungshoffnungen. Wer sich »vom Frieden und vom Umsturz ein Paradies erwartet« hatte, »fand nur eine Verlängerung und Vertiefung der Not und des Elends«.[17] »Die Menschen machen böse Mienen zum selbstverschuldeten Spiel. ⟨…⟩ Sie sind voll bitterer Verneinung einer Gegenwart, die die logische Folge einer von ihnen durchaus bejahten Vergangenheit ist. Sie sind zugrunde gegangen an dem, was war, und klagen, daß es nicht mehr ist ⟨…⟩ Sie ziehen das Mirakel der Wiederauferstehung den Strapazen der Neugeburt vor«.[18] Statt der erwarteten Morgenröte hielt die Dämmerung an. Der Eindruck, in einer Zeit des Übergangs zwischen Gestern und Morgen zu leben verstärkte sich. Deshalb blieb das Wiedergeburtsthema bis hin zu Döblins ›Berlin Alexanderplatz‹, aber auch das der Erlösung, sei es durch eine überragende Persönlichkeit, sei es durch östliche Heilslehren oder die Flucht in den Exotismus, die Jahre der Republik über aktuell. Siegfried Kracauer spricht davon, daß es darauf ankomme, »die Flamme der Sehnsucht wach zu halten, bis endlich einmal der Genius erscheint, der durch seine Tat diese unsre aus den Fugen gegangene Welt von dem Fluch der Sinnlosigkeit erlöst.«[19]

Wie schon einmal ein Aufbruchsenthusiasmus sehr bald nach Kriegsbeginn in den zermürbenden Stellungskämpfen endet, so dieses Mal in den Grabenkämpfen des alltäglichen Parteienhaders ohne Aussicht auf ein erträgliches Ende. Die Parallelen sind nicht zu übersehen. Und auch die Etappe ist in Gestalt der Kriegsprofiteure, Schieber und Neureichen wieder da. Es herrschte, wie George Grosz es beschrieb, Kriegsstimmung im Frieden.

> Es war eine völlig negative Welt ⟨...⟩ Dicht unter dieser lebendigen Oberfläche, die so schön wie ein Sumpf schillerte und ganz kurzweilig war, lagen der Bruderhaß und die Zerrissenheit, und die Regimenter formierten sich für die endgültige Auseinandersetzung. Es war, als sei Deutschland in zwei Teile gespalten und beide haßten sich wie in der Nibelungensage. ⟨...⟩ Alle wurden gehaßt: die Juden, die Kapitalisten, die Junker, die Kommunisten, das Militär, die Hausbesitzer, die Arbeiter, die Arbeitslosen, die Schwarze Reichswehr, die Kontrollkommissionen, die Politiker, die Warenhäuser und nochmals die Juden.[20]

Eine Phase des Umdenkens setzt ein. Es kommt zu einer krisenhaften Neuorientierung und Standortbestimmung, zu Überlegungen über die Wirksamkeit der Literatur und die Aufgaben des Schriftstellers. Die Positionen, die bezogen werden, sind skeptisch-aggressiv bis fatalistisch. Das Spektrum reicht von einem militant aufklärerischen, öffentlicher Wirkung verpflichteten Journalismus bis hin zu einer, trotz realistischer Gegenwartsanalyse, bewußten Distanzierung vom Tagesgeschehen und den Modellen engagierten Schreibens. Alfred Döblin gelangt in ›Berge, Meere und Giganten‹

von 1924 zu fortschrittsskeptischen Einsichten. Lion Feuchtwanger entwickelt seine Haltung am Beispiel historischer Biographien, um mit diesem distanzierenden Rückgriff das gegenwärtige Geschehen vor Augen zu rücken. »Es lag nahe«, bemerkt er zu seinem Roman ›Jud Süß‹, die »Entwicklung eines Mannes aus der Zeitgeschichte zu gestalten: Walter Rathenau. Ich versuchte es: es mißlang. Ich legte den Stoff zwei Jahrhunderte zurück und versuchte, den Weg des Juden Süß-Oppenheimer darzustellen: ich kam meinen Ziel näher.«[21] In der Einsicht des Titelhelden, daß alles Tun heillos sei, reflektiert Feuchtwanger zugleich den Standort des jüdischen Intellektuellen: die Verstrickung in die Macht als Verrat an der ihm allein angemessenen Rolle eines Mittlers zwischen den Kulturen, zwischen östlicher und europäischer Weltanschauung. Der Lebensweg Josef Süß-Oppenheimers läßt sich auch als Diagnose gescheiterter Akkulturation verstehen. Wie er dem Volkszorn zum Opfer fällt, muß Rathenau für das gekränkte Machtstreben fanatisierter Nationalisten herhalten. Nach des Autors Auffassung hätte es die Aufgabe der Juden sein müssen, im Bewußtsein der Wandelbarkeit und Sinnlosigkeit der Macht den Assimilationshoffnungen zu widerstehen. Aus dieser Sicht entwirft er die Rolle des jüdischen Intellektuellen als die eines detachierten, sachlich-kühlen Analytikers. So wie er selber seine Rolle als Romancier darin erkennt, die verdrängte historische Wahrheit für die Gegenwart bewußt zu machen.

Nach der Enttäuschung über den Ausgang der Revolution und der zunehmenden Einsicht in die restaurativen Tendenzen des neuen Staates wird den angestrengten Synthesen eine nüchterne Wirklichkeitsbetrachtung entgegengesetzt. Vor allem die publizistische Linke, Alfons Goldschmidt, Emil J. Gumbel, Arthur Holitscher, Berthold Jacob, Siegfried Jacobsohn, Siegfried Kracauer, Carl von Ossietzky, Alfred Polgar, Kurt Tucholsky und andere, entdeckt die Politik als Sphäre des Kampfes, der Verneinung und damit ein Thema, das sie bis zum Ende der Republik in Atem halten wird: das Fortleben der alten Mentalitäten und vordemokratischen Denkweisen unter der Oberfläche scheinbar demokratischer Formen, die Kompromißbereitschaft der Sozialdemokratie, die Vergeßlichkeit der Massen, die voreingenommene Rechtsprechung, die rechtslastige Zensur.

Die Kritik wendet sich zunächst den auffälligsten Nachkriegserscheinungen zu, in denen die alte Ordnung offen, verdeckt oder modifiziert Kontinuität erweist: Militarismus, Dolchstoßthese, Bagatellisierung des Kriegsgeschehens. Schon früh polemisiert Tucholsky in seiner Artikelserie ›Militaria‹ (1919) gegen die Legende vom »deutschen Volksheer« und konstatiert, daß man die Entwicklung des deutschen Militarismus nicht als abgeschlossen betrachten dürfe; 1922 formuliert er, nach »vier Jahren Mord«, daß der Reaktion »mit Sentimentalität und Berufung auf die edlen Seelen« nicht beizukommen sei, und fordert »Kampf, Kampf und härteste Energie«.[22] Dieser Kampf wurde gegen zwei Seiten geführt. Er sollte die Machenschaften der Republikgegner bloßstellen und die demokratischen Politiker zur Entscheidung zwingen, obwohl es Männer gebe, »die glauben, daß die gutmütig schwabbelnden Demokraten nichts erreichen werden mit ihrer scheinbaren Objektivität, die Hasenfurcht heißt«[23] – aber er sollte auch gegen die Vergeßlichkeit der Überlebenden geführt werden.

»Das nüchtern-wahre, das gemein-naturgetreue Bild des Krieges« sollte dem Erinnerungsvermögen aufhelfen.[24] »Her mit dem Kriegsmuseum!« hieß es in der Weltbühne.[25] Der Pazifist Ernst Friedrich veröffentlichte 1924 den ersten Band seines Buches ›Krieg dem Kriege!‹, dessen dokumentarische Photographien zerschossener und bis zur Unkenntlichkeit entstellter Soldatengesichter Erinnerungsschocks auslösen sollten: »An die Vergeßmaschinen ran! Des Krieges Maske reißt herunter! Zeigt dieses Buch den Kriegsbegeisterten, den Trägen und Lauen, den Gedankenlosen zeigt es! Zeigt diese Bilder den Vergeßmaschinen, damit sie sich erinnernd und *sehend* werden! Denn die meisten Menschen haben zwar Augen, aber sie können nicht sehen. Sie haben Radiohörer, aber keine Ohren. Sie haben einen Körper, aber keine Seele.«[26]

Eine vergleichbare Zielsetzung findet sich in Heinrich Wandts ›Etappe Gent‹ von 1920 und in seinem 1928 erschienenen Bericht über ›Erotik und Spionage in der Etappe Gent‹: »Der imperialistische Militarismus, diese furchtbarste Geißel der Menschheit, kann nicht oft genug in seiner ganzen Scheußlichkeit aufgezeigt werden, wenn die Versöhnung der von ihren Unterdrückern und Ausbeutern ständig gegeneinander aufgehetzten Völker endlich Wahrheit werden soll.«²⁷ In diesen Umkreis gehört auch Erich Kästners ›Verdun, viele Jahre später‹:

Auf den Schlachtfeldern von Verdun
Finden die Toten keine Ruhe.
Täglich dringen dort aus der Erde
Helme und Schädel, Schenkel und Schuhe.
⟨...⟩
Oben am Denkmal von Douaumont
liegen zwölftausend Tote im Berge.
Und in den Kisten warten achttausend
Männer vergeblich auf passende Särge.
⟨...⟩
Zwischen Ähren und gelben Blumen
zwischen Unterholz und Farnen
greifen Hände aus dem Boden,
um die Lebenden zu warnen.

Auf den Schlachtfeldern von Verdun
Hinterließ der Krieg ein Vermächtnis.
Täglich sagt der Chor der Toten:
Habt ein besseres Gedächtnis!²⁸

Die Problematik dieser Literatur liegt in dem Pathos eines von Aggressionen gereinigten Menschenbildes. Der Krieg, den zu verurteilen sie aufgerufen wurden, hatte die Angesprochenen schon gegen den Schock unempfindlich gemacht, der sie nachträglich zur Einsicht bringen sollte. Derselbe Überlebenswille, der die meisten an der Front durchhalten und weitermachen ließ, garantierte das Überleben eines Systems, dessen Opfer und Stützen sie waren.

3. Aus vollem Herzen nein sagen

Die Weimarer Republik bot ausreichenden Anlaß für sarkastische Vergleiche zwischen »Ideal und Wirklichkeit«. Die zunehmend enttäuschte Hoffnung auf eine republikanische Normalisierung und der Glaube an die Überzeugungskraft demokratischer Lebensformen gingen ein literarisch produktives Bündnis ein. Dem entspricht, daß ein Großteil der Werke, die sich der Weimarer Wirklichkeit zuwenden, satirisch angelegt ist. Man entdeckte zwar immer neue Angriffsflächen für Kritik, aber weniger Anhaltspunkte für eine demokratische Konsolidierung. Die Republikaner unter den Schriftstellern gerieten schließlich selber in die Auflösungserscheinungen, denen sie Einhalt gebieten wollten. Sie lieferten, wie es Arnold Zweig rückblickend für Feuchtwangers Roman ›Erfolg. Drei Jahre Geschichte einer Provinz‹ (1930) feststellte, »Anschauungsmaterial 〈...〉 für die Scheinblüte und das rasche Verwelken der ersten deutschen Republik« und zweifelten am Ende doch selbst, ob dieser Prozeß überhaupt aufzuhalten sei.[29]

Alfred Döblin, der mit seinen satirischen Zeitbetrachtungen in den letzten Kriegsjahren unter dem Pseudonym Linke Poot noch als »Unpolitischer« angetreten war, sich aber schon 1920 mit seinem Beitrag ›Überfließend vor Ekel‹ aus der Rolle eines kritischen Kommentators entlassen möchte, nennt die Republik »ein prächtiges Ding«, von dem man nur nicht wisse, »was man mit ihr machen sollte«: »eine Republik ohne Gebrauchsanweisung«.[30] Er spricht »vom Domestizierungsprozeß dieser Nation, der alle Leute in die Büros zieht, von der Sinnlosigkeit ihres Mordens und von der Sinnlosigkeit ihres Lebens«[31] und möchte sich als Dichter, der nur dem »Recht der Minute« verpflichtet sei, dem »planenden Verstand« entziehen.[32]

Heinrich Mann sieht schließlich die »einzigen erfolgreichen Revolutionäre« in den Großindustriellen[33], die wie Stinnes alias »Kobes« oder »Knack« alias Krupp (›Der Kopf‹, 1925) als Kriegs- und Inflationsgewinnler Staat, Wirtschaft und öffentliche Meinung auf Kosten jenes Mittelstandes beherrschen, von dem er sich als der »erdenfesten« bürgerlichen Mitte die Stabilisierung der Demokratie erhofft hatte. Wie sich in der Novelle ›Kobes‹ (1925) der Intellektuelle in dem Konzernpalast verirrt, in den er einzudringen versucht, so sieht der Autor schon 1924 keinen Weg mehr, der aus dem Labyrinth einer geist-, kultur- und verantwortungslosen Macht hätte herausführen können. Wo die »Diktatur der Vernunft« nicht zum Zuge kommt, scheint sich der Geist nur noch satirisch behaupten zu können.[34]

Als wichtigster Mitarbeiter der von ihrem Herausgeber Siegfried

Jacobsohn noch während der Kriegsjahre aus einer Theaterzeitschrift (›Die Schaubühne‹) in eine »Wochenschrift für Politik, Kunst, Wirtschaft« umgewandelten ›Weltbühne‹ hat Kurt Tucholsky die Republik bis in die Jahre der Weltwirtschaftkrise begleitet. Er hat das Profil dieser Zeitschrift, in der die »gesamte deutsche Linke in des Wortes weitester Bedeutung zu Worte« kommen sollte, entscheidend geprägt.[35] Bei relativ niedriger Auflage und geringer Verbreitung ist ›Die Weltbühne‹, wie auch die von Leopold Schwarzschild und Stefan Großmann (bis 1927) herausgegebene Wochenschrift ›Das Tage-Buch‹ ein Beispiel dafür, wie groß im Einzelfall und wie gering aufs Ganze gesehen der Einfluß war, den eine linksbürgerliche Intelligenz auf ihre Zeit ausübte. Ihre Autoren gehörten zu denen, die trotz Drohungen und Anfeindungen Zivilcourage bewiesen. Aus moralisch-rechtlicher Überzeugung weigerte sich Carl von Ossietzky, dem Rat seiner Freunde zu folgen und sich der Haftstrafe wegen ihm zu Last gelegter Militärspionage zu entziehen.

Tucholsky hat uns in der relativ kurzen Spanne seines Schreibens nicht nur ein umfangreiches Werk überliefert. Er hat die Literatur auch um mehrere Namen bereichert, Skribenten gleichsam aus zweiter Hand, Mitautoren, Kollegen, Weggefährten. »Ich sah mit ihren Augen, und ich sah sie alle fünf: Wrobel, einen essigsauern, bebrillten, blaurasierten Kerl, in der Nähe eines Buckels und roter Haare; Panter, einen beweglichen, kugelrunden, kleinen Mann; Tiger sang nur Verse, waren keine da, schlief er – und nach dem Kriege schlug noch Kaspar Hauser die Augen auf, sah in die Welt und verstand sie nicht.«[36] Der fünfte versteckt sich hinter seinem Ruf- und Familiennamen, dem einzigen, den er sich nicht selber gegeben hat. Hinzu kommen noch einige andere, weniger bekannte. Es sieht so aus, als wolle hier ein Regisseur in eigener Sache ein festes Ensemble heranziehen, um mit ihm die verschiedenen Stile, Ausdrucksformen, Vortragsweisen durchzuproben. Und diese halb fiktiven, halb authentischen Gestalten sind selber wiederum vermehrungsfähig. Peter Panter zeugt »Lottchen«, Kaspar Hauser den »Herrn Wendriner«. Sie lösen einander ab, vertauschen ihre Rollen, begleiten sich auf ihren Beerdigungen. Aus dem beleidigten Peter Panter geht mitunter Theobald Tiger hervor. Später werden sie sich darüber streiten, warum der eine die große Zeit des Krieges nicht habe besingen wollen. Oder sie tauchen unvermutet in der Erzählung einer der anderen Gestalten auf. Es sind mehr als bloße Pseudonyme, Ausgeburten einer Phantasie, die ein eigenes Leben führen. Diese Homunculi, wie er sie nennt, begleiten ihn fast wie wirkliche Personen, die durch ihre Beiträge, Kommentare, Gedichte, Reisebeschreibungen, Zeitanalysen eine öffentliche Reputation erlangen.

Mit Tucholskys pseudonymem Versteckspiel hängt es wohl zusammen, daß man ihn immer wieder auf eine bestimmte Rolle festzulegen versucht; als müsse es hinter seinen Inkarnationen den wahren, eigentlichen Tucholsky geben. Die Pseudonyme geben auch eine Antwort auf die Schwierigkeit eines aktualisierenden Schreibens, das sich auf die Tageserfordernisse einlassen mußte. »Es war ⟨...⟩ nützlich, fünfmal vorhanden zu sein – denn wer glaubt in Deutschland einem politischen Schriftsteller Humor? dem Satiriker Ernst? dem Verspielten Kenntnis des Strafgesetzbuches, dem Städteschilderer lustige Verse? Humor diskreditiert.«[37] Vor allem in einem Land, in dem demokratische Politiker per se als komische Figuren galten und Attentate auf sie Heiterkeit erregten. »Komik ist in Deutschland«, schreibt er als Peter Panter 1923, »wenn etwas, das nach dem ganzen rationalen Verlauf der Dinge eigentlich hätte geschehen müssen, nicht oder doch ein wenig anders geschieht, als man es erwarten darf. Das kann bestenfalls ein Witz sein – Komik ist es nicht.«[38]

Der Weltbürger traut der jungen Republik noch zu, daß sie genügend Ansehen und Kraft entwickeln werde, das Vakuum, das der Untergang der alten Herrlichkeit in so vielen Köpfen hinterlassen hatte, mit einem neuen demokratischen Geist zu erfüllen. Diese Aussicht erwies sich als trügerisch. Unter dem Eindruck der Ermordung Karl Liebknechts, Rosa Luxemburgs, des bayerischen Ministerpräsidenten Kurt Eisner löst sich Tucholsky von der Idee einer gewaltlosen Menschheitserneuerung, die mit den Niederungen der Parteienkämpfe nicht in Berührung kommen wollte. Das Wiedererstarken der alten kompromittierten Kräfte ruft den Polemiker auf den Plan, der in den Märztagen des Jahres 1919 sein Programm vorlegt:

Das ist seit Jahrhunderten das große Elend und der Jammer dieses Landes gewesen: daß man vermeint hat, der eindeutigen Kraft mit der bohrenden Geistigkeit beikommen zu können. ⟨...⟩ Das ist so unendlich unfruchtbar, zu glauben, man könne die negative Tätigkeit des Niederreißens entbehren, wenn man aufbauen will. ⟨...⟩ Wir können nicht Ja sagen. Wir können nicht einen Sinn stärken, der über den Menschen die Menschlichkeit vergißt. ⟨...⟩ Wir können nicht zu einem Volk Ja sagen, das, noch heute, in einer Verfassung ist, die, wäre der Krieg zufälligerweise glücklich ausgegangen, das Schlimmste hätte befürchten lassen. ⟨...⟩ Wir können nicht Ja sagen: Wir wissen nur das eine: es soll mit eisernem Besen jetzt, grade jetzt und heute ausgekehrt werden, was in Deutschland faul und vom Übel war und ist. ⟨...⟩ Wir stehen vor einem Deutschland voll unerhörter Korruption, voll Schiebern und Schleichern, voll dreimalhunderttausend Teufeln. ⟨...⟩ Wir wollen kämpfen mit Haß aus Liebe. ⟨...⟩ Wir kämpfen allerdings mit Haß. Aber wir kämpfen mit Liebe für die Unterdrückten, ⟨...⟩ und wir lieben in den Menschen den Gedanken an die Menschheit.[39]

Es ist sein persönliches Revolutionsmanifest, das mit seiner Entschiedenheit noch links von der linkssozialdemokratischen USPD angesiedelt ist, der Tucholsky ein Jahr darauf beitreten wird. Allerdings kommt es um einige Monate zu spät. Die Kompromißlosigkeit dieses ›Wir Negativen‹ überschriebenen Textes ist, wie die zunehmende Schärfe seiner späteren politischen Polemik, ein Indiz für die Befürchtung, daß die Republik vielleicht schon nicht mehr zu retten sein könnte. Wer im Scheitern der Novemberrevolution die Keime des Untergangs der Republik schon angelegt sieht, wird sich von Tucholsky bestätigt finden.

Wenn es sie nicht schon gegeben hätte, so hätte er seine personalen Fiktionen jetzt erfinden müssen. »In einem schlecht geheizten Warteraum voll bösartiger Irrer liest man keine lyrischen Gedichte vor.«[40] Er braucht nun für jede Situation einen Spezialisten, der sich in Stil und Tonlage auf die veränderten Verhältnisse der Weimarer Nachkriegszeit einstellen kann. »Wir lieben vereint, wir hassen vereint – wir marschieren getrennt, aber wir schlagen alle auf denselben Sturmhelm.«[41] Einschließlich des neu hinzugekommenen Kaspar Hauser, der die Logik der Ereignisse in der Rolle des Naiven zu unterlaufen berufen ist und unter anderem die Nekrologe auf die Opfer der Anschläge von Rechts schreiben wird, Nekrologe, die immer auch Nachrufe auf republikanische Hoffnungen sind.

Die Gegner werden benannt: das Militär und ein Typus, den er als »chauvinistisch aus Angst, herzlos aus Mangel an Horizont und roh aus Phantasielosigkeit« charakterisiert.[42] Vom deutschen Beamten heißt es, daß er »die Beschaffenheit des Deutschen« darstelle, »die eintritt, wenn dieser Deutsche für sein Leben durch eine feste Anstellung versorgt ist und durch den geheimnisvollen Prozeß der Souveränitätsübertragung gleichzeitig in die Lage gebracht wird, Willensäußerungen seiner Person als allgemein gültig mit Gewalt durchsetzen zu können. Er ist also nichts als jeder andere Deutsche auch. ⟨...⟩ Die Wollust regieren zu dürfen und als Äquivalent für die gebotene Nachgiebigkeit dem Vorgesetzten gegenüber hundert Petenten in den Rücken treten zu dürfen, bringt einen eignen Geisteszustand hervor.«[43] Hervorgebracht hat ihn das Militär, das Militär als Erzieher. Tucholsky erinnert an eine sogenannte ›Kleine Begebenheit‹ aus der großen Zeit des Krieges: »man drängt sich zum Erschießungspeloton ⟨...⟩ vierundzwanzig ⟨...⟩ wurden benötigt, um die beiden totzuschießen. Es meldeten sich, freiwillig, achtzig«.[44] Und von einem der Exekutoren heißt es: »Er hätte gewünscht, daß ihn seine Frau so sähe, wie er, der sonst Kohlen verkaufte, hier zwei Leute totschießen durfte.«[45]

Der abrupte Übergang von einer noch ständischen, von Kastendenken und Kastendünkel geprägten Monarchie in eine demokratisch verfaßte Massengesellschaft gab dieser Geistesverfassung zusätzlichen Auftrieb. Auch »Masse deckt zu. Was deckt sie bei uns nicht alles zu!«[46] Beschrieben wird eine Verhaltensstörung, die auch das Gesicht zur Maske erstarren läßt: »ein entsetzliches Gesicht ⟨...⟩ mit starr nach oben gebürstetem Schnurrbärtchen, knappem Haar, kühler Hornbrille, kurzem Scheitel. Das Gesicht hebt sich von einem weißen Kachelhintergrund ab: es ist die Herrentoilette eines Gasthauses am Rhein, fliesenbelegt, mit bunten Kirchenfenstern, auf denen der deutsche Rhein und das deutsche Mädel irgend etwas Deutsches machen, sauber, korrekt, straff.«[47]

Befunde dieser Art beschreiben einen Mittelstand ohne innere Mitte, die eine selbstbestimmte Orientierung in einer demokratisch verfaßten Gesellschaft hätte ermöglichen können. Sie analysieren einen psychokulturell zwittrigen Charakter, der sich nach dem autoritären Staat zurücksehnt, unter dessen Schutz er so sein durfte, wie ihn die wilhelminischen Verhältnisse geformt hatten, »um einen sonst strafbaren und stets auf der Lauer liegenden Sadismus ungehindert an Landsleuten und Fremden austoben lassen zu können«.[48]

Wie den meisten ihrer Bewohner fehlt auch der Republik die Mitte. Sie scheitert nicht so sehr an den politischen Extremen als vielmehr daran, daß die überwiegende Zahl ihrer Bürger diese auszubalancieren unfähig ist. Es bedurfte nicht erst der nationalsozialistischen Wahlerfolge, um die Gefährlichkeit einer verbreiteten Mentalität zu erkennen. Schon im September 1918 hatte Tucholsky im Bild eines Hundes, der an einem abgeräumten Denkmalsockel sein Bein hebt, ein Dilemma beschrieben, das sich ergibt, wenn man ohne staatlich fixierte Autorität, ohne ein Vorbild, zu dem man emporschauen kann, auskommen muß.

> Er schnuppert an dem Postamente
> und hebt das Bein. Die Träne rinnt.
>
> Doch plötzlich sieht sein Aug nach oben.
> Der Fürst ist weg! Wer weiß da Rat?
> Sein Hinterbein bleibt zwar erhoben,
> doch tut er nicht mehr, was er tat.[49]

Das Machtvakuum wurde mehr schlecht als recht gefüllt, aber für das seelische Vakuum, die geistige Leere wollte sich nichts Passendes finden. Die »Denkmalsschmelze« wird zum Sinnbild auch einer Revolution, die zwar den Kaiser sein Heil in der »Fahnenflucht« außer Landes suchen, das Fundament für die alten Standbilder jedoch stehen ließ. Der Verlust eines Leitbilds in der Vorstellungswelt nicht nur der Hunde hat Tucholsky immer wieder beschäftigt. So anläßlich der Filmaufführung. ›Fridericus Rex‹ mit Otto Gebühr. Eine Vorahnung der Rolle, die der Film in den dreißiger Jahren als Mittel der Reichspropaganda einmal spielen sollte.

> Sie sitzen alle stramm und können nichts dafür
> und freuen sich übern König und über Gebühr.
> ⟨...⟩
> Kotz Mohren, Blitz und Kreuz-Element,
> wer den Tritt ins Gesäß bei der Ausbildung nicht kennt –!

Da fliegen hundert Beine im Parademarsch.
Und das kitzelt unsre Schenkel, und das juckt uns im Gehirn.[50]

Es liegt nahe, daß bei solchem Befund weder die Satire, noch die entlarvende Invektive den Verlauf der politisch-mentalen Fronten wesentlich verändern konnte. Tucholsky glaubte auch nicht, den von ihm beschriebenen und attackierten ideologischen Charaktertypus verbessern zu können. Was blieb, war Einflußbegrenzung, Schadensbegrenzung, und ein Bündnis mit denen, die in der Republik eine Lebenschance sahen. An wen hätte er sich dabei halten sollen, wenn nicht an diejenigen, die er zu besserer Einsicht berufen glaubte, die demokratischen Parteien und ihre Führer? Daß auch sie versagen, dies leitet – sehr bald schon – einen Prozeß der Desillusionierung ein. Der Aufklärer in ihm klärt sich darüber auf, daß Aufklärung allein nichts ausrichten kann. Er ist immer auf der Suche nach Mitstreitern, die kraft ihrer politischen Position die demokratischen Leitbilder in die Tat umzusetzen befähigt zu sein scheinen. Dies bestimmt insbesondere sein Verhältnis zur Sozialdemokratie. Deren Versagen wird ihren Führern angelastet, die stellvertretend für den rechten, uneinsichtigen Flügel der Partei stehen. So, wenn er im Dezember 1925, im Todesjahr des Reichspräsidenten Ebert, Bilanz zieht: Von der Stunde der Ausrufung der Republik,

> vom Mittag des 9. November an ⟨...⟩ Auswüchse einer Revolution verhindern zu wollen, die überhaupt noch nicht da war; nach rechts und immer nur nach rechts sehen; mit Hilfe der übelsten Erscheinungen des Militärs eine Heeresmacht wiederaufrichten, die die Pest des Landes gewesen ist: das ist Verrat ⟨...⟩ an der Idee der Revolution. Und Fritz Ebert durfte das nicht, er hatte nicht das Recht, so zu handeln, denn er war ein Beauftragter, ein vom Volk Beauftragter. ⟨...⟩
> Und weil die Genossen, die er sich ausgesucht hat, noch schlimmer waren, weil in diesen Jahren die anständige Opposition der Sozialdemokratischen Partei nie zu Wort gekommen ist, durch Geschäftsordnungsmanöver geknebelt, an ihrer schwachen Stelle, an der falsch verstandenen Disziplin gepackt: deshalb ist auch Ebert und sein Regime schuld an den Arbeitermorden, die er verschwiegen ⟨...⟩ hat, an diesem Richtertum, an der feigen Personalpolitik in den Ämtern – an dieser Republik.[51]

Tucholsky sieht sich um die Erwartungen betrogen, die er in die Sozialdemokratie gesetzt hat. Sie zumindest hätte für eine entschiedenere Selbstdarstellung der Demokratie eintreten müssen.

Die Republik ist noch nicht hinter die allereinfachsten Grundsätze der menschlichen Psychologie gekommen. ⟨...⟩ Sie wird täglich und stündlich beschimpft und bespieen, verhöhnt und mißachtet. ⟨...⟩ Die Republik vergißt, daß das Leben der Menschen aus dem Alltag schöpft, und daß die meisten Ideen durch kleine, fast kaum wahrnehmbare Sinneseindrücke suggeriert werden. Ein Witz im richtigen Moment, eine Fahne an der richtigen Stelle, ein Film in der richtigen Stadt – das ist alles viel wichtiger als Parlamentsreden, die kein Mensch liest. Vom Erzberger-Mord ⟨...⟩ bis zum Attentat auf Scheidemann ist keine Gelegenheit ausgewertet worden. ⟨...⟩ Mit pathetischen Maßlosigkeiten ist da nichts getan. ⟨...⟩ Wer auf andre Leute wirken will, der muß erst einmal in ihrer Sprache mit ihnen reden. Was tut eigentlich die Republik für die Republik?[52]

Die Anlässe der Polemik sind unerschöpflich, die Gegner unbegrenzt anpassungsfähig. Allein die Wandlungsfähigkeit des Militarismus stellt den Scharfsinn des Kritikers auf immer neue Proben, wenn aus dem geschlagenen kaiserlichen Heer unter Erfindung des inneren Feindes die Freikorps gegründet werden. Dann die Sicherheitswehr. Dann die Zeitfreiwilligenformationen.

Und als es auch damit nichts war, gründeten sie die glorreiche Einwohnerwehr. Und als es auch mit dieser nicht mehr ging, weil sie sich gar zu offen Herrn Kapp zur Verfügung gestellt hatte – da ließen sie nicht nach und gründeten den Ortschutz. Und so gründen sie alle Tage. Küstenabwehrformationen und Strandschutz und Gutsschutz und Eigentumsschutz und Flurschutz....[53]

Soweit Sprache dieser Bewegung nachgibt, gerät sie selber in ihren Sog. Warum läßt sie sich auf das Unabwendbare ein? Tucholskys selbstgestellte Frage »Warum tun wir das alles?« ist zuallererst eine Frage, die er sich als Autor stellt, als Publizist, als Aufklärer. Die eine mögliche Antwort tendiert zum Rückzug und wird im Schweigen enden. Aber es gibt auch eine andere. Sie findet sich dort, wo er etwa in dem 1929 im ›Simplicissimus‹ veröffentlichten Text ›Die Sonne hoch zwei‹ zu einer Sprache zurückfindet, wie er sie schon während des Krieges in den ›Der Zeitsparer‹ betitelten

Stücken erprobt hatte. In solchen Texten öffnet sich ihm die Möglichkeit, dem ihn bedrückenden Wiederholungszwang der Ereignisse zu entkommen und doch beim Thema zu bleiben. Hier gelingt es ihm, das Vergeblichkeitsbewußtsein zu unterlaufen, ohne Abstriche an seiner Profession als Schriftsteller vorzunehmen. Und dies in einer Weise, in der die Absurdität der Weimarer Republik, die zu ihrem Beginn gleich zweimal ausgerufen wurde, einmal von Karl Liebknecht und einmal von Philipp Scheidemann, deutlicher hervortritt als in vielen seiner anderen Texte. Hier ist zu spüren, wie sehr es ihn drängt, das Pathos des Angriffs, der Entlarvung zurückzunehmen. Die Sprache solcher Texte unterläuft den fatalen Determinismus der Epoche. Es ist nicht zu entscheiden, wer den besseren Part gewählt hätte, der Aufklärer, der die Novemberideale hochhält, oder der Idealist, der einer aus den Fugen geratenen Zeit, den Spiegel der Groteske vorhält.

Worin es in den Augen seines Autors vergeblich gewesen zu sein scheint, überlebt sein Werk das Scheitern der Republik. Die Vergeblichkeit seiner Anstrengung trifft deren Scheitern, nicht die seines Schreibens überhaupt. Es ist ein Werk, das die Risse, Konturen, Brüche jener Zeit nachformt und gerade in der Nähe, in der es zu ihr sich befindet, die Krankheit sichtbar macht, die nicht zu heilen war.

Tucholsky sprach aus, wozu es mit wenigen Ausnahmen den Deutschen in ihrer kulturellen Selbstbefangenheit an Einsicht und Kritikfähigkeit mangelte. Er hat es wiederholt und zutreffend formuliert, und am deutlichsten wohl, als man am 26. April 1925 Hindenburg in das höchste Staatsamt wählte, und er diese Wahl mit dem knappen Satz kommentierte: zum Präsidenten »der deutschen Republik, die es nun wohl nicht mehr lange sein wird«.[54] Er sprach als einer, der die Zeichen der Zeit zu lesen verstand. Als Deutscher war er mit seinen Landsleuten vertraut, als Angehörigem einer zunehmend bedrohten Minderheit und als Kosmopoliten fiel es ihm nicht sonderlich schwer, vor ihnen auf eine Distanz zu gehen, von der aus prekäre Volksgemeinschaftsgefühle ihre Wirkung verlieren. Er brauchte sich dabei nur an das Wort zu halten, das er Jakob Wassermann gewidmet hat: »zwischen den beiden Nationen lebend und keiner gehörig, Deutscher und Jude, lebte er schutzlos, ohne

Hülle, jedem Nadelstich und jedem Hammerschlag doppelt preisgegeben.«[55]

In dem, was er über Wassermann schreibt, steht auch der Satz von dem »Unvermögen, sich in die rohe Welt des platten Geldverdienens hineinzufinden«.[56] Und an anderer Stelle heißt es: »Wir haben gezweifelt. Und zweifeln noch. Viele von uns rutschen langsam ab: in das ›wirkliche Leben‹, wo man Geld mit Trikotagen und Leitartikeln verdienen kann – und langsam, ganz langsam kommt die Wertschätzung dieser neuen Tätigkeit, schließlich nimmt man sie ernst, und zum Schluß verlacht man, was einstens Altar war und Flamme«.[57] Tucholsky hat diesen Ausweg, der ihm verschlossen war, unter die resignativen Fälle gerechnet. Der Graben, der zwischen der Welt der Fakten und der Welt der Reflexion, zwischen Idee und Wirklichkeit verläuft, trennte auch ihn vom Leben. Nur wer sich mit seiner Zeit ins Einvernehmen setze, werde sich mit ihr arrangieren können. Als Kaspar Hauser, der sich in der Welt nicht zurechtfindet, hat er diese Einverständlichkeit in der Figur des »Herrn Wendriner« beschrieben: »Man muß es zu was bringen.«[58] Daß man in das »wirkliche Leben« besser nicht »abrutsche«, ist auch ein Schopenhauerscher Gedanke. Der pessimistische Philosoph und der streitbare Dichter verbinden sich zu einer konträren Mischung. Hier die Kunst und das Glück als Lebensverneinung, dort ein politischer Journalismus, der sich mit einer Demokratie gemein macht, deren Anhänger jener zur Zeit der gleichfalls mißglückten Achtundvierziger Revolution als Canaille beschimpft hatte.

Wenn man sich zum Leben nicht zustimmend verhält, wenn man anfängt, über sich und die Verhältnisse nachzudenken, stößt man immer auf Dasselbe, auf die Wiederkehr des Immergleichen; auf die tausendfältigen Formen eines blinden Triebgeschehens. Wozu also Aufklärung, wenn sie mit solchen Einsichten aufwartet. Aber »man soll doch bei der Stange bleiben« – und doch wiederum: »Wer viel von dieser Welt gesehn hat – der lächelt, legt die Hände auf den Bauch und schweigt.«[59] Dies ist Tucholskys Paradox.

Herr Wendriner, Kaspar Hauser, Kurt Tucholsky: »Wenn ich mit mir allein bin: dann ist da gar keiner. Und dann bin ich ganz allein.«[60] Dieser dem geschäftigen Herrn Wendriner in den Mund gelegte Satz soll die Spuren der Selbstaussage unkenntlich machen, und ist doch ein Spiegel. Dem Ich, das sich mit der Welt gemein macht, das mit ihr verwächst, ihren Verlockungen erliegt, ist nicht zu trauen. Ihm gegenüber stellt sich eine Kraft, die anderes im Sinn hat. Sie verhält sich reflexiv und ist, wie alle Erkenntnis, verneinend. Ihre Ideale stellen fixe Größen dar, die im Diesseitigen verwirklichen zu wollen, in sich schon ein Widerspruch ist. Aus diesem Zwiespalt erwachsen die Fiktionen der literarischen Gestalten. Sie handeln, als wären sie wie der, der sie erfunden und in die Welt entlassen hat. Sie schützen dieses Selbst, ohne das es in seinem Bestand auszumachen wäre. Sie sind Ausdruck einer Identitätskrise und der Versuch, ihrer Herr zu werden.

Tucholskys verneinende Kunst, seine Kunst der angreifenden Sprache, erfüllt eine positive Funktion: Sie strebt eine Veränderung der deutschen Zustände an. Es ist eine Kunst, die der Selbstermutigung, der Überzeugung entspringt, daß der Schriftsteller eine Aufgabe zu erfüllen habe. Sie steht in dem Dilemma eines aufklärenden Schreibens, bei dem man die Übersicht verliert, weil man im Handgemenge nicht auf Distanz gehen kann. Den Gegenpol bildet eine Kunst, die eine Welt, die nicht zu retten ist, sich selber überläßt. In ihr werden selbst die Überlegungen zur Wirkungsmöglichkeit engagierten Schreibens ein Gegenstand der Ironie.

Diese polare Situation kennzeichnet Tucholskys Werk. Und er selbst scheint sie zu bestätigen, wenn er hervorhebt, daß er seine Anerkennung als Autor einer, wie er in Abgrenzung zu seinem publizistischen Œuvre formuliert, literarischen Arbeit verdanke. Aber noch gegen eine Trennung seiner Texte in literarische und publizistische läßt sich eine Lektüre halten, die sein Werk als Ganzes mit seinen Rollenverteilungen, seinen verschiedenen Schreibhaltungen und Schreibperspektiven wie einen collagierten Roman liest, der fragmentarisch ausfallen mußte und – wie die Epoche seines Entstehens – der Form nach einer Zeit des Vorläufigen verhaftet ist. So gesehen spiegelt sich in der taktischen Aufspaltung in die verschiedenen Autorenfiguren auch die existentielle Zerrissenheit einer Übergangsgesellschaft.

Das Spiel mit der, wie er es nannte, »heiteren Schizophrenie« der vielen angenommenen Namen ist auch ein Spiel mit der Eigenschaftslosigkeit, hinter der sich ein anderes Ich mit seiner Sehnsucht nach Erfüllung umso sicherer verbergen konnte. Die Hoffnung auf eine gelassene, kontemplative, dem unaufhörlichen Kampf enthobene Existenz, war nicht zu verwirklichen. »Warum bleiben wir eigentlich nicht hier«, heißt es beim Abschied von der Urlaubsidylle in ›Schloß Gripsholm‹? – »Nein, damit ist es nichts.« Denn »ist man für immer da, dann muß man teilnehmen«.[61]

»Man kann ⟨...⟩ nicht einem Volk das Gegenteil von dem predigen, was es in seiner Mehrheit will. ⟨...⟩ Viele sind nur gegen die Methoden Hitlers, nicht gegen den Kern seiner ›Lehre‹«, schreibt er im März 1933 aus Zürich an Walter Hasenclever.[62] Im Herbst kehrt er von dort nach Schweden zurück, in das Land, in dem er sich vier Jahre zuvor ein Haus gemietet hatte. Was ihn in Deutschland erwartet hätte, läßt sich am Schicksal Erich Mühsams, Carl von Ossietzkys ermessen. Er hat die Weimarer Republik nur um eine kurze Zeitspanne überlebt. Ende 1935 setzt er nach quälender Krankheit und mehreren schweren Operationen seinem Leben ein Ende.

4. Vom fragwürdigen Nutzen der Kritik

»Warum quälen wir uns eigentlich mit dieser Republik herum? Aber: »Immer und immer wieder raffen wir uns auf«.[63] Das Schwanken zwischen Resignation und der Selbstaufforderung, den Mut nicht sinken zu lassen, ist ein allgemeineres Kennzeichen der engagierten Republikaner der Weimarer Zeit. Tucholsky steht da nicht allein. Neben der kompromißbereiten nachgiebigen Haltung demokratischer Politiker ist es die »geballte bürgerliche Dummheit« (S. Jacobsohn), die zur Hauptangriffsfläche wird. Dabei zeigt die »Brutalität der Wirklichkeit« (Ö. v. Horváth) die Neigung, unter den wachsamen Augen des Kritikers immer größer zu werden. Für Horváth setzt sich die Gesellschaft schließlich zu »90% aus Kleinbürgern« zusammen. Satire zielt damit über die Köpfe derer hinweg, die sich den Luxus geistiger Überlegenheit nicht leisten können. Die tägliche Anstrengung, ihre Haut in einer »Welt der Gemeinheit« (Marieluise Fleißer) in Sicherheit zu bringen, macht sie für die Vorhaltungen der Moralisten unempfänglich. So möchte Ödön von Horváth zwar in einem »erbaulichen Roman in drei Teilen« Beiträge zur Charakterologie des »ewigen Spießers« liefern; doch »der Verfasser wagt natürlich nicht zu hoffen, daß er durch diese Seiten ein gesetzmäßiges Weltgeschehen beeinflussen könnte«.[64] Und Alfred Polgar äußert sich »über den fragwürdigen Nutzen der Kritik« wie folgt: »Was ist Wahrheit? Die Lüge, der man's nicht anmerkt. Was Erkenntnis? Der Irrtum, auf den noch keiner gekommen ist. Was Tiefe? Ein Spiegel-Trick der Oberfläche. Und welcher Beweis gilt? Jener, der schlauer geführt wird als sein Gegenbeweis. Nicht aufs Rechthaben, aufs Rechtbehalten kommt es an. Besonders dir, Kritiker«.[65]

Die Ohnmacht und Wirkungslosigkeit angesichts der negativen, zerstörerischen Triebkräfte ihrer Zeit erzeugte eine Stimmung der Ausweglosigkeit, der Lähmung, des Umsonst, die durch Appelle an das Pflichtbewußtsein nur vorübergehend in Schach zu halten war. Es sei, so Carl von Ossietzkys Nekrolog auf Siegfried Jacobsohn, ein »ungerechter Spruch des Fatums, der ein Leben »voller Struktur zerstörte, etwas sinnvoll Geordnetes, bis in die letzten Winkel Gegliedertes«.[66] Die republikanischen Aufklärer konnten den Zerfall einer sinnvoll gegliederten und überschaubaren Welt, an der sie als Wunschbild festhielten, bis zur Selbstentlarvung analysieren, Partei nehmend selbst »gegen die Partei des eigenen Urteils«, aber gegen den Bodensatz aus Haß, Ranküne und Ressentiment dennoch nur wenig ausrichten.[67]

Das Mißverhältnis zwischen den realen Wirkungsmöglichkeiten und dem Anspruch, der sich mit der entlarvenden Literatur dieser Jahre verbindet, wird deutlich, wenn Feuchtwanger mit seinem Roman ›Erfolg‹ (1930) den stillen Kampf gegen die Vernunftwidrigkeit seiner Zeit, die staatliche Macht und ihren Mißbrauch, die »Politisierung der Justiz«, befördern möchte. Die Verführung der Massen durch volkstümliche Demagogen vom Schlage Kutzners (Hitler) wird realistisch inszeniert und ihre Verführbarkeit einer Rückständigkeit zugerechnet, die mittels besserer Einsicht zu verändern sei. Ein psychologisierendes Verfahren mischt sich mit einer objektivierenden Betrachtungsweise, mit der sich der Autor das, was er dem Leser aus unmittelbarer Nähe schildert, vom Leibe hält.

Deshalb schätzt er die Attitüde des Naturwissenschaftlers oder des Historikers, der auf die Gegenwart wie auf Vergangenes blickt. Horváth möchte eine »Biologie des Spießers« schreiben, Feuchtwanger eine »Naturgeschichte der bayrischen Hochebene«[68] geben.

Satire bietet die Möglichkeit, sich über eine als zerrissen und bedrohlich empfundene Wirklichkeit schreibend, also produktiv, zu erheben. Sie kennt aber keine Globalstrategie, sie ist individuell. »Die Welt zu verändern und verbessern, heißt den einzelnen Menschen ändern und verbessern. Da es zwei Milliarden Menschen gibt, liegt die Lösung im Unendlichen.«[69]

Satire beobachtet, sie hat den Blick für das Detail, aber sie kann für die Welt, die sie verbessern möchte, weder Programme noch Richtlinien entwerfen. Sie sammelt Fälle, aber entwirft keine Synthesen. In ihrer anteilnehmend-negierenden Haltung stecken zwei Möglichkeiten. Die eine wird dem schriftstellerischen Ethos gerecht, einzugreifen, Mißstände anzuprangern. Die andere kann von den negativen, herabziehenden Affekten entlasten, von den Gefühlen der Ohnmacht, die sie erzeugen. So kann die Satire zu einem Mittel der Selbstaufklärung und der Affektreinigung werden; ihr Lachen zeugt auch von der Anstrengung, sich der Objekte ihrer Kritik zu erwehren. Darauf zielt Walter Benjamins Kritik an den »linksradikalen Publizisten vom Schlage der Kästner, Mehring oder Tucholsky«, deren »politische Bedeutung 〈...〉 sich mit der Umsetzung revolutionärer Reflexe« erschöpfe.[70] »Dieser linke Radikalismus ist genau diejenige Haltung, der überhaupt keine politische Aktion entspricht. Er steht nicht links von dieser oder jener Richtung, sondern ganz einfach links vom Möglichen überhaupt. Denn er hat ja von vornherein nichts anderes im Auge als in negativistischer Ruhe sich selbst zu genießen. Die Verwandlung des politischen Kampfes aus einem Zwang zur Entscheidung in einen Gegenstand des Vergnügens, aus einem Produktionsmittel in einen Konsumartikel – das ist der letzte Schlager dieser Literatur.«[71] Benjamins Polemik gegen die »linken Melancholiker«, die *nach* dem Ende der Weimarer Republik zu wissen vorgibt, wie man »als Produzent seine Solidarität mit dem Proletariat erfährt«[72], übersieht, daß der geforderte dezisionistische Sprung in die ›politische Praxis‹

diese Schriftsteller um eben die Wirkungsmöglichkeiten gebracht hätte, zu denen sie aufgrund ihrer Herkunft, ihrer Erfahrung, ihrer von pessimistischer Anthropologie geprägten Weltanschauung und ihrer Stellung im literarischen Prozeß befähigt waren. Erich Kästner hat in seinen ›Prosaischen Zwischenbemerkungen‹ zu ›Lärm im Spiegel‹ seine Absage an die »Lyriker mit dem lockig im Winde wallenden Gehirn« formuliert und ihre Lyrik als eine »gegenwärtig unpassende Beschäftigung« bezeichnet.[73] Eine Entscheidung zugunsten der Arbeiterbewegung im Sinne kommunistischer Parteilichkeit mußte zu einem Bruch mit der Kunstauffassung dieser Autoren führen. Die Gegensätze waren ästhetisch am wenigsten zu vermitteln. Tucholskys Überlegungen zur Brauchbarkeit des Schriftstellers im Klassenkampf kommen zu einer »Gebrauchslyrik«, die den Proletariern, die »keine Verse beklatschen, sondern sich eine Sache einprägen« sollen[74], die aufrüttelnde Wahrheit »ohne Umschweife ⟨...⟩ unsublimiert« zuruft, während die Feinheiten des Kunstgenusses dem Bürger vorbehalten bleiben.[75] »Eine literarische Prüfung ⟨...⟩ liefe darauf hinaus, zu sagen: ›Der Mann, der dort auf dem Marterbrett angeschnallt ist, schreit eine Oktave zu hoch!‹ Man soll ihn losschnallen und seine Peiniger unschädlich machen – darauf kommt es an.«[76]

Ob zudem die, wie Lukács sie nennt, »subjektiv überzeugten Demokraten« der demokratischen Sache eher geschadet als genützt haben, indem sie »ihre Begeisterung für die westliche Demokratie taktlos und untaktisch in den Vordergrund stellten«, bleibt zumindest zweifelhaft.[77] Wer sonst hätte unter denen, die sich zur Republik bekannten, gegen die Vergeßlichkeit der Zeit, gegen soziales Unrecht, gegen den Militarismus, die Zensur und die Skandale einer rechtslastigen Justiz seine Stimme erhoben.

Die republikanischen Autoren sahen ihre literarische Existenz mit einer freiheitlichen Gesellschaftsordnung verbunden. Sie waren ihrer Zeit zu nahe, um sich auf die Position der reinen Kunst und die einer kühl registrierenden Intellektualität zurückzuziehen. Ein radikalkonservatives Einverständnis mit dem Wert- und Traditionsverfall in einer Zeit des Übergangs war ihnen verschlossen. Auch mangelte es ihnen an jener Ironie der Indifferenz, mit der in den Weimarer Anfängen die Dadaisten in der Attitüde moralischer

Gleichgültigkeit die Verworrenheit ihrer Zeit überbieten wollten und die in ihrer sachlichen, technokratischen Variante eine Annäherung links- und rechtradikaler Überzeugungen nicht ausschloß. Die Gesellschaft, die sie diagnostizieren, war krank, aber auch sie krankten an dieser Gesellschaft. Ihren Abstieg aufzuhalten, überstieg die Kräfte der wenigen Aufklärer.

Walter Fähnders

Literatur zwischen Linksradikalismus, Anarchismus und Avantgarde

Im Gefolge der Novemberrevolution von 1918 verfestigte sich die Spaltung der deutschen Arbeiterbewegung in den beiden großen Blöcken der SPD und der Anfang 1919 gegründeten KPD; Gruppierungen zwischen oder jenseits von ›reformistischer Sozialdemokratie‹ und ›revolutionärem Kommunismus‹ hatten in der Weimarer Republik kaum Chancen – ihre Energien wurden in der Regel von den beiden großen, polarisierten Lagern überdeckt oder absorbiert. Das gilt nicht nur für Gruppierungen am ›linken‹ Rand der SPD oder für die ›rechte‹ KPD-Opposition, sondern zumal für anarchistische und linksradikale Strömungen, die sich gleichermaßen gegen sozialdemokratische wie parteikommunistische Positionen richteten. Diese Strömungen speisten sich zum Teil aus dem Vorkriegs-Anarchismus, zum Teil entstanden sie aus der jungen kommunistischen Bewegung selbst, in deren Geschichte sie als ›Der »linke« Radikalismus, die Kinderkrankheit im Kommunismus‹, so Lenins einschlägige Schrift von 1920, eingegangen sind. Trotz der eher marginalen Rolle der in sich wiederum zersplitterten linksradikalen Gruppen gingen von hier Impulse zu einer Literatur mit eigenem Profil aus – neben der sozialdemokratisch orientierten ›Arbeiterdichtung‹ und der ›proletarisch-revolutionären‹ Literatur der KPD. Vor allem in den Anfangsjahren der Republik, während der politisch unübersichtlichen Nachkriegsphase, entstanden wichtige Ansätze zu einer revolutionären Kunst zwischen Proletariat und Avantgarde gerade im Umfeld des Linksradikalismus, der hier als Oberbegriff für die ältere anarchistische und die jüngere linkskommunistische Tradition genommen wird.

I. Linkskommunistische Positionen

Der größte Teil der aus der expressionistischen Vorkriegs-Avantgarde stammenden und im Verlauf von Krieg und Revolution politisierten Künstler engagierte sich auf seiten der radikalen Linken – so im Kreis um Franz Pfemferts Zeitschrift ›Die Aktion‹ und Wieland Herzfeldes Verlag ›Der Malik‹. Obwohl nominell zum Teil der KPD angehörig, sah die Mehrzahl dieser Intelligenz ihre ideologische Basis eher in linkskommunistischen Prämissen, die sich vor allem von der Spontaneitätstheorie Rosa Luxemburgs ableiteten, dem Räte-Gedanken verpflichtet waren und organisatorisch in der 1920 gegründeten, zeitweilig nicht einflußlosen Kommunistischen Arbeiter-Partei Deutschlands (KAPD) ihren Ausdruck fanden. Jedenfalls berührten sich Grundauffassungen dieser Künstler mit linkskommunistischen Dispositionen und fanden in diesen Kreisen auch eher Resonanz als bei der KPD, die zu dieser Zeit im Bereich der Kunst der eher traditionalistischen Linie eines Franz Mehring folgte und mit avantgardistischen, sich strikt antibürgerlich und erbefeindlich definierenden Auffassungen wenig anzufangen wußte.

Das wurde 1920 auf exemplarische Weise in der sogenannten ›Kunstlump‹-Debatte deutlich. Als während der Niederschlagung des Kapp-Putsches ein Rubensgemälde im Dresdner Zwinger durch eine verirrte Kugel beschädigt wurde, nahmen das die sozialrevolutionär-dadaistisch engagierten Künstler George Grosz und John Heartfield zum Anlaß für grundsätzliche Überlegungen zum Waren- und zum Klassencharakter bürgerlicher Kunst. Kunstzerstörung akzeptierten sie insofern, als sie im bürgerlichen Erbe wie in der Institution Kunst insgesamt Unterdrückungsinstrumente der herrschenden Klasse sahen. Damit stießen sie, die programmatisch den »Zerfall dieser Ausbeuterkultur zu beschleunigen« suchten, auf die vehemente Kritik der KPD, in deren Zentralorgan, der ›Roten Fahne‹, derartige Vorstöße als »Vandalismus« zurückgewiesen wurden.[1]

Wenn überhaupt, dann ließen die intellektuellen Protagonisten eines solchen ›linken Radikalismus‹ – neben Grosz und Heartfield vor allem Franz Jung, Max Herrmann-Neiße, der Lyriker Oskar Kanehl, der Maler Franz Wilhelm Seiwert u. a., die zum Teil an Auffassungen des frühen sowjetischen Proletkults anknüpften – allenfalls einen strikt antibürgerlichen oder als antibürgerlich wahrgenommenen Kanon von Villon bis Büchner, von Emile Zola bis Upton Sinclair gelten. In ihren eigenen Werken zielten sie dabei auf eine revolutionäre Kollektivkunst des Klassenkampfes und des Proletariats – sei es im Berliner Proletarischen Theater, wo Erwin Piscator 1920/21 frühe Formen der Episierung von Theater erprobte, sei es in den Zeichnungen, Illustrationen und Montagearbeiten von Grosz, Heartfield, Seiwert oder Heinrich Hoerle, in der Klassenkampflyrik Kanehls (›Steh auf, Prolet!‹, 1920) oder in der Prosa und den Stücken Franz Jungs.

Vor allem Franz Jung, der in der KAPD zeitweilig eine führende Rolle spielte, gelang in seinen nachexpressionistischen Werken der »roten Jahre« die Realisierung einer operativen Kollektivkunst, indem er den »Rhythmus kollektiven Geschehens«, den »Rhythmus des gemeinsamen, gemeinschaftlichen Erlebens«, wie er es nannte[2], zum Angelpunkt seiner literarischen Arbeiten machte. Die linkskommunistische Programmatik einer »Selbstbewußtseinsentwicklung des Proletariats«, der es zur Vollendung der Revolution in Deutschland noch bedürfe, korrespondierte im kulturell-künstlerischen Bereich mit solchen Konzepten einer kollektiven Heldengestaltung, einem weitgehenden Verzicht auf Individualisierung und Psychologisierung, einer operativ angelegten Publikums- und Leser-Einbindung, wie Jung sie in seinen Erzählungen und Romanen vorlegte (›Joe Frank illustriert die Welt‹, 1921; ›Proletarier‹, 1921; ›Die Rote Woche‹, 1921; ›Die Eroberung der Maschinen‹, 1923).

Diese von Grosz und Heartfield kongenial illustrierten, größtenteils auch in der Linkspresse in Fortsetzungen abgedruckten Exempel einer frühen proletarisch-revolutionären Erzählkunst fanden zu Beginn der zwanziger Jahre durchaus Anerkennung. Dabei war sich Jung, der auch am Berliner Dada Anteil hatte, des experimentellen Charakters seiner Texte vollauf bewußt; so heißt es in der »Selbstkritik« zu Beginn seines Romans ›Arbeitsfriede‹:

> Viele meiner Kameraden werden mich der nachfolgenden Zeilen wegen tadeln ⟨...⟩ Ich will dem Leser schon vorher sagen, was ich will und wo das technische Problem liegt. Er soll beim Lesen mithelfen an der Lösung und

Gestaltung, prüfen wo das Tempo ins Stocken gerät, und so die wirkliche Verbindung zwischen Autor und Leser herstellen, die der wesentlichste Teil des Inhalts dieses Buches ist. Jeder Inhalt, den man darstellen will, gewinnt dadurch einen neuen Rhythmus. Es wird nicht mehr so sehr ausschließlich Handlung, die sich aufbaut, sondern ein Teil unseres Selbst, der Geschehnisse in und mit uns, unserer Empfindungen, des als lebendige Gemeinschaft Miteinanderverbundenseins. Es wird Handlung mit uns mit, eine neue Form des rhythmisierten Lebens. Die Revolution der Sprache dämmert bereits herauf, und ihre ersten Spitzen werden bereits mit den ökonomischen des Proletariats in das Land der Gemeinschaftlichkeit einziehen.[3]

Dies waren polit-ästhetische Verfahrensweisen, die den Stempel des linksradikalen Engagements ihrer Autoren und zugleich der revolutionär erregten Verhältnisse zwischen Novemberumsturz und Stabilisierung der Republik trugen. Theorie, Organisation und Praxis dieser Literatur, so tastend ihre Versuche auch gewesen sein mochten, lassen sich durchaus als relativ eigenständige, innovative Etappe im Gesamtkontext der sozialistischen und proletarisch-revolutionären Kunstentwicklung begreifen, die allerdings seit Mitte der zwanziger Jahre, nun geprägt von Sozialdemokratie und KPD, andere Wege ging.

II. Anarchismus, Avantgarde und Dada

In der ›Roten Fahne‹ wurden die Positionen der radikalen Literaten kurzerhand als »vollständig anarchistisch« abgetan, und die kunst- und erbekritischen Auffassungen von Spätexpressionismus, sowjetischem Proletkult und Dada galten als »Kunstanarchismus«. Die KPD folgte hier nicht nur einem ganz bürgerlichen Werkbegriff, sondern in Sachen ›bürgerliches Erbe‹ auch dem alten mehringschen Aufstiegs-Abstiegs-Schema der Vorkriegs-Sozialdemokratie. Danach hat nur die aufsteigende, nicht mehr die vermeintlich absteigende bürgerliche Klasse große Kunst hervorbringen können – deutsche Klassik gegen Avantgarde und Moderne –; die aufsteigende Klasse des Proletariats habe folglich das bürgerliche Erbe zu bewahren – ein bekanntlich für die späteren Erbediskussionen der Weimarer Republik, des Exils und noch der DDR folgenreiches Diktum.

Überdies folgte die Beurteilung gerade des Dadaismus als anarchistisch einem geläufigen Argumentationsmuster, das der Avantgarde-Kunst insgesamt ›Anarchismus‹ unterstellt, wobei mit Anarchismus ausnahmslos Chaos, Unordnung, Zerstörung assoziiert wird. Schon 1910 etikettierte die Kritik Wassily Kandinskys Bilder anläßlich einer Ausstellung in München als »anarchistisch«[4]; Kandinsky selbst hat solchen Kritikern mit guten Gründen vorgehalten, daß ihnen von Anarchismus und Anarchie »nur der Schreck einflößende Name bekannt« sei[5], nicht aber ihr rationaler Kern. Anarchismus heißt ja zunächst nichts anderes als eine auf freiwilliger Vereinbarung der einzelnen Individuen basierende Gesellschaftsordnung ohne Staat. Gerade von anarchistischer Seite wurde immer wieder betont: »Anarchismus, Anarchie bedeutet Herrschaftslosigkeit, nicht Unordnung«, so das Motto der Zeitschrift ›Der individualistische Anarchist‹, die Benedict Lachmann 1919 in Berlin herausgab. Daß dabei unter den Anarchisten selber unterschiedliche Auffassungen über die Wege zu dieser Gesellschaft der Herrschaftslosigkeit bestanden und beispielsweise die Frage der Gewalt kontrovers diskutiert wurde, leistete der Verknüpfung des Anarchismus mit ›Zerstörung‹ offenbar Vorschub.

Das heißt nicht, daß der intellektuellen Avantgarde-Generation der ersten zwei Jahrzehnte des Jahrhunderts anarchistische Theorien nicht geläufig gewesen wären. Ein Blick in die einschlägigen Zeitschriften des Expressionismus, etwa in die seit 1911 erscheinende ›Aktion‹, läßt einen relativ hohen Anteil anarchistischer Klassiker erkennen, und in der intellektuellen Biographie dieser Generation haben neben der ersten Rezeption früher psychoanalytischer Ansätze libertäre Traditionen bei der Auseinandersetzung mit der Wilhelminischen Vätergesellschaft eine zentrale Rolle gespielt. Insgesamt ergibt sich ein unübersichtliches Bündel sozialrevolutionärer Dispositionen, die sich nicht immer auf einen Nenner, wie den der linkskommunistischen Spontaneität, bringen lassen und oft genug in der diffusen Haltung einer strikten Antibürgerlichkeit verbleiben. Wenn zum Beispiel Rudolf Leonhard 1919 in einer Rede vor Arbeitern zum Thema ›Dichtung und Revolution‹ »die Kunst der direkten Aktion« als »*die direkte Aktion der Kunst*«[6] bezeichnete, so nahm er dabei sicher bewußt die anarchistische Formel von

der ›action directe‹ auf. Aber der Kontext der Rede macht deutlich,
daß der anarchistische Sprachgebrauch hier längst in die metaphorische Rede von einer aktivistischen Revolutionierung der Kunst
verlagert ist und keinen Bezug zu anarchistischer Praxis herstellen
will.

Sicher bleibt es verlockend, gerade die dadaistisch inspirierte
Kunstzerstörung mit anarchistischen Destruktionen in Verbindung
zu bringen, und sicher teilt die aus der Vorkriegs-Avantgarde stam-
mende Künstlergeneration insgesamt, die Dadaisten wie später die
Surrealisten eingeschlossen, in ihrer Bourgeoisiekritik und ihren
Freiheitspostulaten, in der antiautoritären und individualistischen
Haltung Positionen, die im Anarchismus *auch* begegnen. Es gibt
Berührungen, Wahlverwandtschaften, vielleicht auch strukturelle
Homologien in Teilbereichen – man denke etwa an anarchistische
Selbstbestimmungspostulate und dadaistische Praktiken einer
›Kunst für alle‹. Für den Surrealismus hat Walter Benjamin 1929
die denkwürdige Formulierung gefunden: »Seit Bakunin hat es in
Europa keinen radikalen Begriff von Freiheit mehr gegeben. Die
Sürrealisten haben ihn«.[7] Die Bezüge zwischen Anarchismus und
Surrealismus sind ähnlich verwickelt, aber, unter anderem wegen
seiner längeren Lebensdauer, eher greifbar. So bekannte sich etwa
das Gros der Pariser Surrealisten zur anarchistischen Attentäterin
Germaine Berton (1925) oder kooperierte zeitweilig mit der
›Fédération Anarchiste‹ (Anfang der fünfziger Jahre), folgte ande-
rerseits aber lange Zeit der KPF und ihrer Politik.[8]

Umgekehrt haben die künstlerischen Ziele, soweit sie von erklärten Anarchisten oder in anarchistischen Gruppierungen formuliert
und realisiert wurden, mit den Kunst-Volten und -Revolten à la
Dada zunächst nichts gemein, wie ein Blick auf die anarchistische
Kunstprogrammatik seit der Jahrhundertwende zeigt. Ein expo-
niertes dadaistisches Kunst-Antikunst-Genre wie das Lautgedicht,
das auf Zerstörung des Wortes und traditioneller Wort-Sinn-Bezüge
aus ist, wäre für diese Kunstauffassung nicht tragbar – wobei einer
der wichtigsten Vertreter des Lautgedichts, Hugo Ball, doch zu den
wenigen Dadaisten gehört, die sich nachweislich und intensiv mit
einem anarchistischen Klassiker, nämlich Bakunin, auseinandergesetzt haben.

Eine wirkliche Durchdringung von Anarchismus und Dada, ein dadaistischer Anteil an der anarchistischen Bewegung oder ein programmatischer Beitrag des Anarchismus zur Dadabewegung, läßt sich nur ausnahmsweise nachweisen – so beim Kreis um die Zeitschrift ›Der Einzige‹, die der Schriftsteller und Philosoph Anselm Ruest, anfangs zusammen mit Salomo Friedlaender, 1919-1925 in Berlin herausbrachte. ›Der Einzige‹ stellte sich ausdrücklich »auf streng individualistischen Boden« und sah als »Rettung aus verwirrter Gegenwart« allein das »Zurückgehn auf Individualisten wie Stirner und Nietzsche«, deren »Ideen er vor allen übrigen entwickeln und weiter ausbauen« wollte:

> Konsequent wird er jeden eigenen Gedanken auflösen, jedem ehrlichen Zu-sich-selbst-Bekenntnis akklamieren, Schlagworte des Marktes in ihre Bestandteile auflösen, rasches Wirken auf Kosten der Wahrheit verschmähen, reinen Bluff als das Radikal-Böse werten.[9]

Die Propagierung des Stirnerianischen Individualanarchismus – seit 1921 fungierte die Zeitschrift als ›Organ des Individualistenbundes‹ – wurde zum Teil mit Positionen Nietzsches, zum Teil auch mit Gedanken Bakunins verschnitten. Ruest, der bereits 1906 ein ›Stirner-Brevier‹ und ein Buch über Stirner veröffentlicht hatte, 1911 zu den Mitbegründern der ›Aktion‹ gehörte und 1924 eine Ausgabe des Stirnerschen Hauptwerkes ›Der Einzige und sein Eigentum‹ besorgte, öffnete seine Zeitschrift dem Berliner Dada und druckte unter anderem Beiträge Raoul Hausmanns und Walter Mehrings ab; vor allem Friedlaender, der unter dem Pseudonym Mynona als Verfasser grotesker Texte bekannt geworden war, verlieh der literarisch-philosophischen Zeitschrift ihren spezifischen Charakter als Organ auch beim »Kampf ums Dadasein« (Mynona)[10]. Friedlaender/Mynona war zudem für die Beiblätter des ›Einzigen‹ zuständig, die Titel wie ›Der Unmensch‹, ›Der deutsche Ichel‹, ›Das Glotzauge‹ oder ›Die Magermilchstraße‹ trugen und somit eine Nähe zum Polit-Dada (›Jedermann sein eigener Fußball‹, hrsg. von W. Herzfelde, Berlin 1919) zumindest nahelegten. – Entscheidender Ausgangspunkt bei Ruest, Mynona und dem ›Eigenen‹ insgesamt blieb der Individualanarchismus, der während der Revolutionsjahre eine gewisse Anziehung auf intellektuelle Kreise ausübte, der aber von seinem Ansatz her keineswegs zwangsläufig zu Dada führte; im Gegenteil, beider Berührung blieb die Ausnahme.

III. Individualanarchismus und Stirnerianertum

Seit der Wiederentdeckung Max Stirners durch John Henry Mackay in den neunziger Jahren des 19. Jahrhunderts machte der Individualanarchismus rasch Karriere. Sein extremer Subjektivismus, der programmatische ›Egoismus‹ des einzelnen und dessen Überhöhung zum ›Einzigen‹ schienen angesichts der Misere von deklassierten Intellektuellen ein akzeptabler Entwurf, um sich die Welt als virtuelles ›Eigentum‹ und ihre materiellen Determinanten zu »Spuk« und »Sparren«, wie zwei Kapitel in Stirners ›Der Einzige und sein Eigentum‹ (1844) lauten, zu erklären.

So setzte Mackay seine unermüdlichen Bemühungen um das Werk Stirners auch nach 1918 fort. Seine eigene, mehrmals veränderte, naturalistisch-anarchistische Gedichtsammlung ›Sturm‹ (zuerst 1888) erfuhr 1919 und 1925 Neuauflagen im anarcho-syndikalistischen Verlag von Fritz Kater; auf merkwürdig anachronistische Weise ragt hier ein Exempel politischer Lyrik des 19. Jahrhunderts in die avancierte linke Szene der zwanziger Jahre, deren Agitationslyrik nun von Autoren wie Walter Mehring, Kurt Tucholsky oder Erich Weinert geprägt wird. Mackays 1920 im Selbstverlag edierter Roman ›Der Freiheitssucher. Psychologie einer Entwicklung‹ ist Variation und Fortschreibung der ungleich erfolgreicheren ›Anarchisten‹ drei Jahrzehnte zuvor. In diskursiver Rede, bei reduziertem Handlungsgerüst und in pathetisch-lehrhaftem Duktus wird die ungehemmte Entfaltung des Privateigentums als Garantie der Entfaltung des ›Ich‹ verteidigt, wobei dieser Angriff des ›Egoismus‹ gleichermaßen der sozialistischen Vergesellschaftung, der bürgerlichen Republik und der kommunistischen Diktatur des Proletariats gilt. Gegen Ende der Weimarer Republik, 1932, veröffentlichte Mackay eine autobiographische ›Abrechnung. Randbemerkungen zu Leben und Arbeit‹, die von Vereinsamung und Verbitterung über den immer geringer werdenden Nachhall seines Werkes, aber auch von der unverdrossenen Selbststilisierung zum einzigen Stirner-Jünger zeugt.

Bemerkenswert ist sein 1926 unter dem Pseudonym ›Sagitta‹ erschienener Roman ›Der Puppenjunge. Die Geschichte einer namenlosen Liebe aus der Friedrichstraße‹, mit dem Mackay die bis in die Vorkriegsjahre zurückreichende Serie seiner Sagitta-Schriften gegen die Unterdrückung und Diskriminierung der Homosexualität abschloß und einen nicht unwesentlichen Beitrag zur Schwulenliteratur der Weimarer Zeit leistete.

Repräsentierte Mackay die ältere, aus dem Naturalismus stammende Generation des Individualanarchismus – und mit ihm vergleichbar, wenn auch origineller, wären Ruest und Friedlaender/Mynona –, so blieb das Stirnerianertum bei der jüngeren, von Revolution und Expressionismus geprägten Generation eher ein Durchgangsstadium und schien auch politisch-offensiver gewendet. Das gilt zumindest für zwei prominente Autoren, die ihr politisch-literarisches Œuvre als überzeugte Anhänger des individualistischen Anarchismus begonnen hatten: für Ret Marut/Traven und für Theodor Plivier.

Die Anfänge Travens standen ganz im Zeichen Stirners. Das trifft insbesondere für seine Zeitschrift ›Der Ziegelbrenner‹ zu, die er 1917-1921, also während des Krieges, der Revolution und der Zerschlagung der Münchner Räterepublik, herausgab, bevor er sich – wegen seiner Beteiligung an der Räterepublik steckbrieflich gesucht – Mitte der zwanziger Jahre aus Mexiko in die Literatur zurückmeldete und als B. Traven seine berühmten Romane veröffentlichte. Daß Marut/Traven nicht nur seine namentliche Identität, sondern auch seine reale Existenz konsequent dem Zugriff der Öffentlichkeit entzog, mag mit dem Postulat stirnerscher ›Einzigartigkeit‹ zusammenhängen, die auch durch Entrückung aus der historischen Identität demonstriert wird. Während Mackay seinen Namen zum Beweis wahrer Jüngerschaft sendungsbewußt ausstellt und Stirner (Johann Caspar Schmidt) sich noch hinter einem einfachen Pseudonym verbirgt, spielt Anselm Ruest schon anagrammatisch mit seinem Namen Ernst Samuel und verkehrt Friedlaender virtuos die Anonymität als Anagramm (Mynona – Anonym); Traven selbst bleibt unerkennbar und ist allein im Werk zu fassen.

Ret Marut, der in der Räterepublik für das Pressewesen zuständig war und die Diktatur des Proletariats bejahte, suchte Individualismus, radikale Selbstbefreiung und Ich-Erhebung des ›Einzigen‹ mit aktivem Engagement für die proletarische Revolution zu vermitteln. In seiner ›Ziegelbrenner‹-Rede mit dem Titel ›Die Welt-Revolution beginnt‹ vom Dezember 1918 bekennt er sich mit expressionistisch anmutendem Pathos zum »edelsten Ziel auf Erden«, nämlich »Mensch sein zu dürfen!«, das er in der Revolution verwirklichen zu können glaubt, wobei es sich zugleich, so Maruts Worte, »um Mein Eigenes Wohlbefinden, nur um Mein Eigenes Selbst« handelt[11]. 1919, nun schon als Hochverräter verfolgt und untergetaucht, wiederholt er die Selbsternennung des Ich zum Schöpfer in immer neuen, nicht selten tautologischen Wendungen:

> Ich stehe im Mittel-Ort des Weltalls.
> Ich allein. Nur ich stehe im Mittel-Ort des Weltalls, weil nur ich denken kann: Ich. 〈...〉
> Ich denke: Ich.
> Ich bin einzig.
> Ich bin unendlich.
> Ich bin.
> Ich erschuf mir diese Welt, als ich sie erkannte.
> Mir gehört die Welt, weil ich sie erkenne.[12]

Ret Marut/Traven hat nach seiner Flucht diese Art von Individualanarchismus nicht mehr formuliert, aber sicher viel von den individuellen Emanzipationsansprüchen und kollektiven Handlungsdispositionen seiner Frühzeit in der Identifikation mit den Ausgebeuteten Lateinamerikas bewahrt.

Auch die Anfänge Theodor Pliviers (eigentlich: Plievier), der aus proletarischem Milieu stammt, sind vom Zusammentreffen eines individual-anarchistischen Subjektivismus mit revolutionärer Aktivität bestimmt. Plivier beteiligte sich am Matrosenaufstand von 1918, lebte nach der Revolution in Urach, einem der Zentren der Vagabunden, Deklassierten und Aussteiger Anfang der zwanziger Jahre und agitierte gleichzeitig als linksradikaler Wanderprediger. Von 1922 bis 1925 gab er in seinem ›Verlag der Zwölf‹ insgesamt zehn unter anderem von Käthe Kollwitz illustrierte Flugschriften heraus, die Auflagen bis zu 100 000 Exemplaren erreichten und sich mit Titeln wie ›Aufbruch‹, ›Hunger‹, ›Wahlrummel‹, ›Das Wahlkarussell?‹ und ›Raus die Gefangenen‹ an das Publikum jener »Brüder« und »Ahasvernaturen«, wie es im Verlagsprogramm heißt, richteten, die »im Reiche der Seele« suchen und »aus den Tiefen des eigenen Ichs« schöpfen. Seine Programmschrift ›Anarchie‹ von 1919 – dem »Jahr Eins der anarchistischen Aera« – verbindet in religiösmessianischer Metaphorik das Pathos expressionistischer ›Menschheitsdämmerung‹ mit eschatologischer Aufbruchsbereitschaft und vereint Begeisterung für die »kommunistischen Wellen, die von Osten nach Westen rollen« mit dem Aufruf zu »anarchistischen Taten« des »Einzelmenschen«, die »in Einfachheit, Schönheit, Stärke« wurzeln und »in Herrschaftslosigkeit gipfeln« sollten[13].

Das alles läßt sich als Ausdruck einer grundlegenden weltanschaulichen Irritation und Krisensituation erkennen, der durch individuelle Identitätsstiftung mit stark idealistisch-religiösen Stilisierungen und intensiven Bindungen an die Deklassierten begegnet werden soll. Plivier beruft sich dabei immer wieder auf Nietzsche und Stirner, aber auch auf anarchistische Gewährsleute wie Peter Kropotkin, Gustav Landauer, Rudolf Rocker oder Enrico Malatesta. Während der zwanziger Jahre publizierte er in der anarchistischen und syndikalistischen Presse, so im ›Syndikalist‹, bis er mit seinem ersten Revolutionsroman ›Des Kaisers Kulis‹ (1929) literarisch andere Wege einschlug. Die individuelle und spontane Rebellion stand allerdings auch weiterhin im Mittelpunkt – ähnlich wie bei Traven. Der Individualanarchismus hat bei diesen beiden Autoren der Extreme noch Spuren hinterlassen, als sie sich von den dezidierten Positionen dieses Anarchismus längst entfernt hatten.

IV. Kommunistischer Anarchismus: Erich Mühsam

In seiner ›Abrechnung‹ hatte Mackay dem »Kommunistischen Anarchismus« – »welche Sinnlosigkeit in sich selbst!« – den anarchistischen Charakter rundweg abgesprochen, weil Anarchismus immer individualistisch sei[14]. Als Erich Mühsam am Ende der Weimarer Republik noch einmal seine Auffassung vom kommunistischen Anarchismus zusammenfaßte, grenzte er sich nicht nur von der KPD, sondern auch »gegenüber den nur individuellen Anarchisten« ab, »die in der egoistischen Steigerung und Durchsetzung der Persönlichkeit allein das Mittel zur Verneinung des Staates und der Autorität erblicken«[15]. Mühsam ging es in seinen politischen, publizistischen und literarischen Bemühungen um einen kollektivistisch-kommunistischen, an Positionen Peter Kropotkins und Michail Bakunins geschulten Anarchismus, den er nie orthodox verengte und stets mit Souveränität vertrat. Nach der Ermordung seines Mentors Gustav Landauer während der Niederschlagung der Münchner Räterepublik 1919 war Mühsam sicher der bedeutendste Kopf im deutschen Anarchismus, bis ihn die Nationalsozialisten 1934 im KZ Oranienburg zu Tode quälten.

Als Mühsam 1919 wegen seiner Beteiligung an der Münchner Räterepublik zu langjähriger Festungshaft verurteilt wurde, konnte er auf ein schon zwei Jahrzehnte umspannendes Œuvre zurückblicken, das von anarchistischer Gedankenlyrik bis zu satirischen Couplets, von Revolutionsgedichten bis zu Theaterstücken reichte. Seine Revolutionserfahrungen verarbeitete er 1921 in seinem »Arbeiter-Drama« ›Judas‹, das von proletarischen Bühnen und später bei Piscator gespielt wurde. Seine Kritik an der sozialdemokratisch dominierten Arbeiterbewegung in Deutschland suchte er im satirischen Roman ›Ein Mann des Volkes‹ zu gestalten; den frühen Versuch eines Dokumentarstückes legte er 1928 in ›Staatsräson‹ vor, einer authentischen Bearbeitung des Justizskandals um die beiden unschuldig zum Tode verurteilten Italo-Amerikaner Sacco und Vanzetti. Daneben schrieb Mühsam einen Rechenschaftsbericht über seine politischen Aktivitäten während der Revolution und in der Räterepublik (›Von Eisner bis Leviné‹, 1929) und legte mit seinen »unpolitischen Erinnerungen« ›Namen und Menschen‹ (zuerst 1927-29 in der ›Vossischen Zeitung‹) einen aufschlußreichen Rückblick auf die Boheme- und Vagabundenzeit der Vorkriegszeit vor. In seiner Zeitschrift ›Fanal‹ (1926-31) schließlich fand die Weimarer Republik einen scharfzüngigen Kritiker, der mit seinem anarchistischen Konzept allerdings zunehmend in die Isolation geriet. Auch in literarischer Hinsicht fand Mühsam, der zu seinem 50. Geburtstag 1928 noch eine Auswahl seiner Schriften (›Sammlung 1898-1928‹) herausbrachte, nur wenig Widerhall. In seinem Grundsatzartikel über ›Kunst und Proletariat‹ setzte er sich 1930 mit den aktuellen Diskussionen über proletarisch-revolutionäre Literatur und über politisches Theater auseinander. Er bejahte zwar Tendenzliteratur und Agitationskunst, auf die er die kommunistisch inspirierten Literaturströmungen reduzierte, plädierte aber, den »Gegensatz zwischen anarchistischer und marxistischer Weltanschauung« pointierend, für einen klassenübergreifenden »Geist der Kunst«: »Nur die Kunst kann das Proletariat begeistern und entflammen, die ihren Reichtum und ihr Feuer aus der Gesinnung der Freiheit empfängt«[16].

Damit sind die Möglichkeiten dieser Art von anarchistischer Literatur und Literaturauffassung umrissen; sie gehen über die individualanarchistische Konzeption des ästhetisierten ›Egoismus‹ hinaus und lehnen auch die unmittelbare funktionelle Bindung der Kunst an politische Aufgabenstellungen, wie sie die proletarisch-revolutionäre Literatur der KPD intendierte, ab. Sie verbleiben aber in einem idealistischen Rahmen, in dem alternativen Kunstmöglichkeiten, die auf Kritik der Werkkategorie und des Erbes sowie auf avantgardistische Innovationen setzen, keine Relevanz beigemessen wird.

Allerdings begegnen auch Ansätze zu weiter reichenden Positionen im Umkreis des Anarcho-Syndikalismus, vor allem in der 1929 gegründeten ›Gilde freiheitlicher Bücherfreunde‹, die sich als Alternative zu den schon bestehenden Buchgemeinschaften der Gewerkschaften (›Büchergilde Gutenberg‹), der SPD (›Der Bücherkreis‹) und der KPD (›Universum-Bücherei für Alle‹) verstand. Hier erschienen neben Mühsams ›Staatsräson‹ anarchistische Klassiker wie Alexander Berkman, William Godwin, Max Nettlau, Rudolf Rocker. In der Gildenzeitschrift ›Besinnung und Aufbruch‹ (1929-1933) fanden einerseits Stimmen der Avantgarde wie die von Raoul Hausmann oder Franz Wilhelm Seiwert zu Themen wie ›Kunst und Proletariat‹ Gehör, andererseits gab es Berührungen zur Vagabundenbewegung und ihrer Deklassiertenkultur um Gregor Gog.

Insgesamt allerdings blieb das Verhältnis zwischen anarchistischer Bewegung und Literatur uneinheitlich; in der Presse der

›Freien Arbeiter-Union Deutschlands‹ (FAUD), der wichtigsten anarcho-syndikalistischen Gruppierung der Weimarer Republik, die auch die ›Gilde‹ trug, begegnet immer wieder die ›geistige‹ Auffassung der Kunst als eines überzeitlichen Phänomens, wobei es letztlich um »das Erlebnis wahrer Kunst«[17] ging. Trotz manch innovativer Ansätze ist insofern der anarchistische Beitrag zu Fragen einer Klassenkunst, zum Verhältnis ihres ›Kunstwerts‹ und ›Kampfwerts‹, zum bürgerlichen Erbe und zur Avantgarde vergleichsweise gering; dennoch bedeuten die linksradikalen Ansätze insgesamt doch einen emanzipatorisch angelegten Beitrag zum Gesamtkomplex von Literatur und Kultur sozialer und sozialrevolutionärer Bewegungen.

Rüdiger Safranski (I–X)
Walter Fähnders (XI–XIV)

Proletarisch-revolutionäre Literatur

I. Revolutionsemphase

Die proletarisch-revolutionäre Literatur der Weimarer Zeit war eingesponnen in ein Netz von Organisationen und Organisationsphantasien, eine Kampfrhetorik umgab sie, um Wirkungsfelder und Bedeutungen wurde gestritten, noch ehe es das Wirkende und Bedeutende so recht gab. Und inmitten dieser Turbulenz entwickelte sich eine Literatur, die jenen Reflexions- und Organisationsaufwand eigentlich nicht rechtfertigte. Wenn er trotzdem betrieben wurde, dann deshalb, weil für die an diesem Prozeß Beteiligten einiges auf dem Spiel stand: Sie waren auf der Suche nach einer neuen Identität. Arbeiter wollten Schriftsteller werden, und bürgerliche Intellektuelle wollten sich selbst, im ›Dienst an der proletarischen Sache‹, in gewandelter Gestalt neu hervorbringen. Und beide Gruppen wollten sich im literarischen und politischen Kampfgetümmel behaupten.

›Proletarisch-revolutionär‹ nannte sich eine Literaturbewegung, der Arbeiter und bürgerliche Intellektuelle angehörten, die, in Abgrenzung zur reformistischen Arbeiterbewegung und ihrer ›Kultur‹, nicht in erster Linie die soziale Herkunft, sondern den weltanschaulichen Standpunkt zum Zugehörigkeitsmerkmal bestimmte. Als Gruppe – im Einflußbereich der KPD – gab es diese Bewegung erst seit Mitte der zwanziger Jahre; als Organisation existierte sie mit der Gründung des ›Bundes proletarisch-revolutionärer Schriftsteller‹ 1928; doch als geistige Strömung entwickelte sie sich bereits mit den Anfängen der Weimarer Republik.

Wenn Axel Eggebrecht 1922, auf die ersten Weimarer Jahre zurückblickend, von einer ›bolschewistischen Mode‹ spricht, dann kennzeichnet er damit die im linken Literaturspektrum verbreitete Neigung, die Erfahrung der Zeitwende als ›proletarische Revolution‹ zu interpretieren: Berliner Expressionisten, Dadaisten und

Aktivisten gründen einen ›Bund für proletarische Kultur‹. Die Aufrufe an das Proletariat, verfaßt von bürgerlichen Intellektuellen, sind zahlreich. Der ›Proletkult‹ wird zur intellektuellen Mode. ›Revolutionär‹ wird zum gängigen Attribut der unterschiedlichsten Erneuerungswünsche und -phantasien. Hier blieb vieles Theorie, allerdings mit organisatorischem Aufwand betriebene Theorie. Die Kluft zwischen weltanschaulichen Ambitionen und literarischen Konzepten einerseits und dem recht bescheidenen Niveau der literarischen Praxis andererseits war von Anfang an ein Kennzeichen der proletarisch-revolutionären Literaturbewegung.

Die alte Garde der Arbeiterdichter, deren prominenteste Vertreter – Heinrich Lersch und Karl Bröger – als Kriegspatrioten aufgetreten waren, hielt sich in der Revolutionsphase zurück. Die Hinwendung zu der ›Masse‹, zu den ›Proleten‹, die Proklamierung der geistigen Erneuerung als ›Revolution‹, die Ideen einer neuen Verbindung von Geist und Massen-Macht – das alles gab es fast ausschließlich im intellektuellen Milieu des Expressionismus, des Dadaismus und des Aktivismus. Hier war der soeben erwachte »zähe fanatische Wille zur Politik« (Becher) zu Hause. Insbesondere die Expressionisten taten sich dabei hervor, in pathetisch-verkündenden Versen ihre ›Entscheidung für die Politik‹ zu verlautbaren. Für welche Politik blieb vorläufig unklar, nur soviel war gewiß, es mußte eine Politik sein, die die Massen ›führt‹, auf jeden Fall aber ›aufruft‹. Überhaupt waren die ersten Jahre Weimars die große Zeit der Aufrufe. Der Umstand, daß die Republik in der ersten Stunde des Machtvakuums gleich zweimal ausgerufen wurde – zuerst von Scheidemann, dann von Liebknecht –, scheint stilbildend gewirkt zu haben. Das hatte bei den Zeitgenossen offenbar das Vertrauen in die Kraft von Aufrufen gestärkt.

Oft ist das Proletariat der Adressat solcher ›Aufrufe‹. Die einen rufen auf zum Haß (»Proletarier, ich schweiße euch zusammen mit Haß ⟨...⟩, Haß trägt euch über alle Hindernisse«), die andern zur Liebe (»⟨...⟩ daß eine große Welle der Liebe die verheerende Woge des Hasses ablöse ⟨...⟩«). Armin Wagner ruft zum ›Bürgerkrieg‹ auf, René Schickele zum Gewaltverzicht. Ludwig Rubiner ruft dazu auf, an die Seite des Proletariats zu treten: »Mein Freund, dein Weg geht zum Proletariat ⟨...⟩ Du kannst nur noch Masse sein. Hier ist die Erneuerung!« Gerhart Hauptmann ruft auf zur Versöhnung der streitenden Parteien, und die »Blumenkinder« der Novemberrevolution fordern, »Streuen Sie Musik in die Straßen, propagieren Sie den Tanz, die Waldschule und das Blumenfest!«

Die Inflation der Aufrufe zeigt: die zur ›politischen Tat‹ motivierten und von der revolutionären Nullpunkt-Situation inspirierten Schriftsteller suchen den Weg zur ›Masse‹, am besten zur ›proletarischen Masse‹. Auch die Geistesaristokratie Kurt Hillers – »der Geist führt die Revolution« – macht der neuen Bescheidenheit Zugeständnisse: Schriftsteller und Künstler nennen sich ›geistige Arbeiter‹; sie wollen mit der Masse verbunden sein, doch nur als ›Führer‹ oder Interpret und Dolmetscher. Andere dagegen fordern das Ein- und Untertauchen in ihr: »Der Weg der Bekehrung: Untertauchen in die Masse. Masse sein«. Man muß der Masse ferngestanden haben, um sie jetzt in solchen Ekstasen feiern zu können: da sucht ein Kopf seinen Körper, den »strahlenden, lebendigen Gigantenkörper« (Rubiner) des Proletariats. Natürlich ist das »heilige Proletariat« – so lautet ein Gedichtband von Arno Nadel – ein Phantasma der Intellektuellen. Sie wollen aus dem Abseits der künstlerischen-bohemehaften Narrenfreiheit in das Zentrum der Macht vorstoßen. Und sie vermuten es im ›Gigantenkörper‹ des Proletariats.

Doch da in der Folgezeit das Proletariat nicht das hält, was seine Bewunderer sich von ihm versprechen, kommt es zu Enttäuschungen. Manchmal schlägt Liebe in Haß um und man erinnert sich der Tatsache, daß auch die Masse der Proleten von der Kriegsbegeisterung ergriffen worden war. In den von Schickele herausgegebenen, radikalpazifistischen ›Weißen Blättern‹ erschien Ende 1919 ein Artikel, der den Stimmungsumschwung bei den von der Revolution enttäuschten Intellektuellen widerspiegelt. Dort heißt es an die Arbeiter gewandt:

> Eure Feigheit (aus Dummheit) und eure Dummheit (aus Feigheit) hat ganz zuletzt dieses Elend über die Welt gebracht. Ihr sollt zu Grunde gehen, alle, restlos; jeder, besonders jeder Intellektuelle, der nicht so dumm ist wie Ihr ⟨...⟩, war nicht so feige wie das berühmte ›internationale Proletentum‹.

Der radikalpazifistisch gesonnene Teil der Intelligenz hatte auch noch andere Gründe, auf Distanz zu gehen: die revolutionäre Gewalt. »In Lenin und seinen Freunden« schreibt Schickele, »rast der Krieg ideell und in seiner ganzen Erbarmungslosigkeit weiter. Es ist die neueste, wohl kaum letzte Phase der Gewalt und nicht einmal die vorletzte Phase der Liquidation, in die die alte Welt im August 1914 eingetreten ist.« Ähnlich dachten Ernst Toller, Rudolf Leonhard und Walter Hasenclever. Sogar Johannes R. Becher zweifelte zeitweilig am Sinn der Militanz. Diejenigen, die sich von der Gewaltbereitschaft einer revolutionär gesinnten Minorität nicht abschrecken ließen und ihren ›Glauben‹ an die geschichts- und kulturmächtige Kraft der Arbeiterschaft beibehielten, schlossen sich Ende 1919 zum ›Bund für proletarische Kultur‹ zusammen.

II. Der Bund für proletarische Kultur

Die Gründung des Bundes ging auf die Initiative Arthur Holitschers zurück. Es schlossen sich u. a. an: der ›Arbeiterdichter‹ Max Barthel, die Maler Hans Baluschek, Heinrich Vogeler und Heinrich Stille, Ludwig Rubiner und der Kunsthistoriker Eduard Fuchs. Man wollte nach dem Scheitern des ›Politischen Rats geistiger Arbeiter‹ die kulturpolitische Initiative behalten und an die russische Proletkultbewegung anknüpfen. Das ganze sollte mehr sein als ein Intellektuellenzirkel, weshalb man einige Zentralarbeiterräte des Siemens-Konzerns heranzog und in der ersten öffentlichen Proklamation die Arbeiter aufrief: »Delegiert in euren Betrieben eure fähigsten Köpfe als Vertreter eurer geistigen Interessen!« Von einigen wenigen Ausnahmen abgesehen, blieb dieser Aufruf wirkungslos. Er trägt deutlich expressionistische Züge. Vom »Schrei nach neuer Kultur«, vom »überströmendem Gefühl« der »liebenden Menschengemeinschaft« ist die Rede. Auch der Hillersche Geist-Aktivismus hat Spuren hinterlassen. Proklamiert wird eine »Revolution des Geistes«, man will Anschluß gewinnen an die »politischen und wirtschaftlichen Kampforganisationen«, um die »Revolution zu durchgeistigen und vorwärtszutreiben«. Dieser Aufruf kam heraus, als die erste revolutionäre Welle bereits verebbt war, was aber die Initiatoren nicht beirren konnte. Denn sie hielten die Stunde für den Aufbau einer neuen, einer »proletarischen Kultur« für gekommen. Man will der »bürgerlichen Kulturschande«, gemeint war damit die sich ausbreitende Kulturindustrie, eine »Front« entgegensetzen. »Das Gebäude freien Geistes, freier Kultur und Schönheit« soll schon jetzt errichtet werden, damit man nicht »unvorbereitet in den Tempel der Freiheit, Gleichheit und Brüderlichkeit eintreten« wird. Konkrete Vorstellungen über die neu zu schaffende »proletarische Kultur« gab es kaum. Über den russischen Proletkult war bis zu diesem Zeitpunkt (Ende 1919) nicht viel mehr bekannt, als daß es sich dabei um eine Ausdrucksform des proletarischen Gemeinschaftsgefühls handeln müsse. Deshalb fordern die Verfasser des Aufrufs von den »Geistigschaffenden«, sie müßten »untertauchen« im »Proletariat«, damit sie »sein Denken und Fühlen verstehen lernen«.

Der ›Bund‹ bestand bis zum Frühjahr 1920. Es wurden einige Vortrags- und Diskussionsveranstaltungen abgehalten. In seiner Theaterarbeit versuchte der ›Bund‹ zunächst, mit der 1919 in Berlin gegründeten ›Tribüne‹ zusammenzuarbeiten. Zwar gelang es dem ›Bund‹, ein Arbeiterpublikum für seine Theateraufführungen zu interessieren, doch fehlte es offensichtlich noch an Stücken, die dem proletkultischen Anspruch hätten entsprechen können. In dem noch ganz expressionistischen Gesinnungsdrama ›Freiheit‹ von Herbert Kranz, das der ›Bund‹ mehrfach aufführte, gelangen die wegen pazifistischer Handlungen zum Tode verurteilten Matrosen und Arbeiter in den Besitz der Zellenschlüssel, der ihnen die Flucht ermöglichen würde. Sie geben diesen jedoch freiwillig zurück, um sich zur inneren Freiheit zu läutern. Erwin Piscator urteilte damals über dieses Stück: »Es war kein Zeittheater im Sinne des Proletariats.«

Daß der Geschmack der Arbeiter traditioneller war als die intellektuellen Befürworter der proletarischen Kultur vermuteten, zeigt der Brief eines Arbeiters, der sich über Zwischenrufe und Szenenapplaus in einer Aufführung des Kranzschen Stückes beklagt: »Ein heiliger Tempel der proletarischen Kunst soll das proletarische Theater sein ⟨...⟩ laßt ihn ⟨den Proletarier, R. S.⟩ sich sammeln zur Andacht und macht aus seiner Kirche keinen Jahrmarkt.« Symptomatisch ist wohl auch der Ärger einer Arbeiterin, die bei einer Ausstellung des ›Bundes‹ eine Diskussion über proletarische Kultur angehört hatte: »Die Herren haben gestern über das Proletariat geurteilt, ohne es zu kennen ⟨...⟩«; weniger höflich war die Kritik von parteikommunistischer Seite. Obwohl KPD-Mitglieder zu den Initiatoren des ›Bundes‹ gehörten – wie beispielsweise Hermann Duncker – erschien im KPD-Organ »Freiheit« eine vernichtende Abfertigung: habe man erst ein »Maschinengewehr«, so könne man auf die »geistige Revolution« des ›Bundes‹ verzichten. Überhaupt seien die ›Kopfarbeiter‹ hart anzufassen:

> Auszuschalten sind zunächst alle, die noch nicht eingesehen haben, daß sie eine Schuld abzutragen haben; auszuschalten alle, die den Weg des Kommunismus nicht restlos mitzugehen bereit sind.

Das KPD-Organ schlägt vor: »Sabotage an der kapitalistisch-imperialistischen Kultur«, »Bedingungsloses Eintreten für ⟨...⟩ die Diktatur der arbeitenden Massen« und Organisierung der »Massenverbreitung« von revolutionären Schriften.

Auf Kritik solcher Art ist Ernst Tollers bitterer Satz gemünzt: »Am unduldsamsten sind gewisse byzantinische Intellektuelle, sie vergöttern den Proletarier, sie treiben einen förmlichen Kult mit ihm und lehren ihn die Verachtung des Intellektuellen ⟨...⟩.«

III. Das »Proletarische Theater, Bühne der revolutionären Arbeiter Groß-Berlins«

Der ›Bund für proletarische Kultur‹ war eines der vielen, kurzlebigen Projekte der Nachkriegszeit. Schon im Frühjahr 1920 scheiterte der vom ›Bund‹ initiierte Versuch eines proletarischen Theaters, ermunterte aber immerhin Erwin Piscator und Hermann Schüller im Herbst 1920 dazu, einen neuen Versuch zu wagen. Um die sozialdemokratisch gesteuerte Volksbühnenbewegung zu unterminieren, baute man das neugegründete ›proletarische Theater‹ als Mitgliederorganisation auf. Es wirkten mit Vertreter der USPD, KPD, KAPD und der syndikalistisch-anarchistischen AAUD und FAUD; etwa 5000 bis 6000 Arbeiter konnten zu einem Beitritt bewogen werden.

Gespielt wurde nicht im eigenen Haus, sondern in den traditionellen Versammlungsräumen der Arbeiterbewegung. Piscator und Schüller entwarfen ein Theaterkonzept, das die Ideen des ›Proletkultes‹ mit den dramaturgischen Prinzipien des Lehr- und Agitproptheaters verband. In Anlehnung an Bogdanovs Proletkult-Theorie setzt man sich zum Ziel, die »Gefühle und Vorstellungen der proletarischen Masse für den Klassenkrieg zu organisieren«. Das ›proletarische Gemeinschaftsgefühl‹ aber sollte nicht nur dargestellt, sondern zwischen Publikum und Bühne hergestellt werden. Die Produktions- und Rezeptionsform des bürgerlichen Theaters sollte überwunden werden. Zwischen Darstellern, Dekorateuren, Autoren und Publikum sollte »ein ebenbürtiges Verhältnis, ein gemeinsames Interesse und ein kollektiver Arbeitswille« entstehen. Diskussion und Kritik während der Aufführung waren deshalb erwünscht. Als eine von John Heartfield hergestellte Bühnendekoration nicht rechtzeitig eintraf, wurden die Zuschauer aufgefordert, selbst zu entscheiden, ob mit oder ohne Bühnenbild gespielt werden sollte. Wenn eine solche Art von Mitwirkung erreicht wurde, galt dies bereits als Erfolg; angestrebt wurde jedoch, die Zuschauer auch in das Bühnengeschehen einzubeziehen.

Aufgeführt wurden Stücke wie ›Der Krüppel‹ von Karl August Wittfogel, ›Vor dem Tore‹ von Andor Gábor, ›Wie lange noch‹ und ›Die Kanaker‹ von Franz Jung. Das von einem Kollektiv erarbeitete Stück ›Rußlands Tag‹ war ein Beitrag des Theaters zu der von der KPD organisierten Kampagne »Gegen den weißen Schrecken – für Sowietrussland«, die zum Boykott von Waffenlieferungen an die weißen Truppen aufrief. Ursprünglich war die Aufführung bürgerlicher Stücke in »entlarvender« Absicht geplant. Der rückständige Teil der Arbeiterschaft sollte auf diese Weise angesprochen und zugleich irritiert werden. Durch »Streichungen, Verstärkungen gewisser Stellen, eventuell durch Hinzufügen eines Vor- und Nachspiels« sollte die im Stück enthaltene bürgerliche Welt in ihrer Verkehrtheit »eindeutig« zum Vorschein kommen. Dieser Teil der theatralischen Vorhaben blieb aber unrealisiert. In seiner knapp halbjährigen Wirkungszeit gelang es dem Theater, immerhin über 50 Aufführungen zu veranstalten. Im Frühjahr 1921 wurde das Theater auf Antrag des SPD-Polizeipräsidenten verboten.

IV. »Proletkult«

Seit Anfang 1919 drangen die Nachrichten über den russischen Proletkult nach Deutschland. Die inzwischen linkskommunistische Zeitschrift ›Die Aktion‹, herausgegeben von Franz Pfemfert, nahm sich dieses Themas besonders an. Dort erschien Bogdanovs programmatischer Aufsatz ›Was ist proletarische Dichtung?‹ Die Theorie Bogdanovs ging davon aus, Herrschaft bedeute, über die Organisationsprinzipien der Erfahrung und der Gefühle der Menschen disponieren zu können. In der bürgerlichen Gesellschaft würden diese zwar nach individualistischen Prinzipien organisiert, da sich aber im materiellen Arbeitsprozeß ein neuer, kollektivistischer ›Rohstoff von Erfahrung und Gefühl‹ entwickele, gelte es, dieses mithin latente urproletarische Denken und Fühlen hervorbrechen zu lassen. Gerade weil die bürgerlich-individualistischen Strukturen noch an der Oberfläche des Bewußtseins festsitzen, müsse der proletarische Kollektivismus in den tieferen Schichten des Instinktiven, des Halbbewußten und Unterbewußten aufgesucht werden; dort sei er lebendig und könne zu einer sprengenden Potenz einer neuen, eben einer ›proletarischen Kultur‹ werden. Der Kollektivismus dieser Kulturform realisiere sich, so Bogdanov, auf drei Ebenen: Das künstlerische Werk entsteht in einem kollektiven Prozeß, es drückt kollektives Denken und Fühlen aus und es fordert eine kollektive Rezeption heraus. Die als sensationell empfundenen Nachrichten aus der russischen Kulturszene schienen Bogdanovs Theorie zu bestätigen: Am 1. Mai 1920 führten einige Tausend Rotarmisten in Petrograd das Schaustück ›Mysterium der befreiten Arbeit‹ auf. Zum dritten Jahrestag spielten an die 10 000 Darsteller, die auf zwei, symbolisch rot und weiß gestrichenen Flächen agierten, die ›Einnahme des Winterpalais‹. Flugzeuge, Schiffe, Maschinengewehre, Sirenengeheul und Glockenläuten unterstützten das Spektakel, das ein Trupp von Regisseuren von Dächern herab dirigierte. Zu hören war auch von sogenannten ›Maschinenkonzerten‹, bei denen Motoren, Turbinen und Hupen verwandt wurden. In mit Fabriksirenen und Dampfpfeifen instrumentierten Symphonien sollte dem industriellen Rhythmus und der industrialisierten Kollektivseele Ausdruck verschafft werden, wobei sich das Publikum aus der Millionenbevölkerung der Städte rekrutierte.

Was man für die leitenden Ideen des russischen Proletkultes hielt, faszinierte – die gezielte Aktivierung der schöpferischen Kräfte der Arbeiter, die Wiederherstellung der Einheit von produzierender und ästhetischer, »nützlicher« und »luxurierender« Arbeit und Kunst, sowie die Beseitigung der Distanz zwischen Künstler und Nichtkünstler, zwischen Kunstschaffenden und Kunstrezipierenden. Zudem schien die von den Dadaisten angestrebte Überwindung des bürgerlichen Kunstbegriffs im russischen Proletkult verwirklicht zu sein. Die Dadaisten hatten in ihrem Manifest von 1918 erklärt:

> Das Leben erscheint als ein simultanes Gewirr von Geräuschen, Farben und geistigen Rhythmen, das in die dadaistische Kunst mit allen sensationellen Schreien und Fiebern, seiner verwegenen Alltagspsyche und seiner gesamten brutalen Realität übernommen wird ⟨...⟩

Die proletkultische Fabriksymphonie schien diesem dadaistischen Kunstwillen vollkommen zu entsprechen: das »simultane Gewirr« industrieller Alltagsgeräusche war hier, eindringlicher als in jedem bruitistischen und simultanistischen Gedicht des Dada, zur Kunst arrangiert. Die Avantgarde des Unbehagens an der bürgerlichen Kultur fühlte sich geistesverwandt mit dem russischen Proleten, von dem man glaubte, »er pfeife auf die Kultur, die keine greifbare Sache« (Hausmann) wäre. Mit ihrer Veröffentlichung des ›Manifestes Proletkult‹ von 1923 bezogen sich die ehemaligen Dadaisten Kurt Schwitters, Tristan Tzara und Hans Arp insbesondere auf die experimentell-avantgardistischen Aspekte dieser Spektakel.

Weniger aufsehenerregend war die fundamentale Bildungsarbeit, die die russische Proletkultbewegung leistete: Alphabetisierungskampagnen, Einrichtung von Elementarschulen, Veranstaltung von Musik- und Theaterabenden, politischen Schulungskursen, Errichtung von Leihbibliotheken usw. Denn hier war eher der herkömmliche Kulturbegriff maßgebend. Auf eben diesen stützten sich die Bolschewiki als sie 1921 im Zuge der NEP-Politik (Neue ökonomische Politik) die experimentell-avantgardistischen Tendenzen liquidierten: »Für den Anfang sollte uns eine wirklich bürgerliche Kultur genügen«. In Deutschland fühlten sich vor allem die parteikommunistischen Kritiker der intellektuellen Proletkult-Begeisterung von dieser Entwicklung bestätigt. Insbesondere die einflußreiche Feuilletonredakteurin des KPD-Zentralorgans ›Rote Fahne‹, Gertrud Alexander, hatte häufig in entlarvender Absicht auf den dadaistischen Impuls der linksbürgerlichen Begeisterung für den Proletkult hingewiesen und plädierte für das Bewahren des bürgerlichen kulturellen Erbes. Die kulturell übersättigten Intellektuellen sollten sich hüten, ihren Ekel vor der bürgerlichen Kultur in das Proletariat hineinzuprojizieren. Dieser Meinungsstreit wurde exemplarisch in der sogenannten ›Kunstlumpkontroverse‹ von 1920 ausgetragen.

V. Die ›Kunstlumpkontroverse‹

Bei Straßenkämpfen während des Kapp-Putsches hatte eine verirrte Kugel ein Rubens-Bild im Dresdner Zwinger beschädigt. Der expressionistische Maler und Dichter Oskar Kokoschka veröffentlichte daraufhin einen eigenartigen Aufruf:

> Ich richte an alle, die hier in Zukunft vorhaben, ihre politischen Theorien gleichviel ob links-, rechts- oder mittelradikale, mit dem Schießprügel zu argumentieren, die flehentlichste Bitte, solche geplanten kriegerischen Übungen nicht mehr vor der Gemäldegalerie des Zwingers, sondern etwa auf den Schießplätzen der Heide abhalten zu wollen, wo menschliche Kultur nicht in Gefahr kommt.[1]

Die ehemaligen Dadaisten John Heartfield und Georg Grosz, jetzt KPD-Mitglieder, bewiesen in ihrer empörten Polemik gegen den von ihnen so titulierten ›Kunstlumpen‹ Kokoschka, daß sie die neue Ernsthaftigkeit gut gelernt und die Spielregeln des dadaistischen Zynismus, die der Expressionist Kokoschka so meisterhaft handhabte, inzwischen gründlich verlernt hatten. Für Heartfield/Grosz ist ein Rubensbild Inbegriff jener Kunstwerke, mit deren Hilfe die Bourgeoisie das Proletariat »vom revolutionären Handeln abzuhalten versucht«. Der Respekt vor dem großen Kunstwerk galt ihnen als Sabotage am proletarischen ›Willen zur Macht‹. Die große Kunst spiele keine Rolle mehr »heute, wo es von größerer Bedeutung ist, daß ein roter Soldat sein Gewehr putzt, als das ganze metaphysische Werk sämtlicher Maler«. Als besonders kränkend wurde Kokoschkas Behauptung empfunden, daß in einem Rubensbild mehr Sinn stecke »als in sämtlichen Ansichten der politisierenden Deutschen von heute«. Wie »alle großen Kunsthuren« stelle sich Kokoschka über den »Hader der Parteien« und mache sich doch damit nur gemein mit den Feinden des Proletariats. Drohend verkünden sie: »Wir werden den konterrevolutionären Erhaltungstrieb der Kokoschkas niemals dulden!«

Der Ekel vor der bürgerlichen Kultur, der aus dieser Polemik spricht, läßt noch den dadaistischen Impuls der Autoren erkennen. Doch der dadaistische Ekel war individualistisch, er hatte kein Mandat, war ungeschützt. Jetzt aber greift man an und glaubt ein Mandat zu haben: man spricht für die revolutionäre Arbeiterbewegung (oder was man dafür hält) und meint, sie vor solchen Typen wie Kokoschka schützen zu müssen. Doch wird Heartfield und Grosz ebendieses Mandat von anderen Mandatsträgern bestritten. Gertrud Alexander schreibt in der ›Roten Fahne‹:

> Sie glauben, ⟨...⟩ der Arbeiterschaft einen revolutionären Dienst zu leisten, indem Sie eine Lanze brechen für einen wahren Vandalismus. Sie werden aber weder den Arbeiter revolutionieren noch sonst fördern, indem Sie möglichst kräftig schimpfen ⟨...⟩ sondern nur, indem Sie ihn durch historisch-kritische Analyse aufklären und durch Erkenntnis zum zielklaren Revolutionär erziehen.[2]

Gertrud Alexander war Vertreterin einer, in der KPD bis in die zwanziger Jahre vorherrschenden, kulturkonservativen Linie: die gelungenen Werke der Kulturtradition repräsentieren »bleibende Werte« und sollten aufbewahrt werden. Das Proletariat habe ein Anrecht darauf, diese nun endlich zu genießen, zumal da die Umstände des Kampfes die Herausbildung einer eigenen proletarischen Kultur erschweren. Erst nach der Befreiung könne der Boden für eine neue Kultur bereitet werden. Deshalb gehe es einstweilen primär um die kritische Aneignung des kulturellen Erbes. Ihre Polemik gegen die beiden ›Vandalen‹ beschließt Alexander mit der Warnung:

Wollen Sie, Herr Heartfield und Grosz, das Vertrauen der Arbeiterklasse gewinnen, indem Sie die ›Bourgeoisie-Kultur‹ in Bausch und Bogen verdammen und Schätze vernichten, die, vergessen Sie es nicht, mit den Schweißtropfen der Arbeitenden, der Proletarier erkauft sind? Sollen nun deren Söhne nicht wenigstens genießen dürfen, endlich? Wahrlich einen schlechten Dienst erweisen Sie so der Gesellschaft, indem Sie zum Vandalismus öffentlich auffordern.

Diese Debatte zwischen ›Kunstlumpen‹, ›Vandalen‹ und ›Erben‹ konnte naturgemäß nicht zum Abschluß kommen. Sie wurde noch im Exil, auf den Trümmern der vom Faschismus zerschlagenen Arbeiterbewegung, fortgeführt. Diejenigen, die bereits in den Anfangsjahren der Weimarer Republik Literatur für ein Arbeiterpublikum herstellten – wie etwa Franz Jung und Oskar Kanehl – ließen sich davon nicht allzusehr beirren. Sie sträubten sich gegen theoretische Vorgaben und waren allenfalls bereit, ihre literarische Praxis nachträglich zu theoretisieren.

VI. Franz Jung

Unter den linksradikalen Schriftstellern der ersten Jahre der Weimarer Republik war Franz Jung einer der produktivsten. In den von ihm selbst so genannten ›roten Jahren‹ (1919–1924) veröffentlichte er Essays, Erzählungen, Theaterstücke und vier Romane. Das meiste entstand während seiner zahlreichen Haftaufenthalte.

Er führte ein bewegtes Leben. War ursprünglich Corpsstudent und unterhielt gute Verbindungen zur Halbwelt. Pendelte zwischen Wirtschaft, Journalismus und Zuhälterei. Als Börsenjobber schreibt er 1912 ein Buch über den Geschlechterkampf: ›Das Trottelbuch‹ wird als ein Höhepunkt expressionistischer Prosa gefeiert. Vor dem Krieg verkehrt er in der anarchistischen Boheme Münchens, wo er Oskar Maria Graf, Erich Mühsam, Karl Otten und andere kennenlernt. Während des Krieges ist Jung zeitweilig in Irrenanstalten untergebracht, später taucht er als Deserteur unter und schließt sich dem Kreis der Berliner Dadaisten an. Die KPD, zu deren ersten Mitgliedern er gehörte, verläßt er, weil diese zu wenig militant und radikal ist, und wechselt zur KAPD. 1920 kapert er in der Ostsee ein Schiff, um zum Kominternkongreß nach Rußland zu gelangen. Mit Max Hoelz zusammen beteiligt er sich führend an den Mitteldeutschen Märzkämpfen 1921 und verübt, so berichtet er, im Auftrag des KPD-Funktionärs Ernst Reuter-Friesland, des nachmaligen Westberliner Regierenden Bürgermeisters, einige Bombenattentate. Zwischen 1921 und 1923 arbeitet er am Aufbau zahlreicher Fabriken in Sowjetrußland mit. Nach 1924 löst er sich von der kommunistischen Politik und eröffnet ein Geldmaklerbüro, das mit ›Rußland-Wechseln‹ spekuliert, aber auch die Aufführung von Brechts ›Mahagonny‹ finanziert. Nach dem Exil in den USA kehrt Jung in den fünfziger Jahren nach Stuttgart zurück, wo er 1963 stirbt.

Jungs Gedankenwelt der ›roten Jahre‹ ist stark geprägt von der politisierten Version der energetischen Psychoanalyse, wie sie zunächst von Otto Groß und später von Wilhelm Reich vertreten wurde. In seinem 1920 erschienenen Essay ›Technik des Glücks‹ schreibt Jung:

> Der Staat, wie immer konstruiert, wird niemals die inhaltliche Kristallisation des Lebendigen im Leben sein. Das aber ist notwendig, um aufnahmefähig zu sein für den Rhythmus der Gemeinschaft, der zugleich das Leben und das Glück ist.[3]

Also ein Anti-Etatismus aus psychoenergetischen Gründen. Den ›Rhythmus der Gemeinschaft‹ sucht Jung im proletarischen Milieu, denn von den Profilierungs- und Selbstbehauptungskämpfen der intellektuellen Szene, in der er lange genug zuhause war, fühlt er sich inzwischen abgestoßen. Er sucht die Nähe zum proletarischen Lebensgefühl und zum anarchistischen Rebellentum. Er versteht seine Romane als Protokolle einer kollektiven Selbstbewußtseinsentwicklung. In ihnen soll ein ›rhythmisiertes Leben‹ und ein sich verdichtendes ›Gemeinschaftsgefühl‹ spürbar werden, das der proletarische Leser nachvollziehen soll. Dabei setzt er nicht auf Verfremdung, sondern auf den Sog der Identifikation. Freilich nicht auf Identifikation mit einem einzelnen Helden oder gar mit dem Autor als besonderem Individuum, sondern mit dem Kollektiv. Die Erzählsammlung ›Joe Frank illustriert die Welt‹ von 1921 schildert episodisch Aktionen der amerikanischen, finnischen, deutschen und irischen Arbeiter. Diese sind zu Modellen bestimmter Massenvorgänge verdichtet: wie sich die Masse herausbildet, auflöst, wie sie in andere Aggregatzustände übergeht, wie sie sich lenkt und wie sie ihrer Lenkung widersteht, wie sie in Panik gerät und in Ruhe verharrt. Die Analyse solcher Massenphänomene beschreibt nach Jung eben den ›proletarischen Gemeinschaftsrhythmus‹, an dessen Herausarbeitung dem Anti-Etatisten vordringlich gelegen ist. In diesen literarischen Inszenierungen verwendet er flexible, literarische Techniken wie nichtfiktionale Vorlagen, bewußte Illusionsdurchbrechungen, Erzählereinrede, Leseransprache und den Wechsel der Stilebenen.

Der Roman ›Die Eroberung der Maschinen‹, der den Mitteldeutschen Aufstand von 1921 schildert, will den Archetypen einer gemeinschaftlichen Rebellion herauspräparieren. Er schließt mit einer Meditation über die ›Absetzung Gottes‹: Nur in den beängstigenden Distanzen unter den Menschen kann sich eine Gottesvorstellung allererst entwickeln und einnisten, wenn aber wie jetzt die industrielle Arbeit eine Verdichtung zum kompakten Massenorganismus bewirkt, dann wird aller Sinn in die Immanenz des funktionierenden Kollektivkörpers hineingezogen. Gott ist tot, weil die Gemeinschaft lebt:

> Gott ist nicht mehr. Nicht mehr oben in der Luft, in der Tiefe der Erde oder in alten Weidenbäumen. Gott lebt nicht, denn das, was lebt das ist gegen Gott, das ist der vollkommene Gegensatz zu Gott. Das ist Gemeinschaft.[4]

Jung zeigt beispielhaft, wie das Agens der Zerstörung von Sinn – die maschinenartig funktionierende Gesellschaft – zur Instanz einer neuen Sinngebung umfunktioniert werden kann. Psychoenergetische Impulse, antiautoritäres Rebellentum und neusachliche Bilder des subjektlosen Funktionierens bringen eine Erlösungsphantasie hervor, die dem sehr nahe kommt, was auf der anderen Seite des politischen Spektrums Ernst Jünger in seinem ›Arbeiter‹ entwickelt. Denn wie Jünger rechnet auch Jung mit der Entwicklung einer gänzlich neuen Mentalität und eines neuen Lebensgefühls, das er beim Proletariat im Entstehen begriffen sieht.

VII. Oskar Kanehl

Oskar Kanehl, der andere prominente Repräsentant der proletarisch-revolutionären Literatur aus der Frühzeit der Weimarer Republik, hielt die Debatte um proletarische Kultur für eine Spiegelfechterei: In der gegenwärtigen Situation zugespitzter Klassenkämpfe werde der Literatur die Moral des Parteiergreifens aufgezwungen. Die Zeit erlaube keine Atempause und stelle auch die Literatur unter Kampfzwänge – das einzige und entscheidende Kriterium, das auf literarische Produktion anzuwenden sei, sei demnach ihr ›Kampfwert‹.[5] Auf die Massenwirkung kommt es an, deshalb bevorzugt Kanehl das einprägsame, leicht memorierbare und zitierbare Gedicht. Kompliziertheit soll vermieden werden. Es geht um eindeutige Gefühle.

Oskar Kanehl war vom jugendbewegten Ideal der ›Wahrhaftigkeit‹ geprägt und versuchte, Gesinnungen zu vereindeutigen und existentiell konsequent zu leben, selbst wenn dies zur Preisgabe der Reflexion führen sollte. Vor dem Krieg schließt sich der Sohn eines Berliner Schuldirektors nach der literaturwissenschaftlichen Promotion einem Siedlungsprojekt an; versucht sich zunächst der Einberufung zum Kriegsdienst zu entziehen, und vertreibt als Leutnant an der Front selbstverfaßte, antimilitaristische Flugschriften mit expressionistischem Pathos. Im November 1918 wird er in den Berliner Vollzugsrat der ›Arbeiter- und Soldatenräte‹ gewählt, ab Anfang der zwanziger Jahre ist er im Umfeld linkskommunistischer Organisationen tätig. Mit Franz Pfemfert, dem Herausgeber der ›Aktion‹, verbindet ihn eine enge Freundschaft.

Der größte Teil der lyrischen Arbeiten Kanehls stammt aus der Zeit vor 1924. Sein Lebensgefühl, seine Ideale der ›Entschiedenheit‹ und ›Wahrhaftigkeit‹ waren, wie sein agitatorischer Gestus, gebunden an eine historische Kampfsituation mit klaren Frontverläufen. Er verstand sich nur auf scharfe Antithesen und scharfe Kontraste: Gut und böse, unten und oben, Aktion und Reaktion, vorwärts und zurück – in diesen Mustern gliederte er sich seine Welt.

Man kann sagen, daß Kanehl an der nach 1924 einsetzenden Stabilitätsphase zugrunde ging, denn die Auflösung klarer Frontverläufe, das Herabstimmen der großen Gefühle und das komplizierte

Spiel feingesponnener Strategien und unübersehbarer Handlungsketten, in denen sich der rebellische Impuls verfing, entsprach weder den Überzeugungen noch dem Naturell Kanehls. Dies erklärt seine trotzige Reaktion, den Rückzug in die eigene Vorstellungswelt:

> Stabilisation ist Schwindel!
> Ruhe und Ordnung sind Blech!
> Wer es auch immer euch vorlügt,
> die bürgerliche Journaille,
> die Bonzen eurer Parteien,
> oder die Komintern:
> Stabilisation ist Schwindel.
> Ruhe und Ordnung sind Blech.[6]

Insbesondere nach 1924 wurde die KPD mit ihren von Moskau diktierten taktischen Wendungen, ihren autoritären Organisationsstrukturen und ihrer Skepsis gegenüber rebellischer Spontaneität für Kanehl zu einer Ordnungspartei. Bitterer Spott spricht aus den Gedichten ›Völker hört die Zentrale‹ und der ›Parteiidiot‹; in dem Gedicht ›Antreten zum Kommunismus in der KPD‹ heißt es:

> Der Bürger schreit. Demonstration!
> Hungerrevolte. Arbeitslose.
> Wer hilft exakt in solchen Fällen
> die Ordnung wiederherzustellen?
> Nicht Sipo, Reichswehr, keine Rede.
> Sprung auf, marsch marsch die Hundertschaften.
> Am sichersten sind die ›Genossen‹
> auf Ruhestörer eingeschossen.

Mit dem Verebben der revolutionären Welle verlor Kanehl das Milieu, das seiner literarischen Produktivität entgegenkam und seinem Leben einen Sinn gab. Er, der stets appelliert hatte, wollte noch mit seinem Selbstmord 1929 ein Zeichen setzen: er stürzte sich aus einem Fenster auf eine von Passanten belebte Straße Berlins. Eines seiner letzten Gedichte trägt den Titel »Melancholie«:

⟨...⟩
Des Hetzdichters Strophe trifft auf taubes Ohr.
Seht eurer Ausbeuter zynisches Wohlleben!
– es stört sie nicht.
Hört ihr den Siegerchor der Soldateska toben?
– es reizt sie nicht.
Erkenntnis stirbt.
Gefühl ist ausgepreßt.
Weiter nicht mehr.
Am Gashahn hängt der hohle Blick.
Nur dieser letzte Klassenstolz ist wach:
wenn schon – dann lieber auf der Barrikade. –
Auf Straßenpflaster sickert unser Blut.
Langsam werden wir ermordet.

VIII. Johannes R. Becher (1891 - 1958)

Wie Oskar Kanehl aus gutbürgerlichem Hause und von Expressionismus und Jugendbewegung geprägt, hatte auch Becher nach dem Krieg ebenfalls den Agitationsstil der großen Vereinfachung gewählt. Der ehemalige Bohemien und Morphinist Becher inszeniert, mit stets wachem Sinn für die große Geste, seine revolutionäre Entschlossenheit gerne als Bekehrung. Sein »zäher fanatischer Wille zur Politik« will für die Gedichte jetzt nur noch das Kriterium der Massenwirksamkeit gelten lassen, literarischer Ehrgeiz sei ihm fremd. Einen Gedichtband leitet Becher mit der Bemerkung ein: »⟨...⟩ und so werden auch diese Gedichte keine andere Kritik je über sich anerkennen, als die nach der Weite tatsächlicher Wirkung«. Das lyrisch verlautbarte Weltbild ist von großer Schlichtheit: dort die blutrünstigen Kriegsherren und feisten Kapitalisten, hier die revolutionären Massen. »Angliedern wir uns« ruft er den Schwankenden zu. Überhaupt ist das Aufrufartige, die erhobene Stimme bei Becher der gewöhnliche Tonfall. Noch nachdrücklicher als Kanehl bleibt Becher dem expressionistischen Seher- und Verkünderpathos verhaftet:

Du aber Dichter sei wie Himmel der Gerechten!
Du wandelnd ab in Geistes Reich die Herrschaft der Gewalt!
Tyrannentöter, du mit Wunderkraft aus Worten.
Dein Haar zur Brüder Fahn' schling flackernd in Tumulte weit.[7]

Unbescheiden definiert er die Rolle des Dichters:

Dichter sein soll von jetzt an heißen: nähren, Stoff zuführen, hochtreiben das Volk, lindern dessen Steinwege, seine Armee organisieren ⟨...⟩ Aufrufer sein zum Anfang und zum Ende ⟨...⟩

Diese literarische Selbstinszenierung als revolutionäre Führerfigur prägt die in schneller Folge erscheinenden Gedichtbände, deren Titel die Tendenz zureichend charakterisieren: ›Gedichte für ein Volk‹ (1919), ›An alle!‹ (1919), ›Ewig im Aufruhr‹ (1920).

Auch nach der Ernüchterung, die auf die Revolutionseuphorie folgt, blieb das Selbstvertrauen intakt: der Dichter – ein unverstandener Heiliger, ein Rufer in der Wüste: »was büßten ab sie alle die / Helden und Heiligen, eingemauert in einem / Verstockten Volk wie in einem / Kerker!? ⟨...⟩« Rückblickend berichtet Becher, daß er in diesen Jahren der Enttäuschung in der Versuchung war, zu einem »Sänger der Sintflut, des Weltuntergangs ⟨...⟩« zu werden. Ganz hat er sich dieser Versuchung wohl nicht entziehen können:

Und so preisen wir hoch als
Wider die tückischen Finsternisse
Unseres labyrinthischen Daseins
Einzigstes Heilmittel:
Apotheose und Rausch.

Anders als Oskar Kanehl gelingt es Becher, die Krise zu bewältigen: er sucht und findet in der KPD seine politische Heimat, die für ihn zum »Verkünder einer neuen lebendigen Kirche« wird. Rebellische Militanz und Geborgenheit in einer Formation – beides erlebt Becher in einer Organisation, die ihn vor dem Sog des »bürgerlichen Sumpfs« – der Stabilitätsphase – schützt. Allerdings muß er jetzt eine neue Bescheidenheit lernen. In dem Roman ›Levisite oder Der einzig gerechte Krieg‹ (1926) schreibt er:

Ob man sich selbst herunterholen kann!? – Herunter bis auf diese naheste aller Erdnähen, bis zu diesem festen granitenen fundamentalen Grund: Klassenkampf, Klassensolidarität, Parteidisziplin, Parteiehre!? Darnach, nachdem das ganze Dasein ausgelaugt von der bürgerlichen Gifthölle ist oder millionenscherbig zersplittert! Und man sich mühselig von neuem wieder zusammenklauben muß! ⟨...⟩«[8]

Der zum Parteikommunismus Bekehrte beginnt sogleich eine heftige Polemik gegen jene linksbürgerlichen Schriftsteller, die seinen 1923 in der ›Frankfurter Zeitung‹ proklamierten Übertritt kritisiert hatten.

Bechers Selbstinszenierungsstil ändert sich. Zwar bleibt das expressionistische Pathos – die Anakoluthe, die Anaphern, die Ausrufesätze und die forcierten Metaphern –, doch aus dem Verkünder und Seher ist der Repräsentant einer »kolossalen Kampfmaschine« geworden. Seine Gedichte suchen den Maschinentakt, sie wollen lakonisch, schneidend, feststellend und befehlend sein. In einem 1924 veröffentlichten Gedicht wechselt er zwischen expressivem und lakonischem Stil, um die verschiedenen Attitüden – die alte Empörung und die neue Parteilichkeit – zu unterstreichen:

Schaum ohnmächtiger Rache noch um den Mund wie ein Epileptiker –
Sich widerspiegelnd in den Pfützen aus Menschenweichteilen mit Knochenbrocken drin –
Aber
Es wird schon,
es formt sich schon
Hart, stahlhart gerinnen die Umrisse –
Das Herz beginnt zu schlagen,
Zu hämmern –
Ein eiserner Takt –
⟨...⟩[9]

Becher stürzt sich nun in die kommunistische Organisationsarbeit. Arbeitet im KPD-Apparat, wird Mitglied des Rotfrontkämpferbundes, gibt zwischen 1927 und 1928 die »proletarische Feuilletonkorrespondenz« heraus und wird bei Gründung des ›Bundes proletarisch-revolutionärer Schriftsteller‹ dessen Vorsitzender. Es wäre still geworden um Becher, wenn nicht 1925 wegen des Gedichtbandes ›Der Leichnam auf dem Thron‹ und des Kriegsromans ›Levisite oder Der einzig gerechte Krieg‹ ein Hochverratsverfahren gegen ihn eingeleitet worden wäre. Der weltweite Protest bekannter Schriftsteller (Maxim Gorkij, Romain Rolland, Bertolt Brecht, Thomas Mann) verhinderte seine Verurteilung und bewirkte 1928 eine Niederschlagung des Prozesses. Als organisierter Intellektueller begab sich Becher nun in das Handgemenge der in Lager zerrissenen Kampfkultur. Es sei keine Zeit für Kunst, sondern ›Selbstbegrenzung‹ sei gefragt.

Das »heroische Kulturgewissen« fordere den zeitweiligen Verzicht auf die ›große Kultur‹, behauptet Becher. Er selbst hat sich offensichtlich daran gehalten; denn bis 1933 ist er fast nur noch als parteipolitischer Kulturfunktionär, Pamphletist und Organisator tätig. Doch der Kulturverzicht schmerzt, deshalb seine wütenden Ausfälle gegen jene Intellektuelle, die nicht dazu bereit sind. Sie sind für ihn »der andere Teil der Menschheit auf seinem verlorenen Posten, überwuchert von seinem eigenen Pesthauch ⟨...⟩«. Für ihn gehören sie zur feindlichen Front:

Weltmobilisation –
Front gegen Front ⟨...⟩
Es riß durch –
und es riß bis auf die Sprachverbindung hinab, bis hinab auf die gleiche Erlebnismöglichkeit.
Front gegen Front heißt: Sprache gegen Sprache, Gefühlsausdruck gegen Gefühlsausdruck, heißt Denkart gegen Denkart, heißt Anschauungsform gegen Anschauungsform, ist Weltbild gegen Weltbild.[10]

Deutlicher ist die Mentalität des Bewußtseinskrieges während der Weimarer Republik wohl kaum ausgesprochen worden.

IX. Proletarische Autobiographien

Bis Mitte der zwanziger Jahre dominieren in der proletarisch-revolutionären Literaturszene das Pamphlet, die Agitationslyrik, die in den Zeitschriften geführte theoretische Debatte über ›proletarische Kultur‹, die Organisationsversuche der unterschiedlichen ›Bünde‹.

Die Arbeiter, insbesondere die politisch Organisierten, werden zwar angesprochen, sind aber nicht eigentlich die Träger und Aktivisten dieser Unternehmungen. Es tun sich zumeist Literaten bürgerlicher Herkunft hervor, solche zumal, die schon vor dem Krieg, spätestens aber während des Krieges zu Dissidenten geworden waren und im Expressionismus, im Dadaismus oder im Aktivismus ihre intellektuelle Heimat gefunden hatten. Es sind Schriftsteller, die auf eine wie immer verstandene ›Revolution‹ setzten und das gesellschaftliche Subjekt der Umwälzung im Proletariat und seinen radikalen Organisationen gefunden zu haben glauben.

Umfangreichere Veröffentlichungen von Autoren proletarischer Herkunft gibt es erst wieder seit der Mitte des Jahrzehnts, und es sind, wie auch schon vor 1914, Autobiographien, bzw. stark autobiographisch geprägte Werke, die in der Öffentlichkeit ›proletarisches Schreiben‹ repräsentieren. In den Biographien, die jetzt erscheinen, blicken die Autoren auf eine leidvolle und zugleich kampferfüllte Zeit zurück. Im Vordergrund stehen nicht mehr, wie in den proletarischen Autobiographien vor 1914, die alltäglichen Leiden des industriellen Arbeitsprozesses, die Schilderung des alltäglichen Kleinkrieges im Betrieb und Streikaktionen, denn Weltkrieg, Revolution und Bürgerkrieg haben einen weitaus dramatischeren Erfahrungsstoff geliefert. Der Blick zurück erfolgt in einer Phase relativer gesellschaftlicher Stabilität. Die großen Kämpfe gehören schon der Vergangenheit an. Deshalb soll die Erinnerung wach gehalten werden, damit der gesellschaftliche Friede als Scheinfrieden entlarvt werden kann. Die oft breit erzählten Biographien sind an die Produktionsbedingungen der Stabilitätsphase gebunden und gleichzeitig gegen den ›Mythos Stabilität‹ gerichtet. Die großen gesellschaftlichen Ereignisse, in die der Biograph, ob gewollt oder ungewollt, verwickelt war, legen es ihm nahe, nicht nur private, sondern gesellschaftliche Bilanz zu ziehen: wie es zur Revolution kam und warum sie, gemessen an den Zielen der radikalen Arbeiterbewegung, gescheitert ist. Auf diese Frage wollen die Autobiographien eine Antwort geben – aus persönlicher Sicht.

Ehe die bedeutenden proletarischen Biographien der Weimarer Zeit (Oskar Maria Graf, Ludwig Tureck, Albert Daudistel, Adam

Scharrer, Max Hoelz) erschienen, hatte die Zeitschrift ›Die Aktion‹ die biographische Methode propagiert. Mitte 1923 annoncierte ihr Herausgeber Franz Pfemfert ein Preisausschreiben, mit welchem die Linksradikalen erstmals versuchten, eine Selbstdarstellung revolutionärer Arbeiter zu inszenieren. »Erzählt euer Leben, euer Denken und Fühlen, euer Erwachen und Wollen«, heißt es im Aufruf. Zwei Zielsetzungen verband ›Die Aktion‹ mit diesem Unternehmen. Die intellektuellen Herausgeber wollten dem schreibenden Arbeiter im Sinne der ›Geburtshelferthese‹ zur Selbstbewußtseinsentwicklung verhelfen; die artikulierte proletarische Erfahrung sollte sein wie »Dynamit, in Atome zu zersprengen kleinbürgerliche Sklavengesinnung«, die, nach Meinung der linkskommunistischen Initiatoren, auf der Arbeiterbewegung laste. Mit dieser politisch-operativen Zielsetzung war eine repräsentative verbunden: das biographische Schreiben sollte Elemente einer proletarischen Kultur, an die zu diesem Zeitpunkt fast nur noch die Linkskommunisten glaubten, hervorbringen.

Zwischen 1923 und 1925 erscheinen 56 Berichte, dann wird die Veröffentlichung ohne Kommentar und ohne Prämierung eingestellt. Die Initiatoren des Preisausschreibens hatten den Schreibenden ein Interpretationsraster ihrer Lebensgeschichten vorgegeben. Man hatte den »schreibenden Arbeiter« angewiesen, »die eine Frage klar zu beantworten ⟨...⟩, wie er, nach welchen Irrtümern und Irrwegen ⟨...⟩ zum Klassenkampf-Standpunkt gelangt ist.« Zwar schließen die meisten Berichte mit einem oft formelhaften Bekenntnis zu einer der linkskommunistischen Organisationen, doch sind es gerade die »Irrtümer und Irrwege«, auf die sich die Schreiblust und Aufmerksamkeit der Berichtenden bezieht: individuelle Revolten gegen Eltern, Erzieher, militärische Vorgesetzte, Parteibosse; die Jahre der unsteten Existenz, manchmal als Landstreicher, manchmal als Wanderarbeiter. Farbig und schwungvoll sind die Berichte dort, wo die listenreichen, mutigen und phantasievollen Strategien individueller Selbstbehauptung im Dschungel der Kriegs- und Nachkriegsgesellschaft geschildert werden. Mit Blick auf seine Landstreicherjahre bekennt einer der Berichterstatter, daß ich ein freies Leben führte, heute hier, morgen dort, wie es mir gerade gefiel. An keine Disziplin gewöhnt, niemand gehorchen zu müssen, das eigene Ich immer über alles stellen zu können.

Weniger die Klassenkampfdoktrin als vielmehr die abenteuerliche Welt Jack Londons liefert den Schreibenden die Gesichtspunkte der Selbstinterpretation ihrer Lebensgeschichte. Sie profilieren sich vor dem Hintergrund einer verspießerten Masse: »Der größte Feind«, heißt es in einem Bericht, »den wir hassen, der uns umlagert schwarz und dicht, das ist der Unverstand der Massen. Diese Worte sind auch heute noch wahr«. Dieses Bild der »idiotenhaften Arbeitskollegen«, denen der Mut zur Freiheit fehlt, paßt natürlich nicht ins Konzept des Preisausschreibens. Wohl deshalb wurde es schließlich abgebrochen. Und doch hatten Pfemfert und seine Gruppe Gespür für die Möglichkeitsbedingungen proletarischen Schreibens bewiesen, indem sie die ›biographische Methode‹ empfahlen: Tatsächlich sind die ersten größeren Werke der proletarischen Literatur Autobiographien.

Unter dem Titel ›Wir sind Gefangene‹ veröffentlicht Oskar Maria Graf 1927 seine Lebensbeschreibung, deren erster Teil bereits 1922 erschienen war. Sie endet mit dem Bericht über die Niederschlagung der Münchner Räterepublik und einem Epilog, der ein das Persönliche und das Geschichtliche verbindendes Resümee enthält. Er entdeckt in sich jene Struktur des verkrampften, unfreien Selbstbezugs, von der er glaubt, daß sie als Massenphänomen Ohnmacht und Scheitern der Revolution verursacht habe. Die Diagnose des Ich als Zeitdiagnose.

Die »Gefangenschaft«, auf die der Titel hinweist, ist eine doppelte: man ist gefangen im Gewaltsystem einer Gesellschaft, die auch noch den Gesten der Auflehnung ihren Stempel aufprägt; und man ist gefangen im eigenen Ich: »Winzig klein wurde mein Kreis und hieß nur noch: Ich«.[11] Für den Autor hat die Niederlage der Revolution kathartische Wirkung. Er erkennt, daß der Ausbruch aus dem gesellschaftlichen Gefängnis mißlingen muß, solange die Gefangenschaft im selbstsüchtigen Ich anhält. Über diese Erfahrung verwandelt sich eine gesellschaftliche Niederlage in eine persönliche Befreiung: »Mein winziger Kreis zerbarst. Ich war mehr als bloß ›Ich‹. Ein großes Glück durchströmte mich.«[12] Das neue Wir-Gefühl, mit dessen Schilderung der Lebensbericht endet, ist zugleich eine Voraussetzung dafür, daß es dem Autor gelang, sein Leben literarisch zu bewältigen. Insofern berichtet diese Biographie, die den schriftstellerischen Ruhm Grafs begründete, über die notwendige Vorgeschichte einer Schriftstellerexistenz.

Graf erzählt von einem Leben, das sich in einer Kette von Ausbruchsversuchen, die immer wieder in »Gefangenschaften« enden, realisiert. Erst entflieht er aus der väterlichen Backstube in die Lektüre und eine phantastische Erfinderexistenz, dann verläßt er sein Dorf mit dem nicht minder phantastischen Plan, Schriftsteller zu werden; arbeitet anschließend wieder als Bäckergeselle, beteiligt sich an betrügerischen Geschäften, gewinnt Anschluß an die literarische Boheme, die ihm aber als »Sumpf« erscheint. Als Soldat wird er wegen einer Befehlsverweigerung inhaftiert, eine Zeitlang verbringt er im Irrenhaus, wobei in Grafs Schilderung nicht klar wird, ob er bloß simulierte oder tatsächlich Symptome von Paranoia aufwies; in den Monaten vor der Novemberrevolution bringt er sich als Schieber durch – von dem wachsenden Selbstekel befreit ihn erst die Revolution. Er stürzt sich in hektische Aktivität, »wie ein wildgewordener Stier rannte ich sozusagen durch die Revolution, durch Tag und Nacht«.[13] Er spielt den naiven Proleten, um von einer reichen Mäzenin, die ihr Faible für das Proletariat entdeckt, ausgehalten zu werden. Vom Revolutionsgeschehen zieht er sich zurück in das dekadent-zynische Umfeld eines reichen Holländers aus dem Schieber-Milieu, wo er den Narren spielt. Das Bewegungsgesetz seines Lebens beschreibt er so: »Es war wirklich merkwürdig mit mir. Ständig schwankte ich zwischen diesem Wechsel: Entweder sich vor der Welt vergraben ⟨...⟩ oder sich von ihr ins Ungefähre tragen lassen«.[14] Beide Haltungen gelten ihm als Gefangenschaft, aus der ihn erst die Relativierung des eigenen Ichs und nicht zuletzt das bekenntnishafte Schreiben selbst befreit. Das Buch erzählt davon, wie der sich selbst verliert, der nur sich selbst im Auge hat; es warnt vor den Gefahren des Selbstverlustes im Dickicht der individuell-bürgerlichen Selbstbehauptungsstrategien. Insofern ist ›Wir sind Gefangene‹ vergleichbar mit Döblins ›Berlin Alexanderplatz‹, wo ebenfalls gezeigt wird, daß sich der Prolet niemals behaupten kann, wenn er sich auf die ihm von der Gesellschaft aufgedrängten Regeln des individuellen Überlebenskampfes einläßt.

Anders als bei Graf, bei dem das Verhältnis zwischen individueller und kollektiver Selbstbehauptung zum Zerreißen gespannt ist, blickt der proletarische Autobiograph Ludwig Tureck (1898-1974) auf ein Leben zurück, das diesen Widerspruch offenbar nicht kennt oder nicht kennen will.[15] Optimistisch entspannt zeichnet Tureck ein geradezu ›klassisches‹ Portrait eines kämpferischen Proleten, den eine Art ›Klasseninstinkt‹ unangefochten durch ein gefährliches, tumultreiches Leben führt. Obwohl auch dieses Buch von Gefangenschaften erzählt, so läßt doch der lässig-souveräne Ton niemals die Vermutung aufkommen, der Biograph könnte jemals wirklich ›gefangen‹ gewesen sein. Noch nicht einmal die anklägerische Geste scheint er nötig zu haben, denn überall dort, wo leiderzeugende Verhältnisse oder Personen dargestellt werden, dominieren Sarkasmus, Spott und Satire; dies gilt auch für die Kriegsjahre, »als sich die Armen von den Reichen dadurch verschieden anließen, daß die ersteren aussahen, als hätten sie absolut keine Luft mehr drauf, und die anderen, als hätten sie erst eben frisch aufgepumpt«.

Das Interesse an sozialer Typik organisiert den Erlebnisstoff. Elend und Ausbeutung beherrschen dieses Leben von Anfang an, aber auch Stolz und Wille zur Auflehnung machen sich schon im Kindesalter bemerkbar. Aus dem kleinen Jungen, der Kohlen klaut, wird ein Kämpfer in der roten Ruhrarmee. Turecks Welt ist eindeutig, hier gibt es keine Frontverwirrung. Wie Graf betätigt auch er sich zeitweilig als Schieber, ohne aber diese Episode mit irgendeiner Bedeutung zu versehen; dasselbe gilt für eine kurze Liaison mit einer polnischen Gräfin: Tureck bleibt ein Prolet, der sexuell auf seine Kosten kommt, ohne sich aber in die Décadence verstricken zu lassen. Auch als er in die Hände der Weißgardisten fällt und vor ein Erschießungspaleton gerät, bleibt er hart:

> Ich fühle, wie die mit winselnden Angstgesichtern um Gnade Bettelnden sich selber morden! Indem sie für ihren Körper das Leben erflehen, führen sie mit jedem Wort, mit jeder Gebärde einen tödlichen Streich gegen ihre Seele, gegen ihr Selbstbewußtsein, ohne das der Mensch weniger ist als ein verprügelter Hund.[16]

Solches Selbstbewußtsein läßt sich den Kampf nicht nur aufzwingen, sondern sucht ihn: Tureck fährt quer durch Deutschland, das jetzt nach Niederschlagung des Kapp-Putsches wieder ruhig ist, um in der Sowjetarmee gegen die polnischen Invasoren des Pilsudski-Regimes zu kämpfen.

Tureck hat sich in seiner Biographie weniger als Exemplar, denn als Exempel seiner Klasse stilisiert. Individuelle Züge verleiht er sich nicht, um von seiner Klasse abzustechen, sondern um das Plansoll der Klassenkampfmentalität gewissermaßen überzuerfüllen; die Jugendjahre zeigen ihn deshalb als freibeuterischen Rebellen, das Mannesalter als mehrfach organisierten, verheirateten Revolutionär. Doch ist Turecks souveräne Selbstsicherheit groß genug, um auch diesen Umstand zu ironisieren:

> Wie ich sonst jetzt lebe? Ich bin seit zwei Jahren verheiratet ⟨...⟩ Wir sind in vielen Organisationen gemeinschaftlich organisiert, so in der kommunistischen Partei, in der Roten Hilfe, im Verband Volksgesundheit, Freikörperkultursparte, in den graphischen Verbänden, in der Konsumgenossenschaft und im Arbeiter-Turn und Sportbund.[17]

Die Autobiographien von Graf und Tureck erreichten Publizität weit über die Grenzen der proletarischen Öffentlichkeit hinaus. Dasselbe gilt für den Lebensbericht von Max Hoelz ›Vom Weißen Kreuz zur Roten Fahne‹ (1929). Max Hoelz (1889-1933) war ein landesweit bekannter Aktivist des Mitteldeutschen Aufstands 1921. Im selben Jahr wurde er trotz unzureichenden Beweismaterials unter Mordanklage gestellt und zu lebenslanger Zuchthausstrafe verurteilt. Nach mehreren Öffentlichkeitskampagnen, die Gerechtigkeit für den Inhaftierten forderten, wurde Hoelz 1928 freigelassen. Zunächst wollte er nur über seine grauenhaften Erlebnisse im Gefängnis Rechenschaft ablegen. Doch weil er auch erzählen wollte, wie er dort hineingekommen war, wuchs sich sein Bericht zur vollständigen Biographie aus. Auch Hoelz beansprucht mit seiner Lebensbeschreibung Repräsentativität. Er spricht, so betont er in einer Vorbemerkung, nicht nur für die hinter Gefängnismauern lebendig Begrabenen, ob es sich nun um politische oder gewöhnliche Gefangene handelt, sondern für das Proletariat insgesamt. Das Zuchthaus sei nur eine extreme Ausprägung des kapitalistischen Alltags.

Proletarische, insbesondere aber parteikommunistische Selbstdarstellung achtet streng auf die Abgrenzung vom lumpenproletarischen und kriminellen Milieu. Das Zuchthaus hatte Max Hoelz in die Gemeinschaft dieser ›Ausgestoßenen‹ gezwungen, deshalb war er nicht länger bereit, sich von ihnen abzusetzen (was die Parteiraison erforderte); mit seiner Autobiographie wirbt er um Solidarität mit ihnen. »Wir sind Gefangene« – dieses Diktum von Oskar Maria Graf nimmt die Autobiographie von Max Hoelz auf – im wörtlichen Sinne.

In diesen Autobiographien weiß sich das erzählende Ich in Übereinstimmung mit einem vorweg erlebten oder durch Krisen hindurch erkämpften Wir-Gefühl. In den autobiographischen Schriften von Albert Daudistel (1890-1955) und Adam Scharrer (1889-1948) ist das anders. Dort wird die Masse aus dem Blickwinkel des plebejischen Rebellen und Außenseiters geschildert und dort hat die Verzweiflung über die am »Unverstand der Masse« gescheiterte Revolution tiefere Spuren hinterlassen. Scharrer charakterisiert mit dem Titel seiner 1930 erschienenen Lebensbeschreibung ›Aus der Art geschlagen‹ deren Tendenz: der da erzählt fühlt sich als Außenseiter – auch unter Proletariern. In Daudistels autobiographischem Roman ›Das Opfer‹ von 1925 scheitert jede Revolte an dem »verwahrlosten Selbsterhaltungstrieb« der Masse, die »kein Interesse für eine große allbefreiende, gemeinsame Sache zu hegen scheint.«[18] Wie Daudistel hat auch Scharrer ein bewegtes Leben hinter sich. Fast ein Jahrzehnt verbringt er auf der Landstraße:

> Was mir niemand gab, als ich zum erstenmal in weltweiter Einsamkeit nachts auf der Straße stand, das gab mir ein alter Speckjäger. So war das Band mit den Ausgestoßenen der Gesellschaft geknüpft, die abseits des Wegs wandeln und die Menschen hassen, von deren Almosen sie leben müssen. So wurde die Landstraße meine Heimat«.[19]

Keine politische Organisation – Scharrer schließt sich zunächst der SPD, später der KAPD an – ist ihm jemals in vergleichbarer Weise zur ›Heimat‹ geworden. Denn überall stößt er auf die »spießerhafte Borniertheit unter den Arbeitern«.

In den proletarischen Autobiographien dieser Jahre der relativen Stabilität vergewissern sich die Autoren im Schreiben ihrer Identität, die jetzt anderen Bedrohungen ausgesetzt ist als in der ›Kampfzeit‹.

Die materielle Lebenslage verbessert sich; die schlimmste Not ist vorbei. Massenkonsum und Massenkommunikation, an denen nun auch die Unterschichten teilhaben, erzeugen ein Klima von Zerstreuung und Anpassung an den gesellschaftlichen Status quo. Die emotionale Bereitschaft, Konflikte gewaltsam auszutragen, läßt nach, weil die gesellschaftlichen Konfliktregelungsmechanismen hinlänglich zu funktionieren beginnen: die vorübergehende wirtschaftliche Konjunktur ermöglicht gewerkschaftliche Tariferfolge; der politische Kredit des Parlamentarismus wächst. Die Verständigungspolitik mit der Sowjetunion einerseits und mit Frankreich und England andererseits läßt die außenpolitischen Feindbilder etwas verblassen.

Es fehlt an klaren Fronten. Die Notwendigkeit, Identität im militanten gesellschaftlichen Kampf zu behaupten, bzw. zu erwerben, scheint hinfällig geworden zu sein. Der linke Flügel der Arbeiterbewegung verliert an Einfluß. Bei den Reichstagswahlen am 7. Dezember 1924 verzeichnen die militanten Parteien, die Kommunisten und die Völkischen, starke Verluste. Die Wahl Hindenburgs zum Reichspräsidenten und die Einbeziehung der Deutschnationalen in eine Regierungskoalition (1925) wirkt auf die militante Rechte lähmend. Die politische Revolution, ob von links oder rechts, hat wenig Zulauf, um so vielfältiger ist dagegen das Angebot an Bewußtseinsrevolutionen. Die »Inflationsheiligen« haben immer noch Konjunktur. Die kulturelle Szene gleicht mehr als zuvor einem »babylonischen Narrenhaus«: »Aus tausend Fenstern schreien tausend verschiedene Stimmen, Gedanken, Musiken auf den Wanderer ein ⟨...⟩«.[20] Für jene, die ein revolutionär-kommunistisches Bewußtsein konservieren wollen, gibt es neben der biographischen Selbstvergewisserung, noch andere Arten, auf diese Situation zu reagieren.

Man erinnert an den jüngst vergangenen blutigen Bürgerkrieg und man verweist auf die Internationalität des Klassenkampfs; man berichtet aus dem ›roten Paradies‹ Sowjetunion oder man zeichnet ein gleichnishaft überhöhtes Bild des Klassenkampfs in den Anfangsjahren der Weimarer Republik.

Nicht nur die Weltkriegstoten, auch die Bürgerkriegstoten wollen ›gerächt‹ sein. Sie haben ein Vermächtnis hinterlassen, das nicht erlaubt, mit dem gesellschaftlichen Status quo Frieden zu schließen: die Stabilität ist trügerisch, noch bebt die Erde.

1927 veröffentlicht Berta Lask (1878-1967), Fabrikantentochter und Mitglied der KPD, ihr Theaterstück ›Leuna 1921‹. Der Berliner Polizeipräsident verbot die Aufführung und die Reichsregierung ließ die Buchfassung beschlagnahmen. In getarnten Veranstaltungen wurde das Stück dennoch aufgeführt. Es läßt den Leuna-Aufstand von 1921 noch einmal lebendig werden, knüpft aber in einem ›Vorspiel 1926‹ an die im Zeichen der Stabilität vergeßlich und närrisch gewordene Gegenwart an. »Wir wissen nichts von 1921. Wir haben hier unser Brot, weiter kümmert uns nichts. Kommt!« sagen die Chemiearbeiter des Vorspiels, andere singen einen Choral, wenn sie von der Arbeit kommen:

HEIZER: Was sind das denn für welche?
BRUNO: Bibelforscher!
HEIZER: Chemiearbeiter und Bibelforscher?
BRUNO: Ja, sie sagen, das Chemiekapital ist so mächtig; dem gehört die Erde. Darum wollen sie den Himmel erobern.[21]

Massenauftritte, simultane Spielszenen, starke Typisierung der Figuren, Verwendung von Schrifttafeln und Lichtbildern charakterisieren den Stil des Stückes und weisen auf Piscators Einfluß hin. Im Stück scheitert der Aufstand am Taktieren der Sozialdemokratie, die mit dem Militär und den Fabrikherren unter einer Decke steckt, an der Wühlarbeit von Spitzeln, an der Unzuverlässigkeit der KAPD-Genossen, an der Ängstlichkeit der proletarischen Hausfrauen, an der Übermacht des Militärs, an der falschen militärischen Strategie der Aufständischen, an ihrer Uneinigkeit und vor allem daran, daß die Kämpfe isoliert blieben. Daraus werden Lehren gezogen:

FREIMANN: Aber umsonst seid ihr nicht gefallen, ihr toten Kameraden. Die Armee marschiert weiter. Wir werden uns noch besser vorbereiten zum nächsten Mal, und wenns Jahre dauert. Aufklären, arbeiten, die Front eisern schmieden, Verräter ausschiffen ⟨...⟩[22]

Berta Lasks Stück agitiert gegen die Sozialdemokratie, die des Verrats an der Revolution bezichtigt wird. Bürgerkriegserfahrungen werden aufgeboten als Schule des Mißtrauens gegen die SPD. Es geht darum, das Proletariat vom »Wahn der Weimarer Demokratie« zu befreien, so heißt es im Schlußdialog des 1928 erschienenen Romans ›Brennende Ruhr‹ von Karl Grünberg, einem KPD-Mitglied.

X. Die politische Bewirtschaftung der Literatur

Der Krieg hatte alles und jeden organisiert, an der Front und in der Heimat. Soziale Relevanz und Organisation waren Synonyme. Im kommunistischen Einflußbereich ist dieser Organisationsgesichtspunkt am radikalsten auf die Literatur angewendet worden. Vertrieb, Buchmarkt, Lesezirkel, Veranstaltungen zu organisieren – das war nicht neu. Jetzt aber sollte das künstlerische Schaffen selbst organisiert werden. Unter Organisation stellte man sich eine Art Maschine vor, die den Rohstoff Erfahrung und Phantasie so durcharbeitet, daß er literaturfähig wird: Für die Arbeiter ging es dabei um das organisierte Erlernen literarischer Techniken, die bürgerlichen Intellektuellen sollten in der Organisation den bürgerlichen Standpunkt überwinden.

›Die Politik kommandiert die Literatur‹, so lautete ein Slogan in der proletarisch-revolutionären Kulturszene. Es war mehr damit gemeint als die Pflicht zur Parteilichkeit. Oft griff man unter tagespolitischen Gesichtspunkten in den Produktionsprozeß der Literatur ein. Themen und Techniken wurden vorgeschlagen. Man bestimmte den politisch-strategischen Ort von Büchern, die es noch gar nicht gab. Die verstreuten literarischen Energien galten als plastischer Rohstoff, der von strategisch-politischem Kalkül geformt und nach Bedarf eingesetzt werden konnte. Wurde der Rohstoff knapp, mußten neue Quellen aufgetan werden: Sympathisantenwerbung, Talentsuche. Hatte man Sympathisanten, so mußte man sie in Organisationen einbinden, denn die anderen politischen Fraktionen unternahmen ebenfalls Werbefeldzüge. Der ›Kampf um Rohstoffquellen‹ galt als unvermeidlich, auch auf geistigem Gebiet.

Militärische Kampfkategorien bemächtigten sich der Literatur.

»Kunst ist Waffe« lautete die Parole. Man errichtete eine ›Literaturfront‹, bestimmte, wer an der ›Spitze marschiert‹. Wenn man Literatur für das Kleinbürgertum konzipierte, operierte man im ›Hinterland des Feindes‹. Man versuchte die ›Zersetzung der eigenen Reihen‹ durch die Literatur des Hugenberg-Konzerns abzuwehren. Brachte es ein proletarisch-revolutionärer Roman zu beträchtlicher Auflagenhöhe, dann war das ein ›Sieg‹. Blieb ein Werk unbeachtet, so mußte man ›aus der Niederlage lernen‹. Das instrumentelle Verhältnis zur Weltanschauung war schon selbstverständlich geworden.

›Operationalität‹ hieß die zivile Variante des Literaturkrieges. Literatur muß ›eingreifen‹ und ›wirken‹. Literatur ist, was sie bewirkt. Ihre Wirkungen müssen planbar und kontrollierbar sein. Literatur muß an empfindlichen Punkten ›ansetzen‹. Sie muß in Handlungsketten, die über den literarischen Bereich hinausgehen, ›funktionieren‹. Die sachlich, abgekühlte und kämpferische Attitüde beschränkt sich auf das »Umfunktionieren«. Wer mit den schwachen Mitteln der Literatur in diesem operativen Sinne wirken will, muß gewitzt sein: »man stellt sich nicht vor eine Turbine und übergießt sie mit Maschinenöl. Man spritzt ein wenig davon in verborgene Nieten und Fugen, die man kennen muß«.[23]

Operationalität galt für den Tag. Über den Tag hinaus aber wurde Geschichtsphilosophie der Aktualität betrieben, auch in der proletarisch-revolutionären Szene. Die einschlägige Literatur sollte das Proletariat ja nicht nur ›bewaffnen‹, sondern auch den geschichtsphilosophisch begründeten Hegemonieanspruch des Proletariats kulturell beweisen. Literatur geriet unter den Beweiszwang, das repräsentieren zu sollen, was ihr die geschichtsphilosophische Reflexion zumutet. Es gab den ›Sinn‹ und die ›Bedeutung‹ von Büchern, die noch gar nicht geschrieben waren. Über das Phantom ›Das große proletarische Kunstwerk‹ wurden erregte Debatten geführt, die, weil sie keinen Gegenstand besaßen, natürlich uferlos wurden. Deshalb konnte sich 1968 eine neue Generation in diese Diskussion einschalten, als sei nichts geschehen; denn es war tasächlich – literarisch – nichts geschehen: Das ›große proletarische Kunstwerk‹ gab es immer noch nicht.

XI. Die Arbeiterkorrespondentenbewegung

Gegen Ende der zwanziger Jahre schien das Terrain für einen Innovationsschub der proletarisch-revolutionären Literatur bereitet. Der neue Aufschwung kam aus dem Umfeld der KPD und fand organisatorischen Ausdruck in der Gründung des ›Bundes proletarisch-revolutionärer Schriftsteller Deutschlands‹ (BPRS). Dieser konstituierte sich durch das Zusammengehen von schreibenden Arbeitern aus der von der KPD ins Leben gerufenen ›Arbeiterkorrespondentenbewegung‹ mit kommunistisch orientierten bzw. organisierten Intellektuellen, die ihre Literatur dem Proletariat dienstbar zu machen suchten. In diesem Sinne signalisiert der aus dem politischen Sprachgebrauch der KPD übernommene Terminus ›proletarisch-revolutionär‹ die programmatische Verbindung von proletarischen Autoren mit anderen revolutionär gesonnenen Schriftstellern zumeist bürgerlicher Herkunft.[24]

Mit der nach heftigen inneren Auseinandersetzungen Mitte der zwanziger Jahre erfolgten Neuorientierung (»Bolschewisierung«) der KPD, die sich nun auf der Basis von Straßen- und Betriebszellen und nicht mehr als bloße Mitgliederpartei organisierte, wuchs die Notwendigkeit neuer Kommunikationsstrukturen, insbesondere im Pressewesen. Die Entwicklung von Betriebszeitungen und die damit verbundene Qualifizierung von schreibenden Arbeitern als Berichterstatter erfolgte im Rahmen der Arbeiterkorrespondentenbewegung, die mit sowjetischen Entwicklungen eng verknüpft war und von dort auch ihren Namen bezog[25]. Neben einschlägigen Arbeiten von Bucharin und Sinowjew über die russischen Korrespondenten waren es insbesondere Lenins Ausführungen über ›Parteiorganisation und Parteiliteratur‹ aus dem Jahre 1905, die – 1924 erstmals ins Deutsche übertragen und wie die Arbeiten von Bucharin und Sinowjew 1924 in der Zeitschrift ›Arbeiter-Literatur‹ erschienen – Grundlage einer auch für die deutschen Verhältnisse folgenreichen Literaturpraxis wurden; sie liefen auf eine enge Verknüpfung von Partei, Literatur und Schriftsteller hinaus.

Die Arbeiterkorrespondentenbewegung bestimmte das Bild der KPD-Presse durchaus mit; so verfügte die ›Rote Fahne‹ 1928 über 360, 1930 über 500, 1932 über 1200 regelmäßig schreibende Korrespondenten und publizierte 1928 rund 1000, 1929 etwa 2700, 1930 noch 946 Korrespondenzen. Hinzu kommen die kommunistische Regional- und Lokalpresse und die oppositionellen Betriebszeitungen.[26] Die Zahl aller Korrespondenten dürfte 1930 bei 15 000 gelegen haben. Es liegt auf der Hand, daß diese Bewegung eine Brücke zur im engeren Sinne literarischen Produktion und Qualifizierung schreibender Arbeiter bildete. Bereits 1924 bestimmte eine Konferenz der Korrespondenten der ›Roten Fahne‹ ihre Aufgabe

> vorwiegend in der Berichterstattung über die Zustände im Betrieb, im Arbeiterleben und im bürgerlichen Staat, doch soll natürlich der literarischen Betätigung des Arbeiters überhaupt keine Schranke gesetzt werden. Im Gegenteil, der proletarische Journalist und Schriftsteller kann nur auf dem Boden der kommunistischen Presse entstehen.[27]

Zentrale Sujets der Arbeiterliteratur waren damit angesprochen; gleichzeitig hinterließ die Form der Korrespondenzen – dokumentarisch-sachlich angelegte Berichterstattung, Einzelepisoden aus den Klassenkämpfen der Zeit, Tatsachenmaterial – erkennbar Spuren in der entstehenden proletarisch-revolutionären Literatur, deren proletarischer Flügel sich aus dieser Bewegung rekrutierte. Jedenfalls entdeckten Arbeiter, zum Teil auch Arbeiterinnen, eigene literarische Interessen angesichts der Appelle, Korrespondenzen einzureichen. Die frischgebackenen Autoren, die sich nicht immer an die Vorgaben der Kürze, Prägnanz und Nachprüfbarkeit halten mochten, bevorzugten gelegentlich lyrische Formen, was erneut die alte sozial- und arbeiterpsychologische Beobachtung belegt, daß ein deutliches proletarisches Bedürfnis nach literarischer »Artikulation von Selbsterfahrung« existiert, nach einem produktiven »Umgang mit der eigenen sprachlichen Kreativität«, die durch die Monotonie am Arbeitsplatz gleichermaßen eingeengt und freigesetzt wird. Auf dies Phänomen hatte der Soziologe Adolf Levenstein bereits 1909 in seiner Enquete über ›Arbeiter-Philosophen und -Dichter‹ hingewiesen, und es besteht kein Zweifel, daß ein derartiges Interesse von Arbeitern und Arbeiterinnen gerade am lyrischen Selbstausdruck nicht allein für die Zeit vor dem Ersten Weltkrieg gilt; daß hieran wiederum die kommunistische Presse nur in Ausnahmefällen interessiert war, weil es ihr um die Prosa der Verhältnisse ging, liegt auf der Hand – aber auch, daß diese politisch bedingte Genrepräferenz Enttäuschungen hervorrief.[28]

Ein wichtiges Forum gerade für literarisch ambitionierte Arbeiterkorrespondenten bildete dann die seit 1927 erscheinende, von Johannes R. Becher und Kurt Kläber geleitetete ›Proletarische Feuilleton-Korrespondenz‹, deren Autoren literarisch geschult wurden und die insbesondere die kommunistische Bezirkspresse mit Kurztexten versorgte. Aus der Arbeiterkorrespondentenbewegung gingen Autoren wie Willi Bredel, Eduard Claudius, Otto Gotsche, Hans Lorbeer, Hans Marchwitza, Ludwig Tureck und andere hervor, die in der proletarischen und sozialistischen Literaturentwicklung bis in die Exil- und DDR-Zeit eine nicht unwichtige Rolle spielten.

XII. Der ›Bund proletarisch-revolutionärer Schriftsteller Deutschlands‹ (BPRS)

1. Gründung und Organisation

Während sich die KPD mit der Arbeiterkorrespondentenbewegung noch im literarischen Vorfeld bewegte, erfolgten gezielt literaturpolitische Initiativen erst zögernd. In ihrer literaturkritischen Praxis während der Revolutionsjahre und darüber hinaus hatte sich die Partei einer proletarisch-revolutionären Literatur gegenüber eher skeptisch oder gar verständnislos gezeigt.[29] Dies änderte sich zumal unter dem Eindruck sowjetischer Entwicklungen. 1924 beschloß der V. Kongreß der Kommunistischen Internationale in einer Resolution »zur Frage der künstlerischen Literatur« die Einberufung einer »Internationale der Proletarischen Literatur«, deren Grundlage »absolute Freiheit des schöpferischen Suchens« sowie »unbedingte Beteiligung mit dem eigenen Schaffen am Befreiungskampf des Proletariats« bilden sollten[30]. Der X. Parteitag der KPD forderte 1925 die verstärkte Arbeit in bürgerlichen und proletarischen Organisationen. Als Folge schlossen sich die kommunistischen Schriftsteller im ›Schutzverband deutscher Schriftsteller‹ (SDS) zur Fraktion der ›Arbeitsgemeinschaft kommunistischer Schriftsteller‹

(AKS) zusammen und entwickelten eigenständige kulturpolitische Aktivitäten, so im Kampf gegen das »Schund- und Schmutzgesetz« und gegen andere Zensurmaßnahmen. Die auf dem Essener KPD-Parteitag von 1927 proklamierte Errichtung einer »roten Kulturkampffront« schließlich sollte das gravierende Defizit kultur- und literaturpolitischer Aktivitäten insgesamt ausräumen. Die Arbeiterkorrespondenten einerseits, andererseits die wachsende Zahl von zum Teil prominenten linken Schriftstellern wie Johannes R. Becher, Egon Erwin Kisch, Kurt Kläber, Berta Lask, Ludwig Renn, Erich Weinert und andere bildeten einen Kern proletarischer und bürgerlich-intellektueller Autoren, deren Zusammengehen das Profil der proletarisch-revolutionären Literatur bestimmten. Allerdings gab erst die ›1. Internationale Konferenz proletarischer und revolutionärer Schriftsteller‹ in Moskau 1927 den unmittelbaren Anstoß zur Gründung von proletarischen Schriftstellerorganisationen außerhalb der UdSSR und damit auch zur Einrichtung des ›Bundes proletarisch-revolutionärer Schriftsteller Deutschlands‹ (BPRS).

Organisatorisch fungierte der BPRS als Sektion der ›Internationalen Vereinigung revolutionärer Schriftsteller‹ (IVRS), dem ähnliche Organisationen in anderen Ländern, so im deutschsprachigen Bereich auch der ›Bund proletarisch-revolutionärer Schriftsteller Österreichs‹, angehörten. Seit März 1928 trat ein Ausschuß zur Gründung des BPRS mit Aufrufen, Appellen und Veranstaltungen an die Öffentlichkeit, die Gründung selbst erfolgte dann am 19. Oktober 1928 in Berlin. Das »Organisationsstatut« bestimmte: »Mitglied können haupt- und nebenberuflich produzierende Schriftsteller bzw. Schriftstellerinnen sowie Arbeiterkorrespondenten werden, die das proletarisch-revolutionäre Schrifttum im Sinne des Aktionsprogramms bejahen«[31]. Ein »Aktionsprogramm« setzte sich zum Ziel, die »vorerst qualitativ und quantitativ noch schwache« proletarisch-revolutionäre Literatur »bewußt weiterzuentwickeln, ihr die führende Stellung innerhalb der Arbeiterliteratur zu verschaffen und sie zur Waffe des Proletariats innerhalb der Gesamtliteratur zu gestalten«[32].

Der ›Bund‹ umfaßte 1930 etwa 350, Ende 1932 rund 600 Mitglieder und hatte 1930 nach eigenen Angaben folgende soziale Zusammensetzung: 30 % Arbeiter und Angestellte, 25 % Redakteure und Journalisten, 32 % Mehrberufler, der Rest Theaterleute, Studenten und andere; nur 1 % konnten als ›freie Schriftsteller‹ von ihrer Literaturproduktion leben. Der weibliche Anteil lag mit etwa 10 % noch unter dem Frauenanteil in der KPD (1929: 16 %), allerdings verfügten BPRS-Autorinnen wie Berta Lask und Trude Richter in Berlin oder Anni Geiger-Gog in Stuttgart durchaus über Einfluß. 1930 gehörten 40 % der BPRS-Mitglieder der KPD, 1,5 % der SPD, der USPD bzw. anarchistischen Gruppen an, parteilos waren 58,5 %. Zum Hauptvorstand zählten neben den drei Vorsitzenden Johannes R. Becher, Paul Körner-Schrader und Karl Grünberg als Schriftführer Georg W. Pijet und Kurt Steffen, Ludwig Renn und Berta Lask als Sekretäre, Alexander Abusch, Karl August Wittfogel und Kurt Peterson als Beisitzer; Andor Gábor fungierte als Leiter zahlreicher Arbeitsgemeinschaften. Mitte 1932 wurde eine neue Leitung gewählt, der unter anderen Johannes R. Becher, Bertolt Brecht, Willi Bredel, Ernst Glaeser, Egon Erwin Kisch, Kurt Kläber, Paul Körner-Schrader, Ludwig Renn, Anna Seghers, Erich Weinert und Karl August Wittfogel angehörten, also die Prominenz der jungen proletarisch-revolutionären Literatur; allerdings konnte dieser Vorstand kaum mehr aktiv werden.

Zentrum des BPRS war Berlin, 1932 existierten mehr als zwei Dutzend Ortsgruppen, unter anderem in Bremen, Dortmund, Dresden, Düsseldorf, Duisburg, Erfurt, Essen, Frankfurt, Hamburg, Hindenburg, Leipzig, Stuttgart.

Als zentrales Organ des BPRS fungierte zunächst die von Hans Conrad herausgebene Zeitschrift ›Die Front‹, bis sich der BPRS 1929 mit der bis 1932 erschienenen ›Linkskurve‹ ein eigenes Publikationsforum schuf. Herausgeber der ›Linkskurve‹, in der neben literarischen und literaturkritischen Arbeiten die wichtigsten Grundsatzartikel und Programmbeiträge des Bundes publiziert wurden, waren Becher, Kläber, Weinert, Renn und Gábor, der später von Marchwitza abgelöst wurde.

Mit den bisher genannten Funktionsträgern sind zahlreiche BPRS-Mitglieder, von denen namentlich etwa 230 bekannt sind, bereits aufgezählt. Unabhängig von ihrer genauen Rolle, die sie im BPRS gespielt haben, sind zu nennen: Alexander Abusch, Bruno

Apitz, Erich Arendt, Béla Balász, Johannes R. Becher, Otto Biha, Rudolf Braune, Bertolt Brecht, Willi Bredel, Bernard von Brentano, Elfriede Brüning, Albert Daudistel, Kurt Desch, Alfred Durus, Fritz Erpenbeck, Rudolf Fuchs, Andor Gábor, Anni Geiger-Gog, Emil Ginkel, Ernst Glaeser, Georg K. Glaser, Gregor Gog, Otto Gotsche, Karl Grünberg, Hans Günther, Otto Heller, Wieland Herzfelde, Albert Hotopp, Kurt Huhn, Werner Ilberg, Egon Erwin Kisch, Kurt Kläber, Arthur Koestler, Aladár Komját, Jan Koplowitz, Franz Krey, Alfred Kurella, Fritz Langhoff, Berta Lask, Maria Leitner, Franz Leschnitzer, Heinz Liepmann, Hans Lorbeer, Georg Lukács, Hans Marchwitza, Klaus Neukrantz, Albert Norden, Ernst Ottwalt, Jan Petersen, Erwin Piscator, Theodor Plivier, Gustav Regler, Ludwig Renn, Gertrud Ring, Thomas Ring, Walter Schönstedt, Anna Seghers, Slang (Fritz Hampel), Wilhelm Tkaczyk, Ludwig Tureck, Maxim Vallentin, Gustav von Wangenheim, Berta Waterstradt, Erich Weinert, Franz Carl Weiskopf, Grete Weiskopf, Karl August Wittfogel, Friedrich Wolf, Max Zimmering, Hedda Zinner, Hermynia Zur Mühlen.[33]

Die NS-Herrschaft beendete 1933 die legale Existenz des BPRS. Die zahlenmäßig stärkste Berliner Ortsgruppe arbeitete noch kurze Zeit in der Illegalität und brachte die provisorisch hergestellte Zeitung ›Stich und Hieb‹ heraus. Viele der Mitglieder mußten emigrieren, andere wie Bredel, Langhoff, Renn, Neukrantz wurden verhaftet. Günther, Hotopp, Ottwalt und andere fielen im sowjetischen Exil dem Stalinismus zum Opfer. Nach 1945 kehrten zahlreiche Autoren nach Deutschland, zumeist in die SBZ bzw. DDR, zurück.

2. BPRS und KPD

Johannes R. Becher, einflußreichster und dank seiner expressionistischen Vergangenheit renommiertester unter den intellektuellen KPD-Autoren, warf der Partei auf der Moskauer Tagung von 1927 vor, sie habe nicht begriffen, »daß der Anleitung der Literatur große Bedeutung beizumessen« sei, und machte die KPD auch für den chronischen Geldmangel der einschlägigen Verlage verantwortlich. Dabei handelt es sich beim BPRS und bei der proletarisch-revolutionären Literaturbewegung insgesamt keineswegs um eine ausschließlich von KPD und Komintern installierte Organisation.[34] Mit der Frage nach dem Verhältnis zwischen KPD und BPRS ist allerdings ein Kernproblem der BPRS-Literatur und zumal ihrer Rezeption angesprochen. So findet sich in der einschlägigen DDR- wie der BRD-Literaturgeschichtsschreibung immer wieder das aus unterschiedlichen Blickwinkeln formulierte gemeinsame Klischee von der führenden Rolle der KPD – sei es affirmativ, sei es kritisch oder denunziatorisch. In allen Fällen wird die Rolle der Partei aus erkennbaren Interessen überbewertet. Aber die KPD hat weder den BPRS und die proletarische Literaturbewegung insgesamt so konsequent unterstützt oder so strikt ›angeleitet‹, daß man von einer wirklich bündigen, homogenen KPD-Literaturpolitik und ihrer praktischen Umsetzung sprechen könnte, noch hat die KPD die Entwicklung der ›schönen Literatur‹ derart verhunzt, daß die Partei allein für offenkundige Fehlentwicklungen verantwortlich zu machen wäre; der KPD kam in Sachen Literatur weder eine alleinige Initiationsrolle zu, noch war sie bloßer Bremsklotz der Literaturentwicklung. Eine Autonomie der proletarisch-revolutionären Literaturentwicklung im Sinne der Politik einer ›freischwebenden Intelligenz‹ oder als ausschließlich ästhetisch definierte Gruppierung hat es allerdings schon vom Selbstverständnis aller Beteiligten her nicht gegeben.

Blickt man einmal auf einen konkreten Eingriff der KPD in die Theorie-Debatten des BPRS – und die wiederholten Klagen des BPRS legen nahe, daß solche Eingriffe die Ausnahme waren –, so zeigt sich nichts anderes als die längst überfällige Korrektur eines völlig verfehlten BPRS-Kurses. So wandte sich 1930 der Leiter der Agitprop-Abteilung beim ZK der KPD, Joseph Winternitz, in einem Beitrag für die ›Linkskurve‹ energisch »Gegen den Ökonomismus in der Literaturfrage«[35], der besagte, es bedürfe keinerlei Anstrengungen in Sachen proletarischer Literatur mehr, weil diese längst in Form der Betriebszeitungen, Arbeiterkorrespondenzen usw. existiere. Die offenkundig weit verbreitete Ästhetik der schwieligen Faust ebnete kurzsichtig die besondere ästhetische Differenz zwischen belletristisch-literarischem und politisch-diskursivem Text ein und verfestigte die falsche Alternative ›Agitation oder Kunst‹,

›Kampf- oder Kunstwert‹ in der proletarisch-revolutionären Literatur, statt die ästhetischen Bedingungen von Agitation und agitatorischen Möglichkeiten von Kunst zu hinterfragen.

KPD und BPRS stehen einander nicht als monolithische Blöcke gegenüber, sondern KP- und BPRS-Literaturpolitik sind als ein widerspruchsvolles Ensemble divergierender Positionen mit allerdings einhelliger, wenn auch wechselnder, Außendarstellung anzusehen. Ähnliches gilt dann auch für das Verhältnis zwischen dem BPRS und den Feuilletonredaktionen der kommunistischen Presse, zumal der ›Roten Fahne‹; zu ihr bestanden ebenso Divergenzen wie es Widersprüche zwischen dem ›Bund‹ und den Münzenberg-Organisationen gab. Das weitverzweigte Netz von Presse- und Kulturorganisationen, das der kommunistische Verleger Willi Münzenberg seit Beginn der zwanziger Jahre aufgebaut hatte, umfaßte unter anderem Zeitungen wie die ›Welt am Abend‹ und die auflagenstarke ›Arbeiter-Illustrierte-Zeitung‹, den ›Neuen Deutschen Verlag‹, die Buchgemeinschaft ›Universum Bücherei für Alle‹, weitere Printmedien, Filmfirmen und anderes mehr. Der in seiner Frühphase auf kompromißlose Abgrenzung gegenüber der linksbürgerlichen Intelligenz bedachte BPRS stand in eklatantem Widerspruch zur kulturellen Praxis gerade dieser Münzenbergschen Unternehmungen, die in ihre Buchprogramme auch solche Autoren einbezog, gegen die der BPRS polemisierte. Eine derartige »Konfliktstruktur«[36], die sich zwar später zunehmend auflöste, sagt immerhin etwas aus über die vermeintliche Homogenität kommunistischer Literaturaktivitäten.

Insgesamt konzentrierte sich das Interesse der KPD zunächst auf die Durchsetzung kommunistischer Fraktionen in allen Kulturorganisationen, so auch im Bund. Und wenn dieser eine KP-Mitgliedschaft als Beitrittvoraussetzung ebensowenig vorsah wie er eine kommunistische Mitgliedermajorität aufwies, so garantierte doch der einhellig aus KPD-Mitgliedern zusammengesetzte Vorstand die enge Verbindung zur Partei.

3. Programm-Debatten

Daß der BPRS bis 1933 bzw. bis zu seiner offiziellen Selbstauflösung 1935 zwar intensive Theorie-Debatten führte, sich auf ein Programm aber, wie es das ›Aktionsprogramm‹ versprochen hatte, nie hat einigen können, verweist auf unüberbrückbare Gegensätze in Grundsatzfragen. Zwar konnte Johannes R. Becher 1929 mit Emphase zur Eröffnung der ›Linkskurve‹ über »Unsere Front« schreiben:

> Aus den Reihen der proletarisch-revolutionären Literatur kommen sie: ganze, tolle Kerle, die vor Unruhe brodeln und ihre Sätze hinhauen, daß die Sprache platzt, und die wiederum so diszipliniert sein können und sachlich bis ans Herz hinan, daß sie nüchterne Berechnungen aufstellen und ihre Worträume durchkonstruieren wie Maschinenbauer.[37]

Aber mit derartigen neusachlichen Entlehnungen war weder das Besondere dieser Literatur, zumal gegenüber der ›bürgerlichen‹ Kunst, noch ihr Stellenwert im Gesamtkontext proletarischer Politik definiert. So begnügte man sich zunächst mit der Minimalformel, der proletarisch-revolutionäre Schriftsteller sei jemand, »der die Welt vom Standpunkt des revolutionären Proletariats aus sieht und sie gestaltet«[38]. Eine Abgrenzung gegenüber den sozialdemokratischen »Feierabendlyrikern« (Neukrantz) war damit ebenso gegeben wie gegenüber der

> Armeleutepoesie oder Mitleidsdichtung, sie bewimmert nicht tränenbeflissen das Elend des Proletariats ⟨...⟩ Im Trommelfeuer und in Straßenkämpfen ist sie geboren, sie ist unter dem Druck der Zensur groß geworden. ⟨...⟩ Proletarisch-revolutionäre Literatur singt Klassenliebe und Klassenhaß. Sie marschiert mit unter der Parole: ›Krieg dem Krieg!‹[39]

Übereinstimmung herrschte zudem bei der Beurteilung von Notwendigkeit und Wirkungsmächtigkeit der Kunst; bei Becher heißt es:

> Kunst ist für uns eine höchst verantwortliche und gefährliche Sache. Sie ist ein Einbruch, sie bohrt an und betrommelt den Menschen dort, wo, oft unberührt von politischem Tageskampf, die Gefühlsmassen verborgen liegen. Hier bricht die Kunst durch, sie spürt die Gefühlsmassen auf und bringt

sie in Bewegung, sie pumpt Blut, sie verhindert, daß der Mensch zur Litfaßsäule erstarrt. Die Kunst geht aufs Ganze. Sie dringt vor bis zur letzten unbewußten und innersten Gefühlsregung[40].

Bestand also Konsens über die ›operative‹ Zielrichtung dieser Literatur, über ihre Aufgabe, die Welt zu verändern und nicht (neusachlich) zu reproduzieren oder (bürgerlich-reaktionär) zu affirmieren, so blieben Gestaltungsfragen und Fragen nach der sozialen Basis dieser Literatur ungeklärt.

Die Anfangsphase des BPRS war zunächst von rigiden Abgrenzungsmanövern der linksbürgerlichen Literatur gegenüber bestimmt, vor allem gegenüber so prominenten Linksintellektuellen und ›Mitläufern‹ wie Alfred Döblin, Ernst Toller oder Kurt Tucholsky. Solche Aus- und Abgrenzungen resultierten strategisch aus der 1928 von der Komintern propagierten ›Linkswendung‹ der kommunistischen Bewegung, mit der auch die sogenannte Sozialfaschismusthese und der Kampf ›Klasse gegen Klasse‹ festgeschrieben und ein bündnispolitischer Handlungsraum, zumal Intellektuellen gegenüber, auf katastrophale Weise vertan wurde.

Zudem schlugen sich darin elementare Unklarheiten über das Subjekt der proletarisch-revolutionären Literatur nieder. Mit seiner sogenannten Geburtshelfer-These faßte Andor Gábor im Bund geläufige Auffassungen zusammen, nach denen allein die proletarische Herkunft der Autoren als Kriterium für die proletarisch-revolutionäre Literatur dienen sollte und Intellektuellen bürgerlicher Herkunft allenfalls die Rolle von ›Geburtshelfern‹ zukomme. Eine derartige vulgärmaterialistische Autorensoziologie, die auf eine alleinige Festlegung des Bundes auf Arbeiterkorrespondenten und ihre Korrespondenzen zielte und die auf die bereits zitierte Kritik durch die KPD stieß, blockierte Programmdebatte und Produktivität des BPRS gleichermaßen. Über die literarische Praxis des Bundes resümierte die ›Linkskurve‹ Ende 1930:

> Es fehlt an Kinder- und Jugendliteratur, es fehlt an Literatur für die proletarischen Frauen, es fehlt an Literatur fürs flache Land, es fehlt Literatur für Zentrumsgebiete (katholische Gegenden). Wie ist es mit Literatur über Technik, über Naturwissenschaft, über Militärwesen?[41]

Korrekturen in der Bündnis- und Literaturpolitik des BPRS, zu denen auch die Wahlerfolge der NSDAP zwangen, erfolgten nach der 2. ›Internationalen Konferenz proletarischer und revolutionärer Schriftsteller‹ in Charkow 1930. Gegen die »Verhimmelung der Arbeiterschriftsteller«, wie das ZK der KPD es formulierte[42], und gegen eine dementsprechend eingegrenzte Zielansprache der BPRS-Literatur als »Marsch auf die Fabriken« (Kläber) wurde nun der ›Bündnisbereich‹ aktiviert, sollte eine »Wendung zur Massenliteratur« (Becher)[43] auch die nichtrevolutionären Arbeiter sowie die Bauern, Mittelschichten und Intellektuellen erreichen. Ergebnis war die Forderung nach dem »großen proletarischen Kunstwerk«, das von nun an die Programmdiskussion auf recht mißverständliche Weise prägte. In Anlehnung an die russische Formel vom »großen bolschewistischen Kunstwerk« sollte das »große proletarische Kunstwerk« den

> proletarischen Alltag in Wechselwirkung mit dem Leben der anderen Klassen so allseitig und tief erfassen, daß in diesem Alltagsleben die großen treibenden Kräfte der gesellschaftlichen Entwicklung sichtbar und sinnfällig werden.

Diese Forderung sollte ausdrücklich »auch für alle kleinen Formen« gelten, also für das klassische Repertoire didaktischer und operativer Genres wie »Kurzgeschichte, Reportage, Glosse, Agitationsvers, Agitpropszene usw.«[44]. Wenn auch ursprünglich gar nicht als »Frage des Formats« gedacht, so konzentrierten sich die folgenden Debatten doch zunehmend auf die epische Großform des Romans. Es war vor allem Georg Lukács, der 1931/32 in der ›Linkskurve‹ in seinen großen Essays über »Tendenz oder Parteilichkeit?« und »Reportage oder Gestaltung?« Grundlinien einer marxistischen Ästhetik entwarf.

Lukács forderte für die proletarische Literatur (wie für ›realistische Literatur‹ überhaupt) als einer gestalteten Einheit (›Totalität‹) die Aufhebung gesellschaftlicher Widersprüche. Ästhetisch hieß das: keine Brüche, keine Widersprüche bei der Präsentation des ästhetischen Materials, nicht Montage oder Collage, etwa die Durchmischung diskursiver und fiktionaler, authentischer und narrativer Bereiche. Die Forderung nach Gestaltung von gesellschaftlicher Totalität, die Lukács als ›Parteilichkeit‹ faßte, mußte zwangsläufig ›offene Formen‹ verwerfen. Solche Formen hatte vornehmlich die ästhetische Avantgarde in ihrer Kritik am bürgerlichen Werkbegriff favorisiert, hatten von ganz anderen Prämissen her aber auch proletarische Autoren erprobt, wenn sie in ihren Erzählversuchen an die Episodenform der Arbeiterkorrespondenz anknüpften oder im Agitproptheater nicht-aristotelische Spielweisen bevorzugten. ›Offene Formen‹ also verfielen dem Verdikt, sie seien nicht ›gestaltet‹ und ermöglichten nur punktuell eine ›Widerspiegelung‹ gesellschaftlicher Totalität. Solche traditionalistischen Positionen, die ästhetische Normen des bürgerlich-kritischen Romans des 19. Jahrhunderts festschrieben, haben später bei der Formulierung des ›Sozialistischen Realismus‹ und in der ›Expressionismus-Debatte‹ gegen Ende der dreißiger Jahre im Exil eine zentrale Rolle gespielt.

Die Verurteilung produktions- und rezeptionsästhetischer Experimente – von Tretjakows Bio-Interviews bis zu Brechts Lehrstücken – war damit ebenso vorprogrammiert wie die Kritik des proletarischen Massenromans. Während Lukács im großen bürgerlichen Roman die Komplexität der Klassenbeziehungen (auch gegen die Intention des Autors) ebenso gestaltet sah wie die immanente Klassendynamik (als Kritik am Bürgertum), erschien ihm der proletarische Roman in seiner vorliegenden Form weder gestaltet noch parteilich – bot er doch lediglich gesellschaftliche Ausschnitte. Lukács' massive Kritik an den Romanen Willi Bredels, der sich der Praxis der Arbeiterkorrespondenten verpflichtet sah, und an der reportageartigen Erzählweise Ernst Ottwalts, der das traditionelle Erzählen zugunsten von montierten Tatsachenberichten aufgab, markieren eine intransigente Haltung, die eher am ›guten Alten‹ als am ›schlechten Neuen‹ (Brecht) anknüpfen wollte. Dabei mag es grotesk anmuten, wenn am Vorabend des Faschismus in Deutschland, Mitte 1932, Ernst Ottwalts die Weimarer Klassenjustiz anprangernder Roman ›Denn sie wissen, was sie tun‹ von Lukács mit einem Hinweis auf Leo Tolstoj abgetan wird: »Tolstoj«, so Lukács, »ist der größere Dichter, weil er die Frage ⟨der Klassenjustiz⟩ umfassender, allseitiger, materialistischer, dialektischer stellt als Ottwalt. Die Justiz ist bei Tolstoj ein Teil des Gesamtprozesses«[45].

Nun sollte man derartige Auseinandersetzungen über Tatsachenroman und Formexperiment, über Tendenz oder Parteilichkeit, über den Kampf- und den Kunstwert von Literatur nicht personalisieren (›Brecht-Lukács-Debatte‹). Die in den Kontroversen bezogenen Standpunkte stehen in Argumentationszusammenhängen, bei denen sich unterschiedliche Interessen überlappen. Da ist zum einen die KPD, deren Klassen- und Bündnispolitik taktisch und strategisch die Zielrichtung der proletarisch-revolutionären Literatur mitgeprägt hat – eine allein auf das Proletariat zielende Linie tendiert zu Betriebsroman und Arbeiterkorrespondenz, während bündnispolitische Öffnungen auch literaturpolitische Öffnungen nach sich ziehen. Das gilt namentlich für das bürgerliche Erbe und seine normative Vorbildfunktion, wie nicht erst während des Exils in der Volksfrontpolitik der KPD deutlich wurde.

Zum anderen wurden die ästhetischen Polarisierungen im Bund mitbestimmt von Konflikten zwischen den proletarischen und (zum Teil arrivierten) Autoren bürgerlicher Herkunft. Für die Arbeiterkorrespondenten und einen Theoretiker wie Andor Gábor war die Klassenherkunft wichtigstes Kriterium für proletarische Literatur, worin sie wiederum von der ›proletarischen‹ RAPP (›Russische Assoziation proletarischer Schriftsteller‹), der mächtigsten Gruppierung im IVRS-Dachverband, unterstützt wurde. Nach dieser Auffassung konnten proletarisches Denken, Handeln und Fühlen nur die Arbeiter selbst ausdrücken. Versuche, sich von traditionellen Artikulations- und Schreibweisen zu lösen, waren hier, wenn auch nicht zwangsläufig, impliziert oder in der Schreibpraxis im Ansatz schon eingelöst. Diese Richtung konnte zumindest partiell mitgetragen werden von avantgardistisch-revolutionären Intellektuellen, die auf einem kritischen Umgang mit dem bürgerlichen Erbe, mit den traditionellen Literaturformen also, bestanden. Die namentlich von Lukács vertretene Richtung der Traditionalisten wiederum reklamierte mit ihrem affirmativen Verhältnis zum bürgerlichen Erbe einen sicher uneingestandenen Führungsanspruch. Insgesamt aber überschätzten diese Gruppierungen jeweils die unterstellte revolutionäre Sprengkraft des bürgerlichen Erbes bzw. die politische Bedeutung der sozialen Herkunft der Autoren – und unterschätzten das mögliche Gewicht ›klassenfremder‹ Autoren ebenso wie die virtuell revolutionäre Kraft neuer, innovativer Kunstformen.

So läßt sich überspitzt resümieren, daß es »den Bund«[46] eigentlich nicht gab, wohl aber ein Ensemble divergierender Positionen und einen in dieser Konstellation allerdings einmaligen Zusammenschluß von Autoren, die nach ihrer Herkunft, ihrem sozialen Umfeld und auch ihrem Bildungsgrad nach sehr unterschiedlich waren – so fanden sich prominente Dichter bürgerlicher Herkunft neben kommunistischen Redakteuren und parteilosen Journalisten, namhafte Theoretiker neben schreibenden Arbeitern und namenlosen Arbeiterkorrespondenten. Hervorzuheben aber bleibt die Rolle der Berliner Führungsgruppe, die trotz der Aktivitäten der einzelnen Ortsgruppen dem Bund sein intellektuelles Profil verlieh und die politische Verknüpfung mit der KPD und dem sowjetischen Dachverband gewährleistete. Sie bestimmte auch weitgehend zentralistisch den BPRS-Kurs, während sich die KPD, von Ausnahmen abgesehen, eher passiv verhielt. Daraus kann aber nicht auf eine liquidatorische Position der KPD gegenüber der schönen Literatur geschlossen werden; im Gegenteil: Literatur und Kunst nahmen im Medienapparat der KPD – von der Tagespresse bis zu den Verlagen – eine feste Rolle ein.

Trotz vieler Mängel vermochte es der BPRS, zentrale Fragen einer materialistisch fundierten Ästhetik und einer proletarisch-parteilichen Literaturpraxis immerhin anzugehen und Lösungen zu diskutieren, und nicht zuletzt gelang es ihm, ein Potential schreibender Arbeiter zu qualifizieren. Das muß gar nicht immer heißen, daß die Praxis proletarisch-revolutionärer Literatur in jedem Fall auch den theoretischen Vorgaben entsprochen hätte oder von ihnen angeleitet gewesen wäre; im Gegenteil: proletarisch-revolutionäre Literaturkonzeption und proletarisch-revolutionäre Literaturpraxis klafften oft auseinander.

XIII. Proletarisch-revolutionäre Massenliteratur

1. Genrepräferenzen

Die pragmatischen Möglichkeiten und praktischen Notwendigkeiten des proletarischen Pressewesens, aber auch grundsätzliche Erwägungen über die ›Operationalität‹ der proletarisch-revolutionären Literatur ließen eine kaum überschaubare Fülle von Texten aller Gattungen und Genres entstehen – Gedichte, Lieder, Erzählungen, Reportagen, Satiren und andere ›kleine Formen‹, denen aufgrund ihrer relativ raschen Produzier- und vor allem Rezipierbarkeit ein hoher, auch politisch gewichtiger Gebrauchswert zugemessen wurde. Die literarische Szene der zwanziger Jahre insgesamt favorisierte ja derartige Gebrauchstexte, sei es das linksbürgerliche Feuilleton, sei es die ›Gebrauchslyrik‹, wie die einschlägigen Gedichte der »linken Melancholie« (Benjamin) von Erich Kästner, Walter Mehring oder Kurt Tucholsky zeigen.

In der Tradition der sozialistischen und proletarischen Literatur seit dem 19. Jahrhundert spielten derartige Kleinformen auch in der Arbeiterliteratur der Weimarer Republik durchweg eine privilegierte Rolle, und bereits zeitgenössische Anthologien dokumentieren das Niveau dieser nicht selten auch über den tagespolitischen Anlaß hinausweisenden Texte (›Der Krieg‹, Hg. Kurt Kläber, 1929; ›Volksbuch 1930‹, 1930; ›30 neue Erzähler des neuen Deutschland‹, Hg. Wieland Herzfelde, 1932).

Neben der Reportage, die zu dieser Zeit Egon Erwin Kisch perfektionierte, florierten das Gedicht und insbesondere das Arbeiterlied, letzteres auch als gemeinschaftsstiftendes Genre. Populärster Lyriker war Erich Weinert mit seinen polemischen und aggressiven zeitbezogenen und tagespolitischen Texten gegen Kapital, Faschismus (und ›Sozialfaschismus‹) und Krieg. Als bester Interpret seiner selbst fand er mit seiner ›Tribünenlyrik‹ beim proletarisch-kommunistischen Publikum außergewöhnlich große Resonanz und nachhaltige Anerkennung (›Der rote Wedding‹, 1929, Musik von Hanns Eisler). In diesem Kontext steht auch Brechts ›Einheitsfrontlied‹. In den wenigen Gedichtbänden proletarischer Autoren finden sich allerdings auch leisere Töne, so bei Emil Ginkel (›Pause am Lufthammer‹, 1928) oder Walter Bauer (›Stimme aus dem Leunawerk‹, 1930).

2. Zwischen Betriebs- und Massenroman

Die Kritik von Georg Lukács an der proletarisch-revolutionären Literaturkonzeption hatte sich an dem Romanerstling ›Maschinenfabrik N&K‹ (1930) von Willi Bredel entzündet. Bredel, Maschinenschlosser, Arbeiterkorrespondent, Redakteur und Mitglied des Hamburger BPRS berichtet in seinem aus eigenem Erleben gespeisten und nach Art der Enthüllungstechnik von Arbeiterkorrespondenzen angelegten Roman über Kampf und Niederlage einer kommunistischen Betriebszelle, wobei das heterogene Spektrum der Arbeiter und der Führungsanspruch der KPD-Zelle vorgeführt werden. Dabei steht neben den Machinationen der Betriebsleitung die Auseinandersetzung mit der ›sozialfaschistischen‹ Sozialdemokratie und die Propagierung der Politik der Revolutionären Gewerkschaftsopposition (RGO) im Zentrum (in späteren DDR-Ausgaben des Romans hat Bredel die Sozialfaschismus-Attacken abgeschwächt).

Bredels ›Roman aus dem proletarischen Alltag‹, wie der Untertitel lautet, erfaßt mit parteilicher Präzision betriebliche und politische Probleme, wobei auf signifikante Weise alles Private ausgespart bleibt oder allenfalls, so bei einer proletarischen Liebesaffäre, als Irritation des ›eigentlich‹ Politischen erscheint. ›Alltag‹ ist als gesellschaftlicher und politischer ›Kampf-Alltag‹ gefaßt und bleibt hier wie in vergleichbaren Texten zur proletarischen Arbeitswelt umstandslos dem Primat der Politik unterworfen.

Andererseits scheint es plausibel, in einem Roman unter bestimmten Umständen und mit spezifischer Publikumsansprache allein soziale Segmente und nicht ›gesellschaftliche Totalität‹ zu präsentieren. Betrieb und Produktionsprozeß bildeten ein ästhetisch neu zu erschließendes Terrain, dem gegenüber sich die bürgerliche Literatur traditionell abstinent verhalten hat. Erst die Neue Sachlichkeit unternahm Anstrengungen in dieser Hinsicht – historisch gleichzeitig, ästhetisch mit vergleichbaren Mitteln des Dokumentierens operierend, von der ›message‹ her allerdings unterschieden. Insofern wird mit dem Sujet ›Betrieb‹ Neuland betreten, gehören Prosatexte über Arbeit, Produktionssphäre, Ausbeutung, Widerstand als thematische Domäne vor allem der Arbeiterautoren zu literarhistorisch wichtigen Innovationen. Arbeiterkorrespondenzen, Reportagen und erzählende Prosatexte von Walter Bauer (›Hiob wird Lehrling‹), Georg K. Glaser (›Die junge Alte‹), Kurt Huhn (›Der Kalkulator‹), Hans Marchwitza (›Kumpel Wojtek‹) und anderen bezeugen das erreichte Niveau[47].

Die Kritik an Bredels Roman entzündete sich nun nicht an den genannten restriktiven Alltagsauffassungen, sondern an der mangelnden »Gestaltung des Gesamtprozesses« (Lukács), an der defizitären, letztlich geschichtsphilosophisch zu begründenden Totalität, die dem Roman als Gattung prinzipiell eigne. Bredel reagierte auf solche Einwände durchaus selbstkritisch, obwohl sein Verfahren von anderen Arbeiterkorrespondenten, so von Otto Gotsche aufgrund einer eigens unter Arbeiterkorrespondenten angestellten Umfrage, verteidigt wurde. In Bredels Folgeroman ›Rosenhofstraße‹ (1931) steht dann auch nicht mehr ein Betriebskollektiv im Zentrum, sondern es geht, vermittelt über Aktivitäten einer Straßenzelle der KPD in Hamburg, nun um Alltagsleben und Lebenszusammenhang nicht allein klassenbewußter Arbeiter, sondern auch kleinbürgerlicher Kreise. Damit versuchte Bredel, dem Anspruch, das gesamte Klassenspektrum widerzuspiegeln, immerhin thematisch Rechnung zu tragen.

Bredels Romane erschienen in der ambitionierten Reihe ›Der Rote Eine-Mark-Roman‹, die der Internationale Arbeiter-Verlag 1930–1932 herausbrachte und in der noch weitere Titel von Arbeiterautoren erschienen: Als Auftaktband Hans Marchwitzas ›Sturm auf Essen‹ über die Kämpfe der Ruhrarbeiter während des Kapp-Putsches sowie sein Bericht über das Leben der Ruhrarbeiter ›Schlacht vor Kohle‹; von Neukrantz der mit dokumentarischen Materialien angereicherte Tatsachenroman ›Barrikaden am Wedding‹ über die blutigen Maidemonstrationen in Berlin 1929; ›Maria und der Paragraph‹ von Franz Krey über den § 218 sowie ›Kämpfende Jugend‹, ein Roman über Arbeiterjugendliche von Walter

Schönstedt. Die thematische Spanne dieser auch in Konkurrenz zu den billigen Romanen des Ullstein-Verlages angelegten Reihe deutet auf unterschiedliche Publikums- und Zielansprachen, um dem vom BPRS immer wieder gerügten Mangel an einer qualifizierten ›Bündnis‹-Literatur nachzukommen. Franz Krey beispielsweise, nach eigenen Worten »Dichter aus Arbeitslosigkeit« wie zu dieser Zeit viele andere Arbeiterautoren auch, nutzte in seinem Roman, den zuvor die auflagenstarke ›Arbeiter Illustrierte-Zeitung‹ in Fortsetzungen abdruckte, Handlungsmuster des Kriminalromans, um neue Rezeptionsmöglichkeiten zu eröffnen. Insgesamt jedenfalls präsentierten diese Romane durchweg gesellschaftliche Teilbereiche und soziale Ausschnitte, die unter Verzicht auf durchgängige Fabeln eher episodisch-dokumentarisch abgeschildert und eher politisch operativ zugespitzt als umfassend ›gestaltet‹ waren. Womöglich signalisiert eine derartige literarische Praxis gerade bei Arbeiterautoren nicht unbedingt deren Unfähigkeit zu einer ›Gestaltung‹ im Sinne des »großen proletarischen Kunstwerks«, sondern bezeugt eher ein gravierendes Desinteresse an den Theorie-Debatten im BPRS, die offenkundig an der literarischen Praxis vorbeigingen. Eine Kluft jedenfalls zwischen Theorie und theoretisch formuliertem Anspruch zumal der ›Traditionalisten‹ im Bund um Lukács und der Schreibpraxis im proletarischen Roman ist unübersehbar – und dies sicher nicht unbedingt zum alleinigen Nachteil der Literatur.

Allerdings blieb die Leistung dieser Art des proletarischen Romans, des ›Massenromans‹, der sich also nicht an Proletariat oder gar revolutionäres Proletariat allein richtet, begrenzt. Das liegt nicht einmal immer an der manchmal recht vordergründigen und wenig durchgearbeiteten, kurzfristig auf unmittelbare Wirkung abzielenden Agitation für die Ziele von KPD und ihrer Organisationen, etwa der RGO (Revolutionäre Gewerkschafts-Opposition). Trotz Erschließung neuer Sujets und einer wohlverstandenen Erweiterung des Klassenspektrums markiert die Verabsolutierung des ›Primats des Politischen‹ die reale Grenze, die diese Romane ebenso wie die KPD-Politik insgesamt nicht überschritten haben und von der eigenen politischen Logik her auch nicht überschreiten konnten. Spontanes, nicht organisiertes und organisierbares Widerstandspotential, individuelle und emotionale ›Privatheit‹ kamen kaum zu Wort, vor- oder unpolitische Lebensbereiche blieben ausgeklammert – die genuin bürgerliche Trennung von Öffentlichkeit und Privatem scheint sich hier im Kontext von ›Lagermentalität‹ zu reproduzieren. Beispielsweise wurde der brisante Themenbereich der Geschlechterbeziehungen, wie sich schon bei Bredel andeutete, kurzerhand als Störmoment betrachtet oder – so in Karl Grünbergs Revolutionsroman ›Brennende Ruhr‹ – dämonisiert oder überhaupt tabuisiert. Hier liegt die gravierende Schwäche dieser Romane: Lebenszusammenhänge von Arbeitern werden letztlich doch stilisiert (und insofern auch im aufwendig bekämpften Sinne ›literarisiert‹); Arbeiterinnen beispielsweise, Frauen insgesamt spielen nur selten eine aktive Rolle, und wenn, dann quasi im Männergewand. Das patriarchalische Frauenbild, das die proletarisch-revolutionäre Literatur durchzieht[48], ist dabei sichtbares Produkt eines ›potenten‹ Männerkommunismus. Allenfalls die gleichwohl strikt ›politisch‹ angelegten Auseinandersetzungen mit der Abtreibungsfrage wie bei Krey oder in dem mit Erfolg gespielten Stück ›Cyankali‹ (1929) von Friedrich Wolf setzen hier andere Akzente.

Erst zu Ende der Weimarer Republik zeigen sich Wandlungen. So bei Rudolf Braune, Redakteur an der Düsseldorfer Parteizeitung ›Freiheit‹, der in seinen Romanen ›Das Mädchen an der Orga Privat‹ (1930) und ›Junge Leute in der Stadt‹ (1932) das im zeitgenössischen Roman dominierende Großstadtsujet eigenständig aufbereitet; er zeigt die unwiderstehliche Attraktivität der Metropole für die Provinz, vor allem aber die falschen Versprechen der Großstadt. Braune gelingt es, die Problematik ernüchterter und zynischer Großstadtjugend zu vermitteln und glaubwürdig Politisierungsprozesse vorzuführen. Ähnlich versuchte Walter Schönstedt in seinem erwähnten Roman ›Kämpfende Jugend‹ (1932), mit der ungeschminkten Wiedergabe der Bedürfnisse von umherschweifenden Jugendlichen in Berlin-Kreuzberg die kommunistische Jugendpolitik zu problematisieren. In seinem folgenden Roman ›Motiv unbekannt‹ (1933) geht Schönstedt dann ein gleichermaßen unkonventionelles Thema an, die Depravierung eines arbeitslosen Jugendlichen zum Strichjungen, der im Selbstmord endet. Daß dieser Roman 1933 in der von Willi Münzenberg geleiteten Buchgemeinschaft ›Universum-Bücherei für Alle‹ herausgekommen ist (als letzter in Deutschland erschienener, nicht mehr ausgelieferter Band), ist aber auch Indiz dafür, daß hier ein anderer literaturpolitischer Kontext als derjenige der BPRS-Führung bestand.

3. Autobiographische Romane

Die literarischen Bemühungen jener proletarischen BPRS-Autoren, die sich dem Roman zuwandten, zeigten ihre ästhetischen Grenzen weniger bei der Eroberung der neuen Sujets als bei der besonderen Weise ihrer Gestaltung. Diese Literatur reagierte blitzschnell auf die Weimarer Verhältnisse, deren Zuspitzungen in allen gesellschaftlichen Sektoren und Lebensbereichen zugleich deren unglaubliche Politisierung hervorrief. Insofern war die proletarisch-revolutionäre Literatur (und darin mit der so heftig angegriffenen Neuen Sachlichkeit letztlich einig) eine durch und durch »wirklichkeitsbesessene« Dichtung, wie Becher 1929 in seiner Einleitung zu Karl Grünbergs Revolutionsroman ›Brennende Ruhr‹ formulierte. »Das Epos ⟨!⟩ dieser Zeit ist nicht geschrieben«, meinte Becher, und

> festzustellen sind: Tastversuche, Erkundungsschliche, Sondierungen, Geplänkel auf der vordersten Linie, Bemühungen, sich an das Stoffgebiet heranzuarbeiten.
> In welchem Werk erleben wir unsere Geschichte?

So erscheint »Eroberung der Wirklichkeit«[49] als Ziel von Literatur, deren Funktionalität zum einen aus der kommunistischen Orientierung – oder genauer: aus derjenigen an die KPD – resultiert; zum anderen aber auch in einer Realitätsaneignung gründen kann, deren Teleologie anders konstruiert ist, die ihren Fluchtpunkt in der Biographie, in proletarischen Lebensläufen hat. Für die revolutionäre Romanliteratur der Weimarer Republik jedenfalls ist symptomatisch, daß neben dem Strang des Betriebsromans und der proletarischen Massenliteratur, für die der ›Rote Eine-Mark-Roman‹ exemplarisch steht, eine eher subversive Tradition autobiographischen Berichtens existiert, die vom (proletarischen) Subjekt her die Welt sieht und sie gestaltet – von einem Standpunkt, der dem des engagierten Kommunisten bzw. KPD-Mitgliedes nicht widersprechen muß, aber kann. Charakteristisch hierfür ist das Genre der schon der sozialistischen Literatur vor dem Ersten Weltkrieg geläufigen Arbeiterautobiographie, die offenbar ein ganz eigenständiges ›proletarisches Erzählen‹ gestattet und wegen ihrer zunächst individuellen, nicht auch kollektiven und organisierten Widerständigkeit nicht immer den Beifall sozialistischer Literaturpolitik gefunden haben. So widmeten Franz Mehring und andere Theoretiker den frühen Arbeiterautobiographien nur geringe Aufmerksamkeit. Vergleichbares gilt für die zwanziger Jahre, wobei mit dem autobiographischen Erzählen – das Spektrum reicht von der proletarischen Autobiographie bis zum autobiographischen Roman – offenkundig eine Erzählform favorisiert wird, die anarchisch-unorganisiertes Aufbegehren und spontane Rebellion am ehesten ausbreiten kann und sich von daher in einem gänzlich anderen Kontext findet als die Parteiliteratur im strikten Sinne.

Es sind proletarische Autoren wie Albert Daudistel, Georg K. Glaser, Oskar Maria Graf, Kurt Kläber, Hans Lorbeer, Adam Scharrer und Ludwig Tureck, die in ihren Romanen und Lebensberichten Erfahrungen aus Krieg und Revolution, aber auch aus Elternhaus und Familie, aus der Schule, dem Fürsorgeheim, den Arbeitsstellen, dem Betrieb wiedergeben. Ihnen gemeinsam sind Züge einer spontanen Rebellion gegen Ausbeutung und Unterdrückung, wobei in der Regel ein naturwüchsiger Spontaneismus und Aktionismus tragendes Motiv für Handeln und Engagement bilden. In ideologischer Hinsicht stehen sie den (zur KPD oppositionellen) linksradikalen Programmatiken des Spontaneismus, Anarchismus und Antiautoritarismus nahe, ohne allerdings an entsprechenden linksradikalen Organisationen teilzuhaben.[50] Glaser, Kläber und Tureck waren vielmehr wie auch zeitweilig Daudistel und Lorbeer im BPRS engagiert – politische Organisation und politisch-literarische Orientierung klaffen hier ebenso auseinander wie auf anderer Ebene zwischen der intellektuellen und der proletarischen Gruppierung innerhalb des BPRS.

Charakteristisch für diese proletarische Oppositions- und Rebellenliteratur ist Ludwig Turecks ›Ein Prolet erzählt‹ (1930). Im Vorwort bringt Tureck seine Schreibmotivation zur Sprache:

> Vorliegendes Buch ist nicht das Produkt eines Schriftstellers, sondern die Arbeit eines werktätigen Proleten. Von den wenigen Mußestunden und Energien, die das tägliche Schuften für den Unternehmer im Zeitalter der Rationalisierung dem Arbeiter noch übrig läßt, ist mühevoll Zeit und Kraft gestohlen, um das Vorhaben auszuführen ⟨...⟩
> Warum habe ich geschrieben? Erinnerungen gibt es doch noch mehr als Pfennige in der Mark. Aber ihre Verfasser sind Generale, Könige, Kapitalgewaltige, Staatsmänner oder Abenteurer ⟨...⟩. Um mitzuhelfen, die Duldsamkeit zu brechen, – darum habe ich geschrieben. Nicht für Literaten und Schwärmer, sondern für meine Klasse. Wenn ich auch vielfach abenteuerliche Begebenheiten schildere, so wird der Leser doch erkennen, daß die Ursache des Erlebens durchaus nicht Sensationslust war, sondern der leidenschaftliche Zusammenprall zwischen dem starren System sogenannter Ordnung und der Tatauswirkung einer sozialistischen Ideenwelt.[51]

Scheint hier die politische Legitimationsstrategie (auch sprachlich) auf symptomatische Weise brüchig, so gelingt Tureck mit proletarischer Pfiffigkeit doch eine außerordentlich farbige und lebendige, in lockeren Episoden gereihte ›Lebensschilderung eines deutschen Arbeiters‹ (Untertitel), die den elementar-anarchischen Widerstand eines immer aufmüpfigen Arbeiters aus dem Vorkriegsalltag, den Kriegs- und den Revolutionsjahren bezeugt. Charakteristischerweise spart der gelernte Setzer seine spätere Tätigkeit als kommunistischer Arbeiterkorrespondent und als KPD-Mitglied aus – hier kollidieren offenbar auch die darstellerischen Möglichkeiten der spontanen Aktion und der politischen Tagesarbeit des KPD-Arbeiters; letzte erfordert offensichtlich andere als allein autobiographische Präsentationsformen. – Auf vergleichbare Weise erzählt der Hirtensohn und gelernte Schlosser Adam Scharrer in seinem autobiographischen Roman ›Aus der Art geschlagen‹ (1930) von den rückständigen und teilweise vorkapitalistischen Verhältnissen seiner oberbayerischen Heimat. Scharrer, der bis zu seinem sowjetischen Exil 1933 als Redakteur einer linkskommunistischen Splittergruppe (KAPD) arbeitete, publizierte ebenfalls 1930 den Roman ›Vaterlandslose Gesellen‹, in dem er den spontanen, nicht den organisierten antimilitaristischen Widerstand der Arbeiter ins Gedächtnis rief und auch in der epischen Ausformung dem rebellischen Ansatz folgte. Dieses ›erste Kriegsbuch eines Arbeiters‹, das

sich mit diesem Untertitel polemisch gegen die – ein Jahrzehnt nach
Ende des Ersten Weltkrieges florierende – bürgerliche Kriegs- und
Revolutionsliteratur wandte, ist in dieser Akzentuierung dem
außerordentlich erfolgreichen Revolutionsroman ›Des Kaisers Kulis‹ (1930) des ehemaligen Anarchisten Theodor Plivier vergleichbar. Diese Darstellungen von Widerstand haben durchaus ihr eigenes Pathos – Scharrer beispielsweise läßt seinen Roman mit der emphatischen Beschreibung einer Demonstration im November 1918 enden:

> Aus den Seitenstraßen kommt Gesang.
> ›Rot ist das Tuch, das wir entrollen!‹
> Karl Liebknecht spricht.
> Auf dem Schloß weht die rote Fahne.

Das differiert nicht nur grundlegend zum Ansatz prominenter Antikriegsautoren wie Ludwig Renn (›Krieg‹, 1928) oder Erich Maria Remarque (›Im Westen nichts Neues‹, 1928), sondern auch zum Konzept des ›großen proletarischen Kunstwerkes‹ – wird es hier doch dem Leser überlassen, sich das Scheitern der Novemberrevolution zu erklären und den Romanschluß nicht allein mit revolutionärer Nostalgie zu entziffern.

Ähnliches gilt auch für andere Exempel derartiger Rebellenliteratur, so für den Lebensbericht ›Vom weißen Kreuz zur roten Fahne‹ (1929) von Max Hoelz, dem Aktivisten aus dem Mitteldeutschen Aufstand von 1921, und für Georg K. Glasers Roman ›Schluckebier‹ (1932) über die blutige Revolte depravierter Fürsorgezöglinge. In diese Reihe gehören auch Kurt Kläbers ›Passagiere der III. Klasse‹ (1927) und Oskar Maria Grafs ›Wir sind Gefangene‹ (1927). Von einer ganz anderen Position her gestaltet Anna Seghers in ihrer Erzählung ›Der Aufstand der Fischer von St. Barbara‹ (1928) das spontane Aufbegehren verarmter Fischer. – Im übrigen verweist der säkulare Erfolg der nachweislich auch in Arbeiterkreisen viel gelesenen Romane B. Travens, der in den zwanziger Jahren zum Hausautor der Büchergilde Gutenberg avancierte, auf das proletarische Interesse an einer Literatur des politisch-organisatorisch ›offenen‹ Widerstandes gegen Ausbeutung und Unterdrückung.

Mit dieser Rebellenliteratur begegnet in der proletarisch-revolutionären Literatur ein Strang, der sich von Konzeption und Praxis des BPRS grundlegend unterscheidet. Das heißt keineswegs, daß er in der revolutionären oder kommunistischen Literaturstrategie der Weimarer Republik ohne Belang gewesen wäre; er markiert eher die Grenzen des BPRS, der sicher organisierendes Zentrum blieb, dessen Linie des Betriebs- und Massenromans sich aber nicht als die einzige oder alles dominierende behauptete. Daß zudem die meisten dieser autobiographisch angelegten Werke in Verlagen erschienen sind, die, wie der Malik-Verlag (Tureck, Plivier), der KPD gegenüber eine parteiliche Distanz übten, sowie im vergleichbar offenen Agis-Verlag (Braune, Glaser, Scharrer), in Münzenbergs ›Universum-Bücherei‹ (Schönstedt) oder im sozialdemokratischen ›Bücherkreis‹ (Scharrer), verweist in diesem Zusammenhang auf eine relative Breite der proletarischen Literaturpolitik und Literaturorganisation insgesamt.

XIV. Arbeiter-, Berufs- und Agitprop-Theater

Im Theaterbereich hatte sich die proletarische Literaturentwicklung am kontinuierlichsten entfaltet – proletarisches Theater, Agitprop-Stücke, szenische Aufführungen, Erinnerungsspiele an Stiftungsfeste und zu Festtagen wie dem 1. Mai, Lebende Bilder und andere theatralische Formen stehen im 19. Jahrhundert neben der Arbeiterlyrik am Beginn von Arbeiterliteratur überhaupt. Vor allem seit Beginn der Weltwirtschaftskrise entstand eine Fülle von Agitprop-Truppen, die bisher erprobte Spielformen weiterentwickelten, so das ›Rote Sprachrohr‹, der Berliner ›Sturmtrupp Alarm‹, in Halle die ›Rote Schmiede‹, die ›Roten Blusen‹, der Stuttgarter ›Spieltrupp Südwest‹ um Friedrich Wolf, die ›Truppe 31‹ um Gustav von Wangenheim und andere.

Das ästhetisch-politische Programm umfaßte zunächst die plakative ›Entlarvung‹ des Klassenfeindes, wobei im übrigen der Kampf gegen den ›Sozialfaschismus‹ gerade hier eine nicht unbeträchtliche Rolle spielte; er entwickelte sich aber zunehmend in Richtung auf argumentierende Verfahrensweisen, die nun auch nicht-proletarische und nicht-revolutionäre Kreise anzusprechen suchten. Diese Bündnispolitik wurde beispielhaft in der ›Truppe 31‹ deutlich, die sich mit der Lage der Angestellten befaßte (›Die Mausefalle‹, 1931), oder bei der Spieltruppe ›Südwest‹, die Friedrich Wolfs auf das Bauernhilfsprogramm der KPD abzielendes Stück ›Bauer Baetz‹ (1932) spielte. Zudem ging es den Truppen um schon traditionelle Aufgaben wie die Wahlagitation, aber auch um internationalistische Solidaritätsaktionen mit Sowjetrußland und China (›Für die Sowjetmacht‹, 1930, vom ›Roten Sprachrohr‹; ›Tai Yang erwacht‹, 1931, von Friedrich Wolf).

Dabei ist es kein Zufall, daß Auseinandersetzungen um Form und Funktion der proletarischen Literatur gerade auch den Theaterbereich berührten. So wandte sich der ›Internationale Revolutionäre Theaterbund‹, die Dachorganisation der nationalen Theatervereinigungen, in dessen Präsidium unter anderen Piscator, von Wangenheim und Wolf saßen, gegen eine Verabsolutierung des Agitprop-Theaters und plädierte für eine ausgefaltete und gegen eine improvisierte Dramatik. Damit wurden spezifische Spielweisen des Agitprop-Theaters kritisiert, aber auch dessen plakative Vereinfachungen und Schematismen angesprochen. Die Auseinandersetzungen über Kampf- und Kunstwert von proletarisch-revolutionärer Literatur fanden auch im Theaterbereich statt – gelöst wurden sie nicht. So wurde dem auf ›Kampfwert‹ insistierenden Maxim Vallentin in diesen Debatten vorgeschlagen, doch ein Maschinengewehr auf die Bühne zu stellen; dessen Kampfwert sei unbestritten.

Dabei mußten die materiellen Möglichkeiten eines revolutionären Berufstheaters, das allein große Spiel- und Theaterformen hätte realisieren können, angesichts der ökonomischen Krise zwangsläufig beschränkt bleiben; die gravierenden finanziellen Probleme der verschiedenen Piscator-Bühnen belegten das.

Ansätze zum ›großen Drama‹ entwickelte vor allem Friedrich Wolf; das Schauspiel ›Die Matrosen von Cattaro‹ von 1930, das im Kontext der Revolutionsthematik der späten Weimarer Republik steht, bedeutete den Durchbruch seiner Theaterkonzeption. Der Aufstand in der österreichischen Flotte 1918 diente als historische Folie für den Konflikt zwischen individuellem Handeln und tatsächlichen Möglichkeiten bzw. ›objektiven‹ Notwendigkeiten politischen Handelns. Aktualität und Historizität sollten hier im Sujet vermittelt werden, und zwar in aristotelischen Spielweisen, deren Realismus sich an Figurenkonstellationen und Konfliktlinien des bürgerlichen Theaters festmachte.

Davon setzte sich das proletarische Agitprop-Theater ab, über das »nicht die besten Nasen gerümpft wurden« (Brecht). Es stellte die Grobheit des Klassenfeindes mit groben Mitteln dar und entging dabei nicht immer der Gefahr, seinen Kampfwert im erwähnten Schematismus realisieren zu wollen. Wolf resümierte 1933:

>Der‹ Fabrikant war ein fetter Spießer, er trug die Aktenmappe, ›der‹ Faschist hatte die Mördervisage und war bis an die Zähne bewaffnet, ›der‹ Sozialdemokrat war ein vertrottelter ›Sozialfaschist‹, ›der‹ Prolet war ehrlich und verhungert.[52]

Immerhin aber unternahm es das Agitprop-Theater, durch Einbeziehung des Zuschauers, durch Flexibilität und Offenheit der Texte (spontanes Reagieren auf Ereignisse bzw. auf Einwürfe des Publikums u. ä.) den traditionellen Werkcharakter des Theaterstückes zu durchbrechen – durch ›Episierungen‹ also, die sich mit den gleichzeitigen Entwürfen des V-Effektes und des Lehrstückes von Brecht berühren. Dies bewährte sich seit 1931, als die Agitprop-Auftritte faktisch verboten waren, im sogenannten ›Partisanen-Theater‹. Hier gaben sich die Spieler als solche gar nicht mehr zu erkennen und inszenierten auf der Straße als dem Spielort par excellence unerkannt Zwischenfälle, spontane Menschenaufläufe und Diskussionen, durch die Lernprozesse der zufällig Anwesenden und Beteiligten provoziert werden sollten – die vierte Wand des Theaters fiel vollends.

Trieb man hier also im brechtschen Sinne die Widersprüche zwischen Wesen und Erscheinung ästhetisch durch ein auf Verfremdung und Publikumseinbeziehung zielendes operatives Theater der Desillusionierung und der ›offenen Form‹ voran, um Lerneffekte zu erreichen, so wollte das aristotelische, das auf das große ›geschlossene‹ Stück abzielende Arbeitertheater – als Illusionstheater – eine Vermittlung des Allgemeinen mit dem Individuellen und Besonderen im ›Typischen‹, wie Lukács formulieren würde, um Identifikation und dadurch Katharsis zu bewirken. Die Konfliktlinien und Auseinandersetzungen über proletarisch-revolutionäre Literatur- und Kunstkonzepte reproduzierten sich dergestalt auch im Theater, bis die Zäsur 1933 Neuorientierungen in allen Bereichen erzwang.

Dietrich Kreidt
Gesellschaftskritik auf dem Theater

I. Max Reinhardts langer Abschied

Im Theater kommt es vor, daß ein Denkmal, ehe es gestürzt wird oder zur Unkenntlichkeit verwittert, selbst vom Sockel steigt. Max Reinhardt handelte so, als er 1920, verstört über das politische und soziale Chaos in Deutschland, die künstlerische Direktion seiner drei Berliner Theater niederlegte und in seine Heimatstadt Wien zurückkehrte. Allerdings war diese freiwillige Emigration nicht, wie die spätere, die ihm die Nationalsozialisten aufzwangen, endgültig: schon 1922 arbeitete Reinhardt wieder in Berlin, wenn auch mit weniger neuen, meist aus Wien importierten Inszenierungen. Immer noch war er eine Macht, an der niemand vorbei konnte, aber er war – trotz großer Publikumserfolge – nicht mehr der absolute Souverän, der mehr als ein Jahrzehnt lang das deutsche Theater beherrscht hatte. Das Klima war verändert, die Legende Max Reinhardt beschädigt, die Aura verblaßt. Der instinktsichere Theatermann hatte es nur als erster gemerkt.

Die Summe der Theaterarbeit Reinhardts erscheint wie eine Gala-Vorstellung, mit der sich das 20. vom 19. Jahrhundert verabschiedete, nicht wie die Premiere einer neuen Bühnenkunst. Reinhardt modernisierte das Theater, ohne einen eigenen Standort in der Moderne zu finden. Als einer der ersten setzte er in seinen Inszenierungen die neuesten Errungenschaften des Theaterapparats umfassend ein, das bewegliche elektrische Licht, die Drehbühne, das ganze Instrumentarium, das die Kulissenbühne überflüssig machte; aber sein Ziel blieb das große Illusionstheater. Kein anderer im europäischen Theater, nicht einmal Konstantin Stanislawski, hat einen so riesigen Stamm von Schauspielern und Regisseuren herangebildet, die das Geschehen auf der Bühne und im Film jahrzehntelang beeinflußten; doch in der Vielfalt der schöpferischen Geister, die er um sich versammelte, blieb für ihn selbst immer der Typus des einfühlenden, ›naturnachahmenden‹ Schauspielers bestimmend, den das bürgerliche Theater des 18. und 19. Jahrhunderts hervorgebracht hatte.

Die abgegriffene Formel vom ›Gesamtkunstwerk‹ ergibt bei Reinhardt noch in doppelter Weise Sinn. Richard Wagner hatte mit idealistischem Rigorismus definiert: »Das höchste gemeinsame Kunstwerk ist das Drama: Nach seiner möglichen Fülle kann es nur vorhanden sein, wenn in ihm jede Kunstart in ihrer höchsten Fülle vorhanden ist.«[1] Der behaupteten ästhetischen Totalität ist die Anstrengung anzumerken, unter der sie überhaupt noch gedacht werden kann. Höchste Steigerung der vorhandenen Ausdrucksmittel als letzte Gewähr, daß ein Ganzes entstehe, ist auch das künstlerische Credo des Praktikers Max Reinhardt. Aber bei ihm wie bei Richard Wagner pocht der horror vacui des Spätromantikers an die Tür, hinter der sich das Kunstwerk vor gesellschaftlichem Leiden verschließt. Reinhardts rastlose Suche nach immer neuen ästhetischen Reizmitteln und szenischen Stimmungen ist dafür ebenso Beweis wie seine oft betonte Verständnislosigkeit gegenüber politischen und sozialen Fragen. Er experimentierte mit dem Kammerspiel ebenso wie mit dem Monumentaltheater, mit dem Zirkus ebenso wie mit der musikalischen Revue. Als ihm die vom Kulissengerümpel befreite Theaterbühne nicht mehr genügte, zog er ins Freie und nutzte den Salzburger Domplatz wie die römische Arena oder andere Freilichttheater. Seine Inszenierung von Hugo von Hofmannsthals ›Jedermann‹, mit der 1920 die Salzburger Festspiele aus der Taufe gehoben wurden, war indessen auch ein inhaltliches Bekenntnis: Während andernorts der Expressionismus über die Bühnen raste, Krieg und Revolution, Massenkampf und Seelenkampf thematisierend, zelebrierte Reinhardt das Mysterienspiel vom »Sterben des reichen Mannes«, der in Gnaden in den Himmel aufgenommen wird.

Bei den gefürchteten Berliner Theaterkritikern ist Max Reinhardt schon vor 1918 nicht gut weggekommen, besonders – was ihn persönlich schmerzte – bei den intelligenteren nicht. Alfred Kerr wird nie müde, gegen die »Veroperung« des Schauspiels durch Reinhardt zu polemisieren. »Strahlender Kitsch«, »Mätzchenregie«, »Kunstgewerbe«, »Butter, Schmalz und Sahne« sind einige der Liebenswürdigkeiten, die der berühmte Kritiker für den berühmten Regisseur übrig hat. Und Herbert Ihering, mit Kerr selten einer Meinung, schreibt bei Reinhardts Flucht aus Berlin:

> Reinhardt selbst hinterläßt nur Inszenierungen, keinen Stil ⟨...⟩ Er hinterläßt Aufführungen, kein Theater. An ihn hat sich keine Tradition angesetzt, die Grundlage für Zukünftiges werden könnte. An ihn schließen sich höchstens Nachahmer oder Überwinder.[2]

Was wiederum die Kritiker ärgert: Max Reinhardts Inszenierungen kommen, trotz aller Kritik, beim Publikum glänzend an, auch bei dem als besonders wachsam und mißtrauisch geltenden Berliner Publikum. Den von Hans Pölzig umgebauten Zirkus Schumann, den Reinhardt 1920 als Großes Schauspielhaus eröffnet, besuchen selbst in diesem Krisenjahr über hunderttausend Zuschauer. Welches andere Theater konnte sich damit messen? Linke Kritiker hatten Mühe, ihr Urteil über Reinhardt nicht zu einem Urteil über das falsche Bewußtsein der Massen werden zu lassen.

So ist es nicht damit getan, in Reinhardt eine anachronistisch gewordene Gestalt zu sehen, deren großbürgerlich-aristokratischem Gestus man nur die schlechte, aber entfeudalisierte kapitalistische Realität entgegenzuhalten brauchte, um den Fall für erledigt, den Glanz seiner Inszenierung für altmodischen Schwindel zu erklären. Dem Finanzgenie seines Bruders Edmund verdankte er den Aufstieg zum Chef eines Konzerns von privaten Geschäftstheatern, wie es ihn vorher nicht gegeben hatte. Künstler und Reklamefachmann, Virtuose auf ästhetischem und ökonomischem Gebiet war aber auch Max Reinhardt selbst:

> Reinhardt hatte viel früher als die übrigen Kapitäne der Vergnügungsindustrie begriffen, daß zwei Theater besser seien als eines, drei rentabler als zwei. Die Einsparungen infolge der Vereinigung mehrerer Unternehmen ermöglichten es ihm, eine an Individualitäten und Spezialtalenten reiche Truppe einzustellen; die erhöhten die Leistungsfähigkeit, und nicht zuletzt auch die Einnahmen.[3]

So resümiert, in freundschaftlicher Absicht, ein langjähriger enger Mitarbeiter, der Regisseur Bernhard Reich. Ein weiteres Geschäftsgeheimnis der Reinhardt-Brüder verratend, fügt er hinzu:

Reinhardts zahlten die geringsten Gagen in Deutschland. Wenn jemand sich entrüstet weigerte, solch einen erniedrigenden Vertrag zu unterschreiben, so wurde er zu Kahane oder zu Edmund geschickt. Sie bearbeiteten ihn nach allen Regeln der Kunst: ›Das Deutsche Theater ist eine Weltmarke. Filmunternehmen werden sich um Sie reißen. Die reichsten Nebenverdienste sind Ihnen garantiert. Und vergessen Sie nicht: Sie dürfen unter der Regie des Professors ⟨M. Reinhardt⟩ arbeiten! Er holt aus Ihnen Talente heraus, von denen Sie gar nicht ahnen, daß Sie sie besitzen!‹[4]

Das ist unverkennbar der Ton der zwanziger Jahre, nur daß den Theaterimpresario dann wirklich die Kapitäne der Vergnügungsindustrie überholen.

II. Aufholjagd in die Moderne

Am 19. November 1918 meldet der Theaterkritiker Herbert Jhering im Berliner Börsen-Courier: »Das Nachrichtenbild ist noch nicht zuverlässig. Das Hoftheater und das Residenztheater in München heißen bereits: Nationaltheater, Großes und Kleines Haus, Hofoper und Burgtheater in Wien sollen als Staatstheater weitergeführt werden. In Dresden ist alles im Werden. In Hannover nennt man sich noch Königliche Schauspiele. In Berlin beginnt man heute einfach als Opernhaus und Schauspielhaus. Und anderswo denkt man die Hoftheater als Stadttheater zu führen.«[5] Die Begriffskonfusion, die am Tag nach der Ausrufung der Republik herrscht, verwundert nicht; erstaunlicher mutet die Tatsache an, daß in den Wirren der Novemberrevolution die Theater überhaupt noch funktionieren, mit der gleichen Selbstverständlichkeit weiter spielen wie in den letzten Kriegstagen.

Doch die Situation ist eine andere als knapp drei Jahrzehnte später, nach Ende des Zweiten Weltkriegs. Die Städte und die Bühnenhäuser liegen nicht in Trümmern, und die ideologische Ruine des Wilhelminismus zerfällt schon vor der Abdankung und Emigration des Kaisers. Ein Indiz für diesen Autoritätsverlust findet sich nicht zuletzt im Theater: Während die Hofbühnen im dritten und vierten Kriegsjahr zu immer seichterer Unterhaltung und zu ablenkender Theaterkonfektion übergehen, setzen mutige Theaterleute, vor allem in der »Provinz«, gegen alle Verbotsschikanen die Aufführung junger expressionistischer Dramatiker durch. René Schickeles pazifistisch orientiertes Stück ›Hans im Schnakenloch‹ (1914 geschrieben) wird bereits am 17. Dezember 1916 im Neuen Theater Frankfurt uraufgeführt. Georg Kaisers ›Bürger von Calais‹ am gleichen Ort im Januar 1917, sein Drama ›Von morgens bis mitternachts‹ kurz darauf an den Münchner Kammerspielen. Oskar Kokoschkas ›Mörder, Hoffnung der Frauen‹ erregt im Juni 1917 in Dresden einen Skandal und wird ein Jahr später in Frankfurt nachgespielt. Paul Kornfeld (›Die Verführung‹, Uraufführung Frankfurt 1917), Reinhard Johannes Sorge (›Der Bettler‹, Uraufführung Berlin 1917), Walter Hasenclever (›Der Sohn‹, Uraufführung Mannheim, Januar 1918), Reinhard Goering (›Die Seeschlacht‹, Uraufführung Dresden, Februar 1918), Fritz von Unruh (›Ein Geschlecht‹, Uraufführung Frankfurt, Juni 1918) machen als Schriftsteller einer jungen Dramatikergeneration auf sich aufmerksam, noch bevor sich ihnen, mit dem Beginn der Weimarer Republik, die Bühnen weit öffnen.

Eine der ersten Errungenschaften der neuen Republik ist die Umwandlung der Hoftheater in Staats- und Landestheater. Aus den Einrichtungen höfischer Repräsentation werden staatliche Institutionen. Der Typus des »Kavaliersintendanten« verschwindet. Zuständig für die Berufung der Theaterleiter und die Zumessung der Subventionen sind die Kultusministerien der einzelnen Länder und Reichsprovinzen. Die Zensur wird aufgehoben. Diese Maßnahme kommt auch den privaten Geschäftstheatern zugute, die seit den Gründerjahren neben den Hofbühnen florierten, in ihrer Bewegungsfreiheit aber eingeschränkt waren durch die Kontrolle der Gewerbepolizei, den verlängerten Arm der Zensur. Nun, nachdem diese Reglementierung entfallen ist, beginnt ein gnadenloser Konkurrenzkampf nicht nur der kommerziellen Theater untereinander, sondern auch zwischen ihnen und dem »sozialisierten« Staatstheater. Berlin liefert dafür drastische Beispiele: In der Zeit nach der großen Inflation kauft der auf die billigste Unterhaltungsware spezialisierte Konzern der Brüder Rotter ein pleite gegangenes Theater nach dem anderen auf. Den großen Privattheatern, die ihre Häuser mit künstlerisch anspruchsvollen Produktionen zu erhalten versuchen, bleibt nichts anderes übrig, als ein Gegenkartell zu gründen.

1927 schließen sich die Reinhardtbühnen, die Theater von Victor Barnowski und Eugen Roberts zu einer Organisation (»Reibaro«) zusammen, die den Besuchern en-bloc-Abonnements zu Sonderkonditionen anbieten. Das Reibaro-Unternehmen ist zugleich der Versuch, dem Konkurrenzdruck der dritten Monopolkraft im Wettbewerb der Theatergroßbetriebe standzuhalten: dem Verband der Volksbühnenvereine. Seit dem 1920 vollzogenen Zusammenschluß der Volksbühne und der Freien Volksbühne ist diese traditionell sozialdemokratisch orientierte Vereinigung die stabilste Besucherorganisation der Weimarer Republik. Sie verfügt in Berlin über drei Theaterhäuser und ab 1926 über garantierte Abonnentenquoten in der Kroll-Oper, unterhält eigene Wandertheater, die die Provinz bereisen, und zählt 1922 fast eine halbe Million Mitglieder, allein in Berlin 156 000. Geringere, aber immer noch beachtliche Mitgliederzahlen kann auch der christlich-national orientierte Bühnenvolksbund aufweisen, der 1919 als konservative Gegengründung zur Volksbühne ins Leben gerufen wird und dessen Gemeinden 1922 bereits 100 000 Mitglieder angehören.

Mit der Nüchternheit, die der Stolz der zwanziger Jahre ist, wird registriert, daß auch das Theater auf der Höhe der kapitalistischen Gegenwart, der industriellen Massengesellschaft angelangt ist.[6] Selbst das am Kurs des Bühnenvolksbunds orientierte ›Jahrbuch für Drama und Bühne‹ belehrt seine Leser über den sozialen Wandel des Theaters:

> Wie das Theatergebäude in zwei Teile zerfällt, die streng voneinander geschieden sind, zwischen denen aber mannigfache Wechselbeziehungen bestehen – vor dem Vorhang und hinter dem Vorhang – so zerfällt auch das deutsche Theater in solche, die zum ›Bau‹ gehören, also die Produzenten, und solche, die als Abnehmer in Frage kommen – die Besucher, Konsumenten. In beiden Gruppen ist der Einzelne heute schon ausgeschaltet, da Produzenten und Konsumenten organisiert sind. Die Produzenten scheiden sich in Arbeitnehmer und Arbeitgeber. Ihre Organisationen sind praktisch genommen Zwangsorganisationen und älter, infolgedessen auch straffer organisiert als die Besucherorganisationen. Die wichtigsten Organisationen dieser Art sind:
> 1. Der Deutsche Bühnenverein (gegr. 1861 von Karl Theodor von Küstner).
> 2. Die Genossenschaft Deutscher Bühnenangehöriger (gegr. Juli 1871)

⟨...⟩
3. Vereinigung künstlerischer Bühnenvorstände.
4. Verband Deutscher Bühnenschriftsteller und Bühnenkomponisten.
5. Vereinigung der Bühnenverleger.

Der deutsche Bühnenverein ist die eigentliche Arbeitgeberorganisation, die Genossenschaft deutscher Bühnenangehöriger vereinigt in sich die Arbeitnehmer. Seit den Verhandlungen im Januar 1919 besteht zwischen Bühnenverein und Genossenschaft eine Tarif- und Arbeitsgemeinschaft. Dem Tarifabkommen zwischen beiden Organisationen hat das Reichsarbeitsministerium Allgemeinverbindlichkeit zugesichert.[7]

Die drei Hauptinstitutionen des Theaters der Weimarer Republik – Staats- und Landestheater, kommerzielle Privattheater, Volksbühne – sind also überlagert von einem sozialen Koordinatensystem, das die ökonomische Konkurrenz in geregelte Bahnen lenken soll und Stabilität zu verheißen scheint. Der einzige nicht kalkulierbare Faktor in diesem System ist das Publikum, ein Faktor, der wenigstens teilweise die Macht der Theaterkritik in den zwanziger Jahren erklärt. Trotz aller hochorganisierten Verwaltungsapparate und monopolistischen Tendenzen bleibt das Theater jedoch krisenanfällig: Im Inflationsjahr 1923, in dem das Geld als Heizmaterial kostbarer ist denn als Äquivalent für den Warentausch, und ebenso nach dem großen Bankenkrach 1929, der zum zweiten Mal in diesem Jahrzehnt eine Verelendung nicht nur der proletarischen Massen, sondern auch des Kleinbürgertums mit sich bringt, sind die Theater mit ihrem Latein vorläufig am Ende.

III. Der »freie« Regisseur

In der unüberschaubaren Vielfalt des Theaters der Weimarer Republik lassen sich einige Grundzüge erkennen, die den hochtrabenden Begriff der epochalen Zäsur rechtfertigen. Während in kommunistischen Parteigruppierungen noch dreißig Jahre später darüber gestritten wird, ob die gescheiterte Novemberrevolution die Abendröte der bürgerlichen oder die Morgenröte der proletarischen Revolution gewesen sei, bricht im Theater wirklich ein neuer Tag an. Vergleichbar nur mit der Barockbühne und der des Sturm und

Drang, wird das Theater nach 1918 zu einer ubiquitären Macht, die weit über die Bühnenhäuser hinaus wirkt, sie oft ganz hinter sich läßt oder sie in Schauplätze heftig aufeinanderprallender politischer Leidenschaften verwandelt. Daß von den Dramatikern der Weimarer Republik nur wenige einen Platz im heutigen Repertoire der Schauspielhäuser behalten haben – am ehesten noch Zuckmayer und Horváth, in Ausnahmefällen Bruckner und Toller, inzwischen auch Brecht nur noch marginal –, ist die Kehrseite dieser ungewöhnlichen Nähe zum Zeitgeschehen. »Gesellschaftskritik auf dem Theater« ist dafür ein mattes Wort; der Terminus »politisches Theater«, eine genuine Erfindung der zwanziger Jahre, trifft auch dort zu, wo er nicht auf Agitprop und gezielt politische Bühnenprovokationen angewendet wird. So wichtig die Impulse sind, die von den dramatischen Schriftstellern ausgehen – erstaunlicher noch sind die Initiativen des Theaters selbst, das sich in diesen Jahren eine vorher unbekannte Freiheit im Umgang mit seinen Inhalten und Stoffen erlaubt.

1. Leopold Jeßner

Ein Glücksgriff, der dazu beiträgt, daß Berlin seinen ramponierten Ruf als Theatermetropole wieder zurückgewinnen kann, ist die Berufung Leopold Jeßners zum Intendanten des Berliner Staatstheaters im Oktober 1919. Anfangs sieht es allerdings nicht danach aus: Als »Mann aus der Provinz« ist er bei seinem Amtsantritt der breiten Öffentlichkeit unbekannt. In Theaterkreisen kennt man ihn durch seine Regietätigkeit am Hamburger Thalia-Theater (1904-1915) und seine Schauspieldirektion in Königsberg (1915-1919); aber unter den vielen begabten Theaterleitern der Expressionisten-Generation ist er keineswegs der auffälligste. Man glaubt zu wissen, warum gerade Jeßner nach Berlin geholt wird: Er ist – wie der neue preußische Kultusminister Konrad Jänisch, der ihn nominiert hat – engagierter Sozialdemokrat. Die für das Klima der Weimarer Republik kennzeichnende Polarisierung in politische Lager schlägt bereits hier durch, zumal Jeßner Jude ist und damit Angriffsziel der deutschnationalen und rechtsradikalen Gruppierungen. Ein Anonymus aus der Provinz, Jude, Sozialdemokrat, darüber hinaus ein Aktivist der Bühnengenossenschaft – das ist mehr als genug, um dem neuen Intendanten des Staatstheaters von Anfang an das Leben schwer zu machen. Doch es zeigt sich, daß man ihn unterschätzt hat. Zehn Jahre lang hält er es an der Spitze des staatlichen Schauspiels aus, bis er zermürbt durch die Angriffe der nationalistischen Presse resigniert. Jeßner prägt einen neuen Stil der Regie und der Dramaturgie, dessen Auswirkungen bis heute andauern.

Einer der Gründe für seine stets umstrittene Position liegt darin, daß er eine sehr unzeitgemäße Abneigung gegen Selbstdarstellung und Reklame an den Tag legte. So lesen sich die programmatischen Äußerungen, mit denen er die Theaterleitung in Berlin übernahm, wie ein Rütlischwur auf die erste deutsche Republik; aufs Theater bezogen erscheinen sie als ein eher dürftiges, konventionelles Manifest: Der demokratische Staat brauche ein Theater im Sinne von Schillers »Schaubühne als moralische Anstalt«, keine Bildungsinstitution für wenige Privilegierte, aber auch keinen bloßen Konsumbetrieb für das zahlende Publikum; was not tue, sei ein »Volkstheater« für mündige Bürger. Besonderes Gewicht legt Jeßner auf eine langfristig angelegte Spielplangestaltung, in deren Zentrum ein Klassikerprogramm stehen müsse. Noch 1930, ein Jahr nach seiner Demission als Intendant des staatlichen Schauspielhauses, beharrt er darauf: »Das Prinzip heißt: 1. Klassiker. 2. Werke der zeitgenössischen Standardliteratur. 3. Versuche junger Autoren. 4. Unterhaltungsstücke.«[8]

Die erste Probe aufs Exempel dieses mehr gediegen als revolutionär klingenden Konzepts gerät jedoch zu einer Sensation und zu einem handfesten Skandal, dem ersten in der langen Reihe der Theaterkrawalle, die zu den Merkmalen der zwanziger Jahre gehören. Am 12. Dezember 1919 gibt Leopold Jeßner sein Berliner Debüt mit Schillers ›Wilhelm Tell‹. Kahl wie die Bühne, die nur aus einem abgetreppten Spielgerüst und einem geteilten Hintergrundsprospekt besteht, ist die inszenierte Spielhandlung. Das patriotische Kolorit, das Schillers Tell-Drama zu einem der populärsten Stücke des 19. Jahrhunderts gemacht hatte, fehlt. »Die Schweiz ist gestrichen«, bemerkt ironisch ein Kritiker, gestrichen ist aber nicht nur das romantische Milieu, sondern auch alles Individualisierende, Psychologisierende der Schillerschen Figuren. Die Darsteller, bereits in der Schwarz-Weiß-Zeichnung ihres Kostüms kenntlich gemacht, treten wie Verkörperungen von Prinzipien auf – hier die Partei der bürgerlichen Emanzipation, dort die Partei der feudalistischen Unterdrückung. In der radikalen Reduzierung des Stücks auf ein einziges Grundmotiv, das der republikanischen Freiheit, liegt die ästhetische *und* politische Provokation, die zu den Tumulten der denkwürdigen Premiere führt.

In weiteren aufsehenerregenden Produktionen – Shakespeares ›Richard III.‹ (1920), Wedekinds ›Marquis von Keith‹ (1920), ›Hamlet‹ (1926) – macht Jeßner deutlich, daß er nicht nur den Stil der Inszenierung, sondern auch die Methode der Theaterarbeit in einer Weise verändert, die ihn zum eigentlichen Antipoden Max Reinhardts werden läßt. Statt ausladender Detailfreudigkeit Verknappung, statt illusionistischer Stimmungskunst symbolische Abstraktion, so wird der stilistische Gegensatz zwischen Reinhardt und Jeßner zu Recht beschrieben. Ein prinzipieller Unterschied liegt jedoch in ihrer Vorstellung vom Verhältnis Theater und Literatur, Regie und Drama. Der Werktreue bei Reinhardt steht bei Jeßner ein anderes Verständnis des Umgangs mit der literarischen Vorlage gegenüber:

> Deshalb muß der Regisseur das bereits geformte Werk der Dichtkunst zunächst einmal in seine einzelnen Bestandteile auflösen, um dann aus der Neuordnung dieser Bestandteile das *Bühnenwerk* zu formen. Aus diesem Arbeitsprozeß ergibt sich nun jene berechtigte Freiheit des Regisseurs dem Werk gegenüber. Diese Freiheit, die scheinbar auf Kosten des Dichters sich auslebt, schafft in Wirklichkeit für den Dichter, sofern er nicht ein Buch-, sondern ein Bühnendramatiker ist. Der neue Typ dieses – ich setze das Wort in Anführungsstrichen – ›freien‹ Regisseurs ist der dramaturgische Regisseur. Er löste den ästhetischen Regisseur in seiner Wirksamkeit ab. Diese dramaturgische Regie wurde erstmalig an vielfach umkämpften Klassikeraufführungen sichtbar.[9]

Wie das zu verstehen ist, zeigen zwei weitere Beispiele aus Jeßners praktischer Regiearbeit: In der Inszenierung von ›Richard III.‹ beherrscht eine gewaltige Treppe die Bühnenarchitektur. Sie ist aber weder – wie das zur Mode gewordene Wort von der »Jeßner-

Treppe« nahelegt – eine stilistische Marotte des Regisseurs noch ein bloß dekoratives Element. Die analytische Technik Jeßners kristallisiert aus Shakespeares ›Richard III.‹ ein wesentliches Thema heraus: den Aufstieg und Fall des Tyrannen. So wie Richard den Weg des Usurpators der Macht von unten nach oben über diese Treppe antritt, so stürzt er am Ende von oben nach unten über die nämliche Treppe in die Schwerter und Lanzen seiner Gegner – auch alle Schlachtszenen, das Auf und Ab des Kampfes visualisierend, finden auf diesem Bühnengerüst statt. Das zweite Beispiel: ›Hamlet‹. Die Kühnheit dieser Inszenierung besteht darin, daß sie das Drama in die noch gegenwärtige, noch unbewältigte jüngste Vergangenheit projiziert. Das Hamlet-Drama spielt sich nicht im fernen Mittelalter, sondern an einem Hofe wilhelminischer Prägung ab. Nicht Sein oder Nichtsein ist hier die Frage, ebensowenig das Zaudern, die Melancholie, die rätselhafte Psyche Hamlets. Das Schauspiel wird inszeniert als eine Folge von Variationen über ein einziges Thema: »Es ist etwas faul im Staate Dänemark.«

Die »dramaturgische Regie« Leopold Jeßners bedeutet zugleich die Vollendung und Überwindung des expressionistischen Theaters. Denn das mit Verspätung auf die Bühne gelangte, dann aber massenhaft produzierte und gespielte expressionistische Drama hatte sich einen anderen Bühnenraum und eine andere Darstellungsweise erzwungen, als sie im herkömmlichen Rahmen – Max Reinhardts Illusionstheater eingeschlossen – vorgesehen oder vorhanden waren. Der zerfetzte Dialog und sein Pendant, der lyrische Monolog, die revueartige Reihung von Situationsbildern, resultierend aus der Antinomie monomanischer Ich-Figuren und einer chaotischen Umwelt, das waren die Elemente der expressionistischen Dramaturgie, die das konventionelle Bühnenbild und die einfühlende Schauspielkunst unmöglich machten. Gefordert waren: gebaute Architekturen statt gemalter Dekorationen, leere Räume statt requisitenüberfüllter Szenerien, eine dynamische Lichtregie, Plastizität in der Schauspielerführung, Bewegungsabläufe mit wechselnden Tempi bis zu kaum noch realisierbaren Höchstgeschwindigkeiten. Zugute kommt dem Theater in dieser Phase, daß ihm junge Schauspieler zur Verfügung stehen wie Werner Krauß, Ernst Deutsch, Gerda Müller, Fritz Kortner, Agnes Straub u. a., denen aus dem gleichen Lebensgefühl – gewissermaßen auf Anhieb – jener Typ gelingt, wie ihn die expressionistischen Dramatiker sich wünschten. Doch gerade Fritz Kortner, der Hauptdarsteller aller großen Jeßner-Inszenierungen, weist auch auf einen anderen Umstand hin:

> Der Expressionismus, der nach dem ersten Weltkrieg lavaartig ausbrach, war der Nachkomme des vor ihm herrschenden naturalistischen und realistischen Theaters, wie Brahm und Reinhardt sie jeweils entwickelt hatten. Der Sprößling, ein gewaltiger Schreihals, wandte sich gegen seine Väter, die ihn nährten. Hätte der nachreinhardtsche Expressionismus sich nicht der realistisch geschulten Schauspieler bedient, die imstande waren, seiner fegenden Exaltation unablässig reales Leben einzublasen, seinen gesteigerten Sprachaufbau zu durchnerven und seinen Tonorgien den Lebensodem des Alltags einzublasen, wäre ihm – dem nachreinhardtschen Exhibitionismus – eine noch kürzere Lebensdauer beschieden gewesen. Der Expressionismus war und ist ein Durchbruch, eine wegweisende Explosion. Aber er ist so wenig eine Theaterform, wie die Revolution eine Staatsform ist.«[10]

Als 1923 die Welle des literarischen Expressionismus verebbte, hatte das Theater die aus ihm gewonnenen Elemente verarbeitet und war vom expressionistischen Drama unabhängig geworden. Eine wesentliche Rolle in diesem Prozeß spielte Leopold Jeßner, indem er auf das Repertoiretheater und auf einen Klassikerspielplan übertrug, was für die Bühne aus den expressionistischen Experimenten zu verwerten war. Indem er andererseits die »Klassiker« aus dem angestaubten Fundus holte, sie aktualisierte und »entweihte«, leitete er den Übergang vom Expressionismus zur Neuen Sachlichkeit ein und setzte überdies ein unübersehbares Zeichen für die Politisierung des Theaters.

2. Erwin Piscator

Die neben Jeßner herausragende Gestalt unter den Regisseuren der zwanziger Jahre ist Erwin Piscator. Zum einen bildet er am reinsten den Typus des politischen Theaters aus; zum anderen geht er konsequent den Weg der Emanzipation vom literarisch dominierten Theater weiter. Denn obschon die dramatische Literatur im ersten

Jahrzehnt der Weimarer Republik reich an neuen Autoren und Werken ist, die oft sogar eng mit der Bühnenpraxis verbunden sind, beschränkt sich das Theater nicht mehr auf die Aufgabe, in nachschaffender Interpretation Stücke aufzuführen. Es behauptet eine weitreichende Autonomie der Inszenierung gegenüber dem Dramatiker und dessen Text. Und obwohl es nur wenige theatergeschichtliche Perioden gibt, in denen so viele profilierte und mitreißende Schauspielerpersönlichkeiten gleichzeitig hervortreten wie in diesen zehn Jahren, ist der Regisseur die höchste künstlerische Instanz mit fast unbegrenzten Vollmachten.

Programmatisch setzt Piscator gegen die Vorstellung des republikanischen »Volkstheaters« den parteilichen Begriff des »proletarischen Theaters«. Er spielt mit Laiengruppen und mit Berufsschauspielern, inszeniert revolutionäre Revuen und Agitpropstücke, aber auch zeitgenössische Bühnenwerke und sogar Klassiker. Seine ersten Spielstätten in Berlin (1920) sind Kneipensäle in Arbeitervorstädten. Später bieten ihm die großen Bühnen Gastregien an, so die Berliner Volksbühne zwischen 1924 und 1927, Jeßners Staatstheater 1926; all diese Ausflüge in den etablierten Apparat enden mehr oder weniger abrupt mit Krächen und Skandalen. Mehrere Versuche, sich selbst zum Leiter eines kommerziellen Theaters aufzuschwingen, scheitern ebenfalls nach kurzer Zeit (Central-Theater Berlin 1923, Theater am Nollendorfplatz 1927/28, Wallner-Theater 1929). Doch auf jeder dieser Stationen hinterläßt Piscator aufregende und aufsehenerregende Inszenierungen. Von dem Sozialdemokraten Jeßner, der verzweifelt versucht, einen riesigen Dienstleistungsbetrieb »im Interesse aller« zu steuern, unterscheidet sich der Kommunist Piscator nicht zuletzt dadurch, daß er ökonomische Risiken bis hin zum mehrfachen Bankrott in Kauf nimmt, um sich die Unabhängigkeit seiner Theaterarbeit zu bewahren. Im gleichen Jahr, in dem Jeßner kapituliert, gibt auch Piscator auf; ohne eine Spur der Resignation oder des Einlenkens resümiert er seine Theaterarbeit in seinem Buch ›Das Politische Theater‹ (1929).

Das Zusammenwirken politischer und künstlerischer Faktoren in Erwin Piscators spektakulärer Regieleistung ist einerseits sehr direkt, äußerlich und plakativ. Obwohl er – als Künstler – ein immer unzuverlässiger Gefolgsmann der KPD ist, inszeniert er 1924 zum

Wahlkampf der Partei die erfolgreiche Revue R. R. R. (›Revue Roter Rummel‹) und im folgenden Jahr zum X. Parteikongreß der KPD die Show ›Trotz alledem‹, eine filmisch-theatralische Rückschau auf den Weltkrieg und die Novemberrevolution. Mit grobianischer Provokationslust gibt er seinen Einstand (und Ausstand) am Staatlichen Schauspielhaus. Wie eine Parodie auf die Klassikerinszenierungen seines Gastgebers wirkt die Einstudierung der ›Räuber‹ (1926). Karl Moor wird darin als sentimental-geschwätziger Aristokrat, der Schuft Spiegelberg als Revolutionsführer (in der Maske Trotzkis) vor Augen und Schillers Intention auf den Kopf gestellt. Offen deklariert Piscator diese Inszenierung als Beitrag zur Fürstenenteignungs-Kampagne des Jahres 1926.

Die andere, subtilere Seite seiner Konzeption des politischen Theaters fächert sich auf in verschiedene experimentelle Stufen und Stadien, für die er auch unterschiedliche Begriffe ins Feld führt: das »soziologische«, das »dokumentarische«, das »epische« Theater. Der erste große Erfolg Piscators, die Inszenierung von Alfons Paquets ›Fahnen‹ 1924 in der Berliner Volksbühne am Bülowplatz, veranschaulicht diese Differenzierungen. Das Stück behandelt »den Fall einer Reihe von Chicagoer Arbeiterführern im Jahre 1880, die das todeswürdige Verbrechen begangen hatten, die Arbeiterschaft zum Kampf für den Achtstundentag aufzurufen. Die Machenschaften des Industriemagnaten Cyrus MacShure, der durch gekaufte Subjekte in einer Arbeiterversammlung ein Bombenattentat inszenieren ließ, brachte die Führer der Bewegung mit Hilfe der gleichfalls bestochenen Polizei und Justiz an den Galgen«.[11] Piscator zitiert Alfred Döblin, den an Paquets Theaterstück die Ambivalenz von Erzählung und Drama begeistert, also das, was unter dem Stichwort »episches Theater« Karriere zu machen beginnt. Der Regisseur selbst sieht in der Synthese von Dokumentation und Kunst das Neue und Zukunftverheißende. Und Leo Lania, der spätere langjährige Mitarbeiter Piscators, schreibt in der ›Wiener Arbeiterzeitung‹:

> Im ersten Augenblick drängen sich Vergleiche mit ›Danton‹ und den ›Webern‹ auf. Solche Vergleiche sind nicht nur unfruchtbar, sie sind auch falsch. Von jenen Dichtungen unterscheidet sich dieses Stück vor allem dadurch, daß hier weder eine bloße Milieu-Schilderung, noch eine psychologische Erschließung der Helden geboten wird, sondern daß der Dichter ganz

bewußt auf jede künstlerische Gestaltung verzichtet, sich darauf beschränkt, die nackten Tatsachen für sich sprechen zu lassen.[12]

Wo die »nackten Tatsachen« für sich sprechen sollen, ist für den Dichter nicht viel Platz. Die Autoren, mit denen Piscator unmittelbar zusammenarbeitet, ziehen auch stets den kürzeren: Alfons Paquet, der für die Volksbühne noch ein zweites Stück liefert (›Sturmflut‹, 1926) fühlt sich von den Eingriffen des Regisseurs in seinen Text brüskiert, und ebenso ergeht es Ehm Welk mit seinem Stück ›Gewitter über Gottland‹ (1927), das zu einem Aufstand im Volksbühnenvorstand, zum Rausschmiß Piscators und zu endlosen Debatten über den Kurs der Volksbühne führt. Auch Ernst Toller, mit dessen Tragödie ›Hoppla, wir leben!‹ Erwin Piscator sein eigenes Theater am Nollendorfplatz 1927 glanzvoll eröffnet, scheidet im Groll. In allen drei Fällen sind es keine politischen, sondern künstlerische Differenzen, die zum Bruch führen. Mit Sturheit, wie die einen sagen, mit großer gedanklicher Konsequenz, sagen die anderen, setzt Piscator seine Konzeption einer neuen politischen Sachlichkeit durch. Nicht mehr der individuell gestaltende Dramatiker ist wichtig, wichtig ist das dramaturgische Büro, das seinen Text auf gesellschaftskritische Aktualität hin überprüft, verändert oder notfalls ganz neu schreibt.

Am reinsten tritt dieser Gedanke in den politischen Revuen, die Piscator aufführt, aber auch in zwei seiner vier berühmten Inszenierungen im Theater am Nollendorfplatz zutage. ›Rasputin‹ (1927), ein »blutiger Reißer« von Alexej Tolstoj, wurde von Anfang an nur als Vorlage benutzt, um etwas völlig anderes entstehen zu lassen: eine szenische Reportage über die Hintergründe, die zum Sturz der Romanow-Dynastie und des Zaren Nikolaus II. führten. Behandelt wurde, wie es lakonisch heißt, »das Schicksal Europas 1914-17«.[13] Piscator hatte die Genugtuung, daß ein gewisser Dimitri Rubinstein – ehemals Finanzberater des Zaren, dann emigrierter steinreicher Geschäftsmann in Paris – persönlich intervenierte, um gegen seine Darstellung als Spion und Schieber zu protestieren, und die noch größere Freude, daß Ex-Kaiser Wilhelm II. aus seinem niederländischen Exil eine einstweilige Verfügung erwirkte, die zur Heiterkeit des Publikums anstelle der beanstandeten (Drei-Kaiser-)-

Szene auf der Bühne verlesen wurde. Nicht ganz so zufrieden konnte er mit der Aufführung von ›Konjunktur‹ (1928) sein, einem Stück von Leo Lania über das internationale Ölgeschäft; hier fuhr ihm die Diplomatie der hochverehrten Sowjetunion in die Parade und nötigte ihn zur Überarbeitung einiger Passagen, aus denen nicht klar genug hervorging, daß die Hauptfigur, eine russische Agentin, im Interesse des Proletariats und keineswegs im Großmachtinteresse der sowjetischen Petroleum-Industrie handelte.

Vor jeder dieser Inszenierungen holt Piscator einen wissenschaftlichen Stab zusammen, der Fakten, Daten, Statistiken auswertet, um Beweise für die Demaskierung der kapitalistischen Wirklichkeit zu erbringen. Informationen zählen, nicht private Gefühle. Das Theater assoziiert sich mit zwei technisch avancierten Medien: der Presse und dem Film. Schlagzeile, Nachricht und Kommentar gewinnen eine Bedeutung, wie sie früher der Monolog und das a-parte-Sprechen besessen hatten. Wochenschau und Dokumentarfilm, auch eigens gedrehte Spielfilmszenen, werden zu integralen Bestandteilen der Theateraufführung. Hinzu tritt eine Verschmelzung des technischen Bühnenapparats mit dem Bühnenbild. Die Ingenieurs-Ästhetik, die von Meyerhold und anderen Protagonisten des russischen Theater-Oktober zelebriert wird, erreicht ihren zweiten europäischen Höhepunkt auf der Piscator-Bühne. Die von Traugott Müller, dem kongenialen Bühnenbildner, geschaffenen Szenerien sind nicht mehr »Dekorationen«, sondern buchstäblich Erfindungen im Sinne der neuen, politisch-aufklärerischen Dramaturgie. In der Inszenierung von ›Hoppla, wir leben!‹ ist es ein dreigeschossiges Bühnengerüst, das die soziale Hierarchie der Gesellschaft symbolisiert, zugleich einen rasanten Szenenwechsel und die Simultanität von Schauspielerauftritten, Filmeinblendungen etc. erlaubt. Für die ›Rasputin‹-Reportage gestaltet Traugott Müller eine überdimensionale drehbare Halbkugel (Zeichen für die europäische Welt), die aus mehreren beweglichen Segmenten besteht, wieder eine Spielstätte für rasche Verwandlungen und simultane Bühnenvorgänge. Die Theateradaption von Hašeks Roman ›Die Abenteuer des braven Soldaten Schwejk‹ (1927) spielt im wesentlichen auf zwei laufenden Bändern, auf denen das Irrsinnskarussell des Krieges vorüberreilt, mitten in ihm und mitlaufend der anarchische Überlebenskünstler

Schwejk. Die technische Innovation hielt nicht immer Schritt mit dem Regiegedanken. Die Laufbänder im ›Schwejk‹ knarrten so entsetzlich, daß man die Worte der Schauspieler kaum verstand. Beim ›Rasputin‹ funktionierten die Türen der Segment-Halbkugel nicht. Zu diesen Pannen gesellte sich eine Probenarbeit, die die Schauspieler regelmäßig überforderte; mehrmals wurden die letzten Szenen noch geprobt, als die Premiere schon begonnen hatte.

Die in der zeitgenössischen Kritik gegen Piscator erhobenen Vorwürfe folgen nicht durchweg dem Schema der polarisierten politischen Lager. Linke Rezensenten zeigen sich schockiert über die Verachtung des »kulturellen Erbes«; konservative Kritiker schwärmen vom ästhetischen Glanz der Piscator-Inszenierungen. Zwei unvereinbar scheinende Dinge vermengen sich in der Faszination, die von der Piscator-Bühne ausgeht: Protestiert wird gegen den »politischen Mißbrauch« der Bühne, und protestiert wird gegen die l'art-pour-l'art-Konzeption eines technisch gewordenen Gesamtkunstwerks. Beide Fehlurteile – die bloße Agitprop-Intention dort, der reine Formalismus hier – haben sich paradox zu *einem* vereinigt: daß Piscator letztlich doch eine marginale Erscheinung der zwanziger Jahre gewesen sei. Auf andere Weise als Jeßner ist er aber gerade in dieser Hinsicht mit Max Reinhardt vergleichbar: So wie Reinhardt renommierte Künstler aller Disziplinen – Hofmannsthal, Richard Strauss, Edvard Munch u. a. – zur Mitarbeit gewinnen konnte, so versammelt Piscator Avantgardisten der nachfolgenden Generation um sich, diejenigen, die Schluß machen wollen mit Fin-de-siècle-Stimmungen, Innerlichkeit und Repräsentationskunst. Aus dem Kreis der politisierten Berliner Dadaisten entwerfen George Grosz und John Heartfield Bühnenbilder für ihn; Walter Mehring und Brecht arbeiten als Texter in seiner Dramaturgie. Gropius plant ein auf Piscators Inszenierungsideen zugeschnittenes »Totaltheater«; ein anderer Bauhaus-Künstler, Moholy-Nagy, steuert die Bühnenausstattung für die Aufführung von Mehrings ›Kaufmann von Berlin‹ (Wallner-Theater, 1929) bei. Und trotz aller kollektiven Anstrengungen, denen sich die Schauspieler bei Piscator zu unterwerfen haben, treten auch Darsteller-Stars unter seiner Regie hervor: Fritz Kortner (›Die Räuber‹), Tilla Durieux (›Konjunktur‹), Max Pallenberg (›Schwejk‹) und andere.

IV. Gesellschaftskritik im Drama

Die Weimarer Republik verabschiedet sich im Theater auf gespenstische Weise. 1932, zu seinem eigenen 70. Geburtstag und zur Jubiläumsfeier von Goethes 100. Todesjahr, bringt Gerhart Hauptmann sein Schauspiel ›Vor Sonnenuntergang‹ auf die Bühne. Er schlägt damit einen Bogen zu seinem Frühwerk ›Vor Sonnenaufgang‹ (1890), das den Aufstieg der liberalen Bourgeoisie in gleicher Schärfe umreißt, mit der das Alterswerk deren Abstieg und Ende prognostiziert. In dem Stück wird der humanistisch gebildete Unternehmer Clausen von einem plebejischen Aufsteiger in seiner Firma und von der eigenen Familie in Wahnsinn und Tod getrieben, ein moderner King Lear. »Die traditionelle Form des Familiendramas liefert hier ein erstaunlich aussagekräftiges Erklärungsmodell, das den nationalsozialistischen Machtantritt nicht als unvorhersehbare Katastrophe, sondern als organische Entwicklung faßbar macht«[14] – erstaunlich deshalb, weil die Dramatikeravantgarde der zwanziger Jahre die »traditionelle Form« radikal bekämpft hatte und als erledigt ansah.

150 Jahre lang waren die Konflikte der bürgerlichen Familie das Nervenzentrum von Tragödie und Komödie gewesen. Was mit ›Miß Sara Sampson‹ und ›Kabale und Liebe‹ begonnen hatte, bei Iffland und Kotzebue zum standardisierten Muster geworden war und mehr oder weniger offen im Historiendrama des 19. Jahrhunderts fortgesetzt wurde, verlieh noch den rebellischen Stücken der naturalistischen Dramatiker ihre Brisanz: Ibsen, Björnson, Hauptmann – sie alle studierten fasziniert den Zerfall der bürgerlichen Familie im Zusammenprall mit einem veränderten gesellschaftlichen Milieu. Bei Wedekind und Strindberg, den Leitbildern der expressionistischen Bühnenautoren, bereitet sich ein Wandel vor, aber ein großer Teil der dramatischen Entwürfe der jungen Generation, die ab 1916 die Bühne erobern, fordert das Thema Familie, nun als Kampf der jungen gegen die ältere Generation, abermals ein. Im Expressionismus wimmelt es von Jünglingsdramen und Vatermord-Inszenierungen. Reinhard Johannes Sorges ›Der Bettler‹ (geschrieben 1911/12, uraufgeführt 1917) verklärt die Emanzipation eines jungen Dichters, der seinen wahnsinnigen Vater aus Liebe, seine

liebende Mutter aus Versehen vergiftet. In Walter Hasenclevers Drama ›Der Sohn‹ (1914/Uraufführung 1916) will der freiheitsdürstende Jüngling den Vater erschießen, der ihm den Weg in ein eigenes Leben versperrt; der Alte kommt ihm durch einen tödlichen Schlaganfall zuvor. Arnolt Bronnen nennt den Komplex beim Namen: ›Vatermord‹ heißt sein Stück (1914/Uraufführung 1922), in dem der ödipale Konflikt am klarsten und schärfsten in eine Anklage gegen die Elterngeneration übersetzt wird. Den gleichen Motivzusammenhang zeigen mehrere Fortsetzungdramen: Carl Sternheims ›Maske‹-Tetralogie, Georg Kaisers Dramenfolge ›Koralle‹ – ›Gas« – ›Gas II‹ oder Fritz von Unruhs Trilogie ›Ein Geschlecht‹.

Doch dann scheint dieser Faden abzureißen. Nicht mehr der Zersetzungs*prozeß* bürgerlicher oder kleinbürgerlicher Interieurs interessiert, die Zerstörtheit der Familie wird als Faktum konstatiert und beansprucht nur noch als Fiktion oder als Posse die Aufmerksamkeit des Dramatikers. Ernst Tollers ›Der deutsche Hinkemann‹ (Uraufführung 1923) ist dem Anschein nach das Drama einer zerbrechenden Ehe, in Wirklichkeit die Tragödie der Nachkriegszeit und der Kriegsheimkehrer; der verstümmelt von der Front zurückgekehrte Hinkemann sagt über sich: »Ich bin lächerlich wie diese Zeit, so traurig lächerlich wie diese Zeit. Diese Zeit hat keine Seele. Ich hab' kein Geschlecht. Ist da ein Unterschied?«[15]. In Brechts ›Trommeln in der Nacht‹ (Uraufführung 1922) verlieren sich die Mitglieder der zur Verlobungsfeier angetretenen Familie Balicke auf Nimmerwiedersehen im nächtlichen Chaos des Spartakusaufstands.

Auch ein anderer bürgerlicher Mythos wird radikal in Frage gestellt: die subjektive Totalität des »Charakters«, die Charakterrolle, der Charakterdarsteller. Die doppelte und doppeldeutige Verheißung der Aufklärung, die den Fortschritt der allgemeinen (gesellschaftlichen) Vernunft mit der Emanzipation des individuellen Ich in eins zusammenfließen ließ, hatte im Begriff des »Charakters« eine wichtige Stütze gefunden, um gesellschaftlichen Aufstieg und persönliche Moral zu kontaminieren. Charakter bedeutete Festigkeit, aber auch unergründliche Vielschichtigkeit, Abbild der Natur. Im Theater wurde um 1760 der Übergang vom Personal standesgebundener (Barock-)Typen zu psychologisch differenzierten, beseelten Figuren vollzogen, deren »Menschlichkeit« zur Signatur der bürgerlichen Gesellschaft zu werden versprach.

In den zwanziger Jahren wird dieses Welt- und Menschenbild als kompromittierte Ideologie, als verlogenes Täuschungsmanöver, oft simpel als »Romantik« abgetan. Brechts ›Mann ist Mann‹ (Uraufführung 1926) ist das schlüssigste Beispiel. Das Stück soll demonstrieren, wie manipulierbar, wie »charakterlos« ein Mensch ist, der in die Maschinerie des Krieges gerät:

> Herr Bertolt Brecht behauptet: Mann ist Mann.
> Und das ist etwas, was jeder behaupten kann.
> Aber Herr Bertolt Brecht beweist auch dann,
> Daß man mit einem Menschen beliebig viel machen kann.
> Hier wird heute abend ein Mensch wie ein Auto ummontiert
> Ohne daß er dabei viel verliert.[16]

Daß die gesellschaftliche Realität sich nicht mehr aus individuellen Leidenschaften, aus Charaktereigenschaften einzelner Personen und persönlichen Konflikten erklären läßt, ist eine Grunderkenntnis der sozialkritischen Dramatik und Theatralik der zwanziger Jahre. Dem Binnenraum privater Gefühle wird eine Welt entgegengesetzt, die von anonymen, abstrakten Gesetzen regiert wird. Ihre Entsprechung hat diese Auffassung in den unpolitischsten Veranstaltungen des Unterhaltungstheaters: Die großen Revuen der zwanziger Jahre sind ein Bewegungstheater, an dem nicht individuelle Tiefe fasziniert, sondern ein kollektiver Rhythmus, eine Ensembleleistung von Leuten, die synchron ihre Beine schwingen, ihre Zylinder ziehen und zur gleichen Zeit das gleiche Lächeln zeigen. Auf das »Zeigen« objektiver Verhältnisse – und sei es die tänzerische Nachahmung des amerikanischen Maschinentakts durch die Tillergirls – kommt es an, nicht auf subjektive menschliche Beziehungen. Mit dem Unterschied freilich, daß die kritisch engagierten Bühnenschriftsteller der zwanziger Jahre, so sehr sie mit solchen Formen sympathisieren, Inhalte vermitteln, politische, ökonomische und soziale Verhältnisse auf der Bühne »zeigen« wollen. Dies ist die gemeinsame Wurzel zu den Ansätzen des »epischen Theaters«, wie unterschiedlich einzelne Autoren es auch als eigene Erfindung für sich reklamieren und interpretieren. Daß die Titulierung letztlich irrelevant ist, ergibt sich schon aus der Vielfalt ihrer Varianten: Bei Piscator ist vom »soziologischen«, vom »dokumentarischen« Theater die Rede, beim späteren Brecht vom »dialektischen« und vom »antiaristotelischen« Theater. Kein Zufall ist, daß Brecht auch Arnolt Bronnens Stück ›Ostpolzug‹ zu den Pionierleistungen des epischen Theaters zählt, ein Monodram, das die Gestalt des antiken Alexander und eines modernen Himalaya-Erstürmers in eine Figur verschmelzen läßt. Das 1926 an Jeßners Staatstheater mit Fritz Kortner als Solist uraufgeführte Werk ersetzt die dramatisch-szenische Interaktion durch einen fiebrig-phantasierenden Monolog, also durch einen schauspielerisch agierenden Erzähler. Jeßner, Kortner oder Brecht, von Piscator ganz zu schweigen, hätten dieses fragwürdige Übermenschen-Drama nie mit ihrer weltanschaulichen Perspektive vereinbaren können, wenn es sich nicht mit ihren Vorstellungen einer neuen Dramaturgie berührt hätte: Auf andere Weise, als sie es selbst praktizierten, wurde die Bühne hier zum Ort, auf dem »Weltgeschehen« dargestellt und dem Zuschauer der Weg verlegt wurde, sich in das Privatleben eines bürgerlichen Helden einzufühlen.

Früher und konsequenter als Brecht und Bronnen hat Karl Kraus den Versuch gemacht, eine in zwischenmenschlichen Beziehungen nicht mehr ausdrückbare Wirklichkeit dramatisch darzustellen. Seine Tragödie ›Die letzten Tage der Menschheit‹ (entstanden 1915-1922) ist der kryptische Prototyp des »epischen Theaters«, der die Grenzen der traditionellen Gattungsästhetik am nachhaltigsten außer Kraft setzt. Schon die Struktur dieses Antikriegsdramas ist bittere Satire; die klassische Form der fünfaktigen Tragödie (mit Prolog und Epilog) entspricht den chronologisch registrierten fünf Jahren des Ersten Weltkriegs. Eine Unzahl von Figuren aller sozialen Klassen und Schichten, fast ebenso viele Schauplätze, die Vokabularien der Amtssprache, der Kriegspropaganda, des Soldatenjargons, des Dialekts wechseln einander ab; es wird in klassischen und unklassischen Versmaßen und in jedweder Prosa gesprochen, aber: »Die unwahrscheinlichsten Gespräche, die hier geführt werden, sind gesprochen worden; die grellsten Erfindungen sind wörtliche Zitate«.[17] Etwa ein Drittel der 220 Szenen besteht aus einer Dokumentation von Pressemeldungen, Leitartikeln und bürokratischen Verordnungen – eine Montage aus Fetzen einer zerfetzten Wirklichkeit.

Das monumentale Werk wurde von den Zeitgenossen als reines Lesedrama wahrgenommen, nur der Epilog gelangte auf die Bühne (Wien 1923). Erst 1964 inszenierte Leopold Lindtberg eine gekürzte Fassung am Wiener Burgtheater, seither mehren sich die Versuche, in Lesungen oder Theateraufführungen das dramatische Monstrum, das eine monströse Realität erfassen will, öffentlich zu vermitteln. Karl Kraus selbst sagte über ›Die letzten Tage der Menschheit‹, dessen Umfang nur in zehn Theaterabenden zu bewältigen wäre:

> Der Inhalt ist von dem Inhalt der unwirklichen, undenkbaren, keinem wachen Sinn erreichbaren, keiner Erinnerung zugänglichen und nur in blutigem Traum verwahrten Jahre, da Operettenfiguren die Tragödie der Menschheit aufführten. Die Handlung, in hundert Szenen und Höllen führend, ist unmöglich, zerklüftet, heldenlos wie jene.[18]

Seit 1925 verzweigt sich die dramatische Produktion in eine Vielfalt einzelner Strömungen, die es fast aussichtslos macht, einen Hauptstrom erkennen zu wollen. Mit frappierender Einmütigkeit vollziehen die ehemaligen Wortführer des expressionistischen Dramas eine Kehrtwende zur Komödie und zum Boulevardstück. Sogar Ernst Toller, der am eindrucksvollsten den Weg zum politischen Theater eingeschlagen hatte, versucht sich im komödiantisch-satirischen Fach (›Der entfesselte Wotan‹, Uraufführung 1926). Gleichzeitig regeneriert sich das Historiendrama, eine Spezies, in der vor allem die völkische und nationalistische Rechte Terrain zu gewinnen versucht.

Am auffallendsten tritt jedoch das Zeitstück in Erscheinung, eine gegenwartsbezogene, realistische, sozial anklagende Bühnenliteratur, die sich weniger mit den großen Themen von Krieg und Revolution als mit Problemen und Krisen des sozialen Alltags auseinandersetzt. Wieder ist hier die Nähe zum Journalismus evident. Aus Zeitungsmeldungen entstehen Theaterstücke; Gerichtsprozesse werden zu Theaterereignissen, dann unter Zensur gestellt und anschließend wieder vor Gericht verhandelt; politische Kampagnen finden auf der Bühne ihr Pendant und Bühnenereignisse in Kampagnen ihre Fortsetzung. Das Spektrum ist breit, es fächert die ganze Palette sozial relevanter Fragen auf. Ferdinand Bruckner, der unter diesem Pseudonym publizierende Direktor des Berliner Renaissance-Theaters, eröffnet den Reigen mit seinem Drama ›Krankheit der Jugend‹, das die sexuellen Schwierigkeiten der jungen Generation thematisiert (Uraufführung 1926, Kammerspiele Hamburg). In ›Die Verbrecher‹ (Uraufführung 1928, Deutsches Theater, Berlin) macht er der Justiz als Klassenjustiz, von einem aktuellen Fall ausgehend, den Prozeß. Sein Schauspiel ›Die Rassen‹, eine schonungslose Enthüllung über die rechtsradikale Rassenpropaganda, erlebt schon keine Premiere mehr in Deutschland – es wird im November 1933 am Schauspielhaus Zürich uraufgeführt. Aufsehen erregt auch die dramatische Kolportage ›Revolte im Erziehungshaus‹ von Peter Martin Lampel, ein Stück über die brutalen Erziehungsmethoden in sogenannten Fürsorge-Anstalten, 1928 zum ersten Mal aufgeführt von Ensemblemitgliedern der pleite gegangenen Piscatorbühne im Berliner Thalia-Theater und in vielen Städten nachgespielt. Es folgt ein Nachspiel im Reichstag und vor Gericht, das dem Autor im wesentlichen Recht gibt. Nicht geringer ist die Wirkung von Lampels ›Giftgas über Berlin‹, das die heimliche Wiederaufrüstung Deutschlands anprangert (Uraufführung 1929, Berlin). Der Mediziner Dr. Credé greift mit seinem Theaterstück ›§ 218‹ in die heftig geführte Debatte um den Abtreibungsparagraphen des Strafgesetzbuchs ein, ebenso der Arzt und kommunistische Bühnenschriftsteller Friedrich Wolf mit dem Schauspiel ›Cyankali‹, beide 1929 bei Piscator uraufgeführt.

Fast alle diese für Furore sorgenden Zeitstücke sind aus der Perspektive der Großstadt und den Leiden der Großstadtbevölkerung geschrieben. Versachlichung, Verdinglichung, Verfremdung als subjektive Erfahrung, als Kehrseite des zivilisatorischen Fortschritts ist ihr Grundthema. Einen eigentümlichen Nebenzweig bildet die dramatische Literatur, die den gleichen Zusammenhang aus dem Blickwinkel der Provinz, der Kleinstadt gestaltet – und große Anerkennung findet, weniger in den Gebieten ihrer Herkunft, umso mehr in der Metropole, für die sie auch eigentlich geschrieben sind. Marieluise Fleißer und Ödön von Horváth, Wahlberliner wie tausende andere Intellektuelle aus ganz Europa, verkörpern diesen Dramatikertypus am eindringlichsten. Ihre Stücke, die von 1926 an in der Hauptstadt gespielt werden, leben von der Ungleichzeitigkeit der Entwicklung in der Stadt und auf dem Lande, von der Spannung, die sich mit der Entfesselung von Kapital und Technik in den industriellen Zentren auf die Provinz überträgt. Fleißers Bühnendebüt ›Fegefeuer in Ingolstadt‹ (Uraufführung 1926) wie auch das folgende Schauspiel ›Die Pioniere von Ingolstadt‹ (Uraufführung 1929) ist von höchster Präzision nicht nur im Sinne topographischer Situationsschilderung, sondern auch in der Erfassung einer Sprachnot und Gestörtheit der menschlichen Beziehungen, denen die Überwältigung der Kleinstadt durch die unbegriffene Moderne in jedem Dialog anzumerken ist. Ohne Folklorismus und Sentimentalität wird das soziale Gefüge eines Provinznestes als gnadenlose, sozialer Bindungen unfähige Gemeinschaft gezeigt, deren Opfer vor allem Frauen sind. Bei Horváth sind die Schauplätze vielfältiger, die Relationen zum politischen Zeitgeschehen enger, besonders in seinem ersten Berliner Stück ›Sladek der schwarze Reichswehrmann‹ (1929) und in ›Italienische Nacht‹ (1931). Doch auch sein Interesse gilt den »kleinen Leuten«, den Proleten und Kleinbürgern, dem aus den Fugen geratenen Mittelstand und dessen Atavismen in Sprache und Bewußtsein. Die Großstadt ist nicht nur in der Provinz, die Provinz ist auch in der Großstadt als brodelnder Untergrund und Abgrund gegenwärtig. ›Geschichten aus dem Wiener Wald‹ (Uraufführung 1931) spielt in der Wiener Vorstadt und ›Kasimir und Karoline‹ (1932) auf dem Münchner Oktoberfest. Die Titel wecken Erinnerungen an das österreichische Volkstheater und Unterhaltungsgenre, aus dem Horváth viele atmosphärisch-liebenswürdige Züge entleiht, um sie desto härter mit der brutalen Gegenwart zu konfrontieren. Der Titel ›Volksstücke‹, den er seinen Bühnenwerken gab, hält diesen Widerspruch sarkastisch fest.

Zu Beginn der dreißiger Jahre nimmt die Lust an formalen Wagnissen rapide ab. Piscator geht in die Sowjetunion. Jeßner hat abgedankt. Brecht zieht sich aus der öffentlichen Auseinandersetzung ins Laboratorium seiner Lehrstückversuche zurück. Regisseure wie Jürgen Fehling, Heinz Hilpert und Erich Engel, gerade erst aus dem Schatten Max Reinhardts und Leopold Jeßners hervorgetreten, wehren sich vehement, aber vergeblich gegen den Sog restaurativer, republikfeindlicher Strömungen, die durch das Wirtschaftsfiasko des Jahres 1929 Auftrieb erhalten. Dem sozialkritischen Zeitstück und der Provinzsatire tritt konkurrierend eine Unmenge von Heimatstücken gegenüber, besonders ausgeprägt in den sogenannten Grenzlanddramen. Ein Beispiel ist das oft aufgeführte, im Bauernmilieu spielende Stück ›Flieg, roter Adler von Tirol‹ (1929) von Fred Angermayer. Im Zentrum der Handlung steht eine Tiroler Gastwirtin, die als geborene »Welsche« den inneren Wandel zur deutsch fühlenden Patriotin vollzieht – am Schluß nimmt sie das Schild »Si parla italiano« von der Wand und heftet stattdessen ein Bild des Tiroler Adlers an die gleiche Stelle. In der Gunst der Nazis stand dieses Stück schon vor 1933 ganz obenan; später zogen sie es aus dem Verkehr, weil die italienischen Faschisten scharfen Protest einlegten.

Konjunktur hat in den Jahren um 1930 vor allem das Kriegsstück, in warnenden, antimilitaristischen Versionen ebenso wie in Beispielen einer national gefärbten, affirmativen Veteranendramatik. Die Schicksale heimkehrender Soldaten waren zu Beginn der zwanziger Jahre mehrfach auf die Bühne gebracht worden. Für das reale Kriegsgeschehen fanden die Theaterautoren keine Sprache. Reinhard Goerings Tragödie ›Die Seeschlacht‹, die vom Untergang eines deutschen Schlachtschiffs im Skagerrak handelte, blieb eine Ausnahme (Uraufführung 1918, geschlossene Veranstaltung in Dresden). Auch in ›Die letzten Tage der Menschheit‹ kommen Szenen vom Kriegsschauplatz selten vor. Erst zehn Jahre nach Kriegsende (und acht Jahre nach der Publikation von Ernst Jüngers ›In Stahlgewittern‹) löst sich diese traumatische Sperre. Zunächst in der Prosaliteratur: 1928 erscheinen die Romane ›Jahrgang 1902‹ von Ernst Glaeser und ›Krieg‹ von Ludwig Renn, deren gewaltige Publikumswirkung noch in den Schatten gestellt wird durch Erich Maria Remarques Bestseller ›Im Westen nichts Neues‹ (1929). Dann ziehen auch die Bühnen nach. Zwischen 1928 und 1930 werden mehr Kriegsstücke inszeniert als im ganzen Jahrzehnt zuvor, oft im Rückgriff auf Erzählvorlagen. Leonhard Frank bringt 1929 in München seine schon 1926 erschienene Novelle ›Karl und Anna‹ auf die Bühne; Arnold Zweig veröffentlicht 1927 den Roman ›Der

Streit um den Sergeanten Grischa‹ und läßt 1930 eine dramatische Fassung (›Das Spiel um den Sergeanten Grischa‹) folgen. Auf Anregung Piscators arbeitet Theodor Plivier seinen Roman ›Des Kaisers Kulis‹ (1929) zum Bühnenstück um (Uraufführung 1930). Wie schon in Piscators ›Schwejk‹-Inszenierung wird hier – beim Thema Krieg – der Zusammenhang von epischer und dramatischer Darstellung noch einmal evident. Nicht zu unterschätzen ist als weiterer Anstoß der Einfluß des Films. Eisensteins ›Panzerkreuzer Potemkin‹ (1925) übertrifft wahrscheinlich alle anderen Kino-Ereignisse, selbst die Filme Chaplins, in ihrer Wirkung auf das Theater der zwanziger Jahre. Günther Weisenborns Zeitstück ›U-Boot S 4‹, obwohl einer »zivilen« Katastrophe gewidmet, Pliviers ›Des Kaisers Kulis‹, das die Misere der deutschen Matrosen im Ersten Weltkrieg anprangert, aber auch Friedrich Wolfs ›Die Matrosen von Cattaro‹ (Uraufführung 1930), Ernst Tollers ›Feuer aus den Kesseln‹ (Uraufführung 1930) sind späte Abrechnungen mit der mörderischen Kriegsflottenpolitik des Kaiserreichs.

Viele Stücke entstehen schon vor der Welle des plötzlichen Theatererfolgs, einige werden auch wieder aus dem Fundus hervorgeholt, z. B. Schickeles ›Hans im Schnakenloch‹, Berlin 1929. Aber daß sie jetzt eine gefragte Ware und äußerst publikumswirksam sind, hängt auch mit einem neuen, durch die Schule der Neuen Sachlichkeit geprägten Ton und Duktus zusammen. Noch mit Anklängen an den magischen Realismus der ausklingenden expressionistischen Bühnenliteratur eröffnen zwei heute vergessene Autoren diese Serie. Der ganz unbekannte Gerhard Menzel, bis dahin Kinobesitzer in einer schlesischen Kleinstadt, erhält 1927 von der Kritiker-Autorität Monty Jacobs den Kleist-Preis für sein Stück ›Toboggan‹, das, in unterschiedlichen Fassungen, im folgenden Jahr an zwanzig deutschen Bühnen aufgeführt wird: Ein im Schützengraben tödlich getroffener Hauptmann weigert sich, seinen Tod hinzunehmen und wandelt wie ein lebendiges Gespenst durch die Stationen des Kriegs und des Nachkriegsfriedens, bis ihn die Einsamkeit überwältigt und der Tod in einem öffentlichen Park bei Frost und Schnee doch einholt. Zum Erfolgsautor wird der gleichfalls unbekannte Eberhard Wolfgang Moeller mit seinem Stück ›Douaumont. Oder die Heimkehr des Soldaten Odysseus‹ (Uraufführung 1929, Dresden), der äußeren Erscheinung nach wieder ein Stück post bellum. Aber der Autor sagt, welches Motiv ihn und seinen Soldaten Odysseus immer noch umtreibt: der Krieg im Frieden, der Alptraum der Fronterfahrung in der Bergfestung Douaumont:

> Was noch lebendig war im Fort, ist alles in mir ⟨...⟩, weil sie mir alle ihre Stimme mitgegeben haben, bevor es sie an den Beton geklatscht hat.[19]

Am unverdächtigsten gegen eine patriotische Verherrlichung des Krieges ist ein Bühnenwerk, das in London und New York schon ein Welterfolg war, bevor es 1929 in Berlin durch Heinz Hilpert seine deutsche Erstaufführung erlebte. Es stammte von dem Briten Robert Cedric Sheriff, trug den englischen Titel ›Journey's end‹ und hieß in der deutschen Fassung: ›Die andere Seite‹. Mit großer Nüchternheit, ohne jeden poetischen Schnörkel, schildert dieses Stück die Stimmung englischer Soldaten vor der erwarteten deutschen Großoffensive bei St. Quentin im März 1918. Erneut wird aus der Sicht eines Kriegsteilnehmers, diesmal von der anderen, der »feindlichen« Seite, die Grundeinsicht vorgetragen, daß es in diesem Krieg keine Helden gibt und daß nicht Völkerhaß, sondern animalischer Überlebenstrieb der einzige Grund für die Soldaten ist, in den Schützengräben der Materialschlacht weiterzumachen.

Das kritische Motiv dieser Kriegsdramen ist die Erkenntnis, daß alle Soldaten, gleich welcher Kriegspartei, die Betrogenen sind. In der Kameraderie, die daraus entsteht, und in den Durchhalteparolen, deren Sinnlosigkeit eigentlich angeprangert wird, liegt jedoch der Keim für eine Umpolung durch die nationalsozialistische Propaganda, die ab 1930 gerade in diesem Genre Einfluß gewinnt. Es folgen Stücke wie Friedrich Bethges ›Reims‹ (Uraufführung 1930, Osnabrück) oder ›Die endlose Straße‹ von Sigmund Graff und Carl Ernst Hintze (Uraufführung 1930, Aachen), in denen die Verarbeitung des Ersten Weltkriegs umschlägt in die fatalistische Einstimmung auf einen neuen Weltkrieg.

V. Theatertriumphe, Theaterskandale

Eine so vehement auf Gesellschaftskritik ausgerichtete Theaterkultur wie die der zwanziger Jahre legt die Frage nahe, ob die gewünschten Wirkungen tatsächlich auch erzielt wurden. Wie reagierte das Publikum darauf, daß die Szene zum Tribunal wurde? Hatten die Bühnenereignisse wirklich Einfluß auf das politische und gesellschaftliche Geschehen? Die Antwort bleibt leider höchst fragmentarisch. Die verläßlichste, weil kontinuierliche Quelle der Rezeptionsforschung ist die zeitgenössische Theaterkritik, aber mit berechtigtem Nachdruck ist auf ihre Begrenztheit und Relativität hingewiesen worden.[20] Zwar war das Theaterpublikum nie zuvor so reichlich mit Rezensionen versorgt worden, aber die Rezensenten gerieten oft selbst in Schwierigkeiten, weil sie sich nicht nur mit neuen Bühnenproduktionen, sondern auch mit ungewohnten eigenen Produktionsbedingungen auseinanderzusetzen hatten. Im zensurberuhigten wilhelminischen oder josephinischen Kaiserreich aufgewachsen, sahen sie sich plötzlich mit einem Presseapparat konfrontiert, der ebenso Lieferantencharakter angenommen hatte wie die großen Theaterbetriebe. Die sofort nach der Aufführung niedergeschriebene Vorkritik in den Nachtausgaben auch seriöser Zeitungen, die Schlagzeilen und Karikaturen der Boulevardblätter hatten nur noch wenig Ähnlichkeit mit den geruhsamen, romanhaften Theaterrezensionen eines Theodor Fontane, Otto Brahm oder Paul Schlenther. Der Konkurrenz der Bühnen entsprach die scharfe Rivalität der Kritiker untereinander, die um jeden Preis Profil zeigen mußten und deswegen ihre Zustimmung oder Ablehnung überscharf pointierten; ihr Ja oder Nein, Lob oder Verriß, entschied oft schon am Premierenabend, wie lange sich ein Stück im Spielplan halten konnte. Von wenigen Ausnahmen abgesehen, orientierten sich die mit solcher Machtfülle ausgestatteten Kritiker an Wertkategorien, die von den neuen Autoren und Regisseuren als veraltet abgelehnt wurden: an der geschlossenen dramatischen Form, wo mit der offenen experimentiert wurde; am psychologischen Konflikt, wo der Aufstand gegen den »bürgerlichen« Individualismus geprobt wurde; notfalls an Gustav Freytags ›Technik des Dramas‹, wenn die Maßstäbe vor der »epischen«, »soziologischen«, »wissenschaftlichen«

Dramaturgie versagten. Die Zerissenheit der Theaterkritik ist ein Spiegelbild der unübersichtlich zerklüfteten Theaterverhältnisse, besonders in Berlin. Einig sind sich die Berliner Kritiker nur in einem: in der Ablehnung des Theaters als Amüsierbetrieb, Revue, Operette, Musical. Hier hört für sie die Kunst und folglich das Interesse auf. Millionen Zuschauer ignorieren jedoch diese zäh festgehaltene alte Bildungsidee des Theaters dadurch, daß sie ihr Eintrittsbillett im Kino oder in Hermann Hallers oder Eric Charells Revuetheatern lösen.

Eine Geschichte der Theatertriumphe und -skandale dieser Jahre, die noch zu schreiben wäre, würde das Bild modifizieren, das sich allein aus der Sicht der Rezensenten vermittelt. Zwei Beispiele verdeutlichen es: der überwältigende Erfolg von Carl Zuckmayers ›Der fröhliche Weinberg‹ (1925) und das kaum geringere Echo auf Bertolt Brechts ›Dreigroschenoper‹ (1929), jeweils uraufgeführt vom Theater am Schiffbauerdamm in Berlin. Daß diese beiden Stücke den größten Zulauf, die größte Zustimmung des Publikums während der vierzehn Jahre der Republik fanden, wirft ein Licht auf das Theaterphänomen der »goldenen zwanziger Jahre«, diesmal jedoch aus der Sicht des Publikums. Zuckmayers ›Fröhlicher Weinberg‹ wurde nach der Berliner Sensationspremiere in ganz Deutschland nachgespielt und erreichte die unglaubliche Zahl von 500 Inszenierungen. Die Kritiker waren verblüfft und reagierten zwiespältig. Monty Jacobs notiert in der ›Vossischen Zeitung‹: »Gestern hat sich im Theater etwas Wichtiges ereignet: der erste starke Publikumserfolg eines Bühnendichters der jungen Generation«.[21] Alfred Kerr, der sonst so viel übrig hat für das »gebaute« Drama, merkt verdrießlich an: »Zuckmayer entschied sich ⟨...⟩ für Ludwig Thoma, wo er bereits anfängt, Ganghofer zu werden«.[22] Und Felix Hollaender im ›8-Uhr-Abendblatt‹: »Nicht gerade originell in der Erfindung oder den Figuren, etwas zu breit in der Technik und Ökonomie, darf man dieses Lustspiel doch willkommen heißen«.[23] Am besten faßt Bernhard Diebold, der Verfasser eines vielbeachteten Expressionismus-Buchs (›Anarchie im Drama‹, 1920) in der ›Frankfurter Zeitung‹ die Irritation der Rezensenten zusammen:

Zuckmayers Lustspiel ist ein ungemein heiteres und ungeniertes ›Volksstück mit Gesang‹ und könnte an Behaglichkeit von anno sechzig datieren. Es ist im literarischen Ton so wunderschön *unzeitgemäß*, als hätte man die Gründerjahre nie erlebt, geschweige Weltkrieg, Papiermark und Ruhrbesetzung. Und diese Unschuld vom Lande stellt nun die letzte Auslese der jungliterarischen Produktion von 1925 dar!«[24]

Tritt hier die Theaterkritik stellvertretend für die Dramatiker-Avantgarde auf den Plan, mit leichtem Vorwurf gegen Autor und Publikum, so muß sie sich später erneut eines Besseren belehren lassen. Brechts ›Dreigroschenoper‹ steht nicht allein. Ein populäres Theater ohne Volkstümelei hatten schon die ehemaligen Expressionisten, Georg Kaiser, Walter Hasenclever u. a. angestrebt. Als Antwort auf die opulenten Ausstattungsrevuen entwickelte sich, besonders durch Initiativen des Komponisten Friedrich Hollaender, eine zeitkritische Kabarettrevue. Die Autoren sind – in der Erfassung von Zeitstimmungen – den Rezensenten abermals einen Schritt voraus. Das von Bert Brecht, Kurt Weill und Erich Engel produzierte satirische Melodram von Mackie Messer trifft genau den Punkt, an dem sich die Zuschauer als lachende Komplizen einer Gesellschaft von Schiebern und Gaunern wiedererkennen.

Wie weit Kritikerurteil und Publikumsurteil divergieren, wie eng beieinander aber auch Sensationserfolge und Skandale liegen, belegt der Fall Zuckmayer außerdem. In Leipzig, München, Halle, Mainz, Stuttgart formierten sich rechtsradikale Kreise gegen die Aufführung des ›Fröhlichen Weinbergs‹, weil es sich, wie die nationalsozialistische Landtagsfraktion in München zu Protokoll gab, »um eine ganz unglaubliche Schweinerei handelt, die die christliche Weltanschauung, die deutschen Sitten, die deutsche Frau, die deutschen Kriegsverletzten, das deutsche Beamtentum auf die unglaublichste Weise verhöhnt«.[25] Die ›Dreigroschenoper‹ hatte ein Nachspiel anderer Art. Alfred Kerr, der Brecht schon deshalb nicht leiden konnte, weil er von Ihering favorisiert wurde, rührte eine Plagiatskampagne gegen ihn hoch, die viel Aufsehen erregte – angesichts der Offenheit, mit der der Beschuldigte seine Laxheit in Fragen geistigen Eigentums bekannte, eine lächerliche, aber doch sensationsträchtige Kontroverse, diesmal im linksintellektuellen Lager.

Zu Beginn und am Ende der zwanziger Jahre lärmen die Theaterskandale am lautesten, und nicht nur in der Presse. Von den Tumulten bei Jeßners Eröffnungspremiere 1919 ist schon die Rede gewesen. Die Aufführung war kurz davor, abgebrochen zu werden, bis sich Albert Bassermann, vor dem Vorhang und mit Tells Armbrust in der Hand, mit der Aufforderung durchsetzte, die randalierenden »Lausebengels« rauszuschmeißen. Antisemitismus und Antimodernimus waren hier noch als unklar gemischte Ingredienzien im Spiel. Deutlicher und handfester ging es auf dem Höhepunkt der Krise von 1923 zu. Monatelang waren die Aufführungen von Tollers ›Hinkemann‹ (Uraufführung September 1923), besonders in Dresden und Jena, Schauplatz gezielter Krawalle deutschnationaler und nationalsozialistischer Banden, die den Anlaß nutzten, um gegen die sächsische Volksfrontregierung und die Reichsregierung vorzugehen. Erst im April 1924, mehr als ein Vierteljahr nach dem Scheitern des Hitler-Ludendorff-Putsches, fühlte sich das preußische Innenministerium stark genug, anläßlich der von Bismarckbund und Stahlhelmjugend angekündigten Störungen einer Berliner ›Hinkemann‹-Inszenierung zu dekretieren: »Die Aufführung des ›Hinkemann‹ ist eine Sache der Republik. Das Stück ist ohne Striche genehmigt.«[26]

Obwohl die Weimarer Verfassung die Zensur offiziell aufgehoben hatte, wird sie seit 1928 wieder massiv praktiziert. Die kritischen Zeitstücke dieser Jahre rufen immer wieder die Polizei und die Gerichte auf den Plan. Allein im März 1929 folgen am Schiffbauerdammtheater in Berlin zwei heftige Publikumsauseinandersetzungen und Polizeiaktionen aufeinander. Peter Martin Lampels Stück ›Giftgas über Berlin‹, das die heimliche Wiederaufrüstung Deutschlands aufdeckt und an den Pranger stellt, wird vom Polizeipräsidenten verboten. Über Marieluise Fleißers ›Pioniere in Ingolstadt‹, das den nächsten Skandal auslöst, schreibt Kurt Pinthus im ›8-Uhr-Abendblatt‹:

> Während sich im lärmenden Kampf der rasend Applaudierenden und fanatisch Pfeifenden die blonde stramme Ingolstädterin Fleißer nebst Regisseur und sämtlichen Darstellern wiederholt verneigten, eilte der Polizeivizepräsident hinter die Bühne und warnte, das Stück müsse – in dieser Form – verboten werden. Immer wieder muß der heutige paradoxe gesetzliche Zustand aufgezeigt werden: Es gibt zwar keine Zensur mehr. Aber

jedes Stück kann, wenn die Polizei es will, auf Grund eines alten Landrechtsparagraphen, verboten werden.[27]

Herbert Ihering weist darauf hin, daß die Dresdener Uraufführung ein Jahr zuvor ohne obrigkeitliche Eingriffe über die Bühne gegangen war:

> Dahin ist es also gekommen, daß nach einer Premiere die Polizei sofort Anstoß nimmt. Was 1928 in Dresden unbeanstandet aufgeführt werden konnte, darf 1929 in Berlin nicht durchgehen. Das ist die Entwicklung eines Jahres.[28]

Während liberale und linke Journalisten, voller Lob für die Dramatikerin Fleißer, mit vorsichtiger Kritik an der Inszenierung, die von Brecht heftig beeinflußt worden war, die Erosion der Rechtsstaatlichkeit beklagen, schlägt die nationale Presse andere, drohendere Töne an. Für Richard Biedrzynski von der ›Deutschen Zeitung‹ ist der eigentliche Skandal, daß die Autorin (eine Frau!) jugendliche Sexualitätsprobleme mit der Reichswehr verbindet, Indiz dafür, daß es sich um ein »Dreckdrama«, um eine »Schmierenkomödie aus nackter Gemeinheit« handelte:

> Nur weiter so. Im Theater geht es jetzt los. Das Konzert hat angefangen. Auf der Straße wird es weitergehen. Bald kann die Treibjagd beginnen und die besten Schauspieler werden nichts nützen, um den Kulturbankrott des Theaters und seine politische Ausrottung zu verhindern«.[29]

Die Rotte sammelt sich, die Sprache verrät es. Der eigentliche Skandal des Theaters der Weimarer Republik ist aber nicht die Summe seiner einzelnen Skandale. Er besteht darin, daß die aggressiven Sprüche und Aktionen eine fatale Wirkung zeigen. Schon 1931/32 stirbt das Theater einen stillen, qualvollen Tod. 1933 bedarf es keiner Machtkämpfe in den Kulturapparaten mehr; die jüdischen, linksintellektuellen Autoren, Intendanten, Schauspieler, Journalisten, denen das Theater der zwanziger Jahre so wesentliche Impulse verdankte, gehen oder sind schon gegangen, und in den Vorzimmern warten bereits ihre nationalsozialistischen Nachfolger, um geräuschlos den Apparat zu übernehmen, in Berlin wie im Provinztheater.

Es gibt jedoch auch die Seite des (kurzlebigen) Triumphs, der sich gleichfalls nicht nur aus rauschenden Bühnenerfolgen summiert. Nie zuvor in der Theatergeschichte hat es eine vergleichbare Durchlässigkeit der Grenzen zwischen Publikum und Bühne, Theater und öffentlicher Meinung, Kultur und Subkultur gegeben wie in den ersten zehn Jahren der ersten deutschen Republik. Theatralisierung der Politik und Politisierung des Theaters – diese Formel[30] liefert ein immer noch brauchbares Kriterium zur Phänomenologie der Weimarer Zeit. Daß die Inszenierung von Herrschaft und ihre gesellschaftliche Nachahmung – von der Familie bis zur schlagenden Verbindung, vom Gesangsverein bis zur militärischen Formation – schon im Kaiserreich fast unüberbietbare Höhepunkte erreichte, entwertet diese Feststellung nicht; denn der Wilhelminismus kannte zwar gesellschaftskritische Dramen, aber kein Äquivalent zu einem explizit politischen Theater. Anders als frühere Revolutionen hatte die Novemberrevolution keine historischen Heldenkostüme und Requisiten, die sie zu ihrer ideellen Überhöhung und Legitimation ausleihen konnte. Das Theater stellte sie, als der Arbeiteraufstand von 1918 gescheitert war, ersatzweise zur Verfügung. Kaum zeichnete sich die Niederlage ab, gab es sie – die proletarischen Helden, die Helden der Arbeit, des Klassenkampfs, nur diesmal als Bühnenhelden. Das Theater verließ die wohlbestallten Häuser, ging auf die Straße und in die Hinterhöfe, wurde zum Agitproptheater. In gleichem Maße theatralisierten sich, zuerst bei den Kommunisten, die politischen Veranstaltungen: Aufmärsche, Transparente, Musikkapellen, dann auch Uniformen wie die des Rotfrontkämpferbundes. Bei Piscator endeten die meisten Vorstellungen mit dem Absingen der Internationale; bei seiner Aufführung von ›Tai Yang erwacht‹ (Wallner-Theater 1931) waren Bühne und Zuschauerraum vollgehängt mit Spruchbändern, die den Inhalt des Stückes erläuterten, zugleich aber auch andeuteten: Hier wird nicht nur Theater gespielt, hier findet eine politische Versammlung statt. Die Schauspieler »verkleideten« sich als Zuschauer, die Zuschauer sollten zu Akteuren werden. Es ist bekannt, daß die Nazis das Vorbild ihrer Todfeinde, was die ästhetischen Rituale betraf, schamlos ausbeuteten und es ihnen bald perfekter nachmachten.

Die Republik am Ende, das Ende der Republik – im Theater zeigt sich dieser Übergang in einer Regression zur Konventionalität.

Makaber wie Gerhart Hauptmanns Familientragödie ›Vor Sonnenuntergang‹, uraufgeführt im Februar 1932 an Reinhardts Deutschem Theater, ist der letzte Beitrag des Staatlichen Schauspielhauses vor der Machtübergabe an Hitler. Gespielt wird Goethes ›Faust II‹. Die Premiere findet am 22. Januar 1933 statt, in dem Haus, das Leopold Jeßner 1919 mit Schillers ›Tell‹ als republikanisches Theater eröffnet hatte. Die Inszenierung wird schon keinem der Berliner Regisseure mehr anvertraut, geholt wird Gustav Lindemann aus Düsseldorf, der auch eine respektable Regieleistung zustande bringt. Stilvoll wie immer verabschiedet sich bereits 1932 Max Reinhardt: mit einer schwungvollen Inszenierung von Jacques Offenbachs Operette und Antikriegsfarce ›Die schöne Helena‹.

Bernhard Weyergraf
Konservative Wandlungen

1. Der Krieg und kein Ende

»Die konservative Revolution aber ist der Krieg«[1]

Auch wer nach dem Zusammenbruch des Kaiserreichs die Wiederherstellung der alten Ordnung herbeisehnte, kam nicht umhin, der neuen politischen und gesellschaftlichen Situation Rechnung zu tragen. Ignorierend, ablehnend oder, in polemisch-verdrehter Zustimmung, mit der man die republikfeindliche Sache erst recht zu fördern hoffte. Diese letztere Haltung kennzeichnet eine Richtung, die man mit einer Wortprägung Hugo von Hofmannsthals als »konservative Revolution« bezeichnet hat. Ein schillernder, sowohl aggressiver als auch entwaffnender Begriff, in dem sich das Unvereinbare auf eine neue Art miteinander verbinden sollte. In ihm drückt sich aus, daß man die herkömmlichen konservativen Positionen fallen zu lassen gewillt war, soweit sie einer kämpferischen Selbstbehauptung im Wege standen und in einer veränderten massengesellschaftlichen Situation nicht mehr dienlich waren. »Konservativ sein bedeutet nicht die Konservierung einer privilegierten Herrenschicht, sondern die natürliche Selbstbehauptung und Sicherung einer ganz bestimmten völkischen Substanz«.[2]

Revolutionär ist die Kehrtwendung, die man vollzog, zurück zu den Ursprüngen vor aller Geschichte, die Bündelung der Energien für die Beseitigung der Demokratie, für einen radikalen Neuanfang; konservativ die Bewahrung und Verteidigung einer Haltung. Die Werte, die man hochhält, sind ambivalent. Sie lassen sich gegen die alte Zeit wie gegen die verachtete neue, gegen unten wie oben, Masse wie Herrscher, ebenso gut gegen bürgerliche Saturiertheit wie gegen die Begehrlichkeit der Massen ins Feld führen.

Sich im Widerspruch zur Zeit zu sehen, dazu gehörte nach verlorenem Krieg nicht viel. Der Krieg hatte die Zeitenwende vollendet, deren Symptome schon zu Friedenszeiten Unbehagen bereiteten.

Zumindest zwei Spielarten des Konservatismus bieten sich an: eine völkisch-romantisierende und eine reaktionäre, legitimistische, preußische. Beiden bedeutet die Moderne mit Industrialisierung, Verstädterung und Egalisierungstendenzen Bedrohung und Wertverfall. Was ins Auge sticht, sind Landschaftszerstörung, Denaturierung, Verstädterung. Teile des Bürgertums versuchten sich vor den Folgen technischen Fortschritts zu schützen. Aus der Sicht der konservativen Revolution ist dies eine hoffnungslos zurückgebliebene Position. Der Wandlungsprozeß der Moderne erscheint unaufhaltsam. Es komme deshalb darauf an, ihn für eigene Interessen nutzbar zu machen.

In der Einstellung zum Krieg scheiden sich die Geister. Hätte er sich mit gutem Willen und besserer Diplomatie verhindern lassen, oder war er die Katastrophe, in der eine ganze Epoche zwangsläufig enden mußte? Wer in ihm und in der Niederlage nicht mehr sah als eine Gelegenheit, dort anzufangen, wo die Achtundvierziger Revolution gescheitert war, fand sich in dieser Erwartung bald betrogen. Zwei gegensätzliche Positionen lassen sich ausmachen. Die eine bezieht sich auf den Ausbruch des Krieges und läßt mit ihm eine neue Ära beginnen. Die andere begreift den Krieg von seinem Ende her: Die Niederlage bietet die Chance für einen demokratischen Neuanfang. Sie wird zum Anlaß einer Wiederbelebung jener Werte, die im wilhelminischen Deutschland nicht zum Zuge kamen.

So sieht die republikanische Linke auf ihre Weise im Krieg eine Epochenwende und nimmt seinen »Blutzoll« als Menetekel für eine bessere, humanere Welt in Anspruch. Sie übersieht dabei, daß dieser Krieg nicht für demokratische Ideale, sondern für Kaiser und Vaterland geführt worden war. Die Masse der deutschen Soldaten hatte dies auch nicht anders verstanden. Zu ihrem Feindbild gehörten Demokratie und westliche »Zivilisation«. Der Linken blieb vom Krieg, den sie mit wenigen Ausnahmen gebilligt und mit getragen hatte, nicht viel mehr als die Niederlage, und der gemäßigt Gesinnten nicht einmal die Revolution, die sie, um ihren Einfluß zu behaupten, hatte niederschlagen müssen. Eine Dolchstoßlegende stand ihr nicht zur Verfügung. Woran hätte sie anknüpfen können, um sich als patriotische Kraft, der es um Deutschland ging, zu profilieren? Deshalb konnte die Rechte auch in einem nationalpolitischen Sinn die Mitte behaupten und, widersinnig genug, die Verfechter der Weimarer Demokratie an den Rand drängen. Sie hatte das leichtere Spiel, während die Republikaner hinsichtlich der Tauglichkeit ihrer Politik in immer größere Beweisnot gerieten. Zwischen demokratischer Westorientierung und kommunistischer Anlehnung an das sowjetische Vorbild blieb ein Leerraum, in dem überkommene Einstellungen um so leichter fortwirken konnten. Hinzu kam, daß sich die Weimarer Demokraten auf nur sehr wenig ausgeprägte Traditionen berufen konnten, denen zudem ein Kleineleutegeruch anhaftete und die, soweit sie auf die Ideale der Französischen Revolution zurückgingen, als Ideologie des Erbfeindes verteufelt wurden. So sahen sich die Anhänger der Republik von vornherein in einer Verteidigungsstellung.

In direktem Gegensatz zur Ansicht der Republikaner steht der Krieg als »großes Erlebnis der Freiheit«. »Dieses Volk hat ⟨...⟩ sein großes Erlebnis der Freiheit gehabt. Es hat auch seine Revolution gehabt. Sie begann im August 1914, sie endete im November 1918.«[3] Damit wird alles Spätere als Nachfolgeerscheinung entwertet. Als »pseudorevolutionärer Staat« soll sich die Republik demnach nicht einmal auf die Revolution 1918, die nur eine »Revolte« gewesen sei, berufen dürfen.[4] Was an Enthusiasmus und Aufbruchstimmung vorhanden war, habe schon der Krieg freigesetzt und in Anspruch genommen. »Die tragische Situation ist: der Krieg verbrauchte alle geballten Energien, er löste alle Spannungen, er verpulverte alle Kräfte der Revolution. ⟨...⟩ Als das Feuer langsam ausbrannte, als der Blutrausch sich dem Ende zuneigte, kümmerte sich niemand mehr um die Macht.«[5]

Die Art und Weise, wie hier zu Beginn der Weltwirtschaftskrise die Ohnmacht der Weimarer Demokratie aus einem verfehlten Gründungsakt hergeleitet wird, erscheint als symptomatisch auch für die ungewollten Berührungen extremer linker und rechter Argumentation. In ihrem Ursprung schon habe sich die Republik von den Kräften abgeschnitten, die sie hätten tragen können. »Diese Tatsache ist tief symbolisch für den Fortgang geworden«.[6] Die »Nutznießer« der Republik hätten »ihr Werk mit einem konservativen Akt« begonnen: »Sie schlugen die Träger der Revolte nieder«.

Es komme aber »kein großer Staat mit starken, inneren Spannungen ⟨...⟩ um seine Revolutionen herum«. Der Weimarer Staat »konnte nicht die Parole der Freiheit in die Massen schleudern und sich von den Energien tragen lassen, die er entfesselt hatte.« Selbst dann nicht, wenn er dazu in der Lage gewesen wäre. Denn »die Energien waren in vier Jahren Krieg verschwendet worden«.[7]

Der Krieg, nicht die Republik ruft demnach die neue Zeit auf den Plan. Die Republik, das ist die von Anbeginn zum Scheitern verurteilte Wiederbelebung verstaubter Ideale; der Krieg dagegen der Untergang der alten und Aufgang einer neuen Welt. Ernst Jünger schreibt: »Wir waren die Tagelöhner einer besseren Zeit, wir haben das erstarrte Gefäß einer Welt zerschlagen, auf daß der Geist wieder flüssig werde. Wir haben das neue Gesicht der Erde gemeißelt«.[8] Wenn sich der Nebel lichtet, der über diesem Schöpfungsgeschehen liegt, fängt der Soldat an, »ohne zu wissen, was er tut, in den Kategorien des nächsten Jahrhunderts zu denken.«[9]

Aus solcher Sicht verschieben sich die Proportionen. Die Niederlage verkehrt sich in einen Sieg, der Krieg wird zum Wert an sich. »Hättet ihr ihn gewonnen, stündet ihr am Ende – jetzt steht ihr vor neuem Anfang«, schreibt Edwin Erich Dwinger im zweiten Band seiner ›Deutschen Passion‹.[10] Nach gewonnenem Krieg hätten die Söhne ihren Sieg an die Väter abtreten müssen, jetzt bleiben sie unter sich. Der doppelte Verrat, des fahnenflüchtigen Kaisers und der kriegsmüden Zivilisten, nährte die Ressentiments, der Tod der Kameraden das schlechte Gewissen der Überlebenden. Es hätte sie ebensogut treffen können.

Das neue Jahrhundert steht unter dem Zeichen der Katastrophe. »Der Ausbruch des Weltkrieges setzt den breiten, roten Schlußstrich« unter eine zur Vernichtung verurteilte Zeit der alten Wertungen.[11] Mit ihm strömt das Gefährliche in die Zentren einer scheinbar gesicherten Ordnung zurück und »beherrscht jetzt die Gegenwart«.[12] Die Katastrophe wird zum »a priori eines veränderten Denkens«, das dem neuen Jahrhundert angemessen ist;[13] es bildet sich im Blutrausch, im Überschreiten ziviler Konvention. »Der Anblick des Gegners bringt neben letztem Grauen auch Erlösung von schwerem, unerträglichen Druck«.[14] Der Krieg befreit den Kämpfer, weil er sich nicht mehr durch »den verwesenden Körper eines früheren Zustandes« wühlen muß.[15] Als Sieger tritt er den Erschlagenen hinweg, »tiefer ins Leben, tiefer in den Kampf«.[16] Die Toten sind weder Anlaß der Trauer noch des Entsetzens, sie steigern vielmehr das Lebensgefühl der Davongekommenen. Jünger schreibt aus der Erfahrung eines Ausnahmezustandes, der zur Regel geworden war, aber doch einem Reflexionstabu unterlag. Der »Kampf als inneres Erlebnis« setzt ein Denken frei, das sich in der übrigen Kriegsliteratur nicht so unverhüllt zu äußern wagt. In ihm ist die Pathologie einer Epoche ebenso präsent wie das Gesetz, nach dem sie angetreten ist. Worüber die Zeit mehr oder weniger umwunden übereinkam, wird beim Namen genannt: »Leben heißt töten.«[17] Dieses Eingeständnis nimmt vor dem Hintergrund der Kriegsrealität eine zynische Färbung an.

Der Mensch brauche den Krieg, um wieder wahrer Mensch zu werden. Er strebe zum Elementaren. Kriege werde es geben, solange es Menschen gibt. Nur einer könne überleben, der Sieger. Von üblicher Kriegsapologetik und ihrem Befreiungspathos unterscheidet sich solche Überzeugung dadurch, daß sie ihr Autor mit einer Erkenntnistheorie des Schreckens verbindet. Mit ihr umgeht er der Schwierigkeit, sich ohne intellektuelle Abstriche zur Gewalt zu bekennen. Durch eine rückhaltlose Bejahung des Negativen, der Zerstörung und des Todes glaubt er die prägenden Kräfte der Epoche zu erkennen. Das Grauen »ist das erste Wetterleuchten der Vernunft«.[18] Es geht um die Erkenntnis von »Ordnungen, die nicht auf den Ausschluß des Gefährlichen berechnet, sondern die durch eine neue Vermählung des Lebens mit der Gefahr erzeugt worden sind«.[19] Diese Betrachtungen, in der die Wahrnehmung der erschreckenden Faktizität des Zeitgeschehens als Voraussetzung der Diagnose nicht ausgeblendet wird, stellen Jünger in eine Reihe, die vom Futurismus kommend in den Surrealismus einmündet, in dessen Ästhetik die Verbindung von Eros und Zerstörung eine zentrale Bedeutung erhält. Jünger spricht davon, daß die Feuertaufe des Kampfes wie eine Liebesnacht ersehnt wurde. »Da war die Luft so von überströmender Männlichkeit geladen, daß jeder Atemzug berauschte«.[20]

2. Totengedächtnis

Weil Deutschland besiegt wurde, kommt eine ganze Generation vom Krieg nicht los, muß sein Geschehen in ungezählten Erzählungen, Berichten, Romanen in die Gegenwart eines nichtigen Alltags immer wieder zurückgeholt werden. So kann das Vermächtnis der Toten bewahrt werden.

Eine eigentümliche Vergangenheitsbewältigung setzt ein. Realitätsverweigerung verbindet sich mit einem Schuldkomplex der Überlebenden, der schließlich im Totenkult des Dritten Reiches kulminiert. Über die Toten wird verfügt. Auch nachträglich gibt es keine Rechtfertigung ihres Sterbens als um der Einsicht willen, daß ein Leben ohne Kampf keinen Wert besitzt und »die wertvollste Erkenntnis, die aus der Schule des Krieges davongetragen wird«, darin besteht, »daß das Leben in seinem innersten Kerne unzerstörbar ist«.[21]

Sind die makabren Details des Kriegsgeschehens mehr als eine Zugabe, die abgebrühte Landsknechte, denen Jünger ein bewunderndes Kapitel widmet, den noch nicht Abgestumpften zum Besten geben? Verfügen die Kriegsautoren der Rechten nicht über die Toten, wie der Krieg insgesamt über sie verfügte? Es ist offensichtlich leichter, über die Toten zu schreiben. Es hat eine längere Tradition, und der Tabubruch fällt weniger ins Gewicht. Jüngers Authentizität unterliegt hier einer Selbstzensur. Schockierender als die Schilderung verwesender Leichname wäre ein Bericht über das Schicksal derer gewesen, die als Verstümmelte überlebten und vor der Öffentlichkeit verborgen gehalten wurden. Dieses Thema hätte einen anderen Blick auf die Nachkriegszeit eröffnen müssen, hätte überhaupt die Geschichte mit Ursache und Folge wieder ins Spiel gebracht. Die Toten und die Lebenden: das Weimarer Niemandsland, in dem die Kriegskrüppel ihr Leben fristeten, fand seine Fürsprecher nicht unter den heroischen Realisten. Sich ihrer anzunehmen, erforderte ein anderes Maß an Entschlossenheit als die des Frontkämpfers.

Es kennzeichnet den »heroischen Realismus«, daß er sich in der kriegerischen Auflösung des Vertrauten den Spürsinn für das Besondere und die subtile Beobachtungsgabe erhalten hat. Als souverän gilt der Kämpfer, der im Grauen noch zu unterscheiden weiß und es gemäß der Stimmungslage des fin de siècle und der schwarzen Romantik literarisch verarbeitet. Der Krieg stellt alles Handeln unter den Zweck des Tötens. Der Kampf bringt den Kämpfer in Einklang mit den dunklen Mächten des Elementaren. Dies ist die militante Version des »Kosmischen«, das von der Jahrhundertwende an seinen philosophischen und literarischen Niederschlag gefunden hatte. Klages' ›Schwarmschau‹ findet sich wieder als Ekstase, die im Augenblick der höchsten Gefahr den Nebel zerfließen läßt, der wie »ein feiner Schleier ⟨...⟩ die Welt fast immer bedeckt«[22] und die Wahrnehmung der Urbilder einer »höheren Ordnung« verhindert.[23] In Todesgefahr findet der Mensch zu sich selbst.

Dieser Gedanke findet bei Heidegger seine philosophische Überhöhung. In der Freigabe der Möglichkeit des Todes erscheint der Tod als die Macht, die den Nebel der Selbstverborgenheit, die »flüchtige Selbstverdeckung im Grunde«, zerstreut.[24] »Die vorlaufende Entschlossenheit ist kein Ausweg, erfunden, um den Tod zu ›überwinden‹, sondern das dem Gewissensruf folgende Verstehen, das dem Tod die Möglichkeit freigibt, der Existenz des Daseins mächtig zu werden und jede flüchtige Selbstverdeckung im Grunde zu zerstreuen. Das als Sein zum Tode bestimmte Gewissen-habenwollen bedeutet auch keine weltflüchtige Abgeschiedenheit, sondern bringt illusionslos in die Entschlossenheit des ›Handelns‹.«[25] Es gibt keinen Rückzug im Angesicht des Todes, keinen Kompromiß, keine Daseinsreparatur. »Mit der nüchternen Angst, die vor das vereinzelte Seinkönnen bringt, geht hier gerüstete Freude an dieser Möglichkeit zusammen. In ihr wird das Dasein frei von ›Zufälligkeiten‹ des Unterhaltenwerdens, die sich die geschäftige Neugier primär aus den Weltbegebenheiten beschafft.«[26] Das Offenhalten der Möglichkeiten, die Suche nach einer Lösung unterhalb der Extreme von Alles oder Nichts, der Ausgleich der Widersprüche, das Gespür für die Unwägbarkeiten und Zweideutigkeiten sind Merkmale einer verächtlichen bürgerlichen Lebenseinstellung. »Alle Fragestellungen dieser Zeit ⟨...⟩ laufen darauf hinaus, daß der Konflikt vermeidbar ist«. (Jünger)[27] Die demokratische, parlamentarische Verfaßtheit des Staates insgesamt wird damit kompromittiert.»In diesem Sinne erscheint die Abdichtung des Lebens gegen das Schicksal, jene große Mutter der Gefahr, als das eigentliche bürgerliche Problem, das den mannigfaltigsten ökonomischen oder humanitären Lösungen unterzogen wird«.[28] Diese Philosophie zeichnet sich dadurch aus, daß sie Unsicherheit und Angst ins Positive verkehrt. Sie operiert mit der Faszination des Schreckens, die davor bewahrt, über den Trümmern tradierter Verbindlichkeiten in Melancholie zu verfallen.

Revolutionär erscheint der unbedingte Umsturzwille, die Absage an bürgerliche Normalität; konservativ die Wendung gegen die Moderne als Fortschritt im Materiellen, gegen den Anspruch der Massen auf Selbstbestimmung und Lebenserleichterung, gegen die »auch heute noch herrschenden weichlichen Anschauungen«.[29] So entsteht der aus seiner »Selbstverdeckung« heraustretende entschlossene Typus, der die Zelte hinter sich abbricht. Beschrieben wird implizit der im »Stahlbad« gehärtete wilhelminische Patriot, der sich zum Nihilisten der Tat entwickelt hat. Konserviert wird die Angriffslust, bei verinnerlichten Kriegszielen, und in der Auflehnung gegen den neuen Staat wird man zum Revolutionär. »So bekommt der Konservativismus, der bisher gerade als Extremform des auf bürgerliche Substantialität bedachten Geistes gelten durfte, indem seine Kategorik ›ihr Sach auf nichts stellt‹, den Glanz der Abenteuerlichkeit, der bisher bohemehaften Außenseitern oder zu schrankenloser Negation des Bestehenden entschlossenen Revolutionären vorbehalten war.«[30]

3. Thomas Mann: Dichter und Politik

> »Entzückt durch Geist und Kultur ⟨...⟩ im Gegensatz zu dem sozialen Gebrüll von neulich«[31]

Nicht ohne ein Gefühl des Unverstandenseins und verletzten Stolzes notiert Thomas Mann, daß ein demokratisches Deutschland alles preisgeben müsse, was seine Sonderstellung als Kulturnation ausmacht. Zustimmend trägt er einen Satz des seit 1911 in Deutschland lebenden und später sich zum Nationalsozialismus bekennenden Schweizer Erzählers Jakob Schaffner in sein Tagebuch ein: »Der deutsche Mensch weiß im tiefsten Grunde seiner Seele, daß seine Eigenart in der Welt niemals verstanden u. geduldet sein wird, die deutsche Nation muß im Gegensatz zur Welt existieren oder sie muß aufhören, als solche zu existieren«.[32] Und zu Rathenaus 1919 erschienener Schrift ›Die neue Gesellschaft‹ bemerkt er: »Sympathisch. Aber sein Glaube, daß eine ›deutsche Idee‹ werbend wirken muß, scheint mir irrig. Es wird genügen, daß sie deutsch ist, um *nicht* werbend zu sein. Die Anstößigkeit Deutschlands ist älter, als 100 Jahre, geschweige als 50.«[33]

Die Idee von der Sonderstellung deutscher Kultur, die sich gegen die übrige zivilisierte Welt behaupten müsse, bildet den Kerngedanken einer eigentümlich gewundenen, Rechenschaft ablegenden Schrift, mit der Thomas Mann im letzten Kriegsjahr an die Öffentlichkeit tritt. Die ›Betrachtungen eines Unpolitischen‹ tragen ihren Titel weniger deshalb zu Recht, weil sich hier ein Weltfremder in der Sphäre der Macht verlaufen hätte, als sich ihr Autor vielmehr seiner eigenen Definition gemäß nicht als Demokrat verstanden wissen möchte: »Ich will nicht die Parlaments- und Parteiwirtschaft, welche die Verpestung des gesamten nationalen Lebens mit Politik bewirkt.«[34] Politiker sein heißt Demokrat sein. Das Buch ist voll von Gleichsetzungen dieser Art.

Der Krieg, »das große Mittel gegen die rationalistische Zersetzung der Nationalkultur«, wird zum literarischen Anlaß, zum Material und zur Folie des Künstlers.[35] »In solchen Zeiten ⟨...⟩ ist kein Schritt mehr vom Bewußtsein seiner selbst zum Selbstbewußtsein, zur kriegerischen Freude an sich selbst«.[36] Unter dem Eindruck einer bis dahin beispiellosen psychologischen Kriegsführung von seiten Frankreichs verschränken sich nationale und persönliche Motive und rechtfertigen »die Teilnahme an jenem leidenschaftlichen Prozeß der Selbsterkenntnis, Selbstabgrenzung und Selbstbefestigung, zu dem die deutsche Kultur durch einen furchtbaren geistigen Druck und Ansturm von außen gezwungen wurde«.[37]

Zur Rechtfertigung des Krieges gehört auch die Beobachtung eines Spaziergangs zweier Kriegsverletzter in herbstlicher Sonne, eines Blinden und eines Einarmigen sowie die groteske Feststellung »daß die Blindgeschossenen in den Lazaretten unter allen Patienten die muntersten sind. Sie balgen sich, *sie werfen nach einander mit ihren Glasaugen*«.[38] Der Standpunkt wird so gewählt, daß die Kriegsschrecken in den Hintergrund treten. Die Welt lag schon immer im Argen; aber Schmerz ist auch »Folie der Lust«.[39] »Der Krieg begünstigt, er erzwingt beinahe primitive Anschauungen, primitive Gefühle ⟨...⟩ und Patriotismus selbst möchte eine Ergriffenheit von eher mythisch-primitiver, als politisch-geistiger Natur bedeuten«.[40] Die Stunde des Künstlers ist gekommen, wenn, mit einer Formulierung Paul de Lagardes, »die Volkheit in den Individuen zu Worte kommt«.[41] »Um einen Künstler aber, dem das Primitive ein durchaus fremdes Element, der jedes ›Rückfalls‹ ins Primitive durchaus unfähig geworden wäre, stünde es, glaube ich, nicht gut«.[42] Er ist »Künstler und Dichter vielleicht nur eben so weit, als er *Volk* ist und volkhaft primitiv zu schauen und zu empfinden nie ganz verlernte«.[43]

Wichtig bleibt dieses Buch, weil in ihm Überzeugungen und Kontroversen, wie sie damals in die Breite wirkten und diskutiert wurden, noch einmal entfaltet werden. Wichtig auch als Beleg, mit welch geringen Beständen der Weg ins 20. Jahrhundert literarisch angetreten wurde. Nietzsche und Schopenhauer liefern das Rüstzeug einer im wesentlichen auf die Künstlerproblematik beschränkten Weltsicht. Die ›Betrachtungen‹ bilden ein Kompendium konservativer Haltungen und Anschauungen bis in ihre Verkürzungen und Vereinfachungen hinein. Sie arbeiten mit allen zeitgängigen Antithesen, aber nur, um sich auf die eine, die nationale und deutsche Seite zu schlagen, auf die Seite der Dichtung, der die Literatur, der Menschlichkeit, der die Demokratie, des Mythos, dem die Aufklärung, des Volks, dem die Masse, der Kultur, der die Zivilisation entgegengesetzt wird.

Anlaß und Angelpunkt dieser Bekenntnisschrift aus »seelischer Bedrängnis« bildet ein Bruderzwist.[44] Fragen der künstlerischen Produktivität und Wirkung stehen auf dem Spiel. Dabei wird Heinrich Mann die Rolle des Gegenspielers, des philanthropischen Revolutionärs und »Zivilisationsliteraten« und schließlich sogar eines feindlichen Agenten zugewiesen. Er verfechte die Interessen eines geistigen Franzosentums, dem es mit seiner »Gassenmenschlichkeit«[45] um »die völlige Liberalisierung, Zivilisierung, Literarisierung der Welt zu tun« sei.⁴⁶ Die Scheidung von deutscher bürgerlicher Kunst und westlicher Literatur unterstellt dem Literaten, daß er sich der Verpflichtung zum Werk entzieht und die Kunst »als souveräne Beherrschung der Materie« und »Vertilgung des Stoffs durch die Form« zugunsten einer nur blendenden, verführerischen, rhetorischen und demagogischen Virtuosität zerstöre.⁴⁷ In »der literarisch-politischen Epoche, in welche wir eintreten« werde die Politik im Bunde mit der Literatur die Kunst verdrängen und der Literat offiziell werden.⁴⁸ »Das ›Café Schopenhauer‹ als Mittelpunkt des Viehhandels in einem deutschen Marktstädtchen wird nicht übel sein«.⁴⁹ In dem »Staat für Romanschriftsteller« werde man mit einem »Minimum an Sachlichkeit« auskommen und jeder »irgendwann einmal an die Staatskrippe herankommen. Vorkenntnisse unnötig«.⁵⁰

Ein Katalog der Stereotypen wird ausgebreitet und abgehandelt, ein Schwarz-Weiß der Widersprüche, die so angesetzt werden, daß zwischen ihnen eine Vermittlung ausgeschlossen ist: Zivilisation beruhigt, schläfert ein, sie ist zersetzend, psychologisch, intellektuell, witzig, französisch; Kultur dagegen poetisch, heroisch, germanisch. Am Fortschritt, an der Verwirklichung sozialer Gleichheit und Gerechtigkeit, wird die Kunst zugrunde gehen. Kunst und Kultur leben aus der Differenz und bedürfen des Gegenpols der »blutigen Wildheit«.⁵¹

Während Thomas Mann dem Kriegsthema autobiographisch verhaftet bleibt, sucht Heinrich Mann nach einer Ausdrucksform, die der neuen Zeit mit ihren Demokratisierungsbestrebungen gemäßer ist. Diesem wird »schreckenerregende Oberflächlichkeit« attestiert.⁵² »Weit entfernt zu glauben, daß es politischen Dilettantismus, politische Stümperei überhaupt gebe könne, ⟨...⟩ ersetzt er ⟨...⟩ Studium und ernsthafte Kenntnis der lebenden Wirklichkeit durch ›Vernunft‹, schönen Geist und literarischen Schmiß.«⁵³ Was er sich nie habe träumen lassen, »das war die Auferstehung der Tugend in politischer Gestalt, das Wieder-möglich-werden eines Moralbonzentums sentimental-terroristisch-republikanischer Prägung, mit einem Worte: die Renaissance des Jakobiners«.⁵⁴ Während Heinrich Mann der Epochenkrise literarisch zu begegnen versucht, begreift oder mißversteht sein Bruder den Krieg als ihre Lösung und gerät um so tiefer in die persönliche Krise, als er sich um diese Erwartung betrogen sieht. Eine konservativ-radikale Antwort ist ihm gegen allen Anschein seiner ihm selbst bedenklichen Abwägungs- und Rechtfertigungsversuche nicht weniger suspekt als die Exempel einer demokratisch engagierten Literatur.

Die ›Betrachtungen‹ enden mit einem statistischen Vergleich. Seit 1900, seit dem Erscheinen der ›Buddenbrooks‹, habe sich auf 1000 Personen berechnet »ein Absturz der Geburtenzahl von 35 auf 27« vollzogen.[55] »In diesen Jahren ⟨...⟩ hat sich die deutsche Prosa verbessert; gleichzeitig drang die Anpreisung und Kenntnis der empfängnisverhütenden Mittel bis ins letzte Dorf.«[56] Die Ursachen seien »rein moralisch« und »kulturpolitisch«. »Sie liegen in der »Zivilisierung«, der im westlichen Sinne fortschrittlichen Entwicklung Deutschlands«.[57] Das Argument ist durchsichtig. »Fruchtbarkeitsrückgang« und Verwestlichung werden in eine kausale Beziehung gebracht. »Genau in dem Jahre, in dem ›Buddenbrooks‹, diese Geschichte der Veredelung, Sublimierung und Entartung eines deutschen Bürgerstammes, ⟨...⟩ erschien ⟨...⟩: zu diesem Zeitpunkt, mit mir und meinesgleichen, beginnt der moralisch-politisch-biologische Prozeß, hinter dem der Zivilisationsliterat mit der Hetzpeitsche steht.«[58]

Indirekt nimmt auch der unpolitische Dichter, der »Ästhet«, Einfluß auf die Politik. Aber anders als der »Zivilisations-Literat« ist er verantwortungsvoll genug, dieser Wirkung, sobald er sich ihrer bewußt wird, entgegenzusteuern, und nur der Konservative, der beide Seiten sieht und abwägen kann, das Leben sowohl als die Kunst, scheint dazu befähigt zu sein. »Das Reich der Kunst nimmt zu, und das der Gesundheit und Unschuld nimmt ab auf Erden. Man sollte, was noch davon übrig ist, aufs sorgfältigste *konservieren* und man sollte nicht Leute, die viel lieber in Pferdebüchern mit Momentaufnahmen lesen, zur Poesie verführen wollen!..«[59]

Gegen Ende des Krieges versucht Thomas Mann, sich auf den unausweichlichen Wandel der Machtverhältnisse einzustellen. Es »bleibt nichts übrig«, schreibt er im Oktober 1918, »die Richtung des politischen Weltganges zu erkennen und anzuerkennen, die demokratische Neue Welt mit guter Miene zu salutieren, als einen Weltkomfort, mit dem sich ja wird leben lassen«.[60] Seine Tagebucheintragungen belegen, wie schwer ihm dies fiel. Er sieht, gerade auch hinsichtlich der Publizität seines Bruders, seine Repräsentantenrolle gefährdet. Auch er braucht die Anerkennung des großen Publikums. Er hatte die Münchner Nachkriegszeit mit teils zynischen, teils enragierten Tagebuchkommentaren begleitet, dem gewaltsamen Sturz der Räterepublik und der Erschießung ihrer Repräsentanten zugestimmt und doch konstatiert, daß »der Idee Sozialismus, ja des Kommunismus« zweifellos die Zukunft gehöre.[61]

Oswald Spengler hatte derweilen der geschlagenen Nation eine Kulturphilosophie vorgelegt, die die Gegner der Demokratie in ihrer Abwehrhaltung bestärkte.[62] Sein Erfolg zeigte an, in welche Richtung eine konservative Haltung zu verändern war, wenn sie sich breiter Zustimmung versichern wollte. Diese neue aggressiv-fatalistische Spielart des Konservatismus schloß eine Annäherung an die Republik aus. Wenn Thomas Mann dem Vorwurf, die patriotische Sache, für die er in seinen ›Betrachtungen‹ eingestanden, als »Umfallsüchtiger, Renegat und Überläufer«[63] verraten zu haben, begegnen wollte, ohne mit seiner eigenen Vergangenheit zu brechen und damit die Kontinuität seiner Entwicklung preiszugeben, mußte er eine Antwort finden, die den militanten Antidemokraten ihre Anschuldigungen zurückgab und ihnen, für den Konservatismus zu sprechen, streitig machte. Wie er dabei vorging, läßt sich an seiner Rezension ›Über die Lehre Spenglers‹ (1922) und seiner Rede ›Von deutscher Republik‹ aus demselben Jahr verfolgen.

Spenglers ›Untergang des Abendlandes‹ – »ein intellektualer Roman von hoher Unterhaltungskraft«[64] – hatte Thomas Mann noch einmal so angezogen wie Schopenhauers Philosophie zur Zeit der ›Buddenbrooks‹-Konzeption. Er hatte in ihm seine Haltung bestätigt gefunden und die Intransigenz der Verfallsdiagnose der zeitkritischen Absicht des Autors zugute gehalten. Er habe anfänglich geglaubt, daß Spenglers »Prophezeiung polemisches Mittel der Abwehr bedeutete. Wirklich kann man eine Sache wie die ›Zivilisation‹, nach Spengler der biologisch-unvermeidliche Endzustand jeder Kultur ⟨…⟩ ja prophezeien – nicht damit sie kommt, sondern damit sie *nicht* kommt, vorbeugenderweise also, im Sinne geistiger Beschwörung«.[65] Um mit seiner Kritik den Anschein zu vermeiden, er sei in das Lager der von ihm selbst so verachteten Zivilisationsliteraten übergelaufen, bestreitet er dem vielgerühmten Autor das Recht, für die gemeinsame konservative Sache zu sprechen. In seiner »boshaften Apodiktizität und Zukunftsfeindlichkeit«, seiner »Nichtachtung des Menschlichen«, repräsentiere er vielmehr selber jene letzte Verflachung des Geistes, die zu diagnostizieren er angetreten ist.⁶⁶ »Ein heimlicher Konservativer, scheint er, der Kulturmensch, verdrehterweise die Zivilisation zu bejahen; allein, das ist nur ⟨...⟩ eine doppelte Vexation, denn er bejaht sie wirklich, – nicht nur mit seinem Wort, dem etwa sein Wesen widerstrebte, sondern auch mit seinem Wesen!«⁶⁷

Die Differenz liegt nicht so sehr in der Diagnose als in der Therapie. Wie für Spengler behält auch für Thomas Mann Nietzsches *amor fati*, die Welt zu nehmen, wie sie im ganzen erscheint, das Notwendige zu wollen oder nichts, seine Gültigkeit. Allerdings möchte er der Fatalität der historisch-sozialen Entwicklung, anstatt über sie, wie er Spengler vorhält, »froschkalt-›wissenschaftlich‹« zu verfügen⁶⁸, durch die Liebe zum Leben, auch dort, wo es wenig liebenswert ist, entgegenwirken. Spenglers »Fatalismus ⟨...⟩ ist weit entfernt, tragisch-heroischen Charakter zu tragen. ⟨...⟩ »Mit ›amor‹ gerade hat er »am allerwenigsten zu tun, – und das ist das Abstoßende daran«.⁶⁹ Thomas Mann distanziert sich von Spenglers Kulturphilosophie nicht zuletzt, weil er das Verführerische daran erkennt. Er sieht, daß hier bei gänzlichem Unvermögen, das Experiment einer humaneren, gerechteren Gesellschaft wenigstens zur Kenntnis zu nehmen, auch selbstgefälliger Untergangsgenuß am Werk ist.

Mit seiner Kritik des geistvollen Analytikers des Ungeistes und ›Defaitisten der Humanität‹ eröffnet sich Thomas Mann einen politisch und ästhetisch begründeten Zugang zur Weimarer Wirklichkeit.⁷⁰ Es ist zugleich eine Absage an jene nihilistischen »Radikalisten«, über die er in seinen ›Betrachtungen‹ bemerkt hatte, daß für sie das Leben kein Argument sei. Wie sich Kunst und Lebenswirklichkeit in ein beiden Seiten förderliches Verhältnis setzen lassen, davon ist 1922 in dem Vortrag ›Von deutscher Republik‹, dieser Friedenserklärung des Antidemokraten an die noch junge Demokratie, die Rede.

An Gerhart Hauptmann, dessen 60. Geburtstag den offiziellen

Anlaß für seine Rede bildet, hebt er insbesondere die Popularität des Dichters hervor. Hauptmann ist volkstümlich, weil er geliebt wird. Ihn trägt das Volk. Dieser Blickwinkel erschließt einen Zugang zum Sozialen und zu der Rolle, die der »Unpolitische« selber einzunehmen für sich nicht ausschließen möchte. Während im Kaiserreich der falsche Glanz wilhelminischer Selbstdarstellung alles überstrahlt habe, könnten in der Republik die Repräsentanten des Geistes erst zur Geltung kommen. Die Rangfolge der Macht und des Geistes kehrt sich um. Der Dichter wird zum König: Gerhart Hauptmann, »ein Volkskönig wahrhaft«, »der König der Republik«.[71]

Dem Reichspräsidenten wird dagegen als »Vater Ebert ⟨...⟩ in seinem schwarzen Röcklein« eine eher gemütvoll biedermännische Rolle zugewiesen[72]: »ein grundangenehmer Mann, bescheidenwürdig, nicht ohne Schalkheit, gelassen und menschlich fest«.[73] So kann er der Sphäre des Politischen sein eigenes »bürgerliches Künstlertum« als »verwirklichtes Paradoxon« gegenüberstellen[74], um, »Gesundheit und Raffinement«, »Gemüt und Artistik« verbindend[75], zwischen Geist und Macht, Kunst und Politik ironisch zu vermitteln. Denn Ironie ist »immer Ironie nach beiden Seiten hin, etwas Mittleres, ein Weder-Noch und Sowohl-Alsauch«.[76] Geistreich vertritt sie das Leben gegen den Geist, indem sich der Intellekt der »Welt der Bürgerlichkeit, der als selig empfundenen Gewöhnlichkeit« zuwendet.[77] Das Leben komme gut dabei weg, der Geist aber noch besser, »denn er war der Liebende«.[78]

Thomas Manns Ironiekonzeption läßt ihm die Freiheit, seine Position im neuen Staat neu zu bestimmen, ohne seine konservative Grundüberzeugung preiszugeben. Gegen Ende seiner »Betrachtungen« hatte er definiert: »Der Geist, welcher liebt, ist nicht fanatisch, er ist geistreich, er ist politisch, er wirbt, und sein Werben ist erotische Ironie. Man hat dafür einen politischen Terminus; er lautet ›Konservativismus‹. Was ist Konservativismus? Die erotische Ironie des Geistes.«[79] Auf diese Weise kann er die Lebensbejahung Walt Whitmans zu seiner eigenen romantischen »Sympathie mit dem Tode« in Beziehung setzen.[80] Was »Novalis und Whitman am tiefsten verbindet und unverkennbar die Wurzel ihrer Humanität und ihres Sozialismus bildet ⟨...⟩ ist die Liebe – nicht in irgendeinem verblasenen, anämischen, asketisch mitleidigen Verstande, sondern im Sinn des obszönen Wurzel-Symbols, das Whitman zum Titel setzt jener wild-frommen Folge von Gesängen«.[81] Die Berufung auf die soziale Erotik des amerikanischen Dichters steht in unausgesprochener Beziehung zu Hans Blühers Werk ›Die Rolle der Erotik in der männlichen Gesellschaft‹. Die längeren Passagen über diesen, für eine offiziöse Festansprache sicher »merkwürdigen Gegenstand«[82], »der Heiligstes und kulturell Fruchtbarstes in sich schließen kann«, erhalten von hier aus einen Sinn, in dem die antidemokratischen Haltung einer männerbündisch orientierten Staatsauffassung neben dem demokratischen Pathos der »Grashalme« bestehen kann.[83]

So zielt die ›Rede von deutscher Republik‹ auf ein prekäres Balancekonzept, das der Politik nicht weniger als dem Künstler eine ausgleichende Betrachtung abverlangt. »Die Probleme fließen ineinander; man kann sie nicht gesondert halten, kann nicht etwa als Politiker existieren, ohne von geistigen Dingen etwas zu wissen, oder als Ästhet, als ›reiner Künstler‹, indem man sich um soziale Gewissenssorgen den Teufel etwas kümmert.«[84] Unter dem Eindruck des »Terrors« und der »ekelhaften hirnverbrannten Mordtaten«[85], die mit der Ermordung Walther Rathenaus im Juni 1922 ihren vorläufigen Höhepunkt erreichten, grenzt Thomas Mann seinen Konservatismus gegen die radikale Rechte ab und weist ihm eine vermittelnde Stellung zwischen »ästhetizistischer Vereinzelung und würdelosem Untergange des Individuums im Allgemeinen; zwischen Mystik und Ethik; Innerlichkeit und Staatlichkeit« zu.[86] Diese Mitte kennzeichne die »deutsche Republik« als Idealbild einer Humanität, die zu verwirklichen Deutschland im Inneren wie nach außen hin aufgrund seiner Sonderstellung zwischen westlicher Demokratie und einem Sozialismus östlicher Prägung berufen sei. Deutsch zu sein bedeute »zwischen zwei Welten zu stehen«. Der Deutsche sei »der mittlere Mensch im großen Stile«.[87]

Nietzsches pessimistische Lebensbejahung und sein Anspruch an die Kunst als eine Form des Überlebens, ohne die es sich in der Welt nicht aushalten lasse, stellte einem heroischen Nihilismus entscheidende Argumente bereit. Sein Projekt der Erdherrschaft konnte für eine Kunstauffassung mobilisiert werden, die das Leben selbst umgestalten sollte. Indem Thomas Mann der Philosophie Nietzsches nur insoweit zu folgen bereit ist, als sie noch nicht vom »Willen zur Macht« und einer »Lyrik des blonden Bestialismus«[88] bestimmt wird, wendet er sich zugleich gegen einen revolutionären Konservatismus, dem es gerade um die machtphilosophischen Implikationen zu tun war. So kann er das Unvereinbare zusammenbringen und Nietzsche zum Vorläufer einer idealisierten Demokratie machen, vielleicht oder gerade weil eine solche Herleitung über die zivilen Niederungen der Republik hinwegsehen half. »Es ist nur eine Oberflächenunwahrscheinlichkeit, daß der Geist Nietzsches die ideologische Grundlage bilden könne einer deutschen Demokratie. Ist er es nicht, der die Demokratie zur Vorbedingung erklärt hat eines neuen Adels ⟨...⟩ und ist er nicht der nachchristliche und neuantikische Sänger einer neuen Heiligung der Erde und des Menschen, der Prophet eines neuen Bundes von Erde und Mensch? Was aber wäre Demokratie im höchsten Sinne, wenn nicht dieser neue Bund? ⟨...⟩ Er hat uns das ›Dritte Reich‹ ⟨...⟩ zu erkennen gelehrt, ein Reich der Verleiblichung des Geistes und der Vergeistigung des Fleisches, das Reich des ›Übermenschen‹, das er schlicht das des Menschen hätte nennen mögen, das Reich der Humanität«.[89]

Der Streit über das Politikverständnis eines Autors, der als Unpolitischer schließlich doch gegen die politische Reaktion offensiv Stellung bezog, bleibt nach Maßgabe der eigenen Prämissen unentscheidbar. Der Versuch, ihn gegen seine Exkursionen ins Politische nachträglich noch in Schutz zu nehmen, wiederholt eine Trennung, die dieser der Tendenz nach für überbrückbar erachtete: »Wir sehen im Künstlerischen die Sphäre, in welcher der Gegensatz von Idealismus und Sozialismus sich aufhebt«.[90] Gerade weil diese Vermittlung noch nicht verwirklicht und vielleicht zu hoch angesetzt ist, müssen die Grenzen der Kunst überschritten werden, wenn der Künstler seine Ansprüche ans Leben nicht verwirken will. Diese Auffassung ist aber von der Kunst wiederum insofern nicht weit entfernt, als das Werk für »eine ethische Äußerungsform meines Lebens selbst«[91] angesehen werden soll. »Nicht auf das ›Werk‹ also, sondern mein Leben kommt es mir an.«[92] Nicht nur sein »Politisieren«, auch sein Schreiben folgt einem »ästhetisch-erotischen Impuls«.[93]

Die Demokratie hatte der Dichter als reine Rhetorik verdächtigt.

Sie sollte, wie er es sah, dem so ganz anders entwickelten deutschen Wesen als etwas Fremdes aufgezwungen werden. Sein Eifer in dieser Sache, der sich bis zu der an seinen Bruder gerichteten Unterstellung des Landesverrats verstieg, war dabei nicht so sehr gegen eine demokratische Staatsform gerichtet, deren Durchsetzung er im Zuge der europäischen Entwicklung für unvermeidbar hielt. Er galt vielmehr einem Formalismus, hinter dem er Verblendung und geistige Überheblichkeit vermutete. Dies ist es, was er dann auch jenen Konservativen entgegenhält, die, wie er am Fall Spengler demonstriert, der formalen Schlüssigkeit ihrer Verfallsprognosen halber den Untergang der Republik betreiben.

Humanität ist das Schlüsselwort, mit dem Thomas Mann seine Annäherung an die Republik begründet, ein Begriff, der, ehemals »zivilisationsliterarisch« kompromittiert, um das Soziale erweitert wird. Wie er sich als Künstler mit dem Volk über die persönliche Leistung, den Dienst am Leben verbunden fühlt, so scheint ihm die Sozialdemokratie am ehesten befähigt, die Tradition deutscher Bürgerlichkeit unter demokratischen Bedingungen fortzusetzen. Ihre Anhänger verkörpern die Masse im Idealzustand der Aufnahmefähigkeit. Selbständig in ihrem Bürgerfleiß, unverbildet, was die verfeinerten Formen der Kultur betrifft. Sein Eintreten für diese Partei begründet er mit einer Formulierung, die sowohl seine mentalen Vorbehalte als auch seinen Wunsch nach einer Lösung für »ein krankhaftes und gefahrdrohendes Spannungsverhältnis zwischen dem Geist ⟨...⟩ und der materiellen Wirklichkeit« zum Ausdruck bringt.[94] Die Sozialdemokratie, so seine wiederholte Definition, ist »geistfremd in ihrer ökonomischen Theorie, aber sie ist geistfreundlich in der Praxis«.[95] Diese Partei steht für ihn noch innerhalb des Geist-Leben-Gegensatzes. Ihre von ihm herausgehobene Beschränkung auf rein wirtschaftliche und soziale Belange, ihre Geradlinigkeit und ihr Biedersinn stellen sie außerhalb der Dekadenz, zu deren Erscheinungsformen er ja auch die Demokratie gerechnet hatte, und macht sie zum idealen Partner eines verantwortungsbewußten Künstlertums, dessen geistige Kompetenz dem Bündnis mit dem Volk zugute kommt. Die Allianz von Dichter und Volk kann in der Republik um so eher Gestalt annehmen, als in ihr keine andere Autorität als die des Geistes und der Leistung gelten soll. Erst in ihr kann der Dichter mit dem Volk zusammengehen, das seiner Zuneigung würdig ist. Von zwei Seiten sieht Thomas Mann nun seine Stellung als Konservativer gefährdet: durch eine libertäre Demokratie, die alles entwertet, und durch einen unzeitgemäß romantisierenden Konservatismus, der sich einer humanitären Entwicklung verschließt. Das Schreckbild einer Demokratie, auf die man sich kaum verstehe, »wenn man sich auf ihren femininen Einschlag nicht versteht«, einer »Politik mit Damenbedienung«[96], in der »scharfe Judenjungen« den Ton angeben[97], tritt in dem Maß zurück, wie er auch in der Republik, vor allem am Beispiel Stresemanns, persönlicher Leistung und männlicher Tüchtigkeit seine Anerkennung nicht versagen kann. Seine in dieser Abwägung zunehmend kritische Einstellung zu den ›dumpfkonservativen‹ und ›instinktvergötternden‹ Republikfeinden bestätigt sich für ihn, als die Nationalsozialisten in den Reichstagswahlen von 1930 unerwarteten Zulauf erhalten und zur zweitstärksten Partei aufrücken.

Über die Psychoanalyse, die er spät als eine ihm geistesverwandt erscheinende Denkrichtung entdeckt, gelingt es ihm mit einer bemerkenswerten argumentativen Wendung, der konservativen Revolution – »das große Zurück, geputzt u. aufgeschminkt als stürmendes Vorwärts«[98] – ihren revolutionären Anspruch streitig zu machen. Als einer Methode, die eine Lösung für den ihn bedrängenden Widerspruch von Aufklärung und Reaktion, Romantik und Fortschritt bereit hält, gewinnt er über die Lehre Freuds ein gewisses Maß an Fortschrittsglauben zurück. Wenn Aufklärung zu kurz griff, weil sie das Leben an den Geist verriet, dann sei es ein Gewinn für die Historie gewesen, daß fortreißende, aber gleichwohl zurückbleibende Geister mit »triumphal-rückschlägigem Genius« gegen sie auftraten. Die Romantik habe »die Idee heiliger Vergangenheit und Todesfruchtbarkeit einem als seicht und überaltert empfundenen Idealismus und Optimismus des Zukunftkults und apollinischer Tageshelle als das neue Wort, das Wort des Lebens revolutionär entgegengestellt«.[99] »Reaktion als Fortschritt, Fortschritt als Reaktion« – mit dieser Begriffsverschränkung und dem Hinweis auf »die verwickelte und doppelgesichtige, zur Behutsamkeit auffordernde Natur alles Geistigen«[100] sieht er sich in seinen Vorbehalten hinsichtlich der aufgeklärten Vernunftphilister wie auch der reaktionären Obskuranten bestätigt. Die Zeit der Gegenaufklärung sei allerdings beendet. Zwar habe auch Freud die Ohnmacht des Geistes aufgezeigt, aber doch nur, um die Aufklärung um so sicherer zu festigen. Darin liege die »brennende Aktualität« seiner Wissenschaft und Kunst vereinigenden Lehre, »die wirksamer als jede andere jeden Versuch vereitelt, sie zur Verdunkelung des Revolutionsbegriffes zu mißbrauchen«.[101] Ohne liebedienerisches Interesse für den Trieb, sei sie »diejenige Erscheinungsform des modernen Irrationalismus, die jedem reaktionären Mißbrauch unzweideutig widersteht.«[102] Indem Thomas Mann in der paradoxen und doppelgesichtigen »Geistesschule« der Psychoanalyse eine »Verwandtschaft des dichterisch-schriftstellerischen Impulses«[103] erkennt, gelingt es ihm, die Kunst für eine konservative Haltung in Anspruch zu nehmen, die gleichwohl den Fortschritt befördern könne.

In diesem, um die Einsichten der Psychoanalyse erweiterten, Verständnis wird die zwiespältige Rolle der Kunst zwischen Künstler- und Politikproblematik, Trieb und Intellekt, Verführung und Verführbarkeit in der 1930 erschienenen Erzählung ›Mario und der Zauberer. Ein tragisches Reiseerlebnis‹ thematisiert. In der sein Publikum demagogisch beherrschenden Gestalt des Hypnotiseurs Cipolla sind Anteilnahme und Ablehnung, Persönliches und Zeitgemäßes miteinander verwoben. Der Auftritt des Zauberers fällt in die Nachsaison eines italienischen Badeorts, der mit seinem anspielungsreichen Namen »Torre di Venere« den Schauplatz bildet. Die Schilderung der auf Abgrenzung gegenüber den Fremden bedachten mittelständischen und adligen Nutznießer der faschistischen Ordnung bildet den Stimmungshintergrund der Einleitung. Doch nicht deren politische Motive sind von Interesse, in den Mittelpunkt rückt vielmehr die »eingesessene Volkstümlichkeit«. Dies schränkt die Gleichnishaftigkeit der Novelle auf den Gegensatz von Verführer und einfachem Volk ein. Die Reaktionsweisen sind idealtypisch vorgegeben. Eine Verführungsszene bildet den Umschlagpunkt der Erzählung. Die Suggestion ist vollkommen. Mario wähnt in dem Zauberkünstler seine Angebetete vor sich zu haben, die nun endlich seine Liebe erwidert. Als er, zu sich kommend, den Betrug entdeckt, erschießt er ihn.

Über die Erzählergestalt bringt der Autor sich selber ins Spiel. Es reizt ihn zu ergründen, was ihn an dem Verführer fasziniert und ihn, bei aller überzeichneten Häßlichkeit, mit ihm verbindet. Die Wirkung auf das Publikum ist ihm als Künstler nicht fremd. Die Ähnlichkeit endet dort, wo der Dichter, der auch ein ›Zauberer‹ ist, das Spiel der Leidenschaft durchschaut und der Verwirrung der Gefühle Einhalt gebietet. Denn »es muß«, wie es mit Anspielung auf die reaktionären Volksverführer an anderer Stelle heißt, »die Verwirrung steigern, wenn Jugend dem Alten und vor Alter Bösen ihre biologische Liebenswürdigkeit leiht«.[104] Es ist Sache der Kunst, die »Verwirrung des Augenscheins« als »ein unbeständiges Trugbild« aufzulösen.[105]

In seinem Aufsatz ›Kultur und Sozialismus‹ kommt Thomas Mann 1928 ausführlich auf seine ›Betrachtungen‹ zurück. Man hatte ihm vorgeworfen, seine konservative Bekenntnisschrift gelegentlich einer zweiten Fassung gleichsam demokratisch gereinigt und der Zeit angepaßt zu haben. Dieser Vorwurf wird zum Anlaß, die Positionen erneut zu klären. Das Generalthema, der Gegensatz von deutscher Kultur und westlicher demokratischer Zivilisation, wird noch einmal zur psychologischen Deutung des Krieges herangezogen und durchgespielt. Wie der Kulturbegriff im Mittelpunkt der deutschen »Kriegsideologie«, so habe »der politisch-demokratische Begriff der Zivilisation im Mittelpunkt der feindlichen« gestanden.[106] Gerade aber an »der kritischen Unschuld seines Kulturbegriffs« habe es gelegen, daß der ›deutschbürgerliche Mensch‹ über die »höchst ungeistigen Ursprünge« des Krieges hinweggesehen und er endlich auch die Niederlage geleugnet habe, »um zugleich die geistige, ideelle, sozusagen philosophische Niederlage leugnen zu können«.[107] Von dieser Einschätzung her leitet sich die Frage nach der Lebensfähigkeit der Republik ab. Es ist eine Frage der Anpassungsbereitschaft, oder, psychologisch gewendet, eine Entscheidung zwischen »Trotz und Willensneigung zu versöhnlichem Zugeständnis«.[108] »Zur demokratischen Staatsform stehen, an ihre Möglichkeit und Zukunft in Deutschland glauben« könne nur, »wer die Wandlung der deutschen Kulturidee in weltversöhnlich-demokratischer Richtung für möglich und wünschenswert hält«.[109] Die Formulierung ist von der Art, die durchblicken läßt, wie sich ihr Autor entschieden hat. Die Charakterisierung seiner ›Betrachtungen‹ als »schwerfälliges Erzeugnis unvergeßlicher Leidensjahre«[110] und »Rückzugsgefecht großen Stils«[111] legt es schon nahe. Die Zeit ist über die »deutsch-romantische Bürgerlichkeit« hinweggegangen.[112] Ihr »Zersetzungsprozeß ist so weit fortgeschritten, daß man den kulturellen Ideenkomplex von Volk und Gemeinschaft heute als bloße Romantik anzusprechen hat und das Leben mit all seinen Gehalten an Gegenwart und Zukunft ohne allen Zweifel auf seiten des Sozialismus ist«.[113]

4. Die Republik und ihre Bilder

Zwischen Kunst und Leben zu vermitteln, dafür sucht Thomas Mann nach einer Form, die sowohl seinen ästhetischen Ansprüchen als auch seinem Verlangen nach Breitenwirkung in einer sich verändernden Gesellschaft entgegenkommt. Das zielt auf eine Literatur, die das Ideal der Humanität nicht preisgibt und dem Teufelskreis entkommt, in dem eine bürgerliche Intelligenz sich ihrer Produktivität durch Selbsterhöhung und Abgrenzung gegenüber den Nivellierungstendenzen ihrer Zeit, in der sie doch wirken will, versichert.

Dieses Projekt mißlingt, weil sich für seine Verwirklichung keine produktive Handhabe findet. Soziale Werte und künstlerische Produktivität, Geist und Politik, Ästhetik und Moral scheinen sich auszuschließen. Kunst ist nicht vernünftig, aber der Vernunft können die Schlagwörter des Zivilisationsliteraten, Recht, Wahrheit, Liebe, Menschlichkeit, nicht gleichgültig sein. Gleichwohl hat Thomas Mann noch in der Weimarer Zeit über die Grenzen seines Kunstanspruchs hinauszugelangen und politischen Einfluß zu nehmen versucht.

»Wir ⟨...⟩ sind nicht mehr Ästheten genug, ⟨...⟩ uns so trivialer Begriffe und Leitbilder zu schämen wie Wahrheit, Freiheit, Gerechtigkeit«[114], schreibt er 1947 und begründet rückblickend, warum »eine ästhetische Epoche«, der er sich zugehörig fühlte, »schlechterdings unfähig« war, diesen Leitbildern zu folgen. »Zuletzt gehört der Ästhetizismus, in dessen Zeichen die freien Geister sich gegen die Bürger-Moral wandten, selbst dem bürgerlichen Zeitalter an, und dieses überschreiten heißt heraustreten aus einer ästhetischen Epoche in eine moralische und soziale.«[115] Sich der moralischen und sozialen Probleme in ihrer Tragweite bewußt zu werden, hätte er eben die Freiheit des Geistes preisgeben müssen, ohne die er als Dichter nicht bestehen konnte. Und dieser Widerspruch war auch nicht ästhetisch-ironisch aufzufangen. Allenfalls hat »das politische Moralisieren eines Künstlers etwas Komisches«.[116] Das Politische bleibt ästhetisch zweifelhaft, die Kluft zwischen ethischem Anspruch und dichterischem Werk bestehen.

Die Kunst beansprucht ihre eigene Sphäre, von der aus das Verhältnis zum Gesellschaftlichen problematisch erscheint. Was den Einzelnen mit der Masse verbindet, entzieht sich der Reflexion, indem es zum Gegenstand sentimentaler Betrachtung wird. In den ›Betrachtungen‹ erinnert sich Thomas Mann an »Straßenbahnszenen in Reichstagswahltagen«:

> Ich sehe mich wieder auf einer der vorderen Plattformen, hinter dem Wagenführer, einem noch jungen Mann mit einem Ehering an der Hand ⟨...⟩ in seinem soliden Dienstmantel ⟨...⟩. Ein Mann springt auf ⟨...⟩ mit wirren Augen, Hitzflecken auf den Backenknochen ⟨...⟩ in voller Aktion, in politischer Rage ⟨...⟩ ein Agent wahrscheinlich, ein Werber, ein Stimmenjäger ⟨...⟩. Er war die Verzerrung des Volkes selbst, und gut habe ich den Blick im Sinne behalten, mit dem der Wagenführer sich endlich nach dem peinlichen Menschen umwandte und ihn von oben bis unten musterte, diesen nüchternen, gesetzten, schweigend-befremdeten, abschätzigen, leicht angewiderten Blick des Mannes im Dienstmantel auf den von Politik und Halbbildung Trunkenen, einen Blick, der mir für das Verhältnis des deutschen Volkes zur Politik unvergeßlich bezeichnend schien. War er ein Egoist, mein Wagenführer? Aber er ist »auf seinem Platze« gewesen, dafür verbürge ich mich, als wirkliche Not anbrach, sein Gesicht war immer noch nüchtern, aber es war andächtig damals, und er hält seinen Platz bis zum heutigen Tag, sei es über der Erde oder gedeckt von ihr.[117]

In der Zuneigung zu dem ›einfachen Mann aus dem Volke‹ ist die soziale Berührungsangst aufgehoben. Er steht für »den Deutschen im Großen und Ganzen«, für »Deutschland in Volksperson«.[118] Der Agitator verkörpert dagegen »die flache Aufgeregtheit solcher Zeiten ⟨...⟩, die im engeren und inneren Sinne politisch sind«.[119] Seine verdächtige Individualität konstrastiert mit der Ruhe der sich ihres Standes und ihres Wertes gewissen Persönlichkeit. Das eine Bild ist einer eher verklärten Vergangenheit, das andere einer bedrohlichen und ungewissen Zukunft zugeordnet. Über die Projektion eines Selbstbildes, das sich mit den Werten einer überlieferten Ordnung in Einklang weiß, ist eine positive Einstellung zum Sozialen möglich.

Die Frage »War er ein Egoist, mein Wagenführer?« deutet an, daß, der sie stellt, auch sich selber meint. Denn eben der Vorwurf der Unfähigkeit, von sich selber abzusehen, wo es um andere als nur künstlerische Fragen gegangen sei, war es ja, womit sein Bruder die Polemik des »Unpolitischen« herausgefordert hatte. Selbstbild und Bild, das man sich von der Welt macht, hängen eng zusammen. Die Abwehr richtet sich gegen die Zersetzung liebgewordener Bilder, mit denen die Welt gegliedert und wahrgenommen wird. Der Mann des Volkes, das Bild des »typischen Deutschen höherer geistiger Ordnung«[120], steht gegen den Demagogen, Ruhe gegen Bewegung, das statuarische Bild selbstgewisser Überlegenheit gegen die Aufgeregtheit des hohlen Pathos. Es ist zugleich ein Bestätigungsbild liebgewordener Ordnung und Abwehrbild gegen eine Vermischung der Stände und Klassen. Jeder an seinem Platz, aber nicht grundsätzlich verschieden von denen, die einen anderen Platz im hierarchischen Ordnungsgefüge der Sozietät einnehmen. Das Bild der Volksgemeinschaft taucht auf. Und wie es hier naheliegt, daß in ihr für Demagogen kein Platz sein soll, so wird Thomas Mann später den Nationalsozialismus mit eben dem Hinweis auf dessen demagogische Natur ablehnen.

Bilder gegen Worte, so läßt sich die ästhetische Position konservativen Schreibens zusammenfassen. »Die mächtigste Kraft zum Gleichnis, die bisher da war, ist arm und Spielerei gegen die Rückkehr der Sprache zur Natur der Bildlichkeit.«[121] Die Sprache bezieht ihre Kraft aus den Bildern. Sie dient dem Bild, indem sie es zur Anschauung bringt. Die Abwertung des Begrifflichen, argumentativer Rede und diskursiven Denkens hat hier ihren Ursprung. Sie geht vom Bild aus und setzt Betrachtung gegen die Rede, die ablenken und überzeugen will. »Das Bild erinnert den Menschen an das Dasein *vor* dem Wort, deshalb bewegt ihn das Bild so sehr, es erweckt in ihm die Sehnsucht nach jenem Dasein.«[122]

Zu dem Argument der Schwäche, das dem Weimarer Staat vorgehalten wird, zählt das der mangelnden Selbstdarstellung und Repräsentanz. Ein Argument, das auch von Tucholsky vorgetragen wird. Fraglich ist – bei dem zumeist gebrochenen Selbstverständnis ihrer demokratischen oder demokratiewilligen Vertreter – nicht nur, wie und unter Berufung worauf, die Republik sich hätte besser darstellen können, als sie es tat oder unterließ, fraglich ist auch, ob ihr damit Erfolg beschieden gewesen wäre.

Was für die Demokratie spricht, sind keine Bilder. Bilder, die sich positiv besetzen lassen, sprechen gegen sie. Die Bilder, die sich mit ihr verbinden, sind solche des Verfalls, der Auflösung, der Unruhe, der Unsicherheit, der inflationären Zahl, der Reklame; Bilder des Übergangs in eine Massengesellschaft und deshalb vor allem Bilder urbaner Veränderung, die sich leicht gegen Tradition und provinzielle Beschaulichkeit mobil machen lassen. Dorf, Kleinstadt, Land konservieren das echte Bild einstiger Größe und Weltmachtstellung. Dagegen wirken die Bilder der Nachkriegszeit wie Imitationen.

Die Republik ist voller Bilder, die den Hohn und Spott der Konservativen, ihren Haß und ihre erbitterte Abneigung erregen. Man muß nicht viel Worte machen, um sie gegen alle möglichen Einwände und Argumente zu verurteilen. Es reicht aus, auf sie hinzudeuten. Oswald Spengler spricht von der »Dirnenbemalung der Frauen« der Nachkriegszeit.[123] Ein Reichspräsident, der sich in der Badehose abbilden läßt, skandalisiert die patriotische Presse und spielt noch in dem ihm aufgezwungenen Prozeß eine nicht unerhebliche Rolle.

Gegenüber den formfeindlichen Massen kann nur bestehen, wer das Getriebe durchschaut, zur richtigen Einstellung gefunden hat und sich von der »Haltungsschönheit menschlicher Schicksalsbereitschaft« als »Blüte« tragischer Lebensauffassung faszinieren läßt.[124] Vorbilder hierzu sind im republikanischen Alltag, dem Inbegriff der Haltungslosigkeit, nicht auszumachen. Lieblingsbilder sind solche des Ausharrens in katastrophischer Zeit. »Auf dem verlorenen Posten ausharren ohne Hoffnung, ohne Rettung, ist Pflicht«.[125] Mit diesen Worten kommentiert Spengler den Tod eines römischen Soldaten, »dessen Gebeine man vor einem Tor in Pompeji gefunden hat, der starb, weil man beim Ausbruch des Vesuvs vergessen hatte, ihn abzulösen. Das ist Größe, das heißt Rasse haben. Dieses ehrliche Ende ist das einzige, das man dem Menschen nicht nehmen kann.«[126]

5. Gottfried Benn. Kunst, Leben und neuer Staat

Der revolutionäre Konservatismus wirkt in dem Spannungsfeld zwischen Preisgabe und Erhaltung, zwischen Rückkehr und Überschreitung. Die Bilder, die Gottfried Benn sucht, liegen vor und außerhalb der Geschichte. Seine Bilder des Lebensekels und körperlichen Zerfalls besiegeln den endgültigen Bruch mit der Vergänglichkeit und Verfänglichkeit des Lebens. Sie sind zugleich eine Absage an die überlieferten lyrischen Sprechweisen. Von nun an können die Lebensäußerungen der Zeit zum Material einer bildlichen Evokation werden. Sie sind der dichterischen Imagination frei verfügbar geworden. Benns frühe, noch vor dem Krieg geschriebenen ›Morgue‹-Gedichte bilden einen Übergang. In ihnen scheinen die Körper endgültig abgestorben, als müßten sich die Worte von dem, was sie bezeichnen, lösen, wenn überhaupt noch Dichtung möglich sein soll. Gegenüber den inneren Bildern wird die äußere Lebensrealität gleichgültig und zweitrangig. Erst jenseits von ihr kann neue Statik entstehen. Der Rückweg zur Lebenswirklichkeit ist versperrt, weshalb nach vollzogenem Bruch mit ihrer banalen Normalität Benns Sprache wieder gelassenere Töne anschlagen kann. Dichtung ist und bleibt im Gedanklichen zuhause, ist »Hirngeburt«. Mächtig allein ist der Geist, der nichts anderes will, als seinen eigenen Bildern und den Gesetzen folgen, die hinter vordergründiger lebenspraktischer Zweckgerichtetheit verborgen liegen.

Gottfried Benn läßt die Moderne mit Nietzsche beginnen. Sind die Anpassungsformen, Selbsttäuschungen und Lebenslügen im Medium der Kultur einmal zersetzt und durchschaut, gibt es kein Zurück, keine erneute, wie auch immer zu rechtfertigende Wiedereingliederung in vorgegebene Lebensabläufe. Es sei denn, man schlösse einen zynischen Frieden mit der Welt und revidierte die

Einsichten der letzten Jahrzehnte. Auch die *Neue Sachlichkeit* erscheint von hier aus wie eine Anpassungsform. Man lebt nicht von der Kunst, sondern für sie, für die Erkenntnis durch die Kunst. Eher noch wird ihr die professionelle Tätigkeit dienstbar gemacht. Daß auch der Künstler leben muß, gehört zu den banalen Selbstverständlichkeiten, über die man keine Worte verlieren sollte. Daß Leben, wie es gelebt wird, gelebt werden muß, ist nur durch die Kunst zu rechtfertigen.

Das Leben unter dem Wertgedanken ist kaum mehr als eine allenfalls nützliche Fiktion; jedes Zweckdenken banal, plebejisch, gewöhnlich, vulgär. Die Absage an das Gegebene, die soziale Abstinenz und Verweigerung, schaffen erst die Voraussetzung einer »Erkenntnis von unermeßlichem Gefühl«.[127] Am Leben mag der Einzelne teilhaben, soweit ihn sein physischer Unterhalt dazu nötigt. Aber dieses dem Erwerb zugewandte und das ästhetisch produzierende Ich sind zwei miteinander nicht vergleichbare Größen. Gegen die Übermacht des Lebens hilft nur die Kunst: »sie allein vermag jene Ekelgedanken über das Entsetzliche oder Absurde des Daseins in Vorstellungen umzubiegen, mit denen sich leben läßt«.[128] Es gibt nur ästhetische Werte, nur ästhetisch ist die Welt zu rechtfertigen. Dort die »Welt der Nützlichkeit und des Opportunismus, ⟨...⟩ der gesicherten Existenzen, der Ämter und der Würden und der festen Stellungen«.[129] Hier der »Glaube, das Herz«. Dort die »Härten des Lebens«, hier »der Glaube, das Talent und das Leiden«, die Unsicherheit und Unbeweisbarkeit der Existenz.[130]

Überleben läßt sich in der Massengesellschaft in selbstgewählter Isolation. Kunst entsteht nur, wenn jemand aus seiner Massenexistenz heraustritt, seine Allerweltsexistenz preisgibt und sich dem Bereich nähert, in dem die Dinge ein anderes Ansehen erhalten und andere Denkgesetze gelten. Entweder Kunst oder Erwerb, entweder Kunst oder Leben. Dem Kunstwerk wird eine zwiefache Aufgabe zugewiesen. Es setzt sich an die Stelle einer äußeren Lebenswirklichkeit und löst den Gegensatz von Geist und Leben dadurch, daß es sein eigenes künstliches, durch den Geist erzeugtes Leben hervorbringt. Da die Welt vom Geist verlassen ist, schafft sich der Geist seine eigene Welt. Äußerste Subjektzentriertheit kehrt sich um, indem das Ich zum Träger und Ort eines überindividuellen Geschehens wird. Zurück bleibt als äußerste Ichposition das Gedicht. Zugleich zehrt das Werk von dem verachteten Milieu, in dem es entsteht. Welthaltig wird das Gedicht als Ausdruck und Selbstsetzung des Geistes durch die Negation. Am Ende einer langen Tradition der Ichphilosophie beruft man sich noch einmal auf die Lust des Schöpferischen, die aus der Destruktivität ihren wesentlichen Antrieb erhält.

Die Auflösung des alten Ordnungsgefüges – das Mittelalter sieht Benn erst mit Nietzsche beendet – setzt nicht nur die sozialen Zusammenhänge außer Kraft, auch das Hirn denkt jetzt anders: »Eine neue Zerebralisationsstufe scheint sich vorzubereiten, eine frigidere, kältere.«[131] Die Welt wird anders gedacht als zuvor, ihr Geschehen löst sich aus der kausalen Struktur. Der »Logos in der Geschichte« verfällt, »die Verwirklichung einer Weltvernunft« ist dahin.[132] Geschichte ist »nur noch vorhanden als kongestive Synthese«.[133] Als Assoziationsmedium zur Erschließung überpersönlicher affektiver Bestände wird sie zum frei verfügbaren Material für die ästhetische Existenz. »Der Realitätszerfall seit Goethe geht so über alles Maß, daß selbst die Stelzvögel, wenn sie ihn bemerkten, ins Wasser müßten: der Erdboden ist zerrüttet von purer Dynamik und von reiner Relation. *Funktionalismus,* ⟨...⟩ trägerlose Bewegung, unexistentes Sein. ⟨...⟩ Die alten Realitäten Raum und Zeit Funktionen von Formeln ⟨...⟩ überall imaginäre Größen, überall dynamische Phantome«.[134]

Über die Abstraktion führt der Weg zu neuen sprachlichen Entdeckungen. Was in der entleertesten Form faßbar wird, ist ein Gehalt, der anders nicht zu finden wäre. Das Spiel mit Worten füllt sich mit Substanz gemäß der Überzeugung, »daß in jeder Form, die fasziniert, genügend Substanzen von Leidenschaft, Natur und tragischer Erfahrung leben«.[135]

Der Vorgang, »der Prozeß an sich« hat selber etwas genuin Ästhetisches.[136] Der Wertzerfall bereitet die Dichtung vor und arbeitet ihr zu. Die Dekomposition der Wirklichkeit setzt sich in neue Kombinationen um, in die Komposition eines Gedichts, eines Prosastücks. Das Wissen wird erst frei, wenn man es der sozialen Bindung und der Machtsphäre entzieht. Es wird abgeleitet, damit etwas ganz Ephemeres, ein Nichts aus Worten entstehen kann. Geburtsstunde einer Poetik, in der sich die Extreme verbinden: freie Assoziation mit präziser Beobachtung, der Selbstlauf der Gedanken mit ihrer experimentellen Anordnung, »Begriff und Halluzination«.[137]

Der Dichter verhält sich gleichsam parasitär zu dem Fortschrittsschub der Moderne, ihrer Dynamik, die er ins Leere laufen läßt. Telos und Utopie sind abgeschafft. Der Lauf der sozialen und ökonomischen Maschinerie wird betrachtet, als hätte er noch einen anderen Sinn als den Selbsterhalt des Systems und die Befriedigung der Bedürfnisse. Diese Maschinerie, der gesamte soziale, das Leben erhaltende und ordnende Betrieb läuft vor einem nichtigen Hintergrund ab, ohne Geschichtssinn, richtungslos, reine Geste, Ornament, organisches Wuchern: »die Wirtschaft als solche, eine Flora und Fauna von Betriebsmonaden«.[138]

Der für die rechte Intelligenz so kennzeichnende Kampf des Geistes gegen den Geist fordert die kritischen Intellektuellen insgesamt heraus. Ernst Jünger faßt im letzten Jahr der Republik noch einmal zusammen: »Eins der besten Mittel zur Vorbereitung eines neuen und kühneren Lebens besteht in der Vernichtung der Wertungen eines losgelösten und selbstherrlich gewordenen Geistes ⟨...⟩ Die beste Antwort auf den Hochverrat des Geistes gegen das Leben ist der Hochverrat des Geistes gegen den »Geist«; und es gehört zu den hohen und grausamen Genüssen unserer Zeit, an dieser Sprengarbeit beteiligt zu sein.«[139] Für Benn haben sich die Schriftsteller, die seiner Ansicht nach mit der Republik im Einverständnis lebten und »ja wohl auch politische Propaganda« betrieben, desavouiert.[140] Einem überlebten Menschenbild anhängend, seien sie formal veraltet und destruktiv. »Die Geschichtsräume beruhigten sie hinsichtlich der Weitschweifigkeit ihrer Prosa, und im Parlamentarismus fanden sie Entsprechungen für die Geschwätzigkeit ihrer Epik«.[141] Als der Dichter mit dem nationalsozialistischen Machtwechsel den »ganz anderen Menschen«[142] in greifbare Nähe gerückt sieht, überbietet er seine Polemik noch mit unverhohlener Ranküne hinsichtlich der Emigranten, die sich ihrer Verantwortung entzögen und von ihm mehr oder weniger als Profiteure des republikanischen Kulturbetriebs bloßgestellt werden. »*Die* Kultur ist bedroht, *die*

Ideale sind bedroht, *das* Recht, *die* Menschheit ist bedroht, es klingt wie Echo ⟨...⟩ Ermüdete Substanzen, ausdifferenzierte Formen und darüber ein kläglicher, bürgerlich-kapitalistischer Behang. Eine Villa, damit endete für sie das Visionäre, ein Mercedes, das stillte ihren wertesetzenden Drang.«[143] Dazu bemerkte einleitend die ›Berliner Börsenzeitung‹, die das vom Berliner Rundfunk am 24. April 1933 ausgestrahlte Bekenntnis Benns zum »neuen Staat« abdruckte, daß ihr Autor »die gegnerischen Waffen ergriffen« habe, »um sie stumpf zu machen«.[144] In diesen Zusammenhang gehört auch ein von Benn formuliertes Revers, das die Mitglieder der Preußischen Akademie der Künste zur »Mitarbeit an den satzungsgemäß der Akademie zufallenden Aufgaben der Nation« aufforderte.

Die siegreiche Bewegung, der neue Staat, der sich mit dem Geist der Tiefe verbündet, der Mythos als »Sinn, den keine Rechenkunst zu erzwingen vermag«[145], verkörpern im Großen, was dem Dichter nur in seiner Einsamkeit gelingt: den eruptiven Anschluß an die prälogische vitale Sphäre, an das Leben in seiner ewigen Gestalt, die Erschließung jener Sphäre, wo zwischen Sein und Nichts alle Form entsteht. Kunst und totaler Staat verfolgen dasselbe Ziel: Erkenntnis und Darstellung der »transzendenten Geschlossenheit eines in sich ruhenden Seins«.[146] »Der totale Staat selbst ist ja ein Abglanz ⟨...⟩ jenes Logos, jener religiösen Ordnung, zu der die Kunst aus sich heraus mit ihren konstruktiven Mitteln ⟨...⟩ unaufhörlich strebt«.[147]

Was in der Vereinzelung als flüchtige Vision des Elementaren und denkerische Rückwendung zum Archaischen noch in der Nähe zur Melancholie steht, scheint nun als kollektives Ereignis von allem Zweifel befreit zu sein. Der Preis für die Befreiung von der Stigmatisierung des radikalen Einzelgängers ist das Bekenntnis zur Gewalt. Der erkenntnistheoretische Gehalt expressionistischer Ekstase schlägt um in die Verachtung allen Geistes, der sich vom Pathos der nationalen Erhebung nicht ergreifen läßt. Der »Intellektualist« ergreift gegen die Intellektuellen Partei. Der progressive Gehalt einer geistigen Position, die sich der avanciertesten künstlerischen und wissenschaftlichen Methoden versicherte, verflüchtigt sich, sobald die schützende Innerlichkeit an die Öffentlichkeit preisgegeben werden kann. Im Einverständnis mit der nationalsozialistischen Revolution soll die eigene Haltung von den letzten Resten bürgerlichen Sentiments gereinigt werden.

Wenn der produktive Impuls von der ästhetischen Sphäre, innerhalb derer er die schöpferischen Visionen eines künstlich gewordenen, hirnüberladenen, zivilisierten Ich in Gang setzte, auf das Politische übergreift, enthüllt sich sein Sinn als Kampf. Dieses antagonistische, auf Entscheidung gestellte Moment einer ästhetischen Theorie der »Zusammenhangsdurchstoßung«[148] hatte schon Ernst Jünger auf den Begriff gebracht: »Wir sind zu verästelt; der Saft steigt nicht mehr in die Spitzen. Nur wenn ein unmittelbarer Impuls uns wie ein Blitz durchbrennt, werden wir wieder einfach und erfüllt: das gilt für den Einzelnen wie für seine Summe, das Volk. Im Tanz auf schmaler Klinge zwischen Sein und Nichtsein offenbart sich der wahre Mensch, da schmilzt seine Zersplitterung wieder zusammen in wenige Urtriebe von gewaltiger Stärke. Alle Vielfalt der Formen vereinfacht sich zu einem Sinn: dem Kampf.«[149]

Die vitalistische Konzeption vom Leben als Wert an sich und der Zwang, es beherrschen und formen zu müssen, sind so eng miteinander verbunden, daß man der weltlichen Macht verfällt, sobald diese den Wertnihilismus, die Nichtigkeit einer ganzen Epoche durch neue Formgeburten zu überwinden und die »Epoche eines großartig halluzinatorisch-konstruktiven Stils« zu begründen verheißt.[150] Die Aussicht auf eine Hebung des vitalen Niveaus, das Gefühl, an einer Zeitenwende zu stehen und sie miterleben zu dürfen, entlastet von Dispositionen, die den Intellektuellen alten Schlags auszeichnen. Moralische Maßstäbe scheinen außer Kraft gesetzt, denn seit Nietzsche gäbe es »nur *einen* Maßstab für das geschichtlich Echte: »der neue Typ«[151], und nur das Morbide, das Abgelebte, »alles Feine, Abgestimmte«, werfe sich ihm entgegen.[152]

Geschichte kann aufgewertet werden, wenn ihre Sinnlosigkeit – »eine verschleierte und irre Utopie der Prozeß an sich« – durchbrochen wird.[153] Sinnlos erscheint sie im Sinne Nietzsches als undurchschaubares Durcheinander der »Massentriebe«, als »Kampf unendlich verschiedener u. zahlloser Interessen für ihre Existenz«.[154] An ihren elementaren »Wendepunkten« jedoch bringe sie

Qualität hervor. »Es gab niemals eine Qualität, die außerhalb des Historischen stand«.[155]

Gleichwohl steht für Benn die Kunst unter einem eigenen Gesetz. Sie bilde sich nicht aus der Macht, vielmehr abseits von ihr. Es gebe in ihr nichts Äußeres.[156] Leben mit seiner Arterhaltungstendenz und seinen Herrschaftsformen falle unter die Naturgeschichte: »Hunger und Liebe, das ist Paläontologie, auch jede Art von Herrschaft und Arbeitsteilung gibt es bei den Insekten«.[157] Als »eiserne Klammer, die den Gesellschaftsprozeß« erzwinge und das Individuum zur Kunst befähige, schaffe staatliche Macht zwar die Voraussetzungen für die Kunst, »aber übergehen in die Kunst, das kann die Macht nie«.[158] Kunst bestimme sich seit der Antike als »Gegenbewegung gegen reine Geologie und Vegetation, ⟨...⟩ Einarbeitung ideellen Seins in das Material, tiefes Studium und dann Auflösung des Materials, Vereinsamung der Form als Aufstufung und Erhöhung der Erde«.[159] Mit diesem Gedanken wird Nietzsches Machtphilosophie anerkannt und zugleich doch gegen ihre rassenbiologischen Konsequenzen abgegrenzt. Nietzsche habe den Übermenschen »ganz im Sinne seines neunzehnten Jahrhunderts ⟨...⟩ als neuen, biologisch wertvolleren, als rassemäßig gesteigerten, vitalistisch stärkeren, züchterisch kompletteren ⟨...⟩ Typ« geschildert.[160] »Er sieht ihn *biologisch positiv*, das war Darwinismus.«[161] Dem ständen »die *bionegativen* Werte« entgegen, »alles, was die Attribute des Produktiven sind«.[162] Sie schädigten zwar die Rasse, gehörten aber »zur Differenzierung des Geistes«.[163]

Kunst und Geist werden auf diese Weise gleichgesetzt und weltlichen Machtansprüchen entgegengestellt. »Der reale eigenkategoriale Geist«[164] sei »dem Leben übergeordnet«[165] und seiner eigenen Gesetzlichkeit verpflichtet. »Es bleiben nur die Gesetze, die aber überdauern die Epochen«.[166] In seiner Absolutheit folge der Geist einem ästhetischen Prinzip als der einzigen Macht, die ihm gemäß sei. Die Form sei »die enorme menschliche Macht, die Macht schlechthin, der Sieg über nackten Tatbestand und zivilisatorische Sachverhalte«.[167]

Die regressive Tendenz des Geistes »nach Tieferem als der Erkenntnis«[168], die das ganz Andere in die Gegenwart zurückholt und die Substanz erneuert, scheint eine Weile lang mit der destruktiven

Erneuerungsbewegung im Politischen konform zu gehen. Was das neue Regime betrifft, so kann im Vergleich zu ihm der Verlust an kritischer Einsicht nur gering veranschlagt werden. »Ich erkläre mich ganz persönlich für den neuen Staat, weil es mein Volk ist, das sich hier seinen Weg bahnt. Wer wäre ich, mich auszuschließen, weiß ich denn etwas Besseres – nein«.[169] Die Lust »eines neuen und kühneren Lebens« übersteigt die Idiosynkrasie, sich mit der Masse eins zu wissen. Dieser Wendung zu einem positiven Massenverständnis wurde poetologisch vorgearbeitet. Dem »lyrischen Ich« korrespondiert »die prälogische Geistesart« (Lévy-Bruhl), die Benn mit der völkischen Bewegung durch die zivilisatorischen Schlacken einer späten Kultur hindurchbrechen sieht. »Dem archaischen ⟨...⟩ Ich, dem scheint das Dichterische ganz verbunden«.[170] Über die Verteidigung der Kunst, deren »inneren Spielraum« es zu sichern gelte, leitet Benn dann auch seine ersten Distanzierungen zum Nationalsozialismus ein.[171] Auch dem Staat gegenüber wird ihr ein Vorrang eingeräumt, dessen metaphysisches Prinzip sie »überhaupt der Menschheit erst in Erscheinung« gebracht habe. »Totaler Staat, dieser großartige und neue Begriff, kann ⟨...⟩ für sie nicht heißen, daß ihr Inhalt und Thema nur dieser totale Staat sein dürfe.«[172] Am staatlich betriebenen Untergang einer Kunst, wie er sie verstand und ausübte, ist er nicht länger mitzuwirken bereit. Er begreift, daß mit den Waffen der Gegner auch seine eigenen stumpf geworden sind. Der Nihilismus, wie ihn die Nationalsozialisten praktizierten, entsprach doch eher dem des geschmähten materialistischen Zeitalters. Von seiner »artistischen Ausnutzung« konnte am allerwenigsten die Rede sein.[173] Die erwartete neue Kunst, so neu und anders, daß selbst der Kunstbegriff für sie vielleicht nicht mehr passend sein werde, blieb aus. »Nihilismus ist ein Glücksgefühl«[174], hatte er, Nietzsche folgend, in seiner Rede auf Heinrich Mann formuliert. Es zeigte sich, daß diese »sphingoide Lust« auf den Erkenntnisprozeß der dichterischen Produktion beschränkt war und sich den neuen Herren und ihrer Volksgemeinschaft am wenigsten vermitteln ließ.[175]

6. Anschauungsweisen: Ernst Jünger

Für Jünger scheint sich in den Bildern des Schreckens das Leben in seiner zugespitzten, letzten und äußersten Form zu verdichten. Dem entspricht ein Blick, der sich dem Gesehenen aussetzt und es zugleich beherrscht; ein Blick souveräner Abhängigkeit, in dem sich Ekel und Faszination die Waage halten. Das individuelle Leiden bleibt ausgeklammert. Die drastische Beschreibung kann sich den verwesenden, von Fliegen umschwirrten Kadavern der Gefallenen zuwenden, weil im Zerfall etwas Unvergängliches, Unzerstörbares hervorzutreten scheint.

Auf der Suche nach einem Kernbestand, der dem Einzelnen im Ausnahmezustand zugänglich wird, führt Ernst Jünger in seinen Kriegsaufzeichnungen jene Situationen vor, in denen er den Bruch mit allen tradierten Wertungen und Anschauungsweisen sich vollziehen sieht. Dies gilt nicht weniger für die gängigen sozialdarwinistischen Rangordnungsmodelle, die in der Anonymität der Materialschlacht absurd geworden sind. Zur Elite zählt, wer den tieferen Sinn der Materialschlachten erkennt: die Abrechnung mit dem Nihilismus eines bürgerlichen Zeitalters. Das Kriegserlebnis läßt den an der Oberfläche der Dinge haftenden Blick in eine innere, veränderte Objektwahrnehmung umschlagen. Gewohnte Bindungen zerreißen und geben die Bahn für eine innerweltliche Überschreitung frei. Ungewohnt sind nicht so sehr die Beschreibungsweisen des Grauenvollen, für welche das Fin de Siècle bis hin zu den Romanen Hanns Heinz Ewers' genügend Beispiele bereithält, sondern vielmehr, daß jetzt die äußere Wirklichkeit die Einbildungskraft in den Schatten stellt.

Von der Naturwissenschaft übernimmt man die Geste des vorurteilslosen Blicks und setzt sich zugleich an die Stelle jener Sinn vermittelnden metaphysischen Instanz, für die in einer entgötterten Welt kein Platz mehr ist. Die Beobachtungsmethoden exakter Wissenschaft werden ihrer Zweckhaftigkeit entbunden und zu Instrumentarien ästhetischer Weltanschauung. Jünger partizipiert, wie in anderer Form und mit anderen Konsequenzen auch Benn, an der Wende zum Visuellen, die sich, gefördert durch die Photographie, in der naturwissenschaftlichen Forschung vollzieht und allmählich auch das Denken zu bestimmen beginnt. Die Auflösung einer ichzentrierten Perspektive ist hier vorgeformt. »Jüngers Auge war, soweit zu erkennen ist, das einzige, das auf die Größenverhältnisse dieses Krieges abgestimmt war; er nahm den Ablauf der Geschehnisse in ungetrübter Reinheit auf, verzerrte nichts, verengte nichts und beschönigte nichts. ⟨...⟩ es ist, als habe der Ablauf der Dinge selbst dafür Sorge getragen, daß die photographische Platte, auf der er am getreuesten festgehalten war, nicht zerstört werde. Nichts liegt Jünger ferner als eine Abwandlung des Themas: »Ich und der Krieg«.[176] Die Entdeckung der zellulären Beschaffenheit des Organischen setzte den Menschen in eine Reihe mit anderen Erscheinungsformen des Lebens. Flugaufnahmen des Krieges zeigen ihn nun als winziges, mikroskopisches Lebewesen. Ferne und Nähe tauschen sich aus. In den Blick gerät das Leben selbst, dessen Bilder sich an das Auge, nicht den Verstand mit seinem »Grübeln über Gut und Böse« richten.[177] Dem Auge öffnet sich »der eigentliche Sinn des Lebens«, das »dem zweckmäßigen Denken verborgen« bleibt.[178] Das Leben erscheint in einer Blickrichtung, die andere Betrachtungsweisen ausschließen muß. Leben ist Kampf, und was sich unter dem Mikroskop enthüllt, ist wiederum Kampf. Es geht um faszinierende Konstellationen, und sich selber mit einbeziehen zu können, ist höchste Lust. Diese Unmittelbarkeit unterscheidet den Kämpfer vom Nervenkitzel des Kinogängers, dessen Sicherheit verachtet wird. »Hier fließt es vorbei, das Leben selbst, die große Spannung, der Wille zum Kampf und zur Macht in den Formen unserer Zeit, in unserer eigenen Form. Vor diesem mächtigen und unaufhörlichen Vorüberfluten zum Kampf werden alle Werte nichtig, alle Begriffe hohl gegenüber der Äußerung eines Elementaren, Gewaltigen, das immer war und immer sein wird, auch wenn es längst keine Menschen und keine Kriege mehr gibt.«[179] Dieser Satz bezeugt die Nichtigkeit des Lebens und deutet zugleich auf seine Unzerstörbarkeit hin: So wie es hier erscheint, wird es sich immer wieder ereignen.

Jüngers akribischer Bildbericht setzt ein, wo die Frage nach dem Sinn sich aufdrängen müßte. Es gehört zum Vorverständnis seiner Texte, daß man dem Grauen des Kriegsgeschehens argumentativ nicht beikommen könne. Der Bruch mit einer nichtkriegerischen Wirklichkeit ist für sie konstitutiv. Gegen sie wird der Ausnahmezustand als neue Normalität ins Feld geführt. Die bürgerliche Normalität, zu der man nach dem Krieg endlich zurückgekehrt zu sein schien, ist ein Zustand trügerischer Sicherheit. Zivile Stimmungslagen werden ausgeblendet, soweit sie nicht einer kontrastierenden Darstellung dienen, die den Bruch zur bürgerlichen Welt hervorheben soll. Die vertraute Welt des 19. Jahrhunderts wird nach Art des magischen Realismus in das Untergangslicht eines katastrophischen Zeitalters getaucht.

Im Anblick und in der Gegenwart des Todes offenbare sich das Leben in seiner Zeitlosigkeit. Hier liegt der Umschlagpunkt von einem Unbehagen an der Kultur zu einer Lust des Schauens, in der Jünger etwas Unvergängliches jenseits des Realitätsprinzips auszumachen überzeugt ist. »Irgendwie, dem zweckmäßigen Denken verborgen, scheint dort der eigentliche Sinn des Lebens zu liegen, in der Bewegung durch einen mit tausendfältigen Gefahren erfüllten Raum, wie sie in jedem Wassertropfen sich vollzieht, wo lichtgrüne und glasklare Leiber ihre stets bedrohten Bahnen ziehen unter derselben Schwingung, die auch uns bewegt.«[180] Die Bewegung bringt »unaufhörlich herrliche und unbarmherzige Schauspiele hervor«, Ornamente der Schlacht, des Todes, des Sterbens.[181] Durch die Einbeziehung des menschlichen Körpers werden sie in den Rang besonderer Kunstwerke erhoben. »Sich in ihre erhabene Zwecklosigkeit versenken zu können wie in ein Kunstwerk oder wie in den gestirnten Himmel, das ist nur wenigen vergönnt.«[182]

Literatur als Medium erinnernder Vergegenwärtigung wird ersetzt durch die zeitlose Präsenz des Bildes, das weder historische Vergangenheit noch Zukunft enthält und dem gegenüber ein Nachdenken über ein Vorher und Nachher ausgeschlossen bleiben muß. Angesichts des Krieges über die Vor- und Nachgeschichte der Getöteten oder Hinterbliebenen nachzusinnen verbietet sich. Dies hieße die unmittelbare, zeitlose Wirkung der Bilder in die Kausalität der Geschichte zurücknehmen und sie damit entkräften. Das Kampfgeschehen bleibt wie die Bilder, die von ihm zeugen, »bürgerlicher Zeitrechnung« enthoben. Es anders zu sehen, ist Sache der Heimat, der Mütter, und fällt unter das Verdikt des Sentimentalen. Der

Hochverrat der kriegsmüden Truppen besteht auch darin, daß sie den Krieg mit den Augen der Heimat anzusehen beginnen und dieser wieder in die Perspektive des bürgerlichen Lebens und damit außerhalb des Ausnahmezustandes gerückt wird.

Ästhetische Weltrechtfertigung und Rechtfertigung des ästhetisch betrachtenden Subjekts ergänzen sich. Hier wirkt in der Tradition der Weltverachtung eine Verfalls- und Endzeitstimmung nach, nur daß man jetzt selber an der Sinnzerstörung der äußeren Wirklichkeit arbeitet, um von ihr nicht mehr tangiert zu werden. Ästhetisch folgenreich wird, daß anscheinender Sinnlosigkeit der Existenz aus eigenem Antrieb zugearbeitet wird. Man braucht die aus allen Sinnbezügen losgelöste Wirklichkeit, damit sie der ästhetischen Konstruktion zur Verfügung steht. Solange dem äußeren Geschehen ein Rest an Sinnhaltigkeit eingeräumt wird, behält es die Tendenz, den Betrachter in Mitleidenschaft zu ziehen. Die Dinge stehen im Vordergrund, nicht ihre soziale Bezüglichkeit, von der sich der Blick freizumachen hat. Die Wahrnehmung soll von vorgefaßten Reflexionen und den Beimischungen des Kulturprozesses gereinigt werden.

Wie man in einer sich verändernden Welt künstlerisch tätig sein könne, diese Frage beantwortete Thomas Mann mit einem Wechselspiel der Perspektiven, das den Gegensatz von Geist und Leben relativiert. Er muß sich einen Rest des Glaubens an eine Verbesserungsmöglichkeit der Welt bewahren. Die bildungspädagogischen Züge des ›Zauberbergs‹ sind ein Reflex darauf. Den heroischen Realismus der Frontgeneration kennzeichnet dagegen, daß er mit der Entwicklung einer zunehmend industrialisierten Gesellschaft im Einverständnis lebt. Ernst Jünger nennt »die kalte, niemals zu sättigende Wut, ein sehr modernes Gefühl, das im Spiel mit der Materie schon den Reiz gefährlicherer Spiele ahnt und der ich wünsche, daß sie noch recht lange nach ihren eigentlichen Symbolen auf der Suche sei. Denn sie als die sicherste Zerstörerin der Idylle, der Landschaften alten Stils, der Gemütlichkeit und der historischen Biedermeierei wird diese Aufgabe um so gründlicher erfüllen, je später sie sich von einer neuen Welt der Werte auffangen und in sie einbauen läßt«.[183] Die Umwertung aller Werte wird wie ein naturgesetzlicher Vorgang hingenommen. Der Zerstörung des Althergebrachten wird zugestimmt, damit der Platz frei werde für den Aufbau einer ganz neuen Ordnung. Hier zeigt sich ein Berührungspunkt zu kommunistischen Orientierungen.

7. »Schöpferische Restauration«: Rudolf Borchardt

Die Weimarer Republik scheitert auch, weil ihre Befürworter auf die Schwierigkeiten, die sich aus dem krisenhaften Übergang einer autoritär geführten industrialisierten Massengesellschaft in ein demokratisch verfaßtes Gemeinwesen ergaben, nicht vorbereitet waren. Eine Aversion gegen die Masse bildet einen entscheidenden Beweggrund konservativen Schreibens. Der formlosen und formzerstörenden Masse muß die reine Form des Werks »wie eine Axt gegen diese Wirklichkeit« entgegengesetzt werden.[184] Die Masse ist das, was sich der Gestaltung entzieht, hörig und formlos zugleich; ängstlich, feige, gierig, weichlich, zerstörerisch. »Als tausendköpfige Bestie liegt sie am Wege, zertritt, was sich nicht verschlucken läßt, neidisch, parvenühaft, gemein«.[185] In diesem Negativkatalog wird noch einmal der tradierte Kanon der Massenverachtung dargeboten. In der Masse tritt offen und unverhüllt die Lasterhaftigkeit zutage, Gegenbild der Tugend und des selbstbeherrschten Subjekts in einem. Sie ist die Menschheit im Zustand der Gewissenslosigkeit. Sie ist bedrohlich und verachtenswert, weshalb sie die Flucht ergreifen und von der Bildfläche verschwinden zu sehen, ein Gefühl der inneren Entlastung und der Heiterkeit erzeugt.[186] Selbstbild und Selbstwertgefühl des Einzelnen konstituieren sich gegen und auf Kosten des Kollektivs, gleichsam hinter und auf seinem Rücken.

Gegen die Massengesellschaft setzt Gottfried Benn sein Projekt der ästhetischen Selbstbestimmung: »Wende dich ab von deinem Nächsten«.[187] Er richtet es an den Einzelnen und weist ihn auf sich selbst zurück: »Sie können es vielleicht nicht ganz ermessen, was für eine Erkenntnis von unermeßlichem Gefühl es ist, wenn ich Ihnen sage, Sie haben ein Schicksal, und das ruht ganz in Ihrer Hand.«[188] Frei ist, wer das Formprinzip aufspürt, nach dem er, auf sich gestellt, existieren kann.

Mit den radikalen Konservativen teilt Rudolf Borchardt die

scharfe Polemik gegen die Egalisierungstendenzen der Massengesellschaft. Die Nachkriegszeit versteht er als Endphase einer Entwicklung der »Mißachtung und Zerstörung des Menschen«, die um die Mitte des 18. Jahrhunderts begonnen und »die Mechanisierung der Welt und des Menschen von Fontenelle über Voltaire zu Lamettries ⟨!⟩ ›Homme machine‹ mit Stolz vollzogen« habe.[189] Schon damals habe sich die »europäische Oberfläche« schon völlig angesehen »wie die Vorstufe zu ihrer heutigen Oberfläche, wie eine dem Tode geweihte, auf ihrer ganzen Erstreckung erstarrende Materie«.[190]

Kennzeichnend für den fortgeschrittenen Kulturzerfall ist eine von den städtischen Zentren ausgehende Entwicklung, mit der »alle Idolbegriffe der Zeit, ihr Luxus, ihre Prahlerei, ihre Ansprüche im allerweitesten und niedrigsten Sinne in Wechselwirkung stehen. Masseneinkünfte, Massenbeiträge, Massenauflagen, Massenansammlungen, Massenausdruck, Massenbezug, Massenbegriffe«.[191] Wie Spengler sieht auch Borchardt die Stadtbevölkerung auf die tiefste Stufe der Menschlichkeit hinabsinken. »Es ist unmöglich, die Verwandlung eines großen und sittlichen Volkes in einen unabsehbaren Pöbel auf der bloßen Pöbelstufe festzuhalten ⟨...⟩ es liegt vor aller Augen ⟨...⟩, daß der Menschentypus der Großstädte Deutschlands ⟨...⟩ sich in zwanzig Jahren fast ethnologisch gewandelt ⟨...⟩ ja, daß er sich bestialisiert hat, und daß es nicht befremden sollte, ihn halbnackt nach der Trommel des Niggers tanzen zu sehen.«[192]

Die Literatur hat sich dem Massenbetrieb ebenso wenig entziehen können und leistet ihm, gerade auch dort, wo sie dem Zeitgeist radikal zu widerstehen meint, ungewollt Vorschub. »Je glühendere Anwälte sich eine praktische Zeittendenz aus dem literarischen Genie der Epoche formt, um so sicherer ist sie, den Geist in Sophismus zu verwandeln«.[193] Von dort her ist insofern keine Besserung zu erwarten. Borchardts Kritik schließt die »Literaturrevolution« mit ihrem »Aufruhr der Syntax und Grammatik« ein.[194] Nicht anders als der Politik, dieser »Kette von Aufruhr zu neuem Aufruhr«, sei es dem literarischen Betrieb um eine »Beschleunigung der Veraltung und der Abräumung« zu tun.[195] Da »Unternehmertum und Publikum ⟨...⟩ Literatur und Aufruhr instinktiv« gleichsetzten, werde der Autor in die Rolle des Aufrührers gedrängt, wenn er Beachtung finden wolle.[196] Aber »wie die fortgesetzte Freilassung nicht zur Freiheit führt, sondern zu ihrem düsteren Gegenteile, so führt die literarische Dauerrevolution nicht zu einer Literatur, sondern zu ihrer buchstäblichen Vernichtung«.[197]

Als noch folgenreicher wird in dieser kulturkritischen Bestandsaufnahme vermerkt, daß »ein fast unübersehbarer Teil unserer Wirtschaft auf fortgesetzter Vernichtung und fortschreitender Depravation unseres Volkes und der Gesellschaft«[198] aufbaue und die »Künste einer bannenden und lähmenden Nervenbesprechung«[199], »die Lichtreklamen von den Riesendächern«[200] die öffentliche Meinung beherrschten. Wirtschaft, Technik, öffentliche Meinung, das ganze System seien darauf abgestellt, daß der Deutsche nicht zu »seinem Leibes- und Seelenheile« zurückfindet.[201]

Dieser im 19. Jahrhundert sich ankündigende und seit 1880 sich beschleunigende Prozeß lasse sich allerdings nicht widerrufen: »Das Volk der Romantik besteht nicht mehr.«[202] An seine Stelle sei ein »degenerierter Stadtpöbel« getreten[203]; während, »auf die Beute des Kapitalismus, der Sensation und der Reklame reduziert« und »in nichts anderem als dem Wahlrecht und der Steuerpflicht dazu befähigt, Teil eines Volkes zu sein«, dem Proletariat die eigene Sprache genommen wurde[204]: Die Schriftsprache hat im Volk keine Wurzel, »während das gesprochene Wort seit dreihundert Jahren abdorrt und nicht mehr in die Literatur aufsteigt«.[205]

Was sich ihm in dieser historisch vergleichslosen ›idealen Notlage‹ eines großen Volkes als einzig möglicher Ausweg anbietet, faßt Borchardt unter »schöpferischer Restauration« zusammen. In der Verbindung mit dem Begriff der Nation, in der sich die depravierte Volksidee erneuert, soll die Literatur zu neuem Leben erwachen. Dichtung müsse zu einer Angelegenheit der Nation werden, weil sie nur »als eine nationale Instanz« ihren Bildungsanspruch erfüllen könne.[206] Um dieser Forderung zu genügen, sei es notwendig, »das Literarische mit dem Nationalen in seinem vollen Umfange und schweren Gehalte in ein ehrenvolles Verhältnis wieder einzusetzen, und den Straßenstaub und Warenbettel, die Tantièmenlumperei und den ganzen anwidernden Schmutz des Handels von seiner reinen Gestalt zu tilgen«.[207] Borchardts literaturpolitisches Programm in nationalpädagogischer Absicht richtet sich an den Einzelnen, der zuallererst seine Zugehörigkeit zur Nation unter Beweis zu stellen habe. Keiner ist zugehörig, »der nicht entschlossen wäre, dadurch daß er den Geist der deutschen Geschichte und die Geschichte des deutschen Geistes in sich wieder erlebt und wieder erbaut, bewahrt, selber zu einem lebenden Stücke deutscher Geschichte und deutschen Geistes, deutscher Art wird«.[208] Dieser Voraussetzung entsprechend langwierig ist der Prozeß, den der Dichter einzuleiten gedenkt.

Die Erneuerung der Nation aus dem Geist der Dichtung hat Rudolf Borchardt auf verlorenem Posten um so radikaler verfochten, als er mit wachsendem Unverständnis für seine Bestrebungen rechnen mußte. Eine Annäherung seiner Position an die, wie er es nennt, handelnde Welt, schloß er aus. Des Geistes »Reich ist nicht von dieser Welt, auch wenn er vorübergehend in diese Welt einkehrt und ihre Sprache spricht«. Den »Blick nur auf die Eindrucksfähigkeit, die Responsivität der Literatur gegen das Zeitaktuelle einschränken«, ist an sich schon problematisch, weil unter »jene Aktualitätsmächte« auch »die angesammelte Torheit und Verblendung der Zeit, ihre Anarchie und ihre Verknöcherung, ihre kurzlebigen Irrlehren, ihre Eintagsmoden und Kostüme« treten.[209] Da sich Dichtung in der Zeit nicht entfalten kann, wird die Frage nach ihrer Wirkungsmöglichkeit auf die Geschichte zurückverwiesen. »Praktisch hat die Geschichte Formen genug für den Glauben vorgelegt der Berge versetzt«.[210] Mit ihrem Absolutheitsanspruch tritt die Literatur an die Stelle einer verlorenen Religion in einer entgötterten Welt. Für sie ist die Zeit ebensowenig ein Faktor an sich, sondern »eine Funktion der Ewigkeit«. Sie beruht »auf einem Verhältnisse von Zeitlichkeit und Ewigkeit, das die handelnde Welt nicht kennt«.[211] Schöpferische Restauration stellt sich mithin als Versuch dar, aus der Ablehnung der aktuellen Erscheinungsweisen des Menschen heraus dennoch den Menschen zum Maß aller Dinge zu erheben. Während einer »ins nur noch Errechenbare« fortschreitenden forschenden Welterarbeitung, der Mensch um ihrer Erkenntnisvermehrung willen gleichgültig werde, leugne die dichtende »Erarbeitung der Welt ⟨...⟩ jede Dimension, deren Maß nicht vom Menschen als dem einzig anschauenden Wesen des Weltalls genommen wäre«.[212] Sie verabsolutiert, wo jene relativiert. Dichtung setzt sich absolut. Sie enthält, wie vormals die Theologie, in sich die Wissenschaft, über die sie trotz gegenseitiger Entfremdung »die schöne heimliche Macht des unzerstörbaren Urverhältnisses nie völlig« einbüßt.[213] Der quasireligöse Impetus gerät in zunehmenden Widerspruch zu einer innerweltlichen Betrachtungsweise, wenn in historischer Rückbesinnung die von aller Zeitlichkeit unberührte menschliche Substanz herausgehoben und einer inhumanen Gegenwart als Ideal und Korrektiv entgegengehalten wird. Dies macht, bei sonstiger Zurückhaltung im Politischen, die reine Idee anfällig gegenüber weltlicher Macht, sofern diese der »Entwicklungsfrenesie« westlicher Kultur Einhalt zu gebieten scheint.[214] Als ein Dichter »der von keiner Partei sein konnte« und »durch das Zusammenschwinden und Aussterben der letzten führenden Kräfte in die Linie des Vorkampfes für die deutsche Tradition gedrängt« wurde[215], bewundert Borchardt an Mussolini die entschlossene, Geist und Tat vereinigende Kraft, die er in Deutschland sowohl bei der »zum Tode« verurteilten Partei »bornierter Landwirte und banausischer Arbeitgeber« als erst recht bei »den überall bereits höhnenden und dreist um sich stierenden Nationalsozialisten« vermißt.[216] Bei seinem »Besuch bei Mussolini« geht das Gespräch auch über seine 1930 erschienene Danteübersetzung. Symptomatisch erscheint ein Satz, mit dem der Übersetzer seine Absicht erläutert: »Ich habe versucht ein älteres Deutsch durchschimmern zu lassen, und eine Sprache zu finden, die es nicht gibt.«[217] Borchardts »Schöpfung und Forschung« verbindender und seine Existenz bestimmender Kunstanspruch wollte dem Lauf eines zur Auflösung tendierenden Zeitalters eine andere Richtung geben, wie, in der Romantik, Dichtung »schon einmal die Welt zur Umkehr gezwungen« habe.[218] Die Radikalität, mit der er sich der massenhaften Abnutzung des Worts in einer Welt, die für ihn »praktisch ⟨...⟩ eine Ausschlagung« war[219], entgegenstellte, ließ sich nur über die Steigerung einer bildungsbewußten schöpferischen Kraft und die Bewahrung seiner Unabhängigkeit kompensieren.[220] Das Unzeitgemäße seiner Bestrebungen stellte den poeta doctus, der noch Martin Bubers Ansinnen, ihn dem Judentum zuzurechnen, mit dem Hinweis auf die Macht der Assimilation zurückwies[221], auf »verlorenen Posten«, mit welchem Bild er selber seine Lage programmatisch umschrieben hat.

Wenn Jaspers in seinem philosophischen Essay ›Die geistige Situation der Zeit‹ von dem Wirbel spricht, der das Leben ergriffen habe und es in eine immer heftigere Bewegung versetze, so nennt er zwei Haltungen, die möglich seien. Man kann sich in die Zone der Beschleunigung begeben, um sich mit dieser synchron zu schalten, aber auch im Bewußtsein der Endzeit die Nichtigkeit seines eigenen Wesens erfahren. »Der Strudel bringt zutage, was wir nur sehen, wenn wir von ihm mitgerissen werden.«[222] Dem beschleunigten Betrachter erscheinen die beschleunigten Dinge als ruhend. Die Energie, mit der sie aufgeladen sind, scheint sich ihnen mitzuteilen und sie zu verändern. »Die Geschichte gewinnt an Dynamik. Ihre Entwicklung wird beschleunigt.«[223] Die Dinge und ihr Beobachter können allerdings jeden Augenblick aus ihrer relativen Sicherheit herausgerissen werden. Die bewußte Synchronisierung mit dem beschleunigten Lebensprozeß der Moderne verschiebt den Blickwinkel auf eine Weise, die sie für neue Ästhetiken tauglich macht. Die Intellektuellenkritik des revolutionären Konservatismus findet ein Motiv in der Herausforderung durch die »Vergeistigung des gesellschaftlichen Lebens« am Übergang in eine urban geprägte soziale Ordnung größerer Offenheit.[224] Doch »das Bewußtsein der gelockerten, schlimmen Zustände, in denen nichts Verläßliches mehr ist, ⟨...⟩ kann nicht das Neue sein«.[225] Es entzieht sich »einer Bewegung, die als Veränderung des Wissens eine Veränderung des Daseins erzwingt, und als Veränderung des Daseins wieder eine Veränderungen des wissenden Bewußtseins«.[226]

Peter Sloterdijk
Weltanschauungsessayistik und Zeitdiagnostik

I. Reflexionen über das gegenwärtige Zeitalter und Epochen-Physiognomik

Die literatursoziologische Frage nach der Vermittlung der literarischen Produktion mit dem sozialen Leben lenkt die Aufmerksamkeit sofort aufs Medium Sprache. Ihrem Fundus entnimmt auch die literarische Rede ihre Motive und Themen, ihre Metaphern und Reizworte, ihre Tonlagen und Attitüden; in diesen fluktuieren die tradierten und aktuellen Erfahrungsmassen und Diskursmanieren, die dem zeitgenössischen Bewußtsein sein epochenspezifisches Gepräge geben. Daher muß Sozialgeschichte der Literatur unweigerlich *auch* Sozialgeschichte zeitspezifischer Redesysteme und Diskurspraktiken sein.

Unverkennbar steht die Literatur der Moderne in einem komplexen Anlehnungs-Abwehr und Steigerungsverhältnis zu gleichzeitigen Entwicklungen des wissenschaftlichen Welt›bilds‹ (kognitive Modernität) und der technischen Zivilisation mit ihren politischen sowie arbeits- und lebensweltlichen Aspekten (praktische Modernität). Darin hat Literatur mittelbar Anteil an den ›Sprachen‹, mit denen gleichzeitige Formen von Wissenschaft, Philosophie und Politik auf je eigene Weise sich um Weltverarbeitungen bemühen. Wie ein wichtiger Sektor der Literatur vor allem seit 1918 in einen folgenreichen Politisierungsschub einbezogen wird, so reflektieren eminente literarische Strömungen die kognitive Situation der Moderne, deren szientifische Vorstöße durch Begriffe wie: Konstruktivismus, Funktionalismus, Historischer Materialismus, Behaviorismus, Reflexologie, Wissenssoziologie, Individualpsychologie, Massenpsychologie, Psychotechnik, Relativitätstheorie u. a. angedeutet sein mögen, während ihre philosophischen Hauptströmungen durch Titel wie: Lebensphilosophie, (Neo-)Marxismus, Existentialontologie, Logischer Empirismus, Philosophische Anthropologie und Phänomenologie zu markieren sind.

Zum Verständnis der Weimarer Weltbildproduktionen gehört der Einblick in ihre Lage im sozialgeschichtlichen Prozeß: sie treiben aus Denkzwängen hervor, die ein Modernisierungsprozeß von kulturrevolutionären Dimensionen über die zeitgenössischen Intelligenzen verhängte.

Dies erklärt zugleich die existentielle Dringlichkeit und die quantitativen Ausmaße des Weimarer Weltanschauungsessayismus. Dieser gibt tausendstimmige Antworten auf den Umbruch zum 20. Jahrhundert: auf Massendemokratie und Weltkriegsschock, auf Urbanisierung, Motorisierung und Informatisierung der Gesellschaft, auf psychohistorische, moralische und ästhetische Erneuerungsschübe. Allenthalben geht es darum, mit Hilfe tradierter und neuentwickelter Denkmuster in der Flut moderner Aktualitäten intellektuelle Fixpunkte aufzurichten, von denen aus Überblick, Verständnis, Widerstand, Kritik möglich würden. Je intensiver die Autoren der Transformation der Wirklichkeit sinnlich ausgeliefert waren, desto mehr mußten sie dem Impuls gehorchen, einer ins Unbegriffene entgleitenden, dynamisierten Realität, durch hektisch angepaßte Gegenwartsdiagnostiken und Zukunftsprognosen auf der Spur zu bleiben.

In den Turbulenzen dieses ad hoc entworfenen geschichtsphilosophischen Spekulierens entging kein Autor der Herausforderung der tradierten Denk- und Beschreibungsmittel durch die modernen ›Komplexitäten‹. Die Weimarer Weltanschauungsproduktion bedeutet eine intellektuelle Anpassungsleistung größten Ausmaßes, insofern sie auf offenkundige Überlastungen der alten ›Sprachen‹ durch die neuen Ereignisse und Verhältnisse reagiert.

Ob diese Leistung als eine gelungene zu bewerten sei, ist aus historischer Sicht in den meisten Fällen fraglich, in vielen sogar zu verneinen. Diese kognitive Überlastung liegt auch an der Wurzel vielfältiger neomythischer und mythologischer Impulse, die als intellektuelle Fluchtversuche in mythische Vereinfachungsprogramme gedeutet werden können: moderne Mythologie als Reduktion von innovatorischer Komplexität auf archaischen Schematismus[1]. Der Mythos in der Moderne bedeutete auch ein Spiel mit zum Teil bewußter Regression unter das ›Kulturniveau‹ des okzidentalen Rationalismus, um in einer hyperkomplexen Weltlage wenigstens privat und gruppenintern dem Bedürfnis nach Überblick und Orientierung Rechnung zu tragen. Jedoch gerade die relative intellektuelle Verwilderung, die mit den neomythischen Tendenzen einhergeht, zeitigt die paradoxe Konsequenz, daß die unzähligen privaten und subkulturellen Vereinfachungssysteme eben wegen ihrer Vielstimmigkeit und Inkompatibilität neue zusätzliche Komplexitäten in die Gesellschaft einspeisen. Während aber der Marxismus und andere Strömungen in der rationalen Aufklärungstradition ihre Gegenwartsdeutungen und Weltanschauungssynthesen auf der Basis von fortschrittsoptimistischen Sozial- und Technikphilosophien entwarfen und sich dabei auf ein prinzipielles Ja zur technischen, politischen und kulturellen Moderne stützten, suchte die Mehrzahl der Weimarer ›Sinnproduzenten‹ ihr Heil in zumindest semirestaurativen Rückgriffen auf gefährdete Traditionen. Walter Rathenau hat diese Sachlage in seiner kulturdiagnostischen Schrift ›Zur Kritik der Zeit‹ bereits 1912 prägnant auf den Begriff gebracht:

> Aus dem Inventar der Zeiten wird hier ein Naturkult hervorgesucht, dort ein Aberglauben, ein Gemeinschaftsleben, eine künstliche Naivität, eine falsche Heiterkeit, ein Kraftideal, eine Zukunftskunst, ein gereinigtes Christentum, eine Altertümelei, eine Stilisierung. Halb gläubig, halb verlogen, wird eine Zeitlang die Andacht verrichtet, bis Mode und Langeweile die Götzen töten 〈...〉

Der restaurative Charakter solcher aus Sehnsucht kreierten Ideologien macht die paradoxe Struktur der forcierten und programmatischen Konservatismen in der Moderne offenbar; wo eben nicht mehr die Tradition naturwüchsig uns hat, sondern wo wir im Gefühl nostalgischer Labilisierung nach ihr greifen, dort werden die traditionellen Werte von der Willkürlichkeit dieser Zugriffe und vom subjektivistischen Akzent des nachgemachten Traditionalismus unterhöhlt in genau die Haltosigkeit hineingezogen, gegen die sie beschworen wurden. Die unzähligen privaten sektiererischen Monismen bringen die unwillkommenen pluralistisch-relativistischen Tendenzen erst recht zum Überkochen. Rathenau:

Es ist, als sei die Welt flüssig geworden und zerinne in den Händen. Alles ist möglich, alles ist erlaubt, alles ist begehrenswert, alles ist gut.

Robert Musil in seinem Essay ›Bücher und Literatur‹, in dem er Bausteine zu einer intuitiven Literatursoziologie seiner Zeit zusammenträgt, verdanken wir wohl die schärfste Pointierung solcher Zustände:

⟨...⟩sobald ein neuer Ismus auftritt, glaubt man, ein neuer Mensch sei da, und mit Schluß jedes Schuljahres hebt eine Epoche an! ⟨...⟩ Unsicherheit, Energielosigkeit, pessimistische Farbe zeichnet alles aus, was heute Seele ist.
Naturgemäß spiegelt sich das in einer unerhörten geistigen Einzelkrämerei ⟨...⟩ Jede Lesegemeinschaft hat ihren Dichter; die politischen Parteien der Landwirte und der Handarbeiter haben verschiedene Philosophien; es gibt vielleicht hundert Verlage in Deutschland mit einem gefühlhaft mehr oder weniger fest organisierten Leserkreis; der Klerus hat sein Netz, aber auch die Steinerianer haben ihre Millionen, und die Universitäten ihre Geltung: Ich habe in der Tat einmal in einem Gewerkschaftsblatt der Kellner von der Weltanschauung der Gasthausgehilfen gelesen, die immer hochgehalten werden müsse.
Es ist ein babylonisches Narrenhaus; aus tausend Fenstern schreien tausend verschiedene Stimmen, Gedanken, Musiken gleichzeitig ⟨...⟩

Der Essay ›Bücher und Literatur‹ verzeichnet Befunde über den Zusammenhang zwischen literarisch-weltanschaulicher Produktion und dem partikularistischen Wuchern der Subkulturen und Sonderpublika. Unter der sarkastischen Überschrift ›Es gibt nur noch Genies‹ notiert Musil, wie sich um zahllose Größen der Literatur meist hermetisch gegeneinander abgedichtete Leserzirkel ausgebildet haben; er fährt fort:

Noch eindrucksvoller zeigt sich dieser Partikularismus, wenn man die Betrachtung nicht bloß auf die schöne Literatur beschränkt. Es ist gar nicht zu sagen, wieviele Roms es gibt, in denen der Pabst sitzt. Nichts bedeutet der Kreis um George, der Ring um Blüher, die Schule um Klages gegen die Unzahl von Sekten, welche die Befreiung des Geistes durch den Einfluß des Kirschenessens, vom Theater der Gartensiedlung, von der rhythmischen Gymnastik, von der Wohnungseinrichtung, von der Eubiotik, vom Lesen der Bergpredikt oder einer von tausend anderen Einzelheiten erwarten. Und in der Mitte jeder dieser Sekten sitzt der große Soundso, ein Mann, dessen Namen Uneingeweihte noch nie gehört haben, der aber in seinem Kreis die Verehrung eines Welterlösers genießt. Ganz Deutschland ist voll von solchen geistigen Landsmannschaften ⟨...⟩ ich habe die Zahlen von heute nicht zur Hand, aber vor dem Krieg sind in Deutschland jährlich über tausend neue Zeitschriften und weit über 30 000 neue Bücher erschienen ⟨...⟩ Man darf ⟨...⟩ vermuten, daß dieses Übermaß ein unbeachtetes Zeichen eines sich ausbreitenden Beziehungswahns ist, dessen Grüppchen das ganze Leben an einer fixen Idee befestigen, so daß ein echter Paranoiker es heute wirklich schwer haben muß, sich bei uns des Wettbewerbs der Amateure zu erwehren.

Von den moralisch-kognitiven Erschütterungen, die die bildungsbürgerlich privilegierte Intelligenz während ihrer Anpassungskrisen im Übergang vom Wilhelminischen ›Zeitalter der Sekurität‹ (Stefan Zweig) ins 20. Jahrhundert zu durchleiden hatten, zeugen die ›Briefe an Zeitgenossen‹, die Frank Thiess 1923 unter dem Titel ›Das Gesicht des Jahrhunderts‹ der Öffentlichkeit präsentierte. Das vielbeachtete Buch handelte in zwölf briefförmigen Essays von Hauptaspekten der Gegenwartskultur; es sprach unter der Rubrik ›De profano‹ über Lebensführung, Erziehung, Journalismus, Politik, Wissenschaft und Kino, unter der Überschrift ›De sacro‹ von Dichtung, Bildender Kunst, Tanz, Musik, Architektur und Religion. An Thiess lassen sich alle Strategien, die die (semi-)konservative Intelligenz in ihrer Abwehrschlacht gegen die Modernisierung aufbot, fast schulbuchmäßig demonstrieren. Der Autor bekennt sich zu einer von Nietzsche inspirierten »tragischen Lebensauffassung«, mit welcher er zum Widerstand gegen Veräußerlichung und Entseelung in moderner Massenkultur aufruft. Thiess spricht die Sprache des betont innerlichen »Kulturmenschentums«, das gerade in wüster Zeit bedacht ist, Werte altabendländischer Tradition gegen die »totale Unfruchtbarkeit unseres Jahrhunderts« hochzuhalten. Unterm Einfluß Spenglerscher Kategorien stellt Thiess Kultur gegen bloße Zivilisation, Leben gegen Erstarrung, Seele gegen Mechanisierung, Schicksal gegen Planung, religiösen Individualismus gegen abstrakten Demokratismus. Wir begegnen in der Thiess'schen Rhetorik einem massenhaft verbreiteten, stark diffamierenden Zivilisationsbegriff, der die Oberflächenphänomene moderner

Massenkultur: »Automobile, Lifts, Millionenstädte, Verwaltungsapparate«[2] aus Befremden und Unverständnis zugleich dämonisiert und entwertet. Der Grundnenner der Gegenwart lautet: Barbarei plus Technik.

Während aber die Massen ihre Interessen in gigantischen Parteimaschinen zu organisieren versuchten, setzt Thiess auf den Spruch, daß Erlösung von der Maschine gerade das sei, was dem »inneren Menschen« nottue. Parteien seien letztlich selbst Agenten der Mechanisierung und dienten der »Verstaatlichung des Menschen« – indes die »Vermenschlichung des Staates« die einzige Rettung verspreche. Mit tiefem Pessimismus gibt Thiess die Sphäre des Politischen überhaupt als hoffnungslos verloren zugunsten seiner Hoffnung auf totale »innere Wandlung« des Einzelnen aus neureligiösem Geist. Sie allein könne der Tendenz zur »Maschinisierung des Menschen«[3] Einhalt gebieten und die todesträchtigen »Götzen der Allgemeinheit«: Parlamentarismus, Technik, Kommunismus u.s.w. stürzen. So plädiert Thiess für eine »radikale Abkehr von den Idealen der Gegenwart«[4]. Im Gegensatz zu Spengler glaubt Thiess an eine Regeneration Europas, wenn es sich nach dem unausweichlichen Tod seiner überalteten Kultur an den Vitalkräften der »jungen slawischen Barbarei«, besonders Rußlands, verjünge; nur durch Einpflanzung des alteuropäischen Erbes in die östliche Jugend sei dessen Fortleben möglich: »Auf dieser Linie bewegt sich die Unsterblichkeitslinie der europäischen Kultur«[5]. Zivilisatorische Erstarrungen diagnostiziert Thiess auch am Wissenschaftsbetrieb, dem er Unfruchtbarkeit und Wertsterilität, sinnloses und wertblindes Spezialistentum, Eingleisigkeit und geisttötenden Primat des quantitativen Denkens vorhält. Besonders das Kino bedeutet ein Symbol des »leviathanischen Maschinenzeitalters«, in dem die Dinge den Menschen machen und nicht der Mensch die Dinge[6]. Indem er die von Paul Wegener propagierte Idee des »Kunstfilms« als contradictio in adiecto kritisiert, bestimmt Thiess den Film als stärkstes Indiz der allgemeinen antikulturellen Tendenz, in der statt ästhetischer Erschütterung bloßer Nervenkitzel, anstatt seelischer Koproduktivität des Lesers das »unproduktive Phantasiebild« überhandnehme – kurzum die Enteignung der Vorstellungskraft und die Inthronisierung der rezeptiven Bequemlichkeit.

Dennoch seien die Weichen unwiderruflich auf diese massenwirksame »Ersatzkunst« gestellt, die daher von den Kommunisten bejaht werde. Hatte Thiess den Journalismus als die götzendienerische »Kirche unserer Zeit«[7] bezeichnet, so konstatiert er: »Das Kino ist der Kunsttempel der nächsten Zukunft«[8]. Auf gleicher Linie bewegt sich seine Kritik des zeitgenössischen Kulturbetriebs. Dieser liege nicht mehr in der Hand der Dichter, sondern in der der Literaten, die keine Sprecher des »inneren Menschen« seien, sondern »Kursspekulanten an der Geistesbörse«; diese diene dem Schlagwort, der Verflachung, der Nivellierung, der »absolut seelenlosen Mache«. Allenthalben triumphiere die Entwertung des Individuums zum bloßen soziologischen Faktor. Haltlose Konjunkturpoesien spekulierten auf dumpfe Massenreflexe. Georg Kaiser zum Beispiel biete kaum anderes als »verbalisierte Industrie«, Heinrich Mann »raffinierte Zeitpoesie«[9], die der »Politisierung, Demokratisierung, Anglisierung und Maschinisierung des Lebens«[10] Vorschub leiste. Analog habe sich auch der Kulturtanz in Zivilisationstanz, die Kulturmusik in Zivilisationsmusik, Kulturarchitektur in Zivilisationsarchitektur gewandelt. Letztere reflektiere die moderne »Hotelisierung« der Existenz. Insofern funktionalistisches Bauen darauf aus ist, die Vollzüge des mechanisierten Lebens bewußt widerzuspiegeln, werden ihre besten Leistungen nicht mehr im Kirchenbau liegen, sondern in Fabriken und Geschäftspalästen; wo heute noch eine Kirche errichtet werde, da sei sie lediglich als ein »verrückt gewordenes Warenhaus«[11] erkennbar. Bemerkenswerterweise versteht sich Thiess trotz der aufgezählten Modernitätsverneinungen als ein prinzipieller Welt- und Wirklichkeitsbejaher im Sinne von Nietzsches »amor fati«. Er setzt sich krititsch ab gegen Massentrends zur neureligiösen, antirationalistischen Verweigerung. »Der unglückliche Krieg machte den Widerwillen gegen alle Realitäten populär.« Bedeute Religion in Wahrheit totale Verwandlung des Menschen, so sei Neureligiosität meist nichts anderes als eine modische Maske, mit der Unverwandelte althergebrachte Strukturen verbrämten. Gerade diesen Bemerkungen kann man angesichts der sogenannten neo-paganischen und der deutschchristlichen Sektenbewegungen im Vorfeld des Nationalsozialismus diagnostische Kraft schwerlich absprechen.

Wesentlich tiefer setzen die gegenwartsdiagnostischen Thesen an, die Karl Jaspers in seiner Schrift ›Die geistige Situation der Zeit‹[12] 1931 entwickelte. Mit Thiess, der durch seine prophetisch-diagnostische Intervention »in anderen das gleiche Feuer entfachen«[13] wollte, ist ihm der Wille zur »erweckenden Prognose« ebenso gemeinsam wie die unverhohlen geistesaristokratische Belehrungsgeste. Was ihn von Thiess, der sich nietzscheanischer Lebensmetaphysik verpflichtet fühlte, unterscheidet, sind die präzisierte Zeitreflexion des existenzphilosophischen Ansatzes und die größere phänomenologische und soziologische Beschreibungskraft seiner Begrifflichkeit. Jaspers setzt nicht unmittelbar bei »kritischen« Wahrnehmungen an, sondern reflektiert die welthistorische »Herkunft der gegenwärtigen Lage«[14] als Resultat des paradox gegen sich selbst wirksam werdenden Geists des Christentums, dessen weltfremde Metaphysik die »Naturwissenschaften mit ihrer Rationalisierung, Mathematisierung und Mechanisierung der Welt« erst ermöglichte. Mit der »Entfaltung der technischen Welt«[15] ging eine unaufhaltsame Entgötterung der natürlichen und sozialen Welt einher, die seit Friedrich Schiller als Spezifisches der neueren Jahrhunderte bewußt sei. »Im Abendland ist dieser Prozeß in einer Radikalität wie nirgends sonst vollzogen«; sein Ergebnis sei eine erschreckende »selbstgeschaffene Leere«[16]. Darum kann es keinen kritischen Begriff der Gegenwart geben, der nicht zugleich selbstreflexiv die »Entstehung des epochalen Bewußtseins« der Moderne als eines qualitativ Unerhörten mitdenke. Vor allem seit Kierkegaard und Nietzsche formiere sich im 19. Jahrhundert – neben dem progressistischen Optimismus bürgerlicher Geschichtsphilosophien – ein »dunkleres Zeitbewußtsein«, in dem die Heraufkunft des europäischen Nihilismus als ein unabwendbares und entschlossen hinzunehmendes Kultur»schicksal« begriffen werde. »Das Gefühl des Bruchs gegenüber aller bisherigen Geschichte ist allgemein«[17]. Jaspers versucht, den existentiellen Sinn seiner Gegenwartsdeutung wie folgt zu erläutern: sie ermögliche erst die entscheidende dreifache Selbstreflexion des bewußt lebenden Individuums erstens gemäß seinem »Dasein in ökonomischen, soziologischen, politischen Situationen«, zweitens im Hinblick auf das wissenschaftlich Wißbare seiner Zeit und drittens angesichts der Möglichkeiten des »Selbstseins«, der Selbstverwirklichung und des religiösen Glaubens im gegebenen Weltmoment. »Mein Wesen ist die historische Epoche wie die soziologische Lage im ganzen«. Wer beidem im Sein und im Wissen ausweiche, sei »Drückeberger der Geschichte« und begehe »Fahnenflucht aus der Wirklichkeit«[18]. Auch Jaspers übt seine Zeitkritik auf einem Fundament reflektierter Bejahungen, die im Willen zur Wirklichkeitsbewältigung gründen – ohne daß dem populären »Drang zum Ja und zu sich, wie man nun einmal ist« und dem narzißtischen »Lärm der Gegenwart«[19] überall recht gegeben werden sollte. Für Jaspers impliziert die »moderne Daseinsordnung« zugleich eine Krise der Beschreibbarkeit der Welt. »Der Strudel des modernen Daseins macht, was eigentlich geschieht, unfaßbar«[20]. Das gilt für eine Vielzahl von Phänomenen, die sich dem Blick des Einzelnen zugleich aufzwingen und doch als Ganzes ihm entgleiten: die ungeheuren Komplexe der Technik und der Administrationsapparate, die eine unerläßliche Bedingung des Daseins in Massengesellschaften bilden; die amorphen Eigenschaften der Massen selbst; die Widersprüche zwischen dem sozialen Funktionieren und dem Selbst-Sein der Einzelnen; das Ausbleiben von »Führern«, die die Imperative sinnvollen Handelns glaubhaft zu verkörpern vermöchten – so daß Herrschaft heute sich in »gespenstischer Unsichtbarkeit«[21] vollziehe; das Zerfließen der Verantwortlichkeiten; die Kasernierung des Menschen in seinen Wohnverhältnissen; die Auflösungserscheinungen der Familie; schließlich die »vielleicht so noch nie gewesene Lebensangst« als ständiger »Begleiter des Menschen«[22]. »Die Lebensangst wirft sich auf den Körper. Trotz erweiterter Chancen in Bezug auf die Lebenserwartung herrscht ein immer nur zunehmendes Gefühl auch der vitalen Unsicherheit«[23]. Sie äußert sich aber auch als Sozialangst in Gestalt des »Bewußtseins eigentlicher *Verlassenheit*, das den Menschen ⟨...⟩ zu zynischer Härte ⟨...⟩ treibt«[24].

In der Beschreibungskrise, in die das aufgeklärte Bewußtsein angesichts des Gegenwärtigen geraten muß, spiegeln sich Komplexitätserfahrungen, die nicht nur die Wirklichkeit einer permanenten Krise sichtbar machen, sondern zugleich eine permanente Krise des Wirklichen heraufbeschwören. Es gehört zu den Stärken der Jaspersschen Situationsdeutung, diese Problematik aufgeworfen zu haben. Sie zeigt, daß die kognitiven Strukturen des »modernen Menschen« ebenso wie seine Wahrnehmungsformen in die Diffusionen des »Strudels« einbezogen sind, – so daß es für den Einzelnen kaum eine Möglichkeit gibt, sich in der allgemeinen Diffusion anders als diffus zu verhalten. Das erweise sich an der modernen Sophistik, in der irreführenden Massenvergötzung, im zynischen Instrumentalismus des Umgangs mit dem »Geist als Mittel«, in den Sprachen der Verschleierung, der Revolte, der künstlichen Ideologien, in der allgemeinen Unsicherheit des Meinens und Wollens, im modischen Jargon affektiver Opportunismen sowie in kollektiver Entscheidungsparalyse und anonymen Anpassungszwängen. Kurzum: »Alles ist in die Krise gekommen«[25]. Auch das Denken versinke in die Bodenlosigkeit eines beliebig und total gewordenen, zuletzt gegen sich selbst gewandten Kritizismus. So ist es verständlich, wenn die »anonymen Mächte« der Entfremdung: Sophistik, Ideologie, Politik (als das »egoistische Rechnen eines Staatsgebiets«[26] – zusammengefaßt in der »Unfaßlichkeit des Ganzen«[27] – den Einzelnen in einen tiefen Zweifel an der »Wirklichkeit der Zeit«[28] stürzen und ihn in einen geisterhaften »Kampf ohne Front« verstricken, in welchem das »Nichtsein als Dasein ⟨...⟩ unmerklich triumphiert«[29]. Abschließend ruft Jaspers seinen Leser – den er sich als einen »einsam und frei« nach Wahrheit und rechtem Handeln Strebenden vorstellt – dazu auf, aus der allgemeinen Unklarheit des Kampffeldes Leben aufzubrechen und die »echten Kampffronten«[30] zu suchen, an denen es um die wesentlichen Entscheidungen für Freiheit, Zukunft und Menschlichkeit gehe. Ungesagt bleibt aber, welches diese echten Fronten seien.

An den Skizzen Broder Christiansens: ›Das Gesicht unserer Zeit‹, 1929, wird eine Haupttendenz der Weimarer Versuche, die »eigene« Zeit physiognomisch-geschichtsphilosophisch zu deuten, besonders greifbar: die Neigung, Gegenwart im Sinne eines totalen Historismus als phänomenologisch einheitlichen Block aufzufassen, bei dessen Betrachtung durch die Polymorphie der Phänomene hindurch die Einheit des Stils mehr erzwungen als erkannt werden soll; so will sich eine schöngeistige Auffassung von Geschichte als purer »Kultur«-Geschichte selbst bestätigen. Auf diese Weise vollzieht ein semi-konservatives Bildungsbürgertum seine scheinbare

Anpassung an ein meist selbstherrlich vereinseitigtes und in der Regel politik- und soziologieblindes »Bild« der Moderne. Ihm schrumpft der Lebensprozeß der Gesellschaft zu einer Geschichte von »Stilen« zusammen – wobei »Stil« hier im Sinn Nietzsches als einheitsstiftendes Gestaltungsprinzip einer Epoche verstanden wird. Bei Christiansen erscheinen diese Tendenzen wie in unfreiwilliger Karikatur auf die Spitze getrieben – was bemerkenswerte Detailwahrnehmungen keineswegs ausschließt. Als Weimarer Zeitgenosse scheint Christiansen dem Trend zur neusachlich-schnittigen Formulierung zu huldigen, indem er die »Stile« des Gestern (G) und des Heute (H) in kompakten Kürzeln zusammenballt:

> G und H, der Expressionismus und die neue Sachlichkeit, stehen konträr zueinander als Satz und Gegensatz. G war bloße Verheißung; H betont das Können und die Leistung. G war wirklichkeitsfremd; H verlangt nüchternste, greifbarste Wirklichkeit. G war irrational: H ist überrational. G war belastet mit allen Problemen der Tiefe; H setzt sich als unproblematisch. G war großpathetisch und verführte sich zu Unechtheit; H ist antipathetisch und verlangt sauberste Echtheit. G war Chaos des Aufbruchs; H hält auf peinlich klare Ordnung. G suchte alle Eigenheiten des Persönlichen aufzurufen; H normiert die unpersönlichste Gleichform. G wollte den Übermenschen; H will die Masse Mensch.

Als prägende Merkmale in der Physiognomie des H will Christiansen vor allem folgende Züge festgehalten sehen:

> Leistungsbetonung plus Eleganz; (»⟨...⟩ das moderne Lächeln hat unter anderem auch die Funktion, alle Innenspannung zu verhüllen. Die Dame am Autosteuer darf keinen Augenblick ihrer von Anstrengung unberührbaren Schönheit verlieren«). Können wird Selbstwert; Ablösung verfallener Moralen durch das fair-play-Ideal; Tropfenförmigkeit als Inbegriff der modernen Stromlinie, d.h. funktionale Minimalisierung der Widerstandsmomente (zum Beispiel: »Die Tropfenform in der Behandlung schwieriger Charaktere finden die Adlerschen Individualpsychologen«[31]).

Hochgefühl, ja sogar »Nobilierung der Technik« durch deren philosophische Aufwertung sowie durch die H-Kunst, die endlich »vollwertige Industriebauten« zustandebringe; Überbewertung der Ratio bis hinein in intime Aspekte von Leben, Arbeit, Liebesgenuß (»Das moderne Mädchen von U.S.A. berechnet sehr genau die

Affektion ihrer Partner nach dem Dollaraufwand, to give her a good time.«[32]) Der H-Mensch zieht die rationale Landschaft der Großstadt der lebenden Natur vor; Wind und Bergsonne werden »gleichgeordnet der Vibrationsmassage und dem Lippenstift«[33]; Diesseitsgesinnung herrscht: »Man ist der Erde treu, aber erst nachdem man sie entgöttert hat.«[34] Radikale Vereinfachung der Moral: »Man stellt sich keine hohen Ziele hin, die zu verraten man in Gefahr käme. Man ist etwas skrupellos, aber man hat sich die Skrupellosigkeit zugebilligt. Man kann sich bejahen, wie man ist. Man hat nichts zu verbergen. Hat das der Krieg bewirkt? Ohne Zweifel hat er in dieser Richtung mitgewirkt ⟨...⟩ Wie das Leben im Krieg weitergehen mußte zu einer unbekannten Primitivierung, das trifft eng zusammen mit der Stilwende zu H.«[35] – Extreme Unpersönlichkeit, maskenhaftes Lächeln, Allerweltsgesicht, kalte Verkehrsformen. »Geltung hat nur das Übertragbare. Einsiedelei, Eigenbrötelei klingt in der H-Zeit komisch. Man will und darf sich nicht absondern; stilgemäß gehört man zur Masse.« Dadurch entsteht eine neue, durch Formeln und kollektive Attitüden garantierte »Selbstsicherheit des H-Menschen« (»Da ihn das Eintauchen in die Gleichform unangreifbar macht.«[36]) Verhaltensweisen der Unterschichten werden gesamtkulturell prägend. (»Die Liebesweise der Dienstmädchen steigt auf zu den Bürgertöchtern. Jeder liest die Hintertreppenromane von Wallace. Und etwas von der dreisten Aufdringlichkeit der Dirnenbeine wird nun allen Frauen gemein.«) Haus und Heim werden entwertet; Flachdächer als Symbol. (»Die Familie entläßt. Positiv: ein Freigefühl unbegrenzter Weite. Negativ: Ungehaltenheit wird Haltlosigkeit.«[37]) Politisch heißt das: »Die Herde will ihren Diktator.« Zum H-Stil gehöre – stilnotwendig! – daß überall jetzt Diktaturen entstehen, in denen Surrogate von großen Männern die Massensehnsucht danach befriedigen sollen. »Für den H-Stil genügt ein Mussolini.«[38] Weil H nur von Sensationen leben kann, zählt nur das Neue – dies führt zur progressiven Intensivierung und Vergröberung der Außenreize: »damit hängt auch zusammen der sadistische Zug im H-Stil.« Beispiel: Wallace, Boxen, Sechstagerennen, Achttagetanzen. Die moderne Frau werde »entpersönlicht, entweiblicht, versachlicht ⟨...⟩ Liebe ist eine lächerliche Erfindung des Kapitalismus, sagen die Russen.«[39]

Bemerkenswert erscheint vor allem die These Christiansens, daß die Grundformen der Gegenwart – entgegen allen Klischees von moderner Dynamik und Hektik – statisch seien. »Die Moderne hat ihren Charakter des ›auf der Stelle bleibens‹«, »Jazz ist statische Bewegung« – »ein rasendes zweitaktisches Stampfen auf der Stelle«.[40] Hierin spiegele sich das Lebensgefühl einer »zukunftslosen Gegenwart«[41] wider, die sich mit Sport, Verkehr, Tanz, Logistik und mehr wie rasend bewege, um in Wahrheit niemals voranzukommen. »Die Moderne reitet prestissimo – auf Schaukelpferdchen.«[42]

Freilich bleiben diese Momentaufnahmen aus Weimarer Präsenz mitsamt ihren Selbstspiegelungen und Autostereotypen nicht Christiansens letztes Wort. Auch in seiner Schrift wird – wieder mit neureligiösen Akzenten – Zeitdiagnostik in der prophetischen Absicht unternommen, das »Was kommt« als imaginäre Synthese aus Heutigem und neukonservativen Wertereneinsancen anzukündigen. Somit fällt Christiansen zuletzt in die Pose des Wert-Stil-Propheten, der über das Morgen (M) schon heute das Letzte zu sagen weiß. M bringt eine Verbindung aus Sachlichkeit und wiederentdeckter Seele; aus Technizismus und neuer Heroik; aus funktionalistischer Statik und völkisch-religiöser Dynamik und dergleichen mehr. Offenkundig bereiten sich in diesen quasi »postmodernen« synthetischen Leerformeln – gesprochen ganz im Geist der an sich selbst leidenden »Welt ohne Synthese« (Musil) – schon die falschen Gesamtlösungen des nationalsozialistischen M vor.

Der Befund der Weimarer Gegenwartsphysiognomien ist mit dem Hinweis auf Texte vom Typ der eben vorgestellten bei weitem nicht erschöpft. Ein Großteil der literarischen Wahrnehmungsformen – zumal nach dem epochalen Einbruch der Aktualität in die Kunst nach 1918 – verstreut sich über eine Vielzahl von Texten verschiedener Gattungen. Wir denken hierbei vor allem an Zeitromane wie etwa Joseph Roths ›Flucht ohne Ende‹ (1927), an aktualisierte Novellistik (Bruno Frank, ›Politische Novelle‹, Berlin 1928), an den republikanischen Feuilletonismus, insbesondere Kurt Tucholskys, an die literarische Reportage Egon Erwin Kischs, sowie an Autobiographien, deren erzählte Zeit bis in Weimarer Gegenwart herüberreicht.

II. Die Mischung der Sprachen: Aspekte weltanschaulicher Synthesenproduktion in der Weimarer Republik

Wurden in der obigen Skizze zur Krise des analytischen Geistes in der Weimarer Republik einige typische Instrumente der analytischen, reduktiven, entlarvenden Weltverarbeitung beschrieben, so geht es nun um die Aktivitäten der »synthetischen Vernunft«, für die es um praktischer Welt- und Lebensbewältigung willen unverzichtbar scheint, in einer – mehr oder weniger ausdrücklichen – Gegenbewegung zur analytischen »Zersetzung« verbindliche Situationsdeutungen, lebenswirksame Wertsetzungen und plausible Gesamtbilder der Welt aufzurichten.

1. Verlorene Ganzheit und der Jahrmarkt der Synthesen

»Wenn wir verzweifelt sind, dann nicht, weil wir an gar nichts mehr glauben könnten, weil uns alles gleichgültig geworden ist; sondern gerade umgekehrt, weil wir zu vieles einsehen müssen.« Was Carl Christian Bry, der 1926 jung verstorbene, von Musil geschätzte Kenner und Kritiker der Weimarer Weltanschauungsszene 1924 in seiner Streitschrift ›Verkappte Religionen‹ als Merkmal der geistigen Situation seiner Zeit heraushebt, ist die quälende Diskrepanz, die in unserem Bewußtsein zwischen enormen Erfahrungsmassen und schwachen Systematisierungs- und Verstehenschancen aufgeklafft ist. Es handelt sich um eine Situation allgemeiner Inkohärenz und Vieldeutigkeit, in welcher das Denken zwar über das Stadium des »Alleingültigen« hinausgetrieben, aber längst noch bei keinem »Allgemeingültigen« angekommen sei. In solcher Lage, wo die Kraft zum Gesamtsystem fehlt, ja sogar dessen Möglichkeit und Wünschbarkeit zweifelhaft sind, erhalten unvermeidlich die Produkte der »unsystematischen Philosophie« – vor allem lebensphilosophischen und kulturkritischen Typs – gewaltigen Zuspruch. »Philosophische Standardwerke sind populär geworden wie Ullsteinromane«[43]. Wo aber Stimmungen und hochformulierte Privatansichten zur Substanz des Philosophierens werden, muß eine Weltanschauungsboutique mit lauter gleichwertigen Beliebigkeiten entstehen, die in der

»Strömung« liegen. »Die Strömung ist das Mittel, an allem Interesse und nichts ernst zu nehmen.«[44] Angesichts der Unmöglichkeit, auf dem Wege der systematischen Synthese ein verbindliches Bild vom Ganzen zu gewinnen, mußte sich Unzähligen eine umgekehrte Strategie zur Weltbildgewinnung aufdrängen: aus einem bewußt vereinseitigten Detail heraus Ansprüche auf Globalbedeutsamkeiten zu entwickeln. Eben dies sei die Signatur der »verkappten Religionen« – »von der Abstinenz bis zur Zahlenmystik«, »von der Astrologie bis zum Zionismus«, »vom Antisemitismus bis zum Yoga«, »von Atlantis bis zum Vegetarianismus«[45]. Bry schreckt in seiner Aufzählung vor »Kommunismus und Faszinismus«[46] ebensowenig zurück wie vor Theosophie und Psychoanalyse, vor Esperanto und Gesundbeterei wie vor Okkultismus und Freikörperkultur. All diesen »Systemen« ist gemeinsam, daß sie kraft Selbsternennung für ihre Wahrheiten imperiale Ansprüche reklamieren, Wahrheiten, zu denen nur derjenige Zutritt erhält, der bereit ist, mit der jeweiligen Heilslehre an eine Welt hinter der gewöhnlichen Welt zu glauben, die nur darauf warte, mit Hilfe ihrer Gläubigen aus der Hinterwelt hervorzubrechen, um erlösende Vorderwelt zu werden. »Alle verkappten Religionen sind Monomanie«[47]. Der Preis, den die sektiererischen Verkünder solcher Wahrheiten für den psychischen Komfort einer »Gesamtanschauung« meist gern zu entrichten bereit sind, ist in der Regel die Unterwerfung der ganzen Welt unter einen einzigen Aspekt; dabei entstehen Zwittergebilde aus Monomanie und Universalität – Synthesen kraft der Vergewaltigung des Vielen durch die Einzelheit.

Eine zweite Variante der kulturphilosophischen Synthese-Erzwingung läßt sich an typischen Produkten jungkonservativer und neureligiöser Geschichtsspekulation illustrieren – wofür Oswald Spengler einerseits, der russische Religionsphilosoph Nikolaus Berdjajew, der durch Übersetzungen ins ideologische Spektrum der Weimarer Republik fest integriert war und in gewissen Kreisen des Weimarer Tiefsinns, insbesondere im Publikum des Darmstädter Reichl-Verlags, beträchtliches Ansehen genoß, als Exempel genannt sein mögen. Während Spengler das Europa seiner Gegenwart in der blockhaften Schau seiner Endzeitphilosophie erstarren sah, derzufolge der alte Kontinent das naturgesetzliche Schicksal seiner »Zivilisation«: Erstarrung, Vermassung, Monumentalisierung, Verstädterung, Bürokratisierung, Militarisierung und Cäsarenherrschaft – zu erfüllen im Begriff sei und somit im organischen Kontinuum eines Kulturtodes gefangenliege, proklamiert Berdjajew mit seinen Thesen vom »Ende der Renaissance« und von einem »Neuen Mittelalter« eine Geschichtsphilosophie, die auf der Konzeption der Diskontinuität und des Umbruchs aufgebaut scheint. Darin steckt aber immer noch ein heimlicher Organizismus, der das biologisch-mythologische Schema von Tod und Auferstehung, Weltbrand und Neuschöpfung, Chaos und Wiederanfang in Erinnerung ruft, um die Ambivalenzen und Neuartigkeiten der Gegenwartskrise gewaltsam zu entflechten und zu vereindeutigen. Berdjajew verkündet gleichsam eine russisch-orthodoxe Variante von Postmoderne avant la lettre. »Die geistigen Prinzipien der Neuzeit sind erschöpft, die geistigen Kräfte der Neuzeit verbraucht. Der rationale Tag der neuen Geschichte neigt sich dem Ende zu 〈...〉«. Wir stehen im Sinne des romantisch-positiven Nachtmythos nach Berdjajew an der Schwelle eines neuen Nachtzeitalters. Die politisch-militärischen Konvulsionen der Gegenwart (Weltkrieg, Oktoberrevolution) seien dessen Vorboten. Nach einem »Gesetz« des »rhythmischen Wandels der Epochen« sei eine Dunkelzeit, ein neues Mittelalter fällig; seine Heraufkunft zu wollen und zu deuten, sei wahre Progressivität – indes der Fortschrittsglaube des abgelaufenen Tagzeitalters (Aufklärung) sich »reaktionär« gegen das Kommende stelle.

Die Welt der neuen Geschichte mit ihrer rationalistischen Bildung, ihrem Individualismus und Humanismus, ihrem Liberalismus und Demokratismus, mit ihren glänzenden Nationalmonarchien und ihrer imperialistischen Politik, mit ihrem ungeheuren industriell-kapitalistischen Wirtschaftssystem, mit ihrer mächtigen Technik und all den äußeren Eroberungen und Erfolgen, mit ihrer unbeherrschten und maßlosen Gier nach dem Leben, mit ihrer Gottlosigkeit und Seelenlosigkeit, mit ihrem wütenden Klassenkampf und ihrem Sozialismus, die die Krone dieser Etappe der neueren Geschichte ist: – das ist die alte zusammenbrechende Welt, zu der es kein Zurück geben darf!«

Berdjajews Vorwärts jedoch zielt mit paradoxem Überschlag in ein noch tieferes Zurück zu vormodernen, präindividualistischen,

»substantiellen« Gesellschaftsformen, die den neuzeitlichen Humanismus widerrufen – quasi in ein neues Reich des sakralen Terrors.

Nur jene antihumanistischen Folgerungen, die der Kommunismus aus dem Humanismus gezogen hat, sind auf der Höhe unserer Zeit ⟨...⟩ Wir leben in der Zeit der Enthüllungen und Entlarvungen ⟨...⟩ Wenn Gott nicht ist, so ist auch der Mensch nicht, – das ist die Erfahrung unserer Zeit.

Erst die Gegenwart enthülle die Dämonie der »humanistischen« Selbstherrlichkeit. Kommunismus jedoch bedeutet, nach Berdjajews dämonisch-ironischer Interpretation, einen ersten Ansatz zur neuen »sakralen Kultur«, zur »sakralen Gesellschaft« – freilich vorerst ex negativo: eine Kultur des Antichrists, das heißt der »Satanokratie«. Unfreiwillig wird der Kommunismus zum Vorboten des Neuen Mittelalters. In Westeuropa hingegen sei der italienische Faschismus als »unmittelbare Äußerung des Willens zum Leben und zur Macht«, unbekümmert um »formalen Legitimismus« – der wichtigste Exponent des Neuen Mittelalters. Er stellt das Volk als vitale Ganzheit höher als individualistischen Mammonismus und negiert die »schlechte Unendlichkeit« der »atomistischen« Erwerbsgier. Nur eine sakrale Ökonomie könne das kapitalistische Prinzip, das sich zuletzt in unerhörten Kriegsschrecken gegen sich selbst kehrte, überwinden. Sie leitet die Rückkehr zu einem veränderten Organisationsprinzip ein – vereinfacht statt überkomplex, natur- und landnah statt überurbanisiert, kooperativ statt konkurrentiell, asketisch statt konsumgierig, supranational statt nationalegoistisch. In ihrem Zerfall biete die neuzeitliche Kulturära ein Bild spätantiker Desorientierung. »Am Ende der neuen Geschichte sehen wir wieder die entfesselte Welt des heidnischen Partikularismus.« Zugleich zeigten sich schon – wenn auch noch »internationalistisch« verzerrt – Ansätze eines neuen »mittelalterlichen« weltumspannenden Universalismus, in welchem alle Individualitäten und Gegensätze weltkirchlich versöhnt würden.

Während sich die Mehrzahl der Weimarer Zeitdeuter ihrem Impuls zum Synthesenschmieden naiv überließen, beobachten wir bei reflektierteren Autoren Reserven gegen voreilige Zugriffe auf Ganzheitlichkeit. Jaspers: »Diese Ganzheitsbetrachtung, diese Meinung, wissen zu können, was das Ganze, geschichtlich und gegenwärtig sei, ist ein Grundirrtum; das Sein dieses Ganzen ist selbst fraglich«[48]. Die beste Einführung in die historischen und formalen Motive der philosophischen Synthesenfabrikation gewährt Peter Wust in seiner programmatischen Schrift ›Die Auferstehung der Metaphysik‹, Leipzig 1920. In der Auferstehungsmetapher verrät sich wieder ein selbsternannter, hier freilich klug vermittelnder Postmodernismus in Gestalt einer Kritik der Kritik – hier: als neu-ontologisch motivierte Kritik an Recht und Wirkungen des antimetaphysischen Kritizismus nachkantischer Aufklärungsphilosophie. Halb erzählerisch, halb systematisierend führt Wust die Geistesgeschichte seit Kant als eine Art von dialektischem Schicksalsdrama vor. Unter der erdrückenden Übermacht des kantischen transzendentalen Subjektivismus und Phänomenalismus mit seinem Veto gegen alle Metaphysik sei das 19. Jahrhundert ins positivistische, empiristische, materialistische Fahrwasser geraten, um zuletzt in faktenkramender Geistesarmut, historistischer Ermüdung und relativistischer Wert-Desorientierung zu enden. Darauf habe sich in Gestalt von Neukantianismus und Neuhegelianismus zaghaft ein neuer Wille zum System und zur metaphysischen Besinnung gemeldet; die Herrscherin Analysis mußte den methodologischen Thron wieder mit der Intuition und der synthetischen »Anschauung« teilen – insbesondere in Edmund Husserls Phänomenologie. Vor allem jedoch brach sich der Sturm und Drang eines neumetaphysischen Überschwangs Bahn in den Strömungen europäischer Lebensmetaphysik – in Vitalismus, Intuitionismus und Lehren der »schöpferischen Evolution«. Friedrich Nietzsche, Henri Bergson und, in gemäßigter Abwandlung, Wilhelm Dilthey heißen die Exponenten eines revoltischen, formverneinenden, dynamikbegeisterten Neubeginns zu metaphysischem Denken. Deren Exzesse und Formblindheiten würden schließlich überwunden von den jüngsten Trägern der neuen Synthese – von dem protestantischen Religionsphilosophen Ernst Troeltsch, der die »Überwindung des Historismus« sich zur Aufgabe stellte, und dem Kultursoziologen Georg Simmel, der gründlicher als alle bisherigen Denker die Dialektik von träger Struktur und lebendiger Bewegung durchdacht habe. Der neumetaphysische Schlachtruf der Zeit lautet: Goethe statt Kant.

Hier werden die strukturellen und geistesgeschichtlichen Mindestbedingungen für künftige philosophische »Weltanschauungen« festgehalten: das »neue Denken« müsse, ohne die Resultate des Kantischen Transzendentalismus und die Einsichten des »kritischen Weges« zu ignorieren, über die Grenzen des Kritizismus hinausgehen und sich, neu-ontologisch »direkt«, mit dem Rätsel menschlicher Seinsteilhaftigkeit befassen. Damit ist eine Leerstelle umschrieben, in der sich wenige Jahre später der Durchbruch der Heideggerschen Existentialontologie (›Sein und Zeit‹, Halle 1927) vollziehen kann.

2. Die Montage des Organischen

Für die meisten Sucher nach neuen »Ganzheiten«, die sich vom »Atomismus«, Individualismus und Pluralismus der liberal-kritizistischen Aufklärungstradition abwandten, gewann der Begriff Organismus eine geradezu magische Attraktivität; wie kein anderer schien er der symptomatischen Sehnsucht nach »lebendigem Gesamtzusammenhang« entgegenzukommen. Daß sein Gegenbegriff Mechanismus heißt, verrät seine vitalistische und zugleich zivilisations- und maschinenkritische Funktion. Organismus wie Mechanismus sind Ganzheitsbegriffe mit äußerst gegensätzlichen Konnotationen. Dieser impliziert die kalte Totalität eines »toten« Maschinensystems, in welchem der Teil des Ganzen in purer Funktionalität und Subalternität eingegliedert ist; jener hingegen meint eine warme Ganzheit, die sich »organisch« durch die innige Teilhabe und Mitlebendigkeit des Einzelnen mit seinem Zusammenhang auszeichnet. Soziologisch lebt dieser Gegensatz in dem Begriffspaar »Gemeinschaft und Gesellschaft«, das durch Ferdinand Tönnies zu größter Popularität und durch die gemeinschaftsideologische Komponente der völkischen Bewegung zu fataler politischer Bedeutung geführt wurde. – Die politischen Implikationen des Organismusdenkens lassen sich besonders an der Wirkungsgeschichte Oswald Spenglers darlegen. Sein zweibändiges Monumentalwerk ›Der Untergang des Abendlandes‹, München 1918/1922, das in keinem gebildeten Haushalt der Weimarer Republik fehlen durfte, illustriert die Risiken, die mit der Übertragung einer pflanzenmorphologischen Metaphorik auf geschichtliche Gebilde wie Hochkulturen auftauchen. Für Spengler, der sich hiermit als Meisterdenker einer »politischen Botanik« profiliert, sind »Kulturen« tatsächlich nichts anderes als »Lebewesen höchsten Ranges«, in erhabener Zwecklosigkeit »aufwachsend«[49] und dem organischen Zyklus von Geburt und Tod schicksalhaft unterworfen. Um diese Sicht zu bestätigen, hat sich Spengler mit enormen Aufwand in die Geschichte der Weltkulturen vertieft, um deren »Ablaufsgesetze« mittels weit ausholender Parallelismen – er beruft sich auf eine strenge analogische Logik – nachzuzeichnen. Schon zeitgenössische kritische Leser haben sich über das Gewaltsame und höchst Unorganische der Spenglerschen Organismusspekulationen Rechenschaft gegeben. Sie bemerkten, wie unter dem Plädoyer für organische, »warme«, nicht-kausalistische Sehweisen sich erst recht der Mutwille eines imperialistisch-verfügenden Konstruktionszwanges verbarg. Carl Christian Bry:

> Bei Spengler ist auf zwei Seiten, die man beliebig aufschlägt, die Rede etwa von englischer Politik, vom Königreich Tsu, vom Napoleonismus und Cäsarismus, vom magischen Geist und magischem Geld, vom byzantinischem Mönchstum, vom Bastillesturm, von den Abassiden, von der Restauration von 1815 ⟨...⟩[50]

Spengler umgibt sich mit dem Nimbus des weltumschauenden Organologen, um als entfesselter Monteur verfahren zu können; sein Buch reflektiert unfreiwillig eher den epochalen Trend zum Konstruktivismus als den Sinn für das Gewachsene; in ihm wirkt »die Lust an und der Zwang zu einer Verknüpfung des einander Fernliegenden«[51]. In diesen Verknüpfungen spiegelt sich ein Willen zur Synthese, der weniger auf die eigensinnigen Fassungen des Materials achtet, sondern die Konstruktionsschemata einer zum Äußersten entschlossenen Bricolage durchsetzt. So fällt an Spengler ein Grundzug jungkonservativer Rhetorik besonders auf: daß sie mit dem Vokabular der »warmem Totalität« insgeheim oder offen für die Ziele der kalten plädiert.

Hierin geht Ernst Jüngers Schrift ›Der Arbeiter. Herrschaft und Gestalt‹, Hamburg 1932 noch einen Schritt weiter – wobei ihm der zynisch-objektivierende Gestus seines soziologisierenden Ästhetizismus zu bemerkenswerter Ausdrücklichkeit verhilft. An Jüngers Buch zeigt sich, wie der zur »Gestaltenschau« entschlossene, Ganzheiten erzwingende Blick sich über das soziologische Erfahrungsmaterial hermacht, um es »organisch« zu vergewaltigen. Auch Jünger gibt zahlreichen Werten der liberal-bürgerlichen Tradition mit geschichtsphilosophischer Nonchalance den Abschied: vorbei sei die Ära des bürgerlichen Individuums, seit der Typus des »Arbeiters« die Szene beherrsche; vorbei auch das Zeitalter der schwächlichen liberalen Demokratie, seit die moderne Gesellschaft sich anschicke, als totaler »Arbeiterstaat« mobil zu machen; vorbei die bürgerliche Idee des Gesellschaftsvertrags, seit das Leben der Einzelnen ganz durch ihre funktionale Stelle im Schaltwerk des sozialen »Arbeitsplans« determiniert werde. Jüngers sozialfunktionalistische Ästhetik präpariert genau den Punkt heraus, an dem sich die paradoxe Warm-Kalt-Synthese im neuen Staat vollziehen soll: es werde sich ein »revolutionärer«, kultisch stabilisierter Arbeits-Orden bilden, der »im Besitz der entscheidenden geistigen und technischen Mittel« sei; seine »neue Form der Einheit« beruhe auf »organischer Konstruktion«. Der politische Orden bedeutet demnach die Organisationsform, in welcher das Organische und das Maschinelle, die Naturgestalt und die Ingenieursleistung in einem magischen Funktionalismus zusammenfließen. Hatte Jünger nur »geitesgeschichtliches Pech«, wenn sich die Gruppierung der SS später auf die Idee des Ordens berief?

Zahllos erscheinen die Weimarer Philosopheme, die sich im Namen des Organischen einen Schein von Natürlichkeit besorgen, um desto radikalere Programme politischer, ökonomischer und kultureller Technokratie zu propagieren. ›Das organische Weltbild‹ von Paul Krannhals, der »Grundlagen einer neuentstehenden deutschen Kultur« zu liefern versprach (München 1928, 2 Bde.), oder die Vision einer organischen Betriebswirtschaftslehre von Franz Findeisen: ›Organik. Der Betrieb als Lebewesen‹, Leipzig 1931, sind nur noch symptomatisch zu nennende Titel. Mit der nationalsozialistischen Schlüsselmetapher vom »Volksorganismus« kommt, aus romantischen Quellen gespeist, die falsche Synthese aus Biologie und Technokratie als das warm-kalte Schreck- und Sehnsuchtsbild der arischen Volksgemeinschaft schließlich zu sich selbst.

In ideologischen Parallelen zur Spenglerschen und Jüngerschen Argumentation bewegen sich Gebilde wie Erwin Guido Kolbenheyers ›Die Bauhütte‹, 1925, worin der Autor als Vordenker eines völkischen Konstruktivismus »Elemente einer Metaphysik der Gegenwart« zusammenträgt – oder die politische »Ganzheitsschau« des präaustrofaschistischen Ständestaatsdenkers Othmar Spann. In ihnen allen dokumentiert sich eine Hauptströmung des Denkens aus der Quelle der Demokratieverweigerung: Flucht aus dem »pluralistischen« Zerfall in die falschen Totalitäten regressiver Staats- und Gemeinschaftsideen.

3. Die Einpflanzung des Linken ins Rechte

Bereits 1924 hat Carl Christian Bry darauf aufmerksam gemacht, daß ein Gutteil der ideologischen Turbulenzen auf der Weimarer Weltanschauungsszene durch offensive Leugnungsbewegungen ausgelöst worden sind. Zahlreiche spektakuläre Gruppendoktrinen sind nur dadurch verständlich zu machen, daß man sie als »Anti-Bünde« begreift, die sich mehr durch Gegnerschaften als durch ein eigenes Pro charakterisieren. Bry meinte, es habe in dem modischen »Wissenschaftlichen Okkultismus« Weimars viel mehr Wut gegen die exakten Naturwissenschaften als Sinn fürs Mysteriöse gegeben, im Vegetarianismus drücke sich oft mehr Fleischverteufelung aus als Körnerglaube; im Kommunismus häufig mehr Kapitalismushaß als politische Zukunftsphantasie und mehr davon. Denkt man an die psychopolitische Funktion des Antisemitismus in der NS-Ideologie, so bestätigt dieser Fund die Anti-Motive. In diesem Zusammenhang ist eine der folgenreichsten Sprach-Kooperationen der Zeit zwischen Weltkrieg und »Machtergreifung« besonders auffällig: der Durchbruch der völkischen Ideologie und der jungkonservativen Rhetorik ins Kerngebiet der »linken« Symbolik. Wie konnte es geschehen, daß sich der radikalste aller Anti-Bünde als Träger der positivsten Hoffnungen darstellen und sich die fanatischsten Anti-Sozialisten der Weimarer Republik expressis verbis auch als eine Art von Sozialisten bezeichnen wollten?

Die gemeinschaftliche Komponente aller Sozialismen verlieh diesen große Attraktivität, weil im Programmwort Sozialismus jene Untertöne von »warmer Totalität« anklingen, auf die mächtige psychopolitische und kognitive Strebungen jener Zeit gerichtet waren. Wieder ist es Spengler, der an prominenter Stelle das folgenreichste semantische Subversionsmanöver der präfaschistischen Ära vorexerzierte. In seiner Schrift ›Preußentum und Sozialismus‹, Ende 1920 bereits im 26. Tausend verlegt, formulierte er einen massenwirksamen Begriff von preußischem Sozialismus, den er als den einzigen zukunftsfähigen bestimmt. Gemeint ist ein völkischer und etatistischer Sozialismus der Selbstaufopferung, wie er in den Kriegsjahren 1914-1918 die Seele der kämpfenden Nation beflügelt habe. »Jeder echte Deutsche ist Arbeiter. Das gehört zum Stil (!) seines Lebens.«[52] »Die deutsche sozialistische Revolution fand 1914 statt. Sie vollzog sich in legitimen und militärischen Formen.«[53] Dem deutschen »Wesen« entspreche nur eine Revolution, in welcher die friderizianische, preußische Art des Dienens und Gehorchens alle erfasse, um sie in den selbstlosen Dienst am souveränen Volksganzen zu führen: seit dem 18. Jahrhundert kenne Deutschland einen erfolgreichen »autoritativen Sozialismus«. Nur er könne dem Elend und dem Chaos der Weimarer Republik ein Ende bereiten. Durch eine tragische Schicksalslaune sei die autoritär strukturierte alte Bebelsche Sozialdemokratie, in welcher noch der authentische, deutsche, »klirrende Schritt der Arbeiterbataillone«[54] zu hören gewesen sei, zerschlagen worden; seither herrsche in Deutschland nur das Durcheinander der Feigheiten, der Raffgier und der Kaffeehausliteraten. Als selbsternannter praeceptor germaniae wandte sich Spengler an die Weimarer Weltkriegsjugend:

> Es gibt für den Arbeiter nur den preußischen Sozialismus oder nichts ⟨...⟩ Werdet Männer! ⟨...⟩ Wir brauchen Härte, wir brauchen eine tapfere Skepsis, wir brauchen eine Klasse von sozialistischen Herrennaturen. ⟨!⟩ Noch einmal: Der Sozialismus bedeutet Macht, Macht und wieder Macht. Der Weg zur Macht ist vorgezeichnet: der wertvolle Teil der deutschen Arbeiterschaft in Verbindung mit den besten Trägern des altpreussischen Staatsgefühls[55] muß sich unter radikalen Opfern bis zum Sieg seines »Wesens« durchringen.

In dem Roman ›Michael. Ein deutsches Schicksal in Tagebuchblättern‹ von Joseph Goebbels, 1929, ist nachzulesen, wie Spenglers (und vieler anderer) Botschaft ihren wahren Adressaten gefunden hat:

> Der Marxismus ist eine reine Geld- und Magenlehre. Er nimmt als gegeben an, daß der lebendige Mensch eine Maschine sei. Darum ist er falsch, daseinsfremd und erdacht, nicht gewachsen 〈...〉[56] Sozialist sein: das heißt, das Ich dem Du unterordnen, die Persönlichkeit der Gesamtheit zum Opfer bringen. Sozialismus ist im tiefsten Sinne Dienst. Verzicht für den Einzelnen und Forderung für das Ganze. Friedrich der Große war ein Sozialist auf dem Königsthron.[57] Wir Jungen sind nur erst ein Gedanke, allerdings, aber wir reifen allmählich zur Tat. Man muß uns nur Zeit lassen. Wir sind noch nicht fertig.[58]

Hier läßt sich das Ungesagte in all den autoritär-sozialistischen Aufrufen zum Selbstopfer zugunsten des molochitischen Maschinen-Organismus erahnen: die »Sozialisten« von Rechts gehen natürlich davon aus, daß nicht sie die Opfernden sein werden, sondern Herrn des »Ganzen«, die unterm Deckbild des Dienens an nationaler Größe hochprivate Größenphantasien ausleben. So wuchern im Kern der völkischen Dienst- und Ganzheitsphraseologie die wildesten Individualismen: Träume von eigenem Führertum.

4. Strategien der gewußten Unbewußtheit

Die Weimarer Synthesenfabrikation läßt sich nicht nur als »gesunde Reaktion« auf die Hypertrophie der Analysis und nicht nur als integrierende Gegenbewegung zur analytischen »Zersetzung« verstehen. Die spätmoderne Synthesis tritt nämlich häufig selber mit kritisch-destruktiver Gebärde auf: dort nämlich, wo sie Resultate kritisch-analytischen Denkens und Forschens ausstreichen muß, um für zielstrebiges Zusammensetzen bevorzugter Sinn-Partikel freie Hand zu bekommen. Dies ist unter anderem der strategische Sinn des sogenannten Irrationalismus oder Antirationalismus, der den meisten Weltanschauungsproduktionen der Weimarer Republik an die Stirn geschrieben ist. Nur wo der offene oder latente Totalitätsanspruch der aufklärerischen Analyse zurückgewiesen wurde, öffnen sich Aussichten auf weltgestaltende und praxisorientierende Situationsdeutungen und Sinnentwürfe. Was traditionell in philosophischer Form als rationale Übersteigung der Ratio versucht wird, sucht sich im modernen Irrationalismus einen anderen Weg – quasi emotional, intuitiv, magisch oder mythologisch an der Ratio »vorbei«. Wo der theoretische Wille zur Gesamtschau, der lebensmetaphysische Impetus, die neu-ontologische Besinnung auf das Sein des Seienden und das intuitive oder morphologische Betrachten von »Gestalten« oder »Ganzheiten« im Vordergrund steht, finden wir regelmäßig eine »Überwindung« der »analytischen Vernunft« durch die »synthetische«. Im forcierten Antirationalismus hingegen, der sich meist hochmütig und labil zugleich auf (nicht explikationsfähige) »Tiefen« der »Schau« oder des »Erlebens« beruft, muß sogar eine bewußte Demontage der kritischen Vernunft versucht werden; das Feld solcher Rationalismen reicht von allgegenwärtig-anekdotischen Klagen über die Kälte der Ratio bis zur Selbstdenunzierung des Denkens in Ludwig Klages' Opus ›Der Geist als Widersacher der Seele‹, 1929-1932, das nicht weniger enthält als einen monumentalen Widerruf des okzidentalen Rationalismus von der Höhe seiner Resultate herab.

Psychodynamisch bedeutet Irrationalismus oft den Versuch, die hemmende Wirkung des analytischen Vermögens zu bannen, um zu einem »System« oder einer »Anschauung« zu gelangen, mit der man sich »wie unmittelbar« wieder identifizieren kann. Demnach wären Identifikationsbedürfnisse eine wichtige Triebkraft moderner Synthesenproduktionen, an denen ja nicht zuletzt ein starker Dezisionismus auffällt. Die dezisionistische Tendenz, Entschiedenheit für wichtiger zu setzen als deren wozu, bringt Goebbels in seinem ›Michael‹ auf die Formel: »Es ist nicht so sehr von Belang woran wir glauben, nur daß wir glauben.«[59] Im Zentrum des Völkischen solafide-Prinzips steht die elitäre Überzeugung: wir sind politische Genies und haben daher immer recht.

Carl Christian Bry hat oben das moderne »Zuvielwissen« als ein Motiv der Synthesis-Verhinderung angesprochen. Bruno Frank läßt eine seiner Figuren sagen: »Es kommt für einen Mann sehr oft darauf an, daß er sich schlichter erhält, als er seinem Verstand nach sein müßte.«[60] Gemeint ist, daß der politisch verantwortlich Handelnde einen Rest von naiven, reflexiv unzersetzbaren Wertüberzeugungen bewahren muß, um nicht vom Zynismus der strategischen Kalküle zermürbt zu werden. Dagegen lesen wir in Heinrich Himmlers Tagebüchern im Juni 1922 den Eintrag: »Wie dumm sind wir echten Arier, und Gott sei Dank, daß wir so dumm sind.«[61] Hier wird deutlich, wie das trotzige Dummheitsbekenntnis auf listig-defensive Weise in den Dienst einer narzißtischen Identifikation (»echte Arier«) gestellt wird; diese aber ist so willkürlich und so labil, daß bereits die geringfügigste Zunahme an Einsicht ihr ein Ende bereiten müßte. Daher verwendet der Identifizierte zur Verteidigung seiner Ideologie viel mehr Intelligenz als zu deren kritischen Auflösung benötigt würde. Um sich als real existierender »dummer Arier«, dem der jüdisch-schlaue, analytische Kritizismus nichts anhaben kann, zu behaupten, wird Himmler später das intelligenteste Menschenvernichtungssystem aufbauen.

Während private Betäubungspraktiken wie Alkoholismus und intentional bewußtseinslöschender Drogengebrauch in der Weimarer Republik sich unterhalb der Ebene abspielen, für die eine kritische Ideen- und Literaturgeschichte zuständig sein kann (im Gegensatz zum intentional bewußtseinserweiternden Drogengebrauch, der etwa im Magischen Theater in Hermann Hesses ›Steppenwolf‹ klassisch dokumentiert ist), gibt es in jener Zeit eine breitgefächerte Literatur, in der Wissenschaftler, Journalisten, Philosophen und Therapeuten sich auf ein bewußtes Spiel mit »Regressionen« einlassen. In den zwanziger Jahren macht sich neben der ambivalenten Rezeption der Psychoanalyse ein sehr lebhaftes Interesse an psychookkulten Phänomenen breit, von dem Stefan Zweigs vielgelesenes Buch ›Heilung durch den Geist‹ ebenso Zeugnis ablegt wie Rudolf Oldens Sammlung über ›Propheten in deutscher Krise. Das Wunderbare oder die Verzauberten‹, Berlin 1932. Die Bibliographie verzeichnet für die Jahre 1918/1933 über siebenhundert Publikationen zu den Themen Hypnose, Couéismus, Suggestion und Autosuggestion. Am deutlichsten aber zeigt sich die Strategie der Gegenaufklärung am sogenannten Wissenschaftlichen Okkultismus: die Wissenschaft nachdrücklich in den Dienst einer Antiwissenschaft zu stellen, die gewiß keine »fröhliche« war.

5. West-Östlicher Austausch

Unter den namhafteren Weltanschauungsphilosophen der Weimarer Republik waren nicht wenige, die sich einen Ausweg aus der »Krise der Zeit« weder vom weiteren Progress des okzidentalen Rationalismus, der ja eher als Krisenerreger bzw. Patient der Krise identifiziert wurde, noch von dessen Selbstkritik, noch von seinen vitalistischen, neoromantischen, irrationalistischen Gegenströmungen versprachen, sondern die eine radikale Selbstverfremdung des europäischen Geistes kraft der Belehrung durch die »andere Vernunft« außereuropäischer, insbesondere asiatischer Kulturen für unentbehrlich hielten.

Paul Cohen-Portheim zum Beispiel proklamiert in dem während seiner Kriegsgefangenschaft verfaßten Traktat ›Asien als Erzieher‹, Leipzig 1920, die Notwendigkeit, daß der europäische Geist des Individualismus, der stets das Trennende, Antagonistische betont und in einen permanenten Kampf der Völker, Klassen und Individuen stürzt, am asiatischen »Universalismus« sich korrigieren müsse. Auch der Weltkrieg sei nur die Manifestation des auf die Spitze getriebenen europäischen Prinzips.

> Verborgen hinter den Streitfragen des Tages liegt das eigentliche Problem unserer Zeit: die Auseinandersetzung asiatischen und europäischen Wesens und die Synthese der beiden.[62]

In diesem Sinn durchmustert der Autor die weltbeherrschenden Formen des Gegensatzdenkens: Nationalismus/Internationalismus; Zionismus/Antisemitismus; Ost/West; Juden/Christen; Aristokratie/Demokratie; Fortschritt/Reaktion; Klassik/Romantik; Natur/Kunst; Kunst/Wissenschaft; Körper/Geist; Männlich/Weiblich; Gut/Böse; Leben/Tod; Gott/Mensch; ⟨...⟩ – um überall die Überwindung der Dualismen im Geist universalistischer Einigung vorzuführen.

In seinem 1919 erstmals erschienenen ›Reisetagebuch eines Philosophen‹ gab Hermann Graf Keyserling Rechenschaft über seine zwischen 1911 und 1913 absolvierte Weltreise, von der besonders seine Asienaufenthalte in Ceylon, Indien, Tibet, China, Japan spirituell folgenreiche Eindrücke hinterließen. Unter dem Motto

»Der kürzeste Weg zu sich selbst führt um die Welt herum« schildert der Reisende seine »proteushaften« Selbstverwandlungen angesichts vielgestalteter Kulturen, in die er sich mit großer seelischer Plastizität versenkte, um in immer neuen Anläufen Kulturvergleiche und -bewertungen zu geben. In dem voluminösen Werk überwiegen spekulative kulturphilosophische Räsonnements bei weitem die Beschreibungen, die nur selten anschaulich werden (wie etwa bei Schilderungen von Benares, der japanischen Freudenhausatmosphäre oder einer Nachtwache am Krater des Kilauea auf Hawaii). Der Grundtenor aller Vergleiche ist eine tiefe Asienverehrung bei weitgehender Europaverachtung – eine Haltung, die erst in den abschließenden USA-Passagen relativiert wird; dort besinnt sich Keyserling auf seine westlichen Prägungen und seine bejahende Teilhabe an einem Rationalismus, dem Europa und die Vereinigten Staaten ihre unwiderrufliche technisch-praktische Überlegenheit verdanken. In der 1920 gegründeten Darmstädter »Schule der Weisheit« versuchte Keyserling einem Kreis von Interessierten oder »Erweckten« seine Erkenntnisse über den »Weg zur Vollendung« (so auch der Titel der schuleigenen Zeitschrift) zugänglich zu machen – insbesondere seine Forderung nach Verinnerlichung und nach einer Synthese von Pragmatismus und Spiritualismus, asiatischer Meditativität und westlicher Lebenstüchtigkeit, östlicher Weisheit und europäischem Szientismus. Der mit Keyserlings Schule kooperierende Darmstädter Reichl-Verlag wurde im Lauf der Jahre zu einem Sammelpunkt für teils obskure, teils prominente Weltanschauungsautoren, die man in der Mehrheit dem konservativen und irrationalistischen Lager zuordnen kann: Oskar A. H. Schmitz, Rudolf G. Binding, Nikolaus Berdjajew, Leo Frobenius, Leopold Ziegler, Alexander von Gleichen-Rußwurm, Hans Much, Richard Wilhelm, Gerhard von Mutius und andere.

Als eine sehr tief ansetzende Selbstkritik der europäischen Zivilisation mit ihren Vorzügen und Risiken versteht der »linkskonservative« Philosoph Theodor Lessing, der 1933 im Exil von NS-Agenten ermordet wurde, sein Hauptwerk ›Untergang der Erde am Geist‹ (1924), das unter dem Motto »Seien wir mehr als nur Menschen« zu einer phänomenologischen Zusammenschau ost-westlicher Kulturgegensätze ausholt. Lessing gelangt dabei zu einer radikalen Kritik des okzidentalen Systems:

> Das grauenhafte Verbrechen Europas hat den Witz an die Stelle des Lebens gesetzt ⟨...⟩[63] – Mein Buch wird zeigen, daß die gesamte Bildung zweier christlicher Jahrtausende, die Logik und Ethik des Abendlandes, seine Weltgeschichte und Menschheitsentwicklung nichts anderes ist als ein verkappter Geltungswille und Machtwahn der europäisch-amerikanischen Menschenwelt.[64] – Die Natur wurde uns Feind, weil wir durchaus nicht mehr zu ihr gehören, sondern sie als geistige ⟨das heißt imperial-egoistische⟩ Wesen zu unserem Schemel, unserem Sachwert und Gegenstand gemacht haben, indem wir selber aus dem Element fordernd herausgetreten, alles Leben als Geschehnis in der Zeit und mithin als eine Mechanik betrachtet haben.[65] – Das Credo Europas heute lautet: Es gibt nur einen Gott. Sein Name ist: Ich, Money heißt sein Profet.[66]

6. Auf der Suche nach dem Begriff des Unbegrifflichen: Physiognomie und Mythologie

Während die Mehrheit Weimarer Synthesenproduzenten überwiegend unreflektiert nach antiindividualistischen Zauberformeln wie Organismus, Ganzheitsbetrachtung, Gestaltschau und Universalismus griffen, um mit ihrer Hilfe neue Ganzheiten zu erzwingen, beobachten wir bei kritischen Autoren sensible Vorbehalte gegen die falschen Triumphe des schnellen Konstruktivismus. Es sind Autoren, die ästhetisch und erkenntnistheoretisch Einspruch erheben gegen die begrifflichen Gewaltsamkeiten des Ganzheitsdenkens und fordern, die Dialektik von Einzelheit und Ganzheit, von Fragment und Totalität im Geist einer zarten Empirie durchzuführen, – so daß bei der Betrachtung des Konkreten stets ein offener Rest bleibe, der sich keinem Begriff ganz fügt und in keine Synthese widerstandslos eingeht. Die Denkform, die es sich vornimmt, die Spannung zwischen den irreduziblen Aspekten der Wahrnehmung und der begrifflichen Konstruktion auszuhalten, läßt sich als physiognomisches Begreifen verstehen. Seine bedeutendsten Vertreter – außerhalb der genuin literarischen und poetischen Sphäre – sind, was eine soziologische Physiognomik anbelangt, Autoren wie: Walter Benjamin

›Einbahnstraße‹, Berlin 1928, ›Städtebilder‹, 1929, ›Berliner Kindheit um Neunzehnhundert‹, 1950; Ernst Bloch, ›Spuren‹, 1930; Siegfried Kracauer ›Die Angestellten‹, 1929; Max Horkheimer ›Dämmerung‹, 1934; Dolf Sternberger ›Panorama, oder Ansichten vom 19. Jahrhundert‹, 1938; was eine ästhetisch-psychologische Physiognomik betrifft: Rudolf Kassner ›Die Grundlagen der Physiognomik – Von der Natur der Dinge‹, 1922, und andere; Ludwig Klages ›Grundlegung der Wissenschaft vom Ausdruck‹.

Nicht zufällig erscheinen hier Namen von Autoren, die die Gattung des Essays in den zwanziger und dreißiger Jahren zu einem historischen Höhepunkt geführt haben. Max Horkheimers physiognomisch-sensible Kritik an der Neuen Sachlichkeit zum Beispiel setzt eben bei dem an, was die modisch-sterilen Konstruktivismen uns zu »übersehen« zwingen wollen: am Leiden der Einzelnen und der Vielen, am Schmerz der verwalteten Kreatur, an der Brüchigkeit der allzu glatten Anpassungsformeln.

Wir sollten abstrahieren.[67] – Mit der ›Ganzheitsbetrachtung‹, die seit neuestem auch die Physiologie metaphysisch reformiert, verträgt sich diese abstrakte Sachlichkeit sehr gut.[68] – Die allerorts in der Wissenschaft angestellte Synthese will gedankliche Verbindung von ursprünglich distinkt Erschautem sein 〈...〉[69]

Horkheimers soziologischer Röntgenblick will selbst scheinbar sprachlose, nicht-signifikante körperliche Phänomene wie Lächeln und Stimmklang auf ihre systemspezifischen Prägungen hin durchleuchten; es geht für den Physiognomen darum, in der sprachlosen Beredsamkeit der »Dinge selbst« zu lesen.

Die bezeichnete Affektlosigkeit und Unparteilichkeit der Unteren sind nicht bloß in der Wissenschaft, sondern auch in den alltäglichen Äußerungen das Merkmal der Zuverlässigkeit für die herrschende Klasse 〈...〉 Es gibt einen besonderen Klang in der Stimme, der die innere Freiheit von unerlaubten Affekten verbürgt. Wer sein Kind für eine Laufbahn in diesem System erziehen will, sorge dafür, daß, wenn es erwachsen ist, seine Stimme dieses Klangs nicht entbehre![70]

Im Gegensatz zu den eher naiven zeitüblichen Kreationen neuer und mutwilliger Restauration alter Mythen, begann eine kritische

Mythologie über die erkenntnistheoretischen, sozialen, ästhetischen und psychischen Funktionen des Mythischen inmitten moderner Verhältnisse nachzudenken. Die kritische Mythologie – zu deren herausragendsten Denkern Ernst Cassirer, Karl Kerényi, Carl Gustav Jung und in gewisser Hinsicht auch Sigmund Freud gerechnet werden können – stützt sich auf die Annahme, daß nur mit Hilfe von unvermeidlichen inadäquaten Bildern, Metaphern und Erzählungen das »ursprüngliche Dunkel« des Seienden aufgehellt werden könne. Während aber die Physiognomik an den »stummen Dingen« einen impliziten Sinn- und Ausdrucksgehalt abliest, schlägt die Mythologie den umgekehrten Weg ein, um durch mythische Geschichten und Metaphern die stumme Welt quasi zu beschriften und in einen »lesbaren« Ordnungs- und Ereignistext zu verwandeln – freilich stets im Bewußtsein dessen, daß solche »Vertextungen« der Welt einen Anteil von untilgbarer Unstimmigkeit und Nicht-Wörtlichkeit behalten müssen. Sie rechtfertigen sich weniger durch – unmögliche – logische Strenge als durch ästhetische Suggestion, psychische Heil- und Tröstungskraft sowie gesellschaftliche Integrationswirkungen. Wenn der Mythos einst die Schrecknisse eines letztlich unbegriffenen Lebens zu bannen vermochte, so kann eine Aufklärung, die nur das Mythische demontiert, ohne den Schrecken aufzuheben, den Mythos nicht überwinden, sondern droht selbst in Mythos (im schlechtesten Sinne) umzuschlagen. Diese äußerst skeptische Erfahrung, in der sich fast alle Linien des Weimarer Weltanschauungsessayismus bündeln lassen, haben kurz nach dem Zweiten Weltkrieg Theodor W. Adorno und Max Horkheimer in ihrer so radikalen wie zweideutigen Konstruktion einer ›Dialektik der Aufklärung‹, Amsterdam 1947, auf den Begriff gebracht. Durch sie wirkt, im Guten wie im Schlimmen, das Erbe der Weimarer Krisenreflexionen hindurch.

Ulrike Haß

Vom »Aufstand der Landschaft gegen Berlin«

1. Die Heimatlosigkeit des Geistes und der Literatur

Boden und *Großstadt* lauten die zentralen Vokabeln, in denen zu Beginn des 20. Jahrhunderts der Bruch reflektiert wird, den dieses neue Jahrhundert mit den traditionellen gesellschaftlichen Formationen vollzieht. Definierten sich bis ins 19. Jahrhundert Gesellschaften primär über territoriale Gesichtspunkte und die normativen Leistungen, die die Menschen als Mitglieder dieser Gesellschaften *selbst* vollbrachten, so ensteht mit der technischen Vernetzung und den modernen Kommunikationstechnologien ein neuer Gesellschaftstypus. Dieser Wandel vollzieht sich abrupt und wird durch alle Parteiungen hindurch in dem Gefühl wahrgenommen, ›den Boden unter den Füßen zu verlieren‹. Das Gefühl der Bodenlosigkeit löst eine hysterische Suche nach dem eigenen Ort aus: nach dem sozialen Ort, den man nicht mehr *hat*, sondern erobern muß, nach dem politischen Ort, den man *wählen* muß, nach dem Ort einer geistigen Gewißheit, den es nicht mehr gibt[1], nach dem religiösen und dem familiär-häuslichen Ort. In fieberhafter Eile werden Ordnungskonzepte entworfen, die die Welt zusammenhalten und einen sicheren Standpunkt verschaffen sollen. Die so entstehenden imaginären und mythischen Orte werden mit wirklichen Orten verwechselt. Diejenigen, die in ihren selbstgefertigten Topologien Platz nehmen, produzieren zunächst nur einen einzigen realen sozialen Ort: ihr Schreiben, ihre Bücher. Das macht den durch und durch literarischen Charakter des zeitgenössischen Epochenbewußtseins aus. Man glaubt, mit dem geschriebenen Wort unmittelbar an der Wirklichkeit teilzuhaben oder sie gar herstellen zu können.

Boden und *Großstadt* erscheinen im frühen 20. Jahrhundert als Antipoden, zwischen denen der einzelne persönlich oder politisch wählen muß. Sie gelten als Ausdruck einer rudimentären Spaltung und als Grund der abendländischen Krise. Auf diese Antipoden werden willkürlich die großen Namen der zeitgenössischen Leiden projiziert: Geist gegen Seele, Absichtlichkeit der Ratio gegen Fraglosigkeit des Lebens.

»Das Land weiß nichts von Krise, es kennt nur Saat und Ernte. Die heutige Krise ist kein Naturgeschehen, ⟨sie⟩ ist lediglich eine Krise des Denkens. Das Land denkt nicht, es leidet. Denken tut die Stadt. Hier aber in der Stadt ließen sich die Menschen in diesem Kartenhaus ⟨des übersteigerten Denkens⟩ nieder ⟨...⟩, und sie fallen um in ein hoffnungsloses Nichts«.²

2. Die antimoderne Verweigerung

Während die Großstadt als »Ort der Moderne« (Georg Simmel) ausgemacht wird, konstituieren sich im Namen des Bodens, der Heimat, des Lebens Strömungen, die sich der Moderne verweigern. Sie bezeichnen sich als »heimliches Deutschland« und erkennen sich untereinander als die »Stillen im Lande«. Sie entfalten eine wuchernde publizistische Produktion.

Friedrich Griese etwa, der 1927 mit seinem preisgekrönten Roman ›Winter‹ Aufsehen erregt, veröffentlicht von diesem Zeitpunkt an jedes Jahr mindestens ein Buch, manchmal sogar zwei, Theaterstücke und Artikel nicht mitgerechnet. Die Veröffentlichungslisten der Werke von Gustav Frenssen, Erwin Guido Kolbenheyer, Hermann Stehr, Will Vesper, Wilhelm von Scholz und anderen stehen dem kaum nach. Diese Autoren gehören »zur unteren Sparte, zum ›low brow‹ des Kulturgeschäftes«³. In dem gleichen Maße, in dem sie sich vom ›offiziellen‹ Presse-, Feuilleton- und Buchbetrieb ignoriert und verachtet sehen, empfinden sie sich als das »kommende Deutschland« oder das »kommende Reich«. Einfacher noch titulieren sich andere als ›Die Kommenden‹, wie der Titel einer seit 1925 erscheinenden, mit den Freikorps sympathisierenden Zeitschrift lautet.

Die antimoderne Bewegung scheint wie ein Strom aus vielen verschiedenen Flüssen gespeist, für die man gemeinhin konservative, völkische, lebensphilosophische, nationalistische, nationalrevolutionäre oder heroisch-existentialistische Quellen reklamiert. Doch die Bewegung läßt sich in diesen Begriffen nicht erfassen. Sie erlebt in der Weimarer Republik eine einzigartige Ausbreitung. Der Eigenart des Antimodernismus entsprechend, handelt es sich jedoch nicht um eine reflexive Zuspitzung, sondern um die radikale Reduktion auf wenige gemeinsame Motive. Zuletzt umreißen drei ebenso große wie leere Vokabeln: *Heimat*, *Blut* und *Boden* das Motiv der völkischen Opposition, während die Vehikel der Identifikation in der kriegerischen Antimoderne die Namen *Nation* und *Deutschland* tragen. »Wir fühlten uns selber Deutschland«, schreibt Ernst von Salomon 1930: eine irreduzible ›Erklärung‹ des kriegerischen Bewußtseins, in dem Motiv und Ziel zusammenfallen.[4] Ihrer schematischen Verwendung zum Trotz bilden diese Begriffe Motive im Wortsinne. Sie markieren einen Beweggrund, etwas, von dem Bewegung auszugehen vermag. Ihre Formelhaftigkeit scheint weniger ein Manko zu sein, als gerade ihre spezifische Wirkung zu verbürgen. Diese Formeln tragen Beschwörungscharakter. Mit den Elementen von Anrufung, Bekenntnis und Wiederholung scheinen sie den rituell-religiösen Sprachen verwandt.

3. Zerrissenheit

Als Antwort auf das 20. Jahrhundert bildet die Apotheose des Bodens und der Erde eine Reaktion auf die schmerzhafte Erfahrung des *Zerrissenwerdens*: die uns heute nicht mehr zugängliche Erfahrung derer, die aus der Fraglosigkeit traditioneller Übereinkünfte, die alle noch vom *Boden* und seiner Ordnung herrühren, *plötzlich* herausgerissen werden und sich in die modernen Verflechtungen der Märkte, Nachrichten und Waren gestellt sehen, welche wiederum ohne Zentrum, ohne Ort, ohne jeden sichtbaren Halt sind. Die meisten Autoren, die später vom ›Segen der Erde‹[5] oder dem »einfachen Leben«[6] erzählen, haben zuvor ins Zentrum ihrer Romane Figuren gestellt, die diese Erfahrung verkörpern.

Ernst Wiechert schreibt 1932 den Roman vom Fährmann Jürgen Doskocil: »nichts war er als die Brücke, über die man ging«[7]. Jürgen Doskocil ist gänzlich eine Figur der Schwelle zwischen Natur und Kultur: halb Tier halb Mensch, halb Erde halb Mensch, mit einem Gesicht, das aussieht »wie ein Stein aus den Moorwäldern, als sei vierzig Jahre lang der Regen darauf gefallen. Es ist die Rinde eines Gesichts, und man weiß nicht, was drunter ist«[8]. Wer übergesetzt werden will, ruft den Fährmann Doskocil durch den Schlag auf eine rostige Pflugschar, »und jedesmal fährt er in ein Geheimnis hinein. ⟨...⟩ und einmal könnte Gott dastehen. ›Ich hab es mir nun bedacht, Jürgen Doskocil‹, könnte er sprechen. Ich will dir einen Acker geben und einen stillen See, wo du dich nicht mehr so zu quälen brauchst ⟨...⟩ Ruhe nun aus, mein Knecht Doskocil«[9]. Das ist die Sehnsucht aller Zerrissenen: daß ihr Zerrissenwerden durch eine plötzliche Erscheinung zu Ende ist und daß sich die Grenze, durch die sie von der Alten Ordnung getrennt wurden, nicht als »Zeitmauer«[10], sondern als Fluß herausstellt, an dem es ein anderes, erreichbares Ufer gibt.

Friedrich Griese schreibt vor dem ›Ewigen Acker‹[11] in seinem Roman ›Feuer‹, mit dem er 1921 seine schriftstellerische Laufbahn beginnt, die Geschichte des Leutnants Christopher Marlow, der aus dem Krieg kommt und in die Wälder flieht. Es handelt sich um eine Figur außerhalb jeglicher sozialer Bindung: Christopher Marlow, der nicht länger zu den Kriegern gehören will, die wie »Tiere nur ihre eigene Haut tragen«[12], scheitert bei seinem Versuch, sich von der tierischen in die soziale Existenz hinüberzuretten.

Überall finden sich Beschwörungen der *Schwelle*. Richard Billinger, der für sein Drama ›Rauhnacht‹ 1932 zusammen mit Else Lasker-Schüler den Kleistpreis erhält, beschreibt 1931 in ›Die Asche des Fegefeuers‹ »eine Dorfkindheit«: Unter der christlich zivilisierten Oberfläche schwelt die heidnische Glut. Der Wandernde kommt am Ende seiner Kindheit in die Stadt: »Hier suchte der Wind nicht meine Muhme, hier kamen Geister und Gespenster nicht über die Schwelle. Das Land des auenreichen Flusses Inn lag weit«[13].

Schließlich sei Knut Hamsun genannt, der als erster Moderner des Nordens seinen literarischen Ruhm in Deutschland gewann. Eine der wichtigsten Verlagsgründungen für das antimoderne Spektrum, der Verlag Langen-Müller, geht auf die Entscheidung Albert Langens zurück, für die deutsche Ausgabe der ›Mysterien‹ (1893) einen eigenen Verlag zu gründen. Hamsun war das unumstrittene

Vorbild und der Ahnherr der deutschen Heimatliteratur. 25 Jahre vor seinem Buch ›Segen der Erde‹, für das er den Nobelpreis erhielt, beschrieb Hamsun den Prototyp des Zerrissenen in seinem Roman ›Mysterien‹ (1892). Hamsuns alter ego Nagel wird wie folgt charakterisiert: »Nagel, der antibürgerliche Anarchist negiert das Fundament der bürgerlichen Ethik, das heißt die Einheit und die Kontinuität des Ich: Nagel ist in der Tat keine einheitliche Figur, sondern ein Knäuel von Wahnsinn und Schwäche, ein instabiles Aggregat von Nervenbündeln, ein provisorisches Ich ohne klare und präzise Grenzen, ein Unbewußtes im Rohzustand. Sein Leben ist ein verworrenes Geflecht von Überschwang, Einsamkeit, Unbehagen, Zwangsvorstellungen, unmotivierten Grausamkeiten, qualvollen Sehnsüchten, zarten Empfindungen und unbestimmter Aggressivität. Sein Leben kennt keine Einheit; es ist – wie der Roman selbst – eine Reihe von Fragmenten. Nagel verachtete die Gesellschaft und die Masse. Doch diese Verachtung ist die Maske des Neurastenikers, und seine aristokratische Arroganz ist die Verteidigungsgeste des Opfers.«[14]

In ihren großen Figuren der Zerrissenen beschreiben die Schriftsteller der antimodernen Opposition sich selbst. Sie beschreiben ihren Ausgangspunkt, der sie zeichnete: die explosive Entwirklichung des modernen Alltags. Sie versuchen nicht zu kitten, sie tun nicht so als ob. Die antimodernen Verweigerer waren wie die Figuren Hamsuns »Erleuchtete und Verblendete des Zerrissenen«[15]. Darin liegt ihre Modernität.

4. Die Modernität der Antimoderne

Die antimodernen Verweigerer reden von der Rückkehr zum Boden und hoffen auf eine Rückkehr in die Geschichte. Aber es geht ihnen nicht um eine Verteidigung des Althergebrachten, sondern um eine Antwort auf das 20. Jahrhundert. Es liegt ihnen fern, gegen die Herrschaft allgemeiner Abstraktion die trauliche kleine Welt, den stillen Winkel zu setzen.

»Das Bild des Landmanns, der im sauber gewaschenen Hemd am Sonntag ausruhend vor seinem Häuschen in der Nähe der alten Kirche sitzt usw.« – das sind für den Konservativen Georg Quabbe 1927 nurmehr »vorsintflutlich klingende Tiraden, ⟨...⟩ heimatkünstliche Panaceen des Zolltarifs«. Quabbe kritisiert den der Heimatkunst zugeneigten Konservativen Adam Röder aus der Zeit vor dem ersten Weltkrieg als jemanden, der »sich in lächerlichen Beschimpfungen der städtischen Kultur im Allgemeinen und der modernen Kunst im besonderen«[16] erging. Darum konnte und sollte es jetzt, 1927, längst nicht mehr gehen.

Die Zahlen der quantitativen Analyse Peter Zimmermanns[17] verdeutlichen: Die Masse der Heimat, Blut und Boden zugewandten Literatur wird von Autoren verfaßt, die zwischen 1880 und 1904 geboren wurden; und diese Literatur ist ein genuin modernes Phänomen. Sie besitzt keine kontinuierliche Geschichte, aus der sie sich langsam herausgeschält hätte. Man hat versucht, ihr über die Sujets Dorf-, Bauern-, Landschilderung, Kalendergeschichte oder Schwank eine in die Vergangenheit reichende Traditionslinie zuzuschreiben, doch die völkische Literaturbewegung ist so alt wie die Moderne selbst.

Zu dieser Bewegung gehören Autoren, die um die Jahrhundertwende, höchstens zehn, zwanzig Jahre davor zu schreiben beginnen: Gustav Frenssen, Hermann Löns, Heinrich Sohnrey, Hermann Stehr, Lulu von Strauß und Torney, Max Halbe, Wilhelm Schäfer und Knut Hamsun, der älteste von allen. Sie wird radikalisiert durch eine Generation von Autoren, die um 1890 und später geboren wurden und als junge Leute ihre Zeit als ein vollständig verwahrlostes gesellschaftliches Ganzes erlebten: Josef Martin Bauer, Josefa Berens-Totenohl, Friedrich Griese, Konrad Beste, Karl Benno von Mechow, Ulrich Sander, Will Vesper, Hermann Burte, Karl Heinrich Waggerl, Ina Seidel, aber auch Richard Billinger oder Ernst Wiechert. Diese Autoren beginnen im wesentlichen erst nach dem Weltkrieg zu veröffentlichen. Sie vollziehen die sogenannte »völkische Umprägung«[18] der traditionsorientierten Heimatliteratur. Es geht ihnen um ein programmatisches Zurück in ein Land, das nicht hinter ihnen, sondern in der Zukunft, vor ihnen liegen soll. Man könnte den Unterschied zwischen diesen beiden Autorengenerationen auch so bezeichnen: Während die älteren Autoren der Geschichtsbeschleunigung ein kollektives »Halt!« entgegensetzen und auf lebendige Traditionsinseln verweisen, auf die alte Einheit des Landes: Bauern und Adel, Kaiser und Junker, den »Edelmann« als aristokratischen Offizier, kulminiert das Motiv der jüngeren Autoren in einem programmatischen »Zurück!«. Sofern dieses Ziel vor ihnen liegt, gehen sie vom Wahn einer fast grenzenlosen Machbarkeit der Welt und der Geschichte aus – darin ganz den Fortschrittsgläubigen verschwistert. Sie folgen der Logik des zweiten Futur: Es wird gewesen sein.

Zwischen diesen beiden Generationen liegt »der große Krieg«, wie er damals genannt wurde. Der technisierte Stellungskrieg hatte deutlich werden lassen, daß eine technisch-instrumentale Ordnung bereit stand, den traditionell durch die Menschen bewerkstelligten gesellschaftlichen Verbund zu ersetzen. Der Eindruck, daß man damit »das Ganze« aus den eigenen Händen verliere, erzwingt die irreale Bewegung eines Zurück, das in der Zukunft liegt. Paul Tillich hat die antimoderne Bewegung als den Versuch charakterisiert, »vom Sohn her die Mutter zu schaffen und den Vater aus dem Nichts zu rufen«[19].

Der zukünftige Boden soll das zerrissene Ich retten können aus »dieser Verwickeltheit und Zwiespältigkeit unseres Lebens, das jeden einzelnen auf sich verweist« – so Werner Mahrholz, Zeitgenosse, Germanist und Sympathisant jener antimodernen literarischen Bewegung. Auch Mahrholz betont ihren modernen Charakter. Er nennt sie eine »Bewegung, ⟨die mit der⟩ spießbürgerlichen Enge der heimatkünstlerischen Literatur« und ihrer »allen modernen Problemen abgewandten Selbstgenügsamkeit« nicht zu tun habe. Die neuen Autoren seien »den großen Welt- und Menschheitsfragen verfallen«, den »gesellschaftlichen Problemen zugewandt«. Mahrholz nennt Ludwig Thoma, Lena Christ, Hermann Hesse, Emil Strauß, Heinrich Lersch, Friedrich Blunck, Hermann Stehr und andere, die ihre Bücher als »Literatur des heimlichen Deutschland« begriffen.[20]

5. Erinnerung an die Alte Ordnung

Im Mai 1933 resümiert Paul Fechter in einem berühmten Artikel die »Auswechslung der Literaturen«. Fechter spricht von den Antipoden *Region* und *Akademie*, die im antimodernen Bewußtsein Synonyme für *Dichtung* und *Literatur* darstellen: deutscher Boden steht auf gegen die weißen Städte der Akademien. Fechter nennt Paul Ernst, Hans Grimm, Hermann Stehr, Will Vesper, Agnes Miegel, Peter Dörfler u. a., die in »Regionen lebten, die den Vertretern des offiziellen Schrifttums überhaupt nicht zugänglich waren. 〈...〉 Es war gewissermaßen eine Literatur unter der Oberfläche 〈...〉, eine Dichtung der Tiefe, die vorhanden und auch nicht vorhanden war, weil ›man‹ nicht von ihr wußte, sondern immer nur einzelne sie kannten, weil sie immer erst, wenn nach ihr gefragt wurde, von irgendeinem Wissenden zusammengesucht und der anderen, in Akademien und literarischen Blättern sorgsam vereinten Literatur entgegengestellt werden mußte«[21]. Was einte diese Literatur unter der Oberfläche? Welche unzeitgemäße Erinnerung wirkte als Motor ihrer Siegesgewißheit? Hinter ihnen lag ein sublimes, schwaches Wissen von der Moderne, das sich sonst nirgendwo aufgezeichnet fand, und machte aus ihrem Pariabewußtsein mehr als nur die Maske der Unterlegenen.

Die Umbrüche der Moderne führten zu Veränderungen, die überall sichtbar waren, während sie selbst sich der Sichtbarkeit gerade entzogen. Das Bild gab die Wirklichkeit nicht mehr heraus, sagt Brecht[22]. Diejenigen sozialen *nobodys*, die aus dem Abseits gewaltsam in die moderne Krise der Sichtbarkeiten gerieten, aktualisierten in ihrer verzweifelten Lage, in der ein Mangel an Herkunft durch keine glückliche Heimkehr mehr ausgeglichen werden konnte, das Trauma der Herkunftslosigkeit. Schließlich klammerten sie sich an trivial und profan gewordene Begriffe: Instinkt gegen Geist; Adel, Blut, Rasse gegen Verstand und Vernunft; Landschaft, Bauer und Boden gegen Großstadt und Urbanität; Volksgemeinschaft und Dienst gegen Klasse und Gesellschaft.[23] Diese Begriffe sind Gemeinplätze, sind Worte, die ihre Einbindung in eine genaue ideelle Anordnung der Welt verloren haben, gleichwohl aber noch auf sie anspielen. Für ein naives und diffus religiöses Bewußtsein sind sie die einzig greifbaren Reste einer umfassenden Ordnung, in der das Leben, das Wort und der Kampf noch ihren bestimmten Ort hatten.

Man muß die Geschichte der antimodernen Gemeinplätze im Auge haben, um sie als Residuen jenes großen mittelalterlichen Weltbilds erkennen zu können, die das Leben für die einstmals erlösungssüchtige Gesellschaft akzeptabel machte, indem sie die Wahrung der irdischen Stellungen selbst zum Gottesdienst erklärte.[24] Es ist kein Zufall, daß diese Begriffe gerade zu dem Zeitpunkt noch einmal einen Abglanz ihres früheren heiligen Charakters zeigen, da die Geschichte endgültig keine Geschichte im Namen des Königs mehr ist. Heinrich Manns ›Untertan‹ ist, kurz vor dem endgültigen Ende jener Verhältnisse, die seine wahre Kulisse sind, eine Karikatur. Doch selbst als solche spiegelt sie noch einmal das rudimentäre Modell des selbstverständlichen sozialen Ortes. Im 20. Jahrhundert endet die Geschichte der Anciens Régimes und die in ihnen konservierte Erinnerung der heiligen Hierarchie. Das naive antimoderne Bewußtsein markiert die Verluste. Abrupt auf sein namenloses Selbst verwiesen, beginnt es zu formulieren, was verlorenging: die große Ordnung, Glaube, Gemeinschaft, Dienst.

Doch ebendas verlangen die Umbrüche der Moderne den Autoren der antimodernen Bewegung ab: daß sie diese Ordnung formulieren, aus den wortlosen Übereinkünften heraustreten, reden und schreiben müssen. In ihrer antimodernen Bewußtseinslage werden sie denen ähnlich, die seit jeher nicht mit der Waffe, sondern mit dem Wort kämpfen: den Priestern. In ihrem Bewußtsein *sind* sie Priester. Wie diese sind sie an die Nahtstelle zwischen Hier und Da gestellt; wie diese führen sie das Wort, das glauben machen soll. Die zeitgenössische Übersetzung für ›Priester‹ hieß *Dichter*. In vielfältigen Schattierungen entsteht im frühen 20. Jahrhundert das Phänomen der Dichter-Priester: Propheten, Seher, Verkündiger, Erleuchtete, die predigen, prophezeien, verdammen, richten und bannen. Hinzu kommen die Gründer von Bünden, Sekten, Orden, Parteien. Ein heterogenes politisch-ästhetisches Feld, das dem Morgenlandfahrer Hermann Hesse sehr vertraut ist: »Zu jener Zeit, da ich dem Bunde beitreten zu dürfen das Glück hatte, nämlich unmittelbar nach dem Ende des großen Krieges, war unser

Land voll von Heilanden, Propheten und Jüngerschaften, von Ahnungen des Weltendes oder Hoffnungen auf den Anbruch des Dritten Reiches«[25]. In dieser Krise, mit der sich das 20. Jahrhundert etabliert, stoßen Mittelalter und Moderne aufeinander.

6. *Der Sturz vom Sockel*

Die Autoren der Weimarer Republik müssen zunächst weniger als Gesinnungs- oder Meinungsproduzenten, denn als Literaturproduzenten betrachtet werden. Nicht worüber sie schreiben, sondern daß sie es tun, ist Anzeichen einer spezifisch modernen Veränderung. Diesen Umstand bemerkt Ernst Jünger 1934 in seinem Essay ›Über den Schmerz‹: »Der Firnis einer beliebigen Gesinnung reicht zur Beurteilung der Lage nicht aus. Die Worte verändern nichts. Sie sind höchstens Anzeichen der Veränderung.«[26]

An der Schwelle zum medial-technischen Zeitalter ändert sich die Funktion des Autorenworts grundsätzlich. Die bürgerliche Gesellschaftsbildung nahm auf das Ideal der gebildeten Gesellschaft Bezug. Dem 19. Jahrhundert hatte der Autor als Vermittlungskünstler für Menschen- und Welterfahrung gegolten, sein Wort als wahrer, kritischer Spiegel der Gesellschaft, die Literatur als heimliche Kennerin aller verwirrten Gefühle, die sie unablässig veröffentlichte. Der klassische Autor hatte auf einem Sockel gestanden, in den sich das 19. Jahrhundert selbst eingraviert hatte: Bildung und Wahrheit.

Die technisierte Zivilisation bildete sich nicht mehr über das Autorenwort, sondern über die technischen Kanäle. Die Zeichen dieses epochalen Umbruchs waren unübersehbar. Überall beklagte man den Geltungsverlust der Literatur, die Unterschätzung des Autorenstatus, das Vordringen von Pressromanen, Schmutz und Schund[27]. Im neuen Jahrhundert war die Autorschaft kein sorgfältig gehütetes Privileg mehr, sondern prinzipiell für jeden erreichbar, auch für Frauen, auch für den vierten Stand. Es gab keinen Leser mehr, der selbst von der Autorschaft ausgeschlossen war. Nun galt: Schreiben kann jeder. Im selben Moment traten die Fragen »Für wen?« und »Wozu, mit welchem Ziel?« aus dem Stadium der selbstverständlichen schriftstellerischen Praxis heraus und verlangten nach neuen Konzeptionen.

Es werden Modelle entworfen, in denen der Schriftsteller als geistiger Arbeiter, als Politiker, als Zeuge für oder gegen die Zeit erscheint. Man versucht, die Literatur als Mittel zur Formierung revolutionärer Massen, zur Bildung eingeschworener Gemeinden oder zur ›Läuterung des deutschen Volkes‹ zu funktionalisieren. Alle diese Konzepte sind in ihrer Ausgangsbedingung gleich: Sie verarbeiten den Sturz des Schriftstellers vom Sockel, den sie weder wahrhaben können noch wollen. Indem sie nach neuen Grundlagen fahnden, aktualisieren sie Elemente des klassischen Autorbildes und der Priesterschaft des Wortes.

Der Priestermythos bringt Ordensgründer vom Typus Stefan George oder Otto zur Linde hervor. Daneben finden sich Propheten, die wie der Priester Hillel aus Meyrinks ›Golem‹ (1915) »mit der einen Hand zum Himmel und mit der anderen abwärts« zeigen und »dabei unverwandt« auf das Publikum schauen[28]. Propheten sprechen im Namen einer möglichen Transzendierung der schlechten Gegenwart. Sie zielen auf Abkehr und Umkehr aller. Niemand verkörpert den prophetischen Typus so rein wie Ludwig Rubiner.

Neben diesen auffälligen Zelebrierungen transzendentaler Überwindung gibt es den sehr viel weiter verbreiteten Typus des Glaubenseiferers, des zelotischen Predigers. Dieser Typus besinnt sich in besonderem Maß auf die *gesellschaftsstiftende* Aufgabe des Dichterwortes. Ungeachtet dessen, daß des Dichters Wort längst kein Mittel mehr zur realen Integration in das Allgemeine darstellt, gehen Glaubenseiferer weiterhin davon aus, mit ihrem Wort Gemeinschaft herstellen zu können[29]. Auf die Frage, für wen sie schreiben und wozu, antworten sie jeweils mit »dem Volk«, der »Einheit des Volkes« oder dem »werdenden Volk«, als dessen »geistiges Band« sie sich verstehen. Mit überlebten Strukturen, mit der Dienerschaft des Wortes begründen sie ihre eigene Realität, die die Irrealität des Völkischen ist.

Ordensgründer, Propheten, Priester des Völkischen – sie alle verstehen sich als »Diener des Wortes und der Wahrheit«. Die namenlosen Schreiber nennen sich *Dichter*. Weil der Sockel des Autors für sie nicht mehr bereitsteht, machen sie sich zu Priestern einer irrealen völkischen und real lesenden Gemeinde, um sich eine eigene Funktion, einen Ort und einen Status als *Dichter* zu sichern.

Die Kunst der »Gleichzeitigen« reagiert auf die modernen Ausgangsbedingungen mit verschärfter Sachlichkeit, verschärfter Theoretisierung und Politisierung, mit einer Apotheose der Großstadt. Ihre Skandalverliebtheit, ihre elitäre Demonstration von Kälte, ihre aufsehenerregende Wendung hin zu einer radikaleren Autonomie der Kunst waren leicht als andersgeartete Verarbeitung jener Infragestellung der Position des Schriftstellers zu erkennen. Die kulturkonservative Seite hat dies in schier unermüdlicher Wiederholung betont. So sagt etwa der katholische Publizist Joseph August Lux (›Den »geistigen« Arbeitern! Über die Pflichten der Persönlichkeit‹, 1919): »Der Intellekt war Euch nicht so sehr ein Mittel der Aufklärung über das reine Menschentum, sondern ein Vehikel Eurer egoistischen Antriebe und Eurer Marktinstinkte, um über Wert und schweigendes Verdienst zu triumphieren durch Betriebsamkeit und Aufmachung.«[30]

Im folgenden sollen verschiedene »Typen« von Konzeptionen der Autorfunktion vorgestellt werden, als »Typen« hochartifizieller Verarbeitungsformen einer existentiellen Not.

7. Ordensgründer

Stefan George steht hier am Anfang, auch wenn seine Ordensgründung um die Jahrhundertwende stattfand und er selbst in Deutschland nach 1918 nur als »sinnbildliche Gestalt« gegenwärtig war.[31] Aber für das Weimarer Bewußtsein bildet er zweifellos eine Art paradigmatischer Größe. Nicht nur das ehemalige Ordensmitglied Ludwig Klages (›Vom kosmogonischen Eros‹, 1922) zieht in der Weimarer Republik seine zivilisationskritischen Kreise, sondern auch Karl Wolfskehl (›Die Priester des Geistes‹, 1922). Ordensmitglied Alfred Schuler, der um 1900 bei Bachofen das Hakenkreuz fand und sich als »Neueinkörperung« eines gottgeweihten Griechen verstand – der »violette Ringelnero«, wie Friedrich Gundolf respektlos schreibt – spricht 1922 im Salon der Elsa Bruchmann über seine Ideen; unter seinen Zuhörern war der »geistig und sittlich wurzellose Österreicher von nie ganz aufgeklärter Herkunft namens Adolf Hitler«[32]. Ordensmitglied Friedrich Gundolf wird Germanistikprofessor in Heidelberg. Seine Schüler werfen ihm 1926 »Schöngeisterei und Intellektualismus« vor und propagieren das »tiefe, unmittelbare Erlebnis« der Jugend des »neuen Deutschland«. Dies wiederum nimmt ein Freund Christian Morgensterns, Efraim Frisch (1873-1942), Herausgeber der Monatschrift ›Der Neue Merkur‹, zum Anlaß, in den heftigen Zweifrontenkrieg zur Verteidigung des Geistes von links einzugreifen.[33] Georges Ordensgründung datiert zwar früher, aber der kosmische Aufbruch und seine esoterischen oder privatgelehrten Fortsetzungen bilden eine der wesentlichen Verhaltensformen »des Geistes« in der Weimarer Republik: eine typische Form, den Sturz der Schriftsteller vom Sockel zu verarbeiten.

In der sicheren Ahnung, daß mit dem Beginn des 20. Jahrhunderts mehr zu Ende ging als nur ein anderes Jahrhundert, erinnern sich die »Kosmiker« an die älteste aller Schwellen: die Schwelle zwischen dem Heiligen und dem Profanen. In ihrer Sehnsucht taucht die Erde wieder als Teil einer astralen, einer kosmischen Ordnung auf. Sie erinnern sich der Gegenwart des Heiligen an der Schwelle der sagbaren Welt, der sichtbaren Verhältnisse. Aus dieser Erinnerung machen sie – ganz und gar Kinder des 20. Jahrhunderts – ihr *Programm*. Es läßt sich, in grober Verkürzung, ungefähr folgendermaßen skizzieren: Die Gegenwart droht Himmel und Erde gänzlich auseinanderzureißen. Das hiesige Leben verliert den Kontakt mit dem jenseitigen, mit dem Urlebendigen. Das hiesige Leben wird vom jenseitigen verlassen und droht in »allerstarrung« zu versteinern. Darum braucht man klösterliche Gemeinschaften, Sekten, Orden, die auf der Tempelschwelle zwischen Profanem und Heiligen die »glut« vor der Erstarrung bewahren.[34] Das ist der Gedanke, auf dem Georges Kreis basiert, das Motiv für Klages' Bemühungen, die Seele wider den Geist aufzurufen. Der empfangende Kontakt mit dem Universum ereignet sich jedoch nicht mehr von selbst. Er muß organisiert, er muß zum Programm erhoben werden. Damit jedoch gerät er zur »Sehnsuchtsgebärde der Sprache, literarisch durch und durch«.[35]

Georges Weihespiel ›Die Aufnahme in den Orden‹ schließt mit

den Zeilen: »Der kreis ist der hort / Der trieb allen tuns / Ein hehres wort / verewigt uns!«[36] Beachtet man die metonymische Verschiebung von »hort« und »wort« und ersetzt »hort« durch das zuerst gedachte, dann aber verschobene »wort«, ergibt sich ein deutlicher Text: Der Kreis ist das Wort, das Wort ist der Hort, der Hort ist das Wort. Inmitten dieses sprachlärmenden Leerlaufs inszeniert Stefan George seine Selbstapotheose als Dichter. Als Ordensgründer verhält er sich wie ein »Medienprofessionalist«[37] und baut sich den Sockel, auf dem er als Dichter zu ruhen gedenkt.

In seinem Orden nimmt George die Position eines Gesetzgebers ein. Er ist die Königsfigur, die die Merkmale des Alters und der Jugend in sich vereinigt.[38] George bereist die Freundeswohnungen wie früher die Könige ihre Pfalzen. Für die zahllosen Photographien, die er von sich anfertigen läßt, kultiviert er eine majestätische, despotische Gebärdensprache. Er tritt auf. Er beherrscht das theatralische Vokabular der Requisiten. George behauptet, einer Bemerkung Bühlers zufolge, mittels seiner Dichtung Zeuge einer neuen Rasse sein zu wollen. Nirgends ist der aggressive Charakter eines künstlerischen Ordens klarer benannt worden. Keine andere verschworene Dichtergemeinschaft hat so unverholen mit der kriegeraristokratischen Metaphorik gearbeitet. Entgegen ihrem Grundsatz, daß in der Kunst nichts, was der Öffentlichkeit entgegenkomme, auch nur den geringsten Wert habe, stehen George und seine Jünger doch mitten im Krieg der Gesinnungen, organisieren, propagieren und richten. In den »Blättern für die Kunst«, die George von 1892 bis 1919 leitet, kämpfen sie »gegen das derbe und niedere des zeitgenössischen schreibewesens«.

Man hat Georges Orden als »aristokratische Sekte« (Max Scheler) bezeichnet. Der Bürgersohn Stefan George übernimmt das aristokratische Kriterium (»Blut«) als *das* Auswahlkriterium schlechthin. »Blut« kommt jenen zu, die er auf die Seite seines Ordens rechnet, während es der modernen Zivilisation abgesprochen wird[39]. Die Elite der Geistigen wird mit der Vokabel des Blutes beschwert und begründet. Der Wertkategorie »Blut« werden »Glaube« und »Liebe«[40] zugeordnet. Die Macht einer naturhaften, genetischen Gegebenheit wird imitiert: »geweihtes blut«[41] ist stärker als »intellektuelles wissen«, ist die tiefere Quelle, aus der allein die notwendige Erneuerung kommen wird (›Das Neue Reich‹).

Mit dieser Betonung des Blutes befinden wir uns, was Georges Orden angeht, gänzlich auf kriegerischem Sektor. Merkmale der kriegerischen Funktion bestimmen auch sein Bild von der Jugend. Schönheit, Mut und Eifer galten seit jeher als Merkmale des Kriegers. Schönheit ist ein Privileg. Georges Orden will die »heilige jugend« hervorbringen, die »neue reiche erobern könnte«. Die durch die Ordensliebe zu George erzogenen Jünger würden das »geheime deutschland« bilden, das »neuen raum in den raum« schafft[42]. Das auf diese Weise erneuerte Deutschland würde »geweihten blutes« sein wie zuvor nur Georges Jünger: es wäre das Volk mit dem »geweihten blut der licht-gehaarten«[43].

Georges Orden ist das vollkommene Bild einer aristokratischen, d. h. kriegerischen Gemeinschaft, aber eben ein *Bild*: Es handelt sich um eine vollkommene Übertragung ins Ästhetische. George hat symbolistische Praxis niemals mit realer Politik verwechselt. Er übernimmt das kriegeraristokratische Inventar für den Beruf des Dichters zu einem Zeitpunkt, da der Krieg um Leser, Schreiber, Worte, Stoffe, Einfälle, Herkünfte losbricht. Ikonenartig versammelt Georges Orden, was zur Berufsausstattung künftiger Autoren gehören wird. George war diese doppelte Dimension durchaus bewußt: »Wer adel hat erfüllt sich nur im bild / Ja zahlt dafür mit seinem untergang.«[44]

8. Propheten

›Geist werde Herr‹: Unter diesem Titel schreibt Kurt Hiller (1885–1972) im Jahr 1919 in der ›Weltbühne‹: »Der Literat. Kein Ausgeschloßner mehr, kein ironisch Danebenstehender und bloß formulierender Gaffer, sondern ein Eingreifender, nicht länger Statist, sondern Held. ⟨...⟩ Wir werden nicht musisch sein, wir werden moralisch sein; nicht betrachten, sondern bewirken; Redner, Lehrer, Aufklärer, Aufwiegler, Bundesgründer, Gesetzgeber, Priester, Religionsstifter werden wir sein, wir werden Propheten sein, wir werden Literaten sein.«[45]

Gegenüber den »Kosmikern«, die ihre Begegnung mit dem Geheimnis in esoterischen Lehrer-Schüler-Zirkeln konservieren, verfolgen die Propheten ausdrücklich eine gesellschaftspolitische Utopie. Sie beabsichtigen nichts Geringeres als die Umwandlung der Menschen in eine »Gemeinschaft von geistigen Menschen«[46]. In diesem Umwandlungsprozeß soll der Literat als Katalysator fungieren. Von allen, die sich um ›Charon‹, ›Pan‹, ›Die Gegenwart‹, ›Der Demokrat‹ und um Franz Pfemferts ›Aktion‹ scharen, ist der Pazifist und Anarchist Ludwig Rubiner der radikalste. Seine Aufrufe, Manifeste, Programme waren Anregung für eine ganze Generation von Autoren. Rubiner ist Stichwortgeber des prophetisch erregten Zeitgeistes unter den Linken. Er tritt auf wie ein Flammenwerfer Gottes, der sich in diesem Feuer selbst verzehrt.

Der Geist, um den es Rubiner geht, ist kosmischer Herkunft: Lavastrom des lebendigen Lebens, das im Gegensatz sowohl zu einem bloß »vegetativen, genusshaften Fürsichsein« als auch den materiellen Determiniertheiten der Zivilisation verstanden werden soll.[47] Der Geist selbst unterliegt keiner Veränderung, sondern schafft Veränderung zum richtigen Leben hin: »Alle Änderung der Welt ist Projektion des Geistes auf die Welt.«[48] Der »Hebeldruck«, mit dem die Änderung der Welt erreicht werden soll, ist die »höchste Immaterialität, das stärkste nur Innensein: die Intensität«[49]. Diese Intensität ist nicht mehr beim Politiker zu finden, obwohl dieser »fetter effektuiert« ist, sondern beim Dichter: »Der Dichter ist der einzige, der hat, was uns erschüttert, Intensität.«[50] »Kein höheres Wesen in der menschlichen Gemeinschaft, als der Literat! Der Literat ist für uns alle da; tausendmal opfert er sich in die aufreizende und vergängliche Stunde. Er wagt es, für uns das Wort zu sprechen, auf das Glück und die tolle Gefahr hin, daß es das Wort des Tages ist. Er stürmt für uns vor; er ist der Führer«[51]. Darum greift der Dichter in die Politik: zum Heil der Menschen, um ihr betäubtes Leben zu befreien.

Der Dichter operiert vom kosmischen Geheimnis des Lebens her, das dennoch kein elitäres Geheimnis ist, sondern eines, das alle von ihrer Kindheit her kennen. Den wahren Stoff und Vorwurf des Dichters bilden »jene Urelemente des Fühlens zwischen dem Feuer und der Nacht, der Helle und dem Tod, die wir seit unserer Kindheit kennen, und die uns stets an unsere geistige Herkunft erinnern«.[52] Die Schwelle, auf die hier angespielt wird, ist – wie bei den »Kosmikern« – die zwischen Gott und Welt. Auf dieser Schwelle kann und soll eigentlich jeder Mensch stehen, das ist der von Rubiner ersehnte »Mensch in der Mitte«. Doch die »Civilisation« hat die Menschen von dieser Tempelschwelle vertrieben, hat sie in die »Abhängigkeit von der realen Umwelt, vom Milieu, von der Atmosphäre – kurz von dem, was man geheimhin ›Natur‹ nennt, getrieben.[53] An dieser Schwelle stehen nurmehr die Geistigen, die Dichter. Sie haben damit die traditionelle Position des Priesters inne. Ihr Werk soll Menschheitsrettung sein. Mit der »Aufrüttelung durch den Geist« initiiert der prophetische Dichter den »Umbruch der Welt«, seine Schöpfung ist »Entwurf fürs Paradies«.[54]

Mit diesen Sätzen ist das Programm einer Katastrophe formuliert: »alles was sich zwischen Gott und den Menschen drängt«, ist falsch, ist »Umwelt«. Umwelt ist ein Synonym für »die heutige Gesellschaft«. Sie also soll fort und mit ihr der »ganze äußere und innere Besitz der vergangenen Jahrhunderte«.[55] Der *Dichter-Prophet* soll Katalysator dieser allgemeinen Heiligung, das heißt der ersehnten Verheilung der Rißwunde zwischen Gott und den Menschen sein. Rubiner spricht vom »Trümmerhaufen der letzten, großen, nun abgewelkten Jahrtausendschöpfung der Menschheit«, die beiseite gefegt werden müsse. Die heutige Gesellschaft ist nichts als »Sünde, Irrtum, Materie«[56] – so lautet die fatale Formel eines Prophetismus, der an Weltverachtung nicht zu überbieten ist.

Rubiner weiß, was er sagt. Er ist kein naiver Jugendlicher, er steht in der ›Mitte seines Lebens‹, wie es von den Vierzigjährigen so schön falsch heißt. Er will alles und weiß, daß das unmöglich ist. 1912 hat er selbst vor einem kosmogonischen Totalitarismus dieser Art gewarnt: »Es gilt hier nicht, gegen die Zivilisation zu sein. Dies wäre ein entsetzlicher Unsinn. Ebensogut könnte man gegen ›Quantität‹ oder gegen ›Materie‹ sein wollen.«[57] 1918 spricht Rubiner von der Heraufkunft eines neuen Geschlechts, das »mit der alten Kultur abgeschlossen« hat, das sich auf seine »Erdenkindschaft« besinnt. Im Oktober 1920 bezeichnet er das Proletariat als »heilige Masse«[58]. Die Stunde des prophetischen Selbstopfers naht.

Zwei Jahre lang spricht Rubiner vom Selbstopfer als der zwingenden Lösung: »Dreh ihn um, den Stachelpanzer; verwunde nicht die andern, stich dich selbst. Unser Opfer müssen wir bringen, unser eigenes Opfer, ⟨...⟩ das ganze Dasein geben! Wir waren die Führer, wir ragten auf, sandten Ströme von uns, die die Massen bewegten. Das war unsere Sünde! Die Welt wird neu. Wir haben kein Recht mehr zu sein. Wir dürfen nicht mehr da sein. Über uns hinweg muß die Freiheit kommen. Nicht wir mehr befreien die Menschen, sie selbst tun es auf unserem Leib.«[59] Seine Predigten nehmen die Schärfe von Peitschenhieben an. Er eifert gegen »verschmierte Hirne«, gegen die »Sektierer der Empfindung«[60]: Wer in Fragen der Kunst irre, sei mitverantwortlich für die Schrecken des Krieges! Ein von Zerstörung bedrohtes Bewußtsein sucht seine Einkehr in den »göttlichen Plan vom Gemeinschaftsleben«[61] und ersehnt seine Rückkehr in die Schöpfung.

Im Winter 1920 erlag Ludwig Rubiner in Berlin einer Lungenentzündung. Man hat in ihm eine Verkörperung der »Zeitseele« gesehen – ein Begriff, den Detlev von Liliencron vor 1914 für Richard Dehmel geprägt hatte. Die Nachrufe z. B. von Rudolf Leonhard oder dem Herausgeber des ›Pan‹, Wilhelm Herzog, äußern sich einmütig. »In einer Zeit des Zusammenbruchs, einer Zeit aufberstender und widereinander gärender Widersprüche, einer Zeit katastrophaler Neugeburt muß die Erscheinung des Dichters noch paradoxer sein, als es sein inneres Gesetz schon ist«, schreibt Rudolf Leonhard und fährt fort, Rubiner sei führender Literat, unliteratenhaft par excellence; er sei Führer mit einem heißen Willen zum Führertum und habe wie kein anderer das Eingehen in die Masse gepredigt.[62]

Ludwig Rubiner inkarniert den Widerspruch derjenigen, die als linke Aktivisten oder als konservative Revolutionäre den Weg des Selbstopfers programmierten: sei es als Selbstaufgabe in einer Krankheit, als Sturz aus einem Berliner Hotelfenster oder als Verschwinden in der Namenlosigkeit im Dienst sektiererischer Parteien. Solche Propheten, Oskar Kanehl (gest. 1929 in Berlin) oder Moeller van den Bruck (gest. 1926 in Berlin), gingen diesen Weg weniger als Politiker denn als »Wortzeugende«. Sie trauten dem Literaten, dem Wort, dem schriftlich niedergelegten Programm eine unmittelbar gesellschaftsverändernde Wirkung zu. Sie schrieben und verzehrten sich im Kampf um die politische Wirkung ihrer Worte.

Die Möglichkeit, daß die Moderne den Kampf um Worte, Dichtung, Literatur und Gesinnung in diesem Ausmaß eröffnet hatte, weil die modernen Bedingungen der Gesellschaftsformierung sich vom Autorenwort und der Schriftlichkeit immer weiter entfernten, die Möglichkeit, daß es zu einem solchen Kampf um das Autorenwort und sein Gewicht kam, weil dieses Wort zunehmend erschöpft war – diese Möglichkeit lag vollständig außerhalb des Denkbaren. Sie wird erst heute langsam in ihren epochalen Umrissen sichtbar. Die das Selbstopfer proklamierten oder es selbst stillschweigend oder programmatisch praktizierten, haben *diesen* Sockelsturz: daß über das Autorenwort oder die Schriftlichkeit keine Gesellschaft mehr herzustellen oder entscheidend zu beeinflussen ist, registriert. Ihr Credo, auf dem Gebiet des Prophetismus, lautet: Wenn das so ist, dann soll es auch keine Literaten, kein Autorenwort, keinen Schriftsteller, keinen Dichter mehr geben.

9. Priester des Völkischen

Keine behauptete Dichterschaft gewinnt die Integrationsleistungen des klassischen Dichterwortes zurück. Doch einmal ins Schreiben geraten, will man begründen, was sich der Begründung entzieht. Die Begründungswut bringt Konzepte des »geistigen Standes« hervor. Ein extremes Beispiel solcher Begründungswut stellt Erwin Guido Kolbenheyer (1878-1962) dar. Er entwickelt eine ganze Volksbiologie, um den »Lebensstand der geistig Schaffenden« und sich als ihren »Dichter-Philosophen«, wie er sich überall annoncieren läßt, zu beschreiben.

Kolbenheyer, in Budapest geboren, in Karlsbad und Wien aufgewachsen, begreift sich als »Mensch auf der Schwelle«. Diese Schwelle setzt er ausdrücklich zu jener in Beziehung, »von der aus das deutsche Volk den eigentlichen Durchbruch in sein neuzeitliches Lebensalter durchgesetzt hat«.[63] Die Neuzeit-Schwelle »bis zur Reformation« scheint ihm der ferne Spiegel. Von daher kommen »Lehrstand, Wehrstand, Nährstand«, nur daß ihm die alte

Standesordnung zu grob war.[64] Kolbenheyers Projekt lautete, die ständische Rangordnung der Gegenwart anzupassen und sie auf eine ›moderne naturwissenschaftliche Grundlage‹ zu heben. Kolbenheyer verankert die »Lebensstände« im »Zellplasma« eines »volksgemeinsamen« Körpers.[65] Doch während die anderen Stände nur »Anpassungsarbeiten in ihren Sondergebieten« leisten, die »das Gesamtleben durchsetzen und erhalten«[66], kommt dem »Lebensstand der geistig Schaffenden« eine unvergleichliche Aufgabe zu. Die Geistigen haben dafür Sorge zu tragen, daß kein Handeln den Volksorganismus in seinem »naturbedingten Lauf« störe. Sie haben ihn »über die Tagesstunde hinaus zu fördern«[67]. Eine höhere Aufgabe ist nicht denkbar. Die außerordentlich hohe Position der Geistigen wird durch eine Bio-Metaphysik begründet. Als »gearteter« Stand sind die »geistig Schaffenden« unanfechtbar. Sie sind im Besitz einer unvermeidlichen Höhe.

Der Geistige steht »unter letztem und höchstem Verantwortungsbewußtsein für alle Wirkungen seiner Handlungen selbst ein. Kein Höherer nimmt ihm das ab und kann ihn entlasten.«[68] An dieser Stelle wirft Kolbenheyer jene Frage auf, die im Verlauf des Jahres 1933 Kontroversen um seine Person und ein kurzfristiges Redeverbot für ihn verursacht: »Wer kann Führer auf dem Lebensgebiete des geistigen Schaffens sein?«[69] Kolbenheyer antwortet damit, daß wahres Führertum »Offenbarung« sei und »nirgend gelernt oder befohlen werden kann«.[70] So geraten ihm in der Überhöhung der »Volksnatur« deren natürliche Retter unter der Hand zu originären Priestern, deren Geistesgaben ›von der Natur kommen‹ und mithin nicht zu kommandieren sind. Die Auffassung von der Unvergleichlichkeit geistigen Führertums gipfelt in einem politischen Paradox: »*Den Führer führen?*«[71]

Eine Fülle von Schreibern, die im Gewand des völkischen Priesters unterwegs sind, bearbeiten diesen originär antimodernen Topos vom Geistigen und seiner *Inkompatibilität* als Antwort auf die Moderne. Es ist die Verlängerung der Idee vom Priester, der an der Spitze der ständischen Pyramide die diesseitigen Belange mit den jenseitigen vermittelt. Friedrich Griese schreibt in den zwanziger Jahren sein Drama ›Der Narr von Gent‹: ein ins Zeitlose transponiertes Modell vom Diktator und seinem priesterlichen Gegenspieler. Dieselbe Thematik behandelt Wilhelm von Scholz in seinem Drama ›Meroé‹. Als Universitätspolitiker beansprucht Heidegger die führende Rolle der Geistigen, zuvörderst der Philosophen, ohne Umschweife für die gesamte »nationale Revolution«. Im Punkt der »geistigen Führerschaft«, der winzig scheint, kulminiert der Widerspruch zwischen originärem Mythos und der nationalsozialistischen Politik: Ein Priester, der höher ist als alle Politik, wird zum Gegenspieler von Königen und Diktatoren. Dieser Widerspruch wird in der Regel weder beabsichtigt noch gesucht. Er unterläuft seinen Protagonisten, während sie sich um den Nachweis einer unvergleichlichen Höhe der Dichter-Philosophen bemühen, um die Errichtung eines unumstößlichen Sockels.

Die Völkischen verstehen ›Schreiben‹ als *Dienst*. Im Februar 1931 träumt sich Wilhelm Schäfer, der gerade die preußische Dichterakademie verlassen hat, das »deutsche Volkstum als ein Haus, in dem der Dichter seinen Dichterdienst innehat«[72]. Fast sieht es so aus, als hätte der völkische Autor seinen Ort in der Weimarer Nachkriegsgesellschaft endlich gefunden, doch dieser Ort hat einen Fehler: er ist völlig unsicher.

Gegen die »Wurzellosigkeit« des großstädtischen Geistes setzt das ländlich-völkische Sentiment die geistige Erneuerung aus dem *Volk*. Jedoch das Volk ist kein ganzheitlicher Jungbrunnen mehr, »das Volk in seiner Einheitlichkeit« ist *zerstört*.[73] Dichter ohne Berührung mit den Kräften des Volkes haben es schwer: »Am schwersten aber haben sie es dadurch, daß kein Volk ihre Dichtung empfängt und trägt, weil ⟨durch die Entwicklung zum Mechanischen und Abstrakten hin⟩ kein unmittelbares Verhältnis von ihnen zu ihren Volksgenossen entsteht und weil ihnen so das Schönste, das tragende Bewußtsein ihrer Würde und Bedeutung geschwächt, verkümmert, zerstört wird.«[74] Bezüglich des *Risses*, der sich zwischen Dichtung und Volk auftut, sind – laut Mahrholz – *drei Reaktionsformen* möglich: erstens das Spiel der schönen Form (Esoteriker, Ästheten), zweitens die Anklage (Literatur, Kunstgewerbler, Karikaturen) oder drittens ein tiefer Glaube und eine »gründliche Auseinandersetzung mit unserer Zeit«.[75] Denn: »Ein Volksschriftsteller ohne Volk ist ein Widerspruch in sich – so muß der geborene Volksschriftsteller zum modernen Dichter werden.«[76]

Dies ist der Weg, den die Priester des Völkischen gehen. Sie stehen vor der schizophrenen Aufgabe, als Dichter der »Mund des Volkes«, das »Organ einer Gesamtheit«[77] zu sein, aber diese Gesamtheit durch denselben, ihren eigenen Mund erst herstellen zu müssen. Der Zirkel ist im Irrealen völlig geschlossen. Ihm wohnt eine immense Aggressivität inne. Das Volk muß erst geschaffen werden, das die Dichtung seiner Dichter empfangen und tragen und jenen Dichtern Bedeutung verleihen soll, die sein »tragendes Bewußtsein« sind.

10. Dichtung contra Literatur

Man stritt nicht nur um Ort, Funktion und Aufgabe der Schriftsteller, sondern man kämpfte um sein Leben. Der Streit kulminierte in den Schlagworten »Intellektuelle«, »Literaten« oder »Dichter«, während die Vokabel »Geistige«, die auf eine noch allgemeinere Schicht des Konflikts anspielt, sowohl von den einen als auch von den anderen für sich reklamiert wurde.

Das politische Schlagwort »Intellektuelle« ist noch nicht alt. Es war Ende des 19. Jahrhunderts im Zusammenhang mit der Dreyfus-Affäre entstanden, in der mit ›Les intellectuels‹ jene bezeichnet wurden, die sich für eine Revision des Prozesses gegen Dreyfus einsetzten, überzeugt davon, daß Dreyfus das Opfer einer Rechtsbeugung war, für die der Nationalgeist, Altar und Militär verantwortlich waren. In diesem Konflikt probte der Geist seinen Aufstand gegen die Macht – und war erfolgreich. Der Begriff des »Intellektuellen« barg mithin die Erinnerung an einen entscheidenden Platzverweis oder auch paradigmatischen Wechsel: Die *Argumentation*, die gelehrte und moralisch verantwortungsbewußte Anstrengung des Kopfes, war in der Lage, sich *an die Stelle* der traditionellen Geheimnis- und Machtträger zu setzen; beherztes intellektuelles Engagement war in der Lage, den Priester in der Soutane und die traditionelle Macht des Schwertes zu verdrängen. Diese Affäre wurde zum Schlüsselerlebnis für das gesellschaftliche Selbstbewußtsein der Intellektuellen.

Als französisches Fremdwort taucht die Vokabel »Intellektuelle«

nach der Jahrhundertwende im Wilhelminischen Deutschland auf, als Statusbezeichnung für Gebildete, Gelehrte, Literaten und Schriftsteller. Die einen stecken sich diese Bezeichnung als Ehrentitel ans Revers, die anderen bekämpfen sie als *Landesverrat*[78]. Elitäre und esoterische Zirkel bemächtigen sich dieses Schlagworts. Es erhält einen exklusiven, vorpolitischen Sinn. Schließlich erinnert Heinrich Mann in seinem berühmten Essay ›Geist und Tat‹[79] wieder an die ursprüngliche Bedeutung dieses Begriffs, indem er an die politische Verantwortung des Intellektuellen appelliert. Heinrich Manns Artikel wird zu einer Art Intitialzündigung für den literarischen Aktivismus. Die kulturkonservative Seite formiert sich unter dem Stichwort der ›nationalen Verantwortung‹ gegen die ›Wurzellosigkeit‹ der »Intellektuaille«. Der Expressionismus in toto gilt als Paradebeispiel übersteigerter Intellektuellenkunst.

Dem Schlagwort wohnte von der Dreyfus-Affäre her noch der Gedanke einer *gesellschaftsbildenden Aufgabe* der Intellektuellen inne, womit es sich konkurrierend zur traditionellen Rolle des Priesters und des Schwertes verhielt. Mit diesem Wettkampf begann das Spiel zwischen Überforderung und Ohnmacht. Durch diese Konkurrenz, die in ihrer Wirkung nicht nachließ, da sie ungebrochen blieb, konnte es zu solch Prophetentum wie dem Ludwig Rubiners kommen. Sie ermöglichte die ziellose Subjektivität der auf eigene Faust Mythen bildenden Intellektuellen. Sie bewirkte »rein objektiv ⟨...⟩ einen Verdummungsprozeß ⟨...⟩ der Meisterdenker«, so jedenfalls prangerte Annette Kolb 1931 die Intellektuellen Europas an und deren »Kokettieren« mit den Ismen der Zeit.[80]

Auf der anderen Seite registrierte das Langzeitgedächtnis der Kulturkonservativen das verdeckte Epigonentum der Intellektuellen. Sie bekämpften ihren »Glauben an die Möglichkeit, die politischen Mächte durch kritischen Dialog und sachverständige Korrektur mäßigen zu können«.[81] Sie bekämpften die Intellektuellen als illegitime Erben derjenigen, die Könige zu lehren imstande sind, als Erbschleicher, die sich der Priesterfunktion bemächtigten. Sie sahen die Intellektuellen als Priester ohne Glauben und ohne Verbindung mit dem ›Lebensstrom‹ des Volkes an. Sie kämpften gegen die großstädtisch geprägte Intellektualität, weil diese das *Volk* weder wahrhaben noch wahr machen wollten, während sich die *Dichter* daraus zu erschaffen dachten. Man stritt über das *Volk* nicht als Objekt von Einschätzungen, sondern als Bedingung der eigenen schriftstellerischen Existenz. Das ist der Hintergrund des politischen Schlagwortes *Dichtung* contra *Literatur*.

11. *Die Wunde Berlin*

Was macht Berlin zu einer solchen Wunde, daß sie über den gesamten Zeitraum der krisenhaften Konfrontationen mit der Moderne hinweg nicht aufhören will zu schmerzen? Die Bewegung der antimodernen Verweigerer nimmt ihren quasi-programmatischen Ausgang in dem 1890 erschienenen Werk ›Rembrandt als Erzieher‹, in dem Julius Langbehn das Ideal des »Dichters, der mit dem Könige gehet«[82] entwickelt und gegen das »Plebejertum« und den »rohen Geldkultus« der Großstädte stellt[83], zuvörderst gegen das »triviale und negative Berlin«.[84] Knapp fünf Jahrzehnte später beschreibt Ernst Wiechert als sein alter ego den Offizier Thomas Orla, der aus dem »Totensaal«, der »Wüste« Berlin in die Stille der Wälder im Osten flieht.[85] Zwischen diesen beiden Polen, der verbal radikalen, angriffslustigen Predigt Julius Langbehns und der panischen Flucht des ehemaligen Korvettenkapitäns Orla liegen die Positionen permanenten Angriffs und permanenter Verletztheit durch etwas, das man *Berlin* nannte. Die Texte zu Berlin sind so vielfältig wie unüberschaubar.[86] Es gibt kaum einen Autor, der sich nicht zu Berlin verhalten und geäußert hätte. Es gibt kaum einen Autor, der nicht über die Protektion der *Schriftstelle* (Berlin) zum Schriftsteller geworden wäre.

Was sagt Orla, der aus Berlin flieht? Der Roman notiert einen doppelten Anstoß: Orla flieht aus einer Wüste, »über der ein grünlicher Mond hing ⟨...⟩, fragwürdig wie alles Licht in dieser Stadt«.[87] Das Licht, die Krise der Sichtbarkeit dieser Stadt sind das eine. Das andere, Wiecherts zentrales Motiv, ist die Inflation der Worte, die ununterbrochene Rede. Orla findet im 90. Psalm den Satz von den Jahren, die wir zubringen »wie ein Geschwätz«. Die in diesem Satz enthaltene Mahnung weist nicht in die Richtung der

Kirche, sondern in die des einfachen Lebens. Orla geht in die Wälder, um in ihrer *Wortlosigkeit* zu werden »wie ein Stein«.[88]

Die Wunde Berlin markiert eine Spur, die für die zeitgenössischen Autoren an der Grenze des Namhaft-zu-machenden liegt: Die Großstadt des 20. Jahrhunderts, für die der Name *Berlin* steht, ist kein geographischer Ort mehr, auf den sich die Fragen »Woher?« und »Wohin?«, in denen sich der klassische Widerspruch zwischen Land und Stadt ausdrückte, anwenden ließen. Sie stellt sich als ein Zentrum des absolut Unfixierten dar, das eben kein Zentrum mehr ist, sondern ein Gewebe des Geldes[89], des Verkehrs, des Tempos, der Nachrichten, der Worte, der blicklosen Augen. Die Wunde Berlin markiert eben nicht den bunten Jahrmarkt der Widersprüche und der Eitelkeiten, sondern das Ende der traditionellen Widersprüche und jeglicher Antipoden. Dieses Ende macht namenlose Angst.

In seinen Analysen zum modernen Professionalismus bemerkt Ernst Jünger 1932: »Der berühmte Unterschied zwischen Stadt und Land besteht heute nur noch im romantischen Raum; er ist ebenso ungültig wie der Unterschied zwischen organischer und mechanischer Welt.«[90] Jünger hat seinen seismographisch genauen Blick im Erlebnis der gewalttätigen Verabschiedung der alten Ordnung durch die neuen, anonymen Mächte des 20. Jahrhunderts im Ersten Weltkrieg ausgebildet. Mit diesem Blick begreift er die Technik als die Mobilisierung der Welt, als den Einbau des Krieges in die zivile Wahrnehmung der Körper.[91] Mit diesem Blick erfaßt er die moderne Großstadt nicht nur als »geistigen Kriegsschauplatz« (Wilhelm von Schramm), zwischen Nationalisten und Internationalisten etwa, sondern auch als Erbin der Schlachtfelder in einem verdeckteren Sinn: als künstliche Landschaft, die durch dieselben Kräfte wie jene bewegt wird. »Die Aufgabe der Totalen Mobilmachung ist die Verwandlung des Lebens in Energie, wie sie sich in Wirtschaft, Technik und Verkehr im Schwirren der Räder oder auf dem Schlachtfeld als Feuer und Bewegung offenbart. Sie bezieht sich also auf die Potenz des Lebens«.[92]

Jünger spricht von einer »technischen Landschaft« oder einer »Werkstättenlandschaft«, die vom modernen Professionalimus geprägt ist. »Es gibt hier keine Festigkeit der Formen; alle Formen werden ununterbrochen durch eine dynamische Unruhe modelliert. Es gibt keine Beständigkeit der Mittel; nichts ist beständig als der Anstieg der Leistungskurve, die das gestern noch unübertreffliche Instrument heute zum alten Eisen wirft. ⟨...⟩ So kommt es, daß Generationen dahingehen, die weder Ersparnisse noch Denkmäler hinterlassen, sondern lediglich ein bestimmtes Stadium, eine Flutmarke der Mobilisation.«[93]

Darum sprechen sie alle von *Berlin*: weil es ihnen – gleich auf welcher Achse liegend – »ein konzentriertes Abbild des gegenwärtigen Zustands in der Welt«[94] gibt. *Berlin* interessiert als Hauptstadt des 20. Jahrhunderts.

Der Dynamismus, die unbestimmte Eile von Passanten, die gleich den Passagieren eines Schiffes weniger sich selbst bewegen, als daß sie bewegt werden, scheint mit der Krise der Sichtbarkeit in Beziehung zu stehen. Das, was man sah, ›gab die Wirklichkeit nicht mehr heraus‹: Gleise, Verkehr, Schnellbahn, Häuser, Häuser, Menschen, Menschen. Wirklichkeit schien dagegen etwas, was sich der Sicht- und Sagbarkeit entzog: Das Relationale triumphiert über das, was sich in ihm vermittelt. Es gehe um die »Verwandlung des Lebens in Energie«, sagt Jünger.[95]

Man wußte von dieser Verschiebung ins Immaterielle, in den »Rhythmus« der Maschinen, der Technik, des Zeittaktes, und versuchte diese Verschiebung zu notieren. Notationsformen bot vornehmlich der Journalismus. Die schnell geschriebene, morgen schon gedruckte Notiz schien als einzige in der Lage, den Veränderungen, die sich offenkundig durch Tempo auszeichneten, auf die Spur zu kommen. Die Berliner Reportagen Joseph Roths zeigen die beiden Paradigmata, die demjenigen, der versucht, die Modernität selbst zu notieren, übrig blieben. Da blieb zum einen die exzessive Zuwendung zum unscheinbaren Detail, die Aufmerksamkeit für die trostlosen Winkel, wie etwa für den »Kandelaber mit einem Rettungsring, auf dem der Name der Stadt steht«.[96] Der partikularistische Blick ist dem des Photographen eng verwandt, wie dieser nimmt er in Ausschnitten wahr. Zum anderen blieb der Versuch einer Gesamttheorie. Joseph Roth wird zwischen 1923 und 1924 zum analytischen Reporter. Ihn interessiert die Ablösung des Schicksals, das in der Zeit angeordnet ist, durch den Raum. »Wir haben eine Gemeinschaft: die *Raumgemeinschaft*.« Doch den »Raumgenossen ⟨in⟩ Berlin genügt diese Raumgemeinschaft nicht. Um jeden Berliner türmen sich Berge aus Eis. Es gibt keine kurzfristige Assimilation innerhalb der Mehrzahl. Sie zerfällt in lauter Singulare.«[97] Es gibt ein treffendes Bild für diesen Befund, das wiederum eine Photographie ist: die Aufnahme des Berliner Gleisdreiecks aus der Luft. Gleise, die in das Bild und wieder aus ihm herausführen; Kanäle, die in räumlicher Engführung den Raum annullieren. Sichtbar ist das Material, aber das Material repräsentiert die Wirklichkeit nicht mehr. Mit der Repräsentierbarkeit geht auch die Erzählbarkeit der Stadt verloren.[98]

Parallel dazu gibt es eine neue Aufmerksamkeit für die auditive Szene, eine Aufmerksamkeit für das Gewirr der Stimmen und Worte, des Jargons, der Geräusche, des Geschwätzes, denen gegenüber sich der Autor wie ein Phonograph verhält. Die avanciertesten Positionen, die zeitgenössische Reportage oder der vielstimmige, vielfach fragmentierte Roman ›Berlin Alexanderplatz‹ von Alfred Döblin treffen *Berlin* mit der Genauigkeit eines Phono- oder Photographen. Sie fangen ein, sammeln Ausschnitte. Döblin überspitzt sein Verfahren in der Parole »Los vom Buch!«. Aber die Linse des Photoapparats ist kein Gerät zur Erfassung der Wirklichkeit, sondern lediglich wirklichkeitsnäher in ihrer technischen Neutralität. Gerade in dieser Eigenschaft ist sie jedoch Teil der Veränderungen, deren analytische Beschreibung immer noch aussteht.

Die zersplitterten Fraktionen des Anti-*Berlin* haben das hochbewußte, skizzierende Verfahren der Schriftsteller *Berlins* gefürchtet. Sie verhöhnten es als Ausbreitung der Journalismus: Die deutsche Sprache sei »fast ganz das Organ der Publizistik geworden, die vorzüglich von zugewanderten Tagesschriftstellern gehandhabt wird«[99], schreibt Wilhelm von Schramm 1931. Und Wilhelm Stapel sagt: »dieser aufgeregte Cri de Berlin ist ja nichts als die Unfähigkeit, die Probleme unserer Zeit geistig zu bezwingen. Man sehe sich die Erzeugnisse der Geistigen an: ⟨...⟩ Keine Größe, keine Tiefe, keine Gewalt des Geistes. Nur Wendigkeit, Unstete, Nervenhaftigkeit: Gehirntrümmer.«[100] Diejenigen, die *Berlin* mit Verweigerung begegneten, fürchteten eine Auslieferung der Literatur an das »Geschwätz« (Wiechert). Sie fürchteten das Feuilleton, den Reporter, den Kinogänger und deren zeitgeistgemäße Kompetenz. Sie spürten, daß in den imitatorischen Verfahren die anonymen, übermächtigen Kräfte der Zeit arbeiteten. Sie fürchteten den mit den neuen Mitteln ausgestatteten omnipotenten Schriftsteller, der mühelos die Höhen des nationalen als auch des internationalen Marktes erklomm, sie fürchteten seine scharf geschliffene Axt auf dem »Vernunftskriegsschauplatz der Intellektuellen«.[101] Sie wußten, daß ihr Wissen, das von vornherein den passivischen Kategorien des Gewußten, der Gewißheit und des profanen Glaubens angehörte, nicht kombattant war. Sie fühlten sich gedemütigt, weil sie hinter dem Tageserfolg der neuen phono- und photographischen Mächte die grundsätzliche Niederlage der Schrift, der nationalen Literatur, der Dichtung ahnten. Sie waren mit der ganzen Biederkeit und Kraftmeierei des kleinbürgerlichen Emporkömmlings entschlossen, das Rad der Geschichte herumzudrehen – um sich selbst in der kommenden Gesellschaft einen Platz als Dichter zu sichern. Keine Ausbreitung *Berlins* auf das übrige Land!

12. »Aufstand der Landschaft gegen Berlin«

Die Wendung in diese aggressive Verlassenheit und Zuspitzung des Priestermythos ist etwa für das Jahr 1930 auszumachen und wird zu Beginn des Jahres 1931 offenkundig. Vom Januar 1930 datiert Wilhelm Stapels Aufsatz ›Der Geistige und sein Volk‹, in dem er auf den »sowohl aristokratischen wie volkhaften« Parzival-Dichter (mithin auf die Jahrhundertwende 1200) rekurriert, um in die Tagespolitik einzugreifen und *von daher* zu begründen: »die Forderung des Tages lautet: *Aufstand der Landschaft gegen Berlin.*«[102] Denn »jenseits des linken und rechten Flügels, der sogenannten Parteien, dort erst schließt sich der Kreis des Volkes«: auf dem mythischen Boden der Priester des Völkischen.[103]

Im Februar 1931 treten Erwin Guido Kolbenheyer, Paul Ernst, Wilhelm Schäfer, Emil Strauß und Hermann Hesse aus der preußischen Dichterakademie aus. Wilhelm Schäfer hält in Berlin seine Rede ›Der Dichter und das Volk‹. In der Vossischen Zeitung greift Karl Scheffler die Haltung Paul Ernsts an, der sich freiwillig in die

Einsamkeit der Provinz vergraben und »dort den Glauben an sich selbst übersteigert, den Maßstab verloren ⟨habe⟩, so daß er Gesinnung mit originaler Gestaltung ⟨...⟩ verwechselt«.[104] Will Vespers ›Neue Literatur‹ verteidigt Paul Ernst: Dichter wie Paul Ernst seien dazu da, das »Überreich des Unbedingten zu verkünden«. Nur »Neurotiker« seien in der Lage, sich anzupassen, die anderen wählten den Rückzug aufs Land: Und »wo diese sind, dort wird die Zukunft des deutschen Geistes entschieden« werden![105]

Alfred Döblin polemisiert gegen »die Herren des total platten Landes«.[106] Thomas Mann reagiert in seiner ›Deutschen Ansprache‹ auf diese Kontroverse, in der er über die »Wiedergeburt der Anständigkeit« seinen Hohn ausgießt. Er streitet im Namen »des Geistes« gegen die »geist- und kulturfeindlichen Mächte«, die den »Triumph der Ungeistigkeit« darstellten. Man streitet um den Geist, man behauptet zu wissen, wo er steht. Doch der Kreis des völkischen Mythos ist, genau wie es Stapel sagte, »jenseits von links und rechts« geschlossen. Hinter der Polemik Thomas Manns stecke »nichts als eine Parteimeinung«, antwortete Wilhelm Schumacher, »die von dem wirklichen heimlichen und kommenden Deutschland keine Ahnung hat.«[107] Für die *Stillen im Land* ist der Zeitpunkt reif, vom Traum zur Tat voranzuschreiten und »das *Haus* des deutschen Volkstums, in dem ⟨der Dichter⟩ seinen Dichterdienst innehat« (Wilhelm Schäfer)[108] endlich zu bauen.

Im Verlauf des Jahres 1932 wird der Ton der »Neuen Literatur« durchgängig aggressiver. Die »Reinigung des deutschen Schrifttums« wird federführend von Blunck und Vesper vorbereitet. Im Januar berichtet Hans Friedrich Blunck aus Italien, daß dort die Literatur der deutschen »Landesverräter« vorherrschend sei. Die deutsche Literaturwerbung habe versagt, eine gründliche Umstellung der »Deutschtumspflege« sei notwendig und dazu müsse man Männer berufen, die »in diesem Gelände« Bescheid wüßten.[109] Im Mai 1933 triumphiert das höchste Stadium des reinen Gewissens: Die Dichterakademie wird »neu geordnet«, Bücher werden verbrannt, der »Reichsverband Deutscher Schriftsteller« wird gegründet[110] und erhält als neuen Präsidenten den kulturpolitischen Redakteur des »Völkischen Beobachters«, Götz Otto Stoffregen. Zeit für Will Vesper aufzuatmen: »Wir haben wenigstens die Genugtuung, daß die ›Tage-Buch‹- und ›Weltbühnen‹-Journaille unser Haus nur von außen bespeien kann.«[111]

Es scheint, als habe man im Jahr 1932 zu ahnen begonnen, zu welch einschneidender Wirklichkeitsleistung der Zirkelschluß des völkischen Priestertums in der Lage sei. Seine Wirklichkeitsleistung basierte auf der nirgends bewußt notierten strukturellen Zerstörung von Autorschaft und gesellschaftlicher Kompetenz der Literatur. Der priesterliche Zirkelschluß war eine präzise Erbschaft der *Explosion der Mitte*: ein Effekt der Tatsache, daß der Sockel, auf dem sich das literarische Wort einst zu gesellschaftlicher Macht erhob, in seinem Zentrum zerbrochen war. Die fortgesetzte Behauptung einer gesellschaftsstiftenden Funktion von Dichterworten schlug Kapital aus dieser explodierten Mitte: Es gewann den Mythos und machte mit seiner Hilfe Realpolitik.

Im Dezember 1932 unternimmt Heinrich Mann den Versuch, die Literaturgeschichte Paul Fechters durch die Akademie verurteilen zu lassen. Seine Aktion, die sich über zwei Monate lang im Für und Wider und etlichen alternativen Formulierungsvorschlägen verstrickte, ist als eine der Gefahr haarsträubend unangemessene Verzettelung und tagespolitische Blindheit beurteilt worden.[112] Vor dem Hintergrund der hier ausgebreiteten Überlegungen kann jedoch gerade diese Aktion als ein Versuch gelten, die Vorgänge in ihrem Zentrum zu treffen. Als Heinrich Mann, Ernst Bloch oder Paul Tillich bemerken, daß es sich bei den völkisch-literarischen Parolen nicht um kurzlebige Platitüden handelt und deren umfänglichen Hintergrund zu analysieren beginnen[113], liegt der 30. Januar 1933 schon zurück. Es scheint, als habe vor allem Heinrich Mann zuletzt eine Ahnung von dem gehabt, was der Philosoph Ernst Cassirer 1945 im Exil so formulieren wird: die Nazizeit habe gezeigt, daß Mythen künstlich hergestellt werden könnten *wie Maschinengewehre*.

Im Monat der Bücherverbrennung hatte Paul Fechter in der ›Neuen Rundschau‹ von den »zwei Literaturen« gesagt: »Die eine war sozusagen die offizielle, die Literatur der bürgerlichen Linken in all ihren Schattierungen ⟨...⟩. Daneben gab es eine zweite Literatur, für die eine Reihe komischer Leute immer von neuem eintrat mit der seltsamen Behauptung, daß diese zweite Literatur die eigentliche sei, die richtige, die wirklich deutsche, weil sie nämlich keine Literatur, sondern im Gegensatz zu der offiziellen immer noch so etwas wie Dichtung im alten deutschen Sinne sei.«[114]

Helmut Lethen
Der Habitus der Sachlichkeit in der Weimarer Republik

I. Das Ende der Neuen Sachlichkeit

Unter dem Datum 16. September 1944 notiert der Kulturhistoriker Wilhelm Hausenstein in seinem Tagebuch:

> Neuerdings versagt oft das elektrische Licht. Da sind wir denn auf die paar Kerzen angewiesen die wir erspart haben. Wie man überhaupt in einer Phase angekommen ist, wo man alle positiven Dinge doppelt und dreifach empfindet, so haben wir wahrgenommen, daß alle Gegenstände in dem »schwächeren« Licht der Kerze ein ganz anderes, das heißt: ein viel tieferes und höheres Relief gewinnen – das eben der wirklichen *Dinglichkeit*. Unter dem elektrischen Licht ist es verloren gegangen: Sachen liegen darunter (scheinbar) zwar deutlicher; aber in Wahrheit macht das elektrische Licht die Dinge platter; es teilt ihnen zuviel Helle mit, und damit verlieren sie an Körper, an Umriß, an Substanz; an Wesen überhaupt. Unter dem Licht der Kerzen liegen die Schatten mit viel größerer Bedeutung, mit seiner recht eigentlich gestaltenden Macht an den Gegenständen, und an Helle wird soviel mitgeteilt, als die Dinge brauchen, um (sozusagen optimal) das zu sein, was sie sind – ihre Poesie eingeschlossen.[1]

Diese Eintragung verzeichnet noch den schwachen Reflex einer Zeit, in der von elektrischem Licht und allesdurchdringender Helligkeit –

> Das alles im Dienst von Licht und Helle, verbunden mit einer rationell durchdachten Apparatur! Wir lieben das Licht und seine Bewegung!! ⟨...⟩ Wir fordern die elektrische, naturwissenschaftliche Malerei!!!![2]

– eine große ästhetische Faszination ausgegangen war, da sie Transparenz, Planbarkeit und Aufhebung der Naturwüchsigkeit der Geschichte zu verbürgen schienen, und es sich erübrigte, über »Substanz« zu grübeln. Da Wilhelm Hausenstein in den zwanziger Jahren ein Stichwortgeber der Neuen Sachlichkeit gewesen war, kann man die Eintragung als Indiz dafür werten, daß in den Bombennächten des Zweiten Weltkriegs auch deren letzte, theoretisch schon längst verabschiedete Grundannahmen so weit revidiert wurden, daß sie nur noch durch ihre Negationen hindurch scheinen. Unwiderruflich scheint ihr Ende von Not und Erfahrung besiegelt.

Allerdings hatte Walter Benjamin, ein anderer Zeitgenosse der Neuen Sachlichkeit, schon 1927 skeptisch zum Kult der Elektrifizierung bemerkt:

> Wenn langsam sich im Kollektivum zivilisatorische Berechnung durchsetzt, so wird dies vorderhand die Einzelexistenz nur verwickelter machen. In einem Haushalt, wo es nur Kerzen gibt, ist man besser versehen als wo elektrisches Licht angelegt ist, aber die Kraftzentrale allstündlich gestört ist.[3]

Nicht die Opposition von elektrischem Licht und Kerzenlicht unterscheidet die Notiz aus dem Jahre 1944 vom Pathos der künstlichen Helligkeit der zwanziger Jahre. Es ist vielmehr die Bindung der älteren Technik an den Begriff der »Substanz«, der Undeutlichkeit an »Tiefe« und der Entbehrung an »Dinglichkeit«, sowie das Absehen von funktionalen Gesichtspunkten in Hausensteins Text, die den Bruch mit der Wahrnehmung der Neuen Sachlichkeit bezeugen. Merkwürdigerweise aktualisieren Hausensteins Sätze aber auch ein Motiv des Magischen Realismus, der die Schattenwelt der Neuen Sachlichkeit gebildet hatte. Die magischen Aspekte kamen nicht erst zeitverschoben in der späteren Kritik zum Zuge, sondern begleiteten sie von Beginn an. Manchmal, wie in Ernst Blochs ›Spuren‹, Walter Benjamins ›Einbahnstraße‹ und Jüngers ›Das abenteuerliche Herz‹ erschienen beide Strömungen im selben Buch.

Wer Hausensteins Notiz als einen Beweis für das endgültige Abdanken neusachlicher Wahrnehmungsweisen wertet, wird verwundert sein, sie ungebrochen noch in den siebziger Jahren bei einzelnen Veteranen der zwanziger Jahre anzutreffen. 1977 lesen wir in den Reportagen eines jungen Sozialwissenschaftlers, der exilierte Vertreter seines Fachs in den USA aufgesucht hatte:

> Es hat mich unterwegs einigemale sprachlos gemacht, etwa wenn Leo Löwenthal zum Lobe Amerikas ansetzte oder Ernest Manheim mir auf einem Hügel in Kansas City das Missouriurital zeigte – Schlachthöfe, Verschiebebahnhöfe und Wolkenkratzer – und es schön fand. Er hatte in Budapest gelebt, in Leipzig, in Berlin und London. Und nun das![4]

Auf die jüngere Generation von Wissenschaftlern, deren Lehrbuch Adorno/Horkheimers in Amerika verfaßte ›Dialektik der Aufklärung‹ (1947) war – ein kulturkritisches Tribunal gegen die Neue Sachlichkeit –, wirkte die Ästhetisierung einer Landschaft, die die Male der Zivilisation offen trägt, schockierend. Wies die Begeisterung für das expansive Formenchaos einer amerikanischen Industrielandschaft[5] nicht auf den Habitus einer Wahrnehmung, der sich den exilierten Wissenschaftler ein halbes Jahrhundert zuvor im Zeichen der Neuen Sachlichkeit eingeprägt hatte und den sie in Amerika nicht aufgegeben sondern als Medium der Assimilierung genutzt hatten. Teilten sie noch den Habitus, mit dem Ernst Ludwig Kirchner im Jahre 1926 – wie man sieht, nicht ohne Mühe – die Chemnitzer Fabriken angeschaut hatte:

Malerisch könnte man schon aus Chemnitz etwas machen. Die Kamine sind ein Wald für sich, die weißen Druckwölkchen der Dampfmaschinen beleben das Bild, das grau und rot ist in der Hauptsache. ⟨...⟩ Groß monumental ist der Blick von der hohen Straße auf das Fabrikmeer von Hartmann und Schwalbe. Das will ich malen, wenn ich kann, das ist Chemnitz. Aber es ist sehr schwer für mich, da ich von den Bergen komme, wo keine Kamine sind, nichts als Natur.[6]

Der westdeutsche Sozialwissenschaftler konnte sich in den siebziger Jahren freilich auf den Grundsatz der Neuen Sachlichkeit berufen: dem Augenschein zu mißtrauen, weil, wie Brecht dekretiert hatte, die Wirklichkeit »in die Funktionale gerutscht« sei. Folglich sieht er über den Dächern von Kansas City nur wieder »das brutale Grau der Funktionalen«[7]. Beide, der Ältere, der das Missourital preist, als sei es die Toskana, wie der Jüngere, dem sie verödet – eine Allegorie des Kapitalismus – scheint, können sich auf die Neue Sachlichkeit berufen.

Natürlich treffen wir in den Reaktionen Löwenthals nicht auf die unbefangene Sinnlichkeit des Emigranten[8], sondern auf einen Habitus, der den europäischen Gast mit seinem Lob der Assimilierung provozieren will, weil er damit rechnet, daß in der Machtsphäre der deutschen Kulturkritik der Eigensinn der Neuen Welt nur als Mangel an Kultur sichtbar ist.[9] Die Assimilation des Emigranten bewahrt trotzig das Andenken an die destruktive Kraft, mit der sich eine neusachliche Generation in den zwanziger Jahren von den Fesseln der Kulturkritik gelöst hatte, als Augenlust.

Diese vorläufigen Beobachtungen zum Ende der Neuen Sachlichkeit ergeben kein Resümee, weil sich das Objekt, dessen Gegenwärtigkeit oder Antiquiertheit dargestellt werden soll, ständig verschiebt: Einmal werden stilistische Merkmale, ein andermal Argumentationsweisen in den Blick gerückt, dann wieder die Ästhetik der instrumentellen Vernunft, Substanzkritik und Amerikafreundlichkeit, Funktionalismus oder naive Ontologie. Beim Rückblick scheint das, was wir aufzuspüren suchen, eine Mischung aus Elektrizität und Kerzenlicht, roten Fabriktürmen und Bergwelt, Gleisdreiecken und magischer »Dinglichkeit« zu sein. Gleichzeitig verschieben sich die Zeitgrenzen des Geltungsbereiches: als Form der Wahrnehmung endet die Neue Sachlichkeit für den einen endgültig 1944, für andere ist sie gegenwärtig noch aktuell.

Wir partizipieren zumindest in Form von Schreibgeräten und Design an einer Kunstströmung, deren Ende man in Deutschland noch vor 1930 ansetzen darf. Da sie keine verbindlichen Gründungsaufrufe, Manifeste und Auflösungsdekrete verabschiedet hat und es, mit Ausnahme der Architekten, nie zu einer Künstlergruppe mit einem Publikationsforum brachte, da vielmehr ihre Initiatoren zugleich ihre ersten Kritiker waren und in den Parodien auf die Neue Sachlichkeit ihre markanten Eigenschaften vorbildlich zu Tage traten, ist ihr Ende schwer zu bestimmen. Die Medienexperimente, die sie in Gang setzte, wurden erst Jahrzehnte später perfektioniert: ein Genre wie das »Sachbuch« entwickelte seine Breitenwirkung erst in den dreißiger Jahren, als die Strömung längst totgesagt war; und in Horst Mönnichs Buch über den Volkswagen ›Die Autostadt. Abenteuer einer technischen Idee‹, das 1951 erschien, sind Stilprinzipien der Neuen Sachlichkeit immer noch rein ausgeprägt. Deskriptionsweisen des »kalten Blicks«, den die Neue Sachlichkeit entwickelt hatte, werden 1944 in dem geheimen Kriegstagebuch von Felix Hartlaub in entsprechender Unheimlichkeit ausgeführt.[10]

Man kann Feuchtwangers Bericht ›Moskau 1937‹ als einen makabren Höhepunkt der neusachlichen Wahrnehmung der Wirklichkeit als Maschinenkomplex lesen, als Übernahme einer Attitüde, die Benjamin 1928 in seinem Gedankenbild von der »Tankstelle« in der ›Einbahnstraße‹ den Schriftstellern vorgeführt hatte[11]: der Moskauer Prozeß als Werkstätte, in der sich einige Ingenieure über eine defekte Maschine beugen. Man kann in Sigfried Giedions ›Mechanization takes command‹ (1948) einen konsequenten Ausläufer der Neuen Sachlichkeit und in Norbert Elias' Buch ›Über den Prozeß der Zivilisation‹ (1939) eine neusachliche Kulturtheorie entdecken, man kann in der Anthropologie Helmuth Plessners und der Soziologie René Königs die Kontinuität ihrer Gedankenwelt betonen oder auch rigoros die ganze Strömung mit einer Kategorie aus Heideggers ›Sein und Zeit‹ (1927) als eine Selbstinszenierung des »Man« dem Kult der Uneigentlichkeit der Republik zuschreiben und der Vergessenheit ausliefern.

Die beiden Bücher ›Dialektik der Aufklärung‹ und ›Mechanization takes command‹ lassen sich als die zwei Seiten ein- und derselben Medaille betrachten. Trotz der dramatischen politischen Brüche ist von übergreifenden Formationen, diffusen Zentren, langsamen Verschiebungen auszugehen, so daß hier keine abgeschlossene Periode dargestellt werden kann.[12] Es sollen darum im folgenden zwei Denkmodelle vorgestellt werden, die die bisherige Forschung maßgeblich beeinflußt haben: Neue Sachlichkeit als Phänomen der »Stabilisierungsphase« und der Synchronisation.

Ohne damit ein Urteil über das definitive Ende ihrer Wahrnehmungsformen, Denkmotive und Stilfiguren zu fällen, kann man vorläufig feststellen: Die Neue Sachlichkeit ist als literarische Strömung schneller veraltet als der Expressionismus, der immerhin ein ganzes Jahrzehnt für sich beansprucht hat. Erst Mitte der zwanziger Jahre einer breiteren Öffentlichkeit präsent, mehren sich ab 1929 schon die Polemiken, Parodien und Abrechnungen. Im Oktober desselben Jahres erscheint im Ullstein-Magazin ›UHU‹ eine Karikatur, auf der die Neue Sachlichkeit bereits als ein antiquarischer Gegenstand zu besichtigen ist. Die Erkenntnis mag paradox klingen: Derselbe Mechanismus, der für die schnelle Historisierung dieser Strömung sorgte, ist auch für die bis heute fortdauernde Kontinuität einiger ihrer Motive verantwortlich. Dies läßt sich am Schicksal des Terminus »Sachlichkeit« erläutern: »Sachlichkeit« stand als pragmatisches Prinzip schon lange im *Zentrum* der Ökonomie, der Justiz oder der Medizin, bevor es an der *Peripherie* als

Kunstformel aufgegriffen wurde. Erleichtert wurde dies dadurch, daß nach dem Krieg eine Verschiebung zu funktionalistischen Gesichtspunkten und Pragmatismus im politisch-moralischen Bereich stattfand. An der Peripherie löste das pragmatischen Bereichen entnommene Prinzip der »Sachlichkeit« ästhetischen Reiz aus, indem es die Konventionen der Expression verletzte. »Sachlichkeit« konnte somit eine Zeitlang als Unterscheidungsmerkmal für die neue Strömung dienen. Mit der Einbürgerung neusachlicher Konventionen wird aber ihre Wiedereingliederung in die umgebenden pragmatischen Diskurse eingeleitet. Das Tempo der Integration wird dadurch forciert, daß die Neue Sachlichkeit sich als Element der Massenkultur begreift. Je besser die Integration zu gelingen scheint, desto schneller verliert die Strömung ihr Unterscheidungsmerkmal. Dieser herbeigewünschte Verlust der Exklusivität läßt wiederum die ungebrochene Herrschaft der »Sachlichkeit« in Ökonomie, Justiz oder Technik hervortreten. In dieser Phase erscheinen heftige Polemiken von seiten derer, die, wie Feuchtwanger, Engel, Roth, Kracauer, Balázs, die Neue Sachlichkeit als Kunstströmung initiiert oder legitimiert hatten. Das ist zugleich der Punkt, an dem allmählich Momente der Strömung von der Massenkultur, Kulturtheorien, Medien und Haltungen absorbiert und verformt werden. Es gehört zu den Merkwürdigkeiten der Neuen Sachlichkeit, daß in dem Augenblick, da sich ihre Programmatik auf dem Rückzug befindet, da ihre Parolen verblassen und ihre Pioniere ihr in den Rücken fallen, ihre zweite produktive Phase beginnt. In der ersten Phase wurden die Prinzipien der Sachlichkeit in Abgrenzung zum Expressionismus in abstrakten Negationen formuliert und als Allegorien vorgeführt. Unter dem Einfluß des Dadaismus, des Sowjetischen Konstruktivismus und der amerikanischen Populärkunst glückten Medien-Hybriden wie die ›Dreigroschenoper‹. Die Krise des Prinzips »Sachlichkeit« erzeugt ab 1929 komplexe Werke. Die Literatur erforscht den Geltungsbereich des Modernisierungsprinzips »Sachlichkeit« in den Körperwelten. Der Zeitpunkt der Erschöpfung der Sachlichkeits-Parolen ist auch der Moment, an dem die neusachlichen Schriftstellerinnen (Marieluise Fleißer, Irmgard Keun, Elisabeth Hauptmann, Gabriele Tergit; s. a. III.3.) intervenieren. Sie geben zu bedenken, ob der neusachliche Männlichkeitskult nicht letzten Endes dazu dient, die Frau zu verurteilen, die Sachlichkeitsideale, an denen die männlichen Helden scheiterten, ihrerseits realisieren zu müssen. Die Schlagworte der literarischen Strömung verschwinden zwar relativ schnell, einige ihrer zentralen Motive überdauern aber um so hartnäckiger.

II. Verschiedene Ansichten[13]

1. Neue Sachlichkeit als Kunst der »Stabilisierungsphase«

Die Leistung dieses Erklärungsmodells ist beträchtlich: Es zieht haarscharfe Zeitgrenzen um das Phänomen und versieht es mit sozio-ökonomischer Schwerkraft.

Der Begriff »Stabilisierungsphase« bezeichnet hierbei den durch einen klugen monetären Schachzug und amerikanische Kredite hergestellten magischen Ruhepunkt, an dem die Republik in einer zivilen Sphäre der Sicherheit zu sich selbst kommen konnte. Wer von der Stabilisierungsphase spricht, betont in der Regel die Grenze eines Zeitabschnittes, der sich scharf von den Turbulenzen der Jahre 1914 bis 1923 sowie 1930 bis 1933 abhebt. Der Bürgerkrieg verschwindet wie ein Spuk, Balance avanciert zur politischen Tugend, Entscheidungen werden an Sachverständige delegiert, und scheinbar gibt es nichts Neutraleres als die Technik, so daß der »Ingenieur« sich als Leitfigur anbietet:

> Gegenüber theologischen, metaphysischen, moralischen und selbst ökonomischen Fragen, über die man ewig streiten kann, haben die rein technischen Probleme etwas erquickend Sach-liches; sie kennen einleuchtende Lösungen, und man kann es verstehen, daß man sich aus der unentwirrbaren Problematik aller anderen Sphären in die Technik zu retten suchte.[14]

Als Carl Schmitt im fernen Barcelona diesen Blick auf den Sachlichkeitskult der Stabilisierungsphase wirft, redet aus ihm die Gewißheit, daß es sich um ein Provisorium handelt:

> Aber es gehört zur Dialektik einer solchen Entwicklung, daß man gerade durch die Verlagerung des Zentralgebiets stets ein neues Kampffeld schafft.

Dieser Hinweis auf die unheilvolle »Dialektik« der Neutralität stammt jedoch vom Oktober 1929, jener Zeitgrenze, an dem das Idol der »magischen Technizität«[15] zu verblassen beginnt und die »Balance« aus dem Tugendkatalog der Politiker gestrichen wird. In der vom Entscheidungsdruck entlasteten Mittelphase der Jahre 1924–29 wurde die Neue Sachlichkeit zur dominanten Kunstströmung. Als Erscheinung einer relativ friedlichen Phase geriet sie bei radikalen Intellektuellen in den Verruf, alle »eigentlichen« Lebensimpulse nur in moderater Form zugelassen zu haben:

> Was Trieb war, bekämpfte der Staat, das Gedankliche spurte die Wissenschaft, die Affekte beanspruchte die öffentliche Wohlfahrt, das Amüsement bestimmten die Plakate und die Reisebüros, das Interieur die Mode, Krankheiten die Universitätskliniken – analysiert, aber frei waren wohl nur noch die Träume[16]

– und mit diesen hat sich die Neue Sachlichkeit scheinbar nicht befaßt.

Die Wiederentdeckung der Neuen Sachlichkeit hat sich nicht zu Unrecht auf die Stabilisierungsphase konzentriert. Denn in dieser Phase ist die Neue Sachlichkeit ein Sammelbegriff für konkurrierende Schreibweisen, die die Phänomene der Ruhe wieder in polare Spannung versetzen, indem sie in den Erscheinungsformen der Sekurität untergründig den Krieg sich fortsetzen sehen: »bellum manet, pugna cessat«, wie es auf der Tagung des Europäischen Kulturbundes in Barcelona hieß[17], oder indem sie jenseits der städtischen Zirkulationssphäre eine »nicht korrupte« Natur als die vitalistische Sphäre der Bewegung, Entsublimierung und Energie enthüllen.

Nur am Rande ist dagegen eine dritte Schreibweise vertreten, der man nichts Untergründigeres nachweisen kann als ihr Einverständnis mit der Zirkulationssphäre und einer moderaten Demokratie, der es also wegen Abwesenheit agonaler Spannung an »Tiefe« mangeln mußte. Sie ist durch ihren angstfreien Umgang mit den »Tauschzynismen« (Sloterdijk) des Marktes gekennzeichnet, durch das Lob der uneigentlichen Rede im öffentlichen Austausch und durch ihre Erkundungen von Bewegungsfreiheiten in der Sphäre des »Man«.

Als Carl Schmitt 1929 auf das »magische Vokabularium« von

Stabilität, Sachlichkeit und Neutralisierung zurückblickt, rekapituliert er, was im neusachlichen Durchblick schon angelegt war:

> Wir durchschauen heute den Nebel der Namen und Worte, mit denen die psychotechnische Maschinerie der Massensuggestion arbeitet.[18]

Die letzten drei Jahre der Republik werden von der Kategorie der *Entscheidung* beherrscht. Deren Machtsphäre scheint so durchdringend gewesen zu sein, daß Siegfried Kracauer, einer der wenigen, der die Attraktionen der »schönen Uneigentlichkeit« erkannt hatte, 1932 trotzig behaupten mußte: »Es gibt auch unpolitische Lebensregungen, die eine gewisse Sättigung der Neutralitätssphäre gestatten«[19]. Mit dieser Behauptung stand er jedoch im Kreise seiner intellektuellen Freunde auf verlorenem Posten. Die kommende Diktatur bediente dann den Bedarf nach »Sättigung der Neutralitätssphäre« auf ihre Weise.

2. Die Ästhetik der »Synchronisation«

Mag die Rückbindung der Neuen Sachlichkeit an die Stabilisierungsphase ihre schnelle Historisierung bewirkt haben, so scheint sie als Demonstrationsobjekt für die Ästhetik der Synchronisation von andauernder Aktualität. Diese läßt sich für die zwanziger Jahre folgendermaßen begründen: Der Prozeß der Modernisierung erfolgte in Deutschland überstürzter als in vergleichbaren Industrienationen und hatte demzufolge größere Überwältigungsängste vor dem Fabrikwesen, der Verstädterung und der Automatisierung von Arbeitsvorgängen wachgerufen.[20] Ist es eine generelle Eigenschaft von Modernisierungsschüben, daß sie erst einmal zu »Rückstoßwirkungen« führen, die die repressiven Züge des Systems stärken, so zeichnet sich die deutsche Kultursphäre durch ein besonderes Ausmaß, eine besondere Hartnäckigkeit und ein überproportionales Wachstum der kulturellen »Rückstoßwirkung« aus. Dem widerspricht nicht, daß Historiker neuerdings aufgrund statistischer Auswertungen der Industrialisierungsgeschwindigkeiten verschiedener Länder vom »Mythos der rapiden Industrialisierung« sprechen[21] und im Falle Deutschlands die Funktion dieses Mythos in der Legitimierung des deutschen Sonderweges sehen. Aber mit Enthüllung des »Mythos« hat dieser nicht aufgehört, die Köpfe der historischen Akteure zu regieren. Die Synchronisationsthese besagt, daß die verschiedenen Künste der Neuen Sachlichkeit die Wahrnehmungsformen aus dem Komplex der Abwehr der Modernisierung herauslösen und den verspäteten Ausgleich der künstlerischen Ideenbilder mit der industriell bestimmten Pragmatik des Alltags herbeizuführen suchen. Ihre Grundsätze kann die Forschung hierbei direkt der neusachlichen Theorie entnehmen:

> Die Umwälzung des Überbaus, die viel langsamer vor sich geht, hat mehr als ein halbes Jahrhundert gebraucht, um auf allen Kulturgebieten die Veränderung der Produktionsbedingungen zur Geltung zu bringen.[22]

Der Eindruck der »Langsamkeit« der symbolischen Reproduktion wird dadurch verstärkt, daß man als Gradmesser der Geschwindigkeit nicht die Gesamtheit der »Produktionsbedingungen« sondern die Eigendynamik der avanciertesten Technologien nimmt und vor allem der Technologien, mit denen Intellektuelle den unmittelbarsten Kontakt unterhalten: die Medien-Technologien.

Seit der Jahrhundertwende kann man unter den Intellektuellen eine Art Synchronisations-Panik feststellen[23], eine Angst, ohne direkten Anschluß an die avanciertesten Technologien auf einem »toten Gleis« der Geschichte zu landen oder den fatalen Eindruck »des letzten Büffels im Yellowstonepark« (Ernst Jünger, ›Der Arbeiter‹) zu machen. Während zu Jahrhundertbeginn der »Historismus« als »Bleipanzer« empfunden wird, der die Langsamkeit des kulturellen Sektors verursacht, und der Mythos der »Jugend«, die diesen »Ballast« von sich werfen will, als Katalysator der Modernität fungiert, heizt der italienische *Futurismus* die Synchronisationspanik erneut an und prägt Synchronisations-Parolen, die bis in die Neue Sachlichkeit und das Dessauer Bauhaus wirken. In den zwanziger Jahren scheint nach Abflauen des Bürgerkrieges die Chance zu bestehen, die schnellen und langsamen Systeme zum Ausgleich zu bringen. Mit ihrer Leitfigur des »Ingenieurs« versuchen die Intellektuellen sich symbolisch in eine Schlüsselstellung des schnellen Systems einzuschleichen. Das Defizit erscheint nun nicht mehr als dramatisch.

Der Mangel an Synchronisation war vielleicht durch Übernahme technischen Vokabulars und Ausnutzung der neuesten Medien auszugleichen. Man erkannte die Lage und war gemäßigt optimistisch:

> mit recht hat man gesagt, dass menschen ohne kamerabeherrschung bald wie analphabeten wirken werden, ich glaube sogar, dass mittelschulen jene erlernung bald in ihren sog. zeichenunterricht einbauen werden (hoffentlich unter abstossung veralteter fächer dafür). denn die pädagogik gliedert – naturnotwendig nachklappernd – immer diejenigen techniken in ihre unterrichtspläne ein, die der erwachsenenschicht allgemein zu werden beginnen ⟨...⟩ um 1900 findet man die schreib-maschine nur in entlegenen spezialbüros, heute in jedem betriebe, morgen wird sie, inzwischen verbilligt, bei jedem schüler anzutreffen sein. ganze kleinkinderklassen werden chorisch auf »geräuschlos« gewordenen maschinen trommeln.[24]

Man sieht, daß sich in der Stabilisierungsphase auch die technischen Medien von der »*Echtzeit des Krieges*« loslösen und in den Rahmen demokratischer Erziehung eingebettet werden. Es blieb aber ein Lieblingssujet der kritischen Schriftsteller, »einmal drastisch zu veranschaulichen, wieviel Unreife und Sentimentalität zwischen Eisenrippen und in Flugzeugkabinen wohnen und wie wenig der Stand des menschlichen Bewußtseins vorerst der heutigen Technik entspricht.«[25]

Der Wille zur Synchronisation greift auch direkt in die Entwürfe der Menschenbilder ein. Der »Psychologismus« wird aus der Schreibweise entfernt, um den Geboten des schnelleren Systems Genüge zu tun. »Psychologisierung« gilt als Bindung an die Sphäre der Trägheit der Mentalitäten, die die Bummelei des Sonderwegs verursacht hat. Ent-Psychologisierung soll mobilitätsgeeignetere Figuren schaffen. In Brechts ›Lesebuch für Städtebewohner‹ und Jüngers ›Der Arbeiter‹ findet man die extremen Entwürfe des synchronisierten Menschen. Die Schriftsteller versuchten Wahrnehmungsweisen zu entwickeln, die nicht den Blickpunkt des »angewurzelten Beobachters«, sondern den der Menschen nachahmen, »die sich mit hundert Kilometer Geschwindigkeit fortbewegen«. Gefragt sind symbolische Praktiken, die sich zu den »industriellen Realitäten des entzauberten Lebens *angemessen*«[26] verhalten. Brecht und Jünger schlagen in dieser Situation vor, als ersten Akt der Synchronisation die humanistischen

Konzepte vom »Menschen« wie *Ornamente*, die die Modernisierung verhüllen, zu entfernen, damit diese »nackt« in Erscheinung trete und in »Beschleunigung« gerate, ohne von der »anachronistischen Politik« aufgehalten zu werden.[27] Während sich die Wunschvorstellungen der Langsamkeit auf die »Gemeinschaft« konzentrierten, die die Menschen vor der totalen Mobilmachung zu verschonen versprach, sah das Synchronisationspathos sein Heil in der Aufhebung dieser Wunschräume der Langsamkeit. Daß die totale Mobilmachung dann wirklich unter dem Zeichen der »Gemeinschaft« in Gang gesetzt wurde, zog einen Strich durch die spielerischen Rechnungen der Neuen Sachlichkeit. Gottfried Benn hat später die fixe Idee der Synchronisation als eine Modeerscheinung behandelt:

> Das ewige Hinstarren auf die Technik, ihre Inbezugsetzung zu heterogenen Dimensionen ist ein typisches Zeichen des Konformismus, der alles in Einklang bringen muß: die Lyrik mit dem Hubschrauber, die Impfstoffe mit den Kirchenvätern – nur nichts auslassen, sonst ist der globale Koalitionismus gefährdet.[28]

III. Andere Aspekte der Neuen Sachlichkeit

1. Die Ausblendung der Avantgarde

Als sei das Schicksal der europäischen Avantgarden an die *ismen* gebunden und mit dem Suffix *keit* ihr Schwung endgültig gebrochen, wird die Neue Sachlichkeit in der Literaturwissenschaft, anders als in der Kunst- und Musikwissenschaft, selten mit der Avantgarde in Beziehung gebracht.[29] Im Zeichen der Neuen Sachlichkeit bildet sich keine soziologisch beschreibbare Künstlerformation mit allem, was traditionell dazugehört: selbstverzehrende Dynamik, Initiation und Abgang. Ein geschlossener Raum für Experimente, homogenes Formenarsenal und einhellige Reflexionen über Kunstmittel existierten nicht. Die Strömung profilierte sich *nicht* in der Abgrenzung von der pragmatischen Weltanschauung ihrer Umwelt, sondern vor allem durch ihre Distanz zur vorangegangenen Strömung des Expressionismus. Sie erhob selten den Anspruch, Vorhut zu sein, sah sich vielmehr eher in ständige Nachhutgefechte verwickelt und gab sich bereits damit zufrieden, Schritt zu halten. Das hatte zur Folge, daß auf sie auch nicht der Schatten eines Verdachts fiel, avantgardistisch zu sein. Sie galt vielmehr als ein Sammelbecken erschöpfter und »ernüchteter« Helden. Folglich galt die Stabilisierungsphase auch nicht als Raum für neue artistische Erfindungen, sondern als der technisch-medial vergrößerte Resonanzraum für die Erfindungen des vorangehenden Jahrzehnts; wobei Radio und Film traditionellerweise nur als Mittel der Vervielfältigung begriffen wurden.

Die Geschichte der Schriftstellervereinigung »Gruppe 1925«, die vom September 1925 bis zum Frühjahr 1927 als lockerer Zusammenschluß existierte, dokumentiert die Unmöglichkeit, im Zeichen der »Sachlichkeit« eine geschlossene Einheit zu bilden.[30] Die Kohärenz der Gruppe, der unter anderen Piscator, Döblin, Klabund, Herrmann-Neiße, Tucholsky, Leonhard, Westheim angehörten, wurde kurzfristig durch die politische Abwehr einer Zensurmaßnahme der Behörden gewährleistet; eine Abwehr, die später effektiver in Organisationen wie dem Schutzverband Deutscher Schriftsteller (SDS), dem PEN-Club oder sozialistischen Parteien aufgehoben war. Zwar glaubte die Gruppe sich unausgesprochen auf eine neusachliche Schreibweise einigen zu können; aber der vermeintliche Konsens war mehr ein Stillhalteabkommen. Vielleicht hätten die Mitglieder – um des lieben Friedens willen – mehrheitlich (denn es wurde abgestimmt!) Piscators programmatische Sätze unterschrieben:

> Wir suchen nach einem letzten, erschütternden Ausdruck, ohne Mache, ohne Pose, einfach sachlich, der Wirklichkeit entsprechend, wie das fahl aufgegriffene Auge sie in der Mündung des Gewehrlaufs sah, nackt, hart, jeder Phantasie spottend.[31]

Einige hätten auf Streichung des »erschütternden Ausdrucks« bestanden, weil er das Fortdauern des Expressionismus anzeigt; andere hätten den Heroismus der vierten Zeile oder das »fahl aufgegriffene Auge« gestrichen. Da man sich auf solche Debatten ernstlich nicht einließ, hätte vielleicht eine entschärftere Formel, die

Hasenclever 1929 – die Gruppe hatte sich inzwischen längst aufgelöst – vorschlug, größere Chancen gehabt:

> Heute ist die Wirklichkeit wichtiger als das Ideal geworden. Die Menschen haben sehen und beobachten gelernt; sie wollen das, was sie erleben, bei ihren Dichtern wiederfinden; sie wollen ⟨...⟩ die Sachlichkeit, zu der sie sich selber durchgerungen haben und in der sie genauso viel Heroisches erblicken, wie beispielsweise frühere Zeiten in der klassischen Formenwelt.[32]

Die Normen waren diffus, die zentrifugalen Kräfte entsprechend stark. Schon der Terminus »Gruppe« versprach mehr, als er hielt. Zu einem gemeinsamen Publikationsforum kam es nie. Man veröffentlichte entweder einzelgängerisch in ›Die Dame‹, ›Berliner Börsen-Courier‹, ›Frankfurter Zeitung‹, ›Tage-Buch‹, ›Weltbühne‹, ›Der Querschnitt‹, ›Uhu‹, ›Welt am Abend‹, oder zum Zwecke kontroverser Diskussion in der ›Literarischen Welt‹ oder ›Der Scheinwerfer‹. Der mangelnde Zusammenhalt hing indessen mit einer Tendenz der Strömung zusammen, die jede Formierung erschwerte. Es gehörte ja zum neusachlichen Habitus, das esoterische Niveau der Literatur aufzugeben, um sich in die ordinären Diskurse des »Man« einzumischen. Kracauer formulierte diesen Grundsatz 1926 so:

> Der Ort der Wahrheit selber ist darum gegenwärtig inmitten des »gemeinen« öffentlichen Lebens![33]

Außerdem ließ die konstruktivistische Idee der Kunst als Werkzeug des allgemeinen Arbeitsprozesses, die aus der jungen Sowjetunion und ihren futuristischen Experimenten, aus dem Proletkult, aus dem Werkbund und dem Bauhaus in die Literatur eindrang, eine Eigendynamik des literarischen Systems nicht zu. Bekanntlich betonten einige der Schriftsteller das, indem sie den Kittel des »Monteurs« in der Werkstatt oder die Uniform des Soldaten an der Klassenfront anlegten. In den theoretischen Reflexionen verlagert sich die Aufmerksamkeit von Fragen nach Machart und Stil auf Fragen nach Funktion und Charakterologie. Da aber die gleiche Funktion offensichtlich von verschiedenen Kunstkonzepten wahrgenommen werden konnte, wurde – zumindest Mitte der zwanziger Jahre – von den Differenzen nicht viel Aufhebens gemacht. Erst später wurde unter dem politischen Entscheidungszwang klar, daß durch die Verlagerung des

Zentralgebiets der Poetik auf die Neutralitätssphäre der Sachlichkeit nur provisorisch ein Konsens zustande gekommen war. Bald wurden die Kontroversen um die »Sachlichkeit« zu einem Kampffeld, auf dem unter anderem Balázs, Arnheim, Brentano, Kurella, Biha, Döblin, Kracauer, Jünger, Lukács, Reger, Spengler, Schmitt, Benn, Bloch, Brecht, Broch, Benjamin, Horkheimer und Jaspers antraten. Die Neutralitätsformel »Sachlichkeit« wurde in dem Augenblick verheizt, da sie ihre politisch-moralische Geltung eingebüßt hatte.

2. *Entmischung*

Um ein nicht-diffuses Profil der Neuen Sachlichkeit zu zeichnen, hat die Forschung meist eine *Entmischung* des Phänomens vorgenommen. Der Nachteil der Entmischung besteht darin, daß der Neuen Sachlichkeit die oppositionelle Schärfe genommen wird, wenn man sie aus ihren osmotischen Verbindungen mit dem feindlichen Denkfeld löst, von dem sie ihr Habitus und ihre Manier nur wie eine Membrane trennt. Das Bild von den beiden »Flügeln« der Neuen Sachlichkeit, das Gustav Friedrich Hartlaub 1925 in seiner berühmten Mannheimer Ausstellung entwarf und das auch Franz Roh vorausgesetzt hat[34], läßt zumindest die komplexe Mischung erahnen, in der die kritischen »Veristen« und »magischen Realisten« in polare Spannung gebracht wurden, ohne ihren Zusammenhang zu leugnen. In der Literaturwissenschaft hat sich diese Sichtweise kaum durchgesetzt, obwohl allein der Umstand, daß von Anbeginn der Terminus »Sachlichkeit« von Autoren wie Spengler und Döblin emphatisch vorgetragen wurde, eine eindimensionale Darstellung hätte erschweren sollen. Vielleicht ist die Entmischung auch dadurch gefördert worden, daß man einer deutschen Variante des Surrealismus, in der die veristische Flügelspitze die magische berührt, in den Literaturgeschichten keinen Platz einräumen will, obwohl drei Werke der Mittelphase dies nahelegen: Walter Benjamins ›Einbahnstraße‹, Ernst Jüngers ›Das abenteuerliche Herz‹ und Ernst Blochs ›Spuren‹. Aber das »Polaritätsdenken« ist in der deutschen Tradition so stark, daß erst ein im englischen Exil geschulter Blick diese Möglichkeit durchspielen konnte.[35]

Als Max Scheler 1926 die Denkströmungen, die seine Zeitgenossen in Bann halten, durchmustert, stellt er fest, daß die »pragmatische« Einstellung des »homo faber« zwar einen Teil der Wissenschaften beherrscht, auf dem kulturellen Sektor aber mit mächtigeren konkurrieren muß.[36] Lebensphilosophische Denkweisen sind ebenso präsent wie zahlreiche »Untergangsphilosophien«. Das Einverständnis mit der Zivilisation muß sich gegen Ideologien absetzen, die im Banne des »Dekadenzschemas« den modernen Menschen als einen »Deserteur des Lebens« betrachten und den Prozeß von der »Gemeinschaft« zur »Gesellschaft«, vom Symbol zum Begriff, von der urtümlichen Geschlechterordnung zum kriegerischen Staat und zur Klassenteilung, von der Magie zu positiver Technik, kurz: von der Ursprungs-Wärme zur Zivilisations-Kälte als »Phasenfolge eines sicheren Todesweges« betrachten. Dabei kennt Scheler die geheime Abhängigkeit der verfeindeten Weltanschauungen, die sich in der ihnen gemeinsamen dualistischen Struktur zeigt. Sie blieben an ihren Gegenspieler gebunden: »Sie folgen heimlich, indem sie verfolgen.« Die Entmischung der Neuen Sachlichkeit folgt zwar dem Programm und der Parole der neusachlichen Schriftsteller, aber sie entfernt gewissermaßen ihre Nährlösung und damit ihre innere Ambivalenz. Sie kann infolgedessen nicht registrieren, in welchem Ausmaß der Versuch der Neuen Sachlichkeit, eine schattenlose Modernität zu entwickeln, dem Diktat des Gegners folgt. Ein berühmtes Beispiel dafür ist das Manifest ›Die neue Welt‹, das der Architekt und spätere Direktor des Bauhauses Hannes Meyer im Jahre 1926 veröffentlichte:

Die stetig zunehmende Vervollkommnung der graphischen, photographischen und kinematographischen Prozesse ermöglicht eine immer genauer werdende Wiedergabe der wirklichen Welt. Das optische Bild der heutigen Landschaft ist vielgestaltiger denn je: Hangars und Dynamohallen sind darin die Dome des Zeitgeistes. Bestimmend wird ihre Eindrücklichkeit durch die bestimmten Formen, Lichter und Farben ihrer neuzeitlichen Elemente: der Radioantennen, der Talsperren, der Gitterträger; durch die Parabel des Luftschiffs, das Dreieck der Autowarnungstafel, den Kreis des Eisenbahnsignals, das Rechteck der Plakatwand; durch das Linienelement der Kraftlinien: Telephondrähte, Fahrdrahtgestelle, Starkstromleitungen; durch Funkturm, Betonmast, Blinklicht und Benzin-Tankstelle. Schon schmähen unsere Kinder die fauchende Dampflokomotive und vertrauen sich kühl und gemessen dem Wunder elektrischer Zugkraft. G. Paluccas Tänze, von Labans Bewegungschöre und B. Mensendiecks funktionelles Turnen verjagen die ästhetische Erotik der Bilderakte. Das Stadion besiegt das Kunstmuseum, und an die Stelle schöner Illusion tritt körperliche Wirklichkeit. Sport eint den Einzelnen mit der Masse. Sport wird zur hohen Schule des Kollektivgefühls: Hunderttausende enttäuscht die Absage Suzanne Lenglens. Hunderttausende macht die Niederlage Breitensträters erzittern. Hunderttausende folgen dem 10 000-Meter-Lauf Nurmis auf der Aschenbahn. Die Vereinheitlichung unserer Bedürfnisse erweisen: der Melonehut, der Bubikopf, der Tango, der Jazz, das Co-op-Produkt, das DIN-Format und Liebigs Fleischextrakt. Die Typisierung geistiger Kost veranschaulicht der Andrang zu Harald Lloyd, Douglas Fairbanks und Jackie Coogan. Charlot, Grock und die drei Fratellinis schmieden – hinweg über Unterschiede des Standes und der Rasse – die Massen zur Schicksalsgemeinschaft. Gewerkschaft, Genossenschaft, A.G., G.m.b.H., Kartell, Trust und Völkerbund sind die Ausdrucksformen heutiger gesellschaftlicher Ballungen, Rundfunk und Rotationsdruck deren Mitteilungsmöglichkeiten. Kooperation beherrscht alle Welt. *Die Gemeinschaft beherrscht das Einzelwesen.*

Jedes Zeitalter verlangt seine eigene Form. Unsre Aufgabe ist es, unsre neue Welt mit unsren heutigen Mitteln neu zu gestalten. Jedoch die Last unsres Wissens um das Vergangene drückt, und unsre hohe Schulung birgt die Tragik der Hemmung auf unsren neuen Wegen. Die rückhaltlose Bejahung der Jetztzeit führt zur rücksichtslosen Verleugnung der Vergangenheit. Die alten Einrichtungen der Alten veralten, die Gymnasien und Akademien. Die Stadttheater und die Museen veröden. Die nervöse Ratlosigkeit des Kunstgewerbes ist sprichwörtlich. Unbelastet von klassischen Allüren, künstlerischer Begriffsverwirrung oder kunstgewerblichem Einschlag erstehen an deren Stelle die Zeugen einer neuen Zeit: Muster-Messe, Getreide-Silo, Music-Hall, Flug-Platz, Büro-Stuhl, Standard-Ware. Alle diese Dinge sind ein Produkt der Formel: Funktion mal Ökonomie. Sie sind keine Kunstwerke, Kunst ist Komposition, Zweck ist Funktion. Die Idee der Komposition eines Seehafens erscheint uns unsinnig, jedoch die Komposition eines Stadtplanes, eines Wohnhauses ...?? Bauen ist ein technischer, kein ästhetischer Prozeß, und der zweckmäßigen Funktion eines Hauses widerspricht je und je die künstlerische Komposition. Idealerweise und elementar gestaltet, wird *unser Wohnhaus eine Wohnmaschinerie*. Wärmehaltung, Besonnung, natürliche und künstliche Beleuchtung, Hygiene, Wetterschutz, Autowartung, Kochbetrieb, Radiodienst, größtmögliche Entlastung der Hausfrau, Geschlechts- und Familienleben etc. sind die wegleitenden Kraftlinien.[37]

Alle Stationen des »Todesweges«, den die Anti-Moderne vorgezeichnet hatte, werden in dieser Prozession von Parolen vorgeführt und in einer Litanei von Negationen mit einem positiven Vorzeichen versehen. So antwortet einerseits der Jargon der Modernisierung befreiend auf das fatale Dekadenzschema mit seinen Orten der Langsamkeit, Undurchsichtigkeit und Versenkung; aber er antwortet so, daß die Projektionsräume der Anti-Moderne reaktiviert werden.

3. Kompensation

Es gehört zum Selbstverständnis der neusachlichen Autoren, daß sie im Gegensatz zum Bürgertum des 19. Jahrhunderts die Gewalttätigkeiten der Industrialisierung nicht mit der Verklärung der Vergangenheit oder dem Rückzug in den Bezirk »machtgeschützter Innerlichkeit« (Thomas Mann) kompensieren, sondern sich dem destruktiven Prozeß der Modernisierung ohne symbolisches Polster auszusetzen versuchen. Ein Mangel der bisherigen Erklärungen besteht darin, daß sie diesen Rahmen des Selbstverständnisses der Akteure selten überschreiten. Auf diese Weise bleibt nicht nur verborgen, was sich hinter dem Rücken der Autoren abspielte, sondern auch, in welchem Ausmaß deren Habitus von Idolen der Virilität modelliert war. Die feministische Forschung betont, wie sehr der Orientierungsverlust der Nachkriegszeit als »Krise der väterlichen Autorität« erfahren wurde. Der Obrigkeitstaat war diskreditiert, die »vaterlosen Gesellen« blieben in ihrem »Mutterland in innerer Verwirrtheit« zurück.[38] Ein Heer von Invaliden führte auf den Straßen und Plätzen der Republik das Debakel der Männlichkeit vor Augen. Dieser Verlust männlich-autoritärer Repräsentanz verlangte nach Ausgleich. Die Ikone des unbeirrt scharfblickenden Soldaten wird nach 1918 in der Kriegsbewältigungsliteratur geschaffen. Der Neuen Sachlichkeit gelang es nicht oft, dieses Idol des auf verlorenem Posten ausharrenden Mannes zu entmilitarisieren. Ihre Parole »Schafft Männer«, ihre permanente Ermahnung zu Disziplin, mit der sie sich gegen die »feminine« oder »infantile« Strömung des Expressionismus abzugrenzen gezwungen glaubt, ihre Orientierung am Boxsport und Automobilrennen, alles scheint auf die Gleichung hinauszulaufen: »Versachlichung = Vermännlichung«. Ulrike Baureithel entdeckt, daß die Neue Sachlichkeit eine »sozial-psychologische Ausgleichfunktion einer um ihre Identität gebrachten Männergeneration 〈...〉 der die Enttäuschung über den fehlgeschlagenen Aufbruch noch tief in den Knochen steckte« erfüllte.[39] Der »Fetisch Sachlichkeit« erlaubte ihren Vertretern, sich »von der kompromittierten autoritäts- und personenfixierten ›Männlichkeit‹ der Wilhelminischen Gesellschaft zu distanzieren und sich auf ein Prinzip zurückzuziehen, das den ›Mann‹ wieder gesellschaftsfähig machte.« Mit der »Sachlichkeit« wurde ein Ordnungsprinzip zurückerobert, das der Tendenz zur sozialen Dezentrierung entgegenarbeitete. Der drohende Orientierungsverlust der durch die Diffusion des Geschlechterdualismus in der Nachkriegszeit entstanden war, ließ sich jetzt auffangen. »Sachlichkeit« verbarg den Kampf der Geschlechter hinter einem Neutralitätstitel, gleichzeitig zwang sie die Frauen, ihre Formen der Befreiung dem männlichen Habitus anzupassen. Die Neue Sachlichkeit, die in ihren Programmen alle Extreme eines virilen Narzißmus herzeigt, führt dann in ihren großen Romanen die kläglichen Bilder des »Blindgängers« Mann vor.[40] Diese Kränkungen werden wiederum durch neue Projektionsräume wie die der mütterlichen Frau als Gnadeninstanz ausgeglichen, gegen die sich nun der Angriff der Schriftstellerinnen der Neuen Sachlichkeit (Marieluise Fleißer, Irmgard Keun, Elisabeth Hauptmann) richtet. Haben die weiblichen Protagonistinnen, so fragt die feministische Forschung, sich in den Kälteszenarien, die die Männer für sie entworfen haben, als resistenter erwiesen? Warum ziehen sich die Männer in Fluchträume zurück, wo sie ihr Recht auf Präsenz und Wärme der Frau einklagen, nachdem sie sie zuvor dazu verurteilt haben, die Kälte der Welt zu repräsentieren? Gerieren sich die Männer in ihrer Niederlage feminin, um als Kontrastfolie die Frauen als »Kältemaschinen« vorzuführen: die Deborah Gray der ›Petroleuminseln‹ Feuchtwangers, die Cornelia Battenberg in Kästners ›Fabian‹, Bronnens Barbara La Marr? Und wie entgehen dann die Romane Fleißers und Keuns diesen Zwangsmechanismen von Projektion und Gegenprojektion, die sie nachahmen und durchkreuzen?

Die Annahme einer Kompensationsfunktion der Neuen Sachlichkeit führt zu zwei Schlußfolgerungen:

– Eine Generation, die sich mit Hilfe der »Sachlichkeit« unter Verzicht auf Kompensationen, die Historismus und Innerlichkeit angeboten hatten, dem Prozeß der Modernisierung stellen wollte, findet in »Sachlichkeit« ihr Kompensationsmedium.

– Wenn Peter Gay behauptet, daß in der Abfolge vom Expressionismus zur Neuen Sachlichkeit einer »Revolt of the Son« die »Revenge of the Father« folgte, behält er auf eine unbeabsichtigte Weise Recht: Die Neue Sachlichkeit erfüllt als Fortsetzung der Revolte der Söhne mit anderen Mitteln das Gesetz der Väter, indem sie durch symbolische Praktiken den Mangel an personeller Repräsentanz der Autorität ausgleicht.

Die »vaterlose Gesellschaft« war allerdings keine sich allgemein und automatisch einstellende Erfahrung der aus dem Krieg heimkehrenden Soldaten. Während das Autoritätsvakuum schnell durch Freikorpsführer und Figuren wie Ludendorff, Hindenburg oder Ebert, Stresemann, Thälmann und andere Autoritäten der politischen Lager ausgefüllt wurde, bedurfte es aggressiver symbolischer Praktiken, die »vaterlose Gesellschaft« als einen Raum zu bejahen, in dem Vielstimmigkeit, Zerstreuung und Amüsement bei Abwesenheit strafender Instanzen gedacht werden durften. Das unterscheidet das neusachliche Einverständnis mit der Vaterlosigkeit vom expressionistischen Vatermord. Die Bejahung der »Vaterlosigkeit« blieb so marginal wie die der Demokratie. In der deutschen Kultur des 20. Jahrhunderts hat sich die Begrüßung der Vaterlosigkeit nur in zwei kurzen Episoden, den zwanziger und den sechziger Jahren, flüchtig und als Randerscheinung realisieren können. In ihr mischen sich Reflexe der Modernisierung mit Aggressionen, die größeren Spielraum für demokratische Kultur schaffen wollen. Diese seltene Attitüde ist nicht nur Symptom eines fatalen Prozesses, wie die Kritik suggeriert. Das Risiko der »Vaterlosigkeit« mußte erst einmal gedacht und der Zuwachs an Freiheit imaginiert werden, um sich unbefangen mit dem Phänomen der Massengesellschaft auseinanderzusetzen. Diese Überlegungen können den Kompensationsverdacht indessen nicht ganz ausräumen. Das Risiko der »Vaterlosigkeit« bedarf ganz augenscheinlich symbolischer Absicherungen, die von den Konventionen der alten Geschlechterordnung übernommen werden.

IV. Der »Boden der Tatsachen«. Das Schicksal einer Redewendung

»Sooft tatsächlich etwas geschieht«, liest man im Frühsommer 1920, »stürzt der Bürger aus allen Himmeln ⟨...⟩ Doch wie die Katze immer wieder auf die Füße zu stehen kommt, fällt der Bürger aus seinen Himmeln zweifellos mitten auf den Boden der Tatsachen.«[41] Das ist freilich kein Grund zur Depression; denn »Der Boden der Tatsachen ist ein Universalmittel für den, der das Talent hat, ihn zu einem ertragreichen Boden zu machen«.[42]

Schon einmal, nämlich nach der gescheiterten Revolution von 1848, hatte man lesen können: »Man betrat den Boden der Tatsachen, und damit gab es wieder etwas zu erzählen.«[43] »Mißverständnisse und ungestümer Produktionsdrang«, so erkannte man in der realistischen Wende des 19. Jahrhunderts, hätten sich in der Vormärzzeit die Hand gereicht, um im metaphysischen Rausch weit über die Grenzen des sicher Erkennbaren hinauszugehen. Dann folgte die heilsame Ernüchterung. Rudolf Haym konstatierte in ›Hegel und seine Zeit‹ (1857):

> Der allmächtig geglaubte Idealismus hatte sich als ohnmächtig erwiesen. Wir standen und stehen mitten in dem Gefühle einer großen Enttäuschung. Ohne Respect vor der siegreichen Wirklichkeit, vor der triumphierenden Misere der Reaction, haben wir doch gleichzeitig den Glauben an die einst gehegten Ideale eingebüßt. Wie durch einen scharf gezogenen Strich ist die Empfindungs- und Ansichtswelt des vorigen Jahrzehnts von unserer gegenwärtigen getrennt.[44]

Den Zeitgenossen bot sich nach 1919 also ein historisches Ernüchterungsmodell an, in dessen Rahmen sie ihre Erfahrungen verarbeiten konnten, – samt der die Desillusion fördernden Politischen Ökonomie, der Biologie, des Darwinismus, der Entmoralisierung der Politik und des Funktionalismus. So trifft man im Jargon der Neuen Sachlichkeit endlose Varianten einer Denkfigur, die man schon 1857 in Marx' ›Kritik der politischen Ökonomie‹ hatte lesen können: »Wo bleibt Vulkan gegen Roberts und Co., Jupiter gegen den Blitzableiter und Hermes gegen den Credit mobilier?«

Viele Redensarten der Neuen Sachlichkeit zitieren eine Bewußtseinslage des bürgerlichen Materialismus des 19. Jahrhunderts. Ideen, so hört man jetzt wieder, die keine Interessen hinter sich haben und sich darum auf keine »Kraftlinie« der Gesellschaft eintragen lassen, werden sich »unweigerlich blamieren«[45]. Bis in die ›Ethik‹ von Nicolai Hartmann (1926) dringt die Gewißheit, daß die »höheren Seins- und Wertkategorien ⟨...⟩ von Haus aus die schwächeren sind, wenn sie nicht auf dem Rücken der niedrigeren Grundkategorie mitgenommen werden.« Es erheitert das Publikum, mitanzusehen, wie der spirituelle Reiter vom Rücken der niedrigeren Kategorie abgeworfen wird, um im Graben der »Tatsachen« zu landen. Dabei scheint in den ersten Jahren der Republik der Abwurf selbst ein faszinierenderes Schauspiel gewesen zu sein als die darauf folgenden Arbeiten im Graben der Niedrigkeiten.

Die Redewendung vom »Boden der Tatsachen« bildet eine zeitlang den kleinsten gemeinsamen Nenner aller ästhetischen Programme unter dem Stern der Neuen Sachlichkeit.

Untersucht man das Schicksal der Redewendung von 1918 bis 1933, so springen ihre bizarren Bedeutungswechsel ins Auge. Im Parallelogramm der Kräfte wird der »Boden der Tatsachen« morgens anders definiert als abends, so daß er zu den Phänomenen zu gehören scheint, bei deren Anblick man – nach Kafka – von einer »Seekrankheit auf festem Land«[46] befallen wird; – und mancher neusachliche Schriftsteller ist denn auch folgender Figur nicht unähnlich: »Er läuft den Tatsachen nach, wie ein Anfänger im Schlittschuhlaufen, der überdies irgendwo übt, wo es verboten ist.«[47]

Wie schwankend der Boden war, auf den man sich berief, erfuhr das Bürgertum nachhaltig in der Inflationszeit. Hatte zuvor noch das Bankdepot als relativ sichere Basis besungen werden können, so schien über Nacht nichts solider als das Land der Agrarier, ein Maschinenpark oder der Rest der Goldbestände; am nächsten Tag allerdings nur noch die Dollaranleihen aus den USA, und Hermann Graf Keyserling stellte erstaunt fest, »daß das ganze moderne Weltgetriebe nicht auf Tatsächlichem, sondern auf Kredit beruht. Und Kredit ist ipso facto Mythos«[48].

Der Begriff »Sachlichkeit« ist in dieser Zeit nur mit lockerem Scharnier an die schwankenden Einschätzungen des Realitätsgrunds gebunden. Die Konstanz, die er verbürgen soll, weist darauf hin, daß er eher eine Haltung meint. Wir hätten es demnach mit einem merkwürdigen Begriff zu tun: während er Hingabe ans Objekt suggeriert, ist er tatsächlich Zeichen eines Charakterzugs. Wenn Mitte der zwanziger Jahre von einem »Helden der Sachlichkeit« die Rede ist, so kann damit – undenkbar für die frühen Jahre der Republik! – sowohl ein »leninistischer Geduldspieler« mit Proletarierkappe als auch der Leiter der Reichskreditanstalt gemeint sein, ein dem Funktionalismus ergebener Stadtbaurat in Berlin oder ein Ingenieur im Konstruktionsbüro der AEG, ein Schachspieler oder Außenminister Stresemann. In diesem Fall handelt es sich um den Gouverneur Hastings, den Bühnenhelden des Stücks ›Kalkutta 4. Mai‹ von Feuchtwanger und Brecht, der, um effektiv handeln zu können, seine Leidenschaft »auf Eis« legt und, wenn Entscheidungen verlangt werden, Konstruktionen weltanschaulicher Art wie Ballast abwirft.[49] Ein Charakterzug des Typus »Held der Sachlichkeit« ist, daß er die Analyse des gesellschaftlichen »Kraftfeldes« – eine physikalische Schlüsselmetapher der Neuen Sachlichkeit – vornimmt, ohne sich von moralischen Kategorien beeinflussen zu lassen, und Probleme der Machtausübung als einen Fall für Ingenieure auffaßt. Sein Denken und Handeln beruht auf moralindifferenten Diagnosen; er bewegt sich im Rahmen mittelfristiger Prognosen; Bittgang, Klage oder Geständnis gehören nicht zu seinem Repertoire. »Down scaling« ist seine Devise; statt sich durch den Gedanken an die nahende Eiszeit lähmen zu lassen, beschäftigt er sich mit der Verbesserung des Kühlschranks.

Erkenntnistheoretischer Zweifel, was denn die »Sache« sei – ein Zweifel, der in den Inflationsjahren hedonistische Reflexe ausgelöst hatte: was eine Sache sei, erwies sich letzten Endes nur im Verzehr der Ware – wird den Spezialisten an den Universitäten überlassen. Allerdings dringt in einer späteren Phase mit der Kategorie der »Verdinglichung«, die Georg Lukács in ›Geschichte und Klassenbewußtsein‹ (1923) begründet hatte, erkenntniskritischer Zweifel auch in die Literaturdebatten, und der Vorwurf des »Sach-Fetischismus« spaltet die Lager. Mitte der zwanziger Jahre sind solche Skrupel noch nicht akut. Zu diesem Zeitpunkt wird dem unschuldigen Begriff der »Sache« in Pamphleten und Programmen eine Schlüsselstellung eingeräumt. Die Gewißheit des »Faktischen« beruht dabei auf sehr unterschiedlichen Einstellungen:

– Die Gewißheit des Faktischen orientiert sich an »Tatsachen« im Sinne der empirischen Wissenschaften. Da der Konsens der wissenschaftlichen Kollektive, der eine »Tatsache« begründet, gemessen an den schwankenden politisch-orientierten Definitionen der Tatsache, als stabil erscheint, haben die wissenschaftlich behaupteten Fakten beinahe den Rang einer ontologischen Gegebenheit. Die Attraktion geht jetzt vor allem von den Wissenschaften aus, die behaupten, sich unter Ausschaltung jeglicher Wertung rein auf den Nachweis der Verkettungen von Sachverhalten und inneren Strukturzusammenhängen von Kulturgütern zu beschränken. »Wertfreiheit« ist damals ein pathetischer Habitus. In ihm wird der Heroismus betont, der aufgebracht werden muß, um ohne religiöses Heil oder irdische Sinngebung den »schieren Fakten« die Stirn zu bieten. Die Neue Sachlichkeit orientiert sich am Denkstil dieser Wissenschaftler: der für sie charakteristische, desillusionierende »Griff zur niedrigeren Kategorie« (Musil) soll in ihrer Schreibweise den Effekt des Faktischen erzeugen. Mit der Reduktion auf ökonomische, medizinische oder physiologische Tatbestände schließt man an ältere Konventionen der Literatur des 19. Jahrhunderts an. Neu sind die Blickpunkte der Erforschung tierischen Verhaltens mit ihrer Reflexologie und ihrem Behaviorismus, des Funktionalismus und der Statistik der Demoskopie.

– Der »Fluß des Lebens« als nicht hintergehbare Tatsache. Alle Phänomene sind in das »wertindifferente Fließen und Strömen« (Kracauer) des Lebens eingebettet. Diese von Nietzsches Lebensbegriff bestimmte Einstellung findet man in allen Lagern der Neuen Sachlichkeit. Gottfried Benn im Rückblick: »Das Leben – hier standen wir am Grundbegriff, vor dem alles haltmachte, der Abgrund, in den sich alles in seiner Wertverwahrlosung blindlings hinabwarf, sich beieinanderfand und ergriffen schwieg.«[50]

– Was Faktizität ist, entscheidet letztlich das »Kamera-Auge«;

denn »den Regisseur kannst du täuschen, den Apparat nie«[51]. Der »Apparat« schaltet die moralisch gefärbten Wahrnehmungen aus und ist somit in der Lage, die »nackten« Phänomene zu erfassen. Vor allem das neusachliche Genre der Reportage erstrebt diese »Kamera-Objektivität«[52]. Der Habitus des »kalten Blicks« simuliert wiederum das eingebildete Vermögen des Apparats zu ideologiefreier Erfassung der Objekte. Ernst Jüngers Essay ›Über den Schmerz‹ zeigt die nietzscheanischen Momente dieser Einstellung.

– Die dezisionistische Definition des Faktums. Hier wird die Bestimmung des Faktischen entweder dem Parallelogramm der politischen Kräfte überantwortet, im Freund-Feind-Schema stillgelegt oder hegelianisch aufgehoben, so etwa Walter Benjamin 1927: »Nur wer, in der Entscheidung, mit der Welt seinen dialektischen Frieden gemacht hat, der kann das Konkrete erfassen. Doch wer ›an Hand der Fakten‹ sich entscheiden will, dem werden diese Fakten ihre Hand nicht bieten.«[53]

– Die Zirkulation der Waren, Zeichen und Symbole ist der Grund, auf dem alles »basiert«. Das Zeichenmaterial der Straße, das »Zeitungsdeutsch mit all seiner Schludrigkeit, durchsprenkelt von Dilettantismus und blutigstem Zufall«[54] bieten den »Rohstoff« der sachorientierten Literatur. Die Wochenschau des Kinos zeigt – so Hermann von Wedderkop 1927 – »unverfälschte Wirklichkeit«: »großer Stadtausschnitt, Bäumerauschen, Brandung, Eleganz, Technik, Sport, bekannte und anonyme Gesichter.«

Die grobe Auflistung der »neusachlichen« Einstellungen zur »Faktizität« hat einen Mangel. Sie zerlegt den neusachlichen Habitus in fünf separate Haltungen. Damit folgt sie zwar einer Intention der Akteure; denn der Theoretiker des »Kamera-Auges« will sich ja von der Lebensphilosophie ebenso abgrenzen, wie der Anhänger der empirischen Definition vom politischen Freund-Feind-Schema.

Die nähere Untersuchung der neusachlichen Wahrnehmungsformen ergibt aber alle möglichen Kombinationen: der szientistische Habitus geht oft mit der »heroischen« Annahme des Lebens als »wertindifferentem Strömen und Fließen« einher; der Technikkult des »Kamera-Auges« schließt seine Herkunft aus dem Vitalismus nicht aus: »Das Leben, die Maschine, die Natur behalten recht: jenseits von Gut und Böse« (Ivan Goll); die Wahrnehmung der »Straße des Lebens«, die das Kino zu bieten scheint, wird modelliert vom älteren Topos des »Fluß des Lebens«, oder vom noch älteren Rad der Fortuna; die dezisionistische Festnagelung des »Fakts« trifft sich oft mit der Fetischisierung des »Apparats«, der einen ideologiefreien Zugriff aufs Objekt gewährleisten soll. Ist die »Sache« endlich dingfest gemacht, so läßt sich nur schwer entscheiden, ob der Autor sich in Demut der fernen Sachinstanz beugt oder seiner Lust an der Grausamkeit, den Gegenstand aller wärmenden Fiktionen zu entkleiden, frönt.

Folglich oszillieren die »Realitätsvokabeln« (Hermann Broch, ›Huguenau oder die Sachlichkeit‹) des Jahrzehnts; denn sie sind widersprüchlich aufgeladen. Auch die »Wertfreiheit« der Wissenschaften, an denen die Neue Sachlichkeit sich orientiert, verbürgt nichts außer dem Habitus der Entschlossenheit, auf trügerische Sinngebung verzichten zu wollen. Der »Heroismus« dieser Haltung trifft schon früh auf neusachliche Skepsis: »Trotz aller Sicherungen schleichen sich die immer von neuem hinausgeschobenen Wertungen am Ende doch wieder ein«, bemerkt Kracauer 1923 in seinen Betrachtungen zur Wissenschaftskrise und fährt fort:

»So gleicht denn Webers Methode einer abschlußlosen Hetzjagd im Schattenreich der Empirie, bei der er sowohl Verfolgter wie Verfolger ist; hinterrücks überfallen ihn die Wertungen, die er ins Angesicht hinein verleugnet, während das Objektive, dessen er habhaft zu werden trachtet, vor ihm ins Unendliche flieht...«[55]

Allen Einstellungen liegt eine Nacktkultur des Faktischen zugrunde. Béla Balász spricht von den »Sehenswürdigkeiten des nackten Seins«, Walter Benjamin registriert den Stolz der Bourgeosie auf ihre »nackte ökonomische Physiognomie« und Siegfried Kracauer erblickt im neusachlichen Amüsierbetrieb Tendenzen des Modernisierungsprozesses in seiner Nacktheit. Der Kult des nackten Faktums folgt der Logik, unter einer ideologischen Hülle verberge sich ein meist ökonomisch definierter Funktionszusammenhang, der, sofern er nicht offen zur Schau getragen werde, kritisch enthüllt werden müsse. Das Wechselspiel von Verhüllung und Enthüllung der ökonomischen Funktion setzt sich bis in die vereinsmäßig organisierte, blühende Nacktkultur der Weimarer Republik fort. Hier wird auf die Wirtschaftlichkeit des Nudismus höchster Wert gelegt. Die Nacktkultur will die »Scham wegrationalisieren«, um Nacktheit als soliden Panzer, der vor einer chaotischen Triebwelt schützt, zu gewinnen. 1927 heißt es: »Nur strengste Sachlichkeit kann uns allmählich wieder dahin führen, nackt sein zu können«![56]

Die labile Konstruktion des Faktischen zeigt sich besonders krass an den kursierenden Begriffen von »Geschichte« als dem Boden aller Tatsachen. Die Geschichte erscheint einmal als Produkt gesellschaftlicher Arbeit, als ein für die Vernunft vollkommen durchlässiges Reales oder als ein letztlich undurchdringliches Fatum. Im Blick der Zeitgenossen schwankt »Geschichte« zwischen ihrer völligen Entzauberung als planmäßiges Projekt und der Auffassung von ihr als schicksalhafter Naturgewalt: »Die Geschichte hat mit menschlicher Logik nichts zu tun.« befindet Spengler. »Ein Gewitter, ein Erdbeben, ein Lavastrom, die wahllos Menschen vernichten, sind den planlos elementaren Ereignissen der Weltgeschichte verwandt.«[57]

Daß Spengler sich bei diesem Satz aus dem Jahre 1932 auf das Buch ›Geschichte als Sinngebung des Sinnlosen‹ berufen kann, dessen Autor Theodor Lessing sich Ende der zwanziger Jahre zu den demokratischen Sozialisten zählt, zeigt, wie wenig ein solcher Geschichtsbegriff auf politische Einstellungen schließen ließ. Das Dilemma des Realitätssinns, das die Neue Sachlichkeit prägt, wird Roland Barthes später in seinen ›Mythen des Alltags‹ erläutern:

> Wir gleiten unaufhörlich zwischen dem Objekt und seiner Entmystifizierung, hin und her, unfähig seine Totalität wiederzugeben. Wenn wir das Objekt durchdringen, befreien wir uns, aber zerstören es, und wenn wir ihm sein Gewicht belassen, achten wir es zwar, aber geben es mystifiziert wieder.[58]

Dieses »Gleiten«, das Pendeln zwischen dem Objekt im »elektrischen Licht« des Begriffs und seiner schieren »Dinglichkeit« im Schein der Kerze ist freilich keine Tugend der Neuen Sachlichkeit. Charakteristisch für sie ist vielmehr die Stillegung dieser Bewegung im Habitus des Scharfblickenden, der sich bewußt vom Freund-Feind-Schema modellieren läßt, – und meist unbewußt vom Idol der Virilität modelliert ist. Das »Einfrieren« der Bewegung der

Wahrnehmung gehört zur neusachlichen Profilierung, während der gleitende Blick einigen – langsamen – Modernisten der Jahrhundertwende wie Hofmannsthal oder Musil überlassen blieb. Die Essays Siegfried Kracauers, der unter dem Einfluß Georg Simmels gelernt hatte, bewegliche Synthesen zu bilden, die den statischen Widerspruch von Geist und Leben aufheben, beweisen allerdings, daß es auch in der Republik anders ging:

> Das Leben ist eben stets mehr als das Leben, es reißt sich von sich selber los und tritt sich als hart umrissene Gestalt gegenüber, es ist der Fluß und zugleich das Festland ...[59]

Diese Denkbewegung, die sowohl die Undurchdringlichkeit des Objekts als auch seine rationale Konstruktion umspannt, war in der Neuen Sachlichkeit nicht zuhause. Deren »Männlichkeits«-Idol gebot den Schriftstellern, die »Sache« vorzugsweise so zu definieren, als ob die Definition unmittelbar vor der »Mündung des Gewehrlaufs« vorgenommen werden müßte.

Selbst in bürgerkriegsfreien Zeiträumen trifft man auf Tafeln, die zu höchster Wachsamkeit mahnen:

> DIE WELT WIRD IMMER KLEINER. VERGISS ES NICHT. SONST KANN ES DIR PASSIEREN, DASS DU MEINST, WEIT VOM SCHUSS ZU SEIN, UND DU STEHST VOR DEM PISTOLENLAUF![60]

Die gleitende Wahrnehmung galt als selbstentwaffnend und »feminin«, oder – im politischen Vokabular der Zeit – als »versöhnlerisch« oder »verräterisch«.

Die Weimarer Republik war nach dem Abklingen der Revolution mit kräftigen Sprüchen zum Realitätssinn erzogen worden; denn »in der geschichtlichen Wirklichkeit gibt es keine Ideale; es gibt nur Tatsachen. Es gibt keine Gründe, keine Gerechtigkeit, keinen Ausgleich, kein Endziel; es gibt nur Tatsachen – wer das nicht begreift, der schreibe Bücher über Politik, aber mache keine Politik«, so Spengler 1920.[61] Dreizehn Jahre später wird klar, daß die Definitionsgewalt über den »Boden der Tatsachen« bei dem liegt, der die Diktatur ausübt.

In den Jahren der Republik hatte der Kult der »nackten Tatsache« schon die erstaunlichsten Wandlungen durchgemacht. Er war einmal eine Inszenierung realpolitischer Ernüchterung gewesen und hatte der Enthüllung der Fiktionen gedient. Er hatte sowohl das Einverständnis mit dem Warencharakter der Dinge als auch die vitalistische Feier der blinden Naturkraft umschlossen. 1933 bedeutet er Unterwerfung unter eine »illusionsfreie Wirklichkeit«, die zweifelsfrei allem zugrundeliegt: »die natürlichen Gemeinschaften, die auf Blut und Boden sich gründen: Familie, Verwandtschaft, Stammeszugehörigkeit, Gemeinschaft von Sprache, Sitte, Volk.«[62] Das Parallelogramm der Kräfte, in dem zu Zciten der Republik die Redewendungen von den »Fakten« nicht zur Ruhe kamen, ist endlich stillgelegt. Die jetzt vorgelegte Definition ist »wie alle Wirklichkeit problemlos.« Kein Grund zur Angst vor »Seekrankheit auf festem Land«. Karl Döhmann 1919:

> Wer seine Sach' auf nichts gestellt
> der hat auf keinen Sand gebaut
> der hat auf keinen Sand gebellt
> der seine Sach' auf Nichts gestaut.[63]

V. Der Jargon der Neuen Sachlichkeit

Von Jargon ist die Rede, wenn Elemente einer Fachsprache in die Umgangssprache einwandern. Fachsprachen, die dem Publikumsverkehr ausgesetzt und auf öffentlichen Austausch angewiesen sind wie die der Justiz, Ökonomie, Medizin, Psychologie und Soziologie sind Hauptlieferanten des Jargons; die Sprache der Verwaltung, die diesen Austausch als Institution vermittelt, prägt den Jargon im selben Maße wie Slogans des Marktes. Der Jargon ist zudem, wie die in den zwanziger Jahren kursierende Terminologie der Psychoanalyse zeigt, eine Form der Einbürgerung des Aufsehen und Anstoß Erregenden, das nun auf dem Markt der Zeichen und Symbole flottieren darf.

Drei Faktoren begünstigten die Aufwertung des Jargons:
– Mit schwindendem Bewußtsein von der Eigendynamik der ästhetischen Konventionen werden die Grenzen des Literarischen

instabil. Literatur wird in Anlehnung an die Wissenschaften und nicht in Opposition zu ihnen definiert. Anschluß wird durch Übernahme von Begriffen gesucht.

– Gegen das Reinheitsgebot einer »kulturellen« Praxis, die die Sprache der »Zivilisationswissenschaften« ausschloß, wird in der »Häßlichkeit« der Verschmutzung durch den Jargon ein ästhetisches Reizmittel erkannt. Das Zeitungsdeutsch zählt zum »Rohstoff« der Literatur.

– Der Jargon gilt, sentimentalisch, als ein literarisches Mittel, den Herzton der Klage »abzukühlen«, die »uneigentliche« Rede auf Herzensdinge auszuweiten.

Jargon kann also negativ als Zeichen einer Krise der Literatur angesehen werden; positiv gesehen ist er Ausdruck eines brisanten Austauschs von Sprachen und Gedankenwelten. Das gilt nicht nur für Fach- und Umgangssprache, sondern beispielsweise auch für die Anglizismen, mit denen das frühere Feindbild der fremden Kultur der eigenen Sprache einverleibt wird.

1. Die Liste

Im folgenden ist eine Liste mit »neusachlichen« Sprüchen aus dem Zeitraum 1919 bis 1932 zusammengestellt. Sie stammen aus politischen Kommentaren, Tagebüchern, soziologischen Untersuchungen, Kunstprogrammen etc. Aus dem Kontext gerissen, bilden sie ein Archiv anonymer Sprüche, die nicht unbedingt dem Austausch von Argumenten dienen. Nicht immer auf Erkenntnis zielend, führen sie in jedem Fall einen Habitus vor, den »neusachlich« zu nennen sich eingebürgert hat:

> Sprich lieber konventionell als prinzipiell, wenn du Zeit, lieber plaudernd als informatorisch, wenn du Kraft gewinnen willst![64]

Da im neusachlichen Jahrzehnt alles auf Zeit- und Kraftgewinn ankam, müssen wir mit uneigentlicher Rede rechnen. So bilden unsere Sprüche weder Ruhepunkte der Erkenntnis noch Momente wilder Expression. Es sind eher Probehandlungen, die testen, wie sich die forsche Attitüde in der nicht genau taxierbaren Landschaft ausnimmt. Wollte man einen physiognomischen Zug mit dieser Haltung assoziieren, so wäre es das Lächeln als »Geste der Maske«, die alles und nichts sagt, »die repräsentative Geste schlechthin«[65].

In einer von Serners Kriminalgeschichten aus dem Band ›Der Pfiff um die Ecke‹ verständigt sich ein internationaler Scheckfälscher mit einem auf ihn angesetzten Spezialisten von Scotland Yard, der mit ihm einen »deal« machen will – eine kleine Sternstunde des Konsenses. Sie gestehen sich ein: »Unter hohen Kennern, wie wir es sind, muß erst eine schwindelnde Höhe ⟨des Bluffs⟩ erreicht sein, damit sich wieder sichere Vertrauenssachen einstellen können.«[66]

Vertrauen als taktischer Schachzug, der wie alle Kommunikation nüchtern erwogen werden will. In der Geschichte von der Ermordung des ›Marchese de Brignole-Sale‹ wird von der Kontaktaufnahme eines Ganoven mit einer Banditin berichtet. Die beiden sind ein Herz und eine Seele, wie der folgende Dialog offenbart:

> Es ist besonders schwer, ja beinahe unmöglich, sich zu verständigen, wenn man nicht wenigstens ein ganz klein wenig Vertrauen – vorgibt. So wie der bessere Spieler dem schwächeren etwas vorgibt! »Aber ich wundere mich im Grunde stets, wenn es mir gelingt. Das ist eine der klarsten Quellen des Mißtrauens.« Sie schwieg. Es schien Sorhul, als lächle sie ganz unmerklich. »Es ist wohl überhaupt unmöglich, anders als a fonds perdu zu reden.« »Doch nicht. Oft genügt es, überhaupt miteinander zu reden, um das gegnerische Ziel zu erkennen. Was man redet ist gänzlich gleichgültig.«[67] ⟨Die beiden tappen dann in die Falle, die sie sich gegenseitig gestellt hatten.⟩

Diese Verständigung geht von der Voraussetzung aus, daß Krieg das untergründige Fundament des Austauschs der Subjekte ist. Die Bereitschaft zur Verständigung, die hier gefordert wird, entspricht eher dem »fair play«, wie es die Neue Sachlichkeit definiert hat: »Es ist die Summe von Verhaltensregeln, die es ermöglichen, das Können der Sportgegner exakt aneinander zu messen«, wie Broder Christiansen es 1930 in ›Das Gesicht unserer Zeit‹ formuliert hatte.

Die Authentizitätsformeln des expressionistischen Jahrzehnts – verhaftet den Ritualen des Geständnisses, des Bittgangs, der Klage, des Opfers und des Aufrufs – werden schon zu Beginn der zwanziger Jahre als Manierismen betrachtet; im Dadaismus wird die Entwertung der Aufrichtigkeit zum regelrechten Kult. Das Bewußtsein, über einen gegen die Inauthentizität der äußeren Gewalten abgeschirmten inneren Raum zu verfügen, auf das sich die vergangenen Formeln der Aufrichtigkeit gründeten, schwindet.[68] Bezirke des Unbewußten und des Wahnsinns werden nicht mehr – wie im Expressionismus – als Residuen der Authentizität begriffen; der Verdacht ist jetzt nicht mehr von der Hand zu weisen, daß das »innere Erregungszentrum«, ganz in Inauthentizität verstrickt ist. Die Aufmerksamkeit verlagert sich auf äußere Konstellationen. Das Gefühlsleben der Menschen erscheint zunehmend als Funktion der Weise, wie sie räumlich und sozial organisiert sind. »Die Innenkehrung ist zur Außenkehrung« geworden«, heißt es jetzt programmatisch.[69] Die kursierenden Schlagworte aus der Psychoanalyse wie »Verdrängung«, »Triebökonomie« und »Sublimierung« dokumentieren nur, daß das Maschinenmodell des »Seelischen Apparats« und der ihm zugrunde liegende Energieerhaltungssatz leichten Anschluß an den neusachlichen Diskurs finden; der Psyche wird keine Macht mehr zugebilligt. Im übrigen war von seiten der Neuen Sachlichkeit gegen die Stärkung der Ich-Instanzen so wenig einzuwenden wie gegen das technische Großprojekt der Trockenlegung der Zuiderzee, die Freud als Metapher dafür anführte.

Daß die Sprüche als zynisch galten, muß nicht eigens bemerkt werden; bei schmerzlichen Wertzersetzungen eine stoische Gelassenheit an den Tag zu legen, gehörte zum neusachlichen Habitus. Denn es gibt, wie Benn bemerkt, »einige Resultate des Ichs, die sich nur in dieser Färbung zur Geltung bringen lassen, sie gehört zur Suite der Erkenntnis und diese muß kalt sein, sonst wird sie familiär.«[70]

Die Zeit der authentischen Rede ist vorbei. Statt dessen liest man[71]:

Der Fortschritt schreitet nur dort fort, wo er sich rentiert, sonst sind seine Wege, sagen wir dunkel. (1)

Der Weltkrieg war ein Geschäft, das sich für niemanden bezahlt gemacht hat. (2)

Wenn etwas klappt, wimmelt es von Genies – wenn nicht von Verbrechern und Schuldigen. (3)

Wir haben die Firma gewechselt, aber der Laden ist der gleiche geblieben. (4)

Die AEG elektrifiziert Russland: also müsste ja die kommunistische Welt hoffähig für die bürgerliche Seele werden. (5)

Wir ziehen es vor, »unsauber« zu existieren, als »sauber« unterzugehen. (6)

Das Zeitungsdeutsch mit all seiner Schludrigkeit, durchsprenkelt von Dilettantismus und blutigstem Zufall, ist, weil Wirklichkeit dahinter steht, immer noch wirksamer als die gefeilte Vollendung der Form der Dinge, die ausgedient haben. (7)

Sämtliche Kunstzeitschriften sind nur Separatbeilagen zu den korrespondierenden Tageszeitungen (externes Feuilleton). (8)

Radio, Marconigramm und Telephoto erlösen uns aus völkischer Abgeschiedenheit zur Weltgemeinschaft. Unsere Wohnung wird mobiler denn je: Massenmiethaus, Sleeping-car, Wohnjacht und Transatlantique untergraben den Lokalbegriff der Heimat. (10)

Die Magie hat in unserer entzauberten Welt die Zugkraft verloren. Ihre Wunder wirken antiquiert im Vergleich mit denen des Intellekts, und es erscheint ein wenig abgeschmackt, daß sie so ernsthaft sich gebärden, wo doch das Radio den Raum beherrscht. Die nackte Banalität ist geheimnisvoller als das unglaubwürdige Blendwerk, das sie töricht nur zu verhüllen strebt. (11)

Die Phantasie der Menschen ist nicht frei; sie marschiert, höchst simpel, in der Richtung der Energien. (12)

Die spezifische Energie, die Emil Fischer bei der Synthese von Traubenzucker führte, hält den stärksten humanistischen Leistungen die Waage. (13)

Ein Schuß in einem kleinen Raum täuscht mehr Reflexe vor, als seiner Wirkung entsprungen sind; die Reflexe überschwemmen die Wirkung. Die soziologischen Reflexe überschwemmen die metaphysische Wirkung. (14)

Heute sagt man mir mit den paar Worten »ästhetisch-schizothymer Typ« mehr als mit einer langen individuellen Beschreibung. (15)

Die kleinste Tatsache aus dem Zusammenhang zwischen Charakter und Blutdrüsengleichgewicht öffnet mehr Anschauung von der Seele als ein fünfstöckiges idealistisches System. (16)

Fasse nicht irgendwelche Entschlüsse bei der ersten Unterhaltung, sondern denke über die Physiognomie des neuen Autors ein paar Tage nach. Sein Äußeres gibt dir mehr Einblicke in das, was er kann, als das, was aus ihm als Redestrom herausbricht. (17)

Beweis für die Richtigkeit der Zeitung ist, daß man sie kauft. (18)

Weltanschauungen sind Arbeitshypothesen. (19)

Der Beweis, daß eine Arbeit wissenschaftlichen Wert hat, kann nur dadurch erbracht werden, daß sie dem common sense höchstens widerspricht, um ihn zu fördern. (20)

Wie sich einer bewegt, so ist der Sinn seines Lebens. (21)

Die Masse ist den Verächtern der Massenkultur unter den Gebildeten insofern überlegen als sie im Rohen die Fakten unverschleiert anerkennt. (22)

Ganz ohne Zweifel besitzt heute ein Kursbuch größere Bedeutung als die letzte Ausfaserung des einmaligen Erlebnisses durch den bürgerlichen Roman. (23)

Erotisches rückt an die Peripherie, Soziologisches, Wirtschaftliches, Politisches in die Mitte. Don Juan in seinen endlosen Varianten hat abgewirtschaftet, an seine Stelle tritt der kämpfende Mensch, Politiker, Sportler, Geschäftsmann. (24)

Gesang ist zuerst und zuletzt ein rein körperlicher Akt. Ein vielseitiger Mechanismus von Zwerchfell-, Stimmband- und Lungenmuskeln, ein ganzer Vertikaltrust von Organen wird in Bewegung gesetzt, um dieses alltägliche Wunder des klingenden Tons hervorzubringen. (25)

Es ist freilich schon heute ein Unfug, eine Säule von Phidias anhimmeln zu lassen und die Untergrundbahn ein bloßes Verkehrsmittel zu nennen. (26)

Das Feld, auf dem die Bourgeoisie geschlagen werden kann, ist nicht der Geist, da sie ageistig ist, sondern das Getriebe mechanischer Maschination. (27)

Der Zuwachs an kämpferischer Moral im Charakter des Großstädters ist höchst selten auf idealistische Gesinnung, auf neuen Glauben zurückzuführen. Wir halten ihn für eine Folge des Verkehrs. (28)

Den Alten wäre ein Rad wie unsere Pneus sicher plump und unschön vorgekommen, wir bewundern die Elastizität der Verbindung Stahl, Gummi, Luft und sehen darin köstliche Schönheit, denn wir fühlen die verschiedenen Kräfte der 3 Materialien. (29)

Es ist der hydraulische Druck des Wirtschaftssystems, der unsere Schwimmanstalten übervölkert. (30)

Die entscheidenden Gesetze ihrer Klasse sind ökonomische; da kommen sie für wirkliche Handlungen mit Denken so wenig heran wie mit Klavierspielen. (31)

Die Statistik, das ist die Jugend! Keine Macht der Welt kann sie schlagen, unbesiegbar ist sie wie die Zahl. (32)

Die böse Prinzessin aber sagte: Drei Aufgaben musst du erfüllen: 1. Nurmi schlagen, 2. den Staubsauger reparieren und 3. erklären können, was die NSDAP und die KPD wollen. (33)

Das Privatschicksal, die Privatstellung der Persönlichkeit sind unwichtig. ... Psychologie ist Feigheit. Die Innenkehrung ... ist zur Aussenkehrung geworden. Das schlechte Gewissen war eine bequeme Entschuldigung. Die Dramatik des schlechten Gewissens ist ebenso bequem. (34)

Den Regisseur kannst du täuschen, den Apparat nie. (35)

Daß derselbe Dirigententyp, der unersättlich versunken das Adagio aus Bruckners Achter zelebriert, wie ein Konzernherr darauf auszugehen pflegt, möglichst viel Organisationen, Institute und Orchester in seiner Hand zu vereinen, ist das genaue gesellschaftliche Korrelat zur individuellen Beschaffenheit seiner Figur, die im Kapitalismus musikalisch Trust und Innerlichkeit auf den gemeinsamen Nenner zu bringen hat. (36)

Aber die Empfindungen des Herzens und die Systeme des Geistes sind widerlegbar, während ein Gegenstand unwiderlegbar ist, und ein solcher Gegenstand ist das Maschinengewehr. (37)

»Weltanschauungen sind Vokabelmischungen«, hieß es 1919 in Walter Serners Dadaistischem Manifest ›Letzte Lockerung‹. Vierzehn Jahre später notiert Brecht »Weltanschauungen sind Arbeitshypothesen«. Manche der hier zitierten Sprüche rühren von der Lust zur provozierenden Vokabelmischung, andere probieren mit ihrer Hilfe eine wissenschaftliche Attitüde aus.

2. *Das Schema*

Beinahe alle Sprüche sind durch Bipolarität gekennzeichnet, die die Vokabelmischung wie auf einem Magnetfeld verteilt: Körperchemie gegen Charakter, Radio gegen Magie, Petroleum gegen Seele, Tauschwert gegen Wahrheit. Die Sprüche konfrontieren die Sphäre der Mobilität mit der der Trägheit und die Sphäre des Verfügungswissens mit dem unverrückbar biologischen Sockel.

Das »Polaritätsdenken« (Theodor Lessing) tritt plötzlich in Reinkultur als Schema auf den Plan:

Verwurzelung	gegen	Mobilität
Symbiose	gegen	Trennung
Wärme	gegen	Kälte
Individuum	gegen	Typus
Undurchsichtigkeit	gegen	Transparenz
Wachstum	gegen	Planung
Erinnerung	gegen	Vergessen
Sammlung	gegen	Zerstreuung
Dunkelheit	gegen	Helligkeit
natürlicher Zyklus	gegen	mechanische Zeit
weiblich	gegen	männlich

Die buchhalterische Auflistung der Oppositionspaare löst im neusachlichen Jahrzehnt ästhetischen Reiz aus; die Ambivalenzen scheinen ausgeräumt. Nicht nur Brecht liebt es, wie etwa in den Anmerkungen zur Oper ›Mahagonny‹, die er mit Peter Suhrkamp verfaßt, Reflexionen zur Ästhetik in einem Oppositionsschema darzustellen. Die schematische Auflistung ist auch den neuen Architekten geläufig; Kunsthistoriker wie Franz Roh und Kulturtheoretiker wie Broder Christiansen arbeiten damit. Benjamin jedenfalls persifliert das modische Schema schon 1928 in der ›Einbahnstraße‹, während es die Argumentation seines späteren Aufsatzes über das ›Kunstwerk im Zeitalter seiner technischen Reproduzierbarkeit‹ von 1935 wieder völlig regieren wird.

Im neusachlichen Jargon wird der Pol von Mobilität, Trennung und Kälte aufgewertet; das scheint die zwangsläufige Konsequenz für eine Schreibhaltung zu sein, die sich als »männlich« begreift. Dem Verlangen nach Rückzug in einen undurchsichtig-symbiotischen Raum antwortet der Preisgesang auf ein Leben in völliger Transparenz; dem Wunsch nach Konstanz antwortet das Lob des provisorischen Raums. Eine kleine semantische Operation, die Vertauschung der Wertakzente im Polaritätsschema, soll Modernität bewirken.

Ein skeptischer Blick auf die gesammelten Sprüche ergibt, daß fast alle zwischen Assimilation und Abwehr der Moderne schillern. Sie erzeugen die Spannung zwischen entfernten Wertbereichen wie Elektrizität und Seele, Reklame und Substanz nicht mit dem Effekt, daß der eine Pol (der Langsamkeit, Dunkelheit und Wärme) ersatzlos gestrichen würde, sondern um den überwundenen Gegenpol ein letztes Mal zu evozieren: Radio *und* Magie, Trust *und* Innerlichkeit, Moral *und* Aktie, Reflex *und* Metaphysik, Lebensversicherung *und* Schicksal. So verzeichnen die Sprüche einerseits zustimmend eine Tendenz, die Max Weber die »Entzauberung der Welt« genannt hat. Er verstand darunter »das Wissen davon oder den Glauben daran, daß man, wenn man nur wolle, es jederzeit erfahren könnte, daß es ⟨...⟩ prinzipiell keine geheimnisvollen, unberechenbaren Mächte gebe, die da hineinspielen, daß man vielmehr alle Dinge – im Prinzip – durch Berechnung beherrschen könne.«[72] Aber die Sprüche verzeichnen oft im gleichen Atemzug die Erkenntnis, daß über der wissenschaftlich eingrenzbaren Sachlichkeit das Schicksal des Nicht-Machbaren waltet. Max Weber: »Die alten vielen Götter, entzaubert und daher in Gestalt unpersönlicher Mächte, entsteigen ihren Gräbern, streben nach Gewalt über unser Leben und beginnen untereinander wieder ihren ewigen Kampf.« Die Ahnung dieses Widerspruchs führt zum Pathos der neusachlichen Rede, der Trotz begründet von Fall zu Fall die heroische Attitüde des »kalten Blicks« und der »gnadenlosen Sachlichkeit«. Sie erklärt aber auch, warum gleichzeitig der »magische Realismus« faszinieren kann und in der Spätphase der Republik, als die Sphäre des vernünftig Berechenbaren schwindet, zu dominieren beginnt, nachdem die Mittelphase der Republik für einen Moment die rationalistische und die magische Variante als »Flügel« der neuen Sachlichkeit in Balance gebracht zu haben schien.

3. Der Zynismus

In den Sprüchen trifft man auf viele Variationen des Gemeinplatzes aus dem neusachlichen Jahrzehnt, daß Ideen, die keine Interessen hinter sich haben und darum auf keine »Kraftlinie« der Gesellschaft eingetragen werden können, sich »unweigerlich blamieren«. Diese Haltung konnte im Bereich der Politik und Ökonomie auf allgemeine Zustimmung rechnen. Provozierend wirkte nur die Übertragung dieses Grundsatzes auf kulturelle Phänomene. Hermann von Wedderkops Satz »Beweis für die Richtigkeit der Zeitung ist, daß man sie kauft«, hat als Richtlinie des Vertriebschefs einer Zeitung, der sein Personal einstimmt, eine andere Funktion, als im Munde des Leiters des politischen Ressorts oder des verantwortlichen Redakteurs der Kulturbeilage. In diesem Fall stammt er vom Herausgeber des avantgardistischen Kunstmagazins ›Der Querschnitt‹. In Wedderkops Zeitschrift lassen sich viele Spielarten einer amoralischen Attitüde finden, die aus der europäischen Tradition des Dandytums stammen. »Ohne Interesse an Morgenröte, an Zukunft und an Weisheit der Voraussicht«, liest man hier im März 1925, »folgen wir nun unserem Instinkt. Der Querschnitt ist eine Funktion, kein Zweckgebilde.« Zweifellos kann die im ›Querschnitt‹ vorgeführte Mischung von »Instinkt und Kalkulation«, »Blutigem Zufall« und englischem Clubleben, delikatem Cartoon und Politikerporträt ihre Herkunft aus dem Dadaismus kaum verleugnen. Zwischen solchen Vokabelmischungen jedoch und Wedderkops einfühlsamem Mussolini-Porträt vom Juni 1930 spannt sich eine Bandbreite neusachlicher Rede, deren Ferment der Zynismus ist.

Peter Sloterdijk hat den Zynismus als ein charakteristisches Merkmal neusachlicher Rede begriffen.[73] Er koppelt den Prozeß der sozialen Umstrukturierung während der Weimarer Republik an die Symptome der Abwehr. Die Weimarer Kultur, so Sloterdijk, empfindet den »Schmerz der Modernisierung heftiger, spricht ihre Desillusion kälter und schärfer aus«. Das disponierte sie zum Zynismus. Damit heftet Sloterdijk an das Phänomen des Zynismus zwei opponierende Mischungselemente: die Zersetzungsangst und die »Vernunftkälte«. Je glänzender der Zynismus in der Weimarer Kultur formuliert ist, desto deutlicher sollen seine komplementären Motive zu Tage treten: das der Verletzung und das der stoischen Reflexion. Der Zynismus, befindet Sloterdijk, weist auf eine Wunde, die dem zynisch Redenden einmal zugefügt wurde, erinnert an eine Blamage, gegen die er sich ein für allemal wappnet. Die Zweipoligkeit des Zynismus scheint ihm charakteristisch für einen Jargon, dessen »Witz aus der Kälte kam«. Seine Ansicht wird durch zahlreiche Selbstbekundungen gerade der neusachlichen Schriftsteller, die aus dem Expressionismus stammten, bestätigt. Im ›Querschnitt durch 1921‹ liest man die fast programmatische Beschreibung des »zynischen« Autors, der sich »wie der Clown« vorkommt, »der eine Kreidedecke über sein Antlitz legt, um seine menschlichen Gefühle nicht mehr zu verraten«. »Er kuriert das verweichlichte Gemüt mit Härte, das sentimentale durch Zynismen, das in Gewohnheit abgestandene durch Paradoxie ⟨...⟩.«[74]

Die Polarität, die wir an den neusachlichen Sprüchen beobachteten, scheint diese Annahme der Sentimentalität zu bestätigen. Das Beispiel Wedderkop zeigt uns aber auch die Eigendynamik des Jargons: die zynische Rede kann eindimensional werden. Wenn Lion Feuchtwanger in seinem Roman ›Erfolg‹ die Figur Tüverlin zynisch über die Justiz reden läßt, ist die Zweipoligkeit seiner simulierten Härte unschwer zu erkennen. Wenn der Rechtstheoretiker Carl Schmitt das Prinzip der Souveränität definiert, ist vom Schmerz eines verletzten Rechtsgefühls, wie Sloterdijk ihn unterstellt, nichts zu spüren. Wenn Arnold Gehlen 1927 über die Gewohnheit reflektiert, um dem neuen Kulturhabitus der Anpassung auch philosophisch Bahn zu brechen, ist seine Rede eindimensional: Am »Phänomen der Natur« erläutert er seine ›Reflexionen über die Gewohnheit‹[75] in seinem philosophischen Essay und illustriert den »Willen zum Nichtidentischen«, der ein Überleben erst ermöglicht. Damit berührt er zweifellos ein Leitmotiv, mit dem die Neue Sachlichkeit sich gegen den Kult des Authentischen richtete. Zur Beweisführung bezieht er sich auf ein Experiment mit Protozoen, den Infusorien, jenen sehr kleinen Tieren mit Mund, After, pulsierender Blase und Wimpern als Bewegungswerkzeugen:

> Das Infusorium *Stentor* pflegt eine ganz leichte Berührung oder ein feiner Wasserstrahl zu veranlassen, sich in die Röhre zurückzuziehen. Eine Wiederholung wirkt viel schwächer und schließlich überhaupt nicht mehr. Läßt man eindringlichere Belästigungen durch herabrieselnde Karminkörner folgen, so reagiert das Tier zunächst durch fortgesetzte Krümmungen, dann durch Umkehr des Wimpernschlages, sodann durch zeitweiliges Zurückziehen in die Röhre, schließlich durch Loslösung und Fortwanderung.

Belehrung holt man sich – neusachlich –, wenn möglich aus der niedrigeren Region. Das Beispiel demonstriert die Herabsetzung der Gefahr durch erhöhte Mobilität. Was Sloterdijk den »Schmerz der Modernisierung« genannt hat, ist im Infusorien-Gleichnis nicht unterzubringen. Auf Belästigung reagiert das Lebewesen mit Gewöhnung oder Flucht. Dem Klagelied auf die Entfremdung tritt nicht ohne Trotz das Lob der Anpassung entgegen. Oft erfahrene Reize, so lehrt Gehlen, die zuerst als Schmerz empfunden werden, treiben zunächst zu Antworten, die wenig später als »unökonomische« Verausgabung von Energie unterbleiben. Anpassung an Stelle von unökonomischem Protest! Wer überleben will, gewöhnt sich. Wer sich nicht gewöhnt, wird selektiert. Aber der monoton gereizte Muskel wird immer kräftiger und handlungslustiger. Das war biologisch nicht zu widerlegen und hatte mit zweipoligem Zynismus nichts zu tun. Diese Form neusachlichen Denkens ist nicht durch die Kombination von Zersetzungsangst und Vernunftkälte gekennzeichnet.

Wenn dagegen das Infusorienbild in Ernst Jüngers Schrift ›Der Arbeiter‹ wiederkehrt, wird es um eine Dimension ergänzt, die in

Gehlens Schrift fehlt. Auch Jüngers Schrift ist vom Lob der Anpassung an die Bedingungen der Mobilmachung geprägt. Im Gegensatz zu Gehlen setzt er den Infusorien nicht nur mit Karminkörnern zu. Es bedarf größerer Kaliber der Feindeinwirkung, um zu erklären, warum das »Individuum« selbst durch Gewöhnung nicht zu retten ist:

> Nicht also innerhalb dieser Masse suchen wir den Einzelnen auf. Hier begegnen wir nur dem untergehenden Individuum, dessen Leiden in Zehntausenden von Gesichtern eingegraben sind und dessen Anblick den Betrachter mit einem Gefühl der Sinnlosigkeit, der Schwächung erfüllt. Man sieht die Bewegungen matter werden wie in einem Gefäß von Infusorien, in das ein Tropfen Salzsäure gefallen ist. Es ist ein Unterschied in der Form, nicht aber in der Substanz, ob sich dieser Vorgang geräuschlos vollzieht oder katastrophal.[76]

In einem Habitus, der den italienischen Futuristen abgeschaut ist, macht Jünger keinen Hehl daraus, daß er einen Vorgang beschleunigt sehen will, der wie »Salzsäure« die Infusorien töten wird. Der neusachliche Avantgardist verändert in seinem Gedankenspiel mutwillig das Milieu. Das naturkundliche Beispiel hat hier nur den einen Sinn: es soll gegenüber individuellem Leid auf den Habitus der »Kälte« des neusachlichen Beobachters verweisen.

4. Sprüche und Werke

Gottfried Benn demonstriert einen besonderen Umgang mit dem Jargon der Neuen Sachlichkeit. Er will ihn durch Überbietung ruinieren:

> Es gibt kein Schicksal mehr, die Parzen sind als Direktricen bei einer Lebensversicherung untergekommen, im Acheron legt man eine Aalzucht an, die antike Vorstellung von dem Furchtbaren des Menschen wird bei der Eröffnung der Hygieneausstellung stehend unter allgemeiner Teilnahme, während die deutschen Ströme in verschiedenfarbigen Gewändern vorüberziehen, in tiefer Ergriffenheit auf ihren Normalgehalt zurückgeführt.[77]

Der Jargon gehört zu Benns Obsessionen. Er folgt heimlich, indem er verfolgt! Er treibt ihn in die Groteske, um seine Machtsphäre zu untergraben und gleichzeitig die unlösliche Bindung der extremen Pole zu unterstreichen. Als er 1944 den »Phänotyp« der Moderne beschreibt, leuchtet das Polaritätsschema noch immer in ungebrochenen Farben, aber eingebunden in die »Ambivalenz« eines einzigen Typus:

»Einerseits gläsern, – andererseits blutig. Einerseits müde, – andererseits Sprungschanzen. Einerseits archaisch, – andererseits aktuell mit dem Hut aus der Bondstreet und der Krawattenperle aus der Rue de la Paix.« In den zwanziger Jahren bringt Benn es zu großer Virtuosität in der Inszenierung des feindlichen Jargons: besonders fasziniert ihn dessen »Griff zur niedrigeren Kategorie« der Physiologie; er registriert, was dieser dem »Geist« antut. »Ich stamme aus dem Naturwissenschaftlichen Jahrhundert: ich kenne meinen Zustand ganz genau.« In der Verfolgung folgt er hörig den großen wissenschaftlichen Kränkungen, die in den zwanziger Jahren als neusachliche Spruchweisheiten im Umlauf sind.[78]

Der »Geist«, so haben sie enthüllt, ist nichts als:
– Improvisation in biologisch hoffnungsloser Lage (Theodor Lessing),
– Surrogat für mangelnde Organanpassung (Paul Alsberg),
– Überkompensation für konstitutionelle Organminderwertigkeit (Alfred Adler).

In den Essays und der Lyrik Benns wird man eine kleine Enzyklopädie dieser Kränkungen finden. Wissenschaftliche Hypothesen, die den Geist des Menschen in Relation zu Instinktschwäche oder Organdefizit bringen, werden von Benn in der Denkfigur der Blamage inszeniert, damit aus dem Schutt der Kränkungswissenschaften schließlich das Ich wieder erstehen kann wie Phönix aus der Asche. Ohne den Reiz der Jargon-Asche ist Benns Phönix nicht zu haben. Diese Mixtur erzeugt den neusachlichen Klang beim Verächter der Neuen Sachlichkeit:

Philosophia perennis,
Hegels schauender Akt –:
Biologie und Tennis
über Verrat geflaggt.[79]

Einzelne Werke der Neuen Sachlichkeit bilden ein Reflexionsmedium für den Jargon. Sie loten aus, welche Folgen die Sprüche in der Körperwelt haben. Einschneidende Konsequenzen können besichtigt werden: das Lob der Kälte zerschneidet elementare Verklammerungen, die Mobilmachung überfordert die menschliche Konstitution, die Rhetorik des Vergessens trifft auf das Gedächtnis der Körper. Neusachliche Werke wie ›Karl und das 20. Jahrhundert‹ von Rudolf Brunngraber, ›Flucht ohne Ende‹ von Roth, ›Berlin Alexanderplatz‹ von Döblin, ›Wir sind Gefangene‹ von Graf, ›Fabian‹ von Kästner, ›Mehlreisende Frieda Geier‹ von Fleißer, ›Hoppla, wir leben‹ von Toller, ›Die italienische Nacht‹ von Horváth, ›Maulwürfe‹ von Adam Scharrer, ›Das kunstseidene Mädchen‹ von Keun bilden ein derartiges Reflexionsmedium. In ihm ist zu besichtigen, wie die flotten neusachlichen Sprüche nur noch als Fähnchen über dem Schlachtfeld flattern: aus Zeitungsdeutsch wird blutiger Zufall und die Schwimmanstalten werden so dargestellt, daß erkennbar wird, daß es der hydraulische Druck des Wirtschaftssystems ist, der sie übervölkert.

Schließlich finden sich als leibhaftige Personen, die zu den Parolen der Mobilität passen, nur noch – wie in Brechts ›Lesebuch für Städtebewohner‹ oder Ernst Jüngers ›Arbeiter‹ – Figuren, die zwanghaft alle Merkmale der Individualität verloren haben, um schieres Überleben zu sichern.

Der neusachliche Ton hat sich verselbständigt und sucht nach einem menschlichen Träger. »Der Mensch ist der Fehler«, seufzt Brecht. Dabei läßt dieser Autor das Modernisierungspathos nicht am Einspruch des moralischen Urteils scheitern, sondern an der Intervention des Körpers: »Der Leib ist stur«[80]; er bildet die Klippe. Er steht folgerichtig im Brennpunkt der Darstellung der Auslöschung in »Lehrstücken« wie ›Die Maßnahme‹. Nicht die Moral erzwingt die Aufgabe des neusachlichen Habitus, sondern die Überforderung der menschlichen Konstitution.

Das Gros der neusachlichen Literatur ist sentimentalisch, worauf schon die polare Struktur der Sprüche verweist. Ihr Jargon diente der Einübung in eine Sprache, die ohne die Kategorien der »Substanz« und ohne die Annahme der »Eigentlichkeit« auskommen will, denen der Sprecher aber immer noch verfallen ist und an die er sich schließlich ketten wird, als er – zu spät – bemerkt, daß mit der Negation des Substanzbegriffs auch sein Körper aufs Spiel gesetzt worden ist. Ein weiteres Beispiel soll die Möglichkeiten der Literatur, den Jargon zu unterwandern, vorführen. Als der Berliner Stadtbaurat Martin Wagner sein Konzept für den Umbau des Alexanderplatzes verteidigt, gelingt ihm neusachliches Sprechen *in optima forma*. Die Fachsprache des Städteplaners bildet eine Kette von Hybriden. In ihr mischt sich der behavioristische Blick auf die Passanten mit der Maschinenmetapher, die Vorstellung des Organismus mit dem technischen Ideal der Stromlinie; die Strommetapher mit Marktgesetzen. In diesem Gemisch löst der Planer mit Leichtigkeit das Problem der Koordination von Strömen und Stauen, Passieren und Kaufen, Entleeren und Füllen:

> Der Weltstadtplatz ist eine fast dauernd gefüllte Verkehrsschleuse, der »Clearing«-Punkt eines Adernetzes von Verkehrsstrassen erster Ordnung ⟨...⟩ Die Verkehrskapazität eines Platzes ist wiederum eine Funktion der Verkehrskapazität der auf den Platz einmündenden Verkehrsstrassen ⟨...⟩
> Dem Fliessverkehr auf dem Platz muß ein »Standverkehr« entgegengestellt werden, der die Konsumkraft der den Platz kreuzenden Menschenmassen festhält (Läden, Lokale, Warenhäuser, Büros usw.) ⟨...⟩ Ein Weltstadtplatz ist Haltepunkt und Durchgangsschleuse in einer Form: Haltpunkt für Konsumkraft und Durchgangsschleuse für den Fliessverkehr.[81]

In Musils ›Mann ohne Eigenschaften‹ findet sich ein Kommentar zu diesem Jargon: Nur das Reißbrett ist transparent, die Wirklichkeit völlig opak. Das ist Musils Antwort auf diese Wahrnehmung des Weltstadtplatzes. Das erste Kapitel des ›Manns ohne Eigenschaften‹ ist von Parodien auf den neusachlichen Stil geprägt. Sein Autor führt den funktionalistischen Blick als Kontrahenten der impressionistischen Wahrnehmung vor und weist so darauf hin, daß der Anspruch auf »präzise« Wahrnehmung und die Konstruktionen des Funktionalismus, die in der Neuen Sachlichkeit programmatisch verschwistert sind, sich ausschließen:

> Autos schossen aus schmalen, tiefen Straßen in die Seichtigkeit heller Plätze. Fußgängerdunkelheit bildete wolkige Schnüre. Wo kräftigere Striche der Geschwindigkeit quer durch ihre lockere Eile fuhren, verdickten sie sich,

rieselten nachher rascher und hatten nach wenigen Schwingungen wieder ihren gleichmäßigen Puls. Hunderte Töne waren zu einem drahtigen Geräusch in einander verwunden, aus dem einzelne Spitzen vorstanden, längs dessen schneidige Kanten liefen und sich weiter einebneten, von dem klare Töne absplitterten und verflogen.[82]

Musil läßt in seinem Roman die Wahrnehmung zwischen der klaren Konstruktion des Begriffs und dem optischen oder akustischen »Geräusch« pendeln, – um des Pendelschlags willen. Ein Verfahren, das man sonst nur noch in den Skizzen von Siegfried Kracauer findet. Es gehört nicht zum Repertoire der Neuen Sachlichkeit.

5. Vogelgezwitscher

Gegen Ende der Republik entmischen sich die Hybriden des neusachlichen Jargons; er verschwindet aber nicht, wie die Untersuchungen zur Sprache der Diktatur zeigen.

Ein neues Genre wie das »Sachbuch«, das die Literarisierung der naturwissenschaftlichen Diskurse auf sich nimmt, entsteht in den dreißiger Jahren; der Technikkult wandert aus der marginalen »Asphaltkultur« der Metropole in den Alltag unter dem Nationalsozialismus; die Swingbewegung gewinnt jetzt ihre Breitenwirkung, der Jazz verliert seine Bedeutung als Ferment der Kunstavantgarde.[83] Strahlende Medien-Hybriden wie die ›Dreigroschenoper‹ haben keine Bühne mehr.

Der Begriff »Jargon« umfaßt bedeutungsgeschichtlich die Spannweite von Geplapper und Fachterminologie, Rottwelsch und Oppositionsrhetorik, Vogelgezwitscher und wissenschaftlichem Code; immer weist der Begriff darauf hin, daß »uneigentliche« Rede dominiert. Dennoch war es eine eher glückliche Phase der Weimarer Republik, in der er geherrscht hatte. Im Mai 1932, als »authentische« Entscheidungs-Rede gefordert war, wurde noch einmal kräftig im Jargon gesprochen. Oberdada Johannes Baader – man hatte ihn schon lange vergessen – rückt den Jargon wieder in die Nähe des »warbling of birds«:

Ex cathedra physika.

Vom Einstein durch das Bohrloch der Plancke zum Heisenberg,
Nahe bei Schrödingen an der Broglie, bin ich gegangen mit Ihnen,
Meine Damen und meine Herren Physikaliker,
Ehrenhaft, allen Ernstes, etcetera,
Und ich habe die Seele gefunden bei Ihnen
in der Richtung, mit der die Zeiträume des Geschehens,
Und ihre Grenzen,
Gestaltet werden vom ursprungslosen Ursprung in sich selber.

Aber jetzt mache ich Schluß mit Ihnen,
Denn in der Zauberei ihrer photonen Magnetone,
Neben dem Wasserstoffkern als Protonpol der Elektrone,
Zuzüglich der Neutrone, Matrone, Patrone, Ba-, Ka-,
Ying, Yang, Chinone, Zapone, Ione und Zitrone,
Die insgesamt alle weit über das Bohnenlied hinausgehen,
Finden Sie selber nicht mehr zurecht, – Pardone!
Und ich verzichte mit Dank und Kompliment
Fürderhin auf ihre Anschauungen,
Und auf Ihre Anschauungen,
Und auf alle Ihre Formeln!

Also sprach der gesunde Menschenverstand zur »Koralle«,
Das sie als Allerneuestes vom Allerneuesten
Den Homo Diraciensis Leszykleinnski
In die staunende Mitwelt und Umwelt
Ihrer atomaren Raumwellenspringfluten einfügte.«[84]

VI. Tat ohne Täter
Im Diktat der Justiz

Lauf, lauf, Prolet, du hast ein Recht
Ein Grundstück zu erwerben
Dazu hast du das Recht.
Du hast das Recht am Wannsee
Du hast das Recht am Nikolasee.
Jetzt braucht kein Prolet mehr Hungers sterben
Er hat das Recht, ein Grundstück zu erben.

Er hat ein Recht
Das ist nicht schlecht
Er darf etwas erwerben.
       Brecht[85]

1. Die Justizmaschine

»Kaum ein anderer Vorgang des öffentlichen Lebens wird mit so verdächtiger Eifersucht verfolgt, wie die Arbeit der Justizmaschine«, heißt es 1929 in dem Buch ›Der Verbrecher und seine Richter‹, in der der Berliner Arzt Franz Alexander und der Jurist Hugo Staub einen psychoanalytisch geschulten Blick in die Welt der Paragraphen werfen.[86] Als »Maschine« ist die Justiz auf »Versachlichung der Tat« spezialisiert. Sie wehrt die psychologisierende Wahrnehmung ab, verhält sich »kalt« sowohl zur Psychologie des Täters als auch des Richters. Das empfahl sie der neuen Sachlichkeit.

In den Anfangsjahren der Republik musterten die Avantgarde-Künstler die Physiognomien der Richter und Staatsanwälte noch mit psychologischem Interesse.

Zeichner wie George Grosz, Otto Dix und Rudolf Schlichter leuchteten in die Unterwelt der Rechtsprechung, um hinter den Masken der Dritten Gewalt die Triebfeder des Sadismus zu entdecken. Der charakteristische »Schmiß« im Gesicht, mit dem die Veristen die Bilder der Juristen versahen, sollte die chaotische Triebwelt der Rechtswahrer verraten. Doch die Attraktion dieser Entblößung nahm mit den Jahren ab. Denn die Öffentlichkeit war kein Tribunal, vor dem sich die Justiz hätte blamieren können. So ist gegen Ende der Republik aus dem Typus des Staatsanwalts die psychologische Tiefenschärfe entfernt. Er erscheint nun – etwa in Erich Weinerts ›Elegie auf einen Staatsanwalt‹ – als Rädchen oder Schräubchen der »Kältemaschine« des Staates:

> Als er mit offizieller Kälte
> In sittlicher Entrüstung bellte,
> Wenn er für schweren Knast plädiert,
> War er das Urbild aller Staatsanwälte,
> Vor dem man friert.[87]

Es kann nicht überraschen, daß im Vorstellungsraum der Neuen Sachlichkeit das »Räderwerk der Justizmaschine« (Frank Arnau) als Teil der »allgemeinen Maschinerie« begriffen wird. Brecht interessieren an einem Rechtsfall weder die psychischen Impulse des Angeklagten, noch der unbewußte Beweggrund des Richters. Ihn interessiert die Mechanik der Tat und der Rechtsprechung. Die psychoanalytisch orientierte Rechtsauffassung ist für ihn nur die Kehrseite der bürgerlichen Rechtsfiktion. Hinter den liberalen Kulissen des Rechts entdeckt er die »nackte« Gewalt:

> Laßt euren Kontrakt in der Tasche
> Er wird hier nicht eingehalten.
> 〈...〉
> Ihr müsst das Abc noch lernen.
> das Abc heißt:
> *Man wird mit euch fertig werden.*[88]

Als Brecht in Arnold Zweigs Roman ›Der Streit um den Sergeanten Grischa‹ mit einem Justizmord konfrontiert ist, zeigt er sich eben so gleichgültig gegenüber den Gefühlen des zum Tode Verurteilten wie gegenüber den dunklen psychischen Motiven des Generalquartiermeisters, der den Befehl zur Hinrichtung unterzeichnet.[89] Daß der Autor des Romans bei der Schilderung des Charakters des obersten Gerichtsherren Alfred Adlers Theorie der Kompensation von Organminderwertigkeiten bemüht, um den Hinrichtungsbefehl zu erklären, erscheint ihm als ganz unerheblich, wenn nicht komisch. Brecht interessieren vor allem die Romanpassagen, in denen die Justizmaschine »nackt« in ihrer relativ reibungslosen Produktion von Unrecht als Teil des Herrschaftsapparats dargestellt wird. An diesem Apparat, so meint er, blamieren sich die Rechtsfiktionen der Bourgeoisie. In seiner Faszination des kalten Uhrwerks der Justiz wirkt Sorels Apologie der unverhüllten Gewalt fort. Mit ihr vermischt sich der marxistische Verdacht, daß sich die bürgerliche Ideologie des Rechts meilenweit von ihrer Praxis entfernt habe. Neusachliche Aufklärung manövriert sich hier in ein Dilemma: sie begrüßt das »nackte Hervortreten« eines Funktionskomplexes aus allen ihn verbergenden ideologischen »Hüllen« als Ziel der Entmythologisierung. Gleichzeitig stellt sie mit der Maschinenmetapher erst das Bild des ideologiefreien Komplexes her, das sie so feierlich enthüllt. In der Maschinenmetapher kehrt der ideologische Anspruch der »Objektivität« wieder, der als ideologische Norm soeben zerstört worden war.

Diesem magischen Zirkel der Entideologisierung und Ideologisierung im Zeichen der »Sachlichkeit« begegnet man bei den extremen Fraktionen der Weimarer Intelligenz. Auch Ernst von Salomon – wegen Beihilfe zum Mord an Rathenau vor Gericht – verfällt unversehens der Faszination des »Apparats«. Während Staatsanwaltschaft und Verteidigung die Frage klären, wie sein Beitrag, den Chauffeur des Mordautos aus Hamburg abgeholt zu haben, zu gewichten sei, vergißt er plötzlich alle Physiognomien der verachteten »System«-Justiz:

> Und wir spürten, daß dies die Maske des Rechts war, die sich die brutale Gewalt vorgebunden, jene Gewalt, die wir auch hinter der Verschleierung achten zu können glaubten, ohne diese Achtung auch auf die Männer, die die Gewalt verfochten, auszudehnen. ⟨...⟩ Aber dann ließen wir uns gefangen nehmen von der gut geölten Maschinerie, ⟨...⟩ Hier war ein Apparat, der beherrscht wurde und der beherrscht werden mußte. Gleichsam in einem luftdicht abgeschlossenem Raum lief die Maschine, in Kraft und Bewegung als abgeschlossenes Ganzes, als Ding an sich, formschön und sicher. Und das Sausen der Schwungräder übertönte jedes Geräusch der anmaßenden Welt, schaltete das Hintergründige wie das Hergekommene aus, ließ menschliches Wollen verstummen vor dem atemberaubenden Spiel mit der Materie. ⟨...⟩
> Wir saßen und staunten, und leise regte sich der Wunsch, die Spielregeln kennenzulernen, um diese unvergleichlichen Vorgänge ihrer ganzen, eleganten Energie fassen und formen zu können.[90]

Das ist die Fixierung eines autoritären Rebellen auf die preußische Staatsidee. Der Attentäter will die Spielregeln des Apparats kennenlernen, »um diese unvergleichlichen Vorgänge in ihrer ganzen, eleganten Energie fassen zu können.«[91] Herrschaftswissen wird eine Frage der Ingenieurwissenschaft. Das Opfer, Rathenau, taucht nur noch als »indeterminierte Person« auf, deren Tod einen erhabenen Apparat in Gang gesetzt hat. Im Zeichen der Neuen Sachlichkeit können die Namen Brecht und von Salomon in einem Zug genannt werden.

In seinem Kommentar zum Grischa-Roman steht Brecht in der Tradition der europäischen Avantgarde, deren Bewegungsphantasien sich in rechtsfreien Räumen ergingen. Kaum einer, der das naturrechtliche Gerechtigkeitspostulat verfocht. Wenn Arnold Zweig in seinem Buch einen liberalen Militärrichter einwenden läßt, daß das Legale »auch seine Reize« habe, so weiß er, daß er nicht nur auf dem Feld der Ästhetik auf verlorenem Posten steht. Für den Avantgardisten dieser Jahre ist der Legalitätsgedanke alles andere als ein Reizmittel. Unter dem Einfluß von Sorels Theorie der Gewalt hatte man die »Gewalt« als eine rechtsindifferente »elementare Lebenstatsache« zu erfahren gelernt[92], der in der kulturellen Situation der Dekadenz eine »kathartische Funktion« zukam. Sorels Konzept der Gewalt ist der neusachlichen Rede als Ferment beigemischt.

Der bürgerliche Konstitutionalismus hatte kaum Heimatrecht in den Reihen avantgardistischer Künstler. Wer den Krieg jetzt als »reine Tatsache« darstellen wolle, hieß es im September 1930 in der Zeitschrift ›Der Scheinwerfer‹, der müsse erst »die Akten über die mannigfachen Schuldfragen« schließen.[93] Erst danach könne man zu seiner rein sachlichen Behandlung übergehen. Um die »Erscheinung der völligen Gesetzlosigkeit und die Morphologie der in diesem Bereich wirksam werdenden Kräfte zu ermitteln« dürfe man die Frage der Legalität erst gar nicht aufwerfen. Statt dessen empfiehlt Ernst Jünger, die ganze Aufmerksamkeit auf die Prozesse der Auflösung des »legitimen Raumes« zu richten. Denn es liege in der Eigendynamik der Modernisierung, Räume, in denen juristische und moralische Normen nur provisorisch Geltung beanspruchen dürfen, langsam zu »konsumieren«. Dieser Prozeß müsse beschleunigt werden. Der Krieg sei eine Phase, in der Rechtsfiktionen schneller »verbrannt« würden. Da er in den Jahren 1914 bis 1918 diese Arbeit nicht restlos habe leisten können, müsse sie in den symbolischen Verbrennungsakten der Schreibpraxis in der Republik fortgesetzt werden.

Diesen Prozeß aufzuhalten, auf den Geltungsbereich moralischer Normen zu pochen oder das Naturrecht zu bemühen, galt als Sisyphosarbeit. Die Klagelieder der Liberalen hatten denn auch für Ernst Jünger höchstens den Reiz eines »sentimentalen Saxophonsolos in einem durchtechnisierten Raum«. Dieser Sisyphosarbeit haben sich dennoch Arnold Zweig und eine Reihe der besten Autoren der demokratischen Publizistik verschrieben. Lion Feuchtwanger hat dieser Vergeblichkeit in seinem Roman ›Erfolg‹ ein Denkmal gesetzt.

Im republikanischen Jahrzehnt gibt es eine Fülle an Literatur über die Probleme von Recht und Kriminalität, Legalität und Gewalt. In keiner Zeit hat justizkritische Literatur einen quantitativ so hohen Anteil am literarischen Schaffen gehabt wie in der Weimarer Republik.[94] Von Dramen über die Verhältnisse im Strafvollzug, über Justizirrtum und die Problematik des Abtreibungsparagraphen bis zu dem neuen Genre der Publizistik, die Gerichtsreportage, von den Diskussionen über die Femermorde bis zur Resonanz, den der Fall Sacco und Vanzetti auslöste, von der täglichen Zensurpraxis bis zur Enthüllung des Rechtsbeugung der Gerichte. Hier sollen lediglich Aspekte beleuchtet werden: Die Attraktion des Kriminalromans, das Scheitern der Entzauberung der Justiz, die Affinität des Juristendeutschs zum Jargon der Neuen Sachlichkeit und die Problematik des Indizienbeweises.

2. Der Kriminalroman

Der Kriminalroman war ein Lieblingsgenre der neusachlichen Schriftsteller. In ihm fand man die »schöne Uneigentlichkeit«, die man suchte. So schrieb Siegfried Kracauer 1925:

> Die Souterrains der Literatur bergen oft mehr Wahrheit als die leidigen Zwischenetagen: freilich darf man kein blindes Huhn sein, um dort die Perlen zu finden. Denn nicht wie in den großen Dichtwerken enthüllt sich hier das Wahre unten in seiner Reinheit, vielmehr es wird verzerrt gespiegelt, mit unechten Namen genannt, von den gröbsten Instinkten getragen.[95]

Wenn zu den »Perlen« unter den Romanautoren auch Edgar Wallace zählt, wird man die Gründe für die Anziehungskraft des trivialen Genres genauer wissen wollen. Orientierungshilfe bieten die zahlreichen Rezensionen, die Kracauer während der Weimarer Republik über Kriminalromane geschrieben hat. Verschiedene

Gründe der Attraktion zeichnen sich hier ab: Der Kriminalroman wurde als ein Genre begrüßt, dem das Einverständnis mit seinem Warencharakter auf der Stirn geschrieben stehe. Romane von Edgar Wallace z. B. präsentierten sich »unverhüllt« als Markenartikel, die über Bahnhofsbuchhandlungen vertrieben wurden. Sie waren zur Zirkulation und zum schnellen Verzehr bestimmt, verbürgten wie jedes Markenfabrikat einen gleichbleibenden Standard und erfüllten dank ihrer stereotypen Handlungsmuster die Erwartungen des Konsumenten. Sie betrogen nicht, denn sie versprachen keinen höheren Wert als Entspannung. Ihre grellen Umschläge machten sie »berühmt wie Odol«[96]. Der Tod des Fabrikanten Wallace in Hollywood wurde respektvoll von Kracauer in der ›Frankfurter Zeitung‹ mit einem Rückblick auf seine Leistung gewürdigt.

Im guten Kriminalroman fand man zudem das Ideal der Entpsychologisierung verwirklicht. Nur solche Kriminalromane erfreuten sich der Zustimmung, in denen auf die Ausführung der psychischen Tiefendimension von Täter und Opfer verzichtet wurde.

Statt in das Innere zu greifen, fahndet er ⟨der Kriminalschriftsteller⟩ rein oder doch vorwiegend im Äußeren. Seine Gleichgültigkeit gegen seelische Konflikte und dergleichen beweist noch einmal mittelbar, daß nicht in ihrem Umkreis, sondern im Bereich der sie bedingenden Fakten der Ort des Übels gesucht wird.[97]

Das Geheimnis des Verbrechens, das gelüftet werden muß, befindet sich nie in den Archiven der Seele, »es hat vielmehr seinen Ort zwischen den Menschen und erschöpft sich in den Fakten, die geheimgehalten werden. Als bloße Befunde sind sie dem Intellekt zugänglich«. Ist das Verbrechen entpsychologisiert, folgt die Totalisierung des Verdachts. Die vorgeführte Struktur der Gesellschaft legt es nahe, jeden Einzelnen zu verdächtigen:

Wessen er verdächtig ist, hängt davon ab. Erforscht man ihn lange genug, so kommt man ihm zwar nicht auf den Grund – er hörte sonst auf, verdächtig zu sein – aber auf Vorsätze und Handlungen, die fragwürdig sind.[98]

Als Franz Kafkas Roman ›Der Prozeß‹ erscheint, wird er von Kracauer als Erhellung dieser unheimlichen Anonymisierung des Bezugs von Verdacht und Motiv erfahren.

Die Entpsychologisierung geht einher mit der Entmoralisierung der Fallgeschichten. Mit dem Detektiv tritt nicht der Empörte auf den Plan, sondern ein »Held des Intellekts«, der den Verbrecher mit kalter Leidenschaft bekämpft.

Entscheidend ist nicht der wenig interessante Ausgang dieser rationalen Fehde, sondern die Fehde als solche, das unkörperliche Ringen der beiden Verkörperungen des Intellekts.[99]

Die Detektivfigur, die lange aus der oberen Etage des Schrifttums ausgeschlossen und ins Ressort der Schundliteratur verwiesen war, wird vorbildhaft:

Sie ist nicht ein Kulturgut, das nach unten gesunken wäre, sondern ein Gewächs der Niederungen, das erst üppig hat auswuchern müssen, um von den Oberschichten bemerkt zu werden. Selbsterhaltung hat ihnen die Blindheit auferlegt: denn jene Figur verrät die Gesellschaft.[100]

Daß in Kriminalromanen Rechtsfälle als Handlungsfelder präsentiert werden und die Rechtsidee durch Abwesenheit glänzt, hat die Neusachlichen fasziniert. Brecht entwirft 1926/27 eine Erzählung, der er den Titel ›Tatsachenreihe‹ gibt. Held dieses Romans sollte ein skeptisch gewordener Richter sein, der

allen konstruktionen rechtlicher oder weltanschaulicher art ohne interesse gegenübersteht und die gesammelte kraft seines scharfsinns der beobachtung der wirklichkeit zuwendet. dem verdankt er, daß die im publikum wie in romanen gleicherweise verbreiteten schablonenhaften vorstellungen vom handeln und von den reaktionen der leute ihn kalt lassen. er bemüht sich in jedem falle dem wirklichen sachverhalt auf den grund zu gehen und bevorzugt zu diesem zwecke experiment und dokumentation. die hauptquelle seiner dokumentation ist die kamera.[101]

Nur der Name des Richters, »Lexer«, erinnert noch an das Gesetz. Richtspruch ist nicht sein Ziel, er konzentriert sich auf ein naturwissenschaftlichen Standards genügendes Verfahren des Aufspürens des Verbrechens.

Während Brecht unter dem Einfluß Kracauers, der in seinem Traktat über den Detektivroman (1923) schon ähnliche Gedanken formuliert hatte, hier eine Serie von neusachlichen Stereotypen

liefert, zeigt der von ihm skizzierte Handlungsverlauf, daß er die
Täuschungen des Bildes von der ideologiefreien Handlungsoberfläche zu erkennen beginnt: Sein Held geht mitsamt seiner Ausrüstung, Kamera und Sachverstand, im Dickicht der Einzeltatsachen
unter. Der Autor selbst gibt die Arbeit schnell auf und überläßt uns
ein Fragment im Archiv.

Eine Untergruppe der Kriminalliteratur, die Hochstaplerromane,
erfreut sich während der Weimarer Republik besonderer Beliebtheit. Kracauer schätzt dieses Genre, weil es den Helden die Aufgabe
zuweist, durch ungesetzliches Vorgehen die »gesetzlich geschützten
Verbrecher« bloßzustellen. Philipp Collin, die Betrügerfigur in einigen Romanen Frank Hellers, erweckt die Sympathie des zeitgenössischen Lesers, weil er, der Gesetzesbrecher, der Verfolger der Gesellschaft ist, die ihn verfolgt:

> Unter- und Oberwelt: beide sind heute viel vertrackter und undurchdringlicher als in der Ära des glorreichen Sherlock Holmes. Sie überschneiden sich, sie fließen ineinander, und oft weiß man nicht recht, was unten ist.[102]

Im Genre des Hochstaplerromans wird die Erfahrung formuliert,
daß das ganze moderne Weltgetriebe, wie Graf Keyserling sagte,
»nicht auf Tatsächlichem, sondern auf Kredit beruht«.

Wo die Gestalt des Hochstaplers als »Anarchist« erscheinen kann,
ist die Gestalt des proletarischen Rebellen in der Regel ausgegrenzt.
Nur Walter Serner versucht, in seinen Kriminalgeschichten und seinem praktischen ›Handbrevier für Hochstapler‹, die Figuren des
Anarchisten, des Hochstaplers und Rebellen zu verschmelzen.

3. Entzauberung der Justiz

Wenn es ein Kennzeichen der neusachlichen Intelligenz war, den
Prozeß der Entzauberung nicht zu beklagen, sondern nach Kräften
zu forcieren, so führte diese Technik im Falle der Justiz zu Schwierigkeiten. Denn hier trieb eine Institution unter den Fahnen ideologiefreier »Sachlichkeit« ihr ideologisches Unwesen. Neusachliche

Ideologiekritik stieß an ihre Grenzen. Es gibt Diskurse der Macht, die durch Entzauberung nicht geschwächt, sondern gestärkt werden – so daß die Entzauberung dem Entzauberten schließlich die Magie der Unverletzlichkeit verleiht. Ideologiekritik, die sich im Enthüllungsakt erschöpft, überträgt ihre Machtphantasie des Enthüllens auf das enthüllte Objekt. Unfreiwillig erläutern die Rechtspsychologen Hugo Staub und Franz Alexander, warum ausgerechnet die »Justizmaschine« in der Zeit des Wertverfalls Objekt heimlicher Faszination werden konnte:

> In einer Zeit 〈...〉 in der schon die außerordentlich gestiegenen sozialen Anforderungen, denen der einzelne gegenübersteht (Krieg, Wirtschaftsnot, Arbeitslosigkeit, Spätkapitalismus) ein besonders eifersüchtiges Wachen über den verbleibenden Rest persönlicher Freiheit zur Folge haben, in einer Zeit, in der die bisherigen formalen Autoritäten und Ideologien erschüttert sind, in der die nackte Herrschaft des einzelnen nur durch Diktatur, durch nackte Macht und nicht mehr wie früher, durch innere moralische Mächte, wie die Religion und Loyalität, aufrechtzuerhalten ist, ist auch die Rechtspflege ihrer Glaubensstützen beraubt.
>
> Durch keine moralischen oder affektiven Autoritäten mehr gestützt, steht sie an ihrem nackten, sachlichen Aufbau, in der Dürftigkeit ihrer Inhalte, in der Überlebtheit ihrer Einrichtungen, entblößt vor der Kritik der Allgemeinheit.[103]

Doch gerade die Entblößung des Apparats brachte eine Saite der »affektiven Autorität« ins Schwingen, von der die Autoren sich nichts träumen ließen: der bis auf die »nackte« Macht entkleidete Apparat schlug ein gemischtes Publikum in seinen Bann. Die Enthüllung hatte den Effekt, nicht den Apparat zu schwächen, sondern Aggressionen gegen den Enthüller und die parlamentarischen Institutionen auszulösen, die den verletzten Rechtsgrundsatz beschützen sollten. Der Verschwörer Ernst von Salomon hatte begriffen, was der republikanischen Intelligenz zu begreifen schwer fiel; daß der Anblick einer »rechtsetzenden Tathandlung« (Carl Schmitt, ›Politische Theologie‹), der Anblick des Leipziger Strafsenats in seinem »nackten-sachlichen Aufbau« die Magie der Autorität nicht entkräftete. Salomons Roman ›Die Geächteten‹ gibt einen Einblick in die Mentalität der autoritären Rebellen. Diese warten mit einer

Psyche auf, mit der die Rechtspsychologen nicht gerechnet hatten. Ihr »Instinkt« bewacht nicht als innerer Regulator das Rechtsgleichgewicht, vielmehr zielen sie »rein instinktiv« auf Zerstörung, die auch dann noch Lustgewinn verschafft, wenn die Attentäter selbst in das Räderwerk der »Justizmaschine« geraten, deren Strafe sie rein formal akzeptieren.

Der Typus des »autoritären Rebellen« tauchte freilich weder in der Soziologie noch in der politischen Diskussion auf. Die politischen Konzepte von links verfügten zwar über Begriffe wie »Lumpenproletariat«, doch hatten sie diesen Begriff, wie den des »Anarchisten«, in ihrem permanenten Kampf um die Säuberung eigener Reihen so verbraucht, daß sie Freikorpsleute, SA, Salonfaschisten und Intellektuelle der »konservativen Revolution« nur schwer auseinanderhalten konnten. Erst in den dreißiger Jahren wird, auf der Suche nach den Gründen für das Scheitern der linken Parteien, der Typus des »*autoritären* Rebellen« in den Studien des exilierten Instituts für Sozialforschung zum »autoritären Charakter« konstruiert. Zur selben Zeit wird Willi Münzenberg, während der Republik ein wichtiger Organisator der kommunistischen Öffentlichkeitsarbeit, einen schaurigen Mechanismus entdecken: Die faschistische Propaganda bezieht ihre Anziehungskraft aus der Entblößung der nackten Gewalt, die sich hinter keinem Legitimationsschleier verbirgt und gerade darum die Massen in Bann schlagen kann.

Trifft diese späte Erkenntnis zu, wird Ideologiekritik ein heikles Verfahren. Wenn in der Republik eine selbstbewußte Bourgeoisie sich auf die »Nacktheit, die Maskenlosigkeit ihrer ökonomischen Physiognomie etwas zugute tat«, wie Walter Benjamin 1930 unterstellte[104], dann hatte Aufklärung, die auf Enthüllung zielte, ausgedient. Stimmt diese Annahme aber überhaupt oder ist sie der Grund für die *Selbstlähmung* sozialistischer Aufklärung, die ein *zynisches Bewußtsein* der Herrschenden voraussetzte. Carl von Ossietzky beobachtete verzweifelt, daß die »Lethargie der Linksparteien« in Rechtsfragen daher rührte, daß sie immer alles schon wußten und ihrem Gegner dieses Wissen unterstellten. »Die gelernten Marxisten zucken die Achseln: Das ist halt der Klassenstaat.«[105] Die Selbstlähmung der linksradikalen Justizkritik läßt sich gut in einer modifizierten Formel aus Brechts Badener Lehrstück vom »Einverständnis« zusammenfassen: Legalität und Gewalt ergeben ein Ganzes. Und das Ganze muß verändert werden.

Daß Brecht sich von der »Justizmaschine« fasziniert zeigte, war kein Einzelfall. In seiner Faszination amalgamierten sich Momente der Philosophie Sorels mit Momenten der Kritik der Rechtsfiktionen bei Marx, Nietzsche und Georg Lukács. Dieser hatte in ›Geschichte und Klassenbewußtsein‹ (1923) von einem »Zeitalter der offen eingestandenen, nackten Gewaltanwendung« gesprochen, wird aber in der Endphase der Republik mit unweit größerem politischen Differenzierungsvermögen vor der »Verdinglichung« und »Fetischisierung« der Institutionen der Justiz warnen. Das Rechtsbewußtsein dieser Generation war durch Erfahrungen in Krieg und Bürgerkrieg geprägt. Tötungstabu und Recht auf Unverletzbarkeit konnten mit einem Federstrich aufgehoben werden; im Standrecht des Bürgerkriegs sprachen die Waffen, die strukturelle Gewalt der ökonomischen Macht vernichtete Existenzen. Der Blick dieser Generation wendete sich folglich von der Rechtsnorm zur Rechtsfunktion. In seiner Schrift ›Zur Kritik der Gewalt‹ (1921) räumte Walter Benjamin zwar noch beiläufig ein, daß es auch eine Technik der zivilen Übereinkunft gebe, eine gewaltlose Sphäre, in der eine »eigentliche Verständigung« im Medium der Sprache möglich sei. Diese Möglichkeit bildet aber nur eine kleine, private Enklave von Werterhaltung und Tugenden wie Herzenshöflichkeit, Sympathie, Friedensliebe und Vertrauen. Eine Enklave, die umbrandet ist von den Szenerien der Gewalt, in der sich die Justiz nahtlos einfügt. Denn: »Rechtssetzung ist Machtsetzung und insofern ein Akt von unmittelbarer Manifestation der Gewalt 〈...〉 Unter dem Gesichtspunkt der Gewalt, welche das Recht allein garantieren kann, gibt es keine Gleichheit, sondern bestenfalls gleich große Gewalten.«[106] Die gesamte Vertragssphäre der Republik schien so von Gewalt grundiert. Die Skepsis richtete sich folglich generell gegen die Vorstellung, im Medium der vernünftigen Rede machtfähige Lösungen für elementare Konflikte zu finden.

4. Juristendeutsch und Neue Sachlichkeit

Hatten die Expressionisten versucht, durch »Einlaß der Psychoanalyse in den Gerichtssaal das dort herrschende Dunkel aufzuhellen«, so richtet sich das Augenmerk jetzt auf die »Sachlichkeit« des Verfahrens. Galt es als Errungenschaft des 19. Jahrhunderts, nicht die Tat, sondern den Täter zu bestrafen, also dessen Motive zu berücksichtigen, so blendet der neusachliche Blick die psychische Tiefendimension des Täters aus, um sich auf die Tat zu konzentrieren.

Das Verfahren der Justiz zur Objektivierung der Tatbestände bot sich als »sachliche« Schreibweise an. In der Justiz war man mit einer institutionalisierten Rede mit Machteffekt konfrontiert, die zwar als feindlich empfunden wurde, die aber geeignet schien, der Gewalt Paroli zu bieten. Der neusachliche Jargon neigte dazu, sich die gegnerische Stimme einzuverleiben.

Die Neue Sachlichkeit bietet einen Modellfall, der bis heute aufschlußreich ist: wo immer man versucht, die Funktionsweise subjektunabhängiger Systeme zu formulieren, stellt sich eine Nähe zur Diktion der Juristen her.

Brecht hatte sich mit den Implikationen der Behördensprache schon in der frühen Lyrik auseinandergesetzt. In der Ballade von der Kindsmörderin Marie Farrar läßt er die juristische Diktion des Vernehmungsprotokolls, das mit einem zurechnungsfähigen Rechtssubjekt rechnet, auf die Stimme eines Predigers treffen, der die arme Kreatur, ein Bündel von Reflexen, der Gnade des Publikums empfiehlt.[107] Das Leichentuch der Täterin ist – quasi maschinell – aus beiden Stimmen gewebt. Der Schrei des Opfers verhallt ohnehin ungehört. In polemischer Wendung gegen die Rechtsillusion der expressionistischen Generation betont der neusachliche Brecht, daß, wer den Schrei des Opfers kultiviere, noch nicht begriffen habe, daß es weder im Himmel noch auf Erden eine Appellinstanz der Gerechtigkeit gebe. Als Huguenau – der »wertfreie Mensch« in Brochs Schlafwandlerroman – mit kriminellen Mitteln seinen Gegner ausbootet, diktiert er den erpresserischen Kontrakt in Juristendeutsch.[108]

Aus vier Gründen empfahl sich die Sprache der Juristen dem Jargon der Neuen Sachlichkeit:

– Sie läßt subjektiv-weltanschauliche Konstruktionen hinter einem Apparat des geltenden Rechts verschwinden;
– ihr Nominalstil und die Passivkonstruktionen blenden das handelnde Individuum aus, um ein verantwortliches »Rechtssubjekt« zu konstruieren;
– ihre substantivistischen Konstruktionen betonen die Eigendynamik der »Sache«;
– sie verhält sich »kalt« zur Affektsprache.

An der Redeweise der Juristen kann man die Problematik des Begriffs »Tatsache« gut erläutern. Es muß der Formel »In Anbetracht der Tatsache, daß...« gelingen, einem Ereignis den Status eines Faktums zu geben, indem sie die festgestellten Daten unter die »Tatsachenmerkmale« der Gesetzesnorm subsumiert. Es gab spektakuläre Fälle wie den Fall Ossietzky, an dem deutlich wurde, in welchem Ausmaß ein »Tatbestand« wie »Landesverrat« im Parallelogramm politischer Kräfte definiert wurde, aber aufgewühlt hat der Fall die Öffentlichkeit der Republik nicht. (8,3 % der Presse galt im Jahre 1932 als links).

In der Sprache der Juristen schien ein Wahrheitsmoment verborgen. Es gab Taten ohne psychologisch haftbare Täter; darüber konnten die Anstrengungen, zur Tat ein schuldfähiges Rechtssubjekt zu konstruieren, nicht hinwegtäuschen. Als Siegfried Kracauer 1925 als Sonderberichterstatter der ›Frankfurter Zeitung‹ vom Prozeß gegen den Massenmörder Angerstein berichten mußte, gab er einer seiner Gerichtsreportagen den Titel »Tat ohne Täter«.[109] Er beschreibt das Versagen der psychiatrischen Gutachten, eine Brücke zwischen dem Täter und der ihm fremden, monströsen Tat zu schlagen. Als Bekundung eines verworrenen Willens ist das Verbrechen unbegreiflich. Es ist ein »Faktum, da draußen«, das sich vom Täter abgetrennt hat und nun einen isolierten Komplex bildet, dem der subjektive Ursprung fehlt. »Durch den Mörder hindurch ist ⟨die Tat⟩ grundlos dem Nichts entschlüpft, unverbunden mit ihm, ein schreckhaftes ›Es‹ draußen im Raum«. Und da es draußen ist, vermag die Tiefenpsychologie sein Rätsel nicht zu lösen. Kracauer läßt sich jedoch von der Eigendynamik der Tat nicht blenden. Sein Artikel schließt mit der Warnung vor einer Welt, in der die Gegenstände und ihre Gesetze die Herrschaft sich anmaßen über die Seele. Denn je mehr die Menschen sich in ihren Beziehungen zueinander versachlichen, und den von ihnen abgesprengten Dingen Gewalt über sich einräumen, statt die Dinge an sich heranzupressen und menschlich sie zu durchdringen, desto leichter kann und wird es geschehen, daß das in die Abgründe des Unbewußten verdrängte Menschliche entstellt, koboldhaft und grausig in die verlassene Dingwelt sich stürzt. Nur in einer menschlichen Welt hat die Tat ihren Täter.

5. Die Magie des Indizien-Beweises

In seiner Schrift ›Der unbekannte Mörder. Von der Tat zum Täter‹ aus dem Jahre 1932 zeigt Theodor Reik, daß es nur einer kleinen Drehung des Gesichtspunktes bedarf, um die »Sachlichkeit« in das Feld der Magie zu überführen.[110]

Er nimmt an, daß der Indizien-Beweis im modernen Strafrecht »de facto« nicht nur eine Angelegenheit von Beobachtungen und Logik ist, sondern auf unbewußten Grundlagen beruht. Historisch sei er aus animistisch-magischen Vorläufern hervorgegangen, die ihre Spur noch in der Gegenwart zeigten: »Wie die Analyse eines Märchentraums den unbewußten Sinn des Märchens, so zeigt der unbewußte Anteil im Indizienbereich den ursprünglichen Anteil seiner magischen Vorläufer.«

Das war zweifellos kein Gedankengang nach dem Geschmack des Rationalismus. Aber der Sachlichkeitskult mündete in eine Erfahrung, die Hermann Broch formulierte, nachdem er seinen Helden der Sachlichkeit, Huguenau, einen Mord hat begehen lassen: »Die Logik der Tatsachen treibt das Rationale ins Überrationale.« Die Richterszene aus Brechts ›Furcht und Elend des Dritten Reiches‹ zeigt schließlich eine Situation, in der ein Häufchen von Juristen durcheinandergewirbelt wird, weil es sein Gespür dafür, was rechtens sei, wenn die Rechtsauslegung sich noch nicht konsolidiert hat, verliert, und demzufolge nicht mehr in der Lage ist, zu definieren, was »Sache« ist. In einem Augenblick undeutlicher Opportunität wird »Sachlichkeit« zu einer Formel, die selbst den Juristen keine Orientierung mehr bieten kann. Die Sachlichkeit des Verfahrens, die eine so zuverlässige Entscheidungshilfe gewesen war, weil sie den Zwang des Rechtssystems zur Logik der Ereignisse erhoben hatte, läuft jetzt leer. Die Sachlichkeit der Rechtssprechung ist nur machtgeschützt effizient. Wenn sie ihre Rückversicherung in der Gewalt einbüßt, entsteht entscheidungsloser Leerlauf, während dessen man die Sachlichkeitsfanatiker auf der verzweifelten Suche nach der »Sache« besichtigen kann. Brechts Juristenszene zeigt, daß er sich im Exil gezwungen sah, Naturrecht und Moral aufzuwerten, während die Rechtspositivisten, die im Lande blieben, sich auf dem Boden der neuen Rechtstatsachen einzurichten begannen.

VII. Statistische Entzauberung. Das Einwandern der Zahl in den Text

1. Das Gesetz der großen Zahl

Neusachliche Schreibweise versucht, sich die Stimme des Gegners einzuverleiben, um die Gegenmacht zu bannen. Das Wort »Trenchcoat« bürgerte sich in diesen Jahren in die Umgangssprache der Republik ein[111]. Es galt jetzt als chic, sich mit diesem nach Art der von englischen Offizieren im Schützengraben getragenen regendichten Mantel zu kleiden. Es war neusachlich, eine Trenchcoat-Sprache zu sprechen.

Will Literatur nicht ohnmächtiger Traum bleiben, der sich angesichts der Fakten blamiert, dann muß sie die Gewalt der widerstrebenden Faktizität in sich aufnehmen. Als elementares Zeichen der Macht erschien die große Zahl, die aus der Tradition des Kulturtextes weitgehend ausgegrenzt gewesen war. In den neusachlichen Texten wandert sie nun massenhaft ein:

> Die 7,5 cm-Granaten der leichten Feldartillerie, die ein Gewicht von 5,06 kg und eine Sprengladung von 0,608 kg haben, dringen 1,80 m in die Erde, 12 cm in Beton ein, haben eine Gesamtwucht auf Aufschlag und Explosion von 230 m und schleudern 508 Splitter umher. – Die Eindringungstiefe eines aufschlagenden 15 cm-Geschosses in Erde beträgt 4,10 m, in Beton 39 cm,

die Sprengladung wiegt 4,86 kg, die Kraft der Explosionsladung 1900 m, die Splitterzahl beträgt 2030. 〈...〉[112]

Edlef Köppen zitiert in dieser Passage aus seinem Roman ›Heeresbericht‹ (1932) einen Spezialisten der Artillerie. Er flicht dessen Denkstil in die Beschreibung einer Situation im Stellungskrieg ein, in der die vom Fachmann ausgezählten Splitter auf den menschlichen Organismus treffen, der ungenügend gepanzert ist. Das Zahlenmaterial, kaum in den Kulturtext eingewandert, wird moralisch wieder abgestoßen; die Zahlensplitter heilen nicht in den Sprachkörper ein.

Die Abwehr der großen Zahl hat eine lange Tradition im deutschen Geistesleben und ist geradezu ein Erkennungszeichen der deutschen »Mandarine« in der Weimarer Republik. Die Moderne galt ihnen als eine Zeit nivellierender Abstraktion, in der der Einzelne zum Untergang verurteilt war. Die Zahl schien diesen Untergang zu besiegeln. Im Gegensatz zur »Gemeinschaft« herrsche in der »Gesellschaft« das Gesetz der großen Zahl, mit der sich die Öffentlichkeit einer Republik betäube. Man konnte sich bei dieser Argumentation auf Kierkegaard berufen: »Das Numerische versetzt den Menschen in einen exaltierten Zustand, gleich wie durch Opium.«[113]

Die emphatische Aufwertung der Zahl in Ernst Jüngers ›Arbeiter‹ kann als die Kehrseite der Mandarinen-Abwehr begriffen werden. Er feiert den »Typus«, für den die »präzise Ziffer« eine metaphysische Rolle spielt. Legte das Individuum Wert auf Unterscheidung, so ist der Typus bestrebt, sich mit Merkmalen zu identifizieren, die außerhalb seiner Einzelexistenz liegen und darum von Soziometrie, Psychotechnik, Demoskopie und Rassenforschung ermittelt werden können. In den Telephonverzeichnissen erhalten nach Jünger selbst die Namen Ziffernwert:

> Ebenso wie sich die Gelegenheiten häufen, bei denen der Einzelne in der Maske erscheint, mehren sich die Fälle, in denen sein Name in enge Berührung mit der Ziffer tritt. Dies ist bei den mannigfaltigen und sich täglich vermehrenden Gelegenheiten der Fall, bei denen von einem Anschluß gesprochen werden kann. Der Kraft-, Verkehrs- und Nachrichtendienst erscheint als ein Feld, in dessen Koordinatensystem der Einzelne als bestimm-

ter Punkt zu ermitteln ist, – man »schneidet ihn an«, etwa indem man die Ziffernscheibe eines automatischen Fernsprechers stellt. Der funktionale Wert solcher Mittel wächst mit der Zahl der Teilnehmer, – niemals aber erscheint diese Zahl als Masse im alten Sinne, sondern stets als Größe, die in jedem Augenblicke ziffernmäßig zu präzisieren ist.[114]

Dokumente solchen Einverständnisses sind allerdings in der Literatur der Neuen Sachlichkeit selten.

Thomas Mann hatte in den Schlußpassagen des ›Zauberbergs‹ seinen Helden, der sublimen Dialektik von Eros und Todesneigung auf der Schneehöhe des Sanatoriums entronnen, im strategischen Zynismus der großen Zahl der Infanterie untergehen lassen. In den Kriegsromanen der Jahre 1927 bis 1930 spielt die Zahl zwar eine wichtige Rolle, bleibt aber immer ein Element einer inhumanen Sichtweise, deren Integration den Effekt des Realistischen erzeugen soll.

Brunngrabers Roman ›Karl und das 20. Jahrhundert‹ ist überschwemmt von Zahlenmaterial, das Beherrschbarkeit des Lebens vorspiegelt, dann aber den – freilich exakt quantifizierten – Gang der Geschichte wie eine Lawine über den Einzelnen hinwegrollen läßt. Leitmotiv des Romans: »Die Zeit schickte sich sichtbar an, exakt zu werden, das will sagen, erbarmungslos. Man griff von oben und von unten nach dem kleinen Mann.« (s. Anm. 115). Der »Griff von unten« meint hier die Berechnung biologischer Rhythmen und die Standardisierung von Bewegungsabläufen in der Taylorisierung der Arbeitsvorgänge:

Der Arbeitsgang wurde in einer Weise unterteilt, daß in manchen Betrieben der einzelne Mann seine Handgriffe bis zu 13000mal am Tag wiederholte. Nun wurde in den Autofabriken der Weg des Rohstoffes, der früher fünfeinhalb Kilometer betragen hatte, bis das Fertigfabrikat die Werkstätten verließ, auf dreißig Meter abgekürzt. Ford in Detroit brauchte, die Transportzeit abgerechnet, für die Wandlung des flüssigen Eisens in das abgekühlte Gußstück 60 Minuten, für die Bearbeitung des Zylinderkopfes 57, für die Montage des kompletten Motors 97 und für die Fertigmontage des ganzen Wagens 70, was einen Gesamtarbeitsaufwand von 284 Minuten ergab.[115]

Das Zahlenmaterial ist Indiz der großen Gleichgültigkeit, mit der die Geschichte wie ein Lavastrom die Individuen vernichtet; hierin berühren sich Spenglers Ansichten von der Geschichte mit denen des sozialistischen Autors, der allerdings auch der Hoffnung eine Rechengrundlage gibt:

> Das Unentrinnbare, die den Dingen innewohnende und die Dinge verändernde Macht hatte sich weitergewälzt. Über einen Widerstand hinweg, wie er nie erhört worden war. Mit der Menge Stickstoff, errechneten die Nationalökonomen, die in einer einzigen unentschiedenen Schlacht an der Aisne verbraucht worden war, hätte mehr als der halbe Kontinent vor einer Hungersnot bewahrt werden können.[116]

Die kulturkritische Tendenz in der Verwendung des Zahlenmaterials verdoppelt nur die Fremdheit der gegnerischen Zähl- und Meß-Denkart. Brunngrabers Roman liest sich wie eine Illustration von Theodor Lessings Attacke auf die ›Geschichte als Sinngebung des Sinnlosen‹ (1919). Insofern unterscheidet sich neusachliche Literatur wenig vom traditionellen Kulturtext, der Zahlenmaterial in diesem Ausmaß vermieden hatte.

Interessanter ist dagegen die Frage, inwiefern die Neue Sachlichkeit den Grundsatz der empirischen Sozialforschung teilt: Höhere Transparenz bei größerer Zahl. Verdunkelung der Gesetzmäßigkeit im individuellen Einzelfall! Die große Zahl soll das dunkle Schicksal hinter den hellen und rationalen Konstruktionen der individuellen oder kollektiven Pläne und Projekte sichtbar machen. Neu ist ihre Aufmerksamkeit für die Beziehung von Typenbildung und Quantifizierung, die dem Hang zur Entpsychologisierung entgegenkommt. Neu ist das Einverständnis mit der soziologischen Erkenntnis, daß die statistisch ermittelte Zahl die Härte und Gleichgültigkeit eines anonymen Prozesses erschließen hilft. Neu ist die Vermutung, daß der Ausschluß der großen Zahl aus den traditionellen literarischen Schreibweisen die Verdrängung der »Tatsache« gefördert hatte, daß »Kultur« selbst in hohem Maß kalkulierbar ist. Der Kränkung, die die Soziologie dem selbstgewissen Subjekt mit der Statistik zufügt, will der neusachliche Schriftsteller nicht aus dem Wege gehen. Denn – so entdeckt man – es gehört zur Qualität der *facta bruta*, die hinter dem Rücken des Individuums sein Schicksal bilden, daß sie zwar meß- und zählbar aber dennoch unbeherrschbar sind. Die große Zahl bringt an den Tag, daß Mentalitäten, politische Beweggründe, Geschmacksrichtungen und selbst hochgradig tabuisierte, das heißt der Quantifizierbarkeit entzogene Bezirke wie die Sexualität, standardisiert sind. Selbst jene vermeintlich höchst individuellen Motive, die zu einer letzten Verzweiflungstat, dem Selbstmord führen, erweisen sich als »das Gewöhnliche«. Die Statistik hebt das »Persönliche« auf, und »was übrig bleibt«, so konstatiert Musils Mann ohne Eigenschaften, ist der »Durchschnitt«, ein in Kurven und Tabellen darstellbarer jährlicher Mittelwert. Was sich »hinter« dem Gesetz der großen Zahl verbirgt, was sich in den Statistiken der Ehescheidungen in Amerika oder des Verhältnisses von Knaben und Mädchengeburten, das ja eine der konstantensten Verhältniszahlen ist, ausdrückt, ist strittig. Musils Held überlegt, »ob dahinter unverstandene Gesetze der Gemeinschaft stecken oder ob einfach durch Ironie der Natur das Besondere daraus entsteht, daß nichts Besonderes geschieht, und der höchste Sinn sich als etwas erweist, das durch den Durchschnitt der tiefsten Sinnlosigkeit erreichbar ist.«[117] Aber ohne das Gesetz der großen Zahl, resümiert Musils Held ironisch, wären die Möglichkeiten eines geordneten Lebens verschwunden, das Chaos würde ausbrechen und die Menschheit würde »zwischen ihren himmlischen und höllischen Möglichkeiten von einer Seite zur anderen flattern wie kleine Vögel, wenn man sich ihrem Käfig nähert« (s. Anm. 117).

2. Vermessung der Seele

Wenn Musil als Parodist der neusachlichen Wahrnehmungsformen die Dialektik der großen Zahl reflektiert, räumt er den Konstruktionen der Zahl ein unweit größeres Gewicht ein, als ihr in neusachlichen Schreibweisen zugedacht wird. Die von uns aufgeführten neusachlichen Sprüche konfrontieren in der Regel einen Sektor der Gesellschaft, der als quantifizierbar gilt (Markt, Energiequanten, Lautstärke) mit einem, der unermesslich scheint, den der »Seele«. In den zwanziger Jahren wird es als Provokation erfahren, daß eine »Psychologie ohne Seele« an den Universitäten vermittelt wird, die psychische Vorgänge quantifiziert, »Wirkungsquanten« mißt, und »korrelationsstatistisch« ihren Zusammenhang errechnet. Gereiztheiten entstanden besonders dann, wenn diese Verfahren auf das

Terrain der Kunst übergriffen. In Gottfried Benns Essays begegnen wir einer wütenden Reaktion hierauf, Theodor Lessings Amerikabilder[118] führen uns die Empörung vor, Feuchtwangers PEP-Gedichte delektieren sich an der Angst-Lust des Bezifferbaren:

> Der Energieumsatz bei der Ausübung von moderner Musik ist enorm. Während bei einem Lied von Brahms der Energie-Aufwand nur 32 bis 35 Meterkilogramm beträgt, ist festgestellt, daß sich bei einem Jazzschlager moderner Form der Energie-Aufwand allein beim Schlagzeug zwischen 289 und 293 Meterkilogramm bewegt.[119]

Während die Übertragung des Meßverfahrens auf Kunst als typisch amerikanische Entartung bekämpft oder belächelt wurde, machte die quantifizierbare Kalkulation kultureller Bedürfnisse im eigenen Lande bescheidene Fortschritte. Das Leipziger Institut für Leser- und Schrifttumskunde wertete in den zwanziger Jahren die Ausleih-Statistiken der öffentlichen Büchereien aus, um standardisiertes Leseverhalten festzustellen. Allerdings blieb die deutsche Soziologie bis zum Ende der Republik skeptisch gegenüber den statistisch ermittelten »Lesebedürfnissen«. Als 1931 das Buch der amerikanischen Soziologen Douglas Waples und Ralph W. Tyler ›What people want to read about‹ in Deutschland bekannt wird, herrscht ungläubiges Staunen. In der »Zeitschrift für Sozialforschung« liest man:

> Wir glauben Kalkulationen aus dem amerikanischen Geschäftsleben vor uns zu haben, wenn wir sehen, was man mit allen Methoden der Mathematik, Wahrscheinlichkeitskoeffizienten für die Wirkung einer Büchergruppe auf die Lesergruppe errechnet. Und man spürt den entwicklungsfreudigen Optimismus des fremden Landes, wenn man die hoffungsvolle Freude des Verfassers sieht, mit der er die Möglichkeiten der sicheren, berechenbaren Grundlage, des Verlegers, des Sortimenters aufzuzeigen hofft. Doch das alles erklärt sich aus der Situation Amerikas, die nicht unserer gleicht.[120]

Wenn aber im gleichen Jahrgang der Zeitschrift dekretiert wird: »Die Rolle der Musik im gesellschaftlichen Prozeß ist ausschließlich die der Ware; ihr Wert der des Marktes«[121], dann sind Verfahren, die versprechen, den Tauschwert des Kulturguts und die Art seiner Distribution mit quantifizierenden Verfahren zu untersuchen, nur konsequent.

Hier zeigte sich die Crux der neusachlichen Schriftsteller. Der Satz vom ausschließlichen Warencharakter der Musik gehörte zum Jargon der Neuen Sachlichkeit: Er zielt gar nicht auf die Konsequenz, von nun an mit dem Instrumentarium der empirischen Sozialforschung Produktion, Distribution und Konsum der Ware Musik zu berechnen. Der Satz zielt vielmehr allein auf den Habitus des Sprechers, der ihn auszusprechen wagt, während ihn nichts so sehr alarmiert, wie der drohende Verlust der Autonomie der Kunst, der im Zugriff der Berechnung schon besiegelt scheint. So demonstriert der Jargon einmal den Einbruch der empirischen Erkenntnis und zugleich ihre Abwehr. Nichts liegt dem Sprecher so fern wie eine widerstandslose Unterwerfung des Autonomie-Anspruchs unter die Erkenntnis der Heteronomie. Der Spruch »Science is measurement« bleibt eine Devise des Gegners. Sie bleibt dem »Herrschaftswissen« (Max Scheler) eingegliedert. Als meßbar gilt immer nur der Andere!

Wie diffus die Haltung zum Komplex des Meßbaren in diesem Jahrzehnt ist, zeigen auch die Reaktionen auf eine Tendenz der Physiologie, die in den zwanziger Jahren große Popularität erlangte. Kretschmers ›Körperbau und Charakter‹ (1921) bildet den Grundstein für den Versuch, aus Meßdaten des Körperbaus Aufschluß über psychische Strukturen zu gewinnen. Eine Reihe von Schriftstellern, die den Blick von den dunklen Verliesen der Seele auf das Verhalten im Handlungsfeld gerichtet hatten, waren von diesem Ansatz fasziniert. Sie integrierten ihn probehalber in ihre Schreibpraxis (vgl. Spruch Nr. 15, 16, 17, 21). Das andere Lager hingegen – vehement in seiner Abwehr von Meßverfahren auf dem kulturellen Sektor – ging in bewährter Arbeitsteilung dazu über, die »Sachlichkeit« des Meßverfahrens von Kretschmers Charakterologie in Kriminalistik und rassistischer Bestandsaufnahme mit Schädelmessungen praktisch durchzuführen. Meßbar ist immer nur der Andere!

Der ambivalente Reiz der Zahl und des Verfahrens der »statistischen Entzauberung« (Musil, vgl. Anm. 117) sind typisch für eine Übergangsphase, in der einerseits die empirische Sozialforschung auf kulturellem Sektor noch nicht anerkannt wurde, andererseits

Autoren direkt auf dem Feld der empirischen Sozialforschung intervenierten und Verfahren wie das der »teilnehmenden Beobachtung« durchspielten, die in der Soziologie noch nicht eingebürgert waren (vgl. die Reportagen Kracauers, Kischs, Hausers, Holitschers; die soziologischen Romane Regers, Falladas, Brücks, Kessels; die Literatur der Arbeiterkorrespondenten). Die Karten werden neu gemischt. Es gibt noch keinen eindeutigen Leitdiskurs der Empirie; Mischformen sind die Regel. Die Sprache der Neuen Sachlichkeit ist Symptom der Umbruchsphase und ein Experimentierraum, in dem traditionelle Werte Zerreißproben unterworfen werden. Sprüche wie »Die Statistik ist die Jugend! Keine Macht kann sie schlagen, unbesiegbar ist sie, wie die Zahl« (Otto Heller[122]) oder »Trumpf ist das Rationellste aller Ratio: die Zahl. – Trumpf ist der rationalste aller Werte: das Geld« (Broder Christiansen[123]) sind im Gegensatz zu ihrer pathetischen Eindimensionalität auf der performativen Ebene Mischformen, die ihre Negation miteingekapselt haben.

3. Statistik und Öffentlichkeit

Als Siegfried Kracauer im November 1932 anläßlich der Ausstellung ›Zahl und Bild‹ im Berliner Zentralinstitut für Erziehung und Unterricht die Problematik der Popularisierung von Statistiken überdenkt, resümiert er:

> Woher dieser Vorstoß des Allgemeinbewußtseins ins Zahlengebiet? Andere Zeiten als die unsrigen haben das Wissen um die Zahlen, die unser gesellschaftliches Dasein betreffen, entweder verpönt oder als Geheimnis gehütet. Wenn solche Zahlen jetzt an die Öffentlichkeit getrieben werden, so kann das nur den Sinn haben, daß die Öffentlichkeit mit ihnen umgehen soll. Vielleicht steckt in der Tendenz zum Zahlenbild die zum planwirtschaftlichen Handeln. Denn eine Grundvorausetzung dieses Handelns wäre allerdings die Vertrautheit des Volks mit den Zahlen, die es erzeugt.[124]

Dieses sieht sich eindrucksvollen Bildern gegenüber, in denen die sozialhygienischen Reichsfachverbände, die Autoindustrie oder die Berliner Elektrizitätswerke sich an Plastizität gegenseitig übertreffen. Letztere trumpfen beispielsweise mit einem »dreidimensionalen Belastungsgebirge« auf, einem plastischen Modell, dem sich der Elektrizitätsverbrauch an jedem Tag des Jahres und zu jeder Tageszeit entnehmen läßt. Ähnlich suggestiv sind die Bilder, mit denen die Berliner Städtischen Gaswerke die Aufmerksamkeit auf sich lenken. Ihre Rohrleitungen reichen von Berlin fast bis nach Neufundland. Unter der Last ihrer jährlichen Koksmenge erstickt das riesige Karstadtgebäude. So werden Zahlen zu erhabenen Erscheinungen: Belastungsgebirge, unendliche Rohrstrecken. Das Bild ergänzt die Zahlenreihe um den Sinn, den sie entbehrt. Ist dieser Sinn erhaben, stellt er das Gegenteil der von Kracauer erhofften »Vertrautheit des Volks mit den Zahlen« her. Der ziffernmäßige Wert des Bildes tritt hinter die Gestalt zurück, die das abstrakte Reich des Herrschaftswissens an die Erfahrungswelt des Konsumenten bindet, der andächtig aufs Gebirge schaut. Die statistische Entzauberung schlägt in die triviale Ästhetik des Erhabenen um, sie feiert den numerischen Ausdruckswert.

Erwägt Kracauer angesichts dieser Praktiken Vor- und Nachteile der Statistik für eine demokratische Öffentlichkeit, so opponiert er entschieden gegen den Einsatz von Statistiken in der Sexualaufklärung während der »Reichsgesundheitswoche«.[125] Sein Resümee: »Solche hygienische Propaganda 〈...〉 meint im Grunde gar nicht die einzelnen Menschen sondern die Statistik.« Diese Aufklärungsmethode hält er für barbarisch, weil der Radikalismus der statistischen Entblößung (z. B. der Geschlechtskrankheiten) nur das Kehrbild viktorianischer Verhüllung sei. Beide Annäherungen hält er für die zwei Seiten der Münze des »Obskurantismus«, der Schaden anrichtet, wo er zu schonen verspricht. Das Zahlenmaterial löst einen Schrecken aus, der nach dem großen Therapeuten – dem Hautarzt – ruft. Darum wendet sich Kracauer gegen die »Sachlichkeit« dieser Aufklärung:

> Diese medizinische Unentwegtheit erschreckt vielleicht durch ihre Ziffern und Bilder, verfehlt indessen die Empfindungen, die über den Schrecken gebieten. Der Mensch, der sich schämt, bleibt durch die wissenschaftlichen Daten unberührt, die für sich allein selber ohne Scham sind. Bezeichnend genug, daß ihre Aufreihung sogar die Traurigkeit und den Zynismus vermissen läßt, der sie – negativ – auf den Menschen bezöge. Hier, wo es wirklich

auf menschliche Fühlungsnahme ankäme, wird die Sachlichkeit bis zum äußersten getrieben. Ihre »Schamlosigkeit« ist es recht eigentlich, die im Namen der Aufklärung von der Wirklichkeit der geschlechtlichen Liebe abdrängt. Vorzudeuten auf sie vermöchte nur die richtige Scham.[126]

Die eminente Rolle der Statistik in der staatlichen Aufklärung könnte mit einer Tradition jenseits des Bildungsbürgertums zusammenhängen, auf die Ernst Glaesers Roman ›Jahrgang 1902‹ (1928) aufmerksam machte. Glaeser läßt in der Gestalt des sozialdemokratischen Fabrikarbeiters Kremmelbein eine neusachliche Gestalt des 19. Jahrhunderts auftreten; denn »Statistiken über den gesamten sozialen Apparat erschütterten den Heizer Kremmelbein mehr, als es je ein Roman vermocht hätte.« Glaeser hält in der Schwebe, ob mit dieser Figur das Exemplar einer ausgestorbenen Gattung sozialdemokratischer Facharbeiter in Erinnerung gerufen oder ein neusachlicher Habitus karikiert werden soll.

Statt Schlagworten gab er jedem eine Statistik. Statt Metaphern gab er Zahlen. Die Bildungsabende, die er leitete, waren streng und nüchtern, wie Mathematikstunden. Mit fanatischer Sachlichkeit kommentierte er an großen Plakaten, auf die er in peinlicher Sauberkeit mit Tusche seine Statistiken übertragen hatte, seine Erkenntnisse, deren wissenschaftliche Berechtigung von dem Bürgertum unserer Stadt nicht anerkannt wurde, weil Herr Kremmelbein nicht akademisch gebildet sei.[127]

Ein ironisches Licht läßt der Autor auf diese Zahlengläubigkeit fallen, wenn er von den Versuchen des Heizers berichtet, den Gottesglauben seiner Frau mit Hilfe von Statistiken aus den Angeln zu heben, und gegen Ende des Romans dem Heizer drastisch vor Augen geführt wird, daß mit Statistiken auch bewiesen werden kann, daß der Kalorien- und Vitamingehalt der Brennesselsuppe höher ist als der der Vorkriegskost. Schwerwiegender ist jedoch der Hinweis des Romans, daß dieses statistische Aufklärungsbewußtsein im August 1914 nicht im geringsten der politischen Verführung widerstehen konnte. Glaeser nimmt hier ein Argument vorweg, das wenig später Georg Lukács in seiner Kritik der Neuen Sachlichkeit betonen wird: als Fetisch scheint ihm die Zahl ein Indiz des »Ökonomismus«, der politische Bewußtmachung verhindert.

Die Erinnerung an die negativen Aspekte der Relation von Aufklärung und Statistik darf nicht vergessen machen, daß die demokratische Publizistik der Republik auch erfolgreich mit der statistischen Auswertung politischer Tatbestände operierte. Berühmt wurde die Justizdokumentation des Heidelberger Mathematikers Emil Julius Gumbel ›Vier Jahre politischer Mord‹ (1922). Die Zählarbeit galt der dritten Gewalt, der Justiz. Sie ermittelte: Von 354 Morden durch Täter rechter Gruppen blieben 326 ungesühnt, während von 22 Morden von links nur vier ohne Strafe blieben. Friedrich Wolf stützt seine Schrift ›Kunst ist Waffe‹ (1928) mit einer amtlichen Tabelle des Freistaats Sachsen über Kinderarbeit, Schätzungen des deutschen Ärztetages von 1925 in Eisenach über die Zahl der verbotenen Abtreibungen und dem Bericht der städtischen Fürsorgestelle Berlin über die Anzahl der an offener Tuberkulose Erkrankten. Werner Hegemann erläutert 1930 seine Untersuchungen zur Wohnsituation Berlins als der »größten Mietkasernenstadt der Welt« mit folgendem Zahlenmaterial:

> In der größten Stadt der Welt, in London, wohnen durchschnittlich 8 Menschen in jedem Haus; in Philadelphia wohnen 5, in Chicago 9, in der Insel- und Wolkenkratzerstadt New York 20, in der eingeklemmten alten Festungstadt Paris 38 Menschen in jedem Haus. Aber in Berlin, das sich wie London, Chicago oder Philadelphia ungehemmt im flachen Land entwickeln konnte, wohnen durchschnittlich 78 Menschen in jedem Haus, und die meisten dieser Kasernen sind gartenlos.[128]

In vielen Fällen wurde die Nennung der Zahlen aber mit der neusachlichen Geste begleitet: Die Zahlen sprechen für sich! Das Schicksal der Republik bestätigt dieses Urteil. Die Zahlen sprachen wirklich meist »für sich«; und sonst für keinen, der nicht auch in der Lage gewesen wäre, selbst Tabellen zu produzieren, die für seine Sache sprachen.

In der sentimentalen Literatur der Neuen Sachlichkeit hat die Zahl nur ironisch Heimatrecht erhalten. Kästners Gedicht ›Berlin in Zahlen‹ stellt mit den statistischen Angaben die Sphäre der Uneigentlichkeit zur Schau, um die unverwechselbare Stimme des Einzelnen einzuklagen. Mit vergleichbarer Reserve operiert Lion Feuchtwanger in seinem Roman ›Erfolg‹ (1930) mit Zahlenmaterial und Typisierung. Seine neusachliche Parole, die er am 29. März 1928 dem Berliner Tageblatt anvertraut hatte, wird 2 Jahre später bereits im Roman als neusachlicher Manierismus vorgeführt. 1928 hatte es noch geheißen:

> Der Angelsachse verlangt von seinen Schreibern, daß sie im wirklichen Leben Bescheid wissen. Er sieht es lieber, wenn seine Schriftsteller sich auf Experimente, Statistiken, Akten berufen als auf Seele. Er findet lieber in einem Buch Material, Informationen als die Ansichten des Schreibers, Angeschautes lieber als Anschauung.

Gleichwohl spielen die statistischen Zahlen eine nahezu magische Rolle bei der neusachlichen Bestimmung der »Faktizität« der Gesellschaft. Dabei konnte Musils ironische Rede von der »statistischen Entzauberung« schon auf eine lange Tradition zurückblicken. 1931 erschien das ›Statistische Jahrbuch für das Deutsche Reich‹ bereits im 50. Jahrgang. Eine Reihe von empirischen Erhebungen aus der Republik sind noch heute für die Forschung von größtem Interesse, z. B. die vom Allgemeinen Deutschen Gewerkschaftsbund (ADGB) veranstaltete Erhebung über die soziale Umstrukturierung. Aus ihrem umfangreichen Datenmaterial wird die Forschung 40 Jahre später auf die Herausbildung eines neuen Typus des Angestellten als »Modernisierungs-Agenten« schließen[129]; eine Auswertung, die den zeitgenössischen Sozialforschern fern lag. Politische Parteien wie SPD und KPD konzentrierten einen Teil ihres analytischen Scharfsinns darauf, fortlaufend die amtlichen Statistiken auszuwerten und die großen Blindfelder der statistischen Erhebungen zu erhellen.

Einzelne Schriftsteller konnten sich der magnetischen Kraft der empirischen Forschung nicht entziehen. Hans Fallada konfrontiert den Leser in seinem Roman ›Bauern, Bonzen und Bomben‹ (1931) mit einer Mentalität der Landbevölkerung Schleswig Holsteins, deren Mischung aus Anarchismus und autoritärem Charakter in den soziologischen Lehrbüchern nicht vorgesehen war oder, wie Wilhelm Reichs »Massenpsychologie« zeigt, in allen Lagern tabuisiert wurde. Falladas zweites Buch ›Kleiner Mann, was nun?‹ (1932) ist schon nach einem sozialwissenschaftlichen Vorbild konstruiert, allerdings einem ebenfalls einzelgängerisch erschlossenen. Siegfried

Kracauer hatte auf eigene Faust die Lage der Angestellten in den Brennpunkt der Aufmerksamkeit gerückt, indem er literarische Physiognomien und Interviews mit den Stimmen vieler Opponenten so verknüpfte, daß die Konturen des Phänomens schärfer zu Tage traten, als es das ›graue Heer‹ der soziologischen Begrifflichkeit zugelassen hatte. Auch Ernst Bloch mischte sich in seinen Glossen in der ›Frankfurter Zeitung‹ als Einzelgänger in den Streit um die »Empirie« von Bauern und Angestellten ein, um, im Widerspruch zur marxistischen Manier, die bestrebt war, einen homogenen gesellschaftlichen Raum der Proletarisierung zu schaffen, auf die Nischen der »Ungleichzeitigkeit« zu weisen, in denen er Kapseln einer rebellischen Energie vermutete. Ernst Bloch kam ohne Zahlenmaterial aus und schloß folglich nicht an das Realitätsvokabular derer an, die er belehren wollte.

Eine der größten sozialwissenschaftlichen Untersuchungen zur Bewußtseinslage der Arbeiter und Angestellten wurde 1929 von Erich Fromm und Hildegard Weiß in Angriff genommen.[130] Die Auswertung der erhaltenen Fragebogen wurde durch die Emigration verzögert. Als das übriggebliebene Material endlich in Amerika gesichtet wurde, konnten die Autoren frei von unmittelbarem Handlungszwang die fatale Struktur des »autoritären Charakters« ermitteln; als wenn bestimmte Entwürfe der Anthropologie nur möglich wären, wenn »eingreifendes Denken« nicht mehr erzwungen wird. Diese Enquete übermittelt uns nebenbei die statistische Entzauberung der Neuen Sachlichkeit:

Die Statistik als Mittel der Selbstentzauberung der Neuen Sachlichkeit:

Wie schmücken Sie Ihre Wohnung? Antworten in Abhängigkeit vom ökonomischen Status (Angaben in %)

Antwortkategorien	Ökonomischer Status					Insgesamt
	Ungelernte Arbeiter	Gelernte Arbeiter	Angestellte	Arbeitslose	Sonstige	
Unbestimmt im Geschmack						
1 Blumen und Bilder	38	37	40	47	48	40
Bestimmter Geschmack						
2 Nippsachen	6	6	10	1	9	7
3 Neue Sachlichkeit	–	4	5	1	2	3
4 *Keine Dekoration*	9	14	12	15	9	13
5 Sonstiges	6	2	4	4	9	4
6 Keine Antwort	41	37	29	32	23	33
Insgesamt	100	100	100	100	100	100
Anzahl der Befragten	34	264	154	90	42	584

Wie schmücken Sie Ihre Wohnung? Antworten in Abhängigkeit vom der politischen Orientierung (Angaben in %)

Antwortkategorien	Politische Orientierung												Insgesamt
	Sozialdemokraten				Links-sozialisten	Kommunisten				Bürger-liche	National-sozialisten	Nicht-wähler	
	1	2	3	Insges.		1	2	3	Insges.				
Unbestimmt im Geschmack													
1 Blumen und Bilder	53	33	31	36	46	43	40	–	39	46	72	40	40
Bestimmter Geschmack													
2 Nippsachen	3	13	9	10	–	–	7	11	4	5	11	3	7
3 Neue Sachlichkeit	5	2	3	3	12	3	1	–	2	2	6	3	3
4 *Keine Dekoration*	9	10	16	11	7	21	17	22	19	5	6	14	13
5 Sonstiges	6	8	1	6	5	–	4	–	2	2	5	3	4
6 Keine Antwort	24	34	40	34	30	33	31	67	34	40	–	37	33
Insgesamt	100	100	100	100	100	100	100	100	100	100	100	100	100
Anzahl der Befragten	61	125	76	262	45	63	78	9	150	43	17	67	584

Hilke Veth
Literatur von Frauen

1. Frauen im Literaturbetrieb

In ihren Lebenserinnerungen schildert Vicki Baum, eine der erfolgreichsten Unterhaltungsschriftstellerinnen der Weimarer Republik, ihren Arbeitsalltag. Nach leichtem Frühstück und der Hausplanung mit dem Dienstmädchen fährt sie mit ihrem Mann die Kinder zur Schule, bewältigt acht Stunden Redaktionsarbeit im Ullstein-Verlag, wo sie als ›Mädchen für alles‹ angestellt war, macht sich zwischendurch fit beim Schwimmen und Boxen, spielt nach dem Abendessen mit den zwei Söhnen, findet dann die Muße, ihre Bestseller zu schreiben, und entspannt sich nach Mitternacht mit Freunden beim Tanzen. Krankheiten, Konflikte und andere nicht berechenbare Widrigkeiten menschlichen Lebens bleiben in dieser Schilderung unberücksichtigt. Vorgestellt wird das Ideal der modernen Schriftstellerin, die Familie, Beruf und Freizeit entsprechend den neuesten Regeln der Lebensgestaltung perfekt durchorganisiert. Aufkommende Zweifel an der Geschichte hat sich die Autorin mit einleitenden Sätzen zu eigen gemacht: »Wenn ich zurückdenke, kann ich nur staunen, was für ein Arbeitspensum ich damals bewältigt habe.« Aber schon in der Antwort gibt sie ihre Sicht der Dinge vor, eine rein technische: »Ohne meine Stunden bei Sabri Mahir ⟨ihrem Boxtrainer⟩, in denen meine leeren Batterien wiederaufgeladen wurden, hätte ich das nicht geschafft.«[1]

Die meisten der anderen Schriftstellerinnen sind weniger genau in der Schilderung ihres Alltags. Ina Seidel zum Beispiel, verheiratet mit einem Pastor und Mutter zweier Kinder, ist mit ungebrochen völkischem Denken bemüht, ihren ›Lebensbericht‹ (1970) aus der Perspektive des familiären Erbes zu umreißen, wertet aber die Last ihrer familiären Pflichten bewußt ab. Elisabeth Langgässer, alleinstehende Mutter, Volkshochschuldozentin, neben der journalistischen Kleinarbeit mit Gedichten und Erzählungen beschäftigt, idealisiert in ihren Briefen die Verzichte, die sie leisten muß, als

Persönlichkeitsgewinn. Anna Seghers, verheiratet und Mutter zweier Kinder, schweigt sich ganz über ihr Privatleben aus.[2]

Mit Idealisierungen und im Verschweigen der Lebensumstände wird der Raum für die berufliche Profilierung gewonnen. Erstmals in ihrer Geschichte stehen schreibende Frauen in der Weimarer Republik, deren Verfassung ›grundsätzlich‹ die Gleichberechtigung garantierte, gleichberechtigt neben den männlichen Kollegen. In der Wahrnehmung ihrer Rechte sprechen sie ungern von den alten und andauernden Behinderungen. Dagegen verweisen sie mit Stolz auf die neuen Chancen. So betont die Publizistin und Dramatikerin Gina Kaus 1929 in einem Leitartikel in der renommierten Zeitschrift ›Die literarische Welt‹, die neueste Zeit habe »mit dem Geschlechtsvorurteil radikal Schluß gemacht«. »Wir begegnen Frauen in allen Verlagskatalogen, allen Buchauslagen, in Zeitungen, Zeitschriften, Magazinen«.[3]

Tatsächlich waren die schreibenden Frauen keineswegs so gleichberechtigt, wie sie es selber in der Euphorie des Beteiligtseins vorgeben. Unter den Massen von unqualifizierten oder halbqualifizierten Arbeiterinnen und kleinen Angestellten gab es immer noch wenige besser ausgebildete Frauen. Die meisten arbeiteten in typischen Frauenberufen, als Krankenschwestern, Sozialbeamtinnen, Lehrerinnen, Ärztinnen. Eine Berufszählung von 1925 ermittelte knapp 800 freie Schriftstellerinnen und 450 Redakteurinnen und Schriftstellerinnen in abhängiger Stellung, verschwindend wenige verglichen mit der Zahl der Schriftsteller: 36 000.[4] Vor allem die im letzten Drittel des 19. Jahrhunderts geborene Frauengeneration hatte sich das Recht zu veröffentlichen gegen väterliche Schreibverbote erkämpfen müssen. Aber auch Gabriele Tergit, die 1920 erste Artikel veröffentlichte, erinnert sich: »Ein junges Mädchen aus guter Familie hatte nicht in Zeitungen zu schreiben. Ich begegnete allgemeiner Verachtung.«[5] Die Vorurteile gegen die schriftstellerische Tätigkeit von Frauen waren auch in den zwanziger Jahren weit verbreitet. Dabei war diese Arbeit für bürgerliche Frauen aus verarmtem Großbürger- oder Beamtentum schon Ende des 19. Jahrhunderts zu einer Möglichkeit notwendigen Broterwerbs geworden. Viele der unverheirateten oder geschiedenen Frauen versuchten damit, sich und auch die Kinder zu finanzieren. Nur wenige Schriftstellerinnen waren durch eine Rente finanziell unabhängig wie Lou Andreas-Salomé oder lebten in gesicherten Familienverhältnissen wie Ina Seidel oder Mechthilde von Lichnowsky. Einige hatten große Erfolge, vor allem, wenn sie den wachsenden Markt der Unterhaltungsliteratur und der Filmindustrie zu bedienen wußten wie Vicki Baum oder die Drehbuchautorin Thea von Harbou. Wenn sie sich ernsthaft um ›Kunst‹ bemühten, lebten sie oft am Rande der Armut. Else Lasker-Schüler, als größte deutsche Lyrikerin anerkannt, litt beständig unter Geldmangel und blieb häufig angewiesen auf die Spenden von Freunden. Ähnlich die Lyrikerin und Erzählerin Regina Ullmann. Die wirtschaftliche Stabilisierung Mitte der zwanziger Jahre verbesserte die Situation, vor allem, wenn sich die Frauen durch Feuilletons, Vorträge und Rundfunkarbeit einen Nebenverdienst verschafften oder von ihren Verlagen eine Rente erhielten. Das änderte sich in den Krisenjahren gegen Ende der Republik. Marieluise Fleißer kehrte 1932 unter dem Druck finanzieller und psychischer Belastungen ins Elternhaus zurück und suchte im Dritten Reich in einer kleinbürgerlichen Ehe Halt.

Die Konkurrenz mit den männlichen Kollegen wurde auch durch die mangelhafte Ausbildung der Frauen behindert. Von den älteren Schriftstellerinnen hatte allein Ricarda Huch ein Studium mit Promotion abgeschlossen. Agnes Miegel und Franziska zu Reventlow besuchten Lehrerinnenseminare, Annette Kolb, Mechthilde von Lichnowsky, Else Lasker-Schüler erhielten außer der konventionellen Mädchenerziehung keine formale Ausbildung. Nicht zufällig fanden viele Frauen letztlich ihr Auskommen als Unterhaltungsschriftstellerinnen und produzierten die Massenware ›Frauenroman‹, auch wenn sie wie Gabriele Reuter oder Clara Viebig mit größeren Ambitionen ihre Karriere angetreten hatten. Das Bildungsniveau stieg erst in der jüngeren Generation, die ohne formale Beschränkung Zugang zum Studium oder zu einer journalistischen Lehre hatte. Wo sie nicht unmittelbar in literarischen Kreisen aufwuchsen, blieben sehr viele Frauen auf männliche Förderung bei ihrem Eintritt in die Welt der Literatur angewiesen. Nicht selten ließen sie sich in die Rolle der Musen oder Zuarbeiterinnen drängen, exemplarisch die Brecht-Mitarbeiterin Elisabeth Hauptmann. Außer den Problemen, die die berufliche Profilierung im patriarchalischen Literaturbetrieb mit sich brachte, waren die Frauen weiterhin allein für die Organisation des Alltags verantwortlich. Die Bessergestellten konnten sich noch ein Dienstmädchen leisten, doch trugen sie immer die Verantwortung für Haushalt und Kinder.

Keine der Schriftstellerinnen wagte sich, die äußeren oder die inneren Zwänge anders als literarisch verschlüsselt darzustellen. Die Tagebücher Franziska zu Reventlows, die das Leben der Bohemienne um die Jahrhundertwende dokumentieren, wurden postum veröffentlicht. Else Lasker-Schüler polemisiert in der 1926 im Eigenverlag herausgegebenen Broschüre ›Ich räume auf. Meine Anklage gegen meine Verleger‹ gegen die Ausbeutung durch Verleger, spricht aber nicht für sich als Frau und Dichterin, sondern – wie um sich zu legitimieren – im Namen aller Dichter. Marieluise Fleißer, die sich in Auseinandersetzungen mit ihrem Förderer und Freund Brecht nicht zu behaupten wußte, läßt in ihrem Drama ›Der Tiefseefisch‹ (1930) das autoritäre Literaturmanagement des modernen Autors Wollank (Brecht) nur ansatzweise aus der Sicht der Schriftstellerin Ebba, vor allem aber durch ihren Freund und Stellvertreter Elnis kritisieren. Dieser steht für den Publizisten Draws-Tychsen, mit dem sich Fleißer nach der Beziehung zu Brecht befreundete. Wollte sie mit dem Stück den Konflikt publik machen, so nahm sie es doch auf Anraten von Brecht zurück und veröffentlichte es erst nach seinem Tod. In einem Typoskript notierte sie Stichworte, die Hintergründe von Idealisierungen oder Verschweigen beleuchten.

Der Vater. Das Geld. Der Verruf. Die brotlose Kunst. Das Korn, der Keim der Genialität ist empfangen, aber ist verschüttet. Das eigene Ungenügen. Das Versagen. Der innere Mangel. Das würgende Suchen. Zu wenig hat man empfangen, viel zu wenig.[6]

2. Zum Selbstverständnis der schreibenden Frauen

Telegramm:
Eben regierender Prinz in Theben geworden. Es lebe die Hauptstadt und mein Volk!
Ich werde in meiner Stadt erwartet, kostbare Teppiche hängen von den

Dächern bis auf die Erdböden hernieder. Und rollen sich auf und wieder zusammen. Meine Neger liegen schon seit Sonnenaufgang vor mir auf den schwarzen Bäuchen und werden am Abend unter die Leute gehen, sie das Wort ›Hoheit‹ lehren, bis das Wort tanzt in ihren Mündern. Ich bin Hoheit. Merkt Euch das, betont es jedem, der Euch in den Weg läuft. Aber mich schmerzt diese Ehrung, denn ich kann nicht in meine Stadt zurück, ich habe kein Geld 〈...〉 O, wie arm diese Abendlande, hier wächst kein Paradies, kein Engel, kein Wunder.[7]

Dies schrieb Else Lasker-Schüler 1912 in dem Liebesroman ›Mein Herz‹ und entwarf mit leichter Selbstironie ihren Prinzenmythos, indem sie dichterische Größenvorstellungen neben das Armutsbekenntnis setzt. Im Kreis um Peter Hille und ›Die neue Gemeinschaft‹ hatte sie sich um die Jahrhundertwende zuerst einen Namen als Lyrikerin gemacht. Da sie in ›Styx‹ (1902) und ›Der siebte Tag‹ (1905) vor allem Liebes- und Glaubensprobleme thematisierte, konnte man sie im Einklang mit gängigen Weiblichkeitsvorstellungen leicht als ›große jüdische Lyrikerin‹, die weibliche Erfahrungen zum Ausdruck brachte, bewundern und einordnen – eine Sichtweise, die sich bis in die siebziger Jahre halten sollte.[8] Doch schon mit ihrer ersten Prosa ›Das Peter Hille-Buch‹ (1906) hatte sie sich gegen solche Zuordnungen verwahrt und imaginierte ihre Heldin Tino als Gleiche neben dem idealischen Menschen, dem Schöpfer und Dichter. In ihren orientalischen Dichtungen schrieb sie sich zuerst die Rolle der morgenländischen Prinzessin Tino und später wie in ›Mein Herz‹ die des Prinzen Jussuf von Theben zu und thematisierte explizit die Ich-Spaltung. Mit der Figur des Prinzen, der für sie ein reicher Dichterfürst, Spielprinz und Liebender, aber auch der arme, ausgestoßene biblische Joseph ist, suchte Lasker-Schüler gegen traditionelle Weiblichkeitsbestimmungen eine androgyne poetische Identität. In neoromantischer Selbstpoetisierung, das Leben zur Kunst stilisierend und die Kunst ins Leben einbeziehend, trat sie als Prinz verkleidet in den Caféhäusern Berlins auf, unterschrieb ihre Briefe mit Jussuf und zeichnete sich in seiner Gestalt.

Zwar wurde dieses Selbstbild durch die Ereignisse des Ersten Weltkriegs in Frage gestellt, Lasker-Schüler mußte die Wirkungslosigkeit ihrer spielerischen Poetik bekennen, zweifelte an der Gemeinschaft der Künstler und ließ konsequent den zum Kaiser gekrönten Jussuf literarisch Selbstmord verüben, um endlich im Traum die Vision einer abendländischen Dichterin zu entwerfen. Doch noch in den zwanziger Jahren, als ihre im Umfeld von Impressionismus, Jugendstil und Expressionismus entstandenen Kunstvorstellungen durch Dada und Neue Sachlichkeit überholt waren, mythisierte sie – männlich identifiziert – den Dichter zum ›Gottsucher‹ und bezeichnete Dichtung als ›vornehmstes Leben‹.[9]

Androgynitätsvorstellungen liegen auch der Kunstvorstellung Ricarda Huchs zugrunde, die durch ihre epochemachende Monographie über ›Ausbreitung, Blütezeit und Verfall der Romantik‹ (1899/1902) viel zur Verbreitung romantischer Lebensvorstellungen in ihrer Generation beigetragen hatte. Sie erkennt bei den Künstlern, den »Ausnahmemenschen«, »eigentümliche Mischungen, Versuche der Natur, das mannweibliche Menschideal hervorzubringen«. Doch ist die Grundlage ihrer Argumentation von traditionell biologistischen Geschlechtsvorstellungen geprägt. Sie äußert sich skeptisch über eine Dichtung, die vor allem durch »weibliche Besonderheit auffällt« und meint, daß die echte Künstlerin sich nicht befriedigt fühlen könne, »wenn ihr Werk nur durch ihr Geschlecht Teilnahme erregt«.[10] Deutlich wird auch hier das Bestreben, sich in Gleichstellung mit den Künstlern zu profilieren. Doch während Lasker-Schüler in ihrer literarischen Selbstvergewisserung immer wieder von sich spricht und so in ihrem letzten Drama ›IchundIch‹ (1940/41) in Überwindung des androgynen Selbstbildes eine Dichterin auftreten läßt, beschäftigt sich die promovierte Historikerin Huch nach den ersten Veröffentlichungen von Lyrik und autobiographischen Romanen vorwiegend mit historischen, religiösen und weltanschaulichen Themen. In Identifikation mit männlichen Helden beschreibt sie mit Vorliebe das Leben außergewöhnlicher männlicher Reformer und Revolutionäre. Dies brachte ihr die Bewunderung vieler männlicher Schriftsteller der Zeit ein. Nicht zufällig wurde sie 1926 als erste Frau zum Mitglied der Sektion für Dichtkunst der Preußischen Akademie der Künste gewählt. Daß man sie in der Einladung aus Versehen mit »Sehr geehrter Herr« anredete, bezeugt nicht nur die patriarchalische Haltung der Weimarer Geistesgrößen, sondern kam dem an männlichen Kunstvorstellungen orientierten Selbstbild der Schriftstellerin entgegen.[11]

Interessanterweise wurde die überlieferte bürgerliche Kunstmythologie zuerst von Autorinnen in Frage gestellt, die ihre Tätigkeit vor allem auch als Brotarbeit verstanden. Franziska zu Reventlow, die vier Romane, verschiedene Novellen, Aufsätze, Tagebücher und unzählige Briefe verfaßte, wollte nie Schriftstellerin sein, sondern fühlte sich immer als Malerin. In dem Roman ›Der Geldkomplex‹ (1916) wendet sie sich ironisch gegen die beruflichen Tätigkeiten von Frauen, läßt ihre Ich-Erzählerin, die sich schreibend Geld verdient, gegen die Klassifizierung als Schriftstellerin protestieren und behaupten, sie hätte nie eine Befriedigung beim geistigen Schaffen erlebt: »Was mich in solchen Fällen aufrechthält, ist ausschließlich der Gedanke an das Honorar.«[12] Gleichzeitig betont Reventlow die Anstrengung, die das Schreiben koste und wendet sich gegen die Emanzipationsvorstellungen zeitgenössischer Frauenrechtlerinnen. »Solange die Frauenbewegung die Weiber vermännlichen will, ist sie die ausgesproche Feindin aller erotischen Kultur«, schrieb sie in einem polemischen Aufsatz 1899.[13] Ihre Vision von einem Leben, in denen Frauen frei von der Anstrengung des Berufs Befriedigung in der Erotik und in der Mutterschaft finden, kam den Hetärenträumen der Münchener Bohemeschriftsteller der Jahrhundertwende entgegen, die in der Umwertung aller Werte im Geiste Nietzsches auch das bürgerliche Frauenbild revidierten. Eine ähnlich kritische Einschätzung zum Schreiben äußert Annette Kolb, wenn sie formuliert: »Schreiben ist Unnatur« und über die Dichterin sagt: »Bei ihr schillert die Aufgabe, sich fremde Wesenselemente abzutrotzen, von vornherein arg ins Groteske.«[14] Doch fand sie ihr Selbstideal nicht in der antibürgerlichen Hetäre, sondern in der heiligen Jungfrau Caterina von Siena, die als Beraterin hochgebildeter Männer öffentliche Anerkennung erwarb. Mit dieser Haltung engagierte sich die Deutsch-Französin vor allem in Ersten Weltkrieg als streitbare Friedenskämpferin. Die spontanen Versuche, sich Gehör zu verschaffen, wurden jedoch von den befreundeten Persönlichkeiten häufig nur wohlwollend-mitleidig kommentiert.[15]

Gegen solche den traditionellen Geschlechterbestimmungen verhafteten Deutungen der Rolle der Künstlerin, analysierte Lu Märten, die sich seit der Jahrhundertwende vor allem mit kunsttheoretischen und kulturpolitischen Schriften einen Namen machte, als erste die sozialökonomischen Bedingungen der künstlerischen Arbeit von Frauen in ihrer Untersuchung ›Die Künstlerin‹ (1914, publiziert 1919). Darin vertrat sie ähnlich wie Virginia Woolf in ihrem 1929 in Deutschland publizierten Essay ›Ein Zimmer für sich allein‹ die Auffassung, »die Wertung aller schöpferischen Frauenarbeit« müsse »von den Hemmungen ausgehen und nicht von den zufällig sichtbaren Leistungen«.[16] In den zwanziger Jahren beschäftigte sich Märten, die 1920 der KPD beigetreten war, vor allem mit Fragen einer marxistischen Ästhetik. Gegen eine sich ausschließlich an Inhalten orientierenden Gegenüberstellung von bürgerlicher und proletarischer Kunst betont sie das Primat des »Materials«, d. h. der Form.[17] Dabei wurden Fragen eines frauenspezifischen Standpunktes nicht mehr angeschnitten. Das ist kein Zufall. Vor allem auch unter dem Eindruck von Bebels programmatischem Werk ›Die Frau und der Sozialismus‹ (1879) hatte sich Ende des 19. Jahrhunderts innerhalb der Arbeiterbewegung eine Frauenemanzipationstheorie entwickelt, die die Frauenfrage mit der Arbeiterfrage gleichsetzte und die die Befreiung von der Vergesellschaftung der Arbeit und Hausarbeit erwartete. Wenn Clara Zetkin, die Führerin der proletarischen Frauenbewegung, in ihrem Aufsatz ›Kunst und Proletariat‹ (1910) mit revolutionärem Pathos und einer Metaphysik der Revolution die Einheit des Proletariats beschwor (»Die Revolution ist die Tat der Massen, die höchste Tat wird immer Ausdruck geistigen Massenlebens bleiben«[18]), werden die Mängel revolutionärer Kulturpolitik deutlich. Weder Sozialdemokratinnen noch KPDlerinnen entwickelten in der Weimarer Republik eine eigenständige Frauenpolitik. Die Ausblendung weiblicher Erfahrung aus dem revolutionären Diskurs fand ihren Ausdruck auch im Selbstverständnis kommunistischer Schriftstellerinnen. Anna Seghers, seit 1928 Mitglied der KPD und seit 1929 im ›Bund proletarisch-revolutionärer Schriftsteller‹ (BPRS), bekannte in ›Kleiner Bericht aus meiner Werkstatt‹ (1932) ihr kunstpolitisches Engagement: »Wir schreiben ja nicht, um zu beschreiben, sondern um beschreibend zu verändern.«[19] Als engagierte kommunistische Schriftstellerin thematisierte sie in Erzählungen und einem Roman am Ende der Weimarer Republik revolutionäre Bewegungen vor allem aus der Perspektive der männlichen Helden. Diese Schreibhaltung ist derjenigen von Ricarda Huch nicht unähnlich. Wie diese wurde Seghers von den Männern als gleich erkannt. So entwarf 1928, als die Erzählung ›Aufstand der Fischer von St. Barbara‹ von Anna Seghers mit dem renommierten Kleist-Preis ausgezeichnet wurde, der Zeichner der ›Neuen Bücherschau‹ folgendes Phantasie-Porträt des unbekannten ›Autors‹: ein kraftvolles, herbes, nicht gerade freundliches Männergesicht mit buschigen Brauen, Schnurrbart und grimmig vorstoßendem Kinn.[20]

Entmystifizierende Selbstvergewisserungen von Autorinnen, in denen die Probleme der Frau nicht in der Identifikation mit einem überlieferten Frauenbild oder den Vorstellungen vom Dichter, Künstler oder Schriftsteller aufgehen, gab es in der Weimarer Republik nicht. Auch Marieluise Fleißer, die in autobiographisch situierten Erzählungen und einem Roman offener und genauer als die meisten Schriftstellerinnen der Zeit die Abhängigkeiten der Frau von Familie und Mann beschreibt und private Verhältnisse auf soziale Fragestellungen hin durchsichtig macht, benutzte in Zeitungsumfragen über die Situation der Künstler den tradierten Dichterbegriff in undifferenzierter Identifikation mit den männlichen Kollegen.[21] Dagegen zeigt sich gerade auch bei jüngeren Autorinnen die Tendenz, die überlieferten Begriffe der Frauendichtung und der Dichterin unter dem Aspekt der Erfahrung der Frau in der modernen Gesellschaft neu positiv zu besetzen. So wollte Elisabeth Langgässer in einer 1933 mit Ina Seidel veröffentlichten Lyrikanthologie Dichterinnen als »Seelenhüterinnen eines Zeitalters, das den Blick für die Totalität verloren hatte« verstanden wissen. Aus »weiblich-mütterlichem Schöpfertum« und »indem sie durch das ›Werk‹, im weitesten Sinne, spezifisch männliche Kräfte in sich bestärkte, ohne maskulin zu werden« sieht sie die Frauendichtung entstanden, »die die uralten Fragen der Frau nach dem Sohn, dem Helden, der Landschaft, der Frömmigkeit mit männlicher Formkraft in Epos und Ballade beantwortete«.[22] In diesem Selbstverständnis werden den Frauen ›männliche‹ Eigenschaften nicht abgesprochen. So betont auch Seidel in dem 1941 geschriebenen Essay ›Frau und Wort‹, daß »eine Dichterin zu ihrer weiblichen Phantasie und Intuition Eigenschaften des Stilgefühls und des Sinnes für Durchdringung und Anordung des Stoffes besitzen müsse«.[23] Doch anders als bei Ricarda

Huch sind die weiblichen Anteile positiv hervorgehoben. Die Deutung ist bestimmt von der Reformulierung der traditionell weiblichen Aufgabe als ›geistige Mütterlichkeit‹, mit der insbesondere die bürgerlichen Frauen in den zwanziger Jahren ihre kulturellen Leistungen ›ethisch‹ zu verteidigen versuchten.[24] In der ›Krisis der Kultur‹, einer Krise der Familie und der ›Volksgemeinschaft‹, galt Mütterlichkeit – in einer Mischung aus biologistischer und metaphysischer Begriffsbestimmung – als besondere Gattungsaufgabe der Frauen und geistig-seelisches Anderssein, als »Teil der großen Bewegung zur Erneuerung unserer Gesellschaftsorganisation aus dem Mittelpunkt des Seelischen heraus« (Gertrud Bäumer).[25] So waren die literarischen Entwürfe von Agnes Miegel, Lulu von Strauß und Torney, Paula Grogger, Ina Seidel, Gertrud von le Fort um die Darstellung der ›ewigen Frau‹ (Gertrud von le Fort) bemüht.[26] Doch zeigten sie sich nicht allein beschränkt auf die ›weiblichen‹ Themen der Familie, Natur und Religion, sondern offen für die verschiedensten Tendenzen antidemokratischer, völkisch-nationaler, antisemitischer Richtung. Im Umfeld der konservativen Kulturkritik wurden sie als Gegenbilder zur ›mannweiblichen Literatur‹ der Moderne, der ›Asphaltliteratur‹, gepriesen, wie ein Beitrag über ›Sendung und Werk weiblicher Prosadichtung‹ in der Zeitschrift ›Hochland‹ 1929 bezeugt.[27]

3. Nachkriegsliteratur

»Wie ein Chaos gähnte das neue Jahr sie an«, läßt Clara Viebig ihre Heldin im Kriegsroman ›Das rote Meer‹ (1920) an der Jahreswende 1917/18 reflektieren und thematisiert damit eine Grunderfahrung gegen Ende des Weltkriegs.[28] In Biographien von Frauen und in ihren literarischen Verarbeitungen des Kriegserlebnisses kommt sie immer wieder zum Ausdruck. Seismographisch genau hat Viebig, eine der erfolgreichsten Erzählerinnen der Jahrhundertwende, die kriegsbedingten Veränderungen im Leben der Frauen in einem Berliner Vorort aufgezeichnet, die Not und Verzweiflung insbesondere der Mütter, den Wandel von Sitte und Moral, das Anwachsen der Schiebergeschäfte, die Unruhe unter den Arbeiterinnen. Mit ihrer

Heldin, einer im vaterländischen Hilfsdienst tätigen adligen Generalsgattin, die das Geschehen beständig kommentiert, stellt sie der Chaoserfahrung die mütterliche Vernunft entgegen, die beim Zusammenbruch des Kaiserreichs trotz allem Haltung bewahrt. Vaterlandstreu und opferbereit gibt sie bis zuletzt den Gedanken an Sieg nicht auf, mahnt die jungen Frauen, den geschlagenen Kriegern treu zur Seite zu stehen und deutet die Revolution als Vaterlandsverrat. Ähnlich versichern sich auch die Heldinnen in den Zeitromanen von Gabriele Reuter und Ina Seidel, alles Frauen des gehobenen Bürgertums oder des niederen Adels, im Chaos von Kriegs- oder Nachkriegszeiten ihrer eigentlichen Bestimmung, der Mütterlichkeit, und stellen sie in den Dienst von Volk und Vaterland.[29] Helene Lange, eine der führenden bürgerlichen Frauenrechtlerinnen, deutet am Ende ihrer ›Lebenserinnerungen‹ (1921) das »über Ehrgeiz und Machthunger, Haß und Materialismus sich emporringende und barmherzige Muttergefühl der Frau« als »Ausgangspunkt für die steigende Vergeistigung der Welt«.[30] Gertrud Bäumer bekennt 1933: »Unter dem furchtbaren Druck der Vergeblichkeit, der Demütigungen, der Ratlosigkeit vor dem Zusammenbruch wuchs etwas wie Haß auf diese Jahre, eine seelische Flucht vor ihnen.«[31] Wie sie hatten viele der bürgerlichen Schriftstellerinnen und Frauenrechtlerinnen den Kriegsausbruch 1914 voll vaterländischem Empfinden als schicksalhafte »Volkswerdung« begrüßt.[32] Auf den Zusammenbruch des Kaiserreichs reagieren sie mit der Flucht vor dem Gefühl der ›Ratlosigkeit‹ und einer Neubelebung des traditionellen Frauenbildes. Dabei erweist sich die Aufwertung der Mutter und der Mütterlichkeit als eine konsequente Reaktion auf die kriegsbedingten Veränderungen in der Familie. Anders als im 19. Jahrhundert waren Frauen unmittelbar am Kriegsgeschehen beteiligt gewesen; erstmals fand die Berufsarbeit von Frauen als ›nationaler Frauendienst‹ öffentliche Anerkennung und Würdigung. Wenn Clara Viebig in ›Das rote Meer‹ die Tochter ihrer Generalin nach Heimkehr des erblindeten Kriegers bemerken läßt: »Ohne mich kannst du nicht leben, ohne mich kannst du nicht schreiben, ohne mich erfährst du nichts von der Welt«, so äußert sich selbstbewußt der neue Machtanspruch der Frau.[33] Bei den meisten Autorinnen korrespondiert er mit der Kritik von sexuellen und revolutionären Emanzipationsbestrebungen und, zu Beginn der Republik, vor allem mit der Forderung nach beruflichen Rechten und kultureller Wertschätzung der Frauen. So profiliert sich die Heldin in Martha Scheeles Roman ›Frauen im Krieg‹ (1930), zur jüngeren, unmittelbar ins Kriegsgeschehen einbezogenen Generation gehörend, im Krieg als Krankenschwester und studiert dann Medizin, um dem Volk in den kommenden Notzeiten als Ärztin weiter zu dienen. Aber die Selbstvergewisserung kann auch, wie in Ina Seidels historischem Roman ›Das Wunschkind‹ (1930), in einer Machtvision der völkisch-mütterlichen Frau münden, die ihre antidemokratischen Tendenzen unverhüllt zum Ausdruck bringt.

Gegen die Heldinnenvisionen vaterländischer Schriftstellerinnen sind die literarischen Texte mit pazifistischer Haltung meistens aus der Perspektive des erzählenden Ich geschrieben, das sich die Illusion der objektiven Berichterstattung versagt, individuelle Erfahrungen und Reflexionen und vor allem Ohnmachtsgefühle des Subjekts zum Ausdruck bringt. Annette Kolb, die in autobiographischer Prosa ihre Bemühungen um Völkerverständigung dokumentiert, bewahrt sich die Illusion der idealistischen Einzelkämpferin, durch Einzelaktionen und in Gesprächen mit einflußreichen Persönlichkeiten die Politik beeinflussen zu können.[34] Else Lasker-Schüler entwirft in ›Der Malik‹ (1920), in dem sie die Kriegsbegeisterung ihrer Künstlerfreunde kritisiert, eine Antikriegs- und Liebesutopie, gesteht aber auch die Wirkungslosigkeit ihrer Träume ein und und läßt ihre Selbstimaginationsfigur Jussuf, den sie zum Liebeskaiser gekrönt hat, Selbstmord begehen. Die Heldinnen in Claire Golls Novellen ›Die Frauen erwachen‹ (1918) werden sich angesichts der Schlachtfelder der Schrecklichkeit des Krieges bewußt, können ihr Wissen jedoch nicht ertragen, werden irrsinnig oder begehen Selbstmord. Hatte Bertha von Suttner, Friedensnobelpreisträgerin von 1905, mit ihrem Roman ›Die Waffen nieder‹ (1889) Weltruhm erlangt und viel zur Verbreitung und Organisierung der Friedensbewegung vor dem Krieg beigetragen, so bleiben die Texte von Kolb, Lasker-Schüler und Goll Literatur von Außenseiterinnen.

Zum Erfolgsroman wurde am Ende der Republik Adrienne Thomas' ›Die Katrin wird Soldat‹ (1930), ein »ausdrückliches Nein« zum Krieg.[35] 1933 war er im 135. Tausend, wurde dann aber verbrannt und vergessen. Die Tagebuchaufzeichnungen eines jüdischen Mädchens aus Metz, das als Rotkreuzhelferin Soldatenzüge betreut, führen vaterländische Siegesrhetorik und Heldenmythen ad absurdum. Die Menschen erscheinen als Opfer einer undurchschaubaren Kriegsmaschinerie, die sie selber in Gang halten. Immer wieder bekennt die Heldin ihre Friedenssehnsucht, widersetzt sich dem Freund-Feind-Denken und stellt die traditionelle Sexualmoral in Frage. Doch ihr spontaner Widerstand mündet in Resignation. Nachdem der Freund gefallen ist, meldet sich Catherine freiwillig auf eine Tuberkulosestation und stirbt. Diese Ohnmachtsgeste ist auch eine literarische Reflexion, die sich letztlich auf die Schilderung von Phänomenen beschränkt. Der englische Antikriegsroman ›Not so quiet‹ von Helen Zenna Smith (1930 unter dem Titel ›Mrs. Biest pfeift‹ in Berlin verlegt) erzählt eine ähnliche Geschichte, aber witziger, genauer und kritischer gegen nationalistische Militärs und bürgerliche Honoratioren. Käte Kestiens 1935 erschienener Ich-Roman ›Als die Männer im Graben lagen‹ über das Leben einer Munitionsarbeiterin im Krieg braucht keine Heroisierung der Ohnmacht. Nach Jahren der Schufterei in Munitionsfabriken, mit der Doppelbelastung als Mutter, geht es der Heldin nur ums Überleben. Die politische Bewegung nimmt sie kaum wahr.

Insbesondere einige Werke der dramatischen Literatur scheinen gegen die Opfervisionen den Typ der ›neuen Frau‹ vorzustellen, die sich durch ihre beruflichen und politischen Aktivitäten von ihren bürgerlichen Bestimmungen befreit. So zeigt die kommunistische Schriftstellerin Berta Lask in dem Agitationsstück ›Die Befreiung‹, das 1926 am Internationalen Frauentag in Berlin aufgeführt wurde, Kommunistinnen und Proletarierinnen, die sich im Laufe des Krieges in der revolutionären Bewegung engagieren. Ilse Langner dramatisiert in ihrer Chronik ›Frau Emma kämpft im Hinterland‹ (1928, Uraufführung 1928) die Geschichte einer kleinbürgerlichen Mutter, die im Krieg allein mit ihrem Kind durchkommen muß und immer selbstbewußter wird. Auch nach der Heimkehr des Mannes duckt sie sich nicht, verurteilt den Krieg als »Männertollheit« und will ihren Beruf nicht aufgeben.[36] Die Erzählungen verweisen auf reale historische Bewegungen. Den ›Burgfrieden‹ des Krieges hatten zuerst radikale Frauenrechtlerinnen und Sozialistinnen mit Antikriegsaktivitäten gestört, Arbeiterinnen leiteten mit großen Antikriegsdemonstrationen die revolutionäre Bewegung ein, und noch in den zwanziger Jahren waren vergleichsweise viele Frauen in der Antikriegsbewegung aktiv. Doch anders als die ›Autobiographie einer sexuell emanzipierten Kommunistin‹ von Alexandra Kollontai, die 1926 in Deutschland veröffentlicht wurde, formulieren die deutschen Selbstbefreiungsbilder nur berufliche und politische Emanzipationsbestrebungen von Frauen. In ihrer letztlich moralischen Haltung widersprechen sie auch männlichen Wunsch- und Angstphantasien über die sexuelle Revolution im Ersten Weltkrieg. Bei genauerer Betrachtung wird mit den neuen Heldinnen die Proletarierin heroisiert, die in der Not der vielfach belasteten Hausfrau, Mutter, Arbeiterin im Krieg zur Friedenskämpferin wurde. Wenn Langners Heldin sich auch nach Kriegsende weiterhin bereit erklärt, die Vielfachbelastungen der berufstätigen Hausfrau und Mutter auf sich zu nehmen, wird die Not als Befreiung ideologisiert.

4. Die ›neue Frau‹

Aufbruchsphantasien in Auseinandersetzung mit den konventionellen Geschlechterbeziehungen finden sich um die Jahrhundertwende u. a. in den Werken von Lou Andreas-Salomé, Helene Böhlau, Else Lasker-Schüler, Gabriele Reuter, Franziska zu Reventlow, Clara Viebig. Wenn jedoch Reuter in dem Künstlerinnenroman ›Gunhild Kersten‹ (1904) ihre Heldin vor der Einsamkeit ihrer Tätigkeit Zuflucht bei einem Ehemann suchen ließ, Kolb ihre Ich-Erzählerin in ›Das Exemplar‹ (1913) als eine auf die traditionelle Ehe, aber auch auf andere intime Beziehungen verzichtende ›reine‹ Frau imaginierte, Reventlow mit den Intellektuellenzirkeln Schwabings nicht als Ich-Erzählerin, sondern aus der Perspektive des ›weiblichen‹ Herrn Dame (›Herrn Dames Aufzeichnungen‹, 1913) abrechnete und Lasker-Schüler sich in ihrer Prosa die Rolle des androgynen Prinzen Jussuf andichtete, so deutet dies schon die Schwierigkeiten der ›literarischen‹ Emanzipation an. Die Problematik wurde offensichtlich in den zwanziger Jahren, als das Bild der neuen Frau vom

Alltag eingeholt wurde. Die jungen Frauen schienen sich äußerlich mittels Haarschnitt und Mode den Männern angeglichen zu haben; aber auch in ihren Lebensplänen verwischten sich die Grenzen zwischen den Geschlechtern. Um 1925 war die ›neue Frau‹ zum vieldiskutierten Prototyp der Modernisierung geworden.[37] Die Schriftstellerinnen der älteren, aber auch die der heranwachsenden jüngeren Generation registrierten das Phänomen in ›Frauenromanen‹, die teilweise massenhaft verlegt und als Fortsetzungsgeschichten in Illustrierten und Frauenzeitschriften publiziert wurden, mit großer Aufmerksamkeit.

> Nein, sie hat keine Zeit zu verlieren, keine Minute. Sie will weiter, sie muß arbeiten. Ihr Tag ist vollgepfropft mit Arbeiten aller Arten. Eine drängt hart an die andere. Kaum daß hier und da eine winzige Lücke zum Atemholen bleibt. Arbeit. Ein hartes Wort. Gilgi liebt es um seiner Härte willen. Und wenn sie einmal nicht arbeitet, wenn sie sich einmal Zeit zum Jungsein, zum Hübschsein, zur Freude schenkt, dann eben um der Freude, um des Vergnügens willen. Arbeit hat Sinn und Vergnügen hat Sinn.[38]

In vielen Romanen über die Nachkriegszeit stürzen sich die neuen Frauen wie Irmgard Keuns Gilgi begeistert in die Arbeits- und Freizeitwelt des modernen städtischen Lebens.[39] Sie wollen und müssen für sich allein verantwortlich sein. Die meisten sind vater- oder elternlose Mädchen und Frauen ohne Männer, denen wie den Kriegerwitwen oder dem verarmten Mittelstand direkt oder im übertragenen Sinne der Versorger fehlte. Wenn sie einen Freund haben, so ist dieser zu jung oder unfähig, Ernährer einer Familie zu werden. Aber das ist für diese Heldinnen kein Problem: sie selbst möchten die Rolle des Versorgers für sich und die Kinder übernehmen. ›Arbeit hat Sinn‹. Nicht zufällig ist Vicki Baums Helene Willfüer (›stud. chem. Helene Willfüer‹, 1928) Miterfinderin des Vitalin, eines Medikaments, das die Lebenskräfte der Menschen grundsätzlich erneuert. Die Frauen hoffen, mit ihrer Arbeit sich und anderen Menschen nützlich zu sein. Traumfrauen wie die Titelheldin Sonja Kowalewski in Klara Hofers Roman (1928) oder Helene Willfüer haben Erfolg und machen Karriere. Aber auch sie sind wie die kleinen Angestellten, Ärztinnen, Lehrerinnen, Handlungsreisenden enttäuscht durch das, was sie erleben. Aus der Sicht der neuen Frauen stellt sich die Arbeitswelt als hart, sachlich, unmenschlich dar, insbesondere für sie selbst. Frauen werden diskriminiert, beziehen schlechtere Gehälter als die Männer, haben schlechtere Arbeitsbedingungen, geringere Aufstiegschancen, werden von Vorgesetzten sexuell ausgenutzt und bedenkenlos entlassen. Die meisten Autorinnen formulierten die Kritik an der Arbeitswelt halbherzig, als könnten sie den genauen Blick nicht wagen und wollten sich ihre Illusionen über den Sinn der Arbeit nicht zerstören. Statt dessen lassen sie ihre Heldinnen anderswo Befriedigung suchen. Einige träumen vom Glück in der Ehe, andere heiraten und verzichten auf den Beruf, wiederum andere geben der Arbeit eine höhere Weihe, viele flüchten ins Freie, in die Natur, wo sie Ersatz für die nicht erreichbare Ganzheit suchen.

›Vergnügen hat Sinn‹. Das ist in der Vorstellung von Irmgard Keuns Gilgi nicht nur die Unterhaltung, die Kino, Café, Tanzpalast, Theater und Sportverein zu bieten haben, sondern vor allem auch Freundschaft, Liebe, Geborgenheit, Wärme. Die aber sind schwer zu gewinnen. Wenn Mascha Kaléko, deren witzig-melancholische Verse über den Angestellten-Alltag Anfang der dreißiger Jahre die Leser der ›Vossischen Zeitung‹ und des ›Berliner Tageblatts‹ begeisterten, reimte:

Man schenkt sich keine Rosen und Narzissen,
Und schickt auch keine Pagen sich ins Haus.
Hat man genug von Weekendfahrt und Küssen,
Läßt mans einander durch die Reichspost wissen
Per Stenographenschrift ein Wörtchen: ›aus‹![40]

verweist sie darauf, was Großstadtliebe bedeutete: keine Romantik, keine Prüderie, keine Verpflichtung. Doch trotz größerer Sachlichkeit in Sachen Liebe hieß das keineswegs Gleichheit. Das augenfälligste Indiz war: die Doppelmoral diskriminierte immer noch Mütter unehelicher Kinder. Kaléko verbarg diese Einsicht hinter dem gleichmacherischen Wörtchen ›man‹. Ein ›n‹ mehr, und die Melancholie über die Flüchtigkeit der Liebesbeziehungen würde in eine Anklage gegen den Mann umschlagen, der seine Privilegien bei allen Veränderungen wahren konnte. Ihre Aggressionen gegen die Abhängigkeit äußerten nur wenige Schriftstellerinnen offen. Das veranschaulichen auch die Frauenromane. Ihre Heldinnen erleben Sexualität meist angst- und schuldbesetzt. Insbesondere junge Mädchen fühlen sich vergewaltigt, uneheliche Schwangerschaft und Abtreibung werden traumatische Erfahrungen.[41] Nicht zufällig verzichten die Frauen oft auf Sexualität, träumen für sich, für ihre Töchter, von der reinen, unschuldigen Liebe, leben als ›reine‹ Berufstätige oder ›reine‹ Mütter. Sehr häufig findet sich neben diesen Heiligenbildern das negativ gezeichnete Hurenbild. Als Projektionsfiguren der Aggression werden sie als gefährliche, zerstörerische Frauen beschrieben, die allen, vor allem den Männern, schaden. Die guten Frauen, die fähig zur reinen Liebe sind, machen sich dagegen als Helferinnen von Männern und Volksgemeinschaft verdient.

Andere, meistens die jüngeren Schriftstellerinnen, Irmgard Keun, Joe Lederer, Gertrud Kolmar, Marieluise Fleißer, bekennen sich offen zu dem Bedürfnis nach Sexualität und Liebe. Die Hure ist ihnen nicht Inbegriff weiblicher Unmoral, sondern weiblichen Leidens – exemplarisch in Emmy Hennings ›Das Brandmal‹ (1920) –, oder sie steht, wie bei Gertrud Kolmar (›Eine jüdische Mutter‹, 1931), für die den Frauen vom Mann aufgezwungene Rolle.

Jedoch auch diese Frauen enden im Unglück, als Opfer, Kranke, Sterbende, als Mutter oder in einem Traum von Ehe.

> Sind Sie so kalt? Ich kenne Sie jetzt. Ich habe jeden Zug an Ihnen studiert. Sie sind nicht kalt. Sie kennen sich selbst noch nicht. Ist Ihnen noch niemand nahegekommen?
> »Nein. Ich lebte in gläsernen Wänden«, flüsterte sie. Er hob seinen Arm von dem Steingeländer und legte ihn um Helenes Schulter. Er spürte die dünne Seide ihres Gewandes zwischen seinen Fingern. »Du zitterst ja. Ist dir kalt? Darf ich dich wärmen?« fragte er leise und zog sie enger an sich.[42]

Die Enttäuschung durch die Komplexität der Verhältnisse verstärkte den Wunsch an der Männerwelt auf traditionelle Weise teilzuhaben. Der Körper des Mannes wird zur Metapher für Wärme und Geborgenheit in der kalten Welt. Mit der Abwehr der mechanischen Dingwelt wuchs auch der Traum von der ›Wiedereinsetzung weiblicher Werte‹.[43]

Die überlieferte realistische Schreibweise spiegelt diese Fixierung im scheinbar objektiven Erzählgestus. Annette Kolb, die in gesellschaftskritischen Romanen über die Vorkriegszeit humorvoll vor allem Einsamkeitserfahrungen von Frauen thematisiert, stilisiert in einer Wiederbelebung des bürgerlichen Fraueneideals in ›Daphne Herbst‹ (1928) die Titelheldin, ein nymphengleiches Geschöpf, zum Inbild der ›Grazie‹ und der ›Weisheit‹, die der zerstrittenen Gesellschaft als Möglichkeit eines besseren Seins erscheinen kann. Über Hespera, die literarische Schwester von Daphne in dem Familienroman ›Die Schaukel‹ (1934) heißt es explizit: »Hespera ging unter. Doch die Ausstrahlungen einer Erlesenheit so ohne Fehl wie die ihre sind Mal, Stempel, Schutzgeist, Talisman, Reflex.«[44] Illusionslos dagegen betont Mechthilde von Lichnowsky, die sich in ihren Betrachtungen ›Der Kampf mit dem Fachmann‹ (1924) einen Namen als Sprachkritikerin gemacht hatte, in ihrer Erzählung ›Rendezvous im Zoo‹ (1928) das Scheitern der Kommunikation zwischen der gefühlsbetonten Frau und dem nüchtern-sachlichen Mann. Doch die alltäglichen Liebeskrisen scheinen mit allem Schmerz aus selbstkritischer Distanz noch lebbar.

Wenn die meisten Schriftstellerinnen die vorgegebenen Lebensmuster in ihren Romanen und Erzählungen bestätigten, versuchte Irmgard Keun den Verletzungen des weiblichen Ich in der Realität nachzuspüren. Schon in ihrem ersten Roman ›Gilgi – eine von uns‹ entlarvte sie mit Humor und Ironie die falschen Träume der neuen Frau. Doch ließ sie hier ihre Heldin noch bei einem Kind Halt finden (»Ohne das Kind, ohne dieses ganz starke Muß, wärs schwerer gewesen.«[45]). ›Das kunstseidene Mädchen‹ Doris, die Ich-Erzählerin des zweiten Romans (1932), die nicht als Sekretärin dienen will, einen Pelz stiehlt und sich Geld pumpt, um in der Großstadt Berlin ein ›Glanz‹ im Film zu werden, aber überhaupt nicht zurechtkommt, wurde als Antiheldin zur eigentlichen Heldin der Weimarer Republik. In einer Kunstsprache, die sich dem alltäglichen Sprechen annähert, wird geschildert, was der neuen Frau mit ihrer nur geborgten Identität in der großstädtischen Arbeits- und Vergnügungswelt passiert. Die Geschichte der kleinen Hochstaplerin verweigert sich den Illusionen eines besseren Lebens, dem modernen Leistungswillen und der alten Moral. Wenn das ›kunstseidene Mädchen‹ zu guter Letzt ohne Arbeit, ohne Liebhaber, aber immer noch voller Träume von Glück und Liebe im Wartesaal des Bahnhofs Friedrichstraße beim Kognak über ihr Leben sinniert, ist ästhetisch der Ort der Talmi-Existenz der modernen Frau benannt: die Durchgangsstation Wartesaal. Wohin die Reise geht, bleibt der Phantasie der Leserinnen überlassen.

5. Provinz und Großstadt

Wie die Romanfigur Doris gingen auch Irmgard Keun und andere schreibende Frauen aus einer mittleren Stadt in die Großstadt, um ihr Glück zu versuchen. Um die Jahrhundertwende waren die Bohemekreise wichtige Anziehungspunkte, so München für Hennings, Reventlow und Margarete Beutler, Berlin für Lasker-Schüler, Reuter und Viebig. Mitte der zwanziger Jahren konzentrierte sich alles auf die Metropole Berlin. Vor allem die jüngeren Frauen wie Baum, Keun, Fleißer, Langgässer, Seghers, zog es aus beruflichen und häufig auch privaten Gründen dorthin. Im Blick zurück vergewisserten sich einige schreibend ihrer Herkunft und der Geschichte. Nicht nur in der erzählenden, sondern auch in der dramatischen Literatur, in der sich die Frauen erstmals profilierten, wurde die Provinz zum Thema.

So schildert Lena Christ in den ›Erinnerungen einer Überflüssigen‹ (1912) ihre bedrückende Kindheit und Jugend im bayerischen Kleinbürgermilieu. Else Lasker-Schüler stellt in ihrem ersten, ursprünglich im Wuppertaler Platt geschriebenen Drama ›Die Wupper‹ (1909), die Gesellschaft einer Industriestadt der Gründerzeit vor mit aufstiegsorientierten Proletarierfamilien, einer standesbewußten, doch dekadenten Fabrikantenfamilie und drei Herumtreibern. Marieluise Fleißer kritisiert in Volkstücken (›Fegefeuer in Ingolstadt‹, 1924, ›Pioniere in Ingolstadt‹, 1928, ›Der starke Stamm‹ 1944/45) und in einem Roman den provinziell-kleinbürgerlichen Alltag. Anna Gmeyner erzählt in dem grotesken Stück ›Automatenbüfett‹ (1932) von der Animationskraft der Liebe auf das Geschäftemachen in einer kleinen Provinzstadt. Elisabeth Langgässer schildert in ›Grenze. Besetztes Gebiet‹ (1932) Impressionen aus der Zeit des Ruhrkampfes.

Illusionsloser als in den meisten Romanen von Frauen werden die sozialen und ökonomischen Beziehungen der Geschlechter in den Stücken beschrieben. Auf dem Jahrmarkt, der zugleich ein Liebesmarkt ist, mischen sich in Lasker-Schülers ›Die Wupper‹ die Milieus. Doch Träume über die Verbindungen zwischen den Fabrikanten- und Proletarierkindern, zwischen dem Juristen und dem Dienstmädchen läßt die Autorin nicht zu. Ein Herumtreiber spielt zuerst zur Melodie auf, zu der sich das Karussell dreht: »O du lieber Augustin / Alles ist hin«[46]. Nur die gesellschaftlich akzeptierte Partie zwischen der Fabrikantentochter und dem ehrgeizigen Juristen ist realisierbar. Keine Chancen haben auch die Jugendlichen Olga und Roelle in Fleißers ›Fegefeuer in Ingolstadt‹, die sich nicht entsprechend den tradierten katholischen und kleinbürgerlichen Moralvorstellungen verhalten. Sie werden als Außenseiter verurteilt und finden, da sie die geltenden Werte verinnerlicht haben, keinen Weg, sich miteinander zu verständigen. In der Soldatenkomödie ›Pioniere in Ingolstadt‹ degradieren herrschsüchtige Dienstherren und soldatische Männer die Frauen zu Objekten ihrer Begierden. Wer wie das Mädchen Berta noch von der Liebe träumt, ist verloren. Es gehört zur Realität, den Körper konsequent zu vermarkten. Die Funktionsweise solcher Vermarktungsstrategien verdeutlicht ›Das Automatenbüfett‹ von Anna Gmeyner. Die sinnlich-attraktive Frau animiert einen ganzen Männerverein zu wirtschaftlichen Höchstleistungen und findet nur da eine Grenze, wo sich die bürgerlichen Frauen gezielt zu verteidigen wissen.

Die Dramatikerinnen, die in ihrem Blick auf die Provinz offen von den unterdrückenden Geschlechterbeziehungen erzählen, hatten es nicht leicht, sich mit ihren Stücken auf den Bühnen durchzusetzen. Immer wieder wurde ihre Kompetenz in Frage gestellt. ›Die Wupper‹ gelangte trotz intensiver Bemühungen der Autorin erst 1919 zur Uraufführung. Man bemerkte die ungewöhnliche Form – das Stück weist mit seinen phantastisch surrealen Stimmungsbildern keine klassischen Handlungsstrukturen auf – aber sie wurde als Unvermögen der Lyrikerin gedeutet. Erst nach der Neuinszenierung von Jürgen Fehling 1927 erkannte Herbert Ihering das Drama als »visionäres Dokument der wilhelminischen Epoche«[47]. Fleißer konnte zwar mit ihrem ersten Drama schon nach der Uraufführung an Moritz Seelers' ›Junger Bühne‹ das Lob der einflußreichsten Kritiker erringen. Doch Alfred Kerr spekulierte – in männlicher Abwehr der Kompetenz einer Frau – Brecht sei der Autor. In der Tat war nur die Inszenierung durch Brechts Vermittlung und Mitarbeit zustandegekommen, und er hatte mit Seeler, Jhering und Lion Feuchtwanger den wirkungsvollen Titel ›Fegefeuer in Ingolstadt‹ gefunden.[48] An der Entwicklung zeitgenössischer Dramatik interessiert, hatte Brecht auch Fleißer zum Schreiben der ›Pioniere‹ angeregt. In der Inszenierung des Theaters am Schiffbauerdamm 1929, deren Regie er anonym übernommen hatte, wurde das Stück als unsittlicher Angriff gegen Ingolstadt gedeutet. Fleißer geriet unter den Druck der denunzierenden Öffentlichkeit vor allem auch in ihrer Heimatstadt und war als Schriftstellerin extremer Diffamierung ausgesetzt. Aus Wut über Brecht, der den Skandal bewußt provoziert hatte, trennte sie sich von dem Freund und Förderer, versuchte sich aber auch in einem Prozeß gegen den Oberbürgermeister von Ingolstadt zu wehren.[49] Ihren Abschied von der Heimat formulierte die Schriftstellerin literarisch in dem ersten und einzigen Roman ›Mehlreisende Frieda Geier‹ (1931, späterer Titel ›Eine Zierde für den Verein‹). Ihre Heldin, die selbständige Vertreterin Frieda Geier, läßt sich auf Gustl, den Schwimmstar und Tabakwarenhändler der Kleinstadt, zwar ein, aber sie läßt sich nicht vereinnahmen. Als sie merkt, daß er ihre Arbeitskraft ausbeutet, es auf ihr Geld abgesehen hat und sie in eine konventionelle Ehe drängen will, trennt sie sich von ihm. Die antimoderne Welt des in patriarchalische Familie und Kleinstadt eingebundenen Gustl und die moderne der freien Arbeitskraft Friedas sind aus personaler Erzählperspektive, in der Erzählfigur und Erzähler zusammenfallen, kontrastiert. In Kurzkommentaren und einem Soziogramm der Kleinstadt wird das soziale Umfeld anschaulich: der Wandel der Provinz durch die Industrialisierung. Die Gesetze, die hier das Handeln bestimmen, die ökonomischen Zweckmäßigkeiten, werden mit Witz und Ironie entlarvt. In der Desillusionierung wird die Heillosigkeit der Welt konstatiert, wobei die Männerwelt allerdings in einer »fatalistischen Dämonologie des Kleinbürgertums« mystifiziert scheint.[50]

Die großstädtische Kultur, die den Frauen neue Publikationsmöglichkeiten erschloß und auch die Profilierung als Dramatikerinnen gestattete, wird in den Werken der Autorinnen seltener zum Thema, und wenn, dann vor allem im Roman. Vicki Baum konnte mit ihrem realistischen Roman ›Menschen im Hotel‹ (1928), der auch in Hollywood verfilmt wurde, einen Welterfolg erzielen. Sein Schauplatz, eine »zentrale ästhetische Idee der Moderne«, kommt den revuehaften, polythematischen, simultanen Erfahrungsformen der Großstadt entgegen – und hat doch »seine innere Ordnung«, den »Traum von gesellschaftlichen Höhen, in denen sich die moderne Flüchtigkeit der Existenz wenigstens am mondänen und komfortablen Glanz entschädigte«[51]. Mit Dr. Otternschlag, Kriegsveteran, Morphinist, jedes Jahr Dauergast im Hotel, ist die Figur des modernen, desillusionierten, trübsinnigen Realisten entworfen, der die Welt um sich nur noch als tot erfahren kann: »Die Dinge standen um ihn herum wie Attrappen. Was er zur Hand nahm, zerrann zu Staub. Die Welt war eine bröcklige Angelegenheit, nicht zu fassen, nicht zu halten. Man fiel von Leere zu Leere.«[52] Gegen seine zynisch-melancholische Weltsicht setzt die Autorin immer wieder die Schilderung jener Momente, in denen sich Menschen trotz aller Flüchtigkeit und Beliebigkeit der geschäftlich bedingten Begegnungen berühren, situativ Würde gewinnen und Glück verspüren. Dabei gelingt ihr die Schilderung von Liebesszenen, die in den Texten der Autorinnen selten vorkommen, zwischen einer alternden Tänzerin und einem jungen Hochstapler sowie zwischen einem kranken Buchhalter und einem käuflichen Girl. Im sentimentalen Blick, der dem modernen Zynismus trotzt, werden die Erfahrungen alltäglicher Katastrophen und mißlungenen Lebens aber verharmlost. Baums Hotel ist der Ort menschlicher Begegnung. Das heimliche Credo des Romans ist das der Humanität.

Den vielschichtigsten Großstadtroman veröffentlichte Gabriele Tergit 1931 mit ›Käsebier erobert den Kurfürstendamm‹. Die Autorin, seit 1925 als Gerichtsreporterin und Kolumnistin beim ›Berliner Tageblatt‹ tätig, wollte »eine Satire auf den ›Betrieb‹ schreiben«.[53] Mit der Geschichte des Volkssängers Käsebier, der zum Gegenstand eines Medien- und Geschäftsrummels wird, porträtiert sie durch Montage verschiedener Geschichten die Berliner Journalisten-, Geschäfts- und Gesellschaftskreise am Ende der Republik.

»Der Erfolg ist eine Sache der Suggestion, nicht der Leistung,« heißt es zu Beginn des Romans[54]. Opfer und Profiteure im modernen Konkurrenzkampf unterscheiden sich durch eine sentimentale bzw. skrupellose Haltung beim Geschäftemachen. Im Geschlechterkampf sind die Fronten nicht ganz so eindeutig. Letztlich sind hier die Frauen, so sachlich sie sich auch geben mögen, doch die Opfer eines männlichen Chauvinismus. Tergit registriert den Werte- und Normenwandel unter dem Einfluß von Rationalisierung und Wirtschaftskrise. Ihre Figuren, zum Teil realen Vorbildern nachempfunden[55], repräsentieren zugleich bestimmte Gesellschaftstypen, ohne einfach Klischeefiguren zu sein. Die Frauen sind Mittäterinnen in der Maschinerie der Großstadt, als Gesellschaftsdame und Bankiersgattin oder als Berufstätige, die sich ihr Teil zu sichern versucht. Die Darstellung registriert Aspekte der Modernisierung lakonisch-nüchtern, ohne sich mit Utopien zu beruhigen, aber auch ohne Zynismus. Tergits Sympathie gilt den Opfern, dem bildungsbürgerlich orientierten Journalisten, der entlassen wird und durch einen Herzschlag stirbt, der Akademikerin, die durch den Bankrott ihrer Bank all ihr Geld verliert, den Handwerkern, die trotz solider Arbeit pleite machen, dem Volkssänger, der nach dem forcierten Aufstieg schnell in Vergessenheit gerät und in der Provinz tingelt.

6. Geschichte und Revolution

Die Auseinandersetzung mit ihrer Zeit führte einige Schriftstellerinnen zur Beschäftigung mit reformerischen und revolutionären Bewegungen der Vergangenheit und der Gegenwart.

So wandte sich Ricarda Huch in der Untersuchung revolutionärer Epochen – dem Dreißigjährigen Krieg, dem Zeitalter der Glaubensspaltungen und den europäischen Revolutionen des 19. Jahrhunderts – der Geschichte zu. In historischen Romanen und Biographien zeichnet die studierte Historikerin differenzierte Psychogramme bedeutender Persönlichkeiten, Reformer und Revolutionäre wie Wallenstein, Garibaldi, Freiherr vom Stein, Michail Bakunin. Wenn sie in einem Vergleich von Karl Marx und Bakunin 1921 feststellte:

Marx strebte Zentralisation an, noch mehr als schon da war, Bakunin Dezentralisation. Marx war ganz bewußt, Bakunin, eine religiös-romantische Natur, verehrte die unbewußten und unwillkürlichen Strömungen, die aus verborgenen Quellen im Menschen aufsteigen, auch wenn sie zerstören[56],

entwarf sie im Porträt von ›Michel‹, wie sie Bakunin vertraulich nennt, zugleich ihr Persönlichkeitsideal. Es findet sich abgewandelt auch in der Figur des Dr. Deruga in der Kriminalgeschichte ›Der Fall Deruga‹ (1917) und in der von Adelhart Luzius in der Groteske ›Der wiederkehrende Christus‹ (1926). Alle romantischen Helden ergreifen Partei für die Armen, Erniedrigten und Besiegten und setzen sich mehr oder weniger erfolgreich für menschliche Beziehungen ein, die einer nach ökonomischen Interessen organisierten Gesellschaft sittliche Werte entgegenstellen. »Die schöpferische Kraft liegt in der Persönlichkeit, nicht in den Organisationen«, behauptete Huch in dem Aufsatz ›Geschichte und Gegenwart‹ (1932)[57] und bekannte sich, die Macht des modernen Staates, der Großindustrie und der sozialistischen Organisationen kritisierend, zum ›Romantischen Sozialismus‹, der statt neuer Herrschaft durch Klassenkampf Versöhnung durch Selbstverwaltung bringt, die »auf unmittelbare Teilnahme aller am öffentlichen Leben gegründet ist«.[58] Die Vorstellungen münden in einen modernen Konservatismus, der weltbürgerlichen Humanismus, anarchistische Freiheitsideen, Träume von einem unentfremdeten Leben mit ständischem Reichsdenken und nationalen Pathos mischt. Damit blieb Huch »zwar unanfällig gegen den totalitären Zugriff der Nationalsozialisten«, sie trat 1933 unter Protest aus der Preußischen Akademie der Künste aus und blieb Gegnerin des Regimes, versagte aber doch »vor den politischen Problemen der Zeit«.[59] Hatte sie sich während des Studiums mit Frauenfragen beschäftigt, so waren diese später für sie kein Thema mehr. Ihrer Persönlichkeitsvorstellung liegt ein androgynes Menschenbild zugrunde, aber die Identifikation mit männlichen Heroen kommt doch traditionellen Heldenidealen entgegen. Dabei werden die Männer romantisiert, mit traditionell weiblichen Fähigkeiten versehen und schließlich entsexualisiert. Bakunins Verhältnis zu Frauen wird nur nebenbei erwähnt. Dr. Deruga verzichtet auf die Frauen. Der wiederkehrende Christus ist als asexueller

Heiliger imaginiert. Auch die Frauen, meistens als Nebenfiguren in der Rolle der Hausfrau und Mutter oder der Arbeiterin idealisiert, werden entsinnlicht. Der Abwehr von Sexualität entspricht, daß Beziehungen zwischen den Geschlechtern als bedrohlich geschildert sind.

Anders als Huch, die Organisationen und Klassenkampf ablehnte, versuchten kommunistische Schriftstellerinnen durch Mitarbeit in der KPD und im BPRS direkt politisch zu wirken. Neben dem proletarisch-revolutionären Theater und der Kinderliteratur galten vor allem Reportagen, Reiseberichte und Reportageromane als literarische Beiträge zur Veränderung der gesellschaftlichen Verhältnisse. Die Parteilichkeit suchte ihren Ausdruck in der Themenwahl, in der Darstellung revolutionärer Kämpfe und in der Kritik des Kapitalismus. So schilderte Larissa Reissner in Reportagen in ›Oktober‹ (1922) den Feldzug der Roten Armee und das revolutionäre Geschehen in Deutschland; Frida Rubiner, Madeleine Marx, Lili Körber berichteten über die Aufbauarbeit im revolutionären Rußland[60] und Maria Leitner über die Extremsituation von Strafgefangenen in Südamerika, über Ausbeutung in amerikanischen Fabriken und gewerkschaftliche Kämpfe in einem Hotelbetrieb.[61] Schon in den Arbeiterinnen-Autobiographien von Adelheit Popp und Ottilie Baader[62] waren die Sozialistinnen den Vorbehalten der Genossen gegen die politische Arbeit von Frauen mit dem Entwurf der kämpfenden Genossin begegnet, die sich im Klassenkampf wie ein Mann behauptet. Auch in der Reportageliteratur bewähren sich Frauen in der Männerwelt als mutige, kluge Revolutionäre, als Fabrikdirektor, als Alleinreisende, die das Elend im Kapitalismus entlarvt, oder als Hotelangestellte, die sich mit den Arbeitskollegen solidarisiert. Zeigen sich die meisten Revolutionärinnen als asexuelle Heldinnen, so erweist sich ihr Engagement häufig nur als Hilfsdienst für die Revolution.

> Elfriede ist nicht nur eine ausgezeichnete Kommunistin, ein prachtvoller Kamerad, ein heroisches Mädchen, das auf den Barrikaden gekämpft und die gesamte weibliche Bevölkerung von Schiffbeck zu der Einrichtung einer Feldküche herangezogen hat. Sie brachte den Kämpfern heißen Kaffee und frische Patronen in die Schützengräben.[63]

Vor allem Larissa Reissner – von Kurt Tucholsky gelobt und im Lob vermännlicht (›So eine wie Dich haben wir nie gehabt, so eine möchten wir gerne haben ⟨...⟩ einer, der Bescheid weiß und nicht damit prahlt‹[64]) – übernahm in ihren Reportagen die frauenfeindlichen Einschätzungen revolutionärer Politik. Sie distanziert sich vom kleinbürgerlichen Verhalten der Proletarierinnen, idealisiert die Kraft alleinstehender proletarischer Mütter und rechtfertigt arbeitslose Männer, die das Elend in den Familien nicht aushalten und die Frauen verlassen. Im revolutionären Engagement und in ihrer Rußlandbegeisterung konnten die Kommunistinnen – ähnlich wie Ricarda Huch in der Beschäftigung mit historischen Revolutionären – die Schwierigkeiten weiblicher Lebenszusammenhänge vergessen. Hermynia zur Mühlen, die nach einer unglücklichen Ehe mit einem baltischen Baron nach dem Ersten Weltkrieg der KPD beitrat und als Übersetzerin und Kinder- und Jugendbuchautorin tätig war, bekennt in ihrer Autobiographie ›Ende und Anfang‹ (1929) offen ihre Erlösungswünsche:

> Jetzt war ich kein einzelner mehr, der sinnlos gegen übermächtige Gegner kämpfte, sondern ein winziger Teil eines großen Ganzen, dem ich, wenn auch in allerbescheidenstem Maßstab, dienen durfte.[65]

Die männliche Identifizierung der revolutionären Frau findet einen weiteren Ausdruck bei Anna Seghers. In den frühen Erzählungen ›Grubetsch‹ (1926) und ›Die Ziegler‹ (1927/28), in denen Enge und Zerstörungspotential einer Hinterhofgesellschaft und der Untergang einer kleinbürgerlichen Handwerkerfamilie beschrieben werden, wendet sich die Erzählperspektive nach kurzen Einleitungssätzen unmittelbar den Frauengestalten zu und stellt diese ins Zentrum der Geschichten. Das ändert sich in den folgenden Werken, in denen Seghers vor allem revolutionäre Ereignisse schildert. Nach dem ersten, das Ende der Erzählung vorwegnehmenden Absatz von ›Aufstand der Fischer von St. Barbara‹ konzentriert sich die Geschichte auf den Revolutionär Hull, der den Widerstand der Fischer gegen die Reedereien initieren wird. Die Männer sind maßgeblich für den Verlauf des Kampfes gegen die Reeder verantwortlich und werden zu Märtyrern – der Fischer Kedennek, der Waise Andreas Bruyn und Hull werden erschossen oder gefangengenommen. Die Frauen erleiden die Situation, können bestenfalls die Revolutionäre unterstützen und überleben als Opfer der alltäglichen Verhältnisse. Mit Marie Kedennek, der Fischersfrau, die ihre Kinder in ärmlichsten Umständen allein großziehen muß, und der Prostituierten Marie, die nach Scheitern des Aufstandes sich wieder bei den Soldaten verdingt und von ihnen vergewaltigt wird, umreißt Seghers die zentralen Funktionen der Frau in der Männergesellschaft: Hausfrau, Mutter und Hure. Die Beschreibung ist lakonisch und nüchtern, ohne die Opfer im Mitleid zu heroisieren oder sie moralisch zu diffamieren, aber auch ohne ihnen maßgebliche Handlungsspielräume zuzugestehen. Mit dem ersten Absatz wird aus scheinbar objektiver Chronistenhaltung klargestellt, daß nicht die einzelnen oder die Masse der Fischer, sondern der Aufstand an sich, Träger der Handlung ist.

Aber längst, nachdem die Soldaten zurückgezogen, die Fischer auf der See waren, saß der Aufstand noch auf dem leeren, weißen, sommerlich kahlen Marktplatz und dachte ruhig an die Seinigen, die er geboren, aufgezogen, gepflegt und behütet hatte für das, was für sie am besten war.[66]

Die Personifikation schafft eine mythische Bedeutung, die nicht nur den Streik im Sinne marxistischer Geschichtsteleologie einem größeren Prozeß zuordnet, sondern ihn auch als ein »Urbild des Klassenkampfes«[67] erscheinen läßt. Dabei entlarvt sich der Mythos vom Aufstand als männlicher. Nicht zufällig wird die Prostituierte Marie nur einmal nicht aus der Sicht des Mannes beschrieben: als sie Hull, der sie begehrt, zurückweist. Ihr Aufstand ist nur in der Verweigerung der sexuellen Leistung denkbar. Entsprechend ist auch Seghers' erste nicht-proletarische Erzählfigur, die sich einer revolutionären Bewegung anschließt, ›der Fremde‹ in der Erzählung ›Auf dem Weg zur amerikanischen Botschaft‹ (1930), männlich. In Seghers' erstem großen Roman ›Die Gefährten‹ (1932), der episodenhaft in einer Vielzahl von Erzähltechniken von dokumentarischem Stil bis zum inneren Monolog von der Geschichte des revolutionären Kampfes in Europa nach Niederschlagung der ungarischen Räterepublik 1919 bis 1930 erzählt, stehen die Kampferfahrungen verschiedenster Revolutionäre im Mittelpunkt. Insbesondere die Gestalt des bulgarischen Revolutionärs Dudoff wird mit messianischen Zügen ausgestattet.[68] In ihrer Identifikation mit der revolutionären Bewegung und ihren männlichen Helden verleugnete die Schriftstellerin die spezifisch weiblichen Erfahrungen in der Moderne. Wie viele ihrer Zeitgenossinnen beschrieb sie die Frau als Opfer privater Verhältnisse und schwieg über ihre öffentlichen Tätigkeiten. Die ersten Sätze über Anna in ›Grubetsch‹ lesen sich wie ein Kommentar zu Seghers frühen Werken:

> Anna trat in den Hof.
> Wenn man unter wilde Tiere geht, hat es keinen Sinn, sich in den Hüften zu wiegen und vor sich hin zu trällern. Man muß alles tun, um nicht entdeckt zu werden.[69]

In dem Versuch, in den Heldenmythen der Revolutionäre Weiblichkeit und Sexualität zu verleugnen, ähneln sich die kommunistische Revolutionärin Seghers und die konservative Revolutionärin Huch.

7. Sexualität und Mythos

1926 erschien in der ›Vossischen Zeitung‹ im Vorabdruck Rahel Sanzaras Roman ›Das verlorene Kind‹. Das Erstlingswerk der Schauspielerin, dessen Geschehen um den Sexualmord an einer Vierjährigen kreist, erregte großes Aufsehen und avancierte in kürzester Zeit zum Bestseller. Die Kritiker waren geteilter Meinung.

Entrüsteten sich die einen über die freimütige Behandlung des abstoßenden Themas, die von einer Frau nicht erwartet oder gutgeheißen wurde, so attestierten andere der Autorin große sprachliche Kraft in der Motivierung und Durchdringung des Triebhaften und Krankhaften und künstlerische Integrität.[70] Im Rückblick erwecken gerade die Verteidigungen des Werks besondere Aufmerksamkeit. Denn Sanzaras Roman greift in der Darstellung des Sexualmordes Motive der »Blut-und-Boden-Literatur« auf. Ort der Handlung ist ein einsamer Hof, den sein Besitzer Christian auf traditionelle patriarchalische Weise zu führen versucht. Seiner Ehe mit einer dunkelhaarigen sinnlichen Frau entstammt die schöne blonde Anna, die als Vierjährige von dem Sohn der Amme in unbewußter sexueller Erregung vergewaltigt und ermordet wird. Fritz, selbst das Kind einer Vergewaltigung, hat die verbrecherischen Anlagen des Vaters geerbt. Der Blut-und-Boden-Motivik steht die positive Bewertung der Sexualität und Kritik an patriarchalischer Herrschaft entgegen. Zuerst sieht Christian das Unglück als Strafe für die Verführung durch seine Frau an. Sie stirbt schließlich an seiner Weigerung, sich weiter mit ihr zu beschäftigen. Später erkennt er seine Mitschuld an ihrem Tod. Nach einer Zeit des Rückzugs findet er zu neuer Lebensbejahung, die sich nicht Rache, sondern Verzeihen und Liebe zur Aufgabe macht. Nach Aufdeckung der Tat und Verurteilung des Mörders widmet er sich ganz der Pflege seines Hofes und wird zum Vorbild der kleinen Gemeinschaft, in die er schließlich sogar den aus dem Gefängnis entlassenen Fritz aufnehmen kann. Die Thematisierung sexueller Gewalt mündet in die Vision vom guten Vater, der männliche und weibliche Charaktereigenschaften in sich vereint. Offensichtlich erleichterte die Perspektive, die die Sexualität nicht in sozialen Zusammenhängen, sondern als Erbe betrachtet und dem Vergewaltiger das Bild des mütterlichen Mannes gegenüberstellt, die Rezeption des Romans als künstlerisches Produkt.

Die katholische Schriftstellerin Elisabeth Langgässer suchte nicht in der Vorstellung vom guten Vater, sondern im väterlichen Glauben Rückhalt, wenn sie tabuisierte Themen ansprach. Ihre erste Prosa, die Kindheitsmythe ›Proserpina‹ (1932), behandelt sexuell-mythische Phantasien und wertet sie zugleich aus christlich-vaterrechtlicher Perspektive als magische Verstrickungen ab. Die Erzählungen in ›Triptychon des Teufels‹ (1932), die mit realistischen Bezügen zum Nachkriegsgeschehen in seltener Offenheit den Zusammenhang zwischen kriegerischer und sexueller Gewalt schildern, verweisen in Rückbezug auf griechische Mythologie symbolisch auf die Sündhaftigkeit der Welt. So spielt in ›Mars‹ ein rheinischer Wirt mit einquartierten französischen Offizieren 1920 in einem Besäufnis den Krieg nach, zerschießt in einem Akt lustvoller Selbstzerstörung die eigene Einrichtung und versucht, seine hochschwangere Frau zu vergewaltigen. Diese gebiert am nächsten Morgen einen Sohn vor der Kapelle. In ›Venus‹ wird eine Prostituierte von einem französischen Offizier erniedrigt und rächt sich, indem sie ein bacchantisches Fest inszeniert, bei dem der Offizier zum Selbstmord getrieben wird. In ›Merkur‹ und ›Mithras‹ (entstanden 1931, veröffentlicht als Nachlaß 1951) berichtet die Autorin über die latente Homosexualität der Männergesellschaft, auch ein von Frauen selten angesprochenes Thema. Noch 1959 meinte sie sich vor ihren Lesern erklären zu müssen, »ob es denn wirklich notwendig wäre, die Sünde so ›rundherum‹ darzustellen in so prangender Fülle, in teuflischem Hochmut und üppiger Augenlust«. Wenn sie sich zur Rechtfertigung sowohl auf ihren künstlerischen Wahrheitsanspruch als auch auf ihren Glauben beruft, wobei sie in christlicher Tradition das »Wesen des Menschen durch Sünde und Gnade bestimmt« sieht, wird zugleich das Spannungsfeld deutlich, in dem sich ihr Werk bewegt.[71] Aber schon in ihren frühen Erzählungen zeigt sich die Problematik ihrer Haltung: Die sexuellen Gewaltverhältnisse scheinen zeitlos zu sein, Wirtschaftsprozesse werden als bedrohliche Naturphänomene, männerbündisches Verhalten wird als Todesfaszination und Blutrausch mythisiert. Geschichtliche und politische Dimensionen bleiben verdeckt.

Zwischen Offenlegung und Mythisierung patriarchalischer Gewaltverhältnisse hielten konservative und christliche Schriftstsellerinnen an den Mythisierungen gerade auch der Frauenfiguren fest. Dabei zeigen sich ihre Werke offen für antidemokratische, völkische und nationale Tendenzen. Die modernste Version solch einer Mythisierung lieferte Thea von Harbou in ihrem utopischen Roman ›Metropolis‹ (1926), der in der Verfilmung Fritz Langs weltberühmt wurde. In der apokalyptischen Darstellung einer Großstadt übt der Besitzer aller Maschinen, zugleich Repräsentant durchrationalisierter technologischer Vernunft, seine Macht über die Arbeiter, die zu Anhängseln der Maschinen degradiert sind, gnadenlos aus. Alle Menschen sind nur Rädchen innerhalb der Gesamtmaschinerie und werden als seelen- und geschichtslose Figuren dargestellt. Maschinen, Häuser, Straßen gewinnen dagegen ein Eigenleben: Sie atmen‹, ›fühlen‹, ›blinzeln‹. Die Frau erscheint sowohl als Zerstörerin wie auch als Retterin. Als sexuelle Verführerin, die vom Herrn der Stadt zur totalen Unterwerfung der Arbeitermassen eingesetzt wird und Chaos und Untergang herbeiführt, ist sie technizistisch als Maschinenwesen, produziert vom männlichen Geist, konzipiert.

Ihr Gegenbild, die reine, warmherzige Menschfrau Maria, wird zur Erlöserfigur stilisiert. Sie verhindert die Katastrophe und hebt als ›Mittlerin‹ zwischen dem ›Hirn‹ des Unternehmers und den ›Händen‹ seiner Arbeiter die Entfremdung auf. Als besserer Führer, als willige Arbeiter werden sich Herr und Knechte dank ihres Einsatzes zur neuen Gemeinschaft verbinden. Nicht zufällig finden wir in der letzten Szene des Romans den Herrn von Metropolis in Pietàhaltung ruhend im Schoße seiner Mutter. In formelhafter, expressionistischer Sprache wird die politische, technologische und triebökonomische Versöhnung angeboten.

Auf die tradierten Frauenbilder der Jungfrau und Mutter griffen auch Agnes Miegel, Lulu von Strauß und Torney, Paula Grogger, Helene Voigt-Diederichs, Ina Seidel und Gertrud von le Fort zurück. In Heimaterzählungen, Bauern- und Bildungsromanen, historischen Romanen, in Legenden und Märchendichtung erzählen sie von vorbildhaften Heldinnen, die sich aufopferungsvoll für die Familie und die von Krieg und Revolution zerrissene Gesellschaft einsetzen: als vorbildhafte Mutter eines norddeutschen Hofes (Voigt-Diederichs: ›Auf Marienhoff‹, 1926); als preußische Gutsherrinnen (Seidel: ›Brömseshof‹, 1928; ›Das Wunschkind‹, 1930); als junges Mädchen, das den Weg zum Glauben findet (le Fort: ›Das Schweißtuch der Heiligen Veronika‹, 1928), als Nonne, die sich für die Kirche opfert. Dabei versucht le Forts historische Novelle ›Die letzte am Schafott‹ (1932) zu belegen, daß weniger der Sieg der opferbereiten Heldin als vielmehr das »Wunder der Schwachen«[72] Geschichte beeinflussen kann. Blanche de la Force, eine junge Nonne aus aristokratischer Familie, von existentieller Angst bedroht, folgt den in den Unruhen der Französischen Revolution von Jakobinern hingerichteten Mitschwestern als letzte freiwillig in den Tod und erleidet in der Nachfolge Christi als Vertreterin der »mütterlichen Kirche« die »Todesangst der Epoche«[73]. Wenige Tage nach ihrem Tod haben die revolutionären Wirren ein Ende. Wird mit dieser Erzählung die schwache reine Jungfrau religiös und politisch aufgewertet und ihr Tod unmittelbar auf den Opfertod Christi bezogen, so bleibt die weibliche Heilsbotschaft in die männliche Ordnung eingebunden: Die Autorin läßt die Geschichte der Nonne von einem Aristokraten erzählen, das heißt: legitimieren. Der Autorin kam es darauf an, gegen die moderne, Frau und Mann gleichstellende Emanzipationsbewegung den »Reflex des Weiblichen wieder im Antlitz des schöpferischen Mannes« sichtbar zu machen[74]. Mit solchen Vorstellungen korrespondieren Tendenzen innerhalb der katholischen Kirche, die in den zwanziger Jahren die Auflösung des katholischen Milieus befürchtete und in einer klerikalen Mobilisierungsphase vor allem den Frauen mit ihren ›natürlichen‹ Eigenschaften der Liebe, Hingabe und Entsagung die ›marianische‹ Sendung zuschrieb, die unheilvollen Mächte der Zeit zu überwinden[75]. Hat man im nachhinein versucht, von le Forts Haltung als Warnung vor dem Nationalsozialismus zu verstehen – sie selber hat sich konsequent gegen das Dritte Reich geäußert[76] –, so bietet sich ihre Novelle doch auch antidemokratischen Deutungen an. Das Ancien régime wird kritisiert, doch die Revolution mit der Herrschaft des ›Pöbels‹ vehement abgelehnt und der Dauphin, der Sohn des alten Königs, als neuer, unschuldiger Herrscher ersehnt.

Explizit völkisch-nationale Tendenzen finden sich im Werk von Ina Seidel, die bis in die siebziger Jahre als »die repräsentativste evangelische Dichterin deutscher Sprache, die unbeeinflußt von allen Modeströmungen ⟨...⟩ das geistige und religiöse Erbe bewahrt«[77] angesehen wurde. Ihr erfolgreichster Roman ›Das Wunschkind‹ (1930), einer der Bestseller der deutschen Literatur, erzählt vom Lebensweg einer Mutter und ihres Sohnes in den Jahren 1783-1813, der Zeit der napoleonischen Kriege und der preußischen Befreiungskriege. Im Gewand der historischen Erzählung verbirgt sich ein Bild einer Mutter-Kind-Beziehung, das von der Nachkriegszeit der Weimarer Republik geprägt ist. Eine opferbereite Kriegerwitwe, die sich ganz der Erziehung des Sohnes, der Versorgung der Verwandten und des Kreises der ihr Anvertrauten widmet, wird zur politischen Hauptdarstellerin in nationaler Krisenzeit. Nachdem die adlige Heldin aus altpreußischem Geschlecht nach dem Tod ihres Mannes sich wider Willen im revolutionären Mainz als einfache Bürgerin behauptet hat, übernimmt sie die väterlichen Güter in Ostpreußen. Der eigene Sohn fällt im vaterländischen Befreiungskrieg, sie aber macht das Gut, das sie auf vorbildhafte Weise führt, zu einem Zentrum der vaterländischen Erneuerungsbewegung Deutschlands. Die traditionelle bürgerliche Rolle der

Frau als hingabe- und liebesfähiger Mutter wird zu ihrer zeitlosen Bestimmung. Mütterlichkeit wird als Ergänzung der männlich kriegerischen Welt gedeutet: »Jede Frau eine Mutter, in dem einzigen Sinn des Hütens und Hegens – jeder Mann ein Krieger«[78]. Als Mutter behauptet sich die Protagonistin vor allem in der Abwehr des Mannes und der eigenen Sexualität. Schon die Zeugung des Sohnes ist nur vom »Willen zur Fruchtbarkeit«[79] geleitet. Beziehungen zu anderen Männern kann und will die Mutter um des Sohnes willen nur kurzfristig eingehen. Über den Gräbern der Männer, des Sohnes und auf Kosten der eigenen Sexualität wird die Utopie mütterlicher Herrschaft entwickelt und erhält im Reichsgedanken ihre positive Bestimmung.

Aber der Tag wird kommen – und er muß kommen – da die Tränen der Frauen stark genug sein werden, um gleich einer Flut das Feuer des Krieges für ewig zu löschen 〈...〉 Dann setzt der Sohn der Mutter die Krone aufs Haupt.[80]

Zwischen dem Bekenntnis zur weiblichen Friedfertigkeit und der Bewunderung und Unterstützung des Soldatischen, mit einem geringen Vorrat an Wörtern, Symbolen, Argumentationsmustern völkisch-nationaler, christlicher oder heidnischer Herkunft, formuliert sich bei subjektiv ehrlich gemeinten Beteuerungen von Hingabe- und Opferbereitschaft der Machtanspruch der Frau. Das mütterliche Reich, das ersehnt und in der Familie und auf dem väterlichen Gut in der preußischen Heimat verwirklicht wird, wird zum mythologischen Entwurf eines Matriarchats. Bei näherer Betrachtung erweist er sich allerdings nur als die völkisch-nationale Heiligung der profanen Wirklichkeit einer kleinbürgerlichen Hausfrau, die, ihrer traditionellen Aufgaben durch die Veränderungen der Familie beraubt, sich Macht in der Phantasie andichtet. Die Wahrnehmung familiärer und gesellschaftlicher Konflikte geht im über tausendseitigen Erzählfluß unter, das ewig Weibliche scheint dem ewig Männlichen unterworfen. Die Botschaft enthält neben antidemokratischen, nationalistischen, auch antiproletarische und antisemitische Tendenzen und kann – allen bildungsbürgerlichen Bemühungen zum Trotz – ihre Nähe zur Trivial- und nationalsozialistischen Literatur nicht leugnen. Es gehört zu den Zynismen der Geschichte der

Literatur von Frauen, daß die ›Wunschkinder‹ der deutschen Mutter mit der gekürzten Frontbuchausgabe des Romans auf den Schlachtfeldern des Zweiten Weltkrieges sterben durften.

8. *Expressionismus, Neue Sachlichkeit, Magie und Mythos*

»Die Frauen brauchen in der Versammlung nicht mehr zu schweigen. Wo sie beginnen, mit sich und anderen ins Gericht zu gehen, schlagen sie die Vorurteile der Männer«, schrieb Hans Henny Jahnn in ›Rechenschaft Kleistpreis 1928‹.[81] Schriftstellerinnen, die traditionelle Welt- und Frauenbilder in Frage stellten, konnten in der Weimarer Republik zunehmend die Anerkennung der linksliberalen Intellektuellen gewinnen und wurden mit literarischen Preisen und Stipendien gefördert. Dabei wurden ihre Werke vor allem auch unter stilistischen Kriterien betrachtet und literarischen Bewegungen zugeordnet. So sah Jahnn, der ihr für ›Aufstand der Fischer von Santa Barbara‹ und ›Grubetsch‹ den Kleist-Preis 1928 zusprach, in Anna Seghers' Novellen »eine starke Begabung im Formalen« und »vielleicht den reinsten Beitrag zur Wiederentdeckung des Daseins ohne Apotheose«.[82] Walter Benjamin lobte an Fleißers Novellen den »aufsässige⟨n⟩ Dialekt, der die Heimatkunst von innen heraus sprengt«.[83] Kurt Tucholsky urteilte männlich überheblich, doch beeindruckt über Irmgard Keun: »Eine schreibende Frau mit Humor, sieh mal an!«[84] Hatte man um die Jahrhundertwende Ricarda Huch als Neuromantikerin gesehen, Annette Kolbs Erzählweise mit dem Impressionismus in Verbindung gebracht, bei Else Lasker-Schüler und Mechthilde von Lichnowsky Tendenzen des Jugendstils und später des Expressionismus festgestellt, so wurden in den zwanziger Jahren bei Marieluise Fleißer, Anna Seghers, Irmgard Keun und Gabriele Tergit neusachliche Stilmerkmale, bei Elisabeth Langgässer Verbindungen zum magischen Realismus entdeckt. Wenn Jahnn in seiner ›Rechenschaft‹ über die Schriftstellerinnen allerdings fortfährt: »Es bleibt an ihnen das Geheimnis, daß wir nicht in ihre Berufungen eintreten können, sie nicht in die unseren«, besteht auch er letztlich auf einem Unterschied der Geschlechter, der sich leicht rein biologistisch deuten ließ und im Urteil der konservativen Kollegen zum Maßstab für ›das echte weibliche Schrifttum‹ wurde. Verschiedene Artikel in den Zeitschriften ›Hochland‹ und ›Eckart‹ priesen die ›Dichtung der deutschen Frau‹. Als Kriterium der »Berufung« galt Heinrich Spiero nicht die Form, sondern »das aus ihren Dichtungen atmende, ausgesprochen weibliche Lebensgefühl«.[85] Adolf Knoblauch bewertete das weibliche Schrifttum als »heilend, friedenbringend, seelenläuternd ⟨...⟩ als eine Botin des Genius und der Religion«.[86] Daß diese Urteile immer auch von den politischen Debatten der Zeit geprägt waren, dokumentieren die Diffamierungen der kritischen, linken und jüdischen Schriftstellerinnen in der nationalen und völkischen Presse. Paul Fechter nannte Fleißer in seiner Besprechung der ›Pioniere‹ eine Frau, die »keinen Funken von Instinkt für wirkliches Volkswesen hat und überdies als Frau bei einem Thema wie diesem fehl am Platze ist.«[87] Der ›Völkische Beobachter‹ schrieb anläßlich der Verleihung des Kleist-Preises 1932 an Lasker-Schüler: »Wir meinen, daß die rein hebräische Poesie der Else Lasker-Schüler uns Deutsche gar nichts angeht«.[88] Über die Diffamierungen hinaus wurden Kommunistinnen wegen Hochverrats angeklagt, so 1924 Hermynia zur Mühlen wegen ihrer Erzählung ›Schupomann Karl Müller‹, 1927 Berta Lask wegen ihres Revuedramas ›Giftgasnebel über Sowjetrußland‹.

Wenn die Frauen – entgegen mancher Selbsteinschätzung – immer auch als Dichterinnen ›zwischen rechts und links‹[89] zu erkennen sind, so sollten die Unterschiede 1933 bei der Machtübernahme durch die Nationalsozialisten offensichtlich werden. Die meisten der Schriftstellerinnen, die sich als Liberale, Pazifistinnen oder Kommunistinnen für oder auch gegen die Republik engagiert hatten, gingen wie Else Lasker-Schüler, Annette Kolb, Vicki Baum, Irmgard Keun, Adrienne Thomas, Gabriele Tergit, Anna Seghers, Hermynia zur Mühlen und Berta Lask ins Exil. Ricarda Huch drückte durch ihren Austritt aus der Sektion Dichtkunst der Preußischen Akademie der Künste ihre Ablehnung des NS-Systems offen aus, ebenso Mechthilde von Lichnowsky, die sich weigerte, der Reichsschrifttumskammer beizutreten. Elisabeth Langgässer, die Mitglied der Kammer war, wurde als Halbjüdin 1936 ausgeschlossen und erhielt Schreibverbot. Dagegen bekannten Ina Seidel,

Agnes Miegel, Isolde Kurz und Enrica von Handel-Mazzetti durch Mitarbeit in der nach 1933 neu formierten Sektion Dichtkunst offen ihre Zustimmung zur Politik der Nationalsozialisten. Die weite Verbreitung gerade ihrer Literatur in der Weimarer Republik, im Dritten Reich und in den fünfziger und sechziger Jahren belegt den Konservatismus der bürgerlichen Leserschichten.

Erst seit Mitte der sechziger Jahre wurde im Zusammenhang mit der Politisierung der Intellektuellen, der Studentenbewegung und der sich entwickelnden Frauenbewegung auch die kritische Literatur von Frauen in der Weimarer Republik neu rezipiert.[90] Dabei wurde bei der Entwicklung der feministischen Literaturwissenschaft auch nach neuen Kriterien zur Beurteilung der Literatur von Frauen gesucht.[91] Wenn man die ambivalente Situation der Frauen in der modernen Gesellschaft nicht verleugnet, bezeugen die literarischen Entwürfe der Schriftstellerinnen in der Weimarer Republik vor allem die Schwierigkeit, außerhalb männlicher Projektionen eine Differenz zu imaginieren. Die Mehrzahl der Frauen reagierten auf die Infragestellung tradierter Welt- und Frauenbilder in der Moderne konsequenterweise paradox mit verstärktem Traditionalismus hinsichtlich der Neudeutung öffentlich akzeptierter Weiblichkeitsbilder. Andere identifizierten sich in einer Flucht nach vorn mit den männlichen Revolutionären und ihren politischen und ästhetischen Utopien. Nur in wenigen Texten, zum Teil bei Lasker-Schüler, Lichnowsky, Fleißer, Keun, Tergit, finden sich Versuche, sich von diesen männlichen Fixierungen zu lösen. Der Bruch äußert sich weniger auf der Erzählebene als im Sprachgestus – im Humor, in der Ironie, im Lachen – und zeigt sich als situative Souveränität.[92] Gegen welche Bedingungen solche Souveränität durchzusetzen war, mag der Rückblick Gabriele Tergits verdeutlichen:

> Wir glaubten an die Möglichkeiten der Menschen – wir alle zwischen 1890 und 1900 Geborenen, die Jugend Deutschlands, Rußlands, Frankreichs, Englands. Wir wollten hinweg über die materialistischen Väter ⟨...⟩ Bevor wir dazu kamen zu wirken, wurden wir von der Geldentwertung aufgefressen. Sie wurde zehn Jahre nach Beginn des Ersten Weltkrieges gestoppt. Zehn verlorene Jahre, in denen wir nicht gelebt hatten. 1925 bekamen wir unsere ersten Posten, fingen wir an, mit dem normalen Leben Bekanntschaft zumachen. Fünf Jahre, fünf herrliche Jahre. 1930 ging das

langsam zu Ende. Die Wirtschaftskrise traf die Schwächsten zuerst. Die Erfolgreichen hielten sich noch. Aber es machte keinen Spaß mehr, Erfolg zu haben. Zu groß war der Unterschied geworden zwischen den Hungrigen und den Satten. Und dann wurde es Nacht über Europa.[93]

Wendelin Schmidt-Dengler
Abschied von Habsburg

I. Habsburgischer Mythos und republikanische Realität

Literatur, die in der Zeit von 1918 bis 1938 aus Österreich kam, wird nur selten mit den Produktions- und Rezeptionsbedingungen in Beziehung gebracht, die diesem in sich zerrissenen und kurzlebigen Staatsgebilde zu verdanken sind, das heute als ›Staat, den keiner wollte‹[1] noch immer ein prekäres Kapitel historischer Forschung ist und seinerzeit kaum in der Lage war, seinen Bürgern so etwas wie eine österreichische Identität zu vermitteln oder gar zu garantieren. Die Wirtschaftskrisen, die Inflation, die schweren Auseinandersetzungen paramilitärischer Organisationen der Sozialdemokraten und Christlichsozialen, blutige Ereignisse wie der Brand des Justizpalastes am 15. Juli 1927, bei dem fast hundert Menschen durch das Eingreifen der Polizei den Tod fanden[2], die Ausschaltung des Parlaments im März 1933 durch den Bundeskanzler Engelbert Dollfuß, die Niederschlagung des Arbeiteraufstandes am 12. Februar 1934, die Etablierung des christlichen Ständestaates durch den Austrofaschismus, die Ermordung Dollfuß' durch Angehörige der illegalen NSDAP im Juli 1934 und schließlich der Anschluß Österreichs an das Dritte Reich im März 1938 – diese Ereignisse markieren den Umriß eines Konfliktfeldes, das zwar an die Weimarer Republik erinnert, aber grundverschiedene soziale und ideologische Voraussetzungen für die Literatur schuf. Österreich, von einem Staat mit etwa 51 Millionen Einwohnern zu einem Kleinstaat mit weniger als 6,5 Millionen reduziert, sah sich von den habsburgischen Erblanden abgekoppelt und damit der Übernationalität verlustig, es sah sich aber auch vom Deutschen Reich getrennt, von dem sich – über die Parteigrenzen hinweg – ein großer Teil der Österreicher eine Erlösung aus der wirtschaftlichen Misere und zugleich eine Sicherung der nationalen Zugehörigkeit erhoffte. Dem stand das im Friedensvertrag von St. Germain festgelegte »Anschlußverbot« entgegen, das auf eine Beibehaltung des Status quo nach 1919 in Mitteleuropa zielte und den Österreichern jede Aussicht auf Kompensation des gewaltigen Verlustes an Territorien durch die Verbindung mit dem immer noch großen Deutschen Reich nahm.

Der Staat, dem die Lebensfähigkeit allenthalben abgesprochen wurde, wurde auch in der Zeit nach 1945 Opfer eines kollektiven Verdrängungsvorganges, und Geschichtswissenschaft wie Literaturgeschichtsschreibung nahmen sich erst spät seiner Besonderheit an. In den Literaturgeschichten erscheint die Literatur aus Österreich denn auch oft ohne viel Umstände eingebettet in den Kontext der Weimarer Republik, womit der in der Realpolitik vollzogene Anschluß auf anderer Ebene und mit noch größerer Konsequenz wiederholt wird: Der Staat, den keiner wollte, wird zum Staat, der keiner war.

Doch hat sich zur Kennzeichnung der Eigenentwicklung Österreichs ein anderes Markenzeichen eingebürgert: In seiner Dissertation ›Il mito absburgico nella letteratura Austriaca moderna‹ (1963) prägte der Triestiner Claudio Magris das Schlagwort vom »habsburgischen Mythos«, demzufolge die österreichische Literatur zur Gänze auf den Vielvölkerstaat zu beziehen wäre. Dieser »habsburgische Mythos«, dessen Wurzeln Magris um 1806, also mit der Ausrufung des Kaisertums Österreich ortet, würde nach 1918 in seine entscheidende Phase treten, nachdem dessen reale Grundlage, nämlich die Herrschaft der Habsburger-Dynastie, nicht mehr gegeben war. Die Autoren blieben, so Magris, dem Vielvölkerstaat verhaftet, sei es durch Verklärung der Vergangenheit, sei es durch deren ironisch-kritische Darstellung.[3] Diese These hat zum einen den Vorteil, daß sich mit ihrer Hilfe viel Disparates zusammenfassen läßt, so etwa das Monsterdrama von Karl Kraus ›Die letzten Tage der Menschheit‹ (1919; 1922), Robert Musils ›Der Mann ohne Eigenschaften‹ (1. Teil 1931; 2. Teil 1933) und auch Joseph Roths Generationenroman ›Radetzkymarsch‹ (1932). Zum anderen hatten viele Autoren der Auffassung von Magris durch ihre Werke und vor allem Stellungnahmen Vorschub geleistet. Arthur Schnitzler meinte 1924 in einem Brief an Jakob Wassermann, daß sich »eine gewisse soziale Umschichtung«, und zwar in »Österreich in höchst bescheidenem Ausmaße«, vollzogen habe, er aber keinen »Zusammenbruch«, keine »Einkehr«, keine »Wandlung im ideellen Sinne« bemerken könne.[4] Bekanntlich änderte Schnitzler, dessen Werke als zeitnaher atmosphärischer Kommentar des Wiener Fin de Siècle gelten können, sein Personal nicht und stellte die psychischen Konstanten über die sozialen Veränderungen. So setzte auch Stefan Zweig mit seinem postum 1942 erschienenen Erinnerungsbuch ›Die Welt von gestern‹ der Vorkriegsepoche ein Denkmal und sanktionierte damit schon lange vor Magris aus der Perspektive des Exils die Verklärung einer Welt, zu deren scharfen Kritikern die Autoren zur Zeit ihres Bestehens gehört hatten.

Faßt man die Literatur der Ersten Republik aus der durch den »habsburgischen Mythos« vorgegebenen Sicht, so erscheint der Einbruch von 1918 rückgängig gemacht und das neue Staatsgebilde für die Autoren so gut wie nicht existent. Ziemlich bald schienen sich einige von ihnen darin zu verständigen, den Umbruch für irrelevant zu erklären. So Franz Blei in der ›Erzählung eines Lebens‹:

Alles plätscherte im Glücke einer gewissermaßen amtlich erlaubten Anarchie, die der Verpflichtung zum gegenwärtigen Dasein enthob, das vier Jahre lang unerträglich gelastet hatte. ⟨...⟩ Alles war bereit, als Brücke in die Zukunft zu dienen, sich auf den Leib steigen zu lassen. Immer marschierte wo ein Zug mit roten Fahnen, hielt wo, einer gestikulierte, Werfel oder Kisch. Dieser Weg in die Zukunft ging, da er um den Ring herumzog, im Kreise, wahrhaft im Kreise. ⟨...⟩ Die vollzogene Revolution wurde also als eine Tatsache mit Statisten vor und auf der Tribüne gefeiert. Die Freiheit, eine schmeichelhafte Vorschrift, war da. ⟨...⟩ Das gute österreichische Revolutiönchen strich in einem so sanften Winde, daß es ihren Trägern die Mäntel ganz von selber und ohne ihr Zutun und allgemein unbemerkt auf die andere Seite drehte.[5]

»Habsburgischer Mythos« hat sich als Etikett bewährt für die Werke von Autoren wie Arthur Schnitzler, Hugo von Hofmannsthal, Karl Kraus, Robert Musil, Stefan Zweig, Hermann Broch, Franz Werfel und – für Magris der Kronzeuge – Joseph Roth, kurzum für das, was sich literarisch über die Landesgrenzen hinaus durchsetzen konnte; mit Hilfe dieses Etiketts läßt sich die Literatur aus Österreich einigermaßen plausibel von jener der Weimarer Republik abheben und zudem Kontinuität und Kohärenz über historische Zäsuren hinweg behaupten; mitunter wird suggeriert, die österreichischen Autoren wären allesamt Nachfahren von Franz Grillparzer oder Adalbert Stifter.

Die Daten der Sozialgeschichte indes sprechen eine andere Sprache, als Arthur Schnitzlers Behauptung im Brief an Jakob Wassermann nahelegt. Otto Bauer, der führende Kopf in der österreichischen Sozialdemokratie, hat in seinem Buch ›Die österreichische Revolution‹ (1923) die von Blei ironisierte Haltung der Intellektuellen zur Umwälzung von 1918 analysiert. Da diesen die Einsichten in die ökonomischen Konsequenzen des Krieges abging, hätten sie, so Bauer, die Verbesserung der Einkommensverhältnisse für die Arbeiter als Ursache der Verelendung des Mittelstandes angesehen:

> Daß die Waschfrau besser belohnt werde als der Universitätsassistent, wurde zum Schlagwort der Agitation. Der Klassenneid gegen die Arbeiterschaft wurde zur stärksten Leidenschaft der untergehenden Schichten des Bürgertums. Er erfüllte die Schichten des mittleren und kleinen Bürgertums mit Haß gegen die Revolution, gegen die Arbeiterklasse, gegen die Sozialdemokratie.[6]

Von hier aus läßt sich ein neuer Zugang zur österreichischen Literatur der Zwischenkriegszeit gewinnen. Gewiß ist die These vom »habsburgischen Mythos« einer synthetischen Darstellung förderlich. Will man jedoch die Literatur in ihren wirtschafts- und sozialgeschichtlichen Rahmenbedingungen verstehen, und zwar unter Einbeziehung der Texte, die für gewöhnlich von der Literaturgeschichte vernachlässigt wurden, so ergibt sich ein neues Bild. Die Lesart vom »habsburgischen Mythos« wird zur »lectio facilior«; die Literatur aus Österreich jedoch ist auch determiniert von jenen Konflikten, die durch den »habsburgischen Mythos« und die ihm verpflichtete Haltung der Immobilität eskamotiert zu sein schienen. Zudem ist es angebracht, die als kanonisch akzeptierte österreichische Literatur einer Lektüre zu unterziehen, die die besonderen politischen Voraussetzungen der Ersten Republik als Folie verwendet; nur so läßt sich der von Magris behauptete Evasionscharakter erklären und in seiner Funktion verstehen. Diese Werke erscheinen somit nicht bloß als Weigerung, sich ihrer Gegenwart zu stellen, sondern auch als eine sehr komplexe Antwort auf diese.

II. Der Abschied von Habsburg: Militär und Literatur

Zur Fratze verzerrt erscheint am Ende von Karl Kraus' ›Die letzten Tage der Menschheit‹ (1922) das »österreichische Antlitz«: Und dieses gehört dem Kaiser Franz Joseph, der mehr als sechzig Jahre regiert hat. Die »imago imperatoris« ist zum Schreckbild geworden. Felix Salten hatte 1908 aus Anlaß von Kaiser Franz Josephs sechzigstem Regierungsjubiläum das Antlitz des Kaisers zum österreichischen Antlitz schlechthin erklärt.[7] Der Österreicher sollte sich durch das Kaiserhaus repräsentiert fühlen. Was vor dem Krieg nicht nur zur Selbststilisierung, sondern auch zur Selbsterhöhung diente, wird nun zum Objekt der Satire. Nicht zu leugnen ist die Prägung der Österreicher durch die Habsburger. Fritz Wittels, Arzt und Dichter, bekannt mit Sigmund Freud und Karl Kraus, schrieb sich den Haß auf die Dynastie in einer Glosse von der Seele:

> So haben sie uns erzogen: die Kaiserin Maria Theresia ist die Stammutter der Frau Sopherl vom Naschmarkt ⟨...⟩. Die gutherzige, eheliche Kinder gebärende, wirtschaftliche, klerikale und beschränkte Frau auf dem Throne lebt in hunderttausend Wiener Frauen bis auf den heutigen Tag. Sie füllen die Kirchen, und eher geht ein Kamel durch ein Nadelöhr, als daß irgend eine schwungvolle Idee in diesen dumpfen Guglhupfgehirnen Anklang fände. ⟨...⟩ Franz Josef mit seinem kinnfreien Kaiserbart wurde von zahllosen Gastwirten, Schuldienern, Hausbesorgern nachgeahmt.[8]

Solcherlei ist symptomatisch für die Polemik, die entschieden den Bruch mit der Tradition forderte und auf neue republikanische Energien setzte. Dem stand indessen die Front jener gegenüber, die das gegenwärtige Elend der Stabilität der franzisko-josephinischen Epoche gegenüberstellte. So reimte 1918 einer der reaktionären Pamphletisten: »Und nun soll es vergangen sein, / Wozu das Schicksal uns erschuf? ⟨...⟩ / Vorwärts! Des Reiches Ostmark sein, / Ist auch ein würdiger Beruf!«[9]

Glosse, Feuilleton, zeitsatirisches Gedicht – sie werden in den ersten Jahren nach dem Umbruch zum Exerzierfeld, auf dem die Autoren ihre programmatischen Manöver durchführen. Vorbereitungen für den Ernstfall, der dann in den dreißiger Jahren mehrfach eintrat. Die Wahl der militanten Metaphorik ist Absicht: Militärische Lebenshaltung und militärisches Schreiben sind – auch nach 1918 und dem Zerfall der k. u. k. Armee – aufeinander beziehbar. In dem Feuilleton ›Die Bejahung Österreichs‹ hatte Hofmannsthal 1914 emphatisch verkündet, daß Österreich für die »Dauer der weltgeschichtlichen Krise« seinen »Schwerpunkt« endlich im österreichisch-ungarischen Heer gefunden habe.[10] Die fatale Gültigkeit dieses Slogans offenbarte sich erst nach dem Zusammenbruch des Reiches und der Auflösung der Armee. Der Offiziersstand war von der desolaten wirtschaftlichen Situation besonders betroffen, und aus seinen Reihen rekrutierte sich auch jenes Potential, das in der Folgezeit für die bewaffneten Auseinandersetzungen verantwortlich zeichnete.[11] Schreibende Offiziere spielten, obwohl ihnen die Schriftstellerei zu Erwerbszwecken gesetzlich untersagt war, in der Monarchie eine besondere Rolle, und ›Die Muskete‹ (1905-1941), eine Wochenschrift, in der auch Armeeangehörige mitunter als Schriftsteller hervortraten, erfreute sich durch ihre Karikaturen wie künstlerisch anspruchslosen Prosaskizzen und Gedichten in den Garnisonen großer Beliebtheit.[12] Aber nicht nur diese explizit für den Soldatenstand geschriebene Literatur ist für den Komplex Militär und Literatur aufschlußreich. Viele Autoren, die bei Kriegsbeginn ihrer brutalen Phantasie freien Lauf gelassen hatten, konnten sich auch nach dem Ende der k. u. k. Armee vom Thema Krieg und Militär nicht trennen. Die Ordnung, welche die martialische Disziplin zu verbürgen schien, war dahin; sie wenigstens in der Literatur aufzubewahren, wurde vielen zur vornehmsten Aufgabe der Literatur.

Daß den Offizieren und Soldaten der geschlagenen Armee bei ihrer Rückkehr nach Wien im Spätherbst 1918 die Kokarden heruntergerissen wurden, gehört zum stehenden Motivinventar der Nachkriegserzählungen. Das war nicht nur ein symbolischer Akt, sondern bedeutete mit dem Verlust der militärischen auch den der männlichen Identität. Die Uniform abzulegen und ein Zivilistendasein führen zu müssen, kam einem Absturz gleich, dem aber nicht der Wunsch folgte, tatkräftig die Größe von einst wiederzugewinnen und Macht nach außen zu demonstrieren. Es ging eher um die nostalgische Wiederherstellung des Zaubers der Montur, sei es in der Operette, in der meist so agiert wird, als hätte es 1918 nie gegeben,[13] sei es in Erzählungen und Theaterstücken, in denen die Treue zu militärischen Symbolen als zeitlos gültige Verpflichtung jeder Veränderung zum Trotz angesehen wird. Neben der Fahne gewinnt vor allem die Uniform an spirituellem Kurswert. Je tiefer der Wert der realen Valuta sinkt, um so höher steigt der symbolische Kurswert von Fahne, Standarte und Uniform; letztere bezeichnete Hermann Broch als die »zweite, dichtere Haut des Menschen«,[14] während Alfred Polgar vom Menschen als der »Fortsetzung der Uniform nach innen sprach«.[15]

Selten ist die Hoffnung auf Vergeltung, auf Wiedergewinnung der Macht gerichtet, selten ist von einem Messias in Generalsuniform die Rede. Es ist vor allem die Apotheose der Form, die das Militärische dem Leben gab, und auch dies ist in seinen Konsequenzen bedenklich, weil es allen jenen, die sich dem Comment nicht fügten oder ihm auf Grund ihrer Lebensweise oder Herkunft nicht entsprachen, einen Dauerverweis erteilte und bestehende chauvinistische und rassistische Vorurteile befestigte. Viel an dem Aggressionspotential, das der Krieg übrig gelassen hatte, ist in der Literatur erhalten. Eines der schlimmsten Pamphlete in Romanform stammt von Karl Paumgartten und hat den Titel ›Repablick‹ (1925). Es bezieht seine polemischen Energien wider die junge Republik just aus der sentimentalen Verklärung des k. u. k. Militärs und seiner deutschen Elite. ›Repablick‹ ist die dialektale und daher verächtliche Zerrform für Republik: Eine deutsche Republik wäre in Ordnung, nicht aber das neue Österreich, das aus der Monarchie nur den Abschaum der fremden Völker aufgenommen habe.

Doch erschöpfen sich die sozialpsychologischen Konsequenzen nicht in diesen Niederungen. Die Diagnose der männlichen Helden wird zu einer Diagnose des Status quo. Franz Werfels ›Nicht der Mörder, der Ermordete ist schuldig‹ (1920) ist nicht nur die unter dem deutlich erkennbaren Einfluß Freuds geschriebene Geschichte eines Vater-Sohn-Konflikts. Karl Duschek könnte an seinem Vater, einem tyrannischen General, Rache nehmen, da ihm dieser ohne Uniform als wehrloser Greis allein gegenübertritt; er hat die Insignien seiner Macht verloren, und die Schonung, die ihm der Sohn zuteil werden läßt, ist Strafe genug.

Auch Musils Erzählung ›Die Portugiesin‹ (1924 in ›Drei Frauen‹)

hat einen Krieger zum Helden, den Herrn von Ketten, der in Südtirol an der deutsch-italienischen Grenze lebt. Die historische Einkleidung – die Handlung spielt an der Wende vom Mittelalter zur Neuzeit – ist nicht von zentraler Bedeutung. Nach dem Ende des langen Krieges gegen den Bischof von Trient erkrankt der Held durch einen Fliegenstich schwer. Während des langen Leidens wird ihm seine Frau, eine Portugiesin, untreu, doch nach seiner Genesung – die Regie des Erzählers will es, daß ein Kätzchen sein Leiden stellvertretend auf sich nimmt – schickt sie ihren Liebhaber fort; Herr von Ketten, der seine Frau überwachen möchte, erklimmt eine hohe, als unüberwindlich geltende Felswand, dringt in ihr Gemach ein, wo er sie allerdings alleine antrifft. Die sportliche Leistung ist eine Ersatzhandlung für eine militärische Tat und zugleich Bestätigung der wiedergewonnenen Vitalität.

Nahezu alle Helden in Joseph Roths frühen Romanen sind durch die Zeitläufte zu Anarchisten oder Revolutionären degradierte Soldaten. Sie sind Matadore im Schicksalskonsum; sie finden keine Ruhestätte, sie sind verurteilt, Abenteurer zu sein, deren verwickelten Lebenslauf man allenfalls mit distanziertem Interesse wahrnimmt. Die Stabilität des Garnisonslebens wird durch den Krieg und eine Heimkehr abgelöst, die keine ist. Das gilt besonders für Joseph Roths Roman ›Flucht ohne Ende‹ (1927). Ein Zufall macht den gefangenen österreichischen Leutnant Franz Tunda zum Kämpfer in der Sowjetarmee. Er kommt nach langer Abwesenheit in die Heimat zurück, aber das Paradigma Odysseus gilt nicht mehr: Seine Verlobte hat einen anderen geheiratet und sie erkennt ihn bei einer – zufälligen – Begegnung nicht mehr. Nicht in der Analyse des Krieges oder seiner Ursachen liegt die erkenntniskritische Leistung dieses Romans, sondern vielmehr in der Einsicht, daß die neu sich arrangierende Gesellschaft in Österreich und Deutschland keinen Platz für den Heimkehrer, den Abenteurer und Wiedergänger aus dem Totenreich hat. »So überflüssig wie er war niemand in der Welt«, mit diesen Worten entläßt der Erzähler seinen Helden auf dem Platz vor der Madeleine in Paris.[16]

Zeigen diese Werke aus den zwanziger Jahren die Kapitulation des Typus Offizier als historische Notwendigkeit, so steht dem die Tendenz aus den dreißiger Jahren gegenüber, die nostalgisch die militärische Lebensform zu retten versucht. Ein Musterbeispiel dafür ist Alexander Lernet-Holenias Roman ›Die Standarte‹ (1934), in der es dem Helden – einem österreichischen Leutnant – gelingt, das Feldzeichen seines vernichteten Regiments durch eine Unzahl von Gefahren nach Wien zu bringen. Allein er kommt zu spät: Der Kaiser hat abgedankt; die Standarte wird mit vielen anderen verbrannt, und aus dem Rauch ergibt sich eine vage Zukunftsvision. Doch die Wirklichkeit hat für den Helden einen Trost bereit: Auf ihn wartet eine reiche Erbin, der er sich nun, da er seine eigentliche Aufgabe nicht vollenden konnte, zuwendet. Und so entgeht dieser Held zumindest in ökonomischer Hinsicht der Deklassierung.

Wie sehr gerade dieses Genre des Offiziersromans Anklang beim Publikum fand, geht aus dem großen Erfolg der Romane Rudolf Eichthal-Pfersmanns hervor, in denen die idealtypische Karriere eines österreichischen Offziers vom Kadetten bis zum Feldmarschall dargestellt wird. Nach Kriegsende schafft dieser Erwin Spielvogel, ein Tausendsassa vom Zuschnitt eines Karl Mayschen Helden, mühelos den Übergang in die neue Ära: Er wird zum erfolgreichen Dirigenten. Dieses naive Spiel der Allmachtsphantasien ist ein aussagekräftiges Indiz für die Kompensationsbedürfnisse, für die die Literatur einzustehen hatte.

III. Wien, der Wasserkopf

1. ›Konservative Revolution‹ als Wille und Vorstellung

Der Offiziers- und der Beamtenstand waren von der Umwälzung am schwersten betroffen. Die Angst vor Veränderung wird zu einem zentralen Motiv, und zwar im Doppelsinne: Einerseits als wiederkehrende Handlungskonstellation, andererseits als Beweggrund für das Schreiben. Auch wenn die Inhalte durchaus nicht konkret die Zeitereignisse widerspiegeln, so ist doch allen diesen Texten – mögen sie auch noch so sehr in das Erscheinungsbild des habsburgischen Mythos passen – die Bezugnahme auf die Veränderung eingeschrieben. Selbst Hofmannsthals Lustspiele ›Der Schwierige‹ (1921) und ›Der Unbestechliche‹ (1923), deren Figuren in einer dicht abgeschotteten privaten Atmosphäre zu agieren scheinen, sollen in ihrem zeitgeschichtlichen Kontext gelesen werden. Gerade die subtile Verve, mit der Hofmannsthal im ›Schwierigen‹ das Kriegsgeschehen ausklammert und doch wieder implizit darauf anspielt, verrät, wie sehr dieses Stück durch die Negation Antwort auf die Zeitumstände sein möchte. Der neue Diener flegelt sich impertinent in das Haus des vornehmen Wiener Aristokraten, des Grafen Hans Kari Bühl. Dieser entläßt ohne viel Aufhebens den Eindringling in eine Sphäre, in der er nichts verloren hat. In der Entlassung der Randfigur spiegelt sich deutlich der Wunsch nach einem erfolgreichen und dabei legeren Umgang mit der Klassenfrage. Und in dem schleswig-holsteinschen Baron Neuhoff tritt Hans Kari die widerwärtige Personifikation der Fortschrittsgläubigkeit sowie des als herablassend detestierten »Preußentums« entgegen. Auch Neuhoff wird abserviert, doch gerade ihn läßt Hofmannsthal eine Diagnose aussprechen, deren Richtigkeit er selbst andernorts mehrfach bestätigte: »Niemand, der sich in diesen Salons bewegt, gehört zu der wirklichen Welt, in der die geistigen Krisen des Jahrhunderts sich entscheiden.«[17]

›Der Unbestechliche‹ hinwiederum läßt sich – der Titel spielt ja auf Robespierres Beinamen ›L'Incorruptible‹ an – auch als eine Parabel der von Hofmannsthal in seiner Rede ›Das Schrifttum als geistiger Raum der Nation‹ (1927) propagierten ›Konservativen Revolution‹ fassen. Der aufmüpfige, in seiner Moralität leicht komisch wirkende Diener will das Besserungswerk an seinem frivolen Herren bewerkstelligen, ohne indes die bestehenden Herrschaftsverhältnisse anzutasten. Gerade die Energie, mit der Hofmannsthal in seinen Werken die gesellschaftliche Veränderung in den toten Winkel seiner Stoffe zu bugsieren scheint, verrät die Betroffenheit durch den Untergang des Vielvölkerstaates, dem er zuvor mit seiner Rhetorik gedient hatte.[18]

Auch Musils Roman ›Der Mann ohne Eigenschaften‹ scheint ein schlagendes Beispiel für den Hang der Autoren zur Retrospektivität abzugeben. Musil selbst sah im Kriegsbeginn ein Ereignis, das »Welt und Denken so zerriß, daß sie bis heute nicht geflickt werden konnten«[19], und dieses Ereignis soll nach einer Aussage von 1926 eben die Initialzündung für den großen Roman gewesen sein.

2. Der Wiener Roman

Spürbar wurde die Veränderung vor allem durch die Inflation, deren Wirksamkeit auch dort erkennbar ist, wo nicht offen darauf angespielt wird. Die rapide Abwertung der Krone stellte die Analogie zum »Zerfall der Werte« (Hermann Broch) her, der etwa an der Destruktion des militärischen Ehrenkodex manifest wurde. Wien als der Ort, an dem sich der Umsturz der Monarchie abgespielt hatte, wurde zum Schauplatz jener Romane, die unmittelbar auf die Ereignisse reagierten. Der nach dem bewährten Kriminalschema der Stadtromane vom Typ Eugène Sues gestrickte ›Wiener Roman‹ erlebte in der ersten Hälfte der zwanziger Jahre seine Konjunktur, und als seine populärste Variante sind die Bestseller des Erfolgschriftstellers Hugo Bettauer zu werten, worin das Verbrechen in das Elend der von der Inflation betroffenen verarmten Bevölkerung von jenen eingepflanzt wird, die im falschen Glanze des Spekulantentums zu prosperieren scheinen. ›Der Kampf um Wien‹ (1923/24), ›Das entfesselte Wien‹ (1924) und ›Die freudlose Gasse‹ (1924) lassen schon vom Titel her zwingende Rückschlüsse auf den Inhalt zu. Bettauer hatte seine Bücher ja auch mit Blick auf die mögliche Verfilmbarkeit geschrieben. ›Die freudlose Gasse‹ diente G. W. Pabst 1925 als – freilich kaum mehr erkennbare – Vorlage für einen der filmgeschichtlich wichtigsten und erfolgreichsten deutschen Filme, in dem unter anderen Asta Nielsen, Greta Garbo und Werner Krauß mitwirkten. Die von Inflation und Hunger gezeichnete Großstadt liefert für Pabst wie Bettauer das atmosphärische Substrat.

Das Personal der ›Wiener Romane‹ sind Schieber und Verbrecher, Kokotten und Inflationskönige, heruntergekommene Offiziere und Mädchen, die eine völlig gewandelte Welt nicht in der Unschuld beläßt, in der sie am Ende der Geschichte glücklich den Bund fürs Leben schließen könnten. Selbst in dieser als trivial bezeichneten Literatur ist die moralische Beständigkeit als unbefragte Voraussetzung problematisch geworden.

Bettauer gerierte sich vorzugsweise als Anwalt jener Mädchen, die zum Opfer der Zeitläufte wie auch eines starren Moralkodex wurden. Sein Held ist der weltgewandte Journalist, der mit detektivischem Spürsinn alles ins rechte Lot bringt. Als Herausgeber einer erotischen Wochenschrift versuchte Bettauer sich als Sexualaufklärer und erntete damit auf der einen Seite Bewunderung, auf der anderen vehemente Ablehnung. Mehr noch als sein literarisches Werk beschäftigte die Zeitgenossen sein Tod: Ein damals einundzwanzigjähriger Zahntechniker namens Otto Rothstock, der in Verbindung mit deutschnationalen Kreisen stand, verübte im März 1925 ein Attentat auf Bettauer, an dessen Folgen er wenig später verstarb. Der Attentäter gab an, er habe die Jugend vor diesem Verführer schützen wollen. Der Kommentar von Rudolf Olden trifft in das Zentrum der politischen Problematik dieser Tat: »Daß es in Deutschland Erzberger und Rathenau waren, die der Hakenkreuz-Feme zum Opfer fielen, in Österreich aber Bettauer: das ist ungemein charakteristisch für die Verschiedenheit beider Länder ⟨...⟩. Bettauer, der als Gegner ermordet wurde, stand mit der Politik nur in losester Verbindung. Trotzdem ist das der erste politische Mord in Deutschland gewesen.«[20] Die widersprüchlichen Pressestimmen zum Attentat zeigen beklemmend anschaulich die politischen Kontroversen, in deren Spannungsfeld die Literatur dieser Zeit zu lesen ist: Zwar wurde die Tat meist verurteilt, doch ist nicht selten auch der Vorwurf nach dem Motto nicht der Mörder, sondern der Ermordete sei schuldig, aus diesen Schriften zu vernehmen. Er sei ein Opfer der Geister geworden, die er rief, hieß es auf der liberal-konservativen Seite. An seinem Tod trügen die katholischen Politiker Mitschuld, die gegen Bettauer gehetzt hätten, war in den sozialdemokratischen Blättern zu vernehmen. Für die Nationalsozialisten wurde Bettauer zur Symbolfigur jüdischer Schmutzliteratur. ›Der Fall Bettauer. Ein Musterbeispiel jüdischer Zersetzungstätigkeit‹ nannte Alfred Rosenberg 1925 ein Pamphlet, in dem er den Attentäter pries, da er nur das getan habe, »was Hunderttausende von Müttern dem Versucher ihrer Kinder gewünscht haben«, und in der nationalsozialistischen Wanderausstellung ›Der ewige Jude‹ wurde Bettauer noch 1938[21] als der ›Vater der erotischen Revolution‹ apostrophiert. Schon der Skandal um die Aufführung von Schnitzlers ›Reigen‹ (1921) in Wien und Berlin ist ein Indiz für ein Klima, in dem das Sprechen über Sexualität und Gesellschaft keinesfalls von jenen Zwängen befreit war, die es vor dem Krieg einengten;

Schnitzlers Szenenfolge wurde als ›Sautanz‹ bezeichnet, und antisemitische Agitation wähnte in der Polemik gegen Autoren wie Schnitzler und Bettauer reichlich Nahrung zu finden.[22]

Für viele Auseinandersetzungen sorgte Bettauers Roman ›Die Stadt ohne Juden‹, ein, wie es im Untertitel hieß, ›Roman von übermorgen‹ (1922). Darin müssen auf Antrag der Christlichsozialen die Juden Wien verlassen; aber gerade das, was sich die Antisemiten erhofft hatten, nämlich die ökonomische und moralische Gesundung Wiens, und das heißt in diesem Falle Österreichs, erfolgt nicht. Im Gegenteil: Mit den Juden fehlen nicht nur die gewandten Intellektuellen und kreativen Künstler, sondern auch die fähigen Liebhaber und vor allem die geschickten und finanzkräftigen Wirtschaftstreibenden. Eine burleske Ereignisfolge führt dazu, daß die Christlichsozialen im Parlament überstimmt werden und die Juden wieder nach Österreich zurückkehren dürfen; selbst jene, die vorhin an der Vertreibung der Juden mitgewirkt hatten, begrüßen die Heimkehrer begeistert. Erfreuliche Konsequenz – die österreichische Währung steigt. Die politische Realität der Nazizeit wird vorweggenommen, allerdings in der Form der lockeren Satire, und es ist bemerkenswert, wie zutreffend einerseits der spezifisch österreichische, und im besonderen christlichsoziale Antisemitismus erfaßt wird, wie aber andererseits durch die karikaturistische Strichführung der brutale Umgang mit einem Vorurteil verharmlost wird, das in weiterer Konsequenz zum Holocaust führte. Bedenklich ist ferner, daß Bettauer mittelbar gerade die antisemitischen Vorurteile bestätigte, gegen die er sich satirisch zu wenden glaubte. Indem durch den Abzug der Juden eben alle jene im Pressewesen und in der Industrie fehlten, die die Macht hatten und zu ihr befähigt waren, stützte er die Auffassung, die die Verelendung des Volkes just jenem Monopol zuschrieb, dessen sich die Juden durch eine Verschwörung versichert hätten.

So wenig Bettauers Romane auf Grund ihrer literarischen Gestaltung zu überzeugen vermögen, so sehr sind sie doch als Zeitdokumente von unvergleichlicher Aussagekraft. In oft simpler, allzu griffiger Gestaltung werden jene Krisen vorgeführt, die das politische Leben der Ersten Republik und damit auch deren Literatur bestimmten. Wien, der Wasserkopf, wo mit annähernd zwei Millionen fast ein Drittel der Gesamtbevölkerung Österreichs lebte, ist das Zentrum der Krisen, und Wien ist – für die erste Hälfte der zwanziger Jahre – für die Autoren der Ort, an dem die sich in vitro die Konflikte der Nachkriegszeit darstellen lassen, vor allem der Konflikt zwischen Reaktion und Fortschritt. Bettauer selbst stand – ohne sich allerdings der Mühe eingehender Argumentation zu unterziehen – auf Seiten der um eine fortschrittliche Stadtverwaltung bemühten Sozialdemokratie. Doch auch bei ihm findet sich der sentimentale Rückbezug, wie er auch in der Schlagertexten beschworen wird. Im Finale des Romans ›Der Kampf um Wien‹ wird die Stadt als »Kronjuwel« bezeichnet, um den sich »Sklaven ⟨!⟩, Magyaren, Monarchisten und Republikaner, beutegierige Reaktion und wilde Anarchie«, streiten würden, weil sie alle wüßten, daß »nur wer Wien hat, Herr von Mitteleuropa sein kann«. Der Kampf um Wien, in den der Held, ein junger und reicher Amerikaner, mit seinem Vermögen eingreifen sollte, würde erst beginnen.[23] Die Rettung Wiens durch ausländisches (amerikanisches) Kapital, oder dessen Bedrohung durch ungarische Spekulanten gehört zum Motivinventar der meisten Wiener Romane. Signifikant für Wien als Ort des Verderbens ist der Titel des Romans ›Gespenster im Sumpf‹ (1920) des aus dem Sudetenland stammenden deutschnationalen Vielschreibers Karl Hans Strobl. Wien ist der Sumpf, und in dieser negativen Utopie (Handlungszeit etwa 1950) wird die versunkene Metropole von einst von einem Klüngel mit dem bezeichnenden Namen ›Die rote Hand‹ regiert; die verarmte Bevölkerung, die Erdfresser, balgen sich um die Lebensmittel, die auf einem von der Außenwelt abgeschickten Floß zu haben sind. Am Ende steht die Katastrophe, in der der Untergang Wiens dem Untergang der Welt gleichgesetzt wird.

Es dominiert das apokalyptische Wort- und Bildmaterial; das herausragende Beispiel dafür ist der Epilog ›Die letzte Nacht‹ von Karl Kraus' Drama ›Die letzten Tage der Menschheit‹. Der Schauplatz ist von Gespenstern und Dämonen bevölkert; die Zerstörung der Realität des Habsburgreiches führt, auch wenn seit langem erwartet, zur Dauerstörung des Realitätsbezuges. Karl Kraus in dem Gedicht ›Wien‹:

Moderluft erfüllt die Gasse,
denn es leben nur Gespenster.
Um zu atmen, rat ich, lasse
schleunig schließen alle Fenster.«[24]

»Wien weint hin im Ruin« – so setzt ein Anti-Hymnus von Albert Ehrenstein ein: Das Elend von heute ist die Strafe für den legendären Hedonismus von einst; pathetisch wird das Gegenstück zur Großstadt beschworen: »Ahnet ihr nicht das Heilige: Land!« heißt es darin mit mehrdeutigem Wortspiel, zugleich auch ein deutlicher Hinweis darauf, daß die mögliche Regeneration aus dem ländlichen Bereich kommen müßte.[25]

3. Zwei Städte: Salzburg und Wien

Daß Hugo von Hofmannsthal und Max Reinhardt ab 1920 Salzburg und nicht Wien zum Schauplatz wählten, um ihre Festspielidee zu verwirklichen, ist auch im Zusammenhang dieses Antagonismus zu sehen, der in der Barockstadt Salzburg die Tradition eher geschützt sah denn in der Metropole Wien. Der Gegenwart sollte durch die mittelalterlich-barocke Allegorie das Bild einer Ordnung entgegengehalten werden, die sich in der wie natürlich gegebenen Ständehierarchie des ›Salzburger Großen Welttheaters‹ (1922 uraufgeführt) ausdrückt, in die sich der König, der Bürger, der Bauer und zuletzt auch der Bettler einfügen lassen.[26] Noch klarer wird das politische Programm in Max Mells ›Apostelspiel‹ (1924 uraufgeführt, 1928 bei den Salzburger Festspielen), in dem die naive Frömmigkeit eines Bauernmädchens zwei Raub und Mord planende Gesellen von ihrem Vorhaben abzuhalten vermag. Und da einer von den beiden einen »gelbbraunen russischen Militärmantel trägt«, konnte dem Publikum die antibolschewistische Pointe schwerlich verborgen bleiben. Mells Antwort auf die neue Zeit kleidet sich rustikal und spricht in Knittelversen.

Feste und Feiern dienten in der Zwischenkriegszeit der Festigung der sozialen wie nationalen Identität, hüben wie drüben. Die Wiener Sozialdemokratie hatte auch ihren Festkalender, in dem – und darin ist die Parallele zu Hofmannsthals Salzburger Festspielidee zu sehen – die Allegorie zum wichtigsten Mittel des ideologischen Transfers wurde. Die Intention ist der von Mells ›Apostelspiel‹ gerade konträr. Statt der ländlichen Kleinräumigkeit einer Bauernstube wird das 1931 eröffnete Wiener Stadion gewählt, in dem zum Beispiel eine vom Reinhardt-Schüler Stefan Hock inszenierte Geschichte der Klassenkämpfe vorgeführt wurde, die mit dem anschaulich vorgeführten Sturz des Götzen Kapital endete. Solche mit massiven Suggestionen operierenden Demonstrationen sollten das Selbstbewußtsein der Arbeiterschaft steigern und das Gefühl vermitteln, daß damit der Anschluß an die Kulturtradition in einer für den Proletarier vertretbaren Weise erfolgt sei. Die Massen wurden in Bewegung gesetzt, und die Ähnlichkeit der nationalsozialistischen Massenveranstaltungen mit den perfekt organisierten Feiern der Sozialdemokraten ist nicht nur als eine tragisch-ironische Koinzidenz zu bewerten, sondern auch durch das jeweilige Konkurrenzverhalten sowie durch die nachweisbare Abhängigkeit erklärbar.[27] Im Festspiel war es möglich, über den realen Machtverlust und die in den dreißiger Jahren immer bedrohlichere Lage der Sozialdemokratie hinwegzutrösten und zumindest für die Dauer der Feier den Alltag vergessen machen.

4. Inflation der Werte und Gefühle

Wenn sich die Sozialdemokratie auf Traditionen berief, so legte sie verstärkten Wert auf deren internationalen Charakter. Der Kampf der Arbeiterschaft wurde als ein weltumfassender Prozeß verstanden, in dem die spezifisch österreichische Situation keine dominante Rolle spielte. Daß die Gegenwart mit den Werten der österreichischen Kulturtradition nicht umzugehen wisse, ist der Grundtenor der konservativen Literatur. Ausgerechnet in einem Schlagertext bemüht sich ein Autor Beda (das ist Fritz Löhner), der zuvor blutige Kriegsgedichte geschrieben hatte, elegisch das zu beschwören, was den Glanz Wiens dereinst ausgemacht hätte:

Und wieder geh' ich durch die engen Gassen,
wo scheu geduckt die alten Häuser steh'n;
die Biedermeierhöfe sind verlassen,
die kleinen Fenster trüb herniederseh'n.
Zwei müde Weiblein steh'n auf der Pawlatschen
mit Einkaufstaschen, die so mager sind
wie ihre Wangen, seufzen schwer und tratschen;
beim Brunnen spielt ein bleiches Wiener Kind.
Da hält ein Werkel vor dem alten Haus,
ganz leise lockt ein Lied vom Johann Strauß,
und wie ein Leuchten aus versunkner Welt
der holde Klang das trübe Bild erhellt.

Noch rauscht der Wienerwald auf sanften Hügeln,
noch blüht der Wein, wo einst Beethoven schritt;
noch klingt Musik auf zarten Elfenflügeln,
und tausend junge Herzen singen mit.
Doch nagt das Heut', wo man fürs Morgen borge,
ums goldne Kalb tanzt man im fremden Takt;
die Armut reicht die Hand der Mutter Sorge,
und magre Kinderfüßchen trippeln nackt.
⟨...⟩

Refrain:
Wien, Wien, Wien sterbende Märchenstadt,
die noch im Tod für alle ein freundliches Lächeln hat.
Wien, Wien Wien, einsame Königin im Bettlerkleid,
schön auch im Leid bist du, mein Wien![28]

»Ums goldne Kalb tanzt man im fremden Takt« – diese Zeile ist beispielhaft für die Verquickung von ökonomischen und ästhetischen Momenten. Die verhängnisvolle Verbindung von Jazz und Vergötzung des Geldes bedroht das Eigene. Der fremde, hastige Rhythmus und die unheimliche Beschleunigung der Inflation stehen offenkundig in Analogie zueinander. ›Jazz‹ (1924) war auch der Titel eines Romans von Felix Dörmann, dessen frühe Gedichte für die Dekadenz des Jung Wien repräsentativ waren. Nun operiert er mit dem Figureninventar des Wiener Romans; Jazz ist das Zeichen des Verfalls, dessen Opfer die vornehme Wiener Gesellschaft wird. In der Inflationszeit ist der Körper der jungen Frauen oft der einzig stabile Wert, und die erfolgreichen Glücksritter lassen sie tanzen, um so ihr Prestige und ihr Vermögen zu vermehren.

Von den hier genannten Themen zeigten sich die anderen Autoren des Jung Wien – zumindest nach außen hin – unberührt. Aber auch Hofmannsthals Opernlibretto ›Arabella‹ (1929) handelt von einem solchen Ehekontrakt, in dem es um die Sanierung der Finanzen durch die Veräußerung der Tochter geht. Ähnlich verhält es sich in Arthur Schnitzlers Novelle ›Fräulein Else‹ (1924); zwar spielt die Geschichte eindeutig um die Jahrhundertwende, doch auch hier soll die Heldin den Vater vor der drohenden Verhaftung retten, indem sie einen reichen Kunsthändler um Geld angeht. Dieser verlangt als Gegenleistung, daß sich Else vor ihm nackt zeigt; wieder muß der weibliche Körper das Äquivalent für den Geldeswert, der in dieser Geschichte in der alten stabilen Guldenwährung übrigens unglaublich hoch ist, abgeben. In Elses Reaktion sind Verzweiflung und Aggression kombiniert: Einerseits ein Selbstmordversuch durch die Einnahme von Veronal, andererseits entkleidet sie sich vor den Gästen in der Hotelhalle, um so die sinistren Absichten des Kunsthändlers durch Entblößung bloßzustellen und ihn um den privaten Genuß zu bringen. Die in den Wiener Romanen meist offen daliegenden Klischees, die sehr wohl ihr fundamentum in re in der ökonomischen Situation der Zeit von 1918 bis 1925 haben, sind in dieser Geschichte Schnitzlers präzise zu den sozialen Determinanten des Verhaltens eines jungen Mädchens transformiert, dem die Selbstbestimmung, so sehr sie auch danach verlangt, durch die wirtschaftlichen Voraussetzungen, die zu Lasten der Eltern gehen, verwehrt ist. Für ›Fräulein Else‹ hat Schnitzler die Form des inneren Monologs gewählt. Obwohl der Leser dadurch auf die höchst subjektive und auch notwendig eingeengte Wahrnehmungsform der nervösen und narzißtischen Hauptfigur festgelegt wird, entsteht doch just durch die genaue Wahrnehmung im Detail ein kohärentes Bild der bürgerlichen Gesellschaft und ihrer Reaktionsmuster unter dem Druck der drohenden Pauperisierung. Mag das Verdikt, Schnitzler hätte sich von der Vergangenheit und im besonderen von seiner Zeit, der Jahrhundertwende, nicht lösen wollen, für die Stoffwahl seines Spätwerks durchaus zutreffen, so scheint es doch auch legitim, das Spätwerk im Kontext der sozialen Entwicklung nach 1918 zu lesen. Nicht zuletzt ist die Wahl der weiblichen Erzählperspektive aufschlußreich. Auch in ›Therese. Chronik eines Frauenlebens‹ (1929) wird ein weiblicher Lebenslauf in katastrophal absteigender Linie in strenger Bindung an die Perspektive der Hauptfigur erzählt, so daß der Leser mit dieser auch zum Opfer jener Täuschungsmanöver wird, die den Untergang Thereses mitverschulden. Auch wenn diese Geschichte noch in der Monarchie spielt, so paßt sie durch die Wahl der Motive und die höchst sachliche und von Mal zu Mal mehr die Ornamente abstoßende Erzählweise auch in sozial- wie stilgeschichtlicher Hinsicht in die Endphase der zwanziger Jahre.[29] Mochten Schnitzler und Hofmannsthal sich den im engeren Sinne aktuellen Themen verweigern, so reagierten sie doch sehr sensibel auf die Veränderungen, die empfindlich jene individualistischen Konzepte bedrohten, mit deren Hilfe sie zwar die feinsten seelischen Nuancen festzuhalten verstanden, zugleich aber die Verbindlichkeit sozialer Probleme zu eskamotieren vermochten.

Ungescheut verwendet auch Ödön von Horváth in seinem Volksstück ›Geschichten aus dem Wiener Wald‹ (1931) jene Klischees, denen der Wiener Roman verpflichtet war. Allerdings – und dies ist ein gravierender Unterschied etwa zum Verfahren eines Hugo Bettauer – macht er die Klischees als solche bewußt, indem er zeigt, daß die Figuren ihnen so lange nicht entrinnen werden, solange sie diese benötigen, um nach ihnen ihr Leben zu modellieren. Auch hier steht das Schicksal einer jungen Frau im Mittelpunkt; Marianne, die Tochter eines kleinbürgerlichen Gewerbetreibenden, möchte sich emanzipieren und schlägt die vom Vater vorgesehene Verbindung mit einem Fleischhauer (Metzger) aus, bloß um sich einem Filou in die Arme zu werfen. Mit dieser Handlung will sie das Klischee überlisten, dessen Opfer sie zu werden fürchtet, ohne zu ahnen, daß die Spontaneität ihrer Entscheidung Teil eines anderen und noch verhängnisvolleren Klischees ist. Da diese Verbindung schief geht, muß Marianne, der eine Berufsausbildung versagt blieb, sich den Lebensunterhalt damit verdienen, daß sie ihren Körper zur Schau stellt. Statt autonom über sich zu bestimmen, wird sie zur Ware; ihr wird alles genommen, zuletzt auch ihr kleines Kind, das durch eine bösartige Aktion der Großmutter ihres Freundes aus dieser Welt geschafft wird. Ihr bleibt zuletzt nichts übrig, als sich dem Fleischhauer förmlich auszuliefern. Das bitterböse Happy End dieses Stückes zeigt an, daß die junge Generation zum Opfer der älteren wird: Die Überschreitung der Normen wird bestraft; die Chance auf eine Verwirklichung von Utopien in einer neuen Gesellschaft ist schon durch die ältere verwirkt.

Horváths Volksstück liegt zeitlich bereits nach jener Periode, in der die Wiener Romane Konjunktur hatten. Die überraschend vielen Übereinstimmungen in der Handlungsstruktur (besonders mit Felix Dörmanns ›Jazz‹) beweisen indes, daß diese Handlungsmuster nach wie vor Gültigkeit besaßen. Horváth hat nur die gesellschaftliche Ebene parallel verschoben. Aus der niederen Aristokratie und dem Großbürgertum bei Schnitzler und Dörmann wird bei ihm konsequent das Kleinbürgertum.

Es dominieren jene, die sich durch das Geld die Macht sichern konnten. Der Kunsthändler in ›Fräulein Else‹ und der Fleischhauer in ›Geschichten aus dem Wiener Wald‹ sind beide Repräsentanten einer neuen Plutokratie, die aus dem Konkurs der anderen Kapital zu schlagen vermochten.

Der Wiener Roman und jene Texte, die ihm weitgehend verwandt sind, kennen kaum Konzepte, die aus den dargestellten Krisen herausführen könnten. Selbst die damals weltweit anerkannten kommunalpolitischen Erneuerungen in Wien auf dem Sektor des Wohnungswesens, der Gesundheits- und Bildungspolitik finden in die Literatur so gut wie keinen Eingang. Viel eher geht es darum, Wiens attraktive Besonderheit von seiner Geschichte her zu sichern oder deren Verlust drastisch darzustellen. Für die Literatur scheint in den zwanziger Jahren Österreich so gut wie identisch mit der Hauptstadt; allmählich jedoch formieren sich auch jene Kräfte, die schon früher mit dem überheblichen und dekadenten Wien ins Gericht gegangen waren. In einer weitausladenden Allegorie vergleicht 1924 der Kärntner Friedrich Anton Perkonig Wien mit einer Mutter, die in ihrer eitlen Schönheit ihre Kinder, die Bundesländer, vergessen habe:

> Es war einmal eine Mutter, die hatte schöne Kinder, aber sie liebte sie nicht sehr. Immer auf den eigenen Prunk bedacht, immer ein wenig verliebt in sich und auf sich besonnen, weil ihr Leben so vielfach und vielfältig erfüllt

war, sah sie nicht neben sich aufwachsen, was neben ihr entstanden war. Sie nährte und gab, aber wie eine schöne Mutter nun schon manchmal sein kann: weil sie nicht wollte, daß die Kinder neben ihr schöner oder auch nur gleich schön sein sollten ⟨...⟩, verleugnete sie ihr eigenes Blut, ja, verkürzte es nicht selten in seinen Rechten. ⟨...⟩ Wien, das amtliche Wien, aber auch das andere, das mit den Dingen der Schönheit und Gegenstofflichkeit befaßte, muß wissen, daß es gleichfalls zu dienen hat.[30]

Mit dieser Kontroverse ist nicht nur eine thematische Konstante vorgegeben, sondern auch das zentrale Motiv eines Kulturkampfes, der bis in die Gegenwart hinein ausgetragen wird.

Die Literatur hält in ihrer Retrospektivität ein Bild Wiens fest, das nicht der urbanen Gegenwart entspricht, sondern Trostbilder aus der Vergangenheit oder Schreckbilder aus der Gegenwart zitiert. Nicht das komplexe Ineinander eines großstädtischen Kosmos – wie etwa in Döblins ›Berlin Alexanderplatz‹ – wird zum Substrat der Romane; das Szenario sind idyllische oder antidyllische Stadtparzellen, in denen, resistent gegenüber jeder historischen Veränderung, die für Wien unverwechselbare Atmosphäre konserviert erscheint. Musils ›Mann ohne Eigenschaften‹ spielt zu Beginn ironisch mit dem Verhältnis von Besonderheit und Allgemeinheit der Großstadt. An dem Geräusch der Stadt würde,

ohne daß sich seine Besonderheit beschreiben ließe, ⟨...⟩ ein Mensch nach jahrelanger Abwesenheit mit geschlossenen Augen erkannt haben, daß er sich in der Reichshaupt- und Residenzstadt Wien befinde. Städte lassen sich an ihrem Gang erkennen wie Menschen. Die Augen öffnend würde er das gleiche an der Art bemerken, wie die Bewegung in den Straßen schwingt, beiweitem früher als er es durch irgendeine bezeichnende Einzelheit herausfände. Und wenn er sich, das zu können, nur einbilden sollte, schadet es auch nichts. Die Überschätzung der Frage, wo man sich befinde, stammt aus der Hordenzeit, wo man sich die Futterplätze merken mußte.[31]

Allerdings versetzt Musil im Unterschied zu den zuvor behandelten Wiener Romanen die Handlung zurück in das Jahr 1913 und gewährt seinem Helden Ulrich eine Zelle der gewünschten Isolation, ein »Schloßhäuschen«: »Er war vom Mond zurückgekehrt und hatte sich sofort wieder wie am Mond eingerichtet.«[32]

Mustert man die damals verbreiteten, heute aber von den Literaturgeschichten meist übergangenen Schriften unmittelbar nach dem Weltkrieg, so ergibt sich die Möglichkeit, die österreichische Literatur in ihrer Besonderheit von der Literatur der Weimarer Republik in thematischer Hinsicht abzuheben. Für andere Texte hinwiederum – also für Hofmannsthal, Schnitzler oder Musil zum Beispiel – läßt sich das Kriterium des habsburgischen Mythos differenzierter anwenden.

IV. Produktive Dauerkrise: Die österreichischen Verlage

Daß österreichische Autoren häufig in dieser Sonderrolle kaum wahrgenommen wurden, geht nicht zuletzt auf den dauernd beklagten Umstand zurück, daß es – und das trifft bereits für die Zeit der Monarchie zu – kein prosperierendes Verlagswesen gab, das die Autoren in ihrer Herkunft bereits eindeutig ausgewiesen hätte. Ursache dafür war, daß Österreich der ›Berner Convention‹ (gültig nach einer längeren Vorbereitungsphase ab 1887) nicht beigetreten war und daher die urheberrechtlichen Probleme durch eine Fülle von Einzelverträgen regeln mußte. Da dies mit großen Schwierigkeiten verbunden war, hielten die meisten Autoren ihre Werke für nicht hinlänglich geschützt. Ließen sie aber ihre Werke im Ausland verlegen, so gab es für sie immerhin die dort geltenden urheberrechtlichen Bestimmungen. Die logische Folge dieses Umstandes war die Abwanderung der meisten Schriftsteller in deutsche Verlage, was zu katastrophalen Auswirkungen auf das österreichische Verlagswesen führte.[33] Bedeutende Autoren des Jung Wien wie Schnitzler und Hofmannsthal erschienen bei S. Fischer in Berlin; L. Staackmann in Leipzig hatte mit Peter Rosegger einen der erfolgreichsten Schriftsteller seiner Epoche gewinnen können; ihm sollten später viele Autoren aus dem deutschnationalen Lager Österreichs folgen.[34] Im wesentlichen änderte sich diese Situation auch nach 1918 nicht. Renommierte Autoren wie Joseph Roth oder Robert Musil verlegten bei Gustav Kiepenheuer bzw. bei Ernst Rowohlt. Für ein exquisites Verlagsprogramm sorgte Kurt Wolff in Leipzig. Das belletristische Verlagswesen Österreichs hatte in der Ersten Republik diesen Unternehmungen nichts Gleichwertiges an die Seite zu stellen, sieht man einmal von dem 1924 gegründeten Zsolnay-Verlag ab, der auch für Autoren aus dem Ausland eine gute Anlaufstelle werden sollte.[35]

Dieser Umstand, der seine Ursache in der äußerst komplizierten Gesetzgebungsprozedur der Doppelmonarchie hatte, bestimmt bis in die Gegenwart hinein die prekäre Publikationssituation österreichischer Autoren. Der österreichische Verlag, der seinen Autoren zunächst nicht den gebührenden Rechtsschutz gewähren konnte und seine Arbeit daher zur leichten Beute anderer Verlage machte, geriet in ökonomischer Hinsicht ins Hintertreffen und konnte mit der positiven Entwicklung der deutschen Verlage nicht Schritt halten.

Nach dem Untergang der Monarchie schien sich kurzfristig eine Änderung dieser höchst beklagenswerten Situation anzubahnen. Dies scheint auf den ersten Blick außerordentlich paradox: Gerade in der Zeit der größten wirtschaftlichen Not kam es in Österreich zu zahlreichen Verlagsneugründungen, die für einige Zeit auf dem Markt mithalten und auf eine in literaturgeschichtlicher Hinsicht interessante Produktion hinweisen konnten.

Die ökonomische Ursache dieses Vorgangs, der durchaus als »Verlagsboom« angesprochen werden darf, lag in der niedrig bewerteten Krone, die das österrreichische Buch zum interessanten, weil preiswerten Ausfuhrartikel werden ließ. So kam es – ein Sonderfall in der österreichischen Wirtschaftsgeschichte, der sich 1946 bis 1948 wiederholen sollte – in der Zeit von 1923 bis 1925 sogar zu deutlichen Ausfuhrüberschüssen.[36]

Die Verlagslandschaft nach dem Krieg wurde vor allem von kleineren Verlagen mit einem ausgewählten Programm bestimmt; daß diese kaum lange geschäftlich erfolgreich sein konnten, lag auf der Hand. Einen Überblick über die einzelnen Unternehmen bietet der zweite Band des grundlegenden Werks von Murray Hall ›Österreichische Verlagsgeschichte 1918 – 1938‹, worin in alphabetischer Folge die wichtigsten Verlage und ihre Produktion charakterisiert sind. Die expressionistische Avantgarde fand in einigen dieser Gründungen ihre Heimstätte; vor allem sind hier der ›Genossenschaftsverlag‹, der ›Eduard-Strache-Verlag‹ und der ›E. P. Tal-Verlag‹ zu nennen, in denen unter anderen etwa die Schriften von Hugo

Sonnenschein (»Sonka«), Albert Ehrenstein und Georg Kulka, dem wohl radikalsten avantgardistischen Autor aus Österreich, erschienen. Die Produktion der einzelnen Verlage enthielt Werke von Autoren höchst unterschiedlicher weltanschaulicher Observanz; in den Publikationslisten sind Namen von Schriftstellern enthalten, die später ganz andere Wege gehen sollten. Eine eindeutige Zuweisung der Verlage nach stilgeschichtlichen oder weltanschaulichen Kriterien ist so gut wie unmöglich. Verbindend ist allenfalls die Neigung zu programmatischen und kühnen Texten, aus denen zumindest die Absicht, mit allen Traditionen zu brechen, erkennbar wird. Die Geschichte dieser Literatur ist – trotz aufschlußreicher Ansätze[37] – vor allem unter konsequenter Berücksichtigung des Verlags- und Zeitschriftenwesens noch zu rekonstruieren. Vorläufig liest sie sich noch als eine endlose Serie von Fall- und meist Skandalgeschichten, in der neben den gerade oben Genannten nahezu die ganze literarische Prominenz Österreichs, Karl Kraus allen voran, in höchst polemischer Aktivität bei meist unklarem Frontverlauf zu finden ist. Zu vermerken ist auch, daß diese verschüttete expressionistisch-avantgardistische Tradition späterhin für die Neo-Avantgarde in Wien nach 1950 (›Die Wiener Gruppe‹, Ernst Jandl, Reinhard Prießnitz und andere) wichtig wurde.

Die Verlagsgründungen inspirierten die Autoren zur Produktion; hier ist vor allem das ehrgeizige Projekt des Industriellen Richard Kola zu nennen, der in der Zeit von 1920 bis 1926 eine Reihe von Verlagen und Druckereien zu einem kleinen Imperium zu verbinden verstand. Allerdings bereitete der Zusammenbruch der Zentralbank der deutschen Sparkassen diesem Unternehmen ein von der Presse mit Genugtuung zur Kenntnis genommenes Ende. Der ›Anzengruber-Verlag‹ wiederum verdient wegen seiner gesellschaftspolitischen Ambitionen Interesse: Hier erschienen politische Traktate sozialreformerischen Inhalts von Rosa Mayreder, Paul Federn und Josef Popper-Lynkeus, ferner Bücher des Arbeiterdichters Alfons Petzold oder kirchenkritische Schriften des Priester-Schriftstellers Hans Kirchsteiger (›Das Beichtsiegel‹, 1924 in der 35. Auflage!).

Der Zsolnay-Verlag war das einzige Haus, das längere Zeit mit den großen deutschen Verlagen in bezug auf Produktionsvolumen und Geschäftserfolg Schritt halten konnte. Zsolnay hatte mit Franz

Werfels Roman ›Verdi‹ 1924 begonnen; Werfels Name garantierte auch den Erfolg. Später kamen noch Arthur Schnitzler, Emil Ludwig, Max Brod, Heinrich Mann und viele andere hinzu. Vor allem die Liste der Übersetzungen (Roger Martin du Gard, H. G. Wells, Henri Barbusse, John Galsworthy, Franz Molnár, Anton Tschechow) konnte sich sehen lassen. Nach 1933 geriet dieses Unternehmen, das 70 % seiner Produktion in das deutsche Reich exportierte, in Schwierigkeiten. Der Wechsel in der Autorenschaft ist deutlich: der jüdische Verleger Paul Zsolnay übernahm eine Reihe jener deutschnationalen Autoren, die zum Teil der Mannschaft Staackmanns angehört hatten, während die im deutschen Reich verfemten Autoren in der schon ab 1930 existierenden und in der Zürcher Expositur des Verlags erscheinenden Reihe ›Paul Zsolnays Bibliothek zeitgenössischer Werke‹ weiter verlegt wurden. Von Deutschland aus nahm sich Will Vesper bis 1935 mit penetranter Polemik des Zsolnay-Verlags an. Das Verhalten des Verlegers, bedacht darauf, seine Geschäftsinteressen zu wahren und sich die alten Autoren wie auch die alten Kunden zu erhalten, zugleich aber auch den deutschen Markt nicht zu verlieren, ist ein fragwürdiges, für die immer undurchsichtiger werdende Situation in den dreißiger Jahren allerdings sehr kennzeichnendes Doppelspiel.

Eine eindeutige Haltung für die nach 1933 in Deutschland verbotenen Autoren findet sich bei den Verlagen selten; Österreich ist (sehr im Unterschied zu den Niederlanden) so gut wie gar nicht zum Exilland für antinationalsozialistische Verlage geworden. Zu verweisen wäre jedoch auf einige Unternehmungen: Gottfried Bermann-Fischer, S. Fischers Schwiegersohn, gründete 1935 eine Niederlassung in Wien, die 1939 geschlossen wurde. In ihr hätte der dritte Teil von Robert Musils ›Mann ohne Eigenschaften‹ erscheinen sollen. Der Gsur-Verlag bemühte sich um eine strikt antinationalsozialistische Linie; bei ihm erschien zum Beispiel 1935 Walter Mehrings Roman ›Chronik einer deutschen Sippe‹ und Hermynia Zur Mühlens ›Unsere Töchter die Nazinen‹ und 1936 Lyrik von Theodor Kramer (›Mit der Ziehharmonika‹). Die deutsche Gesandtschaft protestierte gegen Hermynia Zur Mühlens Buch, das in der Folge von den ständestaatlichen Behörden mit der Begründung beschlagnahmt wurde, es handle sich dabei um kommunistische

Propaganda, die sich als antinationalsozialistisch tarne.[38] Nach Murray Hall ist der von dem Linkskatholiken Ernst Karl Winter inspirierte Gsur-Verlag das »einzige Experiment mit der Autarkie, und er ist damit nicht an Marktzwängen, sondern an den österreichischen politischen Verhältnissen gescheitert«[39]. Herbert Reichner entfaltete in den Jahren von 1933 bis 1938 eine erstaunliche Aktivität; er war um die bibliophile Ausstattung seiner Bücher bemüht. Zu erwähnen ist, daß er die Schriften Stefan Zweigs von Insel übernommen hatte und noch Werke von Felix Braun, Alexander Lernet-Holenia und Hermann Broch brachte.

In der Zeit des Ständestaates hatten die österreichischen Verleger noch mit einer anderen Schwierigkeit zu kämpfen; Deutschlands Wirtschaftsminister dehnte die Exportförderung auf die Bücher aus, was zu einer Preissenkung von 25 % führte. Dieses Dumping – das auch als ein besonders geschickter Schachzug des Propagandaministeriums unter Goebbels zu werten ist – spaltete in Österreich die Interessen der Sortimenter und der Verlage; jenen brachte die Preissenkung billige Bücher ins Haus und versprach eine Umsatzsteigerung, diese wiederum waren vollends konkurrenzunfähig geworden, weil sie Bücher gerade auf dem Sektor der billigen Textausgaben in keinem Fall so kostengünstig herstellen konnten.[40] Diese Wirtschaftsmaßnahme bedeutet das Ende für jegliche ökonomischen Autarkie-Bestrebungen des österreichischen Verlagswesens; zum Unterschied von der Schweiz antwortete dieser Propagandamaßnahme in Österreich keine wirksame Gegenoffensive, so daß nicht nur die Verlage, sondern auch alle jene, die von der Verlagsproduktion abhängig waren – Buchdrucker, Graphiker usw. – in Mitleidenschaft gezogen wurden. Nicht zu übersehen ist auch der propagandistische Wert dieser Maßnahme, der durch das billige Buch in der öffentlichen Meinung das Prestige reichsdeutscher und im besonderen nationalsozialistischer Kulturarbeit steigen ließ.

Die Geschichte des österreichischen Verlagswesens zwischen den beiden Kriegen ist die Geschichte einer nicht abreißenden Kette von Niederlagen und unglücklichen Entscheidungen. Initiativen wurden schon im Beginn abgetötet; die Förderung durch die öffentliche Hand war kaum nennenswert. Jene Verlage, die bereits durch ihre Publikationen den Nationalsozialisten in die Hände gearbeitet hatten (Leopold Stocker, Adolf Luser), mußten sich – und das ist nur ein schwacher Trost – nach dem Anschluß genaue Kontrollen durch Berliner Stellen gefallen lassen.

Der Schlußstrich unter das Kapitel ist die Arisierung jüdischer Buchhandlungen und Verlage, darunter renommierter wissenschaftlicher Verlage, wie etwa des Unternehmens Moritz Perles, in dem die ›Wiener Medizinische Wochenschrift‹ erschien, ein beschämender Vorgang, der erst in den achtziger Jahren das Interesse der Historiker mit der nötigen Eindringlichkeit beschäftigt hat und an dessen Konsequenzen das österreichische Verlagswesen noch heute zu tragen hat.

Die komplexe Situation österreichischer Autoren resultierte wesentlich daher, daß diese darauf angewiesen waren, sich zunächst bei den deutschen Verlagen und dann auch beim deutschen Publikum durchsetzen zu müssen. Zum anderen geht aus der Verlagsgeschichte hervor, daß sie von dort aus sehr wohl als Österreicher und zeitweilig auch als Ostmärker wahrgenommen wurden und so ihre nationale Identität durch diesen Umstand schärfere Konturen gewann. Zur Beschreibung der Besonderheit der Literatur aus Österreich ist die Einsicht gerade in dieses Kapitel der Institutionengeschichte unabdingbare Voraussetzung.

V. Statistik und Literatur

Die Auffassung, die österreichischen Autoren wären nach 1918 vor allem der ›Welt von gestern‹ zugewandt gewesen, hat dazu geführt, daß zahlreiche Versuche, kulturelle und literarische Arbeit neu zu definieren, kaum in den Lichtkegel der Betrachtung kamen. Die zuvor angesprochenen Versuche jener Autoren, die meist als Avantgardisten oder Expressionisten bezeichnet werden, erreichten kaum eine größere Leserschicht. Die Massen der Arbeiterschaft auch mit bildungspolitischen Maßnahmen zu erreichen, war eines der wichtigsten Ziele der sozialdemokratischen Partei Österreichs. Allerdings läßt sich hier durchaus nicht von einem einheitlichen Konzept sprechen. Auf der einen Seite wurde sehr wohl versucht, das bürgerliche Bildungsgut – und da stand nach wie vor die deutsche Klassik obenan – den Arbeitern nahezubringen. Dieser Tätigkeit widmeten sich auch die außerordentlich erfolgreichen Volkshochschulen, an denen manche Gelehrte von Rang lieber als an der Universität unterrichteten. Auf der anderen Seite sind die Versuche für eine grundsätzliche Neuorientierung weniger im literarischen als im wissenschaftlichen Bereich zu finden, der auch auf eine Neuorganisation des Wissenschaftsbetriebes abzielte.

Eine neue Kunst für die neue Gesellschaft – diese Forderung wurde zwar des öfteren erhoben, aber der Brückenschlag zu einem auch im literarischen Sinne fortschrittlichen Verfahren fand so gut wie gar nicht statt. Als im Herbst 1919 das Burgtheater Goethes ›Iphigenie auf Tauris‹ auf Veranlassung des »Reichsbildungsamtes der Volkswehr« an fünf Abenden gab, pries ein Rezensent in einer radikal linken Tageszeitung zwar, daß der mit Arbeitern voll besetzte Saal der Aufführung hingebungsvoll gefolgt wäre, meinte aber zugleich feststellen zu müssen, daß das Publikum sich enttäuscht gezeigt hätte, weil es dem Drama nur schwer folgen konnte. Der Rezensent fordert daher für die Arbeiter Stücke mit mehr Handlung, die auf kein bildungsbedingtes Vorverständnis angewiesen wären.[41] Musik, Malerei und Literatur erscheinen bloß als Funktion im historischen Prozeß und sollen sich über diesen keine bestimmende Rolle anmaßen. Aufschlußreich ist in diesem Zusammenhang die Praxis von Karl Kraus, der mit großem Erfolg vor Arbeitern las und in der Zeit unmittelbar nach dem Krieg den Sozialdemokraten nahestand, sich aber zusehends von ihnen distanzierte und die Vermittlung der Parteiorganisation ablehnte.[42]

Das Bedürfnis der Arbeiterschaft nach zugkräftigen Lesestoffen muß ziemlich groß gewesen sein. Dies geht aus den Statistiken der Wiener Arbeiterbüchereien hervor, deren Organisation als vorbildlich galt. Auch hier zeigt sich ein deutliches Konzept: Das Angebot, nach dem auch eine große Nachfrage bestand, orientierte sich vor allem an sozialkritischer, meist realistischer und naturalistischer Provenienz; besonders beliebt waren Gorki, Zola, Rosegger, Cronin, Lewis, London, Traven und Sinclair.[43] Kennzeichnend ist die Polemik der sozialistischen Bildungspolitiker gegen Karl May, dessen Texte eben dem geforderten Realitätsbezug nicht entsprächen und verhängnisvoll die Phantasie der Leser von der konkreten

Wirklichkeit wie ein Suchtmittel ablenken würden. Daß Jugendliche auf dieses ungern verzichteten, kam ironischerweise den katholischen Bibliotheken zugute, die sich Karl May nicht nehmen ließen und somit auch jene zu ihrem Kundenkreis zählten, die sonst die Arbeiterbüchereien frequentierten.[44]

Die Akzente in der Reformarbeit lagen bei der österreichischen Sozialdemokratie nicht primär auf dem literarischen Sektor. So sehr das Bemühen um eine authentische Literatur für Arbeiter außer Zweifel steht, so wenig wurden dafür die spezifischen Voraussetzungen geschaffen, die auch für deren Unverwechselbarkeit in formaler Hinsicht gesorgt hätten. Zwei der bekanntesten Lyriker blieben gerade in diesem der Tradition verpflichtet: Von Fritz Brügel, der nach 1945 für die Tschechoslowakei politisch aktiv war, stammt das berühmte ›Lied der Arbeit‹, und Josef Luitpold Stern, Leiter der sozialistischen Bildungszentrale, schrieb Gedichte, in denen er sein aufrichtiges Engagement und seine sozialpolitischen Devisen für die Partei in ein meist klassizistisches Gewand kleidete. Der Wiener Alfons Petzold, in seinen letzten Lebensjahren als sozialistischer Gemeinderat in Tirol tätig, verfaßte mit seinem autobiographischen Roman ›Das rauhe Leben‹ (1920) das österreichische Musterbeispiel eines proletarischen Lebenslaufes aus den letzten Jahren der untergehenden Monarchie, ein Buch, das über die Parteigrenzen hinweg auf Grund der drastischen und nüchternen Gestaltung des Arbeitermilieus bei breiten Leserschichten Anerkennung fand.

Die reformatorischen Bemühungen der Sozialdemokratie sind vor allem im Bereich der Bildungsarbeit festzustellen; die vieldiskutierte und auf Grund ihres antiklerikalen Tenors von den kirchlichen Kreisen heftig bekämpfte Schulreform Otto Glöckels (sein Erlaß im Jahre 1919 suchte die Bildung auf eine neue Grundlage zu stellen) visierte eine verstärkte Betonung der naturwissenschaftlichen Fächer in der Ausbildung an. Den geisteswissenschaftlichen Aspekten und damit den traditionellen Fächern des humanistischen Gymnasiums kommt darin eher eine sekundäre Bedeutung zu.[45] Diese Akzentverschiebung zeichnete sich bereits Ende des 19. Jahrhunderts ab, als einige Naturwissenschaftler und Journalisten einschneidende Maßnahmen forderten, die vor allem auf eine Reduktion der klassischen Sprachen im Unterricht abzielten. Ein Signal für diese Tendenzen war auch die Ernennung des Physikers Ernst Mach zum Ordinarius für Philosophie im Jahre 1895, eine wissenschaftsgeschichtlich höchst bemerkenswerte Tatsache. Die philosophische Diskussion wurde auch im Namen Ernst Machs nach dem Krieg in Österreich fortgesetzt. Hinzu kam aber auch ein eindeutig ausgesprochenes sozialpolitisches Engagement. »Die nahezu rituelle Beschwörung der Vernunft als Allheilmittel für die politischen, sozialen und wirtschaftlichen Schwierigkeiten der Zwischenkriegszeit ⟨...⟩ sollte der Ansatz für eine umfassende Sozial- und Lebensreform sein.«[46]

Erwähnung verdient hier das Lebenswerk von Josef Popper-Lynkeus, eines Autodidakten, der auf der einen Seite als Ingenieur, Erfinder, Physiker und Mathematiker hervortrat, auf der anderen Seite um die Jahrhundertwende sich als Schriftsteller einen Namen machte und schon vor dem Weltkrieg durch den Gedanken, die Wehrpflicht durch die Nährpflicht zu ersetzen, ein Programm entwarf, das nach 1918 beklemmende Aktualität erhielt. In philosophischer und weltanschaulicher Hinsicht fühlte er sich seinem Freund Ernst Mach verpflichtet. Für den ›Verein Ernst Mach‹ wurde neben der empiriokritizistischen Ausgangsbasis Ludwig Wittgensteins ›Tractatus logico-philosophicus‹ zentraler Diskussionsgegenstand. Die gesellschaftspolitische Relevanz dieses Denkansatzes wurde von Otto Neurath verfochten, der als Physiker, Wirtschaftstheoretiker, Schriftsteller und während der Münchener Räterepublik auch als aktiver Politiker hervorgetreten war. Sein Konzept einer streng antimetaphysischen Einheitswissenschaft bedeutete eine radikale Umorientierung, die auch auf die breiten Massen wirken und ihnen den Zugang zum wissenschaftlichen Denken eröffnen sollte: Für jegliche Form der Erkenntnis sollte eine einheitliche Sprache gefunden werden, und als Ausgangsbasis hätte die Physik zu dienen, um dann über Biologie und Soziologie bis zu anthropologisch relevanten Fragestellungen vorzustoßen. Neben diesen theoretischen Perspektiven konzentrierte sich Neurath besonders auf die Statistik, die er als entscheidendes Mittel für den Kampf der Proletarier erachtete; um seine Thesen zu veranschaulichen, entwickelte er das Verfahren einprägsamer Bildstatistiken, die didaktisch wirksam die Bevölkerung über den Klassenkampf und die wirtschaftliche Situation aufklären sollten. Zentrum seiner Bildungsarbeit wurde das in Wien eingerichtete ›Wirtschafts- und Gesellschaftsmuseum‹; der Einblick in die Gesetzmäßigkeit weltwirtschaftlicher Prozesse sollte die Menschen von individualistischem Illusionismus abbringen und zu Erkenntnissen verhelfen, die zur Befreiung aus ihrer elenden Lage hilfreich sein könnten.[47]

Es ist verständlich, daß die streng mit den logischen Voraussetzungen der Erkenntnis befaßten Theoreme des ›Wiener Kreises‹ nur schwer in die schöngeistige Literatur Eingang finden konnten. Auch die sozialreformerischen Ideen haben kein entsprechendes Äquivalent in der Literatur. Auf ein Buch, dessen Symptomcharakter für die Erste Republik nicht hoch genug eingeschätzt werden kann, hatte indes Otto Neuraths statistische Methode nachhaltigen Einfluß. Rudolf Brunngraber, der dem Proletariat entstammte und für seinen Bildungsgang den Wiener Volkshochschulen und dem ›Wirtschafts- und Gesellschaftsmuseum‹ Neuraths verpflichtet war, erhielt von diesem eine entscheidende Anregung: Neurath verurteilte Brunngrabers im Bannkreis des Expressionismus stehenden frühen Versuche und meinte, daß der traditionelle Roman den Zeitläuften nicht mehr gerecht werde und der Schriftsteller auf wirtschaftliche und gesamtgesellschaftliche Entwicklungen mehr Rücksichten nehmen müßte. Diesem Impuls verdankt der erfolgreiche Erstling Rudolf Brunngrabers auch seine singuläre Rolle in der deutschsprachigen Literatur zwischen den beiden Weltkriegen: Der Roman ›Karl und das 20. Jahrhundert‹ (1933, recte 1932) bezieht seine Spannung aus der Inkompatibilität von weltumfassenden, durch statistische Methoden transparent gemachten Wirtschaftsprozessen und individuellem Schicksal. Sein Held, Karl Lakner, wird 1893 als Sohn eines Hilfsarbeiters und einer Waschfrau geboren. Er besucht das Lehrerseminar, ist fleißig und strebsam und findet doch keine angemessene Beschäftigung. Der Erste Weltkrieg bedeutet für ihn den Höhepunkt seines Lebens: Nach unsäglichen Strapazen gelingt es ihm, Karriere als Fliegeroffizier zu machen. Er wird hoch dekoriert, zuletzt aber schwer verwundet. Nach 1918 wird er zum Opfer der Wirtschaftskrise; ein Aufenthalt in Schweden ist nicht mehr als ein kurzes idyllisches Intermezzo. Zuletzt verdingt sich

Lakner in Wien als Modell für einen Maler und begeht nach einem Raubversuch Selbstmord. Am Ende des Romans stehen drei lapidare Zeitungsglossen: Die eine berichtet vom Selbstmord Karl Lakners, die zweite von der chemischen Zusammensetzung eines Menschen und seinem Wert auf dem Rohstoffmarkt und die dritte von einem großen Vogelsterben in Afrika, das die Gipfel eines Berges wie von Schnee bedeckt habe aussehen lassen. Dieser letzte Absatz wirkt wie eine schreckliche Vision, mit der die katastrophalen Folgen der Arbeitslosigkeit in Analogie zu einem Vorgang aus der Natur sinnbildhaft vor Augen geführt werden sollen.

Entscheidend aber ist, daß es nicht nur um die Erzählung des proletarischen Lebenslaufs geht, sondern dieser den Daten und Fakten der gleichzeitig ablaufenden Wirtschaftsgeschichte gegenübergestellt wird. Die Zahlen sprechen, während dem Protagonisten Karl Lakner im ganzen Roman keine Äußerung in direkter Rede gestattet ist. Die Motti, die Brunngraber dem Roman vorangestellt hat, sind deutliche Indikatoren für das Programm: »Die Politik ist das Schicksal (Napoleon). Die Wirtschaft ist das Schicksal. (Rathenau.)«[48] Der hier unterstellte Schicksalsbegriff soll durch die exakte Erfassung wirtschaftlicher Vorgänge gleichsam entmythologisiert werden. Doch daß die Biographie Karl Lakners nicht mit dem Gang der Wirtschaftsgeschichte vereint werden kann, liegt nicht an der Unfähigkeit des Autors, sondern daran, daß der Held zwar von ökonomischen Vorgängen abhängig ist, aber nicht dazu befähigt, diese Abhängigkeit auch zu durchschauen: »Karl kam nicht los von der Gerechtigkeit der Dinge, von seiner katholischen Erziehung und seiner Phantasie.«[49] Karl Lakner ist ein Mann ohne Eigenschaften, allerdings – und das ist der gravierende Unterschied zu Robert Musils Helden Ulrich – ist er dies nicht aus einem Überschuß an Eigenschaften, sondern auf Grund einer Umwelt, die ihm die Entfaltung seiner spezifischen Fähigkeiten verweigert. Er wird als »Bittgänger an dieser Welt« oder »kleiner Bimmerling« bezeichnet.[50] Und diese Welt erweist sich von einer Pragmatik geprägt, die dem Individuum Verderben bringt: »Eine auf Erden nie erhörte Sachlichkeit bestimmte den Gang der Dinge.«[51] Es ist angebracht, auf Grund dieser Beobachtungen Brunngrabers Roman als eines der wenigen Beispiele aus Österreich in die Nähe der damals in

Deutschland um die Neue Sachlichkeit geführten Diskussion zu rücken.

Die Spuren der im ›Wiener Kreis‹ versuchten philosophischen und politischen Theoriebildung sind in der Literatur der Zwischenkriegszeit nur schwer auszumachen. Implizit scheint auch an einer zentralen Stelle Musils Roman ›Der Mann ohne Eigenschaften‹ auf die von Otto Neurath forcierte Rolle der Statistik beziehbar. Musil – er war mit Neurath bekannt und offenbar auch über die Tätigkeiten des ›Wiener Kreises‹ im wesentlichen informiert – läßt Ulrich des öfteren über das Problem der Exaktheit nachdenken. Es gibt den »exakten Menschen«, allerdings benötigt bei Musil die Statistik und damit auch die Exaktheit im Sinne von Neuraths Einheitswissenschaft das Komplementärphänomen der Unbestimmtheit:

> »Es gibt also in Wirklichkeit zwei Geistesverfassungen, die einander nicht nur bekämpfen, sondern die gewöhnlich, was schlimmer ist, nebeneinander bestehen, ohne ein Wort zu wechseln, außer daß sie sich gegenseitig versichern, sie seien beide wünschenswert, jede auf ihrem Platz. Die eine begnügt sich damit, genau zu sein, und hält sich an die Tatsachen; die andere begnügt sich nicht damit, sondern schaut immer auf das Ganze und leitet ihre Erkenntnisse von sogenannten ewigen und großen Wahrheiten her.«[52]

Diese Polarität ist strukturbestimmend für Denken wie Handeln der Figuren in diesem Roman, und Ulrichs die Zuhörer verstörende und verblüffende Forderung nach einem »Erdensekretariat der Genauigkeit und Seele« formuliert exakt jene Ambivalenz, in die sich jeder Autor durch die Forderung nach einer möglichst genauen und alles Inkalkulable ausschaltenden Einheitswissenschaft gebracht sehen mußte. Und so wie der ›Wiener Kreis‹ in seiner Lesart Wittgensteins die Probleme der Metaphysik als Scheinprobleme denunzierte, sind auch für Ulrich alle anderen Aufgaben außerhalb dieser einigermaßen schwer zu realisierenden und doch gleichermaßen faszinierenden Institution nichts anderes denn »vorher unlösbar oder nur Scheinaufgaben«.[53] Es lohnt sich daher – auch wenn die konkreten Verbindungen nicht immer mit der gleichen Deutlichkeit nachzuweisen sind und Musil dem ›Wiener Kreis‹ doch auch eine gehörige Skepsis entgegenbrachte, den ganzen Roman auch vor der Folie dieser wissenschaftstheoretischen und erkenntniskritischen

Bemühungen zu lesen. Zwar bedenkt Musil die kompromißlosen Verfechter beider Positionen mit Ironie, doch wird nicht zuletzt dadurch ein gravierender Gegensatz greifbar, der die verschiedenen Gruppierungen auch der österreichischen Literatur bestimmbar macht.

Neben Musil ist als einziger Autor, der die neopositivistische Herausforderung durch die Philosophie aufnahm, Hermann Broch zu nennen: Er selbst hatte sich intensiv mit mathematischen Studien beschäftigt[54] und als Produkt dieser Auseinandersetzung ist auch sein Roman ›Die Unbekannte Größe‹ (1933) zu lesen, worin einem Astronomen und Mathematiker, der sich grundsätzlich an die exakten Wahrnehmungen halten will, durch die Mitteilung vom jähen Tod seines Bruders die Grenzen bewußt werden, denen seine Erkenntnisfähigkeit ausgesetzt ist. Ein geradezu mystischer Augenblick ermöglicht es, diese Wissenschaftsgläubigkeit zu transzendieren:

> Auch die Wissenschaft ist heilig, auch sie trägt die Heiligkeit des Lebens. ⟨...⟩ Doch die Heiligkeit des Todes ist die Liebe: erst Tod und Leben zusammen bilden die Ganzheit des Seins, und das Gesamterkennen ruht im Tode. Nichts Pathetisches ist darin ⟨...⟩ und eigentlich auch nicht sehr viel Religiöses.[55]

Bei Musil und Broch erhält die Auseinandersetzung mit den exakten Wissenschaften eine Funktion, die sich wesentlich auf die Positionsbestimmung des Dichters oder Schriftstellers und damit auch der Literatur selbst auswirkt. Insistiert Musil präzise auf der weitgehenden Ausschaltung von Irrationalismen und fordert mittelbar auch vom Schriftsteller genaue Kenntnis der exakten, ja auch meßbaren naturwissenschaftlichen Grundlagen in der Darstellung von Charakteren, so ist ihm doch zugleich bewußt, daß dies die Arbeit des Schriftstellers keineswegs auszufüllen vermag und das Schreiben Momente, die sich dieser genauen Beschreibbarkeit entziehen, zu fassen hat, und sei es um den Preis, sich einer antiquierten Sprache bedienen zu müssen, in der es Platz für Worte wie Liebe und Schönheit geben muß. Broch ging von der Skepsis an den herkömmlichen literarischen Verfahren aus, eine Haltung, die in seinem letzten Roman ›Der Tod des Vergil‹ bestimmend wird. Die exakten Wissenschaften dienen als Voraussetzung, aber für den Schriftsteller gewinnen in den dreißiger Jahren die Rückgriffe auf mythische Strukturen zusehends an Erkenntniswert.[56]

Auch die Entscheidung Ulrichs, ein Mann ohne Eigenschaften zu werden, hat ihr wissenschaftsgeschichtliches Pendant in der Schrift eines Autors, der dem Wiener Kreis nahestand. Edgar Zilsel analysierte die Geschichte des Geniebegriffes in zwei grundlegenden Abhandlungen (›Die Geniereligion. Ein kritischer Versuch über das moderne Persönlichkeitsideal‹, 1918; ›Die Entstehung des Geniebegriffs. Ein Beitrag zur Ideengeschichte der Antike und des Frühkapitalismus‹, 1926) und reduzierte diesen auf eine vor allem gesellschaftlich bedingte Konvention, derzufolge eher die literarisch-künstlerisch begabten Menschen und nicht die »Künstler-Ingenieure« als Genies begriffen wurden. Er baute seine Studie auf reichem Quellenmaterial auf und kritisierte die bildungsbürgerliche Instrumentalisierung des Geniebegriffes.[57] An dessen feuilletonistischen Gebrauch nimmt auch Musils Ulrich Anstoß: Nicht nur Entdecker, Boxer, Fußballer und Schriftsteller werden mit dem Attribut »genial« von den andren unterschieden, sondern auch ein Rennpferd; bei der inflationären Verwendung der Machtworte von einst offeriert sich als Ausweg der Gang in die Eigenschaftslosigkeit. Und sarkastisch verquickt Musil diese Beobachtung mit dem Problem der Genauigkeit und Meßbarkeit:

⟨...⟩ ein Pferd und ein Boxmeister ⟨haben⟩ einem großen Geist voraus, daß sich ihre Leistung und Bedeutung einwandfrei messen läßt und der Beste unter ihnen auch wirklich als der Beste erkannt wird, und auf diese Weise sind der Sport und die Sachlichkeit verdientermaßen an die Reihe gekommen, die veralteten Begriffe von Genie und menschlicher Größe zu verdrängen.[58]

Nicht nur die Ausgangspunkte der Reflexionen Musils und Brochs sind in der Nähe des ›Wiener Kreises‹ anzusiedeln; auch die Pragmatik, mit der die Besonderheit der Helden in Zweifel gezogen wird, weist auf die Reduktionen jeder über das Erkennbare hinaus gehenden Ansprüche hin. Beispielhaft ist auch der Widerruf jedes Heroismus in Brunngrabers ›Karl und das 20. Jahrhundert‹. Sowohl die Philosophie des ›Wiener Kreises‹ als auch das Menschenbild jener Autoren liegt quer zu den universalistischen Lehrgebäuden Oswald Spenglers und des österreichischen Nationalökonomen Othmar Spann, die in den zwanziger Jahren in Mode kamen und in den dreißiger Jahren nicht nur an den Fakultäten eine dominante Rolle zu spielen begannen. Wenn dem ›Wiener Kreis‹ und der Auseinandersetzung mit der Schule Ernst Machs und mit Wittgenstein heute nicht zuletzt auch auf Grund der Rezeption dieser Lehren in der angelsächsischen Welt eine hervorragende Rolle in der Geistesgeschichte eingeräumt wird, so täuscht dies über die Tatsache hinweg, daß es sich hier um eine Tradition handelt, die lange Zeit verschüttet war und deren Bedeutung wie auch historische Entwicklung sich erst in den achtziger Jahren einer jüngeren Forschergeneration erschloß.[59]

Diese Lehren waren nicht nur den Nationalsozialisten nicht genehm, sondern hatten auch im katholischen Ständestaat keine Chance für Verbreitung. Otto Neurath war 1934 in Moskau und kehrte nach den Februarunruhen nicht mehr nach Österreich zurück. Er starb 1945 im englischen Exil. Edgar Zilsel wie auch die meisten Mitglieder des ›Wiener Kreises‹ mußten Österreich 1938 verlassen.[60] Moritz Schlick, bekannt durch seine Schriften zur Ethik und Erkenntnislehre, gehörte zum politisch eher konservativen Flügel des ›Wiener Kreises‹ und war als dessen einziger Vertreter Ordinarius; er wurde 1936 im Hauptgebäude der Wiener Universität erschossen; die Motive des verstörten Attentäters, eines jungen Doktors der Philosophie, waren gekränkter Ehrgeiz und unversöhnlicher Haß auf die Lehre der Neopositivisten. Er fühlte sich von den Volkshochschulen, wo der ›Wiener Kreis‹ vorrangig vertreten war, ausgeschlossen.[61]

Auch die Literatur der genannten Autoren paßte den Nationalsozialisten nicht. Musil starb 1942 in der Schweiz, Hermann Broch kehrte nie mehr nach Österreich zurück. Rudolf Brunngrabers Roman ›Karl und das 20. Jahrhundert‹ wurde in der Nazizeit verboten. Er wurde zum Vielschreiber, der vor allem Romane aus dem Wirtschaftsleben und der Geschichte der großen Erfindungen verfaßte. Allerdings stellte er, der in der Ersten Republik deklarierter Sozialdemokrat war und sich auch nach 1945 dazu bekannte, seine Dienste – wenngleich nur für kurze Zeit – Joseph Goebbels zur Verfügung.[62]

VI. Geschichte als Argument

Der Umgang Brunngrabers mit Geschichte, die von ihm in erster Linie als Wirtschafts- und Gesellschaftsgeschichte verstanden wird, stellt den denkbar größten Kontrast zu den Bildern der Geschichte dar, mit denen deutschnationale Autoren, nicht selten – wie Robert Hohlbaum und Karl Hans Strobl – sudetendeutscher Herkunft, das Wirken großer Männer in Erinnerung riefen. In Österreich ist die Problematik des Verhältnisses zum deutschen Reich und damit auch die des Anschlusses das entscheidende und kaum zu verkennende Subthema. Karl Hans Strobls Bismarck-Trilogie (1915/1919) zielt nicht nur auf den unverhohlen bewunderten Kanzler, sondern auf den befreienden Führer, der da kommen soll. Bismarck ist weniger der Sieger von Königgrätz, sondern vielmehr der wahre Freund des deutschen Österreich. In Mirko Jelusichs vielgelesenem ›Cäsar‹-Roman (1929) ist der römische Diktator auch nicht viel mehr als ein Platzhalter für den noch namenlosen Führer. Dieser präsentiert sich als glänzender Demagoge, der mit seiner Rhetorik den handlungs- und erkenntnisunfähigen Senat austrickst und damit dem Antiparlamentarismus die historische Legitimation verschaffen will. Diese Romane erschlichen sich ihr Ansehen bei der Leserschaft unter dem Vorwand, nach genauem Quellenstudium gearbeitete farbenprächtige Bilder der Vergangenheit zu sein. Sie sind nichts weniger als das; sie sind vielmehr kaum verhüllte Kommentare zum Zeitgeschehen und politische Handlungsanweisungen. Daß Mussolini Jelusich nach Erscheinen der italienischen Übersetzung des ›Cäsar‹ in Privataudienz empfing, paßt sehr gut zu diesem Befund.[63]

Dem Leser wird durch diese Art historischer Fiktion die kompensatorische Illusion gewährt, er habe teil an großen, den Gang der Geschichte unmittelbar bestimmenden Ereignissen. Der Autor scheint den Leser auf eine Gratwanderung durch die Geschichte mitzunehmen. Das war auch das Erfolgsrezept der in dieser Hinsicht in ihrem Beispielcharakter unübertroffenen ›Sternstunden der Menschheit‹ (erste Auflage 1927) von Stefan Zweig, in denen es meist auf eine Handlung oder besser: eine kleine Fehlhandlung des Helden ankommt, der sich gar nicht bewußt ist, daß er in diesem

Augenblick als Sachwalter des Schicksals agiert, das für die Entwicklung der Menschheit auf Jahrhunderte hinaus die Weichen stellt. Geschichte wird zur Privatsache jener reduziert, die sie machen. Der Leser hat, zumindest in der Fiktion, die Chance, die Geschichte zu verändern. Ist ihm in der Realität der Gegenwart so ziemlich jede Chance, über historische Abläufe zu bestimmen, genommen, so kann er sich der Einbildung hingeben, daß er nun jenen historischen Augenblick vom Autor herauspräpariert bekommen hat, von dem aus alles anders und für das lesende Subjekt meist besser hätte kommen können.

In Bruno Brehms Trilogie ›Die Throne stürzen‹ (1931/1933) wird eine Sequenz welthistorisch bedeutender Szenen geboten, die zwar, äußerlich anspruchslos, die Chronik wichtiger Ereignisse sein will, tatsächlich aber dartun soll, wie es nur durch eine Serie von Zufällen zu den Schüssen von Sarajewo gekommen ist, so daß unvermeidlich der Eindruck entsteht, es wäre alles ganz anders gekommen, hätte der Thronfolger nicht just diese Route gewählt und wäre der Chauffeur nicht von einem hohen Beamten auf eine andere Strecke geschickt worden. Vieles liest sich so, als liefe der latente Wunsch der Autoren darauf hinaus, das Geschehene so gut wie möglich rückgängig zu machen, ein Wunsch, der verständlicherweise in der Zeit nach dem Kriege dem kollektiven Bewußtsein der Konservativen eigen war.

Viele Romane nähren die Phantasie vom Reich und hoffen, Vorarbeit für ein deutsches Reich von dieser Welt zu leisten. Als Propagandist und Agitator für das großdeutsche Gedankengut verdient Robert Hohlbaum mit seinen auflagenstarken historischen Romanen über hervorragende Persönlichkeiten besondere Aufmerksamkeit. Die Bewunderung für die großen Männer, die in der Lage waren, Geschichte zu machen, übersteigt sogar die Grenzen der Nationen: Der deutschnationale Autor sieht in Napoleon einen der Erben des Preußenkönigs Friedrich II. Der entmachtete Kaiser, der diesen verehrt, hat dessen Büste nach St. Helena mitgenommen, und so läßt der Autor seinen Helden sterben: »Napoleons Antlitz verklärt sich allmählich zur großen, erlösten Ruhe, so daß es dem Marmorbilde Friedrichs, das brüderlich verbunden auf den Toten niederblickt, seltsam gleicht.«[64] Und so scheinen einander die großen Männer aller Nationen über Landesgrenzen und Epoche hinweg zu gleichen. Diese Form des Heroenkultes ebnet das historisch Besondere einer Persönlichkeit oder einer Epoche ein und degradiert jedes Ereignis zum Exempel für das Immergleiche.

In der Konzentration auf jene Persönlichkeiten, deren Taten Geschichte gemacht hätten, unterscheidet sich dieser Typ des historischen Romans eindeutig von jenem Walter Scotts, für den nach Georg Lukács gerade der »mittlere Held« kennzeichnend ist.[65] Dieser berührt die epochemachenden Ereignisse nur tangential; der historische Roman der zwanziger und beginnenden dreißiger Jahre plaziert seine Protagonisten in das Zentrum der die Geschichte bewegenden Ereignisse. Entscheidend aber ist, daß diesen großen Helden die Durchsetzung ihrer Visionen versagt bleibt: Das Schicksal läßt sie das nicht vollenden, was sie begannen. So etwa kann in dem Roman des aus dem Banat stammenden Adam Müller-Guttenbrunn ›Joseph der Deutsche‹ (1917) Kaiser Joseph II. eben jenen Plan, das Reich durch und durch deutsch zu verwalten, nicht verwirklichen. Die Romane suggerieren, daß für die überragende Führerfigur der Boden bereitet sei und nun, vor allem nach der Niederlage im Kriege, die Stunde kommen müßte, in der endlich alle die Träume Wirklichkeit werden könnten, die die Deutschen immer schon geträumt hätten. Gerade weil die Vorsehung den Vorläufern die Erfüllung nicht gewährte, scheint diese in der Lesergegenwart überfällig. Alles war nur Vorbereitung für den Erretter. So sind die historischen Romane jener Autoren die deutlichsten Dokumente eines Messianismus, der den Erlöser Österreichs aus dem deutschen Reich erwartete. Die Transpadaner in Jelusichs ›Cäsar‹ freuen sich, daß sie nun endlich von ihm zum Lohn für ihre immerwährende Treue in das römische Reich aufgenommen werden. Mit platten und simpel dekodierbaren Botschaften machten es Autoren wie Jelusich ihren Lesern leicht, dahinter ein Modell für den ersehnten Anschluß zu erkennen.

Die argumentative Funktion, die solche Texte in den Leserschichten hatten, ist nicht zu unterschätzen. Aus der Geschichte lassen sich jene Energien beziehen, die zu einer Besserung des Status quo beitragen können. Das Schicksal erscheint als eine undurchschaubare Macht, die sich in der großen Einzelpersönlichkeit manifestiert. Daß die Vorsehung nun einmal die Tragik, deren Opfer alle großen Helden bis in die Gegenwart hinein wurden, suspendieren und das Erlösungswerk verwirklicht werden könnte, ist den Verkündigungen am Ende dieser Romane immanent.

Hält man die historischen Romane des in Prag geborenen Leo Perutz dagegen, so läßt sich zwar die tragende Funktion des Zufalls sehr deutlich nachweisen, zum anderen aber wird dort auf jede Form von Botschaft verzichtet. Als Beispiel diene dessen Roman ›Turlupin‹ (1924); die Titelfigur, ein Barbiergeselle, ist ein armer, verblendeter Narr. Auf Grund einer Serie von Zufällen verhindert er insgeheim die von Richelieu geförderte Revolution des Volkes wider den Adel; diese hätte die Einführung der parlamentarischen Demokratie bereits im Zeitalter Ludwig XIV. mit sich bringen können. Turlupin hält sich für einen Auserwählten, für ein Werk der Vorsehung, und meint, ein Adelssproß zu sein. Natürlich läßt sich auch dieses Buch wie so viele andere Werke dieser Epoche als Kunde von der mißglückten Revolution lesen. Entscheidend ist aber in diesem Kontext, daß durch den überkonstruierten Aktionszusammenhang die historischen Vorgänge jedem Erklärungsversuch zuwiderlaufen, der alles in einfaches Grund- und Folgeschema pressen möchte. Konsequent interpretiert, läuft die Geschichstauffassung Perutz' darauf hinaus, historische Vorgänge für schlechthin unerklärbar zu halten; keine Perspektive für die Zukunft wird aufgetan, kein Postament für einen zu erwartenden Führer errichtet. Von Vorsehung keine Spur; das Schicksal bedient sich eines Narren und verhöhnt so die Menschen, die an einen von ihm garantierten Weltplan glauben und mit ihm Perutz alle jene historischen Romane, die vollmundig vom Gang der Weltgeschichte zu künden meinen. Perutz' Romane, die in formaler Hinsicht konventionell wirken, und auch Brunngrabers ›Karl und das 20. Jahrhundert‹ sind als Gegenentwurf zu jener Praxis deutschnationaler Autoren zu sehen, die unter dem Vorwand, sie würden zeigen, wie Geschichte gemacht wird, tatsächlich geschichtsblind machen.

Die Debatte, die in Deutschland um den historischen Roman geführt wurde und in der die Historiker sich vor allem besorgt zeigten, daß durch die Flut der historischen Romane den Ergebnissen der Geschichtsforschung keineswegs entsprechende Bilder bedeutender Persönlichkeiten in Umlauf gesetzt würden, hat die massive und nicht explizite Botschaft dieser Texte verkannt, eine Botschaft, die auf Unterwerfung unter die Autorität der Auserwählten abzielte und letztlich Unterwürfigkeit predigte. Resigniert mußte von sozialistischer Seite zur Kenntnis genommen werden, daß sich das Geschichtsbewußtsein immer noch von der Biographie der einzelnen Individuen nährte und die größeren Zusammenhänge und die die Geschichte bewegenden gesellschaftlichen Kräfte nicht bewußt gemacht werden konnten. In der sozialistischen Zeitschrift ›Der Kampf‹ heißt es – durchaus vergleichbar mit der Kritik Siegfried Kracauers – 1929 über die biographische Mode:

> Da steht im Vordergrund all dessen, was im Rahmen der aufgewühlten Epoche gezeigt wird, in Denkmalgröße der Held, er schafft die Ereignisse und beherrscht sie, aber sie erzeugen ihn nicht. Vielleicht wird er von ihnen besiegt, aber jedenfalls bewegen sie sich einzig und allein um ihn. Die Instinkte der flüchtig Gebildeten, die in der nüchternen Gegenwart gar nicht oder nur halb oder nur vorübergehend befriedigt werden, – was war nicht in den letzten anderhalb Jahrzehnten Held, wird nicht sogar ein Mussolini, ein Hitler als Heros aufgerichtet! – sollen wenigstens für das Gewesene erlöst werden und der romantische Sinn mag sich an Führergestalten laben, von denen sich eine an die andere reiht, wie in den alten Schulbüchern die Geschichte eine Aneinanderreihung von Regierungszeiten der Könige und Kaiser war.[66]

Die solchermaßen kritisierte Biographie tritt mit dem emphatischen Anspruch auf, Wahrheit zu vermitteln. Ihre Authentizität suchte Stefan Zweig in seinen Biographien gerne durch einen vagen Verweis auf das Studium bislang ungenutzter Quellen zu behaupten; zugleich aber ging es ihm darum, durch die Organisation der Materialfülle in einem dramatischen und meist tragischen Ablauf die Besonderheit seiner Heroen und Heroinen herauszustellen. So legt er seine Biographie der ›Maria Stuart‹ (1935) darauf an, daß die Vorgänge bei der Lektüre vorzugsweise als dramatische Szenen imaginiert werden können. Der Autor geriert sich so, als würde er nach der Stoffvorgabe des Schicksals dessen Schliche durch seine Regie zur Evidenz bringen.[67] Diese Wahrheit, in deren Dienst nun die Biographie tritt, will als die Wahrheit begriffen werden, über die der offizielle gelehrte Diskurs nicht verfügt. Das Ferment, das solchen Biographien den besonderen Geschmack verleiht, ist auch ein kleiner Zusatz antijournalistischer, vor allem aber antiakademischer Polemik. Indem diese Biographien in Zielsetzung wie Stilgebung bewußt von der professoralen Manier abrücken, empfehlen sie sich als lebensnahes, unprätentiöses und doch seriöses Produkt, das dem Bildungsbedürfnis genügt, ohne daß dabei der Umweg über die strapaziöse fachwissenschaftliche Disziplin genommen werden müßte.

Solche Biographien sind das Gegenbild zur umfassenden und abstrakten Ansicht der Geschichte. Sie lassen Raum für den Leser, der an der Hand geführt wird, um an den Krisen teilzuhaben, und zwar nicht nur als unbeteiligter Zuschauer, sondern auch als einer, der diese Krise nachvollziehen kann. Das historische Präsens, in dem diese Texte fast durchgehend gehalten sind, ist das wirksamste Stilmittel, um jegliche epische Distanz aufzuheben. Daß gerade in Österreich nach dem Verlust der Machtposition in weltpolitischem Kontext solche Verfahren eine kompensatorische Rolle spielten, ist einsehbar. Zusehends konzentriert sich auch die Arbeit der Autoren auf eine Rekonstruktion der österreichischen Geschichte. Egon Cäsar Conte Corti konnte sich für seine Biographie der Kaiserin Elisabeth mit dem kennzeichnenden Untertitel ›Tragik eines einsamen Herzens‹ (1935) auf Archivmaterial berufen, das ihm auf Grund seiner adligen Herkunft eher offen stand als der bürgerlichen Historikerzunft. Obwohl Conte Corti vor allem die Dokumente sprechen läßt, sorgt deren Arrangement doch dafür, daß die Kaiserin in der Gloriole der Märtyrerin erscheint und der Leser aufgefordert wird, sich der österreichischen Vergangenheit nostalgisch zu versichern.

Doch die Hinwendung zur Geschichte erfolgte nicht nur durch die Biographie, sondern profitierte auch von der intensiver werdenden Tendenz, das antike und abendländische Erbe global vor der Barbarei der Moderne zu schützen. Diesem Bedürfnis kam Egon Friedell entgegen, dessen kulturgeschichtliche Schriften (›Kulturgeschichte der Neuzeit‹; 3 Bde., 1927–1932; ›Kulturgeschichte des Altertums‹ 1936; ›Kulturgeschichte Griechenlands‹, 1949) ihre Dynamik nicht zuletzt wie die meisten erfolgreichen Biographien auch aus einem antiakademischen Impuls beziehen, zugleich aber die

Studien der Fachgelehrten mit stupender Unverfrorenheit ausschreiben. Der Polyhistor setzt – und auf den Gegensatz zu Musil und Edgar Zilsel ist hierorts zu verweisen – noch einmal zu einer Apotheose des Genies an. In ihm wird die verhängnisvolle Aufsplitterung in Einzeldisziplinen überwunden und die große Synthese noch einmal möglich, die der Autor der Kulturgeschichte mit seinem Werk wagt, um so als gleichrangiger Interpret dem Chor der Genien aus verschiedenen Jahrhunderten gegenüberzustehen.[68] Friedell orientierte sich auch in seiner Zivilisationskritik vor allem an Oswald Spengler, und darüber hinaus noch an recht eigenwilligen, sich naturwissenschaftlich gerierenden Spekulationen wie der ›Glacial-Kosmogonie‹ Hanns Hörbigers.[69]

Weit über die engen Kreise der Fachgelehrten hinaus wirkten auch zwei an der Universität Wien tätige Gelehrte: Heinrich von Srbik und Josef Nadler. Srbik, ein Vertreter der »gesamtdeutschen Geschichtsauffassung«, war 1929/30 Unterrichtsminister und wurde 1938 sogar Mitglied des gesamtdeutschen Reichstages; Josef Nadler, der aus dem Sudetenland stammende Literaturhistoriker wiederum, wurde für die Zeit zwischen den Kriegen zum bekanntesten Repräsentanten der österreichischen Germanistik. Er war ab 1931 Ordinarius in Wien, und seine Vorlesungen erfreuten sich großer Beliebtheit. Sein mehrfach aufgelegtes Hauptwerk, die ›Literaturgeschichte der deutschen Stämme und Landschaften‹, 1929 nach ihrer Fertigstellung von Hugo von Hofmannsthal trotz mancher methodischer Vorbehalte überschwenglich gelobt (»Bedenklicher Determinismus – alles Höhere des Menschen aus seinem Niedersten entwickelt – eine Art Freudianismus – dem Bedenklichen der Zeit sehr verwandt –«[70]) ist bis heute das bekannteste Zeugnis einer Literaturauffassung, die zwar zunächst vom traditionellen Literaturkanon ausgeht, aber die Literatur und die Gesetzmäßigkeiten der Literaturgeschichte nicht von den Individuen, sondern von den verschiedenen Stämmen ableitet. An die Stelle der Einzelpersönlichkeit tritt das Stammeskollektiv, und den bedeutenden Dichtern fällt die Rolle zu, höchster Ausdruck der Eigenheiten eines bestimmten Stammes zu sein. Damit schien nationale und regionale Kontinuität über die Jahrhunderte hinweg gewährleistet, und bei Wahrung eines gesamtdeutschen Aspektes widerfuhr auch dem Partikularismus sein Recht. Für die bairisch-österreichische Stammesgemeinschaft wurde das Stichwort Barock bemüht, das in Zukunft auch des öfteren als der Generalnenner fungieren durfte, auf den alles Österreichische zu bringen sei. Mehr als dies bis dahin der Fall war, suchte Nadler die Sonderentwicklung Österreichs anhand der Theatergeschichte Wiens zu illustrieren.[71] »Barocktradition« ist auch das Schlagwort, das Otto Rommel für seine grundlegenden Studien über das Wiener Volkstheater bemühte; dadurch schien es möglich, einerseits eine für das Österreichische eigentümliche Mentalität aus der unauflöslichen Mischung von lebensfroher Diesseitigkeit und todesgewisser Jenseitigkeit in ihrer Herkunft zu benennen, andererseits eine für das Österreichische typische Kontinuität hervorzuheben, die sich weniger in der Herrschafts-, sondern vor allem in der Volkskultur erhalten hatte und mehr auf sinnliche Konkretion denn abstrakte Reflexion abgestellt war.

Zur attraktiven Wissenschaft an den österreichischen Universitäten avancierte nun die Volkskunde, die ideengeschichtliche Verfahren ablöste und auch andere Disziplinen, besonders die Germanistik, methodisch beeinflußte. Der österreichische Ständestaat förderte unbedenklich die Volkstumskunde, da sie die Eigenständigkeit Österreichs im deutschen Kulturraum argumentativ zu beweisen schien. Zum anderen war dieser Zugang für nationale Gelehrte nicht minder zu- und einträglich, da dabei von einem Begriff eines in sich geschlossenen deutschen Volkskörpers auszugehen war.

Die Orientierungslosigkeit der bürgerlichen Intelligenz nach dem Kriege führte zu einer Suche nach fixierbaren Traditionslinien, aus denen für die Gegenwart feste Normen ableitbar wären. So erklärt sich dieses immer stärker werdende Geschichtsverlangen, das sich sowohl in dem Ausbau ernsthafter Forschung wie auch in den gewagten Geschichtsklitterungen mancher Biographien niederschlug. Das beliebte Genre der Kulturgeschichte mit dem Anspruch auf universalhistorische Gültigkeit und die oft detailbesessene Leidenschaft für die Erforschung des Volkstümlichen antworten somit demselben Bedürfnis, nämlich sich der deprimierenden Gegenwart zu entziehen und für sie aus der Vergangenheit die Chance zu beziehen, allmählich zu sich selber zu kommen.

VII. Hohe Berge und starke Frauen

Der Hang zur Rustikalität und der antiurbane Affekt, der sich bereits in der von Hermann Bahr proklamierten Formel »Entdeckung der Provinz« (1892) niederschlug, ist kein Spezifikum der Zwischenkriegszeit, doch läßt sich sehr wohl die Verstärkung dieser Tendenzen vor allem in den dreißiger Jahren beobachten. Die intakte Wertewelt auf dem Land, wo ja das Kriegsende und der Zusammenbruch der Monarchie auch in ökonomischer Hinsicht gar nicht so drastisch spürbar geworden waren, wird dem von der Instabilität in wirtschaftlicher wie moralischer Hinsicht geprägten Stadtleben kontrastiert. Mit einem Anflug von Ironie charakterisiert Robert Musil diese Literatur: »Der Heimatroman geht von einer festen Tafel der Werte aus, und folgt man ihm darin, dann ist in der Tat kein Scherben so klein, daß sich nicht Gottes Sonne darin spiegeln könnte, um mich stilgerecht auszudrücken.«[72] Diesen Satz schrieb Musil mit Bezug auf den Roman ›Das Grimmingtor‹ (1926) des »ungewöhnlich begabten Fräuleins ⟨Paula⟩ Grogger«, eine Familiengeschichte aus dem oberen Ennstal, die zur Zeit der napoleonischen Kriege spielt. Dieser Roman kann füglich als der Prototyp des Genres »Bergroman« bezeichnet werden, der in der Folge in Österreich bei den Autoren wie beim Publikum Fortune machte. Die Antithese Stadt-Land läßt sich in Zukunft zumeist als Antithese Stadt-Berg präzisieren. Der Berg formt den Menschen anders, er fordert ihn und verleiht ihm damit jene Härte und Charakterfestigkeit, die ihn zum Gegenbild des naturfernen Städters machen. Zugleich wird mit dem Berg ein mythischer und im Gegensatz zum Dickicht der Städte authentischer Erfahrungsraum vorgestellt. Daß diese Literatur vorzugsweise von einem städtischen Publikum konsumiert wurde, irritierte weder Kritik noch Autoren allzu häufig. Rustikale Literatur profitierte dabei von der Aura des Exotischen und doch Nahen; das galt bereits in der zweiten Hälfte des 19. Jahrhunderts für die Rezeption der frühen Schriften Peter Roseggers im ganzen deutschen Sprachraum, und wurde von Musil auch zum Erfolg von Groggers ›Grimmingtor‹ notiert: »Wenige Eisenbahnstunden vor den Toren der Zivilisation fängt ein Land der kernigen Kuriosa an, das uns durch die Naivität der Versuche, es zum Vorbild zu machen, unverständlich geblieben ist; unsere heimischen Primitiven sind uns fremder als die der Südsee.«[73]

Wie bereits die zunächst naturalistisch, später expressionistisch gehaltenen Dramen des Tirolers Karl Schönherr wird auch der Bergroman das Refugium für jene Menschen, die zu groß für eine depravierte Gegenwart sind. Der Südtiroler Architekt Luis Trenker, dessen üppige Produktion als Autor wie als Filmemacher sich durch die tätige Mithilfe eines Ghostwriters erklären läßt, suchte auch durch die Tätigkeit als Bergsteiger den Lesern seine Ideale vorzuleben, wobei Frömmigkeit und Naturverbundenheit die Kombination oft schwer versöhnbarer Momente wie Geschäftserfolg, Vitalität und Moral zu garantieren scheinen[74]; Katholizität wiederum sicherte auch den problemlosen Übergang vom nationalen Engagement in der NS-Zeit in die Ära des Wiederaufbaus.

Daß die österreichische Heimatliteratur nicht durchgängig der völkisch-nationalen Literatur eingemeindet werden darf, geht aus dem oft prekären Bezug zum Katholizismus hervor, der für die einen die unumstößliche, für die anderen wieder die bedauerte Voraussetzung ihres Denkens und Schreibens war. Die Grenze geht, wie an dem zunächst als skrupellosen Knut-Hamsun-Imitator kritisierten Karl Heinrich Waggerl beobachtet werden konnte, oft auch durch das Werk eines Autors;[75] dessen frühe Romane ›Brot‹ (1930) und ›Das Jahr des Herrn‹ (1933) spiegeln diese für die ideologische Ausrichtung der dreißiger Jahre typische Ambivalenz wider: In einem Falle die Bindung an die Scholle, im anderen die christliche Lebenshaltung als Grundlage der Weltdeutung durch eine auf dem Lande erlebte Kindheit des Unterprivilegierten.

Als der österreichische Ständestaat die Regeneration des ganzen Lebens durch ein agrarideologisches Zukunftsprogramm ins Werk setzen wollte, brauchte er für die Autoren das Konzept nicht eigens zu entwickeln, sondern konnte bereits bestehende Strukturen gut nutzen. Zugleich sollte dies aber auch ein Moment des Widerstandes gegen die nationalsozialistische Infiltration sein; daß indes das volkstümliche Element nach 1934 ein Einfallstor für die in die Illegalität abgedrängte Aktivität der Nazis sein konnte und auch die Katholizität sich nicht als verläßlich resistentes Bollwerk erwies, ist eine von der Forschung der jüngeren Zeit mehrfach hervorgehobene Tatsache.[76] Griffig hat Karlheinz Rossbacher die Konturen der österreichischen Provinzliteratur in Österreich ab Mitte der zwanziger Jahre gefaßt: »Mit dem Risiko einer Vereinfachung könnte man die Formel aufstellen: Österreichische Provinzliteratur = Provinzkunstprogramm der Jahrhundertwende minus Antiklerikalismus plus katholischer Akzent, bei schwebender Gewichtung des volkstümlichen bis völkischen Elements mit oder gegenüber dem christlichen.«[77]

Der 1954 unter dem Titel ›Der Versucher‹ erschienene Roman Hermann Brochs, dessen erste, 1931 begonnene und 1936 fertiggestellte Fassung der Autor zweimal erfolglos zu überarbeiten suchte, ist ein instruktives Beispiel für seinen nur bedingt geglückten Versuch, sich auf ein damals von vielen Autoren gerne aufgesuchtes Terrain zu begeben. Dieser Roman, der nun meist unter dem Titel ›Die Verzauberung‹ bekannt ist[78], hatte während der Abfassung neben vielen anderen auch den Arbeitstitel ›Bergroman‹. Er wurde – wie denn auch der Titel der Erstveröffentlichung es nahelegte – zunächst als anitfaschistisches Werk rezipiert, das in Umkehrung der positiven Bewertung von Land und Landbevölkerung die Behexung und Verhetzung eines Dorfes durch einen Agitator unbestimmter Herkunft namens Marius Ratti darstellt. Die Parallelen zu Adolf Hitler sind zwar evident, doch ist die Zuweisung zum Typ des Antiheimatromans, der ja in der österreichischen Literatur der sechziger Jahre häufig zu finden ist, nicht so eindeutig vorzunehmen. Erzählt wird die Geschichte aus der Sicht eines Landarztes, der aus der Stadt geflohen ist, weil er deren Ordnung »nicht mehr als Ordnung, sondern nur mehr als Überdruß des Menschen an sich selbst, als ein lästiges Unwissen«[79] empfand. Ähnlich macht sich auch Marius Ratti die antistädtische und antitechnische Einstellung zu eigen, doch ist dieser dem Erzähler durch die ihm anhaftende »ungelüftete Kleinbürgerlichkeit«[80] suspekt. Das genuin Ländliche wird durch Mutter Gisson vertreten, durch die weise Frau schlechthin, die weniger zur konkreten denn zur virtuellen Opponentin des Marius Ratti wird. Allerdings gelingt es Broch nicht, die ethische Überlegenheit der Mutter Gisson so plausibel zu machen, daß die Unterschiede zur Substanz der Rhetorik, mit der Ratti seine Anhänger zusehends um sich zu scharen versteht, auch plausibel würde. Höhepunkt des Romans ist das Fest der Bergkirchweih, bei dem Marius die Regie führt und die Masse so bezaubert, daß sie ein Opfer fordert und schließlich Irmgard, die Enkelin der Mutter Gisson, die als Bergbraut im Zentrum des Festes stand, in der Verblendung von einem jungen Mann ermordet wird, der sich daraufhin selbst richtet. Dieses Opfer wird von Marius Ratti mit den Worten: »Die Erde trinkt das Blut, und rein sind wieder ihre Quellen... Kraft und Gerechtigkeit entfließen ihr wieder...«[81] sanktioniert, und auch der Erzähler wie die ganze Festmasse sind durch die suggestive Inszenierung Rattis so betäubt, daß sie zum rettenden Eingriff nicht imstande sind und so indirekt die Tat mit zu verantworten haben.

In der ersten Fassung läßt Broch das Buch mit dem Tod der Mutter Gisson und der Geburt eines Kindes enden: Der Mörder Irmgards hat mit der halbblöden Agathe ein Kind gezeugt. Und der Erzähler kommentiert: »Und es will mir scheinen, als ob mit dem Kind der Agathe eher die neue Zeit kommen wird als mit den Reden des Marius, es will mir scheinen, als ob sich in Agathens Geist die neue Frömmigkeit vorbereitet, die die Welt braucht und die sie will, und daß Agathens Kind dies einst wird verwirklichen können.«[82]

Mit diesem Schluß erweist Broch dem zeittypischen Messianismus seine Reverenz. Die Geburt eines unehelichen Kindes, das die Erlösung bringen könnte, beschließt – nach dem Muster von Vergils vierter Ekloge und christlicher Weihnachtshoffnungen – auch das Versepos ›Kirbisch oder Der Gendarm, die Schande und das Glück‹ (1927) von Anton Wildgans:

⟨...⟩ solange die Welt steht, wird immer wieder ein reines
Kindlein geboren werden, um dessen willen der Herr die
Erde so schön gemacht und den Herzen die Hoffnung gegeben![83]

Als Erlöser bleibt nur das Kind, denn alle jene, die sonst in Frage kommen könnten, sind durch ihr Tun bereits zu sehr belastet, um die erforderliche Reinheit des Wollens auch zu beweisen. Auch die erste Fassung von Hofmannthals ›Der Turm‹ (1925 fertiggestellt) schließt mit dem Auftritt des Kinderkönigs, der eine neue Ära einleiten soll. Daß Broch allerdings mit diesem Schluß der ›Verzauberung‹ nicht sonderlich zufrieden gewesen sein kann, geht schon daraus hervor, daß er das ganze Werk umschreiben wollte, allerdings ein glaubwürdiges Finale nicht finden konnte. Zum anderen ist diese vage Perspektive, die sich dem Klischee anvertraut, kennzeichnend für die Ratlosigkeit, mit der auch Broch den politischen Entwicklungen gegenüberstand. So feinsinnig auch die Motive für das Verhalten der einzelnen Figuren und die Gegensätze herausgearbeitet werden, so problematisch ist der Versuch, just durch einen Bergroman jener Weltanschauung beizukommen, die, um sich den Lesern zu insinuieren, gerade diese literarische Form mit einigem Raffinement einsetzte. Darüberhinaus war es problematisch, den Aufstieg Hitlers im großen Deutschen Reich gleichnishaft durch die Behexung eines Bergdorfes zu fassen; anstelle einer Analyse des komplexen Hintergrunds, der zum Aufstieg der Gewaltherrscher führte, und anstelle der Diagnose massenpsychologisch erklärbarer Vorgänge steht die Rückkehr zu archaischen Gesellschaftsstrukturen und mythischen Erklärungsversuchen. Der Bauernhof oder das Bauernhaus ist als Weltmodell keine taugliche Erklärungshilfe mehr.

Auch Johannes Freumbichlers Roman ›Philomena Ellenhub‹ (1937) zeigt sich an die Schemata des Heimat- und Bauernromans gebunden, auch bei ihm »spielt das Geschlecht, das Blut, der Boden, der Hof eine entscheidende Rolle, aber nicht als unrelativierbare Daseinsform, Urnatur oder identitätsverbürgender Besitz, sondern eher als Leistungsbilanz einer überschaubaren Generationenfolge und darin als individuell bleibende, nicht mythisch geborgene Selbstverwirklichung«.[84] Aus der Sicht dieser Frau, die nach dem Tod ihrer Eltern den heimischen Hof verliert und zur Magd wird, ist die sonst durch den Besitz verbürgte Hierarchie zwar nicht in ihrer Bedeutung aufgehoben, aber doch als positive Norm fraglich geworden; zugleich wird nicht – wie etwa bei Waggerl – die ländliche Not als immer noch positive Alternative zu der diffamierten Stadt hingestellt.[85]

VIII. Scholle und Vers

Daß die Provinz ab Beginn der dreißiger Jahre mehr und mehr zum Schauplatz der Literatur wurde, hat seinen Grund darin, daß dort die Veränderung nie so wirksam wurde wie im urbanen Bereich; zusehends zeigten sich die Österreicher von der Angst vor einer Veränderung bestimmt, die aller Wahrscheinlichkeit nach eine Veränderung zum Schlechten sein müßte. Besonders in der Lyrik – hält man sie gegen die kühne Sprache der Avantgardisten und Expressionisten wie Albert Ehrenstein oder Georg Kulka um 1920, so macht sich zusehends ein formaler Regreß bemerkbar. Einfache Gedichtformen, mit gleichmäßiger rhythmischer Gliederung und fast durchgehender Restauration des Endreimes bestimmen das äußere Erscheinungsbild der Lyrik in den zwanziger Jahren. Im Personal beschränkt man sich auf Bauer, Knecht, Magd und Hirt[86]; der technische Fortschritt ist in diesen Gedichten völlig aufgehoben, und wollte man aus der Lyrik der dreißiger Jahre auf Gesellschaft und Wirtschaft Österreichs Rückschlüsse ziehen, so müßte sich dieses Land freiwillig aus einem Industriestaat in einen Agrarstaat zurückverwandelt haben; so etwa die Verse von Walter Sachs: »Die Schafe, die im Schutt der Schlote grasen, / gewöhnen sich an jeden kargen Rain. / Zementne Mauer bröckelt auf den Rasen. / Sie spüren dumpf das Grau wie Mal- und Runenstein.«[87]

Doch kommen selbst die Industrieruinen den Lyrikern selten ins Blickfeld. Besonders beliebt ist die Rollenlyrik, in der sich das Selbstverständnis der Bauern ausdrückt. So der Oberösterreicher Richard Billinger: »Wir Bauern dulden keinen Spott / an unserm Herrn und Helfer Gott!« Selbstbewußt sind auch die Knechte: »Doch Knechte haben sondre Art. / Sie haben sich den Stolz bewahrt / gleich Herrn und Edeling!«[88] Der Tiroler Josef Georg Oberkofler stellt in seinem Gedicht ›Unser Gesetz‹ einen Katalog aller Eintragungen in die unumstößliche »Tafel der Werte« in klobigen Paarversen auf: »Es hören nicht viel nach der andern Geschwätz. / Wir leben nach unserm eignen Gesetz. ⟨...⟩ Wir sind nicht erklügelt von Weis und Lehr. / Wir sind geboren von alters her. ⟨...⟩ Wir führen des Herrgotts Werk an der Hand, / Er hat uns zu seinen Verwaltern ernannt.«[89] Antiintellektualismus, Auserwähltheit durch ununterbrochene Geschlechterfolge, Autonomie, Gottesunmittelbarkeit, wirtschaftliche Autarkie, Bindung an den Boden und strenger Tadel allen, die nicht seßhaft sind.

Doch läßt sich diese Lyrik in ihrer Gesamtheit – wie es sich ja auch bei den Romanen verhält – nicht einfach mit dem Verdikt »Blut und Boden« erledigen. Es gab auch anderes. Freilich konvergieren viele der Autoren in dem Bezugsfeld Heimat, aber durch die Wahl der jeweils eingenommenen Rolle sind völlig unterschiedliche Akzentsetzungen möglich. Dies gilt vor allem für Ernst Waldinger, der streng gebaute Gedichte unter dem Einfluß Josef Weinhebers schrieb, der aber andererseits gerade aus der Sicht des nicht Seßhaften vom Landleben dichtete: »Besitz schafft Hoffart, Hörigkeit, Beschwerde, / Schweiß ist Gesetz hier: hungrig oder satt! / Nur der hat Heimat, der die Sehnsucht hat.«[90] Die sinnliche Präsenz der verlorenen Heimat evozierte er selbst im amerikanischen Exil. Wilhelm Szabo war als Lehrer in kleinen Dörfern der rückständigen Region des Waldviertels tätig, und obwohl er in seinen Gedichten der dreißiger Jahre sich vom Erlebnisraum Dorf nur schwer trennen kann, so erfolgt diese Wahl des Schauplatzes nicht aus freien Stücken, sondern ist Ergebnis einer negativen Identifikation: ›Dorfseele‹ heißt ein Gedicht, das keinesfalls mit der ständestaatlichen Verklärung des Landlebens harmoniert: »Ach, meine Seele wird ein Dorf, / feindselig, heuchlerisch, / und kehrt betrunken täglich heim / nach Mitternacht vom Bauerntisch.«[91] Guido Zernatto, christlichsozialer Politiker, Staatssekretär und kurz vor dem Anschluß sogar Kultusminister in der Regierung Kurt von Schuschniggs, hatte sich mit den Gedichtbänden ›Gelobt sei alle Kreatur‹ (1930) und ›Die Sonnenuhr‹ (1933) einen Namen gemacht. Hier findet sich im Sinne der katholischen Soziallehre auch der Blick für die Armen und Ausgegrenzten, wesentlich aber ist – im Gegensatz eben zu Waldinger und auch Szabo – die Geborgenheit des Bauern im Schutz Gottes:

Im harten Bogen zwischen Sarg und Werden
Ist er als Sehne ewig eingespannt,
Und die Jahrhunderte sind seine Herden
Und alles Künftige sein Ackerland.[92]

Die politische Programmatik verlangte es, im Bauern den Garanten der Lebensmöglichkeiten in der Zukunft zu sehen.

Unter all den Lyrikern, deren Gedichte das Leben auf dem Lande thematisieren, muß das Werk Theodor Kramers als singulär gelten. Schon der Aspekt der Produktion verdient es, hervorgehoben zu werden: die neue Kramer-Ausgabe enthält mit ihren etwa 2 000 Seiten nur einen Bruchteil der von ihm produzierten Gedichte.[93] Zu Lebzeiten erregte vor allem sein Gedichtband ›Die Gaunerzinke‹ (1929), der im Frankfurter Rütten & Loening Verlag erschien, Aufmerksamkeit über die Grenzen Österreichs hinaus. Das Landleben wird nicht aus der Perspektive des Seßhaften erlebt; zu Wort kommen die Vagabunden, die Stromer, die Kesselflicker, die Ziegelbrenner. Besonders den verachteten Slowaken, die zur Zeit der Monarchie in den deutschen Teilen Österreichs meist Berufen mit geringstem Sozialprestige nachgingen, gilt seine Aufmerksamkeit. Einem Teil Niederösterreichs, dem Weinviertel, wo der Vater als Arzt tätig war, sind die meisten der Gedichte Kramers gewidmet; mit vielen heimatverbundenen Dichtern hat der erklärte Sozialdemokrat nicht nur diese Reviertreue, die auch die Voraussetzung der exakten Kenntnis der Lebensbedingungen in der Region ist, gemein, sondern auch die Neigung, das allmählich verschwindende Sprachmaterial, im besonderen die Fachausdrücke aus den einzelnen Berufssprachen, in seinen Gedichten aufzubewahren. Mit derb-sinnlicher Deutlichkeit werden die leiblichen Genüsse gepriesen. Klage über die Zustände wie resignative Einübung in diese erzeugen den Eindruck einer illusionslosen Idyllik, deren Verfassung eher durch die Beschränkung denn durch das in ihr enthaltene Vollglück angezeigt ist.[94] ›Für die, die ohne Stimme sind‹[95] ist der kennzeichnende Titel eines Gedichtes in dem Band ›Mit der Ziehharmonika‹ (1936), des letzten vor dem Exil veröffentlichten Werks. Die erste Strophe legt den Vergleich zu Brechts berühmtem ›Schwere Zeit für Lyrik‹ nahe:

Schön sind Blatt und Beer
und zu sagen wär
von der Kindheit viel und viel vom Wind;
doch ich bin nicht hier,
und was spricht aus mir,
steht für die, die ohne Stimme sind.[96]

Selbst wenn man die sozialkritischen Töne in vielen dieser Gedichte heraushört und auch der Unterschied zur Lyrik völkisch-nationaler Autoren in der Gestaltung wie in der Thematik eindeutig auszumachen ist, so ist ihnen doch allenthalben die Signatur der Schwermut abzulesen, die sich deutlich in der Immobilität und Statik ausdrückt. Auch wenn bei Kramer nicht der Schicksalsglaube wie etwa in den heroisierenden historischen Romanen waltet, so grundiert doch die Unterwerfung ins Unabänderliche die Tonlage dieser Gedichte, in denen nur selten der Tonfall verhaltener Aggressivität erkennbar wird. Kramer kann nicht, wie seine Kollegen und Konkurrenten aus den Alpen, mit einer fremdenverkehrsfördernden Vorzeigenatur operieren, die die staatliche Propaganda als Beweis der Österreich zuteil gewordenen Gnade Gottes in ihre Dienste zu nehmen verstand und versteht. Das Unscheinbare will als das Moment eines Widerstandes aufgefaßt sein, dem es darum geht, den Dingen und Menschen ihre oft kümmerliche und bedrohte Seinsweise zu belassen.

In den dreißiger Jahren verlor Wien im Literaturbetrieb zusehends an Bedeutung. Ganz anders als in den zwanziger Jahren ist nun an eine Gleichsetzung Wiens mit Österreich nicht zu denken. Die Bundesländer machen sich auch auf dem Buchmarkt bemerkbar, und nahezu jedes einzelne hat einen oder mehrere renommierte Repräsentanten. Josef Weinheber, der in ›Wien wörtlich‹ (1935) unter anderem mit Dialektgedichten dem Regionalismus seinen Tribut gezollt hatte, allerdings auch hier Wien nicht als moderne Großstadt erfaßte, sondern von der Peripherie her besang und nostalgisch den städtischen Raum fast wieder in einen ländlichen zurückzuverwandeln schien, registrierte diese Entwicklung mit Unmut und ironisierte auch im Gedicht das landesfürstliche Gehabe der Provinzdichter: »Sie ham uns erobert: Bruck, Gurgl und Gföhl. / Da gibts jetzt nix wia pariern. / Beim Heurigen machen jetzt de den Bahöl ⟨Lärm⟩ / Und tan mit die Glasln skandiern.«[97]

Weinheber, der Karl Kraus als Sprachvirtuosen bewunderte, ihn nachzuahmen suchte und in den populären Dialektgedichten nicht das Zentrum seiner Arbeit sah, war einer der wenigen, die sich um die Pflege metrisch komplizierter Gedichtformen bemühten und durch Sprachgläubigkeit und hohen Stil auch dem Dichter wieder die Rolle des Künders zuzuteilen hofften. Daß er damit nicht nur der deutschen Sprache diente, sondern auch verblendet an die Kulturtat Adolf Hitlers glaubte und ihn in einem feierlichen Hymnus nach dem Einmarsch besang, ist ein Beweis dafür, daß er doch die kritische Dimension von Karl Kraus' Sprachkritik verfehlte und seine virtuose Wortartistik fast widerstandslos im Panegyrikus auf die Nationalsozialisten verwenden konnte.[98]

IX. Am Vorabend des Anschlusses – Der Ständestaat

Die Literatur der dreißiger Jahre läßt sich eher als eine Literatur der einzelnen Bundesländer denn als eine gesamtösterreichische begreifen. Damit wurde – in Analogie zu Nadlers stammeskundlichem Denken – den einzelnen Regionen eine Selbständigkeit zugestanden, die sich darin äußerte, daß sie nicht den Umweg über Wien nehmen mußten, um auch im Reiche anerkannt zu sein. Der Föderalismus Österreichs wurde von der ständestaatlichen Regierung nicht nur durch administrative Maßnahmen abgesegnet, die den Bundesländern zugute kamen und Wien benachteiligten,[99] sondern auch durch Guido Zernatto literarisch sanktioniert. Sein Roman trägt den bezeichnenden Titel ›Die sinnlose Stadt‹. Der Held, ein Mann vom Lande, kommt in die Stadt, begeht einen Mord, für den er sich schuldig fühlt, ein geschickter Rechtsanwalt bekommt ihn aber frei. Er wird später wegen einer Tat inhaftiert, die er gar nicht begangen hat. Sein Fazit: »Man ⟨...⟩ darf keine Städte bauen. Die Städte sind die Festungen der Menschen, die sie gegen die Natur gebaut haben.«[100] Gegen den Widersinn der Stadt muß also – und das erfolgt bei Zernatto nicht ohne polemischen Unterton gegen Sozialdemokraten und Nationalsozialisten – die Sinnstiftung vom Lande her erfolgen.

Zugleich galt es aber – und auf die argumentativen Schwierigkeiten wurde bei dieser Nähe zu völkischen Ideologemen schon verwiesen –, Österreich gegen den Nationalsozialismus zu immunisieren, was viel zu spät erfolgte, da viele jener, die in der Meinungsbildung eine wesentliche Funktion hatten, und darunter eben auch viele Schriftsteller, bereits im Banne des Nationalsozialismus standen. Die Doktrin Schuschniggs von zwei deutschen Staaten, von denen der eine, nämlich Österreich, der qualitativ bessere sei, sollte den gemäßigten Deutschnationalen Österreich als Heimat annehmbar machen und Distanz zu den Nazi-Terroristen herstellen.[101] Diese Haltung, die auf ein »divide et impera« hinauslaufen sollte, ermöglichte es vielen, ein mehr oder minder offenes Doppelspiel zu treiben und sich, je nach Bedarf, national oder katholisch zu geben.

Wie schwer es war, geschlossene Front nur auf der Ebene der Schriftsteller-Organisation zu machen, war bereits bald nach der Machtergreifung Hitlers und vor der Ausrufung des Ständestaates im Mai 1933 erkennbar, als bei der Tagung des P.E.N.-Clubs in Ragusa Teile der österreichischen Delegation sich dem Exodus der Deutschen anschlossen, die damit gegen die von englischer Seite vorgebrachte Anfrage bezüglich der Bücherverbrennung und Repressionen gegen nicht genehme Schriftsteller protestieren wollten. Durch ihre Parteinahme für die Deutschen verstießen Grete von Urbanitzky und Felix Salten, die als offizielle Delegierte Österreichs teilnahmen, gegen die vom österreichischen Zentrum aus vorgegebene Richtlinie, sich jeder Einmischung zu enthalten. Im Gegenzug dazu wurde dann in Wien eine Protestresolution des P.E.N. gegen die Verfolgung der Schriftsteller in Deutschland nachgeholt, die wiederum zum Austritt nicht nur der erklärten Nationalsozialisten, sondern auch einiger katholischer Schriftsteller führte. Sein zwiespältiges Verhalten in diesem Fall suchte Felix Salten etwa damit zu begründen, daß er damit jene schützen wollte, die »draußen« im Reich ihr Brot verdienten. In anderen Fällen war es klar, daß man sich an die Machthaber anbiedern oder es sich mit dem reichsdeutschen Verlag und Publikum nicht verderben wollte.[102] Nach diesen Ereignissen war die Kluft zwischen den liberalen und nationalen und auch katholischen Autoren kaum mehr zu überbrücken.

Opportunistisches Verhalten kennzeichnet auch viele Autoren von 1934 bis 1938, und manche kamen mit ihrer schizophrenen Haltung, zu der sie sich durch das Taktieren nach beiden Seiten hin genötigt sahen, ganz gut zurande. Wie wenig die ständestaatliche Kulturpolitik dem Staat auch eine kulturelle Identität zu geben verstand und wie wenig sich das geforderte Österreich-Bewußtsein als Mittel des Widerstandes erwies, zeigt die Untersuchung Friedbert Aspetsbergers über die Vergabe des österreichische Staatspreises in der Zeit von 1934 bis 1937. Mit dem Salzburger Karl Heinrich Waggerl (1934) und dem Kärntner Friedrich Anton Perkonig (1935) wurden Autoren preisgekrönt, die 1938 den Führer mit Gedichten begrüßen sollten; der Tiroler Josef Wenter (1936) war seit 1933 Parteimitglied und machte nach dem Anschluß aus seiner Gesinnung kein Hehl.[103] Heinrich Suso Waldeck (1937) war katholischer Priester. Die Förderungspreise wurden an Maria Grengg, Ernst Scheibelreiter und Erich August Mayer vergeben, die sich später im nationalsozialistischen Sinne noch äußerten und teilweise auch in diesem Sinne organisiert waren.[104] Erich August Mayer verfaßte in der Nachfolge von Anton Wildgans ›Kirbisch‹ ein Epos ›Paulusmarkt 17‹ (1933), in dem vermittels einer durch den Hexameter nobilitierten Stilform das Wiener Kleinbürgertum der Nachkriegszeit wie in den Wiener Romanen geschildert wird. Seine Romane ›Gottfried sucht einen Weg‹ (1929) und ›Werk und Seele‹ waren in rund 50 000 Exemplaren verbreitet und stellten – ohne allerdings eindeutige politische Zielsetzung – den Versuch eines jungen Österreichers dar, ein Mann mit Eigenschaften zu werden; sein Weg aber führt den musisch begabten und erfinderischen Ingenieur über die deutsche Industrie wieder zurück in die österreichische Heimat, deren Natur durch sein Engagement vor der drohenden Entstellung durch eine große Fabriksanlage verschont bleibt. Mayer war aber auch Schriftleiter der Zeitschrift ›Der getreue Eckart‹ des nationalen Adolf-Luser-Verlags, in der es auch darum ging, Österreich geistig darauf vorzubereiten, daß es zur Ostmark werden sollte.[105] Er teilte den Förderungspreis 1937 mit Johannes Freumbichler, dem in dieser Reihe sowohl durch sein Werk wie auch durch seine politische Haltung eine Ausnahmerolle zukommt.

Die ständestaatliche Förderungspolitik diente meist gerade dem Gegenteil dessen, dem sie dienen sollte oder zu dienen vorgab, nämlich der Eigenständigkeit Österreichs: die Strukturen erwiesen sich der illegalen nationalsozialistischen Propagandatätigkeit als förderlich. Eine einheitliche Linie läßt sich bei den Autoren nun schwer feststellen; viel eher ist eine Anzahl von Fallstudien nötig, um das höchst unterschiedliche Verhalten sowohl in Fügung wie auch Widerstand gegenüber dem Nationalsozialismus während der Zeit von 1934 bis 1938 beschreibbar zu machen.

Es reicht von Guido Zernatto, der als Ämterkumulator Literaturpolitik zu machen suchte und zugleich das vage Konstrukt eines »österreichischen Menschen« im Zusammenhang einer ebenso vagen »österreichischen Idee« als Leitbild empfahl, über solche, die wie Max Mell mit ihrer katholischen Einstellung den Ständestaat zu stützen schienen, tatsächlich aber sich deutschnational einkleideten, bis zu jenen, die Wühlarbeit für die Nationalsozialisten hüben wie drüben leisteten und wie Robert Hohlbaum es vorzüglich verstanden, Geschäfte zu machen.[106]

Für die Organisation des Literaturbetriebs in Österreich zeichnete neben Zernatto vor allem Rudolf Henz verantwortlich; er war Leiter der Abteilung Wissenschaft beim Rundfunk, Bundeskulturrat und Leiter der Kulturorganisation der ›Vaterländischen Front‹ ›Neues Leben‹ und als solcher an den Plänen zur Gründung einer »Kammer des Schrifttums« wesentlich beteiligt; diese wurde 1936 im Zusammenhang mit dem »Ersten österreichischen Dichtertreffen« konzipiert und sollte vor allem auch die zahlreichen Probleme mit dem deutschen Reich lösen. Gedacht war auch an weitere Förderungsmaßnahmen und an die Regelung des Verhältnisses der Autoren zum Rundfunk, der sich zusehends zu einer Einnahmequelle entwickelte. Daß für solche im Ansatz – sieht man von der Profilierungssucht einzelner einmal ab – sicher gut gemeinten Versuche keine gemeinsame Basis und auch keine verbindliche theoretische Grundlegung bestand, war neben den großen wirtschaftlichen Problemen die Ursache dafür, daß nahezu nichts über das Planungsstadium hinaus gedieh.[107] Und auch die Dichter, die zu den Geförderten gehörten, wußten den öffentlichen Stellen wenig Dank. Josef Weinheber, der beim Dichtertreffen 1936 mit dem Professorentitel ausgezeichnet wurde, erledigte die Ära Schuschnigg (1934-1938) mit einem Epigramm, das prägnant Urteile wie Vorurteile zusammenfaßt: »Wer wird uns dem entreißen? / Gas und Pulverdampf. / Und die Epoche wird heißen? / Dilettantismus und Krampf.«[108]

Das Dritte Reich schien – in einer seltsamen Mischung von Anpassung und idealistischer Verblendung – einem Autor wie dem für die zwei ersten Dezennien der Zweiten Republik repräsentativen Romancier Heimito von Doderer die besseren Voraussetzungen für die Schriftstellerexistenz zu bieten, was 1933 zum Eintritt in die

NSDAP führte, ohne dabei allerdings der Partei auch mit dem Wort dienstbar zu werden.

Besonders schwer fällt es, die Haltung von Karl Kraus einzuschätzen, der bereits 1932 in dem Essay ›Hüben und drüben‹ der Sozialdemokratie die Hauptschuld am Aufkommen des Nationalsozialismus mit der Begründung gab, sie habe den Frieden verloren. Daß er in der Folge auch Dollfuß, in dem er ein verläßliches Bollwerk gegen Hitler erblickte, kompromißlos unterstützte, verstörte, ja entsetzte seine Anhänger, die meist aus den Reihen der Sozialdemokratie kamen. Ihm wurde zum Vorwurf gemacht, er würde nichts gegen Hitler unternehmen; er begründete dies damit, daß seine Waffe, das Wort, hier versage und der Satiriker seine Rechte abtreten müsse: »Das Wort entschlief, als jene Welt erwachte.«[109] Seine Schrift gegen Hitler unter dem Titel ›Die Dritte Walpurgisnacht‹ beginnt mit dem vieldiskutierten Satz: »Mir fällt zu Hitler nichts ein«, was einerseits als Geständnis der Unfähigkeit, dem Nationalsozialismus zu begegnen, gesehen wurde, was aber andererseits – da sich die umfängliche Begründung, warum ihm zu Hitler nichts einfiele, durch den ganzen Text hindurch zieht – als die einzig genuine, wenngleich resignative Reaktion verstanden werden kann: Der Satiriker erkennt, daß seinem Genre durch das satanische Treiben Grenzen gesetzt worden sind. ›Die Dritte Walpurgisnacht‹ wurde zwar in Druck gegeben, weil Kraus aber fürchtete, daß damit manchem seiner Informanten im Reich Schaden zugefügt werden könnte, hielt er die Veröffentlichung zurück; so erschien nur ein Teil davon in der ›Fackel‹; die ganze Schrift wurde erst postum 1952 publiziert.[110]

Kraus' Haltung wird als »Scheitern« interpretiert, das »jedem Versuch, die Wirklichkeit mit Krausschen Kategorien zu bewältigen, die Legitimität« nähme und als »integrierter Bestand der österreichischen Misere« zu gelten hätte.[111] Gleichgültig, ob man dieser Bewertung folgt oder nicht: In kaum einem anderen Werk wird – das gilt auch für die Zeit zwischen den Kriegen – diese »österreichische Misere« vergleichbar evident.

Die linken Gruppierungen hatten große Schwierigkeiten, zumal sie einerseits der Verfolgung von ständestaatlicher Seite ausgesetzt waren, sich aber auch andererseits gegen die – in Österreich ebenso verfolgten – illegalen Nationalsozialisten profilieren mußten. Jura

Soyfer hat die eindrucksvollsten Beispiele für jene Literatur geliefert, die sich von den – keineswegs sehr konsequent gehandhabten – Maßnahmen des austrofaschistischen Regimes in den Keller versetzt sah. Die Anzahl der Zuschauer in den Kleinbühnen betrug auf Grund von Steuermaßnahmen selten mehr als 49; die Zensur wurde von der jeweiligen Bezirkspolizei durchgeführt. Es wurden Kabarett und Kurzdramen geboten, deren Textstrategien durch die geschickte, für den Zensor kaum wahrnehmbare Plazierung von Kritik am Status quo bestimmt war. Die Szenenfolge ›Der Lechner Edi schaut ins Paradies‹ (1936), die durch die Liedeinlagen und den Sprachwitz eindeutig in der Tradition des Wiener Volksstücks steht, ist ein Reflex der tristen sozialrechtlichen und wirtschaftlichen Lage der Arbeitslosen, die damals in Österreich etwas mehr als eine halbe Million ausmachten. Zu bedenken ist, daß die Streikverordnungen einem Streikverbot gleichkamen und die Arbeiterschaft an den zeitweiligen Verbesserungen der Lage so gut wie gar nicht partizipieren konnte. Dem Lechner Edi hat die Maschine den Arbeitsplatz genommen. Diese Maschine offeriert ihm nun – getreu nach dem Vorbild der ›Time Machine‹ (1894) von H. G. Wells – eine Reise in die Vergangenheit. Es geht darum, den technischen Fortschritt rückgängig zu machen; schrittweise wird eine Erfindung nach der anderen widerrufen, bis es zuletzt zu einem Widerruf der Schöpfung des Menschen durch Gott selbst kommen soll. Dieser Schöpfungspessimismus wird durch einen knappen Aufruf zur Solidarität am Ende kompensiert: »Auf uns kommt's an«, sagt der Lechner Edi zu seiner Freundin und signalisiert damit, daß die historische Entwicklung nicht märchenhaft rückgängig gemacht werden könnte, sondern der Zustand nur durch das Eingreifen der Arbeitenden zu beheben sei.[112]

Die Kleinkunst wurde wie auch das Werk Jura Soyfers zunächst von der Forschung kaum zur Kenntnis genommen; erst in den achtziger Jahren konzentrierte sich das Interesse zusehends auf diese schwer greifbare, weil auch nur fragmentarisch überlieferte Literatur, und dies nicht zuletzt auch wegen der in der späten Kreisky-Ära wieder aktuellen Kritik, die Soyfer an der sozialdemokratischen Partei übte, in deren Zentralorgan der ›Arbeiter- Zeitung‹ er schon als Verfasser polemischer zeitkritischer Gedichte seine publizistische Laufbahn begonnen hatte.[113] Seine lockere, formal nur dem Scheine nach sorglose, nicht von ungefähr an Agitprop erinnernde Lyrik ist der Gegenpol zu jener natur- und heimatverbundenen Lyrik, die Stabilität und Kontinuität gegen jede Form von Veränderung behaupten will. Soyfers Kurzdramen berufen sich – hierin Ödön von Horváth verwandt – im Gegensatz zum zusehends verkitschten zeitgenössischen Volksstück auf dessen kritische Tradition. Umstritten ist das konkrete politische Engagement Soyfers; sicher ist, daß er mit den Kommunisten nach dem Fehlschlagen des Februaraufstandes 1934 kooperierte und nur mit dem linken Flügel der Sozialdemokratie sympathisierte. Die Theaterpraxis in der Zeit des Ständestaates brachte ihn zudem mit Vertretern unterschiedlicher Weltanschauung zusammen; sein Unbehagen an der Verbürgerlichung der Sozialdemokratie hat er in dem Romanfragment ›So starb eine Partei‹ zum Ausdruck gebracht. Die Kritik am Zustand dieser Partei deckt sich – auch wenn Soyfer von einer ganz anderen Seite kam – mit der des von ihm zunächst bewunderten, dann aber wegen seiner Haltung zu Dollfuß heftig kritisierten Karl Kraus: Die Sozialdemokratie habe ihr Ansehen durch zu vorsichtiges Taktieren, vor allem aber durch kleinbürgerliche Vereinsmeierei und politische Konzeptionslosigkeit verspielt. Nach dem Einmarsch Hitlers wollte Soyfer über die Schweizer Grenze fliehen; er wurde aufgegriffen, zunächst nach Dachau gebracht und dann nach Buchenwald, wo er 1938, noch nicht siebenundzwanzig Jahre alt, an Typhus starb, unmittelbar nachdem ihn die Nachricht erreicht hatte, daß seine Auswanderungspapiere eingetroffen seien. Die Rekonstruktion von Soyfers Leben und Werk bezeugt, daß es bei der Beurteilung der österreichischen Literatur nicht damit getan ist, sie auf die Barocktradition festzulegen und ihr die Neigung zu grundsätzlich apolitischem Verhalten nachzusagen. Die Tatsache allerdings, daß dieses Werk wie auch die ihm diametral entgegengesetzte völkisch-nationale Literatur offenkundig einem kollektiven Verdrängungsvorgang in der Nachkriegszeit anheim fiel, sollte Anlaß dafür sein, die mentalitätsgeschichtlichen Voraussetzungen, die durch die Krisen der Ersten Republik erzeugt wurden, einer genauen Studie zu unterziehen.

X. Noch einmal Habsburg

Die Literatur der Ersten Republik wird von der Wissenschaft nur selten in ihrer Besonderheit wahrgenommen. Maßgebend scheint die habsburgische Tradition; diese wiederum gewinnt in den dreißiger Jahren zusehends an Bedeutung, nicht zuletzt als ein Moment des – wenngleich bloß virtuellen – Widerstandes gegen alles Neue, und als das Neue gilt vor allem auch der Nationalsozialismus. Joseph Roths Romane ›Radetzkymarsch‹ (1932) und ›Die Kapuzinergruft‹ (1938) sind Beispiele für solche »rückwärtsgewandten Utopien«. Roth, der in den zwanziger Jahren meist in der Nähe linksorientierter Autoren zu finden war und mit seinem in der ›Arbeiter-Zeitung‹ in Fortsetzungen 1923 erschienenen Roman ›Das Spinnennetz‹ den Charakter eines Karrieristen aus den Reihen der Hakenkreuzler scharf diagnostiziert hatte, schrieb mit dem ›Radetzkymarsch‹ ein Epos vom Untergang der Habsburgermonarchie. Daß dieses nicht nur als Hymnus an den untergegangenen Vielvölkerstaat zu werten ist, sondern der Verklärung auch ein kritisches Ferment beigemengt ist, hat bereits Georg Lukács in seiner 1939 in Moskau erschienenen Kritik erkannt: Die exakte Kenntnis der Morbidität sei der »ideologischen Schwäche« Roths, die sich in der Neigung zu dieser untergehenden Welt ausdrückte, zu danken.[114] In Roths Novelle ›Die Büste des Kaisers‹ wird die untergegangene Monarchie zwar nostalgisch beschworen; sie ähnelt einem unwiederbringlich verlorenen Märchenland, in dem alles nach den gleichen Gesetzen abläuft, in dem Menschen und Dinge zu ihrer Identität kommen und wo Menschen wie Dinge ihren festen Platz haben. Graf Morstin ist das Muster eines kosmopolitischen österreichischen Adligen; als die polnische Verwaltung ebenso deutlich wie diskret die Entfernung der Büste Kaiser Franz Josephs I. vor seinem Schloß verlangt, entschließt er sich, diese zu begraben. Im »Leichenzug« manifestiert sich sowohl die konfessionelle wie ethnische Vielfalt der Monarchie; ihr übernationaler Charakter soll das Gegengewicht zum destruktiven Nationalismus der Gegenwart darstellen. Roth erkannte, wie die Kontroversen der Zwischenkriegszeit auf dem Umweg über Symbole und symbolische Handlungen geführt wurden: Waffen, Uniformen, Fahnen und

Denkmäler werden zu den Integrationspunkten der Solidarisierung oder Gegnerschaft. Ein solcher symbolischer Ort ist auch die Kapuzinergruft: Im Finale des gleichnamigen Romans sucht der Held nach dem Anschluß Österreichs die Begräbnisstätte der Habsburger auf, offenkundig die einzige Zufluchtsstätte, die dem nunmehr Heimatlosen bleibt. Heimatlosigkeit kennzeichnet auch in Joseph Roths Romanen die Helden, die – wie der Autor – dem an der Grenze der Monarchie zum Zarenreich lebenden Ostjudentum entstammen. Diese Heimatlosigkeit nach dem Untergang der Monarchie rückt nun – zumindest in der Fiktion Joseph Roths – Ostjuden wie kaisertreue Österreicher zusammen, weil für sie das Habsburgerreich die einzige mögliche Heimat gewesen wäre. Joseph Roth, der ein distanziertes Verhältnis zum Ständestaat hatte, weil er die darin das Deutsche favorisierenden Elemente verurteilte und das Übernationale und somit für ihn typisch Österreichische vermißte, vermied nach 1933 längere Aufenthalte in Österreich und blieb im französischen und niederländischen Exil. Kontakte zu legitimistischen Kreisen waren vorhanden; in seiner Selbststilisierung liebte es Roth, sich als ehemaligen österreichischen Offizier zu bezeichnen und zu bekennen: »Ich halte es für feige, jetzt nicht zu sagen, daß es Zeit ist, sich nach den Habsburgern zu sehnen.«[115] Die bei seinem Begräbnis in Paris 1939 versammelten Trauergäste vereinten Heterogenes: Ein katholischer Priester nahm eine Einsegnung vor, der Kaddish, das jüdische Totengebet, wurde gebetet; Egon Erwin Kisch warf einen Strauß roter Nelken ins Grab, und ein Vertreter Otto von Habsburgs brachte einen Kranz. Dieser Bericht ist über das Anekdotische hinaus aussagekräftig, weil er die Gegensätze ins Bild bringt, deren Überwindung auch eine reale Basis für den antifaschistischen Kampf geschaffen hätte. Für Joseph Roth blieb es beim Versuch, wenigstens in der Fiktion Harmonie herzustellen.

Die Rückwendung zu einer habsburgischen und im besonderen österreichischen Tradition bedingte in manchen Fällen eine neuartige Affinität zum Katholizismus. Symptomatisch dafür ist das Spätwerk von Franz Werfel, für den die Aussöhnung von Christentum und Judentum zum erklärten Ziel seiner Arbeit wurde. Dies spiegelt sich in seinen Romanen, in denen die fromme und einfache Magd eine zentrale Funktion erhält (›Barbara oder Die Frömmigkeit‹,

1929; ›Der veruntreute Himmel‹, 1937). Für die geglückte Flucht über die Pyrenäen gelobte er ein Werk über Bernadette Soubirous zu schreiben, ein Gelübde, das er auch mit dem Roman ›Das Lied von Bernadette‹ (1939) einlöste. Die katholisierende Tendenz in Werfels Romanen darf indes nicht nur als platte Bigotterie oder Konzession an ständestaatlich empfohlene Direktiven gedeutet werden, sondern auch als der Versuch, im Rückgriff auf die teilweise katholische Sozialisation in der Jugend ein Terrain wiederzugewinnen, auf dem sich eine Verbindlichkeit in metaphysischen Fragen gewinnen und der Liberalismus des assimilierten Juden überwinden ließe, ein Versuch freilich, der in der Folge mehr und mehr kritisiert und manchmal mit Argwohn bedacht wurde.[116] Festzuhalten ist auch, daß weder Werfel noch Roth zum Katholizismus übertraten. Werfel erfreute sich auch im Ständestaat der Anerkennung durch die offiziellen Stellen, und er selbst hat in dem Romanfragment ›Cella oder Die Überwinder‹ (postum 1976) aus der Sicht eines jüdischen Rechtsanwalts in der österreichischen Provinz die Ereignisse um den Anschluß Österreichs darzustellen versucht und dabei die im Vergleich zu den Nationalsozialisten tolerante Gesinnung des österreichischen Ständestaates kontrastierend hervorgehoben, eine wohlwollende Sicht der Dinge, die nicht durchgehend mit den historischen Analysen aus der jüngeren Vergangenheit übereinstimmt. Zugleich wird auch die Schwäche jener, die an eine monarchistische Restauration glaubten, mit kritischem Blick dargestellt.

Je gefährlicher die Bedrohung Österreichs durch Hitler wurde, um so nachhaltiger wurde bei vielen – auch jüdischen Autoren – die Verklärung der habsburgischen Vergangenheit, eine Haltung, die vor allem im Exil mehr und mehr gepflegt wurde. Das Österreichische gewann gegenüber dem Deutschen an ideellem Wert. Ein Beispiel dafür ist der Generationenroman ›Der Engel mit der Posaune‹ (engl. 1944, dt. 1945) von Ernst Lothar, in dem das Österreichische als das qualitativ Andere erfaßt wird. Die propagandistischen Bemühungen von seiten der Schriftsteller im Dienste eines neuen, in der Republik gründenden österreichischen Patriotismus sind kaum nennenswert. Anton Wildgans' für das neutrale Schweden 1929 verfaßte, aber dort nicht gehaltene ›Rede über Österreich‹ reklamierte für die Alpenrepublik eher eine ideelle denn eine materielle Existenz. Das Übernationale an der österreichischen Nation konnte in einer Phase, da die Deutschnationalen mehr und mehr das öffentliche Bewußtsein zu dominieren begannen, kaum zum schlagkräftigen Argument werden. Daß ein Schriftsteller wie Anton Wildgans keineswegs jenes Niveau verbürgen konnte, auf dem eine Aussöhnung der politischen Gegensätze möglich gewesen wäre, geht aus einer sarkastischen Tagebucheintragung Robert Musils hervor: »Ich habe 1931 Wien verlassen, weil Schwarz und Rot darin einig gewesen sind, in Wildgans einen großen österr. Dichter verloren zu haben.«[117]

Der Jugendfreund Hofmannsthals, der Diplomat Leopold von Andrian, hatte 1930 ein Buch ›Die Ständeordnung des Alls‹ vorgelegt und noch einmal die monarchistisch organisierte Lebens- und Staatsform als eine von der Schöpfung vorgesehene Ordnung aufgefaßt. In seinem Dialog ›Österreich im Prisma der Idee‹ (1937) hat Andrian Gedanken Hofmannsthals weitergeführt. Ein Dichter, ein Heimwehroffizier, ein Patriot und ein Pater diskutieren über die in Österreich im Schwange befindlichen Irrlehren, womit Sozialismus, Bolschewismus und Nationalsozialismus gemeint sind. Die Schrift, die ein ›Katechismus der Führenden‹ sein will, erblickt die Rettung Österreichs in der Wiederkehr der »legitimen Dynastie«; der Heimwehroffizier faßt zusammen: »Nur aus unserer Vergangenheit kann unsere Zukunft verwirklicht werden.«[118] So realitätsblind solche Devisen auch anmuten mögen, sie sind das Zeugnis einer allmählich bei vielen sich durchsetzenden Auffassung, derzufolge in der habsburgischen Monarchie allein die gültige Repräsentanz Österreichs zu erblicken wäre. Die zwanziger Jahre mit ihren bemerkenswerten Versuchen eines Neubeginns wie auch mit ihren heftigen Auseinandersetzungen scheinen so gut wie vergessen; und die Literaturgeschichtsschreibung hat im Interesse einer Traditionsbildung gerne dieses Bild übernommen, das die Autoren von sich und Österreich entwarfen.

Mit großem Erfolg und mit Anerkennung durch die Autoritäten des Ständestaates wurde Franz Theodor Csokors Drama ›Der 3. November 1918‹ im Jahre 1936 aufgeführt.[119] Auch hier soll die Gegenwart von der habsburgischen Vergangenheit her gedeutet werden. In einem Sanatorium in den Kärntner Karawanken erfahren österreichische Offiziere, die aus den verschiedenen Erblanden stammen, vom Untergang der Monarchie. Ein meuternder Matrose informiert sie über den Untergang des Reichs, und in einer dramatisch effektvollen Szene reißt er Stück für Stück von der Landkarte der Monarchie ab, bis in der Mitte als kleiner Rest Deutschösterreich bleibt. Alle haben eine neue Heimat, zu der sie sich bekennen, nur der jüdische Regimentsarzt und Oberst Radosin nicht. Dieser begeht Selbstmord, und an seinem Grab versammeln sich noch einmal die Offiziere, ehe sie heimkehren. Einer von ihnen, ein Leutnant aus Kärnten, bleibt im Sanatorium und bringt ein Maschinengewehr in Stellung, um seine Heimat gegen die Slowenen zu verteidigen. Im Klartext bedeutet dieses Finale, daß alle anderen auf Grund des Selbstbestimmungsrechtes der Völker ihre Heimat gefunden haben, Österreich nur als Vielvölkerstaat zu existieren vermag und de facto nicht mehr als eine historische Fiktion ist, die sich überlebt hat. Die penetrante Symbolik der Schlußszenen sagt weniger über den Untergang der Monarchie als über die Entstehungszeit des Stückes (1935), in der eine gewiß respektable, aber doch sentimentale Rekonstruktion der Vergangenheit des Vielvölkerstaates eher für eine Befriedigung der Nostalgie denn für eine Aufklärung über die reale Gefahr sorgte.

XI. Der Anschluß – Vollzug und Konsequenzen

Nach Vollzug des Anschlusses im März 1938 waren die, die schon zuvor dafür gearbeitet hatten, mit ihrem Führerlob schnell zur Stelle. Ein eilfertig hergestelltes ›Bekenntnisbuch‹ vereinigte jene, die sich zum Hymnus bereit fanden und den Lohn für die Treue während der Verfolgung durch das Regime Schuschnigg abholen wollten. Daß sich diese Arbeit für viele im wahrsten Sinne des Wortes bezahlt machte, geht aus den von Klaus Amann recherierten und mitgeteilten Materialien hervor.[120] Unter den gut Verdienenden ragt Mirko Jelusich hervor, der für die Zeit 1940 bis 1942 jährlich ein Einkommen von über 150 000 RM einbekannte, und damit das eines Gauleiters um ein Fünffaches übertraf. Viele, die die Förderung vom Ständestaat nicht verschmäht hatten, ließen sich nun erst recht fördern. Daß aber für Jelusich auch die neue Ära nicht auf

Dauer die gewünschte Machtposition brachte, sondern sein Wunsch, Direktor des Burgtheaters zu werden, nur für kurze Zeit in Erfüllung ging und er in Kürze von reichsdeutschen Herren abgelöst wurde, enttäuschte ihn, ermöglichte ihm aber – und dies kann als perfide Ironie des Schicksals gedeutet werden – sich nach dem Krieg als einen Patrioten zu stilisieren, der das Österreichische gegen das Reichsdeutsche bewahren wollte und so auf seine Weise Widerstand geleistet hätte.[121]

Viele von denen, die sich offen als nationalsozialistische Autoren bekannten und die den Führer freudig begrüßten, konnten nach 1945 – nach meist nur kurzer Pause – wieder ihrer Verlage und auch ihres Publikums gewiß sein.[122] Zu nennen wäre da neben einigen andren Richard Billinger, Bruno Brehm, Mirko Jelusich, Paula Grogger, Max Mell und vor allem Karl Heinrich Waggerl.[123] Jüngere Autoren wie Gertrud Fussenegger und Franz Tumler, deren Anfänge im Zeichen des NS-Regimes standen, machten Karriere vor allem erst nach dem Zweiten Weltkrieg.

Ödön von Horváth, Joseph Roth, Jura Soyfer, Stefan Zweig, Robert Musil, Guido Zernatto starben im Exil, einige – wie Franz Werfel und Hermann Broch – erlebten das Kriegsende zwar noch, kehrten aber nicht mehr nach Österreich zurück; manche wie Alfred Polgar, Elias Canetti, Albert Ehrenstein und Ernst Waldinger besuchten Österreich; Theodor Kramer kam kurz vor seinem Tod noch nach Österreich zurück; nur wenige wie Franz Theodor Csokor, Hans Weigel und Friedrich Torberg nahmen ihre Arbeit als Schriftsteller in der Zweiten Republik wieder auf. Es gab so gut wie keine Bemühungen offizieller Stellen, die Exilierten wieder heimzuholen. Die ausgegebene Losung lief darauf hinaus, daß das Dritte Reich als ein von außen zugefügtes Unheil und nur als ein Zwischenspiel zu erachten sei: Für Lernet-Holenia etwa hieß das, die Österreicher brauchten »nur dort fortzusetzen, wo ⟨sie⟩ durch die Träume eines Irren unterbrochen« worden wären; Rudolf Henz meinte, seine »Arbeit ⟨könnte⟩ dort einsetzen, wo sie 1938 geendet hatte«.[124] Der schwierige Neubeginn in Österreich nach 1945 erklärt sich nicht zuletzt daraus, daß man auf bereits Geleistetes verzichten zu können meinte und weiterhin lieber ganz unter sich bleiben wollte.

Erhard Schütz
Autobiographien und Reiseliteratur

In der Weimarer Republik gewinnt Literatur, die als nicht kunsthaft wahrgenommen werden will, zunehmend an Bedeutung. Ja, von ihr her wird zeitweilig bestimmt, was Literatur zu sein habe. Biographien werden Mode und haben Massenerfolg, Sachbücher werden populär, ein Trend, der sich dann im ›Dritten Reich‹ fortsetzt und verstärkt. ›Berichte aus der Wirklichkeit‹, so ein zum Schlagwort gewordener Reihentitel, waren bis etwa Mitte der zwanziger Jahre Garantie für hohe Auflagen. Mit der zunehmenden ›Krise des Romans‹ oder ›Krise des Buchs‹ soll die wirklichkeitsbezogene Literatur, soll ›Faktographie‹, das heißt Information als Unterhaltung, die Krise mildern.

Der Wunsch nach verwertbarem Orientierungswissen, nach Sinnsicherung und persönlicher Karrieregarantie scheint ein wichtiges Motiv der Leser gewesen zu sein. Aber auch die Erwartung der Teilhabe an gesellschaftlichen Bereichen, die dem breiten Publikum nicht zugänglich waren – insbesondere das mondäne Leben der Medienstars – spielen eine Rolle. Das deutet schon auf eine wesentliche Trägerschicht und deren besonderes Leseverhalten hin: Gegen Ende der zwanziger Jahre wird die Angestelltenkultur wahrgenommen und diskutiert. Aber es sind keineswegs die Ladenmädchen und Handlungsreisenden, die Tippfräuleins und Bürogänger allein oder auch nur vorrangig, derentwegen etwa die Vielzahl von Autobiographien und Reisebücher publiziert und einige darunter zu Bestsellern wurden. Die Durchsetzung der ›faktographischen‹ Literatur geht gerade auf die Intellektuellen zurück, auf ihren eigenen Wunsch nach Orientierung und ihr Bedürfnis nach Erforschung der nach Krieg und Revolution so radikal verändert erscheinenden Wirklichkeit. Sinn verspricht ihnen dabei die Aufgabe, ›die Massen‹ zur Demokratie zu erziehen oder zu deren Überwindung in der klassenlosen Gesellschaft zu führen. Die im engeren Sinne faktographische Literatur, die Dokumentationen von staatlichem Unrecht und weiterlebender Reaktion bis hin zu den Reportageromanen im

Umfeld eines proletarisch-revolutionären ›Realismus‹, sind – was nicht verwunderlich ist – eine Domäne der Linken. Angesichts der vergleichsweise geringen Wirksamkeit und Reichweite dieser Literatur ist es gerade unter sozialhistorischen Gesichtspunkten wesentlich ergiebiger, sich nicht ihr zu widmen, sondern den beiden Strängen Autobiographie und Reiseliteratur, die eine lange Tradition haben und deren Spektrum über die evidenten politischen Polarisierungen weit hinausgeht.

Autobiographie und Reiseliteratur beginnen in diesen Jahren besonders intensiv ihre Funktionen auszutauschen: Autobiographischen Gesellschaftsdiagnosen stehen individuelle Selbstbestimmungsversuche in Reisebüchern gegenüber. In beiden wird die Darstellung des Leidens an der Individualität oder die Betonung der Besonderheit nicht mehr von der Wahrnehmung der großen Zahl der tendenziell Gleichartigen getrennt, wobei diese Tendenz zur Gleichartigkeit entweder als Vermassungsdruck abgewehrt oder als Kollektivierungsmöglichkeit gewünscht wird.

Zweifellos ist die Präsenz der audiovisuellen Medien in den zwanziger Jahren für Autobiographie und Reiseliteratur eine besondere Herausforderung. Die ›unmittelbare Evidenz‹ von Photographie und Film hat einen doppelten Effekt auf diesen Literaturbereich. Zum einen werden diese Medien als direkte Konkurrenz begriffen. Man reagiert, indem man Photographien veranschaulichend und beglaubigend in den Text mit hineinnimmt oder Schreibstrategien zu entwickeln versucht, die es mit der Reklame und den neuen Medien aufnehmen können. Zum anderen steigert dieser Konkurrent das Bedürfnis nach beschriebenem Schicksal und Exotischem, Selbsterkenntnis und Weltwahrnehmung, so daß die Nachfrage nach entsprechender Literatur wächst.

Das allein erklärt allerdings noch nicht die geradezu beängstigende Zahl an Autobiographien und die noch größere an Reisedarstellungen jener Jahre, die gerade in kleinen Verlagen und mit niedrigsten Auflagen erscheinen. Grundlegend dafür ist die stark erweiterte Zugangsmöglichkeit zum literarischen Markt und das Vorhandensein von Druckkapazitäten auch in der letzten Kleinstadt. In einer Zeit, da das Buch in seiner höchsten kulturellen Wertschätzung noch unangefochten ist, in seiner Funktion im medialen und ökonomischen System jedoch schon angegriffen wird, bildet die Menge der autobiographischen und Reiseliteratur den Sockel zu jener Weltanschauungs- und Weltordnungs-›Dichtung‹, die ihre Existenz denselben Bedingungen verdankt. Im Gegensatz zu dieser geht es hier jedoch selten um die feierliche Erhebung des Ichs zum Autor (sprich: Dichter).

Der entscheidende Impuls dieser Literatur ist schließlich der Krieg. So wie gerade die Kriegsliteratur als Fusion von Autobiographie und Reiseliteratur geschrieben und gelesen worden ist, nicht nur in solchen Extremfällen wie beispielsweise Ernst Jüngers ›Der Kampf als inneres Erlebnis‹, so ist auch die gesamte autobiographische und Reiseliteratur der Weimarer Republik unter der Perspektive des Krieges geschrieben und gelesen worden. Keine Autobiographie, die nicht, wenn auch noch so versteckt, auf den Krieg Bezug nähme, so gut wie kein Reisebericht, in dem nicht die Auswirkungen der Niederlage Deutschlands, seine damalige und zukünftige Stellung in der durch den Krieg radikal veränderten Welt eine Rolle spielten.

Auf der Folie des Krieges konturieren sich die Darstellungen vom gewährten Ausnahmeglück oder der verbitterten Anklage gegen alles und jedes. Der Krieg bestimmt mit seinen direkten technischen, wirtschaftlichen, politischen und sozialen Folgen die Autobiographien und die Reiseliteratur: seien es die neuen Verkehrsmittel, sei es die Devisenbewirtschaftung mit ihrer Privilegierung derjenigen, die über Auslandskontakte oder Verwandte im Ausland verfügen, seien es Berufsabbrüche, die zu Versuchen führen, vom Schreiben leben zu wollen, oder Rechtfertigungsversuche, Rechenschaftsberichte, Zukunftsentwürfe und Warnbilder. Vor dem Hintergrund der Kriegserfahrungen versucht man, sich in Texten seiner selbst und der Umwelt zu versichern: In den Texten wird Kontinuität erprobt, werden Brüche behauptet und Erneuerungswünsche formuliert.

I. Autobiographien

Autobiographische Literatur spielt im Selbstverständnis der Weimarer Republik auf den ersten Blick keine besonders signifikante Rolle. Anders als die ›Biographien-Mode‹, die zu thematisieren zeitweilig selbst modisch wird, erregt das Phänomen der zahlreichen zeitgenössischen Autobiographien kaum Aufmerksamkeit. Allerdings gibt es literaturgeschichtliche Untersuchungen, die das Interesse auf die historische Autobiographie lenken. Vor allem die Arbeit von Werner Mahrholz[1] dürfte nicht wenig dazu beigetragen haben, daß man nicht mehr so sehr Goethes ›Dichtung und Wahrheit‹ als vielmehr Lebensberichte wie die des ›Anton Reiser‹ von Karl Philipp Moritz als vorbildlich ansah. Zeitgenössisch diskutiert hingegen werden einzelne autobiographische Veröffentlichungen, die dann in Einzelfällen wiederum Vorlagen für andere Publikationen abgeben können. Dazu zählen etwa die Übersetzungen der Lebensbeschreibung Henry Fords[2] sowie der Autobiographien Leo Trotzkis[3] und Alexandra Kollontais'[4], die vor allem bei der linken Intelligenz Beachtung finden. Ähnliche Aufmerksamkeit erzielt im Literaturbetrieb Klaus Manns ›Kind dieser Zeit‹[5]. Als besondere Verkaufserfolge erweisen sich Bruno H. Bürgels ›Vom Arbeiter zum Astronomen. Der Aufstieg eines Lebenskämpfers‹[6], Albert Schweitzers ›Aus meiner Kindheit‹[7], und ›Selbstdarstellung‹[8], oder Carl Ludwig Schleichs ›Besonnte Vergangenheit. Lebenserinnerungen‹[9], ein Buch, das bis 1948 eine Auflage von rund 800 000 Exemplaren erreichte.

In kaum einem anderen Jahrzehnt ist das Spektrum der autobiographischen Schriften so weit gespannt wie in der Weimarer Republik. Das betrifft zunächst schon das Lebensalter der Autobiographen und den dargestellten Zeitraum: Zwischen dem Erscheinungsdatum von Rudolf Euckens ›Lebenserinnerungen. Ein Stück deutschen Lebens‹[10], und dem der Autobiographie Klaus Manns liegt etwa ein Jahrzehnt, zwischen ihren Geburtsjahren, 1846 und 1906, aber liegen sechzig Jahre. Das betrifft ebenso den sozialen Status der Schreibenden: Hier reicht das Spektrum von den Memoiren des abgedankten Kaisers oder seines Sohnes[11] bis zu Max Hoelz' ›Vom Weißen Kreuz zur Roten Fahne. Jugend-,

Kampf- und Zuchthauserlebnisse‹[12] und Ludwig Turecks ›Ein Prolet erzählt‹[13]. Dazwischen stehen die Lebensbeschreibungen von Militärs und Hochstaplern, Frauenrechtlerinnen und Revolutionären, Ingenieuren und Ärzten, Künstlern und Philosophen, Buchdruckern und Psychiatern. Das betrifft sodann vor allem die Vielfalt der Formen, in denen aufgeschrieben wird, was als Darstellung des eigenen Lebens gelten soll: Sie reichen vom Brief bis zum Tagebuch, vom Dossier bis zum Roman. Und schließlich betrifft es den Umfang: von dreibändigen Werken, wie das von Oskar A. H. Schmitz[14], bis hin zu Walter Benjamins zu Lebzeiten nur als verstreute Pressepublikationen veröffentlichten Stücken der ›Berliner Kindheit um Neunzehnhundert‹[15].

1. Außenseitertum und Krieg

In seiner Rezension der Autobiographie Rudolf Schlichters[16] spricht Walter Benjamin von »unerschöpfliche⟨n⟩ Vermittlungen des zeit- und urgeschichtlichen Moments«[17]. Biologische Stadien erscheinen untrennbar von sozialen Determinanten, von ›Kulturräumen‹ und Institutionen, Familie und Elternhaus, den verschiedenen Formen der Schule (Kadettenanstalt und Privaterziehung, Landschulheim und abgebrochene Volksschule), von Studium und Boheme, Berufslehre und Militärdienstzeit, Religion und Lektüre, Großstadt oder Provinz, bürgerlichen oder proletarischen Milieus, vom Tod der Eltern oder eigener Krankheit, von Erfahrungen der ›Abweichung‹, von Judentum und Homosexualität.

Unverstandensein und Liebesverlust, Stigmatisierung, Außenseitertum und Abnormität sind – von Arthur Holitschers Titel ›Lebensgeschichte eines Rebellen‹[18] bis hin zu Carl Ludwig Schleichs Erstaunen über das ihm zuteil gewordene Ausnahmeglück – die Grundmotive der Autobiographien. Benjamin illuminiert diese tendenziell unendlichen Konstellationen mit anthropologischen Grundkonstanten, indem er Schlichter mit Proust vergleicht: »Man darf nicht fragen, was Stuttgart mit Paris zu schaffen hat. Denn sicher ist, daß in beider Kindheit, der des württembergischen Kleinbürgersohns und jener des Pariser Elegants, die Städte sich aufs seltsamste verpuppen, so daß beim Klang der rue de Parme Proust Veilchenduft entgegenschlug, Schlichter aber – von der Stuttgarter Festtafel her – nach Jahren noch ›der Geruch von Salzkartoffeln ... das Symbol der Großstadt‹ gewesen ist.«[19] Neben solchen Konstanten – idiosynkratischen Erinnerungen, Synästhesien, Abweichungswahrnehmungen, Pubertät und sexuellem Begehren etc. – sind sozialgeschichtliche Aspekte hervorzuheben. Da sind zum einen die Aufmerksamkeit für die Spaltung in Bürgertum und Proletariat und die rassistische Stigmatisierung, zum anderen die Erfahrung des Ersten Weltkriegs.

Die Autobiographien der Weimarer Republik stehen, wie die Literatur der Weimarer Republik überhaupt, allesamt unter dem Eindruck des jüngstvergangenen Krieges. Die Spuren dieser »ungeheuren biographischen Zäsurmacht des Ersten Weltkriegs«[20] sind ihnen eingeschrieben. »Eine Generation, die noch mit der Pferdebahn zur Schule gefahren war, stand unter freiem Himmel in einer Landschaft, in der nichts unverändert geblieben war als die Wolken und unter ihnen, in einem Kraftfeld zerstörender Ströme und Explosionen der winzige, gebrechliche Menschenkörper.«[21]

Zwar erscheint in den ›Lebenserinnerungen‹ Carl Ludwig Schleichs (Jahrgang 1859) nur der knappe Hinweis auf seine »schwere 〈...〉 Dienstzeit im Kriege« als Lazarettarzt – als »ständige Reibungen« mit Kollegen, die »immer mehr mit falschem Stolz Generäle als Ärzte waren«, explizit aus der Darstellung ausgeklammert als »zu unerfreulich, um hier beschrieben und noch einmal durchkostet zu werden« –, aber selbst diese Autobiographie steht unter dem Eindruck, daß das eigene, erfüllte Leben nicht nur individuell unwiederholbar Vergangenheit, sondern Ausdruck einer durch den Krieg abgeschlossenen, untergegangenen Epoche ist. Darum muß, damit der Autor sich an dieses Leben als gelungen und erfüllt erinnern kann, »die große Vergolderin des Daseins: die Illusion« bemüht werden.[22]

Der dritte Teil der Autobiographie Rudolf Schlichters (Jahrgang 1890), der die Kriegs- und Nachkriegsjahre umfassen sollte – Schlichter wurde 1916 an die Westfront eingezogen und nach einem Hungerstreik entlassen –, konnte nach 1933 nicht mehr publiziert werden. Die beiden vorliegenden Bände lassen aber in Katastrophenfurcht und Revolutionserwartungen die Perspektivierung auf und durch den Krieg erkennen. Kurt Martens (Jahrgang 1870), der in den Kriegsjahren lediglich einige Musterungen über sich ergehen lassen mußte, notiert dazu, indigniert durch die kollektive Mechanik der Vorgänge: »Bei den Musterungen warst du, meine persönliche Freiheit, am ärgsten gefährdet.«[23] Und im Vorwort zum ersten Teil seiner Autobiographie (1870-1900) erklärt er programmatisch, »daß ich zu den Wenigen gehöre, die den Fäulnisgeruch immer schon witterten und die Fundamente des morschen Systems verdächtig knacken hörten. ⟨...⟩ Sobald sich die kaiserliche Militär-Autokratie, unter dem Enthusiasmus der frech belogenen Masse, auf den irrsinnigsten, aussichtslosesten Krieg eingelassen hatte, waren wir Wenigen zum Schweigen verdammt. ⟨...⟩ Wir fühlten uns als eines kranken Körpers abgestorbene Glieder.«[24]

Arthur Eloesser, ebenfalls Jahrgang 1870 und vom Kriegsdienst verschont, schließt die Sammlung seiner autobiographisch angelegten Feuilletons aus den Vorkriegsjahren mit einer Skizze ›Berliner Landsturm‹.[25] Eloesser, der im Vorwort sein Leben von den beiden Kriegen 1870/71 und 1914/18 begrenzt sieht, stellt den eigenen Hurrapatriotismus als öffentliches Schuldbekenntnis aus. Klaus Mann (Jahrgang 1906) bezieht seine Biographie durchweg auf einen Krieg, der doch »uns mehr eine Angelegenheit der Eltern oder der Deutsch- und Geschichtsstunden bedeutete als eigentliche Realität«. Er sieht in ihm einen Teil jener »kolossale⟨n⟩ moralische⟨n⟩ Krise der Zeit«: »Die Sorgen, Nöte, Gewissensbisse, die ich mir machte, würde ein Dreizehnjähriger von 1931 sich nicht mehr machen.«[26] Solch kritische Bestimmung des eigenen Lebens findet ihre Bestätigung auch in autobiographischen Romanen wie Siegfried Kracauers ›Ginster‹[27] oder Ernst Glaesers ›Jahrgang 1902‹[28].

Für Hermann Stegemann[29] wird der Krieg dagegen zur Chance, den individuellen Katastrophen, psychischen und körperlichen Krankheiten, zu entkommen, so daß auch in der Schilderung »mein persönliches Leben fortan hinter dem großen Geschehen zurücktritt«. Ähnlich flüchtet Ernst von Wolzogen sich »aus der erotischen Katastrophe in den Krieg«, der »für uns Menschen aus der Herrenklasse« Gelegenheit biete, »das ›Volk‹ wirklich kennen und verstehen zu lernen«.[30] Anderen wiederum werden die traumatischen Kriegserlebnisse Anlaß revolutionärer, sozialistischer, pazifistischer oder anti-militaristischer Sinngebung. Ludwig Tureck[31] stellt den Stumpfsinn des Militärdiensts und die Schrecken der ausführlich geschilderten Kriegserlebnisse als Teil des proletarischen ›Klassenschicksals‹ dar. Der Kriegsfreiwillige Max Hoelz[32] schildert, wie er sich von seinem christlichen Weltbild löst und zum revolutionären Aktivisten wird. Ernst Toller schreibt sein Nachwort zu ›Eine Jugend in Deutschland‹, aus der Perspektive des Exils: »Wer den Zusammenbruch von 1933 begreifen will, muß die Ereignisse der Jahre 1918 und 1919 in Deutschland kennen, von denen ich hier erzähle.« Seine Darstellung der Kriegsteilnahme endet mit einem Resümee, in dem er das seit der Industrialisierung alle Autobiographien prägende Verhältnis von Masse und Einzelschicksal demonstriert: »die großen Empfindungen werden stumpf ⟨...⟩, der Krieg wird zum Alltag ⟨...⟩, wir sind Schrauben einer Maschine ⟨...⟩ – der Sinn ist abhanden gekommen ⟨...⟩. Ich melde mich zum Fliegerkorps ⟨...⟩, ich will aus der Masse ausbrechen, aus dem Massenleben, aus dem Massensterben.«[33]

Von hier aus wird aber noch ein anderer Aspekt deutlich. Die Differenz zwischen den autobiographischen Texten und den Kriegs-, bzw. Frontromanen der Weimarer Republik besteht im wesentlichen in der unterschiedlichen Akzentuierung der vor dem, im und nach dem Krieg verbrachten Lebensjahre. Denn auch diese Frontromane – und ähnlich die zahlreichen Erinnerungen der ›soldatischen Männer‹ der Freikorps- und Putschistenzeit – sind genuin autobiographische Literatur, vielleicht sogar Autobiographien in radikalerer Konsequenz: Sie konzentrieren sich auf jene Zeit und jene Ereignisse, die dem Leben subjektive Besonderheit oder einen neuen, gemeinschaftlichen Sinn gaben. Dafür spricht nicht nur, daß in der zeitgenössischen Diskussion – häufig polemisch gegen Erich Maria Remarque – die ›Authentizität‹, das belegbar Selbsterlebte dieser Darstellungen, angeführt wird, sondern auch, daß viele der ›rechten‹ Frontromane ausdrücklich den Lebensabschnitt Kriegszeit mit der Vorkriegszeit konfrontieren, die dann als vergangene, verachtete Schreckenszeit bürgerlicher Normalität erscheint, aus der einen der Krieg erlöste und dem Leben einen zukunftsgerichteten Sinn gab. Diese Erinnerungen waren für die Autoren ein Medium, die als erniedrigend und feindlich empfundene Gegenwart der Weimarer Republik möglichst schnell zu überwinden und den ›neuen‹ Werten des Krieges, vor allem der ›Kameradschaft‹, zum Durchbruch zu verhelfen.[34]

2. Proletarier, Bürger – oder Prominenz?

Autobiographien, die sich auf die Erfahrungen des Weltkriegs bezogen, nahmen eine doppelte Frontstellung ein: gegen die saturierte Langeweile und Konformität der Vorkriegswelt einerseits, gegen die Republik als die Fortsetzung und Steigerung des Rationalismus, Materialismus und Ökonomismus des Kaiserreiches andererseits. Damit ging wiederum eine andere doppelte Frontstellung einher: gegen Klassengesellschaft und ›Klassenhaß‹ sowie gegen gesteigerten Individualismus. In der Regel wurde die Abwehr bis in die Polemik gegen Soziologie und Psychoanalyse verlängert.

Doch zeigt sich in dieser Abwehr schon die Macht, die den modernen Kulturwissenschaften, insbesondere der Soziologie, zwischen Positivismus und Marxismus, und der Psychologie, zwischen Wahrnehmungspsychologie und Psychoanalyse, über die Autobiographie zukommen sollte. Sie prägen zunehmend Status, Formen und Inhalte der Autobiographie, die damit unter Abgrenzungs- oder Unterwerfungszwang gerät: Entweder liefert sie nurmehr illustratives Material zu soziologisch und psychologisch fixierten Gesetzen und Modellen, oder sie findet von diesen nicht erfaßte Nischen oder erweist sich gar als deren Überbietung.

Besonders deutlich wird die Darstellung des eigenen Lebens als etwas, was gesellschaftliche Gesetzmäßigkeiten illustriert oder soziale Beispielhaftigkeit besitzt, in Lebensbeschreibungen sogenannter Proletarier. Noch dort, wo sie Geschichten gesellschaftlicher Außenseiter erzählen, wie Georg K. Glasers ›Schluckebier‹[35] oder Adam Scharrers ›Aus der Art geschlagen‹[36], werden diese zu Lehrbeispielen für die Problematik der Klassengesellschaft und die Notwendigkeit proletarischer Organisation. Glasers Darstellung der eigenen als ›lumpenproletarische‹ Jugend wechselt im zweiten Teil des Buchs programmatisch von der Er-Perspektive zum kollektivierenden ›Uns‹, um emphatisch zu enden: »Wir waren nur die Spitze eines gewaltigen Zuges. ⟨...⟩ Wir stehn, Fäuste an der Hosennaht!«[37] Scharrer stellt die Genese lumpenproletarischer Revolte dar, wobei die anarchische Lust darin noch durch die sprunghafte Episodik des Erzählens unterstrichen wird, aber auch er schreibt aus der Perspektive des organisierten Linksradikalen mit der Aufforderung, es ihm nachzutun. Diebstahl aus Armut und Hunger, sozial erzwungene Amoralität dienen nicht nur bei Glaser und Scharrer zur Exemplifizierung proletarischer Lebensumstände, sie finden sich in derselben Funktion zum Beispiel auch bei Max Hoelz und Ludwig Tureck. Mehr noch als jene stellen Hoelz und Tureck ihr Leben als klassenbedingt zwangsläufigen Vorgang dar. Was bei Hoelz im Titel als ›Entwicklung‹ signalisiert wird, ist für Tureck stets schon vorausgesetzt, die klassenbewußte Organisation. Bis in die Sprache hinein – Sarkasmus, ironische Distanzierungen von Stereotypen – wird das eigene Leben mittels sozialer Polarisierung definiert: als Normalfall einer proletarischen Existenz. Man betrachtet sich als Fall eines stets schon gültigen sozialen Gesetzes, das es mit der Lebensbeschreibung zu illustrieren gilt, um die proletarischen Leser zur revolutionären Organisation zu stimulieren. Max Hoelz erklärt programmatisch: »alles Persönliche war zugleich Gemeinsames«[38]. Auch wo proletarische Lebensläufe als individueller Aufstieg dargestellt werden, erscheint das eigene Leben als vorbildliches Beispiel für die proletarische Sozialisation in der gespaltenen Gesellschaft. Wenzel Holek, dessen ›Lebensgang eines Handarbeiters‹ schon 1909 erschienen war[39], unterstreicht in der Fortsetzung ›Vom Handarbeiter zum Jugenderzieher‹[40], das Gemeinnützige seiner Karriere, die Emanzipation durch Wissensvermittlung. Bruno H. Bürgel, dessen Erinnerungen ›Vom Arbeiter zum Astronomen. Der Aufstieg eines Lebenskämpfers‹[41] zwischen 1919 und 1929 in hunderttausend Exemplaren erschienen, interpretiert seinen Aufstieg als Autodidakt modellhaft, um sowohl das Bürgertum über das Proletariat als auch umgekehrt aufzuklären – oder wie er selbst es mit einem bezeichnenden Bild formuliert: um »auf Schäden hüben und drüben der sozialen Schützengräben hin⟨zu⟩weisen«[42]. Diese Aufstiegs- oder Selbstbescheidungsgeschichten, wie auch der autobiographische Roman des Krupp-Arbeiters und Arbeiterdichters Christoph Wieprecht, ›Nachtgesang‹[43], nähern sich mit ihrer Bilanzierung beruflichen Erfolgs den traditionell bürgerlichen Lebensbeschreibungen, die auch in diesem Jahrzehnt sehr zahlreich sind. Die bürgerlichen Autoren heben an der Karriere hingegen die eigene Besonderheit hervor, um so mehr, wenn sie etwa ihre musischen Wünsche gegen die Nützlichkeitsforderungen der Väter durchsetzen konnten, und sei es in einer Doppellaufbahn – beispielsweise als Arzt und Dichter wie Hans Carossa, Carl Ludwig Schleich, Theodor Lessing oder Robert Wollenberg. Dagegen insistieren die Aufsteigerautobiographien auf der Modellhaftigkeit des eigenen Wegs.[44]

Alle diese Lebensdarstellungen setzen das Interesse an Persönlichkeit oder Prominenz als selbstverständlich voraus. Das wird noch in der Verweigerung deutlich. Stefan Großmann, als Publizist und Gründer der bedeutenden demokratischen Wochenschrift ›Das Tage-Buch‹ eine der führenden ›öffentlichen‹ Figuren der Weimarer Republik, veröffentlichte ›Ich war begeistert. Eine Lebensgeschichte‹[45]. Darin sind, obwohl es doch naheläge, die Jahre der Weimarer Republik in Berlin eher marginal, hingegen die ›privaten‹ Details der Kindheit und Jugend in Wien geradezu episch ausgebreitet. So setzt einer der politisch-kritischen Köpfe der Republik der Nachkriegszeit demonstrativ und elegisch die Vorkriegswelt entgegen. Aber in der Konfrontation der poetischen Nostalgie mit der gegenwärtigen prosaischen Öffentlichkeitsfunktion tritt nicht die Brüchigkeit des bürgerlichen Persönlichkeitsbildes hervor, sondern bewährt sich sein Anspruch auf allgemeine Geltung. Was bei Großmann eher verborgen entwickelt ist, artikuliert Erich Mühsam fast programmatisch. In der Einleitung von ›Namen und Menschen. Unpolitische Erinnerungen eines politischen Menschen‹[46] spricht Mühsam von den »zwei getrennten Geleise⟨n⟩« des Privaten und des Politischen, auf denen die Biographie sich bewege. Für ihn ist die Lebensbeschreibung Ausweis des Austritts aus dem aktiven politischen Leben, an dem teilzuhaben er – nach seiner langjährigen Haft – gerade beansprucht. So legt er seine Erinnerungen gewissermaßen als Blick auf den zurück- und abgelegten Lebensabschnitt an, unter anderem als Bilanz der Boheme – der Vorkriegsalternative zum geregelten bürgerlichen Leben. Aber auch diese Abtrennung bedarf der Rechtfertigung: »Welche meiner Erlebnisse gehen andere Leute an? 〈...〉 diejenigen, die nicht meine Erlebnisse allein sind, sondern in irgendwelcher Beziehung zur Zeitgeschichte, zur Kultur und zur Kennzeichnung der Gegenwart stehen.«[47] Die Trias von allgemeiner politischer Geschichte, Kulturgeschichte und Zeitdiagnostik »bildet für einen Großteil der bürgerlichen Autobiographik der Weimarer Epoche 〈...〉 einen festen Interessenkanon. Die Autoren produzieren je individuelle Kompromisse zwischen den drei Relevanzschwerpunkten.«[48]

Die Grade der Vermittlung dieser drei Bereiche mit den Zufällen des eigenen Schicksals[49], insbesondere den Phasen der Sozialisation, sind ebenfalls unterschiedlich. Doch dem Anspruch auf Repräsentanz, wie etwa bei Thomas Mann, und dem Aushalten der Spannung und des Widerspruchs, wie beispielsweise bei Gottfried Benn, ist das Bewußtsein gemein, daß beides eine persönliche, nicht zuletzt sprachvermittelte, Leistung sei. Wohingegen an den proletarischen Autobiographien auffällt, daß die Spannung zwischen Oben und Unten verläuft und das eigene Leben noch in seinen Kontingenzen stets als integral, exemplarisch und klassentypisch erfahren wird.

Bürgerliche Autobiographen präsentieren sich als »Kulturhistoriker ihrer selbst«[50], indem sie die Darstellung der eigenen Biographie im Sinne einer Symptomatik betreiben: als *Partikel eines vorgestellten Ganzen*, das zwischen ›Menschheit‹ und ›Kulturnation‹ oszilliert, und zugleich als ein Medium, in dem sich dieses Ganze realisiert. Innerhalb der Biographie wiederholt sich diese Symptomatik im Verhältnis von ›Leben‹ und Erlebnissen: Die – nicht selten mit erkennbarem Stolz präsentierten – Details der Erinnerung werden aufgrund ihrer Bedeutsamkeit für das eigene Leben oder für die Lebensbewältigung der Leser beschrieben. Dabei präsentieren sich diese autobiographischen Hilfestellungen Lesern, die doch die darin als vermeidbar dargestellten Konflikte stets schon hinter sich haben, so daß durch den didaktischen Anspruch hindurch die je eigene, unverwechselbare Besonderheit um so deutlicher als Botschaft hervortritt.

Dieser Erinnerungsdetailismus entspricht ganz der Psychologie. Dabei sind die autobiographischen Texte der an ihrer wissenschaftlichen Ausarbeitung Beteiligten – Sigmund Freuds ›Selbstdarstellung‹[51] oder Robert Wollenbergs ›Erinnerungen eines alten Psychiaters‹[52] – weniger aufschlußreich als die übrigen Autobiographien. Die Kindheits- und Jugenderinnerungen sind von jener psychologischen Symptomatik geprägt, die spätestens seit Karl Philipp Moritz' ›Erfahrungsseelenkunde‹ das weltliche autobiographische Schrifttum motiviert hat.

Einige Autobiographien der Weimarer Zeit arbeiten sich direkt am psychoanalytischen Paradigma ab. Kurt Martens verweist auf die »psycho-analytische Schule des Professor Freud«, die ihm über die Bedeutung der Verdrängung »die Augen ⟨...⟩ geöffnet« habe.[53] Während Martens das eher als Bekräftigung für die Nützlichkeit seiner Erinnerungsniederschrift formuliert, stellt Theodor Lessing in ›Einmal und nie wieder‹[54] sein gesamtes Leben von den rekonstruierten Geburtsumständen an radikal unter psychoanalytische Theoreme. Die dreiteilige Autobiographie von Oskar A. H. Schmitz ist geradezu auf Psychoanalyse fixiert. Schmitz, der sich bei dem Freud-Schüler Karl Abraham einer Analyse unterzogen hatte, entwickelt aus den eigenen Erfahrungen das Modell eines historischen Wandels von der naturwissenschaftlichen zu einer psychologischen Epoche, in der das ›mechanistische Zeitalter‹ überwunden sein wird. Dem Therapierten winkt Teilhabe an ewiger Jugend. Dies wird just in jenem Teil formuliert, der den Untertitel ›Jahre des Reifens‹ trägt.[55] Schmitz nimmt die Darlegung seiner Krankheit »in den Dienst narzißtisch-spekulativer Selbstdarstellung«. »Schmitz erlebt eine Inflation der Symbolik, willkürlicher Intuitionen und pseudologischer Tiefenerkenntnisse.«[56] Diese Tendenz durchzieht zumindest als Problem beinahe alle Autobiographien, die sich auf begriffliche Exploration des Psychischen einlassen. Es werden immer neue Details und Symptome vorgetragen, aus denen sich die Unerschöpflichkeit oder wenigstens Unbelangbarkeit des Individuums ergeben soll. Noch in der Abgrenzung scheint das Paradigma durch. So stellt Rudolf Schlichter programmatisch fest: »Dieses Buch und seine Fortsetzung soll weder ein folkloristischer, noch psychoanalytischer, noch soziologischer, noch psychologischer Roman sein ⟨...⟩. Dieses Buch ist die Liquidation der dargestellten Epoche und trägt somit in sich die Aufhebung seiner privaten Existenz.«⁵⁷ Gestützt auf das Bewußtsein seiner Anerkanntheit als Maler verfolgt er darin seine Obsessionen von der Analfixierung über den Stiefelfetischismus bis hin zum voyeuristischen Blick. Zugleich transformiert er sie in distanzierte Kälte. Beide, Leidenschaft und Kälte, sind wiederum Elemente, die sein hoch gelobtes Werk prägen. Das Beharren auf dem ›Abnormen‹ hat aber weder eine soziologische noch eine psychologische Perspektive, vielmehr eine – bei aller Opposition – apologetische Funktion. Ungehemmte Lektüre und Überreizungen durch ›die‹ Stadt werden für einen nicht mehr haltbaren Selbstanspruch verantwortlich gemacht, der schließlich durch den Rückzug auf das Land und in den Katholizismus korrigiert wird. Eben dieser Rückzug bildet den Ausgangspunkt einer Konfession, die schreibend noch einmal die abgelegte Maßlosigkeit wiederholt.⁵⁸

Kurt Martens ist in seinem Selbstverständnis nicht weniger maßlos als Schlichter. In betonter Abgrenzung vom Moralismus Augustins und Rousseaus formuliert er: »Zum erstenmal in der Geschichte der Autobiographien wird hier ⟨...⟩ das Wagnis ⟨...⟩ unternommen, eigenes Erleben in nackter, schonungsloser Tatsächlichkeit darzustellen.« Allerdings richtet er seine Darstellung an jene, denen Schlichter seine Autobiographie vorenthalten wollte, »an Psychologen und Psychiater, an Lehrer und Erzieher, an Historiker und Politiker, an Richter und Kriminalisten«.⁵⁹

So wenig diese ›Chronik‹ tatsächlich schonungslos ist und so sehr sie – entgegen der versprochenen Faktentreue – literarisiert erscheint, so symptomatisch ist, daß sie unter den vielfältigen Adressaten auch die Kriminalisten nennt. Die Kriminalistik hatte seit dem ausgehenden 19. Jahrhundert nicht nur entscheidende Fortschritte in der Erfassung und Speicherung von ›Signalements‹ gemacht, sondern sich auch systematischer den sozialen und psychischen Aspekten krimineller Devianz zugewandt. Dafür waren neben Temperamenten- und Typenlehren vor allem medizinisch-biologische Theorien über Gesundheit, Entartung und Rasse bestimmend. Manfred Schneiders These, »daß sich Psychologie und Soziologie, die modernen Menschenwissenschaften schlechthin, aus spezifischen Fragestellungen der entstehenden Kriminalität bzw. Kriminologie heraus entwickelt haben«, mag überzogen scheinen, doch ist prinzipiell nicht von der Hand zu weisen, daß die autobiographischen Texte der Moderne angesichts dieser Trias entweder »auf jede Rivalität mit diesen Institutionen« verzichten und als deren Zulieferer fungieren oder sich einer Identifikation »im Sinne der psychologischen und kriminalistischen Muster« verweigern können.[60] Gerade an Martens und Schlichter wird deutlich, daß diese Optionen sich nicht gegenseitig ausschließen, sondern daß sich vielmehr – wie bei Martens – Verweigerung als Kooperation und – wie bei Schlichter – Kooperation als Verweigerung darstellen kann. Bei beiden zeigt sich überdies ein Moment, das vielen Autobiographien der Zeit innewohnt, mit den die kriminalistischen Lehren prägenden Rassetheoremen unmittelbar zusammenhängt und im Rahmen eines soziologischen Klassenmodells nicht erklärt werden kann: die *Diskriminierung der Juden*.

3. Diskriminierung, Uniformität und Besonderheit – die Funktion der Medien für die Autobiographien

Martens wie Schlichter weisen immer wieder auf die jüdische Herkunft von ihnen beschriebener Personen hin. Dabei ist weniger bedeutsam, daß dies bei Martens eher einen angestrengt philosemitischen, bei Schlichter einen latent antisemitischen Ton hat, als die Tatsache der Hervorhebung überhaupt. Sich mit solchen Diskriminierungen autobiographisch zu befassen, wird gerade den auf diese Weise ausgegrenzten Juden aufgezwungen. Ob sie nun schon im Titel die Integration und eigene Integrität programmatisch hervorheben wie Jakob Wassermann mit ›Mein Weg als Deutscher und Jude‹[61], ob sie demonstrativ ›deutsche‹ Erinnerungen – kennzeichnenderweise vor allem an das Berlin der Vorkriegszeit – schreiben, wie Arthur Eloesser, Ernst Lissauer oder – besonders charakteristisch und in der Weimarer Republik beachtet – Ludwig Lewisohn mit einer Verklärung seiner Berliner Kindheit von den USA aus[62], ob sie ihr Judentum problematisierend brechen, wie Theodor Lessing, der das Wort vom ›jüdischen Selbsthaß‹ prägt, oder Stefan Großmann, der sich von den Ostjuden abgrenzt, stets müssen sie sich dem unterwerfen, was Ernst Toller, dessen Autobiographie von der Erfahrung der Diskriminierung eingerahmt wird, treffend die »zeugende Kraft« der »Fiktion des Blutes« genannt hat.[63] Nicht nur ihrem Leben, sondern auch seiner Darstellung wird diese Diskriminierung als strukturierendes Element aufgezwungen. Die damit häufig verknüpfte Erfahrung der Kontingenz als Zufall oder als Schicksal berührt sich mit der Erfahrung der drohenden Uniformität und gleichsam wissenschaftlichen Vorhersagbarkeit des Lebenslaufs. Daraus resultieren ganz unterschiedliche Bearbeitungsstrategien. Ernst von Wolzogen sieht in ›Wie ich mich ums Leben brachte‹ im Krieg eine Herausforderung zu persönlicher Bewährung und vertritt den Individualisten, der – anders als der »Herdenmensch« und sein »zuversichtliche⟨s⟩ Dahinrollen auf dem Geleise« – seinen »ungebahnten Weg ⟨...⟩ durch Dickicht und Dornen« suchen müsse.[64] Ernst Jünger setzt in seiner Autobiographie ›Das abenteuerliche Herz. Aufzeichnungen bei Tag und Nacht‹ (1929) eingangs demonstrativ die eigene Selbstfremdheit von »jener pöbelhaften Eigenwärme, jener Stickluft der inneren Wohn- und Schlafzimmer« des ›Anton Reiser‹ ab.[65] Carl Ludwig Schleich drückt wiederholt seine ›Dankbarkeit‹ für ein eigenes, besonderes Leben aus. Und Klaus Mann klagt in ›Kind dieser Zeit‹ über die Privilegierung durch den ›Zufall‹ des Elternhauses und setzt diesem Stigma den Wunsch nach autonomer, selbstgeschaffener Besonderheit entgegen.

Siegfried Kracauers vernichtende Kritik der Autobiographie Klaus Manns bestätigt diese Klage und lenkt zugleich den Blick auf ein weiteres Spezifikum der Autobiographik dieser Zeit. Kracauer argwöhnt, »daß die erwähnte Aufrichtigkeit den Tatsachen gegenüber mehr modisch als unerbittlich ist«.[66] Gerade das ›Modische‹ der Faktentreue ist nicht beliebig, sondern gehört zu den Reaktionen auf die Erfahrung der Kontingenz. Mit der Behauptung individueller Besonderheit gehen Strategien der Beweissicherung einher – man vergewissert sich der ›eigenen‹ Existenz durch Dokumente, Zeugen, Beweise, Indizien und Daten. Dies geschieht zwar kaum in bewußter Anlehnung an die Kriminalistik, aber es teilt mit dieser die Benutzung der technischen Medien: vor allem der Photographie, gelegentlich des Films, des Grammophons und des Telephons.[67]

Die neuen Medien dringen nicht nur als Gegenstände der erinnernden Aufmerksamkeit in die Lebensbeschreibungen ein – wie bei Schlichter die Kinobesuche oder die beiläufig erwähnten Telephongespräche bei Martens –, sie berühren vielmehr unmittelbar das Medium der eigenen autobiographischen Darstellung, die Schrift. Zu den Voraussetzungen autobiographischen Schreibens gehört sehr früh die Reflexion über Lektüre, Lesen und Schreiben als Mittel der Einführung in die eigene Kultur: Lektüre als Erweiterung des eigenen Lebens, als Kontrast oder als Flucht vor ihm, Lektüre aber auch als Erschließung eines Modells der eigenen Lebensbeschreibung. Goethes ›Dichtung und Wahrheit‹, gelegentlich Rousseaus ›Confessions‹, häufiger ›Anton Reiser‹ von Karl Philipp Moritz bilden die Folie der Selbstdarstellung. Es liegt auf der Hand, daß der Verfasser von Bestsellerbiographien und Goethe-Biograph Emil Ludwig sich in ›Geschenke des Lebens. Ein Rückblick‹[68] auf ›Dichtung und Wahrheit‹ beruft. Auch die Darstellungen von Kurt Martens, Carl Ludwig Schleich und anderen folgen dem Vorbild Goethes.

Bei Schleich nun ist besonders deutlich zu erkennen, wie zu dem Goetheschen Muster zeitloser ›Erfüllung‹ die weniger zeit- als personalbeglaubigende Versicherung tritt. Gleich eingangs führt er die Mutter als »einzigen, aber wirklich zuverlässigen Zeugen«, als »Kronzeugin«[69] ein, und immer wieder tauchen solche Bekundungen im Verlaufe der Darstellung auf. Bezeichnender noch ist der Bezug zur Photographie; Schleichs Entwicklung wird mit in den Band eingefügten Photographien dokumentiert. Überdies verweist die Photographie auf die Konkurrenz zum Goetheschen Selbstentwurf: Die »Erinnerungsschrift« erscheint als »eine Revue von Spiegelbildern, welche sich in der Seele des Biographen besonders plastisch, hell besonnt, verdichtet und erhalten haben, gewissermaßen mit dem kostbarsten Konservierungsmittel der Seelenphotographie: der Dankbarkeit, fixiert«.[70]

4. Zwei Pole: Klaus Mann und Walter Benjamin

In zweifacher Hinsicht bindet Klaus Mann in ›Kind dieser Zeit‹ sein autobiographisches Schreiben an die Reflexion auf Medien. Zunächst mit dem vorangestellten Motto von Marcel Proust, auf dessen ›Recherche‹ er im Verlauf des Textes häufiger zurückkommt. Damit bezieht er sich auf ein neues Vorbild autobiographischen Schreibens, das sich – gerade in Bezug auf die Photographie – selbst unablässig in der Reflexion auf Medien formuliert.[71] Zum anderen weist Klaus Mann gleich zu Beginn auf die Ununterscheidbarkeit originär ›eigener‹ und durch Photographien gestützter Erinnerung hin.[72] Dem folgt alsbald die Erinnerung an den »Korridor, in dem der Telephonapparat hing«[73], jenes Medium, über das er nicht nur anekdotisch[74] immer wieder Phänomene von Verstellung, Täuschung und Selbstinszenierung aufruft. Die Kindheit, die Klaus Mann als »Geschichte *einer* Kindheit«[75] gelesen wissen will, ist von Anfang an durch die Präsenz von Medien bestimmt: Telephon und Grammophon, Theater und Kino, Kamera, Buch und Presse. Ihre Geschichte wird zur Rechtfertigung originärer Autorschaft geschrieben. Unablässig demonstriert er Selbstkritik an einem Leben, das von Anfang an von Literarizität, Theatralik – und Kritik beherrscht ist. Seine Autobiographie ist ein Kampf gegen die falsche Kenntlichkeit, die er durch die Medien erhält, gegen das Mediengerücht Klaus Mann, dem gegenüber er sich unkenntlich zu machen versucht – durch den Anspruch auf Beispielhaftigkeit. Was er jedoch in der ›Normalisierung‹ der Exzentrizität und Mondänität als Jugend darstellt, ist weniger exemplarisch als spezifisch: Kampf um die Anerkennung seiner Autorschaft durch die Öffentlichkeit und den Vater.

Bei aller Anklage des Schlusses bleibt ein Kern unerhörten Selbstbewußtseins unverkennbar. Die tendenziell unendliche Reflexivität von Täuschung und Offenbarung weiß sich so sicher, daß sie ihr ›Geheimnis‹ aussprechen kann: »*die tiefe Lust jedes artistischen Menschen am Skandal*, an der Selbstenthüllung; die Manie, zu beichten – wem es auch immer sei –, da erst nach den Geständnissen das eigentliche und wahre Geheimnis beginnt«.[76]

So wenig sie sonst gemeinsam haben, an zwei Punkten treffen sich die Intentionen der Kindheitstexte Klaus Manns und Walter Benjamins: im Interesse an der Rettung und Bewährung der Unbelangbarkeit, Unerkennbarkeit des Individuums und Unentrinnbarkeit von Individualität im Bezug auf das Proustsche Werk.

Benjamins autobiographische Skizzen können jedoch die ausholende und wiederholende, verschlingende und verknüpfende Gebärde des Proustschen Textes nicht nachahmen oder gar überbieten. Dazu sind die Bedingungen zu verschieden. Benjamin schreibt nicht nur im Bewußtsein der unwiederbringlichen Vergangenheit des 19. Jahrhunderts, dem die eigene Kindheit angehört, sondern auch in einer persönlich, wirtschaftlich und politisch desolaten Situation. Seine Kindheitserinnerungen bereiten sich zwar in der ›Einbahnstraße‹ und in den Rundfunktexten für Kinder bereits vor, der erste grundsätzlichere Versuch dazu, unter dem Titel ›Berliner Chronik‹ seit Frühjahr 1932 in Arbeit, steht jedoch unter den Auspizien großer Auswegslosigkeit, in der er auch an Selbstmord denkt. In einem späteren Vorwort schreibt er rückblickend auf die Zeit der Entstehung in Ibiza, wohin er um einer sparsameren Lebensführung willen übersiedelt war:

Im Jahr 1932, als ich im Ausland war, begann mir klar zu werden, daß ich in Bälde einen längeren, vielleicht einen dauernden Abschied von der Stadt, in der ich geboren bin, würde nehmen müssen.
Ich hatte das Verfahren der Impfung mehrmals in meinem inneren Leben als heilsam erfahren; ich hielt mich auch in dieser Lage daran und rief die Bilder, die im Exil das Heimweh am stärksten zu wecken pflegen – die der Kindheit – mit Absicht in mir hervor.[77]

Benjamin gibt das Projekt einer Chronik jedoch sehr schnell auf. Es ist dem Autobiographischen, das sich angesichts der katastrophalen gesellschaftlichen Entwicklung und der prekären Situation intellektueller Existenz in ihr verbietet, zu nahe. »Denn die Autobiographie hat es mit der Zeit, dem Ablauf und mit dem zu tun, was den stetigen Fluß des Lebens ausmacht. Hier aber ist von einem Raum, von Augenblicken und vom Unstetigen die Rede.«[78] Benjamin radikalisiert darum sein Konzept in der Herstellung einzelner, kurzer Texte, die unter Überschriften wie ›Die Siegessäule‹, ›Tiergarten‹, ›Steglitzer Ecke Genthiner‹, ›Pfaueninsel und Glienicke‹ ›Blumeshof 12‹ oder ›Krumme Straße‹ sehr selten an Menschen, häufig an Dingen oder Topographischem Konstellationen von erinnernder Gegenwärtigkeit und aufblitzenden Vergangenheitsmomenten erzeugen.

Die Kürze der Texte ist zugleich bestimmt durch die materiellen

Umstände. Benjamin legt sie zwar im Blick auf eine spätere Buchpublikation an, richtet sie jedoch auf Verkäuflichkeit in der Presse ein. Tatsächlich erscheinen sie ab Weihnachten 1932 in der ›Vossischen Zeitung‹, der ›Frankfurter Zeitung‹ und ›Kölnischen Zeitung‹ – allerdings seit 1933 unter dem Pseudonym D. Holz.

Die seit der Jahrhundertwende radikal veränderte Mediensituation demonstriert am deutlichsten einer der frühesten Texte, ›Das Telephon‹, in dem der Apparat zum eigenen Zwillingsbruder erklärt wird – ein Bild der medialen Vermitteltheit der eigenen Existenz in Sprache und Schrift, der eigenen Medialität, das »Zum-Medium-Werden«[79] des Erinnernden. Diese Reflexion auf die mediale Bestimmtheit der eigenen Existenz wie der Gegenwart überhaupt hat aber ihr unablösbares Pendant in einem organischen Bild erhoffter Rettung – im Bild des Samenkorns und des Aromas, der aus ihm hervorgehenden Früchte.

Benjamins Texte verhalten sich mimetisch zur alltäglichen Presse, die sich dem Augenblick ausliefert, sollen aber bewahren, was der Autor von wahrhafter Erzählung erhofft und jenen Samenkörnern gleichen, »die Jahrtausende lang luftdicht verschlossen in den Kammern der Pyramiden gelegen und ihre Keimkraft bis auf den heutigen Tag bewahrt haben«.[80] Sie tragen daher, jeder Text für sich, die ganze ›Botschaft‹, die noch einmal zusammengefaßt ist in der ›Lehre‹, daß nicht umstandslose Unmittelbarkeit, sondern nur höchste Vermitteltheit ahnen läßt, wonach gerade in Kindheitserinnerungen gesucht wird: Unmittelbarkeit, Ursprünglichkeit und Ganzheit.

II. Reiseliteratur

Die Konjunktur der Reiseliteratur in der Weimarer Republik ist unübersehbar, insbesondere, wenn man die sogenannten Expeditionsfilme und einschlägigen ›Kulturfilme‹ sowie die gängige Literatur zwischen Reisetips und -feuilletons, Essays und Photoberichten in Tageszeitungen, Zeitschriften, Illustrierten und Magazinen, wie etwa ›Atlantis‹ (1929 ff.)[81] hinzunimmt.

»Expeditionsfilme und Reisebücher erfreuen sich heute einer

großen Beliebtheit«, schrieb Siegfried Kracauer 1932 in der ›Frankfurter Zeitung‹ und nannte dafür zwei Gründe: die Vermittlung des technisierten Raums durch die neuen Verbindungsmöglichkeiten Flugzeug und Radio und die Flucht, den Versuch, die »eigene Wirklichkeit durch die Ferne zu überblenden«.[82]

Schon einige Jahre zuvor, 1925, hatte sich Kracauer an gleicher Stelle über die zunehmende Lust am Reisen Gedanken gemacht und deren Zurückführung auf die Entwicklung des Verkehrs als zu kurzschlüssige Erklärung abgelehnt. Für ihn gewinnt die Reisesucht eine »*theologische* Bedeutung«. Er deutet sie als den Versuch, die durch die Mechanisierung und Rationalisierung des Lebens verlorene Möglichkeit, die »Doppelexistenz« zwischen Diesseitsbefangenheit und Jenseitsbedürftigkeit synchron zu leben, dadurch zu ersetzen, daß man »räumlich und zeitlich ausschweift«. Des weiteren sieht er die Situation dadurch charakterisiert, daß das Ziel der modernen Reise nicht das Reiseziel, »sondern ein neuer Ort schlechthin« sei, mithin eine »Vergleichgültigung des Reiseziels« entstehe und durch »Auto, Film und Aeroplan« eine »Relativierung des Exotischen« stattfinde, die zu einer »depravierten Allgegenwart« führe.[83] Kracauers Blick aus der Perspektive der Metropole macht seinen an den Kategorien Georg Simmels geschulten Beitrag zur avanciertesten Deutung des Phänomens.[84]

Ihre Prägung durch eine großstädtische Wahrnehmungswelt, durch Selbststilisierungen *à la mode*, tragen die Reisebücher nicht selten im Titel, ob mit Flaneursanspruch, wie Richard Katz' an Mark Twain erinnernder ›Bummel um die Welt‹ (1927), oder mit dem Tempo der Zeit kokettierend, wie Egon Erwin Kischs ›Hetzjagd durch die Zeit‹ (1926). Auch auf die Faszination der Verkehrsmittel, mit denen man reist, und die Medien, derer man sich bedient, wird nicht selten schon im Titel hingewiesen, etwa bei Arnold Nolden: ›Auf Schiffen, Schienen, Pneus ...‹ (1930) oder Erich Grisar: ›Mit Kamera und Schreibmaschine durch Europa‹ (1932).

1. Der Weg wird zum Ziel

Für den Zusammenhang von Technikfaszination und Gleichgültigwerden des Reiseziels lassen sich leicht Belege finden. »Aber wenn es gilt, zu reisen, um zu reisen, und nicht, um anzukommen, so gebe ich tausendmal dem Automobil den Vorzug«, schreibt etwa Gerhard Venzmer, Autor zahlreicher Reisebücher, in einem Band, dessen Augenmerk vor allem dem Reisemittel gilt: ›Autoreise durch Frankreich‹ (1932). Der Übergang zur Reklame wird fließend. Venzmer, der ärgerlich notiert: »wahre Mauern von Reklametafeln säumen auf beiden Seiten die Straße; Anpreisungen von Benzin- und Ölmarken, Seifen und Tabaken, Hotels und Vergnügungsstätten« macht selbst doch für das Verkehrsmittel Auto Reklame.[85] Andere gehen noch weiter. Helmut Beuerles ›Italienfahrt‹ (1925), Bericht einer, so der Untertitel, »modernen Pilgerfahrt im Auto«, singt nicht nur »ein hohes Loblied« zu Ehren des »braven Steigerwagens« und belegt es immer wieder durch entsprechende Photographien, sondern macht obendrein Reklame mit zwei Anzeigen der Firma Steiger, für eine Reparaturwerkstatt und für Ihagee, die »Kamera des vornehmen Amateurs«.[86] Armin T. Wegner läßt es in ›Am Kreuzweg der Welten‹ (1930) nicht bei zahlreichen Photographien bewenden, auf denen der Markenname seines Motorrads deutlich prangt, sondern listet zudem in einer Nachbemerkung auf:

> Die Reise vom Kaspischen Meer zum Nil wurde im Auftrage des *Volksverbandes der Bücherfreunde* im Winter und Frühjahr 1928/29 ausgeführt. In Persien bediente sich der Verfasser eines Flugzeuges der deutschen *Junkerswerke*. Den Rest des Weges durch Palästina und die Wüste Sinai hat er auf einem von den deutschen *Ardiewerken* in Nürnberg hergestellten und von ihm selbst gesteuerten Motorrade mit Beiwagen zurückgelegt; Tiberiasee, Jordan und Totes Meer wurden in einem Wanderzweier der *Klepperfaltbootwerke* in Rosenheim in Bayern durchquert. Für die photographischen Aufnahmen verwandte der Verfasser eine Leicakamera der deutschen Firma *Leitz* in Wetzlar.[87]

Dies alles bestätigt den Befund, daß die modernen Verkehrsmittel wie auch die Medien der Dokumentation bis in die Metaphorik – Alfons Paquet: »Ist es ein Filmstreifen, der abrollt? ⟨...⟩ Es ist ein Film für die Augen, aber auch für die Haut; ⟨...⟩ Ein Film für die

Ohren ⟨...⟩.«[88] – zu Gegenständen der Reiseliteratur selbst werden und sowohl für die Autoren als auch für die Leser einen gut Teil der Faszination dieser Reiseschilderungen ausmachen.

Doch die Technisierung des Reisens in einer zunehmend als technisiert erfahrenen Welt führt auch zu gegenläufigen Tendenzen: zum Insistieren auf der traditionellen Bildungsreise, zur Suche nach technikfreien und technikfernen Räumen und zur Betonung einer ›anderen‹ Erfahrung.

Der erfolgreiche Reiseschriftsteller Richard Katz konstatiert im fünften und letzten Band seiner Weltreisen ›Die weite, weite Welt‹ (1932)[89], daß Flugzeug und Auto die Welt nicht kleiner machten, es bleibe nach wie vor beim »Mosaik«, denn Reisen »können nur Punkte der Welt schildern, einzelne wenige Punkte« und: »Wer wollte sich anmaßen, ein fremdes Volk vom Auto aus zu beurteilen?«[90] Alma M. Karlin dagegen zieht nach ihrer »achtjährige⟨n⟩ Studienreise« um die Welt die Konsequenz, von der erlebten Vielfalt nur »das rein Persönliche« darstellen, ein »Reisewerk« liefern zu wollen, »in dem nur die allerpersönlichsten Erfahrungen Platz finden«. Dabei rechtfertigt sie ihren Bericht, eine unablässige Kette des Leidens an hygienischen oder klimatischen Verhältnissen, Geldmangel, Mißhelligkeiten, Beleidigungen, Kränkungen und fortgesetzten Vergewaltigungsversuchen, mit der Absicht, »meine Geschlechtsgenossinnen zu warnen, sich unüberlegt in ähnliche Gefahren zu stürzen«.[91]

Dieses Buch ist zugleich ein Indiz für eine zunehmende Ausweitung der Reiseliteratur. Neben die zumeist konventionell am Bildungserlebnis orientierten Schriften von Lehrern und Angehörigen akademischer Berufe treten Reiseberichte von Arbeitern, Gewerkschaftern oder Ingenieuren, die ihr Thema unter beruflichen, organisatorischen oder wirtschaftlichen Gesichtspunkten behandeln. Mit der steigenden Zahl alleinreisender Frauen treten geschlechtsspezifische Wahrnehmungen hervor. Der Bericht des Rekordreisenden, eine Variante des klassischen Abenteuerreisenden, zeichnet sich durch die Besonderheit des Reisetempos, der Verkehrsmittel oder den Grad der bestandenen Gefahren aus. Während der klassische Bericht über Forschungsreisen zugunsten von Expeditions- und Naturfilmen eher abzunehmen scheint, macht sich unter den professionellen Reiseschriftstellern eine zunehmende Spezialisierung bemerkbar. Reise*journalisten* wie Richard Katz – wobei die Übergänge zum Zeitungskorrespondenten (vgl. etwa Joseph Roth und Friedrich Sieburg aus Frankreich) fließend werden – stehen die Reise-*dichter* gegenüber, die sich, wie Kasimir Edschmid oder Richard Huelsenbeck, vor allem aus der Expressionisten-Generation rekrutieren, die gelegentlichen Reisebücher anderweitiger Autoren, Dichter, Schriftsteller oder Kritiker – von Alfred Döblin über Emil Ludwig zu Alfred Kerr oder Kurt Tucholsky – nicht zu vergessen.

Mit der unübersehbar scheinenden Vielfalt der Reiseziele ändern sich die Formen des Schreibens. Zwar gibt es weiterhin den Reise- als Lebensbericht[92], die traditionelle Bildungsreise[93], das Reisetagebuch[94], Forschungsberichte oder Romaneskes[95], aber die Ausstattung mit Photographien wird geradezu obligatorisch und die Reportage als Unterhaltung oder soziale Dokumentation avanciert zum Kern der Reiseliteratur. Wie im Reportageroman wird der Reisende selbst anonym, beziehungsweise zum objektiven Betrachter. So nennt Alfons Paquet seine ›Städte, Landschaften und ewige Bewegung‹ (1927) im Untertitel einen ›Roman ohne Helden‹ und erklärt vorab, dies sei »kein Buch zufälliger Beschreibung. Problem und Entwicklung sind da, aber statt der Menschen treten Städte hervor als Träger der Schicksale, und es weht hier die Luft einer Generation, eines bewußten Zeitraumes. ⟨...⟩ Der einzelne Mensch ist nirgends mehr Mittelpunkt. Er ist überall auf den fließenden Bändern der Bewegung, und als Schauplatz aller Abenteuer genügt ein Herz.«[96]

Austauschbarkeit und Monotonie prägen – wie hier bei Ernst Jünger – weithin die Wahrnehmung: »Es gibt keine Region mehr, die nicht durch Straßen und Schienen, durch Kabel und Funkwege, durch Flug- und Schiffahrtslinien in Fesseln geschlagen ist. Es fällt immer schwerer, zu entscheiden, in welchem Lande, ja, in welchem Erdteil die Bilder entstanden sind, die die photographische Linse festgehalten hat.«[97] Oder Eugen Diesel: »schlitzäugige Kulis und blauäugige Proletarier. Sie alle kennen den Wert der Giletteklingen und Fordautos, Kaugummis und Bananen, Selbstbestimmungsrecht und Parlamenten.« Durch die neuen transnationalen Symbole, vor allem aber durch die medialen Innovationen Radio, Film und dereinst das Fernsehen sieht Diesel ein neues Deutschlandbild entstehen: »Das Bild des Vaterlandes wird ergänzt durch unzählige huschende Eindrücke von der flimmernden Leinwand, auf der wir Wasserflächen von oben und von der Seite blitzen oder die Giebel und Türme unserer alten Städte von der Zeppelingondel aus sich abenteuerlich drehen sehen.«[98]

Die zunehmende Gleichartigkeit der Reiseziele, die Ambivalenz der verkehrs- und medientechnisch erleichterten Erschließung der Welt, wird von den meisten Reiseautoren allerdings kaum reflektiert. Walter Benjamin, der dem in seinen ›Städtebildern‹ das »Denkbild« entgegensetzt, stellt fest:

> Es ist eine sonderbare Marotte, daß die Reiseschriftsteller sich auf das Schema der ›Erfüllung‹ festgelegt haben, jedem Lande den Dunst, den die Ferne darum gewoben hat, jedem Stande die Gunst, die die Phantasie des Müßiggängers ihm leiht, erhalten zu wollen. Die Einebnung des Erdballs durch Industrie und Technik hat so große Fortschritte gemacht, daß von rechtswegen die Desillusionierung den schwarzen Hintergrund der Schilderung machen müßte, von dem dann das wirklich sonderbare Inkommensurable der nächsten Nähe – der Menschen im Verkehr mit ihresgleichen, mit dem Lande – um so schärfer sich abheben könnte. Man muß zugeben, daß in Deutschland die Reportagen, insofern man sie als eine Art umgewandter Reisebeschreibung ansieht, das gleiche zum Ausdruck bringen.[99]

Dies ist zugleich das Manifest einer literarischen Praxis, zu der Peter Szondi bemerkt hat:

> Gleich dem Kind, das mit aufgerissenen Augen in dem Labyrinth steht, das es nicht übersieht, gibt sich Benjamin in der Fremde mit Staunen und Neugier all den Eindrücken hin, die auf ihn einstürmen. Dem verdankt der Leser Bilder, die reicher, farbiger, präziser nicht sein könnten. ⟨...⟩ Erst die Metaphorik macht Benjamins Städtebilder zu dem, was sie sind. Nicht nur verdanken sie ihr ihren Zauber und, in einem sehr präzisen Sinn, ihre Zugehörigkeit zur Dichtung. Auch die Intention dieser Texte, die Erfahrung des Entfremdeten und Fremden, erfüllt sich erst im Medium der Sprache, die eine Sprache von Bildern ist.[100]

Die Mehrzahl der Schreibenden reagiert dagegen auf jene »Einebnung des Erdballs« mit einer Steigerung ihrer Produktion. Als exemplarisch können hier Arnold Höllriegel und Richard

Katz gelten. Höllriegel schrieb seine Welt-Reiseberichte regelmäßig für das ›Berliner Tageblatt‹, ehe er sie in Buchform herausbrachte[101], und Katz, zunächst Journalist beim ›Prager Tageblatt‹ und für die Vossische Zeitung, 1927 Gründer der ›Grünen Post‹, reiste im Auftrag des Ullstein Verlags um die Welt. Sein erstes Buch, ›Ein Bummel um die Welt‹ (1927), wurde mit über 100 000 Exemplaren sofort ein großer Erfolg. Danach veröffentlichte er jedes Jahr ein Reisebuch, dessen Texte zuvor in der Ullstein-Presse abgedruckt wurden.

Katz selbst erklärte den »Reiseschriftsteller als Kunsthandwerker zwischen Dichter und Baedeker«, dessen Ziel es sei, »die künstlerische Form des einen mit der Nützlichkeit des andern zu füllen«.[102] Zwar ironisiert er das Metier: »Die Sonne scheint, die See ist blau, der Mensch ist gut – das ist nirgendwo tabu und deshalb das tägliche Brot so vieler Reiseberichte«[103], aber seine eigenen Texte nähern sich in ihrer freundlichen Versöhnlichkeit und der plaudernden Beiläufigkeit, mit der er seine Impressionen wiedergibt, nicht selten eben solch beliebiger Allgemeinheit: »ich habe keinen Gesichtspunkt, keinen wissenschaftlichen und keinen moralischen. Mein Urteil über fremde Völker hat sich gewandelt. Ein Mensch ohne Gesichtspunkt ist so wandelbar!«[104] Katz legt Wert auf die Unmittelbarkeit des Eindrucks: »damit das Bild klar sei, habe ich auf jede Retusche verzichtet und die Mosaik-Steinchen meiner Erlebnisse in der Schilderung *des* Tages belassen, an dem ich sie an Ort und Stelle niedergeschrieben habe«.[105] Dadurch behalten auch die Buchtexte über Afrika, Asien, Australien, Polynesien, Japan oder USA den flüchtigen Charakter von Korrespondentenberichten.

Bei Katz zeigt sich jene distanzierte Haltung, die sich durch nahezu alle Reiseberichte zieht. Gegen die phantasierte Exotik eines Karl May grenzt man sich ebenso ab wie gegen konventionelle Reiseführer im Stil des ›Baedeker‹[106] und die amerikanischen Touristen: »Einzig der Kodak, diese spezifisch amerikanische Erfindung, die das Subtile auf einfache Schwarz-Weiß-Kontraste reduziert, kann dem Amerikaner ein indisches Bauwerk genügend vereinfachen. Deshalb knacken stets Kodaks, wenn amerikanische Touristen in der Nähe sind.«[107]

Eine Ausnahme bildet das Buch der Geschwister Erika und Klaus

Mann ›Rundherum‹ (1929), das sich bewußt unkonventionell gibt und die Weltreise – insbesondere die Reise durch die USA – als eine Prominentenstaffette anlegt. Gerade dank des provozierenden Snobismus können jedoch unkonventionelle und unbequeme Beobachtungen notiert und indirekt auch auf die deutsche Gegenwart bezogen werden.[108] Damit steht dieser Bericht wiederum in einer Linie mit anderen Reisebüchern, in denen die Frage nach der Stellung Deutschlands in der Nachkriegswelt aufgeworfen wird.

2. Weltanschauungsreisen – Versuche, Deutschland zu bestimmen

Kein Bericht aus noch so exotischer Weltgegend, der nicht wenigstens beiläufig die Frage stellte: Wie werden wir Deutschen aufgenommen? Wie soll man sich als Deutscher im Ausland verhalten? Wie steht jetzt Deutschland in der Welt? Eine der möglichen Antworten: »Wer sich mit seinem Deutschtum im Ausland brüstet, ist ebenso schädlich wie der, der es verleugnet. (Die letztere Sorte ist häufiger.)«[109]

Die Reisen in exotische Weltteile – nach Asien, Südamerika und besonders nach Afrika – werden zudem häufig ausdrücklich als Suche nach Alternativen zum zeitgenössischen Deutschland dargestellt: »Es sind nicht die schlechtesten Deutschen gewesen, die die Geistigkeit des Volkes, dem man nicht angehören kann, ohne von dem Gefühl der Verlassenheit überwältigt zu werden, im Ausland zu begreifen versuchten.«[110] – Richard Huelsenbecks ›Afrika in Sicht‹ (1928) ist sowohl in solcher Selbstrechtfertigung wie in den Perspektiven und Ergebnissen seiner Suche exemplarisch für sehr viele Weltteilreisen insbesondere der expressionistischen Generation. Es wird leicht übersehen, daß diese Generation den ›Menschheitsaufbruch‹ nicht nur utopisch artikulierte, sondern auch geographisch zu lokalisieren suchte. Die vom Krieg unterbrochene expressionistische Reiseliteratur nimmt nach dem Krieg die alten Grundfiguren und Themen wieder auf.[111] Der Wunsch nach Abwechslung, der nicht erst die Neue Sachlichkeit, sondern auch die ›alte‹ Sachlichkeit der Jahre zwischen 1910 und 1920 kennzeichnet, läßt die Orte vermeintlich noch unberührter Menschlichkeit, substantieller Gemeinschaft und vitaler Frische begehrenswert erscheinen. In der Abkehr von einem ›amerikanisierten‹ Deutschland und europäischer Dekadenz entwirft man Bilder einer besseren, zukunftsträchtigen Rasse. Huelsenbeck imaginiert, daß »unsere Frauen zu den Negern übergehen werden«.[112] Vergleichbare Äußerungen finden sich in Arthur Holitschers Chinabild[113], in dem der Autor, Jahrgang 1869 und damit einer wesentlich älteren Generation angehörend, der Unrettbarkeit des alten Europa – besonders eindringlich auch in ›Der Narrenbaedeker‹ (1925)[114] – Quellen einer menschheitlichen Erneuerung entgegensetzt. Zwar hat man versucht, Holitscher für den Kommunismus zu reklamieren[115], aber weit charakteristischer als seine Hoffnung auf den Kommunismus – bei deutlicher Kritik des sowjetischen Bürokratismus – ist für ihn die Suche nach einem neuen Glauben. So sieht er in Gandhi die Komplementärfigur zu Lenin und entwickelt in Ceylon geradezu biblische Paradiesvorstellungen. China begreift er als die künftige Weltmacht, und in Palästina bewundert er den religiösen Sozialismus der Chaluzim.[116] Diese Wunschbilder dominieren jedoch nicht die Darstellung, sondern sind als Fluchtlinien eines antiindustriellen Ressentiments die Folie, auf der sich die Stärke der Bücher Holitschers um so deutlicher konturiert: der genaue, kritisch registrierende Blick auf die jeweiligen Lebensverhältnisse in ihrer Alltäglichkeit.

Je näher das Ziel, desto weltanschaulicher werden die Reisen. Das gilt besonders für Palästina, das antike Griechenland, das faschistische Italien oder den ›Erzfeind‹ Frankreich. Vom Ausland her will man Deutschland und seine Zukunft genauer bestimmen. Von Frankreich aus schreibt in der Regel, wer an pazifistischer Aussöhnung und europäischer Integration interessiert ist, aus Italien häufig, wer sich mit dem Faschismus auseinandersetzt, um Deutschland vor ihm zu warnen oder ihn als Vorbild zu empfehlen. Wer die USA bereist, setzt seine Hoffnung auf kapitalistische Rationalisierung oder warnt vor industrialisierter Kulturzerstörung; die Sowjetunion schließlich ist Wunschbild oder abschreckendes Beispiel einer proletarisierten, kollektivistischen Gesellschaft.[117]

Bei den Reisen nach Palästina steht der Zionismus im Blickpunkt, auch dann, wenn es – wie bei Armin T. Wegner – vor allem um landschaftliche Faszination und Suche nach den Christenstätten geht. Während Wegner sich immerhin positiv zum modernen Aufbau äußert und es bei einer Zionismuskritik beläßt[118] oder Emil Ludwig sich sentimental einfühlsam äußert[119], finden sich bei Kasimir Edschmid unverhohlen antisemitische Töne. Palästina ist für ihn ein Land mit »dreifach deutschem Einschlag«. Dieser Einfluß werde jedoch von den »fanatischen modernen intellektuellen Juden« bekämpft.[120]

Griechenland wird durchweg – ob von Edschmid oder Ludwig – als Ursprungsort abendländischer (= deutscher) Kultur gegen die unverständigen Amerikaner reklamiert, und Italien, soweit es nicht Ziel einer politikabstinenten Bildungsreise ist, fordert zu einer, fast durchweg kritischen, Auseinandersetzung mit dem Faschismus heraus. Alfred Kurella beschreibt Italien in ›Mussolini ohne Maske‹[121] aus stalinistischer Perspektive und sagt einen Krieg voraus, der sich in einen revolutionären Bürgerkrieg verwandeln werde. In seiner für die ›Weltbühne‹ geschriebenen Serie bestreitet Efraim Frisch, den im übrigen die technikgläubige Jugendlichkeit des neuen Italien beeindruckt, den revolutionären Anspruch der Faschisten als »Bluff«.[122] Die Geschwister Mann bringen noch in ihren munteren Reiseführer über die französische Riviera einen kritischen Exkurs über das Italien der Schwarzhemden ein.[123]

Wer über Frankreich berichtet, insbesondere als Korrespondent oder freier Mitarbeiter der großen Presse, vorzugsweise wiederum der ›Frankfurter Zeitung‹, schreibt in der Regel mit eher kosmopolitischem Interesse: Walter Benjamin, Siegfried Kracauer, Joseph Roth oder auch Alfred Kerr und Friedrich Sieburg. Neben Paris als »Hauptstadt des 19. Jahrhunderts« (Benjamin) und nostalgischem Ort der Boheme faszinieren Marseille und der französische Süden.[124]

In einem 1924 verfaßten Text über die Umgebung von Paris hat Kurt Tucholsky einen der Gründe für die Anziehungskraft Frankreichs angesprochen: »Ich bin ⟨...⟩ neidisch auf die Heimat der anderen, denen es gut geht und die nicht nur den Krieg gewonnen, sondern auch ihre Seele nicht verloren haben«.[125] Sein ›Pyrenäenbuch‹[126] ist ein überschwengliches Bekenntnis zu dieser Heimat der anderen. Tucholskys ganz persönliche Betrachtungsweise, seine ironische Pointierung, der Wechsel zwischen politischem Kommentar, sozialer Reflexion und aufmerksamer Beschreibung brachten diesem Buch ein einhellig zustimmendes Echo ein. Sein Verfasser reflektiert zudem auf die Wahrnehmungs- und Darstellungskonditionen der Reiseliteratur und bemerkt: »Es gibt keine richtige Art, die Natur zu sehen. Es gibt hundert. Es gibt für einen Menschen nicht nur eine richtige Art, zu reisen; es gibt einige, die grade ihm adäquater sind als andere.«

Frankreich ist für Tucholsky Wunschheimat, das Gegenbild zum bedrückenden Deutschland. Toleranz, Takt und Lebensart geben ihm das Gefühl, »zu Hause« zu sein. »Du liegst in Europa«, schreibt er über Paris, »man kann dich nicht losgelöst von Europa betrachten«.

Die Lobpreisung dieser Stadt als »unser aller Heimat«[127] nahm der ›Völkische Beobachter‹ zum Anlaß einer antisemitischen Tirade. Tucholsky wolle Frankreich »zum eigentlichen Judenstaate machen«: »Oh, bliebe doch Panter-Tiger ganz in seinem geliebten Frankreich und zöge mit sich alle seine plattfüßigen Rassegenossen aus Deutschland!«[128]

Die nationalistischen Autoren versuchen, ihre Faszination für das touristische, architektonische oder kulinarische Frankreich durch die Evokation des Bildes vom Erzfeind zu kompensieren. Venzmer räsoniert über Frankreichs Sendungsbewußtsein und mißbilligt, »daß Frankreich als das auserwählte Volk die Idee der Zivilisation für sich gepachtet« habe.[129] Bei Kasimir Edschmid wird Frankreich zur Folie eines gesteigerten deutschen Nationalismus. Edschmid, der mit seinen »Collagen aus Anschauung und Erfahrung, aus aktueller Recherche und kulturhistorischem Wissen, aus Bildung und Reportage, kurzweilig und elegant« »einen neuen Typus des Reisebuchs« entwickelte[130], gehört zu denen, die in fernen Weltteilen gesteigerte Vitalität und rassische Unverbrauchtheit zu finden glaubten.[131] In seinem Mittelmeerbuch[132] will er »die Vielfalt und die Farbigkeit der heutigen Mittelmeer-Staaten zeigen – aber auch das in ihrer Geschichte beschwören, was unsterblich ist«, die »Stellen, die Deutschlands Geschichte und Deutschlands Schicksal berühren«. Aus Sehnsucht nach »Deutschlands südlicher Geschichte«[133] ergeht er sich in Größenphantasien: »Das ganze

Drama unserer Weltgeschichte hat sich hier abgespielt, es hat Imperien erhoben und hat Imperien versenkt mit einer tragischen Laune und Farbigkeit, wie sie nur die Dramatik des Mittelmeers kennt.«[134] In Frankreich »ging mir etwas auf von dem, was Deutschland heißt ⟨...⟩ – ich begriff mit einem ersten Bangnis den Klang des Wortes Deutschland. Ich begriff das Tragische und Zauberhafte Deutschlands ⟨...⟩ zuerst in der Kampfluft der Grenze ⟨...⟩.«[135]

Während die Reiseberichte aus Frankreich sich nach nationalistischen oder paneuropäischen Texten scheiden lassen, herrscht gegenüber dem östlichen Nachbarn Polen von ganz rechts bis ganz links Desinteresse bis offene Aversion.[136] Einläßliche, wenigstens in der Kommentierung zurückhaltende Texte wie die Ende 1933 für die ›Frankfurter Zeitung‹ geschriebene Serie Friedrich Sieburgs[137] sind eher die Ausnahme. Alfred Döblins autobiographisch geprägte ›Reise in Polen‹ (1925) weicht vom üblichen Schema so weit ab, daß Joseph Roth ihrem Autor mangelnde Objektivität und sogar Sachunkenntnis vorwirft. Roths eigene Berichte für die ›Frankfurter Zeitung‹ aus den Jahren 1924 und 1928 wenden sich gegen den »Zivilisationshochmut«[138], mit dem man für gewöhnlich durch Polen reise, und gegen das gängige Feindbild Polen. Er spitzt seine Beobachtungen auf die üblichen Vorurteile zu, um sie dann durch wie beiläufig eingeflochtene Sozial- und Wirtschaftsdaten zu entkräften und zu relativieren.[139] Doch Roths einfühlsames Plädoyer für die ›Rückständigkeit‹ als zumindest achtenswerte Andersheit hatte wenig Chancen in einer gesellschaftlichen Situation, in der alles danach trachtete, der politischen und sozialen Misere durch eine forcierte Industrialisierung und Technisierung zu entkommen, die sich an den USA, aber auch an der Sowjetunion orientierte.

3. Das eine und das andere Amerika –
USA und Sowjetunion als Wunsch- und Schreckensbilder

So sehr die Reiseliteratur über Europa die Suche nach nationaler und persönlicher Identität erkennen läßt, so spiegelt sie in gleichem Maße die Unsicherheit wider, sich generell zwischen dem alten, untergehenden Europa und den neuen Gesellschaftsordnungen zu entscheiden. USA und Sowjetunion stellten als Reiseziele entschieden mehr denn bloß geographisch-politische Gebiete dar. So ist nicht verwunderlich, daß sich die meisten und spektakulärsten Reisebücher mit diesen beiden Staaten beschäftigen. Scheinen die Unterschiede zwischen den USA und der UdSSR auf den ersten Blick zu überwiegen, so sind doch bei näherem Hinsehen die Gemeinsamkeiten unverkennbar. Selbst politisch festgelegte Reisende sahen sich herausgefordert, über ihre politische Präferenz hinaus Stellung zu beziehen.

Im Positiven wie im Negativen scheint beiden Ländern die Zukunft zu gehören. Beide erwecken den Eindruck reiner Produktionsgesellschaften. In beiden zeigt sich eine Tendenz zur Vermassung, die man auch für Deutschland befürchtet, obwohl man sich hier andererseits von einer beschleunigten Industrialisierung und Rationalisierung eine Kompensation der Kriegsniederlage erhofft. Darum sind die Stimmen, die sich angesichts dieser beiden anderen Welten klagend oder trotzig auf einen alteuropäischen Individualismus berufen, eher selten. Sehr viel häufiger führt man gegen Kollektivierung und die ›mechanische‹, kalte Massengesellschaft die ›Gemeinschaft‹ als die für Deutschland angemessene Form sozialen Fortschritts ins Feld.

4. Reisen in die Neue Welt

»Uns imponiert dieses Amerika, in dem nur gehandelt wird, das sich kritisches Nachdenken verboten zu haben scheint. Uns gefallen diese Nordamerikaner mit der unnachahmlich intensiven und konzentrierten Kenntnis ihres engsten Berufsfaches und der völligen Ahnungslosigkeit in allem, was es außerhalb desselben auf der Welt gibt, diese grauhaarigen, gutaussehenden, respektablen und würdigen jungen Leute von 50 Jahren, die nicht wissen, ob Barock zeitlich vor oder nach Gotik war, denen ihre moralische Weltanschauung zusammenbricht, wenn man sie über die einfachsten, hier jedem Zwanziger geläufigen Sexualanomalien aufklärt, und die sich für das Allerdümmste, was in einer Zeitung empfohlen oder von der öffentlichen Meinung dekretiert werden kann, mit einer Art von militärischer Gedrilltheit sofort und kritiklos begeistern.«[140] Zwar sind solche ironisierenden Attitüden der Überlegenheit zahlreich, aber sie verdecken kaum, daß man damit die Herausforderung USA nicht abgetan und durch die Niederlage nicht getilgt hat.

»Als der Krieg zu Ende gegangen war, Revolution und Inflation eingedämmt waren«, schreibt Otto Moog 1927 in seinen ›Gedanken nach einer Ingenieurreise‹, »zogen aus Deutschland scharenweise Fabrikherren, Ingenieure, Politiker und Reichstagsabgeordnete nach der Neuen Welt, deren Technik unsere Niederlage besiegelt hatte.«[141] Neben den wirtschaftlich, technisch und politisch Interessierten auch viele Schriftsteller: Heinrich Hauser, Manfred Hausmann, Arthur Holitscher, Marta Karlweis, Alfred Kerr, Egon Erwin Kisch, Erika und Klaus Mann, Roda Roda, Felix Salten oder Ernst Toller.[142] Hinzu kommt eine um ein Vielfaches höhere Zahl an Reiseberichten von Gelegenheitsautoren – Hausfrauen, Lehrern, Pensionären und anderen. Die USA sind touristisch komfortabel, zudem haben viele dort Verwandte. Auch wenn ›Die Weltbühne‹ 1928 feststellt: »Die Mode der Amerika-Schriftstellerei ist eigentlich schon etwas passée«[143], nimmt die Zahl der Amerika-Reisebücher eher noch zu. Untertitel wie Reisebriefe, -eindrücke, -skizzen, -bilder, -berichte, -gedanken, -erfahrungen, -erlebnisse, -betrachtungen sollen die Individualität der Berichte betonen. Aber so unterschiedlich Anlaß, Zeitpunkt oder Route der Reisen, so sehr formieren sich jenseits der individuellen Absichten Muster von erstaunlich geringer Varianz.

»Es gehört zur Kleiderordnung für jeden Amerika-Reisenden – das ›fließende Band‹. Zum Erinnerungsgepäck gehören seit vielen Jahren die Schlachthäuser von Chicago, das bekannte Versandwarenhaus in der gleichen Stadt, der Niagara-Fall – der Rest ist in Kleinigkeiten verschieden.«[144] Diese Bemerkung aus der ›Weltbühne‹ von 1926 muß – wenn man den gesamten Zeitraum der Weimarer Republik betrachtet – nur ein wenig ergänzt werden, will man jenes Schema erfassen. Man sieht die Wolkenkratzer von New York, registriert den Autoverkehr, den Lärm und die Staus, bemerkt den Puritanismus, aber auch die Unbefangenheit der Geschlechter, man spricht von Wrigleys Kaugummi und vom Kaffeekonsum, mokiert sich über Museen und besucht die einschlägigen Landschaften: Yosemite Valley, Yellowstone Park und eben Niagara Falls. Vor allem aber gehören die Fließbänder der Fordschen Autowerke in Detroit, die Schlachthäuser von Chicago und in die Studios und Villen Hollywoods zum obligatorischen Programm.

Alle drei sind bedeutungsvolle Orte der avancierten Industrialisierung, Orte der ›Maschine‹ Amerika[145]: die Fordfabriken, in denen tote Technikteile sich in ein ›lebendiges Ganzes‹ verwandeln, das Auto, das bald auch in Deutschland zum Symbol gesellschaftlichen Fortschritts wird; die Schlachthöfe, in denen Organisches mit technischen Mitteln zerlegt und »vom blühenden Leben bis zur toten Ware gebracht«[146] wird; und Hollywood, wo die Träume vom individuellen Glück industriell produziert werden.

Dabei verschlägt es wenig, ob die Autoren Amerika kritisch bereisen, wie Kisch, oder in enthusiastischer Erwartung, wie Hauser. Beide treffen sich spätestens dort, wo sie, von den Arbeitern durch das scheinbar selbsttätige Fließbandsystem abgelenkt, das Auto mit organischen Kategorien bedenken. Für Kisch ist es »ein lebendiges Wesen«, das sich von der »rollenden Nabelschnur« losreißt[147], für Hauser steht es als Liebesobjekt im Mittelpunkt einer Vision, in der Organisches technisch genutzt und Mechanisches lebendig wird. »Heute essen wir Farmprodukte. Wir müssen aber lernen, mit ihnen zu bauen, zu pflastern, zu fahren.«[148]

Analog erscheinen die Schlachthöfe Chicagos im Licht des Fordismus. Hier arbeiten »die Fords des Schlachtens«.[149] Zwischen dem Faszinosum der totalen Verwertung und dem Schrecken der Zerstückelung hin und her gerissen, suchen die Besucher Zuflucht in rationalisierenden Erklärungen, oder sie verschieben ihr Unbehagen auf die Frauen, die angeblich mit besonderer Begierde die grausigen Bilder betrachten (wiewohl die tatsächlich berichtenden Frauen eher einsilbig Abscheu bekunden), und vorzugsweise auf die schwarzen Arbeiter, deren animalische Vitalität sie betonen und die sie zugleich als Tötungsmaschinen bezeichnen. Gebannt und zum Teil erschrocken nehmen die Besucher hier die maschinelle Perfektionierung von Zerstückelung und Tötung wahr, um daran einen Blick zu bewähren, der sich selbst durch Rationalisierung und Projektion kalt macht.

Um so lebhafter ist der Eindruck, den Hollywood hinterläßt, jene Maschinerie, die zur Ablenkung von der Maschinisierung gesteigerte Bilder des Lebendigen erzeugt – Überblendungen des Todes, wie Ernst Toller kritisch einwendet. Zugleich erkennt man, was man schon weiß. Den Kindern Thomas Manns erscheint Hollywood als wahrhafter »Zauberberg«, Martha Karlweis entdeckt in den Frauen Hollywoods Maschinenwesen, die Männer verzeichnen fast durchweg die Konvergenz der Geschlechter. Bei aller nicht enden wollenden Detailkritik an der Illusionsmaschinerie ist man aufs Ganze gesehen doch von der suggestiven Macht des Systems Hollywood geblendet. Zwar wird unisono die Beliebigkeit, Austauschbarkeit und Monotonie der Phänomene hervorgehoben, doch deren Aufzählung verrät zugleich eine schwer faßbare Bewunderung.

Am deutlichsten wird das im kritischsten und zugleich ambitioniertesten Buch über Amerika, das schon im Titel den Stil damaliger Filmankündigungen imitiert: ›Egon Erwin Kisch beehrt sich darzubieten Paradies Amerika‹. Seine Reportagen aus Hollywood werden zwischen die anderen eingestreut wie Werbespots ins Programm. Er berichtet über Kulissenstädte, die seriellen Handlungsschemata und Tricks der Illusionsproduktion, die Lage der Komparsen wie der Stars. Er hebt Charlie Chaplin als Hollywoods kritische Potenz und zugleich als Kultfigur der Kritischen hervor. Seine Reportagen kleidet er in volkstümliche oder vergangene Formen der Unterhaltung ein, kostümiert sie als Legenden oder Märchen oder versieht sie mit Anleihen aus Karl May. Hier schließen sich kritische Intention, Unterhaltungs- und Reklamefunktion zusammen.

Angesichts des Systems Hollywood und der allgegenwärtigen Reklame bemerken die Reisenden oder ahnen zumindest, daß in einer solchen Gesellschaft das traditionelle Konzept von Individualität obsolet wird und sich in ihr auch der Status des eigenen Schreibens – letztes Residuum emphatischer Individualität – ändert, auch dort, wo es Kritik intendiert: daß es beginnt, mit Reklame austauschbar zu werden.[150]

5. Sowjetunion –
Fellowtravelling in eine revolutionäre Gesellschaftsordnung

Verschärft stellt sich das Problem, auf das eigene Schreiben und damit auf die eigene Person zu reflektieren, für die Reisenden in die Sowjetunion. Hier steht Propaganda für Reklame.

»Niemand wußte zuverlässig – dank der Propaganda und gleich rabiaten Gegenpropaganda –, was dort geschah. Aber man wußte, daß dort etwas Neues versucht wurde, etwas, das im Guten oder Bösen bestimmend sein könnte für die zukünftige Form unserer Welt.«[151] Stefan Zweigs Erinnerung trifft prägnant die damalige Wahrnehmung der Sowjetunion als Experimentierfeld für eine neue Gesellschaftsordnung, dessen Besuch schon als Bekenntnis galt und das in jedem Falle zu einer Stellungnahme herausforderte. Diese konnte von der Fortsetzung alter antirussischer Ressentiments oder Kriegsgreuelpropaganda bis zum blinden Enthusiasmus für das angeblich geschaute, kommunistische Paradies auf Erden reichen. Manchmal kam es probeweise zur Toleranz gegenüber anderen Lebensweisen. In jedem Falle aber mußten sich die Autoren mit den eigenen Voraussetzungen, den nationalen und individuellen, auseinandersetzen: »Schneller als Moskau selber lernt man Berlin von Moskau aus sehen.«[152]

Die deutschen Reiseberichte und Reportagen aus der Sowjetunion stehen im Rahmen einer internationalen Besuchswelle – von John Reed über John Dos Passos, Rafael Alberti, George Bernhard Shaw, Panaït Istrati bis André Gide, dessen desillusioniertes ›Retour de l'URSS‹ 1936 gewissermaßen den Abschluß des internationalen intellektuellen Fellowtravellings bildete.[153]

Wer in den Jahren bis 1921 nach Rußland fuhr, fuhr unter Lebensgefahr ins völlig Ungewisse, wie etwa Hans Vorst (d. i. Karl Johann Voss) als Korrespondent des ›Berliner Tageblatts‹[154] oder Alfons Paquet als Korrespondent der ›Frankfurter Zeitung‹[155], reiste mit wirtschaftlichen Interessen, wie der Nationalökonom Carl Ballod[156] und der Kaufmann B. Erhardt[157], oder politischen Sympathien, wie der Wirtschaftspublizist Alfons Goldschmidt[158], der Reiseschriftsteller Arthur Holitscher[159], Franz Jung als Schriftsteller und KPD-Mitglied ab 1920[160] oder der Arbeiter Max Barthel, der schildert, daß er Rußland betritt wie die Kreuzfahrer, die den Boden des Heiligen Landes küßten, und beschreibt, wie »wir endlich mit heißen Händen die russischen Wangen streichelten, ⟨...⟩ unsere ungeduldige Sehnsucht, das war jetzt eine Sowjetlokomotive«[161].

Danach reißen die Reiseberichte über Rußland und die Sowjetunion nicht mehr ab. Sie berichten von der Phase der Neuen ökonomischen Politik (1921-1927) und aus der Zeit des ersten Fünfjahresplans (1927-1932), und sie kulminieren in den Jahren nach 1927. Zur Feier des 10. Jahrestags der Revolution werden viele Wirtschaftler, Politiker, Publizisten, Literaten, Künstler in die Sowjetunion eingeladen. Eine neue Besuchswelle ist im Rahmen der 1930 massiv einsetzenden Komintern-Propaganda, insbesondere der Internationalen Arbeiter-Hilfe (IAH), zum Schutz der Sowjetunion vor einem angeblich drohenden militärischen Überfall zu registrieren. Der Literaturkritiker und Philosoph Walter Benjamin[162], der nationalistische Erfolgsautor Walter Bloem[163], der Wirtschaftspublizist (›Frankfurter Zeitung‹) Arthur Feiler[164], der spätere Kommunist Bruno Frei[165] als Journalist und SPÖ-Mitglied, der Organisator der Arbeiterkorrespondentenbewegung Karl Grünberg[166], der Statistiker und politische Publizist Emil Julius Gumbel[167], der Redakteur der ›Roten Fahne‹ Otto Heller[168], der Sexualpädagoge Max Hodann[169], der Reporter Egon Erwin Kisch[170], die kommunistische Journalistin Lili Körber[171], der kommunistische Maler und Schriftsteller Alfred Kurella[172], die kommunistische Schriftstellerin Berta Lask[173], der Leiter der Literatur-Abteilung des Breslauer Rundfunks Rudolf Mirbt[174], der KPD-Autor Ludwig Renn[175], Joseph Roth[176] als Korrespondent der ›Frankfurter Zeitung‹, Frida Rubiner[177], Redakteurin der ›Roten Fahne‹ in Wien, Arthur Rundt[178], Redakteur des ›Berliner Börsen-Couriers‹, Paul Scheffer[179] als Korrespondent des ›Berliner Tageblatts‹, Friedrich Sieburg[180] als Korrespondent der ›Frankfurter Zeitung‹, der Journalist Hans Siemsen[181], die Pazifistin und Frauenrechtlerin Helene Stöcker[182], der Dramatiker Ernst Toller[183], der Maler Heinrich Vogeler[184], der sozialdemokratische Politiker Herbert Weichmann[185] und seine Frau Elsbeth, der kommunistische Schriftsteller Franz Carl Weiskopf[186], der Schriftsteller Armin T. Wegner[187] oder schließlich die Vorsitzende des Internationalen Frauensekretariats der Komintern, Clara Zetkin[188] – sie alle und noch viele, viele mehr berichten aus der Sowjetunion, über die wirtschaftlichen und sozialen Verhältnisse, die kollektivierte Landwirtschaft und den Aufbau der Industrie, über die politische und wirtschaftliche Erschließung Asiens und Sibiriens. Dabei werden folgende Aspekte besonders häufig thematisiert: Verkehr, Armut und Komfort, Bürokratie, Planung und Selbstverwaltung, Sauberkeit und Gesundheitswesen, Alphabetisierung, Medien und Kulturangebot, die Rolle der Intellektuellen, Jugend, Frauen und Sexualität, Stadt und Land, Nationalitäten- und Religionsfragen und schließlich Formen des Alltags.

Kaum einer der Berichtenden kann sich der Faszination der Aufmärsche und Paraden entziehen, wenngleich sie nicht immer so begeistert sind wie Armin T. Wegner – »als vollzöge sich auch in uns unter der Selbstberauschung der Schritte wie in der Volksmenge jene selbstvergessene Vereinigung mit dem Nicht-Ich, die der Sinn der Gemeinschaft ist«. Massen, Kollektive oder Gemeinschaft bestimmen die Texte ebenso wie die Evokation der Vielfalt und Buntheit. Am ehesten ist es Joseph Roth, der Einförmigkeiten und Mangel an Farbigkeit bemerkt und seiner Furcht vor der Ausschaltung des Individuums Ausdruck verleiht. Walter Benjamin, gleichzeitig mit Roth in Moskau, notiert verächtlich in sein Tagebuch: Roth »ist als (beinah) überzeugter Bolschewik nach Rußland gekommen und verläßt es als Royalist. Wie üblich, muß das Land die Kosten für die Umfärbung der Gesinnung bei denen tragen, die als rötlich-rosa schillernde Politiker (im Zeichen einer ›linken‹ Opposition und eines dummen Optimismus) hier einreisen«.[189] Hier wird noch einmal besonders deutlich, was für die Reiseberichte aus der Sowjetunion durchweg gilt, daß sich ihre Verfasser in extremem Maße zur Stellungnahme gezwungen fühlten; oder, wie Benjamin folgert: »Sehen kann gerade in Rußland nur der Entschiedene.«[190]

Es ist verblüffend, wie stark nicht nur die kommunistischen Autoren in der Sowjetunion nach dem sie überwältigenden Gemeinschafts- und quasireligiösen Erweckungserlebnis suchen. Alfons Paquet 1919 aktivistisch-ekstatisch: »Jubel des Untergangs, Totentanz der Anmut, anarchische Geburt eines neuen Wesens. ⟨...⟩ über die Schatten des Alten ergießt sich die Orgie einer rasenden Kunst

⟨...⟩. Aber das Leben, fragwürdig in jedem Schritt, ist wieder ein Dasein geworden!« Ähnlich Max Barthel oder Armin T. Wegner, für den Moskau zum »roten Jerusalem« und der aufgebahrte Lenin zum »tote⟨n⟩ Christus der Revolution« wird. Auch weniger begeisterte Autoren formulieren ihre Wahrnehmung der damaligen Sowjetunion in religiösen Begriffen, ob Roth in einer Reportage Gott selbst unerkannt auftreten läßt (›Der liebe Gott in Rußland‹), ob Egon Erwin Kisch seiner Hoffnung Ausdruck verleiht, daß sich die Jugend von der Kirche abwenden werde (›Der 1. Mai und das Osterfest‹), oder ob Ernst Toller die »strenge, ja inhumane Disziplin der KPR« mit dem Jesuitentum vergleicht und zum Lenin-Kult kritisch anmerkt: »immer lähmt Kult Selbstverantwortung«.

6. Die Funktion der Photographie

In ihren Wahrnehmungen der Sowjetunion klären die Autoren gewollt oder ungewollt ihre eigenen Voraussetzungen und Perspektiven. Ihre Texte sind meist von Reflexionen auf die Glaubwürdigkeit und Repräsentativität des Dargestellten durchzogen. Häufig tragen sie schon im Titel den Hinweis auf die bürgerliche Profession der Berichtenden, wie Arzt, Ingenieur oder Pfarrer, um so ihren Darstellungen Seriosität und Glaubwürdigkeit zu verleihen. Ähnliche Funktion haben die fortwährenden Notate scheinbar alltäglicher und beiläufig erwähnter Details, insbesondere in Kombination mit statistischen Angaben. Überhaupt ist die Reiseliteratur aus der Sowjetunion eine Domäne statistischer Überhäufung des Berichteten. Zur Statistik tritt, häufiger als in der gesamten anderen Reiseliteratur der Weimarer Republik, die Photographie als »universeller Vermittler zwischen Gegenständen, Ereignissen und Handlungen in der Gesellschaft« hinzu. Sie erfüllt damit eine Funktion, »die vorher in diesem Umfang nur von der Sprache wahrgenommen wurde«.[191]

Ein Extrem markiert ›Der Staat ohne Arbeitslose‹ (1931), eine von Ernst Glaeser und Franz Carl Weiskopf verantwortete und als »Buchfilm« deklarierte Zusammenstellung und teilweise Montage von über 260 Photos.[192] Dieser aus der Praxis der ›Arbeiter Illustrierte Zeitung‹ (AIZ) erwachsene Band zeigt auffällige Parallelen zu einem »systemkonformen Umgang mit Photographien, wie er auch im Dritten Reich bis zum Überdruß gepflegt wurde«.[193] Die emblematische Funktion der Photographien in Kombination mit den Bildunterschriften stellt sie in einen direkten Zusammenhang mit der Reklame. Das wird noch dadurch unterstrichen, daß ein Jahr später unter dem Titel ›15 eiserne Schritte. Die Sowjetunion in den Jahren des Aufbaus 1917–1932‹ ein weiterer Bildband erscheint, der ebenfalls aus dem AIZ-Umfeld stammt und teilweise identisches, aber zeitlich anders zugeordnetes Bildmaterial benutzt.[194]

In allen Reisebüchern erkennt man ein kontrastives Verfahren, in dem zwei Einzelphotos jeweils nach dem Muster früher–heute, vorzugsweise zur Bestätigung des Fortschritts, oder, in kritischer Absicht, öffentlich–privat gegenübergestellt werden.[195]

Furlers Beobachtung einer auffälligen »Favorisierung des Gesichtssinnes« in den Reisereportagen über die Sowjetunion bis in die Metaphorik hinein könnte man als Folge des Umstands deuten, daß fast alle Autoren des Russischen nicht mächtig sind und sich schon von daher auf den Augenschein konzentrieren müssen. Das trifft zum Beispiel auch für Walter Benjamin zu. Dahinter steckt aber mehr: Der Beobachterblick ist orientiert an den optischen Medien Photo und Film und oszilliert zwischen Selbstrationalisierung und Erotik oder religiöser Inbrunst. Den unbefangenen Beobachterblick gibt es nicht. Gerade seine ›Objektivität‹ ist ein Indiz der Selbstinstrumentalisierung. Benjamin reflektiert dies und versucht, diesen Mechanismus durch den kindlichen Blick zu unterlaufen. Seine Texte werden so zu genauen Pendants der autobiographischen Schrift. Sie offenbaren die konventionellen Muster noch dort, wo sie gegen sie rebellieren.

Gerade an den Texten über die Sowjetunion erkennt man die Ambivalenz der Suche nach dem Neuen. Berauschung an der Masse und Bewunderung großer Persönlichkeiten, Lob des Kollektivismus und Suche nach Nischen der Besonderheit, Vision völliger Rationalisierung und Erstaunen vor der Vielfalt, Tempo- und Effektivitätsbegeisterung und Entlastung in Zeitlosigkeit und Muße, Beglaubigung des unaufhaltsamen Fortschritts und Tummeln in der Exotik des Alten – in all dem erkennt man weniger die Ungereimtheiten der sowjetischen Gesellschaft als vielmehr die zwiespältige Haltung der Besucher.

Die lustvoll wahrgenommene Ausschaltung der Subjektivität und Herstellung strikter Objektivität hätte ihr darstellerisches Pendant eigentlich in der Statistik. Aber ebensowenig wie Roth, der Fortschritts- und Technisierungsskeptiker, setzen die Wissenschafts- und Objektivitätsbegeisterten wie Kisch, Toller und Weiskopf auf die Statistik, die von ihnen vielmehr geschickt am Rande eingeflochten wird, sondern auf die eigene Subjektivität als Beglaubigung der neuen, fortschrittlichen Gesellschaft. Schon der Umstand, daß sie sich von den marschierenden Massen, von der technischen Apparatur, von der wissenschaftlichen Garantie der Entwicklung *fasziniert* zeigen, belegt, daß sich hier andere Impulse als Objektivität und Neutralität durchsetzen.

Man kann das am sogenannten mikrologischen Blick der Reisenden nachweisen, an ihrer Aufmerksamkeit für das Detail, das Unscheinbare und Zufällige oder die Kleinigkeiten des Alltags. An ihnen beglaubigt der reisende Reporter nicht nur seine Anwesenheit und Berechtigung gegenüber den Informationen des Reiseführers, sondern auch seine Fähigkeit zur Wahrnehmung des Besonderen. Ein Beispiel der mikrologischen Aufmerksamkeit für Kleinigkeiten ist die Wahrnehmung der Semitschki. Semitschki, das waren Sonnenblumenkerne, die man in Rußland an allen Ecken von fliegenden Händlern glasweise kaufen konnte. Sie finden Erwähnung in der russischen Literatur des 19. Jahrhunderts – und natürlich auch in den Berichten der Reisenden. Roth nennt sie ebenso wie Benjamin oder Kisch. Diese Semitschki nun sind nicht bloß eine lokalkoloristische Kuriosität, sondern werden zum Prüfstein für die Fähigkeit des Berichtenden, in dieser alltäglichen Kleinigkeit zugleich die erhoffte *Gesetzmäßigkeit* des Neuen, der zukünftigen Entwicklung wahrzunehmen. Franz Carl Weiskopf widmet dem Verschwinden der gewohnten Semitschki aus dem Straßenbild des nachrevolutionären Rußland aus Gründen der Hygiene ein eigenes Kapitel, in dem er schließlich einen Genossen sagen läßt: »aber Sie mögen es mir glauben: es war vielleicht leichter, den Kreml zu stürmen, als das Ausspucken von Semetschkischalen zu verhindern ⟨...⟩ diese

Kleinigkeit ist symptomatisch für unser Sowjetsystem, für unsere Pläne... Verstehen Sie, was ich damit meine...?« Weiskopf weiter: »Ich verstand ⟨...⟩, weil ich in diesem Augenblick all die tausend ähnlichen Kleinigkeiten sah«. Und es folgt eine halbseitenlange Aufzählung, die mit der Losung endet: »Diese Welt wird unser sein!«[196]

7. »Ein anderes Amerika«

Die Gewißheit der Gesetzmäßigkeit ist das kühlere Pendant zur religiösen Berauschung am Wunsch nach Selbstaufgabe, Bindung und Dazugehörigkeit, nach Reinigung, Erlösung und Erhöhung. Die Faszination wird ausgelöst von dem formierten Massenkörper und der Vorstellung des sozial sanktionierten technischen Fortschritts.

So dient in den positiven Berichten zwar das Ländliche, die bunte Archaik der Produktions- und Verkehrsformen, immer wieder zur Demonstration nationaler Vielfalt, der die Zukunft gehöre, gleichzeitig erscheint die dargestellte Land*wirtschaft* aber im Zeichen ihrer Überwindung. Das kollektivierte Sowjetdorf und die industrialisierte Landwirtschaft sind die Paradefälle des zukunftweisenden Neuen in Sowjetrußland.

Nur ausnahmsweise setzt hier Kritik an. Joseph Roth räumt ein, »daß in keinem Lande der Welt der Unterschied zwischen Stadt und Dorf so groß war wie im zaristischen Rußland«, bezweifelt aber zugleich die Beweiskraft der industrialisierten Landwirtschaft für den Kommunismus: »der primitive Dorfmensch« verwechsle »Zivilisation und Kommunismus«, weil er »Radio und Hygiene, Alphabet und Traktor« für »Schöpfungen der Revolution« halte. Gerade in der »Mechanisierung des Betriebs und Urbanisierung des Menschen«, in der »Industrialisierung des Feldes« und »Proletarisierung des Bauern«, kurz, in der »Amerikanisierung des Dorfs« sieht Roth das entscheidende Problem der russischen Revolution: »Hier wird es sich entscheiden, ob sie zu einer neuen Weltordnung führt oder ob sie die stärksten Reste einer alten vernichtet hat; ob sie der Anfang einer neuen Epoche ist oder das verspätete Ende einer alten«. Roth erkennt darin die Ambivalenz: »man verachtet ›Amerika‹, das heißt den seelenlosen großen Kapitalismus ⟨...⟩. Aber man bewundert ›Amerika‹, das heißt den Fortschritt. ⟨...⟩ Man will die vollkommene Produktionstechnik. Aber die unmittelbare Folge ⟨...⟩ ist eine unbewußte Anpassung an das geistige Amerika. Und das ist die geistige Leere.«[197]

Roths individualistischer Skepsis steht der betonte Optimismus der anderen um so entschiedener gegenüber. Sie sehen in der Sowjetunion ein neues, ein besseres Amerika.

Otto Hellers Buch über Sibirien trägt den Untertitel ›Ein anderes Amerika‹[198], in Frida Rubiners Wolga-Buch findet man die Kapitelüberschrift »Sowjet-Amerika«[199], Ludwig Renn berichtet von der Parole: »Amerika einholen und überholen!«[200], Weiskopf von der Forderung: »her mit unserem eigenen technischen Amerika!«[201]

Glaesers und Weiskopfs Dokumentation ›Der Staat ohne Arbeitslose‹ etwa steht völlig unter der propagandistischen Perspektive des technologischen Fortschritts, der mit den USA identifiziert wird. Noch optimistischer gibt sich der Bericht über die »Universität für Fabrikarbeit«[202], in dem Kisch beschreibt, wie im Zentralen Institut für Technik (ZIT) Arbeitsgänge »durch zeitlupenartige Beobachtung als Summe von Teilbewegungen erkannt« und diese »einzeln in vollkommener Weise gelehrt werden«. Kisch konstatiert aber, daß im Unterschied zu den Methoden des Taylorismus, die »drüben in ihrer lebens-länglichen alleinigen Anwendung den Menschen im Arbeiter vernichten«, hier die Humanisierung der Arbeit gefördert werde, indem die Auszubildenden, an Bewegungsmaschinen geschnallt, die beruflichen Handgriffe unter großer Zeitersparnis lernen. Nahezu deckungsgleich damit ist der Bericht Ernst Tollers. Er führt zwar seine Bedenken an, ob diese Methoden nicht die »Mechanisierung des Menschen« bedeuten könnten, »Ertötung all dessen, was als Schöpferisches in ihm lebt«, läßt sich dann aber eines Besseren belehren: »Es kommt nur darauf an, für wen der Arbeiter Arbeit leistet, ob für sich, seine Klasse, für die Gesellschaft, oder für eine Minderheit von Ausbeutern. Und schließlich, seien wir ohne Furcht, der Mensch ist von Natur keine Maschine. Gegen vollkommene Mechanisierung wird sich in ihm sein elementarer Spieltrieb aufbäumen.«[203]

Obwohl er kurz zuvor die Bedeutung der Zeitersparnis betont

hat, führt Toller als letztes, schlagendes Argument gegen die Maschinisierung des Menschen das »Zeitgefühl« ›des Russen‹ an, das »zum Glück ⟨...⟩ so völlig anders geartet ist als das des Amerikaners«.[204] Ähnlich widersprüchlich auch Kisch. Während sein ›Bilderbogen‹ aus Eriwan philosophisch endet: » – was kümmert mich die Zeit ⟨...⟩ – ein Nichts ist die Zeit, Genosse Bettelknabe, ein Nichts ist die Zeit«[205], zeigt der ›rasende Reporter‹ sich vom »amerikanischen Tempo«, von der Produktivitätserhöhung durch Zeitersparnis beeindruckt. Diesen widersprüchlichen Zusammenhang von Zeitlosigkeitswunsch und forciertem Produktionstempo begreift Weiskopf unter dem Titel »Cheops und Ford«[206] als Faszinosum produktiver Ungleichzeitigkeit. Zunächst erläutert er den russischen Zeitbegriff des »sejtschas« erläutert, »was ›sofort‹ heißt und eine kleine Ewigkeit bedeutet«, dann den Kontrast zwischen einer archaischen Baurampe und einem Lastwagen mit Kippvorrichtung, einem »Maschinenwundertier«, um das sich die Massen scharen, die sich immer wieder die Kippvorrichtung vorführen lassen. »Die Zeitmaschine«, läßt er seine Begleiterin ausrufen, »vor einer halben Stunde war man hier noch bei Cheops und jetzt ist man mitten im Zeitalter der Autokippwagen von Ford«. An Fords Zeitalter der technisierten Zukunft gemahnt vollends der optimistische Glaube an den wissenschaftlichen Fortschritt, wie er sowohl von Kisch als auch Toller anläßlich der Forschungen des Physiologen Pawlow formuliert wird. Fast gleichlautend und mit identischen Beispielen stellen sie Pawlow als einen »Gegner der Kommunisten«[207] dar, der mit seinen Forschungen gleichwohl die Lehren des Materialismus unablässig bestätige, wobei Toller auf die aus der Reflexologie hervorgehende »fundamental neue Pädagogik«[208] verweist und Kisch bewundernd festhält: »in der Reflexologie ist jede Subjektivität ausgeschaltet, und nur objektive Feststellungen gelten«[209].

Solche ›objektiven‹ Beweise für die Objektivität der neuen Gesellschaft stehen in Texten, deren Objektivität der Name des Autors subjektiv verbürgen soll. Das zeigt noch einmal besonders deutlich, daß Kollektivität und ›objektive Gesetzmäßigkeit‹ für die westlichen Intellektuellen Figuren bilden, die ihrem individuellen Wunsch nach Entlastung von der Individuation entsprechen und die um so heftiger verteidigt werden, als nicht zu übersehen ist, daß im amerikanischen Amerikanismus Individualität zur Profession und zum Geschäft wird. Konsequenterweise müßte freilich auch erkannt werden, daß es sich bei den Wunschbildern von Kollektivität um ein Geschäft mit akkumulierten individuellen Bedürfnissen handelt. Wenngleich man das nicht wahrhaben will, erscheint im guten, von Risiko und Anarchie gereinigten sowjetischen Amerikanismus eben doch Amerika als das hegemoniale Deutungsmuster. Und das gilt nicht nur für die Sowjetunion, sondern auch für Deutschland.

8. *Deutschland so oder so?*

In Deutschland kristallisiert sich mit dem Übergang in die dreißiger Jahre immer stärker eine Alternative heraus, die der Titel des in Deutschland heftig angefeindeten Buchs des amerikanischen Journalisten H. R. Knickerbocker 1932 ankündigte: ›Deutschland so oder so?‹ – Hakenkreuz oder Hammer und Sichel?[210]

Auch die Reisebücher über Deutschland kann man weitgehend nach ›Hakenkreuz‹ oder ›Hammer und Sichel‹ sortieren. Dabei fällt auf, daß jene auf Zukunftsappelle angelegt sind, während diese den Charakter der Gegenwartsbeschreibung betonen. Als Beschreibung, Bestandsaufnahme und Analyse appellieren sie jedoch nicht minder an die Zukunft. Beide Lager eint zudem, daß sie ›Masse‹ und ›Jugend‹ als Träger und Garanten des kommenden, anderen Deutschland sehen. Die einen betonen stärker den Aspekt des Volkes und der Gemeinschaft[211], die anderen den der Klasse und des revolutionären Kollektivs[212]. Beide setzen sich gegen Zerrissenheit, Zersplitterung, Unübersichtlichkeit und Individualismus ab, die sie für die Schwäche ›der‹ Republik verantworlich machen.

Max Barthels ›Deutschland. Lichtbilder und Schattenrisse einer Reise‹ erscheint 1926 in der Büchergilde Gutenberg. Barthel läßt einen Journalisten, Karl Sommerschuh, von Berlin aus in den Norden, nach Mecklenburg und Hamburg, durch Sachsen, an den Rhein und ins Ruhrgebiet reisen. Historische oder geographische Daten aufführend, schildert er Landschaften und Orte im Stil von

Reiseführern und ergänzt sie durch ausführliche Darstellungen und Reflexionen zur Industrie, zu Fischerei und Hafen, Textilindustrie und Heimarbeit, Glasindustrie, Bergbau und Schwerindustrie. Geprägt ist die Darstellung vom Pathos der schweren Arbeit und der Würde der Arbeitenden. Den Schlußteil des Berichts bildet eine »Das andere Deutschland« überschriebene Reise nach Süddeutschland. Vom Deutschen Museum in München heißt es: »»Das Bild des neuen Menschen erstand dem Besucher in den vielfältigen Abteilungen des Museums in wechselnder Gestalt. ⟨...⟩ Ach, die verstummten Maschinen begannen sich plötzlich wie in einer Vision zu bewegen. ⟨...⟩ Er fühlte und ahnte die kommende Hochzeit der Arbeit mit der Wissenschaft, als deren Kind die neue und befreite Menschheit aufsteigen wird.«[213] Vollendet wird diese Vision jedoch erst in Wien mit der Apotheose des Gewerkschaftsstaates: »Nicht mehr abseits und voller Haß und dumpfer Wut standen die Proletarier: sie regten neben den Händen ihre Herzen und Gehirne, um die Welt zu verändern ⟨...⟩. Wir alle leben ja auf einer Wanderschaft. Es ist ein langer Weg nach Deutschland. Aber dort liegt unser Herz.«[214]

Der Wirtschaftswissenschaftler Alfons Goldschmidt (›Deutschland heute‹, 1928) schreibt aus der Perspektive eines nach mehrjährigem Auslandsaufenthalt Heimgekehrten – und mit dem Blick nach Osten. Er sieht in Deutschland »einen nach Osten gerichteten Körper. ⟨...⟩ Deutschland ist die mechanisierteste europäische Maschinenvorhalle des Ostens.«[215] Entsprechend kritisiert er das Mechanistische, Bürokratische, Exakte, Disziplinierte, die Tüchtigkeit Deutschlands, als deren Zentrale er Berlin ausmacht, das er mit geradezu alttestamentarischen Verdammungen überzieht.[216] Dabei kritisiert er jedoch nicht die Industrialisierung – für das Ruhrgebiet findet er liebevolle Worte[217] –, sondern die Verstädterung. Gegen sie ruft er die ›unverdorbene‹ Sprache der Regionen, Landschaft und ›Gesichter‹ auf. »Nur der Arbeitsgleichklang wird Freundschaft geben, nur Freundschaft kann Wohlstand schaffen, nur Wohlstand aus Freundschaft, Weltglück, große Gegenseitigkeit der liebenden Früchte.« Gegenwärtig »hat Deutschland kein Gesicht, Deutschland hat keine Farbe«, weil das deutsche Proletariat mutlos ist. »Deutschlands Proleten sind nur ein Quäntchen vom

Proletenheer der Erde, aber sie sind Vorhut der Fruchtbarkeit dieser Welt.«[218]

Graf Alexander Stenbock-Fermors ›Deutschland von unten‹, eine, so der Untertitel, »Reise durch die proletarische Provinz«, berichtet über Heimarbeit, Bergbau und Textilindustrie, allerdings wesentlich detaillierter beschreibend als Barthel, und gibt sich zugleich als Geschichte einer Bekehrung: »Am Anfang meiner Wanderung hatte ich keinen festen Plan. Ich wollte die Augen offen halten, beobachten, notieren. Ich wollte den Stoff sammeln und verarbeiten. Aber es wurde anders. Nicht ich formte den Stoff, sondern der Stoff selbst – harte, unmenschliche und eindringliche Tatsachen – zwang mich zu einer klaren Entscheidung«[219] – für den Kommunismus. Allen drei Autoren dient ein zukünftiges proletarisches Deutschland als Projektionsraum ihrer Größenphantasien.

9. Die »chaotische Landschaft« – Das Ruhrgebiet

Seit den Frühjahrsstreiks des Jahres 1918, der großen Streikwelle im Jahre 1919, dem Märzaufstand von 1920, den Abwehrkämpfen gegen die Kapp und Watter, vor allem aber seit der Ruhrbesetzung 1923 und der darauf im Ruhrbergbau und in der Schwerindustrie besonders drastisch vollzogenen industriellen Rationalisierung[220] hatte das Ruhrgebiet die Aufmerksamkeit der reisenden Reporter besonders auf sich gezogen. Dabei kommt es jenseits politischer Präferenzen zu einem charakteristischen Konflikt zwischen den Berichtenden, die von außerhalb, und denen, die aus dem Ruhrgebiet kommen. Der gebürtige Dortmunder Georg Schwarz schreibt einleitend zu seinem Buch ›Kohlenpott‹ (1931) über die Kollegen:

Täglich fahren Reisende durchs Revier. Sie sehen eine phantastische, fremdartige Welt. Und weil sie ihnen fremd ist, verstehen sie sie falsch, sehen sie nur das äußere, die Kulisse: Von Hamm bis Duisburg eine einzige mechanisierte eisenklirrende Welt, dicht bestanden von gigantischen Maschinen, aus denen lohende Feuer in die grauen Rauchschleier schlagen. Die durchreisenden Reporter schmecken dabei ordentlich den Ruß auf der Zunge und lassen ihn genießerisch wie eine Prise Kaviar zergehen. Das ist kerniger als das Nuttenparfüm Berliner Ballsäle. Es füllt die Zeilen, die Statik der Industriebauten zu preisen, und es spart einem die Mühe, langweilige Zahlen von Arbeitslisten, Abschreibungen und Dividenden zu vergleichen. So entdeckt man das technische Wunderland an der Ruhr, aber keine soziale Not.[221]

Erik Reger, ebenfalls dort tätig, konstatiert, daß das Ruhrgebiet »neuerdings ein beliebtes Ausflugsziel der Reporter geworden« sei, die sich aber, vor allem mit Hilfe der Kamera, lediglich ihre mitgebrachten Vorurteile, Schlagworte und Klischees bestätigen ließen. Ein »journalistischer Sophismus« habe »die Kamera zum dritten Auge des Reporters ernannt ⟨...⟩ Die Kamera ist die Schlauheit der Drückeberger. Die Kamera – nicht als ergänzendes oder unterstreichendes, – sondern als Ersatzinstrument. Die wachsende Zahl von Büchern, die nicht geschrieben oder bloß illustriert, sondern direkt photogaphiert sind, zeigt den Niedergang der Schriftstellerei in Deutschland.«[222] Reger hat dabei Heinrich Hauser im Auge, der seine Reisereportagen ›Schwarzes Revier‹ (1930) einleitend gleichsam zum Film erklärt: »es rattert das Malteserkreuz, der Film läuft weiter...«[223] Die Reporter mit dem Kamerablick sind für Reger desinteressierte und hastige Durchreisende. Er versucht, im Detail zu beweisen, daß die Kamera nicht das Typische erfasse.

Dabei hat die Berichterstattung aus dem Ruhrgebiet damals eindeutig an Intensität gewonnen: Wo Leo Lania und Larissa Reissner sich noch mit einer Stippvisite bei Krupp begnügt hatten, Kisch drei kleinere Reportagen schrieb, da veröffentlicht Joseph Roth nach der früheren für die ›Frankfurter Zeitung‹ eine zweite, umfassendere Serie für die ›Kölnische Zeitung‹, schreiben Hauser und Georg Schwarz immerhin ein umfangreiches Buch. Und Reger selbst schreibt übers Ruhrgebiet. Sie alle suchen nach Hinweisen auf die Zukunftsmächtigkeit eines durchrationalisierten, ›modernen‹ Kapitalismus, in dem technische Innovationen und soziale Vernunft Klassenkonflikte, Krieg und Krisen überflüssig machen könnten. Sie finden aber eine verbrauchte Natur und ausgezehrte Menschen, einen tristen Alltag und eine düstere ›Normalität‹, ein verwirrendes Durch- und Ineinander, das zu den technischen Phantasien, den Rationalisierungsträumen einer hellen, sauberen, symmetrischen Welt gar nicht passen will.

Da kein Bericht über das Ruhrgebiet damals umhin konnte, willentlich oder ungewollt für oder gegen die Rationalisierungs- und Konzentrationsbestrebungen der großen Industrie, für oder gegen die Arbeiterbewegung, ihre Ziele und Parteiungen Stellung zu beziehen, wird man in den Reportagen Kischs oder Roths nicht nur unterschiedliche Seh- und Schreibweisen, sondern auch Differenzen in der politischen und sozialen Einschätzung finden. Es lassen sich aber auch gemeinsame Trends ausmachen. Stand zunächst die Sympathie der Autoren für die Arbeiterbewegung fast völlig außer Frage, so tauschen mit dem Aufschwung der Wirtschaft viele ihre bisherigen Hoffnungen gegen die Faszination durch Wirtschaftsmacht und Technikwunder ein; andere heften um so zäher ihre Hoffnung an die Arbeiterbewegung als einzige Zukunftsmacht. Als die Wirtschaftskrise durchzuschlagen beginnt, geraten die Fronten wieder in Verwirrung. Aus den Träumen vom endlosen Aufschwung und von grenzenloser technischer Perfektion fallen nicht nur die unmittelbar Betroffenen. Auch die Autoren müssen erkennen, daß der Kapitalismus keinesfalls ›von selbst‹ in der Lage ist, die Kosten, die er verursacht, zu tragen oder auch nur zu kompensieren. Es beginnt unter den Autoren die Suche nach dem, was Erik Reger damals die »Schuldfrage der Rationalisierung« genannt hat. Nun betont man, daß es nicht möglich sei, die Region durch Schlagwörter zu fassen. Heinrich Hauser schreibt 1930: »Im Revier, wo das ganze Inventar des Menschenlebens sich ständig wandelt, wo Flüsse ihren Lauf verändern, ganze Bezirke festen Bodens sinken, wo sich Städte auf die Wanderschaft begeben und wo die Formen von Wirtschaft und Industrie in beständigem Wechsel begriffen sind, da kann man nicht erwarten, daß eine stabile Bevölkerung von feststehendem Typ entwickelt wird.«[224]

Hauser und Reger sind sich darin einig, daß sich das Ruhrgebiet »in beständigem Wechsel« befindet, eine »chaotische Landschaft« ist. Ebendarin sehen sie ihre Hoffnungen begründet: Hauser hofft auf die protofaschistische ›Werksgemeinschaft‹, Reger auf die »wahrhafte Jugend«, die »unassimilierte, produktive Jugend«.

Der Ort jedoch, auf den die intellektuelle Aufmerksamkeit sich besonders richtet, bleibt die – verhaßte oder verklärte – Metropole Berlin. Auf sie konzentriert sich der Blick schon deshalb, weil sie der Ort der berichtenden Intellektuellen war.

10. Die Metropole Berlin als Welt der Gleichlebenden

»Ausgleich und Nivellierung scheinen früher in Berlin zu beginnen«, schreibt 1921 optimistisch Heinrich Mann. »Die Wandlung des Klassenbewußtseins, seine Nachgiebigkeit, das Merkmal jeder reiferen Gesittung, zeigt sich zuerst in Berlin. ⟨...⟩ Die große Stadt ist tiefer eingefühlt in die Zeit als die Länder, ist zugleich nachgiebiger und stärker«. Berlin ist »das stärkste Bollwerk unserer Vernunft. Die große Stadt ist wesentlich vernünftig. ⟨...⟩ Und diese Welt Gleichlebender liest täglich dasselbe, hat dieselben Schauspieler vor Augen, im Ohr dieselben Laute. Unermüdlich beurteilt einer den andern, beim Vorübertreiben im Meer der Straßen, – bis alle einander ähneln in ihren verfeinerten, kritischen und tapferen Gesichtern«. Und: »Die Vereinheitlichung Deutschlands wird, sicherer als durch Gesetze, durch die werbende Kraft des Zivilisationsherdes geschehen, der das zu sich selbst hinangewachsene Berlin ist. Ja, Berlin wird, so wenig es sich dies je träumen ließ, die geliebte Hauptstadt sein.«[225] Gleichförmigkeit, vor der man reisend gerade geflohen war, stützt hier die Hoffnung auf eine demokratische Zivilisierung und technische Modernisierung Deutschlands.

Doch erscheint dieses Berlin auch bei denen, die es preisen, selten aus der Perspektive der Arbeit. Zwar wird die Arbeitsamkeit Berlin von links (Kisch) bis rechts (Goebbels) immer wieder gegen das angeblich schmarotzende Amüsierberlin ausgespielt, aber das Amüsierberlin, der Ort der neuen, massenhaften Zerstreuungskultur bildet das eigentliche Zentrum der Aufmerksamkeit. Kino, Sport (Sechstagerennen, Boxen) und Revue sind die bevorzugten Themen.[226] Berlin ist das Feuilletonthema der großen Tageszeitungen. ›Berliner Tageblatt‹, ›Berliner Börsen-Courier‹, ›Franfurter Zeitung‹ oder ›Vossische Zeitung‹ bringen Berliner Stimmungsbilder, literarische Spaziergänge oder Essays, in denen Berlin immer wieder als Metropole von Asphalt und Licht, Tempo und Reklame apostrophiert und stereotyp mit New York verglichen wird. Berlin steht für die ›amerikanische Entwicklung‹ Deutschlands.

Alexanderplatz und Kurfürstendamm erhalten geradezu kanonischen Charakter; der Alexanderplatz erscheint allenthalben: zwischen sentimentalisierter Alltagsexotik und bedrohlicher Asozialität und Fremdartigkeit. Er ist der Inbegriff des ›Unteren‹, die Passage zum »unbekannten Deutschland«. Das »unbekannte Berlin, das ist das nackte Leben auf nackter Erde«, schreibt Max Barthel.[227] Man badet fasziniert und schockiert im »dunkle⟨n⟩ Strom von Menschen, die wir Arbeiter nennen«, so Bernard von Brentano: »Die *Ware* lebt hier, nicht der Mensch.«[228] Auf dem Alexanderplatz begegnet das Alte dem Neuen. Eine vorläufige Bilanz zieht Siegfried Kracauer Ende 1932 in der ›Frankfurter Zeitung‹: »War der Alexanderplatz während seiner Bauzeit ein formloser, offener Raum, durch den von allen Seiten her der Wind pfiff, so ist er jetzt ein Muster an Organisation.« Kracauer beschreibt die neuen Büro-Hochhäuser, den durchgeplanten, »ungeheuer« wirkenden Platz. Auch unterirdisch, in den U-Bahnhöfen, sei der Alexanderplatz »einwandfrei organisiert« und von einer »künstlichen Vollkommenheit«. Zwar sei dieser Platz so »durchrationalisiert« wie die Tätigkeit der Angestellten in der »finsteren Unternehmerfestung« des Warenhauskonzerns, doch habe er eine offene Seite, an die ganze Stadtteile »aus dem Osten heran« drängen, ein »Stück Vergangenheit«, das *Kleinstadt-Idyll*«, wie »irgendwo in der Mark«.[229] Zwillingstopos zum Alexanderplatz ist der Kurfürstendamm. Suchte man im umgebauten Alexanderplatz vorzugsweise noch Kontraste der sozialen Wirklichkeit, so wird der Kurfürstendamm zum transsozialen Ort, an dem die Wirklichkeit im täuschenden Austausch der Phänomene und Effekte verschwindet, zum Topos großstädtischer Indifferenz schlechthin. Er steht metonymisch für die eigene intellektuelle Tätigkeit und gilt als ein Ort, an dem Berlin mit Paris, London oder New York zu konvergieren versucht und man sich, wie Joseph Roth es zuspitzt, für »gelungene Imitationen« hält, während man »in Wirklichkeit mißlungene Originale« darstellt. Wird er bei den Berliner Intellektuellen mal mehr ironisch liebevoll (Polgar), mal mehr kritisch und zukunftsdüster (Kracauer) beschrieben, so wird er für die rechten Antiintellektuellen zum Synonym dessen, was man an Berlin haßt und nicht mehr zu beschreiben oder zu kritisieren sucht, sondern ausrotten will.

Das ist, wie man weiß, in erschreckendem Maße gelungen. Und das zeigt am Ende die Ohnmacht der literarischen Entwürfe vor der zur sprachlichen Konkurrenz nicht fähigen, intellektuell anstrengungslosen Einforderung dessen, was man undifferenziert als ›deutsche Heimat‹ vorstellte. Angesichts dessen wirken die gefühlvollen Bekenntnisse derjenigen eher bedrückend, die zuvor den Ernst ihres Interesses an Deutschland durch ihre kritische Distanz bekundet hatten.

Am Ende seiner satirischen, den ethnologischen Blick des Reisebuchs imitierenden Kommentare zu Photographien aus Deutschland zieht Tucholsky das Fazit:

> Nun haben wir auf 225 Seiten Nein gesagt, Nein aus Mitleid und Nein aus Liebe, Nein aus Haß und Nein aus Leidenschaft – und nun wollen wir auch einmal Ja sagen. Ja –: zu der Landschaft und zu dem Land Deutschland. ⟨...⟩ ... es gibt ein Gefühl jenseits aller Politik, und aus diesem Gefühl heraus lieben wir dieses Land. ⟨...⟩ Im Patriotismus lassen wir uns von jedem übertreffen – wir fühlen international. In der Heimatliebe von niemand – ⟨...⟩ Deutschland ist ein gespaltenes Land. Ein Teil von ihm sind wir.[230]

Und Joseph Roth formuliert in seinem ›Bekenntnis zu Deutschland‹, 1931:

> Nirgends und niemals noch hat ein Bekenntnis zur Heimat einer Entschuldigung bedurft. Heute und bei uns sieht man sich gezwungen, vorerst die Bekenntnisformel von der schwülstigen Verlogenheit zu säubern, mit der man sie beworfen hat, von der papiernen Phraseologie, von der es seit Jahrzehnten um sie raschelt, von der blutrünstigen Rohheit, die seit Jahrzehnten den Patriotismus, die Liebe zur Nation und die Sprache in Pacht hält und vergewaltigt. ⟨...⟩ Und das Wort, das mißbrauchte, abgehetzte, durch alle Gossen geschleifte und durch alle undurchsichtigen Parteikanäle, das Wort Deutschland, deutsches Land, mit jener stillen Ehrfurcht zu wiederholen, mit der allein es ausgesprochen werden darf. Dennoch ein deutsches Wort: Wort einer tausendmal mißhandelten, durch Revolverpresse und Reklamewesen verschandelten, zu Programmen und Annoncen verwandelten Sprache! ⟨...⟩ Unerträglich: das Vaterland als Objekt der Litfaßsäulen an den Straßenecken zu sehen. Das Bekenntnis erstirbt auf den Lippen, weil es von andern in den Straßen gebrüllt wird. ⟨...⟩ Wie schwierig ist es da, ein Patriot zu bleiben! Und wie notwendig ist es aber auch! Kein Land hat dermaßen Liebe nötig.[231]

Hermann Korte
Lyrik am Ende der Weimarer Republik

I. Nach dem Ende des Expressionismus

1. Lyrik mit ›Gebrauchswert‹

In der Geschichte der Lyrik ist das Ende des Expressionismus eine deutliche Wendemarke. War noch zwischen 1919 und 1921 eine Flut neuer Gedichtbände erschienen – begünstigt von der Aufhebung hemmender Zensurbestimmungen und getragen von der Euphorie spätexpressionistischer Moden –, so nimmt diese Tendenz in den folgenden drei Jahren rasch ab. Bereits 1923 deuten viele Zeichen auf ein Ende.[1]

Unter den Essayisten ist es Ivan Goll, der mit seinen pointierten Losungen Aufstieg und Niedergang des Expressionismus treffend und publikumswirksam begleitet hat. Wie eine umgekehrte Klimax lesen sich seine Aperçus. Hatte Goll 1917 noch emphatisch verkündet: »Sing Hymnen, schrei Manifeste, mach Programme für den Himmel und die Erde«[2], so lautet seine Beobachtung 1921 ernüchtert: »Expressionismus ist ein verkrachter Kriegsschieber«, denn »es wurden zuviel Sterne produziert für den Frieden«[3]. 1926 aber konstatiert Goll eine zumindest für die Lyrik allenthalben hoffnungslose Lage, die er ebenso lakonisch umschreibt: »Niemand leugnet mehr, daß von allen Kunstformen die verlassenste und die verkannteste heute die Lyrik ist.«[4]

Golls Beobachtung, deren Richtigkeit zumindest aus der Perspektive der Öffentlichkeit, also des Publikumserfolges, der Literaturkritik und des Marktes, nicht in Frage gestellt werden kann, enthält freilich noch keinen Hinweis auf tiefere Zusammenhänge. Es sei, so argumentiert Goll in seinem Essay, »geradezu ein Nonsens, von einem Menschen mit heutigen Nerven zu verlangen, daß er von regelrecht skandierten und gereimten Versen, die breit und behäbig und schwer hinfließen, irgendeine tiefere Wirkung, ein inneres Beben, ein Staunen verspüre!« Die Lyrik habe sich an die Zeit nicht angepaßt; denn der Leser habe »ein anderes Tempo. Sein Auge eilt unmutig über die Zeilen hin. Und der Singsang des schönen Verses erweckt Langeweile.«[5] 1927 entwirft Goll in einem anderen Beitrag für die ›Literarische Welt‹ einen Plan, wie sich jener »Singsang« verändern müsse. Er fordert nichts weniger als eine neue »Mythologie«, diesmal allerdings eine »aus Dynamo, Aeroplan, Affenkraft, weißer Kohle, schwedischer Gymnastik, Weltrevolutionen«, »Zweckdichtungen«, die mitten ins Leben führen sollen und nicht bloß in die »Literatur«.[6]

Lion Feuchtwangers ›PEP‹-Lyrik,[7] mit dem Untertitel ›J. L. Wetcheeks amerikanisches Liederbuch‹ und Zeichnungen von Caspar Neher 1928 veröffentlicht, kommt in vielem der von Goll verkündeten neuen »Mythologie« der Schnelligkeit und Rekorde nahe. Feuchtwanger steigert die Technikeuphorie bis zu dem Punkt, wo sie ihre eigenen Ideale – kompromißloses Nützlichkeitsdenken und Erfolgsorientierung – ad absurdum führt. Das Gedicht ›Statistik‹ ist ein Beispiel für diese Tendenz:

Wieviel Kalorien ein normaler Mensch zu Wasser und zu Lande Sommers
                 und Winters braucht,
wieviel Autos pro Stunde fabriziert werden, wieviel Selbstmorde ermittelt
wieviel Zigaretten Europa, Amerika, Asien raucht,
wieviel Nigger in Revuen tanzen, wieviel Hände Präsident Coolidge
                 schüttelt:

Gott der Herr hat das alles genau gezählt.
Desgleichen das Staatsamt für Statistik und deren wissenschaftliche
                 Ausdeutung.
Gott der Herr, damit ihm davon nichts fehle,
das statistische Amt zum Zweck der möglichst intensiven
                 Wirksamkeitsausbeutung.

Herr B. W. Smith erkannte mit geschäftsmäßig geschultem Blick,
daß das statistische Amt eine äußerst wichtige Tätigkeit entfalte.
Manchmal allerdings schien ihm belanglos, vor allem beim Anhören
                 von Musik,
wieviel Prozent er, gestorben, verwertbaren Phosphor enthalte.[8]

Feuchtwanger unternimmt den Versuch, in den literarischen Figuren Mr. Smith und Mr. Wetcheek nicht nur den Amerika-Kult auf die Spitze zu treiben, sondern zugleich auch von der Wortwahl bis zu den Gegenständen der Gedichte eine irritierende Aktualität zu suggerieren. So ›unpoetisch‹ wie möglich entfaltet er das Panorama modernen Lebens: gegen expressionistisches Pathos und epigonale Innerlichkeit. Der Gestus der ›PEP‹-Lyrik ist eine unsentimentale Sachlichkeit. Ihr geht es in der Tat um »Pep«, interpretiert als ›Stimmung! Kopf hoch! Hurra! Kurasche!‹ und dergleichen. / Der Amerikaner pflegt damit seine Tätigkeit zu begleiten«,[9] heißt es im Eingangsgedicht des Bandes.

Feuchtwangers Verse zitieren Prozentzahlen, Statistiken, Automarken, technische Anweisungen und Abkürzungen, so als seien sie Embleme modernen Lebens, deren bloße Nennung bereits die Atmosphäre rasanten Fortschrittsglaubens verbreite. Erlebnisse – Autofahrten, Reisen, Medizinisches – werden zum Gegenstand von Gedichten, die in nuce die Aura traditioneller Erlebnislyrik destruieren, indem sie auf die nüchterne Realität einer technischen Welt übertragen wird:

Ist man traurig, so suche man zunächst methodisch die Gründe
                                                herauszukriegen.
Hat man sie, so sage man »Pep« und suche sie zu killen.
Findet man keine, so wird es an gestörter Verdauung liegen.
Dagegen nützen Wood & Sons erstklassige Abführpillen.[10]

Die Formen und Sujets solcher Art ›PEP‹-Lyrik kalkulieren provozierende Schocks ein, bis hin zur spaßig-ironischen Inszenierung sensitiver ›Kälte‹, die geradezu wie ein Erkennungszeichen des betont ›un‹-lyrischen Ichs wirkt. In dieser Hinsicht gleichen Feuchtwangers Verse zuweilen denen in Bertolt Brechts ›Hauspostille‹,[11] die im selben Jahr erschienen ist. Freilich: Während Feuchtwangers Gedichte gerade aus dem vorbehaltlosen Einverständnis mit der auf Verwertung und Nützlichkeit gerichteten Realität ihre Provokation entwickeln, sind Brechts Balladen und Lieder auf Verweigerung gerichtet, auf eine vitalistische Desintegration, die der Autor mit nihilistischem Gestus goutiert. Die ›Hauspostille‹, die Pietzcker als »Abgesang des bürgerlichen Individualismus«[12] versteht, ist zugleich ein Abgesang auf eine literarische Moderne, die von Frank Wedekind bis hin zur expressionistischen ›Menschheitsdämmerung‹ reicht und in den einzelnen Stationen des Gedichtbuches aufgenommen und konterkariert wird. Gerade diese Funktion eines *Abgesangs* wird in der Komposition der ›Hauspostille‹ deutlich. Sie *zelebriert* die Negation bürgerlicher Gesetzestafeln und Lebensformen. Wer sie, wie Schuhmann, als »vulgärmaterialistische Übungen im Lebensgenuß«[13] oder gar als »Gedichte mit Gebrauchswert« für »Städtebewohner«[14] liest, verkennt ihre genuin literarische Struktur: ihre permanente Anspielungstechnik, die im poetischen Entwurf befreiter Vitalität noch einmal die von Nietzsche bis zum Expressionismus reichende Kritik bürgerlicher Wertordnungen im Zeichen des Lebensbegriffs ausfaltet. »Antipode der Expressionisten«[15] ist Brecht nur insoweit, als er deren moralische Manifestationen, deren aktivistischen Altruismus durchbricht und die im Lebenspathos angelegte radikale Destruktion und Aggressivität zu Ende führt:

⟨...⟩

Laßt euch nicht betrügen!
Das Leben wenig ist.
Schlürft es in vollen Zügen!
Es wird euch nicht genügen
Wenn ihr es lassen müßt!

Laßt euch nicht vertrösten!
Ihr habt nicht zu viel Zeit!
Laßt Moder den Erlösten!
Das Leben ist am größten:
Es steht nicht mehr bereit.

⟨...⟩[16]

2. Grenzen der ›Gebrauchslyrik‹

Der Vitalismus der ›Hauspostille‹, ist »sentimentalisch«, also ein »Phantasieprodukt«,[17] keine Praxisanweisung für Tanz und Rausch. In dieses sentimentalische Element geht das Bewußtsein ein, daß die Imagination an ihre literarische Substanz gebunden bleibt. Insofern steht die ›Hauspostille‹ am Ende einer Traditionslinie, die auf den Beginn der Moderne zurückverweist. Indem sie die Tradition noch einmal sichtet, wird sie selbst zum Paradigma des Übergangs, das keine produktive Nachfolge gefunden hat.

Auch innerhalb des eigenen Werks ist die ›Hauspostille‹ eine Zäsur. Ende der zwanziger Jahre, vor allem aber von 1930 an verstärken sich in der Brechtschen Lyrik nicht nur die didaktischen Impulse, sondern auch die Hinwendung zu konventionellen Formen. Gedichte wie ›Lob der illegalen Arbeit‹, ›Lob der Partei‹, das ›Streiklied‹ und das 1931 entstandene ›Solidaritätslied‹ sind Beispiele für einen konventionellen Stil, der revolutionäres Pathos und lyrischen Traditionalismus vereinigt: unter dem Zeichen einer rigiden moralischen Positivität, die im Werke Bertolt Brechts für einige Zeit die Modernität der ›Hauspostille‹ vergessen macht.

Das Ende der ›Symbiose‹ von Lyrik und Avantgarde ist Ausdruck einer »Funktionskrise der ›reinen Kunst‹«.[18] Aber die Krise wird nicht im Sinne derjenigen Manifeste gelöst, die – wie Walther Kiaulehns Pamphlet ›Der Tod der Lyrik‹ – die Parole ausgeben: »Die Lyrik muß sterben, damit der Fortschritt leben kann.«[19] Geht eine solche Losung noch von der irrigen, ganz im Zeichen trügerischer ›Neuer Sachlichkeit‹ stehenden Annahme aus, daß das Gedicht »heute von den Reklamechefs der Stiefelwichsfabriken und von den Unfallverhütungspsychologen der B. V. G. verwaltet«[20] werde, so ist in der Retrospektive entgegenzuhalten, daß zumindest die Lyrik einer jungen nachexpressionistischen Generation gerade *gegen* derartige Literaturkonzepte geschrieben zu sein scheint: um den Preis sentimentalen Epigonentums und wiederentdeckter deutscher Innerlichkeit.

Auch unter den Lyrikern gibt es indes eine kleinere Gruppe, die gegen eine solche Tendenz noch einmal die Bedeutung von Sachlichkeit und Zeitbezug hervorhebt. So kritisiert Erich Kästners

›Prosaische Zwischenbemerkung‹ aus dem Jahre 1929 den lyrischen Traditionalismus mit Hinweisen auf dessen scheinbar überholtes Pathos:

> Früher trugen die Lyriker langes Haar, genau wie die Friseurgehilfen. Das war konsequent. Heute rollen sie nur noch mit den Augen und den Wörtern, bilden sich ein, bei der Ausgießung des Geistes doppelt bedient worden zu sein, und das ist eine ihrer Erfindungen. Leider gibt es das nicht: die Talentlosen auf operativem Wege literarisch zeugungsunfähig zu machen. Und so bevölkern sie das Schrifttum weiterhin mit ihren geistig zurückgebliebenen Produkten, die keinen noch so gefälligen Hund vom Ofen locken. Günstigstenfalls klingen ihre Gedichte. Aber es steckt nichts drin. Was sollen sie anderes machen: sie klingen hohl![21]

Kästners Kritik richtet sich nicht zuletzt gegen jene Lyriker der Weimarer Republik, die sich der Neuen Sachlichkeit widersetzen. Er spottet über ihre Vorliebe für den ›Klang‹, über ihren Rekurs auf abgegriffene Sprachmuster und vor allem über ihr antiquiertes Bild vom Autor als einem ›geisterfüllten‹ Menschen. Aber gerade in polemischen Wendungen wie in dem Vorwurf, sie würden »geistig zurückgebliebene Produkte« schaffen, oder der Behauptung, es mangele ihnen an Talent, wird deutlich, daß Kästner dem im Entstehen begriffenen Traditionalismus, dem Rückgriff auf ein Dichterbild des 19. Jahrhunderts, ratlos gegenübersteht. Wie widersprüchlich seine Kritik ist, zeigt sich im Programm der ›Gebrauchslyrik‹, der Kästner das Wort redet: »Verse, die von den Zeitgenossen nicht in irgendeiner Weise zu brauchen sind, sind Reimspielereien, nichts weiter. 〈...〉 Mit der Sprache seiltanzen, das gehört ins Varieté.«[22] Noch deutlicher wird der anti-avantgardistische Zug der ›Gebrauchspoesie‹ in dem Wunschbild einer Gemeinschaft von Dichtern und Lesern: »Es gibt wieder Lyriker, die wie natürliche Menschen empfinden und die Empfindungen und Ansichten und Wünsche, in Stellvertretung ausdrücken.«[23]

Die Parole »Die Lyriker haben wieder einen Zweck«[24] ist zugleich die Behauptung des eigenen Anspruchs. Kästners Gedichtbücher ›Herz auf Taille‹ (1928), ›Lärm im Spiegel‹ (1929) und ›Ein Mann gibt Auskunft‹ (1930) gehören zu den populären Beispielen einer linksbürgerlichen Lyrik in der Endphase der Weimarer Republik. Freilich repräsentiert die Kästnersche Lyrik keine Alternative zum Traditionalismus; sie gehört ihm vielmehr im Kern selbst an. Zwar hat der Autor ein Kaleidoskop jenes modernen Lebens geschaffen, das die zwanziger Jahre in den Blick nimmt: mit ihrem ›Kult der Oberfläche‹, ihrem Sinn für Amüsement, Zerstreuung, Lebensgier einerseits, ihren entfremdeten, melancholischen, brutal-aggressiven Situationen andererseits.[25] Aber in dem Maße, wie die linksbürgerliche Lyrik zuweilen im geheimen, zuweilen öffentlich idyllische Szenerien entwirft, in denen die eben noch thematisierten Konflikte aufgehoben werden, wird eine lyrische Perspektive deutlich, die den Wunsch nach überschaubaren Ordnungen, nach Harmonien, ja nach Geborgenheit und Heimat mit vielen Dichtern teilt, die sich am Ende der zwanziger Jahre im Zeichen eines neuen lyrischen Traditionalismus zusammenfinden. Nicht zuletzt verrät auch der sentimentale Zug vieler Gedichte, daß unter dem Etikett des ›Gebrauchswertes‹ sogar die aufrichtende Kraft des Gedichts nicht zu kurz kommen soll: »Es gibt wieder Verse, bei denen auch der literarisch unverdorbene Mensch Herzklopfen kriegt oder froh in die leere Stube lächelt.«[26] Mit einer solchen ›prosaischen Zwischenbemerkung‹ hat Kästner am Ende den noch zu erörternden Paradigmenwechsel in der Lyrik selbst ausgesprochen.

II. Moderne und Traditionalismus

1. *Gottfried Benn*

Im literarischen Kontext der späten zwanziger Jahre zählt Gottfried Benn zu den wenigen Dichtern, die einer konventionellen Weltanschauungs- und Trostdichtung am entschiedensten widerstehen. Für Benn ist Poesie nicht eine literarische Facette eines geschlossenen metaphysischen Systems, aus dem sich eine Perspektive der Zuflucht ableiten ließe; statt dessen bekennt sich der Dichter 1931 programmatisch zu einer »Metaphysik der Kunst«: »Innerhalb des allgemeinen europäischen Nihilismus, innerhalb des Nihilismus aller Werte, erblicke ich keine andere Transcendenz als die Transcendenz der schöpferischen Lust.«[27]

Benn veröffentlicht Mitte der zwanziger Jahre eine Reihe von Gedichtbüchern: ›Schutt‹ (1924), ›Betäubung‹ (1925), ›Die Dänin‹ (1925), ›Spaltung‹ (1925). 1927 erscheinen die ›Gesammelten Gedichte‹.[28] Bei allem Sarkasmus und Zynismus des Bennschen Tons darf nicht übersehen werden, daß es Benn um mehr geht als bloß um eine ins Ur- und Vorgeschichtliche zurückweisende Remythisierung des Realen unter dem Signum neuen, rauschhaften Barbarentums. Benn hebt im mythischen Bildrest dasjenige hervor, was nicht im Zivilisatorischen aufgehoben ist, und er nimmt das Un-Geschichtliche als eine Art ›Antizeichen‹ zur tatsächlichen Geschichte, die für ihn identisch ist mit dem Aufstieg des Subjekts zu immer höheren Stufen von Aufklärung und Bewußtheit. Damit hat schließlich auch Benn wesentlichen Anteil an der Hochschätzung des Mythischen in der Lyrik der Weimarer Republik, ohne indes mit der Moderne zu brechen oder die Restitution des Mythos gegen die Moderne auszuspielen. Seine Gedichte, Ausdruck der Bewußtseinskrise der zwanziger Jahre, bleiben bestimmt von einer Intellektualität, die in der *Kunst* die ›ligurischen Komplexe‹, die Hypostase von ›Blut‹ und ›Rausch‹, den Abschied von der Aufklärung feiert:

⟨...⟩

Schädelstätten,
Begriffsmanie,
kein Zeitwort zu retten
noch Historie –
allem Vergessen,
allem Verschmähn,
dem Unermessen
Panathenaen –

in Heiligtumen
tyrrhenischer See
Stier unter Blumen
an Danae,
in Leuenzügen
Mänadenklang,
und Götter fügen
den Untergang.[29]

Benns Begriff der »Metaphysik der Kunst« bleibt im Artistischen verwurzelt und fordert eine Hermetik ein, die gerade vor dem Hintergrund des aufkommenden Traditionalismus den autonomen Anspruch künstlerischer Avantgarde bewahrt. Zur Wirklichkeit jenseits von Psychologie und Soziologie gehört im Bennschen Verständnis die Aufdeckung der vorbewußten, archaischen Schichten. Die Antinomie von ›Hirn‹ und ›Blut‹, von triebhaft-vegetativem Sein und Bewußtsein wird zur Grundlage einer Weltanschauung, die zuletzt jedoch die Grenzen einer künstlerischen Metaphysik sichtbar macht und ideologische Züge trägt. Lohner hat das »für Benn ⟨...⟩ Primäre« näher erläutert: »Es ist eine im Körper, im Biologischen fundierte Qualität, die durch Kongestion, Wallungen, durch Hyperämie, also durch Blutandrang, durch Instinkt, Trieb und Rausch die gehirnlich überlagerte Oberschicht verdrängen und zu einer besonderen Lebensintensität verhelfen soll.«[30] Daß daraus zumindest zeitweilig eine Affinität zum Faschismus ableitbar ist, erscheint angesichts der politischen Lesart des Bennschen Vitalismus-Syndroms evident. Es gehört zu den Paradoxien der Weimarer Kultur, daß einer der letzten erklärten Verteidiger der Moderne zum Apologeten ihrer faschistischen Gegner werden konnte.

2. Rilke und die Lyrik der zwanziger Jahre

In welchem Maße sich das Selbstverständnis der Lyrik bereits um die Mitte der zwanziger Jahre verändert hat, zeigt sich in den Nachrufen auf Rilke. Der 29. Dezember 1926, sein Todesdatum, ist in gewissem Sinne eine Zäsur. Mancher Gedenkartikel verbindet die Würdigung des Dichters mit einem Ausblick auf die als prekär und krisenhaft gekennzeichnete Situation der Gegenwartslyrik. So heißt es in der Zeitschrift ›Der Kritiker‹, es sei »mit dem Verständnis und der Wertschätzung der Lyrik ⟨...⟩ schlecht bestellt«, da sie beim Publikum vielfach immer noch als »Goldschnittliteratur«[31] verstanden werde. Daß Rilkes Werk – in besonderem Maße die in den zwanziger Jahren erschienenen ›Duineser Elegien‹ und ›Die Sonette an Orpheus‹[32] – wohl »zu dem geringen Bestande großer Kunst«[33] gezählt werden müsse, scheint unstrittig. Allerdings wird seine

Lyrik auch als eine Dichtung charakterisiert, mit der eine Epoche zu Ende gehe, die vor allem von der Lyrik geprägt worden war und deren Beginn Rilke, George und Hofmannsthal repräsentierten. In seiner 1928 gehaltenen Frankfurter Gedenkrede auf Rilke bezieht sich Rudolf Alexander Schröder daher auf das Werk dieser drei Dichter, um Rilkes literarhistorischen Ort näher zu bestimmen. Schröder vermeidet zwar den Begriff der Moderne; aber indem er die Perspektive des Überlieferns und Bewahrens entwickelt, macht er zugleich deutlich, daß es nunmehr um eine *geschichtliche* Rückschau auf jene »Dichter europäischen Rufes«[34] gehe, im Kern also um die mit dem Tod Rilkes bewußt gewordene literarische Zäsur. Die durch Rilke repräsentierte Dichtung des frühen 20. Jahrhunderts ist bei aller beschworenen Aktualität, darüber sind sich die Nachrufe einig, bereits Geschichte: als Teil einer historisch gewordenen Moderne. Für Heinrich Eduard Jacob ist Rilke, dessen ›Neue Gedichte‹ (1909) er als »größte Erscheinung der modernen Lyrik überhaupt«[35] bewertet, nur noch der »große Dichter«, der »Orpheus« einer *vergangenen* »schönen und musischen, ⟨...⟩ zornlosen Jugend«.[36] Was ihm die Jugend der zwanziger Jahre verdanke, dazu äußert sich Klaus Mann in der ›Literarischen Welt‹. Rilkes Gedichte seien »tröstlich und hilfreich«, aber »nicht durch das eigentlich, was sie von dieser Zeit aussagen« könnten, da sie ihr »fremd gegenüberzustehen« schienen. Eine »Zeit der Synthesen« habe das Spätwerk Rilkes, »diese schwierigste und einfachste Kunst«, hervorgebracht, die Mann enthusiastisch feiert: »als letzte äußerste, überraschendste Sublimierung der Sinnlichkeit«.[37] In dieser Begeisterung für den späten Rilke schwingt das Empfinden mit, die ›Duineser Elegien‹ und ›Die Sonette an Orpheus‹ formulierten in der Sprache der frühen Moderne ein letztes Mal eine Antithese zum Maschinenzeitalter und zu seinen entfremdeten Strukturen. Nicht zufällig zitiert Mann die beiden Terzette des XXII. ›Sonetts an Orpheus‹:

Knaben o werft den Mut
nicht in die Schnelligkeit,
nicht in den Flugversuch.

Alles ist ausgeruht:
Dunkel und Helligkeit,
Blume und Buch.[38]

Rilkes ›Sonette an Orpheus‹ sind Paradigmen eines in der Moderne neu ausgelegten Mythos. Sie bestimmen im Moment einer epochalen Krise die Aufgabe der Dichtung und des Dichters. Rilkes mythische Formel »Gesang ist Dasein«[39] nimmt fast leitmotivisch eine poetologische Linie auf, die bis nach 1945 weiterzuverfolgen ist: »In Wahrheit singen, ist ein andrer Hauch. / Ein Hauch um nichts. Ein Wehn im Gott. Ein Wind.«[40]

Der emphatische Ton verleiht dem Künstler seine Aura: »Ist er ein Hiesiger? Nein, aus beiden / Reichen erwuchs seine weite Natur.«[41] Orpheus ist Sänger der Klage; dies gilt es zu berücksichtigen, wenn der Vers »Rühmen, das ist's!«[42] zitiert wird: »Nur wer die Leier schon hob / auch unter Schatten, / darf das unendliche Lob / ahnend erstatten.«[43] Den metaphysischen Teil Rilkescher Welterfahrung vermittelt das XVI. Sonett. Es bezeichnet die Skepsis gegen instrumentelle Vernunft: »*Wir* machen mit Worten und Fingerzeigen / uns allmählich die Welt zu eigen, / vielleicht ihren schwächsten, gefährlichsten Teil.«[44]

›Die Sonette an Orpheus‹ ohne Bewußtsein ihrer Literarizität als Verkündung eines neuen Mythos zu lesen hieße, die in ihnen aufgehobene Wirklichkeitsperspektive zu einem eskapistischen Programm zu verfälschen. Rilke nimmt Bedrohungen wahr, die in den zwanziger Jahren als Konsequenzen einer zunehmenden Modernisierung und Technisierung sinnfällig werden. Die Maschinen-Metapher der Sonette gilt ebendieser Seite einer Wirklichkeit, deren Widersprüche, deren unverarbeitete Seiten Rilkes Gedichte offenlegen.[45] Zugleich wird im Entwurf eines neuen, Dichtung gewordenen Mythos die Bedeutung des Dichters legitimiert: Er ist der ›Sänger‹, der besonders privilegierte Verkündiger der Wahrheit, und zwar einer Wahrheit, die nur der Dichtung, dem dichterische Worte gemäß ist. Damit aber wirkt Rilkes Programm zugleich wie ein *Abschluß*, ja wie eine Überwindung der Moderne, verstanden als Dekonstruktion von Sinn- und Ordnungsmustern der Epoche. Schon in den ersten zeitgenössischen Essays zum Spätwerk Rilkes, wie in Justus Schwarz' Aufsatz ›Die Wirklichkeit des Menschen in Rilkes letzten Dichtungen‹, wird dessen sinnstiftende Bedeutung jenseits moderner Artistik und Avantgarde herausgestellt: der Einspruch »gegen die Erlebnisweise des modernen Menschen«,[46] gegen Nietzsches Kunstbegriff des Bluffs und der Maskerade, die Rückkehr zu den »sagbaren Dingen der Erde«[47]. Damit aber wird in der Rezeption des späten Rilke zugleich ein Vorbehalt gegen die Moderne deutlich, der einen Wandel in der Lyrik anzeigt.

3. Stefan Georges späte Lyrik

Rilkes Versuch, in der mythischen Orpheus-Figur die Legitimationskrise der Dichtung zu überwinden, findet – wenn auch mit anderen Strategien – seine Entsprechung im Spätwerk Stefan Georges. 1928 erscheint – nach jahrelangem Schweigen – der Gedichtband ›Das neue Reich‹,[48] eine »Art Nachlaßsammlung zu Lebzeit«,[49] dessen Titel weder als politische Parole noch als Ausdruck eines Sympathisierens mit dem Nationalsozialismus mißverstanden werden darf. Georges Verse richten sich gegen ein saturiertes Bürgertum ebenso wie gegen eine abgewirtschaftete Aristokratie. Sie kennzeichnen die soziale Revolution als »sumpf erlogener brüderei«[50] und distanzieren sich von allen politischen und gesellschaftlichen Kräften der Epoche, gerade weil er im Politischen selbst nur Abbreviaturen egoistischer, engstirniger Interessen erkennt. Den Dichter hatte schon der Kriegsenthusiasmus des August 1914 kalt gelassen: »Zu jubeln ziemt nicht: kein triumf wird sein«, stellt er lapidar in seiner Dichtung ›Der Krieg‹[51] fest, die 1917 in den ›Blättern für die Kunst‹ erscheint. Programmatisch für Georges Verständnis von der Aufgabe des Künstlers ist das »Dem Andenken des Grafen Bernhard Uxkull« gewidmete Gedicht ›Der Dichter in Zeiten der Wirren‹:

> Der Dichter heisst im stillern gang der zeit
> Beflügelt kind das holde träume tönt
> Und schönheit bringt ins tätige getrieb.
> Doch wenn aus überln sich das wetter braut
> Das Schicksal pocht mit lauten hammerschlägen

Klingt er wie rauh metall und wird verhört ..
Wenn alle blindheit schlug · er einzig seher
Enthüllt umsonst die nahe not .. dann mag
Kassandra-warnen heulen durch das haus
Die tollgewordne menge sieht nur eins:
Das pferd · das pferd! und rast in ihren tod.
Dann mag profeten-ruf des stammgotts groll
Vermelden und den trab von Assurs horden
Die das erwählte volk in knechtschaft schleppen:
Der weise Rat hat sichreren bericht
Verlacht den mahner · sperrt ihn ins verlies.
⟨...⟩[52]

Das Gedicht ist mehr als ein stilisiertes Selbstporträt. Entfaltet wird das Bild einer Epoche, die zum Untergang verurteilt ist, weil sie, mit »blindheit« geschlagen wie das antike Troja, alles »Kassandra-warnen« des Propheten in den Wind schlage, ja den Mahner selbst der Lächerlichkeit preisgebe. Ein »einzig seher« gegen eine »tollgewordne menge«: in dieser Opposition kulminiert die ins Messianische gesteigerte Vision vom Dichtertum, das die selbstquälerische Krise der Selbstlegitimation endlich überwunden hat.

Widerspruchsfrei indes bleibt eine solche radikale ästhetische Opposition nicht. Je herrschaftlicher, herrischer sich die Kassandra-Rufe des Dichters zum Strafgericht steigern, um so schemenhafter wirkt die in Verdammte und Auserwählte strikt geschiedene Welt. Mit Verachtung ist da vom »geilen markt«, von »dünnem hirngeweb und giftigem flitter«[53] die Rede, aber in Formeln, die in ihren leicht faßlichen, vereinfachenden Antithesen gerade die Technik der auf dem »markt« gängigen Denunziation zitieren, ohne diese selbst durchschaubar zu machen. So entspricht zuletzt die Sprache, in der Georges Dichter-Prophet »lichtere zukunft« voraussagt, dem Jargon der ›konservativen Revolution‹: »Herr wiederum herr« und »zucht wiederum zucht«[54].

Georges Spätwerk läßt sich freilich weder auf derartige »rhetorische Ausbrüche«[55] noch – umgekehrt – auf das »Konzept einer Kulturerneuerung« festlegen, das in der Tat, wie Landfried nachgewiesen hat, »in feierlichen und nur zu oft rückwärtsgewandten Leerformeln«[56] steckenblieb. Selbst in den Gedichten, in denen George unmittelbar auf die Nachkriegszeit eingeht, überlagert ein privater Ton häufig den Deklamationsstil des Sehers. Die herrische, rechthaberische Gebärde weicht – wie in dem Gedicht ›Einem jungen Führer im Ersten Weltkrieg‹[57] – leidender Anteilnahme, die auch den Gefallenen und Toten des eigenen Kreises gilt. Die ›Sprüche an die Lebenden‹ und ›Sprüche an die Toten‹[58] bleiben vielfach Selbstgespräche und Reflexionen diesseits aller Utopien und ›neuen Reiche‹. In dem Maße, wie in der Sammlung ›Das neue Reich‹ das Pathos anmaßender Verkündigungen an der Erfahrung des Schmerzes zerbricht, treten liedhafte, schlichte Elemente stärker hervor, in denen ein melancholischer, leiser Ton allen früheren Pomp abgelöst hat. Es entspricht dieser Tendenz, daß der letzte Zyklus des Buches »Das Lied«[59] überschrieben ist und fast wie eine Zurücknahme der monumentalen Eingangsgedichte und eine Option für die Poesie jenseits von Manifest und Rede wirkt. Die Schlußverse des Gedichts ›Das Wort‹ halten einen solchen Augenblick des Selbstzweifels fest: »So lernt ich traurig den verzicht: / Kein ding sei wo das wort gebricht.«[60]

Der dichterische Mythos vom ›Neuen Reich‹ freilich sollte wenigstens bei der zeitgenössischen Leserschaft ungleich stärkere Beachtung finden. Trotz der vom Dichter selbst und seinem Kreis strikt beachteten Abgrenzung hat George geradezu faszinierend auf einen Teil der Jugend gewirkt. Mit ihm, so bekennt Klaus Mann 1927, »fühlten wir einen Teil unserer Hoffnung verknüpft«.[61] Insbesondere Gruppen der Jugendbewegung sehen nach dem Ersten Weltkrieg in George »eine revolutionär prophetische und charismatische Führergestalt«[62]; sie pflegen die Zeremonien exklusiver Zirkel und imitieren in ihren Lebensformen den Autoritätsritus von Meister- und Jüngerschaft.

III. Der Paradigmenwechsel zum lyrischen Traditionalismus

1. Merkmale des lyrischen Traditionalismus

Das Konzept einer Gebrauchsdichtung, wie sie Kästner und Tucholsky entwickelten, hat die »Öffentlichkeitskrise der Lyrik«[63] nicht gelöst, auch wenn in der Wendung zum Kabarett und Chanson Formen einer neuen, auf ein Publikum bezogenen Vermittlung mit Erfolg erprobt werden. Ohnehin bleibt der Blick der Literaturkritik fast ausnahmslos auf diejenigen Schriftsteller gerichtet, die, zu Recht oder zu Unrecht, zur Neuen Sachlichkeit geschlagen wurden. Der Weimarer Öffentlichkeit entgeht, daß nahezu unbeachtet vom Markt eine Lyrik entsteht, die wie eine subversive Gegenkraft zum modernistischen, neusachlichen Selbstverständnis der zwanziger Jahre wirkt. Fast völlig vergessen sind auch heute noch die Gedichte von Friedrich Schnack, Konrad Weiß, Ludwig Strauß, Martin Raschke.[64] Die frühen Dichtungen Wilhelm Lehmanns, Elisabeth Langgässers, Reinhold Schneiders und Georg von der Vrings sind immerhin nach 1945 neu entdeckt worden, wenn auch mit begrenztem Erfolg.[65] Selbst Lyriker wie Oskar Loerke, Rudolf Alexander Schröder und Rudolf Borchardt, die zu Beginn der zwanziger Jahre nicht unbekannt waren, werden schon in der zeitgenössischen Literaturkritik eher wie literarische Außenseiter behandelt; ihre Wirkung bleibt auf eine engen Leserkreis beschränkt.

Der Paradigmenwechsel zum lyrischen Traditionalismus ist bis heute nur im Ansatz Gegenstand literaturwissenschaftlicher Forschung geworden. Zuweilen ersetzt gar Bertolt Brechts spöttische Invektive ›Kurzer Bericht über 400 (vierhundert) junge Lyriker‹, 1927 anläßlich eines Talentwettbewerbs geschrieben, die eigene literarhistorische Untersuchung: so als sei Brechts Vorschlag, das auf einen Sechstage-Champion geschriebene Gedicht ›The Iron Man!‹ von Hannes Küpper zur Nachahmung zu empfehlen, eine besonders zukunftsweisende Wertschätzung aus der Perspektive ›neusachlicher‹ Ästhetik gewesen. Brecht ist freilich an einer genaueren Analyse der literarischen Situation nicht gelegen. Angewidert von der »Sentimentalität, Unechtheit und Weltfremdheit« der Verse aus der Feder junger Leute, plädiert er plakativ für eine Lyrik mit »Gebrauchswert« und zieht sich ansonsten auf den Standpunkt zurück: »Das sind ja wieder diese stillen feinen verträumten Menschen, empfindsamer Teil einer verbrauchten Bourgeoisie, mit der ich nichts zu tun haben will.«[66]

Solche Verweigerung entzieht sich der Frage nach den mentalen Voraussetzungen einer wiederkehrenden Innerlichkeit. Als Merkmale der »Anti-Moderne« werden genannt: (1) Optionen für eine »kosmische Ordnung«, die zugleich als eine ›ewige Ordnung‹ einer als Chaos empfundenen Zeit entgegenzusetzen sei; (2) die »Mythisierung der Natur« als eines Gegenraums zur gesellschaftlichen Realität; (3) Sympathien für totalitäre Volks- und Deutschtumsideologeme, in deren Ordnungsfiktionen der einzelne endlich wieder seinen scheinbar festen, ihm gebührenden Platz finden könne; (4) Neigungen zum »Prophetismus«, zu einem Verkündigungspathos, das den Dichter mit der Aura wahrhaftigen, bedeutenden Sprechens umgeben soll.[67] Die Lyrik – wie schon 1890 am Beginn der Moderne und 1910 zu Beginn des Expressionismus, nur diesmal mit umgekehrten Vorzeichen – ist die erste literarische Gattung, in der sich der Paradigmenwechsel vorbereitet. 1927, und zwar anläßlich von Rilkes Tod, entwirft die Zeitschrift ›Der Kritiker‹ Facetten eines »lyrischen Weltbildes«, das bereits deutlich im Zeichen des Traditionalismus steht. »Die Lebenshaltung des lyrischen Menschen in seinem Streben, den in sich erfühlten Abgrund zu überwinden und durch die rhythmische Zucht zur Harmonie zu gelangen, ist eine heroische Lebenshaltung«,[68] heißt es voller Pathos. »Harmonie«, »Zucht« und Heroismus: so phrasenhaft und weit ins 19. Jahrhundert zurückverweisend ein solches »lyrisches Weltbild« auch erscheinen mag, so entsteht es doch aus deutlicher Opposition zu avantgardistischen Literaturtheorien, von deren Bekenntnis zum ›schöpferischen Chaos‹, zu Disharmonie und Formexperiment es sich auch begrifflich absetzt.

Der lyrische Traditionalismus erfaßt schließlich auch mit unterschiedlicher Intensität jene Autoren, die noch Jahre zuvor, wie Benn, die expressionistische Dichtung als eine zukunftsweisende ›Literaturrevolution‹ erlebt hatten. Für viele von ihnen markieren die Jahre 1923/1924 werkgeschichtliche Zäsuren, die vor allem in der Lyrik ihren Ausdruck finden. Beispiele für einen epochalen Umbruch sind die nach 1923 veröffentlichten Gedichtbände Max Herrmann-Neißes (›Im Stern des Schmerzes‹, 1924; ›Einsame Stimme‹, 1927; ›Abschied‹, 1928; ›Musik der Nacht‹, 1932), die Lyrik Alfred Wolfensteins (›Bewegungen‹, 1928), Klabunds ›Neue Zeit-, Streit- und Leidgedichte‹, die 1927 unter dem Titel ›Die Harfenjule‹ erschienen, und nicht zuletzt die Gedichte Johannes R. Bechers, die seit der Totenklage ›An Lenins Grab‹ (1924) die literarische Zäsur als eine dezidiert politische zu umgreifen versuchen. Der Traditionalismus steht nicht, wie das Beispiel Bechers zeigen kann, unter einer bestimmten politischen Zielsetzung, sondern betrifft fundamental das Selbstverständnis des Dichters und die Legitimation seiner Rolle in der Gesellschaft. In traditionalistischen Literaturkonzepten sind alle destruktiven, vom exzeptionellen Subjekt des Künstlers bestimmten Haltungen verpönt; statt dessen dominieren konstruktive, aufbauende, tröstende, belehrende Intentionen, die stets eine gemeinschaftsstiftende Bedeutung beanspruchen, also die moderne Antinomie von Künstlertum und Publikum zu beseitigen trachten.

Am radikalen Bruch mit expressionistischen Sprachexperimenten und der Rückkehr zur klassizistischen Formensprache läßt sich der Anteil Bechers am lyrischen Traditionalismus ablesen. Der Avantgarde wird als Maßstab eine Tradition gegenübergestellt, die ihre Legitimation aus der Geschichte selbst herleitet. Becher veröffentlicht in rascher Folge seine Gedichtbände ›Maschinenrhythmen‹ (1926), ›Die hungrige Stadt‹ (1927), ›Im Schatten der Berge‹ (1928), ›Graue Kolonnen‹ (1930), ›Der Mann, der in der Reihe geht‹ (1932) und die Auswahlsammlung ›Ein Mensch unserer Zeit‹ (1929). Nicht nur die politischen Balladen und Lieder – wie etwa ›Der an den Schlaf rührt – Lenin‹, ›Die Partei‹, ›Die Mutter‹ und die ›SA-Ballade‹ –[69] vertrauen auf die Wirksamkeit konventioneller Strophenformen, Bilder und Symbole, sondern auch diejenigen Gedichte, die im Werke Bechers als eine Art lyrischer Selbstverständigung poetologischen Charakter haben: ›Überschauend dreißig Jahre meines Lebens‹, ›Meine Kindheit‹, ›Meine große Heimat‹, ›Geschichte meines Lebens – gereimt‹.[70]

›Verstummt‹, wie vielfach angenommen, sind auch andere expressionistische Lyriker nicht, obwohl die Anzahl der Gedichtbände nach 1923, vor allem aber ihre Bedeutung innerhalb der jeweiligen Werkkontexte geringer wird. Immerhin haben von den noch lebenden Autoren die meisten auch nach 1923 Gedichtbände veröffentlicht, wie etwa Hans Arp, Albert Ehrenstein, Ivan Goll, Kurt Heynicke, Oskar Kanehl, Else Lasker-Schüler, Rudolf Leonhard, Lothar Schreyer, Franz Werfel und Paul Zech.[71] Rechnet man die Werkausgaben, Auswahlsammlungen und die hohe Zahl von Nachdichtungen und Übertragungen hinzu, so läßt sich die jahrzehntelang für die Weimarer Republik behauptete These vom abrupt nachlassenden Interesse ehemaliger Expressionisten an der Lyrik nicht aufrechterhalten. Paul Raabes Repertorium ›Die Autoren und Bücher des literarischen Expressionismus‹[72] registriert noch für das Jahr 1928 annähernd die gleiche Anzahl von veröffentlichten Gedichtbänden wie für das Jahr 1913.

Eine solche Statistik unterstellt freilich eine Kontinuität, die der tatsächlichen Situation nicht entspricht. Seit Beginn der literarischen Moderne um 1890 war die Lyrik deren produktives Moment gewesen, im Jahre 1910 hatte sie dem Expressionismus zum Durchbruch verholfen; nach 1923 verliert sie allmählich an Bedeutung. Nicht nur bei Becher tritt das Bild des Lyrikers als eines radikalen Avantgardisten der Moderne immer mehr in den Hintergrund. Dagegen werden um 1930, also *vor* der politischen Zäsur des Jahres 1933, allenthalben bereits Konturen einer rasch um sich greifenden traditionalistischen Gegentendenz sichtbar, die den Expressionismus – und mit ihm die gesamte europäische Moderne – für fast drei Jahrzehnte vergessen macht.

Die von Willi R. Fehse und Klaus Mann mit einem Geleitwort Stefan Zweigs 1927 herausgegebene ›Anthologie jüngster Lyrik‹[73] ist eine erste Bestätigung der traditionalistischen Wende. Das sprachliche Repertoire der Gedichte stammt fast durchweg aus dem 19. Jahrhundert und besteht großteils aus verklärenden Romantizismen, in denen sich eine starke Sehnsucht nach Überschaubarkeit, nach einer Trost und Geborgenheit verleihenden Sicht der Welt ausdrückt. Aus ›Wind‹, ›Sternen‹, ›Meer‹, ›Nacht‹, ›Himmel‹, ›Herz‹ und ›Herbst‹ entsteht ein über den einzelnen Text hinausreichendes Panorama stereotyper Einsamkeits- und Abschiedsschmerz-Stimmungen, in denen ein tiefer Wunsch nach Nähe und Wärme mit

Hilfe überkommener, epigonaler Sprachmuster in Verse gebracht wird, wie etwa in Fred von Zollikofers Gedicht ›Vor dem Schlaf‹:

> Schlafe! Die Erde wird milder.
> Warte, der Traum tritt schon ein.
> Blühen werden die Bilder
> Des Traumes in sanfterem Schein
>
> ⟨...⟩
>
> Glanz der Gefühle wird steigen,
> Die uns im Leben erstarrt:
> Ferne und freundlicher Reigen,
> Heimat und heldische Fahrt.
>
> Die wir im Leben nicht finden,
> Stehen uns nah und geneigt.
>
> Schlafe! Du wirst überwinden,
> Da Traum dir das Letzte gezeigt.[74]

Im Bekenntnis zum »Glanz der Gefühle« und verklärenden »Traum«-Bildnis drückt sich der Wunsch nach einer Gegenwelt aus, deren schemenhafte Konturen jenseits der Alltagserfahrungen liegen. »Alles Gegenwärtige«, so urteilt Stefan Zweig im Geleitwort zur Anthologie, »ist noch Übergang und Gemengtheit.«[75] Aus der Retrospektive hat ein solcher »Übergang« alle Anzeichen eines Bruchs. Gegen neusachlichen Rationalismus und Mut zur ›Kälte‹ setzt die ›Anthologie jüngster Lyrik‹ auf Gemeinschaft, Heimat und Natur. Landschaft und religiöse Innigkeit, nicht Großstadtfaszination und Fortschrittsglauben bestimmen die meisten der Gedichte. Wenn überhaupt die Städte, wie in W. E. Süskinds Gedicht ›Die Lichtreklamen‹, zum Thema werden, dann überwiegt fast durchweg die negative Perspektive: »Sie sind zu rastlos und zu grell und viel zu laut.«[76]

Die Opposition zur Neuen Sachlichkeit, zur Technomanie und zum Amerika-Kult der Zeit fördert eine zunehmend antimoderne Tendenz innerhalb der Dichtung. Ihr erscheinen etwa Lion Feuchtwangers ›PEP‹-Lyrik und Bertolt Brechts provozierende Verleihung des Dichterlorbeers an einen Verfasser von ›Sport‹-Gedichten als Spielarten eines der Gegenwart verhafteten ›Kults der Zerstreuung‹, eines eilfertigen Unterhaltungsprogramms für Zeitungsabonnenten großer Städte. Die Dichter des Traditionalismus stellen der Faszination für technische Planbarkeit und Rationalität das Okkulte, Verborgene, Unfaßbare gegenüber, der Dynamik der Epoche das Dauernde und Bleibende. Gegen das mechanisierte, künstliche Leben beruft man sich auf den organisch-natürlichen Lebensprozeß und gegen die ›Kälte‹ der Städte auf Land und Natur, Geborgenheit und ›Wärme‹ der organischen Welt. Das Interesse gilt nun der frühesten Menschheit und Geschichte und ihren numinosen Kräften, nicht aber der Zukunft mit ihren anscheinend unbegrenzten Möglichkeiten.

Die poetologischen Folgen eines solchen Paradigmenwechsels sind nicht zu übersehen. An die Stelle der vormaligen Irritation der Form tritt eine Verstechnik, die den Lesern beinahe auf den ersten Blick schon Halt bietet: mit der Vorliebe für einen regelmäßigen vierzeiligen Strophenaufbau, mit überkommenem Kreuz- oder Paarreimschema. Strophenformen und Genres werden zu Ausdrucksmitteln eines veränderten Ordnungsbewußtseins. Die feste Komposition hat den Charakter einer statuarischen Größe; ihre Durchbrechung wäre Willkür, ja Frevel. Die Sprache meidet Modernismen und schließt jedes Experimentieren aus. Das Vokabular der Gedichte stammt aus der Verssprache des 19. Jahrhunderts. Spätromantik und Realismus werden zitiert. Die Sujets orientieren sich an Jahreskreis und Tageszyklus, an der Tradition des Naturgedichts, am Volkslied. Christliche Themen haben für Dichter wie Konrad Weiß eine herausragende Bedeutung, während für Rudolf Alexander Schröder und den jungen Reinhold Schneider die Weimarer Klassik zur ästhetischen Norm wird.

2. Magie, Mystik, Mythos

Das Motiv des verspotteten, verachteten Propheten bestimmt das eigene Dichterbild und legitimiert eine Gattung, die sich in der literarischen Kultur der Weimarer Republik kaum behaupten konnte. In trivialster Form – als unfreiwillige George-Travestie – kehrt die Seher- und Prophetengeste bei völkischen Dichtern wie Hans Schwarz wieder. Sein 1932 erschienener Gedichtband ›Götter und Deutsche‹[77] etwa enthält eine solche Phrase poetischer Allmachtsphantasie:

> Und Dichtern ist einzig
> Das Wort nicht ein Makel,
> Das schwangeren Völkern
> Zu neuer Geburt hilft.
>
> ⟨...⟩
> Ihr Antlitz enthüllt sich
> Den Söhnen des Volkes
> In Zügen der Ahnen
> Und deutet mit Schauern
> Die Pflicht der Berufung.[78]

Es gehört zur Paradoxie der Weimarer Kultur, daß sich derartige Berufungsrituale und weihevolle Töne in dem Maße häufen, in dem die Bedeutung der Lyriker im Literaturbetrieb der Zeit sinkt. Je stärker die eigene literarische Praxis der Legitimation bedarf, je mehr sie – wie etwa die Werke des Nyland-Kreises und seiner Arbeiterdichtung – Skepsis und Ablehnung begegnet, um so stilisierter fällt das eigene Selbstbildnis aus. Von Max Barthels Gedichtband ›Botschaft und Befehl‹ (1926) über Karl Brögers Festspiel ›Rote Erde‹ (1928) bis zu den Gedichten Heinrich Lerschs reicht die immer wiederkehrende Apotheose eigenen Schaffens.[79] Lerschs Gedicht ›Arbeiterdichter‹, ein Beispiel für solche Selbsterhebung, läßt erst gar keinen Zweifel an Berufung und Sendung aufkommen:

> Von Glas sind dir die rußigen Mauern,
> Du siehst durch sie die Erde blühen;
> Wenn rings um dich die Feuer glühen:
> Fühlst du im Mondlicht dich erschauern.
> Die Arbeit donnert um dich her:
> In deine Träume rauscht das Meer.
>
> In Rauch und Qualm die Dächer dunkeln,
> Glühlampen sind vom Dunst umschwelt!

Ob alles selbst dir Aug' und Lunge quält:
Dir sind es Wolken, daraus Sterne funkeln.
Und Rad und Hebel klau'n nach dir;
Du lächelst dem gebundenen Tier.[80]

Lerschs ›Arbeiterdichter‹ ist eine mythische Figur, eine allegorische Heroengestalt zwischen Erde und Arbeit, Dunkelheit und Licht. Die mythische Geste der Anrufung und das Pathos der Selbststilisierung verdecken die Legitimationskrise der Dichtung nicht nur bei Heinrich Lersch, sondern auch bei vielen Lyrikern, die Ablehnung und Ignoranz der Öffentlichkeit für eine Bestätigung messianischen Auserwähltseins nehmen.

Nach 1923 repräsentiert die Lyrik eine Art Gegenöffentlichkeit. Diese Stellung läßt jenseits einer sofort reagierenden Literaturkritik, jenseits von Publikumserfolgen und Buchhandelszwängen, einen *Spielraum* entstehen, in dem sich der literarische Traditionalismus herausbilden kann. Ausnahmen bilden Projekte wie die Veröffentlichung der 1927 begonnenen Gesamtausgabe Stefan Georges und der Gesammelten Werke Rainer Maria Rilkes im selben Jahr. Aber diesen Dichtern kommt eine Vorbild- und Leitfunktion zu, die ihr Werk aus der Masse der kaum beachteten Dichtungen besonders heraushebt. Auch wenn es um öffentliche Anerkennung geht – Ehrungen wie etwa der Kleist-Preis sind in der Weimarer Republik dafür ein wichtiges Indiz –, bleiben die Lyriker im Abseits. Während vor 1920 immerhin mit Loerke, Hasenclever, Zech und Heynicke Autoren den Kleist-Preis[81] bekamen, die auch als Lyriker bekannt waren, so ist zwischen 1920 und 1930 außer Wilhelm Lehmann, der als Erzähler ausgezeichnet wurde, kein Lyriker mehr unter den Preisträgern. Dennoch blieb auch in den zwanziger und frühen dreißiger Jahren trotz der »Öffentlichkeitskrise der Lyrik«[82] die Publikation von Gedichten in Zeitschriften, Anthologien und, wenn auch seltener, eigenen Büchern noch immer ein Königsweg zum Literaturbetrieb. Offensichtlich wurde Poesie immer noch als ein unmittelbarer, vornehmer Ausweis dichterischer Sendung und Berufung angesehen.

Zugleich fördern Wirkungslosigkeit und die durch sie bedingte Neigung zum Rückzug, zur ›inneren Emigration‹ schon zur Zeit der Weimarer Republik die Bereitschaft, sich erneut in die ›Magie‹ der

Dinge zu versenken. Elisabeth Langgässer sucht das mystische Geheimnis der Dinge in ihrer inneren Gestalt. Natur, zunächst noch ein antikisch bestimmter Raum, deutet sie immer mehr im Zeichen religiöser Mysterien als Vorschein christlichen Erlösungsversprechens, wie in ihrem 1935 erschienenen Band der ›Tierkreisgedichte‹. Langgässers Werk verweigert sich schon vor 1933 allem Zeitbezug und steht von Anfang an als ein Exempel für den Rückzug in einen metaphysischen Binnenraum, der nach dem Sieg des Nationalsozialismus zum Ort innerer Emigration werden sollte.

Die Renaissance christlicher Dichtung, Ausdruck des literarischen Wandels im Zeichen des Traditionalismus, geht vielfach mit der Wiederentdeckung von Mystik und Mythos einher. So läßt sich in den beiden Gedichtbänden von Konrad Weiß, der ›Cumäischen Sibylle‹ (1921) und dem ›Herz des Wortes‹ (1929), schon sehr früh eine Hinwendung zu Erlösungsglauben und religiöser Innerlichkeit beobachten, die, wie im Gedicht ›Die Rose‹,[83] Motive der Marienmystik aufnimmt. Dabei gestaltet Weiß die religiösen Themen aus der Erfahrung existentiellen Zweifels. Inversionen und komplizierte syntaktische Gefüge erschweren das Verständnis seiner kontemplativen Lyrik. Weiß registriert, daß den Naturbildern ein christlicher Sinn erst unterlegt werden muß, daß den Dingen der Sinn eben nicht inhärent ist: »Umsonst, die Erde gibt das Bild nicht her, / aus allen Bildern kann die Seele trinken / nur einen Hauch und den sie selbst verlor«.[84] In der Figur des stammelnden Dichters hat Weiß, mythischer Tradition gemäß, den Grundtypus des lyrischen Ichs gefunden, das sein Werk bestimmt: »Ich bin und bin des Klanges nur Widerhall, / ich bin und bin der Dinge verbannter Ton«.[85]

Nicht jeder Rekurs auf Christentum und Religion ist derart eng mit Theologie und Glauben verbunden wie bei Weiß. Ein Beispiel dafür bietet Josef Winckler. Seine Dichtung ›Irrgarten Gottes‹ (1922) trägt den Untertitel ›Die Komödie des Chaos‹. Sie ist ein breit angelegtes, in Teilen hymnisch-ekstatisches, in Teilen prosaisch verknapptes Versepos, in dem das Bewußtsein, in einer aus den Fugen geworfenen Zeit zu leben, nicht reflektiert, sondern zu einem ›Chaos‹ in Versen verdichtet wird. Im 1923 erschienenen ›Chiliastischen Pilgerzug‹ setzt sich diese Tendenz fort. Apokalyptische Bildsequenzen und Sprachgesten imitierend greift Winckler expressionistische Techniken auf. Er verbindet sie indes mit einem kosmisch-religiösen Pathos, das nicht mehr avantgardistisches Experiment, sondern visionäre Predigt sein will: Der Text ist über weite Strecken eine hymnische Suade, die Großstadtwahrnehmung und Kriegserfahrung mit reaktionärem Schollen- und Erdmythos unentwirrbar verbindet. Beide Werke, im Umfeld des Nyland-Kreises entstanden, sind Beispiele einer Bewußtseinskrise, die schon am Beginn der zwanziger Jahre Zeichen eines antirationalen Mystizismus trägt.[86]

Wincklers Versuch, eine »Komödie des Chaos« zu schreiben, scheitert nicht zuletzt daran, daß er in seiner Dichtung dem Zeit->Chaos< gegenüber keine heiter-ironische, überlegene Perspektive entwickeln kann. Andere Schriftsteller der Weimarer Republik versuchen diesen Mangel dadurch zu kompensieren, daß sie sich – inmitten einer, wie sie glauben, aus den Fugen geratenen Epoche – auf eine verläßliche Orientierungskraft der Literatur selbst besinnen. Das Formbewußtsein ist Resultat entsprechender Überlegungen. An die Stelle von Irritation und Experiment tritt das Ideal einer *Formtradition*, die in ihrem festen, überkommenen Bestand dem einzelnen Werk wieder sicheren Halt geben soll. Ein Traditionalismus, der sich zeitweilig selber als eine Art ›Neoklassizismus‹ oder als ›moderne Klassik‹ begreift, gewinnt ein neues Interesse an Lied- und Odenstrophen, an Sonett- und Balladenformen, ja sogar an einer ins 19. Jahrhundert verweisenden Regelpoetik, die Fragen nach Reim, Rhythmus und Metrum klassizistisch beantworten möchte. Von der Hymne bis zum germanischen Langvers, von der sapphischen Ode bis zum Stabreim reicht das Repertoire einer als ›Formzucht‹ verstandenen Neubesinnung der Lyrik, die sich schon vor 1930 in ihren Konturen abzeichnet und nach 1930 für Jahrzehnte die Richtung bestimmt.

Im Selbstverständnis ihrer Produzenten befindet sich die Lyrik, mit einem Sonettitel Reinhold Schneiders aus dem Jahre 1928 formuliert, »Auf der Reise nach Weimar«:

Der Großen Spur, wie sollt' ich sie betreten,
Das Ungeheure ohne Fürchten wagen,
Und jene, die den höchsten Purpur tragen,
Um Beistand bitten, statt nur anzubeten?

Vor jenen Männern, mächtig wie Planeten,
Soll nicht nur Ehrfurcht mich in Bande schlagen:
Ihr *Ernst* aus ihren mühevollen Tagen
Soll meine Form nach ihrem Willen kneten.

Was bliebe mir, wie sollt' ich nicht erbleichen,
Als jenen Ernst zutiefst in mich zu senken,
Und alles opfern, was ich sonst begehre?

So kann ich ihnen doch in einem gleichen:
Zu *einem* Ziele will ich *alles* lenken,
Daß es mein Leben ganz für sich verzehre.[87]

Reinhold Schneiders Sonett umreißt die Situation des traditionalistischen Dichters auf anschauliche Weise: »Weimar« wird zur Formel für ein Programm, ja für einen gesamten Lebensplan, der im Zeichen der »Großen Spur« steht, im Zeichen einer sich verzehrenden Nachfolge. Die »Planeten«-Metapher dieses poetologischen Gedichts läßt erkennen, in welchem Maße die »Großen« Weimars Ziel und Leitbild bestimmen, und zwar gerade auch im Hinblick auf »Form *nach ihrem Willen*«. Daß solche Rückkehr zur Form eher ein Ausdruck der Krisensituation am Ende der Weimarer Republik und keineswegs schon ein Zeichen ihrer Überwindung ist, dazu liefern auch die klassizistischen Gedichte Rudolf Alexander Schröders anschauliche Beispiele. Die ›schöpferische Restauration‹ erweist sich nicht als eine bloß epigonale Rückkehr zum klassischen Muster, sondern als eine Art Palladium des eigenen Dichtertums. Das poetische Repertoire ist begrenzt, so daß es nichts Störendes einlassen kann; die Rollen des lyrischen Ichs sind eingeübt, so daß keine Irritation entsteht; Sujets und Genres legitimieren sich im Zusammenhang der Dichtungsgeschichte, so daß die Frage nach Gegenständen und Themen sich erübrigt. Schröder freilich vermag die Schwäche eines solchen poetologischen Ansatzes nicht zu überspielen, vor allem dann nicht, wenn seine Verse spruch- und sentenzenhaft werden oder der Dichter sich in euphemistische Formeln flüchtet, wenn die Gegenwart überhaupt einmal in den Blick gerät.[88]

Wie spannungsreich das Verhältnis zwischen Lyrikern und Öffentlichkeit, zwischen selbstgewählter Isolation und dem Wunsch nach Anerkennung sich gestaltet, läßt sich am Werk Rudolf Borchardts illustrieren. Schon in den frühen zwanziger Jahren erfährt der Dichter die Gleichgültigkeit des Publikums als eine besondere Herausforderung. Seine Dichtung ›Klage um Daphne‹ erscheint 1924 in einer Ausgabe von 300 numerierten Exemplaren, die Verserzählung ›Der ruhende Herkules‹ im selben Jahre in einer Auflage von 170 signierten Stücken. Borchardts »literarische Verträge werden gekündigt, er fühlt sich aus dem Literaturbetrieb gedrängt und zieht sich verbittert zurück«.[89] Doch solche Reaktionen führen nicht zu einer Revision des Selbstverständnisses, sondern eher noch zu einer weiteren Verhärtung seiner Positionen. In seiner Rede ›Über den Dichter und das Dichterische‹,[90] 1920 das erste Mal gehalten und öfter wiederholt, entwirft er eine Theorie der Entfremdung zwischen Dichter und Publikum. Der Dichter – seit Jahrtausenden Seher, Priester und Mahner eines Volkes – gehe seiner altvertrauten Aufgaben verlustig, da die Gesellschaft in ihrem Unterhaltungsbedürfnis veränderte Erwartungen stelle. Diese aber könnten nicht erfüllt werden, das Publikum wende sich daher ab und der Dichter bleibe isoliert und ausgeschlossen zurück, ein Opfer, das »mit Flucht, Werkvernichtung, Gewalttätigkeit«[91] reagiere. Es ist unschwer zu erkennen, daß Rudolf Borchardt – »dieser Mann des Privatdrucks«,[92] wie Adorno ihn treffend genannt hat – in solchen Überlegungen die Gegenfigur zum Schriftstellertypus der Neuen Sachlichkeit entwirft, deren Versuchen zur ›Entzauberung‹ des Dichters er mit einer Remythisierung begegnen will. Noch in der Anfangsphase der Weimarer Republik bereitet er damit jene Tendenzen zum literarische Traditionalismus vor, die man zuweilen erst als Reaktion auf die Krisenjahre um 1930 und den sich andeutenden Zusammenbruch der Republik interpretiert hat.

Die messianische Geste, der Borchardts Reden stärker als seine späten Gedichte verpflichtet sind, ist bei vielen Autoren zunächst nichts anderes als ein Ausdruck eigener Sprachlosigkeit und fehlender Originalität. Sie suggeriert Autor und Leser eine gewichtige Rolle und gibt denen, die sich eine solche Rolle zuschreiben, das Gefühl, zum Kreis von Auserwählten zu gehören. Die Übernahme der von Moderne und Avantgarde zeitweilig verdrängten, weit ins 19. Jahrhundert zurückverweisenden Legitimationsformeln für das eigene Dichtertum bestimmt freilich nicht nur die Poetik des dilettierenden Anfängers. Der Dichter, resümiert Borchardt lapidar, »schreibt nicht, er wird geschrieben«: ein berufener Sprecher, aus dessen Munde eine höhere Macht spreche als die »Konvenienzen der Zeit«, denen die Poesie »endlich vollkommen«[93] enthoben sei.

In solche Konzeptionen gehen Mystik und Mythologie ein, und sie werden um so eifriger entweder neu hervorgebracht oder synkretistisch kompiliert,[94] als sie einen nahezu unerschöpflichen Vorrat an Bildern, Formeln, Verständnisweisen bieten, der zum Repertoire der eigenen Dichtung werden kann. So ist es evident, daß schon das Wort ›mythisch‹ in den zwanziger Jahren ein positiver Gegenbegriff zur Gegenwart der ›grauen Republik‹ wird: »ein Erlebnis der Unmittelbarkeit in Tat, Betrachtung und Gefühl, Verschmelzung von Subjekt und Objekt, von Individuum und Gemeinschaft«.[95] Die Faszination des Mythischen, wie immer es gefaßt wird, öffnet die Aussicht auf eine Überwindung der Zeitkrisen, bis hin zu Heilungs- und Erlösungsphantasien unterschiedlichster Art.

Während die eigene Gegenwart als ein Kaleidoskop zersplitterter Kräfte, ja als ein auf Verfall und Untergang zustrebendes Chaos des weltanschaulichen Relativismus und Pluralismus verstanden wird, bieten mythische ›Rettung‹ oder mystische ›Schau‹ den Reiz einer in sich geschlossenen Totalität, eines metaphysischen Wertesystems, in dem die Welt und die Stellung des einzelnen in ihr endlich wieder bestimmt werden können. Der Bogen reicht vom Rückgriff auf Traditionen deutscher Mystik, deren Schriften nach dem Ersten Weltkrieg in einer Vielzahl wissenschaftlicher Editionen und populärer Ausgaben neu erscheinen, über eine Rezeption fernöstlicher Mystik – etwa in Döblins Epos ›Manas‹ und Erzählungen Hermann Hesses – bis hin zur philosophischen und literarischen Aktivierung mystischen und esoterischen Denkens bei so unterschiedlichen Autoren wie Martin Buber, Ludwig Klages, Karl Wolfskehl, Theodor Däubler, Ernst Cassirer, Oswald Spengler und Gerhart Hauptmann.[96]

Nach 1945 sind vielfach alle Ideen und Konzeptionen, in denen Begriffe wie ›mythisch‹ und ›mystisch‹ vorkamen, einseitig und vergröbernd einer Art Vorgeschichte des deutschen Faschismus zugerechnet worden, ohne daß nach weiteren kultur- und mentalitätsgeschichtlichen Zusammenhängen gefragt worden wäre. Dabei ist selbst Alfred Rosenbergs ›Mythus des 20. Jahrhunderts‹ nur ein plumper Versuch der mythischen Überhöhung faschistischer Denkweisen, aber keine Quintessenz des philosophischen Irrationalismus in Deutschland. Das Interesse an Mythos und Mystik ist in den zwanziger Jahren nicht primär politisch motiviert. Der ›Mythos Deutschland‹ spielt auch in der Dichtung nur eine untergeordnete Rolle. Es geht vielmehr um eine der technisch-modernen Welt und ihrem Selbstverständnis entgegengesetzte Neudefinition des Menschen und der ihn bestimmenden Wirklichkeit, nicht bloß um eine politisch faßbare Neuordnung. Das in ›Erbschaft dieser Zeit‹ von Ernst Bloch charakterisierte ›geheime Deutschland‹ – jener »riesige, ⟨...⟩ kochende Behälter von Vergangenheit«[97], jenes »Anti-Berlin«[98] – findet im lyrischen Traditionalismus seinen ersten, von der Öffentlichkeit kaum wahrgenommenen Widerhall.

IV. Naturlyrik um 1930

1. Die Wiederentdeckung der Natur

»Anti-Berlin« könnte auch eine der Losungen sein, unter denen sich der »Kolonne«-Kreis um Martin Raschke (Jg. 1905) Ende der zwanziger Jahre zusammenfand. Die von Raschke und A. Arthur Kunert herausgegebene Zeitschrift ›Die Kolonne‹ (1929–1932), war zwar ein sehr kurzlebiger Versuch, gegen den Markt eine Renaissance des Naturgedichts zu initiieren, aber die um die Zeitschrift versammelten Dichter – Elisabeth Langgässer, Oda Schaefer, Jürgen Eggebrecht, Martha Saalfeld, Horst Lange und vor allem Peter Huchel und Günter Eich – haben in der Folgezeit bis weit über das Ende des Zweiten Weltkrieges die Geschichte der deutschen Lyrik mitgeprägt. Im »Vorspruch zur ›Kolonne‹« wird die programmatische Abgrenzung zur Neuen Sachlichkeit bereits deutlich:

Allein der Angst, den Anschluß an eine Wirklichkeit zu verlieren, die aus sich einer gelobten Zukunft zuzustreben scheint, ist das Entstehen einer

Sachlichkeit zuzuschreiben, die den Dichter zum Reporter erniedrigte und die Umgebung des proletarischen Menschen als Gefühlsstandard modernen Dichtens propagierte. Und es fanden sich genügend Stimmen, die überall das Dichten als leicht erlernbaren Beruf ausschrieen, spottend über Intuitionen und Gnade, obwohl nie jemand angenommen hatte, daß es ihnen sonderlich Mühe gewesen wäre, ihr Herz auf Taille zu bügeln. Aber noch immer leben wir von Acker und Meer, und die Himmel, sie reichen auch über die Stadt. Noch immer lebt ein großer Teil der Menschheit in ländlichen Verhältnissen, und es entspringt nicht müßiger Traditionsfreude, wenn ihm Regen und Kälte wichtiger sind als ein Dynamo, der nie das Korn reifte.[99]

Für die Lyrik bedeutet eine solche Hinwendung zu »Acker und Meer« eine Umkehrung der Perspektive. Damit freilich wird so lange keine Restauration der Heimatkunst betrieben, wie im Naturtableau die Zeichen einer von Resignation und Verzweiflung bestimmten Gegenwart signifikant werden – ohne jeden Rückzug in die Idylle, wie in Huchels frühem Gedicht ›Der Totenherbst‹:

⟨...⟩

Wie wölkt der Himmel ohne Stern und Gnade
den Totenherbst bis in die Häuser grau:
Beweint, der Brief schweigt in verstaubter Lade
der Einsamkammer ohne Licht und Frau.

Wer seinen Schatten fühlt als toten Zeugen,
scharrt Trauer aus der Wand der Scham,
der läßt das Haus, im Winde sich zu beugen,
im Zunder Laub, das schwarz im Schnee verkam.

Er muß das unbewohnte Herz beenden
mit allen Engeln tot im Jahr.
Und muß im Nachtanbrausenden sich wenden,
hörend im Wind, was weint und war.[100]

Die Chiffrenschrift hält einen Zustand äußerster Disharmonie fest und zeichnet Momente einer existentiellen Erschütterung nach. Die Naturhieroglyphe wird zum Zeichen für eine Wahrheit, die jenseits aller politischen und sozialen Diskurse liegen soll. Deren Sprache wird mißtraut und ihren Schlagwörtern eine eigene, andere

Form des Sprechens gegenübergestellt: die ›Natursprache‹. Ihr wird zuerkannt, was dem politischen und ideologischen Sprechen der Gegenwart als einer Rede ohne Wahrheit und tieferen Sinn abzugehen scheint. Daher verbindet Martin Raschke sein Programm einer neuen Naturdichtung mit einer Reflexion auf die Sprache. »Nicht zufällig«, so argumentiert er, »sprechen aufgeklärte Zeiten eine nüchterne, begriffliche Sprache«,[101] die er als trügerisch interpretiert: »Das Wort ist seines Kernes beraubt, und man spricht mit Worthülsen.« Man habe vergessen, »daß Sprechen ein Beschwören«[102] sei. Der Dichter aber erneuere jene wahrhaft *magische* Ursprungsbedeutung, wenn er den Hiatus zwischen Bezeichnendem und Bezeichnetem wieder auflöse und so die ›alte‹ Einheit von Ding und Namen wiedererstehen lasse:

Allen Dichtern ⟨...⟩ muß ein Rest von jenem Manne eingeboren sein, der über die Erde ging und Erde zu ihr sagte und Wolke zu den Wolken. Die Worte gebrauchen, als wären sie nicht ausgeweitet und abgenutzt von den Jahrhunderten, die Ahnung, daß die Namen tiefer bestimmt sind als durch einen zufälligen Anblick und das Ding als Erscheinung meinen, das macht den Dichter. Er ist kein Sprachspalter, wie es heute viel gibt, er muß auch kein Sprachschöpfer im wortläufigen Sinne sein, sondern ein Erneuerer; er gibt den Wörtern wieder ihren Sinn, er spricht die Sprache erst wirklich.[103]

Mögen Raschkes Sprachtheoreme auch nichts anderes sein als schwache Paraphrasen romantischer Sprachphilosophie: sie bezeichnen in ihrer Abgrenzung zum Experiment moderner ›Sprachspalter‹ programmatisch den Weg einer Naturlyrik, die über drei Jahrzehnte Begriffe wie ›Magie‹ und ›Beschwörung‹ derart strapaziert, daß sie rasch zum nichtssagenden Jargon traditionalistischer Dichtungstheorien absinken.

2. Auf dem Weg in die innere Emigration

Die Naturlyrik um 1930 liest sich freilich noch wie ein Rückzug aus einer gegenwartsorientierten, sich politisch begreifenden Literatur. Sie entdeckt gleichsam die ›magische‹ Seite der Dinge als Opposition zu deren bloß technizistischer Nutzung. Die Perspektive der

Neuen Sachlichkeit, die im Zeichen von Veränderung und Fortschritt steht, verkehrt sich zur Einsicht in einen vom gesellschaftlichen Wandel nicht erfaßten Naturraum; »nicht verändert«, so argumentiert Loerke, »hat sich die Welt der Natur unter der dünnen Zivilisationskruste, nicht das Leben und die Lebewesen, nicht die Kristalle, Pflanzen, Tiere mit ihren Gesetzen«.[104] Unter dem an Naturdichtung anklingenden Titel ›Spuren‹ hat Ernst Bloch jene »Motive der Lockung« beschrieben, die zu einer neuen »Phänomenologie von Dingaspekten« gehören:

> Erst recht lockt es zu andersartigen Wesen oder unbekannten Dingen, dorthin, wo wir nicht sind. Hier fließt und glänzt vielerlei Gestalt, mythisch gedacht, zieht das Wasser, das Irrlicht, zuletzt vor allem die schöne Weite in sich hinein, der Wald mit seiner grünen Tiefe, blickt uns unergründlich an.[105]

Wo die Neue Sachlichkeit die Dinge in ihrer glatten, verfügbaren Oberfläche zum enervierenden Objekt modernen Lebens macht, verkehrt der ›magische Realismus‹ der Naturlyrik solche Perspektive, indem er gerade das Rauhe, Dunkle, dem Menschen Fremde und Ferne der Dinge hervorzuheben sucht. Dabei kann das einzelne Objekt sowohl »vergrößert« erscheinen als auch im eng umgrenzten Blickwinkel isoliert und herausgehoben werden. Das 1933 entstandene, Loerke gewidmete Gedicht ›Ahornfrüchte‹[106] von Wilhelm Lehmann zeigt die Bedeutung einer solchen Umgrenzungstaktik, die gleichsam in der Miniatur allen Pomp großangelegter Weltbilder konterkariert. Die Beschreibung der Ahornfrüchte schafft Distanz zum »Weltgeschrei«:

> Gleich Sarazenensäbeln hängen
> Die Ahornfrüchte bündeldicht.
> Still ist es in der Waffenkammer,
> Das Weltgeschrei bewegt sie nicht.

Gerade in ihrer Nutzlosigkeit werden die Ahornfrüchte zum Zeichen für den sich in die innere Emigration zurückziehenden Dichter: »Ich aber brauche sie. Durch Erde und durch Himmel / Zückt meine Hand sie. Dem Getümmel / Der Menschen unsichtbar zieht meines Schlages Spur«.[107] Lehmanns frühe Gedichte sind deutlich aus einer anti-idyllischen Haltung heraus geschrieben. Ihnen fehlt jeder Zug zur Erlösungsvision, zum Trivialmythos. Sie konstatieren angesichts einer sich selbst inszenierenden Menschheit mit ihren üppig wuchernden Megalomanien technischer, gesellschaftlicher, völkischer Provenienz das Unbedeutende des Menschen:

> Das Jahr geht hin. Kein Anfang ist und Ende nicht.
> Die Eichel fällt – die Einsamkeit erschrickt, und Öde schluckt den Ton.
> Sie schluckt auch meiner Sohle Lärmen, sie vergaß mich schon.[108]

Worte wie frieren, stocken, verfaulen, Ödnis, Starre und Frost zeigen die Entfernung von der Heimatlyrik an.

Vor diesem Hintergrund sind Gedichte des ›Kolonne‹-Kreises, die Lyrik Oskar Loerkes und Wilhelm Lehmanns in ihrem traditionalistischen Zug nicht von vornherein Paradigmen einer bloß antimodernen Restauration mit affirmativen Tendenzen. Gerade diejenigen Lyriker, die sich unter dem Signum einer neuen Naturdichtung versammeln, haben, wie Schäfer hervorhebt, »gegen die parteipolitische Verwertung Schutzwälle«[109] errichtet. Die innere Emigration ist für die Naturlyriker um 1930, zugespitzt formuliert, Programm. Sie suchen ihren Standort außerhalb der Metropolen und Zentren und richten sich gleichsam im Abseitigen und Entlegenen ein, um von dort aus der auf ›große‹, aktuelle Gegenwartsprobleme gerichteten Zeitperspektive eine neue Art der Wahrnehmung gegenüberzustellen: den Blick auf das unbedeutende, unbeachtete Detail. In Loerkes Lyrikbänden ›Die heimliche Stadt‹ (1921), ›Der längste Tag‹ (1926) und ›Atem der Erde‹ (1930), die entscheidenden Anteil an der neuen Naturdichtung haben, finden sich Gedichte, die auf die naturlyrische Technik der geschärften Wahrnehmung anspielen: ›Spuren‹, ›Keilschriftzylinder‹, ›Mystische Sicht‹, ›Deutung der Hufspur‹, ›Augenreiben‹.[110]

In Lehmanns Gedichten reicht das Spektrum der einzelnen Dinge von der »zerbeulten Pflugschar«[111] bis hin zur »Schneckenspur«. Auch für Peter Huchel, Günter Eich und Georg Britting ließe sich ein Verzeichnis vielfach wiederkehrender Dinge erstellen, die mit Detailversessenheit beobachtet und notiert worden sind. Sogar Lyriker der älteren Generation wie Wilhelm von Scholz (Jg. 1874) schreiben in den zwanziger Jahren Gedichte, in denen der engumgrenzte Blick auf die einzelnen Dinge vorherrscht. Seine Gedichtbücher ›Die Häuser‹ und ›Das Jahr‹[112] enthalten Momentaufnahmen von Objekten und Situationen in einem teils präzise beschreibenden, teils eher skizzenhaft-flüchtigen Stil. Zuweilen, etwa in ›Heimweg‹, arbeitet Wilhelm von Scholz auch mit einem Reihungsstil, der die einzelnen Dinge fast isoliert nebeneinander stehenläßt, ohne sie zu einem interpretierenden Gesamtbild zusammenzufügen.

> Abend, Wind, Wolken, überdunkeltes Land.
> Schwarz Höhe und Weite. Grauwehen am Himmelsrand.
> Umrisse: Wipfelschatten, ein Feldscheunendach
> schwinden davor zurück, durchschrittenen Dörfern nach.
> Und wieder Wolkenweite. Berge, Tal, Erdenrand,
> wogend sich streckende Ebene. Fern Lichter im Land.
> ⟨...⟩[113]

Die Naturlyrik der zwanziger und frühen dreißiger Jahre läßt sich indes nicht auf ihre Detailfixierung begrenzen. Sie ist in dem Maße keine bloß beschreibende, die Dinge erneut inventarisierende Dichtung, wie sie in der Hinwendung zur scheinbar unbedeutenden Einzelheit gerade deren ›magisches‹ oder ›mythisches‹ Signum entdecken will. Vor solchem Hintergrund wird das Naturgedicht zu einem Paradigma neuer Sinnstiftung.

In welcher Weise im Naturbild ein Element der Hoffnung und der Zuversicht angelegt sein kann, das sich der ›Kälte‹ der Gegenwart entzieht, zeigt die Naturlyrik Friedrich Schnacks aus den Gedichtbänden ›Zauberer‹ (1922), ›Vogel Zeitvorbei‹ (1922) und ›Das blaue Geisterhaus‹ (1924), allesamt frühe Beispiele des aufkommenden Traditionalismus. In seinen Gedichten ›Kleine Legende‹ und ›Busch‹[114] wird die heile Welt der Hirten in ihrer der Geschichte abgewandten Genügsamkeit zitiert. Zum Lob des Daseins heben die Verse an, als gelte es, eine unerträgliche Gegenwart hinter einem trivialromantischen Schleier zu verbergen: »Tief hör ich im Traum / Den Wellenbaum, / Und die Weide schwillt lind / Im windlosen Wind.«[115]

Aber solcher Romantizismus ist keineswegs ein Kennzeichen der Naturlyrik der zwanziger und frühen dreißiger Jahre. Paradigmatisch dafür läßt sich das Motiv des Vogelflugs nennen, das zu einem der signifikanten Motive der neuen Naturdichtung geworden ist. Konventionell etwa greift Schnack darauf in seinem Gedicht ›Dunkler Abend‹[116] zurück:

> Der Südenvögel Zug
> Macht mich vor Sehnsucht krank.
> Sie tragen Sonnengeist
> In ihrem fremden Blut.
> Hier ist das Land verwaist
> Und nur zur Trauer gut.

Ungleich komplexer ist dagegen Loerkes Gedicht ›Die Vogelstraßen‹:

> Vor vielen tausend Jahren auferbaut,
> Ziehn hoch durch Luft die großen Vogelstraßen.
> Den Erdball, wie in Ferndampf drunten blaut,
> Ermaßen Flügel nur mit Himmelsmaßen.
>
> Sie sind verboten aller Menschenlast,
> Verwehrt dem zwiegespaltnen Huf, der Klaue.
> Kein Stäubchen lagert dort, kein Blatt vom Ast
> Und, gibt es Gott, kein Haar von seiner Braue.
>
> Von einer solchen Straße überbrückt,
> Sahst du ums Haupt dir ihren Schatten stürzen.
> Das Licht, das jemals unter ihr gerückt,
> Sahst du erscheinen und zum Blitz sich kürzen.
>
> 〈...〉[117]

Dieser Text entwirft im Motiv der Vogelstraße keine magische Kulisse eskapistischer Weltvergessenheit, sondern registriert in einer Naturchiffre Facetten einer Ordnung, deren Existenz im Zeitalter technischer Innovationen fast verloren schien: diejenige Seite der Natur, die nicht ausbeutender Vernichtung anheimgefallen ist. Schäfer hat in seiner Interpretation des Gedichts die unausgesprochene Opposition zwischen Vogelstraßen und Autostraßen, zwischen Naturphänomen und Technikkult aufgedeckt.[118] Loerkes

Gedicht ist keine nostalgische Wiederholung magischer Vogelflugdeutung, sondern die präzise Kontrafaktur einer neusachlichen Wahrnehmungsform, der Fetischisierung von Dynamik, Wechsel und Naturunterwerfung, also der Reduktion von Natur auf ihre verwertbare Materialität.

Loerkes Gedicht macht deutlich, daß die Naturdichtung am Ende der zwanziger Jahre nicht im Zeichen von Irrationalismus und Gegenaufklärung stehen muß. Gerade in dem Maße, wie sie den verbreiteten Glauben an unbegrenzte technische und gesellschaftliche Zukunftsmöglichkeiten durchkreuzt, ist die Naturlyrik ein skeptischer Einspruch gegen ein eindimensionales, hybrides Fortschrittsbewußtsein.

Damit hängt nicht zuletzt ihre geringe zeitgenössische Wirkung zusammen. Ihre Isolation ist im Kern Ausdruck einer poetologischen Position. »Gedichte«, so hat Eich 1932 gegen Diebolds Forderung nach Modernität der Lyrik konstatiert, »haben keinen beabsichtigten Nutzwert, und wenn sie bisweilen die Speise sind auf dem ›Tisch der Sehnsucht, der nie leer wird‹, so ist das, vom Dichter her gesehen, ein Zufall, denn er hat nicht das Ziel irgendeiner Wirkung.«[119] Dieses Programm nimmt die »Absichtslosigkeit eines Naturphänomens« zum Maßstab für die »Größe der Lyrik und aller Kunst«.[120] In der Umkehrung der Propheten- und Seherfigur kulminiert eine Poetik, die endlich keine Öffentlichkeit, kein Publikum mehr benötigt.

Bernhard Weyergraf / Helmut Lethen
Der Einzelne in der Massengesellschaft

1. Das Schreckbild der amorphen Masse

In seiner Schrift ›Das Unbehagen in der Kultur‹ aus dem Jahre 1930 wirft Sigmund Freud unvermittelt einen Seitenblick auf »Amerika«. Die Anspielung findet sich gegen Ende des fünften Abschnitts, in dem Freud erklärt, daß die Kulturgesellschaft durch die »primäre Feindseligkeit der Menschen gegeneinander« fortwährend vom Zerfall bedroht sei, der tatsächlich eintrete, wenn ihr Zusammenhalt nicht mehr durch ein magisches Oberhaupt gewährleistet sei. Entferne man die Instanz des großen Vaters, so trete ein Zustand ein, den er »das psychologische Elend der Massen« nennt:

> Diese Gefahr droht am ehesten, wo die gesellschaftliche Bindung hauptsächlich durch Identifizierung der Teilnehmer untereinander hergestellt wird, während Führerindividualitäten nicht zu jener Bedeutung kommen, die ihnen bei der Massenbildung zufallen sollte. Der gegenwärtige Kulturzustand Amerikas gäbe eine gute Gelegenheit, diesen befürchteten Kulturschaden zu studieren.[1]

Diese Bemerkung verblüfft um so mehr, als Freud in seiner Schrift hellsichtig die Ursachen des Unbehagens darin findet, daß die Kultur auf Triebunterdrückung beruht und die Zucht des Über-Ichs den Menschen quält, ein Über-Ich, das sich gerade in der Identifikation mit Führerfiguren aufbaut.

Mit dem Verweis auf »Amerika« als ein Schreckbild von Massen, die nicht durch ein magisches Oberhaupt gebunden zu sein, sondern durch rätselhaft wechselseitige Identifikationen ihr kollektives Verhalten zu regulieren scheinen, erhellt mit einem Schlag, wie schwierig es im Nachkriegseuropa war, sich die Massengesellschaft als eine Gesellschaftsform frei von paternalistischer Struktur vorzustellen. Es schien nicht möglich, ohne Angst eine Gesellschaftsform in Gedanken durchzuspielen, die Identifizierungen ohne Unterwerfung unter eine Führerfigur ermöglichte.² Freuds flüchtige Bemerkung zeigt, in welchem Ausmaß die Intellektuellen dem Massendiskurs des 19. Jahrhunderts verhaftet bleiben und Stereotype des zeitgenössischen Amerikabildes wiederholen.

Der »Amerikanismus« der zwanziger Jahre bezeichnet dagegen eine Einstellung, die versucht, aus dem Diskurs über die »Massen«, den das 19. Jahrhundert entwickelt hatte, auszubrechen, um sich am Beispiel »Amerikas« Arten kollektiven Verhaltens vorzustellen, die der magischen Bindung an eine Führerfigur nicht bedurften. »Amerika« war ein Phantom-Raum, in dem man sich die Zivilisation vorstellen konnte, in der im Konsum die Lust am Materiellen ungestraft an ihre Objekte kommen durfte. »Amerika« war das Gegenbild zur patriarchalischen »Kultur« des Kontinents, in der die Herrschaftstechniken des Lustaufschubs herrschten und eine Triebunterdrückung in Permanenz, die nur aufgehoben wurde, wenn ein Krieg es wieder einmal verlangte.

Schon in seiner Schrift ›Massenpsychologie und Ich-Analyse‹ (1921) hatte sich Freud von Zuständen alarmiert gezeigt, wie sie auch gegen Ende eines Krieges entstehen, wenn die landesväterliche Autorität plötzlich wegfällt.³ Er beobachtete das Phänomen der »Panik«. Die zurückströmenden Massen der demobilisierten Heere hatten es augenfällig gemacht: Panik entsteht, wenn sich die »künstliche Masse« des Heeres zersetzt, weil die Befehle der Vorgesetzten keine uneingeschränkte Geltung mehr behaupten könnnen. Eine »riesengroße, sinnlose Angst wird frei«. Auch die sozialistische Idee bietet als Ferment der Massenbindung in einer solchen Situation keine Abhilfe, weil sie »dieselbe Intoleranz gegen die Außenstehenden wie im Zeitalter der Religionskämpfe« an den Tag legt und darum keine Einheit verbürgen kann.

Wieso aber findet Freud die sowohl führerlose als auch nicht in Heer, Kirche oder Sozialismus organisierte Masse, wie er sie in »Amerika« wahrnimmt, so entsetzlich? Hier berührt sich Freud mit den zeitgenössischen Massentheorien. Nicht die »künstlichen Massen« des Heeres oder anderer staatlicher Institutionen haben Kritiker wie Oswald Spengler, Carl Schmitt, Ludwig Klages oder Karl Jaspers beunruhigt. Schrecken löste die sich zersetzende »künstliche Masse« aus, das Heer im Stadium der Demobilisierung, die

Arbeiterschaft außerhalb der Fabrikdisziplin, die Angestellten jenseits des Großraumbüros: »Man nennt Masse«, definiert Werner Sombart 1924, »die zusammenhangslosen, amorphen Bevölkerungshaufen namentlich in den modernen Großstädten, die, aller inneren Gliederung bar, vom Geist, das heißt von Gott verlassen, eine tote Menge von lauter Einsen bildet.«[4]

Die schrecklichste Gestalt der Masse bildete aus dieser Sicht die Konsumenten-Masse; die Herkunft dieses Gespenstes war nicht zweifelhaft – es stammte aus »Amerika«.

Studiert man die gegen »Amerika« gerichteten Schriften der zwanziger Jahre, so schälen sich Strukturen heraus, die verdeutlichen, daß sich dieses Phantomland der Zivilisation den europäischen Vorstellungen über die Massen verdankt. Im Lichte des »Fordismus« erschien die Masse in Amerika als eine sich im Konsum auf dem Markt selbst regulierende Erscheinung, die freilich diktatorisch der Zirkulation des Geldes und der Waren unterworfen war.[5] Denn »Amerika« galt als plutokratischer »Judenstaat« (Sombart), wobei die Bezeichnung »Staat« den Kritikern schon zu hoch gegriffen schien. Carl Schmitt brachte die verschiedenen Elemente des Konsums und der Staatsschwäche in einem Wort zusammen, als er als Kennzeichen des »Amerikanismus« den »Vaterfraß« erkannte: Wie – nach einer Erzählung des Talmud – die Juden den großen, fürchterlichen und Unterwerfung fordernden Staat, Leviathan, in Stückchen schneiden und scheibchenweise in einem Festmahl verspeisen wollten, so sei der »Amerikanismus« darauf aus, alles den Gesetzen einer Konsumgesellschaft zu unterwerfen, um letzten Endes den Staat selbst aufzuzehren.[6] Schon 1918 hatte der Geopolitiker Haushofer im Hinblick darauf geschrieben, daß Amerika auch andere Völker »konsumieren« wolle:

> Aber die Amerikaner sind wirklich das einzige Volk der Erde, das ich mit einem instinktiven Haß betrachte, wie ein falsches, gefräßiges, scheinheiliges, schamloses Raubtier, das mit jeder Miene heuchelt und in Wirklichkeit bloß nach Fraß für seinen unersättlichen, dollarlüsternen Bauch umherschnappt, wie ein Alligator.[7]

Es kann nicht erstaunen, daß mit dem Bild der gefräßigen Konsumgesellschaft ein anderes auftaucht, das in diesem Jahrzehnt einen nicht geringeren Schrecken einzujagen scheint, das Bild des drohenden amerikanischen »Matriarchats«.[8]

Freuds Wendung gegen das »psychische Elend der Massen« in Amerika bleibt tief in diese stereotypen Bilder verwoben. Wie die zitierten Kulturkritiker scheint auch er im Massenkonsum die Aufkündigung der offiziellen Sozialisationsmoral zu fürchten. Über die Masse konnte nur väterlich gesprochen werden; denn sie bot Bilder der »Regression der seelischen Tätigkeit auf eine frühere Stufe, wie wir sie bei Wilden oder bei Kindern finden«. Die Morphologie der Masse brauchte Freud nicht zu entdecken, er übernahm sie vorbehaltlos aus dem 19. Jahrhundert. Zustimmend zitiert er Le Bon:

> Ferner steigt durch die bloße Zugehörigkeit zu einer organisierten Masse der Mensch mehrere Stufen auf der Leiter der Zivilisation herab. In seiner Vereinzelung war er vielleicht ein gebildetes Individuum, in der Masse ist er ein Barbar, das heißt ein Triebwesen.[9]

In der Masse überflutet Le Bon zufolge eine primitive Tiefendimension der Seele die rationale Oberflächenstruktur des zivilisierten Bewußtseins. In den zwanziger Jahren wird aber mit diesem Aspekt auch Hoffnung auf Befreiung verbunden; denn das Verhältnis zu den Massen erscheint zweideutig. Die Kehrseite der Angst vor den regressiven Massen besteht in der Überschätzung, sie wären als »vital-energetischer Unterbau des Sozialkörpers« ein treibendes Element der Geschichte.[10] Die revolutionäre Masse schien dem elan vital zu entsprechen, der in der Krise die Krusten der mechanistischen Gesellschaft zertrümmern sollte. Freud erinnert an Le Bons Sätze: »Die Massen haben nur Kraft zur Zerstörung ⟨...⟩ Ist das Gehäuse der Zivilisation wurmstichig geworden, so sind es die Massen, welche dessen Zusammensturz herbeiführen«.[11] Ob man aber die Masse als Lebenszeichen oder – wie Spengler oder Klages – als Krankheitssymptom der todgeweihten Zivilisation fatalistisch hinnimmt, in beiden Fällen gilt die Masse als Erscheinung einer Krise, durch die die Gesellschaft hindurchmuß, um als »Gemeinschaft« wiedergeboren zu werden.[12] Dieser Prozeß scheint allen Kritikern der Masse nur möglich zu sein, wenn der amorphe Körper die Struktur eines autoritativ geführten Kollektivs annimmt.

Die meisten Schriftsteller durchbrechen in den zwanziger Jahren kaum den hier abgesteckten Rahmen der Rede über die »Massen«. Es gibt allerdings kaum einen, der so rückhaltlos den Mangel der alten Beschreibungstechniken angesichts der neuen Formen der Masse eingesteht wie Thomas Mann in den Schlußpassagen des ›Zauberbergs‹, in denen er seinen Helden in kriegerischen Massen verschwinden läßt. Die »Schattensicherheit«, die den Erzähler noch in den Höhen des Sanatoriums geborgen hatte, bietet keinen Standort des Erzählens mehr. Als er seinen Helden schließlich in die Niederungen des Ersten Weltkriegs abtauchen läßt, entwirft er ein letztes Bild, in dem der strategische Zynismus triumphiert:

> Dort ist ein Wald, aus dem sich farblose Schwärme ergießen, die laufen, fallen, springen. ⟨...⟩ Sie sind dreitausend, damit noch ihrer zweitausend sind, wenn sie bei den Hügeln, den Dörfern anlangen; das ist der Sinn ihrer Menge. ⟨...⟩ Und so, im Getümmel, in dem Regen, der Dämmerung, kommt er uns aus den Augen.[13]

Hatten auf der Höhe des Zauberbergs noch die sublimen Spannungen von Eros und Todestrieb, von Kulturarbeit und Destruktionsneigung im Räsonnement zu einer Art Balance gefunden, so herrscht im Flachland des Krieges das Diktat der Enthemmung, das Massenwesen eigen zu sein scheint. Die Sublimierung ist mißlungen. Der Krieg mit seinem abrupten Übergang von friedlichem Kommerz zur plötzlichen Aufforderung, unter höchstem technischen Einsatz Menschen zu töten, hat seine Subjekte mediatisiert. Auch das geliebte »Sorgenkind« des Zauberbergs, Hans Castorp, wird auf der Massenebene mitgeschleift. Angesichts dieses Umstands seufzt der Erzähler: »O Scham unserer Schattensicherheit«.

Es ist bezeichnend, daß im neusachlichen Jahrzehnt verschiedene Schriftsteller der deutschen Avantgarde aus dieser Schattensicherheit heraustreten. Sie überwinden die Schwelle der Scham, die Thomas Mann abhält, und riskieren den Schritt auf das barbarische Terrain. Sie schreiben aus den »farblosen Schwärmen« heraus. »Barbaren«[14] wird Thomas Mann sie denn auch in seinem späteren Roman ›Doktor Faustus‹ nennen, und es spielt für ihn offenbar keine Rolle, ob mit diesem Terminus Ernst Jünger oder Bertolt Brecht gemeint sein könnte. Der Unterschied schien ihm nicht allzu groß.

Um die Konturen eines neuen Blicks auf die Massen in der Literatur der zwanziger Jahre zu verdeutlichen und auf die literarischen Entwürfe eines Menschentypus hinzuweisen, die dem einzelnen die Möglichkeit eines Spielraums zwischen Konformität und Distanz in der Massengesellschaft läßt, bietet sich ein 1950 in den USA unter dem Titel ›The Lonely Crowd‹ (›Die einsame Masse‹) erschienenes Buch an.[13] Sein Autor, David Riesman, vergegenwärtigt im Bild der »einsamen Masse« das Milieu einer Gesellschaft, das angstfrei akzeptiert werden kann. Masse erscheint in seinem Buch als strukturelle Gegebenheit einer Gesellschaft unter den Bedingungen moderner Kommunikation. Sie erhebt nicht im geringsten den Anspruch, historisches Subjekt zu sein; darin liegt das befreiende Moment ihrer Einsamkeit. Riesman erkennt in den amerikanischen Städten seit den zwanziger Jahren einen neuen, außengeleiteten (»other-directed«) Charakter, den er mit einer technischen Metapher von Karl Wittfogel »Radar-Typ« nennt. Sah Max Weber noch in der Gestalt, die der »Innenleitung« unterworfen ist, eine Verkörperung protestantischer Ethik, Sigmund Freud den Normalfall des vom Über-Ich regierten Menschen, so läßt sich mit Riesman festhalten, daß sich dieser Typus von der Modernisierung überrollt fühlt. Während der innengeleitete Mensch handelt, als ob in seinem Innern ein »Kreiselkompaß« eingebaut sei, orientiert sich der außengeleitete in seinem Verhalten wie mithilfe eines »Radargeräts«. Während das innere Steuerungsorgan nur eine begrenzte Manövrierfähigkeit erlaubt, ist die seelische Radaranlage nicht auf eine bestimmte Richtung eingestellt, sondern darauf geeicht, die Handlung und besonders die Zeichengebung und Körpersignale der Anderen auszukundschaften. Dieser Typus wurde in Umrissen schon von Intellektuellen der Weimarer Republik entworfen[15] – das erklärt auch, warum sich Riesman beim Rückgriff auf diese Metapher auf Wittfogel berufen kann und die Konturen des neuen Typus nach dem Modell des »Marktcharakters« zeichnet, das Erich Fromm in ›Man for himself‹ entworfen hatte. Der Radar-Typ hatte freilich in den dreißiger und vierziger Jahren in Deutschland keine Chance, theoretische Orientierungsfigur zu werden. Von den Sozialwissenschaftlern des Exils wurde er mit der pessimistischen Anthropologie des »autoritären Charakters« verknüpft, mit dem er auf die abschüssige Bahn der deutschen Geschichte geschickt wurde.

Riesmanns Modellfigur scheint geeignet, eine Gestalt, die in den zwanziger Jahren registriert wurde, aus dem Gravitationsfeld der teleologischen Geschichtsbetrachtung zu lösen. Für diese treiben die neuen Charaktere der Massengesellschaft, die im Vorfeld der Diktatur gesichtet werden, zwangsläufig in das Regime der dreißiger Jahre. Als ob Demokratie für diese Lebewesen keine mögliche Zukunft gewesen wäre.

Die modernen Massenmedien umhüllen beide Gestalten; während aber der Innengeleitete den ganzen Nachrichtenstrom in einem Brennglas zu sammeln und moralisch zu beurteilen sucht, dient er dem Außengeleiteten zur Orientierung seiner Bewegungsabläufe, zur Feststellung des angemessenen Habitus, zur Informationsspeicherung und zum Konsum – wenn es ihn schützt, zur Haltung der Indifferenz. Der neue Typ befindet sich zwar in »ständiger Alarmbereitschaft«, doch gilt diese nicht dem Befehlsempfang, der Mobilmachung gegen eine feindliche Macht oder dem Einrücken in ein Kollektiv. Die Wachsamkeit gilt vielmehr einer interrelationellen Mobilität, der Beobachtung der Konkurrenten im »fairen Wettbewerb«, den Modeströmungen und dem Konsumverhalten der anderen. Denn seine eigentliche Bühne ist nicht die Sphäre der Produktion oder die Front eines Kollektivs, sondern der tertiäre Sektor, der Sektor des Konsums und aller Sparten der Regeneration der Arbeitskraft. Auf dem »uneigentlichen« Feld, jenseits von Arbeit und Versenkung, in denen sich der innengeleitete Typ verwirklichen wollte, ist er zu Haus. Zwar ist er mangels Innenlenkung »gewissenlos«, doch inszeniert er diesen Umstand nicht mit dem Spektakel der Amoral, das wir vom Auftritt des Dandy-Soldaten in den zwanziger Jahren gewohnt sind. Man erkennt ihn vielmehr an seinem Lässigkeitskult und seiner Medienobsession, an rastloser Informationssammlung und »fun-morality«. Er verhält sich sentimental zu den Mitmenschen und zynisch zu den Institutionen.

Natürlich erkennt Riesman die Neigung dieses Typs zu gefährlichen Kollektivströmungen. Jedoch betont er, daß die modernen Entrüstungsbewegungen in der Regel von einer älteren Charakterstruktur, die sich bedroht fühlt, getragen werden. Wie der Erste Weltkrieg demonstriert hatte, konnte der seelische Kreiselkompaß, einmal in der primären Sozialisation in Gang gesetzt, offensichtlich leicht auf andere Autoritäten fixiert werden. Ungewöhnlich an Riesmans Konstruktion des Massentypus ist, daß er die Möglichkeit eines autonomen Bewegungsspielraums nicht an das Modell der Innenlenkung fixiert, sondern es wagt, Außenlenkung und Autonomie der Person zusammen zu denken. Die Autonomie des Radar-Typs ist dabei niemals eine Angelegenheit des Alles-oder-Nichts, sondern das Ergebnis eines meist unmerklichen Kampfes mit Spielarten der Konformität, der Abstufung der Unterschiede. Seine Autonomie hat nichts Überanstrengtes.

Diese Gestalt des Verbrauchertyps hat ihren Auftritt an den Rändern der Literatur der zwanziger Jahre. Meist wird sie dazu verurteilt, in Romanen, in denen in der Tradition des Bildungsromans nur eine Person mit Kreiselkompaß den Ehrentitel des »Subjekts« beanspruchen darf, den schäbigen Kontrast zu bilden, während die Romane in der Regel die Geschichte eines Lebewesens wiederholen, das mit seinem Kreiselkompaß zwangsläufig die Orientierung verliert. Man sieht den Radar-Typ als Charge in dramatischen Degradierungsgeschichten oder in der Figur des »Passanten«, die der Städteplaner vor Augen hat, in der Umgebung der technischen Massenmedien oder im zerstreuten Großstadtpublikum.

Gerät der neue Charakter in den Blick der Kulturkritik, so werden ihm alle Kernsätze der schwarzen Anthropologie aufgehalst: Er gilt als plastisches Material in der Hand der Medienhaie. Warum in den zwanziger Jahren erfreulichere Konturen von ihm entworfen werden, hat mehrere Gründe: Der Krieg hatte demonstriert, daß die Bürgschaft der Innenlenkung per Dekret annihiliert werden konnte. Die Mehrzahl der nach dem Krieg gegen die »Seele« und die »bürgerliche Psyche« gerichteten Urteile verstehen sich als Reaktionen auf das Versagen der Innenlenkung. Für diese Wendung waren die Intellektuellen allerdings durch ihre Nietzsche-Lektüre disponiert. Die Aufmerksamkeit wendet sich von den diskreditierten inneren Regulatoren auf öffentliches Verhalten. Wenn jetzt von »Entkernung« des Individuums die Rede ist und der Behaviorismus begrüßt wird (Bertolt Brecht), wenn es heißt: »Der Mensch lebt nicht in

Substanzen, sondern in Relationen« (Ernö Kallai), wenn wahrnehmbares Verhalten den Ausschlag gibt, Körperbau auf Charakter schließen läßt und die Körperkultur einen neuen Rang erhält – sind das Indizien dafür, daß die Innenlenkung als schöne Fiktion des 19. Jahrhunderts zu gelten beginnt. Interrelationelle Aufmerksamkeit wird zur neuen Schlüsseltugend.

Vergnügen und Konsum, Nebenschauplätze der vergangenen Epoche, werden zur Hauptbühne. Die Verbraucherhaltung ist die dominante Reaktionsform; der neue Typus entwickelt sie auch gegenüber der Politik. Diese Einstellung beraubt ihn zwar des Enthusiasmus zu »echtem« politischem Einsatz, kann ihn aber auch relativ skeptisch gegen politische Illusionen machen. Da er zu einem gewissen Hedonismus neigt, kann er damit rechnen, von allen maßgeblichen Bewahrern der »Kultur« verurteilt zu werden. Nicht ohne Schrecken registriert ein älterer Kultur-Typ, daß es Charaktere gibt, die ohne Panik mit den neuen technischen Massenmedien, Grammophon, Radio und Film, umgehen. Zur Bezeichnung dieses entspannten Umgangs wird der bis dahin ausschließlich abwertend gebrauchte Begriff der »Zerstreuung« Mitte der zwanziger Jahre aufgewertet: »Der Versenkung, die in der Entartung des Bürgertums eine Schule asozialen Verhaltens wurde«, liest man bei Walter Benjamin »tritt die Ablenkung als eine Spielart sozialen Verhaltens gegenüber.«[16]

Man beginnt die »taktile Rezeption« zu würdigen, mit der eine »zerstreute Masse« selbst eine avantgardistische Architektur in Gebrauch zu nehmen scheint, und glaubt, in ihr eine Form gefunden zu haben, in der sich Aufmerksamkeit und Gewohnheit nicht ausschließen: »Gewöhnen kann sich auch der Zerstreute. Mehr noch: gewisse Aufgaben in der Zerstreuung bewältigen zu können, erweist, daß sie zu lösen einem zur Gewohnheit geworden ist.«

Auf die naheliegende Frage, ob der neue Typus in der deutschen Situation auf einem – von der Inflation 1923 und der Wirtschaftskrise ab 1929 eingerahmten – extrem instabilen tertiären Sektor empirisch nachgewiesen werden kann, ist festzustellen: Er bildete ein Feindbild, gegen das heftig polemisiert wurde; und ein Wunschbild, für das Häuser gebaut, Städte geplant und Theater gespielt wurden. Man rechnete mit Personen, die mühelos das Signalsystem eines Großstadtplatzes in ihre Bewegungsform aufnehmen. In neusachlichen Manifesten wird der Radar-Typ zwar angesprochen, so in Hannes Meyers Manifest ›Die neue Welt‹[17], doch scheint es ein Charakter zu sein, der nach seinem Genre der symbolischen Repräsentation sucht. Wir bekommen seinen Lebensstil zu Gesicht, wir sehen seine Gerätschaften, aber seine Gestalt scheint sich der Literatur in der Ägide der Innenleitung entziehen zu müssen. Er setzt sich ohne großen Sprachaufwand hinter dem Rücken derer durch, die ihre Identität in Gedrucktem suchen. Er hinterläßt statt Textspuren nur Ansichten, die man, wenn nötig, photographieren kann. So bildet er das Schreckbild der Erosion eines Subjekts, das uns der Bildungsroman zugespielt hat. Dessen Profil verschwindet im Trichter der elektrischen Medien. Da die Literatur der gebildeten Schichten fest in der Hand des Typus der Innenleitung ist, bleibt der neue Typ eine Randerscheinung, die man bezeichnenderweise »angelsächsisch« nennt. Er bahnt sich seinen Weg durch die trivialen Genres: Kriminalromane, Magazingeschichten und Revuen.

Erich Kästner hatte in seinen ersten Gedichtbänden ›Herz auf Taille‹ (1928) und ›Lärm im Spiegel‹ (1929) den Lässigkeitskult des Verbrauchertyps in die Lyrik eingeführt – allerdings mit dem Grundton der Klage über die Gewissenlosigkeit. In seinem Roman ›Fabian‹ (1931) erkundet er die Nachtseiten des Lässigkeitskults: die Indifferenz im Umgang mit den Massenmedien, die Auslieferung an die Zirkulation von Nachrichten, Waren und Körpern und die Einstellung zur Sexualität als Konsumgut, das aus der allgemeinen Gleichgültigkeit erlösen soll. »Der Geschlechtstrieb«, wird Riesman später für den Marktcharakter festhalten, »stellt eine Art Abwehrmechanismus gegenüber der Gefahr dar, in völlige Teilnahmslosigkeit zu verfallen«.[18] Der Held steht als Moralist auf dem verlorenen Posten der Innenleitung. Zwar simuliert er probehalber einige Attitüden des Radar-Typs; da aber die dazu erforderliche Wachsamkeit in der Beobachtung der Mitmenschen nicht gerade sein Talent ist und er kein Geld hat, sich in der Zirkulationssphäre zu behaupten, horcht er nach innen, klopft Traditionen des aufgeklärten Bürgertums nach Richtlinien des Verhaltens ab, geht zurück zur Mutter und ertrinkt.

Die Lage ist auch in Riesmans Diagnose nicht rosig. Der psychische Hintergrund des neuen Typus ist von diffuser Angst geprägt, die seine Alarmbereitschaft nährt und das ruhelose Beobachten in Gang hält. Demagogie kann sie jederzeit in Panik übergehen lassen.

Für die Schriftsteller, Soziologen, Politiker und Kulturphilosophen bestand das Dilemma darin, daß keiner von ihnen die neue Figuration als ein Phänomen mit Eigenrecht erfaßte. Alle erkannten in ihr eine transitorische Erscheinung, die flüchtig über die historische Bühne huschte. Es war eine lockere Formation; also mußte sie stürzen. Die einen versprachen ihr am Endpunkt des Sturzes »Heimat« im Proletariat; die anderen, ein wenig Selbstdisziplin vorausgesetzt, Ankunft im besser situierten Reich der Innenleitung. Nie durften die Avisierten unter sich zu Hause sein. »Substanz« war immer andernorts gespeichert.

Erst das NS-Regime bedrohte sie nicht mehr mit Sturz. Es sorgte vielmehr für eine Art Ankunft, oder verhalf ihnen, wie Benjamin es formulierte, zu ihrem »Ausdruck«; allerdings um einen hohen Preis. Sie mußten aufhören, Element der Massen zu sein; ihr Selbstgenuß durfte nur in der Formation des Volkes stattfinden. Damit wurden aber die Spielräume zwischen Konformität und Distanz zunichte. Die Zerstreuung wurde im Dienst eines Super-Subjekts funktionalisiert.

2. Verführung und Erlösung. Alfred Döblins Berlinroman

Wie man zwischen Resignation und Affirmation des Bestehenden, zwischen Weltflucht und sozialem Opportunismus zu einer selbstbewußt tätigen Individualität gelangen könne, auf diese Frage versucht Döblin eine Antwort zu finden. Weder außerhalb der Gesellschaft und gegen sie, noch in ihr aufgehend, soll sich der Einzelne in einer sich wandelnden Welt selber wandeln. Er soll zur gesellschaftlichen Teilhabe befähigt werden, ohne doch seine kritische Distanz preiszugeben. Dieses Dilemma schien um so auswegloser zu sein, als die massenpsychologische Disposition der Nachkriegsgesellschaft weit mehr für kulturpessimistische Prognosen als für humanistische Hoffnungen Anlaß bot. Während Broch an der Utopie einer aus religiös fundierter Wertverbindlichkeit erneuerten Gemeinschaft festhält und Hesse an der Stärkung der integrativen Fähigkeiten eines zwischen Intellekt und Sinnlichkeit, Selbstbewahrung und Weltöffnung gespaltenen Ichs gelegen ist, setzt Döblin auf die Macht des Erkennens. »Wir haben dies Vermögen in uns.«[19]

Gegen das »wahrhaft dumme belanglose Hin und Her innerhalb der Menschengesellschaft«[20] hatte er eine überlegene, in sich sinnvoll geordnete Natur ins Spiel gebracht. In einer Lage, in der ihm der gesellschaftliche Ausweg versperrt schien, bot sich ihm die »Verehrung der ›großen Naturkräfte‹ als Ausweg eines unglücklichen gesellschaftlichen Bewußtseins« an.[21] Diese Position beschränkte den literarischen Spielraum auf eine naturphilosophische Essayistik, die zur sozialen Wirklichkeit um so mehr in Widerspruch geriet, als sie auch die Option des Rückzugs »in mystische Gefilde« offen hielt, oder auf eine Untergangsphantastik pessimistischer Zukunftsvisionen, wie sie Döblin in ›Berge, Meere und Giganten‹ (1924) ausgemalt hatte.[22] Für individuelle Entwicklung und Gestaltung der literarischen Figuren war darin kein Platz.

»Wir müssen uns alle beschuldigen«, bemerkt er 1926 selbstkritisch, »zu nahe am Tod und am Schrecklichen gedichtet zu haben ⟨...⟩ Hitzigkeit und Sexualität ist da; alles steht fünf Minuten vor dem Mord ⟨...⟩ Es ist etwas von Monomanie und Askese, Wirklichkeitsflucht in unserer Dichtung. Die Menschen sind Warmblütler; in unserer Dichtung merkt man so wenig davon.«[23]

In ›Berlin Alexanderplatz. Die Geschichte vom Franz Biberkopf‹ (1929) hat er an einem solchen »Warmblütler« darzustellen versucht, wie sich ein Einzelner aus seiner anonymen Massenexistenz herauszulösen und den Weg der Individuation zu gehen vermag. Anders als Brochs Figur Huguenau gelingt es dem Romanhelden Franz Biberkopf nicht, sich in die Alltagswelt der Nachkriegszeit einzuordnen. Der Schauplatz seines Weges der »inneren Umformungen« ist die Großstadt, in der sich der hemmungslose Expansionsdrang der Massengesellschaft mit ihren Verfallserscheinungen und ihren desorientierten »zertretenen Menschen« am sinnfälligsten ausprägt. »Die normalen und natürlichen Gruppierungen der Menschen in kleinen Verbänden, die wirklich real und unter Kontakt bestehen, sind zurückgedrängt von einer grausig phantastischen und abstrakten Öffentlichkeit. Das schreckliche Gebilde der

›Masse‹, produziert von der Riesenindustrie und dem Kapital, hat sich gedrängt an den Ort und hinweg über den Ort der natürlichen Gruppe und der wirklichen Gesellschaft.«[24] In der Metropole gibt es »keine so straffe formulierbare Grenze zwischen Kriminellen und Nichtkriminellen«.[25] Wie Babylon ist sie dem Untergang geweiht, weil das Leben, das sich nur selber will, sich selber zerstört. Die Metropole ist weniger eine neue vom Menschen für den Menschen gebaute Welt, als vielmehr ein Dschungel, und der strafentlassene ehemalige Zement- und Transportarbeiter Biberkopf darin die »Kobraschlange«. Sein Vorsatz, »anständig« zu bleiben, ist wie die Hoffnung der Menschheit, sich auf dem Weg des technischen Fortschritts in dieser Welt komfortabel und friedlich einzurichten, zum Scheitern verurteilt. Die großstädtischen Massen scheinen sich durch ihre Selbstsucht und ihren Hedonismus auszuzeichnen. An die Stelle verbindlicher Normen tritt ein Instinkt der Selbsterhaltung.

Vor diesem breit angelegten, kulturpessimistisch gefärbten Hintergrund entfaltet sich »ein Enthüllungsprozeß besonderer Art«.[26] Der Autor verläßt die Haltung des unbeteiligten Erzählers und greift kommentierend in den Fluß des unbewußt dahintreibenden, assoziativ verbundenen Geschehens ein. Großstadttableau und Bildungsroman werden miteinander verbunden. Aus Gründen der Glaubwürdigkeit wird der Held sozial und moralisch sehr tief angesetzt. Produkt seines Milieus, erscheint er als idealtypische Figur, triebhaft, den Verlockungen erliegend, politisch verführbar, deformiert und formbar zugleich. Sein Autor betrachtet dieses einfältige Leben von seinem Ende her, von dem aus verständlich wird, warum Biberkopfs Strafe erst nach seiner Entlassung aus dem Zuchthaus beginnt. Aus eigener Kraft könnte der Held nicht zur Besinnung kommen. Die Läuterung, der er unterzogen wird, entspricht einem Ideal, dem der Proband nicht gewachsen ist. Und doch soll er selber zur Einsicht gelangen. Deshalb wird er in die Schule des Lebens genommen, deren Maxime dem Gesetz des Dschungels folgt: Wer nicht hören will, muß fühlen. Biberkopf wird zum Demonstrationsobjekt. Er wird aus dem fahrenden Wagen gestoßen. Ihm wird ein Arm amputiert. Seine Geliebte wird ermordet. Wer nichts als das Leben will, kommt darin um.

Die Schilderung der Gewalt spielt keine geringere Rolle als in den früheren Romanen Döblins. Was der Gewalt entgegengesetzt wird, ist wiederum Gewalt. Sie ist die treibende Kraft, die den bewußtlos tätigen Helden dorthin führt, wo ihn sein Autor haben will. Solange Biberkopf wie alle anderen leben möchte, bleibt er in seinem Ich gefangen. Nach seiner Läuterung, mit einem Wort der Zeit seiner »Ent-Ichung«, findet er zum Wir, zur Solidarität: »Viel Unglück kommt davon, wenn man allein geht.« [27] Daß seine Verwandlung, um plausibel zu sein, sich so gewalttätig vollzieht, zeigt, wie gering der Autor angesichts der zunehmenden politischen Radikalisierung des Weimarer Alltags die Möglichkeiten einer gesellschaftlichen Lösung veranschlagte, aber ebenso auch, daß die widerstrebenden Intentionen einer unpersönlichen, objektivierenden Erfassung äußerer Wirklichkeit im Sinne eines »Fanatismus der Selbstverleugnung« und einer naturreligiös orientierten Reflexion innerer subjektiver Wandlungsprozesse literarisch nicht anders zusammenzufügen waren. [28]

Solange der einzelne sich der Gesellschaft anpaßt, um in ihr ein »anständiges« Leben zu führen, unterliegt er ihrer blinden und zerstörerischen Dynamik. Sein Leben verläuft so sinnlos wie die Bewegung der auf dem Alexanderplatz sich kreuzenden Massenströme. »Das Gesicht der Ostwanderer ist in nichts unterschieden von dem der West-, Süd- und Nordwanderer, sie vertauschen auch ihre Rollen, und die jetzt über den Platz zu Aschinger gehen, kann man nach einer Stunde vor dem leeren Kaufhaus Hahn finden. Und ebenso mischen sich die von der Brunnenstraße kommen und zur Jannowitzbrücke wollen, mit den umgekehrt Gerichteten ⟨...⟩ Sie sind so gleichmäßig wie die, die im Autobus, in den Elektrischen sitzen.« [29] Da es keine Werte mehr gibt, die der Menge eine Richtung weisen könnten, bleibt die Hoffnung, Natur selber enthalte ein Prinzip, das eine aus den Fugen geratene Welt wieder ins Gleichgewicht bringt. Der offenen urbanen Gesellschaft steht das geschlossene Weltbild einer »biologischen Religiosität« entgegen, wie sie von einer zeitgenössischen populärwissenschaftlichen Essayistik als individuelle Orientierungshilfe propagiert wurde. Krankheit und Entartung hätten demnach ihre Ursache in der Hypertrophie eines eigensüchtigen Willens, der gebrochen werden müsse, damit der Mensch zur »Einordnungsbereitschaft« in das »Bioganze« und zur »Hingabe an das Weltgesetz« zurückfinde.[30] »Der Weltprozeß hier unten sucht nur nach dem Ausgleich in einer Kette steten Werdens und Vergehens, in der das Leid die Ursache des Glückes ist. Darum ist stets beides da und das Leid nicht nur unser Erzieher, sondern auch der große Arbeiter an der Wohlfahrt und der Schönheit der Welt. Damit müssen wir uns abfinden, und je einsichtsvoller wir es tun, desto leichter erträglich ist das Dasein, desto weniger wird uns das Unglück niederbeugen.«[31]

Wie die Gesellschaft, deren Prototyp er darstellen soll, führt Biberkopf ein Scheinleben, und wie sie wird er aus eigenem Antrieb daran nichts ändern können: »Draußen bewegte sich alles, aber – dahinter – war nichts! Es – lebte – nicht!«[32] Je tiefer er in diese Todeswelt verstrickt ist, desto schmerzhafter wird der Weg sein, den er zur Umkehr beschreiten muß. »Eine Welt, die den Schmerz und die menschliche Erniedrigung nicht kennt, lebt nicht.«[33] Am Ende ist Biberkopf reif für den Anruf des Todes, dessen Stimme ihm unverständlich blieb, solange er in seinen Gedanken mit seinem Fortkommen und seinem Überleben beschäftigt war. Seine Anpassungsbereitschaft an das Leben in der Masse, die dahingeht wie das Vieh, hat ihn verführt, den Tod zu vergessen, und damit sein Leben zu verfehlen. »Es ist Zeit für mich, zu erscheinen bei dir ⟨...⟩ Ich habe hier zu registrieren, Franz Biberkopf, du liegst und willst zu mir. Ja, du hast recht gehabt, Franz, daß du zu mir kamst. Wie kann ein Mensch gedeihen, wenn er nicht den Tod aufsucht? Den wahren Tod, den wirklichen Tod ⟨...⟩ du hast in keinem Augenblick an den Tod gedacht, ich schickte dir alles, aber du erkanntest mich nicht ⟨...⟩ Ich bin das Leben und die wahre Kraft, du willst dich endlich, endlich nicht mehr bewahren.«[34]

In der Unüberschaubarkeit und dem Hin und Her einer wertentblößten urbanen Alltagswelt bilden Geburt und Tod letzte Orientierungen. Zeugung und Tod sind die Einbruchstellen einer die individuelle Existenz übergreifendenden Transzendenz, über die das »eigentliche« Leben erkennbar wird. In der Nähe des Todes entscheidet sich, welche Wendung der Lebensweg nehmen wird. In der Rundfunkversion seines Romans hat Döblin dieser Deutung des Todes, dem er als Gegenspieler der großen Hure Stadt die Rolle des

Mahners, Kommentators und Erzählers zuweist, ein noch größeres Gewicht verliehen. Der Tod vertritt das Prinzip der »Zernichtung« des falschen Lebens. Die Krise, die Biberkopf in der Irrenanstalt durchleidet, ist als katastrophische Grenzerfahrung angelegt. Indem er den Tod sucht, ihn durch Nahrungsverweigerung erzwingen will, bereitet er unwillentlich seine Wiedergeburt vor. Zuvor aber müssen die Seelenkräfte, die sich schon mit Pflanze und Tier verbunden hatten, in seinen Körper zurückkehren. So kann er als Teil eines allumfassenden natürlichen Ganzen wiedergeboren werden. Seelenloses Großstadtleben und beseeltes naturhaftes Sein werden als miteinander nicht zu vermittelnde Bereiche erkennbar. Die Großstadt wird zur Bewährungsprobe, die man entweder besteht oder nicht besteht. Die Zuordnung des Helden zur städtischen Unterschicht legt es nahe, daß Döblin dieser eine besondere vitale Sinnlichkeit zuschreibt. Ohne diese Annahme hätte er den durch Verführung und Verführbarkeit motivierten Aufstieg, Fall und Bekehrung seines Helden nicht exemplarisch vorführen können. Diese Konstruktion verhindert jedoch zugleich die Gestaltung urbaner Wandlungsprozesse. Die Darstellung Berlins außerhalb des Milieus, der engeren Handlungssphäre der Protagonisten behält auch dort, wo, wie etwa in den Alexanderplatzszenen, Veränderung und Bewegtheit ins Spiel kommt, etwas Statisches. Die Stilmittel der Montage, des Perspektivenwechsels, der Zitatcollage suggerieren mit ihren Brechungen des städtischen Erfahrungsraums Modernität und Zeitnähe, stehen aber zur Intention und Anlage des Buches in einem unauflöslichen Widerspruch. Dies relativiert die seit seinem Erscheinen mit dem Hinweis auf Einflüsse von Joyce und Dos Passos gepriesene Modernität des Romans. Die große Stadt als Moloch und Babylon mit ihren falschen Grundsätzen und Ideen, der Herrschaft der bösen Begierde, der verkehrten Leidenschaften, Anhänglichkeiten und Gewohnheiten, schließt für die moderne Metropole die Möglichkeit eines neuen und vielleicht auch humaneren Lebens aus, wie es Döblin doch selbst in Aussicht gestellt hatte: »Laß den Blick von den Bauten, es ist daran nichts zu sehen. Aber halt still, horch auf, sieh Dich um, atme, bewege Dich, hier geht etwas vor, es ist eine moderne, junge zukunftsreiche Riesenstadt.«[35] Doch enthält auch dieser 1928 notierte Satz schon die

Quintessenz des Berlinromans, der ein Jahr später erscheint. Jeder ist aufgerufen, sein gleichsam schlafwandlerisches Massendasein abzustreifen, um als selbstbewußtes Glied der Gemeinschaft wiedergeboren zu werden. Nur soweit er zur Erkenntnis der Weltseele gelangt, in der das Ich als eine höhere natürliche Potenz schon angelegt ist, kann er die in ihm ruhende Kraft zum wahren Menschsein entfalten und sich in die Gemeinschaft einordnen. Allerdings fasziniert Biberkopfs Geschichte nur, solange sein Leben der Moral widerspricht, auf die es der ethische Sozialismus seines Autors abgesehen hat. Als Hilfsportier, als »kleiner Arbeiter«[36], der seinen Frieden mit sich und er Welt geschlossen hat, gibt es »weiter ⟨...⟩ hier von seinem Leben nichts zu berichten«.[37] Wie die Utopie, der er entsprechen soll, steht er außerhalb der Geschichte. Als neuer Mensch ist er literarisch belanglos geworden.

Um das Phänomen des Geistigen aus materialistischer Sicht begründen zu können, muß Natur – bei »Leugnung der theistischen Voraussetzung«[38] – selber auch Geist sein, einen »Ur-Sinn« und ein »Ur-Ich« in sich tragen.[39] Sie enthält mithin selber ein Prinzip, das über ihr Kreisschema des Stirb-und-Werde, über Leben und Tod hinausweist. Sie besitzt eine Seele, sie entwickelt aus sich heraus höhere Stufen des Organischen. Der Mensch kann nun erkennen, worauf es die Natur mit ihm abgesehen hat, oder sein natürliches Lebensziel verfehlen, indem er sich gegen sie stellt. Sozialer Fortschritt greift zu kurz. Nicht in der Gesellschaft, die mit wissenschaftlicher Welterkenntnis auf die Errungenschaften der Technik setzt, liegt die Lösung der Lebensproblematik. Damit gelangt Döblin zu einer ähnlichen Auffassung wie Max Scheler in seiner Abhandlung ›Die Stellung des Menschen im Kosmos‹. Dem Menschen wird zwar eine Mitwirkung am quasi göttlichen Naturplan zugestanden. Doch vollzieht sie sich weniger in freier Selbstbestimmung als vielmehr in der Erkenntnis, »daß der Weltgrund ⟨...⟩ sich im Menschen ⟨...⟩ selbst unmittelbar erfaßt und verwirklicht ⟨...⟩ das Urseiende wird sich im Menschen seiner selbst inne. ⟨...⟩ Geist und Drang, jene beiden Attribute des Seins, ⟨...⟩ wachsen an sich selbst eben in diesem ihren Manifestationen in der Geschichte des menschlichen Geistes und in der Evolution des Lebens der Welt.«[40]

3. Das Ich und die Welt. Hermann Hesse

Der Krieg hatte Hesses Einvernehmen mit der Welt fragwürdig werden lassen und eine Grunderfahrung seiner Jugend wiederbelebt. »Wieder sah ich mich im Konflikt mit einer Welt, mit der ich bisher in gutem Frieden gelebt hatte. Wieder mißglückte mir alles, wieder war ich allein und elend ⟨...⟩ Wieder sah ich zwischen der Wirklichkeit und dem, was mir wünschenswert, vernünftig und gut schien, einen hoffnungslosen Abgrund liegen.«[41] Der »unselige Weltkrieg« zwingt zur Klärung.[42] Aus der Katastrophe kann auch, im Gleichnis des 1917 begonnenen und 1919 unter dem Pseudonym Emil Sinclair veröffentlichten Romans ›Demian‹, Neues entstehen: »Der Vogel kämpft sich aus dem Ei. Das Ei ist die Welt. Wer geboren werden will, muß eine Welt zerstören.«[43] Das Ich erweitert sich zur Welt, und diese Welt wird vom eigenen Ich her betrachtet. Sie wird zum symbolischen Raum persönlicher Wandlung und Entwicklung. »Der Weg der Erlösung führt nicht nach rechts und nach links, er führt ins eigene Herz, und dort allein ist Gott, und dort allein ist Friede.«[44]

Als Hesse den ›Steppenwolf‹ (1927) schrieb, hatte er sich mit der Wahl seines Tessiner Refugiums lange schon gegen die ihn bedrückende Dynamik der Moderne und die seelenlose Maschinerie des Zeitalters entschieden. Was die Nachkriegszeit als Konflikt von Masse und Persönlichkeit, Ichauflösung und Ichbewahrung, als Rückgang auf fundamentale Positionen menschlicher Selbstbestimmung thematisiert, findet sich in diesem Roman in subjektzentrierter Übersteigerung. Wer bin ich? Wohin gehe ich? Harry Haller, der Held des ›Steppenwolfs‹, ist ein Modellfall fortwährender und letztlich scheiternder Orientierungsversuche in einer ichfeindlichen Welt.

In diesem Roman wird die Selbstanalyse zur Zeitdiagnose. In der Figur des Helden, werden die individuellen und gesellschaftlichen Symptome aufeinander bezogen. Harry Haller steht zwischen Werttradition und Wertzerfall. Wie ist Leben möglich in einer nicht lebenswerten Zeit? Das Leben kann nicht mehr als geistiges geführt werden. Das ist Hesses vehement kulturpessimistische Position. Haller soll aus seiner Zerrissenheit erlöst werden. Am Ende steht die Rauschgiftvision des »Magischen Theaters«: die »Schule des Humors«. Aber welches Lachen wird hier empfohlen? »Märtyrer des Geistes« oder »Märtyrer der Triebe«, »Selbstaufgabe in Gott« oder »Selbstaufgabe an die Verwesung«: aus diesen Extremen wird kein Weg gewiesen. Nur eines scheint sicher: »Zurück führt überhaupt kein Weg, nicht zum Wolf, noch zum Kinde.«[45]

Harry Haller lebt in einer Zeit, die Hesse von einem technokratischen Amerikanismus beherrscht sieht. Um den in der Einsamkeit seiner Studierstube gefangenen Helden zur Welt zurückzuführen und ihn »die verfluchte Radiomusik des Lebens« hören zu lassen, muß sein Ich desillusioniert werden.[46] Im Handlungsverlauf des Romans enthüllt sich der Anspruch des Helden auf Persönlichkeitsbewahrung als Fiktion. Es zeigt sich, daß eine dualistische Sicht, die sich in der Konfrontation von Ich und Welt, Geist und Trieb erschöpft, zu einfach ist, um tragfähig zu sein. »Daß Menschen von solchen Möglichkeiten sich mit Steppenwölfen und »zwei Seelen, ach!« behelfen, ist ebenso verwunderlich und betrübend, wie daß sie oft jene feige Liebe zum Bürgerlichen haben. Ein Mensch, der fähig ist, Buddha zu begreifen, ⟨...⟩ sollte nicht in einer Welt leben, in welcher common sense, Demokratie und bürgerliche Bildung herrschen. Nur aus Feigheit lebt er in ihr ⟨...⟩. Man stelle sich einen Garten vor, mit hunderterlei Bäumen, mit tausenderlei Blumen, hunderterlei Obst, hunderterlei Kräutern. Wenn nun der Gärtner dieses Gartens keine andere botanische Unterscheidung kennt als »eßbar« und »Unkraut«, dann wird er mit neun Zehnteln seines Gartens nichts anzufangen wissen, er wird die zauberhaftesten Blumen ausreißen, die edelsten Bäume abhauen oder wird sie doch hassen und scheel ansehen. So macht es der Steppenwolf mit den tausend Blumen seiner Seele. Was nicht in die Rubriken »Mensch« oder »Wolf« paßt, das sieht er garnicht.«[47]

Aus der Erfahrung seines Leidens an der Zeit glaubt Hesse, mit der autobiographisch geprägten Geschichte des Harry Haller die Gesellschaft insgesamt charakterisieren zu können. Allerdings demonstriert die Form des Romans, daß sich die Epochenkrise im Modell einer individuellen Krisengeschichte nicht fassen ließ. Den ›Steppenwolf‹ kennzeichnet eine Abkehr von einer eher harmonisierenden Schreibweise. Den »Freunden«, die ihm vorhielten, seine

»Schriften hätten Schönheit und Harmonie verloren«, hatte er schon in seinem ›Kurzgefaßten Lebenslauf‹ (1925) entgegnet: »Solche Worte machten mich nur lachen – was ist Schönheit oder Harmonie für den, der zum Tode verurteilt ist, der zwischen einstürzenden Mauern um sein Leben rennt?«[48]

Ohne eine Vermittlung der Gegensätze und einen Ausweg aus der sozialen und politischen Frontstellung für möglich zu halten, stellt sich der Autor außerhalb seiner Zeit und gegen sie. Es geht ihm um ein Verhältnis zum eigenen Unbewußten, um die Erweiterung des Ich auf dem Wege seiner psychischen Erkundung, die Vielzahl an Welten und Möglichkeiten, die in ihm verschlossen sind und die der Dichter zu erschließen sich berufen fühlt, nicht aber um das, was ihn als einzelnen mit der Masse der anderen verbindet und warum er, um dieses Ich zu werden, sich von dieser abheben und unterscheiden muß. Symptomatisch für diese Haltung ist ein Brief an Thomas Mann, in dem Hesse seinen Austritt aus der Sektion für Dichtkunst der Preußischen Akademie der Künste begründet: »Also: der letzte Grund meines Unvermögens zur Einordnung in eine offizielle deutsche Korporation ist mein tiefes Mißtrauen gegen die deutsche Republik. Dieser haltlose und geistlose Staat ist entstanden aus dem Vakuum, aus der Erschöpfung nach dem Kriege. Die paar guten Geister der ›Revolution‹, die keine war, sind totgeschlagen, unter Billigung von 99 Prozent des Volkes. Die Gerichte sind ungerecht, die Beamten gleichgültig, das Volk vollkommen infantil«.[49]

Hesse sieht den Wertnihilismus der zwanziger Jahre als Durchgangsstufe. Wohin? Zu einem »Bund der Menschen, die sich dazu bekennen, daß wir unser eigentlichstes, tiefstes Leben doch nur im Geiste und in der Seele führen, aus der Sehnsucht nach dem Geiste, nach der Erfüllung der Seele, nach dem Licht im Osten. In solchem Leben sind wir frei von Raum und Zeit, frei von Stoff und Leid, selig in uns selbst«.[50] ›Das Glasperlenspiel‹, das Hesse 1931 zu schreiben beginnt, »ein Spiel mit sämtlichen Inhalten und Werten unserer Kultur«, wird mit seiner dem Dienst am Geist verpflichteten Ordensutopie den Gegensatz zum Alltag einer dem Untergang geweihten Republik noch deutlicher fassen.[51]

4. »Alltagsdämmerung«. Hermann Brochs ›Schlafwandler‹-Trilogie

Mit seiner 1931/32 erschienenen Schlafwandler-Trilogie (›1888. Pasenow oder die Romantik‹; ›1903. Esch oder die Anarchie‹; ›1918. ›Huguenau oder die Sachlichkeit‹) thematisiert Hermann Broch eine Grunderfahrung der Intellektuellen seiner Zeit: »eine Zerspaltung des Gesamtlebens und -erlebens, die viel tiefer reicht als eine Scheidung nach Einzelindividuen, eine Zerspaltung, die in das Einzelindividuum und in seine einheitliche Wirklichkeit selber hinablangt«.[52] Um festzuhalten, wie sich der Wertzerfall in den Gedanken und Handlungen der Menschen manifestiert, möchte Broch die »Alltagsdämmerung« seiner Zeit erhellen. Er möchte die zersplitterte Welt als Ganzes erfassen und greift damit ein Kernproblem der Moderne auf. »Hat dieses verzerrte Leben noch Wirklichkeit? hat diese hypertrophierte Wirklichkeit noch Leben? die pathetische Geste einer gigantischen Todesbereitschaft endet in einem Achselzucken, – sie wissen nicht, warum sie sterben; wirklichkeitslos fallen sie ins Leere«.[53]

Broch hat für die Darstellung dieses vor und nach ihm so oft und eindringlich beschriebenen Gefühl des Wirklichkeitsverlustes ein Wort gewählt, das auch mit seinen kunsttheoretischen Überlegungen eng zusammenhängt. Wie für ihn das Schlafwandeln einen Zwischenzustand zwischen Wachen und Schlafen, Bewußtsein und Unbewußtem, Tag und Nacht, Traum und zielgerichteter Wirklichkeitswahrnehmung ist, so bedeutet auch die Kunst ein Weder-Noch, weder ein logisch-rationales operatives Welterfassen im Sinne exakter Wissenschaft, noch eine unverbindliche, mehr oder weniger subjektive Rekonstruktion des Gegebenen. Auch sie ist ein Zwischenreich, Medium sowohl der logisch-rationalen Überlegung als auch der Intuition. Sie ist sowohl Gefühls- als auch Gedankenexperiment, und für ihn die einzige Möglichkeit, ein nicht reduktionistisches Weltmodell zu entwerfen, in dem auch die Bewußtseinszustände in ihrer Beziehung zur äußeren phänomenalen Welt erkennbar werden. Wie der Somnambule schlafend sich gleichwohl bewegt und handelt, so gelingt es auch der Kunst, die Statik bildhaft assoziativer Einzeleindrücke in ein fließendes, dynamisches

System zu überführen und die innere Dynamik dieses Geschehens mit der aktuellen Dynamik des historischen Prozesses in Beziehung zu setzen. Auch im Zerfall der metaphysisch gesicherten Rangordnungen bleibt das Gangwerk des sozialen Lebens funktionstüchtig.

Broch hat die Protagonisten der beiden ersten Trilogieteile als Menschen des Übergangs konzipiert, als Biographien auf absteigender Linie. Es sind auf kommendes Unheil vorausdeutende und es begleitende Figuren, denen das Gefühl für die Unzulänglichkeit ihres Lebens und ihrer Zeit noch nicht ganz verloren gegangen ist. Beider Lebenswege verlaufen nicht geradlinig. Joachim Pasenow gibt seine Offizierskarriere auf, um nach dem Tod des älteren Bruders das väterliche Gut zu übernehmen. Der schon in seinem Charakter als unstet gekennzeichnete Esch verläßt seinen Buchhalterposten, um sich fortan in allen möglichen Berufen zu versuchen. Beide sehnen sich nach einem anderen Leben; Pasenow zurück zu seinen Ursprüngen, zu einem Kindheitstraum, Esch mit seinen Auswanderungsplänen und Amerikaphantasien nach einer Zukunft, die nie eintreten wird.

Indem sie sich ihrer Sehnsucht überlassen, werden sie zu Schlafwandlern. Damit stellen sie sich außerhalb der geordneten Wirklichkeit, in der die Wege, die man zu gehen hat, vorgezeichnet sind. Wer am »Beginn des Schlafwandelns« steht, der folgt noch »der Straße, welche von den Ingenieuren bereitet worden ist, aber er geht nur mehr am Rand, so daß man fürchten muß, er werde hinabstürzen«.[54] In ihnen, die vom träumerisch-assoziativ sich meldenden Unbewußten überflutet werden, denen die vertraute Ordnung und Bezeichnung der Dinge sich auflöst, wirkt »schlafwandlerisch ⟨...⟩ die Sehnsucht nach Erweckung, erkenntnismäßiger und erkennender Erweckung aus dem Schlaf«. Aber wohin soll sie ihr Ausbruch aus dem Schlaf der Vernunft, aus dem wohlgefügten Ordnungssystem, in das sie eingebettet waren, führen? »Wohin wirkt die Sehnsucht nach Erweckung und Errettung wenn sie in einer Zeit des Verfalls und der Auflösung der alten Werthaltungen nicht mehr in diese münden kann? Kann aus dem Schlaf und Traum übelsten Alltags ein neues Ethos entstehen?«[55]

Die Romanentwicklung gibt auf diese Frage eine pessimistische Antwort. Zwar ist Joachim von Pasenows irdischer Wandel nicht der eines schon abgestorbenen Lebens und darin dem seines Vaters nicht vergleichbar, aber doch auch »ein Schreiten zum Tode« und in die Nacht des Wahnsinns. »Der Mensch, der sich dem Dogmatischen unterwirft, kann alle guten moralischen Eigenschaften besitzen, aber er wird sich desto weiter von einer wahrhaft ethischen Befreiung entfernen, je abgestorbener und dogmatischer die Werthaltungen sind, unter deren Herrschaft er sich begeben hat.«[56] Pasenow ist den Dingen ausgeliefert, die einen nicht abreißenden Bilderstrom in seinem Bewußtsein erzeugen. Er gleicht dem Analysanden, der die Grundregel der freien, ungehemmten Assoziation beherzigt, dem jedoch der Analytiker fehlt, der ihm einen Leitfaden aus dem Labyrinth in die Hand geben könnte. So ist sein Weg zurück in die Kindheit vorgezeichnet. Er bleibt dem Unbewußten ausgeliefert. Herkunft und Konventionalität und wohl auch das, was Broch unter positivistischer Lebenshaltung versteht, hindern ihn daran, den Fingerzeigen, Winken und Hinweisen seines Unbewußten nachzugehen. Und doch wird er, der zur Erkenntnis Unfähige, der den »einfachen Naturkern« oder »Banalkern« der Geschehnisse und immer wiederkehrenden Erinnerungen nicht zu deuten weiß, im Fortgang der Erzählung zu einer Symbolfigur, die den Leser nach Art einer Traumdeutung zur Einsicht in die grundlegende Ambiguität einer Epoche zerfallender Werte befähigen soll.

Mit Esch, dem Helden des zweiten Teils, betreten wir einen anderen Bereich schlafwandlerischer Existenz. Als mittlere Figur des Romangeschehens verkörpert er am sinnfälligsten die Zerrissenheit einer Übergangsepoche. Das Zeitalter scheint an einem Wendepunkt zu stehen. Wie Pasenow zwischen innerer und äußerer Wirklichkeit unentschieden in der Schwebe gehalten wird, so ist Esch eine Figur zwischen den Zeiten: »Äußerlich bereits kommerzialisiert und dem Lebensstil der kommenden Sachlichkeit angenähert«, doch »innerlich noch den traditionellen Werthaltungen verhaftet«.[57] Die Welt der Sachen, die den Geist der überlieferten alten Werte verkörpern und am Leben erhalten müssen, und, bei aller Hohlheit und Brüchigkeit, auch die Lebensordnung Pasenows garantieren, erwacht nun zu eigenem Leben und beginnt – wie in der Verführungsszene zwischen Esch und Mutter Hentjen – in das Schicksal der Helden einzugreifen. Wie im ersten Buch die unfreiwilligen Gedanken, denen sich Pasenow nicht entziehen kann, so sind es jetzt die Dinge, denen die Menschen ausgeliefert sind. Aus einer Welt der Selbstverständlichkeiten vertrieben, sind die Menschen wie Reisende, die nie ans Ziel kommen. Nur als Schlafwandler können sie zur Besinnung kommen, aber ihre Besinnung reicht nicht hin, ihren Lebensweg zu erhellen und ihm die Richtung zu weisen.

Eschs Zweifel an der Beschaffenheit der Welt, Pasenows Unentschiedenheit – die aufdämmernde Erkenntnis der Helden der beiden ersten Romane bleibt im Zwielicht des »als ob«. »Kriegs- und Jugendzeit« sind »zu unauflöslicher Einheit vermischt«[58]; »er schlief nicht und er wachte auch nicht«[59]; »es waren zwar keine Feiertage. Aber so ähnlich war es doch«[60]. »Die Grenze zwischen Wirklichkeit und Unwirklichkeit ist nirgends deutlich zu erkennen«.[61] Indem der Autor seine Personen Einsichten mitteilen läßt, die unter normalen Umständen von ihnen nicht zu erwarten wären, zieht er auch den Leser in den dämmerigen Raum der Zweideutigkeiten hinein. »Junger Mann«, sagt Esch ahnungsvoll zu dem in falschen Kleidern steckenden Deserteur Huguenau, »ehe Sie nicht wissen, daß alle Namen falsch sind, wissen Sie gar nichts ⟨...⟩ nicht einmal die Kleider an Ihrem Leib sind richtig«.[62]

Aus der reflektierten Sprachlosigkeit der Protagonisten der ersten beiden Bücher tritt Huguenau als eine ganz anders geartete Figur ins Leben. Wir finden aus der Sprache der Mutmaßungen, der Hypothesen und Ahnungen zurück in die Wirklichkeit des Tages. Aus der Traumdämmerung der romantisch pathetischen und anarchistisch wertschwankenden Übergangsperiode geraten wir in die »Alltagsdämmerung« der Normalität. Die Traumexegese ist einer sachlichen Berichterstattung gewichen. Die Konturen sind wieder fest. An die Stelle der Irritationen einer inneren Welt, deren Höhepunkt die Traumbegegnung Eschs mit Bertrand darstellt, tritt der sachliche Irrsinn der äußeren Welt. Dem imaginären Verbrechen folgt, mit der Ermordung Eschs, das tatsächlich vollzogene.

Mit dem Auftreten Huguenaus gegen Ende des Ersten Weltkrieges, der selber ein Ende des alten Europas war, geht nicht nur die Epoche zu Ende, der die Protagonisten der vorausgehenden Erzählung entstammen, sondern auch die Hoffnung einer aufgeklärten Vernunft, deren Heilserwartung sich in den Schein brennender

Landschaften verkehrte. Huguenau ist ein Mensch auf der Höhe seiner Zeit, und mit ihm erreicht auch die Romanhandlung die Zeit ihrer Konzeption und Niederschrift. Mit Huguenau, der ornament- und wertfreien Existenz, kommt auch die für die vorausgehenden Trilogieteile noch angemessene Kunst der tradierten Beschreibungsformen an ihr Ende und löst sich in einem Agglomerat aus Perspektivenwechsel, Einschüben, Rückblenden und Reflexionsexkursen auf. Zwar werden bestimmte Elemente der realistischen Erzähltradition in der Wiedergabe einer erkennbaren physischen und sozialen Wirklichkeit beibehalten. Doch wird die zeitliche Abfolge weitgehend durch eine simultane Technik ersetzt. Zu Ende gekommen ist in Huguenau auch der frappierende Ambiguitätsentwurf der distanziert-gebrochenen Stilreminiszenzen und die Ambivalenz der Schlafwandlersymbolik. Huguenau, diese Sachlichkeitsmaschine, dieser sich in den Automatismus seiner Zeit automatisch und instinktsicher einfügende Antiheld, entzieht sich den subjektiven Näherungsweisen der Einfühlung, des inneren Monologs oder des Traumberichts. Dies rückt ihn in die Nähe des alten von Pasenow, von dem es in der Eröffnungspassage der Trilogie heißt, daß es Menschen gab, »die ein merkwürdiges und unerklärliches Gefühl der Abneigung verspürten, wenn sie ihn über die Straßen Berlins daherkommen sahen ⟨...⟩. Es ist nicht unmöglich, daß einer der Passanten diese Fortbewegungsart als würdelos empfindet ⟨...⟩. So gehen Beine und Stock nebeneinander, und nun taucht die Vorstellung auf, daß der Mann, wäre er als Pferd zur Welt gekommen, ein Paßgänger geworden wäre; aber das Schrecklichste und Abscheulichste daran ist, daß es ein dreibeiniger Paßgang ist, ein Dreifuß, der sich in Bewegung gesetzt hat«.[63] Mit dem allmählichen Abtragen der Erscheinungsweisen des Humanen wird die menschliche Gestalt über das Tierische hinab mit einem künstlich-mechanisch bewegten Ding, einem Dreifuß, in Beziehung gesetzt. Wie am Anfang der Trilogie diese Gleichnisfigur auf die trotz ihres wahnhaften Charakters, ihrer gesellschaftlichen Leere und wissenschaftlichen Überholtheit geregelt ablaufende Ordnung der wilhelminischen Epoche anspielt, so steht Huguenau am Beginn einer neuen Epoche, in der das Alte auf gespenstische Weise wieder erstanden ist. Auch Huguenau stellt eine Verkehrung des Menschlichen dar, nur daß seine Verwandlung wieder ins Menschenähnliche geht. Seine Metamorphose ist so vollkommen, daß nach seiner Wiedergeburt keiner die angenommene Maske des Biedermannes durchschauen kann. Huguenau, der, um zu überleben, in fremde Kleider schlüpft, sinkt nach seinem traumhaft-sicheren und devianten Zwischenspiel am Übergang der Epochen wieder zurück in ein traum- und problemloses, auf vorgegebenen, außengesteuerten Bahnen maschinenhaft ablaufendes Leben. Auch seine Vernunft wird ein Teil dieses maschinenhaften Steuerungssystems und dient der Selbsterhaltung und nicht der Selbstreflexion. Er muß die Stufen der Erweckungsschritte und illusorischen Hoffnungen auf einen anderen Tag nicht durchlaufen, weil die Zeit und die Gesellschaft ihm den Raum, den Todesraum vorbereitet hat, in dem er sein Leben am besten leben kann.

Da wegen der banal-gehaltlosen Existenz dieses Titelhelden, der »sich keine Gedanken« macht, keine innere Biographie mitzuteilen ist – seine Lebensgeschichte wird mit wenigen Sätzen abgehandelt – kehrt der Roman zur Formbesinnung zurück.[64] An die Stelle relativ kontinuierlich sich entwickelnder Erzählstränge tritt eine Gleichzeitigkeit im Wechsel der Ereignisreihen, Stilebenen und Reflexionshöhen. Am auffälligsten dort, wo, während Huguenau seiner Rückkehr in ein neues, wenn auch vorläufig noch betrügerisches Geschäftsleben entgegenschläft, die Geschichte des verschütteten Landwehrmanns und ehemaligen Maurers Gödicke eingeblendet wird. Während sich die Seele des schon tot geglaubten Landwehrmannes nur stückweise und – in Anspielung auf eine Sanitäterwette, der er sein Überleben verdankt – »sozusagen halbzigarettenweise ⟨...⟩ qualvoll um sein Ich« versammelt, heißt es von Huguenau lapidar, daß er »zeitig« erwachte.[65] In Gödicke, wie in anderer Weise in Hanna Wendling, erscheint eine andere Form zeitbedingter Ichzerstörung, in der wiederum Huguenaus Existenz seine Brechung erfährt.

Nur noch die Kunst als irrationaler Ausdruck der »irrationalen Bestandteile des Lebens« erscheint Broch fähig, »die Welt darzustellen und aus dieser Darstellung selber heraus den Weg zur Ethik und zu den Wertsetzungen zu finden«[66], nachdem mit der »Mathematisierung der Philosophie« dieses Erkenntnisziel aufgegeben wurde. Aufgabe der Dichtung ist es, das sich selbst überlassene Irrationale zur Sprache zu bringen. Broch konzipiert seine Romanfiguren gleichsam als Facetten einer imaginären Gesamtperson, die in ihren individuellen Ausprägungen eines gemeinsam Unbewußten in unterschiedlichen Graden der »Abschattung« an den »Urmoventien des Seins« teilhaben.[67] Was nur noch aus der Perspektive des Einzelnen sinnfällig erscheint – »man kann schlechterdings nicht mehr begreifen, was in einem anderen Bereich als in dem eigenen vorgeht« – soll im vielfältigen Bezugssystem der Trilogie zugunsten einer Erfassung des Gesamtgeschehens aufgelöst werden.[68] Schlafwandeln heißt, im »Todesraum« der Gegenwart, »die völlig dem Sterben und der Hölle verhaftet ist«, mit unbekanntem Ziel unterwegs zu sein.[69] Der Dichtung kommt es zu, »diese ganze Kinematik menschlichen Seins ⟨...⟩ als ein Schreiten zu dem Bewußtseinsziel und damit zum eigentlichen Bewußtseinserlebnis« darzustellen.[70] Pasenow ist sich seiner Situation »zwar vage, dennoch bewußt«, Esch ist sich dessen, was in ihm und mit ihm vorgeht, »keineswegs mehr bewußt, sondern nur mehr dunkel und dumpf«. Huguenaus Leben endlich spielt sich völlig im Unbewußten ab. Er ist »weder bewußt wie Pasenow, noch ahnend wie Esch«.[71] Dieser Stufenfolge des Abstiegs ins Irrationale entsprechen die Erzählhaltungen in umgekehrter Folge. Es ist ein allmähliches Aufwachen des Erzählers, je tiefer seine Figuren ins Schlafwandlerische geraten. Im ›Huguenau‹ braucht er seine ganze Wachheit, um mit den verschiedensten Techniken den Charakter seines Helden in seiner ganzen Banalität zu erfassen.

Auch der Autor, auch Broch, ist Schlafwandler unter Schlafwandlern. Auch er steht unter dem Zwang des Irrationalen, unter dem »Zwang des Sucherischen«[72], unter dem »Zwang, der vom Non-Ich auf das Ich ausgeübt wird«[73] – mit dem Unterschied nur, daß er mit der allein »erfaßbaren ⟨...⟩ rationalen Logik des Denkens« in die »irrationale Logik des Tuns« einzudringen versucht, die wiederum »bloß am geschaffenen Werk, bloß am Resultat erkennbar ist« – Dichtung als Abbild des Irrationalen im Symbolischen und Erinnerung an einen paradiesischen Dämmerstand.[74] Was die Menschen seiner Zeit miteinander verbindet, ist nicht mehr die gemeinsame Welt der wachen Menschen, die Georg Lukács noch für die Grundlage der großen Dichtung angesehen hat. Seine Welt ist diejenige, in der jeder Schlafende in seinen verworrenen Träumen mit sich selber alleine ist. Und doch ist auch sie eine gemeinsame Welt des Irrationalen. Es ist die Aufgabe des Dichters, dieses Irrationale mit seiner Logik des Unbewußten, der die Schlafwandler zu folgen gezwungen sind, ins Bewußtsein zu heben. Dazu muß die Wirklichkeit in eine zweite visionäre Wirklichkeit übertragen werden. In dieser kann der Mord Huguenaus, der als »der Mensch der neuen Lebensform ⟨...⟩ zum Rächer an dem Veralteten, Absterbenden werden muß«, ungesühnt bleiben.[75]

Wie kommt es zur »Gleichgültigkeit gegen fremdes Leid«? Zu jener »Gleichgültigkeit, die den Bürger ruhig schlafen läßt, wenn im nahen Gefängnishof einer unter der Guillotine liegt oder am Pfahl erwürgt wird! jene Gleichgültigkeit, die bloß multipliziert zu werden braucht, damit es von denen daheim keinen anficht, wenn Tausende im Stacheldraht hängen! Gewiß ist es die nämliche Gleichgültigkeit und es greift trotzdem darüber hinaus, denn hier geht es nicht mehr darum, daß sich eine Wirklichkeitssphäre fremd und teilnahmslos gegen eine andere abschließt, sondern es geht darum, daß es ein einziges Individuum ist, in welchem Henker und Opfer vereint sich vorfinden, daß also ein einziger Bereich die heterogensten Elemente in sich vereinen kann, und daß trotzdem das Individuum als Träger dieser Wirklichkeit sich völlig natürlich und mit absoluter Selbstverständlichkeit darin bewegt«.[76] Dies ist eine Schlüsselpassage der Trilogie. Sie enthält das humanistisch-utopische Programm des Autors. Gelänge es die »Gleichgültigkeit gegen fremdes Leid« aufzuheben, könnte der Zustand des Schlafwandelns beendet werden und die in ihrer Irrationalität gefangenen Menschen – »auslöschend das Ich und seine Grenzen durchbrechend« – zu »einer ersehnteren Gemeinschaft« gelangen.[77] Auf eine Episode der Apostelgeschichte anspielend, enden die ›Schlafwandler‹ mit dieser Hoffnung. Nur in der Umkehrung geltender Ordnung kann sie sich erfüllen: wenn die Gefangenen dem Gefängniswärter Trost zusprechen. Ein Erdbeben hat ihre Fesseln gesprengt. Der Kerkermeister, überzeugt, die Zellen leer zu finden, will in seiner Angst Hand an sich legen. Doch die vermeintlich Entflohenen halten ihn zurück: »Tu dir kein Leid! denn wir sind alle noch hier!«[78]

5. Die Schrift als Rettung. Franz Kafkas Schloßroman

»Was bleibt? Selbstvernichtung? Ein Leben in Dämmerung, Beklommenheit und Unfreude, zu schleppen nur für jene, die es auf pure Existenz und deren äußerliche Verbrämungen abgesehen haben, unfaßlich für die Erleuchteten oder Seelenhaften, die nur zu wählen haben zwischen grenzenloser Einsamkeit und aussichtslosem Kampf –?« Mit diesen Worten zieht Jakob Wassermann das Resümee aus seiner 1921 erschienenen Selbstbiographie ›Mein Weg als Deutscher und Jude‹, und er fügt hinzu: »Es ist besser, nicht daran zu denken«.[79] Franz Kafka hat an nichts anderes gedacht.

»Manchmal scheint es mir, Gehirn und Lunge hätten sich ohne mein Wissen verständigt. ›So geht es nicht weiter‹ hat das Gehirn gesagt und nach fünf Jahren hat sich die Lunge bereit erklärt, zu helfen.«[80] So versucht Kafka in einem Brief an Max Brod, den im August 1913 in einem Blutsturz sich manifestierenden Ausbruch seiner Krankheit zu deuten. »Fast scheint es mir manchmal, daß es das Leben ist, das mich stört; wie könnte mich denn sonst alles stören.«[81] Zwischen dem Leben und dem Tod liegt die Welt der Schrift. Sie beschreibt sowohl die Isolation, den sozialen Tod des Schreibenden – »Was ich geleistet habe ist nur ein Erfolg des Alleinseins«[82] – als auch die vergebliche Anstrengung, sich im Leben einzurichten. »Mein Glück, meine Fähigkeiten und jede Möglichkeit, irgendwie zu nützen, liegen seit jeher im Literarischen«.[83] Das Schreiben gleicht der unendlichen Analyse. Es dauert länger als ein Leben. Gäbe es das perfekte Buch, der Einspruch einer der vielen Vergeblichkeitsgeschichten Kafkas verlöre dennoch nicht seine Gültigkeit: »Nichts wäre gewonnen«.[84] Es gibt kein Ende. Der Ort der Sehnsucht ist unauffindbar.

Während sich in der Erzählung ›Eine kaiserliche Botschaft‹ der Bote im Auftrag des Kaisers mit der »Botschaft eines Toten« aus dem Schloßbereich herauszukämpfen versucht, setzt K., der Held des Romans ›Das Schloß‹ (1926), alles daran, in das Zentrum der Macht einzudringen, um sich vom Grafen Westwest seinen Auftrag bestätigen zu lassen. Als Landvermesser ist er berufen worden, aber dieser Ruf ist so zweifelhaft wie seine Existenzberechtigung, die im Hergang des Geschehens immer fragwürdiger wird. Alles ist dazu angetan, ihn zu demütigen und seine Zuversicht zu untergraben, um ihn dann doch mit einem Funken Hoffnung am Leben zu erhalten.

K. begreift, daß es sich um einen Kampf handelt und daß er diesen Kampf unter ungleichen Bedingungen gegen einen überlegenen Gegner aufnehmen muß. Ihn, der sich aufgemacht hat, seinen Dienst anzutreten, bringt man dahin zu vermuten, daß man durch eine »geistig gewiß überlegene Anerkennung seiner Landvermesserschaft ihn dauernd in Schrecken halten zu können« beabsichtige[85]; während ihm doch entgeht, daß es viel eher darauf angelegt ist, ihn in den Niederungen der Hierarchie, in der unteren Welt des Dorfes, festzuhalten und ihn auf seinem Weg durch ein »völlig unübersichtliches, trübes, fremdartiges Leben« sich aufreiben zu lassen.[86] Indem er über die Motive der Macht, ohne diese doch anerkennen zu können, nachzusinnen beginnt, nistet sie sich in seinen Gedanken ein. Vom Positiven her erwächst die Gefahr; und Kafka hat den Verlauf und Aufbau der Handlung an dieser Einsicht ausgerichtet. K. ist manchmal »nicht weit davon entfernt, seine Lage zufriedenstellend zu finden, trotzdem er sich immer nach solchen Anfällen des Behagens schnell sagte, daß gerade darin die Gefahr lag«.[87] Gerade vor dem, was ihm vorteilhaft erscheint, muß er auf der Hut sein. Er verlegt sich aufs Argumentieren, seine zweifelhafte und ungesicherte Lage zwingt ihn dazu. Wie das Dorfvolk stellt er Gedanken über die Behörde an. Dies trennt ihn von den Beamten, die das Privileg genießen, über ihre Untergebenen nicht nachdenken zu müssen. Vom Schloß, der Verkörperung der Macht, heißt es, daß es wie ein menschliches Wesen »ruhig dasitze und vor sich hinsehe, nicht etwa in Gedanken verloren ⟨...⟩, sondern frei und unbekümmert«.[88]

Die Welt, in die er eindringt, scheint mit ihren Dingen und Figuren auf ihn zugeordnet zu sein. K. muß sie auf sich beziehen, um sich einen Rest an Selbstbewußtsein zu erhalten. Wenn auch in einer für ihn beklemmenden und zweideutigen Weise glaubt er jeweils im Mittelpunkt des Geschehens zu stehen. Daß er sich darin täuscht, macht die Fremdbestimmtheit seines Handelns nur um so deutlicher. In dieser Hinsicht entscheidet schon die erste Nacht über ihn. Um seine Wißbegierde zu befriedigen, läßt ihn das Schankmädchen Frieda durch ein eigens angebrachtes Guckloch einen Beamten des Schlosses betrachten und drängt ihn damit in die Rolle des ohnmächtig Faszinierten. Es folgt die Szene, da Frieda, den Fuß auf seine Brust setzend, von ihm Besitz ergreift; mit der in den Bierlachen des Schankraums verbrachten Liebesnacht bahnt sich seine Erniedrigung schon an. »Sie umfaßten einander, der kleine Körper brannte in K.'s Händen, sie rollten in einer Besinnungslosigkeit, aus der sich K. fortwährend aber vergeblich zu retten suchte, ein paar Schritte weit, schlugen dumpf an Klamms Tür und lagen dann in den kleinen Pfützen Bieres und dem sonstigen Unrat, von dem der Boden bedeckt war. Dort vergiengen Stunden ⟨...⟩ in denen K. immerfort das Gefühl hatte, er verirre sich oder er sei in der Fremde, wie vor ihm noch kein Mensch, einer Fremde, in der selbst die Luft keinen Bestandteil der Heimatluft habe, in der man vor Fremdheit ersticken müsse«.[89] In der größten körperlichen Annäherung entfernt sich K. am weitesten von seiner Herkunft und verliert damit sein Ziel, die Aufnahme in der Fremde, aus den Augen. In seiner Begierde fordert er die Autorität heraus. »Statt vorsichtigst entsprechend der Größe des Feindes und des Zieles vorwärtszugehen hatte er sich hier eine Nachtlang in den Bierpfützen gewälzt«.[90]

Aus keiner anderen Perspektive fällt der Blick auf K. als aus der unmittelbaren Nähe der Ereignisse, in die er verwickelt wird. Eine Sicht, die es ihm erlaubte, das Getriebe, in dem er sich weniger bewegt als bewegt wird, zu überblicken, ist ihm verschlossen. Der Bereich des Schlosses stellt eine Gegenwelt dar, die sich nur so weit öffnet, wie K. in sie eindringt. Was er sieht, betrachtet er als ein absonderliches Spiel, von dem er annimmt, daß es ihm Einblicke in die ihm neue Welt gewährt. Weder wird ihm die Anmaßung, die darin liegt, bewußt, noch begreift er, daß alles, was geschieht, eine Reaktion auf sein Eindringen in diese Welt darstellt, daß es Abwehrreaktionen auf seinen Versuch sind, zu verstehen. Er verhält sich wie jemand, der mit einem Stock in einen Ameisenhaufen sticht und aus ihrem Hin- und Herlaufen die Lebensordnung dieser Tiere ergründen möchte. Was er erlebt, ist der Schatten, den er in diese ihm fremde, beunruhigende Welt wirft. Was in ihr sich abspielt, bleibt ihm verborgen. Er allein ist die Ursache der nächtlichen Aufregung, als er sich in den Gang verirrt, den zu betreten nur der Schloßbürokratie erlaubt ist. Auf ihn läuft alle Bewegung zu, um ihn schließt sich der Kreis, der er erkunden möchte. Er versucht zu erkennen, aber es mißlingt ihm. »Und doch verlangten es die Augen«.[91] Am Schloß gleiten seine Blicke ab. Unmittelbar danach versucht er noch einmal, durch die winzige Öffnung in der Tür in das Zimmer zu spähen, das den Beamten vorbehalten ist. Aber die »Gucklochstelle« ist sorgfältig verschlossen.[92] Er findet sie nicht wieder. Er hat keinen Einfluß darauf, was ihm zu sehen erlaubt ist.

Zu sein wie die anderen, in deren Gewalt er ist, das ist die Verlockung, der K. erliegt. Um dies zu erreichen, müßte er über die Sphäre verfügen können, die ihn gefangen hält und befangen macht. Eben die Begehrlichkeit, die ihn nach oben schauen läßt, fesselt ihn an den Bereich, dessen menschliche Nähe und Alltäglichkeit er nur insoweit erträgt, als sie mit der Macht in Beziehung zu stehen scheint. An einem Boten fasziniert ihn die Uniform, und er verachtet ihn, als unter ihr ein grober bäuerlicher Leib zum Vorschein kommt. Seine Sinnlichkeit ist nicht weniger gespalten als sein Bewußtsein. Und diesem Befund entspricht die Hierarchie insgesamt, in der das Leben auf eine unfaßbare und unersichtliche Weise männlich verwaltet wird und in deren mittlerem Bereich Frauen die Herrschaft ausüben. K. möchte frei sein und selbst das Schloß, Ziel seiner Wünsche, wäre ihm nicht gut genug. Doch sein Freiheitsbegehren hindert ihn nicht, die Menschen, denen er begegnet, nach ihrer Stellung innerhalb des Machtgefüges zu bewerten.

Solange sich K. in der Nähe des Schlosses aufhält, solange kann von ihm berichtet werden. Die Schrift erzeugt ihn, hält ihn am Leben und zugleich gefangen. Die Eingangsszene setzt schon die Bedingung, unter der er vor den Leser treten und der Roman seinen Fortgang nehmen kann. Sein Auftrag und damit seine Aufenthaltsberechtigung, seine Existenz insgesamt wird infrage gestellt. Indem er sich Klarheit verschaffen möchte, ruft er die Geschehnisse herbei, die zu neuen Mißverständnissen führen. Sein Wunsch nach Eindeutigkeit läßt ihn immer mehr ins Zwielicht geraten. Er selber ist Opfer und Akteur einer Bewegung, deren Ziel die Sprache selber nur um den Preis ihres Verstummens benennen könnte. Die quälende Ungewißheit K.s ist auch die des Schreibenden, der weiß, daß er den Ort, auf den hin er schreibt, nicht erreichen kann. Kafka verfolgt ein in seiner Radikalität einzigartiges Projekt. Er trennt das Leben von der Kunst, um über sie ein Leben aus eigener Kraft und eigener Vollkommenheit zu erreichen. Zu diesem Zweck schreibt er Geschichten, die, wie er bemerkt, ein Spiel sind, aber ein Spiel, in dem über seine eigene Existenz verhandelt wird. Die Trennung von Kunst und Leben kann auf diese Weise nicht aufgehoben und eine neue Identität nicht erreicht werden.»Nicht Biographie, sondern Untersuchung und Auffindung möglichst kleiner Bestandteile. Daraus will ich mich dann aufbauen, so wie einer, dessen Haus unsicher ist, daneben ein sicheres aufbauen will, womöglichst aus dem Material des alten.«[93] Dieser Satz steht im Zusammenhang mit dem »Plan der selbstbiographischen Untersuchungen«, die unternommen werden sollen, weil sich ihm »das Schreiben versagt«.[94] Dieser lebensgeschichtliche Plan wäre wiederum nur als ein nicht biographischer zu realisieren gewesen und hätte zwangsläufig wieder zur literarischen Fiktion zurückführen müssen. Auf diesen unentschiedenen Bereich, den er schreibend ausmessen und in den er »den Schacht von Babel« graben muß, sieht er sich als Autor verwiesen.[95] Die Zeit, die dem Leben abgewonnen wird, reicht dazu nicht aus. Auch entfernt sich die Bewegung des Schreibens immer weiter vom Ausgangspunkt. Um das Ziel zu erreichen ist kein Leben lang genug. »Was folgt ist Irrsinn, also etwa ein Kosakentanz zwischen den zwei Häusern, wobei der Kosak mit den Stiefelabsätzen die Erde so lange scharrt und auswirft, bis sich unter ihm sein Grab bildet.«[96] Dieser Notiz gleicht der Ausgang, mit dem Kafka seinen fragmentarischen Schloßroman abzuschließen beabsichtigte. K. »läßt in seinem Kampf nicht nach, stirbt aber vor Entkräftung«. Die Botschaft, daß er bleiben dürfe, erreicht ihn nicht mehr. Aber selbst die »Genugtuung«, die ihm zuteil geworden wäre, fällt höchst zweifelhaft aus. Man hätte ihn am Ende bloß geduldet; es wäre ihm, wenn auch ohne Rechtsanspruch, gestattet worden, »hier zu leben und zu arbeiten«.[97]

Kafkas Hoffnung, mit seinem Schreiben das Leben lebbarer zu machen, das heißt sowohl zu leben als auch zu schreiben, war von der Art, der die Erfüllung versagt bleiben mußte. In Anbetracht dessen werden die Versuche, sein Werk auf ein verschlüsseltes Ziel hin zu rekonstruieren, belanglos. Es gehört wenig Scharfsinn dazu, das Schloß als Sinnbild unnahbarer Macht, der Bürokratie, der Verheißung eines höheren Lebens, der Gnade etc. aufzufassen. Alle diese Bezüge und Anspielungen liegen wie die Zweideutigkeit des Titels so offen zutage, daß sie einer realistischen Ebene der Beschreibung zuzuordnen sind. Ebenso gut ließe sich sagen, daß das Leben selber symbolisch sei. Es ist es so wenig wie das Sterbenmüssen. Kafka hat dieses Leben in seiner Aufdringlichkeit, Maßlosigkeit und Unermeßlichkeit und Ausweglosigkeit zu fassen versucht. Seine Unbestechlichkeit hinderte ihn daran, sein Schreiben durch vordergründige Sinnfälligkeiten und Allegorisierungen zu relativieren. Soweit es für ihn eine Hoffnung gab – der Gesundung, der Auswanderung nach Palästina, der Liebe und menschlichen Nähe – so war sie von der Art, wie er sie seinem Landvermesser, der in seiner Vermessenheit das einerseits ausgemessene andererseits unausmeßliche Leben vermessen will, zugedacht hat: eine über die Grenze des Lebens, über den Tod des entkräfteten Helden hinausweisende und auch deshalb unerklärliche Ausnahmeerlaubnis, »hier zu leben und zu arbeiten«. Die Therapie, die der Autor sich verschrieb, war das Schreiben als eine Kunst, die ihn immer tiefer in die Ausweglosigkeit trieb, der er schreibend zu entkommen versuchte. Leben und Kunst wechseln die Standorte, Bezugspunkte und Perspektiven, die bis dahin jeweils dem einen oder dem anderen vorbehalten schienen. Lebensniederschrift und absolute Setzung der Schrift fließen ineinander und beides wird Thanatographie in dem obsessionellen, aber auch befreienden Sinn, daß sie sich zu ihrer Realisierung der Macht entziehen müssen, die das Leben über das Leben behauptet. »Ich werde in meine Novelle springen, sollte ich mir auch das Gesicht zerschneiden«.[98]

Das Spiel, in das K. verstrickt wird, kann erst beginnen, nachdem er für sein vergangenes Leben abgestorben ist. Bei seiner Ankunft weiß er noch, woher und weshalb er seine Reise angetreten hat. Je länger er sich in der fremden Welt zu bewahren versucht, desto mehr verliert sich die Erinnerung an seine Herkunft. Während er das Wesentliche vergißt, ergreifen die Ereignisse von ihm Besitz. In ihrer Darstellung entfaltet sich das Drama seiner Abhängigkeit. Er wird zum exemplarischen Fall des Scheiterns, weil ihm das Bewußtsein seiner Situation mitgegeben ist, ohne daß er ihre Ursachen durchschauen könnte. Indem Kafka von der Grenzsituation des Todes her das Leben betrachtet, hebt er die Perspektive auf, aus der heraus das Leben als kohärentes Geschehen zwischen Anfang und Ende beschrieben werden konnte. Er spricht von der »Unmöglichkeit, das Leben, genauer die Aufeinanderfolge des Lebens, zu ertragen«.[99] Das Leben wird fragmentarisiert, in Momentaufnahmen zerlegt, deren Ablauf von einer Einstellung, einer Geste, einem unerwarteten Ereignis gesteuert wird. Es geht darum, eine innere von der Selbstbeobachtung angetriebene Vorstellungsreihe, die über »die letzte irdische Grenze« hinaus will, in eine dem äußeren Anschein nach menschliche, selbstverständliche Welt zurückzuversetzen.[100]

Das Werk wird nicht gegen das Leben gestellt, um dieses gegen den Tod zu sichern. Das Schreiben selber ist ein »merkwürdiger, geheimnisvoller, vielleicht gefährlicher, vielleicht erlösender Trost 〈...〉: das Hinausspringen aus der Totschlägerreihe«.[101] Dieses Schreiben folgt den »eigenen Gesetzen der Bewegung«[102] und setzt eine »Selbstvergessenheit« voraus, aus der heraus »eine höhere Art der Beobachtung geschaffen wird«.[103] Die Schrift formt die Leerstellen und Einbrüche im Sinngefüge nach. Sie umschreibt, was nicht zu beschreiben ist – gleichsam ein ausgeworfenes Netz, um das Unfaßbare einzufangen. Sie wird zum Ort der Ortlosigkeit. Daß dies Auswirkungen hat auf ihre Binnenstruktur, ist fast schon banal. Was die Aussage, den fixierten Gedanken, negiert, hält den Text in Bewegung. »Mit stärkstem Licht kann man die Welt auflösen«[104]; aber »nichts davon, quer durch die Worte kommen Reste von Licht«.[105] Diese unabschließbare Bewegung, nicht die Vermittlung der Gegensätze, ist es, dem sich die Schrift zuwendet. Da für sie kein reines Außerhalb mehr existiert, da alles, was sie abbilden könnte, im Prozeß der Welt- und Naturdurchdringung schon definiert, erfaßt, beschrieben ist, sind ihre ästhetischen und rhetorischen Zugriffsmöglichkeiten stumpf geworden. Wie will sie ästhetisch erfassen, was selber schon ästhetisiert, was selber schon komplexe Form geworden ist? Deshalb wird wichtig, was zwischen den Menschen und der Welt ihrer Objekte ist; ebenso, was sich der Sprache entzieht: das Schweigen der Dinge, das Verstummen. Inneres und Äußeres, sichtbare und unsichtbare Welt liegen dicht beieinander. Kafka erfaßt die Dinge von ihrer Rückseite her. Es wird »mit jedem Bissen auch ein unsichtbarer, mit jedem sichtbaren Kleid auch ein unsichtbares Kleid und so fort gereicht«.[106] Schreiben ist Rettung und Vernichtung zugleich. Die Schrift ist das Grab, das man sich schaufelt »Ich will einen Gang graben. Es muß ein Fortschritt geschehn«. [107] »Mancher hält sich an einem Bleistiftstrich über Wasser.«[108]

Kafkas Einzelgänger finden sich wie er selbst einer Welt der selbstverständlichen Lebensführung und Lebenssicherheit gegenüber, in der sogar das Schlafenkönnen als ein Privileg erscheint. Aber anders als die Literatur seiner Zeit entgeht er der notorischen Versuchung, die kollektive Welt der anderen mit einer kritischen, moralisierenden, sinngebenden und überlegenen Individualperspektive zu konfrontieren. Er folgt der Sprache in jenen Bereich introspektiver Erfahrung, in der die Bilder ein weder ganz traumhaftes noch der äußeren Wirklichkeit entsprechendes überpersönliches Leben behaupten. Darin ähneln sie der filmischen Bewegung, die ihn so faszinierte. Die präzise Beschreibung derartiger Bewegungsabläufe unterläuft die konventionelle Sinnhaltigkeit sozialen Verhaltens und entzieht sie der Macht, die diese über sie behauptet. Was sein Werk stilistisch heraushebt, hat mit dieser Genauigkeit einer auch vom Selbsthaß motivierten Beobachtung als Beschreibung des fremdartigen Anderen in sich selbst zu tun. Pantomimische Elemente lösen den Automatismus einer in sich selbst kreisenden Bewegung aus. Ein Geste, ein Gegenstand, eine unerwartete Reaktion halten den Ablauf des Geschehens in Gang und entfernen den in ihm gefangenen Helden unmerklich, aber mit quälender Sicherheit von seinem vorsätzlichen Ziel.

Kafkas das Leben in die Schrift überführendes Werk entfaltete seine Wirkung in einer Zeit, der mit der Geschichte auch die Möglichkeit, Geschichten zu erzählen mehr und mehr abhanden kam und in der die Suche nach einer innerweltlichen Sinnbestimmung ins Leere lief. »Faulkner und alle anderen erzählten uns fernliegende Geschichten, Kafka sprach von uns. Er deckte unsere Probleme auf, angesichts einer Welt ohne Gott, in der sich dennoch unser Heil vollzog. Kein Vater hatte für uns das Gesetz verkörpert; dennoch trugen wir es unabänderlich in uns. Mit Hilfe der univer-

sellen Vernunft ließ es sich nicht entziffern; es war so einmalig, so geheim, daß wir es selbst nicht benennen konnten, obgleich wir wußten, daß wir verloren waren, wenn wir es nicht befolgten.«[109]
»Die Kunst umfliegt die Wahrheit, aber mit der entschiedenen Absicht, sich nicht zu verbrennen.«[110] Das Werk, das auf diese Weise entsteht, zeugt nicht vom Leben sondern vom Kampf, dessen Beschreibung allein über seine Vergeblichkeit und Aussichtslosigkeit hinweghelfen kann. Die Schrift vermag das Leben nicht abzubilden. Sie ist kein Ersatz für das entgangene Leben, sie berichtet stattdessen von der vergeblichen Anstrengung, am Leben der anderen teilzuhaben. Bei Kafka sterben die Protagonisten, der Tod scheint für die Überlebenden, die Sieger bleiben, weil die seine Herausforderung nicht annehmen müssen, keine Bedeutung zu haben. Die tragende Fiktion seines Werks besteht darin, daß Kafka seine Rolle als Schriftsteller mit einem Toten vergleicht, der unter den Lebenden weilt. Aber es ist mehr als eine Rolle, es ist eine Empfindung, eine Obsession, eine Störung des Lebensgleichgewichts, die sein persönliches Verhältnis zur Mitwelt prägt. Der Autor selbst sieht sich in der Rolle, die er seine Helden spielen läßt. Im Bewußtsein, daß ihm seine Krankheit nicht mehr viel Zeit lassen werde, schreibt er im Juli 1922, wenige Wochen vor Abbruch des ›Schloß‹-Manuskripts, an Max Brod: »Was ich gespielt habe, wird wirklich geschehen. Ich habe mich durch das Schreiben nicht losgekauft. Mein Leben lang bin ich gestorben und nun werde ich wirklich sterben ⟨...⟩. Der Schriftsteller in mir wird natürlich sofort sterben, denn eine solche Figur hat keinen Boden, hat keinen Bestand, ist nicht einmal aus Staub; ist nur im tollsten irdischen Leben ein wenig möglich, ist nur eine Konstruktion der Genußsucht. ⟨...⟩ Ich selbst aber kann nicht weiterleben, da ich ja nicht gelebt habe, ich bin Lehm geblieben, den Funken habe ich nicht zum Feuer gemacht, sondern nur zur Illuminierung meines Leichnams benützt. Es wird ein eigentümliches Begräbnis werden, der Schriftsteller, also etwas nicht Bestehendes, übergibt den alten Leichnam, den Leichnam seit jeher, dem Grab. Ich bin genug Schriftsteller, um das in völliger Selbstvergessenheit – nicht Wachheit, Selbstvergessenheit ist erste Voraussetzung des Schriftstellertums – mit allen Sinnen genießen oder, was dasselbe ist, erzählen zu wollen«.[111]

Anhang

Anmerkungen

Einleitung

1 Brod, Max: Streitbares Leben 1884–1968. München, Berlin, Wien 1968, 111.
2 Hausmann, Raoul: Dada in Europa. In: Der Dada 3, Berlin 1920.
3 Rubiner, Ludwig: Die Erneuerung. In: Ludwig Rubiner: Der Dichter greift in die Politik. Ausgewählte Werke 1908–1919, Frankfurt/M. 1976, 316f.
4 Rubiner, Ludwig: Die kulturelle Stellung des Schauspielers. In: Ludwig Rubiner: Der Dichter greift in die Politik. Ausgewählte Werke 1908–1919, Frankfurt/M. 1976, 320 und 325.
5 Broch, Hermann: Menschenrecht und Demokratie. Politische Schriften. Frankfurt/M. 1978, 48.
6 Spengler, Oswald: Der Untergang des Abendlandes. Umrisse einer Morphologie der Weltgeschichte. Frankfurt/M. 1972, 61.
7 Dessauer, Friedrich: Leben. Natur. Religion. Das Problem der transzendenten Wirklichkeit. Bonn ²1926, 12f.
8 Giese, Fritz: Girlkultur. Vergleiche zwischen amerikanischem und europäischem Rhythmus und Lebensgefühl. München 1925, 85.
9 Bloch, Ernst: Geist der Utopie. Frankfurt/M. 1973, 26.
10 Dessauer, Friedrich: Leben. Natur. Religion. Das Problem der transzendenten Wirklichkeit. Bonn ²1926, 14 und 25.
11 Martersteig, Max: Das jüngste Deutschland in Literatur und Kunst. In: Max Deri u.a.: Einführung in die Kunst der Gegenwart. Leipzig ³1922, 3.
12 Dessoir, Max: Die neue Mystik und die neue Kunst. In: Max Deri u. a.: Einführung in die Kunst der Gegenwart. Leipzig ³1922, 134.
13 Musil, Robert: Der Mann ohne Eigenschaften. Hamburg 1952, 214.
14 Langenbucher, Hellmuth: Volkhafte Dichtung der Zeit. Berlin 1937, 81.
15 Martin Heidegger: zit. nach Karl Löwith: Mein Leben in Deutschland vor und nach 1933. Ein Bericht. Stuttgart 1986, 28.
16 Ernst Jünger: Das Abenteuerliche Herz. Aufzeichnungen bei Tag und Nacht. Berlin 1929, 189f.
17 Ernst Jünger: ebd., 183f.
18 Theodor Lessing: Europa und Asien oder Der Mensch und das Wandellose. Sechs Bücher wider Geschichte und Zeit. Hannover 1923, 387.
19 Ebd., 17.
20 Kurz, Heinrich: Deutsche Literaturgeschichte. Neu bearbeitet und bis in die Gegenwart fortgeführt von Dr. Max Wedel. Berlin 1927, 727ff.
21 Maldonado, Tomás: zit. nach Gert Selle: Die Geschichte des Design in Deutschland von 1870 bis heute. Entwicklung der industriellen Produktkultur. Köln 1978, 94.
22 Giese, Fritz, a.a.O., 83.
23 Taut, Bruno: zit. nach Reginald R. Isaacs: Walter Gropius. Der Mensch und sein Werk. Berlin 1983, Bd. 1, 195.

24 Giese, Fritz, a.a.O., 27.
25 Trautner, Eduard: Gott, Gegenwart und Kokain. Berlin 1927.
26 Tureck, Ludwig: Ein Prolet erzählt. Lebensschilderung eines Arbeiters. Berlin 1930, 337.
27 Kracauer, Siegfried: Berliner Landschaft. In: Frankfurter Zeitung vom 8.11.1931.
28 Molzahn, Johannes: Nicht mehr lesen! Sehen!. In: Das Kunstblatt, H. 12, 1928, 80 f.
29 Born, Wolfgang: Photographische Weltanschauung. In: Photographische Rundschau und Mitteilungen, H. 7, 1929, 141.
30 Mann, Thomas: Romane der Welt. Zit. nach Anton Kaes (Hg): Manifeste und Dokumente zur deutschen Literatur 1918–1933. Stuttgart 1983, 288.
31 Giese, Fritz, a.a.O., 84.
32 Meyer, Hannes: Die neue Welt. In: Das Werk. Architektur, Kunstgewerbe, Freie Kunst. XIII. Jahrgang. H. 7. Zürich 1926, 223.
33 Karsch, Walther: Zu Upton Sinclairs Erfolg. In: Die Weltbühne, XXVII. Jg., 1931, Nr. 21, 782.
34 Bie, Richard/Mühr, Alfred: Die Kulturwaffen des neuen Reiches. Briefe an Führer, Volk und Jugend. Jena 1933, 17.
35 Ebd., 17.
36 Ebd., 10 ff.
37 Ebd., 15.
38 Ebd., 17.
39 Ebd., 18.
40 Lukács, Georg: Die Theorie des Romans. Berlin 1920, 44.
41 Zit. nach Peter Pütz: Friedrich Nietzsche. Stuttgart ²1975, 94.
42 Lukács, Georg: Nietzsche als Vorläufer der faschistischen Ästhetik. In: Ders.: Probleme der Ästhetik. Neuwied, Berlin 1969, 320.
43 Ebd., 334.
44 Ebd.
45 Mann, Thomas: Betrachtungen eines Unpolitischen. Berlin 1918, 201.
46 Lukács, Georg, a.a.O., 312 ff.
47 Ebd., 317.
48 Hillebrand, Bruno: Zur Lyrik Gottfried Benns. In: Gottfried Benn: Gedichte in der Fassung der Erstdrucke. Frankfurt/M., 1987, 639.
49 Ebd., 645.
50 Lessing, Theodor: Die Geschichte als Sinngebung des Sinnlosen oder Die Geburt der Geschichte aus dem Mythos. München 1983, 12 und 85.
51 Löwenthal, Leo: Die Auffassung Dostojewskijs im Vorkriegsdeutschland. In: Zeitschrift für Sozialforschung. III. Jg. 1934, 349.
52 Bergson, Henri: Schöpferische Entwicklung. Jena 1907, 170.
53 Wittgenstein, Ludwig: Tractatus logico-philosophicus. Logisch-philosophische Abhandlung. Frankfurt/M. 1966, 114.
54 Marcuse, Ludwig: Die Emil Ludwig-Front. In: Das Tage-Buch, 1931, H. 4,143.
55 Ludwig, Emil: Führer Europas. Nach der Natur gezeichnet. Amsterdam 1934, 10.
56 Zit. nach Hildegard Brenner: Ende einer bürgerlichen Kunstinstitution. Die poli-

tische Formierung der Preußischen Akademie der Künste ab 1933. Stuttgart 1972, 43.
57 Ebd., 42f.
58 Ebd., 42.
59 Ebd., 34f.
60 Ebd., 41.
61 Ebd., 36.
62 Ebd., 78.
63 Ebd., 64.
64 Ebd., 65.
65 Ebd.
66 Ebd.

Anton Kaes: Schreiben und Lesen in der Weimarer Republik

1 W.: Der Fall Kaiser. In: Frankfurter Zeitung, Nr. 122 vom 16.2.1921. Siehe dazu auch das Unterkapitel »Die soziale Stellung der Schriftsteller in der Republik« in *Kaes, Weimarer Republik*, 61–84.
2 Weber, Alfred: Die Not der geistigen Arbeiter. München und Leipzig 1923, 17.
3 Saenger, Samuel: Die Not der geistigen Arbeiter. In: Die neue Rundschau 34 (1923), 276.
4 Besonders hart wurde die akademische Intelligenz von Wirtschaftskrise und Arbeitslosigkeit getroffen. Da sich die Gesamtstudentenzahl von 80000 um 1914 bis zum Jahre 1932 fast verdoppelt hatte, gab es ein Überangebot von Bewerbern für geistige Berufe. Schätzungen vom Oktober 1932 sprechen von 30000 bis 45000 »Überzähligen und Arbeitslosen« auf dem akademischen Arbeitsmarkt, für 1935 wurden über 100000 arbeitslose Akademiker vorausgesagt. »Die in einer derart katastrophalen Entwicklung beschlossenen Gefahren«, heißt es im Oktober 1932, »die bedrohlichen Wirkungen nicht nur für den Einzelnen und seinen Stand, sondern darüber hinaus für alle, denen die Gesittung und Bildungskraft ihres Landes wert ist, sind klar. Und ein zivilisierter Staat darf nicht tun, als wüßte er nichts davon. Die psychische Situation ist verzweifelt.« (J.E.: Vivat academica? In: Die Literatur 35, Oktober 1932, 1.) Es läßt sich nicht mehr nachweisen, wie viele dieser arbeitslosen Akademiker 1933 der NSDAP beigetreten sind und so der Arbeiterpartei das nötige intellektuell-ideologische und verwaltungstechnisch-organisatorische Gerüst gegeben haben.
5 Borgius, Walther: Zur Sozialisierung des Buchwesens. Berlin 1919.
6 Göbel, Wolfram: Sozialisierungstendenzen expressionistischer Verlage nach dem ersten Weltkrieg. In: Internationales Archiv für Sozialgeschichte der deutschen Literatur 1 (1976), 185.
7 Moufang, Wilhelm: Die gegenwärtige Lage des deutschen Buchwesens. München, Berlin, Leipzig 1921, 47.
8 Knauf, Erich: Buchgemeinschaften. In: Der Kulturwille 5 (Mai 1929), 99.

9   Samter, Hans: Dichtung im Warenhaus. In: Die literarische Welt 6 (17. April 1930), 7.
10 Zit. nach der Satzung des SDS in: Der Schriftsteller 15 (1928), 40. Vgl. zu diesem Komplex Kron, *Schriftsteller* und: Ernst Fischer: Der »Schutzverband deutscher Schriftsteller« 1909–1933. In: Archiv für Geschichte des Buchwesens 21 (1980).
11 Tucholsky, Kurt: Schriftsteller. In: Die Weltbühne 16 (10. Juli 1920), 695.
12 Vgl. dazu Goldbaum, Wenzel: Die gefährliche Spannung. In: Der geistige Arbeiter 1 (Januar 1921), 5: »Die geistigen Arbeiter beneiden die Handarbeiter um ihre politische Macht, um ihre Lebenshaltung, um ihre Löhne. Und sie hassen die Handarbeiter, die ihnen eigentlich als Brüder erscheinen müßten. Zwischen Hand und Kopf herrscht in Deutschland eine geradezu unerträgliche Spannung ⟨...⟩. Dem geistigen Arbeiter fehlt in seiner Kampfstellung gegen das Ausbeutertum, gegen den Kapitalismus, der vom Zwischengewinn dick wird, die Hilfe der Arbeiterbataillone. Den Arbeitern fehlt in ihren Unternehmungen auf Schritt und Tritt der Intellektuelle. Deutschland kommt wegen dieser Spannung zu keiner seelischen Harmonie. Es ist einer der gewaltigsten Fehler der Sozialdemokratie, daß sie auch nach der Revolution keine Formel für den geistigen Arbeiter gefunden hat.«
13 Eulenberg, Herbert: Unsere Verleger. In: Die Weltbühne 20 (1924), 48.
14 Sternheim, Carl: Briefe an meinen Verleger. In: Die Weltbühne 20 (1924), 303. Else Lasker-Schüler veröffentlichte eine ganze Broschüre mit dem sprechenden Titel ›Ich räume auf! Meine Anklage gegen meinen Verleger‹ als Polemik gegen ihren Verleger Paul Cassirer.
15 Vgl. auch Bonn, M.J.: Die wahre Weltrevolution. In: Die neue Rundschau 34 (1923), 394: »Über das Land der Dichter und Denker ist eine soziale Revolution dahingebraust, die Dichten und Denken zum überflüssigen Luxus gemacht hat. Bald wird nichts mehr übrig sein als ›sachliche Produktion‹«.
16 Vgl. dazu das Unterkapitel »Schriftsteller vor Gericht: Zum Zensurproblem« in *Kaes, Weimarer Republik*, 135–156.
17 Döblin, Alfred: Bilanz der ›Dichterakademie‹. In: Vossische Zeitung, Nr. 21 vom 25.1.1931.
18 Zur Geschichte der Sektion Dichtkunst vgl. *Jens, Dichter*.
19 Anonym: Der Kampfbund für deutsche Kultur. In: Nationalsozialistische Monatshefte 2 (Februar 1931), 61. Zit. nach *Kaes, Weimarer Republik*, 549.
20 Rosenberg: zit. nach *Kaes, Weimarer Republik*, 550.
21 Weber, Die Not (s. Anm. 2), 23.
22 Ebd., 40.
23 Mann, Heinrich: Das Sterben der geistigen Schicht. In: H. M. Sieben Jahre. Chronik der Gedanken und Vorgänge. Berlin, Wien, Leipzig 1929, 98.
24 Vgl. dazu das Kapitel »Öffentlichkeit und Repräsentanz des Schriftstellers in der Republik« in *Kaes, Weimarer Republik*, 3–111.
25 Meidner, Ludwig: An alle Künstler! Berlin 1919, 4.
26 Weber, Die Not (s. Anm. 2), 43.
27 Kersten, Kurt: Wirtschaft, Kultur, Intellektuelle. In: Die Weltbühne 19 (1923), 583.

28 Rothschild, Ernst: Das Theater der ›aufnehmend‹ Schaffenden. In: Die neue Schaubühne 1 (1919), 316.
29 Grosz, George/Heartfield, John: Der Kunstlump. In: Der Gegner 1 (1919).
30 Siemsen, Hans: Bücher-Besprechung. In: Die Weltbühne 21 (1923), 57.
31 Wedderkop, Hermann von: Hans Breitensträter. In: Die Weltbühne 17 (1921), 297.
32 Breitensträter, Hans: Mein Mailänder Kampf. In: Der Querschnitt 2 (1922), 107.
33 Mann, Klaus: Der Wendepunkt. Ein Lebensbericht. Frankfurt/M. 1952, 131 f.
34 Mann, Heinrich: Berlin 1921. In: B.Z. am Mittag, Nr. 272 vom 21.1.1921.
35 Behne, Adolf: Die Stellung des Publikums zur modernen deutschen Literatur. In: Die Weltbühne 22 (1926), 776. Vgl. dazu das Unterkapitel ‹Nicht mehr lesen! Sehen!› Literatur und die visuellen Medien« in *Kaes, Weimarer Republik*, 219–239 und weitere Dokumente in *Kaes, Kino-Debatte*.
36 Kracauer, Siegfried: Die Angestellten. Aus dem neuesten Deutschland. Frankfurt/M. 1971, 15.
37 Herrmann-Neiße, Max: Berliner Theaterwirtschaft. In: Die neue Schaubühne 3 (1921), 75. Vgl. auch Pinthus, Kurt: Theater in Berlin. In: Die neue Schaubühne 4 (1922), 99: »Die Leute, die gern gutes, ernstes, künstlerisches Theater sehen wollen, können die geforderten Preise (und selbst deren Hälfte) nicht bezahlen. Die Leute aber, welche diese Papiergeldhaufen erlegen können, wollen nicht gute, ernste, künstlerische Stücke sehen, sondern sich für den villen ⟨sic⟩ Zaster auch tüchtig amüsieren, sich aufgeilen, sich verblüffen lassen.«
38 Thomas, Hans: Das Chaos der Bücher. In: Die Tat 22 (Dezember 1930), 669–678.
39 Ebd., 671 f. Zur Vervollständigung der Statistik: 1927 gab es in Berlin 51 Theater, 97 Varietés und 340 Kinos, wobei 27 Theater, 15 Varietés und 21 Kinos mehr als tausend Plätze hatten. Vgl. Anonym: Berlin hat 51 Theater. In: Berliner Tageblatt, Nr. 468 vom 4.10.1927.
40 Döblin, Alfred (unter dem Pseudonym »Linke Poot«): Neue Zeitschriften. In: A.D.: Schriften zur Politik und Gesellschaft. Olten 1972, 84 (Erstveröffentlichung 1919).
41 Mann, Thomas: Über die Lehre Spenglers. In: T.M.: Altes und Neues. Kleine Prosa aus fünf Jahrzehnten. Frankfurt/M. 1953, 143 (Erstveröffentlichung 1924).
42 Piscator, Erwin: Brief an ›Die Weltbühne‹. In: E.P.: Schriften. Bd. 2: Aufsätze, Reden, Gespräche. Berlin 1968, 43 (Erstveröffentlichung 1928).
43 Vgl. Siegfried Kracauers Sammlung von zeitkritischen Essays in ›Das Ornament der Masse‹ (1926).
44 Kracauer, Siegfried: Über Erfolgsbücher und ihr Publikum. In: S.K.: Das Ornament der Masse. Frankfurt/M. 1977, 67. Siehe auch die Unterkapitel »Das demokratisierte Buch: Neue Wege der Literaturvermittlung« und »Literatur für viele« in *Kaes, Weimarer Republik*, 287–304 und 368–375.
45 Das deutsche Volk an seine Dichter (Umfrage). In: Die neue Bücherschau 6 (1928), 26; vgl. auch Braune, Rudolf: Was sie lesen: Drei Stenotypistinnen. In: Frankfurter Zeitung (Literaturblatt), Nr. 16 vom 21.4.1929. Vgl. auch die zeit-

genössischen Artikel über Zeitungsromane und die neue Popularität angelsächsischer Abenteuer- und Detektivromane in *Kaes, Weimarer Republik*, 369–373.
46 Sahl, Hans: Klassiker der Leihbibliothek. In: Das Tagebuch 7 (22. Mai 1926), 716–720. Die populärsten Autoren waren Rudolf Herzog, Rudolf Stratz, Richard Skowronneck, Fedor von Zobeltitz, Ludwig Wolff. Siehe dazu die Serie über diese Autoren im ›Tage-Buch‹, Mai bis Juli 1926.
47 Arnheim, Rudolf: Die Kunst im Volke. In: Die Weltbühne 24 (17. 1. 1928), 97.
48 Weber, Max: Deutschlands künftige Staatsform. In: Frankfurter Zeitung, Nr. 324 vom 22. 11. 1918.
49 Münzer, Kurt: Bücher von Drüben. In: Das literarische Echo 25 (April 1923), 702.
50 Tönnies, Ferdinand: Kritik der Öffentlichen Meinung. Berlin 1922, 564 f.
51 Viator (Pseud.): Judas Aufstiegsmöglichkeit. In: Die Weltbühne 17 (1921), 563.
52 Vgl. *Ketelsen, Völkisch-Nationale Literatur.*

Wolfram Wessels: Die Neuen Medien und die Literatur

1 Brecht, Bertolt: Der Dreigroschenprozeß. In: B. B.: Gesammelte Werke. Bd. 18. Frankfurt/M. 1967, 156.
2 Brecht, Bertolt: Der Rundfunk als Kommunikationsapparat. In: B. B.: Gesammelte Werke. Bd. 18, 127.
3 Vgl. *Knilli, Massenmedien.*
4 *Habermas, Strukturwandel*, 197.
5 Von Wiese, Leopold: Die Auswirkungen des Rundfunks auf die soziologische Struktur unserer Zeit; Protokoll der Sitzung der RRG am 15. 5. 1930 (als Manuskript gedruckt), 8.
6 Vgl. *Toeplitz, Geschichte*, 1, 18 ff.
7 Ebermayer, Erich: Der Minister ist ermordet (1926).
8 *Benjamin, Kunstwerk*, 16.
9 *Benjamin, Kunstwerk*, 26.
10 Zit. nach *Heller, Literarische Intelligenz*, 32.
11 *Paech, Literatur*, 10.
12 Vgl. *Kittler, Grammophon*, 190; *Virilio, Krieg*, 19.
13 Zit. nach *Zglinicki, Weg*, 392.
14 Vgl. Balázs, Béla: Der sichtbare Mensch (1924). In: *Balázs, Film*, Bd. 1, 45–139.
15 Zit. nach *Zglinicki, Weg*, 2.
16 Karpus, Lili: Kinoentwicklung. In: Film und Volk. H. 1 (1928), 31.
17 Zit. nach »*Hätte ich das Kino!*«, 32.
18 Zit. nach »*Hätte ich das Kino!*«, 28.
19 Zit. nach *Kinter, Arbeiterbewegung*, 176.
20 Zit. nach *Brennicke/Hembus, Klassiker*, 250.
21 Vgl. *Berg, Bühnenschau.*
22 A. Knoll in: Die neue Zeit, 1919; zit. nach *Kinter, Arbeiterwegung*, 183.
23 Zit. nach *Hempel, Mayer*, 103.

24 Zit. nach »*Hätte ich das Kino!*«, 123.
25 Zit. nach *Zglinicki, Weg*, 374.
26 Der Kinematograph. Nr. 314 (1913). Zit. nach *Heller, Literarische Intelligenz*, 19.
27 Zit. nach »*Hätte ich das Kino!*«, 22.
28 Altenloh, Emelie: Zur Soziologie des Kinos. Jena 1914. Zit. nach »*Hätte ich das Kino!*«, 64.
29 Vgl. *Keiner, Harbou*.
30 Im Druck erschienen 1924 in Potsdam mit einem Vorwort des Regisseurs Lupu Pick. Zit. nach *Hempel, Mayer*, 111 f.
31 Zit. nach *Benjamin, Kunstwerk*, 25.
32 Zit. nach *Benjamin, Kunstwerk*, 27.
33 Weill, Kurt: Möglichkeiten absoluter Radiokunst. In: Der Deutsche Rundfunk. Jg. 3 (1925). Nr. 26, 1625 ff.
34 Kracauer, Siegfried: Abstrakter Film. In: Frankfurter Zeitung, 13. 3. 1928.
35 *Arnheim, Film*, 309.
36 Balázs, Der sichtbare Mensch (s. Anm. 14), 53.
37 In: Der Sozialdemokrat, 11. 12. 1919. Vgl. *Kinter, Arbeiterbewegung*, 180.
38 Brecht, Dreigroschenprozeß (s. Anm. 1), 202 f.
39 »*Hätte ich das Kino!*«, 385.
40 *Eisner, Leinwand*, 17.
41 *Kracauer, Caligari*, 9. Zur Rezeptionsgeschichte und der Kontroverse vgl. dort: Nachwort und Bibliographie zur Wirkungsgeschichte, 605–618.
42 Pinthus, Kurt: Das Kinobuch. Frankfurt/M. 1983. Einzig der Text von Heinrich Lautensack ›Zwischen Himmel und Erde‹ wurde als Film realisiert – allerdings bereits vor Erscheinen der Anthologie.
43 Zit. nach *Caligarismus*, 35
44 *Kalbus, Filmkunst*, 73
45 Kracauer, Siegfried: Wir schaffens! In: Frankfurter Zeitung, 17. 11. 1927.
46 Balázs; Béla: Sachlichkeit und Sozialismus. In: Weltbühne, 18. 12. 1928. Zit. nach *Balázs, Film*, Bd. 2, 238.
47 Bischoff, Fritz Walther: Das literarische Problem im Rundfunk. In: Rundfunkjahrbuch 1929, 53 f.
48 Vgl. *Kittler, Grammophon*, 149 ff.
49 Reininger, Georg; zit. nach W. B. Lerg: Die Entstehung des Rundfunks in Deutschland. Frankfurt/M. 1965, 207.
50 Kappeller, Ludwig. In: Funk. 1924. H. 29, 437.
51 Bredow, Hans: Dem »Deutschen Rundfunk« zum Geleit. In: H. B.: Aus meinem Archiv. Heidelberg 1950, 15.
52 Vgl. *Lerg, Rundfunkpolitik*.
53 Kuh, Anton: Angst vor dem Radio. In: Der Querschnitt, Nr. 4/1930. Zit. nach Schneider, Radio-Kultur, 52 ff. Kuh kritisierte das »Mißverhältnis zwischen Apparatur und Geist« und gab seiner Trauer über den Verlust der Aura des »Kunstwerks im Zeitalter seiner technischen Reproduzierbarkeit« (Benjamin) mit den Worten Ausdruck: »Die Menschheit hat den Weltraum zu ihrem Grammophon erniedrigt.«

54 Vgl. *Wessels, Hörspiele*, 190 ff.
55 Dichtung und Rundfunk. Reden und Gegenreden. Berlin 1930. (Als Verhandlungsniederschrift der Arbeitstagung der Sektion für Dichtkunst der Preußischen Akademie der Künste und der Reichs-Rundfunk-Gesellschaft gedruckt.)
56 Dichtung und Rundfunk (s. Anm. 55), 9.
57 Dichtung und Rundfunk (s. Anm. 55), 9 f.
58 Als Aufsatzreihe in der Bayerischen Radio Zeitung 1931, als Buch: Berlin 1932.
59 Der vormals anonyme »Rufer« erhielt nun einen Namen: A. Hitler. Vgl. *Wessels, Hörspiele*, 393 ff.
60 Zit. nach *Dahl, Radio*, 68
61 Zur Kritik vgl. Band, Lothar: Festfähige Rundfunkmusik. In: Funk. 2. 8. 1929, 137 f.
62 Kohl, Fritz: Schädigt der Rundfunk andere Kultureinrichtungen. In: Rundfunkjahrbuch 1930, 407.
63 Angaben nach: Pinthus, Kurt: Fünf Jahre Berliner Rundfunk 1923–1928. Berlin o. J., 92 ff. Sowie: Lindemann, Elmar: Literatur und Rundfunk in Berlin 1923–1932. Bd. 1. Göttingen 1980; Bd. 2. Göttingen 1978.
64 *Lindemann, Literatur und Rundfunk*, Bd. 2, 289.
65 Vgl. *Hörburger, Hörspiel*.
66 Vgl. *Würffel, sozialistische Hörspiele*, 15.
67 Vgl. *Hörburger, Hörspiel*, 32 ff.
68 es (d. i.: Ernst Schön): Zur Problematik des Rundfunks. In: Der Deutsche Rundfunk. Jg. 2 (1924). Nr. 38, 2135 f.
69 Einzig bekannte Ausnahme: Schwitters, Kurt: Sonate in Urlauten; An Anna Blume. Produziert von der Süddeutschen Rundfunk AG Stuttgart am 5. 5. 1932. Die Aufnahme ist erhalten und befindet sich im Deutschen Rundfunk Archiv Frankfurt.
70 Dr. Hans Roeseler auf der Tagung »Dichtung und Rundfunk« (s. Anm. 55), 28; vgl. dazu die Äußerungen Arnold Zweigs, ebd., 23.
71 Bischoff, Das literarische Problem (s. Anm. 47), 58.
72 *Paech, Literatur*, 48.
73 Zit. nach *Paech, Literatur*, 122.
74 Zit. nach *Kaes, Kinodebatte*, 21.
75 Benjamin, Walter. Zit. nach *Paech, Literatur*, 125.
76 Schirokauer, Arno: Kunst-Politik im Rundfunk. In: Die literarische Welt. 1929. Nr. 35. Zit. nach *Schneider, Radio-Kultur*, 89.

Hermann Korte: Spätexpressionismus und Dadaismus

1 Hirsch, Karl Jakob: Revolution in Berlin. In: *Raabe, Aufzeichnungen*, 236.
2 Benemann, Maria: Wandlungen. Leipzig 1915; Werfel, Franz: Einander. Leipzig 1917; Ehrenstein, Albert: Der Mensch schreit. Leipzig 1916; Wolfenstein, Alfred: Freundschaft. Berlin 1917; Brod, Max: Das gelobte Land. Leipzig 1917; Werfel, Franz: Gesänge aus den drei Reichen. Leipzig 1917.

3 Vietta/Kemper, Expressionismus, 187.
4 Fischer, Wolfenstein, 19.
5 Kaiser, Georg: Vision und Figur. In: Anz/Stark, Expressionismus, 139 f. (zuerst 1918).
6 Zit. nach Frühwald/Spalek, Fall Toller, 48.
7 Pinthus, Kurt (Hrsg.): Menschheitsdämmerung. Symphonie jüngster Dichtung. Berlin 1920, XVI.
8 Ulitz, Arnold: Kriegsgefahr. In: Die Erde 1. 1919, 51.
9 Goll, Ivan: Requiem. Für die Gefallenen von Europa. Zürich 1917, 41.
10 Ehrenstein, Albert: Den ermordeten Brüdern. Zürich 1919, 15 – 17.
11 Kesser, Hermann: Revolution als Erlösung. Der neue Daimon 1. 1919, 148 – 157, Zitat 153.
12 Kesser, Revolution als Erlösung, 154.
13 Otten, Karl: Die Thronerhebung des Herzens. Berlin 1918, 16.
14 Vgl. *Korte, Krieg*, 195 ff.
15 Zit. nach *Anz/Stark, Expressionismus*, 329.
16 Zit. nach *Kliemann, Novembergruppe*, 57.
17 Vgl. *Petersen, Rubiner*, 55 ff.; *Kolinsky, Engagierter Expressionismus*, 80 – 163.
18 *Hucke, Utopie*, 221.
19 Rat geistiger Arbeiter. In: Die Weltbühne 14. 1918. Nr. 47 (21. November), 473 – 475. (Zur Unterzeichnerliste des Aufrufs vgl. *Anz/Stark, Expressionismus*, 291.)
20 Vgl. Hiller, Kurt: Ein deutsches Herrenhaus. Leipzig 1918 (mit zusätzlichen Anmerkungen wiederabgedruckt in K. H.: Verwirklichung des Geistes im Staat. Leipzig 1925, 80 – 119).
21 Zit. nach *Schlenstedt, Wegscheiden*, 108.
22 Pfemfert, Franz: Nationalversammlung ist Konterrevolution. In: Die Aktion 8. 1918. Heft 47/48 (30. November), 611 f. Das gleiche Heft der ›Aktion‹ brachte mit Carl Sternheims Essay ›Die deutsche Revolution‹ (613 – 620) eine umfassende, gegen die Schlagworte des messianischen Expressionismus gerichtete Analyse der Novemberereignisse.
23 Ehrenstein, Albert: Bekenntnis, In: Das Tribunal 1. 1919, 24 f. Vgl. zum Thema ›Schriftsteller und Novemberrevolution‹ auch *Albrecht*, 74 – 98.
24 Kanehl, Oskar: Demokratie-Lügendemokratie. In: Die Erde 1. 1919. 264 – 267. Vgl. auch *Druvins, Kanehl*, 113 – 161.
25 Vgl. *Albrecht*, 99 – 161, *Peter, Intelligenz*, 41 – 76; *Fähnders/Rector, Linksradikalismus; Schlenstedt, Wegscheiden*, 83 – 112.
26 Leonhard, Rudolf: Alles und Nichts! Aphorismen. Berlin 1920, 192.
27 Leonhard, Rudolf: Lebenslauf, 1921. (Unveröffentlicht; Deutsches Literatur-Archiv Marbach.)
28 Vgl. *Raabe, Aufzeichnungen; Daiber, Deutschland*.
29 Leonhard, Rudolf: Worte. In: *Pörtner, Literaturrevolution I*, 192. Vgl. *Stöber, Leonhard; Korte, Krieg*, 225 ff.
30 Mierendorff, Carlo: Erneuerung der Sprache. In: *Pörtner, Literaturrevolution I*, 202. Freilich schrieb Mierendorff bereits ein Jahr später: »Im Tumult der Flug-

und Extrablätter war das Wort verlorengegangen. Die Rotationspressen hatten es zerquetscht.« (Zit. nach *Anz/Stark, Expressionismus*, 667).

31 Kersten, Hugo: Handelt bewußt! In: Impertinenter Expressionismus. Texte von Hugo Kersten. Hrsg. von Michael Stark, Stuttgart 1980, 101. Zum Autor vgl. das Nachwort von Stark (137–162).

32 Schickele, René: Revolution, Bolschewismus und das Ideal. In: Die weißen Blätter 5. Heft 6 (Dezember 1918), 97–130, Zitat 119. Vgl. dazu *Meyer, Kunstfrühling*, 150 ff.; *Storck, Schickele*.

33 Kersten, Handelt bewußt! (s. Anm. 31).

34 Leonhard, Rudolf: »Kampf gegen die Waffe!« Berlin 1919, 19 f.

35 Leonhard, Kampf, 19.

36 Den Begriff prägte Kurt Hiller; vgl. *Anz/Stark, Expressionismus*, 265.

37 Titel des Erstlingswerkes von Ernst Toller (Potsdam 1919).

38 Vgl. *Frühwald/Spalek, Fall Toller*, 110–122.

39 *Eykman, Denk- und Stilformen*, 37. Eykman erörtert u. a. auch die Bedeutung von Ferdinand Tönnies und Paul Tillich für den Gemeinschaftsbegriff des Expressionismus (vgl. 28–43).

40 Zit. nach *Edschmid, Briefe*, 131 f.

41 *Edschmid, Briefe*, 132.

42 Becher an K. Kippenberg, 4.7. 1920. In: Becher und die Insel. Briefe und Dichtungen 1916–1954. Hrsg. von Rolf Harder und Ilse Siebert. Leipzig 1981, 192.

43 Vgl. zur Periodisierung des Expressionismus Raabe, Paul: Der Expressionismus als historisches Phänomen. In: *Rötzer, Begriffsbestimmung*, 241–262; Mayer, Hans: Rückblick auf den Expressionismus. In: *Rötzer, Begriffsbestimmung*, 263–281. Die Formel vom ›expressionistischen Jahrzehnt‹ (1910–1920) greift als Periodisierungsschema viel zu kurz und wird dem widersprüchlichen Prozeß der Distanzierung nicht gerecht. Dagegen *Anz/Stark, Expressionismus*, XVII.

44 Musil, Robert: Tagebücher. Hrsg. von Adolf Frisé. Neu durchges. und erg. Aufl. Reinbek bei Hamburg 1983, 382 f.

45 Vgl. *Thomke, Hymnische Dichtung*.

46 Brust, Alfred: Der ewige Mensch. Drama in Christo. In: A. B.: Dramen 1917–1924. Hrsg. von Horst Denkler. München 1971, 45–66, Zitat 45.

47 So *Steinlein, Theaterkritische Rezeption*, 25.

48 Rutra, Arthur Ernst: Golgatha. Ein Spiel in neun Bildern. München 1918; Pulver, Max: Christus im Olymp. Eine Epiphanie. München 1918; Becker, Julius Maria: Das letzte Gericht. Eine Passion in vierzehn Staionen. Berlin 1919; Csokor, Franz Theodor: Der Baum der Erkenntnis. Ein Mythos. Zürich, Leipzig, Wien 1919; Jollos, Waldemar: Esau und Jakob. Berlin 1919; Kornfeld, Paul: Himmel und Hölle. Eine Tragödie in fünf Akten und einem Epilog. Berlin 1919; Lauckner, Rolf: Predigt in Litauen. Berlin 1919; Peuckert, Will-Erich: Passion. Ein Drama. Dresden 1919; Brust, Alfred: Die Schlacht der Heilande. Ein Schauspiel. München 1920; Schreyer, Lothar: Kreuzigung. Hamburg 1920; Berl, Heinrich: Auferstehung. Kosmische Wanderung. Heidelberg 1921.

49 Denkler, *Drama des Expressionismus*, 65.
50 Zit. nach *Steinlein, Theaterkritische Rezeption*, 68.
51 Vgl. *Fähnders/Rector, Linksradikalismus* 1, 138–146.
52 Vgl. *Kreuzer, Boheme*, 53–60.
53 Zit. nach *Göbel, Sozialisierungstendenzen*, 193. Dort auch eine Übersicht über die einzelnen Experimente.
54 *Meyer, Paul Steegemann Verlag*, 17.
55 Zit. nach *Huelsenbeck, Dada*, 37.
56 Zit. nach *Huelsenbeck, Dada*, 56.
57 *Huelsenbeck, Dada*, 56.
58 So das ›Dadaistische Manifest‹ von 1918, das Tzara, Grosz, Marcel Janko, Huelsenbeck, Gerhard Preiß und Hausmann verfaßten (zit. nach *Huelsenbeck, Dada*, 33). Zum Dadaismus vgl. auch *Brinkmann, Expressionismus*, 179–207.
59 Die Diskussion darüber ist nicht abgeschlossen; vgl. *Philipp, Dadaismus*, 82 ff.; *Meyer, Dada; Sloterdijk, Kritik*, Bd. 2, 711–733; *Bürger, Autonomie*.
60 So *Meyer, Dada*, 255. Vgl. auch *Riha, Dada*, 37–64; Forster, Stephen C.: Johannes Baader: Kunst und Kulturkritik. In: *Sinn aus Unsinn*, 153–176.
61 Zit. nach *Anz/Stark, Expressionismus*, 401.
62 *Schlenstedt, Wegscheiden*, 141.
63 Becher an K. Kippenberg, 17.9.1920. In: Becher und die Insel (s. Anm. 42), 205.
64 Ehrenstein, Albert: Urteil. In: A. E., Die Gedichte. Leipzig, Prag, Wien 1920, 201. Vgl. *Korte, Krieg*, 210–218.
65 Musil: Tagebücher (s. Anm. 44), 599.
66 Vgl. *Fischer, Wolfenstein*, 38 f., 188 f.
67 Zit. nach Hasenclever, Walter: Gedichte. Dramen. Prosa. Hrsg. und eingel. von Kurt Pinthus. Reinbek bei Hamburg 1963, 503.
68 Hasenclever, Walter: Kunst und Revolution. In: W. H., Gedichte (s. Anm. 67), 504 f., Zitat 505.
69 Musil: Tagebücher (s. Anm. 44), 400.
70 So etwa Hatvani, Paul: Zeitbild. In: Renaissance 1. 1921. Heft 1, 3; Goll, Ivan: Der Expressionismus stirbt. ⟨1921⟩ In: *Anz/Stark, Expressionismus*, 108 ff.
71 Zit. nach *Anz/Stark, Expressionismus*, 103.
72 *Denkler, Drama des Expressionismus*, 191.
73 Unruh an den Herausgeber der Schriftenreihe ›Tribüne der Kunst und Zeit‹ (1918), zit. nach *Edschmid, Briefe*, 145.
74 *Kasang, Wilhelminismus und Expressionismus*, 501.
75 In der sog. ›Expressionismus-Debatte‹ der Dreißiger Jahre hat die (insgesamt ungerechtfertigte) Behauptung einer Vorläuferschaft des Expressionismus in Bezug auf faschistische Ideologeme eine Rolle gespielt; vgl. dazu und zur ›Debatte‹ allgemein *Stark, Expressionismus; Schmitt, Expressionismusdebatte*. Zu Heynicke vgl. *Hucke, Utopie*, 237–282.
76 Goll, Ivan: Methusalem oder der ewige Bürger. Ein satirisches Drama. Text und Materialien zur Interpretation besorgt von Reinhold Grimm und Viktor Žmegač. Berlin 1966, 7.
77 Ebd.

78 Leonhard, Alles oder nichts (s. Anm. 26), Vorwort. – Zur religiösen Metaphorik als Element politischer Mystifikation vgl. *Korte, ›Heilige Scharen‹*, 41–48.
79 Sternheim an Edschmid, 5.1.1920. In: *Edschmid, Briefe*, 110.
80 Zit. nach: Benn, Gottfried: Lyrik und Prosa. Briefe und Dokumente. Hrsg. von Max Niedermayer. Wiesbaden 1962, III.
81 *Czucka, Idiom*, 32. Vgl. auch *Schönert, Sternheim*.
82 Flake, Otto: Die Stadt des Hirns. Roman. Berlin 1919. Vorwort, 10 f. Zur spätexpressionistischen Prosa vgl. *Krull, Prosa des Expressionismus; Brinkmann, Expressionismus*, 265–272; zu Flakes Roman vgl. *Krull, Politische Prosa*, 211 ff.
83 *Raabe, Autoren und Bücher*, 706 ff.
84 Vgl. *Knobloch, Ende des Expressionismus*, 35; *Korte, Abdankung*.
85 Zit. nach *Knobloch, Ende des Expressionismus*.
86 Einstein, Carl: Über den Roman. Anmerkungen. ⟨1912⟩ Zit. nach *Anz/Stark, Expressionismus*, 656 f.
87 In: *Huelsenbeck, Dada*, 69–78, Zitat 69.
88 So *Bürger, Autonomie*, 330.
89 Vgl. *Petersen, Literatur und Justiz*, 77–99.
90 *Bergius, Das Lachen Dadas*, 320.
91 Vgl. Herzfelde, Wieland: Zur Sache geschrieben und gesprochen zwischen 18 und 80. Berlin 1976, 430–467.
92 Vgl. *Bergius, Das Lachen Dadas*, 173.
93 Vgl. *Petersen, Literatur und Justiz*, 98.
94 Einstein, Carl: Die schlimme Botschaft. Zwanzig Szenen. Berlin 1921.
95 Vgl. *Petersen, Literatur und Justiz*, 78 f.
96 Tucholsky, Kurt: Der kleine Geßler und der große Grosz. In: K. T.: Gesammelte Werke, Bd. 1 (1907–1924), 751 f., Zitat 752.
97 Ebd., 801. Tucholskys Essay ist mit »Dada-Prozeß« (800–804) überschrieben.
98 Ebd., 800.
99 Ebd., 801.
100 In *Huelsenbeck, Dada*, 104–108, Zitat 107.
101 *Philipp, Dadaismus*, 303; vgl. Kane, Martin: George Grosz und die Politisierung des Berliner Dada.
102 Zit. nach *Riha, Dada*, 130 f.
103 Zit. nach *Philipp, Dadaismus*, 189. Vgl. *Kemper, Vom Expressionismus zum Dadaismus*, 38 ff., 164 ff., 194 ff.
104 Zit. nach Kane, Grosz (s. Anm. 90), 134.
105 *Kemper, Vom Expressionismus zum Dadaismus*, 174.
106 In *Huelsenbeck, Dada*, 32.
107 *Sloterdijk, Kritik*, Bd. 2, 721.
108 So das ›Dadaistische Manifest‹. In *Huelsenbeck, Dada*, 32.
109 Ebd.
110 Serner, Walter: Manschette 9 (Elegie). Zit. nach *Huelsenbeck, Dada*, 197.
111 Kaes, Anton: Verfremdung als Verfahren: Film und Dada. In *Sinn aus Unsinn*, 71–83, Zitat 72.

112 Zit. nach *Huelsenbeck, Dada*, 63. Zur Fortsetzung des Dadaismus nach 1923 vgl. exemplarisch das Werk von Schwitters; dazu *Philipp, Dadaismus*, 254 ff. und *Kemper, Vom Expressionismus zum Dadaismus*, 215 ff.
113 So Tristan Tzaras ›Dada-Manifest‹ von 1918; zit. nach *Huelsenbeck, Dada*, 51.

Bernhard Weyergraf: Erneuerungshoffnung und republikanischer Alltag

1 Hirschfeld, Magnus: Sittengeschichte der Nachkriegszeit. Bd. 1, Leipzig, Wien 1931, 2.
2 Goldschmidt, Alfons: Gehässigkeit. In: Die Weltbühne. XIV. Jg. Nr. 51 (19. Dezember 1918).
3 Tucholsky, Kurt: Gesammelte Werke. Hrsg. von Mary Gerold-Tucholsky, Fritz J. Raddatz. Reinbek bei Hamburg 1975, Bd. 2, 8.
4 Mann, Heinrich: Geist und Tat. In: H. M.: Macht und Mensch. München 1919, 6.
5 Mann, Heinrich: Zola. In: H. M.: Macht und Mensch, 46.
6 Mann, Heinrich: Sinn und Idee der Revolution. In: H. M.: Macht und Mensch, 164 f.
7 Rat geistiger Arbeiter. In: Die Weltbühne. XIV. Jg. Nr. 47 (21. Nov. 1918).
8 Tucholsky, Gesammelte Werke (s. Anm. 3), Bd. 2, 41.
9 Gumbel, Emil J.: Rede an Spartacus. In: Die Weltbühne. XIV. Jg. Nr. 51 (19. Dez. 1918).
10 Jacobsohn, Siegfried: Vor, in und nach dem Kriege. In: Die Weltbühne. XV. Jg. Nr. 16 (10. April 1919).
11 Feuchtwanger, Lion: Stücke in Prosa. Gesammelte Werke. Bd. 11. Amsterdam 1936, 175.
12 Ebd., 275.
13 Ebd., 174.
14 Ebd., 283.
15 Ebd.
16 Jacobsohn, Siegfried: Antwort an Dr. Berthold Rodewald. In: Die Weltbühne. XX. Jg. Nr. 21 (22. Mai 1924).
17 Hirschfeld, Sittengeschichte (s. Anm. 1), 148.
18 Polgar, Alfred: Hinterland. Berlin 1929, 151.
19 Kracauer, Siegfried: Theorie des Romans. In: Die Weltbühne. XVII. Jg. Nr. 35 (l. Sept. 1921).
20 Grosz, George: Ein kleines Ja und ein großes Nein. Hamburg 1955, 143 f.
21 Zit. nach Kantorowicz, Alfred: Deutsche Schicksale. Intellektuelle unter Hitler und Stalin. Wien, Köln, Stuttgart, Zürich 1964, 160.
22 Tucholsky, Gesammelte Werke (s. Anm. 3), Bd. 3, 215 u. 255.
23 Ebd., 304.
24 Friedrich, Ernst: Krieg dem Kriege. Berlin o. J. ⟨1924⟩, Einleitung.
25 Becker, H. Matthäus: Her mit dem Kriegsmuseum! In: Die Weltbühne. XVII. Jg. Nr. 35 (1. 9. 1921).
26 Zit. nach Kittsteiner, H. D.: Dix, Friedrich und Jünger: Bilder des Weltkrieges. In:

H. v. Heppe/Th. Kempas/B. Weyergraf (Hrsg.): Otto Dix. Zwischen den Kriegen. Berlin 1977, 35.
27 Wandt, Heinrich: Erotik und Spionage in der Etappe Gent. Wien, Berlin 1928, 6.
28 Kästner, Erich: Gesang zwischen den Stühlen. In: E. K.: Gedichte. Frankfurt/M. ⁵1992, 384 f.
29 Zweig, Arnold: Nachwort. In: Feuchtwanger, Lion: Erfolg. Leipzig 1950, 774.
30 Döblin, Alfred: Der deutsche Maskenball. In: A. D.: Ausgewählte Werke in Einzelbänden. Olten, Freiburg/Br. 1972, 99 f.
31 Vgl. Tucholsky, Gesammelte Werke (s. Anm. 3), Bd. 3, 128.
32 Döblin, Alfred: Der Epiker, sein Stoff und die Kritik. 1921. In: A. D.: Schriften zu Leben und Werk. Olten, Freiburg/Br. 1986, 33.
33 Mann, Heinrich: Sieben Jahre. Berlin, Leipzig, Wien 1929, 215.
34 Mann, Heinrich: Die Diktatur der Vernunft. Berlin 1923.
35 Tucholsky, Gesammelte Werke (s. Anm. 3), Bd. 7, 13.
36 Tucholsky, Gesammelte Werke (s. Anm. 3), Bd. 5, 434.
37 Tucholsky, Gesammelte Werke (s. Anm. 3), Bd. 5, 434.
38 Tucholsky, Kurt: Mathematik der Operette. In: Die Weltbühne. XIX. Jg. Nr. 21 (24. Mai 1923).
39 Tucholsky, Gesammelte Werke (s. Anm. 3), Bd. 2, 54 ff.
40 Tucholsky, Gesammelte Werke (s. Anm. 3), Bd. 3, 36.
41 Ebd., 267.
42 Tucholsky, Gesammelte Werke (s. Anm. 3), Bd. 6, 251
43 Tucholsky, Gesammelte Werke (s. Anm. 3), Bd. 3, 165
44 Ebd., 35.
45 Ebd., 36.
46 Ebd., 74.
47 Ebd., 468.
48 Ebd., 152.
49 Tucholsky, Kurt: Denkmalsschmelze. In: Die Weltbühne. XIV. Jg. Nr. 36 (5.9.1918), 224.
50 Tucholsky, Gesammelte Werke (s. Anm. 3), Bd. 3, 132.
51 Tucholsky, Gesammelte Werke (s. Anm. 3), Bd. 4, 285 f.
52 Tucholsky, Gesammelte Werke (s. Anm. 3), Bd. 3, 196 f.
53 Tucholsky, Gesammelte Werke (s. Anm. 3), Bd. 2, 358.
54 Tucholsky, Kurt: Was nun? In: Die Weltbühne. XXI. Jg., Nr. 18 (5. Mai 1925).
55 Tucholsky, Gesammelte Werke, (s. Anm. 3), Bd. 3, 460.
56 Ebd., 459.
57 Ebd., 75.
58 Tucholsky, Gesammelte Werke (s. Anm. 3), Bd. 4, 394.
59 Tucholsky, Gesammelte Werke (s. Anm. 3), Bd. 6, 321.
60 Tucholsky, Gesammelte Werke (s. Anm. 3), Bd. 4, 395.
61 Tucholsky, Gesammelte Werke (s. Anm. 3), Bd. 9, 91.
62 Kurt Tucholsky an Walter Hasenclever, 4. März 1933; zit. nach Schulz, Klaus-Peter: Kurt Tucholsky in Selbstzeugnissen und Bilddokumenten. Hamburg 1959, 160 f.

63 Tucholsky, Gesammelte Werke (s. Anm. 3), Bd. 3, 329.
64 Horváth, Ödön von: Gesammelte Werke. Hrsg. von Traugott Krischke und Dieter Hildebrandt, Frankfurt/M. 1978. Bd. 5, 147.
65 Polgar, Alfred: Vom fragwürdigen Nutzen der Kritik. In: A. P.: Ich bin Zeuge. Berlin 1928, XV f.
66 Ossietzky, Carl von: Die Ursache. In: Die Weltbühne. XXIII. Jg. Nr. 48 (29. Nov. 1927).
67 Polgar, Alfred: Die Sichern. In: Die Weltbühne. XXVI. Jg. Nr. 14 (1. April 1930).
68 ⟨Vorbemerkung zu Lion Feuchtwanger: Die Wahrhaft Deutschen⟩. Vgl. Die Weltbühne. XXVI. Jg. Nr. 38 (16. Sept. 1930).
69 Kästner, Erich: Gesammelte Schriften für Erwachsene. Band 8. Zürich 1969, 202.
70 Benjamin, Walter: Linke Melancholie. Zu Erich Kästners neuem Gedichtbuch. In: W. B.: Angelus Novus. Ausgewählte Schriften 2. Frankfurt/M. 1966, 458 f.
71 Ebd., 459.
72 Benjamin, Walter: Der Autor als Produzent. In: W. B.: Lesezeichen. Schriften zur deutschsprachigen Literatur. Leipzig 1970, 358.
73 Kästner, Erich: Prosaische Zwischenbemerkung. In: E. K.: Lärm im Spiegel. Berlin o.J., 55.
74 Tucholsky, Gesammelte Werke (s. Anm. 3), Bd. 6, 318.
75 Tucholsky, Gesammelte Werke (s. Anm. 3), Bd. 6, 317.
76 Ebd.
77 Lukács, Georg: Über einige Eigentümlichkeiten der geschichtlichen Entwicklung Deutschlands. In: G. L.: Die Zerstörung der Vernunft. Berlin 1955, 70.

Walter Fähnders:
Literatur zwischen Linksradikalismus, Anarchismus und Avantgarde

1 Die ›Kunstlump‹-Debatte ist dokumentiert bei *Fähnders/Rector, Literatur im Klassenkampf*, 43 ff., Zitat 50; vgl. dazu *Fähnders/Rector, Linksradikalismus*, Bd. 1, 100 ff. und *Maier-Metz, Expressionismus*, 287 ff.
2 Jung, Franz: Proletarische Erzählkunst (1920). In: *Fähnders/Rector, Literatur im Klassenkampf*, 118; vgl. *Jung-Bibliographie* und *Rieger, Glückstechnik* sowie die Jung-Werkausgabe in der Edition Nautilus (Hamburg 1981 ff.; bisher 11 Bde.).
3 Jung, Franz: Arbeitsfriede. In: F. J.: Chronik einer Revolution in Deutschland (1). Joe Frank illustriert die Welt. Die Rote Woche. Arbeitsfriede. Drei Romane. Hamburg 1984 (= F. J.: Werke. Bd. 2), 105. Vgl. Fähnders, Walter: Nachwort. Ebd., 211 ff.
4 Vgl. *Fähnders, Anarchismus*, 186.
5 Vgl. *Meyer u. a., Dada*, 158.
6 Leonhard, Rudolf: Dichtung und Revolution (1919). In: *Fähnders/Rector, Literatur im Klassenkampf*, 164 (Hervorhebung im Original).
7 *Benjamin, Sürrealismus*, 212; vgl. dazu *Fähnders, Anarchismus*, 188 ff.
8 Vgl. *Drijkoningen, Dada; Berg, Dada-Zürich; Drijkoningen, Surréalisme*; ders.: *Surrealismus; Pierre, Surréalisme; Der libertäre Esprit*.

9   So im Impressum von: Der Einzige. 1919–1925. Reprint. Hrsg. von Hartmut Geerken. München 1980, 12 u. ö.
10 Zit. nach *Lehner, Individualanarchismus*, 221.
11 In: Der Ziegelbrenner 3, 1919, Nr. 15, 1 f.
12 (Marut, Ret:) Die Zerstörung unseres Welt-Systems durch die Markurve. In: Der Ziegelbrenner 4, 1920, Nr. 20–22, 44.
13 Plivier, Theodor: Anarchie. Stuttgart 1919, 15, 3, 13. – Die Flugschriften liegen als Reprint vor: Ich bin der Weg. Revolutionäre Flugschriften 1922–1925. Hrsg. von Theodor Plivier. Vorwort Ulrich Linse. Schlitz 1983; vgl. *Fähnders/Rector, Linksradikalismus*, Bd. 1, 319 ff.; Bd. 2, 224 ff.
14 Mackay, John Henry: Abrechnung. Freiburg/Br. 1976, 103.
15 Mühsam, Erich: Die Befreiung der Gesellschaft vom Staat. Was ist kommunistischer Anarchismus? Berlin-Britz 1933 (= Fanal-Sonderheft), 7 f.; zu Mühsam vgl. *Mühsam-Bibliographie I und II*.
16 Mühsam, Erich: Kunst und Proletariat (1930). In: E. M.: Publizistik. Unpolitische Erinnerungen. Hrsg. von Christlieb Hirte. Berlin/DDR 1978 (= E. M.: Ausgewählte Werke. Bd. 2), 419 und 434.
17 Berg, G.: Kunst und Volk. In: Der Syndikalist. Nr. 1 vom 2.1.1926; vgl. *Fähnders/Rector, Linksradikalismus*, Bd. 2, 144 ff.

Rüdiger Safranski/Walter Fähnders: Proletarisch-revolutionäre Literatur

1   Heartfield, John und Grosz, George: Der Kunstlump. In: Der Gegner, 1. Jg., Heft 10–12, 48–56.
2   Zit. nach Walter Fähnders/Martin Rector: Linksradikalismus und Literatur. Reinbek bei Hamburg 1974, 104 ff.
3   Jung, Franz: Technik des Glücks. Berlin 1920, 17.
4   Jung, Franz: Die Eroberung der Maschinen. Neuwied 1973, 20.
5   Kanehl, Oskar: Kunst und Künstler im Proletariat. Zit. nach *Albrecht*, 529–531.
6   Kanehl, Oskar: Straße frei. Neue Gedichte. Berlin 1928.
7   Becher, Johannes R.: zit. nach *Albrecht*, 162 ff.
8   Becher, Johannes R.: Levisite oder Der einzig gerechte Krieg. Berlin/DDR 1968, 143.
9   Becher, Johannes R.: zit. nach *Albrecht*, 190.
10 Becher, Johannes R.: zit nach *Albrecht*, 184.
11 Graf, Oskar, Maria: Wir sind Gefangene. München 1982, 523.
12 Ebd., 527.
13 Ebd., 404.
14 Ebd., 442.
15 Tureck, Ludwig: Ein Prolet erzählt. Lebensschilderung eines deutschen Arbeiters. Berlin 1930 (Neuausgabe 1967)
16 Ebd., 269.
17 Ebd., 316.
18 Daudistel, Albert: Das Opfer. Berlin 1925.

19 Scharrer, Adam: Aus der Art geschlagen. Berlin 1930, 27.
20 Musil, Robert: Der Mann ohne Eigenschaften. Reinbek bei Hamburg ⁵1960, 23.
21 Lask, Berta: Leuna 1921. Berlin ²1961, 14.
22 Ebd., 132.
23 Benjamin, Walter: Einbahnstraße. Berlin 1928 (1962), 8.
24 Zur Terminologie vgl. *Fähnders, Proletarisch-revolutionäre Literatur*, 11–15; *Hein, BPRS*, 13–17.
25 *Stieg/Witte, Abriß*, 76; vgl. insgesamt *Hempel-Küter, Presse*, bes. 149–251.
26 Vgl. *Hempel-Küter, Presse*, Anhang; die Zahlen ebd., 427.
27 Resolution der Konferenz der Arbeiterkorrespondenten (1924); Nachdruck in *Klein, Auftrag*, 628–630, hier 628.
28 Vgl. *Hempel-Küter, Presse*, 244–251, Zitate 248; über die Vorliebe für das Lyrische bei Arbeitern und Arbeiterinnen, die zu schreiben beginnen, vgl. *Fähnders, Anarchismus*, 109–116.
29 Vgl. *Fähnders/Rector, Linksradikalismus*, Bd. 1, 96–129
30 Resolution der Konferenz der Delegierten des V. Kongresses zur Frage der künstlerischen Literatur. In: *Zur Tradition*, Bd. 4, 12f., hier 12.
31 Organisationsstatut des BPRS. In: *Zur Tradition*, Bd. 1, 134–137, hier 135.
32 Entwurf eines Aktionsprogramms, in: *Zur Tradition*, Bd. 1, 138–140, hier 138.
33 Vgl. Daten und Mitgliederliste mit Kurzbiographien bei *Hein, BPRS*, 283–315.
34 Becher, Johannes R.: Die proletarisch-revolutionäre Literatur in Deutschland. In: *Zur Tradition*, Bd. 1, 93–96, hier 95; vgl. die Auflistung ähnlicher Klagen über die Partei bei *Möbius, Massenliteratur*, 15 f., sowie *Friedrich, Proletarische Literatur*, 126–128; *Gallas, Marxistische Literaturtheorie*, passim, unterschätzt wiederum die Rolle der KPD.
35 Unter dem Pseudonym N. Kraus; in: Die Linkskurve 2, 1930, Nr 10, 10–12.
36 *Hein, BPRS*, 85.
37 Becher, Johannes R.: Unsere Front (1929). In: *Zur Tradition*, Bd. 1, 157–159, hier 157.
38 Ebd., 112–117, hier 115.
39 Becher, Johannes R.: Unsere Front (1929). In: *Zur Tradition*, Bd. 1, 157–159, hier 157f.
40 Becher, Johannes R.: Unsere Front (1929). In: *Zur Tradition*, Bd. 1, 157–159, hier 158.
41 Schneller, Ernst: Offensive für das proletarische Buch. In: Linkskurve 1930, H. 12, 1–3, hier 1.
42 Resolution ⟨des Sekretariats des ZK der KPD zur Arbeit des BPRS⟩. In: *Zur Tradition*, Bd. 1, 440–443, hier 441.
43 Becher, Johannes R.: Unsere Wendung (1931). In: *Zur Tradition*, Bd 1, 409–423, hier 416.
44 Entwurf zu einem Programm des BPRS. In: *Zur Tradition*, Bd. 1, 424–439, hier 432 f.
45 Lukács, Georg: Reportage oder Gestaltung? (1932). Wieder in: *Zur Tradition*, Bd. 1, 499–523, hier 516 f.

46 Hein, *BPRS*, 271.
47 In: *Fähnders/Karrenbrock/Rector, Sammlung*.
48 Vgl. *Rohrwasser, Saubere Mädel*.
49 Becher, Johannes R.: Vorwort zu »Brennende Ruhr« von Karl Grünberg. In: J. R. B.: Publizistik I. 1912–1938. Berlin u. Weimar 1977, 193–201, hier 197 und 193.
50 Vgl. *Fähnders/Rector, Linksradikalismus*, Bd. 2, 154–207.
51 In: *Klein, Auftrag*, Bd. 1, 677 f.
52 Wolf, Friedrich: Schöpferische Probleme des Agitproptheaters. In: *Arbeitertheater*, Bd. 2, 431–441, hier 433.

Dietrich Kreidt: Gesellschaftskritik auf dem Theater

1 Wagner, Richard: Oper und Drama. Gesammelte Schriften und Dichtungen. Leipzig 1871–83, Bd. 3, 178.
2 Ihering, Herbert: Von Reinhardt bis Brecht. Berlin 1958–61, Bd. 1, 112 f.
3 Reinhardt, Max: Schriften. Hrsg. von Hugo Fetting. Berlin 1974, 389.
4 Ebd.
5 Ihering, Von Reinhardt bis Brecht (s. Anm. 2), Bd. 1, 88.
6 Vgl. Brecht, Bertolt: Gesammelte Werke. Frankfurt 1977. Bd. 17, 1005. – Brecht schrieb 1930/31 in seinen Anmerkungen zur Mahagonny-Oper: »Denn in der Meinung, sie seien im Besitz eines Apparats, der in Wirklichkeit sie besitzt, verteidigen sie einen Apparat, über den sie keine Kontrolle mehr haben, der nicht mehr, wie sie noch glauben, Mittel für die Produzenten ist, sondern Mittel gegen die Produzenten wurde, also gegen ihre eigene Produktion ⟨...⟩ Ihre Produktion gewinnt Lieferantencharakter. Es entsteht ein Wertbegriff, der die Verwertung zur Grundlage hat«.
7 Bourfeind, Paul: Die Gesamtstruktur des deutschen Theaters. In: Das deutsche Theater. Jahrbuch für Drama und Bühne. Hrsg. von Paul Bourfeind, Paul Joseph Cremers und Ignaz Gentges. Bonn und Leipzig 1923, Bd. 1, 175 f.
8 Jeßner, Leopold: Schriften. Hrsg. von Hugo Fetting. Berlin 1979, 34.
9 Ebd., 172.
10 Kortner, Fritz: Aller Tage Abend. München 1979, 376.
11 Piscator, Erwin: Das Politische Theater. Berlin 1929, 61.
12 Ebd.
13 Ebd., 160.
14 Von Saalfeld, Lerke/Kreidt, Dietrich/Rothe, Friedrich: Geschichte der deutschen Literatur von den Anfängen bis zur Gegenwart. München 1989, 613.
15 Toller, Ernst: Hinkemann. Stuttgart 1979, 51.
16 Brecht, Gesammelte Werke (s. Anm. 6), Bd. 1, 336.
17 Kraus, Karl: Die letzten Tage der Menschheit. In: Die Fackel, Bd. 12. Wien 1919, 3.
18 Ebd.
19 Möller, Eberhard Wolfgang: Douaumont. Oder die Heimkehr des Soldaten Odysseus. Berlin 1929, 42.

20 Vgl. Rühle, Günther: Theater für die Republik. 1917–1933 im Spiegel der Kritik. Frankfurt/M. 1967, 37 ff. – Auch: Pflügler, Irmgard: Theaterkritik in der Weimarer Republik. Frankfurt/M. 1981.
21 Rühle, Theater für die Republik, 668.
22 Ebd., 670.
23 Ebd., 672.
24 Ebd., 673.
25 Ebd., 667.
26 Toller, Hinkemann (s. Anm. 15), zitiert aus dem Nachwort von Wolfgang Frühwald.
27 Rühle, Theater für die Republik (s. Anm. 20), 930.
28 Ebd., 926.
29 Ebd., 934.
30 Vgl. Hermand, Jost/Trommler, Frank: Die Kultur der Weimarer Republik. Frankfurt/M. 1988, 201 f.

Bernhard Weyergraf: Konservative Wandlungen

1 Zehrer, Hans: Die Revolution der Intelligenz. In: Die Tat. Monatsschrift zur Gestaltung neuer Wirklichkeit. Jena (21. Okt. 1929) H. 7, 487.
2 Bie, Richard/Mühr, Alfred: Die Kulturwaffen des neuen Reiches. Jena 1933, 150.
3 Zehrer, Die Revolution der Intelligenz (s. Anm. 1), 486.
4 Ebd., 487.
5 Ebd., 486.
6 Ebd., 487.
7 Ebd.
8 Jünger, Ernst: Einleitung zu F. G. Jünger: Aufmarsch des Nationalismus. Leipzig 1926, XI.
9 Fischer, Hugo: Der deutsche Infanterist von 1917. In: Widerstand. Hrsg. von E. Niekisch. Jan. 1934, 7.
10 Dwinger, Edwin Erich: Die deutsche Passion. Bd. 2: Zwischen Weiß und Rot. Die russische Tragödie 1919 bis 1920. Jena 1930, 298.
11 Jünger, Ernst: Der Arbeiter. Herrschaft und Gestalt. Stuttgart 1981, 55.
12 Ebd., 58.
13 Ebd., 57.
14 Jünger, Ernst: Der Kampf als inneres Erlebnis. Berlin ^{5}1933, 8.
15 Ebd., 20.
16 Ebd., 8.
17 Ebd., 38.
18 Ebd., 10.
19 Jünger, Der Arbeiter (s. Anm. 11), 59.
20 Jünger, Der Kampf als inneres Erlebnis (s. Anm. 14), 11.
21 Jünger, Ernst: Das Unzerstörbare. In: Das Reich. 1. Jg. H. 1, Okt. 1930, 3.
22 Jünger, Ernst: Das abenteuerliche Herz. Zweite Fassung. Berlin 1972, 88.

23 Jünger, Ernst: Über die Gefahr. In: Der gefährliche Augenblick. Hrsg. von Ferdinand Buchholtz. Berlin 1931, 12.
24 Heidegger, Martin: Sein und Zeit. Tübingen ¹⁵1979, 310.
25 Ebd.
26 Ebd.
27 Jünger, Über die Gefahr (s. Anm. 23), 12.
28 Ebd.
29 Jünger, Der Kampf als inneres Erlebnis (s. Anm. 14), XIII (Vorwort zur 2. Auflage).
30 Hof, Walter: Der Weg zum heroischen Realismus. Bebenhausen 1974, 229 f.
31 Mann, Thomas: Tagebücher 1918–1921. Hrsg. von Peter de Mendelssohn. Frankfurt/M. 1979, 317 (9.11.1919).
32 Ebd., 102 f.
33 Ebd., 316.
34 Mann, Thomas: Betrachtungen eines Unpolitischen. Berlin 1918, 246.
35 Ebd., 84.
36 Ebd., 123.
37 Ebd., 84.
38 Ebd., 484.
39 Ebd., 485.
40 Ebd., 123.
41 Ebd., 124.
42 Ebd., 123.
43 Ebd.
44 Ebd., 83.
45 Ebd., 443.
46 Ebd., 150.
47 Ebd., 291.
48 Ebd.
49 Ebd., 294.
50 Ebd., 290.
51 Ebd., 145.
52 Ebd., 384.
53 Ebd.
54 Ebd., 380.
55 Ebd., 607.
56 Ebd.
57 Ebd.
58 Ebd., 608.
59 Ebd.
60 Mann, Thomas, Tagebücher 1918–1921 (s. Anm. 31), 31 (12.10.1918).
61 Ebd., 98 (29.11.1918).
62 Spengler, Oswald: Der Untergang des Abendlandes. Umrisse einer Morphologie der Weltgeschichte. München 1918.
63 Mann, Thomas: Gesammelte Werke in zwölf Bänden. O.O. 1960, Bd. XI, 828 .

64 Ebd., 841
65 Ebd.
66 Ebd., Bd. X,174.
67 Ebd., 178.
68 Ebd., 174
69 Ebd.
70 Ebd.
71 Ebd., Bd. XI., 812.
72 Ebd., 827.
73 Ebd.
74 Mann, Thomas, Betrachtungen (s. Anm. 34), 75.
75 Ebd., 56.
76 Ebd.
77 Ebd., 55.
78 Ebd.
79 Ebd., 588.
80 Mann, Thomas, Gesammelte Werke, a.a.O., Bd. XI, 851.
81 Ebd., 844.
82 Ebd., 848.
83 Ebd., 847.
84 Ebd., Bd. X, 173.
85 Ebd., Bd. XI, 818.
86 Ebd., 852.
87 Ebd., 833.
88 Ebd., 836.
89 Mann, Thomas: Deutschland und die Demokratie. In: Wiener Neue Presse, 15.3.1925. Zit. nach Kaes, Anton (Hrsg.): Weimarer Republik. Manifeste und Dokumente zur deutschen Literatur 1918–1933, Stuttgart 1983, 53.
90 Mann, Thomas: Politische Schriften und Reden. Hamburg 1968. Bd. 2, 182.
91 Mann, Thomas, Betrachtungen (s. Anm. 34), 71.
92 Ebd., 72.
93 »Thomas Mann politische Betrachtungen sind stets Politisieren aus ästhetisch-erotischem Impuls.« Mayer, Hans: Thomas Mann. Zur politischen Entwicklung eines Unpolitischen. In: H.M.: Der Repräsentant und der Märtyrer. Konstellationen der Literatu. Frankfurt/M. 1971, 91.
94 Mann, Thomas: Gesammelte Werke. a.a.O., Bd. XI, 895.
95 Ebd., 895.
96 Mann, Thomas, Betrachtungen (s. Anm. 34), 297.
97 Mann, Thomas; Gesammelte Werke. A.a.O., Bd. XI, 826.
98 Ebd., Bd X, 273.
99 Ebd., 261.
100 Ebd., 259 f.
101 Ebd., 274.
102 Ebd., 280.
103 Ebd., Bd. IX, 480.

104 Ebd., Bd. X, 274.
105 Ebd., 274.
106 Ebd., Bd XII, 642.
107 Ebd., 643.
108 Ebd.
109 Ebd.
110 Ebd., 639.
111 Ebd., 640.
112 Ebd.
113 Ebd., 647.
114 Ebd., Bd. IX, 710.
115 Ebd., 710 f.
116 Ebd., Bd. X, 397.
117 Mann, Thomas, Betrachtungen (s. Anm. 34), 80.
118 Ebd., 79.
119 Ebd.
120 Ebd.
121 Nietzsche, Friedrich: Werke. Hrsg. von Karl Schlechta. München ⁵1966, Bd. 2, 1135.
122 Picard, Max: Die Welt des Schweigens. Erlenbach-Zürich 1948, 89.
123 Spengler, Oswald: Jahre der Entscheidung. Erster Teil: Deutschland und die weltgeschichtliche Entwicklung. München 1933, 68.
124 Hof, Der Weg zum heroischen Realismus, 192.
125 Spengler, Oswald: Der Mensch und die Technik. Beitrag zu einer Philosophie des Lebens. München 1931, 89.
126 Ebd., 89.
127 Benn, Gottfried: Gesammelte Werke. Hrsg. von Dieter Wellershoff. München 1975. Bd. 3, 576.
128 Nietzsche, Werke (s. Anm. 121), Bd. 1, 49.
129 Benn, Gesammelte Werke (s. Anm. 127), Bd. 4, 971.
130 Ebd., 96.
131 Benn, Gesammelte Werke (s. Anm. 127), Bd. 4, 997.
132 Ebd.
133 Ebd.
134 Ebd.
135 Ebd., 1088.
136 Ebd., 997.
137 Ebd., 1000.
138 Ebd., 997.
139 Jünger, Der Arbeiter, (s. Anm. 11), 42 f.
140 Benn, Gesammelte Werke (s. Anm. 127), Bd. 3, 815.
141 Ebd.
142 Ebd., 720.
143 Benn, Gesammelte Werke (s. Anm. 127), Bd. 4, 1013.
144 Berliner Börsen-Zeitung. Berlin. 1933. Nr. 96, 25. April.

145 Jünger, Der Arbeiter (s. Anm. 11), 55.
146 Benn, Gesammelte Werke (s. Anm. 127), Bd. 3, 822.
147 Ebd.
148 Benn, Gesammelte Werke (s. Anm. 127), Bd. 8, 1879.
149 Jünger, Kampf als inneres Erlebnis (s. Anm. 14), 116.
150 Benn, Gesammelte Werke (s. Anm. 127), Bd. 4, 1002.
151 Ebd., 1007.
152 Ebd., 1008.
153 Ebd., 997.
154 Nietzsche, Werke (s. Anm. 121), Bd. 3, 167.
155 Benn, Gesammelte Werke (s. Anm. 127), Bd. 4, 1008.
156 Ebd., 856.
157 Ebd., 855.
158 Ebd., 852.
159 Ebd., 853.
160 Ebd., 721.
161 Ebd.
162 Ebd.
163 Ebd.
164 Ebd., 854.
165 Ebd., 721.
166 Ebd., 856.
167 Ebd., 854.
168 Ebd., 639.
169 Benn, Gesammelte Werke (s. Anm. 127), Bd. 8, 1944.
170 Benn, Gesammelte Werke (s. Anm. 127), Bd. 3, 643.
171 Benn, Gottfried: Die Dichtung braucht inneren Spielraum. In: Benn, Gesammelte Werke (s. Anm. 127), Bd. 3, 819 ff.
172 Benn, Gesammelte Werke (s. Anm. 127), Bd. 3, 822.
173 Ebd., 721.
174 Benn, Gesammelte Werke (s. Anm. 127), Bd. 4, 980.
175 Benn, Gesammelte Werke (s. Anm. 127), Bd. 3, 644.
176 Ernst Niekisch: Die dritte imperiale Figur. In: Widerstand. Berlin 1934. 9. Jg., H. 1, 3.
177 Jünger, Ernst: Werke. Bd. 5. Stuttgar 1961, 78.
178 Jünger, Ernst: Feuer und Blut. Ein kleiner Ausschnitt aus einer großen Schlacht. Hamburg 1929, 31.
179 Jünger, Werke, Bd. 5 (s. Anm. 177), 107.
180 Jünger, Ernst: Feuer und Blut. (s. Anm. 178), 31.
181 Jünger: Der Kampf als inneres Erlebnis (s. Anm. 14), 113.
182 Ebd., 113.
183 Jünger, Ernst: Werke. Bd. 7. Stuttgart 1961, 154.
184 Benn, Gesammelte Werke (s. Anm. 127), Bd. 3, 577.
185 Jünger, Der Kampf als inneres Erlebnis (s. Anm. 14), 54.
186 »Im März 1921 wohnte ich dem Zusammenstoße einer dreiköpfigen Maschinen-

gewehrbedienung mit einem Demonstrationszug von vielleicht fünftausend Teilnehmern bei, der eine Minute nach dem Feuerbefehl, ohne daß es auch nur einen Verletzten gegeben hätte, von der Bildfläche verschwunden war. Der Anblick hatte etwas Zauberhaftes; er rief jenes tiefe Gefühl der Heiterkeit hervor, von dem man bei der Entlarvung eines niederen Dämons ergriffen wird.« Ernst Jünger, Über den Schmerz. In: E. J.: Sämtliche Werke. Bd. 7. Stuttgart 1980, 168.

187 Benn, Gesammelte Werke (s. Anm. 127), Bd. 3, 577.
188 Ebd., 576.
189 Borchardt, Rudolf: Reden. Hrsg. von Marie Luise Borchardt. Stuttgart o. J., 232.
190 Ebd., 232.
191 Ebd., 241.
192 Ebd., 242 f.
193 Ebd., 227.
194 Ebd., 222.
195 Ebd., 221.
196 Ebd., 222.
197 Ebd.
198 Ebd., 241.
199 Ebd., 242.
200 Ebd., 246.
201 Ebd., 244.
202 Ebd., 247.
203 Ebd., 249.
204 Ebd., 247.
205 Ebd., 248.
206 Ebd., 207.
207 Ebd., 208.
208 Ebd., 249.
209 Ebd., 227.
210 Ebd., 240.
211 Ebd., 228.
212 Ebd., 205.
213 Ebd.
214 Borchardt, Rudolf: An den Herausgeber des »Ring«. In: R. B.: Gesammelte Werke in Einzelbänden. Bd. VI (Prosa 2). Stuttgart 1959, 182.
215 Borchardt, Rudolf: Der verlorene Posten. In: R. B.: Gesammelte Werke, a. a. O., Bd VI, 203.
216 Ebd., 206 u. 207.
217 Borchardt, Rudolf: Besuch bei Mussolini. In: Borchardt, Prosa Bd. VI (s. Anm. 214), 213 f.
218 Borchardt, Rudolf: Reden (s. Anm. 189), 253.
219 Ebd., 250.
220 Vgl. Borchardt, Der verlorene Posten (s. Anm. 215), 207.
221 Brief an Martin Buber vom 20. Dez. 1930. In: Rudolf Borchardt – Martin Buber: Briefe, Dokumente, Gespräche 1907–1964. München 1991, 68.

222 Jaspers, Karl: Die geistige Situation der Zeit. Berlin, Leipzig ⁴1932, 25.
223 Bahrdt, Hans Paul: Die moderne Großstadt. Soziologische Überlegungen zum Städtebau. Hamburg 1969, 72.
224 Ebd., 71.
225 Jaspers, Die geistige Situation (s. Anm. 222), 16.
226 Ebd., 6.

Peter Sloterdijk: Weltanschauungsessayistik und Zeitdiagnostik

1 Plumpe, Gerhard: Alfred Schuler. Chaos und Neubeginn – Zur Funktion des Mythos in der Moderne. Berlin 1978.
2 Thiess, Frank: Das Gesicht des Jahrhunderts, 1923, 27.
3 Ebd., 79.
4 Ebd., 85.
5 Ebd., 91.
6 Ebd., 109 f.
7 Ebd., 62.
8 Ebd., 117.
9 Ebd., 148.
10 Ebd., 147.
11 Ebd., 246.
12 Jaspers, Karl: Die geistige Situation der Zeit, Berlin 1931, ⁵Leipzig 1932.
13 Thiess, s.o., 16.
14 Jaspers, s.o., 27ff.
15 Ebd., 22.
16 Ebd., 21.
17 Ebd., 19.
18 Ebd., 27.
19 Ebd.
20 Ebd., 30.
21 Ebd., 52.
22 Ebd., 55.
23 Ebd., 56.
24 Ebd., 57.
25 Ebd., 73.
26 Ebd., 102.
27 Ebd., 100.
28 Ebd., 158.
29 Ebd., 164.
30 Ebd., 191.
31 Christiansen, Broder: Das Gesicht unserer Zeit, Buchenbach in Baden 1930, 41.
32 Ebd., 44.
33 Ebd., 45.
34 Ebd.

35 Ebd., 47.
36 Ebd., 50.
37 Ebd., 51.
38 Ebd.
39 Ebd., 81.
40 Ebd., 55.
41 Ebd., 57.
42 Ebd.
43 Bry, Carl Christian: Verkappte Religionen. 1924, 7.
44 Ebd., 12.
45 Ebd., 14.
46 Ebd., 15.
47 Ebd., 19.
48 Jaspers, s.o., 28.
49 Spengler, Oswald: Der Untergang des Abendlandes. München 1918[5], 1979, 29.
50 Bry, s.o., 9.
51 Ebd., 9.
52 Spengler, Oswald: Preußentum und Sozialismus. München 1920, 10f.
53 Ebd., 12.
54 Ebd., 10.
55 Ebd., 89f.
56 Goebbels, Joseph: Michael. Ein deutsches Schicksal in Tagebuchblättern. 1929, 23.
57 Ebd., 38.
58 Ebd., 54f.
59 Ebd., 49.
60 Frank, Bruno: Politische Novelle, Berlin 1928.
61 Himmler, Heinrich: Tagebücher.
62 Cohen-Portheim, Paul: Asien als Erzieher. Leipzig 1920, VII.
63 Lessing, Theodor: Untergang der Erde am Geist, Hannover 1924, 462.
64 Ebd., 18.
65 Ebd., 110.
66 Ebd., 123.
67 Horkheimer, Max: Dämmerung, 1934, 218.
68 Ebd., 217.
69 Ebd., 216.
70 Ebd., 255.

Ulrike Haß: Vom »Aufstand der Landschaft gegen Berlin«

1 Carl Schmitt erfindet 1934 dafür die Formel vom »Bankerott der idées générales«. In: C. S.: Nationalsozialistisches Rechtsdenken. Deutsches Recht. Bd. 4, 1934.
2 Ritter, Erwin: Die große Stadt. In: Die Tat. Nr. 23, 1931/32, 632 f.

3   Hartung, Günter: Literatur und Ästhetik des deutschen Faschismus, Köln 1984, 20.
4   Salomon, Ernst von: Die Geächteten ⟨Berlin 1930⟩. Reinbek bei Hamburg 1986, 111.
5   Roman von Knut Hamsun (Kristiania 1917; dt. München 1918).
6   Wiechert, Ernst: Das einfache Leben. München 1939.
7   Wiechert, Ernst: Die Magd des Jürgen Doskocil. München 1932, 13.
8   Wiechert, Die Magd des Jürgen Doskocil, 7.
9   Wiechert, Die Magd des Jürgen Doskocil, 10.
10 In genau diesem Sinn erfindet Ernst Jünger den Begriff »Zeitmauer« für seinen Essay: An der Zeitmauer (1951).
11 Griese, Friedrich: Der ewige Acker. München 1930.
12 Griese, Friedrich: Feuer. Wismar 1921, 35.
13 Richard Billinger; hier zit. nach Hellmut Langenbucher über Richard Billinger in: Die Neue Literatur Heft 5, Mai 1932, 207.
14 Magris, Claudio: Zwischen den Spalten des Ich. Hamsuns »Mysterien«. In: Edda 1978. Aufgenommen in: Uecker, Heiko: Auf alten und neuen Pfaden. Eine Dokumentation zur Hamsun-Forschung, Bd. 1, Frankfurt/M. 1983.
15 Peter de Mendelssohn in einem Essay von 1953 über Knut Hamsun. Ebenfalls abgedruckt in: Uecker, Auf alten und neuen Pfaden, Bd. 1, 123–156.
16 Quabbe, Georg: Tar a Ri. Variationen über ein konservatives Thema. Berlin 1927, 101. Jetzt, 1927, ginge es vielmehr darum, dem »ausschweifenden Rationalismus« ein »konservatives System«, ein »großartiges Dogma« entgegenzusetzen ⟨»Tar a Ri« soll dem Irischen entlehnt sein und heißen: Komm O König⟩. Ebd., 102 u. 13.
17 Zimmermann, Peter: Der Bauernroman. Antifeudalismus – Konservatismus – Faschismus. Stuttgart 1975, bes. 165–178.
18 Zimmermann, Peter: Die völkische Umprägung des Bauernromans. In: Zimmermann, Der Bauernroman, 125–153.
19 Tillich, Paul: Die sozialistische Entscheidung (1933). In: P. T.: Christentum und soziale Gestaltung. Gesammelte Werke, Bd. 2. Stuttgart 1962, 252.
20 Mahrholz, Werner: Deutsche Literatur der Gegenwart. Durchgesehen und erweitert von Max Wieser. Berlin 1930, 239.
21 Fechter, Paul: Die Auswechslung der Literaturen. In: Die Deutsche Rundschau. 59. Jg., Mai 1933, 120.
22 Brecht, Bertolt: Gesammelte Werke. Bd. 18. Frankfurt/M. 1967, 161 f.
23 Vgl. die (relativ vollständige) Aufstellung der zeittypischen Dichotomien bei Zimmermann, Der Bauernroman (s. Anm. 17), 130.
24 Der Zusammenhang zwischen den »drei Ordnungen« (Georges Duby; s. Anm. 75) des mittelalterlichen Weltbildes und dem Motivmaterial der antimodernen Bewegungen ist ausführlich dargestellt in: Haß, Ulrike: Militante Pastorale. Zur Literatur der antimodernen Bewegungen im frühen 20. Jahrhundert. München 1993.
25 Hesse, Hermann: Die Morgenlandfahrt. Berlin 1932. Frankfurt/M. 1982, 13.
26 Jünger, Ernst: Über den Schmerz (1934). In: E. J.: Sämtliche Werke. Bd. 7. Essays I. Stuttgart 1980, 162.

27 Vgl. die gleichnamige Debatte, 1925. Heinrich Mann etc.
28 Meyrink, Gustav: Der Golem (1915), Leipzig 1916, 204.
29 Paul Tillich 1932/33: »Der Versuch, aus literarischen Erinnerungen *Tradition zu machen*, ist das eigentliche, namengebende Kennzeichen der Romantik und der deutlichste Ausdruck ihres inneren Widerspruchs.« In: Tillich, Die sozialistische Entscheidung (s. Anm. 19), 246. Tillich bezeichnet die antimodernen Verweigerer durchweg als ›politische Romantik‹.
30 Lux, Joseph August: Den »geistigen« Arbeitern! Über die Pflichten der Persönlichkeit. In: Kunst und Kulturrat. 1. Jg. (1919), Heft Nr. 4, 99 f. Lux, geb. 1871 in Wien, ist Verfasser biographischer Romane zu Beethoven, Schubert und Liszt. Haft im KZ Dachau. 1946, ein Jahr vor seinem Tod, erschien ›Land tragischen Glaubens‹.
31 Lennartz, Franz: Deutsche Schriftsteller des 20. Jahrhunderts im Spiegel der Kritik. Bd. 1. Stuttgart 1984, 559.
32 Soergel, Albert/Hohoff, Curt: Dichtung und Dichter der Zeit. Düsseldorf 1961, 389.
33 Frisch, Efraim: Erziehung zur Literatur. In: Die Literarische Welt. 2. Jg. (1926), Nr. 7, 12. Februar, 1 f.
34 Auch Hermann Hesse z. B. träumt seit ›Demian‹ (1925) fortgesetzt den Traum einer geheimen Vereinigung, einer esoterischen Gemeinschaft, die allgegenwärtig und ungreifbar zugleich ist: die *Universitas litterarum*. Rettung vor den modernen Zeit scheint nur in einer Gemeinschaft von Geistern, Erleuchteten und Erweckten möglich, die ihre Verbindung zur Wahrheit hüten, im rituellen Spiel, im magischen Zirkel, »dem Licht und dem Wunder entgegen« (›Die Morgenlandfahrt‹).
35 Mattenklott, Gert: Kosmisches Walderleben. In: Waldungen. Ausstellungskatalog der Akademie der Künste. Berlin 1987, 46.
36 George, Stefan: Die Aufnahme in den Orden (1901/03). In: S. G.: Werke. Ausgabe in zwei Bänden. München und Düsseldorf 1958. (Diese Ausgabe vereint in zwei Bänden die 18 Bände der Gesamtausgabe 1927–1934 unter Einhaltung der Reihenfolge und unter Angabe der ursprünglichen Seitenzählung. Sämtliche hier angegebenen Band- und Seitenzahlen beziehen sich anhand dieser Ausgabe auf die Erstausgabe in der Weimarer Republik.) Hier: Bd. XIII, 61–67.
37 Zum Begriff »Medienprofessionalist« vgl. Kittler, Friedrich: Aufschreibesysteme 1800/1900. München 1987, 272. Vgl. auch die zahlreichen Beobachtungen Gert Mattenklotts zu den Werbe- und publicity-Strategien des George-Kreises. In: G. M.: Bilderdienst. Ästhetische Opposition bei Beardsley und George. München 1970.
38 »Man täuscht sich fortwährend über sein Alter. Er kann jung, elastisch und frisch sein wie ein Jüngling und auch alt aussehen, manchmal auch wie eine Frau.« Ludwig Thormaelens: zit. nach Boehringer, Rudolf: Mein Bild von Stefan George. Bd. 1. München und Düsseldorf 1968, 154.
39 George, Stefan: Der siebente Ring. Bd. VI/VII, 17. In: George, Werke (s. Anm. 36).
40 George, Stefan: Der Stern des Bundes. Bd. VIII, 110 und 89. In: George, Werke (s. Anm. 36).
41 George, Stefan: Das Neue Reich. Bd. IX, 20. In: George, Werke (s. Anm. 36).

42 Ebd., 61.
43 Ebd., 20.
44 George, Stefan: Der Stern des Bundes. Bd. VIII, 40 f. In: George, Werke (s. Anm. 36).
45 Hiller, Kurt: Geist werde Herr. In: Weltbühne, 1919.
46 Rubiner, Ludwig: Die Änderung der Welt. In: L. R.: Das Ziel. München und Berlin 1916, 101.
47 Rubiner, Ludwig: Der Mensch in der Mitte. Berlin 1917, 33.
48 Rubiner, Ludwig: Die Änderung der Welt. In: Rubiner, Das Ziel (s. Anm. 46), 100.
49 Ebd.
50 Rubiner, Ludwig: Der Dichter greift in die Politik. Zuerst veröffentlicht in: Die Aktion 2/1912. Zit. nach Petersen, Klaus: Ludwig Rubiner. Eine Einführung mit Textauswahl und Bibliographie. Bonn 1980, 118.
51 Rubiner, Ludwig: Homer und Monte Christo. In: Rubiner, Der Mensch in der Mitte (s. Anm. 47), 62.
52 Ebd., 62 ff.
53 Rubiner, Ludwig: Die Krise des geistigen Lebens. In: Zeitschrift für Individualpsychologie 1/1916, 235.
54 Rubiner, Ludwig: Der Mensch in der Mitte (Berlin 1917). Hier zit. nach Petersen, Ludwig Rubiner (s. Anm. 50), 40.
55 Ludwig Rubiner in der Einleitung zu den von ihm 1918 übersetzten Tagebüchern Tolstojs; zit. nach Petersen, Ludwig Rubiner, 43.
56 Ebd.
57 Rubiner, Ludwig: Der Dichter greift in die Politik (1912). Hier zit. nach der Textauswahl von Petersen, Ludwig Rubiner, 116.
58 Die Gemeinschaft von L. R. In: Die Rote Fahne, 3. Oktober 1920, Beilage. Hier zit. nach der Textauswahl von Petersen, Ludwig Rubiner, 67.
59 Rubiner, Ludwig: Die Gewaltlosen (1918). Zit. nach Petersen, Ludwig Rubiner, 60.
60 Rubiner, Ludwig: Brief an einen Aufrührer. In: Die Aktion 3/1913. Und: L. R.: Die neue Schar. In: Zeit-Echo 3/1917. Hier zit. nach Petersen, Ludwig Rubiner, 74.
61 Rubiner, Ludwig: Der Mensch in der Mitte (Berlin 1917). Hier zit. nach Petersen, Ludwig Rubiner, 76.
62 Leonhard, Rudolf: Zum Gedächtnis Ludwig Rubiners. In: Freie Deutsche Bühne 2, 1920/21, 585.
63 Kolbenheyer, Erwin Guido: Sebastian Karst über sein Leben und seine Zeit. Frankfurt/M. (Heimreiter Verlag) 1960.
64 Die ständische Gliederung lebt in den Gedächtnissen, die sich nach Bindung sehnen, ein zähes Leben. Auch die Romantiker Adam Müller, Friedrich Schlegel und Joseph Görres sprechen vom Lehrstand, Nährstand und Wehrstand. Heidegger nimmt in seiner Freiburger Rektoratsrede 1934 direkt darauf Bezug. Ein anderer Zeitgenosse ist der Philosoph und Soziologe Othmar Spann, der die Ganzheitslehre und »berufständische Ordnung« entwickelt. Vgl. auch: Jakob Baxa: Universalismus und Konservatsmus. In: Kaltenbrunner, Gerd-Klaus (Hrsg.): Konservatismus International. Stuttgart 1973, 240–254.

65 Kolbenheyer, Erwin Guido: Der Lebensstand der geistig Schaffenden und das neue Deutschland. München 1934, 6.
66 Ebd., 13.
67 Ebd., 9.
68 Ebd., 7.
69 Ebd., 19.
70 Ebd.
71 Diese Formulierung geht auf Jaspers zurück und ist gleichzeitig der Titel eines kurzen Abschnitts über Heideggers Rektoratsrede bei Niethammer, Lutz: Posthistoire. Ist die Geschiche zu Ende? Reinbek bei Hamburg 1989, 95 f.
72 Schäfer, Wilhelm: Der Dichter und sein Volk. Zit. nach Schumacher, Wilhelm: Unsere Meinung. In: Die Neue Literatur. Heft 5, Mai 1931, 249 f.
73 Mahrholz, Werner: Deutsche Literatur der Gegenwart. Berlin 1930, 240.
74 Ebd.
75 Ebd., 243. Die drei Reaktionsformen korrespondieren deutlich mit den drei hier vorgestellten Reaktions- oder Verarbeitungsformen des modernen Sockelsturzes: Ordensgründer, Propheten, Priester des Völkischen. Diese Dreiteilung kommt nicht von ungefähr. In ihr spiegelt sich die jeweils magisch, mystisch oder mythologisch betonte Grundform des Sprechens, die Walter Muschg als Ich-, Du- oder Wir-Verhältnis zur Welt beschreibt. In: Muschg, Walter: Die dichterische Phantasie. Bern 1969. Aber es spiegeln sich noch weit mehr Dreiteilungen in dieser Gliederung. (Vgl. auch: Duby, Georges: Die drei Ordnungen. Das Weltbild des Mittelalters. Frankfurt/M. 1986.)
76 Mahrholz, Deutsche Literatur der Gegenwart, 243.
77 Ebd., 242.
78 Z. B. Lienhard, Fritz: Los von Berlin! Eine Fastenpredigt an die Literaturjugend von heute. 1901 (o. O.).
79 Zuerst veröffentlicht in: Pan. 1. Jg. (1910/11), Nr. 5, 1. Januar 1911.
80 Kolb, Annette: Alle Männer in Europa haben versagt!! Ein paar Ausrufungszeichen. In: Uhu. Das Monats-Magazin. Jg. 8 (1931/32), Heft 2, November 1931. Wiederabgedruckt in: Uhu. Das Magazin der 20er Jahre. Hrsg.: Ferber, Christian. Frankfurt/M., Berlin 1979, 235 f.
81 Eine Formulierung von Michael Stark (Hrsg.): Deutsche Intellektuelle 1910–1933. Heidelberg 1984, 21. In seinem Vorwort zu dieser klugen Anthologie skizziert Michael Stark die Geschichte der »Dreyfusards«.
82 Langbehn, Julius: Rembrandt als Erzieher. Leipzig 1891, 128.
83 Ebd., 308.
84 Ebd., 133.
85 Wiechert, Ernst: Das einfache Leben (1939). München, Wien, Basel 1956, 14.
86 Vgl. die »Durchmusterung« des »Textmusters ›Berlin‹« von Erhard Schütz: »Kurfürstendamm« oder Berlin als geistiger Kriegsschauplatz. In: Siebenhaar, Klaus (Hrsg.).: Poetisches Berlin. Wiesbaden 1990. Vgl. auch: Berlin – Provinz. Marbacher Magazin 35. Marbach 1985.
87 Wiechert, Das einfache Leben (s. Anm. 85), 14.
88 Ebd., 134.

89 Das von Georg Simmel um 1900 als Paradigma der formalen Vernetzungsmodi, wie in einer Art Analogie zur Elektrizität, analysiert worden ist. Vgl. Simmel, Georg: Philosophie des Geldes. 6. Aufl. Leipzig 1958.
90 Jünger, Ernst: Der Arbeiter. Herrschaft und Gestalt. 1932. In: E. J.: Sämtliche Werke. Bd. 8. Essays II. Stuttgart 1981, 171.
91 Vgl. insbesondere den Essay: Über den Schmerz. 1934. Jünger, Ernst: Sämtliche Werke. Bd. 7. Essays I. Stuttgart 1980, 143–191.
92 Jünger, Der Arbeiter (s. Anm. 90), 224. »Feuer« und »BeÛ#wegung« heißen die Jüngerschen Synonyme für die modernen Mächte »Chemie« und »Technik«.
93 Ebd., 176 f.
94 Schramm, Wilhelm von: Berlin als geistiger Kriegsschauplatz. In: Süddeutsche Monatshefte. Jg. 28 (1931), Heft 7, 516. Vgl. Meyer, Jochen: Berlin Provinz. Literarische Kontroversen um 1930. Marbach 1985, 33.
95 Die Verwandtschaft dieser These Ernst Jüngers mit Günther Anders (Die Antiquiertheit des Menschen Bd. I und II. München 1956) ist augenfällig und schon manchmal bemerkt worden (zuletzt bei Niethammer, Lutz: Posthistoire. Reinbek bei Hamburg 1989).
96 Benjamin über die Photographien Atgets. In: Benjamin, Walter: Kleine Geschichte der Photographie. In: W. B.: Gesammelte Werke. Bd. 4. Frankfurt/M. 1980, 378.
97 Roth, Joseph: Der Winter unseres Mißvergnügens. Frankfurter Zeitung 24. 4. 1925. In: J. R. Werke. Bd. 4, 41. Hier zit. nach: Prümm, Karl: Die Stadt der Reporter und Kinogänger. In: Scherpe, Klaus R. (Hrsg.): Die Unwirklichkeit der Städte. Reinbek bei Hamburg 1988, 80–105.
98 Vgl. Scherpe, Klaus R.: Von der erzählten Stadt zur Stadterzählung. Der Großstadtdiskurs in Alfred Döblins *Berlin Alexanderplatz*. In: Fohrmann, Jürgen u. Müller, Harro (Hrsg.): Diskurstheorien und Literaturwissenschaft. Frankfurt/M. 1988, 418–437.
99 Schramm, Berlin als geistiger Kriegsschauplatz (s. Anm. 94), 515.
100 Stapel, Wilhelm: Der Geistige und sein Volk. Eine Parole. In: Deutsches Volkstum. 12. Jg. (1930), Heft 1, Januar 1930, 6 f.
101 Quabbe, Georg: Tar a Ri. Variationen über eines konservatives Thema. Berlin 1927, 13.
102 Stapel, Der Geistige und sein Volk (s. Anm. 100), 1–8. Wilhelm Stapel hat als Herausgeber des »Deutschen Volkstums« um 1930 schon 12 Jahre forgesetzten Kampfes um die Volkwerdung des Volkes hinter sich: damit der Geistige »*die Geistigkeit seine Volkes* (wieder) *repräsentieren*« und dem »*großen Empfinden seines Volkes zu einem intellektuell zulänglichen Ausdruck*« zu verhelfen vermöchte.
103 Wilhelm Stapel, 1919, zit. nach: Klemperer, Klemens von: Konservative Bewegungen. München und Wien 1962, 112 f.
104 Karl Scheffler, zit. nach: Schumacher, Wilhelm: Unsere Meinung. In: Die Neue Literatur. Heft 5, Mai 1931, 252.
105 Ebd.
106 Döblin, Alfred: Bilanz der Dichterakademie. In: Vossische Zeitung vom 25.1.1931.

107 Schumacher, Unsere Meinung (s. Anm. 104), 254.
108 Schäfer, Der Dichter und sein Volk (s. Anm. 72), 251.
109 Blunck, Hans Friedrich: Werbung. In: Die Neue Literatur. Heft 1, Januar 1933, 14–16. Vgl. auch: Berglund, Gisela: Der Kampf um den Leser im dritten Reich. Worms 1980, 41 ff.
110 Der »Reichsverband Deutscher Schriftsteller« entsteht aus der Zusammenfassung des »umgebildeten«, bis März 1933 von Arnold Zweig geleiteten »Schutzverbandes deutscher Schriftsteller« und der »Arbeitsgemeinschaft nationaler Schriftsteller« unter Federführung Hans Heinz Ewers. Vgl. Strohtmann, Dieter: Nationalsozialistische Literaturpolitik. Bonn 1960, 67 ff.
111 Vesper, Will: Unsere Meinung. In: Die Neue Literatur. Heft 11, November 1933, 654.
112 So in einer ausführlichen Chronologie dieser ›Kampagne‹ Heinrich Manns bei Klaus Theweleit: Gottfried Benn Ali greift nach der Krone. In: Inszenierungen der Macht. Ästhetische Faszination im Faschismus. Hrsg. von der Neuen Gesellschaft für Bildende Kunst, Berlin. Berlin 1987, 169 ff.
113 Ernst Bloch schließt ›Erbschaft dieser Zeit‹ 1934 in Locarno ab. Paul Tillich beendet im Winter 1932 seine Kennzeichnung der Ursprungsmächte und fordert dringend dazu auf, seine Arbeit fortzusetzen: sie führte in »fast unbegrenzte Gebiete, die auf diese Weise höchste Aktualität gewinnen«. Sein Buch geht im Januar 1933 in Druck, einen Monat später ist es schon verboten. Das bis dahin Gedruckte wird eingestampft. Tillich flieht im November 1933. ›Die sozialistische Entscheidung‹ wird in Deutschland erstmals 1948 veröffentlicht.
114 Fechter, Paul: Die Auswechslung der Literaturen. In: Die Deutsche Rundschau. 59. Jg., Mai 1933, 120 f.

Helmut Lethen: Der Habitus der Sachlichkeit in der Weimarer Republik

1 Hausenstein, Wilhelm: Tagebuchheft 7. Zit. nach Literatur im Industriezeitalter Eine Ausstellung des Deutschen Literaturarchivs im Schiller-National-Museum. Bd. 2. Marbach 1987, 686 f. Diese Beiträge zur Literaturgeschichte wurden *vor* meinem Buch ›Verhaltenslehren der Kälte‹ (Frankfurt/M. 1994) geschrieben.
2 Kracauer, Siegfried: Das neue Bauen. Zur Stuttgarter Werkbund-Ausstellung: Die Wohnung. In: Frankfurter Zeitung, 31.7.1927; in: Inka Mülder-Bach (Hrsg.): Siegfried Kracauer, Schriften, Bd. 5.2, Frankfurt/M 1990, 68–74; und Moholy-Nagy, zit. nach K. Wünsche: Bauhaus: Versuche das Leben zu ordnen. Berlin 1989, 113.
3 Benjamin, Walter: Moskauer Tagebuch. Aus der Handschrift hrsg. und mit Anmerkungen versehen von Gary Smith. Frankfurt/M. 1980.
4 Greffrath, Mathias: Die Zerstörung einer Vernunft. Gespräche mit emigrierten Sozialwissenschaftlern. Reinbek bei Hamburg 1979, 10.
5 Martin Seel plädiert für den Eigensinn des amerikanisierten Blicks in Opposition zu dem Kapitel »Kulturindustrie« in der »Dialektik der Aufklärung«: Seel, Martin: Dialektik des Erhabenen. Kommentare zur »ästhetischen Barbarei heute«.

In: van Reijen, Schmid Noerr (Hrsg.): Vierzig Jahre Flaschenpost: Dialektik der Aufklärung 1947 bis 1987. Frankfurt/M. 1987, 11–40.
6 E. L. Kirchners Davoser Tagebuch. Köln 1968, 112–114.
7 Seel, Dialektik des Erhabenen (s. Anm. 5), 18.
8 Ebd.
9 Ebd., 19.
10 Hartlaub, Felix: Tagebuch aus dem Kriege. In: F. H.: Das Gesamtwerk, Dichtungen, Tagebücher. Hrsg. von Geno Hartlaub. Frankfurt/M. 1955, 34–198.
11 Benjamin, Walter: Einbahnstraße. Berlin 1928, 7.
12 Hans Dieter Schäfer hat die Berechtigung der traditionellen Periodisierung als erster in Frage gestellt. Ich folge in manchem seinen Ergebnissen. Siehe: Schäfer, Hans Dieter: Das gespaltene Bewußtsein. Deutsche Kultur und Lebenswirklichkeit 1933–1945. München 1981.
13 Nach Abschluß dieser Überblicksdarstellung lernte ich das maschinenschriftliche Manuskript von Martin Lindners Dissertation kennen, die nicht nur radikal die Konventionen der Periodisierung in Frage stellt, sondern auch zu erstaunlichen Beobachtungen der einzelnen Phänomene kommt: Linder, Martin: »Krise« und »Leben«. Die intellektuelle Mentalität der »Frühen Moderne« und die Zeitromane der »Neuen Sachlichkeit«. Dissertation der Ludwig-Maximilians-Universität München 1991. Inzwischen ist die Druckfassung erschienen: M. Lindner: Leben in der Krise. Zeitromane der Neuen Sachlichkeit und die intellektuelle Mentalität der klassischen Moderne. Stuttgart 1994.

Ich beziehe mich im folgenden auf diese Überblicks-Darstellungen:
Baureithel, Ulrike: »... In dieser Welt von Männern erdacht«. Versuch über die Dialektik der »Sachlichkeit« im Weimarer Modernisierungsprozeß und ihre Auswirkung auf die Geschlechter- und Gesellschaftsverfassung. Dargestellt an ausgewählten literarischen Zeugnissen der »Neuen Sachlichkeit«. Karlsruhe 1987, Magisterarbeit.

Baureithel, Ulrike: Kollektivneurosen moderner Männer. In: Vaydat, P. (Hrsg.): Die Neue Sachlichkeit. Germanica, 9. Lille 1991, 123–144.

Baureithel, Ulrike: Die letzte tolle Karte im Männerspiel. In: Literatur für Leser 3/90, 141–154.

Bier, Jean Paul: Epoche in der Literaturgeschichtsschreibung. In: Deutsche Literatur, Eine Sozialgeschichte. Hrsg. von H. A. Glaser. Reinbek bei Hamburg 1983. Bd. 9, 338–349.

Denkler, Horst: Sache und Stil. Die Theorie der Neuen Sachlichkeit. In: Wirkendes Wort 18 (1968) 3, 167–185.

Bullivant, Keith (Hrsg.): Das literarische Leben in der Weimarer Republik. Königstein/Ts. 1978.

Gay, Peter: Die Republik der Außenseiter. Geist und Kultur in der Weimarer Zeit 1918–1933. Frankfurt/M. 1970.

Grimm, Reinhold und Hermand, Jost: Die sogenannten zwanziger Jahre. Bad Homburg, Berlin Zürich 1970.

Grüttemeier, Ralf: Hybride Welten. Aspekte der Nieuwe Zakelijkheid in der niederländischen Literatur. (Diss.) Amsterdam 1994.

Hermand, Jost/Trommler, Frank: Die Kultur der Weimarer Republik. München 1978.

Hermand, Jost: Unity within diversity? The history of the concept Neue Sachlichkeit. In: Culture and Society in the Weimar Republik. Hrsg. von Keith Bullivant. Manchester 1977, 166–182.

Hirdina, Karin: Pathos der Sachlichkeit. Tendenzen materialistischer Ästhetik in den zwanziger Jahren. Berlin 1981.

Kaes, Anton (Hrsg.): Manifeste und Dokumente zur deutschen Literatur 1918–1933. Stuttgart 1983.

Klose, Petra: Neue Sachlichkeit in der Essener Zeitschrift »Der Scheinwerfer« (1927–1933). Veröffentlichungen zum Forschungsschwerpunkt Massenmedien und Kommunikation. Gesamthochschule Siegen, Nr. 80. Siegen 1992.

Koebner, Thomas (Hrsg.): Weimars Ende. Prognosen und Diagnosen in der deutschen Literatur und politischen Publizistik 1930–1933. Frankfurt/M. 1982.

Kreuzer, Helmut: Zur Periodisierung der ›modernen‹ deutschen Literatur. In: Basis. Jahrbuch für deutsche Gegenwartsliteratur. Hrsg. von R. Grimm und J. Hermand. Bd. 11 (1971), 7–32.

Lethen, Helmut: Neue Sachlichkeit 1924–1932. Studien zur Literatur des »Weissen Sozialismus«. Stuttgart 1970.

Lethen, Helmut: Chicago und Moskau. Berlins moderne Kultur der zwanziger Jahre zwischen Inflation und Weltwirtschaftskrise. In: Die Metropole. Industriekultur in Berlin im 20. Jahrhundert. Hrsg. von Boberg, Fichter, Gillen. München 1986, 190–216.

Lethen, Helmut: Neue Sachlichkeit. In: Deutsche Literatur. Eine Sozialgeschichte. Hrsg. von H. A. Glaser. Reinbek bei Hamburg 1983, Bd. 9, 168–179.

Lethen, Helmut: Kältemaschinen der Intelligenz. Attitüden der Sachlichkeit. In: Industriegebiet der Intelligenz. Hrsg. von E. Wichner, H. Wiesner. Literaturhaus Berlin 1990, 118–153.

Lethen, Helmut: Verhaltenslehren der Kälte. Lebensversuche zwischen den Kriegen. Frankfurt/M. 1994.

Lindner, Martin: Leben in der Krise. Zeitromane der Neuen Sachlichkeit und die intellektuelle Mentalität der klassischen Moderne. Stuttgart 1994.

Petersen, Klaus: Die »Gruppe 1925«. Geschichte und Soziologie einer Schriftstellervereinigung. Heidelberg 1981.

Prümm, Karl: »Neue Sachlichkeit«. Anmerkungen zum Gebrauch des Begriffs in den neueren literaturwissenschaftlichen Publikationen. Zeitschrift für deutsche Philologie 91 (1972), 606–616.

Reinisch, L. (Hrsg.): Die Zeit ohne Eigenschaften. Eine Bilanz der zwanziger Jahre. Stuttgart 1961.

Rothe, Wolfgang (Hrsg.): Die deutsche Literatur in der Weimarer Republik. Stuttgart 1974.

Schmied, Wieland: Neue Sachlichkeit und magischer Realismus 1918–1933. Hannover 1969.

Schumacher, Ernst: Die dramatischen Versuche Bertolt Brechts 1918–1932. Berlin 1955.

Schütz, Erhard: Romane der Weimarer Republik. München 1986.

Thöming, Jürgen C.: Literatur zwischen sozial-revolutionärem Engagement, ›Neuer Sachlichkeit‹ und bürgerlichem Konservatismus. In: Jan Berg u. a. Sozialgeschichte der deutschen Literatur von 1918 bis zur Gegenwart. Frankfurt/M. 1981, 87–260.

Sloterdijk, Peter: Historisches Hauptstück. Das Weimarer Symptom. Bewußtseinsmodelle der deutschen Moderne. In: *Sloterdijk, Kritik*, Bd. 2. Frankfurt/M. 1983, 697–921.

Trommler, Frank: Inflation, Expressionismus und die Krise der literarischen Intelligenz. In: G. Feldmann u. a. (Hrsg.): Konsequenzen der Inflation. Berlin 1989, 287–305.

Trommler, Frank: Vom Bauhausstuhl zur Kulturpolitik. In: Kulturelle Bestimmungen im 20. Jahrhundert. Hrsg. von H. Brackert, F. Wevelmeyer. Frankfurt/M. 1990, 86–110.

Vaydat, Pierre (Hrsg.): Die ›Neue Sachlichkeit‹. Lebensgefühl oder Markenzeichen. In: Germanica 9. Lille 1991.

Vierhuff, Hans Gothard: Die Neue Sachlichkeit. Malerei und Fotografie. Köln 1980.

Wege, Carl: Bertolt Brecht und Lion Feuchtwanger: »Kalkutta, 4. Mai«. Ein Stück Neue Sachlichkeit. München 1988.

Willett, John: Explosion der Mitte. Kunst und Politik 1917–1933. München 1981.

14 Schmitt, Carl: Das Zeitalter der Neutralisierungen und Entpolitisierungen (1929). In: Carl Schmitt: Positionen und Begriffe im Kampf mit Weimar-Genf-Versailles 1923–1939. Unveränderter Nachdruck des 1940 erschienenen Bandes. Berlin 1988, 120–132, 128.

15 Ebd., 124.

16 Benn, Gottfried: Der Ptolemäer. Stuttgart 1988, 99.

17 Schmitt, Carl: Das Zeitalter der Neutralisierungen, 128.

18 Ebd., 132.

19 Kracauer, Das neue Bauen (s. Anm. 2).

20 Vgl. Lethen, Helmut: Die Neue Sachlichkeit, Stuttgart 1970.

21 Kaelble, Hartmut: Der Mythos von der rapiden Industrialisierung in Deutschland. In: Geschichte und Gesellschaft 9 (1983), 106–118.

22 Benjamin, Walter: Das Kunstwerk im Zeitalter seiner technischen Reproduzierbarkeit (1936). Frankfurt/M. 1963, 10.

23 Vgl. Lethen, Helmut: Freiheit von Angst. Über einen entlastenden Aspekt der Technik-Moden in den Jahrzehnten der historischen Avantgarde 1910–1930. In: Großklaus, Lämmert (Hrsg.): Literatur in einer industriellen Kultur. Stuttgart 1989, 72–89.

24 Roh, Franz: mechanismus und ausdruck, wesen und wert der fotografie. In: Franz Roh, Jan Tschichold: foto-auge. (Stuttgart 1929). Faksimile London 1974, 2.

25 Kracauer, Siegfried: Von Caligari bis Hitler. Frankfurt/M. 1979, 556.

26 Kracauer, Das neue Bauen (s. Anm. 2).

27 Kracauer, Siegfried: Die geistige Entscheidung des Unternehmertums. Frankfur-

ter Zeitung 2.9.1930. In: S. Kracauer, Schriften Bd. 5.2, hrsg. von Inka Mülder-Bach, 225–228.
28 Benn, Gottfried: Altern als Problem für Künstler (1954). Zit. nach Literatur im Industriezeitalter (s. Anm. 1), 754.
29 Bürger, Peter: Theorie der Avantgarde. Frankfurt/M. 1973.
30 Ich orientiere mich bei dieser Darstellung an Petersen, Die »Gruppe 1925« (s. Anm. 13).
31 Ebd., 153.
32 Ebd., 154.
33 Kracauer, Siegfried: Die Bibel auf Deutsch (Frankfurter Zeitung, 27. u. 28.4.1926). In: S.K.: Das Ornament der Masse. Essays. Frankfurt/M. 1963, 178.
34 Roh, Franz: Nach-Expressionismus. Magischer Realismus. Leipzig 1925. – Schmied, Wieland: Neue Sachlichkeit und magischer Realismus in Deutschland 1918–1933. Hannover 1969.
35 Just, Klaus Günther: Von der Gründerzeit bis zur Gegenwart. Geschichte der deutschen Literatur seit 1871. Bern, München 1973.
36 Scheler, Max: Mensch und Geschichte (1926). In: M.S.: Philosophische Weltanschauung. München. o. J. (ein Dalp-Taschenbuch), 49–62.
37 Zit. nach Meyer, Hannes: Bauen und Gesellschaft. Schriften, Briefe, Projekte. Dresden, 1978, 28ff.
38 Baureithel, »... In dieser Welt von Männern erdacht« (s. Anm. 13), 15.
    Das Zitat von den »Vaterlosen Gesellen« stammt von Paul Federn, Wien 1919. Vgl. Baureithel, Kollektivneurosen moderner Männer (s. Anm. 13). Vgl. auch Krechel, Ursula: Linksseitig kunstseidig. Dame, Girl, Frau. In: Industriegebiet der Intelligenz. Hrsg. von E. Wichner und H. Wiesner. Berlin 1990, 96–118.
    Zu dem Diebold-Zitat »Schafft Männer« vgl. Baureithel: »Die letzte tolle Karte im Männerspiel« über Arnolt Bronnens Roman ›Film und Leben Barbara La Marr‹ (s. Anm. 13).
    Vgl. auch Jagot, Anne: Der weibliche Roman der Neuen Sachlichkeit. In: Germanica, Die Neue Sachlichkeit (8/1990).
39 Baureithel, »...In dieser Welt, von Männern erdacht« (s. Anm. 13), 140. – Zur Problematik des Entmischens s. Carl Wege: Gleisdreieck, Tank und Motor. Figuren und Denkfiguren aus der Technosphäre der neuen Sachlichkeit. In: Deutsche Vierteljahrsschrift für Literatur und Geistesgeschichte, 68. Jg., H. 2 (Juni 1994), 307–332.
40 Baureithel »... In dieser Welt von Männern erdacht« (s. Anm. 13), 96.
41 Schulz, Franz: Der Bürger und die Revolution. In: Der Gegner, Jg. 1, H. 10/12, 42.
42 Ebd.
43 Ein Satz von Max Waldau. Zit. nach Plumpe, Gerhard (Hrsg.): Theorie des bürgerlichen Realismus. Eine Textsammlung. Stuttgart 1985, 33.
44 Haym, Rudolf: Hegel und seine Zeit. Leipzig 1857.
45 Scheler, Mensch und Geschichte (s. Anm. 36),62–89.
46 Kafka, Franz: Sämtliche Erzählungen. Hrsg. von Paul Raabe. Frankfurt/M. 1970, 217.

47 Kafka, Franz: Gesammelte Werke. Hrsg. von Max Brod. Taschenbuchausgabe in 7 Bdn. Bd. 6. Frankfurt/M. 1956, 35.
48 Keyserling, Hermann Graf: Deutschlands spezifisches Gewicht. In: Der Querschnitt, (März 1931). Reprint, hrsg. Christian Ferber, Frankfurt, Berlin, Wien 1981, 382.
49 Wege, Bertolt Brecht und Lion Feuchtwanger (s. Anm. 13).
50 Benn, Gottfried: Der Ptolemäer (s. Anm. 16), 103.
51 Chaplin, Charlie: Sieben Sätze. In: Der Querschnitt (Januar 1931). Reprint, hrsg. Christian Ferber, Frankfurt, Berlin, Wien 1981, 371.
52 Geisler, Michael: Die literarische Reportage in Deutschland, Möglichkeiten und Grenzen eines operativen Genres. Königstein/Ts. 1982, 62–74. – Furler, Bernhard: Augen-Schein. Deutschsprachige Reisereportagen über Sowjetrußland 1917–1939. Frankfurt/M. 1987, 53–73.
53 Benjamin, Walter: Städtebilder. Moskau. In: W.B.: Angelus Novus. Frankfurt/M. 1966, 103.

In seinem Brief an Martin Buber vom 23. Februar 1927 hatte Benjamin sein Verfahren noch anders angekündigt:

»Alle Theorie wird meiner Darstellung fernbleiben. Das Kreatürliche gerade dadurch sprechen zu lassen, wird mir, wie ich hoffe, gelingen: soweit mir eben gelungen ist, diese sehr neue, befremdende Sprache, die laut durch die Schallmaske einer ganz veränderten Umwelt ertönt, aufzufassen und festzuhalten. Ich will eine Darstellung der Stadt Moskau in diesem Augenblick geben, in der ›alles Faktische schon Theorie‹ ist, und die sich damit aller deduktiven Abstraktion, aller Prognostik, ja in gewissen Grenzen auch allen Urteils enthält, welche sämtlich meiner unumstößlichen Überzeugung nach in diesem Fall durchaus nicht von geistigen ›Daten‹ sondern allein von wirtschaftlichen Fakten aus gegeben werden können, über die selbst in Rußland nur die wenigsten einen genügend großen Überblick haben. Moskau wie es jetzt im Augenblick sich darstellt, läßt schematisch verkürzt alle Möglichkeiten erkennen ...«

54 Wedderkop, Hermann von: Wandlungen des Geschmacks. In: Der Querschnitt (Juli 1926). Zit. nach: Der Querschnitt. Das Magazin der aktuellen Ewigkeitswerte 1924–1933. Hrsg. von Christian Ferber. Reprint, Frankfurt, Berlin, Wien 1981, 163–168.
55 Kracauer, Siegfried: Schriften. Bd. 5.1: Aufsätze 1915 bis 1926. Hrsg. von Inka Mülder-Bach. Frankfurt/M. 1990, 220.
56 Cluet, Marc: Le naturisme fonctionnel sous Weimar. Vortrag am 16.11.1990 an der Universität Lille. In: Die »neue Sachlichkeit«. Lebensgefühl oder Markenzeichen, in: Germanica 9/1991, Lille, 271–290.
57 Spengler, Oswald: Jahre der Entscheidung. Erster Teil: Deutschland und die weltgeschichtliche Entwicklung. München 1933, 37.
58 Barthes, Roland: Mythen des Alltags. Frankfurt/M. 1964, 151. Vgl. Lethen, Helmut: Sichtbarkeit. Kracauers Liebeslehre. In: Siegfried Kracauer. Neue Interpretationen, Hrsg. von M. Kessler und Th. Levin. Tübingen 1990, 195–228.
59 Kracauer, Siegfried: Georg Simmel (1920). In: Kracauer, Das Ornament der Masse (s. Anm. 33), 226 ff.

60 Serner, Walter: Letzte Lockerung. Ein Handbrevier für Hochstapler und solche, die es werden wollen (1927). München 1981, Ratschlag 18, 71.
61 Spengler, Oswald: Der Untergang des Abendlandes. Bd. 1. München 1920, 489.
62 Forsthoff, Heinrich: Das Ende der humanistischen Illusion. Berlin 1933. Vgl. Herbert Marcuses Rezension in der Zeitschrift für Sozialforschung, Jg. 2 (1933), H. 2, 269–271.
63 Döhmann, Karl: Aperçus. In: Dr. Karl Döhmann: Bibergeil und andere Texte. Hrsg. von Franz-Josef Weber und Karl Riha. Siegen 1983, 12.
64 Serner, Walter: Letzte Lockerung (s. Anm. 60), 123.
65 Plessner, Helmuth: Das Lächeln (1950). In: H. P.: Gesammelte Schriften VII, Frankfurt/M 1982, 419–435.
66 Serner, Walter: Der Pfiff um die Ecke (1925). München 1982, 51.
67 Serner, Walter: Der isabelle Hengst (1923). München 1983, 7 ff.
68 Vgl. Trilling, Lionel: Das Ende der Aufrichtigkeit. Frankfurt, Berlin, Wien 1983, 127–158.
69 Ihering, Herbert: Die Kreatur. Rezension vom 11. März 1930. In: Von Reinhardt bis Brecht, Bd. III. Berlin 1960, 49.
70 Benn, Gottfried: Der Ptolemäer (s. Anm. 16), 109.
71 Quellen der Sprüche:
(1) Adler, Paul. Zit. von Julian Gumperz in seinem Artikel: Der Bolschewismus und die geistige Hoffnung. In: Der Gegner. Blätter der Kritik der Zeit. Jg. 1, H. 1 (April 1919), 13.

(2) Lloyd George (1921). Zit. nach Lessing, Theodor: Asien und Europa, 13.

(3) Gumperz, Julian und Herzfelde, Wieland: Offene Fragen. In: Der Gegner. Jg. 2, H. 7 (April 1921), 240.

(4) Tucholsky, Kurt (1928). In: Kurt Tucholsky, Gesammelte Werke. Reinbek bei Hamburg 1975, 302.

(5) Eggebrecht, Axel: Das Ende der bolschewistischen Mode. In: Der Gegner. Jg. 3, H. 3 (September 1922), 88.

(6) Redaktion und Verlag der Zeitschrift Der Gegner. Jg. 2, H. 10/11 (August 1921), Reaktion auf eine Polemik gegen den Inseratenteil der Zeitschrift, in dem auch für sozialdemokratische und liberale Bücher und Zeitschriften geworben wurde. »Inseratenmöglichkeiten müssen wir benutzen so gut wie die Eisenbahn«, hieß es in der Entgegnung, deren Argumentation ein Leitmotiv der neusachlichen Attitüde formuliert: »Revolution und Kommunismus wird nicht verwirklicht, wenn man einen großen Bogen um die schmutzige Welt beschreibt, sondern wenn man sich mitten hinein stellt.«

(7) Wedderkop, Hermann von: Wandlungen des Geschmacks. In: Der Querschnitt (Juli 1926). Zit. nach: Der Querschnitt. Das Magazin der aktuellen Ewigkeitswerte 1924–1933. Hrsg. von Christian Ferber. Reprint. Frankfurt, Berlin, Wien 1981, 168.

(8) Serner, Walter: Letzte Lockerung manifest dada (1920). In: Serner, Letzte Lockerung (s. Anm. 63), 48.

(9) Benjamin, Walter: Einbahnstraße. Berlin 1928, 63.

(10) Meyer, Hannes: Die Neue Welt (1926). In: H. M.: Bauen und Gesellschaft. Schriften, Briefe, Prospekte. Dresden 1980, 27 f.

(11) Kracauer, Siegfried: Spannende Romane. In: Frankfurter Zeitung, 7. Januar 1925.

(12) Bronnen, Arnolt: Das Wiederauftauchen der Mammute (1927). Zit. nach A. B.: Sabotage der Jugend. Kleine Arbeiten 1922–1934. Hrsg. von F. Aspetsberger. Innsbruck 1989, 140.

(13) Döblin, Alfred: Der Geist des naturalistischen Zeitalters. Die Neue Rundschau 1924. Zit. nach: A. D.: Aufsätze zur Literatur. Freiburg/Br. 1963, 70.

(14) Bronnen, Arnolt: Die weibliche Kriegs-Generation (1929). Zit. nach Bronnen, Sabotage der Jugend, s. zu (12), 103–107.

(15) Musil, Robert: Gesammelte Werke. Bd. 8, Reinbek 1980, 1404.

(16) Die Zeit der Tatsache (1923). Musil, Gesammelte Werke, Bd. 8, 1384.

(17) Rowohlt, Ernst: Über den Umgang des Verlegers mit Autoren. In: Der Querschnitt (Januar 1931). Reprint 1981, 372.

(18) Wedderkop, Hermann von: Wandlungen des Geschmacks. Der Querschnitt (Juli 1926), vgl. (7). Auf diesen Satz folgen vier weitere, die zusammen das »Argument« bilden: »Zeitung ist fait divers, nicht Leitartikel. Das Wesen der Zeitung besteht im Heterogenen. Die einzige Bindung, die stärkste und genügend, ist die Frische des Ereignisses, das nächsten Augenblicke zusammensinkt. Der Moment ist ausschlaggebend, er will Perspektive weder nach vorn noch nach hinten, sondern genügt an sich.« (163 f.)

(19) Brecht, Bertolt: Über das Denken als ein Verhalten. Die Veröffentlichung war im Heft 8 der »Versuche«, das für 1933 geplant war, vorgesehen. Zit. nach: Bertolt Brecht, Gesammelte Werke, Bd. 20. Frankfurt/M. 1967, 159.

(20) Adler, Alfred: Körperform, Bewegung und Charakter. In: Der Querschnitt (September 1930), Repint, 338.

(21) Adler: ebd., 342.

(22) Kracauer, Siegfried: Das Ornament der Masse, Frankfurter Hefte (9. und 10. Juni 1927). In: Kracauer, Das Ornament der Masse (s. Anm. 36), 61. Das Zitat ist – der Bündigkeit des Spruchs zuliebe – leicht verändert. In Kracauers ›Ornament der Masse‹ finden sich eine Fülle von Stichworten der neusachlichen Intelligenz. Einer Reihe von Stichworten wird man einige Jahre später in Brechts »Dreigroschenprozeß« wieder begegnen.

(23) Jünger, Ernst: Der Arbeiter. Herrschaft und Gestalt (1932). Hamburg 1941, 230

(24) Feuchtwanger, Lion: Die Konstellation der Literatur (Berliner Tageblatt, 2.11.1927). Zit. nach Anton Kaes (Hrsg.): Manifeste und Dokumente zur deutschen Literatur 1918–1933. Stuttgart 1983.

(25) Stuckenschmidt, H. H.: Der Unfug des Singens. In: Der Querschnitt (September 1930). Reprint, s. Anm. 51, 359 f.

(26) Döblin, Alfred: Der Geist des naturalistischen Zeitalters, s. zu (13), 67.

(27) Julian Gumperz, s. Anm. 71 (1), 20.

(28) Bronnen, Arnolt: Moral und Verkehr (1930). Zit. nach Bronnen, Sabotage der Jugend, s. Anm. 71 (12), 125.

(29) Kirchner, Ernst Ludwig: Tagebuchaufzeichnungen 1926. Zit. nach Literatur im industriellen Zeitalter, s. Anm. 1, Bd. 2, 726.

(30) Kracauer, Siegfried: Die Angestellten (1930), 290.

(31) Döblin, Alfred: Wissen und Verändern. Offene Briefe an einen jungen Menschen. Berlin 1931, 35.

(32) Heller, Otto: Sibirien. Ein anderes Amerika (1930). Zit. nach Mörchen, Helmut: Reportage und Dokumentarliteratur. In: Deutsche Literatur. Eine Sozialgeschichte. Hrsg. von H. A. Glaser. Reinbek bei Hamburg 1983. Bd. 9, 185.

(33) Schäfer-Ast: Alte Märchen neu erzählt von Schäfer-Ast. In: Uhu, Juni 1932. Reprint. Frankfurt, Berlin, Wien 1979, 83.

(34) Ihering, Herbert: Die Kreatur, Theaterrezension vom 11. März 1930. In: H. J.: Von Reinhardt bis Brecht. Bd. III. Berlin 1960, 49. Das Zitat ist verkürzt.

(35) Chaplin, Charlie: Sieben Sätze (Januar 1931). In: Der Querschnitt. Reprint, s. Anm. 51, 371.

(36) Wiesengrund Adorno, Theodor: Zur gesellschaftlichen Lage der Musik. In: Zeitschrift für Sozialforschung. Jg. 1, 1932, H. 3, 362.

(37) Jünger, Ernst: Der Arbeiter. (1932) Hamburg 1941, 105.

72 Weber, Max: Wissenschaft als Beruf. In: Max Weber: Gesammelte Aufsätze zur Wissenschaftslehre. Hrsg. von Joh. Winckelmann. Tübingen ³1968, 594 und 605.
– Nach Abschluß dieser Arbeit erschien eine sehr interessante Analyse, die die Funktion der hybriden Metaphorik im Rahmen der Modernisierung untersucht: Ralf Grüttemeier, Hybride Welten. Diss. Amsterdam.

73 *Sloterdijk, Kritik.* Eine Auseinandersetzung mit Sloterdijks Zynismus-Konzept s. Lethen, Helmut: Von Geheimagenten und Virtuosen. Peter Sloterdijks Schulbeispiele des Zynismus aus der Literatur der Weimarer Republik. In: *Sloterdijk Kritik*, 324–335.

74 Mynona, Grotesk. Zit. nach *Pörtner, Literaturrevolution*, Bd. 1, 327 ff.

75 Gehlen, Arnold: Reflexionen über die Gewohnheit (1927). In: A. G.: Philosophische Schriften Bd. I (1925–1933). Frankfurt/M. 1978, 99.

76 Jünger, Ernst: Der Arbeiter. Hamburg 1941, vgl. Anm. 71 (37), 113.

77 Benn, Gottfried: Genie und Gesundheit. In: Der Querschnitt (September 1930). Reprint (s. Anm. 51), 350.

78 Zit. nach Scheler, Mensch und Geschichte (s. Anm. 36).

79 Benn, Gottfried »Die Dänin I«. G. Benn Gedichte in der Fassung der Erstdrucke. Hrsg. von Bruno Hildebrandt, Frankfurt/M. 1987, 169

80 Anders, Günther: Die Antiquiertheit des Menschen. München 1961, 31

81 Wagner, Martin: Das Formproblem eines Weltstadtplatzes (1929). Zit. nach Tendenzen der Zwanziger Jahre. 15. europäische Kunstaustellung Berlin 1977. Katalog. Zweiter Teil, 105.

82 Musil, Robert: Der Mann ohne Eigenschaften. Hamburg 1952, 9.

83 Schäfer, Das gespaltene Bewußtsein (s. Anm. 12).

84 Baader, Johannes: Der Oberdada. Die Geschichte einer Bewegung von Zürich bis Zürich. Hrsg. von Karl Riha. Reihe Vergessene Autoren der Moderne XXXI. Siegen 1987, 15 f.

85 Brecht, Bertolt: Drei Paragraphen der Weimarer Verfassung. Paragraph III. In: Bertolt Brecht: Gesammelte Werke. Bd. 8. Frankfurt/M. 1967, 379 ff.
86 Alexander, Franz und Staub, Hugo: Der Verbrecher und sein Richter. Ein psychoanalytischer Einblick in die Welt der Paragraphen. Wien 1929, 16.
87 Weinert, Erich: Elegie auf einen Staatsanwalt. In: Der Montag Morgen 6. Februar 1928. Zit. nach: Im Namen des Volkes. Rote Hilfe gegen Polizeiterror und Klassenjustiz. Hrsg. von Martin Wagner. Berlin 1976, 48.
88 Brecht, Bertolt: Aus dem Lesebuch für Städtebewohner. In: Bertolt Brecht: Gesammelte Werke. Bd. 8. Frankfurt/M. 1967, 275.
89 Brecht, GW, Bd. 8 (s. Anm. 85), 52–53.
90 Salomon, Ernst von: Die Geächteten. Berlin 1930, 403 ff.
91 Ebd., 404.
92 Sorel, Georges: Über die Gewalt. Frankfurt/M. 1981.
93 Jünger, Ernst: Kriegsstücke von drüben. Der Scheinwerfer. Ein Forum der Neuen Sachlichkeit 1927–1933. Hrsg. von E. Schütz und J. Vogt. Essen 1986, 341.
94 Sehr informativ: Petersen, Klaus: Literatur und Justiz in der Weimarer Republik. Stuttgart 1988. Und Jürgen C. Thöming in dem Kapitel »Literatur zwischen sozialrevolutionärem Engagement, Neuer Sachlichkeit und bürgerlichem Konservatismus«. In: Sozialgeschichte der deutschen Literatur von 1918 bis zur Gegenwart. Hrsg. von Jan Berg u. a. Frankfurt/M. 1981, 138–156.
95 Kracauer, Siegfried: Einige Detektivromane. In: Frankfurter Zeitung, 30.12.1925.
96 Kracauer, Siegfried: Edgar Wallace. In: Frankfurter Zeitung, 13.2.1932.
97 Kracauer, Siegfried: Hamlet wird Detektiv. In: Frankfurter Zeitung, 28.3.1926.
98 Kracauer, Siegfried: Neue Detektivromane. In: Frankfurter Zeitung, 24.4.1927.
99 Siegfried Kracauer, Spannende Romane. In: Frankfurter Zeitung, 7. Januar 1925.
100 Kracauer, Hamlet wird Detektiv (s. Anm. 97).
101 Zit. nach Wege, Bertolt Brecht und Lion Feuchtwanger (s. Anm. 13), 86.
102 Kracauer, Siegfried: Neue Kriminalromane. In: Frankfurter Zeitung, 28.9.1930.
103 Alexander/Staub, Der Verbrecher und seine Richter (s. Anm. 86), 16.
104 Benjamin, Walter: Linke Melancholie. In: W.B.: Gesammelte Schriften. Bd. 3. Frankfurt/M. 1972, 279.
105 Ossietzky, Carl von: Rechenschaft. In: Die Weltbühne, 10.5.1932.
106 Benjamin, Walter: Zur Kritik der Gewalt und andere Aufsätze. Hrsg. von H. Marcuse. Frankfurt/M. 1965, 83. – Vgl. Lethen, Helmut: Zynismus der Avantgarde und Arnold Zweigs Roman »Der Streit um den Serganten Grischa«. In: Arnold Zweig – Poetik, Judentum und Politik. Akten des Internationalen Arnold Zweig-Symposiums, Camebridge 1987. Hrsg. von D. Midgeley u. a. Bern, Frankfurt, New York, Paris 1989, 111–130.
107 Vgl. Lehmann, Hans Thies: Der Schrei der Hilflosen: In: H. Th. Lehmann, H. Lethen (Hrsg.): Bertolt Brechts »Hauspostille«. Text und Kollektives Lesen. Stuttgart 1978, 74–99.
108 Broch, Hermann: Die Schlafwandler (1931/32). Zürich o. J., 438 u. 667.
109 Kracauer, Siegfried: Tat ohne Täter. Zum Fall Angerstein. In: Frankfurter Zeitung vom 13.7.1925. Siegfried Kracauer verteidigte im Gegensatz zu seinen Freunden

Benjamin und Adorno ein demokratisches Rechtsverständnis. Davon zeugen seine Justizberichte gegen Ende der Republik. Vgl. Kracauer, Siegfried: Der Fall Kürten. In: Neue Rundschau 1931. Bd. 2, 142–143; und: Siegfried Kracauer: Mordprozesse und Gesellschaft, Ebd., 431–432.

110 Reik, Theodor: Der unbekannte Mörder. Von der Tat zum Täter. Wien 1932. Zit. nach der Rezension von Otto Fenichel in der Zeitschrift für Sozialforschung, Jg. 2 (1933), 122.

111 Vgl. Uhu. Das Magazin der zwanziger Jahre (1939). Reprint. Hrsg. von Chr. Ferber. Frankfurt, Berlin, Wien 1979, 230–231.

112 Köppen, Edlef: Trommelfeuer (aus dem Roman ›Heeresbericht‹). In: Junge deutsche Dichtung. Hrsg. von Virneburg und Hurst. Berlin. Zürich 1930, 209.

113 Zit. nach Bolz, Norbert: Auszug aus der entzauberten Welt. München 1989, 49.

114 Jünger, Der Arbeiter, (s. Anm. 76), 139.

115 Brunngraber, Rudolf: Karl und das 20. Jahrhundert. Kronberg 1978, 10.

116 Ebd., 184.

117 Musil, Robert: Der Mann ohne Eigenschaften, 1. Buch, Kapitel 103. Hamburg 1952, 500 ff.

118 Lessing, Theodor: Europa und Asien. (1918), Berlin 1930.

119 Feuchtwanger, Lion: PEP J. L. Wetcheeks Amerikanisches Liederbuch. Potsdam 1928, 16.

120 Rezension von Adolf Waas in: Zeitschrift für Sozialforschung. Hrsg. von Max Horkheimer. Jg. 1 (1932), 228 ff.

121 Adorno, Theodor Wiesengrund: Zur gesellschaftlichen Lage der Musik. In: Zeitschrift für Sozialforschung. Jg. 1., 103.

122 Heller, Otto: Sibirien, ein anderes Amerika (1930). Zit. nach Mörchen, Helmut: Reportage und Dokumentarliteratur. In: Deutsche Literatur. Eine Sozialgeschichte. Hrsg. v. H. A. Glaser. Reinbek bei Hamburg 1983. Bd. 9, 185.

123 Christiansen, Broder: Das Gesicht unserer Zeit. Buchenbach in Baden 1930, 44.

124 Kracauer, Siegfried: Zahl und Bild. In: Frankfurter Zeitung, 24. 11. 1932.

125 Kracauer, Siegfried: Sexuelle Aufklärung. Epilog zur Reichsgesundheitswoche. In: Frankfurter Zeitung, 28. 4. 1926.

126 Kracauer, Siegfried (s. Anm. 125), ebd.

127 Glaeser, Ernst: Jahrgang 1902. Berlin 1928, 81.

128 Hegemann, Werner: Das steinerne Berlin. Lugano 1930.

129 Spree, Reinhard: Angestellte als Modernisierungsagenten. In: J. Kocka (Hrsg.): Angestellte im europäischen Vergleich. Göttingen 1981.

130 Fromm, Erich: Arbeiter und Angestellte am Vorabend des Dritten Reiches. Eine sozialpsychologische Untersuchung. Bearbeitet und herausgegeben von Wolfgang Bonß. München 1983, 143/144.

Hilke Veth: Literatur von Frauen

1 Baum, Vicki: Es war alles ganz anders. Frankfurt/M., Berlin 1962, 378.
2 Vgl.: Seidel, Ina: Lebensbericht 1885–1923. Stuttgart 1970, 264. – Langgässer,

Elisabeth: ... soviel berauschende Vergänglichkeit. Briefe 1926–1950. Düsseldorf 1981, 46.
3 Kaus, Gina: Die Frau in der modernen Literatur. In: Die Literarische Welt Nr. 11, 5. Jg. 15. März 1919.
4 Vgl. *Blos, Frauenfrage, 206.*
5 Tergit, Gabriele: Etwas Seltenes überhaupt. Frankfurt/M., Berlin, Wien 1983, 10.
6 Zitiert nach *Kässens, Tiefseefisch, 185.*
7 Lasker-Schüler, Else: Mein Herz. 1912. In: Gesammelte Werke, hrsg. von Friedhelm Kemp. München 1962, Bd. 2, 387.
8 Vgl. *Klüsener, Biographie.*
9 Lasker-Schüler: Ich räume auf. Meine Anklage gegen meine Verleger. 1925. In: Gesammelte Werke (s. Anm. 7), Bd. 2, 547.
10 Huch, Ricarda: Die Beurteilung der Frauendichtung. 1899. In: Gesammelte Werke, hrsg. von W. Emrich. Köln 1974. Bd. 11, 506 und 510.
11 Vgl. *Jens, Dichter, 68 ff.*
12 Reventlow, Franziska Gräfin zu: Der Geldkomplex. In: Romane. München 1976, 266.
13 Zitiert nach *Fritz, Rebellion, 90.*
14 Kolb, Annette: Wege und Umwege. Berlin 1914, 151–153.
15 Vgl. *Rauenhorst, Kolb, 161.*
16 Märten, Lu: Die Künstlerin. Berlin 1919, 68.
17 Märten, Lu: Wesen und Veränderung der Formen/Künste. Frankfurt/M. 1924, 285.
18 Zetkin, Clara: Kunst und Proletariat. In: Die Gleichheit. 21. Jg. 1910/11. Beilage zu Nr. 8.
19 Seghers, Anna: Willkommen Zukunft! Reden, Essays und Aufsätze über Kunst und Wirklichkeit. München 1975, 7f.
20 Vgl. *Roos, Seghers, 33.*
21 Vgl. *Rühle, Materialien, 171 ff.*
22 Langgässer, Elisabeth/Seidel, Ina (Hrsg.): Herz zum Hafen. Leipzig 1933, 12.
23 Seidel, Ina: Frau und Wort. Ausgewählte Betrachtungen und Aufsätze. Stuttgart 1965, 15 f.
24 Vgl. Weber, Marianne: Frauenfragen und Frauengedanken. Tübingen 1919, 137.
25 Bäumer, Gertrud: Die Frau in der Krisis der Kultur. 1926, 10.
26 Vgl. le Fort, Gertrud von: Die ewige Frau. 1933, [12]1934
27 Knoblauch, Adolf: Sendung und Werk weiblicher Prosadichtung. Hochland. 27. Jg. 7 1929/30, 59.
28 Viebig, Clara: Das rote Meer. Berlin 1920, 57.
29 Reuter, Gabriele: Benedikta. Dresden 1923. – Seidel, Ina: Weg ohne Wahl, Berlin 1933.
30 Lange, Helene: Lebenserinnerungen. Berlin 1921, 278.
31 Bäumer, Gertrud: Lebensweg durch eine Zeitenwende. Tübingen 1933, 354.
32 Bäumer, Lebensweg, 269.
33 Viebig (s. Anm. 28), 269.

34 Kolb, Annette: Briefe einer Deutsch-Französin. Berlin 1916. – A. K.: Zarastro. Westliche Tage. Berlin 1920.
35 Zitiert nach *Kreis, Exil.*
36 Langner, Ilse: Frau Emma kämpft im Hinterland. Darmstadt 1979 ([1]1928), 88.
37 Vgl. *Frauenalltag*, Materialsammlung II, 105–147 u.v.a. – *Soltau, Trennungsspuren,* und *Soltau, Aufbruch*, meint bei den alten Kämpferinnen eine Revision ihres Emanzipationsprogrammes in der Weimarer Republik zu entdecken. Bei Reuter und Kolb zeigen sich schon in den Vorkriegsromanen Widersprüche eines solchen Programmes.
38 Keun, Irmgard: Gilgi – eine von uns. Düsseldorf 1979 ([1]1931),11 f.
39 Baum, Vicki: stud. chem. Helene Willfüer. München [19]1979 (Berlin [1]1928). – Haller, Lilli: Die Stufe. Bern 1923. – Lederer, Joe: Das Mädchen George. Berlin 1928. – Niggli, Martha: Zwischen Zwanzig und Dreißig. Roman einer Berufstätigen. Freiburg/Br. 1930. – Reuter, Gabriele: Großstadtmädel. Berlin 1920. – Reuter, Gabriele: Töchter. Berlin 1927. – Brück, Christa Anita: Ein Mädchen mit Prokura. Berlin 1932.
40 Kaléko, Mascha: Das lyrische Stenogrammheft. Hamburg 1956 ([1]1933), 20.
41 Viebig, Clara: Die Passion, Berlin–Leipzig 1925. – Grote, Gertrud: Studentinnen. Dresden 1927. – Reuter, Töchter (s. Anm. 39). – Baum, Willfüer (s. Anm. 39). – Fleißer, Marieluise: Ein Pfund Orangen und 9 andere Geschichte der Marieluise Fleißer aus Ingolstadt. Berlin 1929.
42 Baum (s. Anm. 39), 188.
43 *Palm, Wiedereinsetzung*, 274–281.
44 Kolb, Annette: Die Schaukel. Frankfurt/M. 1982 ([1]1934), 164.
45 Keun (s. Anm. 38), 216.
46 Lasker-Schüler, Else: Die Wupper. In: Gesammelte Werke (s. Anm. 7), Bd. 3, 1011.
47 Lasker-Schüler, Else: Die Wupper. Mit Dokumenten zur Entstehungs- und Wirkungsgeschichte und einem Nachwort von Fritz Martini. Stuttgart 1977, 130.
48 Vgl. *Rühle, Materialien*, 34 ff.
49 Vgl. ebd., 51 ff.
50 *Schmitz, Amerika*, 70.
51 *Sloterdijk, Kritik*, 2, 898.
52 Baum, Vicki: Menschen im Hotel. Frankfurt/M., Berlin, Wien 1985 ([1]1929), 10.
53 Tergit (s. Anm. 5), 77.
54 Tergit, Gabriele: Käsebier erobert den Kurfürstendamm. Frankfurt/M. 1978 ([1]1931), 21.
55 Tergit (s. Anm. 5), 80 ff.
56 Huch, Ricarda: Michael Bakunin oder die Anarchie, Gesammelte Werke (s. Anm. 10), Bd. 9, 758.
57 Huch, Ricarda: Geschichte und Gegenwart, Gesammelte Werke (s. Anm. 10), Bd. 5, 917.
58 Huch, Romantischer Sozialismus, Gesammelte Werke (s. Anm. 10), Bd. 5, 850.
59 Vgl. *Stephan, Huch,* 208.
60 Rubiner, Frida: Der beste Fabrikdirektor. Hamburg 1923. – Marx, Madeleine:

Reise ins rote Rußland. Berlin 1928. – Körber, Lili: Eine Frau erlebt den roten Alltag. Berlin 1932.
61 Leitner, Maria: Hotel Amerika. Berlin 1930. M. L.: Eine Frau reist allein durch die Welt. Berlin–Wien 1932.
62 Popp, Adelheit: Jugendgeschichte einer Arbeiterin. Stuttgart 1909. – Baader, Ottilie: Ein steiniger Weg. Berlin–Stuttgart 1918.
63 Reissner, Larissa: Schiffbeck. In: L. R.: Von Astrachan nach Barmbeck. Reportagen 1918–1923. Berlin 1983, 278.
64 Tucholsky, Kurt: Gesammelte Werke, hrsg. von Mary Gerold-Tucholsky und Fritz J. Raddatz. Hamburg 1975, Bd. 5, 160.
65 Zur Mühlen, Hermynia: Ende und Anfang. Berlin 1929, 269.
66 Seghers, Anna: Aufstand der Fischer von Santa Barbara. In: A. S.: Aufstand der Fischer von Santa Barbara/Die Gefährten. Darmstadt, Neuwied 1977 (^{1}1968), 7.
67 *Diersen, Seghers-Studien,* 22.
68 Vgl. *Haas, Urbilder.*
69 Seghers, Anna: Die Ziegler. In: A. S.: Erzählungen I. Auswahl. 1926–1946. Darmstadt, Neuwied 1977 (^{1}1963), 6.
70 Vgl. *Orendi-Hinze, Sanzara,* 105.
71 Langgässer, Elisabeth: Mithras. Frankfurt/M. 1959, 14 f.
72 Le Fort, Gertrud: Die Letzte am Schafott. München 1959 (^{1}1931), 123.
73 Ebd., 11.
74 Le Fort, Gertrud von: Die ewige Frau (s. Anm. 26), 91.
75 Vgl. *Kaufmann, Vaterland.*
76 Vgl. *Kranz, le Fort.*
77 *Bortenschläger,* Literaturgeschichte, Bd. 2, 110. Kritisch dazu: *Harpprecht, deutsch.*
78 Seidel, Ina: Das Wunschkind. Stuttgart 1930, 318.
79 Ebd., 20.
80 Ebd., 482 f.
81 Jahnn, Hans Henny: Rechenschaft Kleistpreis 1928. Der Kreis, Hamburg 1929. In: *Sembdner, Kleist-Preis,* 103.
82 Ebd., 105.
83 Benjamin, Walter: Echt Ingolstädter Originalnovellen. In *Rühle, Materialien,* 141.
84 Tucholsky, Gesammelte Werke (s. Anm. 63), Bd. 10, 28.
85 Spiero, Heinrich: Zur Dichtung der deutschen Frau. In: Eckart. 1. Jg. Heft 11. 1925, 295.
86 Knoblauch (s. Anm. 27), 59.
87 In: *Rühle, Materialien,* 82.
88 Vgl. *Klüsener, Lasker-Schüler,* 109.
89 Vgl. *Jens, Dichter.*
90 Vgl. u. a. die Fleißer-Rezeption seit Mitte der sechziger Jahre, die Seghers-Rezeption in den siebziger Jahren, die Neubewertung von Lasker-Schülers Werk Anfang der achtziger Jahre, die Wiederauflage von Keuns, Tergits, Reventlows, Sanzaras Werken seit Ende der siebziger Jahre.
91 *Soltau, Trennungsspuren. – Brinker-Gabler, Literatur,* Bd. 2. – *Weigel, Medusa.*

92 Vgl. Julia Kristeva: Produktivität. In: Alternative 108/109, Juli/August 1976, 169 ff.
93 Tergit, Gabriele: Blüten der Zwanziger Jahre. Gerichtsreportagen und Feuilletons 1923–1933. Berlin 1984, 238.

Wendelin Schmidt-Dengler: Abschied von Habsburg

1 So der Titel eines Buches von Helmut Andics (Wien 1962) über die Erste Republik.
2 Für die zentrale Bedeutung dieses Tages in der Literatur (Karl Kraus, Elias Canetti, Heimito von Doderer, Rudolf Henz) vgl. *Stieg, Frucht des Feuers.*
3 *Magris, Habsburgischer Mythos,* 11 f.; 239–295; zur Problematik vgl. *Fischer, Literatur und Ideologie, Williams, Broken Eagle,* passim, 183–187 und *Schmidt-Dengler, Prolegomena,* 23–28.
4 Zit. nach: *Urbach, Schnitzler-Kommentar,* 45 f.
5 Zit. nach: *Weinzierl, Versuchsstation,* 16–18.
6 *Bauer, Revolution,* 208.
7 Salten, Felix: Das österreichische Antlitz. Berlin o. J. 1909, 267–276. Vgl. auch Kraus, Karl: Die letzten Tage der Menschheit. München 1957, 723.
8 Avicenna (d. i. Fritz Wittels): Nachruf für Habsburg. In: Der Abend (Wien), 26.3.1919.
9 Nithart Stricker (d. i. Karl Huffnagl-Paumgartten): Abschied von Habsburg. In: Die Muskete 27, 1918, Nr. 683, Beiblatt, 1.
10 Hofmannsthal, Hugo von: Gesammelte Werke. Reden und Aufsätze II. Frankfurt/M. 1979, 356.
11 *Doppelbauer, Elend,* 68–78.
12 *Muskete,* 35–50. Vgl. *Amann/Lengauer, Krieg.*
13 *Lichtfuss, Operette,* 22–24.
14 Broch, Hermann: Die Schlafwandler. Eine Romantrilogie. Frankfurt/M. 1978. (= Kommentierte Werkausgabe. Hrsg. von Paul Michael Lützeler, Bd. 1), 24.
15 Polgar, Alfred: Die Uniform, in: A. P.: Kleine Schriften, Bd. 1: Musterung. Hrsg. von Marcel Reich-Ranicki in Zusammenarbeit mit U. Weinzierl. Reinbek bei Hamburg 1982, 72.
16 Roth, Joseph: Werke. 1. Bd. Hrsg. und eingel. von Hermann Kesten. Köln 1975, 421.
17 Hofmannsthal, Werke (s. Anm. 9), Dramen IV, 385.
18 Vgl. dazu *Lunzer, Hofmannsthals politische Tätigkeit.*
19 Musil, Robert: Gesammelte Werke 7. Hrsg. von Adolf Frisé. Reinbek bei Hamburg 1978, 939.
20 *Hall, Der Fall Bettauer,* 109.
21 Vgl. ebd., 105 f., 109 und 140.
22 Vgl. dazu *Pfoser, Schnitzlers ›Reigen‹.*
23 Bettauer, Hugo: Der Kampf um Wien. Ein Roman vom Tage. (Neuausgabe) Wien 1980, 494 f.

24 Kraus, Karl: Wien. In: Die Fackel Nr. 595–600 (1922), 128.
25 Ehrenstein, Albert: Die Gedichte. Leipzig, Prag, Wien 1920, 206 f.
26 Vgl. dazu *Weiss, Salzburger Mythos?*, 9 f.; *Achberger, Fluchtpunkt 1938*, 132–142; *Steinberg, The Meaning of the Salzburg Festival*, 203–216.
27 *Pfoser, Literatur und Austromarxismus*, 70–78.
28 Beda (d. i. Löhner, Fritz), Text zit. nach: Worbs Hans Christian: Der Schlager. Bestandsaufnahme, Analyse, Dokumentation. Bremen 1963, 142 f.
29 Vgl. dazu *Fliedl, Verspätungen*, und *Doppler, Mann und Frau*, 105–109.
30 Perkonig, Friedrich Anton: Leben, Werk, Vermächtnis. Werkausgabe. 1. Bd. Klagenfurt 1965, 230 f.
31 Musil, Werke 1 (s. Anm. 18), 9.
32 Musil, Werke 1, 20 f.
33 *Hall, Österreichische Verlagsgeschichte*, 1. Bd., 23–50.
34 Vgl. *Hall, Österreichische Verlagsgeschichte*, 2. Bd., 532–547; *Heydemann, Literatur und Markt*.
35 Vgl. *Hall, Zsolnay*, und *Hall, Österreichische Verlagsgeschichte*, 2. Bd., 492–529.
36 *Hall, Österreichische Verlagsgeschichte*, 1. Bd., 98–100.
37 Vgl. *Fischer/Haefs, Hirnwelten*; *Wallas, Expressionismus*; Kulka, Georg: Werke. Hrsg. von Gerhard Sauder unter Mitarbeit von Reiner Wild und Eckhard Paul. München 1987; *Schmid-Bortenschlager, Avantgarde in Wien. Amann, Wallas, Expressionismus in Österreich*.
38 Vgl. dazu *Hall, Österreichische Verlagsgeschichte*, 2. Bd., 186 f.
39 *Hall, Österreichische Verlagsgeschichte*, 2. Bd., 192.
40 *Hall, Österreichische Verlagsgeschichte*, 1. Bd, 146–174.
41 Der Abend (Wien), 2. September 1919.
42 *Pfabigan, Kraus und der Sozialismus*, 231 f.; vgl. dagegen: *Goldschmidt, Vorlesungen für Arbeiter*.
43 Vgl. *Pfoser, Literatur und Austromarxismus*, 115–174. Zur Stellung der Literatur in der sozialdemokratischen Bildungspolitik vgl. *Pfoser, Austromarxistische Literaturtheorie*, 44–51.
44 Vgl. *Pfoser, Old Shatterhand in Österreich*.
45 *Olechowski, Schulpolitik*, 589–605.
46 *Stadler, Spätaufklärung und Sozialdemokratie*, 441.
47 Neurath, Otto: Lebensgestaltung und Klassenkampf. In: O. N.: Gesammelte philosophische und methodologische Schriften. Hrsg. von Rudolf Haller und Heiner Rutte. Bd. 1. Wien 1981, bes. 276–280.
48 Brunngraber, Rudolf: Karl und das XX. Jahrhundert. Kronberg/Ts. 1978. (In diesem Reprint der Erstausgabe fehlt allerdings das Motto.)
49 Brunngraber, Karl, 191.
50 Brunngraber, Karl, 250, 190.
51 Brunngraber, Karl, 22.
52 Musil, Werke 1 (s. Anm. 18), 248.
53 Musil, Werke 1, 597.
54 *Lützeler, Broch*, 96–103.

55 Broch, Hermann: Die unbekannte Größe, Frankfurt/M. 1977 (= Kommentierte Werkausgabe, 2. Bd., s. Anm. 13), 136.
56 Vgl. *Lützeler, Broch*, 111, 185.
57 Vgl. Zilsel, Edgar: Die sozialen Ursprünge der neuzeitlichen Wissenschaft. Hrsg. und übers. von Wolfgang Krohn. Mit einer bibliographischen Notiz von Jörn Bermann. Frankfurt/M. 1976. Vgl. ferner: *Dovrák, Zilsel*, 95–103.
58 Musil, Werke 1 (s. Anm. 18), 45
59 *Stadler, Spätaufklärung und Sozialdemokratie*, 444.
60 Vgl. *Stadler, Vertriebene Vernunft*.
61 *Haller, Schlick*.
62 Vgl. *Schneider, Brunngraber*, 311–324; Thomas Lange in Vorwort zu ›Karl und das XX. Jahrhundert‹ (vgl. Anm. 48), 3.
63 Vgl. *Sachslehner, Führerwort und Führerblick*, 27–29.
64 Hohlbaum, Robert: Der Mann aus dem Chaos. Ein Napoleon-Roman. Leipzig 1933, 358.
65 *Lukács, Der historische Roman*, 47.
66 Schiller-Marmorek: Die Biographie. In: Der Kampf 22, 1929, 388 f.
67 Zweig, Stefan: Maria Stuart. Wien 1935, 11 f.
68 *Innerhofer, Kulturgeschichte*, 101–119.
69 *Innerhofer, Kulturgeschichte*, 133–139.
70 Hofmannsthal, Werke (s. Anm. 10), Reden und Aufsätze III, 150.
71 *Meissl, Germanistik*, 476.
72 Musil, Werke 8 (s. Anm. 19), 1175 f.
73 Musil, Werke 8, 1171.
74 *Waldner, Deutschland blickt auf uns*, 140–142.
75 Vgl. *Rossbacher, Dichtung und Politik bei Guido Zernatto*, 548.
76 *Aspetsberger, Übergänge*, 567; *Rossbacher, Literatur und Politik bei Guido Zernatto*, 554; *Jarka, Literatur- und Theaterpolitik*, 504; *Amann, Dichter und Politik*, 95 f.
77 *Rossbacher, Dichtung und Politik bei Guido Zernatto*, 549.
78 *Lützeler, Verzauberung*, 251–253.
79 Broch, Hermann: Die Verzauberung. 2. Aufl. (= Kommentierte Werkausgabe, Bd. 3, s. Anm. 13) Frankfurt/M. 1980, 11.
80 Broch, Verzauberung, 14.
81 Broch, Verzauberung, 280.
82 Broch, Verzauberung, 369 f.
83 Wildgans, Anton: Gesang vom Menschen. Eingeleitet und ausgewählt von Hans Vogelsang. Graz und Wien 1959, 105.
84 *Aspetsberger, Literarisches Leben im Austrofaschismus*, 173.
85 *Aspetsberger, Literarisches Leben im Austrofaschismus*, 172.
86 Vgl. *Suchy, Bauer, Knecht, Hirt*, 427–480.
87 Zit. nach: Brandt-Hirschmann, Otto (Hrsg.): Der ewige Kreis. Eine Anthologie österrreichische Lyrik. Wien Leipzig 1935, 75.
88 Zit. nach Adalbert Schmidt (Hrsg.): Ostmark-Lyrik. Wien 1939, 55 und 58. Die Texte wurden bereits früher veröffentlicht.

89 Zit. nach Schmidt, Ostmark-Lyrik (zit. Anm. 88), 21.
90 Zit. nach: Der ewige Kreis (s. Anm. 87), 57.
91 Szabo, Wilhelm: Lob des Dunkels. Gedichte 1930–1980. St. Pölten-Wien 1981, 18.
92 Zernatto, Guido: Die Sonnenuhr. Hrsg. von Hans Brunmayr. Salzburg 1961, 7.
93 Kramer, Theodor: Gesammelte Gedichte. 1. Bd. Wien 1984, 615 (Nachwort von Erwin Chvojka.)
94 Vgl. *Strigl, Theodor Kramer*, 201–228.
95 Kramer, Gedichte, 1. Bd. (s. Anm. 93), 272.
96 Vgl. *Achberger, Fluchtpunkt 1938*, 168–170.
97 Weinheber, Josef: Sämtliche Werke, 2. Bd.: Die Hauptwerke. Nach Josef Nadler und Hedwig Weinheber, neu hrsg. von Friedrich Jenaczek. Salzburg 1972, 134.
98 *Berger, Götter, Dämonen und Irdisches*, 280.
99 *Czeike, Wien*, 1061.
100 Zernatto, Guido: Sinnlose Stadt. Leipzig 1934, 267.
101 *Jagschitz, Ständestaat*, 508.
102 Zur Bedeutung dieser Ereignisse vgl. die exakte Nachzeichnung der Vorgänge unter dem Titel ›Ragusa oder die Scheidung der Geister‹ bei: *Amann, P.E.N.*, 23–38; *Renner, Österreichische Schriftsteller*, 202–227; *Sonnleitner, Hohlbaum*, 153–197; *Klauhs, Csokor*, 416–445; *Huber, Urbanitzky*, 190–208.
103 *Aspetsberger, Literarisches Leben im Austrofaschismus*, 148 f.
104 Vgl. *Jarka, Literatur- und Theaterpolitik*, 522. Vgl. *Böhm, Mayer*.
105 *Aspetsberger, Literarisches Leben im Austrofaschismus*, 151.
106 *Sonnleitner, Hohlbaum*, 197–222.
107 *Renner, Österr. Schriftsteller*, 234–243.
108 Weinheber, Sämtliche Werke. 2. Bd. (s. Anm. 94), 518.
109 Karl Kraus in: Die Fackel, Nr. 888, 1933, 4.
110 *Frühwald, Kritik der Phraseologie*.
111 *Pfabigan, Kraus und der Sozialismus*, 358.
112 *Jarka, Soyfer*, 303 f.
113 *Jarka, Soyfer*, 248–266; *Weigel, Gerichtstag*, passim.
114 Abdruck in Übersetzung bei *Hackert, Kulturpessimismus*, 147–151. Vgl. ferner *Wörsching, Rückwärtsgewandte Utopie*, 95.
115 *Bronsen, Roth*, 479.
116 Vgl. Canetti, Elias: Das Augenspiel. Lebensgeschichte 1931–1937. Frankfurt/M. 1990, 114–123.
117 Musil, Robert: Tagebücher. Hrsg. von Adolf Frisé. Reinbek bei Hamburg 1976. Bd. 1, 924. (Musil irrt sich im Todesjahr Wildgans', der 1932 verstarb.) Vgl. ferner: Viktor Suchy. Die »österreichische Idee«, 28 f.
118 Andrian, Leopold von: Österreich im Prisma der Idee. Ein Katechismus der Führenden. Graz 1937, 419.
119 *Klauhs, Csokor*, 536–546.
120 *Amann, Anschluß*, 164–169
121 *Sachslehner, Führerwort und Führerblick*, 63 f., 76 f.
122 *Amann, P.E.N.*, 95–119; *Müller, NS-Hinterlassenschaften*, 98 f.; vgl. Rüdiger

Wischenbart, Literarischer Wiederaufbau in Österreich 1945–1949. Königstein/Ts. 1983, 68–75.
123 *Müller, Zäsuren*, 67–164.
124 *Amann, P.E.N.*, 80.

Erhard Schütz: Autobiographien und Reiseliteratur

1   Mahrholz, Werner: Deutsche Selbstbekenntnisse. Ein Beitrag zur Geschichte der Selbstbiographie von der Mystik bis zum Pietismus. Berlin 1919.
2   Ford, Henry: Mein Leben und Werk. Leipzig 1923.
3   Trotzki, Leo: Mein Leben. Versuch einer Autobiographie. Berlin 1930.
4   Kollontai, Alexandra: Autobiographie einer sexuell emanzipierten Kommunistin. Berlin 1926.
5   Mann, Klaus: Kind dieser Zeit. Berlin 1932.
6   Bürgel, Bruno H.: Vom Arbeiter zum Astronomen. Der Aufstieg eines Lebenskämpfers. Berlin 1919 (erw. Berlin 1929).
7   Schweitzer, Albert: Aus meiner Kindheit. Leipzig 1925.
8   Schweitzer, Albert: Selbstdarstellung. Leipzig 1929.
9   Schleich, Carl Ludwig: Besonnte Vergangenheit. Lebenserinnerungen. Berlin 1922.
10 Eucken, Rudolf: Lebenserinnerungen. Ein Stück deutschen Lebens. Leipzig 1921.
11 Kaiser Wilhelm II.: Ereignisse und Gestalten aus den Jahren 1878–1918. Leipzig u. Berlin 1922; Erinnerungen des Kronprinzen Wilhelm. Aus den Aufzeichnungen, Dokumenten, Tagebüchern und Gesprächen. Hrsg. von Karl Rosner. Stuttgart u. Berlin 1922.
12 Hoelz, Max: Vom ›Weißen Kreuz‹ zur Roten Fahne. Jugend-, Kampf- und Zuchthauserlebnisse. Berlin 1929.
13 Tureck, Ludwig: Ein Prolet erzählt. Berlin 1929 (Neuausgaben Berlin 1957, Köln 1972, München 1980).
14 Schmitz, Oskar A.H.: Die Geister des Hauses. Jugenderinnerungen. München 1925; Dämon Welt. Jahre der Entwicklung. München 1926; Ergo sum. Jahre des Reifens. München 1927.
15 Benjamin, Walter: Berliner Kindheit um neunzehnhundert. Zuerst: Frankfurt/M. 1966; jetzt: Fassung letzter Hand. Frankfurt/M. 1987.
16 Schlichter, Rudolf: Das widerspenstige Fleisch. Berlin 1932.
17 Benjamin, Walter: Memoiren aus unserer Zeit. In: W. B: Gesammelte Schriften. Bd. III. Frankfurt/M. 1972, 377 ff., hier 379. Der zweite Teil von Schlichters Autobiographie erschien unter dem Titel ›Tönerne Füße‹, Berlin 1933; ein angekündigter dritter Teil blieb unpubliziert. Neuausgabe: Berlin 1992.
18 Holitscher, Arthur: Lebensgeschichte eines Rebellen. Berlin 1924.
19 Benjamin, Memoiren aus unserer Zeit (s. Anm. 17), 379.
20 *Sloterdijk, Literatur*, 83.
21 Benjamin, Walter: Gesammelte Schriften. Bd. II/2, Frankfurt/M. 1977, 439.
22 Schleich, Besonnte Vergangenheit (s. Anm. 9), 315, 338 u. 339.

23 Martens, Kurt: Schonungslose Lebenschronik. 1901–1923. 2 Bde. Wien u. a. 1924.
24 Martens, Schonungslose Lebenschronik, Bd. II, 149 u. Bd. I, 11 f.
25 Eloesser, Arthur: Die Straße meiner Jugend. Berlin 1919.
26 Ebd., 37 u. 95. In der Neuausgabe, Berlin 1987, wurde dieses Kapitel unverständlicherweise fortgelassen.
27 Kracauer, Siegfried: Ginster. Berlin 1928.
28 Glaeser, Ernst: Jahrgang 1902. Berlin 1928.
29 Stegemann, Hermann: Erinnerungen aus meinem Leben und aus meiner Zeit. Stuttgart u. a. 1930.
30 Wolzogen, Ernst von: Wie ich mich ums Leben brachte. Braunschweig 1922, 307; *Sloterdijk, Literatur*, 269.
31 Tureck, Ein Prolet erzählt (s. Anm. 13).
32 Hoelz, Vom ›Weißen Kreuz‹ zur Roten Fahne (s. Anm. 12).
33 Toller, Ernst: Eine Jugend in Deutschland. (1933), Leipzig 1970, 211 und 62. Toller schrieb daran seit 1930.
34 Besonders signifikant und ausführlich: Schauwecker, Franz: Aufbruch der Nation. Berlin 1930.
35 Glaser, Georg: Schluckebier. Berlin 1932 (Berlin 1979).
36 Scharrer, Adam: Aus der Art geschlagen. Berlin 1930.
37 Glaser: Schluckebier (s. Anm. 35), 160.
38 Hoelz, Vom ›Weißen Kreuz‹ zur Roten Fahne (s. Anm. 12), 12.
39 Holek, Wenzel: Lebensgang eines Handarbeiters. Jena 1909.
40 Holek, Wenzel: Vom Handarbeiter zum Jugenderzieher. Jena 1921.
41 Bürgel, Vom Arbeiter zum Astronom (s. Anm. 6).
42 Zit. nach *Sloterdijk, Literatur*, 68.
43 Wieprecht, Christoph: Nachtgesang. Essen 1924.
44 Neben Bürgel und Holek etwa Nikolaus Osterroth: Vom Beter zum Kämpfer. Berlin 1920; oder Hermann Remané: Vom Arbeiterburschen zum Ehrendoktor, o. O. u. o. J.
45 Großmann, Stefan: Ich war begeistert. Eine Lebensgeschichte. Berlin 1930.
46 Mühsam, Erich: Namen und Menschen. Leipzig 1929 (geschr. 1927).
47 Zit. nach der Ausgabe Leipzig 1949, 6 f.
48 *Sloterdijk, Literatur*, 279.
49 Vgl. Marquard, Odo: Apologie des Zufälligen. Stuttgart 1986, 128.
50 *Sloterdijk, Literatur*, 309.
51 Freud, Sigmund: Selbstdarstellung. Leipzig 1925.
52 Wollenberg, Robert: Erinnerungen eines alten Psychiaters. Stuttgart 1931.
53 Martens, Schonungslose Lebenschronik (s. Anm. 23), Bd. I, 73.
54 Lessing, Theodor: Einmal und nie wieder. Prag 1935.
55 Schmitz, Ergo sum (s. Anm. 14), 172.
56 *Sloterdijk, Literatur*, 230 u. 232 f.
57 Schlichter, Das widerspenstige Fleisch (s. Anm. 16), 7.
58 Vgl. dazu Metken, Günter: Zwischen den Fronten. Die Autobiographie des Malers Rudolf Schlichter – ein verdrängtes Dokument. In: Merkur. Jg. 42 (1988), 371 ff.

59 Martens, Schonungslose Lebenschronik (s. Anm. 23), Bd. I, 11.
60 Schneider, Manfred: Die erkaltete Herzensschrift. Der autobiographische Text im 20. Jahrhundert. München 1986, 23, 20 u. 38.
61 Wassermann, Jakob: Mein Weg als Deutscher und Jude. Berlin 1922.
62 Lissauer, Ernst: Das Haus der Kindheit. In: Günther, Herbert (Hrsg.): Hier schreibt Berlin. Berlin 1929, 43 ff.; Lewisohn, Ludwig: Gegen den Strom. Eine amerikanische Chronik. Frankfurt/M. 1924; zuerst engl.: Up Stream. New York 1922.
63 Toller, Eine Jugend in Deutschland (s. Anm. 33), 223.
64 Wolzogen, Wie ich mich ums Leben brachte (s. Anm. 30), 5.
65 Jünger, Ernst: Das abenteuerliche Herz. Berlin 1929, 5.
66 Kracauer, Siegfried: Eine Produktion der Jungen. Bei Gelegenheit zweier Bücher von Klaus Mann. In: Frankfurter Zeitung vom 1.5.1932.
67 Vgl. Schneider, Die erkaltete Herzensschrift (s. Anm. 60), 20, 29 u. 39.
68 Ludwig, Emil: Geschenke des Lebens. Berlin 1931.
69 Schleich, Besonnte Vergangenheit (s. Anm. 9), 1 f.
70 Ebd., 69.
71 Vgl. dazu etwa Schneider, Die erkaltete Herzensschrift (s. Anm. 60), 54 ff.
72 Klaus Mann, Kind dieser Zeit (s. Anm. 5), 9.
73 Ebd., 11.
74 Ebd., 162.
75 Ebd., 7.
76 Ebd., 121.
77 Benjamin, Walter: Berliner Kindheit um 1900. Frankfurt/M. 1987, 9.
78 Benjamin, Walter: Berliner Chronik. In: W. B.: Gesammelte Schriften. Bd. VI. Frankfurt/M. 1985, 465–519, hier 488.
79 Vgl. hierzu Schneider, Die erkaltete Herzensschrift (s. Anm. 60), 107–149.
80 Benjamin, Walter: Gesammelte Schriften. Bd. IV/1. Frankfurt/M. 1972, 438.
81 Vgl. Hürlimann, Martin (Hrsg.): Atlantis. Länder. Völker. Reisen. Register der Jahrgänge I–XXXII (1929–1960). Freiburg/Br. 1961.
82 Kracauer, Siegfried: Reisen, nüchtern (Frankfurter Zeitung, 10.7.1932). In: S. K.: Schriften. Bd. 5.3: Aufsätze (1932–1965). Frankfurt/M. 1990, 87 f.
83 Kracauer, Siegfried: Die Reise und der Tanz (Frankfurter Zeitung, 15.3.1925). In: S. K.: Schriften. Bd. 5.1: Aufsätze (1915–1926), Frankfurt/M. 1990, 288 ff.
84 Vgl. dazu auch Gleber, Anke: Die Erfahrungen der Moderne in der Stadt. Reiseliteratur der Weimarer Republik. In: Brenner, Peter J. (Hrsg.): Der Reisebericht. Frankfurt/M. 1989, 463 ff.
85 Venzmer, Gerhard: Autoreise durch Frankreich. Berlin 1932, 8 u. 79.
86 Beuerle, Helmut: Italienfahrt. Eindrücke von einer modernen Pilgerfahrt im Auto im heiligen Jahr 1925. Freiburg/Br. o. J. (1925), 110.
87 Wegner, Armin T.: Am Kreuzweg der Welten. Berlin 1930, 382; Kursivierung im Original gesperrt.
88 Paquet, Alfons: Städte, Landschaften und ewige Bewegung. Ein Roman ohne Helden. Hamburg 1927, 19.
89 Katz, Richard: Die weite, weite Welt. 5 Bde. Berlin 1932; enthält:
– R. K.: Ein Bummel um die Welt. Zwei Jahre Weltreise auf Kamel und Schiene,

Schiff und Auto. Berlin 1927 (2. erw. Aufl. 1931; bis 1933 in über 100 000 Exemplaren gedruckt)
- R. K.: Heitere Tage mit braunen Menschen. Berlin 1928.
- R. K.: Funkelnder Ferner Osten. Berlin 1929.
- R. K.: Schnaps, Kokain und Lamas. Berlin 1930.
- R. K.: Ernte. Des Bummels um die Welt zweite Folge. Berlin 1932.

90 Katz, Ernte (s. Anm. 89), 5 f. u. 272.
91 Karlin, Alma M.: Einsame Weltreise. Die Tragödie einer Frau. Minden i. W., Berlin u. Leipzig 1930, 7, 120 u. 105.
92 Stratz, Rudolf: Reisen und Reifen. Der Lebenserinnerungen zweiter Teil. Berlin 1926.
93 Bruder Willram (d. i. Prof. Anton Müller): Heliotrop. Skizzen und Bilder aus Italien. Innsbruck [4]1922.
94 Johst, Hanns: Consuela. Aus dem Tagebuch einer Spitzbergenfahrt. München 1925.
95 Schmidtbonn, Wilhelm: Mein Freund Dei. Geschichte einer unterbrochenen Weltreise. Stuttgart, Berlin u. Leipzig 1928.
96 Paquet, Städte, Landschaften und ewige Bewegung (s. Anm. 88), 8.
97 Jünger, Ernst: Der Arbeiter. Herrschaft und Gestalt (1932). Stuttgart 1981, 222 f.
98 Diesel, Eugen: Die deutsche Wandlung. Das Bild eines Volks. Stuttgart u. Berlin 1929, 289 u. 295.
99 Benjamin, Walter: Spanien 1932. In: W. B.: Gesammelte Schriften, Bd. VI. Frankfurt/M. 1985, 453 f.
100 Szondi, Peter: Nachwort. In: Benjamin, Walter: Städtebilder, Frankfurt/M. 1963, 86 u. 89 f.
101 Höllriegel, Arnold: Die Derwischtrommel. Das Leben des erwarteten Mahdi. Berlin 1931.
102 Katz, Ernte (s. Anm. 89), 275.
103 Ebd., 274.
104 Katz, Ein Bummel um die Welt (s. Anm. 89), 9.
105 Ebd., 10.
106 Vgl. etwa ebd., 26 u. Katz, Ernte (s. Anm. 89), 271. Vgl. etwa Ludwig, Emil: Am Mittelmeer. Berlin 1927, 85 f.: »Mit 50 HP bei King Cheops vorzufahren, ist gar nicht paradox; es ist sein Stil. Denn im Grunde hat dieser König vor drei Jahrtausenden nichts anderes als einen Rekord angestrebt, und auch Herodot kann in seinem Baedeker über Ägypten nur die Zahlen anstaunen ⟨...⟩.« Andernorts spricht er von »Baedekerkirchen« (39).
107 Katz, Ein Bummel um die Welt, 49.
108 Mann, Erika u. Klaus: Rundherum. Berlin 1929.
109 Katz, Ein Bummel um die Welt (s. Anm. 89), 82.
110 Huelsenbeck, Richard: Afrika in Sicht. Ein Reisebericht über fremde Länder und abenteuerliche Menschen. Dresden 1928, 265.
111 Vgl. dazu Brenner, Peter J.: Der Reisebericht in der deutschen Literatur. Ein Forschungsüberblick als Vorstudie zu einer Gattungsgeschichte. Tübingen 1990, 588 ff.

112 Huelsenbeck, Afrika in Sicht (s. Anm. 110), 115.
113 Vgl. Holitscher, Arthur: Das unruhige Asien. Reise durch Indien, China, Japan. Berlin 1926, 250. Vgl. dazu, wie zum Folgenden: Reif, Wolfgang: Exotismus im Reisebericht des frühen 20. Jahrhunderts. In: Brenner, Peter J. (Hrsg.): Der Reisebericht. Frankfurt/M. 1989, 434 ff. Hier 454 f.
114 Holitscher, Artur: Der Narrenbaedeker. Aufzeichnungen aus Paris und London. Berlin 1925.
115 Vgl. Greuner, Ruth: Arthur Holitscher. Unterwegs zur Revolution. In: R. G.: Gegenspieler. Profile linksbürgerlicher Publizisten aus Kaiserreich und Weimarer Republik. Berlin 1969, 50 ff.
116 Holitscher, Arthur: Reise durch das jüdische Palästina. Berlin 1922.
117 Vgl. dazu Schütz, Erhard: Kritik der literarischen Reportage. Reportagen und Reiseberichte aus der Weimarer Republik über die USA und die Sowjetunion. München 1977; und Gleber, Anke: Die Erfahrung der Moderne in der Stadt. Reiseliteratur der Weimarer Republik. In: Brenner, Peter J. (Hrsg.): Der Reisebericht. Frankfurt/M. 1989, 463 – 489.
118 Wegner, Armin T.: Jagd durch das tausendjährige Land. Berlin 1932, 200 f.; vgl. auch A. T. W.: Das Zelt. Aufzeichnungen, Briefe, Erzählungen aus der Türkei. Berlin 1926; und Wegner, Am Kreuzweg der Welten (s. Anm. 87).
119 Ludwig, Am Mittelmeer (s. Anm. 106), 192 ff.
120 Edschmid, Kasimir: Zauber und Größe des Mittelmeers. Frankfurt/M. 1932, 206 ff. Hier 207, 206, 207 u. 215.
121 Kurella, Alfred: Mussolini ohne Maske. Der erste rote Reporter bereist Italien. Berlin 1931.
122 Frisch, Efraim: Italienisches Morgenrot. In: Die Weltbühne. Jg. 22 (1926). Nr. 9, 333 ff., u. Nr. 10, 367 ff.
123 Mann, Erika u. Klaus: Das Buch von der Riviera. (1931) Berlin 1989. Vgl. auch Roth, Joseph: Werke. Bd. 2: Das journalistische Werk 1924 – 1928. Hrsg. von Klaus Westermann. Köln 1990, 976 ff. (Das vierte Italien).
124 Vgl. neben den verstreuten Feuilletons, bzw. Denkbildern von Benjamin u. Kracauer bes. die Texte von Joseph Roth, Werke, Bd. 2 (s. Anm. 123), 419 ff.; Sieburg, Friedrich: Gott in Frankreich? Ein Versuch. Frankfurt/M. 1929; Kerr, Alfred: Die Welt im Licht. Bd. I, Berlin 1920; A. K.: O Spanien! Eine Reise. Berlin 1924; A. K.: Eine Insel heißt Korsika ... Berlin 1933 – allesamt jetzt in A. K.: Erlebtes 2. Reisen durch die Welt. Hrsg. von Hermann Haarmann. Werke in Einzelbänden, Bd. 1.2, Berlin 1989; vgl. auch Holitscher, Arthur: 5000 Kilometer durch Südwesteuropa mit 120 PS. In: A. H.: Reisen, Potsdam 1928; vgl. hierzu auch Gleber, Die Erfahrung der Moderne in der Stadt (s. Anm. 117), 480 ff.
125 Tucholsky, Kurt: Ausflug nach Robinson. In: K. T.: Gesammelte Werke in 10 Bänden. Reinbek bei Hamburg 1975. Bd. 3, 414 – 416, hier 416.
126 Tucholsky, Kurt: Ein Pyrenäenbuch. Berlin 1927. 1930 erschien im Rowohlt-Verlag eine leicht überarbeitete Neuausgabe. Jetzt in Tucholsky, Gesammelte Werke, Bd. 5, 7 – 135.
127 Ebd., 7, 101 f., 133 ff.
128 Zit. nach Ausstellung und Katalog Jochen Meyer in Zusammenarbeit mit Antje

Bonitz: »Entlaufene Bürger«. Kurt Tucholsky und die Seinen. Marbach a. N. 1990, 201 f.
129 Venzmer, Autoreise durch Frankreich (s. Anm. 85), 239.
130 Hensel, Georg: Rasend durchs Leben. Zum 100. Geburtstag des Schriftstellers Kasimir Edschmid. In: Frankfurter Allgemeine Zeitung. Nr. 233 vom 6. 10. 1990, Beilage.
131 Vgl. Edschmid, Kasimir: Afrika, nackt und angezogen. Frankfurt/M. 1929; und K. E.: Glanz und Elend Süd-Amerikas. Frankfurt/M. 1931.
132 Edschmid, Zauber und Größe des Mittelmeers (s. Anm. 120).
133 Ebd., 7, 11 u. 380.
134 Ebd., 84.
135 Ebd., 375.
136 Vgl. Friedrich, Dorothea: Das Bild Polens in der Literatur der Weimarer Republik, Frankfurt/M., Bern u. a. 1984.
137 Der erste Beitrag erschien am 26. 11. 1933, der letzte am 31. 12.1933; vgl. auch Sieburg, Friedrich: Polen. Legende und Wirklichkeit. Frankfurt/M. 1934. Dies ist um so erstaunlicher, als Sieburg zur selben Zeit ein Buch veröffentlichte, das sich auf widerliche Weise opportunistisch gibt: Sieburg, Friedrich: Es werde Deutschland. Frankfurt/M. 1933.
138 Roth, Joseph: Döblin im Osten. In: Roth, Werke, Bd. 2 (s. Anm. 123), 532–535, hier 533.
139 Vgl. Roth, Joseph: ›Reise durch Galizien‹ und ›Briefe aus Polen‹. In: Roth, Werke, Bd. 2 (s. Anm. 123), 281–292 u. 935–970; vgl. Todorow, Almut: Brechungen. Joseph Roth und das Feuilleton der ›Frankfurter Zeitung‹. In: Kessler, Michael (Hrsg.): Joseph Roth. Interpretation – Rezeption – Kritik. Bonn 1990, 373–384.
140 Keilpflug, E. R.: An den Rändern dreier Erdteile. Berlin 1937, 107.
141 Moog, Otto: Drüben steht Amerika. Gedanken nach einer Ingenieurreise durch die Vereinigten Staaten. Braunschweig o. J. (1927), 5.
142 Hauser, Heinrich: Feldwege nach Chicago. Berlin 1931; Hausmann, Manfred: Kleine Liebe zu Amerika. Berlin 1930; Holitscher, Arthur: Wiedersehen mit Amerika. Die Verwandlung der U. S. A. Berlin 1930. Vgl. auch A. H.: Amerika heute und morgen. Reiseerlebnisse. Berlin 1912; A. H. (Hrsg.): Amerika. Leben, Arbeit, Dichtung. Berlin 1923; Karlweis, Marta: Eine Frau reist durch Amerika. Mit einer Vorbemerkung von Jakob Wassermann. Berlin 1928; Kerr, Alfred: New York und London. Stätten des Geschicks. Zwanzig Kapitel nach dem Weltkrieg. Berlin 1923; A. K.: Yankee-Land. Eine Reise. Berlin 1925; Egon Erwin Kisch (beehrt sich darzubieten) Paradies Amerika. Berlin 1929; Mann, Erika u. Klaus: Rundherum. Berlin 1929; Roda Roda (d. i. Sandor Friedrich Rosenfeld): Ein Frühling in Amerika. München 1926; Salten, Felix: Fünf Minuten Amerika. Berlin, Wien u. Leipzig 1931; Toller, Ernst: Quer durch. Reisebilder und Reden. Berlin 1930.
143 Klötzel, C. Z.: Ein Franzose schreibt über Amerika. In: Die Weltbühne. Jg. 24 (1928), H. 17 vom 24. 4. 1928, 655.
144 Heinig, Kurt: Das fließende Band. In: Die Weltbühne. Jg. 22 (1926), H. 3 vom 19. 1. 1926, 108.
145 Vgl. hierzu und zum Folgenden ausführlicher Schütz, Erhard: Fließband –

Schlachthof – Hollywood. Literarische Phantasien über die Maschine USA. In: E. S. (Hrsg.): Willkommen und Abschied der Maschinen. Literatur und Technik. Essen 1988, 122–143.

146 Hensel, Rudolf: Amerika. Aus den Tagebuch-Blättern einer Reise. Speyer o. J. (1928), 230.

147 Kisch, Paradies (s. Anm. 142), 307.

148 Hauser, Feldwege (s. Anm. 142), 247.

149 Dessauer, Friedrich: Auslandsrätsel. Nordamerikanische und spanische Reisebriefe. München u. Kempten 1922, 101.

150 Vgl. dazu ausführlicher Schütz, Kritik der literarischen Reportage (s. Anm. 117), 101 ff.

151 Zweig, Stefan: Die Welt von gestern. Erinnerungen eines Europäers (1942). Frankfurt/M. 1970, 375.

152 Benjamin, Gesammelte Schriften, Bd. IV/1 (s. Anm. 80), 316.

153 Vgl. die besonders hartnäckige Abwehr in: Feuchtwanger, Lion: Moskau 1937. Ein Reisebericht für meine Freunde. Amsterdam 1937.

154 Vorst, Hans: Das bolschewistische Rußland. Leipzig 1919.

155 Paquet, Alfons: Im kommunistischen Rußland. Briefe aus Moskau. Jena 1919.

156 Ballod, Carl: Sowjet-Rußland. Berlin 1920.

157 Ehrhardt, B.: Der Bolschewismus als Totengräber. Erlebnisse und Beobachtungen eines Kaufmanns in Rußland. Berlin 1919.

158 Goldschmidt, Alfons: Moskau 1920. Berlin 1920; vgl. auch: A. G.: Wie ich Moskau wiederfand. Berlin 1925.

159 Holitscher, Arthur: Drei Monate in Sowjet-Rußland. Berlin 1921; vgl. auch A. H.: Strom ab die Hungerwolga. Berlin 1922; A. H.: Es geschah in Moskau. Berlin 1929.

160 Jung, Franz: Reise in Rußland. Berlin 1920; vgl. auch F. J.: Hunger an der Wolga. Berlin 1922; F. J.: Das geistige Rußland von heute. Berlin 1924.

161 Barthel, Max: Die Reise nach Rußland. Berlin 1921, 4; vgl. auch M. B.: Vom roten Moskau bis zum Schwarzen Meer. Berlin 1921; M. B.: Der rote Ural. Berlin 1921; M. B.: Das Blockhaus an der Wolga. Berlin 1930; M. B.: Der große Fischzug. Stuttgart 1931.

162 Benjamin, Walter: Moskau. In: Die Kreatur. Jg. 2 (1927), H. 1, 71–101. Jetzt in: Benjamin, Gesammelte Schriften, Bd. IV/1 (s. Anm. 80), 316–348; vgl. auch W. B.: Moskauer Tagebuch. Frankfurt/M. 1980.

163 Bloem, Walter: Weltgesicht. Ein Buch von heutige und kommender Menschheit. Leipzig 1928.

164 Feiler, Arthur: Das Experiment des Bolschewismus. Frankfurt/M. 1929.

165 Bruno Frei (d. i. Benedikt Freistadt): Im Land der roten Macht. Ein sowjetrussischer Bilderbogen. Berlin 1929.

166 Grünberg, Karl: Bauernnot und Rote Hilfe. Berlin 1931; K. G.: Was geht im kollektivierten Sowjet-Dorf vor? Berlin 1931.

167 Gumbel, Emil Julius: Vom Rußland der Gegenwart. Berlin 1927.

168 Heller, Otto: Sibirien. Ein anderes Amerika. Berlin 1930; O. H.: Wladiwostok! Der Kampf um den fernen Osten. Berlin 1932.

169 Hodann, Max: Sowjetunion. Gestern – Heute – Morgen. Berlin 1931.
170 Kisch, Egon Erwin: Zaren, Popen, Bolschewiken. Berlin 1927; vgl. auch E. E. K.: Asien gründlich verändert. Berlin 1932.
171 Körber, Lili: Ein Frau erlebt den roten Alltag. Berlin 1932.
172 Kurella, Alfred: Aufbau der Sowjetunion. Berlin 1930.
173 Lask, Berta: Wie Franz und Grete nach Rußland reisten. Erzählungen für die Arbeiterjugend und Arbeitereltern. Berlin 1926; B. L.: Kollektivdorf und Sowjetgut. Ein Reisetagebuch. Berlin 1932.
174 Mirbt, Rudolf: Sowjetrussische Reiseeindrücke. München 1932.
175 Renn, Ludwig: Rußlandfahrten. Berlin 1932.
176 Roth, Joseph: Reise in Rußland. Frankfurt/M. 1927.
177 Rubiner, Frida: Für oder gegen Sowjetrußland. Berlin 1928; F. R.: Der große Strom. Eine unromantische Wolgafahrt. Wien u. Berlin 1930; F. R.: Der deutsche Arbeiter am sozialistischen Aufbau. Moskau 1932.
178 Rundt, Arthur: Der Mensch wird umgebaut. Ein Rußlandbuch. Berlin 1932.
179 Scheffer, Paul: Sieben Jahre Sowjetunion. Leipzig 1930.
180 Sieburg, Friedrich: Die rote Arktis. ›Malygius‹ empfindsame Reise. Frankfurt/M. 1932.
181 Siemsen, Hans: Rußland. Ja und Nein. Berlin 1931.
182 Stöcker, Helene: Zum vierten Male in Rußland. Berlin 1928.
183 Toller, Ernst: Quer durch. Russische Reisebilder. Berlin 1930.
184 Vogeler, Heinrich: Reise durch Rußland. Die Geburt des neuen Menschen. Dresden 1925.
185 Weichmann, Herbert u. Elsbeth: Alltag im Sowjetstaat. Berlin 1931; H. u. E. W.: Wie heute der Arbeiter in Sowjet-Rußland lebt. Berlin 1932.
186 Weiskopf, Franz Carl: Umsteigen ins 21. Jahrhundert. Episoden von einer Reise durch die Sowjetunion. Berlin 1927; F. C. W.: Zukunft im Rohbau. 18 000 Kilometer durch die Sowjetunion. Berlin 1932; vgl. auch Glaeser, Ernst u. Weiskopf, Franz Carl: Der Staat ohne Arbeitslose. Drei Jahre ›Fünfjahresplan‹. 265 Abbildungen. Mit einem Nachwort von Alfred Kurella. Berlin 1931.
187 Wegner, Armin T.: Fünf Finger über dir. Bekenntnisse eines Menschen in dieser Zeit. Berlin u. Leipzig 1930.
188 Zetkin, Clara: Im befreiten Kaukasus. Berlin 1926.
189 Benjamin, Walter: Moskauer Tagebuch. Frankfurt/M. 1980, 43 f.
190 Benjamin, Walter: Moskau. In: Benjamin, Gesammelte Schriften, Bd. IV/1 (s. Anm. 80), 317.
191 Freier, Rolf: Der eingeschränkte Blick oder Die Fenster zur Welt. Marburg 1984, 30.
192 Glaeser u. Weiskopf: Der Staat ohne Arbeitslose (s. Anm. 186), VI.
193 Mörchen, Helmut: Reportage und Dokumentarliteratur. In: Horst Albert Glaser (Hrsg.): Deutsche Literatur. Eine Sozialgeschichte. Bd. 9. Reinbek bei Hamburg 1983, 184.
194 15 eiserne Schritte. Die Sowjetunion in den Jahren des Aufbaus 1917–1932. Berlin 1932 – unter Mitarbeit von John Heartfield, Hermann Leupold und Alfred Kurella. Zur detaillierten Analyse, insbesondere auch zur emblematischen Funk-

tion vgl. Furler, Bernhard: Augen-Schein. Deutschsprachige Reisereportagen über Sowjetrußland 1917–1939. Frankfurt/M. 1987, 73–89.
195 Vgl. dazu insbesondere Furler, Augen-Schein, 67 ff.
196 Weiskopf, Umsteigen ins 21. Jahrhundert (s. Anm. 186), 118 f.
197 Roth, Joseph: Reise in Rußland. In: Roth, Werke, Bd. 2 (s. Anm. 123), 591 ff.
198 Heller, Sibirien (s. Anm 168).
199 Rubiner, Der große Strom (s. Anm. 177), 209.
200 Renn, Rußlandfahrten (s. Anm. 175), 158.
201 Weiskopf, Franz Carl: Reportagen. Berlin/DDR 1960, 231 f.
202 Kisch, Egon Erwin: Gesammelte Werke in Einzelausgaben, Bd. III. Berlin und Weimar 1961, 63 und 62.
203 Toller, Quer (s. Anm. 183), 124
204 Toller, Quer durch (s. Anm. 183), 123 f.
205 Kisch, Gesammelte Werke (s. Anm. 202), 127.
206 Weiskopf, Reportagen (s. Anm. 201), 106 ff.
207 Toller, Quer durch (s. Anm. 183), 178.
208 Toller, Quer durch (s. Anm. 183), 182.
209 Kisch, Gesammelte Werke (s. Anm. 202), 223.
210 Knickerbocker, H. R.: Deutschland so oder so? (German Crisis). Berlin 1932.
211 Vgl. etwa: Deutsche über Deutschland ⟨...⟩. Mit Nachwort von Edgar Jung. München 1932; oder Strasser, Gregor: Kampf um Deutschland. München 1932; vgl. auch Goebbels, Joseph: Die zweite Revolution, o. O. u. o. J. (Zwickau 1926).
212 Barthel, Max: Deutschland. Lichtbilder und Schattenrisse einer Reise. Berlin 1926; Goldschmidt, Alfons: Deutschland heute. Berlin 1928; Stenbock-Fermor, Alexander Graf: Deutschland von unten. Reise durch die proletarische Provinz. Stuttgart 1931; vgl. zum Jugendkultus der Weimarer Republik bes. die Beiträge von Mommsen, Ketelsen, Vondung u. Prümm in: Thomas Koebner, Rolf-Peter Janz u. Frank Trommler (Hrsg.): ›Mit uns zieht die neue Zeit‹. Der Mythos Jugend. Frankfurt/M. 1985; vgl. auch Peukert, Detlev J. K.: Die Weimarer Republik. Frankfurt/M. 1987, 94: »Der Mythos der Jugend durchzieht die Öffentlichkeit der Weimarer Republik in stärkerem Maße als die anderer zeitgenössischer Gesellschaften und stärker als andere Epochen deutscher Geschichte.«
213 Barthel, Deutschland (s. Anm. 212), 217.
214 Ebd., 246 u. 246; vgl. auch Barthel, Max: Erde unter den Füßen. Eine neue Deutschlandreise. Berlin 1929.
215 Goldschmidt, Deutschland heute (s. Anm. 212), 8.
216 Vgl. bes. ebd., 25 ff. u. 95 ff. Eine der Passagen zitiert Tucholsky zustimmend in extenso.
217 Alfons Goldschmidt ist in Gelsenkirchen aufgewachsen.
218 Goldschmidt, Deutschland heute (s. Anm. 212), 132, 15, 186, 221.
219 Ebd., 7 f.
220 Vgl. dazu Detlev J. K. Peukert, Die Weimarer Republik (s. Anm. 212), 76 ff.
221 Schwarz, Georg: Kohlenpott (1931). Essen 1986, 7.
222 Fritz Schulte ten Hoevel (d. i. Erik Reger): Das dritte Auge der Reporter (1930).

Zit. nach Schütz, Erhard/Vogt, Jochen (Hrsg.): Der Scheinwerfer. Ein Forum der Neuen Sachlichkeit 1927–1933. Essen 1986, 40.
223 Hauser, Heinrich: Schwarzes Revier. Berlin 1930, 9 f. Erik Reger antwortet darauf nüchtern: »Der vom Malteserkreuz bewirkte Vorgang beruht ⟨...⟩ auf einer Identifikationstäuschung, indem nämlich der Beobachter die verschiedenen Bilder, bloß weil die Gegenstände bis auf die bewegten Teile gleich sind, miteinander identifiziert. Was dieses Malteserkreuz für den Film ist, das sind seit einiger Zeit die Reporter für das Ruhrgebiet.« Schulte ten Hoevel, Das dritte Auge (s. Anm. 222), 39.
224 Hauser, Schwarzes Revier, 170.
225 Mann, Heinrich: Berlin (1921). In: H. M.: Sieben Jahre. Chronik der Gedanken und Vorgänge. Berlin, Wien und Leipzig 1929, 14 ff.
226 Vgl. dazu ausführlicher Schütz, Erhard: »Kurfürstendamm« oder Berlin als geistiger Kriegsschauplatz. Das Textmuster Berlin in der Weimarer Republik. In: Siebenhaar, Klaus (Hrsg.): Das poetische Berlin. Metropolenkultur zwischen Gründerzeit und Nationalsozialismus. Wiesbaden 1992, 163 ff.
227 Barthel, Erde unter den Füßen (s. Anm. 214), 80.
228 Brentano, Bernard von: Wo in Europa ist Berlin? (1928). Frankfurt/M. 1987, 40.
229 Kracauer, Siegfried: Der neue Alexanderplatz (1932). In: S. K.: Schriften. Bd. 5.3. Frankfurt/M. 1990, 150 ff.
230 Tucholsky, Kurt: Deutschland, Deutschland über alles. Berlin 1931, 226 ff.
231 Roth, Joseph: Bekenntnis zu Deutschland. In: Frankfurter Zeitung, 27. 9. 1931. Zit. nach J. R.: Werke. Bd. 3: Das journalistische Werk 1929–1939. Hrsg. von Klaus Westermann. Köln 1991, 391 ff.

Hermann Korte: Lyrik am Ende der Weimarer Republik

1 So verkehrt Ehrensteins Dichtung ›Herbst‹ (Berlin 1923) ein ehemals aktivistisches Pathos in die Bestandsaufnahme tristester Resignation. Auf einen Rückzug verweist schon der Titel von Rudolf Leonhards Sammlung ›Die Insel‹ (Berlin 1923). Und der von Kurt Schwitters vorgelegte Gedichtband ›Die Blume Anna. Die neue Anna Blume‹ (Berlin 1923) zitiert bereits die eigene dadaistische Tradition.
2 Goll, Ivan: Appell an die Kunst ⟨1917⟩. Zit. nach *Anz/Stark, Expressionismus*, 523.
3 Goll, Ivan: Versuch einer neuen Poetik. Zit. nach *Pörtner, Literaturrevolution*, 254.
4 Goll, Ivan: Hai-Kai ⟨1926⟩. Zit. nach *Kaes, Weimarer Republik*, 439.
5 Ebd.
6 Goll, Ivan: Liederkämpfe in Madagaskar ⟨1927⟩. Zit. nach *Kaes, Weimarer Republik*, 440.
7 Feuchtwanger, Lion: PEP. J. L. Wetcheeks amerikanisches Liederbuch, Potsdam 1928.
8 Ebd., 9.

9 Ebd., 1 (›Pep‹).
10 Ebd., 31 (›Rheinfahrt‹).
11 Zit. nach: Brecht, Bertolt: Hauspostille. In: B. B.: Gesammelte Werke in 20 Bänden. Frankfurt/M. 1967 (= werkausgabe edition suhrkamp). Bd. 8, 167–260.
12 Pietzcker, Carl: Die Lyrik des jungen Brecht. Vom anarchischen Nihilismus zum Marxismus. Frankfurt/M. 1974, 155.
13 Schuhmann, Klaus: Der Lyriker Bertolt Brecht 1913–1933. München 1971, 169.
14 Ebd., 167 f.
15 Ebd., 168.
16 Brecht, Hauspostille, 260 (›Gegen Verführung‹). Zur Interpretation der ›Hauspostille‹ s. auch Lehmann, Hans-Thies/Lethen, Helmut (Hrsg.): Bertolt Brechts ›Hauspostille‹. Text und kollektives Lesen. Stuttgart 1978.
17 Pietzcker, Lyrik des jungen Brecht (s. Anm. 12), 248.
18 Kaes, Weimarer Republik, 317. – Zur Krise in der Weimarer Republik s. auch Trommler, Frank: Verfall Weimars oder Verfall der Kultur? Zum Krisengefühl der Intelligenz um 1930. In: Koebner, Thomas (Hrsg.): Weimars Ende. Prognosen und Diagnosen in der deutschen Literatur und politischen Publizistik 1930–1933. Frankfurt/M. 1982, 34–56.
19 Kiaulehn, Walther: Der Tod der Lyrik ⟨1930⟩. Zit. nach Kaes, Weimarer Republik, 452.
20 Ebd., 451.
21 Kästner, Erich: Prosaische Zwischenbemerkung ⟨1929⟩. Zit. nach Kaes, Weimarer Republik, 448.
22 Ebd., 449.
23 Ebd.
24 Ebd. – Kästners Gedichtbände gehören zu den wenigen Ausnahmen lyrischer Produktionen in der Weimarer Republik, die eine hohe Popularität erzielten: Herz auf Taille (Leipzig 1928), Lärm im Spiegel (Leipzig 1928), Ein Mann gibt Auskunft (Leipzig 1930), Gesang zwischen den Stühlen (Stuttgart 1932). – Zu Kästner s. auch Lethen, Helmut: Neue Sachlichkeit 1924–1932. Studien zur Literatur des »Weißen Sozialismus«. Stuttgart 1970; Schwarz, Egon: Die strampelnde Seele: Erich Kästner in seiner Zeit. In: Grimm, Reinhold/Hermand, Jost (Hrsg.): Die sogenannten Zwanziger Jahre. Bad Homburg u. a. 1970, 109 ff.; Walter, Dirk: Zeitkritik und Idyllensehnsucht. Erich Kästners Frühwerk (1928–1933) als Beispiel linksbürgerlicher Literatur in der Weimarer Republik. Heidelberg 1977.
25 Siehe Walter, Zeitkritik und Idyllensehnsucht (s. Anm. 24), 110 ff. – Die unter dem Stichwort »Linke Melancholie« zusammengefaßte Kritik Walter Benjamins an Kästner enthält bereits wichtige Hinweise auf Schwächen und Aporien jener ›neusachlichen‹ Gedichte: W. B.: Linke Melancholie. Zu Erich Kästners neuem Gedichtbuch. In: W. B.: Angelus Novus. Ausgewählte Schriften 2. Frankfurt/M. 1966, 457–461. – Siehe auch Riha, Karl: Literarisches Kabarett und Rollengedicht. Anmerkungen zu einem lyrischen Typus in der deutschen Literatur nach dem Ersten Weltkrieg. In: Rothe, Wolfgang (Hrsg.): Die deutsche Literatur in der Weimarer Republik. Stuttgart 1974, 382–395.
26 Kästner, Prosaische Zwischenbemerkung (s. Anm. 21), 449.

27 Benn, Gottfried: Dichterglaube ⟨1931⟩. In: G. B.: Sämtliche Werke. Hrsg. von Gerhard Schuster. Stuttgart 1986 ff. Bd. III, Prosa 1, 338.
28 Schutt (Berlin 1924); Betäubung (Berlin 1925); Die Dänin. Ein Gedicht (Potsdam 1925); Gesammelte Gedichte (Berlin 1927).
29 Benn, Sämtliche Werke (s. Anm. 27), Bd. I, Gedichte 1, 74 f. (›Schädelstätten‹).
30 Lohner, Edgar: Gottfried Benn. In: Wiese, Benno von (Hrsg.): Deutsche Dichter der Moderne. Ihr Leben und Werk. Berlin 1965, 479–499; Zitat 487.
31 Blumenthal, Willy: Das lyrische Weltbild (Zum Gedenken an Rainer Maria Rilke). Der Kritiker 9, 1927, Nr. 1/2, 1.
32 Duineser Elegien (Leipzig 1923); Die Sonette an Orpheus (Leipzig 1923). – Siehe dazu Stahl, August: Rilke-Kommentar zum lyrischen Werk. München 1978; Fülleborn, Ulrich: Das Strukturproblem der späten Lyrik Rilkes. Voruntersuchungen zu einem historischen Rilke-Verständnis. Heidelberg 1960; Schwarz, Egon: Das verschluckte Schluchzen. Poesie und Politik bei Rainer Maria Rilke. Frankfurt/M. 1972; Schwarz, Egon (Hrsg.): Zu Rainer Maria Rilke. Stuttgart 1983; Hähnel, Klaus-Dieter: Rainer Maria Rilke. Werk – Literaturgeschichte – Kunstanschauung. Berlin/Weimar 1984.
33 Kasack, Hermann: Rainer Maria Rilke. Die neue Rundschau 38, 1927, 198–203; Zitat 203.
34 Schröder, Rudolf Alexander: Rainer Maria Rilke. Rede gehalten zu Frankfurt am Main im November 1928. Corona 1, 1931, 55–68; Zitat 56.
35 Jacob, Heinrich Eduard: Rilke ist tot. Die Weltbühne 23, 1927, 12 f.; Zitat 13.
36 Ebd., 12.
37 Mann, Klaus: Dank der Jugend an Rainer Maria Rilke. Die literarische Welt 3, Nr. 2, 1 f. – Die Gedenknummer der ›Literarischen Welt‹ enthielt außerdem u. a. einen Beitrag von Franz Blei ›Zu Rainer Maria Rilke‹ (2).
38 Rilke, Rainer Maria: Die Sonette an Orpheus. Zit. nach: R. M. R.: Werke in sechs Bänden. 3. Aufl. Frankfurt/M. 1984, 501.
39 Ebd., 488 (3. Sonett).
40 Ebd.
41 Ebd., 490 (6. Sonett).
42 Ebd., 491 (7. Sonett).
43 Ebd., 492 (9. Sonett).
44 Ebd., 497.
45 Siehe dazu Hähnel, Rilke (s. Anm. 32), 27 ff.
46 Schwarz, Justus: Die Wirklichkeit des Menschen in Rilkes letzten Dichtungen. Die Kreatur 2, 1927/28, 200–221; Zitat 207.
47 Ebd., 219. – Schwarz sieht »die moderne Dichtung ⟨...⟩ unter dem Verhängnis eines Verfallenseins an die wuchernden Phantasiemöglichkeiten mitsamt der Zerstreuung und Befriedigung in ihnen«. Sie lenke daher »von echtem Dasein« (221) ab. Rilkes Spätwerk sei an der *Grenze* der Moderne angesiedelt, also »Zeugnis einer bis zu ihren Grenzen vorgetriebenen, in ihren Grenzen immer noch verfangenen Dichtung« (221).
48 Stefan Georges Werk wird zit. nach: S. G.: Werke. Ausgabe in zwei Bänden. 2. Aufl. Düsseldorf, München 1968. ›Das Neue Reich‹ s. Bd. 1, 397–469.

49 Winkler, Michael: Stefan George. Stuttgart 1970, 59.
50 George, Werke (s. Anm. 47), Bd. 1, 418.
51 Ebd., 410–415.
52 Ebd., 416 ff.
53 Ebd., 418.
54 Ebd.
55 Kaufmann, Hans: Krisen und Wandlungen der deutschen Literatur von Wedekind bis Feuchtwanger. Berlin, Weimar 1969, 154.
56 Landfried, Klaus: Stefan George – Politik des Unpolitischen. Heidelberg 1975, 248.
57 George, Werke (s. Anm. 47), Bd. 1, 419.
58 Ebd., 442–460.
59 Ebd., 461.
60 Ebd., 466 f.
61 Zit. nach: Winkler, Michael: George-Kreis. Stuttgart 1972, 89.
62 Ebd.
63 *Kaes, Weimarer Republik*, 439.
64 Exemplarisch seien folgende Gedichtbände genannt: Schnack, Friedrich: Das kommende Reich (Hellerau 1920), Vogel Zeitvorbei (Hellerau 1922), Das blaue Geisterhaus (Hellerau 1924); Weiß, Konrad: Die cumäische Sybille (München 1921), Das Herz des Wortes (Augsburg 1929); Strauß, Ludwig: Das Ufer (Berlin 1922), Nachtwache. Gedichte 1919 bis 1933 (Heidelberg 1933); Raschke, Martin: Wind, Wolken, Palmen (Berlin 1926). Auch auf die von Raschke herausgegebene Sammlung ›Neue lyrische Anthologie‹ (Dresden 1932) sei hingewiesen.
65 Nicht alle genannten Autoren veröffentlichen freilich bis 1933 ihre Lyrik in einem eigenen Gedichtbuch. Wilhelm Lehmann etwa gibt erst 1935 seine Gedichte als Buch heraus, und zwar im Berliner Widerstandsverlag mit dem programmatischen Titel ›Antwort des Schweigens‹. – Elisabeth Langgässers ›Wendekreis des Lammes‹ (Mainz 1924) erscheint zwar recht früh, aber erst die ›Tierkreisgedichte‹ (Leipzig 1935) machen deutlich, inwieweit die Autorin die um die Mitte der dreißiger Jahre endgültig vollzogene Hinwendung zur Naturdichtung mitgetragen hat. – Georg von der Vring veröffentlicht – nach dem frühen Band ›Muscheln‹ (Berlin 1913) – bis 1933 die Bände ›Südergast‹ (Jever 1925), ›Verse‹ (Bremen 1930) und ›Das Blumenbuch‹ (Dresden 1933).
66 *Kaes, Weimarer Republik*, 441 f.
67 Bormann, Alexander von: »Hin ins Ganze und Wahre«. Lyrischer Traditionalismus zwischen 1930 und 1960. In: Text und Kritik, Heft 9/9a: Politische Lyrik. München [3]1984, 62–76; Zitate 68 ff. – Der Begriff des Traditionalismus in der vorliegenden Darstellung folgt den Erläuterungen und Definitonsversuchen Bormanns.
68 Blumenthal (s. Anm. 31).
69 Becher, Johannes R.: Gedichte 1926–1935. In: J. R. B.: Gesammelte Werke. Hrsg. vom Johannes-R.-Becher-Archiv. Berlin, Weimar 1966. Bd. 3, 146 (›Der an den Schlaf rührt – Lenin‹), 312 (›Die Partei‹), 366 (›Die Mutter‹), 412 (›SA-Ballade‹).

70 Ebd., 132 (›Meine Kindheit‹), 295 (›Meine große Heimat‹), 430 (›Geschichte meines Lebens – gereimt‹).
71 Siehe etwa Arp, Hans: Der Pyramidenrock (Erlenbach u. a. 1924); Ehrenstein, Albert: Mein Lied (Berlin 1931); Goll, Ivan: Noemi (Berlin 1929); Heynicke, Kurt: Traum im Diesseits (Berlin 1932); Kanehl, Oskar: Straße frei. Neue Gedichte (Berlin 1928); Lasker-Schüler, Else: Konzert ⟨Essays und Gedichte⟩ (Berlin 1932); Leonhard, Rudolf: Das nackte Leben (Berlin 1925); Schreyer, Lothar: Dichtungen (Berlin 1928); Werfel, Franz: Neue Gedichte (Berlin u. a. 1928); Zech, Paul: Rotes Herz der Erde (Berlin 1929).
72 *Raabe, Autoren und Bücher*, 890.
73 Fehse, Willy R./Mann, Klaus (Hrsg.): Anthologie jüngster Lyrik. Geleitwort von Stefan Zweig. Hamburg 1927.
74 Ebd., 142.
75 Ebd., 5. – Zur desolaten Situation der Lyrik, jedenfalls aus der Perspektive der literarischen Öffentlichkeit betrachtet, schreibt Zweig: »Die lyrische Generation von heute steht vor verschlossenen Türen. Keine einzige Zeitschrift mehr, die dem Lyrischen Wert und Wichtigkeit gibt. Kein Verleger, der nicht vor einem Versbuche erschrickt. Kein Jahrbuch mehr, kein Sammelpunkt, keine Förderung und vor allem: kein Publikum. Der lyrische Ausdruck ist eine Art Esperanto geworden, ungewöhnliche und künstliche Sprache neben der allerorts geübten, verständlich nur den Eingelernten und – weil in ihrer Nützlichkeit nicht recht erweisbar – als sonderbares Spiel betrachtet, als Sport, dem man, weiß Gott, weniger Aufmerksamkeit in den Zeitungen schenkt als dem Schlagball und Rugby. Alles Lyrische ist heute innerhalb Deutschlands in einen Lärm oder in eine Leere hineingesprochen« (3).
76 Ebd., 90.
77 Schwarz, Hans: Götter und Deutsche. Breslau 1932.
78 Ebd., 6.
79 Siehe dazu Stollmann, Rainer: Ästhetisierung der Politik. Literaturstudien zum subjektiven Faschismus. Stuttgart 1978, 48–110.
80 Lersch, Heinrich: Ausgewählte Werke in zwei Bänden. Hrsg. von Johannes Klein. Düsseldorf 1966. Bd. 1, 416.
81 Siehe dazu Sembdner, Helmut: Der Kleistpreis 1912–1932. Eine Dokumentation. Berlin 1968, 83 ff. – Eine Ausnahme freilich bildet die letzte Preisverleihung im Jahre 1932 an Lasker-Schüler für ihr Lebenswerk und an Richard Billinger, der u. a. auch als Lyriker hervorgetreten war, allerdings den Preis für sein Schauspiel ›Rauhnacht‹ erhielt.
82 *Kaes, Weimarer Republik*, 439.
83 Weiß, Konrad: Gedichte. 1914–1939. Hrsg. von Friedhelm Kemp. München 1961, 172. – Zum Werk von Konrad Weiß s. Müller, Carl Franz: Konrad Weiß. Dichter und Denker des »geschichtlichen Gethsemane«. Freiburg/Schweiz 1965.
84 Ebd., 143.
85 Ebd., 293 (›Die Dämmerung‹).
86 Zur Mystik in der modernen Literatur s. Wagner-Egelhaaf, Maria: Mystik der Moderne. Die visionäre Ästhetik der deutschen Literatur im 20. Jahrhundert.

	Stuttgart 1989. – Ferner Schumacher, Hans: Mythisierende Tendenzen in der Literatur 1918–1933. In: Rothe (Hrsg.), Literatur in der Weimarer Republik (s. Anm. 25), 281–303.
87	Schneider, Reinhold: Gesammelte Werke. Hrsg. von Edwin Maria Landau. Bd. 5: Lyrik. Auswahl und Nachwort von Christoph Perels. Frankfurt/M. 1981, 244.
88	Siehe etwa die um die Mitte der zwanziger Jahre entstandenen Gedichte Schröders zum Themenkreis ›Vaterland und Heimat‹: Schröder, Rudolf Alexander: Die Gedichte. Berlin und Frankfurt/M. 1952 (= Gesammelte Werke in fünf Bänden. Bd. 1), 499–513.
89	Hummel, Hildegard: Rudolf Borchardt. Interpretationen zu seiner Lyrik. Frankfurt/M., Bern 1983, 47.
90	Ebd., 47, Anm. 64.
91	Ebd.
92	Adorno, Theodor W.: Die beschworene Sprache. Zur Lyrik Rudolf Borchardts. In: T. W. A.: Noten zur Literatur. Bd. IV. Frankfurt/M. 1974, 63–89; Zitat 75. – Adorno notiert folgende Paradoxie: »Der für Volkheit optierte, war sein Leben lang der Mann des Privatdrucks.«
93	Zit. nach Hummel, Borchardt (s. Anm. 89), 52.
94	Siehe dazu Schumacher, Mythisierende Tendenzen (s. Anm. 86), 281 ff.
95	Ebd., 281.
96	Ebd., 286 ff. – Ferner Wagner-Egelhaaf, Mystik der Moderne (s. Anm. 86), 38 ff.
97	Bloch, Ernst: Erbschaft dieser Zeit. Erweiterte Ausgabe. Frankfurt/M. 1977 (= E. B.: Gesamtausgabe. Bd. 4), 56.
98	Ebd., 58.
99	Zit. nach: Hinweis auf Martin Raschke. Eine Auswahl der Schriften. Hrsg. von Dieter Hoffmann. Heidelberg, Darmstadt 1963, 10. – Siehe zu diesem Abschnitt grundlegend Schäfer, Hans Dieter: Zur Periodisierung der deutschen Literatur seit 1930. In: Literaturmagazin 7. Nachkriegsliteratur. Hrsg. von Nicolas Born/Jürgen Manthey. Reinbek bei Hamburg 1977, 95–115; ferner Schäfer, Hans Dieter: Naturdichtung und Neue Sachlichkeit. In: Rothe, Literatur in der Weimarer Republik (s. Anm. 25), 359–381.
100	Huchel, Peter: Gesammelte Werke in zwei Bänden. Hrsg. von Axel Vieregg. Bd. I: Die Gedichte. Frankfurt/M. 1984, 15 f.
101	Raschke, Martin: Über die Sprache. In: Hinweis auf Martin Raschke (s. Anm. 99), 13. – Zur Naturlyrik um 1930 siehe grundlegend Schäfer, Naturdichtung und Neue Sachlichkeit (s. Anm. 99), 367 ff. (u. a. zum »Kolonne«-Kreis); ferner Schäfer, Zur Periodisierung der deutschen Literatur seit 1930 (s. Anm. 99), 98 ff.; von Bormann, »Hin ins Ganze und Wahre« (s. Anm. 67), 69 f.
102	Raschke, Über die Sprache (s. Anm. 101), 13.
103	Ebd.
104	Loerke, Oskar: Das alte Wagnis des Gedichtes. Zit. nach: O. L.: Gedichte und Prosa. Bd. 1. Hrsg. von Peter Suhrkamp. Frankfurt/M. 1958, 692–712; Zitat 701.
105	Bloch, Ernst: Spuren ⟨Erstausgabe: 1930⟩. Frankfurt/M. 1969 (= E. B.: Gesamtausgabe. Bd. 1), 180.

106 Lehmann, Wilhelm: Gesammelte Werke in acht Bänden. Bd. 1: Sämtliche Gedichte. Hrsg. von Hans Dieter Schäfer. Stuttgart 1982, 47. – Zu Lehmann s. Schäfer, Hans Dieter: Wilhelm Lehmann. Studien zu seinem Leben und Werk. Bonn 1969; ferner Goodbody, Axel: Natursprache. Ein dichtungstheoretisches Konzept der Romantik und seine Wiederaufnahme in der modernen Naturlyrik (Novalis – Eichendorff – Lehmann – Eich). Neumünster 1984, 161–252.
107 Lehmann, ebd.
108 Ebd., 26 (›Altjahrsabend‹).
109 Schäfer, Naturdichtung und Neue Sachlichkeit (s. Anm. 99), 372.
110 Loerke, Gedichte und Prosa (s. Anm. 104), 285 (›Spuren‹), 301 (›Keilschriftzylinder‹), 334 (›Mystische Sicht‹), 337 (›Deutung der Hufspur‹), 381 (›Augenreiben‹).
111 Lehmann, Sämtliche Gedichte (s. Anm. 106), 29 (›Die verbeulte Pflugschar rostet‹) und 35 (›Von Bretterwand blitzt Schneckenspur‹).
112 Scholz, Wilhelm von: Die Häuser. Stuttgart, Berlin 1923; W. v. S.: Das Jahr. Berlin, Leipzig 1927.
113 Scholz, Wilhelm von: Die Gedichte. Gesamtausgabe. Leipzig 1944, 340.
114 Schnack, Friedrich: Gesammelte Gedichte. Leipzig 1938, 15 (›Kleine Legende‹ und 29 (›Busch‹).
115 Ebd., 109 (›Die Mühle‹).
116 Ebd., 51.
117 Loerke, Gedichte und Prosa (s. Anm. 104), 255.
118 Schäfer, Hans Dieter: Oskar Loerke: ›Die Vogelstraßen‹. In: Tgahrt, Reinhard (Hrsg.): Oskar Loerke. Marbacher Kolloquium 1984. Mainz 1986, 55–66. – Zu Loerke s. auch Gebhard, Walter: Oskar Loerkes Poetologie. München 1968.
119 *Kaes, Weimarer Republik*, 688.
120 Ebd. – Diebolds Essay ›An die jungen Lyriker‹ s. *Kaes, Weimarer Republik*, 688 f.

Bernhard Weyergraf/Helmut Lethen: Der Einzelne in der Massengesellschaft

1 Freud, Sigmund: Das Unbehagen in der Kultur. In: S. F.: Kulturtheoretische Schriften. Frankfurt/M. 1974, 244.
2 Vgl. König, Helmut: Zivilisation und Leidenschaften. Die Masse im bürgerlichen Zeitalter. Reinbek bei Hamburg 1992, 240.
3 Freud, Sigmund: Massenpsychologie und Ich-Analyse. In: S. F.: Kulturtheoretische Schriften (s. Anm. 1), 88–93.
4 Sombart, Werner: Der proletarische Sozialismus. Jena 1924. Bd. 2, 94.
5 Vgl. Lethen, Helmut: Neue Sachlichkeit 1924–1932. Stuttgart 1970, 19–58.
6 Schmitt, Carl: Glossarium. Berlin 1992, 148.
7 Diner, Dan: Verkehrte Welten. Antiamerikanismus in Deutschland. Frankfurt/M. 1993, 75.
8 Lethen, Neue Sachlichkeit (s. Anm. 5), 32 ff.
9 Zit. nach Freud, Massenpsychologie (s. Anm. 3), 71.
10 Lindner, Martin: Leben in der Krise. Zeitromane der neuen Sachlichkeit und die intellektuelle Mentalität der klassischen Moderne. Stuttgart 1994, 84.

11 Zit. nach Freud (s. Anm. 1).
12 Hier folge ich den Beobachtungen Lindners.
13 Mann, Thomas: Der Zauberberg. Frankfurt/M. 1960, 990.
14 Thomas Mann, Doktor Faustus.
15 Riesman, David: Die einsame Masse. Eine Untersuchung des amerikanischen Charakters. Mit einer Einführung von Helmut Schelsky. Hamburg 1958.
16 Benjamin, Walter: Das Kunstwerk im Zeitalter seiner technischen Reproduzierbarkeit. Frankfurt/M. 1968, 43 und 45.
17 Hannes Meyer, Bauen und Gesellschaft, Schriften, Briefe, Projekte. Dresden 1978, 28ff.
18 Riesman, Die einsame Masse (s. Anm. 15), 159.
19 Döblin, Alfred: Das Ich über der Natur. Berlin 1928, 84.
20 Döblin, Alfred: Die Natur und ihre Seelen. In: Der neue Merkur (1922/23), 8.
21 Kreutzer, Leo: Alfred Döblin. Sein Werk bis 1933. Stuttgart, Berlin, Köln, Mainz 1970, 88.
22 An Wilhelm Lehmann, 1.9.1923. In: Döblin, Alfred: Briefe. Olten, Freiburg/Br. 1970. (A. D.: Ausgewählte Werke in Einzelbänden. Bd. 13), 123 f.
23 Döblin, Alfred: Ferien in Frankreich. In: Das 40. Jahr. 1886–1926 (S. Fischer Almanach). Berlin 1926, 127.
24 Döblin, Alfred: Wissen und Verändern! Offene Briefe an einen jungen Menschen. Berlin 1931, 166.
25 Döblin, Alfred ⟨Linke Poot⟩: Mein Buch Berlin Alexanderplatz. In: Berliner Tageblatt. Jg. 52. Nr. 458, 29.9.1932.
26 Döblin, Alfred: Berlin Alexanderplatz. Berlin 1929, 527.
27 Ebd.
28 Döblin, Alfred: Aufsätze zur Literatur. Olten, Freiburg/Br. 1963, l8.
29 Döblin, Berlin Alexanderplatz (s. Anm. 26). Berlin 1929, 190.
30 Francé, R. H.: Das Buch des Lebens. Ein Weltbild der Gegenwart. Berlin 1924, 490.
31 Francé, R. H.: Harmonie in der Natur. Stuttgart 1926, 69f.
32 Döblin, Berlin Alexanderplatz (s. Anm. 26), 13.
33 Döblin, Alfred: Giganten. Ein Abenteuerbuch. Berlin 1932, 372.
34 Döblin, Berlin Alexanderplatz (s. Anm. 26). Berlin 1929, 498 ff.
35 Döblin, Alfred: Vorwort zu Mario von Bucovich: Berlin 1928. Das Gesicht einer Stadt.
36 Döblin, Berlin Alexanderplatz (s. Anm. 26), 529.
37 Ebd., 527.
38 Scheler, Max: Die Stellung des Menschen im Kosmos. Darmstadt 1928, 110.
39 Vgl. Döblin, Das Ich über der Natur (s. Anm. 19), 243.
40 Scheler, Die Stellung des Menschen im Kosmos (s. Anm. 38), 110 ff.
41 Hesse, Hermann: Kurzgefaßter Lebenslauf. In: H. H.: Gesammelte Werke. Frankfurt/M. 1970. Bd. 6, 399.
42 Hesse, Hermann: O Freunde, nicht diese Töne. In: Neue Zürcher Zeitung, 3.11.1914.
43 Sinclair, Emil: Demian. Die Geschichte einer Jugend. Berlin 1919, 142.

44 Hesse, Hermann: Wanderung. Aufzeichnungen. Berlin 1920.
45 Hesse, Hermann: Der Steppenwolf. Berlin 1927, Traktat vom Steppenwolf, 30.
46 Ebd., 287.
47 Ebd., Traktat vom Steppenwolf, 32 f.
48 Hesse, Kurzgefaßter Lebenslauf (s. Anm. 41), 403.
49 Hesse, Hermann/Mann, Thomas: Briefwechsel. Frankfurt/M. l968, 13.
50 Rezension der Erzählung »Die Morgenlandfahrt« (1932), in: Das Buch des Jahres 1932, 114.
51 Hesse, Hermann, Das Glasperlenspiel. Frankfurt/M. 1971.
52 Broch, Hermann: Die Schlafwandler. Eine Romantrilogie. In: H. B.: Kommentierte Werkausgabe. Hrsg. von Paul Michael Lützeler. Bd. 1. Frankfurt/M. 1978, 420.
53 Ebd., 418.
54 Ebd., 333.
55 Broch, Hermann: Briefe von 1929 bis 1951. In: H. B.: Gesammelte Werke. Bd. 8. Zürich 1957, 17 f.
56 Ebd., 25.
57 Materialien zu Hermann Brochs »Die Schlafwandler«. Hrsg. von Gisela Brude-Firnau. Frankfurt/M. 1972, 7–10.
58 Broch, Die Schlafwandler (s. Anm. 52), 386.
59 Ebd., 388.
60 Ebd., 392.
61 Ebd., 413.
62 Ebd., 403.
63 Ebd., 11 f.
64 Ebd., 391.
65 Ebd., 394 f.
66 Broch, Hermann: Kommentare zu den »Schlafwandlern«. In: Broch, Die Schlafwandler (s. Anm. 52), 731.
67 Broch, Hermann: Dichten und Erkennen. Zürich 1955 (H. B.: Gesammelte Werke. Bd. 6), 196.
68 Broch, Die Schlafwandler (s. Anm. 52), 452 f.
69 Ebd., 445.
70 Broch, Hermann: Die unbekannte Größe. Und frühe Schriften. Zürich 1961 (H. B.: Gesammelte Werke. Bd. 10), 191.
71 Broch, Hermann: Methodologischer Prospekt. In: Broch, Die Schlafwandler (s. Anm. 52), 720.
72 Broch, Briefe (s. Anm. 55), 180.
73 Broch, Hermann: Werttheoretische Bemerkungen zur Psychoanalyse. In: H. B.: Erkennen und Handeln. Zürich 1955 (H. B.: Gesammelte Werke. Bd. 7), 67.
74 Broch, Die Schlafwandler (s. Anm. 52), 463.
75 Broch, Methodologischer Prospekt (s. Anm. 71), 720.
76 Broch, Die Schlafwandler (s. Anm. 52), 420.
77 Ebd., 712 f.
78 Ebd., 715.

79 Wassermann, Jakob: Mein Weg als Deutscher und Jude. In: J. W.: Deutscher und Jude. Reden und Schriften 1904–1933. Hrsg. von Dierk Rodewald. Heidelberg 1984, 130.
80 Kafka, Franz: Briefe 1902–1924. Frankfurt/M. o. J., 161.
81 Ebd., 293.
82 Kafka, Franz: Tagebücher. 1910–1923. Frankfurt/M. 1954, 311.
83 Ebd., 57.
84 Kafka, Franz: Eine kaiserliche Botschaft. In: F. K. Erzählungen. Frankfurt 1967, 170.
85 Kafka, Franz: Das Schloß. Roman in der Fassung der Handschrift. Hrsg. von Malcom Pasley. Frankfurt/M. ³1991, 13.
86 Vgl. ebd., 93.
87 Ebd.,92
88 Ebd., 156.
89 Ebd., 68 f.
90 Ebd., 70.
91 Ebd., 156.
92 Ebd., 157.
93 Kafka, Franz: Hochzeitsvorbereitungen auf dem Lande und andere Prosa aus dem Nachlaß. Frankfurt/M. o. J., 388.
94 Ebd., 388.
95 Ebd., 387.
96 Ebd., 388.
97 Brod, Max: Nachwort zur ersten Ausgabe (1926). In: Franz Kafka, Das Schloß. Frankfurt/M. 1976, 347.
98 Zit. nach Rochefort, Robert: Franz Kafka. Wien 1948, 26.
99 Kafka, Tagebücher (s. Anm. 82), 552.
100 Ebd., 553.
101 Ebd., 563.
102 Ebd., 564.
103 Ebd.
104 Ebd., 330.
105 Kafka, Hochzeitsvorbereitungen (s. Anm. 93), 293.
106 Ebd., 121.
107 Ebd., 386 f.
108 Ebd., 387.
109 Beauvoir, Simone de: In den besten Jahren. Aus dem Französischen übertragen von Rolf Soellner. Reinbek bei Hamburg 1969, 160 f.
110 Kafka, Hochzeitsvorbereitungen (s. Anm. 93), 104.
111 Kafka, Briefe (s. Anm. 80), 385.

Bibliographie

I. Lexika, Literaturgeschichten, Handbücher, Bibliographien

Allgemeine Bibliographien, literarische Lexika und Literaturgeschichten sowie Personalbibliographien wurden in der Regel nicht aufgenommen; sie sind übersichtlich zusammengestellt in:

Blinn, Hansjürgen: Informationshandbuch Deutsche Literaturwissenschaft. Dritte, neu bearb. und erweit. Ausgabe. Frankfurt/M. 1994 (= Fischer TB 12588)

Arnold, Heinz Ludwig (Hrsg.): Handbuch zur deutschen Arbeiterliteratur. 2 Bde. München 1977

Barck, Simone/Bürgel, Tanja/Giel, Volker/Schiller, Dieter/Schlenstedt, Silvia (Hrsg.): Lexikon sozialistischer Literatur. Ihre Geschichte in Deutschland bis 1945. Stuttgart, Weimar 1994 (= völlige Neubearbeitung von: Lexikon deutscher sozialistischer Schriftsteller. Von den Anfängen bis 1945. Monographisch-biographische Darstellungen. Halle/S. 1963

Benz, Wolfgang/Graml, Hermann: Biographisches Lexikon zur Weimarer Republik. München 1988

Berg, Jan u. a.: Sozialgeschichte der deutschen Literatur von 1918 bis zur Gegenwart. Frankfurt/M. 1981

Bergmann, Joachim: Die Schaubühne – Die Weltbühne 1905 bis 1933. Bibliographie und Register mit Annotationen. 3 Bde. München u. a. 1991–1994

Bormann, Alexander von/Glaser, Horst Albert (Hrsg.): Weimarer Republik – Drittes Reich: Avantgardismus, Parteilichkeit, Exil 1918–1945 (= Deutsche Literatur. Eine Sozialgeschichte. Hrsg. von Horst Albert Glaser. Bd. 9). Reinbek bei Hamburg 1983, ²1989

Born, Jürgen: Deutschsprachige Literatur aus Prag und den böhmischen Ländern 1900–1925. Chronologische Übersicht und Bibliographie. 2. überarb. und erweit. Aufl. München u. a. 1993

Bortenschläger Bortenschläger, Wolfgang: Deutsche Literaturgeschichte. Bd. 2. Wien 1978

Brand, Guido K.: Werden und Wandlung. Eine Geschichte der deutschen Literatur von 1880 bis heute. Berlin 1933

Brauneck, Manfred: Theater im 20. Jahrhundert. Reinbek bei Hamburg 1986

Brinker-Gabler, Literatur Brinker-Gabler, Gisela (Hrsg.): Deutsche Literatur von Frauen. Bd. 2. München 1988

Brinkmann, Expressionismus Brinkmann, Richard: Expressionismus. Internationale Forschung zu einem internationalen Phänomen. Stuttgart 1980 (= Sonderband der Deutschen Vierteljahresschrift für Literatur und Geistesgeschichte)

Dietzel, Thomas/Hügel, Hans-Otto: Deutsche literarische Zeitschriften 1880–1945. Ein Repertorium. 5 Bde. München u. a. 1988

Grimm, Gunter E./Max, Frank Rainer (Hrsg.): Deutsche Dichter. Leben und Werk deutschsprachiger Autoren. Bd. 7: Vom Beginn bis zur Mitte des 20. Jahrhunderts. Stuttgart 1989 (= Reclams UB 8617)

Hillesheim, Jürgen/Michael, Elisabeth: Lexikon nationalsozialistischer Dichter. Biographien – Analysen – Bibliographien. Würzburg 1993

Jung-Bibliographie Fähnders, Walter: Franz-Jung-Bibliographie. In: *Rieger, Glückstechnik*, 252–268

Just, Klaus Günther: Von der Gründerzeit bis zur Gegenwart. Geschichte der deutschen Literatur seit 1871. Bern, München 1973

Kaes, Anton: Weimarer Republik. In: Literatur Lexikon. Begriffe, Realien, Methoden. Hrsg. von Volker Meid (= Literatur Lexikon. Hrsg. von Walther Killy. Bd. 14). Gütersloh, München 1993, 477–495

Kaufmann, Hans (in Zusammenarb. m. Dieter Schiller und einem Autorenkollektiv): Geschichte der deutschen Literatur. Von den Anfängen bis zur Gegenwart. Bd. 10: 1917 bis 1945. Berlin 1973

Keckeis, Hermann: Das deutsche Hörspiel (1923–1973). Ein systematischer Überblick mit kommentierter Bibliographie. Frankfurt/M. 1973

Kliche, Dieter/Seidel, Gerhard (Bearb.): Die Linkskurve. Berlin 1929–1932. Bibliographie einer Zeitschrift. Berlin und Weimar 1972

Klotz, Aiga: Kinder- und Jugendliteratur in Deutschland 1840–1950. Gesamtverzeichnis der Veröffentlichungen in deutscher Sprache. 6 Bde. Stuttgart 1990 ff.

Koebner, Thomas (Hrsg.): Zwischen den Weltkriegen (= Neues Handbuch der Literaturwissenschaft, Bd. 20). Wiesbaden 1983

Korte, Hermann: Abhandlungen und Studien zum literarischen Expressionismus 1980–1990. In: Internationales Archiv für Sozialgeschichte der Literatur. 6. Sonderheft: Forschungsreferate, 3. Folge. Tübingen 1994, 225–279

Kosch, Günter/Nagl, Manfred: Der Kolportageroman. Bibliographie 1850 bis 1960. Stuttgart u. a. 1993

Kurz, Heinrich: Deutsche Literaturgeschichte. Neu bearbeitet und bis in die Gegenwart fortgeführt von Dr. Max Wedel. Berlin 1927

Kutzbach, Karl August: Autorenlexikon der Gegenwart. Schöne Literatur. Verfaßt in deutscher Sprache. Mit einer Chronik seit 1945. Bonn 1950

Lennartz, Franz: Deutsche Schriftsteller des 20. Jahrhunderts im Spiegel der Kritik. 4 Bde. Stuttgart 1984

Lüth, Paul E. H.: Literatur als Geschichte. Deutsche Dichtung von 1885 bis 1947. 2 Bde. Wiesbaden 1947

Mahrholz, Werner: Deutsche Literatur der Gegenwart. Probleme, Ereignisse, Gestalten. Durchges. und erw. von Max Wieser. Berlin 1930

Melzwig, Brigitte (Bearb.): Deutsche sozialistische Literatur 1918–1945. Bibliographie der Buchveröffentlichungen. Berlin und Weimar 1975

Mühsam-Bibliographie I Hug, Heinz/Jungblut, Gerd W.: Erich Mühsam (1878 bis 1934). Bibliographie. Vaduz 1991

Mühsam-Bibliographie II Berg, Hubert van den: Erich Mühsam. Bibliographie der Literatur zu seinem Leben und Werk. Leiden 1992

Nadler, Josef: Literaturgeschichte der deutschen Stämme und Landschaften. Bd. 4. Regensburg 1931

Naumann, Hans: Die deutsche Dichtung der Gegenwart. Stuttgart ^{6}1933

Overesch, Manfred/Saal, Friedrich W.: Die Weimarer Republik (= Chronik deutscher Zeitgeschichte Bd. 1). Düsseldorf 1982

Pickar, Gertrud B.: Deutsches Schrifttum zwischen den beiden Weltkriegen. 1915 bis 1945 (= Handbuch der deutschen Literaturgeschichte. 2. Abt. Bibliographien. Hrsg. von Paul Stapf. Bd. 11). Bern, München 1974

Raabe, Paul: Index Expressionismus. Bibliographie der Beiträge in den Zeitschriften und Jahrbüchern des literarischen Expressionismus 1910–1925. 18 Bde. Nendeln 1972

Raabe, Autoren und Bücher Raabe, Paul: Die Autoren und Bücher des literarischen Expressionismus. Ein bibliographisches Handbuch in Zusammenarbeit mit Ingrid Hannich-Bode. 2. verb. und um einen Nachtrag 1985–1990 erw. Aufl. Stuttgart 1992

Richards, Donald Ray: The German Bestseller in the 20th Century. A complete Bibliography and Analysis (1915–1940). Bern 1968

Schlawe, Fritz: Literarische Zeitschriften (Teil II) 1910–1933. Stuttgart ^{2}1973 (= Slg. Metzler 24)

Schmid-Bortenschlager, Sigrid/Schmedl-Bubenicek, Hanna: Österreichische Schriftstellerinnen 1880–1938. Eine Bio-Bibliographie. Stuttgart 1982

Schütz, Erhard/Vogt, Jochen (Hrsg.): Einführung in die deutsche Literatur des 20. Jahrhunderts. Bd. 2: Weimarer Republik, Faschismus und Exil. Opladen 1977

Soergel, Albert: Dichtung und Dichter der Zeit. Eine Schilderung der deutschen Literatur der letzten Jahrzehnte. Leipzig ^{20}1928

Soergel, Albert: Dichtung und Dichter der Zeit. Eine Schilderung der deutschen Literatur der letzten Jahrzehnte. Neue Folge: Im Banne des Expressionismus. Leipzig ^{5}1927

Soergel, Albert/Hohoff, Curt: Dichtung und Dichter der Zeit. Vom Naturalismus bis zur Gegenwart. Bd. 2. Düsseldorf 1963

Steinecke, Hartmut (Hrsg.): Deutsche Dichter des 20. Jahrhunderts. Berlin u. a. 1994

Wegehaupt, Heinz: Deutschsprachige Kinder- und Jugendliteratur der Arbeiterklasse von den Anfängen bis 1945. Bibliographie. Berlin 1972

Wehler, Hans Ulrich: Bibliographie zur neueren deutschen Sozialgeschichte (18.–20. Jahrhundert). München 1993

Zenker, Edith: Veröffentlichungen deutscher sozialistischer Schriftsteller in der revolutionären und demokratischen Presse 1918–1945. Eine Bibliographie. Berlin und Weimar ^{2}1969

Žmegač, Viktor (Hrsg.): Geschichte der deutschen Literatur vom 18. Jahrhundert bis zur Gegenwart. Bd. III/1: 1918–1945. Königstein/Ts. 1984

II. Quellen, Dokumentationen, Untersuchungen

Abele, Bernd: Zur Geschichte des Verlages Bruno Cassirer 1928–1932. In: Buchhandelsgeschichte (Beil. Börsenblatt für den Deutschen Buchhandel), 1989, B 121 – B 136

Abels, Norbert: Franz Werfel in Selbstzeugnissen und Bilddokumenten. Reinbek bei Hamburg 1990 (= Rowohlts Monographien 472)

Achberger, Inflation Achberger, Friedrich: Die Inflation und die zeitgenössische Literatur. In: *Kadrnoska, Aufbruch und Untergang*, 29–42

Achberger, Fluchtpunkt 1938 Achberger, Friedrich: Fluchtpunkt 1938. Essays zur österreichischen Literatur. Wien 1994

Ackermann, Irmgard/Hübner, Klaus (Hrsg.): Tucholsky heute. Rückblick und Ausblick. München 1991

Albrecht, Friedrich u. a.: Aktionen, Bekenntnisse, Perspektiven. Berichte und Dokumente vom Kampf um die Freiheit des literarischen Schaffens in der Weimarer Republik. Berlin und Weimar 1966

Albrecht Albrecht, Friedrich: Deutsche Schriftsteller in der Entscheidung. Wege zur Arbeiterklasse 1918–1933. Berlin und Weimar 1970, ²1975

Albrecht, Friedrich: Die Erzählerin Anna Seghers 1926–1932. Berlin 1975

Alexander, Franz/Staub, Hugo: Der Verbrecher und sein Richter. Ein psychoanalytischer Einblick in die Welt der Paragraphen. Wien 1929

Alker, Ernst: Profile und Gestalten der deutschen Literatur nach 1914. Stuttgart 1977

Alt, Peter-André: Ironie und Krise. Ironisches Erzählen als Form ästhetischer Wahrnehmung in Thomas Manns ›Der Zauberberg‹ und Robert Musils ›Der Mann ohne Eigenschaften‹. Frankfurt/M. u. a. 1985

Altenhofer, Norbert: »Die Ironie der Dinge«. Zum späten Hofmannsthal. Frankfurt/M. u. a. 1995

Altenhofer, Rosemarie: Wotans Erwachen in Deutschland. Eine massenpsychologische Untersuchung zu Tollers Groteske ›Der entfesselte Wotan‹. In: Bernd Urban/Winfried Kudzus (Hrsg.): Psychoanalytische und psychopathologische Literaturinterpretationen. Darmstadt 1981, 233–255

Altner, Manfred (Hrsg.): Das proletarische Kinderbuch. Dokumente zur Geschichte der sozialistischen deutschen Kinder- und Jugendliteratur. Dresden 1988

Altner, Manfred: Kinder- und Jugendliteratur der Weimarer Republik. Frankfurt/M. u. a. 1992

Amann, P. E. N Amann, Klaus: P. E. N. Politik, Emigration. Nationalsozialismus. Ein österreichischer Schriftstellerclub. Wien, Köln, Graz 1984

Amann, Anschluß Amann, Klaus: Der Anschluß österreichischer Schriftsteller an das Dritte Reich. Institutionelle und bewußtseinsgeschichtliche Aspekte. Frankfurt/M. 1988

Amann, Dichter und Politik Amann, Klaus: Die Dichter und die Politik. Essays zur österreichischen Literatur nach 1918. Wien 1992

Amann/Berger, Österreichische Literatur Amann, Klaus/Berger, Albert (Hrsg.): Österreichische Literatur der dreißiger Jahre. Ideologische Verhältnisse. Institutionelle Voraussetzungen. Fallstudien. Wien, Köln, Graz 1985

Amann/Lengauer, Der große Krieg Amann, Klaus/Lengauer, Hubert (Hrsg.): Österreich und der große Krieg 1914–1918. Die andere Seite der Geschichte. Wien 1989

Amann, Klaus/Wallas, Armin A. (Hrsg.): Expressionismus in Österreich. Die Literatur und die Künste. Wien, Köln, Weimar 1994

Amstad, Werner: Jakob Haringer. Leben und Werk. Diss. Fribourg 1966

Anders, Günther: Mensch ohne Welt. Schriften zur Kunst und Literatur. 2. erweit. Aufl. München 1993

Anz/Stark, Expressionismus Expressionismus. Manifeste und Dokumente zur deutschen Literatur 1910–1920. Mit Einl. und Kommentaren hrsg. von Thomas Anz und Michael Stark. Stuttgart 1982

Anz, Thomas/Stark, Michael (Hrsg.): Die Modernität des Expressionismus. Stuttgart, Weimar 1994

Arbeitertheater Hofmann, Ludwig/Hoffmann-Ostwald, Daniel (Hrsg.): Deutsches Arbeitertheater 1918–1933. 2 Bde. Berlin ²1972

Arnheim, Film Arnheim, Rudolf: Film als Kunst (1932). München 1974

Arnheim, Rudolf: Rundfunk als Hörkunst. (engl. 1936) München 1979

Arntzen, Helmut: Musil-Kommentar. 2 Bde. München 1980/82

Asholt, Wolfgang/Fähnders, Walter (Hrsg.): Manifeste und Proklamationen der europäischen Avantgarde (1909–1938). Stuttgart, Weimar 1995

Aspetsberger, Staat und Gesellschaft Aspetsberger, Friedbert (Hrsg.): Staat und Gesellschaft in der modernen österreichischen Literatur. Wien 1977

Aspetsberger, Literarisches Leben im Austrofaschismus Aspetsberger, Friedbert: Literarisches Leben im Austrofaschismus. Der Staatspreis. Königstein/Ts. 1980

Aspetsberger, Übergänge Aspetsberger, Friedbert: Übergänge. Zur Kulturpolitik des Ständestaates am Beispiel des Dichters Josef Wenter. In: *Kadrnoska, Aufbruch und Untergang*, 561–573

Austermann, Anton: Kurt Tucholsky. Der Journalist und sein Publikum. München, Zürich 1985

Backes-Haase, Alfons: Über topographische Anatomie, psychischen Luftwechsel und Verwandtes. Walter Serner – Autor der ›Letzten Lockerung‹. Bielefeld 1989

Backes-Haase, Alfons: Kunst und Wirklichkeit. Zur Typologie des Dada-Manifests. Frankfurt/M. 1992

Balázs, Film Balázs, Béla: Schriften zum Film. 2 Bde. München, Berlin, Budapest 1982/1984

Bamler, Albrecht: Der Publizist und Schriftsteller Hermann Stegemann (1870–1945). Seine Wandlung vom linksliberalen Journalisten zum deutschnationalen Publizisten. Frankfurt/M. u. a. 1989

Bance, Alan (Hrsg.): Weimar Germany. Writers and Politicians. Edinburgh 1982

Bance, Alan (Hrsg.): Ödön von Horváth – fifty years on. London 1988

Banuls, André: Thomas Mann und sein Bruder Heinrich – »eine repräsentative Gegensätzlichkeit«. Stuttgart 1968

Barbian, Jan-Pieter: Literaturpolitik im ›Dritten Reich‹. Institutionen, Kompetenzen, Betätigungsfelder. Frankfurt/M. 1991 (= Sonderdruck aus: Archiv für Geschichte des Buchwesens 40). Neuausgabe München 1995

Barnouw, Dagmar: Weimar Intellectuals and the Threat of Modernity. Bloomington u. a. 1988

Barron, Stephanie (Hrsg.): Expressionismus. Die zweite Generation 1915–1925. München 1989

Barth, Hans: Masse und Mythos. Die Theorie der Gewalt. Hamburg 1959

Bauer, Gerhard: Gefangenschaft und Lebenslust. Oskar Maria Graf in seiner Zeit. München 1987

Bauer, Österreichische Revolution Bauer, Otto: Die österreichische Revolution. Wien 1923

Baumgart, Reinhard: Auferstehung und Tod des Joseph Roth. München 1991

Baureithel, Ulrike: »... In dieser Welt von Männern erdacht«. Versuch über die Dialektik der »Sachlichkeit« im Weimarer Modernisierungsprozeß und ihre Auswirkung auf die Geschlechter- und Gesellschaftsverfassung. Dargestellt an ausgewählten literarischen Zeugnissen der »Neuen Sachlichkeit« Karlsruhe 1987 (Magisterarbeit)

Baureithel, Ulrike: Die letzte tolle Karte im Männerspiel. In: Literatur für Leser 3/90, 141–154

Baureithel, Ulrike: Kollektivneurosen moderner Männer. In: Vaydat, P. (Hrsg.): Die Neue Sachlichkeit. Germanica, 9. Lille 1991, 123–144

Bauschinger, Sigrid: Else Lasker-Schüler. Ihr Werk und ihre Zeit. Heidelberg 1980

Bauschinger, Sigrid (Hrsg.): Ich habe etwas zu sagen. Annette Kolb 1870–1967. Ausstellung der Münchner Stadtbibliothek vom 24. September bis 29. Oktober 1993. München 1993

Becker, Hans J.: Mit geballter Faust. Kurt Tucholskys ›Deutschland, Deutschland über alles‹. Bonn 1978

Becker, Sabina: Urbanität und Moderne. Studien zur Großstadtwahrnehmung in der deutschen Literatur 1900–1930. St. Ingbert 1993

Becker, Sabina/Weiß, Christoph (Hrsg.): Neue Sachlichkeit im Roman. Neue Interpretationen zum Roman der Weimarer Republik. Stuttgart, Weimar 1995

Belke, Ingrid/Renz, Irina (Bearb.): Siegfried Kracauer 1889–1966. Marbach 1989 (= Marbacher Magazin 47)

Bendt, Jutta/Schmidgall, Karin (Bearb.): Ricarda Huch. 1864-1947. Eine Ausstellung des Deutschen Literaturarchivs im Schiller-Nationalmuseum Marbach am Meckar. Ausstellungskatalog. Marbach 1994

Benjamin, Kunstwerk Benjamin, Walter: Das Kunstwerk im Zeitalter seiner technischen Reproduzierbarkeit. Frankfurt/M. ^{8}1975

Benjamin, Sürrealismus Benjamin, Walter: Der Sürrealismus. Die letzte Momentaufnahme der europäischen Intelligenz. In: W. B.: Angelus Novus. Frankfurt/M. 1966, 200–215

Benjamin, Walter: Einbahnstraße. Berlin 1928

Benjamin, Walter: Memoiren aus unserer Zeit. In: W. B: Gesammelte Schriften. Bd. III. Frankfurt/M. 1972

Benjamin, Walter: Moskau. In: Die Kreatur. Jg. 2 (1927), H. 1, 71–101. Jetzt in: Benjamin, Gesammelte Schriften, Bd. IV/1, Frankfurt/M. 1972, 316–348

Benjamin, Walter: Zur Kritik der Gewalt und andere Aufsätze. Hrsg. von H. Marcuse. Frankfurt/M. 1965

Benner, Ernst Karl: Deutsche Literatur im Urteil des ›Völkischen Beobachters‹ 1920–1933. Ein Beitrag zur Vorgeschichte des 10. Mai 1933. Diss. München 1954 (masch.)
Benson, Timothy O.: Raoul Hausmann and Berlin Dada. Ann Arbor/Michigan 1987
Berg, Dada-Zürich Berg, Hubert van den: Dada-Zürich, Anarchismus und Boheme. In: Neophilologus 71, 1987, 575–585
Berg, Bühnenschau Berg, Jan: Die Bühnenschau. In: Hickethier, Knut (Hrsg.): Filmgeschichte schreiben. Berlin 1989
Berger, Götter, Dämonen und Irdisches Berger, Albert: Götter, Dämonen und Irdisches. Joseph Weinhebers dichterische Metaphysik. In: *Amann/Berger, Österreichische Literatur*, 277–290
Berger, Friedemann (Bearb.): Thema. Stil. Gestalt. 1917–1932. 15 Jahre Literatur und Kunst im Spiegel eines Verlages. Katalog zur Ausstellung anläßlich des 75jährigen Bestehens des Gustav Kiepenheuer Verlages. Leipzig und Weimar 1984
Bergius, Das Lachen Dadas Bergius, Hanne: Das Lachen Dadas. Die Berliner Dadaisten und ihre Aktionen. Gießen 1989
Bergmann, Klaus: Agrarromantik und Großstadtfeindschaft. Meisenheim am Glan 1970
Bergson, Henri: Schöpferische Entwicklung. Deutsch von Gertrud Kantorowicz. Jena 1912
Bering, Dietz: Die Intellektuellen. Geschichte eines Schimpfwortes. Stuttgart 1978
Bering, Dietz: Kampf um Namen. Bernhard Weiß gegen Joseph Goebbels. Stuttgart ²1992
Berle, Waltraud: Heinrich Mann und die Weimarer Republik: zur Entwicklung eines politischen Schriftstellers in Deutschland. Bonn 1983
Bertonati, Emilio (Red.): Dresdner Sezession 1919/1923. Ausstellungskatalog. Einführung von Fritz Löffler, mit ergänzendem Text von Joachim Heusinger von Waldegg und einer Anthologie von Texten der Zeit. München, Mailand 1977
Bienert, Michael: Die eingebildete Metropole. Berlin im Feuilleton der Weimarer Republik. Stuttgart 1992
Billeter, Erika (Hrsg.): Die zwanziger Jahre. Kontraste eines Jahrzehnts. Ausstellungskatalog. Bern 1973
Binder, Hartmut (Hrsg.): Prager Profile. Vergessene Autoren im Schatten Kafkas. Berlin 1991
Blasberg, Cornelia: Krise und Utopie der Intellektuellen. Kulturkritische Aspekte in Robert Musils ›Der Mann ohne Eigenschaften‹. Stuttgart 1984
Bloch, Ernst: Erbschaft dieser Zeit. Zürich 1935. Erweit. Ausgabe Frankfurt/M. 1962
Blos, Frauenfrage Blos, Anna (Hrsg.): Die Frauenfrage im Lichte des Sozialismus. Dresden 1930
Boberg, Jochen u. a. (Hrsg.): Die Metropole. Industriekultur in Berlin im 20. Jahrhundert. München 1986
Bock, Hans M.: Syndikalismus und Linkskommunismus von 1918 bis 1923. Ein Beitrag zur Sozial- und Ideengeschichte der frühen Weimarer Republik. Überarb. und aktualis. Neuausgabe. Darmstadt 1993
Bockel, Rolf von: Kurt Hiller und die Gruppe Revolutionärer Pazifisten (1926–1933).

Ein Beitrag zur Geschichte der Friedensbewegung und der Szene linker Intellektueller in der Weimarer Republik. Hamburg 1990

Böhm, Mayer Böhm, Hermann: Erich August Mayer. Völkisch-nationale Ideologie im österreichischen Roman der Zwischenkriegszeit. Diss. Wien 1982 (masch.)

Böser, Knut/Vatková, Renata (Hrsg.): Erwin Piscator. Eine Arbeitsbiographie in 2 Bdn. mit bislang unveröffentlichten Schriften. Berlin 1986

Bohnen, Hans U.: Das Gesetz der Welt ist die Änderung der Welt. Die rheinische Gruppe progressiver Künstler (1918–1933). Berlin 1976

Bohrer, Karl Heinz: Die Ästhetik des Schreckens. Die pessimistische Romantik und Ernst Jüngers Frühwerk. München, Wien 1978

Bollenbeck, Georg: Armer Lump und Kunde Kraftmeier. Der Vagabund in der Literatur der zwanziger Jahre. Heidelberg 1978

Bollenbeck, Georg: Oskar Maria Graf in Selbstzeugnissen und Bilddokumenten. Reinbek bei Hamburg 1985 (= Rowohlts Monographien 337)

Bolliger, Hans/Magnaguagno, Guido/Meyer, Raimund: Dada in Zürich. Zürich 1985

Bolz, Norbert (Hrsg.): Walter Benjamin. Profane Erleuchtung und rettende Kritik. 2. verm. und verb. Aufl. Würzburg 1985

Bolz, Nobert: Auszug aus der entzauberten Welt. Philosophischer Extremismus zwischen den Weltkriegen. München 1989

Bolz, Norbert /van Reijen, Willem: Walter Benjamin. Frankfurt/M., New York 1991

Borman, Alexander von: »Hin ins Ganze und Wahre« Lyrischer Traditionalismus zwischen 1930 und 1960. In: Text und Kritik. Heft 9/9a: Politische Lyrik. München ³1984. 62–76

Bormann, Alexander von: Weimarer Republik. In: Geschichte der politischen Lyrik in Deutschland. Hrsg. von Walter Hinderer. Stuttgart 1978, 261–290

Bracher, Karl Dietrich: Die Auflösung der Weimarer Republik. Düsseldorf 1955

Brand, Matthias: Fritz Kortner in der Weimarer Republik. Annäherungsversuche an die Entwicklung eines jüdischen Schauspielers in Deutschland. Rheinfelden 1981

Brandes, Wolfgang: Der »Neue Stil« in Ernst Jüngers ›Strahlungen‹. Genese, Funktion und Realitätsproduktion des literarischen Ich in seinen Tagebüchern. Bonn 1990

Brandt, Marion: Schweigen ist ein Ort der Antwort. Eine Analyse des Gedichtzyklus ›Das Wort der Stummen‹ von Gertrud Kolmar. Berlin 1993

Braun, Hans-Joachim/Kaiser, Walter: Energiewirtschaft, Automatisierung, Information seit 1914. Frankfurt/M., Berlin 1992

Brauneck, Manfred (Hrsg.): Die rote Fahne. Kritik, Theorie, Feuilleton 1918–1933. München 1973

Bredow, Wilfried von/Zurek, Rolf (Hrsg.): Film und Gesellschaft in Deutschland. Dokumente und Materialien. Hamburg 1975

Brenneke, Reinhard: Militanter Modernismus. Vergleichende Studien zum Frühwerk Ernst Jüngers. Stuttgart 1992

Brenner, Hildegard: Ende einer bürgerlichen Kunstinstitution. Die politische Formierung der Preußischen Akademie der Künste ab 1933. Stuttgart 1972

Brenner, Peter J.: Der Reisebericht in der deutschen Literatur. Ein Forschungsüberblick als Vorstudie zu einer Gattungsgeschichte. Tübingen 1990

Brennicke/Hembus, Klassiker Brennicke, Ilona/Hembus, Joe: Klassiker des deutschen Stummfilms 1910–1930. München 1983

Breuer, Stefan: Anatomie der Konservativen Revolution. Darmstadt 1993
Brodersen, Momme: Spinne im eigenen Netz. Walter Benjamin. Leben und Werk. Bühl-Moos 1990
Brokoph-Mauch, Gudrun (Hrsg.): Robert Musil. Essayismus und Ironie. Tübingen 1992
Bronsen, Roth   David Bronsen: Joseph Roth. Eine Biographie. Köln 1974
Bruchner, Gisela: Rudolf Borchardt und der Buchhandel. Ein Beitrag zur Literatur des deutschen Buchhandels in den letzten Jahren der Weimarer Republik. In: Archiv für Geschichte des Buchwesens 14, 1974, 285–348
Brückener, Egon/Klaus Modick: Lion Feuchtwangers Roman ›Erfolg‹. Leistung und Problematik schriftstellerischer Aufklärung in der Endphase der Weimarer Republik. Kronberg/Ts. 1978
Bruns, Karin: Kinomythen 1920–1945. Die Filmentwürfe der Thea von Harbou. Stuttgart, Weimar 1995
Bub, Stefan: Sinnenlust des Beschreibens. Mimetische und allegorische Gestaltung in der Prosa Walter Benjamins. Würzburg 1993
Bucher, Willi/Pohl, Klaus (Hrsg.): Schock und Schöpfung. Jugendästhetik im 20. Jahrhundert. Darmstadt, Neuwied 1986
Buchheim, Karl: Die Weimarer Republik. Das Deutsche Reich ohne Kaiser. München 1970
Bürger, Autonomie   Bürger, Peter: Autonomie – Engagement – Aktion. Zur politischen Problematik dadaistischer Kunstpraxis. In: Sprachkunst XV, 1984, 2. Halbband, 330–340
Bütow, Thomas: Der Konflikt zwischen Revolution und Pazifismus im Werk Ernst Tollers. Hamburg 1975
Büttrich, Christian: Gerhart Hauptmanns Till Eulenspiegel. Mythologie und Bildlichkeit. Hannover 1992
Bullivant, Keith (Hrsg.): Das literarische Leben in der Weimarer Republik. Königstein/Ts. 1978
Bumm, Peter H.: Drama und Theater der konservativen Revolution. München 1971
Caligarismus   Deutsche Kinemathek e. V. (Hrsg.): Caligari und Caligarismus. Berlin 1970
Cancik, Hubert (Hrsg.): Religions- und Geistesgeschichte der Weimarer Republik. Düsseldorf 1982
Capovilla, Andrea: Der lebendige Schatten. Film in der Literatur bis 1938. Wien, Köln, Weimar 1994
Craig, Gordon A.: Über die Deutschen. Ein historisches Porträt. Aus dem Englischen von Hermann Stiehl. München 1982
Curjel, Hans: Experiment Krolloper 1927–1931. München 1975
Czeike, Wien   Czeike, Felix: Wien. In: *Weinzierl/Skalnik, Österreich 1918–1938*, 1043–1066
Czucka, Idiom   Czucka, Eckehard: Idiom der Entstellung. Auffaltung des Satirischen in Carl Sternheims ›Aus dem bürgerlichen Heldenleben‹. Münster 1982
Dahl, Radio   Dahl, Peter: Radio. Sozialgeschichte des Rundfunks für Sender und Empfänger. Reinbek bei Hamburg 1983
Dahrendorf, Ralf: Gesellschaft und Demokratie in Deutschland. München 1965

Daiber, Deutschland Daiber, Hans: Vor Deutschland wird gewarnt. 17 exemplarische Lebensläufe. Gütersloh 1967

Dangel, Elsbeth: Wiederholung als Schicksal. Arthur Schnitzlers Roman ›Therese. Chronik eines Frauenlebens‹. München 1985

Dempewolf, Eva: Blut und Tinte. Eine Interpretation der verschiedenen Fassungen von Ernst Jüngers Kriegstagebüchern vor dem politischen Hintergrund der Jahre 1920 bis 1980. Würzburg 1992

Denkler, Drama des Expressionismus Denkler, Horst: Drama des Expressionismus. Programm, Spieltext, Theater. München 1967, ²1979

Denkler, Horst: Die Literaturtheorie der zwanziger Jahre: Zum Selbstverständnis des literarischen Nachexpressionismus in Deutschland – Ein Vortrag. In: Monatshefte 59, Wisconsin 1967, 305-319

Denkler, Horst: Sache und Stil. Die Theorie der Neuen Sachlichkeit. In: Wirkendes Wort 18 (1968) 3, 167-185

Der libertäre Esprit Der libertäre Esprit in der surrealistischen Revolution. Surrealistische Billets. In: Trafik. Internationales Journal zur libertären Kultur und Politik 1989, Heft 30/31

Deri, Max u. a.: Einführung in die Kunst der Gegenwart. Leipzig ³1922

Dessauer, Friedrich: Leben. Natur. Religion. Das Problem der transzendenten Wirklichkeit. Bonn ²1926

Diersen, Seghers-Studien Diersen, Inge: Seghers-Studien. Interpretationen von Werken aus den Jahren 1926-1935. Berlin 1965

Dietschreit, Frank: Lion Feuchtwanger. Stuttgart 1988 (= Slg. Metzler 245)

Diner, Dan: Verkehrte Welten. Antiamerikanismus in Deutschland. Frankfurt/M. 1993

Ditschek, Eduard: Politisches Engagement und Medienexperiment. Theater und Film der russischen und deutschen Avantgarde der zwanziger Jahre. Tübingen 1989

Doderer, Klaus (Hrsg.): Walter Benjamin und die Kinderliteratur in den zwanziger Jahren. Mit dem Katalog der Kinderbuchsammlung. Weinheim, München 1988

Döhl, Reinhard: Das literarische Werk Hans Arps 1903-1930. Zur poetischen Vorstellungswelt des Dadaismus. Stuttgart 1967

Donat, Helmut/Wieland, Lothar (Hrsg.): Das Andere Deutschland. Unabhängige Zeitung für entschiedene republikanische Politik. Eine Auswahl (1925-1933). Königstein/Ts. 1980

Doppelbauer, Elend Doppelbauer, Wolfgang: Zum Elend noch die Schande. Das altösterreichische Offizierscorps am Beginn der Republik. Wien 1988

Doppler, Mann und Frau Doppler, Alfred: Mann und Frau im Wien der Jahrhundertwende. Die Darstellungsperspektive in den Dramen und Erzählungen Arthur Schnitzlers. In: A. D.: Geschichte im Spiegel der Literatur. Aufsätze zur Literatur des 19. und 20. Jahrhunderts. Innsbruck 1990, 95-109

Doppler, Bernhard: Katholische Literatur und Literaturpolitik. Enrica von Handel-Mazzetti. Königstein/Ts. 1980

Dorowin, Retter des Abendlands Dorowin, Hermann: Retter des Abendlands. Kulturkritik im Vorfeld des europäischen Faschismus. Stuttgart 1991

Dove, Richard: Ernst Toller. Ein Leben in Deutschland. Aus d. Engl. von Marcel Hartges. Göttingen 1993 (engl. 1990)

Dragowski, Jürgen: Die Geschichte der Büchergilde Gutenberg in der Weimarer Republik 1924–1933. Essen 1992

Dreher, Ingmar: Die deutsche proletarisch-revolutionäre Kinder- und Jugendliteratur zwischen 1918 und 1933. Berlin 1975

Drijkoningen, Dada Drijkoningen, Fernand: Dada et anarchisme. In: Avantgarde 1987, Nr. 0, 69–81

Drijkoningen, Surréalisme Drijkoningen, Fernand: Surréalisme er anarchisme entre les deux guerres. In: Avantgarde Nr. 3, 1989, 39–68

Druvins, Kanehl Druvins, Ute: Oskar Kanehl. Ein politischer Lyriker der expressionistischen Generation. Bonn 1977

Dubiel, Helmut: Wissenschaftsorganisation und politische Erfahrung. Studien zur frühen Kritischen Theorie. Frankfurt/M. 1978

Dupeux, Louis: Nationalbolschewismus in Deutschland 1919-1933. Kommunistische Strategie und konservative Dynamik. Deutsch von Richard Kirchhoff. München 1985

Dvořak, Zilsel Dvořak, Johannes: Edgar Zilsel und die Einheit der Erkenntnis. Wien 1981

Eckert, Brita/Berthold, Werner (Bearb.): Joseph Roth 1894–1939. Ausstellungskatalog. Frankfurt/M. ²1979

Edschmid, Briefe Briefe der Expressionisten. Hrsg. von Kasimir Edschmid. Frankfurt/M., Berlin 1964

Eisele, Ulf: Die Struktur des modernen deutschen Romans. Tübingen 1984

Eisenhauer, Gregor: Der Literat. Franz Blei – Ein biographischer Essay. Tübingen 1993

Eisner, Leinwand Eisner, Lotte H.: Die dämonische Leinwand. Frankfurt/M. 1980

Elias, Norbert: Studien über die Deutschen. Machtkämpfe und Habitusentwicklung im 19. und 20. Jahrhundert. Hrsg. von Michael Schröter. Frankfurt/M. 1989

Emmerich, Wolfgang (Hrsg.): Proletarische Lebensläufe. Autobiographische Dokumente zur Entstehung der zweiten Kultur in Deutschland. Bd. 2: 1914–1945. Reinbek bei Hamburg 1975

Emmerich, Wolfgang/Wege, Carl (Hrsg.): Der Technikdiskurs in der Hitler-Stalin-Ära. Stuttgart, Weimar 1995

Engel, Peter/Müller, Hans-Harald (Hrsg.): Ernst Weiß – Seelenanalytiker und Erzähler von europäischem Rang. Beiträge zum ersten internationalen Ernst-Weiß-Symposium aus Anlaß des 50. Todestages Hamburg 1990. Bern u. a. 1992

Enseling, Alf: Die Weltbühne. Organ der intellektuellen Linken. Münster 1962

Erdmann, Gustav (Hrsg.): Gerhart Hauptmann. Neue Akzente – neue Aspekte. Berlin 1992

Erlhoff, Michael: Raoul Hausmann, Dadasoph. Versuch einer Politisierung der Ästhetik. Hannover 1982

Evans, Richard J.: The Feminist Movement in Germany 1894–1933. London, Beverly Hills 1976

Eykman, Denk- und Stilformen Eykman, Christoph: Denk- und Stilformen des Expressionismus. München 1974

Faber, Richard: Abendland. Ein politischer Kampfbegriff. Hildesheim 1979

Faber, Richard: Roma Aeterna. Zur Kritik der »Konservativen Revolution«. Würzburg 1981

Fähnders, Proletarisch-revolutionäre Literatur Fähnders, Walter: Proletarisch-revolutionäre Literatur der Weimarer Republik. Stuttgart 1977 (= Slg. Metzler 158)

Fähnders, Anarchismus Fähnders, Walter: Anarchismus und Literatur. Ein vergessenes Kapitel deutscher Literaturgeschichte zwischen 1890 und 1910. Stuttgart 1987

Fähnders/Karrenbrock/Rector, Sammlung Fähnders, Walter/Karrenbrock, Helga/Rector, Martin (Hrsg.): Sammlung proletarisch-revolutionärer Erzählungen. Darmstadt, Neuwied 1973

Fähnders/Rector, Literatur im Klassenkampf Fähnders, Walter/Rector, Martin (Hrsg.): Literatur im Klassenkampf. Zur proletarisch-revolutionären Literaturtheorie 1919–1923. Eine Dokumentation. München 1971

Fähnders/Rector, Linksradikalismus Fähnders, Walter/Rector, Martin: Linksradikalismus und Literatur. Untersuchungen zur Geschichte der sozialistischen Literatur in der Weimarer Republik. 2 Bde. Reinbek bei Hamburg 1974

Farin, Michael (Hrsg.): Otto Flake. Annäherungen an einen Eigensinnigen. Baden-Baden 1985

Faulenbach, Bernd: Ideologie des deutschen Weges. Die deutsche Geschichte in der Historiographie zwischen Kaiserreich und Nationalsozialismus. München 1980

Fechner, Frank: Thomas Mann und die Demokratie. Wandel und Kontinuität der demokratierelevanten Äußerungen des Schriftstellers. Berlin 1990

Feidel-Mertz, Hildegard (Hrsg.): Der junge Huelsenbeck. Entwicklungsjahre eines Dadaisten. Gießen 1992

Felken, Detlev: Oswald Spengler. Konservativer Denker zwischen Kaiserreich und Diktatur. München 1988

Ferber, Christian (Hrsg.): Der Querschnitt. »Das Magazin der aktuellen Ewigkeitswerte«. Berlin 1981

Fertig, Ludwig: Vor-Leben. Bekenntnis und Erziehung bei Thomas Mann. Darmstadt 1994

Fessmann, Ingo: Rundfunk und Rundfunkrecht in der Weimarer Republik. Frankfurt/M. 1973

Fetting, Hugo (Hrsg.): Max Reinhardt. Ich bin nichts als ein Theatermann. Briefe, Reden, Aufsätze, Interviews, Gespräche, Auszüge aus Regiebüchern. Berlin 1989

Finck, Adrien/Ritter, Alexander/Staiber, Maryse: René Schickele aus neuer Sicht. Beiträge zur deutsch-französischen Kultur. Hildesheim u. a. 1991

Fischer, Ernst: Der Schutzverband deutscher Schriftsteller 1909–1933. Frankfurt/M. 1980 (= Sonderdruck aus: Archiv für Geschichte des Buchwesens 21)

Fischer, Literatur und Ideologie Fischer, Ernst: Literatur und Ideologie in Österreich 1918–1938. Forschungsstand und Forschungsperspektiven. In: Internationales Archiv für Sozialgeschichte der Literatur. 1. Sonderheft 1985, 183–255

Fischer/Haefs, Hirnwelten Fischer, Ernst/Haefs, Wilhelm (Hrsg.): Hirnwelten funkeln. Literatur des Expressionismus in Wien. Salzburg 1988

Fischer, Jens-Malte: Die »jüdisch-negroide« Epoche. Antisemitismus im Musik- und Theaterleben der Weimarer Republik. In: Hans-Peter Bayerdörfer (Hrsg.): Theatralia Judaica. Emanzipation und Antisemitismus als Momente der Theatergeschichte. Von der Lessing-Zeit bis zur Shoah. Tübingen 1992. 228–243

Fischer, Wolfenstein   Fischer, Peter: Alfred Wolfenstein. Der Expressionismus und die verendende Kunst. München 1968
Flade, Roland (Hrsg.): Felix Fechenbach. Im Haus der Freudlosen. Als Justizopfer im Zuchthaus Ebrach. Würzburg 1993
Fliedl, Verspätungen   Fliedl, Konstanze: Verspätungen. Schnitzlers ›Therese‹ als Anti-Trivialroman. Jahrbuch der deutschen Schillergesellschaft 33, 1989, 323–347
Fließbach, Holger: Mechtilde Lichnowsky. Diss. München 1973
Frauenalltag   Frauenalltag und Frauenbewegung im 20. Jahrhundert. Materialsammlung in der Abteilung 20. Jahrhundert im Historischen Museum Frankfurt/M. 1980
Freeman, Thomas: Hans Henny Jahnn. Eine Biografie. Hamburg 1986
Freud, Sigmund: Das Unbehagen in der Kultur. In: S. Freud: Kulturtheoretische Schriften. Frankfurt/M. 1974
Frevert, Ute: Frauen-Geschichte. Zwischen bürgerlicher Verbesserung und neuer Weiblichkeit. Frankfurt/M. 1986
Friedmann, Hermann (Hrsg.): Expressionismus. Gestalten einer literarischen Bewegung. Heidelberg 1956
Friedrich, Proletarische Literatur   Friedrich, Gerhard: Proletarische Literatur und politische Organisation. Die Literaturpolitik der KPD in der Weimarer Republik. Frankfurt/M. 1981
Friedrich, Otto: Weltstadt Berlin. Größe und Untergang 1918–1933. Frankfurt/M. 1970
Fritz, Rebellion   Fritz, Helmut: Die erotische Rebellion. Das Leben der Franziska Gräfin zu Reventlow. Frankfurt/M. 1980
Fritzsche, Klaus: Politische Romantik und Gegenrevolution. Fluchtwege aus der Krise der bürgerlichen Gesellschaft. Das Beispiel des ›Tat‹-Kreises. Frankfurt/M. 1976
Fritzsche, Peter: Rehearsals for Fascism, Populism and Political Mobilization in Weimar Germany. New York, Oxford 1990
Fromhold, Martina: Hermann Kasack und der Rundfunk der Weimarer Republik. Ein Beitrag zur Geschichte des Wechselverhältnisses zwischen Literatur und Rundfunk. Aachen 1990
Frühwald, Wolfgang: Kunst als Tat und Leben. Über den Anteil deutscher Schriftsteller an der Revolution in München 1918/19. In: Sprache und Bekenntnis. Sonderband des Literaturwiss. Jahrbuchs. Berlin 1971, 361–389
Frühwald, Kritik der Phraseologie   Frühwald, Wolfgang: Sechs Thesen zu Karl Kraus' ›Dritter Walpurgisnacht‹. In: Interpretationen zur österreichischen Literatur. Hrsg. vom Institut für Österreichkunde. Wien 1971, 111–132
Frühwald/Spalek, Fall Toller   Der Fall Toller. Kommentar und Materialien. Hrsg. von Wolfgang Frühwald und John M. Spalek. München, Wien 1979
Führich, Angelika: Aufbrüche des Weiblichen im Drama der Weimarer Republik. Brecht–Fleisser–Horváth–Gmeyner. Heidelberg 1992
Füllner, Karin: Richard Huelsenbeck. Texte und Aktionen eines Dadaisten. Heidelberg 1983
Fürnkäs, Josef: Surrealismus als Erkenntnis. Walter Benjamin – Weimarer Einbahnstraßen und Pariser Passagen. Stuttgart 1988
Fuerst, Norbert: Paul Ernst. Der Haudegen des Geistes. München 1985
Fuld, Werner: Walter Benjamin. Zwischen den Stühlen. Eine Biographie. München, Wien 1979

Furler, Bernhard: Augen-Schein. Deutschsprachige Reisereportagen über Sowjetrußland 1917–1939. Frankfurt/M. 1987

Gallas, Helga: Die Linkskurve (1929–32). Ausarbeitung einer proletarisch-revolutionären Literaturtheorie in Deutschland. Berlin 1969

Gallas, Marxistische Literaturtheorie Gallas, Helga: Marxistische Literaturtheorie. Kontroversen im Bund proletarisch-revolutionärer Schriftsteller. Neuwied, Berlin 1971 (Frankfurt/M. ³1978)

Gangl, Manfred/Roulet, Gérard (Hrsg.): Intellektuellendiskurse in der Weimarer Republik. Zur politischen Kultur einer Gemengelage. Frankfurt/M. 1994

Garber, Klaus: Rezeption und Rettung. Drei Studien zu Walter Benjamin. Tübingen 1987

Garber, Klaus: Zum Bilde Walter Benjamins. Studien, Porträts, Kritiken. München 1992

Gaul-Ferenschild, Hartmut: National-völkisch-konservative Germanistik. Kritische Wissenschaftsgeschichte in personengeschichtlicher Darstellung. Bonn 1993

Gay, Peter: Die Republik der Außenseiter. Geist und Kultur in der Weimarer Zeit: 1918–1933. Deutsch von Helmut Lindemann. Frankfurt/M. 1970

Gay, Peter: Freud, Juden und andere Deutsche. Herren und Opfer in der modernen Kultur. Hamburg 1986

Gebhard, Walter: Oskar Loerkes Poetologie. München 1968

Geissler, Rolf: Dekadenz und Heroismus. Zeitroman und völkisch-nationalsozialistische Literaturkritik. Stuttgart 1964

Geissler, Rudolf: Die Entwicklung der Reportage Egon Erwin Kischs in der Weimarer Republik. Köln 1982

Giedion, Sigfried: Die Herrschaft der Mechanisierung. Ein Beitrag zur anonymen Geschichte. Frankfurt/M. 1982 (engl. 1948)

Giese, Fritz: Girlkultur. Vergleiche zwischen amerikanischem und europäischem Rhythmus und Lebensgefühl. München 1925

Gilbert, Susanne: Hellmut von Gerlach (1866–1935). Stationen eines deutschen Liberalen vom Kaiserreich zum ›Dritten Reich‹. Frankfurt/M. 1984

Gilman, Sander L.: Form und Funktion. Eine strukturelle Untersuchung der Romane Klabunds. Wiesbaden 1971

Glaser, Hermann: Literatur des 20. Jahrhunderts in Motiven. Bd. II: 1918–1933. München 1979

Glaser, Horst Albert (Hrsg.): Rudolf Borchardt 1877–1945. Referate des Pisaner Colloquiums. Frankfurt/M. u. a. 1987

Glasmeier, Michael: Karl Valentin. Der Komiker und die Künste. München, Wien 1987

Gleber, Anke: Die Erfahrungen der Moderne in der Stadt. Reiseliteratur der Weimarer Republik. In: Brenner, Peter J. (Hrsg.): Der Reisebericht. Die Entwicklung einer literarischen Gattung. Materialien. Frankfurt/M. 1989, 463–489

Gleber, Anke: Flanerie oder die Lektüre der Moderne. Franz Hessel und Paul Gurk mit einem Exkurs zur neueren deuschen Literatur. 2 Bde. Ann Arbor 1989

Gnettner, Ines: Vorkriegszeit im Roman einer Nachkriegszeit. Studien zu einem »anderen« historischen Roman zwischen Vergangenheitsbewältigung und Zeitkritik in der Weimarer Republik. Würzburg 1993

Göbel, Sozialisierungstendenzen Göbel, Wolfram: Sozialisierungstendenzen expressionistischer Verlage nach dem ersten Weltkrieg. In: Internationales Archiv für Sozialgeschichte der Literatur. 1, 1976, 178–200

Göbel, Wolfram: Der Kurt-Wolff-Verlag (1913–1930). Expressionismus als verlegerische Aufgabe. Mit einer Bibliographie des Kurt Wolff Verlages und der ihm angeschlossenen Unternehmen (1910–1930). Frankfurt/M. 1977

Goeldel, Denis: Moeller van den Bruck (1876–1925). Un nationaliste contre la révolution. Contribution à l'étude de la ›Révolution conservatrice‹ et du conservatisme allemand au XXe siècle. Frankfurt/M. u.a. 1984

Göttler, Fritz/Graefe, Frieda u.a.: Friedrich Wilhelm Murnau. München 1990

Goldschmidt, Vorlesungen für Arbeiter Goldschmidt, Hans Eberhard: Die Vorlesungen für Arbeiter. Eine Dokumentation. Kraus-Hefte 1981, Nr.18, 4–9

Gollbach, Michael: Die Wiederkehr des Weltkrieges in der Literatur. Zu den Frontromanen der späten zwanziger Jahre. Kronberg/Ts. 1978

Gorsen, Peter/Knödler-Bunte, Eberhard (Hrsg.): Proletkult. 2 Bde. Stuttgart 1974

Grab, Walter/Schoeps, Julius H. (Hrsg.): Juden in der Weimarer Republik. Stuttgart, Bonn 1986

Graf, Sabine: Als Schriftsteller leben. Das publizistische Werk Otto Flakes der Jahre 1900–1933 zwischen Selbstverständigung und Selbstinszenierung. St. Ingbert 1992

Grange, Jacques: Rudolf Borchardt 1877–1945. Contribution à l'étude de la pensée conservatrice et de la poésie en Allemagne dans la première moitié du XXe siècle. 2 Bde. Bern u.a. 1983

Grathoff, Dirk/Kraiker, Gerhard (Hrsg.): Carl von Ossietzky und die Kultur der Weimarer Republik. Oldenburg 1990

Greiffenhagen, Martin: Das Dilemma des Konservatismus in Deutschland. München 1971

Greuner, Ruth: Gegenspieler. Profile linksbürgerlicher Publizisten aus Kaiserreich und Weimarer Republik. Berlin 1969

Greve, Ludwig u.a. (Bearb.): Hätte ich das Kino! Die Schriftsteller und der Stummfilm. Ausstellungskatalog. Marbach, München 1976

Greve, Ludwig (Bearb.): Gottfried Benn 1886–1956. Eine Ausstellung des Deutschen Literaturarchivs im Schiller-Nationalmuseum Marbach am Neckar. Marbach 1986

Grimm, Reinhold: Neuer Humor? Die Komödienproduktion zwischen 1918 und 1932. In: Studi Germanici (Rom) 38, 1976, 41–70

Grimm, Reinhold/Hermand, Jost: Die sogenannten Zwanziger Jahre. First Wisconsin workshop. Bad Homburg, Berlin Zürich 1970

Grimm, Reinhold/Hermand, Jost (Hrsg.): Faschismus und Avantgarde. Königstein/Ts. 1980

Gross, Babette: Willi Münzenberg. Eine politische Biographie. Mit einem Vorwort von Arthur Koestler. Stuttgart 1967

Grosz, George: Ein kleines Ja und ein großes Nein. Sein Leben von ihm selbst erzählt. Hamburg 1955

Groth, Peter: Hörspiele und Hörspieltheorien sozialkritischer Schriftsteller in der Weimarer Republik. Studien zum Verhältnis von Rundfunk und Literatur. Berlin 1980

Grüttemeier, Ralf: Hybride Welten. Aspekte der »Nieuwe Zakelijkheid« in der niederländischen Literatur. Stuttgart 1995
Grunewald, Michel: Klaus Mann 1906–1949. 2 Bde. Bern u. a. 1984
Grunewald, Michel (Ed.): Yvan Goll (1891–1950). Situations de l'écrivain. Bern u. a. 1994
Guthke, Karl S.: Die Mythologie der entgötterten Welt. Ein literarisches Thema von der Aufklärung bis zur Gegenwart. Göttingen 1971
Guthke, Karl S.: B. Traven. Biographie eines Rätsels. Frankfurt/M. 1987
Haag, Ingrid: Ödön von Horváth. La dramaturgie de la façade. Description d'une forme théatrale. Aix-en-Provence 1991
Haar, Carel ter: Ernst Toller. Appell oder Resignation? München 1977, ²1982
Haarmann, Hermann: Erwin Piscator und die Schicksale der Berliner Dramaturgie. Nachträge zu einem Kapitel deutscher Theatergeschichte. München 1991
Haarmann, Hermann/Huder, Walter/Siebenhaar, Klaus (Ausst. u. Kat.): »Das war ein Vorspiel nur ...«. Bücherverbrennung Deutschland 1933: Voraussetzungen und Folgen. Berlin und Wien 1983
Haarmann, Hermann/Siebenhaar, Klaus: Lebensform und Tendenzkunst. Zum Frühwerk Friedrich Wolfs. In: Internationales Archiv für Sozialgeschichte der Literatur. 10, 1985, 113–134
Haas, Urbilder Haas, Erika: Urbilder und Wirklichkeitsträume. Zur paradigmatischen Funktion des Mythos bei Anna Seghers. In: *Roos, Seghers*, 51–61
Haas, Franz: Der Dichter von der traurigen Gestalt. Zu Leben und Werk von Ernst Weiß. Frankfurt/M. 1986
Haas, Olaf: Max Tau und sein Kreis. Zur Ideologiegeschichte »oberschlesischer« Literatur in der Weimarer Republik. Mit einer Einführung von Hans-Georg Pott. Paderborn u. a. 1988
Haas, Willy (Hrsg.): Zeitgemäßes aus der ›Literarischen Welt‹ von 1925 bis 1932. Stuttgart 1963
Haase, Horst: Johannes R. Becher. Sein Leben und Werk. Berlin 1981
Habedank, Heinz: Der Feind steht rechts. Bürgerliche Linke im Kampf gegen den deutschen Militarismus (1925–1933). Berlin 1965
Habermas, Strukturwandel Habermas, Jürgen: Strukturwandel der Öffentlichkeit. Darmstadt, Neuwied ¹⁴1983
Hackert, Kulturpessimismus Hackert, Fritz: Kulturpessimismus und Erzählform. Studien zu Joseph Roths Leben und Werk. Bern 1967
Haefs, Wilhelm: Nachexpressionismus. Zur literarischen Situation um 1920. In: Bernhard Gajek/Walter Schmitz (Hrsg.): Georg Britting (1891–1964). Vorträge des Regensburger Kolloquiums 1991. Frankfurt/Main u. a., Regensburg 1993, 74–98
Hähnel, Klaus-Dieter: Rainer Maria Rilke. Werk – Literaturgeschichte – Kunstanschauung. Berlin, Weimar 1984
»Hätte ich das Kino!« s.: Greve, Ludwig u. a.
Hagelweide, Gert: Das publizistische Erscheinungsbild des Menschen im kommunistischen Lied. Eine Untersuchung der Liedpublizistik der KPD (1919 bis 1933) und der SED (1945 bis 1960). Bremen 1968

Hagemann, Walter: Vom Mythos der Masse. Ein Beitrag zur Psychologie der Öffentlichkeit. Heidelberg 1951

Halbey, Hans Adolf: Der Erich Reiss Verlag 1908–1936. Frankfurt/M. 1981 (= Sonderdruck aus: Archiv für Geschichte des Buchwesens 21)

Hall, Der Fall Bettauer Hall, Murray G.: Der Fall Bettauer. Wien 1978

Hall, Österreichische Verlagsgeschichte Hall, Murray G.: Österreichische Verlagsgeschichte. Bd. 1: Geschichte des österreichischen Verlagswesens. Bd. 2: Belletristische Verlage der Ersten Republik. Wien 1985

Hall, Zsolnay Hall, Murray G.: Der Paul Zsolnay Verlag. Von der Gründung bis zur Rückkehr aus dem Exil. Tübingen 1994

Haller, Schlick Haller, Rudolf: In memoriam Moritz Schlick. 14.4.1882–22.6. 1936. Beilage zu ›manuskripte‹ 1986, H.92

Hammer, Karl: Deutsche Kriegstheologie 1870–1918. München 1971

Hammer, Klaus: Weltanschauliche Entwicklung und ästhetische Konzeption Friedrich Wolfs von den Anfängen bis 1929. Diss. Jena 1984

Hannover, Heinrich/Hannover-Drück, Elisabeth: Politische Justiz 1918–1933 (Frankfurt/M. 1966). Neuausg. Vorwort von Joachim Perels. Köln 1987

Hansen, Volkmar: Thomas Mann. Stuttgart 1984 (= Slg. Metzler 211)

Hansen, Volkmar: Thomas Mann: Der Zauberberg. Hans Castorps Weg ins Freie oder ›Der Zauberberg‹ als Zeitroman. In: Romane des 20. Jahrhunderts. Interpretationen. Bd. 1. Stuttgart 1993 (= Reclams UB 8808), 55–100

Harpprecht, deutsch Harpprecht, Klaus: Auf chronische Weise deutsch. In: Frankfurter Allgemeine Zeitung. 14. November 1980

Harpprecht, Klaus: Thomas Mann. Eine Biographie. Reinbek bei Hamburg 1995

Harth, Dietrich/Schubert, Dietrich/Schmidt, Ronald M. (Hrsg.): Pazifismus zwischen den Weltkriegen. Deutsche Schriftsteller und Künstler gegen Krieg und Militarismus 1918–1933. Heidelberg 1985

Hartung, Günter: Literatur und Ästhetik des deutschen Faschismus, Köln 1984

Haß, Ulrike: Militante Pastorale. Zur Literatur der antimodernen Bewegungen im frühen 20. Jahrhundert. München 1993

Hauberg, Jo/de Siati, Guiseppe/Ziemke, Thies (Hrsg.): Der Malik-Verlag 1916–1947. Chronik eines Verlages. Mit einer vollständigen Bibliographie aller im Malik-Verlag & Aurora-Verlag erschienenen Titel. Kiel 1986

Haupt, Jürgen: Heinrich Mann. Stuttgart 1980 (= Slg. Metzler 189)

Hay, Gerhard (Hrsg.): Literatur und Rundfunk 1923–1933. Hildesheim 1975

Heffen, Annegret: Der Reichskunstwart – Kunstpolitik in den Jahren 1920–1933. Zu den Bemühungen um eine offizielle Reichskunstpolitik in der Weimarer Republik. Essen 1986

Heiber, Helmut: Die Republik von Weimar. München 1966

Heidenreich, Frank: Arbeiterbildung und Kulturpolitik. Kontroversen in der sozialdemokratischen Zeitschrift ›Kulturwille‹ 1924–1933. Hamburg 1983

Heil, Susanne: »Gefährliche Beziehungen«. Walter Benjamin und Carl Schmitt. Stuttgart, Weimar 1995

Hein, BPRS Hein, Christoph M.: Der »Bund proletarisch-revolutionärer Schriftsteller Deutschlands« Biographie eines kulturpolitischen Experiments in der Weimarer Republik. Münster und Berlin 1991

Heintz, Günter (Hrsg.): Texte der proletarisch-revolutionären Literatur Deutschlands 1919–1933. Stuttgart 1974 (= Reclams UB 9707)

Heizmann, Jürgen: Joseph Roth und die Ästhetik der Neuen Sachlichkeit. Heidelberg 1990

Hellberg, Frank: Walter Mehring. Schriftsteller zwischen Kabarett und Avantgarde. Bonn 1983

Heller, Literarische Intelligenz Heller, Heinz B.: Literarische Intelligenz und Film. Tübingen 1985

Helms, Hans G.: Die Ideologie der anonymen Gesellschaft. Max Stirners ›Einziger‹ und der Fortschritt des demokratischen Selbstbewußtseins vom Vormärz bis zur Bundesrepublik. Köln 1966

Hemecker, Wilhelm (Bearb.): Mechtilde Lichnowsky 1879–1958. Marbach 1993 (= Marbacher Magazin 63)

Hempel, Mayer Hempel, Rolf: Carl Mayer. Ein Autor schreibt mit der Kamera. Berlin 1968

Hempel-Küter, Presse Hempel-Küter, Christa: Die kommunistische Presse und die Arbeiterkorrespondentenbewegung in der Weimarer Republik. Das Beispiel »Hamburger Volkszeitung« Frankfurt/M., Bern, New York, Paris 1989

Hepp, Corona: Avantgarde. Moderne Kunst, Kulturkritik und Reformbewegung nach der Jahrhundertwende. München 1986

Hepp, Michael: Kurt Tucholsky. Biographische Annäherungen. Reinbek bei Hamburg 1993

Herf, Jeffrey: Reactionary Modernism. Technology, Culture, and Politics in Weimar and the Third Reich. Cambridge u. a. 1984

Hermand, Jost: Hilfloser Antifaschismus? Bemühungen um eine kritische Darstellung der Nationalsozialisten in der Literatur der Weimarer Republik. In: Diskussion Deutsch 12, 1981, 211–228

Hermand, Jost: Der alte Traum vom neuen Reich. Völkische Utopien und Nationalsozialismus. Frankfurt/M. 1988

Hermand, Jost: Arnold Zweig in Selbstzeugnissen und Bilddokumenten. Reinbek bei Hamburg 1990 (= Rowohlts Monographien 381)

Hermand, Jost/Trommler, Frank: Die Kultur der Weimarer Republik. München 1978, Frankfurt/M. 1988

Hermann, Frank/Schmitz, Heinke: Avantgarde und Kommerz. Der Verlag ›Die Schmiede‹ Berlin 1921–1929. Mit 10 Abb. In: Buchhandelsgeschichte (Beil. Börsenblatt für den Deutschen Buchhandel), 1991, B 129–B 150

Hertling, Viktoria: Literarische Reportagen über die Sowjetunion in der Zeit der Weimarer Republik. Frankfurt/M. 1982

Hess, Günter: Siegfrieds Wiederkehr. Zur Geschichte einer deutschen Mythologie in der Weimarer Republik. In: Internationales Archiv für Sozialgeschichte der Literatur 6, 1981, 112–144

Hessing, Jakob: Else Lasker-Schüler. Biographie einer deutsch-jüdischen Dichterin. Karlsruhe 1985

Hessing, Jakob: Else Lasker-Schüler. Ein Leben zwischen Bohème und Exil. München 1987

Hessler, Ulrike: Bernard von Brentano. Ein deutscher Schriftsteller ohne Deutschland. Tendenzen des Romans zwischen Weimarer Republik und Exil. Frankfurt/M. 1984
Heukäfer, Margarethe: Sprache und Gesellschaft im dramatischen Werk Ernst Barlachs. Heidelberg 1985
Heydemann, Literatur und Markt Heydemann, Klaus: Literatur und Markt. Werdegang und Durchsetzung eines kleinmeisterlichen Autors in Österreich (1891–1938). Der Fall Karl Ginzkey. Habilitationsschrift Wien 1985 (masch.)
Hey'l, Bettina: Geschichtsdenken und literarische Moderne. Zum historischen Roman in der Zeit der Weimarer Republik. Tübingen 1994
Hiebel, Hans H.: Der ›Anschluß der Ostmark an das Reich‹. Zur pränazistischen Germanistik in Österreich. In: Österreich in Geschichte und Literatur 33, 1989, 374–393
Hiebel, Irmfried (Ausw. und Nachw. unter Mitarb. von Alfred Klein): Traum von Rätedeutschland. Erzählungen deutscher Schriftsteller 1924–1936. Berlin und Weimar 1968
Hillebrand, Bruno: Benn. Frankfurt/M. 1986
Hippen, Reinhard: Kabarett zwischen den Kriegen. In: Das literarische Leben in der Weimarer Republik. Hrsg. von Keith Bullivant. Königstein/Ts. 1978, 99–113
Hirdina, Karin: Pathos der Sachlichkeit. Tendenzen materialistischer Ästhetik in den zwanziger Jahren. Berlin 1981
Hirschfeld, Hans Magnus: Sittengeschichte des Weltkrieges. Bd. I u. II, Leipzig, Wien 1930
Hirte, Mühsam Hirte, Chris: Erich Mühsam. »Ihr seht mich nicht feige«. Biographie. Berlin 1985
Hochkeppel, Willy: Modelle des gegenwärtigen Zeitalters. Thesen der Kulturphilosophie im Zwanzigsten Jahrhundert. München 1973
Hoeges, Dirk: Kontroverse am Abgrund: Ernst Robert Curtius und Karl Mannheim. Intellektuelle und »freischwebende Intelligenz« in der Weimarer Republik. Frankfurt/M. 1994
Hörburger, Hörspiel Hörburger, Christian: Das Hörspiel der Weimarer Republik. Stuttgart 1975
Hof, Walter: Der Weg zum heroischen Realismus. Pessimismus und Nihilismus in der deutschen Literatur von Hamerling bis Benn. Bebenhausen 1974
Hoffmann, Ludwig/Pfützner, Klaus (Hrsg.): Theater der Kollektive. Proletarisch-revolutionäres Berufstheater in Deutschland 1928–1933. Stücke, Dokumente, Studien. 2 Bde. Berlin 1980
Hoffmann, Rudolf (Hrsg.): Rotes Metall. Deutsche sozialistische Dichtung 1917–1933. Berlin 1960
Hoffmann-Walbeck, Katrin: Alexander M. Frey. Phantastik und Groteske als Mittel zur Zeitkritik. Frankfurt/M., Bern 1984
Holl, Hanns Peter: Bild und Wort. Studien zu Konrad Weiß. Berlin 1979
Holzbach, Heidrun: Das »System Hugenberg«. Die Organisation bürgerlicher Sammlungspolitik vor dem Aufstieg der NSDAP. Stuttgart 1981
Horch, Hans Otto/Denkler, Horst (Hrsg.): Conditio Judaica. Dritter Teil. Judentum, Antisemitismus und deutschsprachige Literatur vom Ersten Weltkrieg bis 1933/1938. Tübingen 1993

Horkheimer, Max (Pseud.: Heinrich Regius): Dämmerung. Notizen in Deutschland. Zürich 1934.

Huber, Urbanitzky   Huber, Ursula: »Frau und doch kein Weib«. Zu Grete von Urbanitzky. Monographische Studie zur Frauenliteratur in der Zwischenkriegszeit. Diss. Wien 1990 (masch.)

Hucke, Utopie   Hucke, Karl-Heinz: Utopie und Ideologie in der expressionistischen Lyrik. Tübingen 1980

Hübinger, Paul Egon: Thomas Mann, die Universität Bonn und die Zeitgeschichte. Drei Kapitel deutscher Vergangenheit aus dem Leben des Dichters 1905–1955. München 1974

Huelsenbeck, Dada   Huelsenbeck, Richard (Hrsg.): Dada. Eine literarische Dokumentation (1964). Reinbek bei Hamburg 1984

Hüppauf, Bernd: Langemarck, Verdun and the Myth of a New Man in Germany after the First World War. In: War & Society 6.2, 1988, 70–103

Hütt, Wolfgang (Hrsg.): Hintergrund. Mit den Unzüchtigkeits- und Gotteslästerungsparagraphen des Strafgesetzbuches gegen Kunst und Künstler 1900–1933. Berlin 1990

Hug, Heinz: Erich Mühsam. Untersuchungen zu Leben und Werk. Glashütten/Ts. 1974

Hug, Heinz: »Meinetwegen, Bakunin, kehr wieder oder bleib, wo Du bist!« Über das ambivalente Verhältnis von Anarchismus und Literatur. In: Die Horen 37, 1992, H. 167, 91–104

Ihering, Herbert: Von Reinhardt bis Brecht. Vier Jahrzehnte Theater und Film. 3 Bde. Berlin 1958–61

Ihering, Herbert: Theater in Aktion. Kritiken aus drei Jahrzehnten 1913–1933. Hrsg. von Edith Krull und Hugo Fetting. Berlin 1986

Innerhofer, Kulturgeschichte   Innerhofer, Roland: Kulturgeschichte zwischen den beiden Weltkriegen: Egon Friedell. Mit einem Beitrag von Johann Hinterhofer. Wien, Köln 1990

Jackstel, Karl-Heinz: Die kommunistischen Kinderzeitungen in der Weimarer Republik unter Einbeziehung früherer Ansätze progressiver »Zeitungspädagogik«. Eine Studie zur Entwicklung der deutschen Kinderpresse aus erziehungsgeschichtlicher Sicht. Diss. Halle 1967

Jäger, Christian/Schütz, Erhard (Hrsg.): Glänzender Asphalt. Berlin im Feuilleton der Weimarer Republik. Berlin 1994

Jäger, Georg: Die Avantgarde als Ausdifferenzierung des bürgerlichen Literatursystems. Eine systemtheoretische Gegenüberstellung des bürgerlichen und avantgardistischen Literatursystems mit einer Wandlungshypothese. In: Michael Titzmann (Hrsg.): Modelle des literarischen Strukturwandels. Tübingen 1991, 221–244

Jagschitz, Ständestaat   Jagschitz, Gerhard: Der österreichische Ständestaat 1934–1938. In: *Weinzierl/Skalnik, Österreich 1918–1938*, 497–515

Jarka, Literatur- und Theaterpolitik   Jarka, Horst: Zur Literatur und Theaterpolitik im ›Ständestaat‹. In: *Kadrnoska, Aufbruch und Untergang*, 499–538

Jarka, Soyfer   Jarka, Horst: Jura Soyfer. Leben, Werk, Zeit. Mit einem Vorwort von Hans Weigel. Wien 1987

Jaspers, Karl: Die geistige Situation der Zeit. Berlin, Leipzig 1931

Jens, Dichter   Jens, Inge: Dichter zwischen rechts und links. Die Geschichte der Sektion für Dichtkunst an der Preußischen Akademie der Künste dargestellt nach den Dokumenten. München 1971, 2. erweit. und verb. Aufl. Köln 1994

Jenschke, Bernhard: Zur Kritik der konservativ-revolutionären Ideologie in der Weimarer Republik. Weltanschauung und Politik bei Edgar Julius Jung. München 1971

Jentzsch, Bernd: Rudolf Leonhard, »Gedichteträumer«. München, Wien 1984

Jeretin-Kopf, Maja: Der Niedergang der Weimarer Republik im Spiegel der Memoirenliteratur. Frankfurt/M. u. a. 1992

Jeßner, Leopold: Schriften. Theater der zwanziger Jahre. Hrsg. von Hugo Fetting. Berlin 1979

Jirgal, Ernst: Die Wiederkehr des Weltkrieges in der Literatur. Wien u. a. 1931

John, Eckhard: Musikbolschewismus. Die Politisierung der Musik in Deutschland 1918–1938. Stuttgart, Weimar 1994

John, Helmut/Neumann, Lonny (Hrsg.): Hermann Kasack – Leben und Werk. Symposium 1993 in Potsdam. Frankfurt/M. u. a. 1994

Joost, Jörg Wilhelm/Müller, Klaus-Detlef/Voges, Michael: Bertolt Brecht. Epoche, Werk, Wirkung. München 1985

Jordan, Christa: Die Angestellten in der Erzählprosa am Ende der Weimarer Republik. Frankfurt/M. 1988

Jung, Uli/Schatzberg, Walter (Hrsg.): Filmkultur zur Zeit der Weimarer Republik. Beiträge zu einer internationalen Konferenz vom 15. Bis 18. Juni 1989 in Luxemburg. München u. a. 1992

Jungk, Peter Stephan: Franz Werfel. Eine Lebensgeschichte. Frankfurt/M. 1987

Kabermann, Friedrich: Widerstand und Entscheidung eines deutschen Revolutionärs. Leben und Denken von Ernst Niekisch. Köln 1973

Kadrnoska, Aufbruch und Untergang Kadrnoska, Franz (Hrsg.): Aufbruch und Untergang. Österreichische Kultur zwischen 1918 und 1938. Wien, München, Zürich 1981

Kaelble, Hartmut: Der Mythos von der rapiden Industrialisierung in Deutschland. In: Geschichte und Gesellschaft 9 (1983), 106–118

Kaempfer, Wolfgang: Ernst Jünger. Stuttgart 1981 (= Slg. Metzler 201)

Kaes, Kino-Debatte Kaes, Anton: Kino-Debatte. Texte zum Verhältnis von Literatur und Film 1909–1929. Tübingen 1978

Kaes, Weimarer Republik Kaes, Anton (Hrsg.): Weimarer Republik. Manifeste und Dokumente zur deutschen Literatur 1918–1933. Stuttgart 1983

Kässens, Tiefseefisch Kässens, Wend und Michael Töteberg (Hrsg.): Marieluise Fleißer: Der Tiefseefisch. Text. Fragmente. Materialien. Frankfurt/M. 1980

Kaiser, Herbert: Der Dramatiker Ernst Barlach. Analysen und Gesamtdeutung. München 1972

Kalbus, Filmkunst Kalbus, Oskar: Vom Werden deutscher Filmkunst. Der stumme Film. Altona-Bahrenfeld 1935

Kalin, Sabine: Die Anfänge des Hörspiels in der Weimarer Republik. Versuch einer Analyse. Stuttgart 1991

Kantorowicz, Alfred: Die Geächteten der Republik. Alte und neue Aufsätze. Hrsg. von Andreas W. Mytze. Berlin 1977

Karrenbrock, Helga: Märchenkinder – Zeitgenossen. Untersuchungen zur Kinderliteratur der Weimarer Republik. Stuttgart 1995

Kasang, Wilhelminismus und Expressionismus Kasang, Dieter: Wilhelminismus und Expressionismus: das Frühwerk Fritz von Unruhs 1904–1921. Stuttgart 1980

Kasdorff, Hans: Ludwig Klages. Gesammelte Aufsätze und Vorträge zu seinem Werk. Bonn 1984

Kast, Raimund: Der deutsche Leihbuchhandel und seine Organisation im 20. Jahrhundert. In: Archiv für Geschichte des Buchwesens 36, 1991, 165–349

Kater, Michael H.: Studentenschaft und Rechtsradikalismus in Deutschland 1918–1933. Eine sozialgeschichtliche Studie zur Bildungskrise in der Weimarer Republik. Hamburg 1975

Kauffeldt, Mühsam Kauffeldt, Rolf: Erich Mühsam. Literatur und Anarchie. München 1983

Kaufmann, Vaterland Kaufmann, Doris: Vom Vaterland zum Mutterland. In: Hausen, Karin (Hrsg.): Frauen suchen ihre Geschichte. München 1982, 254–279

Kaulen, Heinrich: Rettung und Destruktion. Untersuchungen zur Hermeneutik Walter Benjamins. Tübingen 1987

Kaulla, Guido von: Brennendes Herz Klabund. Legende und Wirklichkeit. Zürich, Stuttgart 1971

Keiner, Harbou Keiner, Reinhold: Thea von Harbou und der deutsche Film bis 1933. Hildesheim ²1991

Keller, Otto: Döblins ›Berlin Alexanderplatz‹. Die Großstadt im Spiegel ihrer Diskurse. Bern u. a. 1990

Kemper, Vom Expressionismus zum Dadaismus Kemper, Hans-Georg: Vom Expressionismus zum Dadaismus. Eine Einführung in die dadaistische Literatur. Kronberg/Ts. 1974

Kerker, Armin: Ernst Jünger, Klaus Mann. Gemeinsamkeit und Gegensatz in Literatur und Politik. Zur Typologie des literarischen Intellektuellen. Bonn 1974

Kessler, Harry Graf: Tagebücher 1918–1937. Frankfurt/M. 1979 (Hrsg. v. Wolfgang Pfeiffer-Belli. ¹1961)

Keßler, Heinrich: Wilhelm Stapel als politischer Publizist. Ein Beitrag zur Geschichte des konservativen Nationalismus zwischen beiden Weltkriegen. Nürnberg 1967

Keßler, Michael/Levin, Thomas Y. (Hrsg.): Siegfried Kracauer. Neue Interpretationen. Tübingen 1990

Ketelsen, Völkisch-nationale Literatur Ketelsen, Uwe-K.: Völkisch-nationale und nationalsozialistische Literatur in Deutschland 1890–1945. Stuttgart 1976

Ketelsen, Uwe-K.: Die Jugend von Langemarck – ein poetisch-politisches Motiv der Zwischenkriegszeit. In: Ders.: Literatur und Drittes Reich. Schernfeld 1992, 172–198

Keyserling, Hermann Graf: Schöpferische Erkenntnis. Darmstadt 1922

Kiefer, Klaus H.: Avantgarde – Weltkrieg – Exil. Materialien zu Carl Einstein und Salomo Friedlaender. Frankfurt/M. u. a. 1986

Kiefer, Klaus H.: Diskurswandel im Werk Carl Einsteins. Ein Beitrag zu Theorie und Geschichte der europäischen Avantgarde. Tübingen 1994

Kiesel, Helmuth: Erich Kästner. München 1981 (= Autorenbücher)

Kiesel, Helmuth: Aufklärung und neuer Irrationalismus in der Weimarer Republik. In: Jochen Schmidt (Hrsg.): Aufklärung und Gegenaufklärung in der europäischen Literatur, Philosophie und Politik von der Antike bis zur Gegenwart. Darmstadt 1989, 497–521

Kiesel, Helmuth: Wissenschaftliche Diagnose und dichterische Vision der Moderne. Max Weber und Ernst Jünger. Heidelberg 1994

Killy, Walter (Hrsg.): Die deutsche Literatur vom Mittelalter bis zum 20. Jahrhundert. Texte und Zeugnisse. Bd. 7: 20. Jahrhundert. München ²1988

Kindt, Werner (Hrsg.): Grundschriften der Deutschen Jugendbewegung (= Dokumentation der deutschen Jugendbewegung ⟨I⟩). Düsseldorf 1963

Kindt, Werner (Hrsg.): Die deutsche Jugendbewegung 1920–1933. Die bündische Zeit (= Dokumentation der Jugendbewegung III). Düsseldorf 1974

King, William John: Kurt Tucholsky als politischer Publizist. Frankfurt/M., Bern 1983

Kinter, Arbeiterbewegung Kinter, Jürgen: Arbeiterbewegung und Film. Hamburg 1986

Kittler, Grammophon Kittler, Friedrich: Grammophon, Film, Typewriter. Berlin 1986

KKittler, Friedrich: Aufschreibesysteme 1800/1900. München 1987

lauhs, Csokor Klauhs, Harald: Franz Theodor Csokor. Leben und Werk bis 1938 im Überblick. Stuttgart 1988

Klein, Auftrag Klein, Alfred: Im Auftrag ihrer Klasse. Weg und Leistung der deutschen Arbeiterschriftsteller 1918–1933. Berlin und Weimar ²1975

Klein, Alfred (Hrsg.): Zur Tradition der deutschen sozialistischen Literatur. Eine Auswahl von Dokumenten. Bd. I: 1926–1935. Berlin und Weimar 1979

Klemperer, Klemens von: Konservative Bewegungen zwischen Kaiserreich und Nationalsozialismus. München, Wien, 1962

Kliemann, Novembergruppe Kliemannn, Helga (Hrsg.): Novembergruppe. Berlin 1969

Klüsener, Biographie Klüsener, Erika Emma: Else Lasker-Schüler – eine Biographie oder ein Werk? Washington 1979

Klüsener, Lasker-Schüler Klüsener, Erika: Else Lasker-Schüler in Selbstzeugnissen und Bilddokumenten. Reinbek bei Hamburg 1980 (= Rowohlts Monographien 283)

Klüsener, Erika/Pfäfflin, Friedrich (Bearb.): Else Lasker-Schüler 1869-1945. Mit einer Auswahl aus den Tagebüchern von Werner Kraft. Marbach 1995 (= Marbacher Magazin 71)

Kluge, Thomas: Gesellschaft, Natur, Technik. Zur lebensphilosophischen und ökologischen Kritik von Technik und Gesellschaft. Opladen 1985

Knellessen, Friedrich Wolfgang: Agitation auf der Bühne. Das politische Theater der Weimarer Republik. Emsdetten 1970

Knilli, Massenmedien Knilli, Friedrich u. a. (Hrsg.): Literatur in den Massenmedien. München, Wien 1976

Knobloch, Ende des Expressionismus Knobloch, Hans-Jörg: Das Ende des Expressionismus. Von der Tragödie zur Komödie. Bern, Frankfurt/M. 1975

Knopf, Jan: Brecht-Handbuch. Eine Ästhetik der Widersprüche. Bd. 1: Theater. Bd. 2: Lyrik, Prosa, Schriften. Stuttgart 1980/84

Koebner, Thomas (Hrsg.): Weimars Ende. Prognosen und Diagnosen in der deutschen Literatur und politischen Publizistik 1930–1933. Frankfurt/M. 1982

Koebner, Thomas: Unbehauste. Zur deutschen Literatur in der Weimarer Republik, im Exil und in der Nachkriegszeit. München 1992

Köhn, Lothar: Überwindung des Historismus. Zu Problemen einer Geschichte der deutschen Literatur zwischen 1918 und 1933. In: Deutsche Vierteljahresschrift für Literatur und Geistesgeschichte 48, 1974, 704–766 und 49, 1975, 94–165

Köhn, Lothar: »Montage höherer Ordnung«. Zur Struktur des Epochenbildes bei Bloch, Tucholsky und Broch. In: Literaturwissenschaft und Geistesgeschichte. Festschrift für Richard Brinkmann. Red.kollegium: Jürgen Brummack u. a. Tübingen 1981, 585–615

Köhnen, Diana: Das literarische Werk Erich Mühsams. Kritik und utopische Antizipation. Würzburg 1988

König, Christoph/Lämmert, Eberhard (Hrsg.): Literaturwissenschaft und Geistesgeschichte 1910 bis 1925. Frankfurt/M. 1993

König, Helmut: Zivilisation und Leidenschaften. Die Masse im bürgerlichen Zeitalter. Reinbek bei Hamburg 1992

König, René: Zur Soziologie der zwanziger Jahre. In: ders.: Studien zur Soziologie. Frankfurt/M. 1971

Köpke, Wulf: Lion Feuchtwanger. München 1983 (= Autorenbücher)

Koestler, Arthur u. a.: Ein Gott, der keiner war. Konstanz, Zürich, Wien 1950

Kolb, Eberhard (Hrsg.): Vom Kaiserreich zur Weimarer Republik. Köln 1972

Kolb, Eberhard: Die Weimarer Republik. 3., überarb. u. erweit. Aufl. München 1993

Kolinsky, Engagierter Expressionismus   Kolinsky, Eva: Engagierter Expressionismus. Politik und Literatur zwischen Weltkrieg und Weimarer Republik. Eine Analyse expressionistischer Zeitschriften. Stuttgart 1970

Kondylis, Panajotis: Konservativismus. Geschichtlicher Gehalt und Untergang. Stuttgart 1986

Konersmann, Ralf: Erstarrte Unruhe. Walter Benjamins Begriff der Geschichte. Frankfurt/M. 1991

Konitzer, Martin: Ernst Jünger. Frankfurt/M. u. a. 1993

Koopmann, Helmut: Der klassisch-moderne Roman in Deutschland. Thomas Mann, Alfred Döblin, Hermann Broch. Stuttgart u. a. 1983

Koopmann, Helmut/Schneider, Peter-Paul (Hrsg.): Heinrich Mann. Sein Werk in der Weimarer Republik. 2. Internationales Symposium Lübeck 1981. Frankfurt/M. 1983

Koplin, Raimund: Carl von Ossietzky als politischer Publizist. Berlin, Frankfurt/M. 1964

Koplin, Raimund: Das literarische Leben in der Weimarer Republik. Königstein/Ts. 1978

Korte, Helmut (Hrsg., unter Mitwirkung von Happel, Reinhold/Michaelis, Margot): Film und Realität in der Weimarer Republik. Mit Analysen der Filme ›Kuhle Wampe‹ und ›Mutter Krausens Fahrt ins Glück‹. München, Wien 1978

Korte, Krieg   Korte, Hermann: Der Krieg in der Lyrik des Expressionismus. Studien zur Evolution eines literarischen Themas. Bonn 1981

Korte, Abdankung   Korte, Hermann: Die Abdankung derLichtbringer. Wilhelminische Ära und literarischer Expressionismus in Ernst Tollers Komödie ›Der entfesselte Wotan‹. In: Germanisch-Romanische Monatsschrift 65. N. F. 34, 1984, 117–132

Korte, Heilige Scharen Korte, Hermann: ›Heilige Scharen‹. Das Prozessionsmotiv im literarischen Expressionismus. In: Sprachkunst XV, 1984, 1.Halbband, 31–49

Korte, Hermann: Die Dadaisten. Reinbek bei Hamburg 1994 (= Rowohlts Monographien. 536)

Kortner, Fritz: Aller Tage Abend. München 1959 u. ö.

Koszyk, Kurt: Deutsche Presse 1914–1945 (= Geschichte der deutschen Presse, Teil 3). Berlin 1972

Kracauer, Caligari Kracauer, Siegfried: Von Caligari zu Hitler. Eine psychologische Geschichte des deutschen Films. Frankfurt/M. 1974 (engl. 1947)

Kracauer, Siegfried: Schriften. Bd. 5.1–5.3. Hrsg. von Inka Mülder. Frankfurt/M. 1990

Kraiker, Gerhard (Hrsg.): Carl von Ossietzky und die politische Kultur der Weimarer Republik. Symposion zum 100. Geburtstag. Oldenburg 1991

Kranz, le Fort Kranz, Gisbert: Gertrud von le Fort. Leben und Werk in Daten, Bildern und Zeugnissen. Frankfurt/M. 1976

Kreiler, Kurt: Die Schriftstellerrepublik. Zum Verhältnis von Literatur und Politik in der Münchner Räterepublik. Berlin 1978

Kreimeier, Klaus: Die Ufa Story. Geschichte eines Filmkonzerns. München, Wien 1992

Kreis, Exil Kreis, Gabriele: Frauen im Exil. Dichtung und Wirklichkeit. Düsseldorf 1984

Krempel, Ulrich (Hrsg.): Am Anfang: Das junge Rheinland. Zur Kunst- und Zeitgeschichte einer Region 1918–1945. Düsseldorf 1985

Kreutzer, Leo: Alfred Döblin. Sein Werk bis 1933. Stuttgart, Berlin, Köln, Mainz 1970

Kreuzer, Boheme Kreuzer, Helmut: Die Boheme. Beiträge zu ihrer Beschreibung. Stuttgart 1968

Krockow, Christian Graf von: Die Entscheidung. Eine Untersuchungen über Ernst Jünger, Carl Schmitt, Martin Heidegger. Stuttgart 1958

Kron, Schriftsteller Kron, Friedhelm: Schriftsteller und Schriftstellerverbände. Schriftstellerberuf und Interessenpolitik 1842–1973. Stuttgart 1976

Krug, Hans J.: Arbeitslosenhörspiele 1930–1933. Frankfurt/M. u. a. 1992

Krull, Politische Prosa Krull, Wilhelm: Politische Prosa des Expressionismus. Rekonstruktion und Kritik. Frankfurt/M., Bern 1982

Krull, Prosa des Expressionismus Krull, Wilhelm: Stuttgart 1984 (= Slg. Metzler 210)

Kühn, Volker (Hrsg.): Hoppla, wir beben. Kabarett einer gewissen Republik 1918–1933 (= Kleinkunststücke. Eine Kabarett-Bibliothek in 5 Bdn., Bd. 2). Weinheim u. a. 1988

Kugel, Wilfried: »Alles schob man ihm zu. Er war... der Unverantwortliche«. Das Leben des Hanns Heinz Ewers. Düsseldorf 1992

Kunicki, Wojiech: Projektionen des Geschichtlichen. Ernst Jüngers Arbeit an den Fassungen von ›In Stahlgewittern‹. Frankfurt/M. u. a. 1993

Kunz, Ludwig (Hrsg.): Die Lebenden. Flugblätter. 1923–1931. Reprint. Mit einer Einführung von Paul Raabe. Hilversum, Zürich 1966

Kurucz, Jenö: Struktur und Funktion der Intelligenz während der Weimarer Republik. Rastatt 1967

Kurzenberger, Hajo: Horváths Volksstücke. Beschreibung eines poetischen Verfahrens. München 1974

Kurzke, Hermann: Der ausgeträumte Traum vom Reich. Reinhold Schneider und die konservative Revolution. In: Neue Rundschau 90, 1979, 215–233

Kurzke, Hermann: Auf der Suche nach der verlorenen Irrationalität. Thomas Mann und der Konservativismus. Würzburg 1980

Kuxdorf, Manfred: Der Schriftsteller Salomo Friedlaender/Mynona: Kommentator einer Epoche. Eine Monographie. Frankfurt/M. u. a. 1990

Laermann, Klaus: Eigenschaftslosigkeit. Reflexionen zu Musils Roman ›Der Mann ohne Eigenschaften‹. Stuttgart 1970

Landfried, Klaus: Stefan George – Politik des Unpolitischen. Heidelberg 1975

Lang, Lothar: Konstruktivismus und Buchkunst. Leipzig 1990

Lang, Lothar: Surrealismus und Buchkunst. Leipzig 1992

Langewiesche, Dieter/Tenorth, Elmar (Hrsg.): 1918–1945. Die Weimarer Republik und die nationalsozialistische Diktatur (= Handbuch der deutschen Bildungsgeschichte. Hrsg. von Christa Berg u. a. Bd. V). München 1989

Laqueur, Walter: Weimar. Die Kultur der Republik. Übers. von Otto Weith. Frankfurt/M., Berlin, Wien 1976

Lefèvre, Manfred: Von der proletarisch-revolutionären zur sozialistisch-realistischen Litertur. Literaturtheorie und Literaturpolitik deutscher kommunistischer Schriftsteller vom Ende der Weimarer Republik bis in die Volksfrontära. Stuttgart 1980

Lehfeldt, Christiane: Der Dramatiker Ferdinand Bruckner. Göppingen 1975

Lehmann, Hans-Thies/Lethen, Helmut (Hrsg.): Bertolt Brechts ›Hauspostille‹. Text und kollektives Lesen. Stuttgart 1978

Lehnen, Carina: Krüppel, Mörder und Psychopathen. Hermann Ungars Roman ›Die Verstümmelten‹. Paderborn 1990

Lehner, Individualanarchismus Lehner, Dieter: Individualanarchismus und Dadaismus. Stirnerrezeption und Dichterexistenz. Frankfurt/M. u. a. 1988

Lehnert, Herbert/Wessell, Eva: Nihilismus der Menschenfreundlichkeit. Thomas Manns ›Wandlung‹ und sein Essay ›Goethe und Tolstoj‹. Frankfurt/M. 1991

Lerg, Rundfunkpolitik Lerg, Winfried B.: Rundfunkpolitik in der Weimarer Republik. München 1980

Lethen, Helmut: Neue Sachlichkeit 1924–1932. Studien zur Literatur des »Weißen Sozialismus«. Stuttgart 1970

Lethen, Helmut: Neue Sachlichkeit. In: Deutsche Literatur. Eine Sozialgeschichte. Hrsg. von H. A. Glaser. Bd. 9. Reinbek bei Hamburg 1983, 168–179

Lethen, Helmut: Von Geheimagenten und Virtuosen. Peter Sloterdijks Schulbeispiele des Zynismus aus der Literatur der Weimarer Republik. In: Peter Sloterdijks ›Kritik der zynischen Vernunft‹. Frankfurt/M. 1987, 324–355

Lethen, Helmut: Kältemaschinen der Intelligenz. Attitüden der Sachlichkeit. In: Industriegebiet der Intelligenz. Hrsg. von Ernest Wichner, Herbert Wiesner. Literaturhaus Berlin 1990, 118–153

Lethen, Helmut: Verhaltenslehren der Kälte. Lebensversuche zwischen den Kriegen. Frankfurt/M. 1994

Lichtfuss, Operette Lichtfuss, Martin: Operette im Ausverkauf. Studien zum Libretto des musikalischen Unterhaltungstheaters im Österreich der Zwischenkriegszeit. Wien, Köln 1989

Liebchen, Gerda: Ernst Jünger. Seine literarischen Arbeiten in den 20er Jahren. Eine Untersuchung zur gesellschaftlichen Funktion von Literatur. Bonn 1977

Lieber, Hans-Joachim: Kulturkritik und Lebensphilosophie der Jahrhundertwende. Darmstadt 1974

Liere, Cornelius G. van: Georg Hermann. Materialien zur Kenntnis seines Lebens und seines Werkes. Amsterdam 1974

Lindner, Burkhardt (Hrsg.): Walter Benjamin im Kontext. 2. erweit. Aufl. Königstein/ Ts. 1985 (1. Aufl. u. d. T.: »Links hatte noch alles sich zu enträtseln...« 1978)

Lindner, Martin: Leben in der Krise. Zeitromane der neuen Sachlichkeit und die intellektuelle Mentalität der klassischen Moderne. Stuttgart, Weimar 1994

Linse, Ulrich: »Barfüßige Propheten«. Erlöser der zwanziger Jahre. Berlin 1983

Linse, Ulrich (Hrsg.): Zurück, o Mensch, zur Mutter Erde. Landkommunen in Deutschland 1890–1933. München 1983

Lixl, Andreas: Ernst Toller und die Weimarer Republik 1918-1933. Heidelberg 1986

Löwith, Karl: Mein Leben in Deutschland vor und nach 1933. Ein Bericht. Stuttgart 1986

Lohmann-Hinrichs, Dagmar: Ästhetizismus und Politik. Harry Graf Kessler und seine Tagebücher in der Zeit der Weimarer Republik. Frankfurt/M. u. a. 1994

Lohse, Petra: Neue Sachlichkeit in der Essener Zeitschrift ›Der Scheinwerfer‹ (1927–1933). Siegen 1992

Lorenz, Heinz: Universum-Bücherei für alle. Proletarisch-revolutionäre Buchgemeinschaft an der Kulturfront 1926–1933. In: Marginalien, H. 92, 1983, 1–31

Lützeler, Verzauberung Lützeler, Paul Michael (Hrsg.): Hermann Broch: ›Verzauberung‹. Frankfurt/M. 1983

Lützeler, Broch Lützeler, Paul Michael: Hermann Broch. Eine Biographie. Frankfurt/M. 1985

Lukács, Georg: Die Theorie des Romans. Ein geschichtsphilosophischer Versuch über die Formen der großen Epik. Berlin 1920

Lukács, Der historische Roman Lukács, Georg: Der historische Roman. Darmstadt 1965

Lukács, Georg: Probleme der Ästhetik. Neuwied, Berlin 1969

Lunzer, Hofmannsthals politische Tätigkeit Lunzer, Heinz: Hofmannsthals politische Tätigkeit in den Jahren 1914–1917. Frankfurt/M. 1981

Lutz, Günther: Marieluise Fleißer. Verdichtetes Leben. München 1989

Maar, Michael: Geister und Kunst. Neuigkeiten aus dem Zauberberg. München 1995

Madrasch-Groschopp, Ursula: Die Weltbühne. Porträt einer Zeitschrift. Berlin 1983 (auch Königstein/Ts. 1983)

Magris, Claudio: Zwischen den Spalten des Ich. Hamsuns »Mysterien« In: Edda 1978. Aufgenommen in: Uecker, Heiko: Auf alten und neuen Pfaden. Eine Dokumentation zur Hamsun-Forschung, Bd. 1, Frankfurt/M. 1983, 319–332

Magris, Habsburgischer Mythos Magris, Claudio: Der habsburgische Mythos in der österreichischen Literatur. Salzburg 1966, ²1988

Mahlstedt, Michael: Erlösungsfigurationen in Hans Henny Jahnns ›Perrudja‹. Hamburg 1982
Maier-Metz, Expressionismus Maier-Metz, Harald: Expressionismus – Dada – Agitprop. Zur Entwicklung des Malik-Kreises in Berlin 1912–1924. Frankfurt/M. u. a. 1984
Mandelartz, Michael: Poetik und Historik. Christliche und jüdische Geschichtstheologie in den historischen Romanen von Leo Perutz. Tübingen 1992
Marckwardt, Wilhelm: Die Illustrierten der Weimarer Zeit. Publizistische Funktion, ökonomische Entwicklung und inhaltliche Tendenzen. München 1982
Martens, Gunter: Vitalismus und Expressionismus. Ein Beitrag zur Genese und Deutung expressionistischer Strukturen und Motive. Stuttgart 1971
Martens, Wolfgang: Lyrik kommerziell. Das Kartell lyrischer Autoren 1902–1933. München 1975
Martin, Bernhard: Dichtung und Ideologie: völkisch–nationales Denken im Werk Rudolf G. Bindings. Frankfurt/M. u. a. 1986
Marwedel, Rainer: Theodor Lessing 1872–1933. Eine Biographie. Darmstadt, Neuwied 1987
Mattenklott, Gert: Kosmisches Walderleben. In: B. Weyergraf (Hrsg.): Waldungen. Die Deutschen und ihr Wald. Berlin (Akademie der Künste) 1987, 42–46
Mattenklott, Gert: Spuren eines gemeinsamen Weges. Deutsch-jüdische Zeitschriftenkultur 1910–1930. In: Merkur 42, 1988, 570–581
Matzigkeit, Michael: Literatur im Aufbruch. Schriftsteller und Theater in Düsseldorf zwischen 1900–1933. Düsseldorf 1990
Mauersberger, Volker: Rudolf Pechel und die ›Deutsche Rundschau‹ 1919–1933. Eine Studie zur konservativ-revolutionären Publizistik in der Weimarer Republik. Bremen 1971
Maurenbrecher, Manfred: Subjekt und Körper. Eine Studie zur Kulturkritik im Aufbau der Werke Hans Henny Jahnns, dargestellt an frühen Texten. Bern u. a. 1983
Mayer, Dieter: Linksbürgerliches Denken. Untersuchungen zur Kunsttheorie, Gesellschaftsauffassung und Kulturpolitik in der Weimarer Republik (1919–1924). München 1981
McGowan, Moray: Marieluise Fleißer. München 1987 (= Autorenbücher)
Mebus, Andrea: Kampf mit der Mauer. Die Figuren in Hans Henny Jahnns frühen Dramen zwischen Rebellion und Anpassung. Frankfurt/M. u. a. 1992
Meier, Hans-Georg: Romane der Konservativen Revolution in der Nachfolge von Nietzsche und Spengler (1918–1941). Frankfurt/M. 1983
Meier, Heinrich: Carl Schmitt, Leo Strauss und der ›Begriff des Politischen‹. Stuttgart 1988
Meisel, Gerhard: Liebe im Zeitalter der Wissenschaften vom Menschen. Das Prosawerk Robert Musils. Opladen 1991
Meissl, Germanistik Meissl, Sebastian: Germanistik in Österreich. Zu ihrer Politik und Geschichte 1918–1938. In: *Kadrnoska, Aufbruch und Untergang*, 475–496
Mendelssohn, Peter de: S. Fischer und sein Verlag. Frankfurt/M. 1970
Mendelssohn, Peter de: Der Zauberer. Das Leben des deutschen Schriftstellers Thomas Mann. Jahre der Schwebe: 1919 und 1933. Nachgelassene Kapitel, Gesamtregister. Hrsg. von Albert von Schirnding. Frankfurt/M. 1992

Mennemeier, Franz Norbert: Modernes deutsches Drama. Kritiken und Charakteristiken. Bd. 1: 1918–1933. München 1973

Merlio, Gilbert: Oswald Spengler. Témoin de son temps. 2 Bde. Stuttgart 1982

Meyer, Andreas: Die Verlagsfusion Langen-Müller. Zur Buchmarkt- und Kulturpolitik des Deutsch-nationalen Handlungsgehilfenverbands (DHV) in der Endphase der Weimarer Republik. Frankfurt/M. 1989 (= Sonderdruck aus: Archiv für Geschichte des Buchwesens 32)

Meyer, Andreas: Zwischen Bauhausbüchern und ›Volk ohne Raum‹. Zur Geschichte des Albert Langen Verlags 1909 bis 1931. Teil 2: Von der Inflation bis zum Verkauf des Verlags. In: Buchhandelsgeschichte (Beil. Börsenblatt für den Deutschen Buchhandel) 1989, B 1 – B 29

Meyer, Paul Steegemann Verlag Meyer, Jochen: Der Paul Steegemann Verlag (1919–1935 und 1949–1960). Geschichte, Programm, Bibliographie. Stuttgart 1975

Meyer, Jochen (Bearb.): Alfred Döblin. 1878–1978. Eine Ausstellung des Deutschen Literaturarchivs im Schiller-Nationalmuseum Marbach am Neckar. Marbach 1978

Meyer, Jochen (Bearb.): Berlin Provinz. Literarische Kontroversen um 1930. Marbach 1985 (= Marbacher Magazin 35)

Meyer, Jochen (Bearb. in Zus.arb. mit Antje Bonitz): »Entlaufene Bürger«. Kurt Tucholsky und die Seinen. Eine Ausstellung des Deutschen Literaturarchivs im Schiller-Nationalmuseum am Neckar. Marbach am Neckar 1990

Meyer, Kunstfrühling Meyer, Julie: Vom elsässischen Kunstfrühling zur utopischen Civitas Hominum. Jugendstil und Expressionismus bei René Schickele (1900–1920). München 1981

Meyer, Martin: Ernst Jünger. München, Wien 1990

Meyer, Raimund/Bolliger, Hans (Red.): Dada. Eine internationale Bewegung 1916–1925. Ausstellungskatalog. München 1993

Meyer, Dada Meyer, Reinhart, in Zusammenarb. m. Katharina Boulanger: Dada in Zürich und Berlin. 1916–1920. Literatur zwischen Revolution und Reaktion. Kronberg/Ts. 1973

Midgley, David/Müller, Hans-Harald/Lamberechts, Luc (Hrsg.): Arnold Zweig. Psyche, Politik und Literatur. Akten des II. Internationales Arnold-Zweig-Symposiums Gent 1991. Bern u. a. 1994

Mielke, Rita: Das Böse als Krankheit. Entwurf einer neuen Ethik im Werk von Ernst Weiß. Frankfurt/M. 1986

Mittenzwei, Werner: Das Leben des Bertolt Brecht oder Der Umgang mit den Welträtseln. 2 Bde. Berlin und Weimar 1986, Frankfurt/M. 1987

Mittenzwei, Werner: Der Untergang einer Akademie oder die Mentalität des ewigen Deutschen. Der Einfluß der nationalkonservativen Dichter an der Preußischen Akademie der Künste 1918 bis 1947. Berlin 1992

Mix, York-Gothart: Die Schulen der Nation. Bildungskritik in der Literatur der frühen Moderne. Stuttgart, Weimar 1995

Miziński, Jan: Krieg und Nationalismus. Zur deutschen Kriegsprosa nach 1918. Lublin 1985

Modick, Klaus: Lion Feuchtwanger im Kontext der zwanziger Jahre. Autonomie und Sachlichkeit. Kronberg/Ts. 1981

Möbius, Massenliteratur Möbius, Hanno: Progressive Massenliteratur? Revolutionäre Arbeiterromane 1927–1932. Stuttgart 1977

Mörchen, Helmut: Schriftsteller in der Massengesellschaft. Zur politischen Essayistik und Publizistik Heinrich und Thomas Manns, Kurt Tucholskys und Ernst Jüngers während der Zwanziger Jahre. Stuttgart 1973

Mörchen, Helmut: Reportage und Dokumentarliteratur. In: Deutsche Literatur. Eine Sozialgeschichte. Hrsg. von H.A. Glaser. Bd. 9. Reinbek bei Hamburg 1983, 180–188

Möser, Kurt: Literatur und die »Große Abstraktion«. Kunsttheorien, Politik und ›abstrakte Dichtung‹ im »Sturm« 1910–1930. Erlangen 1983

Mohler, Armin: Die Konservative Revolution in Deutschland 1918–1932. Ein Handbuch. Darmstadt [4]1994

Mommsen, Hans: Verspielte Freiheit. Der Weg der Republik von Weimar in den Untergang 1918 bis 1933 (= Propyläen Geschichte Deutschlands. Bd. 8). Berlin 1989

Mülder, Inka: Siegfried Kracauer. Grenzgänger zwischen Theorie und Literatur. Seine frühen Schriften 1913–1933. Stuttgart 1985

Müller, Carl Franz: Konrad Weiß. Dichter und Denker des »geschichtlichen Gethsemane« Freiburg/Schweiz 1965

Müller, Hans-Harald: Der Krieg und die Schriftsteller. Der Kriegsroman der Weimarer Republik. Stuttgart 1986

Müller, Hartmut: Stefan Zweig in Selbstzeugnissen und Bilddokumenten. Reinbek bei Hamburg 1988 (= Rowohlts Monographien 413)

Müller, NS–Hinterlassenschaften Müller, Karl: NS-Hinterlassenschaften. Die österreichische Literatur in ihren Auseinandersetzungen mit österreichischen Gewaltgeschichten. In: Pelinka, Anton/Erika Weinzierl (Hrsg.): Das große Tabu. Österreichs Umgang mit seiner Vergangenheit. Wien 1987, 85–113

Müller, Zäsuren Müller, Karl: Zäsuren ohne Folgen. Das lange Leben der literarischen Antimoderne Österreichs seit den 30er Jahren. Salzburg 1990

Müller, Marcel: Die »Deutsche Dichter-Gedächtnis-Stiftung«. In: Archiv für Geschichte des Buchwesens 26, 1986, 131–215

Müller-Salget, Klaus: Alfred Döblin. Werk und Entwicklung. 2. durchgesehene und erweit. Aufl. Bonn 1988

Müller-Seidel, Walter: Weimarer Klassik und Weimarer Republik. In: Ders.: Die Geschichtlichkeit der deutschen Klassik. Stuttgart 1983, 3–29

Müller-Seidel, Walter: Literarische Moderne und Weimarer Republik. In: Karl Dietrich Bracher, Manfred Funke und Hans-Adolf Jacobsen (Hrsg.): Die Weimarer Republik 1918–1933. Politik, Wirtschaft, Gesellschaft. Bonn 1987, 2. durchgesehene Aufl. 1988, 429–453

Muskete Die Muskete. Kultur- und Sozialgeschichte im Spiegel einer satirisch-humoristischen Zeitschrift. 1905–1941. Mit Beiträgen von Murray G. Hall, Wendelin Schmidt-Dengler, Franz Kadrnoska, Friedrich Kornauth. Wien 1983

Mutschler, Friedrich: Alfred Döblin. Autonomie und Bindung. Untersuchungen zu Werk und Person bis 1933. Frankfurt/M. u. a. 1993

Naumann, Uwe: Klaus Mann in Selbstzeugnissen und Bilddokumenten. Reinbek bei Hamburg 1984 (= Rowohlts Monographien 332)

Nickisch, Reinhard M.G.: Armin T. Wegner. Ein Dichter gegen die Macht. Wuppertal 1982

Niethammer, Lutz: Posthistoire. Ist die Geschichte zu Ende? Reinbek bei Hamburg 1989

Nössig, Manfred/Rosenberg, Johanna/Schrader, Bärbel: Literaturdebatten in der Weimarer Republik. Zur Entwicklung des marxistischen literaturtheoretischen Denkens 1918–1933. Berlin und Weimar 1980

Nolting, Wilfried: Der totale Jargon. Die dramatischen Beispiele Ödön von Horváths. München 1976

Nündel, Ernst: Kurt Schwitters in Selbstzeugnissen und Bilddokumenten. Reinbek bei Hamburg 1981(= Rowohlts Monographien 296)

Oberhuber, Oswald u. a. (Beiträger): Die verlorenen Österreicher 1918–1938? Expression – Österreichs Beitrag zur Moderne. Eine Klärung der kulturellen Identität. Ausstellungskatalog. Wien, München 1982

Olechowski, Schulpolitik Olechowski, Richard. Schulpolitik. In: *Weinzierl/Skalnik, Österreich 1918–1938, 589–607*

Orendi-Hinze, Sanzara Orendi-Hinze, Diana: Rahel Sanzara. Eine Biographie. Frankfurt/M. 1981

Osterkamp, Ernst: »Verschmelzung der kritischen und der dichterischen Sphäre«. Das Engagement deutscher Dichter im Konflikt um die Muncker-Nachfolge 1926/27 und seine wissenschaftsgeschichtliche Bedeutung. In: Jahrbuch der deutschen Schillergesellschaft 33, 1989, 348–369

Ostwald, Hans: Sittengeschichte der Inflation. Ein Kulturdokument aus den Jahren des Marktsturzes. Berlin 1929

Pachter, Henry: Weimar Etudes. New York 1982

Paech, Literatur Paech, Joachim: Literatur und Film. Stuttgart 1988 (= Slg. Metzler 235)

Paetel, Karl O.: Versuchung oder Chance? Zur Geschichte des deutschen Nationalbolschewismus. Göttingen u. a. 1965

Palm, Wiedereinsetzung Palm, Gabriele: Die Wiedereinsetzung weiblicher Werte (1927/28). In: Brinker-Gabler, Gisela (Hrsg.): Zur Psychologie der Frau. Frankfurt/M. 1978, 326–343

Palmier, Jean-Michel: Piscator et le théâtre politique. En collaboration avec Maria Piscator. Paris 1983

Pape, Walter: Joachim Ringelnatz. Parodie und Selbstparodie in Leben und Werk. Berlin, New York 1974

Paris, Berlin. 1900–1933. Übereinstimmungen und Gegensätze Frankreich-Deutschland. Kunst, Architektur, Graphik, Literatur, Industriedesign, Film, Theater, Musik (erweit. und in einem Bd. zusammengefaßte dt. Ausgabe d. Ausstellungskatalogs Paris 1978). Red.: Ingo F. Walther. München 1979

Paul, Gerhard: Aufstand der Bilder. Die NS-Propaganda vor 1933. Bonn 1990, [2]1992

Paulet, Gérard (Hrsg.): Weimar ou l'explosion de la modernité. Paris 1984

Paulsen, Wolfgang (Hrsg.): Sinn aus Unsinn. Dada international. 12. Amherster Kolloquium zur deutschen Literatur. Bern, München 1982

Perrig, Severin: Hugo von Hofmannsthal und die Zwanziger Jahre. Eine Studie zur späten Orientierungskrise. Frankfurt/M. u. a. 1994

Peter, Literarische Intelligenz Peter, Lothar: Literarische Intelligenz und Klassenkampf. ›Die Aktion‹ 1911–1932. Köln 1972

Petersen, Jürgen H.: Der deutsche Roman der Moderne. Grundlegung – Typologie – Entwicklung. Stuttgart 1991

Petersen, Rubiner Petersen, Klaus: Ludwig Rubiner. Eine Einführung mit Textauswahl und Bibliographie. Bonn 1980

Petersen, Klaus: Die ›Gruppe 1925‹. Geschichte und Soziologie einer Schriftstellervereinigung. Heidelberg 1981

Petersen, Literatur und Justiz Petersen, Klaus: Literatur und Justiz in der Weimarer Republik. Stuttgart 1988

Petersen, Klaus: Zensur in der Weimarer Republik. Stuttgart, Weimar 1995

Petzet, Heinrich Wiegand: Von Worpswede nach Moskau. Heinrich Vogeler. Ein Künstler zwischen den Zeiten. Köln 1972

Petzold, Joachim: Wegbereiter des deutschen Faschismus. Die Jungkonservativen in der Weimarer Republik. 2. überarb. Aufl. Köln 1983

Peukert, Detlev: Die Weimarer Republik. Krisenjahre der Klassischen Moderne. Frankfurt/M. 1987

Pfabigan, Kraus und der Sozialismus Pfabigan, Alfred: Karl Kraus und der Sozialismus. Eine politische Biographie. Wien 1976

Pfanner, Helmut F.: Hanns Johst. Vom Expressionismus zum Nationalsozialismus. The Hague, Paris 1970

Pfister, Eva: Unter dem fremden Gesetz. Zu Produktionsbedingungen, Werk und Rezeption der Dramatikerin Marieluise Fleißer. Diss. Wien 1981

Pflüger, Irmgard: Theaterkritik in der Weimarer Republik. Frankfurt/M. 1981

Pfoser, Literatur und Austromarxismus Pfoser, Alfred: Literatur und Austromarxismus. Wien 1980

Pfoser, Old Shatterhand in Österreich Pfoser, Alfred: Old Shatterhand in Österreich. In: Die Presse (Wien), 2./3. August 1980

Pfoser, Austromarxistische Literaturtheorie Pfoser, Alfred: Austromarxistische Literaturtheorie. In: *Amann/Berger, Österreichische Literatur*, 42–59

Pfoser, Schnitzlers Reigen Pfoser, Alfred, K. Pfoser-Schewig, Gerhard Renner: Schnitzlers Reigen. Zehn Dialoge und ihre Skandalgeschichte. Analysen und Dokumente. 2 Bde. Frankfurt/M. 1993

Phelan, Anthony (Hrsg.): The Weimar Dilemma. Intellectuals in the Weimar Republic. Manchester 1985

Philipp, Dadaismus Philipp, Eckhard: Dadaismus. Einführung in den literarischen Dadaismus und in die Wortkunst des ›Sturm‹-Kreises. München 1980

Pierre, Surréalisme Pierre, José: Surréalisme et Anarchie. Les ›billets surréalistes‹ du ›Libertaire‹ (12 octobre 1951 – 8 janvier 1953). Paris 1983

Pietzker, Carl: Die Lyrik des jungen Brecht. Vom anarchischen Nihilismus zum Marxismus. Frankfurt/M. 1974

Pinkerneil, Beate/Pinkerneil, Dietrich/Žmegač, Viktor (Hrsg.): Literatur und Gesellschaft. Zur Sozialgeschichte der Literatur seit der Jahrhundertwende. Frankfurt/M. 1973

Piscator, Erwin: Schriften. 2 Bde. Hrsg. von Ludwig Hoffmann. Berlin 1968

Plath, Jörg: Liebhaber der Großstadt. Ästhetische Konzeptionen im Werk Franz Hessels. Paderborn 1994

Plessner, Helmut: Die verspätete Nation. Über die politische Verführbarkeit bürgerlichen Geistes. Frankfurt/M. 1974

Plessner, Helmut: Deutsches Philosophieren in der Epoche der Weltkriege. In: ders.: Gesammelte Schriften Bd. IX, Frankfurt/M.1985, 263–299

Plewnia, Margarete: Auf dem Wege zu Hitler. Der ›völkische‹ Publizist Dietrich Eckart. Bremen 1970

Plumpe, Gerhard: Alfred Schuler. Chaos und Neubeginn – Zur Funktion des Mythos in der Moderne. Berlin 1978

Pöhls, Joachim: Die ›Tägliche Rundschau‹ und die Zerstörung der Weimarer Republik 1930 bis 1933. Münster 1975

Pörtner, Paul: Experiment Theater. Chronik und Dokumente. Zürich 1960

Pörtner, Literaturrevolution   Pörtner, Paul (Hrsg.): Literaturrevolution 1910–1925. Dokumente, Manifeste, Programme. 2 Bde. Darmstadt, Neuwied, Berlin-Spandau 1960/61

Porombka, Beate: Verspäteter Aufklärer oder Pionier einer neuen Aufklärung? Kurt Tucholsky (1918–1935). Frankfurt/M. u. a. 1990

Pott, Hans-Georg: Robert Musil. München 1984

Prater, Donald A.: Stefan Zweig. Das Leben eines Ungeduldigen. Aus dem Englischen von Annelie Hohenemser. München, Wien 1981

Prater, Donald A.: Thomas Mann. Deutscher und Weltbürger. Eine Biographie. Aus dem Englischen von Fred Wagner. München 1995

Presler, Gerd: Glanz und Elend der 20er Jahre. Die Malerei der neuen Sachlichkeit. Köln 1992

Prokosch, Erdmute: Egon Erwin Kisch. Reporter einer rasenden Zeit. Bonn 1985

Prümm, Karl: Neue Sachlichkeit. Anmerkungen zum Gebrauch des Begriffs in neueren literaturwissenschaftlichen Publikationen. In: Zeitschrift für deutsche Philologie 91, 1972, 606–616

Prümm, Karl: Die Literatur des Soldatischen Nationalismus der 20er Jahre (1918–1933). Gruppenideologie und Epochenproblematik. 2 Bde. Kronberg/Ts. 1974

Puttnies, Harry/Smith, Gary: Benjaminiana. Eine biographische Recherche. Gießen 1991

Quabbe, Georg: Tar a Ri. Variationen über ein konservatives Thema. Berlin 1927

Raabe, Aufzeichnungen   Raabe, Paul (Hrsg.): Expressionismus. Aufzeichnungen und Erinnerungen der Zeitgenossen. Olten, Freiburg 1965

Raabe, Paul (Hrsg.): Das Buch in den Zwanziger Jahren. Vorträge des 2. Jahrestreffens des Wolfenbütteler Arbeitskreises für die Geschichte des Buchwesens. Hamburg 1978

Raddatz, Fritz J. (Hrsg.): Marxismus und Literatur. 3 Bde. Reinbek bei Hamburg 1969

Rauenhorst, Kolb   Rauenhorst, Doris: Annette Kolb. Ihr Leben und ihr Werk. Freiburg/Schweiz 1969

Reich-Ranicki, Marcel (Hrsg.): Gesichtete Zeit. Deutsche Geschichten 1918–1933. München [1]1969, 1992 (= Serie Piper 1612)

Reidel-Schrewe, Ursula: Die Raumstruktur des narrativen Textes. Thomas Mann, ›Der Zauberberg‹. Würzburg 1992

Reif, Wolfgang: Zivilisationsflucht und literarische Wunschträume. Der exotistische Roman im ersten Viertel des 20. Jahrhunderts. Stuttgart 1975

Reinhardt, Hartmut: Erweiterter Naturalismus. Untersuchungen zum Konstruktionsverfahren in Hermann Brochs Romantrilogie ›Die Schlafwandler‹. Köln, Wien 1972

Reinhardt, Max: Schriften. Hrsg. von Hugo Fetting. Berlin 1974

Reinhardt, Stephan (Hrsg.): Lesebuch: Weimarer Republik. Deutsche Schriftsteller und ihr Staat von 1918 bis 1933. Berlin 1982. Neuausgabe u. d. T.: Die Schriftsteller und die Weimarer Republik. 1992

Reinisch, Leo (Hrsg.): Die Zeit ohne Eigenschaften. Eine Bilanz der zwanziger Jahre. Stuttgart 1961

Renner, Österreichische Schriftsteller Renner, Gerhard: Österreichische Schriftsteller und der Nationalsozialismus (1933–1940). Der »Bund der deutschen Schriftsteller Österreichs Ostmark« Frankfurt/M. 1986 (= Sonderdruck aus: Archiv für Geschichte des Buchwesens 27.)

Ricke, Gabriele: Die Arbeiter-Illustrierte-Zeitung. Gegenmodell zur bürgerlichen Illustrierten. Vorw. von Peter Brückner. Hannover 1974

Rickert, Heinrich: Die Philosophie des Lebens. Darstellung und Kritik der philosophischen Modeströmungen unserer Zeit. Tübingen ²1922

Rieger, Glückstechnik Rieger, Wolfgang: Glückstechnik und Lebensnot. Leben und Werk Franz Jungs. Freiburg i. Br. 1987

Riesman, David: Die einsame Masse. Eine Untersuchung des amerikanischen Charakters. Mit einer Einführung von Helmut Schelsky. Hamburg 1958

Rigaudière, Antoine: Jakob Wassermann 1873–1934. L'homme et l'œuvre. 2 Bde. Metz 1981

Riha, Karl: Literarisches Kabarett und Rollengedicht. Anmerkungen zu einem lyrischen Typus in der deutschen Literatur nach dem Ersten Weltkrieg. In: Rothe, Wolfgang (Hrsg.): Die deutsche Literatur in der Weimarer Republik. Stuttgart 1974. 382–395

Riha, Dada Riha, Karl (Hrsg.): Da Dada da war ist Dada da. Aufsätze und Dokumente. München, Wien 1980

Riha, Karl (Hrsg. in Zusammenarbeit mit Hanne Bergius): Dada Berlin. Texte, Manifeste, Aktionen. Stuttgart 1977 (= Reclams UB 9857)

Riha, Karl/Kämpf, Günter (Hrsg.): Raoul Hausmann: Am Anfang war Dada. Gießen 1972, 2. erweit. Aufl. 1980

Riha, Karl/Schäfer, Jörgen (Hrsg.): DADA total. Manifeste, Aktionen, Texte, Bilder. Stuttgart 1994

Riha, Karl/Wende-Hohenberger, W. (Hrsg.): Dada Zürich. Texte, Manifeste, Dokumente. Stuttgart 1992 (= Reclams UB 8650)

Ringer, Fritz K.: Die Gelehrten. Der Niedergang der deutschen Mandarine 1890–1933. Aus d. Amerikan. von Klaus Laermann. Stuttgart 1983

Rischbieter, Henning: Theater als Kunst und als Geschäft. Über jüdische Theaterregisseure und -direktoren in Berlin 1894–1933. In: Hans-Peter Bayerdörfer (Hrsg.): Theatralia Judaica. Emanzipation und Antisemitismus als Momente der Theatergeschichte. Von der Lessing-Zeit bis zur Shoah. Tübingen 1992, 205–217

Ritter, Gerhard A. (Hrsg.): Entstehung und Wandel der modernen Gesellschaft. Festschrift Hans Rosenberg zum 65. Geburtstag. Berlin 1970

Rodewald, Dierk: Jakob Wassermann 1873–1934. Ein Weg als Deutscher und Jude. Lesebuch zu einer Ausstellung. Bonn 1984

Rösch, Gertrud M.: Ludwig Thoma als Journalist. Ein Beitrag zur Publizistik des Kaiserreichs und der frühen Weimarer Republik. Frankfurt/M. u. a. 1989

Rötzer, Begriffsbestimmung Begriffsbestimmung des literarischen Expressionismus. Hrsg. von Hans Gerd Rötzer. Darmstadt 1976 (=Wege der Forschung. 380)

Roh, Franz: Nach-Expressionismus. Magischer Realismus. Leipzig 1925

Rohrwasser, Saubere Mädel Rohrwasser, Michael: Saubere Mädel – Starke Genossen. Proletarische Massenliteratur? Frankfurt/M. 1975

Rohrwasser, Michael: Der Weg nach oben – Johannes R. Becher. Politiken des Schreibens. Basel, Frankfurt/M. 1980

Rooney, Martin: Leben und Werk Armin T. Wegners (1886–1978) im Kontext der sozio-politischen und kulturellen Entwicklungen in Deutschland. Frankfurt/M. 1984

Roos, Seghers Roos, Peter und Friederike J. Hassauer-Roos (Hrsg.): Anna Seghers Materialienbuch. Darmstadt, Neuwied 1977

Rosenberg, Arthur: Geschichte der deutschen Republik. Karlsbad 1935

Rosenberg, Arthur: Entstehung und Geschichte der Weimarer Republik. Hrsg. von Kurt Kersten. Frankfurt/M. 1955

Rossbacher, Dichtung und Politik bei Guido Zernatto Rossbacher, Karlheinz: Dichtung und Politik bei Guido Zernatto. Ideologischer Kontext und Traditionsbezug der im Ständestaat geförderten Literatur. In: *Kadrnoska, Aufbruch und Untergang*, 539–559

Rotermund, Erwin: Zur Erneuerung des Volksstückes in der Weimarer Republik. Zuckmayer und Horváth. In: Volkskultur und Geschichte. Festgabe für Josef Dünninger zum fünfundsechzigsten Geburtstag. Berlin 1970, 612–633

Rothe, Wolfgang (Hrsg.): Expressionismus als Literatur. Gesammelte Studien. Bern 1969

Rothe, Wolfgang (Hrsg.): Die deutsche Literatur in der Weimarer Republik. Stuttgart 1974

Rothe, Wolfgang: Ernst Toller in Selbstzeugnissen und Bilddokumenten. Reinbek bei Hamburg 1983 (= Rowohlts Monographien 312)

Rudolph, Hermann: Kulturkritik und konservative Revolution. Zum kulturell-politischen Denken Hofmannsthals und seinem problemgeschichtlichen Kontext. Tübingen 1970

Rühle, Günther (Hrsg.): Zeit und Theater. Bd. 1: Vom Kaiserreich zur Republik 1913–1925. Bd. 2: Von der Republik zur Diktatur 1925–1933. Frankfurt/M., Berlin, Wien 1972/73

Rühle, Materialien Rühle, Günther: Materialien zum Leben und Schreiben der Marieluise Fleißer. Frankfurt/M. 1973

Rühle, Günther: Theater für die Republik. 1917–1933. Im Spiegel der Kritik. Frankfurt/M. 1967. Neuausgabe in 2 Bdn. Berlin 1988

Rülcker, Christoph: Ideologie der Arbeiterdichtung 1914–1933. Eine wissenssoziologische Untersuchung. Stuttgart 1970

Rüter, Hubert: Erich Maria Remarque, ›Im Westen nichts Neues‹. Ein Bestseller der Kriegsliteratur im Kontext. Entstehung, Struktur, Rezeption, Didaktik. Paderborn u. a. 1980

Sachslehner, Führerwort und Führerblick Sachslehner, Johannes: Führerwort und Führerblick. Mirko Jelusich. Zur Strategie eines Bestsellerautors in den dreißiger Jahren. Königstein/Ts. 1985

Sauereßig, Heinz (Hrsg.): Besichtigung des Zauberbergs. Biberach an der Riß 1974

Sauermann, Uwe: Ernst Niekisch und der revolutionäre Nationalismus. München 1985

Schäfer, Hans Dieter: Wilhelm Lehmann. Studien zu seinem Leben und Werk. Bonn 1969

Schäfer, Hans Dieter: Naturdichtung und Neue Sachlichkeit. In: Rothe, Wolfgang (Hrsg.): Die deutsche Literatur in der Weimarer Republik. Stuttgart 1974. 359–381

Schäfer, Hans Dieter: Zur Periodisierung der deutschen Literatur seit 1930. In: Literaturmagazin 7. Nachkriegsliteratur. Hrsg. von Nicolas Born und Jürgen Manthey. Reinbek bei Hamburg 1977, 95–115

Schäfer, Hans Dieter: Das gespaltene Bewußtsein. Deutsche Kultur und Lebenswirklichkeit 1933–1945. München 1981

Schäfer, Hans-Wilhelm: Indipohdi und der weiße Heiland. Der mythische Stoff und seine Bedeutung für Hauptmanns Tragödientypus. Frankfurt/M. u. a. 1982

Schäfer, Jörgen: Dada Köln. Max Ernst, Hans Arp, Johannes Theodor Baargeld und ihre literarischen Zeitschriften. Wiesbaden 1993

Schebera, Jürgen: Damals im Romanischen Café. Künstler und ihre Lokale im Berlin der zwanziger Jahre. Leipzig 1988

Scheck, Frank Rainer (Hrsg.): Erobert die Literatur! Proletarisch-revolutionäre Literaturtheorie und -debatte in der ›Linkskurve‹ 1929–1932. Köln 1973

Scheffel, Michael: Magischer Realismus. Die Geschichte eines Begriffes und ein Versuch seiner Bestimmung. Tübingen 1990

Scheffer, Bernd: Anfänge experimenteller Literatur. Das literarische Werk von Kurt Schwitters. Bonn 1978

Scheichl, Sigurd P./Timms, Edward (Hrsg.): Karl Kraus in neuer Sicht. Londoner Kraus-Symposium. München 1986

Scheler, Max: Die Stellung des Menschen im Kosmos. Darmstadt 1928, Bonn [11]1988

Schiller-Lerg, Sabine: Walter Benjamin und der Rundfunk. Programmarbeit zwischen Theorie und Praxis. München u. a. 1984

Schivelbusch, Wolfgang: Intellektuellendämmerung. Zur Lage der Frankfurter Intelligenz in den zwanziger Jahren. Frankfurt/M. 1982

Schlenstedt, Wegscheiden Schlenstedt, Silvia: Wegscheiden. Deutsche Lyrik im Entscheidungsfeld der Revolutionen von 1917 und 1918. Berlin. Berlin 1976

Schlenstedt, Silvia (Hrsg.): Wer schreibt, handelt. Strategien und Verfahren literarischer Arbeit vor und nach 1933. Berlin und Weimar 1983

Schmeling, Christian: Leonhard Frank und die Weimarer Zeit. Frankfurt/M. 1989

Schmid-Bortenschlager, Avantgarde in Wien Schmid-Bortenschlager, Sigrid: Avantgarde in Wien – ein Mangel und seine möglichen Ursachen. In: Cahiers d'Etudes germaniques 24 (1993), 73–83

Schmidt-Dengler, Prolegomena Schmidt-Dengler, Wendelin: Prolegomena zu einer Sozialgeschichte der österreichischen Literatur der Zeit zwischen 1918 und 1938. In: Dialog der Epochen. Walter Weiss zum, 60. Geburtstag. Studien zur Literatur des 19. und 20. Jahrhunderts. Hrsg. von Eduard Beutner u. a. Wien 1987, 21–34

Schmied, Wieland: Neue Sachlichkeit und Magischer Realismus 1918–1933. Hannover 1969

Schmiester, Burkhard: Revolution im Theater. Die sozialistischen Schauspieler-Kollektive in der Spätzeit der Weimarer Republik (1928–1933). Der politische Kampf des Theaters gegen den Faschismus und die Begründung eines neuen Theaterstils. Frankfurt/M. 1982

Schmitt, Carl: Positionen und Begriffe im Kampf mit Weimar-Genf-Versailles 1923–1939. Hamburg 1940

Schmitt, Expressionismusdebatte Schmitt, Hans-Jürgen (Hrsg.): Die Expressionismusdebatte. Materialien zu einer marxistischen Realismuskonzeption. Frankfurt/M. 1973

Schmitz, Amerika Schmitz, Walter: »... hier ist Amerika oder nirgends«: Die negative Erlösung in Marieluise Fleißers Roman ›Eine Zierde für den Verein‹. In: Marieluise Fleißer. Text + Kritik. Heft 64. München 1979

Schneede, Uwe M. (Hrsg.): Die zwanziger Jahre. Manifeste und Dokumente deutscher Künstler. Köln 1979

Schneider, Hubertus: Alfred Kerr als Theaterkritiker. 2 Bde. Rheinfelden 1984

Schneider, Radio-Kultur Schneider, Irmela (Hrsg.): Radio Kultur in der Weimarer Republik. Tübingen 1984

Schneider, Manfred: Die erkaltete Herzensschrift. Der autobiographische Text im 20. Jahrhundert. München 1986

Schneider, Peter Paul u. a. (Bearb.): Literatur im Industriezeitalter. Eine Ausstellung des Deutschen Literaturarchivs im Schiller-National-Museum. 2 Bde. Marbach 1987

Schneider, Brunngraber Schneider, Ursula: Rudolf Brunngraber. Eine Monographie. Diss. Wien 1990 (masch.)

Schneider-Halvorson, Brigitte L.: The late dramatic works of Arthur Schnitzler. Bern u. a. 1983

Schnitzler, Christian: Der politische Horváth. Untersuchungen zu Leben und Werk. Frankfurt/M. u. a. 1990

Schöne, Lothar: Neuigkeiten vom Mittelpunkt der Welt. Der Kampf ums Theater in der Weimarer Republik. Darmstadt 1994

Schönert, Sternheim Schönert, Jörg (Hrsg.): Carl Sternheims Dramen. Zur Textanalyse, Ideologiekritik und Rezeptionsgeschichte. Heidelberg 1975

Scholdt, Günter: Autoren über Hitler. Deutschsprachige Schriftsteller 1919–1945 und ihr Bild vom »Führer«. Bonn, Berlin 1993

Schrade, Andreas: Anna Seghers. Stuttgart 1993 (= Slg. Metzler 275)

Schrader, Bärbel (Hrsg.): Der Fall Remarque. Im Westen nichts Neues. Eine Dokumentation. Leipzig 1992

Schrader, Bärbel/Schebera, Jürgen: Die ›goldenen‹ Zwanziger Jahre. Kunst und Kultur der Weimarer Republik. Leipzig 1987

Schröder, Jürgen: Gottfried Benn. Poesie und Sozialisation. Stuttgart u. a. 1978

Schüddekopf, Otto E.. Nationalbolschewismus in Deutschland 1918–1933. (1960) Frankfurt/M., Berlin, Wien 1973

Schueler, Hermann: Auf der Flucht erschossen. Felix Fechenbach 1884–1933. Köln 1981

Schürgers, Norbert J.: Politische Philosophie in der Weimarer Republik. Staatsverständnis zwischen Führerdemokratie und bürokratischem Sozialismus. Stuttgart 1989

Schütte, Wolfgang U. (Hrsg.): Damals in den zwanziger Jahren. Ein Streifzug durch die satirische Wochenschrift ›Der Drache‹. Berlin 1968

Schütte, Wolfgang U. (Hrsg.): Publikationen der Vereinigung linksgerichteter Verleger (1925–1926). Reprint der Ausgaben Berlin 1925–26. Leipzig 1989

Schütz, Erhard H. (Hrsg.): Reporter und Reportagen. Texte zur Theorie und Praxis der Reportage der zwanziger Jahre. Ein Lesebuch. Gießen 1974

Schütz, Erhard: Kritik der literarischen Reportage. Reportagen und Reiseberichte aus der Weimarer Republik über die USA und die Sowjetunion. München 1977

Schütz, Erhard: Romane der Weimarer Republik. Text und Geschichte. München 1986

Schütz, Erhard: Fließband – Schlachthof – Hollywood. Literarische Phantasien über die Maschine USA. In: E. S. (Hrsg.): Willkommen und Abschied der Maschinen. Literatur und Technik. Essen 1988, 122–143

Schütz, Erhard/Vogt, Jochen (Hrsg.): Der Scheinwerfer. Ein Forum der Neuen Sachlichkeit 1927–1933. Essen 1986

Schütz, Hans J.: »Ein deutscher Dichter bin ich einst gewesen«. Vergessene und verkannte Autoren des 20. Jahrhunderts. München 1988

Schuhmacher, Hans: Mythisierende Tendenzen in der Literatur 1818–1933. In: Rothe, Wolfgang (Hrsg.): Die deutsche Literatur in der Weimarer Republik. Stuttgart 1974, 255–280

Schuhmann, Klaus: Der Lyriker Bertolt Brecht (1913–1933). Berlin 1964. München ²1971

Schuhmann, Klaus (Hrsg.): sankt ziegensack springt aus dem ei. Texte, Bilder und Dokumente zum Dadaismus in Zürich, Berlin, Hannover und Köln. Leipzig, Weimar 1991

Schulz, Edmund: Das Gesicht der Demokratie. Ein Bilderwerk zur Geschichte der deutschen Nachkriegszeit. Leipzig 1931

Schulz, Gerhard: Aufstieg des Nationalsozialismus. Krise und Revolution in Deutschland. Frankfurt/M., Berlin, Wien 1975

Schulze, Hagen: Deutschland 1917–1933 (= Die Deutschen und ihre Nation 1). Berlin 1982

Schumacher, Ernst: Die dramatischen Versuche Bertolt Brechts 1918–1932. Berlin 1955

Schumann, Thomas B.: Asphaltliteratur. Essays. Literarische Wiederentdeckungen. Berlin 1983

Schwarz, Egon: Die strampelnde Seele: Erich Kästner in seiner Zeit. In: Grimm, Reinhold und Hermand, Jost: Die sogenannten Zwanziger Jahre. Bad Homburg, Berlin, Zürich 1970, 109–130

Schwarz, Egon: Das verschluckte Schluchzen. Poesie und Politik bei Rainer Maria Rilke. Frankfurt/M. 1972

Schwarz, Egon (Hrsg.): Hermann Hesses ›Steppenwolf‹. Königstein/Ts. 1980

Schwarz, Gotthart: Theodor Wolff und das ›Berliner Tageblatt‹. Eine liberale Stimme in der deutschen Politik 1906–1933. Tübingen 1968

Schwarz, Hans Peter: Der konservative Anarchist. Politik und Zeitkritik Ernst Jüngers. Freiburg i. Br. 1962

Schwerte, Hans: Auflösung einer Republik. Über einen Roman von Frank Thiess: ›Der Zentaur‹, 1931. In: Jahrbuch der Deutschen Schillergesellschaft 35, 1991, 275–293

Seel, Martin: Dialektik des Erhabenen. Kommentare zur »ästhetischen Barbarei heute«. In: Willem van Reijen/Gunzelin Schmid Noerr (Hrsg.): Vierzig Jahre Flaschenpost: Dialektik der Aufklärung 1947 bis 1987. Frankfurt/M. 1987, 11–40

Sell, Friedrich C.: Die Tragödie des deutschen Liberalismus. Stuttgart 1953

Selle, Gert: Die Geschichte des Design in Deutschland von 1870 bis heute. Entwicklung der industriellen Produktkultur. Köln 1978

Sembdner, Kleist-Preis Sembdner, Helmut (Hrsg.): Der Kleist-Preis 1912–1932. Eine Dokumentation. Berlin 1968

Serke, Jürgen: Die verbrannten Dichter. Weinheim, Basel 1977

Serke, Jürgen: Böhmische Dörfer. Wanderungen durch eine verlassene literarische Landschaft. Wien, Hamburg 1987

Siebenhaar, Klaus (Hrsg.): Einakter und kleine Dramen der zwanziger Jahre. Stuttgart 1988 (= Reclams UB 8503)

Siebenhaar, Klaus (Hrsg.): Das poetische Berlin. Metropolenkultur zwischen Gründerzeit und Nationalsozialismus. Wiesbaden 1992

Siefken, Hinrich (Bearb.): Theodor Haecker 1879–1945. Mit einer Haecker-Bibliographie von Eva Dambacher. Marbach 1989 (= Marbacher Magazin 49)

Siegel, Christian Ernst: Egon Erwin Kisch. Reportage und politischer Journalismus. Bremen 1973

Siepmann, Eckhard: Montage: John Heartfield. Vom Club DADA zur Arbeiter-Illustrierten-Zeitung. Dokumente – Analysen – Berichte. Berlin 1977

Simmel, Georg: Der Krieg und die geistigen Entscheidungen. Reden und Aufsätze. München 1917

Skierka, Volker: Lion Feuchtwanger. Eine Biographie. Berlin 1984

Sloterdijk, Literatur Sloterdijk, Peter: Literatur und Lebenserfahrung. Autobiographien der Zwanziger Jahre. München 1976

Sloterdijk, Kritik Sloterdijk, Peter: Kritik der zynischen Vernunft. 2 Bde. Frankfurt/M. 1983

Sösemann, Bernd: Das Ende der Weimarer Republik in der Kritik demokratischer Publizisten. Theodor Wolff, Ernst Feder, Julius Elbau, Leopold Schwarzschild. Berlin 1976

Soldenhoff, Richard von (Hrsg.): Kurt Tucholsky 1890–1935. Ein Lebensbild. Berlin 1985

Soltau, Trennungsspuren Soltau, Heide: Trennungsspuren. Frauenliteratur der zwanziger Jahre. Frankfurt/M. 1984

Soltau, Aufbruch Soltau, Heide: Die Anstrengungen des Aufbruchs. Romanautorinnen und ihre Heldinnen in der Weimarer Zeit. In: Brinker-Gabler, Gisela (Hrsg.): Deutsche Literatur von Frauen, Bd. 2. München 1988

Sonnleitner, Hohlbaum Sonnleitner, Johann: Die Geschäfte des Herrn Robert Hohlbaum. Die Schriftstellerkarriere eines Österreichers in der Zwischenkriegszeit und im Dritten Reich. Wien, Köln 1989

Sontheimer, Kurt: Antidemokratisches Denken in der Weimarer Republik. München 1962, Neuausgabe 1992

Soppe, August: Radio Dämmerung. Zur Organisations-, Programm- und Rezeptionsgeschichte des neuen Mediums Rundfunk am Beispiel Frankfurt/M. 1923–1926. Diss. Marburg 1988

Sowerby, Gudrun: Das Drama der Weimarer Republik und der Aufstieg des Nationalsozialismus: »Der Feind steht rechts«. Stuttgart 1991

Spaude-Schulze, Edelgard: Macht das Maul auf! Kinder- und Jugendliteratur gegen den Krieg in der Weimarer Republik. Würzburg 1990

Speth, Rudolf: Wahrheit und Ästhetik. Untersuchungen zum Frühwerk Walter Benjamins. Würzburg 1991

Spicker, Friedemann: Deutsche Wanderer-, Vagabunden- und Vagantenlyrik in den Jahren 1910 bis 1933. Wege zum Heil – Straßen der Flucht. Berlin 1976

Spinnen, Burkhard: Schriftbilder. Studien zu einer Geschichte emblematischer Kurzprosa. Münster 1991

Sprengel, Peter: Gerhart Hauptmann. Epoche, Werk, Wirkung. München 1984

Stadler, Spätaufklärung und Sozialdemokratie Stadler, Friedrich: Spätaufklärung und Sozialdemokratie in Wien 1918–1938. Soziologisches und Ideologisches zur Spätaufklärung in Österreich. In: *Kadrnoska, Aufbruch und Untergang*, 441–473

Stadler, Vertriebene Vernunft Stadler, Friedrich (Hrsg.): Vertriebene Vernunft. Emigration und Exil österreichischer Wissenschaftler. 2 Bde. Wien 1987/88

Stambolis, Barbara: Der Mythos der jungen Generation. Ein Beitrag zur politischen Kultur der Weimarer Republik. Bochum 1984

Stappenbacher, Susi: Die deutschen literarischen Zeitschriften in den Jahren 1918–1925 als Ausdruck geistiger Strömungen der Zeit. Diss. Erlangen 1961

Stark, Expressionismus Stark, Michael: Für und wider den Expressionismus. Die Entstehung der Intellektuellendebatte in der deutschen Literaturgeschichte. Stuttgart 1982

Stark, Michael (Hrsg.): Deutsche Intellektuelle 1910–1933. Aufrufe, Pamphlete, Betrachtungen. Heidelberg 1984

Stark, Gary D.: Entrepreneurs of Ideology. Neoconservative Publishers in Germany 1890–1933. Chapel Hill 1981

Stauffacher, Werner (Hrsg.): Internationale Alfred-Döblin-Kolloquien Münster 1989, Marbach 1991. Bern u. a. 1993

Steinberg, The Meaning of the Salzburg Festival Steinberg, Michael P.: The Meaning of the Salzburg Festival: Austria as Theater and Ideology, 1890–1938. Ithaca and London 1990

Steiner, Uwe (Hrsg.): Walter Benjamin 1892–1940. Zum 100. Geburtstag. Bern u. a. 1992

Steinlein, Theaterkritische Rezeption Steinlein, Rüdiger: Theaterkritische Rezeption des expressionistischen Dramas. Ästhetische und politische Grundpositionen. Kronberg/Ts. 1974

Steinweg, Reiner: Das Lehrstück. Brechts Theorie einer politisch-ästhetischen Erziehung. Stuttgart 1972

Stenzel, Burkhard: Harry Graf Kessler. Ein Leben zwischen Kultur und Politik. Köln u. a. 1995

Stephan, Huch   Stephan, Inge: Ricarda Huch. In: Schultz, Hans-Jürgen (Hrsg.): Frauen. Stuttgart 1981, 198–211

Stern, Fritz: Kulturpessimismus als politische Gefahr. Eine Analyse nationaler Ideologie in Deutschland. Übers. a.d. Amer. von Alfred P. Zeller. Bern, Stuttgart, Wien 1963

Stern, Guy: War, Weimar and Literature. The Story of the ›Neue Merkur‹ 1914–1925. Pennsylvania, London 1971

Sternburg, Wilhelm von: Lion Feuchtwanger. Ein deutsches Schriftstellerleben. Königstein/Ts. 1984

Stieg, Frucht des Feuers   Stieg, Gerald: Frucht des Feuers. Canetti, Doderer, Kraus und der Justizpalastbrand. Wien 1990

Stieg/Witte, Abriß   Stieg, Gerald/Witte, Bernd: Abriß einer Geschichte der deutschen Arbeiterliteratur. Stuttgart 1973

Stöber, Leonhard   Stöber, Rudolf: Rudolf Leonhard. Seine literarische und weltanschauliche Entwicklung. Diss. Halle/Wittenberg 1963

Stöber, Rudolf: Pressefreiheit und Verbandsinteresse. Die Rechtspolitik des »Reichsverbands der deutschen Presse« und des »Vereins Deutscher Zeitungs-Verleger« während der Weimarer Republik. Berlin 1991

Stölzl, Christoph (Hrsg.): Die Zwanziger Jahre in München. Ausstellungskatalog. München 1979

Stoessel, Marleen: Aura. Das vergessene Menschliche. Zu Sprache und Erfahrung bei Walter Benjamin. München, Wien 1983

Stollmann, Rainer: Ästhetisierung der Politik. Literaturstudien zum subjektiven Faschismus. Stuttgart 1978

Stoltenberg, Annemarie: Ich bin doch nicht Euer Fremdenführer. Tucholsky und seine Buchkritiken. Hamburg 1990

Storck, Schickele   Storck, Joachim W.: René Schickele und die Revolution. In: Elsässer, Europäer, Pazifist. Studien zu René Schickele. Hrsg. von Adrien Finck und Maryse Staiber. Kehl 1984, 36–57

Strempfl, Heimo: Die Blutspur. Zur Darstellung der Kontinuität von Kaiserreich und Weimarer Republik in Heinrich Manns Roman ›Der Kopf‹. Frankfurt/M. u. a. 1993

Strigl, Theodor Kramer   Strigl, Daniela: »Wo niemand zuhaus ist, dort bin ich zuhaus« Theodor Kramer. Heimatdichter und Sozialdemokrat zwischen den Fronten. Wien, Köln, Weimar 1993

Stucki-Volz, Germaine: Der Malik-Verlag und der Buchmarkt der Weimarer Republik. Bern, Berlin, Frankfurt/M., New York, Paris 1993

Stürmer, Michael (Hrsg.): Die Weimarer Republik. Belagerte Civitas. Königstein/Ts. 1980, 4. erweit. Aufl. Weinheim 1993

Stürzer, Anne: Dramatikerinnen und Zeitstücke. Ein vergessenes Kapitel der Theatergeschichte von der Weimarer Republik bis zur Nachkriegszeit. Stuttgart 1993

Suchy, Bauer, Knecht, Hirt   Suchy, Viktor: Bauer, Knecht, Hirt. Ihre Mythisierung bei drei österreichischen Dichtern der Zwischenkriegszeit. Ein Interpretationsversuch (Oberkofler, Billinger, Lindner). In: Marginalien zur poetischen Welt. Festschrift für Robert Mühlher zum 60.Geburtstag. Berlin 1971, 427–480

Suchy, Die »österreichische Idee« Suchy, Viktor: Die »österreichische Idee« als konservative Staatsidee bei Hofmannsthal, Richard von Schaukal und Anton Wildgans. In: *Aspetsberger, Staat und Gesellschaft*, 21–43

Sudhoff, Dieter: Hermann Ungar. Leben, Werk, Wirkung. Würzburg 1990

Sültmeyer, Ingeborg: Das Frühwerk Joseph Roths 1915–1926. Studien und Texte. Wien, Freiburg i. Br. 1976

Suhr, Elke: Zwei Wege, ein Ziel. Tucholsky, Ossietzky und die ›Die Weltbühne‹. München 1986

Suhr, Elke: Carl von Ossietzky. Eine Biographie. Köln 1988

Surmann, Rolf: Die Münzenberg-Legende. Zur Publizistik der revolutionären deutschen Arbeiterbewegung 1921–1933. Köln 1983

Täubert, Klaus: Emil Faktor. Ein Mann und (s)eine Zeitung. Berlin 1994

Tarnowski-Seidel, Heide: Arthur Schnitzler, ›Flucht in die Finsternis‹. Eine produktionsästhetische Untersuchung. München 1983, ²1991

Tax, Sissi: Marieluise Fleißer. Schreiben ums Überleben. Versuch zur Biographie. Basel, Frankfurt/M. 1984

Tendenzen der Zwanziger Jahre. 15. Europäische Kunstaustellung unter den Auspizien des Europarates. Red.: Verena Haas, Dieter Honisch, Stephan Waetzoldt u. a. Berlin 1977

Tgahrt, Reinhard (Hrsg.): Oskar Loerke. Marbacher Kolloquium 1984. Mainz 1986

Tgahrt, Reinhard (Hrsg.): Zeitgenosse vieler Zeiten. 2. Marbacher Loerke-Kolloquium. Mainz 1988

Theweleit, Klaus: Männerphantasien. 2 Bde. Frankfurt/M. 1977/78

Thielking, Sigrid: Auf dem Irrweg ins »Neue Kanaan«? Palästina und der Zionismus im Werk Arnold Zweigs vor dem Exil. Frankfurt/M., Bern 1990

Thöming, Jürgen C.: Literatur zwischen sozial-revolutionärem Engagement, ›Neuer Sachlichkeit‹ und bürgerlichem Konservatismus. In: Jan Berg u. a. Sozialgeschichte der deutschen Literatur von 1918 bis zur Gegenwart. Frankfurt/M. 1981, 87–260

Thomke, Hymnische Dichtung Thomke, Hellmut: Hymnische Dichtung im Expressionismus. Bern, München 1972

Tiedemann, Rolf/Gödde, Christoph/Lonitz, Henri (Bearb.): Walter Benjamin 1892–1940. Eine Ausstellung des Theodor W. Adorno Archivs Frankfurt/M. in Verbindung mit dem Deutschen Literaturarchiv Marbach am Neckar. Marbach 1990, 3. erweit. Aufl. 1991 (= Marbacher Magazin 55)

Timms, Edward: Karl Kraus: Apocalytic Satirist. New Haven, London 1986

Todorow, Almut: Frauen im Journalismus der Weimarer Republik. In: Internationales Archiv für Sozialgeschichte der Literatur 16, 1991, 84–103

Toeplitz, Geschichte Toeplitz, Jerzy: Geschichte des Films. 1885–1928. Berlin 1976

Travers, Martin P.: German Novels on the first World War and their ideological Implications. 1918–1933. Stuttgart 1982

Trilling, Lionel: Das Ende der Aufrichtigkeit. Frankfurt/M., Berlin, Wien 1983

Troeltsch, Ernst: Deutscher Geist und Westeuropa. Gesammelte Kulturphilosophische Aufsätze und Reden. Hrsg. von Hans Baron. Tübingen 1925

Trommler, Frank: Sozialistische Literatur in Deutschland. Ein historischer Überblick. Stuttgart 1976

Trommler, Frank: Verfall Weimars oder Verfall der Kultur? Zum Krisengefühl der Intelligenz um 1930. In: Koebner, Thomas (Hrsg.): Weimars Ende. Prognosen und Diagnosen in der deutschen Literatur und politischen Publizistik 1930–1933. Frankfurt/M. 1982, 34–56

Trommler, Frank: Vom Bauhausstuhl zur Kulturpolitik. In: Kulturelle Bestimmungen im 20. Jahrhundert. Hrsg. von H. Brackert, F. Wevelmeyer. Frankfurt/M. 1990, 86–110

Tulzer, Friedrich: Karl Valentin und die Konstituenten seiner Komik. Stuttgart 1987

Tworek-Müller, Elisabeth: Kleinbürgertum und Literatur. Zum Bild des Kleinbürgers im bayerischen Roman der Weimarer Republik. München 1985

Ueding, Gert: Vom möglichen Leben. Otto Flake. In: G.Ueding: Die anderen Klassiker. Literarische Porträts aus zwei Jahrhunderten. München 1986, 198–225

Ulbricht, Justus H.: Der Mythos vom Heldentod. Entstehung und Wirkungen von Walter Flex' ›Der Wanderer zwischen beiden Welten‹. In: Jahrbuch des Archivs der deutschen Jugendbewegung 16, 1986/87, 111–156

Ulbricht, Justus H.: Die Bücher des heimlichen Deutschland. Zur Geschichte völkischer Verlage in der Weimarer Republik. In: Revue d'Allemagne et des pays de langue allemande, 1990, 401–413

Ulbricht, Justus H.: »Die Quellen des Lebens rauschen in leicht zugänglicher Fassung...« Zur Literaturpolitik völkischer Verlage in der Weimarer Republik. In: Monika Estermann u. a. (Hrsg.): Von Göschen bis Rowohlt. Beiträge zur Geschichte des deutschen Verlagswesens. Wiesbaden 1990, 177–197

Ulbricht, Justus H.: Ein »Weißer Ritter« im Kampf um das Buch. Die Verlagsunternehmen von Franz Ludwig Habbel und der »Bund Deutscher Neupfadfinder«. In: Walter Schmitz/Herbert Schneidler (Hrsg.): Expressionismus in Regensburg. Texte und Studien. Regensburg 1991, 149–174

Ulbricht, Justus H.: »Ein heimlich offener Bund für das große Morgen...« Methoden systematischer Weltanschauungsproduktion während der Weimarer Republik. In: Buchhandelsgeschichte (Beil. Börsenblatt für den Deutschen Buchhandel), 1993, B 1–B 17

Urbach, Schnitzler-Kommentar Urbach, Reinhard: Schnitzler-Kommentar zu den erzählenden Schriften und dramatischen Werken. München 1974

Vaydat, Pierre (Hrsg.): Die ›Neue Sachlichkeit‹. Lebensgefühl oder Markenzeichen. In: Germanica 9. Lille 1991

Verding, Karl Josef: ›Fiction‹ und ›Nonfiction‹ – Probleme ihrer Motivation. Georg Lukács und Ernst Ottwalt. Frankfurt/M. u. a. 1986

Verkauf, Willy (Hrsg.): Dada. Monographie einer Bewegung. 3. überarb. Aufl. Teufen 1965

Viehoff-Kamper, Evelyn: ›Orplid‹. Analyse und Diskussion des literarischen Kommunikationsraumes der katholischen Zeitschrift ›Orplid‹. Frankfurt/M. u. a. 1993

Vierhuff, Hans Gothard: Die Neue Sachlichkeit. Malerei und Fotografie. Köln 1980

Viesel, Hansjörg (Hrsg.): Literaten an der Wand. Die Münchner Räterepublik und die Schriftsteller. Frankfurt/M. 1980

Viesel, Hansjörg (Kat.): Der Verleger Heinrich F.S. Bachmair 1889–1960. Expressionismus, Revolution und Literaturbetrieb. Ausstellungskatalog. Berlin 1989

Vietta/Kemper, Expressionismus   Vietta, Silvio/Kemper, Hans-Georg: Expressionismus. München 1975, ⁴1990

Virilio, Krieg   Virilio, Paul: Krieg und Kino. Frankfurt/M. 1989

Völker, Klaus: Max Herrmann-Neiße. Künstler, Kneipen, Kabaretts – Schlesien, Berlin, im Exil. Berlin 1991

Vogt-Praclik, Kornelia: Bestseller in der Weimarer Republik 1925–1930. Eine Untersuchung. Herzberg 1987

Voigts, Manfred: Brechts Theaterkonzeptionen. Entstehung und Entfaltung bis 1931. München 1977

Vollhardt, Friedrich: Hermann Brochs geschichtliche Stellung. Studien zum philosophischen Frühwerk und zur Romantrilogie ›Die Schlafwandler‹ (1914–1932). Tübingen 1986

Vondung, Klaus (Hrsg.): Der Erste Weltkrieg in der literarischen Gestaltung und symbolischen Deutung der Nationen. Göttingen 1980

Vondung, Klaus: Die Apokalypse in Deutschland. München 1988

Wagener, Hans (Hrsg.): Zeitkritische Romane des 20. Jahrhunderts. Die Gesellschaft in der Kritik der deutschen Literatur. Stuttgart 1975

Wagener, Hans: Carl Zuckmayer. München 1983 (= Autorenbücher)

Wagner-Egelhaaf, Martina: Mystik der Moderne. Die visionäre Ästhetik der deutschen Literatur im 20. Jahrhundert. Stuttgart 1989

Waldner, Deutschland blickt auf uns   Waldner, Hansjörg: »Deutschland blickt auf uns Tiroler«. Südtirol-Romane zwischen 1918 und 1945. Wien 1990

Wallas, Expressionismus   Wallas, Armin A. (Hrsg.): Texte des Expressionismus. Der Beitrag jüdischer Autoren. Linz, Wien 1988

Walter, Dirk: Zeitkritik und Idyllensehnsucht. Erich Kästners Frühwerk (1928–1933) als Beispiel linksbürgerlicher Literatur der Weimarer Republik. Heidelberg 1977

Weber, Richard: Proletarisches Theater und revolutionäre Arbeiterbewegung 1918–1925. Köln 1976

Wege, Carl: Bertolt Brecht und Lion Feuchtwanger: »Kalkutta, 4. Mai« Ein Stück Neue Sachlichkeit. München 1988

Wege, Carl: Gleisdreieck, Tank und Motor. Figuren und Denkfiguren aus der Technosphäre der Neuen Sachlichkeit. In: Deutsche Vierteljahresschrift für Literatur und Geistesgeschichte 68 (1994), 307–332

Weigel, Gerichtstag   Weigel, Hans (Hrsg.): Gerichtstag vor 49 Leuten. Rückblick auf das Kabarett der dreißiger Jahre. Graz 1981

Weigel, Medusa   Weigel, Sigrid: Die Stimme der Medusa. Schreibweisen von Frauen in der Gegenwartsliteratur. Dülmen-Hiddingsel 1987

Weimarer Republik. Hrsg. vom Kunstamt Kreuzberg, Berlin und dem Institut für Theaterwissenschaft der Universität Köln. Red.: Dieter Ruckhaberle u. a. 3. verb. Aufl. Berlin o. J. (1. Aufl. 1977)

Weinkauff, Gina: Ernst Heinrich Bethges Ästhetik der Akklamation. Wandlungen eines Laienspielautors in Kaiserreich, Weimarer Republik und NS-Deutschland. Frankfurt/M. 1992

Weinzierl/Skalnik, Österreich 1918–1938   Weinzierl, Erika/Skalnik, Kurt: Österreich 1918–1938. Geschichte der Ersten Republik. 2 Bde. Graz, Wien, Köln 1983

Weinzierl, Versuchsstation Weinzierl, Ulrich (Hrsg.): Versuchsstation des Weltuntergangs. Erzählte Geschichte Österreichs 1918-1938. Wien, München 1983

Weinzierl, Ulrich: Alfred Polgar. Eine Biographie. Wien, München 1985

Weiss, Salzburger Mythos? Weiss, Walter: Salzburger Mythos? Hofmannsthals und Reinhardts Welttheater. In: *Aspetsberger, Staat und Gesellschaft*, 5-19

Wem gehört die Welt? Kunst und Gesellschaft in der Weimarer Republik. Neue Gesellschaft für Bildende Kunst. Ausstellungskatalog 1977. 4., überarb. Aufl. Berlin o.J.

Werner, Bruno E.: Die Zwanziger Jahre. Von Morgens bis Mitternachts. München 1962

Wessels, Hörspiele Wessels, Wolfram: Hörspiele im Dritten Reich. Bonn 1985

Westermann, Klaus: Joseph Roth, Journalist. Eine Karriere 1915-1939. Bonn 1987

Widdig, Bernd: Männerbünde und Massen. Zur Krise männlicher Identität in der Literatur der Moderne. Opladen 1992

Wiegand, Wilfried (Hrsg.): Die Wahrheit der Photographie. Klassische Bekenntnisse zu einer neuen Kunst. Frankfurt/M. 1981

Wilder, Ania: Die Komödien Walter Hasenclevers. Ein Beitrag zur Literatur der Zwanziger Jahre. Frankfurt/M. u. a. 1983

Will, Wilfried van der/Burns, Rob: Arbeiterkulturbewegung in der Weimarer Republik. 2 Bde. Frankfurt/M., Berlin, Wien 1982

Willemsen, Roger: Das Existenzrecht der Dichtung. Zur Rekonstruktion einer systematischen Literaturtheorie im Werk Robert Musils. München 1984

Willemsen, Roger: Robert Musil. Vom intellektuellen Eros. München u. a. 1985

Willett, John: Erwin Piscator. Die Eröffnung des politischen Zeitalters auf dem Theater. Deutsch von Peter Keller. Frankfurt/M. 1980

Willett, John: Explosion der Mitte. Kunst und Politik 1917-1933. Aus d. Engl.von Benjamin Schwarz. München 1981

Willett, John: Die Weimarer Jahre. Eine Kultur mit gewaltsamem Ende. Stuttgart 1986

Willett, John: The Theatre of the Weimar Republic. New York u. a. 1988

Willmann, Heinz: Geschichte der Arbeiter-Illustrierten Zeitung (1921-1938). Berlin 1974

Wingler, Hans M.: Das Bauhaus. 1919-1933. Weimar, Dessau, Berlin und die Nachfolge in Chicago seit 1937. 3. verb. Aufl. Köln 1975

Winkler, Heinrich August u.a.: Berlin 1932. Das letzte Jahr der Weimarer Republik. Das letzte Jahr der ersten deutschen Republik. Politik, Symbole, Medien. Berlin 1992

Winkler, Heinrich August: Weimar 1918-1933. Die Geschichte der ersten deutschen Demokratie. München 1993

Winkler, Michael: George-Kreis. Stuttgart 1972 (= Slg. Metzler 110)

Wißkirchen, Hans: Zeitgeschichte im Roman. Zu Thomas Manns ›Zauberberg‹ und ›Doktor Faustus‹. Bern 1986

Witte, Bernd: Walter Benjamin in Selbstzeugnissen und Bilddokumenten. Reinbek bei Hamburg 1985 (= Rowohlts Monographien 341)

Wiznitzer, Manuel: Arnold Zweig. Das Leben eines deutsch-jüdischen Schriftstellers. Königstein/Ts. 1983

Wöhrle, Dieter: Die komischen Zeiten des Herrn Valentin. Karl Valentins Komik. Von der Rezeption zur Werkanalyse. Rheinfelden 1985

Wörsching, Rückwärtsgewandte Utopie Wörsching, Martha: Die rückwärtsgewandte Utopie. Sozialpsychologische Anmerkungen zu Joseph Roths Roman ›Radetzkymarsch‹. In: Joseph Roth. Text + Kritik, Sonderband. München 1974, 90–100

Wohlleben, Joachim: Versuch über ›Perrudja‹. Literarhistorische Beobachtungen über Hans Henny Jahnns Beitrag zum modernen Roman. Tübingen 1985

Wolff, Rudolf (Hrsg.): Arnold Zweig. Der Streit um den Sergeanten Grischa. Bonn 1986

Wolffheim, Elsbeth: Hans Henny Jahnn in Selbstzeugnissen und Bilddokumenten. Reinbek bei Hamburg 1989 (= Rowohlts Monographien 432)

Wolters, Friedrich: Stefan George und die Blätter für die Kunst. Berlin 1930

Woltmann, Johanna (Bearb.): Gertrud Kolmar 1894–1943. Marbach 1993 (= Marbacher Magazin 63)

Wünsch, Marianne: Die Fantastische Literatur der Frühen Moderne (1890–1930). Definition, Denkgeschichtlicher Kontext, Strukturen. München 1991

Würffel, Stefan Bodo (Hrsg.): Frühe sozialistische Hörspiele. Frankfurt/M. 1982

Wyss, Monika: Brecht in der Kritik. Rezensionen aller Brecht-Uraufführungen sowie ausgewählter deutsch- und fremdsprachiger Premieren. Dokumentation. München 1977

Zachau, Reinhard: Hans Fallada als politischer Schriftsteller. New York, Bern, Frankfurt/M., Paris 1990

Zammito, John H.: The great debate. »Bolshevism« and the literary left in Germany 1917–1930. New York u. a. 1984

Zenker, Edith (Hrsg.): Wir sind die Rote Garde. Sozialistische Literatur 1914 bis 1935. 2 Bde. 2., erw. Aufl. Leipzig 1967, auch Frankfurt/M. 1972

Zerges, Kristina: Sozialdemokratische Presse und Literatur. Empirische Untersuchungen zur Literaturvermittlung in der sozialdemokratischen Presse 1876 bis 1933. Stuttgart 1982

Zglinicki, Weg Zglinicki, Friedrich: Der Weg des Films. Berlin 1956

Zimmermann, Peter: Der Bauernroman. Antifeudalismus – Konservatismus – Faschismus. Stuttgart 1975

Zimmermann, Rainer: Das dramatische Bewußtsein. Studien zum bewußtseinsgeschichtlichen Ort der Dreißiger Jahre in Deutschland. Münster 1989

Zitelmann, Rainer: Hitler. Selbstverständnis eines Revolutionärs. Hamburg, Leamington Spa, New York 1987, 2. überarb. Aufl. Stuttgart 1989

Zonneveld, Johan: Erich Kästner als Rezensent 1923–1933. Frankfurt/M. u. a. 1991

Zur Tradition Zur Tradition der sozialistischen Literatur. Eine Auswahl von Dokumenten 1926–1935. 4 Bde. Berlin 1979

Die Zwanziger Jahre in Hannover. Bildende Kunst, Literatur, Theater, Tanz, Architektur. 1916–1933. Ausstellungskatalog. Hrsg. von Kunstverein Hannover. Hannover 1962

Register der Personen und ihrer Werke

Abraham, Karl 561
Abusch, Alexander 209
Adler, Alfred 412, 418
Adorno, Theodor W. 339, 373, 626
   Die Dialektik der Aufklärung 339, 373
Alberti, Rafael 584
Alexander, Franz 417, 425
   Der Verbrecher und seine Richter 417
Alexander, Gertrud 183 f
Alsberg, Paul 412
Amann, Klaus 547
Andreas-Salomé, Lou 104, 448, 459
Andrian, Leopold von 546
   Österreich im Prisma der Idee 546
   Die Ständeordnung des Alls 546
Angermayer, Fred 256
   Flieg, roter Adler von Tirol 256
Apitz, Bruno 209 f
Arendt, Erich 210
Arnau, Frank 418
Arnheim, Rudolf 61, 78 f, 95, 385
   Film als Kunst 78
Arp, Hans 132, 182, 618
Aspetsberger, Friedbert 537

Baader, Johannes 114, 126 f, 415
Baader, Ottilie 470
Bachofen, Johann Jakob 351
Bäumer, Gertrud 455 f
Bäumer, Ludwig 103, 112
   Das Wesen des Kommunismus 112
Baeumler, Alfred 27
Bahr, Hermann 527
Bakunin, Michail 165 f, 171, 468 f
Balázs, Béla 78 ff, 83, 97, 210, 376, 385, 396
   Der sichtbare Mensch 78
   Die Abenteuer eines Zehnmarkscheins 83
Ball, Hugo 114, 129 f, 165
   Die Flucht aus der Zeit 130
   Gadji beri bimba 130

Ballod, Carl 584
Baluschek, Hans 177
Barbusse, Henri 103, 507
Barnowski, Victor 237
Barthel, Max 177, 584 f, 587, 593 ff, 599, 621
   Botschaft und Befehl 621
   Deutschland. Lichtbilder und Schattenrisse einer Reise 593
Barthes, Roland 397
   Mythen des Alltags 397
Bassermann, Albert 81, 262
Bauer, Josef Martin 345
Bauer, Otto 486
   Die österreichische Revolution 486
Bauer, Walter 220 f
   Hiob wird Lehrling 221
   Stimme aus dem Leunawerk 220
Baum, Oskar 123
   Die neue Wirklichkeit 123
Baum, Vicki 41, 446, 448, 460, 467, 480
   Menschen im Hotel 467
   stud. chem. Helene Willfüer 460
Baureithel, Ulrike 389
Bebel, August 453
   Die Frau und der Sozialismus 453
Becher, Johannes R. 12, 44, 80, 93, 105, 109, 115 f, 175, 177, 190–193, 207–210, 213 ff, 224, 617 f
   An alle! 191
   Ein Mensch unserer Zeit 617
   Ewig im Aufruhr 116, 191
   Gedichte für ein Volk 191
   Graue Kolonnen 617
   Die hungrige Stadt 617
   Hymne auf Rosa Luxemburg 15
   Hymnen 116
   Im Schatten der Berge 617
   Der Leichnam auf dem Thron 193
   Levisite oder Der einzig gerechte Krieg 191 ff
   Der Mann, der in der Reihe geht 617

Maschinenrhythmen 617
Die Tragödie des William Fox 93
Unsere Front 213
Becker, Julius Maria 110
  Gedichte 110
Beethoven, Ludwig van 101, 499
Behne, Adolf 53
Benda, Julien 9
  Der Verrat der Geistigen 9
Benjamin, Walter 157, 165, 219, 337, 372, 374, 385, 395 f, 407, 426 f, 479, 553, 566 ff, 573, 577, 585 f, 588 f, 644, 646
  Berliner Kindheit um Neunzehnhundert 338, 553
  Einbahnstraße 338, 372, 375, 385, 407, 567
  Das Kunstwerk im Zeitalter seiner technischen Reproduzierbarkeit 407
  Städtebilder 338, 573
  Das Telephon 568
  Zur Kritik der Gewalt 427
Benn, Gottfried 28, 35, 44, 92, 121 f, 125, 291–299, 303, 382, 385, 394, 402, 411 f, 436, 560, 607 ff, 616
  Betäubung 608
  Die Dänin 608
  Morgue 291
  Schöpferische Konfession 122
  Schutt 608
  Spaltung 608
Berdjajew, Nikolaus 322–325, 336
Berens-Totenohl, Josefa 345
Bergson, Henri 52, 326
Berkman, Alexander 172
Bermann-Fischer, Gottfried 507
Berton, Germaine 165
Beste, Konrad 345
Bethge, Friedrich 258
  Reims 258
Bettauer, Hugo 493–496, 501
  Das entfesselte Wien 493
  Die freudlose Gasse 493
  Der Kampf um Wien 493, 496
  Die Stadt ohne Juden. Roman von übermorgen 495

Beuerle, Helmut 570
  Italienfahrt 570
Biedrzynski, Richard 263
Biha, Otto 210, 385
Billinger, Richard 343, 345, 532, 548
  Rauhnacht 343
Binding, Rudolf G. 16, 336
Bischoff, Friedrich 95
Bismarck, Otto von 519
Björnson, Björnstjerne 249
Blei, Franz 485 f
  Erzählung eines Lebens 485
Bloch, Ernst 15, 338, 369, 372, 385, 443, 628, 631
  Erbschaft dieser Zeit 628
  Spuren 338, 372, 385, 631
Bloem, Walter 585
Blüher, Hans 281, 312
  Die Rolle der Erotik in der männlichen Gesellschaft 281
Blunck, Hans Friedrich 26, 346, 368
Böhlau, Helene 459
Bogdanov, Alexander 180 f
  Was ist proletarische Dichtung? 181
Borchardt, Rudolf 43, 92, 303–308, 615, 626 f
  Klage um Daphne 626
  Der ruhende Herkules 626
  Über den Dichter und das Dichterische 626
Borgius, Walter 40
Brahm, Otto 243, 259
Brahms, Johannes 436
Braun, Alfred 94
Braun, Felix 508
Braune, Rudolf 210, 223, 228
  Junge Leute in der Stadt 223
  Das Mädchen an der Orga Privat 223
Brecht, Bertolt 21 f, 42, 51 f, 55, 59, 65, 72, 76, 83, 89 f, 92 f, 186, 193, 209 f, 216 f, 219, 230, 239, 248, 250 ff, 255, 260 f, 347, 373, 381, 385, 393, 406, 413, 417–420, 423, 426, 428, 430 f, 448 f, 466, 534, 603 ff, 615 f, 619, 640, 643

Aufstieg und Fall der Stadt Mahagonny 186, 406
Im Dickicht der Städte 21
Die Dreigroschenoper 42, 260 f, 376, 415
Einheitsfrontlied 219
Der Flug der Lindberghs 90, 93
Furcht und Elend des Dritten Reiches 430
Hauspostille 603 ff
Kuhle Wampe 72, 83
Kurzer Bericht über 400 (vierhundert) junge Lyriker 615
Lesebuch für Städtebewohner 381, 413
Mann ist Mann 89, 251
Die Maßnahme 413
Schwere Zeit für Lyrik 534
700 Intellektuelle beten einen Öltank an 52
Tatsachenreihe 423
Trommeln in der Nacht 250
Bredel, Willi 207, 209 f, 216, 220 f, 223
  Maschinenfabrik N & N. Roman aus dem proletarischen Alltag 220
  Rosenhofstraße 221
Bredow, Hans 85 f
Brehm, Bruno 520, 548
  Die Throne stürzen 520
Breitensträter, Hans 51
Brentano, Bernard von 94, 210, 385, 599
Britting, Georg 632
Broch, Hermann 13, 25, 59, 385, 396, 428, 430, 485, 487, 493, 508, 516 ff, 529 ff, 548, 646 f, 656 – 664
  Huguenau oder die Sachlichkeit 396, 656
  Die Schlafwandler 428, 656 – 664
  Der Tod des Vergil 516
  Die Unbekannte Größe 516
  Der Versucher / Die Verzauberung 529 ff
  Das Weltbild des Romans 25
Brod, Max 7, 81, 507, 664, 673
Bröger, Karl 175, 621
  Rote Erde 621

Bronnen, Arnolt 55, 89, 93, 123, 250, 252, 389
  Die Exzesse 123
  Michael Kohlhaas 93
  Ostpolzug 252
  Vatermord 250
Bruchmann, Elsa 351
Bruckner, Anton 405
Bruckner, Ferdinand 239, 254
  Krankheit der Jugend 254
  Die Rassen 254
  Die Verbrecher 254
Brück, Christa Anita 438
Brügel, Fritz 511
  Lied der Arbeit 511
Brüning, Elfriede 210
Brunngraber, Rudolf 413, 433 f, 513 f, 517 ff, 522
  Karl und das 20. Jahrhundert 413, 433 f, 513 f, 517 f, 522
Brust, Alfred 110, 118 ff
  Der ewige Mensch. Drama in Christo 110, 118
  Tolkening 119
Bry, Carl Christian 322 f, 328, 330, 333
  Verkappte Religion 322
Buber, Martin 307, 627
Bucharin, Nikolai I. 205
Buddha 62
Büchner, Georg 162
Bürgel, Bruno H. 552, 558
  Vom Arbeiter zum Astronomen. Der Aufstieg eines Lebenskämpfers 552, 558
Burte, Hermann 345

Canetti, Elias 548
Carlyle, Thomas 138
Carossa, Hans 559
Cassirer, Ernst 339, 369, 627
Chaplin, Charlie 53, 257
Charell, Eric 260
Christ, Lena 346, 464
  Erinnerungen einer Überflüssigen 464
Christiansen, Broder 318 f, 321, 401, 407, 438

Das Gesicht unserer Zeit 318, 401
Claudius, Eduard 207
Cohen-Portheim, Paul 335
　Asien als Erzieher 335
Corti, Egon Cäsar Conte 524
Courths-Mahler, Hedwig 61
Credé, Carl 254
　§ 218 254
Cronin, Archibald Joseph 510
Csokor, Franz Theodor 546, 548
　Der 3. November 1918 546 f

Däubler, Theodor 27, 126, 627
Daudistel, Albert 194, 200, 210, 225
　Das Opfer 200
Dehmel, Richard 357
Desch, Kurt 210
Deutsch, Ernst 242
Diebold, Bernhard 260, 635
　Anarchie im Drama 635
Diesel, Eugen 572 f
Dilthey, Wilhelm 326
Dinter, Arthur 61
　Die Sünde wider das Blut 61
Dix, Otto 417
Doderer, Heimito von 539
Döblin, Alfred 12, 22, 25, 35 f, 42, 44 f, 57, 59, 72, 88, 92, 94, 96, 105, 123, 138, 140, 144, 197, 214, 245, 366, 368, 383, 385, 413, 503, 572, 579, 627, 646–653
　Berlin Alexanderplatz 42, 96, 123, 140, 197, 366, 413, 503, 648–652
　Manas 627
　Berge, Meere und Giganten 140, 647
　Reise in Polen 579
　Überfließend vor Ekel 144
Döhmann, Karl 399
Dörmann, Felix 499, 502
　Jazz 499, 502
Dörfler, Peter 347
Dollfuß, Engelbert 483, 540, 542
Dos Passos, John 584, 651
Dreyfus, A. 361
Draws-Tychsen 449

Dudow, Slatan 72, 83
Duncker, Hermann 179
Durieux, Tilla 248
Durus, Alfred 210
Dwinger, Edwin Erich 269
　Deutsche Passion 269

Ebert, Friedrich 48, 114, 133, 150, 280, 390
Edschmid, Kasimir 108, 118, 120 f, 123, 125, 572, 577 ff
　Die achatnen Kugeln 123
　Stand des Expressionismus 118
Eggebrecht, Axel 174
Eggebrecht, Jürgen 628
Eggeling, Vikking 78
Ehrenstein, Albert 81, 101, 104 f, 111, 117, 125 f, 497, 506, 532, 548, 618
　Urteil 117
Eich, Günter 96, 628, 632, 635
Eichthal-Pfersmann, Rudolf 491
Einstein, Carl 103, 123 f, 127 f
　Die schlimme Botschaft 127
Eisenstein, Sergei 257
　Panzerkreuzer Potemkin 257
Eisler, Hanns 219
Eisner, Kurt 48, 101, 146
Elias, Norbert 375
　Über den Prozeß der Zivilisation 375
Elisabeth, Kaiserin 524
Eloesser, Arthur 555, 563
　Berliner Landsturm 555
Endres, Franz Carl 58
　Vaterland und Menschheit 58
Engel, Erich 255, 261, 376
Erhardt, B. 584
Erikson, Erik 13
Ernst, Paul 347, 367 f
Erpenbeck, Fritz 210
Erzberger, Matthias 151, 494
Eucken, Rudolf 9, 552
　Lebenserinnerungen. Ein Stück deutschen Lebens 552
Eulenberg, Herbert 43, 92
Ewers, Hanns Heinz 299

Fairbanks, Douglas 53, 387
Fallada, Hans 438, 442
  Bauern, Bonzen und Bomben 442
  Kleiner Mann, was nun? 442
Faulkner, William 671
Fechter, Paul 347, 369, 480
Federn, Paul 506
Fehling, Jürgen 255, 465
Fehse, Willi R. 618
  Anthologie jüngster Lyrik 618 f
Feiler, Arthur 585
Feuchtwanger, Lion 36, 138 f, 141, 144, 156 f, 374, 376, 389, 393, 409, 421, 436, 441 f, 466, 602 f, 619
  Erfolg. Drei Jahre Geschichte einer Provinz 144, 156, 409, 421, 441 f
  Jud Süß 141
  Kalkutta 4. Mai 393
  Moskau 1937 374
  Pep. J. L. Wetcheeks amerikanisches Liederbuch 602 f, 619
  Die Petroleuminseln 389
  Thomas Wendt/1918 138
Findeisen, Franz 329
  Organik. Der Betrieb als Lebewesen 329
Fischer, Samuel 504, 507
Flake, Otto 122
Fleißer, Marieluise 155, 254 f, 262 f, 376, 389, 413, 448 f, 454, 462, 464 ff, 479 ff
  Fegefeuer in Ingolstadt 255, 464 ff
  Mehlreisende Frieda Geier 413, 466
  Die Pioniere von Ingolstadt 255, 262 f, 464 ff, 480
  Der starke Stamm 464
  Der Tiefseefisch 449
Flesch, Hans 94
  Zauberei auf dem Sender 94
Fonda, Henry 552
Fontane, Theodor 259
Fontanelle, Bernard le Bouvoir 304
Ford, Henry 592
Frank, Bruno 321, 333
  Politische Novelle 321
Frank, Leonhard 13, 80, 114, 256
  Karl und Anna 256
  Der Mensch ist gut 114
Franz Joseph, Kaiser 487, 543
Frei, Bruno 585
Frenssen, Gustav 341, 345
Freud, Sigmund 284 f, 339, 402, 487, 489, 561, 636 f, 637
  Selbstdarstellung 561
  Massenpsychologie und Ich-Analyse 637
  Das Unbehagen in der Kultur 636
Freumbichler, Johannes 531, 538
  Philomena Ellenhub 531
Freund, Karl 80
Freytag, Gustav 259
  Die Technik des Dramas 259
Friedell, Egon 524 f
  Kulturgeschichte des Altertums 524
  Kulturgeschichte Griechenlands 524
  Kulturgeschichte der Neuzeit 524
Friedemann, Hermann 72 f
Friedlaender, Salomo 122 f, 166
  Graue Magie 122
  Unterm Leichentuch 122
Friedrich der Große 332, 520
Friedrich, Ernst 142
  Krieg dem Kriege! 142
Frisch, Efraim 352, 577
Frobenius, Leo 336
Fromm, Erich 443, 641
  Man for himself 641
Fuchs, Eduard 177, 210
Furler, Bernhard 588
Fusenegger, Gertrud 548

Gábor, Andor 180, 209 f, 214, 217
  Vor dem Tore 180
Galsworthy, John 61, 507
Gance, Abel 78
Ganghofer, Ludwig 260
Garbo, Greta 493
Garibaldi, Giuseppe 468
Gay, Peter 390
Gebühr, Otto 149
Gehlen, Arnold 409 ff

Reflexionen über die Gewohnheit 410
Geiger-Gog, Anni 209 f
George, Heinrich 80
George, Stefan 43, 312, 350–354, 610, 612 ff, 621 f
  Die Aufnahme in den Orden 352 f
  Der Dichter in Zeiten der Wirren 612 f
  Der Krieg 612
  Das neue Reich 354, 612 ff
Geßler, Otto 128
Gide, André 584
  Retour de l'URSS 584
Giedion, Sigfried 375
  Mechanization takes command 375
Ginkel, Emil 210, 220
  Pause am Lufthammer 220
Glaeser, Ernst 209 f, 256, 440, 555, 587, 591
  Jahrgang 1902 256, 440, 555
  Der Staat ohne Arbeitslose 587 f, 591
Glaser, Georg K. 210, 221, 225, 227 f, 557
  Die junge Alte 221
  Schluckebier 227, 557 f
Glaßbrenner, Adolf 91
Gleichen-Rußwurm, Alexander von 336
Glöckel, Otto 511
Gmeyner, Anna 464 f
  Automatenbüfett 464 f
Godwin, William 172
Goebbels, Joseph 332 f, 508, 518, 598
  Michael. Ein deutsches Schicksal in Tagebuchblättern 332 f
Goering, Reinhard 236, 256
  Die Seeschlacht 236, 256
Goethe, Johann Wolfgang 41, 74, 91, 249, 265, 293, 326, 510, 552, 565
  Dichtung und Wahrheit 552, 565
  Faust 265
  Iphigenie auf Tauris 510
Gog, Gregor 172, 210
Goldschmidt, Alfons 141, 584, 594
  Deutschland heute 594
Goll, Claire 457
  Die Frauen erwachen 457
Goll, Ivan 92, 101, 120 f, 396, 601 f, 618
  Methusalem oder Der ewige Bürger 120 f
  Requiem. Für die Gefallenen von Europa 101
Gorkij, Maxim 193, 510
Gotsche, Otto 207, 210, 221
Graf, Oskar Maria 80, 185, 194, 196–200, 225, 227, 413
  Wir sind Gefangene 196 f, 200, 227, 413
Graff, Sigmund 258
  Die endlose Straße 258
Grengg, Maria 538
Griese, Friedrich 26, 341, 343, 345, 359
  Der ewige Acker 343
  Feuer 343
  Der Narr von Gent 359
  Winter 341
Grillparzer, Franz 486
Grimm, Hans 347
Grisar, Erich 569
  Mit Kamera und Schreibmaschine durch Europa 569
Grogger, Paula 455, 476, 527, 548
  Das Grimmingtor 527
Gropius, Walter 248
Groß, Otto 186
Großmann, Stefan 145, 563
Grosz, George 50, 120, 127 f, 132, 140, 161 f, 183 ff, 248, 417
  Ecce Homo 127
  Gott mit uns 128
Grünberg, Karl 203, 209 f, 223 f, 585
  Brennende Ruhr 203, 223 f
Gumbel, Emil Julius 141, 441, 585
  Vier Jahre politischer Mord 441
Günther, Hans 210
Gundolf, Friedrich 351 f
Gunnarsson, Gunnar 61

Haas, Willy 41
Habermas, Jürgen 67
Habsburg, Otto von 544
Halbe, Max 345
Hall, Murray 505, 508

Österreichische Verlagsgeschichte 1918–1938 505
Haller, Hermann 260
Hamsun, Knut 338, 342–345, 528
  Mysterien 343
  Segen der Erde 342, 344
Handel-Mazzetti, Enrica von 481
Harbou, Thea von 76, 448, 475
  Der müde Tod 76
  Dr. Mabuse 76
  Metropolis 76, 475 f
Hardt, Ernst 94
Harms, Rudolf 79
  Philosophie des Films 79
Hartlaub, Felix 374
Hartlaub, Gustav Friedrich 25, 385
Hartmann, Nicolai 392
  Ethik 392
Hašek, Jaroslav 247
  Die Abenteuer des braven Soldaten Schwejk 247 f, 257
Hasenclever, Walter 81, 117 f, 120, 123, 155, 177, 236, 250, 261, 384, 622
  Die Entscheidung 123
  Kunst und Definition 118
  Der politische Dichter 117
  Der Sohn 236, 250
Hauptmann, Elisabeth 376, 389, 448
Hauptmann, Gerhart 42, 48, 75, 91, 176, 249, 265, 279 f, 627
  Vor Sonnenaufgang 249
  Vor Sonnenuntergang 249, 265
Hausenstein, Wilhelm 371 f
Hauser, Heinrich 438, 581 f, 596 f
  Schwarzes Revier 596 f
Haushofer, Karl 638
Hausmann, Manfred 581
Hausmann, Raoul 11, 113, 128 ff, 132, 166, 172, 182
  Pamphlet gegen die Weimarische Lebensauffassung 113
Haym, Rudolf 391
  Hegel und seine Zeit 391
Heartfield, John 50, 127, 161 f, 180, 183 ff, 248

Hegel, Georg Wilhelm Friedrich 412
Hegemann, Werner 441
Heidegger, Martin 16, 272 f, 327, 360, 375
  Sein und Zeit 327, 375
Heine, Heinrich 91
  Seegespenst 91
Heller, Frank 424
Heller, Otto 210, 438, 591, 585
Henning, Emmy 462
  Das Brandmal 462, 464
Henz, Rudolf 539, 548
Herrmann-Neiße, Max 54 f, 123, 161, 383, 617
  Abschied 617
  Einsame Stimme 617
  Im Stern des Schmerzes 617
  Der letzte Mensch. Eine Komödie vor Weltuntergang 123
  Musik der Nacht 617
Herzfelde, Wieland 126 f, 161, 166, 210, 219
  30 neue Erzähler des neuen Deutschland 210
  Jedermann sein eigener Fußball 166
Herzog, Wilhelm 104, 357
Hesse, Hermann 45, 61, 334, 346, 348 f, 367, 627, 647, 653–656
  Demian 653
  Das Glasperlenspiel 656
  Kurzgefaßter Lebenslauf 655
  Der Steppenwolf 61, 334, 653 ff
Heym, Georg 21
Heynicke, Kurt 92, 119 f, 618, 622
Hille, Peter 450
Hiller, Kurt 48, 103 ff, 136 f, 176 f, 354
  Geist werde Herr 354
Hilpert, Heinz 255, 258
Himmler, Heinrich 45, 334
Hindenburg, Paul von 152, 201, 390
Hintze, Carl Ernst 258
  Die endlose Straße 258
Hirsch, Karl Jakob 99
Hitler, Adolf 81, 156, 262, 265, 352, 523, 529, 531, 536 f, 540, 542, 545

Hock, Stefan 498
Hodann, Max 585
Höllriegel, Arnold 573 f
Hoelz, Max 186, 195, 199 f, 227, 552, 556, 558
   Vom weißen Kreuz zur Roten Fahne. Jugend-, Kampf- und Zuchthauserlebnisse 199 f, 227, 552 f
Hörbiger, Hanns 525
Hoerle, Heinrich 162
Hofer, Klara 460
Hofmannsthal, Hugo von 43, 91, 233, 248, 266, 398, 485, 488, 491 f, 497 f, 500 f, 504, 525, 530, 546, 610
   Arabella 500
   Die Bejahung Österreichs 488
   Jedermann 233
   Das Salzburger große Welttheater 497
   Das Schrifttum als geistiger Raum der Nation 492
   Der Schwierige 491 f
   Der Turm 530
   Der Unbestechliche 491 f
Hohlbaum, Robert 519 f, 539
Holek, Wenzel 558
   Lebensgang eines Handarbeiters 558
   Vom Handarbeiter zum Jugenderzieher 558
Holitscher, Arthur 104, 141, 177, 438, 553, 576, 581, 584
   Lebensgeschichte eines Rebellen 553
   Der Narrenbaedeker 576
Hollaender, Felix 260
Hollaender, Friedrich 261
Hollander, Walther von 94
Horkheimer, Max 338 f, 373, 385
   Dämmerung 338
   Die Dialektik der Aufklärung 339, 373, 375
Horváth, Ödön von 155 ff, 239, 254, 413, 501 f, 542, 548
   Geschichten aus dem Wiener Wald 255, 501 f
   Die italienische Nacht 255, 413
   Kasimir und Karoline 255
   Sladek der schwarze Reichswehrmann 255
Hotopp, Albert 210
Huch, Ricarda 35 f, 448, 451, 454 f, 468–471, 473, 479 f
   Ausbreitung, Blütezeit und Verfall der Romantik 451
   Der Fall Deruga 469
   Geschichte und Gegenwart 469
   Michael Unger 469
   Der wiederkehrende Christus 469
Huchel, Peter 96, 628 f, 632
   Der Totenherbst 629
Huelsenbeck, Richard 113 f, 125, 128, 130, 572, 575 f
   Afrika in Sicht 575 f
   Deutschland muß untergehen! Erinnerungen eines alten dadaistischen Revolutionärs 125
   En avant dada 125
   Mit Witz, Licht und Grütze 130
Hugenberg, Alfred 79, 204
Huhn, Kurt 210, 221
   Der Kalkulator 221
Husserl, Edmund 326

Ibsen, Henrik 249
Iffland, August Wilhelm 249
Ihering, Herbert 80, 234 f, 261, 263, 465 f
Ilberg, Werner 210
Istrati, Panaït 584

Jacob, Berthold 141
Jacob, Heinrich Eduard 610
Jacobs, Monty 257, 260
Jacobsohn, Siegfried 136, 138, 141, 144 f, 155 f
Jänisch, Konrad 239
Jahnn, Hans Henny 479
   Rechenschaft Kleistpreis 1928 479
Jandl, Ernst 506
Jaspers, Karl 308, 316 ff, 325, 385, 637
   Die geistige Situation der Zeit 308, 316 ff

Jelusich, Mirko 519, 521, 547 f
  Cäsar 519, 521
Jeßner, Leopold 239–244, 248, 252, 255, 262, 265
Jhering s. Ihering
Johannsen, Ernst 93
  Brigadevermittlung 93
Johst, Hanns 31, 119
Joseph II. 521
Joyce, James 651
Jung, Carl Gustav 339
Jung, Franz 105, 126, 161 ff, 180, 185 ff, 584
  Arbeitsfriede 162 f
  Die Eroberung der Maschinen 162, 187
  Joe Frank illustriert die Welt 162, 186 f
  Die Kanaker 180
  Proletarier 162
  Die Rote Woche 162
  Technik des Glücks 186
  Das Trottelbuch 185
  Wie lange noch 180
Jünger, Ernst 17, 21 f, 24, 26, 187, 256, 170 f, 269, 272, 296, 299–303, 328 ff, 349, 364 f, 372, 380 f, 385, 395, 410 f, 413, 420, 432, 551, 564, 572, 640
  Das abenteuerliche Herz. Aufzeichnungen bei Tag und Nacht 372, 385, 564
  Der Arbeiter. Herrschaft und Gestalt 187, 328 f, 380 f, 410 f, 413, 432
  Der Kampf als inneres Erlebnis 270, 551
  In Stahlgewittern 256
  Über den Schmerz 349, 395
Jutzis, Piel 72, 83
  Mutter Krausens Fahrt ins Glück 72, 83

Kästner, Erich 22, 41, 143, 157 f, 219, 389, 413, 442, 605 ff, 615, 645
  Ein Mann gibt Auskunft 606
  Emil und die Detektive 22
  Fabian 389, 413, 645
  Herz auf Taille 606, 645
  Lärm im Spiegel 606, 645
  Prosaische Zwischenbemerkungen 158, 606
  Verdun, viele Jahre später 143
Kafka, Franz 392, 422, 664–672
  Eine kaiserliche Botschaft 664
  Der Prozeß 422
  Das Schloß 664–672
Kahane, Arthur 235
Kaiser, Georg 38, 42, 89, 92, 97, 100 f, 123, 236, 250, 261, 315
  Die Bürger von Calais 236
  Gas 100, 250
  Gas II 250
  Der Geist der Antike 123
  Hölle Weg Erde 100
  Koralle 250
  Von morgens bis mitternachts 97, 236
  Vision und Figur 100
Kaléko, Mascha 461 f
Kallai, Ernö 644
Kandinsky, Wassily 130, 164
Kanehl, Oskar 103, 105, 161 f, 185, 188–191, 357, 618
  Antreten zum Kommunismus in der KPD 189
  Melancholie 189 f
  Parteiidiot 189
  Steh auf, Prolet! 162
  Völker hört die Zentrale 189
Kant, Immanuel 326 f
Kantorowicz, Alfred 25
Kapp, Wolfgang 151, 595
Karlin, Alma M. 571
Karlweis, Martha 581, 583
Kasack, Hermann 89
  Der Ruf 89
Kassner, Rudolf 338
  Die Grundlagen der Physiognomik – Von der Natur der Dinge 338
Kater, Fritz 167
Katz, Richard 569, 571–574
  Ein Bummel um die Welt 569, 574
  Die weite, weite Welt 571

Kaus, Gina 447
Kayser, Rudolf 114
Keaton, Buster 53
Kellermann, Bernhard 138
  Der 9. November 138
Kerényi, Karl 339
Kerr, Alfred 80, 110, 233 f, 260 f, 466, 572, 577, 581
Kersten, Hugo 107
Kersten, Kurt 49
  Wirtschaft, Kultur, Intellektuelle 49
Kessel, Martin 92, 438
Kesser, Hermann 102
  Revolution als Erlösung 102
Kestien, Käte 458
  Als die Männer im Graben lagen 458
Keun, Irmgard 376, 389, 413, 460–464, 479 ff
  Gilgi – eine von uns 463
  Das kunstseidene Mädchen 413, 463 f
Keyserling, Hermann Graf 58, 335 f, 392 f, 424
  Reisetagebuch eines Philosophen 58, 335 f
Kiaulehn, Walther 605
  Der Tod der Lyrik 605
Kiepenheuer, Gustav 504
Kierkegaard, Sören 316, 432
Kippenberg, Anton 115
Kippenberg, Katharina 109, 115
Kirchner, Ernst Ludwig 373
Kirchsteiger, Hans 506
  Das Beichtsiegel 506
Kisch, Egon Erwin 41, 80, 94, 97, 208 ff, 219, 321, 438, 485, 544, 569, 581 ff, 585, 587, 589, 591 f, 596 ff
  Egon Erwin Kisch beehrt sich darzubieten Paradies Amerika 583
  Hetzjagd durch die Zeit 569
Klabund (d.i. Alfred Henschke) 91, 383, 617
  Neue Zeit-, Streit- und Leidgedichte / Die Harfenjule 617
Kläber, Kurt 207–210, 215, 219, 225, 227
  Der Krieg 219
  Passagiere der III. Klasse 227
Klages, Ludwig 272, 312, 333, 338, 351 f, 627, 637, 639
  Der Geist als Widersacher der Seele 333
  Grundlegung der Wissenschaft vom Ausdruck 338
  Schwarmschau 272
  Vom kosmogonischen Eros 351
Kleist, Heinrich von 93
  Michael Kohlhaas 93
Klemm, Wilhelm 112, 116
  Traumschutt 112
Knickerbocker, H.R. 593
  Deutschland so oder so? 593
Knoblauch, Adolf 131, 480
  Dada 131
König, René 375
Köppen, Edlef 135, 432
  Heeresbericht 432
Körber, Lili 470, 585
Körner-Schrader, Paul 209
Koestler, Arthur 17, 210
Kokoschka, Oskar 50, 183 f, 236
  Mörder, Hoffnung der Frauen 236
Kola, Richard 506
Kolb, Annette 362, 448, 452, 457, 459, 463, 479 f
  Daphne Herbst 463
  Das Exemplar 459
  Die Schaukel 463
Kolb, Richard 88 f
  Horoskop des Hörspiels 88
Kolbenheyer, Erwin Guido 26, 45, 330, 341, 358 f, 367
  Die Bauhütte 330
Kollontai, Alexandra 459, 552
  Autobiographie einer sexuell emanzipierten Kommunistin 459, 552
Kollwitz, Käthe 34 f, 80, 169
Kolmar, Gertrud 462
  Eine jüdische Mutter 462
Komját, Aladár 210
Koplowitz, Jan 210

Kornfeld, Paul 123 f, 236
  Der ewige Traum 123
  Die Verführung 236
  Palme oder Der Gekränkte 124
Kortner, Fritz 242 f, 248, 252
Kotzebue, August von 249
Kracauer, Siegfried 22, 54, 61, 78 f, 81, 83, 140 f, 338, 376, 379, 384 f, 394, 396, 398, 415, 421–424, 429, 438 f, 442 f, 523, 555, 564, 569, 577, 599
  Die Angestellten 338
  Ginster 555
Kramer, Theodor 507, 532 f, 548
  Für die, die ohne Stimme sind 532
  Die Gaunerzinke 532
  Mit der Ziehharmonika 507, 532
Krannhals, Paul 329
  Das organische Weltbild 329
Kranz, Herbert 178
  Freiheit 178
Kraus, Karl 252 f, 484 f, 487, 496 f, 506, 510, 533 f, 540, 542
  Die Dritte Walpurgisnacht 540
  Hüben und drüben 540
  Die letzten Tage der Menschheit 252 f, 256, 484, 487, 496
  Wien 496 f
Krauß, Werner 242, 493
Kreisky, Bruno 541
Krell, Max 123
  Der Spieler Cormick 123
Kretschmer, Ernst 437
  Körperbau und Charakter 437
Krey, Franz 210, 221 ff
  Maria und der Paragraph 221
Kropotkin, Peter 170 f
Küpper, Hannes 615
  The Iron Man! 615
Küstner, Karl Theodor von 237
Kulka, Georg 506, 532
Kurella, Alfred 210, 385, 577, 585
  Mussolini ohne Maske 577
Kurz, Isolde 480
Kyser, Hans 93

Lachmann, Benedict 164
Lagarde, Paul de 275
La Mettrie, Julien Offray de 304
  L'homme plus que machine 304
Lampel, Peter Martin 254, 262
  Giftgas über Berlin 254, 262
  Revolte im Erziehungshaus 254
Landauer, Gustav 170 f
Landauer, Martin 115
Landfried, Klaus 613
Lang, Fritz 76, 81, 83, 475
  M. (Eine Stadt sucht einen Mörder) 83
  Metropolis 475
Langbehn, Julius 363
  Rembrandt als Erzieher 363
Lange, Helene 456
  Lebenserinnerungen 456
Lange, Horst 628
Langen, Albert 343
Langgässer, Elisabeth 446, 454, 464, 474 f, 479 f, 615, 623, 628
  Grenze. Besetztes Gebiet 464
  Mars 474
  Merkur 475
  Mithras 475
  Proserpina 474
  Tierkreisgedichte 623
  Triptychon des Teufels 474
  Venus 474
Langhoff, Fritz 210
Langner, Ilse 458 f
  Frau Emma kämpft im Hinterland 458
Lania, Leo 245 ff, 596
  Konjunktur 247 f
Laotse 62
Lask, Berta 202, 208 ff, 458, 480, 585
  Die Befreiung 458
  Giftgasnebel über Sowjetrußland 480
  Leuna 1921 202 f
Lasker-Schüler, Else 81, 92, 116, 126, 343, 448–451, 457, 459, 464 f, 479 ff, 618
  Ich räume auf. Meine Anklage gegen meine Verleger 449
  Ichundich 451

Der Malik 457
Mein Herz 450
Das Peter Hille-Buch 450
Der siebte Tag 450
Styx 450
Die Wupper 464 f
Laven, Paul 94
Le Bon, Gustave 639
Lederer, Joe 462
Le Fort, Gertrud von 455, 476 f
  Die letzte am Schafott
  Das Schweißtuch der Heiligen Veronika 476
Lehmann, Wilhelm 615, 622, 631 f
  Ahornfrüchte 631
Leitner, Maria 210, 470
Lenin, Wladimir I. 177, 205
  Parteiorganisation und Parteiliteratur 205
Leonhard, Rudolf 106 f, 121, 164, 177, 357, 383, 618
  Dichtung und Revolution 164
Lernet-Holenia, Alexander 491, 508, 548
  Die Standarte 491
Lersch, Heinrich 175, 346, 621 f
  Arbeiterdichter 621 f
Leschnitzer, Franz 210
Lessing, Gotthold Ephraim 91
  Miß Sara Sampson 249
Lessing, Theodor 18, 28, 336 f, 397, 406, 412, 434, 436, 559, 561, 563
  Einmal und nie wieder 561
  Geschichte als Sinngebung des Sinnlosen 397, 434
  Untergang der Erde am Geist 336 f
Lethen, Helmut 37
Levenstein, Adolf 206
  Arbeiter-Philosophen und -Dichter 206
Levi, Paul 127
Leviné, Eugen 115
Lévy-Bruhl 298
Lewis, Sinclair 510
Lewisohn, Ludwig 563

Lichnowsky, Mechthilde von 448, 463, 479 ff
  Der Kampf mit dem Fachmann 463
  Rendezvous im Zoo 463
Liebknecht, Karl 105, 115, 146, 152, 175
Liepmann, Heinz 210
Liliencron, Detlef von 357
Linde, Otto zur 350
Lindemann, Gustav 265
Lindtberg, Leopold 253
Lissauer, Ernst 563
Löhner, Fritz 498
Löns, Hermann 345
Loerke, Oskar 92, 615, 622, 631 f, 634 f
  Atem der Erde 632
  Die heimliche Stadt 632
  Der längst Tag 632
  Die Vogelstraßen 634
Löwenthal, Leo 32, 372 f
Lohner, Edgar 609
London, Jack 61, 196, 510
Lorbeer, Hans 207, 210, 225
Lothar, Ernst 545
  Der Engel mit der Posaune 545
Lubitsch, Ernst 81
Ludendorff, Erich 262, 390
Ludwig, Emil 33, 507, 565, 572, 577
  Geschenke des Lebens: Ein Rückblick 565
Ludwig XIV. 522
Lukács, Georg 27, 158, 210, 215 ff, 220 ff, 230, 385, 393, 427, 521, 543
  Geschichte und Klassenbewußtsein 393, 427
  Reportage oder Gestaltung 215
  Tendenz oder Parteilichkeit? 215
Luser, Adolf 509
Luther, Hans 71
Lux, Joseph August 351
  Den »geistigen« Arbeitern! Über die Pflichten der Persönlichkeit 351
Luxemburg, Rosa 105, 115, 146, 161

Mach, Ernst 512, 518
Mackay, John Henry 167 f, 170

Abrechnung. Randbemerkungen zu Leben und Arbeit 167, 170
Der Freiheitssucher. Psychologie einer Entwicklung 167
Der Puppenjunge. Die Geschichte einer namenlosen Liebe aus der Friedrichstraße 168
Sturm 167
Märten, Lu 452 f
Die Künstlerin 453
Magris, Claudio 484 ff
Il mito absburgico nella letteratura Austriaca moderna 484
Mahrholz, Werner 346, 360, 552
Malatesta, Enrico 170
Manheim, Ernest 372
Mann, Erika 574 f, 577, 581, 583
Rundherum 575
Mann, Heinrich 12, 34 f, 44 f, 48, 52, 59 f, 80, 92, 104, 135 f, 138, 144, 275 f, 278, 283, 298, 315, 348, 362, 369, 507, 598
Geist und Tat 60, 362
Kobes 138, 144
Der Kopf 144
Das Sterben der geistigen Schicht 48
Der Untertan 135, 348
Zola-Essay 136
Mann, Klaus 52, 552, 555, 564 ff, 575, 577, 581, 583, 610, 614, 618
Anthologie jüngster Lyrik 618 f
Kind dieser Zeit 552, 564 ff
Rundherum 575
Mann, Thomas 9, 19, 23, 27, 42, 44, 58 f, 193, 273–289, 302, 368, 388, 433, 560, 583, 640, 655
Betrachtungen eines Unpolitischen 58, 274 f, 277, 279, 286–289
Buddenbrooks 277 f
Deutsche Ansprache. Ein Appell an die Vernunft 368
Doktor Faustus 640
Kultur und Sozialismus 286
Mario und der Zauberer 285 f
Über die Lehre Spenglers 278

Von deutscher Republik 278 f
Der Zauberberg 19, 58, 302, 433, 640
Marchwitza, Hans 207, 209 f, 221
Kumpel Wojtek 221
Schlacht vor Kohle 221
Sturm auf Essen 221
Maria Theresia, Kaiserin 487
Martens, Kurt 555, 561 ff, 565
Martin du Gard, Roger 507
Marx, Karl 392, 427, 468 f
Kritik der politischen Ökonomie 392
Marx, Madeleine 470
Mauss, Marcel 31
May, Karl 510 f, 574, 583
Mayer, Carl 76 f, 81 ff
Berlin, die Sinfonie einer Großstadt 76
Das Cabinett des Dr. Caligari 76, 81
Der Gang in die Nacht 76, 82
Der letzte Mann 76, 82
Die Hintertreppe 76, 82
Scherben 82
Sylvester 76 f
Mayer, Erich August 538
Gottfried sucht einen Weg 538
Paulusmarkt 17 538
Werk und Seele 538
Mayreder, Rosa 506
Mechow, Karl Benno von 345
Mehring, Franz 161, 225
Mehring, Walter 92, 125 f, 157, 166 f, 219, 248, 507
Chronik einer deutschen Sippe 507
Enthüllungen 125 f
Kaufmann von Berlin 248
Meidner, Ludwig 48
Mell, Max 497 f, 539, 548
Apostelspiel 497 f
Menzel, Gerhard 257
Toboggan 257
Meyer, Hannes 24 f, 386, 645
Die neue Welt 386 f, 645
Meyerhold, Wsewolod E. 247
Meyrink, Gustav 350
Der Golem 350

Miegel, Agnes 26, 347, 448, 455, 476, 481
Mierendorff, Carlo 107
Mirbt, Rudolf 585
Moeller, Eberhard Wolfgang 93, 257 f
  Douaumont. Oder die Heimkehr des Soldaten Odysseus 93, 257 f
Moeller van den Bruck, Arthur 357
Mönnich, Horst 374
  Die Autostadt. Abenteuer einer technischen Idee 374
Moholy-Nagy, László 248
Molnár, Franz 507
Moog, Otto 581
  Gedanken nach einer Ingenieurreise 581
Morgenstern, Christian 91, 352
Moritz, Karl Philipp 552, 561, 565
  Anton Reiser 552, 564 f
Moufang, Wilhelm 40
  Die gegenwärtige Lage des deutschen Buchwesens 40
Much, Hans 336
Mühlen, Hermynia zur 471, 480, 507
  Ende und Anfang 471
  Schupomann Karl Müller 480
  Unsere Töchter die Nazinen 507
Mühsam, Erich 155, 170 ff, 185, 559
  Judas 171
  Kunst und Proletariat 172
  Ein Mann des Volkes 171
  Namen und Menschen. Unpolitische Erinnerungen eines politischen Menschen 171, 559 f
  Staatsräson 171 f
  Von Eisner bis Leviné 171
Müller, Gerda 242
Müller, Traugott 247
Müller-Guttenbrunn, Adam 521
  Joseph der Deutsche 521
Münchhausen, Börries von 91
Münzenberg, Willi 47, 212, 223, 228, 426
Munch, Edvard 248
Musil, Robert 16, 59, 104, 109, 117 f, 312 f, 321 f, 394, 398, 414 f, 435, 437, 442, 484 f, 489, 492, 503 f, 507, 514 – 518, 525, 527, 546, 548
  Bücher und Literatur 312 f
  Der Mann ohne Eigenschaften 414 f, 435, 484, 492, 503, 507, 514 f, 517
  Die Portugiesin 489 f
Mussolini, Benito 307, 320, 409, 519, 523
Mutius, Gerhard von 336

Nadel, Arno 176
  Das heilige Proletariat 176
Nadler, Josef 525 f, 536
Napoleon Bonaparte 514, 520
Natorp, Paul 9
Neher, Caspar 602
Nettlau, Max 172
Neukrantz, Klaus 210, 213, 221
  Barrikaden am Wedding 221
Neumann, Alfred 61
Neurath, Otto 512 f, 515, 518
Niekisch, Ernst 18
Nielsen, Asta 493
Nietzsche, Friedrich 26 ff, 58, 128, 166, 170, 275, 279, 281 f, 291, 293, 296 ff, 313, 315 f, 319, 326, 394, 427, 452, 604, 612, 643
  Jenseits von Gut und Böse 128
Nikolaus II., Zar 246
Nolden, Arnold 569
  Auf Schiffen, Schienen, Pneus ... 569
Norden, Albert 210
Novalis 280

Oberkofler, Josef Georg 532
  Unser Gesetz 532
Offenbach, Jacques 265
  Die schöne Helena 265
Olden, Rudolf 334, 494
  Propheten in deutscher Krise. Das Wunderbare oder die Verzauberten 334
Ossietzky, Carl von 29, 44, 141, 145, 155 f, 426, 429

Otten, Karl 102 ff, 116, 185
  Die Thronerhebung des Herzens 102
Ottwalt, Ernst 210, 216

Pabst, G.W. 42, 81, 83, 493
  Die freudlose Gasse 83, 493
  Geheimnisse einer Seele 83
  Westfront 1918 83
Paech, Joachim 96
Pallenberg, Max 248
Pannwitz, Rudolf 27
Paquet, Alfons 60, 245 f, 570, 572, 584, 586
  Fahnen 60, 244
  Städte, Landschaften und ewige Bewegung. Roman ohne Helden 572
  Sturmflut 246
Paumgartten, Karl 489
  Repablick 489
Pawlow, Iwan Petrowitsch 592
Pechstein, Max 104
Perkonig, Friedrich Anton 502 f, 538
Perle, Moritz 509
Perutz, Leo 522
  Turlupin 522
Petersen, Jan 210
Peterson, Kurt 209
Petzold, Alfons 506, 511
  Das rauhe Leben 511
Pfemfert, Franz 104 f, 161, 181, 188, 195 f, 355
Pietzcker, Carl 603
Pijet, Georg W. 209
Pilsudski, Józef 199
Pinthus, Kurt 81 f, 101, 103 f, 262
  Menschheitsdämmerung 101, 103
Piscator, Erwin 49, 59 f, 74, 80, 97, 162, 171, 178 ff, 202, 210, 229, 243–248, 252, 254 f, 257, 264, 383
  Das Politische Theater 244
Plessner, Helmuth 32, 375
Plivier, Theodor 168 ff, 210, 227 f, 257
  Anarchie 170
  Aufbruch 170
  Hunger 170
  Des Kaisers Kulis 170, 227, 257
  Raus die Gefangenen 170
  Das Wahlkarussell 170
  Wahlrummel 170
Pölzig, Hans 234
Polgar, Alfred 138, 141, 156, 489, 548, 599
Popp, Adelheit 470
Popper-Lynkeus, Josef 506, 512
Prießnitz, Reinhard 506
Proust, Marcel 553 f, 565 ff
  A la recherche du temps perdu 566 f

Quabbe, Georg 345

Raabe, Paul 123, 618
  Die Autoren und Bücher des literarischen Expressionismus 618
Ranulf, Svend 31
Raschke, Martin 96, 628, 630
Rathenau, Walter 141, 274, 281, 311 f, 419, 494, 514
  Die neue Gesellschaft 274
  Zur Kritik der Zeit 311 f
Reed, John 584
Reger, Erik 385, 438, 596 f
Regler, Gustav 210
Reich, Bernhard 234 f
Reich, Wilhelm 186
Reichner, Herbert 508
Reik, Theodor 430
  Der unbekannte Mörder. Von der Tat zum Täter 430
Reimann, Hans 113
Reinacher, Eduard 89
  Der Narr mit der Hacke 89
Reinhardt, Edmund 234 f
Reinhardt, Max 81 f, 232–235, 237, 241 ff, 248, 255, 265, 497
Reissner, Larissa 470 f, 596
  Oktober 470
Remarque, Erich Maria 61, 135, 227, 256, 556
  Im Westen nichts Neues 61, 227, 256
Rembrandt 38

Renn, Ludwig 135, 208 ff, 227, 256, 585, 591
   Krieg 227, 256
Reuter, Gabriele 448, 456, 459
   Gunhild Kersten 459
Reuter-Friesland, Ernst 186
Reventlow, Franziska zu 448 f, 452, 459
   Der Geldkomplex 452
   Herrn Dames Aufzeichnungen 459
Richter, Hans 78, 133
Richter, Trude 209
Riesman, David 641 ff, 645
   Lonely Crowd (Die einsame Masse) 641
Rilke, Rainer Maria 9, 43, 609–612, 616, 622
   Duineser Elegien 609 f
   Neue Gedichte 610
   Die Sonette an Orpheus 609 ff
Ring, Gertrud 210
Ring, Thomas 210
Roberts, Eugen 237
Robespierre, Maximilien de 492
Rocker, Rudolf 170, 172
Roda Roda, Alexander 581
Röder, Adam 345
Roh, Franz 385, 407
Rolland, Romain 193
Rommel, Otto 526
Rosegger, Peter 504, 510, 527
Rosenberg, Alfred 45, 494, 628
   Der Fall Bettauer. Ein Musterbeispiel jüdischer Zersetzungstätigkeit 494
   Der Mythus des 20. Jahrhunderts 628
Rossbacher, Karlhein 529
Roth, Joseph 94, 97, 138, 321, 365, 376, 484 f, 490, 504, 543 ff, 548, 572, 577, 579, 585 ff, 589 ff, 596 f, 599 f
   Bekenntnis zu Deutschland 600
   Die Büste des Kaisers 543
   Flucht ohne Ende 321, 490
   Die Kapuzinergruft 543 f
   Radetzkymarsch 484, 543
   Das Spinnennetz 543
Rothschild, Ernst 49
Rothstock, Otto 494
Rousseau, Jean-Jacques 565
   Confessions 565
Rowohlt, Ernst 112, 128, 504
Rubiner, Frida 470, 585, 591
Rubiner, Ludwig 12, 104 f, 175 ff, 350, 355 ff, 362
Rubinstein, Dimitri 246
Ruest, Anselm 166, 168
Rundt, Arthur 585
Rust, Bernhard 34
Ruttmann, Walther 78, 82 f, 94 f
   Berlin, die Sinfonie der Großstadt 82 f, 95
   Weekend 94 f

Saalfeld, Martha 628
Sachs, Walter 532
Saenger, Samuel 39
Salomon, Ernst von 419, 425
   Die Geächteten 425
Salten, Felix 487, 537, 581
Sander, Ulrich 345
Sanzara, Rahel 473 f
   Das verlorene Kind 473 f
Schaffner, Jakob 274
Schaefer, Oda 628
Schäfer, Hans Dieter 634
Schäfer, Walter Erich 93
   Malmgreen 93
Schäfer, Wilhelm 45, 345, 360, 367 f
   Der Dichter und das Volk 367
Scharrer, Adam 194 f, 200, 225–228, 413, 557 f
   Aus der Art geschlagen 200, 226, 557
   Maulwürfe 413
   Vaterlandslose Gesellen. Das erste Kriegsbuch eines Arbeiters 226 f
Scheele, Martha 457
   Frauen im Krieg 457
Scheffer, Paul 585
Scheffler, Karl 367
Scheibelreiter, Ernst 538
Scheidemann, Philipp 151 f, 175
Scheler, Max 10, 353, 386, 437, 652

Die Stellung des Menschen im Kosmos 652
Schickele, René 102–105, 111, 123, 175 ff, 236, 257
 Hans im Schnakenloch 236, 257
 Die neuen Kerle 123
 Revolution der Herzen 102 f
Schiller, Friedrich 51, 74, 91, 240 f, 248, 265, 316
 Kabale und Liebe 249
 Die Räuber 245, 248
 Wilhelm Tell 240 f, 265
Schilling, Heinar 111
Schilling, Max von 35
Schleich, Carl Ludwig 552 ff, 559, 564 f
 Besonnte Vergangenheit. Lebenserinnerungen 552, 554
Schlenther, Paul 259
Schlichter, Rudolf 127, 417, 553 f, 561 ff
Schlick, Moritz 518
Schmeling, Max 51
Schmitt, Carl 377 ff, 385, 409, 425, 637 f
 Politische Theologie 425
Schmitz, Oskar A.H. 336, 553, 561
Schnack, Friedrich 615, 633 f
 Das blaue Geisterhaus 633
 Vogel Zeitvorbei 633
 Zauberer 633
Schneider, Manfred 562
Schneider, Reinhold 615, 620, 624 f
 Auf der Reise nach Weimar 624
Schnitzler, Arthur 75, 484 ff, 494 f, 500 ff, 504, 507
 Fräulein Else 500, 502
 Der Reigen 494 f
 Therese. Chronik eines Frauenlebens 501
Schönherr, Karl 528
Schönstedt, Walter 210, 221 ff
 Kämpfende Jugend 221, 223
 Motiv unbekannt 223
Scholz, Wilhelm von 341, 360, 632 f
 Die Häuser 633
 Heimweg 633
 Das Jahr 633

Meroé 360
Schopenhauer, Arthur 153, 275, 278
Schramm, Wilhelm von 364, 366
Schreyer, Lothar 618
Schröder, Rudolf Alexander 610, 615, 620, 625
Schüller, Hermann 179 f
Schürer, Oskar 109 f
 Versöhnung. Gesänge und Psalmen 109
Schütz, Erhard 29
Schuhmann, Klaus 604
Schuler, Alfred 351
Schumacher, Wilhelm 368
Schuschnigg, Kurt von 533, 536, 539
Schwarz, Georg 595 f
 Kohlenpott 595
Schwarz, Hans 621
 Götter und Deutsche 621
Schwarz, Justus 612
 Die Wirklichkeit des Menschen in Rilkes letzten Dichtungen 612
Schwarzschild, Leopold 145
Schweitzer, Albert 552
 Aus meiner Kindheit 552
 Selbstdarstellung 552
Schwitters, Kurt 112 f, 132 f, 182
 Anna Blume 113, 132
 Anna Blume und ich 133
 Memoiren Anna Blumes in Bleie 132
Scott, Walter 521
Seeler, Moritz 466
Seghers, Anna 209 f, 227, 447, 453 f, 471 ff, 479 f
 Auf dem Weg zur amerikanischen Botschaft 472
 Der Aufstand der Fischer von St. Barbara 227, 454, 471 f, 479
 Die Gefährten 472 f
 Grubetsch 471, 473, 479
 Kleiner Bericht aus meiner Werkstatt 453
 Die Ziegler 471
Seidel, Ina 345, 446, 448, 454–457, 476 ff, 480
 Brömeshof 476

Frau und Wort 454
Lebensbericht 446
Das Wunschkind 457, 476 ff
Seiwert, Franz Wilhelm 161, 172
Serner, Walter 113, 133, 401, 406, 424
　Handbrevier für Hochstapler 424
　Letzte Lockerung 406
　Der Pfiff um die Ecke 401
Shakespeare, William 241 f
　Hamlet 241 f
　Richard III. 241 f
Shaw, George Bernhard 584
Sheriff, Robert Cedric 258
　Journey's end (Die andere Seite) 258
Sieburg, Friedrich 572, 577, 579, 585
Siemsen, Hans 51, 585
　Bücher-Besprechung 51
Siena, Caterina von 452
Simmel, Georg 10, 326, 341, 398, 569
Sinclair, Emil (d. i. Hermann Hesse) 653
Sinclair, Upton 25, 162, 510
Sinowjew, Grigorij 205
Slang (Fritz Hampel) 210
Sloterdijk, Peter 378, 409 f
Smith, Helen Zenna 458
　Not so quiet (Mrs. Biest pfeift) 458
Sohnrey, Heinrich 345
Sombart, Werner 10, 638
Sonnenschein, Hugo 111, 505 f
Sorel, Georges 418, 420, 427
Sorge, Reinhard Johannes 236, 249
　Der Bettler 236, 249
Soyfer, Jura 540 ff, 548
　Der Lechner Edi schaut ins Paradies 541
　So starb eine Partei 542
Spalla, Eminio 51
Spann, Othmar 330, 518
Spengler, Oswald 14, 19, 58, 278 f, 283, 290, 304, 313 f, 323, 327 f, 330 ff, 385, 397 f, 433 f, 518, 523, 627, 637, 639
　Preußentum und Sozialismus 331
　Der Untergang des Abendlandes 58, 278, 327 f
Spiero, Heinrich 480

Srbik, Heinrich von 525
　Literaturgeschichte der deutschen Stämme und Landschaften 525
Staackmann, L. 504, 507
Stapel, Wilhelm 366 f
　Der Geistige und sein Volk 367
Staub, Hugo 417, 425
　Der Verbrecher und seine Richter 417
Steegemann, Paul 112 f
Stegemann, Hermann 555
Steffen, Kurt 209
Stehr, Hermann 341, 345 ff
Stein, Heinrich Freiherr vom 468
Steiner, Rudolf 62
Stenbock-Fermor, Alexander Graf 595
　Deutschland von unten 595
Stern, Josef Luitpold 511
Sternberger, Dolf 338
　Panorama, oder Ansichten vom 19. Jahrhundert 338
Sternheim, Carl 43, 121 ff, 125, 250
　Der entfesselte Zeitgenosse 122
　Europa 122
　Das Fossil 122
　Kampf der Metapher 121
　Der Nebbich 122
Stifter, Adalbert 486
Stille, Heinrich 177
Stindt, Georg Otto 78 f
　Lichtspiel als Kunstform 79
Stinnes, Hugo 144
Stirner, Max 166 ff, 170
　Der Einzige und sein Eigentum 166 f
Stocker, Leopold 509
Stöcker, Helene 104, 585
Stoffregen, Götz Otto 368
Stramm, August 125
Strasser, Georg 45
Straub, Agnes 242
Strauß, Emil 45, 346, 367
Strauß, Johann 499
Strauß, Ludwig 615
Strauss, Richard 248
Strauß und Torney, Lulu von 345, 455, 476

Stresemann, Gustav 284, 390, 393
Strindberg, August 249
Strobl, Karl Hans 496, 519
   Gespenster im Sumpf 496
Sues, Eugène 493
Süßkind, W.E. 619
   Die Lichtreklamen 619
Süß-Oppenheimer, Joseph 141
Suhrkamp, Peter 406
Suso Waldeck, Heinrich 538
Suttner, Bertha von 457
   Die Waffen nieder 457
Swedenborg, Emanuel von 62, 118
Szabo, Wilhelm 533
   Dorfseele 533
Szondi, Peter 573

Tagore, Rabindranath 62
Taut, Bruno 20
Tergit, Gabriele 376, 447, 467 f, 479 ff
   Käsebier erobert den Kurfürstendamm 467 f
Thälmann, Ernst 390
Thiess, Frank 61, 313
   Das Gesicht des Jahrhunderts 313–316
Thoma, Ludwig 260, 361
Thomas, Adrienne 457 f, 480
   Die Katrin wird Soldat 457 f
Thomas, Hans 56 f
   Das Chaos der Bücher 56 f
Tillich, Paul 346, 369
Tkaczyk, Wilhelm 210
Tönnies, Ferdinand 62, 327
   Gemeinschaft und Gesellschaft 327
   Die Kritik der Öffentlichen Meinung 62 f
Toller, Ernst 41, 81, 94, 103, 108 f, 123 f, 177, 179, 214, 239, 246, 250, 253, 257, 262, 413, 556, 563, 581, 583, 585, 587, 589, 591 f
   Der deutsche Hinkemann 250, 262
   Der entfesselte Wotan 123, 253
   Eine Jugend in Deutschland 556
   Feuer aus den Kesseln 257
   Hoppla, wir leben! 246 f, 413
   Masse Mensch 108
   Die Wandlung 108
Tolstoj, Alexej 246
   Rasputin 246 ff
Tolstoj, Leo 96, 108, 216
Torberg, Friedrich 548
Trakl, Georg 92
Traven, Bruno/Ret Marut 168 ff, 227, 510
   Die Welt-Revolution beginnt 169
Treitschke, Heinrich von 136
Trenker, Luis 83, 528
   Der Rebell 83
Tretjakow, Sergej 216
Troeltsch, Ernst 326
Trotzki, Leo 245, 552
Tschechow, Anton 507
Tucholsky, Kurt 42 f, 81 f, 128, 136 f, 141 f, 145–155, 157 f, 167, 214, 219, 290, 321, 383, 471, 479, 572, 577 f, 600, 615
   Kleine Begebenheit 148
   Militaria 142
   Ein Pyrenäenbuch 577 f
   Wir Negativen 147
   Schloß Gripsholm 155
   Die Sonne hoch zwei 151
   Der Zeitsparer 151
Tumler, Franz 548
Tureck, Ludwig 194, 198 f, 207, 210, 225 f, 228, 553, 556, 558
   Ein Prolet erzählt. Lebensschilderung eines deutschen Arbeiters 225 f, 553
Twain, Mark 569
Tyler, Ralph W. 436
   What people want to read about 436
Tzara, Tristan 114, 132 f, 182
   Dada-Manifest 114

Ulitz, Arnold 101, 123
   Ararat 123
Ullmann, Regina 448
Unruh, Fritz von 104, 119, 236, 250
   Ein Geschlecht 236, 250

Urbanitzky, Grete von 537
Uxkull, Bernhard 612

Vallentin, Maxim 210, 229
Venzmer, Gerhard 570
　Autoreise durch Frankreich 570
Vergil 530
Vesper, Will 341, 345, 347, 368, 507
Viebig, Clara 448, 455 f, 459
　Das rote Meer 455 f
Vogeler, Heinrich 177, 585
Voigt-Diederichs, Helene 476
　Auf Marienhoff 476
Voltaire 304
Voß, Richard 61
Vrings, Georg von der 615

Waggerl, Karl Heinrich 345, 528, 531, 538, 548
　Brot 528
　Das Jahr des Herrn 528
Wagner, Armin 175
Wagner, Martin 34 f, 414
Wagner, Richard 233
Walden, Herwarth 125
Waldinger, Ernst 533, 548
Wallace, Edgar 320, 421 f
Wallenstein, Albrecht Wenzel von 468
Wandt, Heinrich 142
　Erotik und Spionage in der Etappe Gent 142
　Etappe Gent 142
Wangenheim, Gustav von 210, 228 f
Waples, Douglas 436
　What people want to read about 436
Wassermann, Jakob 152 f, 484, 486, 563, 664
　Mein Weg als Deutscher und Jude 563
Waterstradt, Berta 210
Weber, Alfred 39, 47 ff
　Die Not der geistigen Arbeiter 39
Weber, Max 62, 396, 407, 641
　Die Staatsform Deutschlands 62
Wedderkop, Hermann von 395, 408 f
Wedekind, Frank 241, 249, 604
　Der Marquis von Keith 241
Wegener, Paul 81, 314
Wegner, Armin T. 105, 116, 570, 576 f, 585 ff
　Am Kreuz der Welten 570
Weichmann, Elsbeth 585
Weichmann, Herbert 585
Weigel, Hans 548
Weill, Kurt 78, 95, 261
Weinert, Erich 167, 208 ff, 219, 417
　Elegie auf einen Staatsanwalt 417
　Der rote Wedding 219
Weinheber, Josef 533, 535, 539
　Wien wörtlich 535
Weisenborn, Günter 93, 257
　Die Reiherjäger 93
　U-Boot S4 257
Weiskopf, Franz Carl 210, 585, 587, 589–592
　Der Staat ohne Arbeitslose 587, 591
Weiskopf, Grete 210
Weiß, Ernst 94
Weiß, Hildegard 443
Weiß, Konrad 615, 620, 623
　Cumäische Sybille 623
　Herz des Wortes 623
Welk, Ehm 246
　Gewitter über Gottland 246
Wells, H.G. 507, 541
　Time Machine 541
Wenter, Josef 538
Werfel, Franz 78, 89, 96, 111, 124, 485, 489, 506 f, 544 f, 548, 618
　Barbara oder Die Frömmigkeit 544
　Beschwörungen 124
　Cella oder Die Überwinder 545
　Das Lied der Bernadette 545
　Nicht der Mörder, der Ermordete ist schuldig 489
　Verdi 507
　Der veruntreute Himmel 545
Westheim, Paul 383
Whitman, Walt 280 f
Wiechert, Ernst 26, 342 f, 345, 363, 366
　Die Magd des Jürgen Doskocil 342 f

Wieprecht, Christoph 559
Nachtgesang 559
Wildgans, Anton 91, 530, 538, 545 f
Kirbisch oder Der Gendarm, die Schande und das Glück 530, 538
Wilhelm II., Kaiser 246
Wilhelm, Richard 336
Winckler, Josef 623 f
Chiliastischer Pilgerzug 623 f
Irrgarten Gottes. Die Komödie des Chaos 623 f
Winter, Ernst Karl 508
Winternitz, Joseph 211
Gegen den Ökonomismus in der Literaturfrage 211
Wirth, Albrecht 58
Das Auf und Ab der Völker 58
Wittels, Fritz 487
Wittfogel, Karl August 180, 209 f, 641
Der Krüppel 180
Wittgenstein, Ludwig 32, 512, 515, 518
Tractatus logico-philosophicus 512
Wolf, Friedrich 93, 210, 223, 228 ff, 254, 257, 441
Bauer Baetz 229
Cyankali 223, 254
John D. erobert die Welt 93
Kunst ist Waffe 441
Die Matrosen von Cattaro 229, 257
SOS..rao..rao..Foyn. Krassin rettet Italia 93
Tai Yang erwacht 229, 264
Wolfenstein, Alfred 116 f, 617
Bewegungen 617
Wolff, Kurt 40, 43, 110 ff, 504
Wolfskehl, Karl 351, 627
Der Priester des Geistes 351
Wollenberg, Robert 559, 561
Erinnerungen eines alten Psychiaters 561
Wolzogen, Ernst von 555, 564
Wie ich mich ums Leben brachte 564
Woolf, Virginia 453
Ein Zimmer für sich allein 453
Wust, Peter 322, 326
Die Auferstehung der Metaphysik 326

Zech, Paul 104, 618, 622
Zernatto, Guido 533, 536, 539, 548
Gelobt sei alle Kreatur 533
Die sinnlose Stadt 536
Die Sonnenuhr 533
Zetkin, Clara 79, 453, 586
Kunst und Proletariat 453
Ziegler, Leopold 336
Zilsel, Edgar 517 f, 525
Die Entstehung des Geniebegriffs. Ein Beitrag zur Ideengeschichte der Antike und des Frühkapitalismus 517
Die Genierelirion. Ein kritischer Versuch über das moderne Persönlichkeitsideal 517
Zimmering, Max 210
Zimmermann, Peter 345
Zinner, Hedda 210
Zola, Emile 162, 510
Zollikofer, Fred von 619
Vor dem Schlaf 619
Zsolnay, Paul 507
Zuckmayer, Carl 92, 110, 239, 260 f
Der fröhliche Weinberg 260 f
Kreuzweg 110
Zur Mühlen, Hermynia 210, 471
Zweig, Arnold 42, 94, 135, 144, 256, 418, 420 f
Das Spiel um den Sergeanten Grischa 257
Der Streit um den Sergeanten Grischa 135 f, 257, 418, 420
Zweig, Stefan 61, 313, 334, 485, 508, 519, 523, 548, 584, 618 f
Heilung durch den Geist 334
Maria Stuart 523
Sternstunden der Menschheit 519 f
Die Welt von gestern 485
Zweininger, Arthur 30

Inhaltsverzeichnis

Einleitung 7

Anton Kaes

Schreiben und Lesen in der Weimarer Republik. 38

   1. Die neuen Produktionsverhältnisse. 38
   2. Der organisierte Schriftsteller 42
   3. Der Schriftsteller und sein Publikum. 47
   4. Lesemüdigkeit und Massenkultur 51
   5. Der Abbau der ›schönen Literatur‹. 56
   6. Lesen im Alltag 60

Wolfram Wessels

Die Neuen Medien und die Literatur 65

  I. Öffentlichkeit und Literaturbetrieb. 65
     1. Autoren 66
     2. Publikum 66
     3. Rezeption 67
     4. Medienästhetik 68
  II. Film und Kino 69
     1. Kunst und Kapital 69
     2. Der kleine Mann und das Kino 72
     3. Autoren-Filme 74
     4. Filmautoren 75
     5. Filmdebatten 78
     6. Film und Expressionismus 80
     7. Film und Kammerspiel 81
     8. Film und Neue Sachlichkeit 82

III.	Rundfunk	84
	1. Die Zwecke des Mediums	84
	2. Kultur für alle	86
	3. Die Honorar-Frage	87
	4. Die Kunst-Frage	88
	5. Zensur	90
	6. Das Programm: Lesungen	91
	7. Das Programm: Hörspiel	92
	8. Das Programm: Improvisation und Reportage	94
	9. Ästhetik und Technik	95
IV.	Die Literatur und die Medien	96

Hermann Korte

Spätexpressionismus und Dadaismus 99

I.	Republiken aus Licht? Realität und Mythos der Revolution	99
	1. Politik des Herzens	99
	2. Formen des Engagements	103
II.	Kult und Kabarett. Zum Literaturbetrieb der Avantgarde	108
	1. Kult und Konjunktur	108
	2. Anti-Kult	113
III.	Das Ende einer ›Literaturrevolution‹. Krise und Epilog	115
	1. Zwischen Destruktion und Verklärung	115
	2. ›Anti-Kunst‹?	124

Bernhard Weyergraf

Erneuerungshoffnung und republikanischer Alltag 135

1. Geist und Tat	135
2. Das Trauma der Wiederkehr	139
3. Aus vollem Herzen nein sagen	143
4. Vom fragwürdigen Nutzen der Kritik	155

Walter Fähnders

Literatur zwischen Linksradikalismus, Anarchismus
und Avantgarde 160

I. Linkskommunistische Positionen 161
II. Anarchismus, Avantgarde und Dada 163
III. Individualanarchismus und Stirnerianertum 167
IV. Kommunistischer Anarchismus: Erich Mühsam 170

Rüdiger Safranski (I – X) / *Walter Fähnders* (XI – XIV)

Proletarisch-revolutionäre Literatur 174

I. Revolutionsemphase 174
II. Der Bund für proletarische Kultur 177
III. Das »Proletarische Theater, Bühne der revolutionären
    Arbeiter Groß-Berlins« 179
IV. »Proletkult« 181
V. Die ›Kunstlumpkontroverse‹ 183
VI. Franz Jung 185
VII. Oskar Kanehl 188
VIII. Johannes R. Becher 190
IX. Proletarische Autobiographien 193
X. Die politische Bewirtschaftung der Literatur 203
XI. Die Arbeiterkorrespondentenbewegung 205
XII. Der ›Bund proletarisch-revolutionärer
    Schriftsteller Deutschlands‹ (BPRS) 207
    1. Gründung und Organisation 207
    2. BPRS und KPD 210
    3. Programm-Debatten 213
XIII. Proletarisch-revolutionäre Massenliteratur 219
    1. Genrepräferenzen 219
    2. Zwischen Betriebs- und Massenroman 220
    3. Autobiographische Romane 224
XIV. Arbeiter-, Berufs- und Agitprop-Theater 228

Dietrich Kreidt

Gesellschaftskritik auf dem Theater 232

I. Max Reinhardts langer Abschied 232
II. Aufholjagd in die Moderne 235
III. Der »freie« Regisseur 238
    1. Leopold Jeßner 239
    2. Erwin Piscator 243
IV. Gesellschaftskritik im Drama 249
V. Theatertriumphe, Theaterskandale 259

Bernhard Weyergraf

Konservative Wandlungen 266

    1. Der Krieg und kein Ende 266
    2. Totengedächtnis 271
    3. Thomas Mann: Dichter und Politik 273
    4. Die Republik und ihre Bilder 287
    5. Gottfried Benn. Kunst, Leben und neuer Staat. . . . 291
    6. Anschauungsweisen: Ernst Jünger. 299
    7. »Schöpferische Restauration«: Rudolf Borchardt . . 303

Peter Sloterdijk

Weltanschauungsessayistik und Zeitdiagnostik 309

I. Reflexionen über das gegenwärtige Zeitalter und Epochen-Physiognomik 309
II. Die Mischung der Sprachen: Aspekte weltanschaulicher Synthesenproduktion in der Weimarer Republik. . . . 322
    1. Verlorene Ganzheit und der Jahrmarkt der Synthesen 322
    2. Die Montage des Organischen 327
    3. Die Einpflanzung des Linken ins Rechte 330

  4. Strategien der gewußten Unbewußtheit 332
  5. West-Östlicher Austausch 335
  6. Auf der Suche nach dem Begriff des Unbegrifflichen:
  Physiognomie und Mythologie 337

Ulrike Haß

Vom »Aufstand der Landschaft gegen Berlin« 340

  1. Die Heimatlosigkeit des Geistes und der Literatur . . 340
  2. Die antimoderne Verweigerung 341
  3. Zerrissenheit 342
  4. Die Modernität der Antimoderne 344
  5. Erinnerung an die Alte Ordnung 347
  6. Der Sturz vom Sockel 349
  7. Ordensgründer 351
  8. Propheten 354
  9. Priester des Völkischen 358
  10. Dichtung contra Literatur 361
  11. Die Wunde Berlin 363
  12. »Aufstand der Landschaft gegen Berlin« 367

Helmut Lethen

Der Habitus der Sachlichkeit in der Weimarer Republik . . . 371

I. Das Ende der Neuen Sachlichkeit 371
II. Verschiedene Ansichten 377
  1. Neue Sachlichkeit als Kunst der
  »Stabilisierungsphase« 377
  2. Die Ästhetik der »Synchronisation« 379
III. Andere Aspekte der Neuen Sachlichkeit 382
  1. Die Ausblendung der Avantgarde 382
  2. Entmischung 385
  3. Kompensation 388

IV.	Der »Boden der Tatsachen«. Das Schicksal einer Redewendung	391
V.	Der Jargon der Neuen Sachlichkeit	399
	1. Die Liste	400
	2. Das Schema	406
	3. Der Zynismus	408
	4. Sprüche und Werke	411
	5. Vogelgezwitscher	415
VI.	Tat ohne Täter. Im Diktat der Justiz	416
	1. Die Justizmaschine	417
	2. Der Kriminalroman	421
	3. Entzauberung der Justiz	424
	4. Juristendeutsch und Neue Sachlichkeit	428
	5. Die Magie des Indizien-Beweises	430
VII.	Statistische Entzauberung. Das Einwandern der Zahl in den Text	431
	1. Das Gesetz der großen Zahl	431
	2. Vermessung der Seele	435
	3. Statistik und Öffentlichkeit	438

Hilke Veth

Literatur von Frauen 446

    1. Frauen im Literaturbetrieb 446
    2. Zum Selbstverständnis der schreibenden Frauen .. 449
    3. Nachkriegsliteratur 455
    4. Die ›neue Frau‹ 459
    5. Provinz und Großstadt 464
    6. Geschichte und Revolution 468
    7. Sexualität und Mythos 473
    8. Expressionismus, Neue Sachlichkeit, Magie und Mythos 479

Wendelin Schmidt-Dengler

Abschied von Habsburg		483
I.	Habsburgischer Mythos und republikanische Realität .	483
II.	Der Abschied von Habsburg: Militär und Literatur . .	487
III.	Wien, der Wasserkopf	491
	1. ›Konservative Revolution‹ als Wille und Vorstellung .	491
	2. Der Wiener Roman	493
	3. Zwei Städte: Salzburg und Wien	497
	4. Inflation der Werte und Gefühle.	498
IV.	Produktive Dauerkrise: Die österreichischen Verlage. .	504
V.	Statistik und Literatur	509
VI.	Geschichte als Argument	519
VII.	Hohe Berge und starke Frauen.	527
VIII.	Scholle und Vers.	532
IX.	Am Vorabend des Anschlusses – Der Ständestaat . . .	536
X.	Noch einmal Habsburg	543
XI.	Der Anschluß – Vollzug und Konsequenzen	547

Erhard Schütz

Autobiographien und Reiseliteratur		549
I.	Autobiographien	552
	1. Außenseitertum und Krieg	553
	2. Proletarier, Bürger – oder Prominenz?.	557
	3. Diskriminierung, Uniformität und Besonderheit – die Funktion der Medien für die Autobiographien . . .	563
	4. Zwei Pole: Klaus Mann und Walter Benjamin	565
II.	Reiseliteratur	568
	1. Der Weg wird zum Ziel	570
	2. Weltanschauungsreisen – Versuche, Deutschland zu bestimmen	575
	3. Das eine und das andere Amerika – USA und Sowjetunion als Wunsch- und Schreckensbilder	579

4. Reisen in die Neue Welt 580
5. Sowjetunion – Fellowtravelling in eine
revolutionäre Gesellschaftsordnung 584
6. Die Funktion der Photographie 587
7. »Ein anderes Amerika« 590
8. Deutschland so oder so? 593
9. Die »chaotische Landschaft« – Das Ruhrgebiet . . . 595
10. Die Metropole Berlin als Welt der Gleichlebenden . 598

Hermann Korte

Lyrik am Ende der Weimarer Republik 601

I. Nach dem Ende des Expressionismus 601
    1. Lyrik mit ›Gebrauchswert‹ 601
    2. Grenzen der ›Gebrauchslyrik‹. 605
II. Moderne und Traditionalismus 607
    1. Gottfried Benn 607
    2. Rilke und die Lyrik der zwanziger Jahre 609
    3. Stefan Georges späte Lyrik 612
III. Der Paradigmenwechsel zum lyrischen
Traditionalismus 615
    1. Merkmale des lyrischen Traditionalismus 615
    2. Magie, Mystik, Mythos 620
IV. Naturlyrik um 1930 628
    1. Die Wiederentdeckung der Natur 628
    2. Auf dem Weg in die innere Emigration 630

Bernhard Weyergraf / Helmut Lethen

Der Einzelne in der Massengesellschaft 636

    1. Das Schreckbild der amorphen Masse 636
    2. Verführung und Erlösung. Alfred Döblins
Berlinroman 646

3. Das Ich und die Welt. Hermann Hesse 653
4. »Alltagsdämmerung«. Hermann Brochs
›Schlafwandler‹-Trilogie 656
5. Die Schrift als Rettung. Franz Kafkas
Schloßroman 664

Anhang

Anmerkungen 675

Bibliographie 743
I.   Lexika, Literaturgeschichten, Handbücher,
     Bibliographien. 743
II.   Quellen, Dokumentationen, Untersuchungen 746

Register der Personen und ihrer Werke 789

Hansers Sozialgeschichte der deutschen Literatur

Band 1
Die Literatur des 16. Jahrhunderts
Herausgegeben von Werner Röcke u. a.
In Vorbereitung

Band 2
Die Literatur des 17. Jahrhunderts
Herausgegeben von Albert Meier
In Vorbereitung

Band 3
Deutsche Aufklärung bis zur Französischen Revolution
(1680–1789)
Herausgegeben von Rolf Grimminger
1979. 1104 Seiten

Band 4
Klassik und Romantik. Deutsche Literatur im Zeitalter
der Französischen Revolution
(1789–1815)
Von Gert Ueding
1987. 812 Seiten

Band 5
Zwischen Restauration und Revolution
(1815–1848)
Herausgegeben von Ulrich Schmid
und Gerd Sautermeister
In Vorbereitung

Band 6
Bürgerlicher Realismus und Gründerzeit
(1850–1890)
Herausgegeben von Edward O. McInnes
und Gerhard Plumpe
In Vorbereitung

Band 7
Wilhelminische Ära und Anbruch der Moderne
(1890–1918)
Herausgegeben von York-Gothart Mix
In Vorbereitung

Band 8
Literatur der Weimarer Republik
(1918–1933)
Herausgegeben von Bernhard Weyergraf
1995. 824 Seiten

Band 9
Drittes Reich und Exil
(1933–1945)
Herausgegeben von Wilhelm Haefs
In Vorbereitung

Band 10
Literatur in der Bundesrepublik Deutschland
bis 1967
Herausgegeben von Ludwig Fischer
1986. 912 Seiten

Band 11
Die Literatur der DDR
Herausgegeben von Hans-Jürgen Schmitt
1983. 592 Seiten

Band 12
Gegenwartsliteratur ab 1968
Herausgegeben von Klaus Briegleb
und Sigrid Weigel
1992. 888 Seiten